한국전쟁의 발발과 기원 Ⅱ

기원과 원인

나남
nanam

저자 약력

박명림

고려대학교 졸업. 정치학 박사.
고려대학교 아세아문제연구소 북한연구실장 및
하버드대학교 하버드-옌칭연구소 협동연구학자 역임.
현재 연세대학교 지역학 협동과정 교수.

《한국전쟁의 발발과 기원》 Ⅰ·Ⅱ, 《한국 1950: 전쟁과 평화》,
《戰爭と平和: 朝鮮半島 1950》, 《역사와 지식과 사회》,
《다음 국가를 말하다》(공저) 등.

〈월봉 한국학상〉(1997), 〈90년대의 책 100〉(1999),
〈한국정치학회 학술상〉(2003), 〈한국의 책 100〉(2005),
〈동아시아 100권의 책〉(2009) 등.

나남신서 478

한국전쟁의 발발과 기원 Ⅱ
기원과 원인

1996년 6월 25일 발행
2025년 1월 5일 7쇄

지은이_朴明林
발행자_趙相浩
발행처_(주) 나남
주소_10881 경기도 파주시 회동길 193
전화_(031) 955-4600 (代)
FAX_(031) 955-4555
등록_제 1-71호 (1979. 5. 12)
홈페이지_http://www.nanam.net
전자우편_post@nanam.net

ISBN 978-89-300-3478-4

책값은 뒤표지에 있습니다.

나남신서 478

한국전쟁의 발발과 기원 Ⅱ

기원과 원인

박명림 지음

나남
nanam

The Korean War: The Outbreak and Its Origins

Vol. II: The Origins and Causes of the Conflict

by

Park, Myung-Lim

nanam

머리말

한국전쟁은 오늘의 우리들의 삶에 가장 커다란 영향을 끼친 사건이었다. 그 사건은 고통스러웠던 현대한국의 기원과 형성을 말할 때면 언제나 언급되는 대표적인 사건이었다. 1950년 6월 25일 거대한 한 사건이 폭풍처럼 사람들 위에 다가온 이후 일반 시민과 학자들은 이 사건의 해석에 골몰하여 왔다. 그 전쟁은 왜 도래하였고, 어떻게 진행되었는가? 진정으로 깊숙한 의미에서 그 전쟁은 우리에게 무엇이었고, 또 무엇을 남겼던가?

이 책은 그 한국전쟁의 발발과 기원에 관한 연구이다. 역사적 사건에 대한 연구의 중요한 목적의 하나가, 따라서 과학의 기본 목적의 하나가 신비스런 모든 것들에 대한 도전이라고 할 때, 한국전쟁의 기원에 대한 탐색은 감추어진 진실에 대한 추적과 해석을 피할 수 없다. 한국전쟁은 시대의 변화와 자료의 공개에 따라 끊임없이 새로운 의문을 제공하는 지적 경이로움의 원천이었기 때문에 항상 논쟁을 불러일으켜 왔다. 사회주의가 붕괴되고 냉전이 해체되자 이 역사적 사건은 다시 세계학계의 중심 논쟁주제의 하나로 떠오르고 있다.

역사적 사건의 연구와 해석에서 새로움의 추구와 논쟁은 불가피하다. 그것이 없다면 우리는 학문의 발전과 진보를 가질 수 없기 때문이다.

인간사회의 특정 부분이나 사건을 탐구한다는 것은, 그리하여 하나의 설득가능한 결론을 찾아낸다는 것은 그것이 어떤 분야에서건 난마처럼 얽힌 복잡함을 뚫고 나아가야 하는 미로찾기와도 같은 것이다. 감추어진 사실을 드러내고 체계화하는 연구의 과정은, 산더미처럼 쌓인 자료의 숲을 뚫고 헤쳐나가야 하는 도정만큼이나 힘겨울 수밖에 없다. 그러나 긴 도정을 통과한 뒤 어떻게 해서든 하나의 빛줄기를 찾을 수 있었다면 그 연구는 성공하지는 않았다고 하더라도 적어도 성공의 궤도로 들어섰다고 말할 수 있을 것이다. 이 연구는 아직 그러한 궤도의 입구에조차 들어서지 못한 상태일지 모른다.

사실 한국전쟁을 제외하고 오늘의 한국을 설명한다는 것이 전혀 불가능한 일만은 아니다. 새로운 세대의 의식, 복장, 서구화된 음식문화, 소비패턴 등 삶의 적지 않은 형태는 이 전쟁과는 독립적으로 진행된 사회변화에서 비롯된 현상들이다. 그러나 조금만 더 이 사회를 들여다본다면 정치와 경제, 사회, 이데올로기, 나라의 국제적 위치, 남한과 북한의 분할선의 존재 등 삶의 주요한 조건과 상황은 이 전쟁의 종결시점에 놓였음을 금방 발견하게 된다.

현실과 직면하고 있는 사회과학도로서 특정의 역사적 주제를 탐구한다는 것은 심각한 어려움을 야기한다. 수준 높은 많은 기존 연구의 검토로부터 시작하여 자료의 수집과 독해, 개념의 학습과 적용, 세련된 이론과 설명방법의 고안, 평가기준의 객관적 설정 등 심각한 문제들이 연구의 시작과 함께 부과된다. 특히 그가 만약, 자신이 속한 사회를 빚어내고 이로 인해 많은 사람들의 삶과 죽음이 갈렸으며 또 여전히 대립적인 시각이 존재하고 있는 중심 사건을 탐구한다면 이러한 문제에 대한 고뇌는 연구의 출발 자체를 불가능하게 할 정도로 심각하다. 왜냐하면 이른바 객관은 과연 사람들의 뒤엉킨 이해와, 갈린 삶과 죽음의 문제를 초월하는 것이냐는 문제가 시작부터 주어지기 때문이다. 특히 전쟁은 사회성원들의 삶에 다른 어떤 사건보다도 커다란 영향을 끼치나, 그 고난의 무게는 차별적이기 때문이다.

사회과학도가 하나의 주제를 탐구하는 데 있어 개입(*commitment*)과 조망(*detachment*)의 결합은 가장 어려운 문제가 아닐 수 없다. 학문성(*scholarship*)과 파당성(*partisanship*)의 균형적 결합이야말로 객관적 지적 작업의 요체이기 때문이다. 자기가 포함된 사회를 연구할 때 아무리 객관적인 연구자라 할지라도 다른 나라를 연구하는 것과 같은 마음을 가질 수는 없다. 연구의 시작부터 개입은 조망을 어렵게 하고 파당성은 학문성을 침해한다. 그것은 이른바 애정과 열정이 가져다주는 문제일 것이다.

현대한국의 특정주제를 탐구한다고 할 때 현실로부터 유리되어 그것을 연구한다는 것은 사실상 불가능하다. 열정없이 자기사회를 연구한다는 것은 불가능할 뿐만 아니라 무의미하기 때문이다. 그러나 이상과 현실, 개입과 조망을 결합하는 문제는 어렵지만 포기할 수도 없다. 필자는 그러한 결합을 위한 노력과 시도가, 성공 여부를 떠나 이 연구의 출발이자 이 연구의 저변에 흐르고 있기를 기대하였음을 고백하고자 한다. 이 책에는 경제와 정치, 군사, 인구에 대한 수많은 통계가 언급되고 있지만, 사실상 그 모든 통계들은 숫자가 아니라 바로 사람의 삶과 죽음, 이동, 지위변동에 관한 통계들이었다. 숫자가 갖는 비인간성을 넘는 지점에 곧바로 사람의 문제가 놓여 있는 것이다.

연구의 수준이나 기술적인 문제가 해결된다고 해서 도덕적인 의문이 풀리는 것은 아니다. 필자는 이 반대의 물음도 옳다고 생각한다. 하나의 연구에서 이 둘을 결합하여 도달한다는 것은 필자의 현재 능력으로는 거의 불가능한 것이 아닐 수 없다. 아마도 한국전쟁에 대해 구상하고 있는 마지막 연구주제를 다룰 때쯤이면 이에 대한 해답을 조금 얻을 수 있을지 어떨지 모르겠다. 이 연구에서는 아직 전쟁을 인간들의 삶의 전개와 연결하여 쓰기에는 부족하였기에 다만 그러한 문제의식의 일단을 드러내려 시도한 정도로 만족하고자 한다.

이 연구를 시작하게 된 근본이유는 현대 한국에서 차지하는 이 전쟁의 역사적 위치와, 80년대라는 특수한 시대적 상황에 대한 지적 고민이 합쳐진 소산이었다. 이 연구를 진행하는 동안 우리 사회는 다른 어떤 시기보다도 격변의 시기였다. 이 연구를 진행했던 초기에는 6월 항쟁과 통일운동으로 민중운동의 분출이 절정에 달했으며, 중기에는 동구의 붕괴와 사회주의의 몰락, 냉전의 해체가 세계사를 뿌리째 뒤흔들었고, 후기에는 전쟁을 결정하고 반세기를 통치해 온 북한의 지도자 김일성이 사망했으며, 수많은 형태의 남북접촉이 이루어지고 있고, 근대의 해체와 조종을 알리는 징후와 논의들이 난무하고 있다. 이러한 격변은 역사적 사실 하나하나의 발굴과 해석에 못지않게 큰 영향을 끼치며 이 연구의 진전을 더디게 하였다. 과거에 대한 '해석'은 불가피하게 현재에 대한 '이해' 및 미래에 대한 '전망'과 연결되지 않을 수 없기 때문이다. 이것은 연구자에게는 선택의 문제를 넘어서 주어진다.

지난 10년간 수행한 이 연구의 진행과 서술에서 필자가 기본적으로 유지하고자 하였던 태도는 편견의 거부와 균형의 추구였다. 그러나 그것은 비판적 균형이었다. 즉 일단 모든 현상을 비판적으로 본 연후에 객관적 균형을 유지하려는 방식이었다. 연구의 기본 출발점은 일체의 편견과 아집, 신비에 도전하는 탈신비화가 되지 않으면 안된다. 방법론적 회의(懷疑)를 의미하는 비판은 비교와 함께 객관을 추출하기 위한 가장 훌륭한 방법이 된다. 그러나 비판은 결코 편향되면 안될 것이다. 하나의 권력에 대한 비판이 다른 하나의 권력에 대한 정당화의 수단으로 전락한다면 연구의 객관성은 출발부터 상실되기 때문이다. 남한에 그러한 방법을 적용하려면 마땅히 우리는 북한에 대해서도 그러한 방법을 적용함으로써 객관성을 확보할 수 있을 것이다.

사실 보편이나 다른 사례와의 비교를 통하지 않은 특수란 존재하지 않는다. 특수성은 보편성을 말하지 않으면, 적어도 사고의 과정에서라도 의식하지 않으면 존재할 수 없는 범주이다. 특수성의 감추어진 전제는 보편성인 것이다. 그리하여, 부족한 대로 필자는 이 연구가 새로운 사실의 발견과 시각의 전환에 의해 비판되더라도 우리 사회를 보는 애정과 문제의식, 그리고 자주 반복되었던 한국사회에 대한 서구이론의 소개적 적용이 아니라 사건과 이론, 특수와 보편을 결합하여 우리문제를 이해하려 나름대로 고민한 문제틀은 시간의 흐름을 견뎌 지속될 수 있기를 희망해 본다.

아마도 이 사건의 어느 한 측면, 이를테면 미국의 대한정책과 한국전쟁의 발발이라든지, 스탈린과 한국전쟁, 중국혁명과 북한, 이승만의 통일정책, 인민군과 전쟁으로의 이행, 북한혁명, 농민과 토지문제, 남한사회와 북한사회의 성격비교와 전쟁, 민족주의 등 어느 한 측면에서 이 전쟁을 접근하였다면 이 연구는 좀더 단순하고 명쾌한 결론에 어렵지 않게 도달할 수 있었을 것이다. 그러나 연구를 해나가면 갈수록, 그러한 접근은 사실 사건의 위치와 의미를 정확하게 설명하는 데 있어 한계가 있을 뿐만 아니라 때로는 왜곡할 수도 있는, 다만 우리들이 편의상 채택한 지적 고안물임을 깨닫게 되었다. 전쟁의 결정, 발발, 기원, 원인, 성격, 의미를 연구의 주제로 정하자, 그러한 부분적인 접근으로는 사태의 총체적인 파악이 불가능하다는 판단을 할 수밖에 없었다. 연구의 과정에서 그것은 우선 이론의 문제로 나타났다.

이론은, 인간의 인지체계 속에 사회가 일정한 틀을 잡을 수 있도록 해주는, 혼돈(*chaos*)을 질서(*cosmos*)로 잡아주는 색출적 도구이자 안내자이기 때문에 설명을 위한 이론적 구축의 노력 없이는 현실은 다만 파편적으로 존재할 뿐이다. 그러나 우리에게 일반화된 경향인 서구의 특정의 이론과 설명틀 하나를 선정하여 우리 사회나 특정의 사건을 설명하는 방식을 이 연구에서는 채택하지 않았다. 필자에게 있어 그것은 지양되어야 할 전통으로 받아들여졌다.

필자는 연구의 출발로서 과거의 두 중심적 조류를 지양하고 통합한 비판합리주의 퍼스펙티브를 제시한 뒤 다음과 같은 이론적 틀을 시도하였다. 인식과 해석의 세 준거로서의 농민과 민주주의, 민족주의의 설정, 그리고 문제 수준의 국제-동아시아-국내 수준이라는 셋으로의 분리와 종합, 남북한 각각과 그 관계를 동시에 보려 하였던 대쌍관계동학이라는 다소 색다른 설명틀의 제시, 사회현상에 대한 정치-경제-이념-군사의 분리와 종합 등이 그것이었다. 부족한 대로 이들을 배열하고 결합하여 한 사건을 총체적으로 보려 했던 문제의식을 이 연구의 내용 속에서 발견할 수 있기를 희망해 본다. 나아가, 무엇보다도 이론이 갖는 제한성을 넘어 이 연구가 시도한 설명과 분석에서의 사실성과 논리성은 지탱되기를 희망하게 된다.

이 연구는, 최근 해외에서 이 주제와 관련된 높은 수준의 연구들이 다수 나오고 있음에도 불구하고 극히 최근에 출간된 것들은 반영할 수 없었다. 구소련과 중국의 자료들 역시 최근 들어 지속적으로 공개되고 있는 실정이다. 이러한 사정 때문에 필자는 책의 출간을 조금 미루려고 하였으나, 일단 현재까지의 연구로 출간한 뒤 판을 달리하여 수정 보완하는 기회를 갖자는 주변의 충고를 받아들여 현재의 상태로 출간하게 되었다. 이 책은 다음과 같은 세 가지의 이유 때문에 멀지 않은 기간에 보완될 것이다.

가장 중요한 이유는 사실에 대한 우리의 파악능력의 한계로부터 주어진다. 이 문제는 모든 학도가 부딪히는 근본적인 문제이다. 한국전쟁에 대한 사실을 알아가면 갈수록 그것은 알아야 할 더 많은 사실들이 놓여 있음을 깨닫는, 아는 사실보다 모르는 사실이 비교할 수 없이 많다는 것을 알아가는 역설의 과정이었다. 따라서 이 연구는 다만 현재까지 알 수 있었던 사실에 한정해서 연구되고 해석된 것에 불과하다.

두 번째 이유는 오늘의 한국전쟁 연구가 지니고 있는 특수성에서 연유한다. 냉전의 해체는 이 사건에 관련된 비밀자료들을 공개할 수 있게 하여 많은 비밀들을 풀어주었다. 그것은 지금도 계속되어 서문을 쓰고 있는 이 시점에도 이 사건을 둘러싼 새로운 자료와 연구들은 끊임없이 쏟아져 나오고 있다. 필자는 그들을 전부 검토하고 책을 내고 싶은 욕망을 지울 수 없었으나 출간 이후 사계 전문가들의 더 많은 지적과 비판을 통해 교정해야 할 것으로 판단하였다. 짧지 않은 연구가 지녔을 부족한 점에 대해 독자들의 엄정한 비판과 토론을 기대한다.

세 번째 이유는 필자 자신의 앞으로의 연구계획 및 일정과 관련해서이다. 필자는 이 작업에 이어 기원과 시작에 이어지는 한국전쟁의 몇몇 주요 주제들을 더 탐구할 것인 바, 그 과정에서 발견될 많은 새로운 사실들은 이 책의 연구결과에도 역으로 영향을 끼칠 것으로 보인다. 필자는 전쟁의 기원에 관한 연구를 현재의 두 권으로 출간한 뒤, 전쟁의 '전개과정'과 '영향 및 의미'에 관한 연구를 더 진행하고, 끝으로는 전쟁의 기원부터 의미까지를 전반적으로 다룬 연구를 제출하려고 한다. 그 과정에서 필자는 이 연구를 보완할 것을 다짐한다. 이상의 이유들은 두려움으로 필자를 압박하는 한편, 이 주제에 대해 더 많이 탐구하고 겸손하게 접근해야 한다는 각오로 다가와 출간에의 도전을 감수하게 하였다. 빠른 시간에 국내외에서 행해진 연구들과 공개된 자료들의 도움을 받아 보완할 수 있기를 희망한다.

끝으로 이제 감사의 말을 써야 할 때이다. 진정으로 이 연구는 많은 분들의 도움이 없이는 불가능했다. 특히 고려대학교 정치외교학과의 최장집 교수의 도움은 절대적이었다. 최장집 교수는 한국전쟁과 관련된 뛰어난 연구의 존재로 인해 초학도인 필자가 한국전쟁을 연구주제로 삼는 것에 대해 주저하던 시점에 오히려 그러한 이유 때문에라도 반드시 한국전쟁 연구에 도전하라고 격려해 주었다. 뛰어난 기존 연구의 존재와, 사건 자체가 갖고 있는 비교할 수 없는 크기라는 두 가지 이유 때문에 이 사건에 대한 연구에 필수적으로 요구되는 학문적 준비로 인해 필자가 가질 수밖에 없었던 두려움을, 이들을 지났을 때의 의미를 설명해 주며 극복할 수 있도록 해주었다.

최장집 교수의 최초의 격려가 없었다면 이 연구는 출발부터 가능하지 않았을 것이다. 필자의 부족함으로 그것들을 이 연구에 전부 소화하지는 못했지만, 이 연구의 저류에는 최장집 교수로부터 배운 정치, 역사, 군사, 농민, 국가형성, 전쟁 등에 관한 이론, 시각, 해석의 편린들이 깔려 있다. 연구를 진행하면서 함께 읽은 책들과, 해주었던 말들은 앞으로 필자에게는 학문과 삶의 지침이 되기에 충분한 것들이었다. 책의 출간을 계기로 깊은 감사의 마음을 전한다.

이호재, 서진영, 최상용, 하영선 교수는 이 연구의 초고를 꼼꼼히 읽고 날카로운 문제제기와 비판으로 이 연구가 더 나아지게 하는 데 큰 도움을 주었다. 이호재, 하영선 교수는 한국외교와 국제정치를, 서진영 교수는 중국 부분을 다듬는 데 큰 도움을 주었고, 최상용 교수는 원래 가졌던 균형의식을 가다듬도록 해주었다. 존경하는 강만길, 김우창, 한배호 세 분의 오랫동안의 깨우침과 격려에도 감사드린다. 와다 하루키, 브루스 커밍스 교수는 뛰어난 연구를 통해서도 필자를 자극했을 뿐만 아니라 만남과 토론을 통해서도 이 주제의 연구를 가다듬는 데 큰 도움을 주었다. 커밍스 교수의 연구는 필자로 하여금 이 주제에 대해 천착하게 만든 자극제의 하나였다. 그의 책을 읽고 받았던 지적 충격과 한국인으로서의 불만족스러운 자긍이 동시에 밀려왔던 80년대 초반의 날들을 필자는 아직도 기억하고 있다. 시각과 해석의 같고 다름을 떠나 필자는 이들의 지속적인 한국연구로부터 서로 배우고, 학문적 교류를 통해 현대한국연구를 함께 증진시키기를 희망한다.

개인소장 자료를 흔쾌히 보여줌은 물론 좋은 충고까지 해준 김국헌, 박원순 두 분에게는 특별한 사의를 표하지 않을 수 없다. 관심과 격려를 보내준 이홍영, 백영철, 김용기, 조정남, 신복룡, 라종일 서중석 교수와 홍성태, 장창호, 하기와라 료, 김남식, 김영기, 고(故) 최창윤 박사에게도 큰 감사를 드린다. 김태일, 권혁범, 유재일, 이삼성, 이종석, 김동춘, 김성보, 이승렬, 임대식, 박찬표 등 선배 동료들도 이 연구의 과정에서와 이 연구의 초고에 대해 날카로운 토론으로 교정할 수 있게 해주었다.

증언과 면담에 응해 준 분들에게도 감사를 표하지 않을 수 없다. 자료의 보완을 위해 증언은 필수적이었으나 '80년대 한국'이라는 시대적 상황과 이 주제가 갖고 있는 특성상 체험자의 증언채취는 많은 어려움을 안을 수밖에 없었다. 이 연구에 언급되지는 않았지만 휴전선과 낙동강전선, 제주도의 산간부락, 지리산 게릴라전 현장 등을 홀로 답사하고 취재하는 동안 만났던 사람들의 경험과, 그때 가졌던 느낌들은 내용의 배면에 깔려 있다. 그러한 답사는 특정한 사실의 확인과 획득을 위해서라기보다는 자료와 탁상연구가 제공해 주지 못하는, 다만 현장을 가본 뒤의 느낌으로서만 얻을 수 있는 어떤 정신적 깨우침을 얻기 위해서였다. 외국의 한국전쟁 연구자들이 가질 수 없는 우리만의 장점이 있다면 그것은 바로 현장 가운데 서 있고 또 현장을 느낄 수 있다는 점일 것이다.

한국 국방군사연구소, 통일원, 정부기록보존소, 고려대학교 도서관, 고려대학교 아세아문제연구소, 국회도서관, 국립중앙도서관, 육군사관학교 도서관, 한국전략문제연구소, 한국방송공사(KBS), 역사문제연구소, 워싱턴의 국립문서보관소와 의회도서관 등 이 연구가 필요로 하는 자료를 소장하거나 제공해 준 기관들의 협조 역시 결정적인 도움이 되었다. 이들 기관에 감사한다. 수많은 자료를 복사하고 옮겨쓰는 데 있어 조원제, 안미령 사서를 비롯하여 각 기관들의 많은 사서들의 수년 동안의 도움은 참으로 컸다. 이들의 도움에도 감사를 드린다.

필자는 이 연구를 부모님에게 헌정한다. 필자는 식민과 전쟁, 분단과 궁핍의 현대사를 뚫고 살아온 아버지와 어머니가 현대한국의 어떤 면을 표상하고 있다고 상념하곤 하였다. 초등학교 시절 역사와 현실문제에 깊은 관심을 갖고 있던 아들을 곁에 놓고 해방 당시 활동했던 중앙과 지방의 조직들과, 여운형과 조봉암을 비롯한 현대사 속에 명멸했던 인물들, 그리고 전쟁을 비롯한 주요 사건들에 대해 최초로 들려주신 분은 아버지였다. 어머니는 정확한 기억으로 그러한 격변 속의 사람들의 삶을 인간적 체취가 묻어나게끔 전해주시곤 하였다. 필자는 그분들의 이야기가 그 세대가 겪은 공통적인 경험에 바탕을 둔 사회사라는 사실을 뒤늦게야 깨달을 수 있었다. 두 분은 나의 최초의 교사였던 것이다. 필자는 이 책을 식민에서 분단, 빈곤을 거치며 살아온 그 세대에게 바치려 한다. 오늘의 우리가 약간의 풍요를 누리고 있다면 그것은 전적으로 엄청난 고통 속에서도 역사의 무게를 감내해 온 그 세대의 공로로 돌려야 하며, 그들이 그토록 소망했던 평화와 통일을 볼 수 있도록 해 줄 의무는 젊은 세대에게 주어진 가장 큰 책무일지도 모른다.

끝으로 필자는 자신의 학위논문 제출을 뒤로 미루면서까지 이 연구의 완성을 위해 헌신한 아내 한은숙 교수와, 여러모로 후원해 준 형제들에게 깊은 감사를 전한다. 내용토론을 포함하여 결코 만만찮은 편집과 교정, 색인, 참고문헌 작업을 해준 조영재, 조찬수, 신상범, 변영학, 권혁용 학형과, 출판을 담당해 준 나남출판의 조상호 사장님에게도 출간에 즈음하여 감사의 마음을 표한다.

1996년 6월

朴 明 林

나남신서 478

한국전쟁의 발발과 기원 Ⅱ

기원과 원인

차 례

머리말 9

서 론 27

제 I 부 해방과 분단

제 1 장 해방과 초기 질서: '광기의 순간' 35

1. 해방과 최초 지형: 시민사회의 폭발 35
2. 냉전과 최초 지형의 변환:
   의도하지 않은 그러나 피할 수 없는 압력, 냉전 58

제 2 장 초기 분단질서의 등장 73

1. 소련의 초기 정책: 확보된 지역의 사회주의 구축정책의 최초 모습 75
2. 분단체제구축의 초기행보: 분할통치기구의 조기구축 94

제 3 장 분단의 내화(內化) 135

1. 모스크바 협정과 탁치 균열 137
2. 분단정권의 등장: 분단지배체제의 등장과 급진이행의 준비 148

제 II 부 북한혁명과 분단질서의 등장

제 4 장 북한혁명: 반정복과 반혁명 171

1. 토지 문제: 갈등의 중심 172
2. 토지개혁과 북한혁명: 사회변동의 동학 184
3. 사회변혁과 정치변동: 북한혁명의 성격 202

제 5 장 혁명적 동원체제의 구축 221

1. 김일성의 등장과 부상 222
2. 혁명의 종착: 반세기의 출발 240

제 6 장 선거와 이행의 완료 267

1. 선거: '긴 과정의 마지막 의식' 268
2. 교육과 건국운동: 동의의 추구 294

제 7 장 분단국가 형성과 48년질서의 등장 311

1. 또 하나의 분단국가: 조선민주주의인민공화국 313
2. 초기 북한의 저항과 갈등 335
3. 두 가지의 북풍: 혁명과 반혁명 353
4. 48년질서 형성의 특징 365

제 III 부 48년질서의 성격: 남한

제 8 장 분단국가의 등장과 초기 균열 385

1. 국가형성과 초기 균열: 정치사회 385
2. 밑으로부터의 마지막 저항: 여수반란 403
3. 반공체제의 강화 415

제 9 장 48년질서의 변환: 6월공세와 토지개혁 439

1. 6월공세: 48년질서하 남한의 대응양식 439
2. 토지개혁과 헤게모니 지배: 전쟁과 농민 475

제 10 장 '미국의 범위'와 한미관계 519

1. '미국의 범위': 한미관계의 본질 521
2. 유도의 문제: 사실과 해석 551
3. 전쟁 직전의 유도: 한 반대가설 569

제 11 장 48년질서와 대쌍관계동학 593

1. 북진통일론: 국토완정론의 대응 594
2. 분계선 충돌과 게릴라 갈등 619
3. 전쟁 직전의 남한: '보통의 위기' 642
4. 결론: 48년질서의 성격—남한 671

제 IV 부 48년질서의 성격: 북한

제 12 장 혁명적 동원체제의 구조 685

1. 조선인민군의 형성과 발전 688
2. 조선인민군의 기원: 북한체제의 기원 702
3. 조선인민군의 성격: 사회의 반영 720

제 13 장 혁명적 동원체제의 변환: 군사주의의 등장과 확산 737

1. 군대와 사회: 북한체제의 성격과 특징 737
2. 토대의 구축: 확신과 동원의 사회경제적 기반 763
3. 인민의 동원: 혁명적 동원체제의 근거 777

제 14 장 대쌍관계동학과 급진군사주의 791

1. 군사주의와 급진주의의 결합지점: 대남문제 792
2. 급진군사주의의 전면 확산, 1950년 초: 현실주의의 결여 808
3. 저항 · 탈출과 남한 반공(反攻)의 상관관계: 48년질서하 남북이념대립의 구조와 성격 831
4. 결론: 48년질서의 성격—북한 856

제 15 장 결론: 전쟁의 의미와 현대한국 865

1. 한국전쟁의 결정 · 발발 · 기원 · 원인의 재론 865
2. 현대한국과 한국전쟁 880
3. 한국전쟁의 성격과 의미 894

참고문헌 903
찾아보기 937

한국전쟁의 발발과 기원 ①

결정과 발발

차 례

제 1 장 서론: 한국전쟁 연구의 의미와 방법

1. 문제의 제기
2. 시각: 비판합리주의와 한국전쟁 연구
3. 인식과 해석의 준거: 농민, 민주주의, 민족주의
4. 방법론의 문제: 분석의 영역과 방법

제 I 부 전쟁의 결정: 과정

제 2 장 분단과 국토완정론의 등장

1. 국토완정론: 혁명전술의 변화
2. 최대 공산주의연합의 형성과 화전양면전략
3. 부분공격과 부분점령의 시도

제 3 장 최종결정: 스탈린-모택동-김일성의 합의

1. 중국혁명과 동아시아 공산주의 삼각동맹의 형성
2. 최종합의: 한 파국적 결정

제 II 부 전쟁의 결정: 분석

제 4 장 스탈린: 지원과 은폐의 이중주

1. 일국 사회주의와 일지역 사회주의
2. 중국혁명과 스탈린의 전환
3. 조종과 은폐의 정치: 전쟁 중의 스탈린

제 5 장 모택동: 내키지 않는 적극적 동의

1. 모택동과 한국전쟁: 설명의 방식
2. 스탈린-모택동의 관계, 대만해방과 한국전쟁결정
3. 항일공동투쟁, 국가건설과 조 · 중공산주의연대: 역사적 배경

제 6 장 비밀의 늪: 북한 내부의 결정 I

1. '박헌영 유도' 대 '박헌영 반대': 두 개의 신화
2. 김일성과 박헌영: 공동의 혁명 · 공동의 결정

제 7 장 비밀의 늪: 북한 내부의 결정 II

1. 내부핵심의 저항:
   조선인민군 총사령관 민족보위상 최용건의 전쟁반대
2. 주체의 인식: 김일성 · 박헌영의 대남 · 대미인식의 문제

제 III 부 전쟁의 발발

제 8 장 전쟁으로의 이행

1. 전쟁의 사전준비조치들: 1950
2. 공격작전, 군사편제의 변경, 전면이동
3. 공격직전 대남 사전조치: 제안과 침투
4. 결 론

제 9 장 공격명령: 6월 25일 직전의 38선 북선

1. 집결지에서의 인민군: 최종준비와 최종점검
2. 공격명령 I: 중앙
3. 공격명령 II : 6월 23~25일의 38선 북선

제 10 장 마지막 조치: 북침의 주장

1. 전쟁의 시작: '북침' 주장
2. '북침' 이론: 그 대답없는 질문의 구조와 논리
3. 결 론

참고문헌

찾아보기

跋文: 《한국전쟁의 발발과 기원》의 의미와 평가 · **최장집**

서 론

1950년 한국전쟁의 도래는 1945년 해방 이후 5년간 전개된 사태의 귀결이었다. 그것은 특히 남한과 북한의 두 한국이 갈등한 1948년에서 1950년 시기 동안의 사태 전개를 배제하고는 설명될 수 없다. 구조적으로 말하여 전쟁은 분단의 산물이었다. 또 1948년에서 1950년까지의 질서는 그것이 수립되는 과정인 1945년에서 1948년까지의 시기를 배제하고 결코 논의될 수 없다. 그것은 남한과 북한의 모두의 사태에서 그러했다. 48년질서의 시기는 점령 3년의 연장이자 또 다른 변형이었기 때문이었다.

우리는 이 책의 제1권에서 한국전쟁의 결정과 발발을 다루었다. 이른바 상층정치라는 것이다. 분단에도 불구하고 모든 분단이 전쟁으로 귀결되어야 할 어떤 당위와 필연적 연관은 없는 것이었기 때문에 상층정치 수준에서의 결정의 과정과 전쟁이 시작되는 순간 각각에 대한 상세한 분석은 필수적일 수밖에 없다. 그러나 이 둘만 갖고는 사태의 전체 모습은 물론 실제 민중들의 삶의 모습과 그것으로 이루어지는 사회의 모습은 결코 파악될 수 없다. 이제 우리는 해방 이후 48년질서가 등장할 때까지와 48년질서에서의 정치와 사회를 분석할 것이다.

날카로운 독자는, 1권에서는 문제를 국내외의 리더십의 정책과 결정이라는 리더십 수준의 문제를 분석하였으나 지금부터는 사회 또는 민중 수준의 분석이 중심이 될 것이라는 점을 인지할 것이다. 이 연구 1권의 서론에서 이미 지적하였듯이 리더십의 정책결정만을 분석한다면 우리는 전쟁의 기원은 물론 지나간 사태를 탐색하고 해명하는 가장 근본적인 이유인 사태의 성격규명을 시도할 수조차 없게 된다. 따라서 우리는 사회를 분석하지 않을 수 없다.

브루스 커밍스(Bruce Cumings)는 이 시기 한국정치와 사회를 남한을 중심을 접근하여 연구와 해석의 새로운 지평을 연 바 있다. 이념적 경도에도 불구하고 그의 《한국전쟁의 기원》 제1권이 끼친 가장 큰 기여는 아마도 일반적 한국전쟁 연구와는 달리 사회를 분석하였으며, 이를 민중을 중심으로 이해하려 하였다는 그 문제의식과 방법의 전환에 있었다 할 것이다. 즉, 그는 살아 움직이는 민중이 거대한 사회세력을 형성하고 그들의 힘이 정치변화를 초래하는 동력임을 보여준 정치사회사적 분석의 탁월함을 보여주었다. 커밍스는 제3세계의 다른 나라와의 비교적 접근을 통하여 식민과 해방, 분단으로 이어진 초기의 현대한국을 보편적이고 세계사적인 수준에서 이해할 수 있도록 안내한다. 또한 그는 이 초기 한국의 사태를 중심부의 외교정책에 대한 강한 비판적 해석과 연결시킴으로써 그들이 제국주의의 패권적 외교정책의 희생자들이었음을 드러내준다.

그러나 이 전쟁에 대한 그의 기본출발점은 식민시대의 사회성격과 민족갈등, 투쟁지형의 연속이라는 인식이었기 때문에 그 자체가 그의 연구와 사태설명을 가두어버려 사태의 변화와 발전과정에서 새로이 개입되고 탈락하는 수많은 요인들에 대한 동태적 설명을 어렵게 한다. 사회를 분석하는 데 있어서도 그의 초점은 이 전쟁은 식민모순이 한 지역에서는 해소되었음에 비해 다른 한 지역에서는 해소되지 않았기 때문에 초래된 계급갈등 또는 내전이었음을 규명하려는 데 초점이 놓여 있기 때문에 그러한 방법론은 당연히 전쟁의 대상지역이 식민시기와 얼마나 높은 연속성을 띠고 있었는가를 규명하는 데 집중될 수밖에 없었다. 그의 연구가 남한사회에 대한 분석에 더 많은 강조가 두어질 수밖에 없었던 방법론적 이유는 여기에 있었던 것이다.

그러나 강조할 필요도 없이 전쟁을 일으키는 사회와 체제에 대한 심층적 분석은 전쟁을 당하는 대상지역에 대한 분석보다 훨씬 더 중요하다. 그것이 내전이라고 하더라도 그러하다. 이에 대한 분석 없이는 전쟁의 성격과 의미는 결코 온전하게 규명될 수 없다. 따라서 필자의 방법과 규명대상에서는 남한과 함께 북한 역시 매우 중요하다. 오히려 더 중요하다고 말하는 것이 사실에 가까운 진술이다. 그것은 전쟁의 사실적 재구성에도 도움이 될 뿐만 아니라 우리가 말하는 대쌍관계의 동학에 비추어서 방법론적으로도 더 잘 들어맞는다.

1945년 해방 이후 1948년 정부수립 때까지의 북한은 어떠한 요인에 의해 어떠한 변화의 궤적을 그려왔는가, 또 북한체제의 구조와 성격은 무엇인가? 여기서 규명되어야 할 것은 적어도 세 가지이다. 하나는 질서의 주조자 소련의 역할을 재론하는 것이다. 소련의 역할을 규명하는 것은 다른 하나의 요소와 동전의 양면을 구성한다. 즉, 논리적으로 그것은 한국민중의 역할을 논의하는 것과 직결되어 있다. 이 두 가지는 서로 분리될 수 없는 것이다. 우리는 이 부분에 대해 아직도 강한 이념적 개입이 전제된 평가와 해석이 존재하고 있음을 알고 있다. 그러나 20세기 중반 한국에서의 전체 상황, 특히 북한의 사태에 있어 소련의 역할은 이제 엄정하게 접근되지 않으면 안된다.

다른 하나는 북한체제의 구조와 성격을 규명하는 것이다. 곧 국가와 정치사회, 시민사회의 수준에서 북한의 변화과정을 탐색하는 것이다. 우리는 단순히 국가수준만의 제도적 정치적 변화를 보지는 않을 것이다. 우리는 물론 그것을 규명한다. 그러나 우리는 그것과 함께 탈식민사회 민중의 실제 삶을 구성하고 변화시키며 조건짓는, 사회수준에서의 정치적 경제적 사회적 변화의 내용을 세밀하게 들여다보려 한다. 그렇지 않으면 이 탈식민사회의 사람들의 삶의 모습은 말할 것도 없고 그것의 혁명적 변화는 물론 사회의 성격도 해명되지 않는다. 바로 이러한 이유 때문에 초기 자율적 집단의 변화과정이라든지 북한혁명의 내용을 추적하는 것은 중요하다.

북한을 분석하면서 우리는 국가와 사회의 한 매개고리로서 정치사회라는 층위를 설정할 수 있을 것이다. 여기에서 말하는 정치사회는 사회의 이익을 집약하고 대표하여 국가에 매개하는, 즉 그람시(Antonio Gramsci)와 토크빌(Alexis de Tocgueville)에 기초한 최장집의 개념을 따를 때 "사회집단의 자율성과 이들간의 갈등의 표출이 보장되고 집합적 선택의 토론이 가능한 영역"을 말한다.[1] 그것은 초기 북한의 정치균열의 구조를 이해하는 데 크게 도움을 줄 것이다. 그리고 정치사회에 대한 논의를 추가함으로써 우리는 북한지도부와 대중들 사이의 집단적 의사대표체계에서의 민주성의 제한을 규명할 수 있을 것이다. 북한사회의 초기변화를 추적하면서 우리는 그 변화가 매우 급진적이었음을 규명하게 한다. 초기 급진주의적 경향은 결국 1949~50년에 들어 전사회적으로 확산된 급진군사주의의 초기적 원형이 되었다.

그러나 이 부분을 특정이론을 통해 논의하는 것은 이 연구의 주된 관심사가 아니다. 필자는 분석의 결과로서 이론적 결론의 도출이라는 방식을 반대하는 것은 아니나 자주 이론의 적용은 사회의 큰 흐름이나 삶의 다양한 모습들, 또는 근본성격을 특정의 이론적 분석과 결론 속으로 폐색시켜 버리는 경향을 갖는다. 아니면 사회를 특정이론틀 속으로 갇히게 하여 살아 있는 다이내믹스의 파악을 어렵게 한다. 따라서 우리는 사태를 설명하는 데 필요한 최소한도로 이론에 의존할 것이다.

세 번째 초점은 상대 분단국가인 남한과의 상호관계의 측면에서 북한체제의 구축과정을 보려 한다. 우리는 이를 통해서 하나의 동원체제로서의 북한국가의 형성이 남한의 변화와 얼마나 밀접하게 맞물려 돌아갔는가 하는 하나의 대면적 다이내미즘을 확인할 수 있을 것이다. 커밍스는 《기원》 1권에서 주로 남한을 분석하면서 북한에 대한 논의를 첨부하였는데, 필자는 반대로 북한을 분석하면서 남한을 동시에 보는 역의 방법을 추구하고자 한다. 필자가 이 연구를 진행하면서 1945년에서 1948년

1) 최장집, "한국민주주의의 이론과 실천," 《한국민주주의의 이론》, pp. 381~382.

까지의 남한을 상세하게 보지 않는 이유는 그것이 현대한국의 다른 어떤 부분보다도 많이 연구되었기 때문일 뿐만 아니라 이 시기의 북한을 탐색하면서 우리는 남한을 함께 규명할 수 있고, 또한 그것이 이 연구의 방법론에도 합치되는 것이기 때문이다.

볼록렌즈를 통하여 사태를 접근하려는 이러한 방법은 북한이라는 하나의 '소우주'를 통하여 전체 한국을 볼 수 있고, 또 그것이 가능하다면 전체 한국을 틀지었던 동아시아-세계체제라는 '대우주'로 나아갈 수 있기 때문이다. 해방 초기 북한이라는 소우주를 특징지었던 현상은 탈식민 사회혁명이었다. 따라서 북한의 탈식민 사회혁명은 이 시기 전체 북한을 해명하는 소우주가 될 것이다. 지금부터 우리는 이 다층구조 속으로 들어간다.

제 I 부
해방과 분단

1945년 8월 15일의 2차 세계대전의 종식과 해방은 한국인들에게는 고통스런 식민통치 35년을 마감한 극적인 날이었다. 억압의 실체가 갑자기 사라지자 일상적 삶과 사회의 모습은 격정의 분출로 인해 잠시 중단되지 않으면 안되었다. 사람들은 모두 기뻐했고, 잃었던 조국을 찾았으니 새로운 나라를 만들겠다고 바삐 움직였다. 여기에는 남녀노소가 없었다. 이들의 움직임은 힘차보였고 희망에 부풀어 있었다. 거리에는 한국인들이 즐겨 입는 흰옷의 물결이 넘실대었고 넘치는 활기는 백색의 물결처럼 마을에서 마을로 거리에서 거리로 퍼져나갔다. 한반도 전역은 금세 역사의 급류를 타고 있었다. 해외로 추방되고 도피하고 끌려갔던 사람들도 하나둘 벅찬 희망을 안고 조국으로 돌아오고 있었다.

그러나 해방은 시작부터 왜곡되기 시작하였고, 이는 끝내 이들의 삶을 소용돌이치는 세계사의 한복판으로 끌어내고 말았다. 1945년 8월 15일 해방의 순간부터 배면에서 작용하던 냉전과 강대국의 논리는 시간이 흐를수록 전한국을 압박하며 초기 해방의 질서를 뒤틀기 시작하였다. 한국민들 아무도 모르게 결정된 38선으로 인해 그것을 기준으로 남과 북에는 미군과 소련군이 진주하였고 해방의 해가 다 가기도 전에 한국은 벌써 분열의 모습을 드러내고 말았다. 미소의 점령군이 질서의 주조자로 나타나자 갑자기 그들을 중심으로 힘의 배열이 바뀌기 시작하였고, 빠른 움직임들은 주춤거리거나 저지되었다. 이러한 현상은 38선의 남과 북에서 동시에 나타나기 시작하였다. 그러나 이 영토분획과 뒤이은 민족분단이 5년 후 다가온 비극적인 전쟁의 단초가 되고 말 것이라는 점을 인지한 사람은 아직 아무도 없었다.

그해 말과 다음해 초에 터진 한 사건은 냉전으로 갈라지기 시작한 이 사회를 급기야 뚜렷한 두 사회로 분열시키고야 말았다. 모스크바 3상협정의 수용여부를 둘러싼 갈등인 이른바 탁치대쟁이었다. 초기에 씌워진 냉전의 굴레는 반년도 채 못가서 민족내부의 갈등과 대립으로 내화하였던 것이다. 이제 두 사상과 두 집회와 두 시위대와 두 노선이 행동과 역행동을 부르며 병진하기 시작하였다. 1945년 8월 15일 해방에서 46년 초 갈등까지의 짧은 시기 동안 우리 시대의 초기 기원을 정초한 사회적 급변은 어떤 모습을 띠고 있었을까?

제 1 장

해방과 초기 질서 : '광기의 순간'

1. 해방과 최초 지형 : 시민사회의 폭발 1)

1945년 8월 15일 2차 세계대전의 종전에 따른 식민통치의 종식은 한국의 모든 지역에서 밑으로부터의 광범한 정치적 폭발을 가져왔다. 1990년대 중반 현재 이보다 더 흥분되고 더 격렬하며 더 폭풍 같은 폭발을 그들은 아직 가져본 적이 없다. 35년에 걸친 식민통치의 종식은 모든 민중들을 민족독립국가를 수립하기 위한 길로 재빨리 빨아들이고 있었다. 식민통치의 붕괴는 새로운 민족국가의 수립을 위한 혁명적 조건의 창출을 의미하기 때문이었다.

스카치폴(Theda Skocpol)이 지적하듯 '패전, 침략위협, 식민지쟁탈전 등과 같은' 세계적 수준의 "국제적 국가체계(*international states system*) 내의 상황전개는 사실상 모든 혁명적 위기의 발발에 직접적으로 기여했

1) 초기 북한에 관한 충실한 사실 추적과 분석의 시도는 다음 연구들을 참조하라. 와다 하루키, "소련의 대북한정책, 1945~1946," 브루스 커밍스 외, 《분단전후의 현대사》(서울: 일월서각, 1983), pp. 234~308 ; 김용복, "해방직후 북한인민위원회의 조직과 활동," 김남식 외, 《해방전후사의 인식》 5(서울: 한길사, 1989), pp. 180~246.

다".[2] 일찍이 라쿠엘(Walter Laqueur)은 "근대시기에 전쟁은 혁명적 상황의 도래에 있어 결정적인 요소로 등장하였다"며 "대부분의 근대혁명들은 그것이 성공한 것이건 실패한 것이건 모두 전쟁을 뒤따라 일어났다"고 전쟁의 종결과 혁명의 관계를 강조한 바 있다.[3] 2차 세계대전의 종전은 볼셰비키 혁명과 그에 뒤이은 사회주의 체제의 등장이라는 혁명적 상황을 가져왔던 1차 세계대전보다 훨씬 큰 영향을 끼쳤다. 이 전쟁의 종결의 영향은 더 광범위했고, 식민통치의 결과 근대국가의 수립에 실패하였던 민족들에게는 즉각 근대국가 수립의 문제를 던졌다.

비스마르크(Otto von Bismarck)의 말대로 정치를 '가능의 기술'(Politics is the art of the possible)[4]로 부를 때 우리는 졸버그(Aristide Zolberg)를 좇아 특정 순간의 귀착에 따라 다가올 시기의 발전방향이 결정되는, '모든 것이 가능한 순간'을 '광기의 순간'(*moment of madness*)[5]이라 표현할 수 있을 것이다. 졸버그에 따르면 '광기의 순간'은 "근대사회의 인간이 모든 것이 가능하다고 믿는, 정치적 열정으로 가득찬 시기"이다. 이를테면 프랑스의 경우 1848년 2월 혁명, 1871년의 파리코뮌, 1936년의 공장점거, 1944년의 파리해방을 들 수 있다. 현대 한국에서 이러한 계기는 1894년 동학농민전쟁, 1919년 3·1운동, 1945년 해방, 1960년 4월혁명, 1980년 서울의 봄과 광주항쟁, 그리고 1987년의 6월항쟁을 들 수 있을 것이다. 그러나 어느 순간도 1945년과 비교될 수는 없었다.

---

2) Theda Skocpol, *States and Social Revolutions*, p. 23.

3) Walter Laqueur, "Revolution," *International Encyclopedia of the Social Sciences*, Vol. Ⅷ(1968), p. 501 ; Charles Tilly, "Reflections on the History of European State-Making," in Charles Tilly(ed.), *The Formation of National States in Western Europe*(Princeton : Princeton Univ. Press, 1975), p. 74에서 재인용.

4) *International Encyclopedia of the Social Sciences*, Vol. 19(N. Y. : Macmillan Publishing Company, 1991), p. 21.

5) Aristide R. Zolberg, "Moment of Madness," *Politics and Society*, Vol. 2., No. 2. (Winter, 1972), pp. 183~207.

《번신》(飜身)에서 힌튼(William Hinton)은 중국에서의 이러한 순간의 특징을 다음과 같이 말한다.

> 역사의 전환점인 1945년에 일본의 지배를 벗자마자 불과 며칠 사이에 장궁촌은 거의 필연적으로 반동의 보루에서 혁명적 폭풍의 중심지로 비약적인 변화를 맞이했다. 잇따라 발생한 모든 변화는 상대적으로 짧은 시간 동안에 집중적으로 이루어졌다.[6]

1945년의 한국 역시 동일했다. 졸버그의 말을 빌면 그것은 '혁명의 마법' '희열' '집회와 퍼레이드, 슬로건과 노래, 제스처와 깃발의 총체적인 의식'(儀式) '자유, 행복, 충만감의 특별한 경험' '말의 격류'(*torrents of words*) 등으로 충만된, "육체와 정신이 해방되고 사적인 것이 공적인 것으로 합쳐지고 꿈이 가능성으로 되는 때"인 것이다.

1945년의 해방을 경험했던 세대들은 이러한 감정상태를 기억하고 있다. 단체의 폭발적인 족출, 흥분과 설레임, 집단적 철야, 폭포와도 같은 연설과 구름 같은 집회와 인파들, 수많은 노선의 등장과 쟁투, 공연한 바쁨과 바깥소식에 목말라하는 잦은 외출, 이러한 것들이 광기의 순간의 특징이었다. 우리는 복받치는 기쁨의 감정을 억누르는, 언어로는 표현키 어려운 표정으로 대중 앞에 나타나 해방의 감격을 맞는 여운형의 모습을 생생한 한 장의 사진으로 기억하고 있다. 그 사진은 역사의 축소판이 아닐 수 없다. 한자로 쓰인 '解放'이라는 커다란 플래카드를 앞세운 채 감옥에서 풀려난 탈옥자들과 함께 흥분한 채 목이 터져라 만세를 부르는 대중들의 모습도 우리의 눈에는 선명하다.

1945년에 지어진 해방을 기념하는 이희승의 다음 시는 당시 한국인들이 맞았던 해방의 감격을 한마디로 드러내주고 있다.[7]

---

6) William Hinton, *Fanshen — A Documentary of Revolution in a Chinese Village*; 강칠성 역, 《飜身》(풀빛, 1986), p. 6.

7) 송건호, "분단상황 속의 민중상," 《분단과 민족》(서울: 지식산업사, 1986), p. 169에서 인용.

8월 보름날 저들의 벽력이
우리에게는 자유의 종이었다
태양을 다시 보게 되도다
오! 이게 얼마 만이냐
....
얼마나 그리웠던가
저 창공
껴안고 싶은 아름다운 강산

1945년 여름 이 폭발에서 제외된 곳은 거의 없었다. 오랫동안 가장 악랄한 식민통치를 경험했던 한국의 폭발은 터질 듯했다. 평양에서 해방을 맞은 한 조선건국준비위원회(건준) 참여자는, 해방의 순간을 "한 자리에 모여 해방의 기쁨을 노래하자. 밤이 새도록!"[8] 이라고 극적으로 묘사한다. 임명방(林明芳)의 다음 회고는 해방 당일 한국인의 흥분을 잘 보여준다.

> 나는 참으로 놀라운 광경을 목격하게 되었다. 극장 앞길을 메운 군중은 수백 명을 넘었는데 이들은 언제 준비하였는지 조선독립만세란 플래카드를 앞세우고 만세삼창을 외치면서 행진하고 있었다. 그들의 물결 속에서 나는 태극기를 처음으로 보았다. 감추어 두었던 것인지 아니면 항복을 알고 난 후에 급조한 것인지는 몰라도 일왕담화 몇 시간 후에 그 깃발이 휘날리게 되었다는 사실은 참으로 놀라운 일이 아닐 수 없었다. 다 죽은 듯이 일제정치를 인내해 온, 바보스럽게만 보여졌던 조선인들에게 영원히 불타는 애국심과 민족정신이 엄연히 살아있다는 역사의 증언을 나는 그 순간 비로소 알아차리게 되었다. 나는 그 후 여러 날 동안 잠을 잊은 채 그 흥분의 도가니 속에 빠지게 되었다.[9]

8) 오영진, 《하나의 증언》(서울: 중앙문화사, 1952), p. 50.
9) 임명방, "내가 겪은 해방—仁中時節과 태극기에 대한 추억," 《황해문화》 제5호(1994년 겨울), p. 161.

해방은 잠조차 앗아간 흥분의 도가니였던 것이다.

독립운동의 주요 지도자 여운형은 그를 보기 위해 구름처럼 몰려드는 민중들을 향해 해방 다음날인 8월 16일 서울 휘문중학 운동장에서 군중 앞에 나타나 특유의 사자후를 토했다.

> 조선민족 해방의 날은 왔다. … 이제 우리민족 해방의 첫걸음을 내딛게 되었으니 지난날의 아프고 쓰렸던 것은 이 자리에서 모두 잊어버리자. 그리하여 이 땅을 참으로 합리적인 이상적 낙원으로 건설하여야 한다. 이때 개인의 영웅주의는 단연코 없애고 끝까지 집단적 일사불란의 단결로 나아가자.[10]

신중한 여운형은 연합국의 예정된 진주와 자중, 패배한 일본인에 대한 아량과 인내, 해외지도자들의 귀국과 그때까지의 역량의 결집과 협력을 부탁하는 것을 잊지 않았다. "합리적인 이상적 낙원을 건설하자"는 여운형의 첫 연설에서 우리는 이상을 향한 흥분과 절제된 이성의 공존을 목도한다.

탈식민사회에서의 탈식민혁명은 민족독립국가의 수립을 의미했다. 그러나 식민국가의 붕괴가 곧바로 주권적 독립국가의 수립을 보장하는 것은 아니었다. 이 둘 사이에 필연성은 존재하지 않는다. 말을 바꾸면 구체제의 해체와 새로운 체제의 구축은 동일한 것이 아니었다. 한국민중에게는 해방이라는 혁명적 조건을 어떻게 국가수립으로 연결하느냐는 주체적인 문제가 주어졌다. 사람들은 이 순간을 스스로 통치하는 독립국가수립으로 연결하려 바삐 움직였다. 최초에 그 움직임은 조선건국준비위원회라는 이름으로 나타났다. 한 자료에 따르면 건준은 8월 31일 현재 전국에 145개의 지부를 가질 정도로 급속하게 확산되어갔다.[11] 이는 해방 2주일 만의 통계로서 건국의 움직임은 재빠른 물결로 전국으로 확산되어 나갔던 것이다. 그러나 실제의 숫자가 이보다 더 많았을 것이

10) 《매일신보》 1945년 8월 17일, 《자료대한민국사》 1권, p. 11.

11) 민주주의민족전선 편, 《朝鮮解放一年史》(서울: 문우인서관, 1946), p. 81.

라는 점을 상상하기는 어렵지 않다.

건준의 명칭에 포함된 '건국준비'라는 말이 시사하는 바 역시 컸다. 건준이 내세운 강령의 첫 번째 항목은 흥미 있고 당연하게도 "우리는 완전한 독립국가의 건설을 기함"이었다.[12] 8월 16일 서울시내에 뿌려진 건준의 전단의 내용은, 여운형의 첫 연설처럼 민중의 절대 자중을 요구하는 내용이었다.

> 조선동포여! 중대한 현단계에 잇어 절대의 자중과 안정을 요청한다. 우리들의 장래에 광명이 잇으니 경거망동은 절대의 금물이다. 제위의 일어일동이 민족의 휴척(休戚)에 지대한 영향이 잇는 것을 맹성하라! 절대의 자중으로 지도층의 포고에 따르기를 유의하라."[13]

폭발 속의 안정, 혼돈 속의 질서를 추구하려는 강한 의지를 읽을 수 있다.

건준은 곧바로 많은 지방에서 인민위원회로 변환하였다. 1945년 11월 21일~22일에 서울의 천도교 대강당에서 개최된 전국인민위원회 대표자대회에 보고된 바에 따르면, 1945년 11월 현재 북한지역에서는 총 564개의 면 중 564개, 28개의 읍 중 28개, 70개의 군 중 70개, 9개의 시 중 9개, 그리고 6개의 도 중 6개(경기도 북부는 제외)의 인민위원회가 창설되었다. 또한 남한지역은 1,680개의 면 중 1,667개, 75개의 읍 중 75개, 148개의 군 중 145개(3개는 창설준비중), 7개의 도 중 7개가 창설되었다.[14] 인민위원회의 완전한 구축이었다.

노동자들 역시 밑으로부터의 결집을 통하여 1945년 11월 조선노동조합전국평의회(전평)를 만들었는데 1945년 말이면 이미 전국에 223개의 지부, 1,757개의 지방조합에 553,408명의 조합원을 갖추었다.[15] 억압

12) 《조선해방1년사》, p. 84.

13) 《자료대한민국사》 1권, p. 12 및 pp. 12~13 사이의 전단사본.

14) 《全國人民委員會 代表者大會 議事錄》(서울: 전국인민위원회, 1946), p. 32; 김남식·이정식·한홍구 편, 《한국현대사자료총서》 12권, p. 470.

과 착취, 인간적 멸시를 포함한, 망국과 식민통치로 인해 있게 된 고통의 가장 큰 담당자들인 농민들의 경우 1945년 11월 전국농민조합총연맹(전농)을 만들었는데, 이 조직은 13개의 도연맹, 188개의 군지부, 1,745개의 면지부, 25,288개의 리부락반에 무려 3,322,937명의 조합원 수를 갖는 엄청나게 큰 거대조직이었다.[16] 전농의 건설 규모와 속도를 보면, 이는 억압적 질서의 급속한 해체가 얼마나 크고 빠르게 밑으로부터의 대안조직의 건설을 가져오는지 해방의 정치 일반의 어떤 보편적 특성을 보여주는 것이었다.

건준과 인위를 포함하는 이러한 움직임들은 탈식민의제를 밑으로부터 성취하려는, 그러면서도 현실인식과 대응에서 반동적이지도 과격하지도 않았던, 그람시가 말하는 이른바 '민족적 민중적 집합의지'(*national-popular collective will*)를 담은 역사적 블록(*historical bloc*)으로서의 특징을 지닌 것이었다.[17] 이들은 탈식민의제가 투사, 응축되어 광범한 사회세력을 하나로 결집하여 새로운 역사단계로 이끌어갈 혁명적 변화의 계기를 선취할 수 있는 것이었다. 즉, 이들은 해방 이후 최초로 등장한 식민국가에 대한 일종의 대안국가적 조직이었다.

초기 건준은 여러 연구들이 지적해 왔듯이 많은 한계를 지녔던 것이 사실이었다. 그럼에도 불구하고 모든 초기적 정치조직들은 이념적으로 모호하고 느슨하며, 조직적으로는 광범하나 비조직적이고 산만하며, 때때로 혼돈스런 모습을 띠는 특성을 갖는다. 그리고 질서의 재편기에는 그러한 특성들이 단점보다는 오히려 더 많은 장점을 제공해 주는 것이 일반적이다. 이념적 단결과 강도(*intensity*)는 오히려 참여의 범위(*scope*)

---

15) 《현대일보》 1946년 9월 3일 ; 김태승, "미군정기 노동운동과 전평의 운동노선,"박현채 외, 《해방전후사의 인식》 3(한길사, 1987), p.318에서 재인용.

16) 《조선해방1년사》, p.167.

17) 역사적 블록에 대해서는 Antonio Gramsci, *Selections From the Prison Notebooks of Antonio Gramsci*, in Quintin Hoare and Geoffrey Nowell Smith(ed. and trans.)(London: Lawrence and Wishart, 1971), pp.130~133, 421를 참조하라.

를 좁히는 결과를 가져오기 때문이다. 반대로 참여의 범위를 넓히려면 강도를 희생하는 것은 불가피했다. 즉, 강도를 희생하는 것이 범위를 희생하는 것보다는 권력장악의 훨씬 현명한 선택이었던 것이다. 이 점을 고려하지 않는다면 밑으로부터 막 솟아나는 자발적 정치조직들의 초기 장점들을 버리는 것이 될 것임에 틀림없다.

최장집의 표현처럼 이러한 현상은 '단체의 족출'(簇出) '시민사회의 폭발'이라 부를 수 있는 것이었다.[18] 유례없는 이 정치적 대폭발보다 더 분명하게 민중정치의 초기적 원형을 보여주는 것은 없었다. 건준은 물론 전농, 전평의 경우 대부분의 활동가들은 식민질서에 가장 강력하게 저항한 인물들이었다. 지방의 건준과 인위의 참여자들 역시 마찬가지였다. 해방이라는 한번의 박동으로 새로운 인물들로 이루어진 대안조직이 순식간에 동맥부터 미세혈관까지 쫙 뻗쳐나갔던 것이다. 구체제에 가장 강력히 저항하던 세력의 대안지배질서의 추구는 의심의 여지없이 국제적 국가체제의 붕괴가 가져다준 혁명적 상황을 의미하는 것이었다.

이러한 자주적 국가수립 움직임은 19세기 말의 근대국가 수립의 실패와 식민지배로 인한 근대국가 수립 노력의 천연된 등장이었으나 과거의 것이 그대로 재등장한 것은 결코 아니었다. 흥미 있게도 건준을 비롯하여 해방 직후 초기 국가수립 움직임에서 식민지배 이전의 통치양식으로 돌아가자는 움직임은 하나도 없었다. 그것이 어떤 형태이건 근대적 지배양식의 국가를 수립해야 한다는 점에 대해 일반적 합의가 이루어져 있었던 것이다. 식민지배 이전부터 근대국민국가의 수립노력이 있었다는 점, 3·1운동 이후 공화정부수립 노력과 이의 제한적 실현의 경험, 맑스주의를 비롯한 근대 혁명사상의 수용, 자본주의의 확산 등으로 인하여 이미 구지배질서의 사회적 사상적 토대는 식민시기 동안에 완전히 해체되었던 것이다.

한국에서의 근대국민국가의 수립움직임은 19세기 말의 문호개방 이후부터 등장하였다.[19] 19세기 말에 봉건적 구질서가 해체되고 외세와

---

18) 최장집, 《한국현대정치의 구조와 변화》, pp. 82~83.

의 접촉이 시작되면서 한국에서는 근대국가를 수립하고자 하는 움직임이 등장하였던 것이다. 이것은 비록 미약한 수준에서 전개된 것이었지만 조선 후기 이래의 사회경제적인 변화를 반영한 것이었다. 그러나 사회경제적 변화와 밑으로부터의 도전, 그리고 외세의 위협 앞에 조선조 봉건국가는 허약하게 붕괴되고 말았다. 즉, 그것은 허약한 국가였던 것이다.[20] 그럼에도 불구하고 갑신정변과 동학농민전쟁 등 최초의 근대국가수립 움직임은, 그것이 위로부터였건 아래로부터였건, 모두 실패하였다. 따라서 1948년 분단국가의 등장 이전에 우리는 그것이 어떤 형태였든지 간에 근대국민국가를 경험하지 못하였다. 즉, 한국의 근대국가의 형성은 불연속적이었던 것이었다.[21]

일본의 식민지배는 전통 한국의 사회질서와 계급구조를 혁명이 필요한 상황으로 변화시켰다. 지주계급은 식민국가에 의존하여 계급적 이익을 보존하였고, 농민과 노동자들은 식민지적 산업화에도 불구하고 궁핍과 억압에 시달렸다. 제국주의 식민통치에 협력하는 많은 친일파의 존재는 식민지 민중들의 더욱 커다란 분노를 불러일으켰다. 이러한 상황의 폭발을 저지한 것은 엄청나게 방대한 근대적 식민국가관료체계였다. 저항과 억압은 상호 상승적으로 강화되었던 것이다. 식민지배는 간단하게 말해 억압에 의해 유지되는 비동의의 체제였다. 따라서 식민국가의 붕괴는 식민지 민중의 혁명적 분출을 가져올 것이 분명하였다. 2차 세계대전의 종전 및 식민국가기구의 붕괴와 함께 나타난 혁명적 근대국가수립 움직임의 분출은 일본의 식민통치의 직접적인 산물이었으며 당연한 것이었다.

종전 시기까지의 35년에 걸친 식민통치를 유념할 때 식민국가의 붕괴에 뒤따른 한국인들의 광범한 폭발은 당연한 것이었다. 일본의 항복은 식민국가의 붕괴라는 권력의 공백상태를 가져왔고, 이 공백은 한국인들

---

19) 강만길, 《분단시대의 역사인식》, p. 197.

20) 이 점은 팔레의 핵심논지이기도 하다. James Palais, *Politics and Policy in Traditional Korea* (Cambridge: Harvard Univ. Press, 1975).

21) 최장집, 《한국의 노동운동과 국가》(열음사, 1988), p. 197.

에 의해 재빠르게 채워져 나갔다. 그것은 우리가 역사적 블록으로 개념화한 건준이나 인민위원회로 수렴되었다. 그러나 이러한 움직임은 모든 지역에서 동일하게 나타나지는 않았다. 북한의 경우 어떤 지역은 민족주의자들이 한발 앞서 나갔으며, 어떤 지역은 공산주의자들이 이니셔티브를 쥐고 있었다. 민족주의계열이 강한 평안도 지역에서는 민족주의계열 또는 우파로 분류될 수 있는 사람들이 정치적 이니셔티브를 선제했다. 반면 함경도는 공산주의자 또는 좌파가 발 빠르게 조직의 주도권을 장악했다. 황해도는 아마도 그 중간형태로 불릴 수 있을 것이다.

이러한 편차는 식민시기의 항일운동의 지역적 편차에 직접적인 연원을 갖는 것이었다. 식민시기 동안 한국에서 전개된 반일투쟁은 단일한 중앙조직에 의해 수행되지 않았다. 하나의 중앙정부가 통일적인 중앙정책을 일사불란하게 집행하기에 한국은 정치적, 경제적, 지리적, 문화적, 교통-통신의 측면에서 거의 최적의 규모를 갖고 있었던 상황을 반영하여 1930년대 초반 신간회라는 단일의 민족통일전선의 해체 이후 한국민족은 어떠한 단일의 반일 독립운동단체도 형성하지 못했다. 1927년 2월에서 1931년 5월까지 존속한 신간회는 전국적으로 총 120~150여개의 지회에 약 2만~4만명의 회원수를 가진 단일 민족독립운동 조직이었으나 그것이 마지막이었다.[22] 이후 종전의 시점까지 한국인 항일운동세력들은 어떠한 단일한 중앙조직이나 민족통일전선을 형성하지 못하였기 때문에 대안국가의 형성은 더욱 거리가 멀었다.[23]

대안국가(*counter-state*)란 '일단 독립이 성취되었을 때 식민국가로부터 권력을 접수할 준비가 되어 있는 일종의 태생중에 있는 국가'라고 할 수 있다. 대안국가는 그것의 영토적 지배영역내에서는 경쟁하는 다른 중앙권력을 허용하지 않는다.[24] 이 점에서 그것은 다른 일반적 근대국가와

---

22) 이균영, 《신간회연구》(서울: 역사비평사, 1993), p. 17.

23) 이 문제에 대해서는 강만길, "독립운동 과정의 민족국가건설론," 송건호·강만길 편, 《한국민족주의론》(서울: 창작과비평사, 1982), pp. 95~139를 참조하라.

24) 대안국가개념에 대해서는 Anthony D. Smith, *State and Nation in the Third*

마찬가지로 권력의 대내적인 독점성을 갖고 있어야 했다. 그러나 대안국가의 형성의 실패는 해방 후 각 정치세력이 독자적으로 정통성을 주장하며 헤게모니를 다투게 되는 역사적 조건으로 작용하였다. 따라서 초기의 건준과 인공-인위의 경우도 해외의 주요 독립운동 지도자들과 단체들이 돌아오지 않은 공백기의 제한적 대안국가의 성격을 지닐 수밖에 없었다.

식민시기 각 지역의 반일운동은 지역적 특성을 갖고 분산적으로 전개되었는데, 평안도의 경우 기독교와 민족주의자들의 영향력이 매우 강력했다. 한국의 간디로 불린 전형적인 민족주의자 조만식은 평안도 출신이었을 뿐만 아니라 활동근거지도 평안도였다. 때문에 전후 초기 평안도는 기독교와 민족주의의 중심지였다. 식민시기 평양은 기독교도들에게는 성도(聖都)로 불릴 정도였다. 그러나 함경도는 공산주의자들의 영향력이 아주 강력했다. 함경도에서는 원산의 총파업과 같은 대규모 노동투쟁이 있었으나 평안도에는 없었다. 이재유와 같은 뛰어난 공산주의자가 활동한 지역도 함경도였다. 함경도에 공산주의의 영향력이 강력하였던 이유는 만주에서 활동하고 있던 김일성을 비롯한 공산주의항일운동가들의 영향과, 소련과 가깝다는 지리적 이유 때문이었다. 그리고 그곳은 중앙정부 총독부로부터도 가장 먼 곳에 위치한 지역이었다.

일반적인 식민지배의 사례가 보여주듯이 중앙식민국가로부터 지역적으로 먼 곳은 강력한 저항의 근거지인 경우가 많다. 즉, 식민국가로부터의 거리와 식민지 민중의 저항의 정도는 일반적으로 비례하였다. 총독부가 위치한 서울에서 가까운 황해도는 어떤 특성을 보여주기 어려운, 함경도와 평안도의 중간쯤으로 불릴 수 있는 위치에 있었다. 단일대안국가 형성의 실패와 지역적 편차라는 이러한 특성은 식민시기의 항일운동을 특징짓는 데서 그치지 않고 탈식민 후의 국가형성과정에 그대로 반영되어 나타났다. 그 특성들은 1945년 8월의 초기 해방의 시기 동

World — The Western State and African Nationalism(Brighton: England, 1983), p. 51을 보라.

안에 표면으로 드러났다.

분계선 북부의 정치중심지인 평안남도의 경우 종전과 함께 평안남도 치안유지회가 결성되었다. 위원장은 조만식이었다. 조만식은, 종전 사실을 미리 안 일본인 도정책임자로부터 8월 13일 비상사태하의 도정에 협력해 달라는 제안을 받았으나 이에 응하지 않았다.[25] 대신 그는 독자적으로 움직이기 시작했다. 당시 그는 일본의 압박을 피해 강서에서 은거중이었다. 조만식은 평양 출신으로 당시 64세였다. 그는 일본 메이지대학을 졸업하고 오산중학교 교장, 신간회 중앙위원 겸 평양지부장, 평양 YMCA총무, 조선물산장려회 회장을 지낸, 이 지역의 단연 독보적인 민족독립운동의 지도자였다. 특히 그는 비폭력적이면서도 비타협 노선이라는, 유연하면서도 완강한 독특한 투쟁노선에다가 항상 한국민족의 상징인 한복을 입고 다녀 그는 '한국의 간디'로 불렸다.[26] 많은 한국인들이 식민시기 국내민족주의의 지도자의 상징을 얘기할 때는 아직도 '조만식 선생'을 기억하는 이유는 여기에 있다. 이것이 비록 그의 해방 후의 반소반공운동 때문에 나중에 과장된 면이 있다 하더라도 당시에 그의 명성 자체는 부인할 수 없는 것이었다. 현대한국의 정치지도자 중에서 지속적으로 선생으로 불리는 세 명의 지도자는 조만식과 여운형, 그리고 김구뿐인데 한국어에서 '선생'이라는 표현은 존경의 표시이자 때로는 '그를 따르겠다' '그가 옳다'는 뜻으로 쓰인다.

일본이 항복한 바로 다음 날인 8월 16일에 3천 명의 정치범들이 석방되면서[27] 평남치안유지회는 해체되고, 조만식을 비롯한 민족주의 계열의 인사들은 재빠르게 8월 17일 평남건국준비위원회를 결성하였다. 우리는 좌파적인 여운형과 우파적인 조만식이 주도한 두 정치중심도시인 서울과 평양에서의 최초 조직체가 건국준비위원회라는 똑같은 명칭을 사용하고 있음에 주목하게 된다. 우리가 이 조직을 비록 불완전하나마

---

25) 森田芳夫, 《朝鮮終戰の記錄》(東京: 巖南堂書店, 1964), p. 182.

26) 조만식에 대해서는 다음을 참조하라. 고당전・평양지 간행회, 《고당 조만식》(서울: 평남민보사, 1966).

27) 森田芳夫, 《朝鮮終戰の記錄》, p. 183.

하나의 역사적 블록으로 본 이유는 바로 여기에 있다. 이는 한국인들이 지향했던 어떤 분명한 방향을 암시하고 있음에 충분하다.

평남건준의 초기 간부진을 살펴보면 흥미로운 사실이 발견된다. 그것은, 구식민국가의 붕괴라는 상태에서 최초의 국가수립 움직임을 주도한 사람들과, 그들로 구성된 조직의 성향 및 그들이 구상하고 있는 독립국가의 성격을 암시하기 때문이다. 약 20명으로 구성된 평남건준의 간부진은 거의 모두가 민족주의 계열의 인물들이었다. 집행부는 위원장과 부위원장 그리고 총무, 치안, 선전, 교육, 산업, 재정, 생활, 지방, 외교부장의 11명으로 구성되었다. 이들 11명의 집행부 중 총무부장을 맡은 이주연(李周淵)과 선전부장을 맡은 한재덕(韓載德)을 빼고는 모두 민족주의 계열이었다. 위원장은 조만식이었고 부위원장은 오윤선(吳胤善)이었다.[28)]

한편 공산주의자들은 8월 17일 조선공산당 평남지구위원회를 결성하였다. 중심인물들은 현준혁, 김용범, 박정애 등이었다. 평남 개천 출신의 유명한 공산주의자 현준혁은 서울에 있다가 공산당 건설을 위해 해방과 함께 8월 17일 평양으로 돌아와 조선공산당 평남지구의 결성에 참여한 것이었다. 그는 서울의 공산주의자들의 결정에 따라 평양에서 공산당을 건설하기 위해 평양으로 갔다.[29)] 한 기록은 이를 '8월 17일 아

28) 평남건준의 자세한 내부구성은 다음을 참조하라. 오영진, 《하나의 증언》, pp. 35~36. 오영진은 조만식의 비서였고, 건준부위원장인 오윤선의 아들이었다. 한재덕, 《김일성을 고발한다》, pp. 49~51 ; 《고당조만식》, p. 174. 한재덕은 공산주의자로서 당시 평남건준의 선전부장이었다. 그는 나중에 북한에서 여러 고위직을 맡고 있다가 일본으로 간첩으로 파견된 뒤 전향하였다. 우리는 1권에서 이 인물의 중요한 증언을 인용하였다. 그는 초기 북한에 대해 많은 것을 알고 있는 인물이었으나 알려지지 않은 이유로 너무 일찍 사망하였다. 이주연은 1권에서 언급한, 한국전쟁이 발발할 당시 주중 북한대사로서 북한지도부와 중국지도부 사이의 연락을 담당했던 인물이다. 한편 나중에 월남하여 미군정 경무부 수사과장을 맡고 있다가 이승만과의 갈등으로 인해 한국전쟁중 사형되는 최능진은 평남건준의 치안부장을 맡았었다.

29) 羅一夫, "玄俊赫의 來歷," 《신천지》 1946년 10월호(1권 9호), p. 142 ; 오영진, 《하나의 증언》, p. 49 ; 한재덕 《김일성을 고발한다》, p. 50 ; 정 백, "8월 15일

침에 某重大指令을 띠고' 평양으로 간 것으로 기록하고 있다.[30] 이 시점이면 아직 박헌영이 주도하는 공산당조직은 재건되어 있지 않은 때였으므로 현준혁의 파견은 이른바 장안파 계열의 공산주의자들이 결정한 것이었다. 지방의 공산주의 운동의 중심인물이 최초에 서울의 결정에 따라 지방으로 내려오고 있음은 주목할 만하다. 여기에서 우리는 비록 여운형, 박헌영과 같은 전국적인 지도적 인물이 아닐지라도 좌우를 막론하고 정치지도자들은 해방과 동시에 전국적 조직의 구축을 시도하였음을 읽게 된다.

그러나 조공평남지구의 활동은 평남건준의 활동에 비교되지 않았다. 그 이유는 기본적으로 소련군의 미진주와 김일성, 김두봉, 최용건, 무정, 김책, 박일우 등의 주요 공산주의자들이 귀국하지 않은 초기 시점에서 공산주의자와 민족주의자 간의 힘의 배분 차이에서 연유했다. 또한 조만식이 갖고 있는 독점적인 명망성에서도 기인하였다. 한재덕에 따르면 1945년 8월 당시 평양에서 민족주의자들의 세력은 "비교할 나위도 없을 만큼 절대적으로 우세하였다".[31] 서울과 평양을 중심으로 하여 당시의 남한과 북한의 정치지형을 조합하다면 우리는 아마도 "서울-공산주의, 평양-민족주의"라는, 앞으로 실제 전개될 사태와는 반대되는 하나의 조합을 만들어 낼 수 있을지 모른다.

평안북도의 경우 종전과 함께 해방 당일인 8월 15일 신의주 자치위원회가 결성되었다.[32] 중심 인물은 민족주의자 이유필(李裕弼)이었다. 나중에 평안북도 자치위원회의 위원장이 되는 그는 "우리는 이 자치위원회를 지켜 치안을 유지하다가 중국에서 정부(김구가 이끄는 대한민국 임시정부를 말함—인용자 주)가 돌아오는 날 고스란히 그것을 갖다바치면 된다"[33]고 언급한 데서 볼 수 있듯이 전형적인 임정계 민족주의자였다.

조선공산당 조직경과 보고서,"(1945년 11월 7일) 《朝鮮共産黨文件資料集, 1945~1946》(한림대학교 아시아문화연구소, 1993), p. 8.

30) 羅一夫, "玄俊赫의 來歷," 《신천지》 1946년 10월호(1권 9호), p. 142.

31) 한재덕, 《김일성을 고발한다》, p. 50.

32) 森田芳夫, 《朝鮮終戰の記錄》, p. 189.

김구에 따르면 그는 이동녕, 안창호, 조완구, 김구, 차이석, 김붕준 등과 함께 한국독립당을 창설한 인물이었다.[34] 김일성의 회고록에 따르더라도 그는 상해에서 손정도, 김구, 윤기섭 등의 민족주의자들과 함께 무력항쟁을 담당할 인재를 양성하기 위하여 노병회를 조직하기도 하였다.[35] 그러나 신의주 자치위원회의 부위원장은 좌파의 백용구(白容龜)였다. 이유필과 백용구의 결합은 서울의 초기 건준이 그러했듯 지방수준에서도 좌우 연립이 이루어졌음을 보여준다. 8월 18일 신의주자치위원회는 기관지로 《압강일보》(鴨江日報)를 발행하였다. 그러나 이러한 한국어 의사표현기구들은 소련군이 들어오면서 그들에 의해 9월 2일 일제히 폐간되었다.[36]

신의주는 평안북도의 중심도시였다. 종전과 함께 1,400명의 항일운동가가 석방되었고, 신의주에서의 자치위원회의 결성을 계기로 도내의 다른 지방에서도 이러한 조직이 결성되었다. 신의주 자치위원회는 '전도적인 문제들을 관장하기 위하여' 8월 25일까지 확대되었다.[37] 이는 사실상의 지방정부 기능을 행사하려 했음을 보여주는 것이다. 그리하여 8월 26일에는 평안북도 자치위원회가 결성되었다.[38] 해방 후 열흘 만에 도수준의 자치조직을 건설한 것이었다. 베닝호프(Merrell H. Benninghoff)가 지적한 대로 "자치위원회는 비록 무기를 소유하고 있지는 못했으나 도 전체를 통하여 평화와 질서를 유지하는 데 성공하고 있었다".[39] 베닝호프의 진술은 외세의 진주가 없었던 한국인들만의 초기 해방시기의 질서가 혼란스럽고 뒤죽박죽이 결코 아니었음을 보여준다.

---

33) 함석헌, "내가 겪은 신의주학생사건," 《씨알의 소리》 1971년 11월호, p. 36.

34) 《백범일지》, p. 198.

35) 김일성, 《세기와 더불어》 1권, p. 354.

36) *ISNK*, No. 1 (Dec. 1, 1945).

37) "The Political Adviser in Korea (Benninghoff) to the Secretary of State" (Oct. 1, 1945), *FRUS 1945*, Vol. VI, pp. 1065~1066.

38) 《해방후 4년간 국내외 중요일지》 (평양: 민주조선사, 1949), p. 8.

39) "The Political Adviser in Korea (Benninghoff) to the Secretary of State" (Oct. 1, 1945), *FRUS 1945*, Vol. VI, p. 1066.

무기를 소유하고 있지도 못하였다는 점, 그럼에도 불구하고 도 전체를 통하여 평화와 질서를 유지하고 있었다는 점, 이 두 가지는 해방 초기 한국사회의 핵심을 이해하는 데 필수적이다. 남과 북을 통틀어 한국인들은 해방에 따르는 권력의 붕괴에도 불구하고 결코 방종하지 않았으며, 헤게모니 장악을 위해 아직 무기를 들고 투쟁하지는 않았고 그들만의 평화와 질서를 성공적으로 유지하고 있었다.

평북에서의 이 초기 유형은 주목할 만한 것이었다. 즉, 지방의 정치 중심지가 되는 시·군 수준의 자치위원회가 먼저 등장하고 이것이 주춤거리며 지켜보던 작은 마을과 소도시들로 횡적으로 퍼져나가며, 민중들의 재빠른 참여로 인한 확산을 거쳐 관할지역내 지역들의 느슨한 연대의 망이 형성되자, 다음에는 다시 전도적인 중심기구가 등장하면서 지방정부 기능을 행사하려 함을 볼 수 있다. 우리는 이 초기 과정을 목도하면서 밑으로부터의 정치적 조직화의 한 뚜렷한 패턴을 보게 된다. 그 조직화는 겉으로는 무질서한 듯했으나 전체적으로는 어떤 방향을 시사하는 민중적-민족적 집합의지의 구현인 것처럼 보였다. 즉, 아래로부터 위로 솟아오르는 형상을 하고 있었던 것이다. 그러나 불행하게도 이 솟아오르는 조직화 노력은 남한에서도 북한에서도 곧바로 좌절되었다.

함경도의 경우는 평안도와 달랐다. 소련군이 조기에 진주하여 전투를 치른 함경북도는 여기에서 다루지 않고 다음 절에서 다루겠다. 함경남도의 경우 친일세력과 민족주의자 그리고 공산주의자들 간에 삼파전이 벌어지고 있었는데 공산주의자들이 가장 활발하였다.[40] 8월 16일에는 함흥형무소에 있는 200여명의 정치범들이 석방되었다. 같은 날 서울에서 있었던 민중시위 소식이 전해졌고, 안재홍의 라디오 방송은 민족해방의 환희를 더 크게 북돋웠다. 감옥에서 나온 사람들을 중심으로 시민들은 함흥 부청(府廳)으로 달려가서 모든 권한을 조선인에게 넘기게 했다. 도내의 경찰서, 지서는 한국인들의 습격을 받아 점거되었다. 민중들의 최초의 행동이 그들을 억압하였던 구체제 권력기구에 대한 공격

---

40) 森田芳夫, 《朝鮮終戰の記錄》, p. 165.

이었음을 이 단순한 사건은 보여준다. 해방은 혁명과 새로운 체제건설에로의 출발점이었던 것이다.

석방된 정치범 송성관(宋成寬) 등은 8월 16일 함경남도 인민위원회 좌익을 결성했다. 구체제 권력기구가 해체되자 새로운 대체권력을 형성하고 있는 것이다. 그러나 '좌익'이라는 용어에서 이미 이들이 갖고 있는 특정한 지향성을 읽을 수 있다. 이들은 곧바로 활동을 개시하여 전단을 뿌리며 동지들을 규합하고 함경남도 각 지역에 활동가들을 파견하였다. 다음날인 8월 17일에는 100여명의 공산주의자들이 이 단체를 해체하고 보다 확대된 함경남도 공산주의자협의회를 결성하였다. 다른 한편 대중조직 결성에도 참여하여 흥남화학노동조합을 비롯하여 공장에는 노동조합을, 농촌에서는 농민위원회의 결성을 서둘렀다.[41]

또한 건준 함경남도 지부도 결성되었는데 위원장은 공산주의자 도용호(都容浩)였다. 도용호는 식민시기 1930년대에는 서울-경기지역에서 김철수(金綴洙) 등과 함께 조선공산당의 재건활동을 했던 경력 많은 공산주의자였다. 그는 조선공산당 재건활동으로 인하여 1931년 경성지방법원에서 3년형을 언도받은 인물이었다.[42] 그러나 함남 공산주의자협의회와 건준 함남지부는 서로 독립적인 조직이었다. 둘은 분리된 움직임이었다. 11월에 서울에서 개최된 제1차 전국인민위원회 대표자 대회에서의 보고에서 함남대표 김병걸(金炳傑)은 "일제하 전조선 검거자의 절반 이상이 매년 함남인민이었다"면서 8월 15일 함흥형무소에서 약 1,000여명이 석방되어 '인민정권'을 수립하고자 노력했다고 보고하였다.[43]

김병걸은 특별히 이 지방의 유명한 토착 공산주의지도자 오기섭(吳淇

41) 磯谷秀次, 《北朝鮮にありて》, 김계일 역, 《우리청춘의 조선》(서울: 사계절, 1988), p. 211.

42) 김준엽 · 김창순, 《한국공산주의운동사》 5권(서울: 청계연구소, 1986), pp. 296, 298, 375.

43) 《전국인민위원회 대표자 대회 의사록》, p. 68 ; 《한국현대사자료총서》 12권, p. 488.

燮), 이주하(李舟河)와 조훈(趙勳)을 지목하여 그들을 '우리의 위대한 지도자'라고 부르고 있었다. 김일성이 9월에 이미 김책을 파견하여 북한지역에 독자적 공산당을 창당하는 문제를 놓고 김병걸 자신, 그리고 오기섭-이주하와 격렬하게 대립하고 있었던 시점에 서울에서 이루어진 김병걸의 보고는 북한 토착공산주의자들의 인식이 어떠했는지를 잘 보여준다. 김병걸의 보고에 따르면 9월15일에는 함흥에서 민족반역자와 토착 부르주아지 300여명이 모여 인민위원회를 배척하는 음모가 있었으나 노동자 4만명이 동원되어 호미, 해머로 그들의 음모를 분쇄하였다.

식민시기의 많은 활동가들은 해방 직후 지방에서 활동하며 조국의 수립사업에 참여하고 있었다. 북한과 남한을 막론하고, 또 공산주의자와 민족주의자들을 막론하고 식민시기 독립운동가들이 지방 건준을 주도하였음은 의심의 여지가 없었다. 그러나 함남과 마찬가지로 좌우갈등은 서울에서도 동일하여 공산당이 부활되고 건준이 조직되면서 참여자들은 민족-공산 양자의 관계설정 문제를 '벽두의 문제'로 인식하고 있었다.[44] 식민시기부터 이들은 뿌리깊은 갈등과 투쟁의 역사를 갖고 있었다. 평북은 민족주의자 이유필이 대표로 등장하고, 함남은 공산주의자 도용호가 대표로 등장하는 데서 우리는 어떤 이념적 통일성 없이 자연스럽게 지방의 지도자가 등장하는 측면과 함께, 이념의 지역적 차이를 동시에 느끼게 된다. 45년 말에 쓰인 한 자료는 해방 직후 출옥자의 90% 이상이 좌익이었다고 기록하고 있으나[45] 이를 확인하기는 어렵다. 해방 직후 초기 정치의 전개로 보아 좌익이 더 많았다는 것은 인정될 수 있다 하더라도 그것이 90%에까지 달했는지는 의문이다.

황해도의 경우[46] 8월 16일부터 민중들의 시위가 시작되었다. 8월 17일에는 정치범이 석방되었다. 그리고는 조선공산당 황해도 지구위원회, 해주보안대, 건국준비위원회 황해도지부 등이 잇달아 결성되었다. 조선

---

44) 정백, "8월 15일 조선공산당 조직경과 보고서" (1945년 11월 7일) 《朝鮮共產黨文件資料集, 1945~1946》(한림대학교 아시아문화연구소, 1993), p.8.

45) 유두웅 편, 《조선의 정치동향》 제1집(서울: 삼우출판사, 1946), p.4.

46) 森田芳夫, 《朝鮮終戰の記錄》, pp.177~178.

공산당 황해도 지구위원회는 서울에서 파견된 위원장 김덕영(金德泳)에 의해 주도되었다.[47] 김덕영 역시 현준혁이 파견될 때처럼 서울의 장안파 계열 공산주의자들이 파견한 것이었다. 중앙과 지방 간의 재빠른 연계를 볼 수 있다. 우파로 구성된 해주보안대는 본부를 경찰서에 두었으며 건준 지부는 도청 제1회의실을 장악하였다. 도청과 경찰서를 조선인들이 점령해 버린 것이었다. 단 하루 만에 힘의 완전한 역전이었다. 이 시기의 정치가 아직 얼마나 무정형적이었는지는 나중에 좌파의 공식 무장력이 되는 보안대라는 이름을 우파가 먼저 사용하고 있는 데서도 알 수 있다. 한편《황해일보》는 8월 17일 이후 조선인들이 장악하여 1면은 한국어로 발행되기 시작하였다. 평북의《압강일보》와 마찬가지로 어느 곳에서든 조선인들은 모국어로 된 자신들의 의사표현기관을 소유하려 했다. 8월 18일에는 해주항에 있는 朝鮮시멘트, 鐘紡西鮮重工, 朝鮮火薬 등의 공장이 조선인 종업원들의 관리로 넘어갔다. 공장내의 일본인들은 추방되었다. 한국인들은 해방이 무엇인지를 가슴 벅차게 인식할 수 있었다. 그러나 황해도는 민족주의와 사회주의 세력 어느 쪽도 지배적이지 못하고 갈등하였다.

외세의 진주가 없었을 경우 각 지역에서 분출한 이들 민중과 지도자들이 새로운 국가를 건설하였을 것이다. 이러한 자생적인 조직들은 다양한 명칭으로 존재하였다. 평남은 건국준비위원회였지만 함남은 인민위원회 조직준비위원회였고, 황해도는 인민위원회준비위원회, 그리고 신의주시 같은 경우는 임시자치위원회였다.[48] 그들은 부족하나마 여러 행정적 집행기구들을 갖추고 있었거나 갖추려 노력하였다. 이 밑으로부터의 자생적 조직들은 국가형성의 유리한 지점을 선취할 수 있는 위치로 올라서고 있었던 것이다. 그들간의 어느 정도의 갈등은 피할 수 없었다. 명칭의 상이함과 다양성을 볼 때 이미 이들의 지향이 초기부터 약간씩 달랐음을 보여준다. 지도적 공산주의자 현준혁은 해방된 지 보

47)《朝鮮共産黨文件資料集, 1945~46》(한림대학교 아시아문화연구소, 1993), p. 8.

48)《해방후 4년간일지》, p. 7.

름 만인 9월 3일에 벌써 암살되었다.[49] 그의 암살은 해방 후 한국에서 빈발할 정치지도자에 대한 암살의 최초 사례였다. 이 암살은 한국인들끼리의 균열과 갈등도 만만치 않을 것이라는 점을 암시한 초기 징조였다. 좌파와 우파의 대립은 물론 좌파내에도 국내파와 해외파의 세력다툼이 있는 것으로 전해졌다.[50] 이러한 갈등은 좌우의 역량이 비슷했던 황해도에서는 더 심했다.

따라서 외세의 개입이 없었다하더라도 그들간의 노선과 힘의 길항을 거쳐서 새로운 민족국가를 건설했을 것임은 의심의 여지가 없었다. 정책과 노선이 서로 다른 많은 정치세력들간의 갈등의 조정을 위한 시간은 필수적이었다. 더욱이 이미 강조했듯이 한국인들은 탈식민후 정치에 결정적인 영향을 끼치는 식민통치 후반기에 단일한 대안국가를 수립하지 못한 역사적 경험을 갖고 있었다. 친일세력과 항일세력 사이의 갈등 및 항일세력 내의 노선갈등은 식민시기 동안 한국인들 사이에 깊은 균열을 만들어 냈다. 해방의 계기를 맞아 이들이 헤게모니 장악을 위해 다시 갈등하는 것은 피할 수 없는 것이었다. 여기에는 장차 귀국할 김구, 이승만, 김일성, 최용건, 김두봉, 무정, 김규식, 김책 같은 해외에서 활동한 많은 저명한 민족독립운동가들도 합류하여 거대한 격류를 만들어 내었을 것이다. 이러한 '수렴을 위한 진통', '타협을 위한 갈등'이야말로 바로 질서형성기 민중정치와 밑으로부터의 정치가 갖고 있는 특성이었다.

그러나 문제는 질서의 외선을 두 제국이 결정해 버렸고 한국인들의 활동영역은 그 외선 안에 제한되었다는 데 있었다. 그 제한의 요인은 해방을 가능케 한 요인으로부터 이미 주어진 것이었다. 즉, 우리의 해방국면은 구조적 제약과 가능의 행위의 변증법에서 전자의 압도적 규정력하에 진행되었다는 데 그 특이성이 존재한다. 이 연구의 한 소절이

---

49) 羅一夫, "玄俊赫의 來歷,"《신천지》1946년 10월호(1권 9호), p. 142. ; 안동일, "최초공개 : 평양 애국열사릉에는 누가 묻혔는가,"《역사비평》제 14 호(1991 가을), p. 108.

50) 森田芳夫,《朝鮮終戰の記錄》, p. 187.

끝나기도 전에 이러한 진술을 해야 하는 것은 필자의 주관적 인식을 나타내는 것이 아니라, 실제 해방국면의 객관적 사태전개를 상징하는 비극인 것이다. 이 제한은 앞으로 다가올 해방정치의 방향을 결정한 단초였다. 때문에 '광기의 순간'이라는 표현으로 모든 것이 가능한 계기를 설정하였지만 그 기간은 매우 짧을 수밖에 없었다.

해방은 민족주의자와 공산주의자 모두에게 기쁨과 함께 커다란 두려움과 탄식으로 다가왔다. 해외에서 독립운동을 한 민족주의자와 공산주의자의 가장 대표적인 두 인물인 김구와 김일성이 해방을 맞으면서 한 다음의 언명들은 한국인들이 앞으로 헤쳐갈 길이 결코 순탄하지 않을 것임을 미리 예시하는 것이었다.

> '왜적이 항복한다!' 하였다. '아! 왜적이 항복!' 이것은 내게는 기쁜 소식이라기보다는 하늘이 무너지는 듯한 일이었다. 천신만고로 수년간 애를 써서 참전할 준비를 한 것도 다 허사다. 서안과 부양에서 훈련을 받은 우리 청년들에게 각종 비밀한 무기를 주어 … 약속이 되었던 것을 한 번 해보지도 못하고 왜적이 항복하였으니 진실로 전공이 애닯고 아깝거니와, 그보다도 (더) 걱정되는 것은 우리가 이번 전쟁에 한 일이 없기 때문에 장래에 국제간에 발언권이 약하리라는 것이다.[51]

> 우리들은 제2차 대전중에 파라슈트로 평양비행장에 떨어질 생각이었다. 그러던 것이 이렇게 손쉽게, 우리들이 조선으로 쳐들어오기 전에 일본놈이 항복하고 보니 부하들 가운데에는 분해서 볼이 부은 자들도 있(었)다.[52]

앞의 것은 김구의 말이고 뒤의 것은 김일성의 말이다. 김일성의 말은

---

51) 김구, 《백범일지》, 백범정신선양회 편(서울: 하나미디어, 1992), pp. 238~239.

52) 오영진, 《하나의 증언》, p. 176. 이들이 느낀 안타까운 감정은 다음에도 실려 있다. 김찬정, 《비극의 항일빨치산》(서울: 동아일보사, 1992), p. 281.

그와 얘기를 나눈, 나중에 남하하여 남한에서 유명한 극작가가 되는 오영진의 기록이기 때문에 어떤 말이 생략되었는지 모른다. 그러나 김구가 한 말의 뒷부분을 이어붙여 보면 똑같을 정도로 같은 말이 된다. 그들은 거의 동시에 이 말들을 했는데 예견적인 공통된 통찰력을 보여주고 있다. 이 말들은 멀리 떨어진 곳에서 두 배 이상의 연령의 차이를 갖고 있는 30대 초반(김일성은 당시 33세)의 공산주의 지도자와 60대 후반(김구는 당시 69세)의 민족주의 지도자의 말인데, 다른 이념을 가진 지도자들이 한 말이라고 여기기에는 마치 한 사람의 말처럼 똑같이 들린다.

국내의 고참 공산주의 지도자 박헌영 역시 같은 말을 하였다. 그는 해방 직후의 한 인터뷰에서 이렇게 언급하고 있다.

> 대중적 반전투쟁(反戰鬪爭)도 이루지 못한 채로 8월 15일 아닌 밤중에 찰시루떡 받는 격으로 해방을 맞이하였오.[53]

그의 이 말에는 두 가지 점이 언급되어 있다. 하나는 대중적 투쟁의 결여였고, 다른 하나는 해방의 급작스런 도래였다. 세 지도자의 말이 담고 있는 이 기묘한 일치는 무엇을 말해 주고 있는 것일까? 이 일치는 실제의 객관적 조건과 그에 대한 지도자들의 인식의 공통성을 말해 준다.

일반 민중들의 인식도 마찬가지였다. 건준에 참여하였던 함석헌은 "해방은 도둑같이 뜻밖에 왔다"고 하였고[54] 시인 홍윤숙(洪允淑)은 "참으로 거짓말같이 그날은 오고 말았다"고 말한다.[55] '도둑', '거짓말'로

53) 고심백, "各黨 各派의 人物記,"《민심》1권 1호(1945년 11월), p. 39 ; 심지연, "해방의 의미와 해방 정국의 전개," 한국정치학회 편, 《한국현대정치사》(서울: 법문사, 1995), p. 39에서 재인용.

54) 함석헌, 《뜻으로 본 한국역사》(서울: 제일출판사, 1964), p. 330.

55) 홍윤숙, "내가 겪은 해방—새 나라의 새 백성으로,"《황해문화》제 5 호(1994년 겨울), p. 174.

표현되는 이들의 진술은 해방이 얼마나 갑자기 온 것이었나를 극명하게 보여준다. 임명방 역시 "8월 14일에는 다음날 정오에 일본천황의 특별 방송이 있으리라는 소문이 퍼졌지만 (그때까지도) 종전이란 꿈도 못 꿀 상황이었다"고 말한다. 그는 "해방의 기쁨과 흥분의 열기가 아직 가라앉기도 전에 또다시 비극은 시작되고 자주와 독립이란 것이 그리 쉽게 얻어지는 것은 아니라는 사실을 사람들은 깨닫기 시작하였다. 우리는 당시 목표에 도달하기 위해서는 너무나 무력하였다는 것을 까마득하게 모르고 있었다"고 진술한다. 이 진술들은 아마도 사실일 것이다.

미리 말하자면 식민통치의 종식과 함께 분출한 건국을 위한 혁명적 움직임들은 미국과 소련의 진주에 의하여 남과 북 모두에서 변형되거나 좌절되지 않으면 안되었다. 미소의 진주는, 그것이 어떤 형태였든지간에 사회체제와 국가수립의 방향에 결정적인 영향을 끼칠 것이 분명했다. 말을 바꾸면 38선 획정을 통한 분할진주가 아니었더라도 미소의 진주는 해방 후 한국의 질서형성을 결정적으로 좌우하는 것이었다. 즉, 냉전의 보편적 규정력을 말한다. 이 점에서 미소의 분할진주는 단순한 군사점령을 넘어 미소가 지니는 체제 이질성의 최초의 외삽계기였던 것이다.

19세기 말 동아시아 체제가 중국 중심의 질서에서 청일전쟁과 노일전쟁을 거쳐 일본 중심의 질서로 재편되는 과정에서, 중화질서하에 오랫동안 안주해 오던 한국은 일본의 식민지로 전락한 바 있다. 그리고 20세기 중반 세계가 제국주의 질서에서 냉전체제로 재편될 때 한국은 분단을 경험해야만 했다. 아시아에 국한시켜 말한다면 일본중심의 질서에서 미소 중심의 질서로 바뀌는 과정에서 식민지에서 분단국가로 넘어갔던 것이다. 즉, 중국에서 일본으로, 일본에서 미소로의 이관과 그 과정에서의 사회형태의 변화를 볼 때 19세기 말과 20세기 중반 세계질서의 재편과정에서 한국의 정치는 국제체제와 긴밀히 연결되어 있었음을 알 수 있다.

2. 냉전과 최초 지형의 변환: 의도하지 않은 그러나 피할 수 없는 압력, 냉전

해방으로 도래한 초기의 지형은 미소군대의 진주와 함께 크게 변화하기 시작하였다. 아래로부터 솟아오르는 형상은 위로부터 내려오는 압력에 의해 파괴되거나 변화하였다. 남한과 북한 모두에서 변화의 방향은 이중적이었다. 수용의 정치와 배제의 정치의 병행이 그것이었다. 북한의 경우 우선 먼저 주목되어야 할 지역은 소련군이 최초로 진주한 함경북도였다. 함경북도의 경우 다른 지역과는 달리 한국인들의 순수 주도에 의한 자생적 자치조직은 거의 존재하지 않았다. 함경북도는 소련군과 일본군의 전쟁터였다. 때문에 동경의 패망선언 이후 행정적 기능을 상실한 각 지방정부를 한국인들이 짧은 기간이나마 불충분한 대로 대체하였던 다른 지역과는 달리, 이 지역에서는 소련군과 일본군의 직접적인 전투 속에 일본의 무장력과 행정기관들이 소련군에게 패퇴하면서 항복하였다. 따라서 이러한 전투 속에 한국인들의 자생적 조직들은 소련군의 지원과 영향 아래서 조직될 수밖에 없었다.

웅기는 해방과 거의 동시에 자치기관이 결성되었으며 노동자를 중심으로 한 인민경찰부대가 조직되었다. 그런데 웅기에는 해방 전인 8월 12일에 소련군이 이미 진주하여 일본군을 패퇴시키고 이곳을 해방하였다.[56] 경원군 인민위원회는 8월 22일 결성되었다. 나진, 회령에도 자치조직들이 결성되었다. 이들은 나중에 인민위원회의 토대가 되었다. 8월 말경에는 청진시 인민위원회가 결성되었는데, 산하에 공업, 상업, 수송 등의 9개 집행국을 두었다. 함경북도 인민위원회는 9월 말경 청진시에서 결성되었다.[57]

---

56) 치스차코프, "제25군의 전투행로," In V. Vanin et al. (eds.) 《조선의 해방》, 통일원 역(서울: 대한민국 통일원, 1987), p. 47.

57) 森田芳夫, 《朝鮮終戰の記錄》, p. 163.

여기서 우리는 결성의 시기를 주목할 필요가 있다. 소련군이 진주한 지역에서 9월 말에 전도적인 조직이 결성된 것은 조선민중들에 의하여 자생적으로 결성되었던 평북 등 다른 지역보다도 오히려 더 늦은 것이었다. 즉, 소련에 의한 해방은 '가능의 기술'의 영역이 초기부터 제한받고 있었음을 보여준다. 초대 위원장은 식민 시기에 도회의원을 지낸 이창인(李昌仁)이었으나 10월 말경에 공산계열의 인물로 교체되었다.[58] 이들의 결성에 소련군은 커다란 영향력을 행사하였다. 자치단체가 결성되지 않은 곳에서는 조직결성을 권고하였으며 인민위원회의 내부구성에도 개입하였다. 이러한 현상은 장차 다른 곳에서도 일반화될 것이었는데 함북이 전장이었기 때문에 좀더 일찍 온 것이었다.

다른 곳에서의 변화는 소련군의 진주에 따라 눈에 띌 정도로 두드러졌다. 앞에서 본 북한지역의 인위의 통계수치는, 북한지역의 경우 1945년 8월의 분출이 1945년 11월까지도 이어지고 있음을 보여준다. 그러나 1945년 11월의 인민위원회의 조직현황을 갖고 1945년 11월의 분계선 북부의 상황이 1945년 8월과 '동일하다'고 말할 수는 결코 없다. 분계선 이남과 마찬가지로 이 3개월 동안 북한에서도 커다란 변화가 있었다. 1945년 8월과 1945년 11월의 북한의 상황은 남한과 마찬가지로 동일하지 않았다. 여기서 말하는 '커다란 변화'라는 것은 그것이 8월의 방향을 잇는 정(正)의 방향과, 8월의 방향을 바꿔놓는 부(負)의 방향 모두에서 그러하였다는 진술이다. 이 모순되는 이중성이 1945년 후반 북한에서의 상황이 지니고 있는 숨은 비밀이었다.

함경남도의 경우 소련군이 최초로 도착한 것은 8월 21일이었다. 함남에서의 소련군의 초기 행보는 사실상 한국민중의 자생조직과의 최초 대면으로서 중요한 시사를 던져준다. 21일 소련군 선발대가 탱크를 앞세우고 함흥에 도착했고, 같은 날 원산에도 소련군 함정이 입항하여 점령했다. 일본군들은 모두 무장해제를 당했다. 8월 23일에는 원산과 평양을 운행하는 평원선이 소련군에 의해 운행이 중지되었다. 이어 평양에

58) 森田芳夫, 《朝鮮終戰の記錄》, p. 163.

진주하기에 앞서 24일에는 소련 제25군사령관 치스차코프가 참모들을 이끌고 비행기로 함흥에 도착하였다. 그는 함흥이 38선 이북의 중심지인 줄 알고, 평양이 아니라 그곳으로 도래한 것이었다. 그리고는 곧바로 일본측과 행정교섭에 들어갔다.

이것은 소련군과 일본 총독부와의 최초의 행정교섭이었다. 때문에 서울의 총독부에서는 경비과장과 보안과장, 통역관과 현역 소장을 비롯한 수 명의 군인을 파견하였다. 그러나 치스차코프는 구체적인 행정명령을 소련군과 함남지사 사이에 협의하도록 명령함으로써 중앙정부 총독부를 무시하였다. 서울에서 온 총독부 관계자들과 군 관계자들은 교섭에 임하지 못하고 서울로 돌아갈 수밖에 없었다. 일본인들은 치욕을 느꼈을 것이다. 25일 오전 양측은 일본군의 무장해제와 행정접수 문제를 교섭, 합의하였다. 합의내용은 "함흥에 한하여 당분간 일본헌병과 경찰이 치안을 유지하며 행정업무는 종전과 같이 일본인 도지사와 그 부하가 집행한다. 치안을 교란하는 자는 엄벌에 처한다"는 등의 내용이었다. 최초의 교섭에서 치스차코프는 일본인의 행정권 유지를 인정하였던 것이다.

그러나 이러한 인정은 곧바로 취소되었고 다른 곳에서는 일본인 행정권에 대한 인정이 다시는 반복되지 않았다. 함남의 최초 경험이 영향을 끼쳤던 것이다. 25일 저녁 함남공산주의자협의회의 송성관(宋成寬), 최기모(崔基模), 임충석(林忠錫), 김인학(金仁學)과 건준 함남지부의 도용호(都容浩), 최명학(崔明鶴) 등이 공동으로 두 명의 통역 고창일(高昌一), 김예용(金禮鏞)을 대동하고 사령부로 치스차코프를 방문하여 조선민족 함경남도집행위원회가 결성되었음을 알리고 일본측의 행정권 등 일체의 특권을 이 위원회로 이양하도록 교섭하였다. 이에 치스차코프는 그날 밤 일본측 대표자들을 다시 초치한 가운데 소련측과 일본측이 합의한 포고의 발표를 중지시키고, "소련군의 명령 아래 조선민족 함경남도 집행위원회가 함경남도의 치안, 행정 일체를 장악한다. 헌병·경찰관은 무장해제한다. 관공서와 공공물들은 이 위원회가 인수한다"고 선언하였다. 그 자리의 일본인들은 사태의 급변에 넋을 잃어 "질문이 있으면 하라"는 치스차코프에게 제대로 대응조차 할 수 없었다. 일본인 도지사는 "나는 총독에 의해 임명되었으므로 총독의 명령이 없는 한 서명할 수 없다"고 버텼으나 서명을 강제당했다.59)

새로운 지방정부인 조선민족 함남집행위원회의 대표인 위원장과 부위원장엔 도용호와 최명학이 임명되었다. 조선민족 함남집행위원회는 공산주의자협의회와 건준함남지부에서 각각 11명씩 22명으로 구성되었다. 이들은 합의를 통해 정확하게 반씩 배분하였던 것이다. 해방 직후 남한과 북한에서 편재(遍在)하였던 민족주의자와 공산주의자들의 초기 균형을 엿볼 수 있는 구성이었다. 이들은 26일 밤을 새워가면서 새로운 건설의 방향을 논의하고 각 기관의 접수위원을 정했다. 이어서 함경남도의 관공서, 공공단체시설, 학교, 금융기관, 신문사, 교통기관, 중요 생산기관은 잇달아 조선민족 함남집행위원회에 접수되었다.60)

7일 후인 9월 1일 함남집행위원회는 함경남도인민위원회로 바뀌었고 민간인 가옥에 있던 사무실을 도청으로 옮겼다.61) 이 함남인민위원회의 내부구성62)은 하나의 흥미로운 사실을 전해 준다. 인민보호국장을 맡은 장해우(張海友)는 나중에 북한국가수립 후 최고검찰소장을,63) 재무국장을 맡은 이봉수(李鳳洙)는 나중에 북조선행정10국-북조선임시인위-북조선인위의 재정국장을,64) 그리고 사법국장을 맡은 조송파(趙松坡)는 행정10국의 사법국장을 맡았다.65) 함남에는 나중에 북한 내무성 부상으로 올라가는 이필규도 활동하고 있었다.66) 이는 북한의 지도부

59) 森田芳夫, 《朝鮮終戰の記錄》, pp. 168~169 ; 磯谷秀次, 《우리청춘의 조선》, p. 211.

60) 磯谷秀次, 《우리청춘의 조선》, p. 212.

61) 《해방후 4년간일지》, p. 9.

62) 내부구성은 磯谷秀次, 《우리청춘의 조선》, p. 212를 보라.

63) 《조선중앙년감》(1949), p. 13.

64) 《소련군정의 시말》, p. 19 ; 《조선중앙년감》(1949), p. 85.

65) 《소련군정의 시말》, p. 19 ; NA, RG 242, SA 2009 Item 7/209, "北司布告文". 포고문은 12호부터는 국장이 최용달로 바뀐다.

66) 한교석, "시베리아 유수기," 《신동아》 1967년 1월호, pp. 341~342.

구성에 밑으로부터의 참여방식이 채택되었음을 보여주는 사례이거나, 아니면 지도자들이 해방 초기부터 지방으로 내려가 기초적인 대중조직에서 활동하고 있었음을 보여주는 사례이다. 특히 조송파는 소련군이 대동하고 들어온 소련한인이었는데, 만약에 초기부터 소련한인이 지방에서 활동하고 있었다면 이는 주목할 만한 것이다.

함남인위는 이어서 상임집행위원을 뽑고 20개 항목의 정강을 발표했다.[67] 우연의 일치인지 모르지만 이 정강은 1946년 3월 23일 미소공위를 앞두고 김일성이 조선임시정부수립에 대비하여 발표한 '20개조 정강'과 항목수가 동일하였다.[68] 그러나 두 정강의 내용까지 동일한지의 여부를 확인할 길은 없다. 8월 말에서 9월 초에 걸쳐서는 도경찰부 고등과 사찰주임, 판·검사, 보호관찰소 보호사 등 핵심 구식민국가기구 관계자들이 인민위원회 검찰부에 체포되었다. 많은 일본인들이 체포되는 가운데 일본인 경찰 두 부부는 절대 충성의 대상이 몰락한 데 대해 동반자살로서 끝까지 충성의 표시를 하였다. 힘의 역전과 그로 인한 한국인의 오랜 억압으로부터의 해방을 보여주는 한 상징적인 징표였다. 원산의 경우 소련군이 진주하면서 일인 행정을 철폐하고 원산 인민위원회가 조직되어 산하에 교육부, 공업부, 통신부 등의 집행부서를 두고 행정을 집행했다.

함경북도와 남도에서의 사태는 소련군이 한국인들의 조직을 거의 그대로 수용했음을 보여준다. 이러한 방식이 지속된다면 그것은 초기 해방정치를 소련군이 그대로 수용한 것으로 해석하여도 될 것이다. 그러나 함경북도와 남도에서의 소련군 정책은 일반적인 현상은 아니었다. 함남집행위의 좌우비율은 11 : 11이었지만 건준을 이끈 도용호 등은 좌파였다.[69] 따라서 와다 하루키(和田春樹)가 이미 지적하였듯이 소련이 함남에서의 상황을 그대로 수용한 것은 "공산주의자자가 주도권을 장악한 집행위원회라면 지극히 받아들이기 쉬웠기 때문"이었다.[70] 초기 해

67) 森田芳夫, 《朝鮮終戰の記錄》, p. 173.

68) 《김일성장군중요논문집》(북조선로동당 출판사, 1948), pp. 47~51.

69) 한교석, "시베리아 유수기," 《신동아》 1967년 1월호, pp. 331~333.

방의 시기 동안 공산계열이 우세하지 않았던 북한의 다른 지역들은 함경도와는 다른 양상을 보여주었다.

평양에 소련군이 처음 들어온 날은 8월 24일이었다. 그날 오후 2시 카멘슈코프 소령이 이끄는 소련군 일행이 3대의 대형수송기를 타고 평양에 들어왔다. 오후 5시에는 평원선을 타고 일단의 소련군이 원주로부터 들어왔다.[71] 이들은 모두 선발대였다. 8월 26일에는 약 3~4,000명의 소련군이 평양에 진주하였다. 그날 밤 치스차코프 대장은 조만식과 현준혁, 그리고 일단의 일본인 현지 간부들을 모아놓고 "26일 오후 8시로 평안남도의 일본 정부는 소멸하며, 조만식을 위원장으로 하는 평안남도 인민정치위원회에 정권이 인수된다. 각 기관은 인민정치위원회에 의해 접수된다"고 발표하였다. 이어서 그는 "모든 일본인 관리의 퇴직, 일본군의 포로대우, 그리고 모든 민간인 총기의 몰수"를 명령했다. 그는 또한 "신정권이 각 도에 성립한 후 통일된 정부를 세운다. 단 신정부의 소재지는 경성에 한하지 않는다. 북위 38도선은 미소 양군의 경계로 삼을 뿐 정치적 의미는 없다"고 발표하였다.[72] 우리는 치스차코프의 진술에서 가벼이 넘길 수 없는 두 가지 점에 주목하게 된다. 첫째로 건준은 보이지 않고 인민정치위원회가 등장했다는 점이다. 이는 중요한 변화였다.[73] 두 번째는 38선과 통일정부에 대한 치스차코프의 언급이다. 모스크바로부터 38선을 통보받아 인식하고 있음을 분명히 알 수 있

---

70) 와다 하루키, "소련의 대북한정책, 1945~1946,"《分斷前後의 現代史》(일월서각, 1983), p. 255.

71) 치스차코프, "제 25 군의 전투행로,"《朝鮮의 解放》, p. 58 ; 森田芳夫,《朝鮮終戰の記錄》, pp. 183~184.

72) 森田芳夫,《朝鮮終戰の記錄》, pp. 184~185.

73) 1949년에 출간된《해방후 4년간일지》에는 평남인민정치위원회가 결성된 시점이 8월 27일로 나와있고(p. 8), 48년에 출간된《해방후 3년간일지》에는 8월 28일로 나와있다(p. 1). 따라서 8월 26일에 이미 평남인민정치위원회가 존재하고있었던 것처럼 되어있는 모리다의 기록은 오류일 가능성이 크다. 그러나 두개의 일지에 따르더라도 소련군이 진주하면서 곧바로 건준이 인민정치위원회로 바뀌었다는 점은 분명하다.

다. 또한 그는 서울 이외의 지역에도 신정부가 소재할 수 있음을 밝히고 있다.

소련군의 진주로 민족주의자 중심으로 건설되었던 평남건준이 해체되고 평남인민정치위원회가 건설되면서 내부구성도 현저하게 바뀌었다. 32명으로 이루어진 인민정치위원회는 민족주의자와 공산주의자의 비율이 16 : 16으로 동일했다. 그 비율이 함남과 완전히 똑같다. 이것은 우연의 일치가 아니라 소련의 힘에 의한 조정이 있었기 때문에 일치하였던 것이다. 진주하는 그날로 소련의 힘이 작용되고 있음을 볼 수 있다. 당시에 공산주의자로서 이 32명에 참여하였던 한재덕에 따르면 민족주의자 대 공산주의자의 비율은 실제는 15 : 17이었다. 민족주의자로 분류하여 민족주의 진영에서 참여시킨 김광진(金洸鎭)이 사실은 공산당원이었기 때문이다.[74]

소련의 진주에 따른 좌파의 약진이었다. 이는 미군의 진주에 따른 서울과 지방에서의 건준으로부터의 우파의 이탈과 약진에 정확히 비유될 수 있을 것이었다. 이로써 최초 조직인 건준에서 민족주의자들이 우세했던 내부구성은 현저하게 바뀌었다. 이는 민족주의자와 공산주의자 간의 균형 또는 연합을 추구한 소련의 정책의 결과였다. 8월 27일 소련군 본대가 평양에 들어왔고, 그날 도정은 조만식이 이끄는 평남인민정치위원회에 넘겨졌다. 그리고는 8월 말에서 9월 초에 걸쳐 일본인 관리, 경찰관, 사법기관 직원들이 체포되었다. 소련군은 8월 23일 개천에, 26일 순천에 진주했고, 진남포에는 선발대가 8월 25일에, 본부대는 9월 2일에 진주하였다. 9월 3일에는 진남포 인민정치위원회가 결성되었다.[75]

평안북도의 경우 소련군 선발대가 신의주에 도착한 것은 8월 27일이었다. 이에 앞서 8월 25일 소련군이 트럭에 분승하여 평북지방인 후창(厚昌), 강계(江界), 희천(熙川)을 거쳐 평양으로 남하해 갔다. 치스차코프가 신의주에 도착한 것은 8월 30일이었다. 그는 운집한 민중들에게

---

74) 한재덕, 《김일성을 고발한다》, p. 55.

75) 森戰芳夫, 《朝鮮終戰の記錄》, p. 187.

조선의 해방을 알렸다. 31일 치스차코프는 다른 곳에서와 마찬가지로 일본인 유력자와 한국인 유력자들을 참집시켜 일본인들에게 "평안북도의 행정 기타 일체를 평안북도 임시인민정치위원회에 넘길 것"을 명령했다.[76]

날카로운 독자라면 이 명령에서 평안북도도 역시 8월 26일에 결성된 평북자치위원회가 소련군이 진주하면서 평북임시인민정치위원회로 바뀌어 있음을 간취할 수 있을 것이다.[77] 이어서 치스차코프는 이유필 임시인민정치위원회위원장, 부위원장 백용구, 김구를 소개했다. 당일로 일본인 지사와 이유필 사이에는 도정(道政)의 인수인계가 끝났고 2~3일내에 하급단위의 인수인계가 끝났다. 소련군 진주 후 평북에서도 다른 지역과 마찬가지로 많은 일본인관리들이 체포되어 수감되거나 수용소로 보내졌고 어떤 일본인 관리들은 음독자살하였다. 소련군은 9월 6일 정주에, 9월 11일 선천에 진주하여 평북의 주요 지방에 대한 점령을 마쳤다. 지방에 대한 점령의 속도가 매우 빠름을 알 수 있다.

황해도[78]는 다른 지역과는 다른 특수한 양상을 띠었다. 이곳은 좌파와 우파, 어느 쪽도 헤게모니를 장악하고 있지 못했다. 황해도에는 8월 25일 소련군이 해주로 진주해 왔다.[79] 해방 10일 만이었다. 최초의 진주 시점에서 소련군은 다른 지역에서는 이미 일본군으로부터 행정권을 박탈, 이양받고 있었으나 이곳에 진주한 소련군은 일본인지사에게 "소련군의 별도명령이 있을 때까지 도내행정을 책임지고 실행하도록" 명령했다. 그러나 9월 2일에 소련군은 일본인지사에게 도행정을, 건준을 개편한 좌우연립의 황해도 인민정치위원회에 인계하도록 명령했다.[80] 그

76) 위의 책, p. 190.

77) 《해방후 4년간 일지》에 따르면 소련군은 8월 29일 신의주에 진주하였고 31일 평북임시인민위원회가 결성되었다(p. 8). 《3년간 일지》에는 8월 31일 평북인민정치위원회가 결성된 것으로 나와있다(p. 1).

78) 森田芳夫, 《朝鮮終戰の記錄》, p. 177~182.

79) 《해방후 4년간 일지》, p. 8.

80) 《해방후 4년간 일지》에 따르면 9월 2일 황해도 인민위원회가 결성되었다. 《해방후 4년간 일지》, p. 9.

사이에 중앙의 어떤 지침을 받았음을 암시한다. 또 소련군은 8월 25일 분계선 북부의 남단인 금교(金郊)와 신막(新幕)에 진주하여 그날로 신막에서 경의선의 운행을 정지시켰다. 철도운행을 정지시킨 데서 우리는 38선에 의한 분할이 지방점령군에게도 시달되었음을 알 수 있다. 와다 하루키는 한 가지 중요한 지적을 하고 있는데 그에 따르면 "치스차코프가 함흥에 있는 동안 제1극동방면군 사령부로부터의 지시에 의해 38도선 봉쇄를 위한 부대가 파견되었다". 그리고는 "25~26일에 이 부대는 38도선을 폐쇄하였다".[81] 해방으로부터 38선 폐쇄까지는 10일밖에 걸리지 않았던 것이다.

일본인지사는 김응순(金應珣) 황해도 인민정치위원회 위원장에게 행정권을 인계했다. 그러나 위원회 내부의 좌파와 우파 간의 마찰이 커져서 우파의 간부 김광엽(金光燁)과 김형익(金衡翼)이 좌파의 습격을 받아 중상을 입었다. 이에 다음날 위원회는 스스로 행정의 인수가 불가능하다고 표명하고, 9월 4일에는 소련군에게 위원들의 총사퇴를 통보하였다. 좌우갈등으로 소련군에게 행정권을 다시 이양한 것이었다. 불행한 자치권의 포기 사례였다. 좌우세력의 힘이 비슷했던 황해도의 사례는, 내부갈등의 심화는 자치를 불가능하게 할 것이라는 점을 보여준 것이었다. 남한의 곳곳에서도 이러한 좌우 갈등은 빈발하였다. 소련군은 일본인 지사에게 행정권을 다시 당분간 그대로 맡도록 명령했다. 좌우 힘의 관계가 비슷했던 황해도에서의 이 작은 사건은 미소가 없었더라도 한국인간의 정치적 이념적 갈등이 결코 만만치 않았을 것임을 보여주는 상징적 사건이었다.

9월 3일부터는 소련군이 잇달아 황해도에 진주했다. 9월 8일에는 치스차코프가 해주에 왔다. 그는 모든 지방수도를 순례하고 있었던 것이다. 다른 지역과 마찬가지로 그가 진주하자 자생적 조직 내에 변화가 일어났다. 9월 10일 건준 황해도 지부는 우파들을 배제하고 18명의 새로

---

81) 와다 하루키, "소련의 대북한정책, 1945~1946,"《分斷前後의 現代史》, p. 255.

운 위원을 선거하여 재구성되었다.[82] 그리고 9월 11일에는 소련군대부대가 해주로 진주했고, 13일에는 좌파 중심의 황해도 인민위원회(위원장 金德永)에 도정이 인계되었다. 어느덧 황해도 인민정치위원회가 황해도 인민위원회로 바뀌었고, 위원장도 김응순에서 김덕영으로 바뀌었다. 김덕영은 서울에서 파견한 공산주의자였다. 이후 도지사를 비롯하여 많은 일인 고위관리들이 체포되어 평양의 소련군 형무소로 보내졌다. 그 밖에 군인 경찰 등 9월 중순에 약 700여 명이 수용소로 보내졌다.

세력이 비슷한 황해도의 좌파와 우파는 초기부터 격렬하게 대립하였다. 소련의 후원을 얻은 좌파의 건준재편에 맞서 우파의 보안대는 좌파를 공격하기 위해 9월 16일 황해도 인민위원회 본부를 습격하여 3명을 살해하였다. 좌파는 이에 대하여 반격을 개시하여 시가전이 벌어졌는데 우파의 보안대 간부가 서울로 도망침으로써 사태가 일단락되었다. 그리고는 보안대 대신에 좌파가 해주경찰서를 장악하고는 치안대라고 칭하였다. 소련군이 진주한 상태에서도 인위를 공개적으로 집단 공격한 이 9월 16일의 사건은 소련군과 좌파지도부에게는 이른바 '9.16사건'으로 불릴 정도로 커다란 영향을 끼쳤다.[83] 이후의 보안관계자 비밀회의에서 자주 언급되는 데서도 볼 수 있듯이 '9.16사건'은 초기에 소련군과 좌파지도부가 우파를 인식하고 대우하는 데 있어 결정적인 영향을 끼쳤음에 분명했다.

이를 계기로 도인위와 치안기구들은 좌파의 장악하에 놓이게 되었고, 우파의 발호는 다시는 허용되지 않았다. 소련군과 좌파 치안조직의 급속한 성장과 우파의 몰락으로 유사한 좌우투쟁은 다시 일어나지 않았다. 소련군이 진주한 상황에서 쟁투의 귀결은 정해져 있었던 것이다. 이는 해주라는 한 지방만의 상황이 아니라 북한의 전지역이 동일했다. 황해도의 나머지 지역인 겸이포에는 9월 2일 소련군이 진주하고 9월 4일

82) 《해방후 4년간 일지》, p.9.

83) NA, RG 242, SA 2005 Item 6/2, "제2회 각도 보안부 감찰과장 회의록."

에 겸이포인민정치위원회가 결성되었다. 사리원은 9월 4일, 재령은 11일, 안악은 14일, 장연은 15일에 소련군이 진주하였다.

이렇게 하여 9월 중순까지 소련군은 거의 모든 북한지역을 점령했다. 진주 후 한달 만이었다. 지방중심지를 장악하고 점차 소도시와 마을들로 소련군의 점령의 범위가 확산되는 것을 볼 수 있다. 중앙에서 건준의 좌절은 남한과 마찬가지로 북한에서도 지방보다 먼저 도래하였다. 서울과 평양은 황해도의 한 군 재령이나 경상도의 한 군 봉화보다 훨씬 먼저 제국 소련과 미국의 정책과 힘이 투사되었던 것이다.

우리는 북한에서의 소련군의 최초 걸음에서 몇 가지 의미 있는 시사를 간취할 수 있다. 첫 번째는 소련군이 진주하면서 초래된 한국인 내부의 세력관계의 변화였다. 함경도처럼 좌파가 강력한 곳에서는 그대로 두었지만 평안도처럼 민족주의자가 강한 지역에서는 소련군은 내부의 힘배분관계를 재조정, 좌파의 비중을 높였다. 또한 다양했던 초기의 명칭들이 거의 모두 인민정치위원회나 인민위원회로 통일되었다. 이는 어떤 방향을 시사하는 중요한 의미를 지닌다. 건국준비라는 명칭의 통일에서 하나의 포괄적인 방향을 추출할 수 있었듯이 이 새로운 명칭으로의 통일에서도 또 하나의 방향을 추출할 수 있는 것이다. 그것은 또한 초기부터 소련의 거대한 힘이 작용하고 있었음을 느끼게 해주는 것이었다.

당시 평북에서 용암포자치위원회, 용천군자치위원회 위원장과 평안북도자치위원회 문교부장을 맡았던 함석헌(咸錫憲)에 따르면 소련군이 도착한 후 세력관계는 공산당쪽으로 결정적으로 기울었다.

> 소련군이 들어온다는 것이다. … 그 소리를 듣더니 회의하던 사람들이 서로 의논할 겨를도 없이 온다간다 소리없이 제각기 다 뛰쳐나가 버리고… 이튿날 아침 청사에서 만나니 하룻밤새 대변동이다. 거의 다 공산당이 돼 버렸나.[84)]

84) 함석헌, "내가 겪은 신의주학생사건,"《씨알의 소리》1971년 11월호, pp. 36~37쪽.

함석헌은 신의주사건으로 소련군에게 체포되었다가 47년 2월 월남하였다. 그의 이 말은 이제는 유명한 말이 되었다. 이것은 다른 지역에서도 마찬가지였다. 한 기독교 월남자는 강경한 표현으로 아예 "자유의 날은 몇 날 되지 않았다. 공산주의자들은 완전무장을 하고 북한을 점령했다"고 진술한다.[85]

두 번째로 우리는 북한에 진주한 25군 사령관 치스차코프의 역할에 주목하게 된다. 그는 8월 15일 현재 만주에 있었다. 그러나 소련이 미국의 일반명령 1호를 받아들여, 한반도에 미소양군이 분할진주하기로 결정되자 그는 곧바로 한국으로 들어왔다. 그리고는 그는 소련이 점령하기로 되어 있는 분계선 북부 한국의 중심지 평양과 지방수도를 전부 돌며 (1) 일본인으로부터의 항복의 접수, (2) 행정권의 한국인으로의 이양, (3) 한국인 정치조직의 결성 또는 내부구성의 재편을 주도하였다. 이러한 일들은 그가 지방수도를 다녀간 뒤에 취해졌다. 그는 입한과 함께 8월 24일 함흥(함남), 8월 26일 평양(평남), 8월 30일 신의주(평북)를 순회했고, 9월 8일 해주(황해)를 끝으로 전지방수도를 순회하며 중요한 많은 것을 결정했다. 이는 그가 상부로부터 어떤 명령이나 지침을 받았음을 강력하게 증좌한다.

세 번째는 분계선의 수용이었다. 이 조치는 몇 가지 작은 사건이 암시를 준다. 첫째는 38선 이남으로 진주했다가 철수했던 행위였다. 소련군은 8월 23일 분계선 남부의 개성에 진주해서 주둔하다가 9월 10일 오전 10시 15분에 미군이 개성에 진주하기 직전인 같은 날 새벽 4시 30분에 분계선 북부로 넘어갔다. 그들은 또한 9월 4일에도 분계선 남부인 동두천에 진주했다가 일본군의 철수교섭으로 되돌아갔다.[86] 둘째 소련군은 황해도에 진주하면서 분계선에서 경의선 철도의 운행을 중지시켰다. 즉, 남과 북을 연결하는 철도의 운행을 정지시켰던 것이다. 셋째는 치스차코프가 소련군의 관할구역은 "북위38도선 이북으로 한다"는 점을

85) 도날드 비 쉘리, *Beggar at the Banquet*, 《거지들의 잔치 — 거지대장 홍우준 박사의 신앙일대기》, 송용필 역(서울: 홍성사, 1988), p. 33.

86) 森田芳夫, 《朝鮮終戰の記錄》, pp. 175~176.

강조하였다는 점이다. 그는 또한 "북위 38도선은 미소양군의 경계로 삼을 뿐 정치적 의미는 없다"고 하면서도 "신정부의 소재지는 경성에 한하지 않는다"고 말함으로써 정부의 수도가 서울 이외에 건설될 수도 있음을 시사하였다.

치스차코프가 지방을 순회하면서 단행한 일련의 일들은, 그에 소용된 기간의 초단기성에서 질서주조자의 의도가 상황을 결정하는 질서재편기의 단면을 잘 보여준다. 이것이 의미하는 바는, 그것이 공개되었건 공개되지 않았건 간에, 채워지지 않은 공간에서 쟁투하는 힘의 추이와 방향을 암시하는 앞으로의 사태전개에 대한 하나의 주추가 되기에 충분하다. 탈식민 직후 초기 시기 동안 분계선 북부의 한국에서 소련군의 역할은 질서의 주조자, 바로 그것이었다. 분계선 남부의 미국도 마찬가지였다.

또 하나의 질서주조자인 미국점령군은 9월 8일 남한에 들어왔는데, 진주초기부터 미군의 행태는, 해방군의 모습과 동시에 점령자와 정복자의 모습을 취하고 있었다. 소련이 진주와 함께 좌선향정책을 폈다면 미국은 남한에 발을 딛자마자 뚜렷한 우선향정책을 추구하였다. 미군의 포고는 진주 초기부터 위압적이었다. 진주 이전인 9월 2일 주한미군사령관 하지(John R. Hodge)는 미군상륙에 즈음한 포고를 통해 "미군은 근일 상륙한다"면서 "국가조직의 개선은 일조일석에 이루어지는 것이 아니며 안녕질서에는 큰 혼란과 유혈이 따르지 않게 하지 않으면 안된다. 어떠한 개혁도 서서히 진행되어야 한다. 민중에 대한 포고 및 제명령은 현존하는 여러 관청을 통해 공포된다"고 언명하였다. 일본 식민지배기구의 존속을 명령한 것이었다. 포고에는 또한 연합군 총사령관의 명령을 위반하는 자는 처벌되며, 이기주의로 날뛰는 행위와 미군과 일군에 대한 반란행위를 피하라는 내용도 들어 있었다.[87]

일본군과 총독부로부터의 행정권 인수에 즈음하여 9월 7일 맥아더는 포고 제1호와 제2호를 발하여 공공기관 직원의 계속 근무, 명령위반

87) 《자료대한민국사》 1권, pp. 42~43.

자에 대한 용서없는 처벌, 영어의 공용어선택 등을 포고하였다. 명령과 포고의 위반자는 최고 사형에 처하는 처벌을 받아야 했다.[88] 미군의 출발은 소련과 마찬가지로 남한에서의 해방정치의 내용을 크게 바꿔놓지 않을 수 없었다. 두 제국의 이러한 작위적 결정은 남과 북 모두에서 한국인들의 거센 저항에 직면하여 한국인들 내부의 갈등과 겹쳐지면서 한국을 20세기 중반의 세계에서 가장 격렬한 정치적 소용돌이의 장으로 만들어갔다.

88) 《미군정법령집》, pp. 1~2 ; 《자료대한민국사》, pp. 72~74. 9월 7일자로 발표된 이 포고들은 재한일본군과 총독부의 항복문서 조인식이 9월 9일에서야 있게 됨으로써 실제의 공표일은 9월 9일이었다.

제 2 장

초기 분단질서의 등장

민족과 사회분단의 초기모습은 의외로 빨리 왔다. 그것은 전술했듯이 해방이 오게 된 연유와 미소의 정책으로 인해 초래된 사태였다. 그렇다면 진주 초기에 미군과 소련군은 어떠한 목적, 어떠한 정책지침을 갖고 진주했을까? 정치-역사학자들은 해방 후 미국과 소련이 한반도에 대해 잘 준비된 의도나 계획을 갖고 들어왔느냐, 아니냐 하는 논쟁을 장기간 벌여왔다. 단순실수론과 의도된 계획론 또는 선의의 무지론과 악의의 음모론 사이의 논쟁이 그것이었다. 이 둘은 미소의 정책 및 냉전을 바라보는 시각과 엇물려 연결되어 있다.

미국의 의도된 계획-음모론을 강조하는 시각은 소련의 단순실수론이나 선의의 무지론을 선택하며, 반대로 소련의 의도된 계획-음모론을 강조하는 시각은 미국의 단순실수론이나 선의의 무지론을 선택한다. 지금까지의 누구도 사실상 이 포획고리로부터 벗어나 있지 못했다. 선의와 악의가 이렇듯 선택의 문제인가는 연구의 출발점에 대한 심각한 문제를 제기한다. 있는 대로 보(이)는가, 아니면 보는 대로 있는 것인가? 있는 것이 먼저인가, 보는 것이 먼저인가? 우리는 이 심각한 문제의 심연을 영원히 벗어날 수 없는 것일까? 실제는 전자여야 하나 관행은 후자였다.

논리의 이 순환고리는 의도에 대한 이념적 편향이 낳은 불가피한 두 짝이다. 그러나 항상 그렇듯이 모든 연구에서 의도에 못지않게 비중 있게 착목되어야 할 대상은 실제의 사태가 벌어지고 있는 현장이다. 객관을 추구한다면 의도에 대한 분석이 실제의 사태를 설명해 주는 수준을 벗어나는 것은 용인될 수 없다. 그것은 종종 사태를 의도에 따라 재구성하게 한다. 사태가 전개되고 있는 현장을 이해하기 위해 의도에 대한 분석은 필수적이나 후자는 많은 경우 전자에 의해 드러난다.

최초 진주시 미국과 소련은 한국이라는 처녀 점령대상지역에 대해 무지할 수도 있었고 깊이 알 수도 있었지만 그것이 사태의 방향을 결정하는 데 대해 결정적이지는 않았다. 진주 이전의 의도보다 더 중요한 것은 진주 후의 사태전개에 따른 인식과 대응이었다. 어떤 부분에 대해서는 많이 알았고 어떤 부분에 대해서는 무지하였지만, 미리 인지하고 있었던 부분은 정확하고 빈틈없고 계획대로 밀고 나갔고, 무지했던 부분은 헤매고 포기하고 자중지란을 일으키고 하였던 것은 아니다. 〈일반명령 1호〉의 수용에 따른 분계선 북부한국에의 즉시 진주를 명령받고 한국에 처음 발을 들여놓을 때 치스차코프는 분계선 북부의 중심지가 함흥인 줄 알고 처음에 그곳으로 날아갈 정도로 무지하였다. 그가 지방정부로부터 최초로 항복을 받은 곳도 평양이 아니라 함흥이었다. 그러나 이러한 현지 실정에 대한 최초의 무지가 소련의 대한정책에 대한 어떤 선의 대 악의, 인지 대 무지에 따른 정책의 판단준거가 될 수는 없다.

1. 소련의 초기정책 : 확보된 지역의 사회주의 구축정책의 최초 모습

1) 북한진주 이전의 대한정책

진주 후의 정책을 살펴보기에 앞서 소련의 전시정책을 먼저 간략하게 짚어볼 필요가 있다. 얄타회담을 비롯한 2차 세계대전의 전시회담에서 한국문제와 관련하여 주목되어야 할 것은 다음의 세 가지였다. 하나는 전반적인 전쟁의 추이와 그에 따른 회담장에서의 강대국 지도자들의 정책과 회담기조의 변화였고, 다른 하나는 한국에 대한 신탁통치 문제에 대한 미국의 정책, 그리고 마지막의 것은 스탈린(Iosif V. Stalin)의 의도와 정책이었다. 충분히 잘 연구된 앞의 두 가지는 반복할 필요를 느끼지 않는다. 특히 두 번째의 것은 아주 잘 연구된 상태이다. 그러나 마지막의 것은 면밀히 재검토되어야 한다.

스탈린은 전시회담에서 한국에 군대가 진주하는지에 대해 깊은 관심을 표명하였다. 1945년 얄타에서의 루스벨트(Franklin D. Roosevelt)와의 회담에서도, 동석한 찰스 볼렌(Charles Bohlen)의 기록에 의하면 루스벨트가 한국을 미소 중 3국 대표로 구성된 신탁통치위원회의 관리하에 둘 의사가 있다고 말하고, 기간은 20~30년이 될 것이라고 말하자 스탈린은 "신탁통치기간은 짧을수록 좋다"고 말하고는, 이어서 "어떤 외국군대들이(*any foreign troops*) 한국에 주둔하게 되는지 어떤지"를 물었다.[1)]루스벨트가 아니라고 대답하자 그는 이 제안에 동의하였다. 이것은, 얄타회담의 치밀한 연구가 클레멘스(Diane Shaver Clemens)의 날카로운 지적처럼 '개입의 맥락에서 관심을 갖고'(*interested in the context of commitment*) 질문한 것이었다. 그에 따르면 "극동은 명백히 미국군사력

---

1) "Roosebelt-Stalin Meeting, Feb. 8, 1945, 3:30 P.M., Livada Plac-Bohlen Collection," *FRUS—The Conferences At Malta and Yalta 1945*(USGPO, 1955), p.770.

의 관할영역이 될 것이었기 때문에 스탈린은 루스벨트의 비전을 받아들였던 것이다".[2]

스탈린의 구상은 당시의 시점에서는 작게는 한국의, 그리고 크게는 세계의 질서에 결정적인 영향을 끼치고 있었다. 그는 한국에 군사력이 진주하는가에 대해, 전후(戰後)처리를 논의하는 1945년 2월에 깊은 관심을 가졌었고, 그곳은 미국의 관할이었으나 루스벨트가 아니라고 대답하자 신탁통치에 동의하였다. 이제는 유명한 말이 되었지만, 그는 2차 세계대전 말기에 모스크바를 방문한 유고슬라비아의 밀로반 질라스(Milovan Djilas)와의 담화에서 2차 세계대전의 본질을 얘기하는 가운데 이렇게 말하고 있다.

> 이 전쟁은 과거와 같은 전쟁이 아니다. 한 영토를 점령한 자는 누구라도(*whoever*) 그 자신의 사회제도(*social system*)를 그곳에 강요한다. 누구나(*every one*) 그의 군대가 도달할 수 있는 한 멀리 그 자신의 제도를 강요한다. 그것은 달리 될 수는 없다.[3]

군대로써 영토를 점령한 자가 자신의 사회제도를 점령한 지역에 강요하는 것은 당연하다고 보았던 스탈린이 한국에 군대가 진주하는지에 대해서 깊은 관심을 갖고 있었다는 사실이 시사하는 바는 크다. 실제로 그는 2차 세계대전의 종전 이후 그의 군대가 진주한 곳에서 그 자신의 제도를 강요하지 않은 곳은 거의 없었다. 오스트리아와 이란은 예외적인 경우일 것이다. 만주도 있지만 만주의 경우는 국부와의 관계 때문에 부득이 철수하였던 것이다. 이들을 제외한다면 소련군이 진주하였다가 다른 사회제도의 등장을 허락한 채 물러난 곳은 없었다. 소련이 1945년 대일(對日) 선전포고와 함께 동아시아문제에 개입하게 되는 것은 1905년 러일전쟁의 패배 이후 반세기 만이었다.

소련은 8월 8일의 참전 이전부터 한국문제에 대해 적지 않은 관심을

2) Diane Shaver Clemens, *Yalta* (N. Y. : Oxford Univ. Press, 1970), p. 248.
3) Milovan Djilas, *Conversations with Stalin* (N. Y. : Harvest Book, 1962), p. 114.

기울이고 있었다. 소련이 한국에 대해 체계적으로 자료를 수집하기 시작한 것은 1942년 7월부터였다. 이때부터 45년 8월 이전까지 서울주재 소련 영사관에서는 소련외무성의 제 2 극동국에 한국의 식민경제에 대한 10여 건의 보고서를 제출하였다. 러시아어로 된 이 희귀보고서들을 발굴한 김성보는 이 보고서들의 구체성에 비추어 소련은 한국의 정치, 사회, 문화 전반에 대한 조사도 진행하였을 것으로 추론한다.[4] 참전 이전에 소련이 작성한 다음의 두 자료는 소련이 한국문제를 얼마나 중요시하고 있었는지를 잘 보여준다.

먼저 1945년 6월 29일 제 2 극동국 국장 주코프와 부국장 자브로딘이 작성한 보고이다.[5] 보고는 "일본이 한국을 통해 아시아 대륙으로 팽창하려 한 데 대해 러시아가 투쟁한 것은 역사적으로 정당한 행위였다"고 전제한 뒤 다음과 같이 진술한다.

> 일본은 영원히 한국에서 축출되어야 한다. 왜냐하면 일본 지배하의 한국은 소련의 극동에 대한 항구적인 위협이 될 것이기 때문이다. 한국의 독립은 극동으로부터 소련에 대한 압력을 기도하려는 일본으로부터는 물론 다른 국가들로부터 한국이 소련에 대한 미래의 공격근거지로 전환되지 않게 하기에 충분할 정도로 효과적이어야 한다.

이 내용은 소련이 종전 이전부터 이미 한국독립의 성격에 대해서까지 매우 깊숙하고도 실제적으로 고려하고 있었음을 잘 보여준다. 보고는 이어서 다음과 같은 결정적인 언급을 추가하고 있다.

> 한국의 독립과 극동에서의 안보를 위한 실제적이고 믿을 만한 보장은 소련과 한국 사이에 우호적이고 긴밀한 관계들이 창출되는 것이다.

---

4) 김성보, "소련의 대한정책과 북한에서의 분단질서 형성, 1945~1946," 역사문제연구소 편, 《분단 50년과 통일시대의 과제》(서울: 역사비평사, 1995), p. 54.

5) 주코프 · 자브로딘, 〈한국-간단한 조회〉(1945년 6월 29일), 김성보, 〈소련의 대한정책과 북한에서의 분단질서의 형성, 1945~1946〉, pp. 56~57.

이것은 미래의 한국정부 형성에 반영되어야 한다. 만약 중국과 미국이 한국에서의 과거의 이해관계를 고려한다면 한국문제 해결은 어려움에 직면하게 될 것이 확실하다.

그러면서 보고는 신탁통치가 실시될 경우 소련은 여기에 참여해야 한다고 결론짓고 있다.

이 보고를 볼 때 종전 이전부터 소련은 독립 후의 한국과의 우호적인 관계의 수립을 유념하고 있었던 것이다. 이것은 독립 후 수립될 정부의 성격 및 타국과의 관계까지 의식하고 있음을 명백히 보여주는 부분이 아닐 수 없다. 일본은 물론 미국 및 중국의 대소 침략 또는 압력기지로 한국이 사용되어서는 안된다는 강한 의지는 그들의 배타적 영향과 점령하에 한국을 둘 수는 없다는 의사였던 것이다. 중요한 점은 이 보고가 작성된 시점이 바로 태평양전쟁 참전직전인 V-E Day 직후였다는 것이다. 즉, 소련이 아시아문제에 대해 관심을 기울이기 시작하자 마자 한국에 대해 깊은 관심과 주의를 기울이고 있음을 알 수 있는 것이다.

대일 선전포고와 한국진주가 임박한 시점인 8월 1일에는 외교문제에 대한《公報》에 소련공산당 중앙위원회 정보국에서 작성한〈한국의 국내외정세에 대하여〉라는 보고서가 게재되었다.[6] 보고는 "한국의 군사전략적 의의는 무엇보다도 만주 소련과 육지국경을 접하고 있는 그의 지리적 상황에 규정된다"며 1930년대 만주진출 이후 한국을 근거지로 하여 소련이 대소전쟁을 준비하였음을 지적하였다. 앞의 외무성의 보고와 동일하게 한국이 역사적으로 일본의 소련진출을 위한 기지가 되어왔음을 분명하게 지적하고 있는 것이다. 보고서는 한국의 지리를 설명하면서 서울, 부산, 원산, 평양, 제물포 등 도시들이 각각 어떤 중요성을 지니고 있는지 설명하고 있다. 보고는 또한 과거의 중국의 오랜 영향력, 19세기 후반부터의 일본의 영향력의 확대, 러일전쟁과 러시아의 패배에 뒤이은 식민지배 등을 기술, 한국을 둘러싼 열강의 각축을 역사적

---

6) 소련공산당 중앙위원회 정보국, "한국의 국내외 정세에 대하여,"《공보》, No. 15(1945년 8월 1일) ; 김성보, 〈소련의 대한정책〉, pp. 57~60.

맥락에서 설명하였다.

보고는 특히 소련이 한국에 진출하면 대면하게 될 정치세력들에 대한 평가를 포함하고 있었다. 이를테면 김구에 대해서는 국민당의 반동적 요소들로부터 영향을 받고 있으며, 장개석 정부의 보조금을 받고 있다고 지적하고 있다. 대한민국 임시정부에 대해서도 소련은 미국과 마찬가지로 중국 망명 한인들의 보수적인 성향을 대변하는 다만 하나의 정치세력으로 간주할 뿐이었다. 또한 이승만에 대해서는 반소성향으로 유명한 인물로 기록하고 있다. 김성보에 따르면 이승만에 대한 소련의 부정적인 평가는 여러 자료에서 발견된다. 이는 해방이 된 후에도 변함없이 이어졌다. 이를테면 8월 23일 주코프는 이승만에 대해 그가 아직 귀국하지 않고 미국에 체류하고 있을 때임에도 불구하고 "조선인 정치망명가들 중에서 가장 반동적인 인물이다. 최근 그는 한 번도 아니고 여러 번 미국에게 반소비에트적인 성명을 제출하였다"고 외무성 상부에 보고하고 있다.

김구와 이승만에 대해 소련이 종전 이전부터 일찍이, 그리고 상세히 구체적으로 부정적인 평가를 내리고 있음은 주목할 만하다. 이런 평가는 해방 직후 잠시의 미결정적인 유보의 기간을 지나자 마자 소련군정의 통제를 받고 있던 북한의 공산주의 리더십이 탁치균열 이후 즉각적으로 이들의 식민시기의 반소반공행각을 구체적으로 들어가며 공격할 수 있는 역사적 근거가 되었을 것이다. 김구의 경우 장개석 국부와의 연결 때문에 비교적 쉽게 그러한 평가를 내릴 수 있었을 것이다. 그러나 이승만의 경우는 오랜 기간에 걸친 그의 공개적이고도 끈질긴 반소반공활동으로 인한 것이었다. 이승만의 반소반공의식은 그의 19세기 말부터의 뿌리깊은 반러의식으로부터 연유한 장구한 기원을 갖는 것이었다. 그의 반러의식은 볼셰비키 혁명 이후에는 반소반공의식으로 굳어졌다.[7]

---

7) 이에 대해서는 잘 연구된 고정휴의 "독립운동기 이승만의 외교노선과 제국주의"를 참조하라. 《역사비평》 제 31 호(1995년 겨울), pp. 129~187, 특히 pp. 167~173.

위의 8월 1일 보고는 또한 한국문제를 이미 국제적 수준에서도 분석하고 있었다. 보고는 "한국 광산업의 대부분은 미국인들의 손에 놓여 있으며 한국의 금광은 모두 미국인들 소유였다. … 현재 그들은 한국에 되돌아갈 좋은 기회를 기다리고 있다"고 날카롭게 지적하고 있다. 보고는 미·영·중 3국이 카이로에서 한국을 '적절한 시기에' 독립시키기로 결정하였는데 이 문제가 미국에서 광범하게 논의되고 있다면서 이는 일본이 한국을 점령할 때까지 미국인들이 그곳에서 대단히 중요한 경제적 이해관계를 가지고 있었기 때문에 당연하다고까지 언급하고 있었다. 보고는 끝으로 "미국은 한국에 대해 큰 이해관계를 가지면서 한국에서 우월한 영향력을 보장할 수 있는 제도를 세우는 준비를 하고 있다"며 "소련의 참여없이 한국문제를 결정하는 것은 불가능하다"고 분명하게 못박고 있었다. 이 진술 속에서는 한국을 놓고 이미 미국과의 대결을 염두에 두고 있는 듯한 뉘앙스가 느껴진다.

이 보고가 한국진주는 물론 태평양전쟁에의 참전 이전이었음을 상기할 때, 또 소련공산당 중앙위원회 정보국의 작성문건임을 상기할 때 소련군이 한국에 진주하면서 내린, 소련형 제도를 강요하지 않는다는 스탈린 자신과 그의 부하들의 언명은, 진심일 수도 있지만 실은 거의가 외교적인 수사였던 것이다. 질라스와 나눈 위의 스탈린의 언명은 이를 원칙수준에서 확인해 주고 있다. 스탈린의 혁명이론은 물론 레닌·트로츠키와 같은 혁명의 수출노선은 아니었다. 이 연구의 제 1 권에서 인용한 도이처(Isaac Deutscher)가 말하듯 그의 혁명전략은 진주한 범위내에서의 사회주의 구축 전략이었다. 이것은 혁명의 수출전략은 아니었다. 그렇다면 우리는 스탈린이, 자신의 군대가 일단 확보한 한국지역내에 사회주의 체제를 이식하려 할 것임을 암시받을 수 있다. 1945년 미국의 일반명령 1호를 받아들여 38선을 기준으로 분할 진주한 뒤 한국전쟁의 결정에서 김일성의 제안을 받아들일 때까지 소련은 전체 한반도를 사회주의화하려 적극적으로 시도하지는 않았다. 유럽에서도 그는 미국과의 분할선을 충실하게 지켰다.

1945년 8월 16일 38선을 기준으로 한국을 분할하기로 한 미국이 〈일반명령 1호〉를 발표하고, 이를 소련이 전달받자 분계선 북부에는 소련 25군이 급파되었다. 스탈린의 언급에 비추어 이 재빠른 진주는 의미 있는 것이었다. 치스차코프에 따르면 8월 중순까지만 해도 소련극동군 전선사령부는 도문-훈춘 경계까지의 진출조차 8월 25일 정도로 예정하고 있었다.[8] 도문과 훈춘은 두만강 북부에 인접한 지점이었다. 즉, 북한 영내가 아니었다. 그러나 실제로는 8월 25일 소련군은 도문-훈춘이 아니라 평양-함흥에 와 있었고, 25군사령관 치스차코프는 재빠르게 의미 있는 첫 걸음을 내딛고 있었다.

이것은 〈일반명령 1호〉의 접수 이후 모스크바의 지침이 극동군사령부를 통하여 25군사령부에 내려왔음을 증거한다. 관료적 갈등과 현장성(現場性)의 인지에 대한 차이를 제외하면 결정적인 정책 대강(大綱)에서 워싱턴-동경의 다이치-서울의 점령사령부가 이견을 보이고 허점을 노출한 적은 없었다. 소련은 더욱이 위계적 명령사회였다. 소련의 관료집단이 결정적 이익이 걸려 있는 외교-군사 부문에서 커다란 이견을 노출한다는 것은 스탈린 시대에는 상상하기 어려웠다. 따라서 모스크바-연해주사령부-평양의 차이, 또는 평양의 독자적 인지와 행보는 언급될 수 없는 영역이다.

위의 스탈린의 말이 소련의 외교-군사정책에 대한 일종의 일반적 원칙이었다면 한국에 대한 특수한 정책은 어떠한 것이었을까? 모스크바 3상회의에서 한반도문제가 구체적으로 결정된 이후 한국문제에서, 세계의 스탈린과 같은 역할을 한 인물은 슈티코프(Terentii F. Shtykov)였다. 레베데프(Nikolai G. Lebedev)에 따르면 "그가 조선에 있건 관구참모부에 있건 또는 모스크바에 있건 간에 그의 참여없이 북한에서 이루어진 조치는 하나도 없었다".[9] 슈티코프는 상장(上將)으로서 소련군 연해주군관구 군사위원이었고 북한에는 1946년 2월 말에 왔다.[10]

---

8) 치스차코프, "제 25 군의 전투행로," 《조선의 해방》, p. 50.

9) 레베데프, "수행해야 할 의무를 자각하며," 《朝鮮의 解放》, p. 105.

10) 치스차코프, "제 25 군의 전투행로," 《朝鮮의 解放》, p. 75. 그는 미소공동위원회 소련측 대표였고 앞서 살펴본 대로 한국전쟁 당시 주평양 소련대사로서 커

그러나 그는 이미 소련군이 평양에 진주하기 이전인 8월 12일에 소련군이 한반도 북단지방에서 전투하고 있을 때부터 조선의 주민들이 소련군을 어떻게 맞이했는가, 소련군이 현주민들을 어떻게 대했는가에 대해 구체적인 관심을 나타내었다.[11] 연해주 지역을 책임지는 군사위원으로서의 관심이었다. 그는 전쟁 전에는 레닌그라드 당서기에도 선출된 바 있었다. 1946년 미소공동위원회에서 그는 "소련은 조선이 진정으로 민주적이고 독립적인 국가가 되어 소련에 우호적인, 그리하여 장래에 소련에 대한 공격기지가 되지 않도록 하는 데 깊은 관심을 가지고 있다"[12] 고 진술하였다. 마치 전전의 문건들의 내용을 반복하고 있는 듯한 진술이었다.

1945년 진주 이후 소련의 가장 커다란 두 원칙은 무엇보다도 스탈린과 슈티코프의 위의 두 발언에서 찾을 수 있다. 스탈린의 언명이 일반 '원칙'이라면 슈티코프의 언명은 대한 '정책'이었다. 다른 많은 진술들은 정치적-외교적 수사이거나 의도의 완곡한 표현이었을 것이다. 이 원칙과 범위가 소련이 견지하려 한 가장 기본적인 노선이었다. 우리는 이를 '소련의 지침'이라고 부를 수 있을 것이다. 이 지침을 벗어나는 체제가, 그것이 미국의 국제적 압력에 의해서였건 한국인들의 자생적인 노력에 의한 것이었건, 그들의 군대가 점령한 분계선 북부지역에서 등장하게 허용할 리는 결코 없었다. 여기서 중요한 것은 후자였다. 즉, 자생적인 것도 소련의 범위를 벗어날 수는 없었다는 점이다. 건준의 재편 및 특정방향으로의 통일은 그 첫 징표였다.

1945년 8월 8일 소련극동군 총사령관 바실리예프스키(A. M. Vasilevskii)는 대일전쟁에 참전하면서 〈조선인민에게 보내는 소련극동군총사령관의 호소문〉을 통해 소련군은 조선의 해방을 위해 투쟁하고 있으며, 조선인들에게 반일투쟁에 참여할 것을 호소하였다. 그는 이 호소문에서

다란 역할을 한 사람이다.

11) 레베데프, "수행해야 할 의무를 자각하며,"《朝鮮의 解放》, p. 105.

12) "Lieutenant General John R. Hodge to the Secretary of State," *FRUS 1946*, Vol. III, p. 653.

'군국주의 일본은 멸망될 것'이라면서 "조선사람들이여! 당신들의 압제자를 반대하는 성스러운 전쟁에 궐기하십시오. …'서울의 상공'에는 자유와 독립의 기치가 휘날릴 것입니다. … 우리들은 당신들을 일본 압제자로부터 해방하기 위한 투쟁에서 친구로 도와주고 있다는 것을 잊지 마십시오"라고 강조하였다.[13] 이 호소문은 제국주의의 기반(羈絆)에서 해방된 식민지 민중을 축하하는 내용이다. 우리는 8월 8일 대일전 참전과 동시에 나온 이 성명에서 중요한 행간을 간취할 수 있다. 하나는 성명 자체가 갖는 의미로서 〈일반명령 1호〉에 관계없이 소련은 이미 한국의 해방에 큰 관심을 기울이고 있었다는 점이다. 또한 소련의 한국진주가 결정되었으며, '평양의 상공'이 아니라 '서울의 상공'으로 되어 있는 점도 주목할 만했다. 아직 〈일반명령 1호〉의 전달 이전이기 때문에 38선에 대한 인식이 전혀 없었던 것이다.

2) 북한진주와 소련의 초기정책 : 포섭과 억압, 수용과 배제의 정치

소련군의 종전 후 첫 포고문은 종전일 바로 그날에 나왔다. 만주의 25군사령부에서 발표한 〈해방된 조선인민에게 보내는 소련극동군 제1전선 제25군사령관 호소문〉(1945년 8월15일)[14]을 통하여 치스차코프(I. M. Chistiakov)는 "조선은 자유국가가 되었으나 이것은 새로운 조선 역사의 첫 페이지에 지나지 않습니다. … 악몽과 같은 과거는 영원히 흔적도 없이 사라질 것입니다. … 소련군대는 조선인민의 자유스럽고 창조적인 사업을 위하여 모든 조건을 조성해줄 것입니다"라면서 "조선인민은 자신의 행복을 스스로 창조해야 한다"고 호소하였다. 만주에 위치해 있으되 25군사령부는 한국에 대해 깊숙한 관심을 나타내었다. 바실리예프스키의 성명보다 더 구체적이었다.

몇 가지 점에서 치스차코프의 이 성명은 주목되어야 한다. 이 시점에

13) 《소련과 북한과의 관계》, pp. 29~30.

14) 《조선중앙년감》(1949), pp. 57~58 ; 《해방후 4년간일지》, pp. 4~5 ; 《소련과 북한과의 관계》, pp. 31~32.

서 소련군은 아직 한반도의 어느 곳도, 심지어 북한의 상당지역도 점령하기 이전이었다는 점, 그리고 소련의 지휘부가 설치될 것이라는 점을 암시한 것, 또 한국인들의 활동을 강조하고 있다는 점이다.15) 치스차코프의 호소문 발표를 전후하여 극동군사령부에 〈일반명령 1호〉가 전달되었음이 분명했다. 앞의 얘기처럼 8월 중순까지만 해도 소련극동군 전선사령부는 도문-훈춘 경계까지의 진출을 8월 25일로 잡고 있었다.16) 그러나 실제로 이 시점에 소련군은 한국에 들어와 있었다. 치스차코프는 한국에 진주하면서 내린 명령에서 "붉은 군대는 조선에서 우리 질서의 주입과 조선영토의 획득을 추구하지 않는다"고 언급하였다.

8월 24일을 전후로 평양-함흥에 소련군이 투입되면서 25군부대들은 메레츠코프의 명령을 받아 38도선 부근으로 접근하였다. 8월 24일 함흥으로 비래(飛來)하였던 치스차코프는 8월 25일 메레츠코프와 함께 군참모부를 평양으로 옮기기로 결정했고, 치스차코프는 다음날 평양으로 날아갔다. 비로소 평양이 북부한국의 중심인지를 알았던 것이다. 그는 평양의 비행장에서 깃발을 흔드는 일단의 민중들로부터 환영을 받았다. 여기에서 그는 즉석 도착연설을 하였는데 소련군은 '정복자로서가 아니라 해방자로서' 한국에 왔으며, '우리의 질서를 당신들에게 강요하지 않을 것과 당신들 인민이 이 나라의 주인'임을 강조하였다. 치스차코프는 '미군이 아직 상륙하지 않았기 때문에' 25군에게 38선을 넘어 일본군을 무장해제하도록 명령했다. 이는 메레츠코프의 동의를 얻었다.17)

치스차코프는 평양에 들어오면서 곧바로 평남인민정치위원회와 접촉하였다. 이것은 진주와 함께 일본인 행정관들과 접촉했던 함흥과는 다른 행보였다. 그리고는 당면문제들에 대해 토의하였으며 무엇보다도 우선해서 경찰의 조직문제에 대해 토의하였다. 그는 여기에서 정치문제를 담당하는 군사회의의 도움없이는 해결이 안될 정도로 일이 많으며 복잡하다는 사실을 알게 되었고, 때문에 지체없이 25군사령부가 위치하고

---

15) Erik van Ree, *Socialism in One Zone*, p. 87.

16) 치스차코프, "제 25 군의 전투행로," 《朝鮮의 解放》, p. 50.

17) "제 25 군의 전투행로," pp. 58~63.

있는 연길에 비행기를 보내어 레베데프를 수석으로 하는 군사회의 위원들을 평양에 데리고 오도록 명령했다.

8월 28일 25군 군사회의위원인 레베데프를 비롯한 일단의 장교들이 평양에 도착하였다.[18] 아주 빠른 도착이었다. 소련군의 편제에서 군사위원은 정치장교로서 공식 전투지휘체계의 명령을 받지 않고 군내 당조직인 군사회의의 지휘체계에서 상급지휘자의 명령을 받는다. 곧 레베데프는 치스차코프의 명령이 아니라 슈티코프의 명령을 받는다. 간단하게 말해 그것은 전투조직이라기보다는 군내 정치조직인 것이다. 레베데프는 도착 후 바로 인민정치위원회 위원들과 회담을 가졌다. 회담에는 조만식, 박정애 등이 참여하였다. 러시아어를 잘하는 박정애는 통역을 맡았다.

소련군은 한국에 매우 많은 '민간'(*civil*) 문제가 산적하고 있음을 인식하였다. 그들은 한국인들과 함께 곧바로 점령사업에 착수하였다. 이를테면 북한지역의 공업상태를 조사하기 위해서 공병사령관 니콜라이에프를 위원장으로 하는 위원회를 창설하였으며, 이 위원회에는 지방의 인민위원회 대표들이 참여하였다. 그러나 이것으로는 부족하였다. 치스차코프를 비롯한 점령군 지도자들은 조선의 민간문제를 담당할 특별기관의 필요성을 절감하고, 메레츠코프에게 이를 보고하여 사령부내에 '소비에트민정사령부'(SCA, Soviet Civil Adminisration, 이하 소비에트민정)라는 특별기관을 설치하였다. 이는 소련군의 북한점령에 관한 모든 비군사적 문제, 즉 정치-경제-사회적 문제들을 처리할 기관이었다. 책임자는 제35군의 군사위원인 로마넨코 소장이 맡았다. 로마넨코와 함께 여러 분야의 전문가집단이 대거 도착하였다. 이는 9월에 창설된 남한의 미국군정에 대응되었다.

소련점령의 성격을 보기 위해서는 먼저 도착한 순서대로 어떤 성격의 군대가 진주하였는가에 주목할 필요가 있다. 최초에는 전투군대가 왔고 두 번째는 군사위원들이 왔으며 세 번째는 각 분야의 전문가집단이 도착

---

18) "제25군의 전투행로," pp. 66~67.

하였다. 그리고는 마지막으로는 이들을 받쳐 줄 소련한인집단이 들어왔다. 4단계 점령이었던 것이다. 지금까지 미군의 남한점령은 군정이고 소련의 북한점령은 민정이었다는, 또는 그 반대라는 논란이 오랫동안 전개되어 왔는데 이것은 아무런 의미없는 논쟁이다. 소비에트민정은 소련 제25군 산하의 점령정책을 담당하는 집행기구였다. 직접적인 명령은 연해주군관구 군사위원회의 군사위원 슈티코프의 통제를 받았다. 군사조직인 것이다.

여기서 붙인 민정이라는 명칭은 비군사적인 문제, 즉 정치적, 민간적인 문제를 다룬다는 뜻이었다. 그것은 주한 미국군정이 주한 24군사령부 산하의 직접적인 점령담당기구였던 것과 동일한 것이었다. 무엇보다도 소비에트민정장관 로마넨코 자신이 25군의 부사령관이었다. 남한정치의 결정권이 군정장관 아놀드(A. V. Arnold)에게서 나오고, 그가 점령정책을 주도하였다는 것만큼이나 소비에트민정을 과대평가하는 것은 잘못된 것이다. 남한정치의 중심은 아놀드가 아니라 하지였고, 대규모 미군의 주둔 그 자체가 힘의 원천이었다. 주한 미국군정은 구체적인 정책 집행기관이었던 것이다. 마찬가지로 소련점령의 힘의 원천은 소련 점령군에게서 나왔다. 이들은 당시에 전북한지역에 걸쳐 약 4만 명이 주둔하고 있었다.[19] 점령의 전체방향은 소비에트민정의 수립과는 직접 관계가 없었다. 그것은 다만 한국인과의 협조문제, 전문가의 배치, 구체적인 시책 등의 행정적 기술적인 문제를 처리하기 위한 중앙 행정집행기구였다.

소비에트민정이 설치되기 이전인 9월 14일에 이미 소련군 사령부에서는 〈인민정부 수립요강〉을 발표하였다. 발표자는 25군사령부의 정치지도원으로 소개된 그로차르였다. 이 시점은 아직 미국과 소련 사이에, 단지 38선에 의한 분할점령만을 합의했을 뿐 그 밖에 어떤 구체적 합의도 갖지 못한 상태였다. 그러나 그로차르는 명백히 '정부' 수립의 요강을 제시했다. 그리고 그 명칭은 '인민정부'였다. 그러나 이 발표는 주목

---

19) U. S. Dept. of State, *North Korea : A Case Study*, p. 12.

받지 못했다. 그로차르의 발표는 간과되었으나 10월의 미국무성 극동부장 빈센트(J. C. Vincent)의 탁치발표에 대해서는 과도한 반응이 일었다. 10월 23일 빈센트의 발표가 보도되자 국내의 전정치세력들은 거세게 반발하였다. 물론 공산당도 '신탁관리란 萬不當' 하다면서 강력하게 반발하였다.[20]

두 개 모두 한국의 정부수립에 직결되는 내용이었다. 두 사태에 대한 대응의 차이는 목전의 사태에 대한 한국인들의 즉자적인 반응을 잘 보여준다. 그로차르는 성명에서 "① 쏘베트연방은 끝끝내 노동자 농민정권의 수립을 소미영중 4국간에 제안할 것이다. ② 토지문제는 최중점이 되는 문제이므로 인구수에 비례하여 토지를 재분배하여야 하며 토착지주에 대하여는 자기경작토지 이외는 이를 몰수한다. ③ 친일적 분자는 철저적으로 소탕할 것이며 각종 불순분자는 엄정한 숙청이 필요하다. ④ 개인경영의 기술기관은 허여하나 특별한 감시를 요한다. 모든 문화시설과 위생설비 및 교육기관은 국가경영으로 이관하여 노동자 농민에게 개방을 요한다"고 진술하였다.[21] 이 요강에는 '노동자-농민정권의 수립, 토지문제의 해결, 친일분자의 철저한 소탕'이라는 세 가지의 핵심내용이 들어 있다.

대강(大綱)의 결정자는 역시 스탈린이었다. 9월 20일 스탈린은 북한의 사태에 직접 개입하였다. 스탈린은 〈북조선에 있어서 소련군 부대와 지방정권기관 및 주민과의 상호관계에 대해 소련 극동사령관, 연해주군관구 군사회의와 제 25군에 내린 소련군 최고사령관 지령〉이라는 긴 제목의 명령을 직접 내렸다. 물론 공표되지 않은 내부 지령이었다. 여기에서 스탈린은 "① 북한 내에 소련형 정치기관을 수립하지 말 것, ② 반일적인 민주주의정당과 조직을 결집한 '부르주아민주주의정권'을 확립할 것, ③ 붉은 군대가 점령한 조선땅에서 반일민주단체와 정당결성을

20) 《해방일보》 1945년 10월 31일.

21) 민주주의민족전선 편, 《朝鮮解放一年史》(서울: 문우인서관, 1946), pp. 118~119; 金基石 편, 《北朝鮮의 現狀과 將來》(서울: 조선정경연구사, 1947), pp. 81~82.

방해하지 말고 그들의 사업을 도와줄 것"을 지령한 뒤, "붉은 군대의 북조선 진주는 일본강점자의 섬멸이 목적이며 조선영토를 탐내거나 또는 소련식 질서를 부식시키자는 것이 아니며, 북조선 인민의 사회적 및 개인적 소유는 소련군의 보호를 받으며, 평화적인 자기사업을 계속하고 그리하여 소련군정당국의 지시와 요구에 응하여 사회질서를 유지하는데 협력해 줄 것"을 홍보하라고 지령하였다.[22]

이 지령은 스탈린이 한국문제에 대해 직접 깊숙이 개입하여 사태를 구획해 주었음을 의미한다. 최근에 공개된 앞의 두 항(소련형 정치기관을 수립하지 말 것/부르주아 민주주의 정권을 확립할 것)은 정권의 수립 및 당의 창건과 관련된 핵심적인 문제였다. 스탈린은 초기에는 민족주의자들을 포함한 부르주아 민주주의 정권을 수립하려 했던 것이다. 탁치균열이 있기 전인 1945년 말까지 계속된 민족주의자 수용정책은 이러한 지침의 연장이었다. 스탈린의 지령 이후 사태는 빠르게 전개되었다. 다음의 사태전개는 9월 하순에서 10월초 사이에 긴박한 움직임이 있었음을 암시한다.

먼저 10월 3일에 소비에트민정의 수립이 있었다.[23] 북한에 대한 소련의 구체적인 점령정책은 10월 3일에 수립된 이 소비에트 민정을 통해서 실시되었다. 이전까지는 아직 군사적 점령단계였다. 소비에트민정이 수립되면서 본격적인 정치적 점령이 시작된 것이다. 소비에트 민정이 수립된 직후 북한지역에 독자적인 공산당을 창설하기 위한 예비회의가 10월 5일에 열렸다. 회의에서는 격론을 벌였다. 이 예비회의는 김일성 그룹이 도착한 지 15일 만이었다. 미군점령지역과 자신들의 점령지역에 대한 날카로운 관찰을 통해 소련점령군 지도부와 김일성그룹은 독자적인 창당을 굳혔던 것이다.

10월 8일에서 10일 사이에는 북한지방의 행정을 담당할 한국인 중앙

---

22) 《동아일보》 1993년 2월 26일 ; 《소련과 북한과의 관계》, p. 39. 최근까지도 소련은 앞의 두 항을 공개하지 않아서 그 해석을 두고 논란의 여지가 많았던 항목이다. 그것은 93년에서야 공개되었다.

23) Erik van Ree, *Socialism in One Zone*, p. 102.

행정기구를 창설하기 위한 북조선 5도인민위원회 연합회의가 열렸고, 10월 10일에서 13일까지는 분계선 북부에 또 하나의 공산당을 창설하기로 최종결정한 서북5도 당대회가 열렸다. 10월 12일에는 포괄적 점령방침을 제시한 치스차코프의 포고문이 나왔고, 다음날인 13일에는 조만식을 비롯한 평양시내 각계 대표들과 김일성-소련25군 지도부 사이의 합동회합이 있었다. 일련의 빠른 진행에 뒤이어 10월 14일에는 김일성이 대중에게 공식적으로 등장하는 평양시 군중대회가 개최되었다.

10월 5일의 예비회의에서 10월 14일 김일성의 공식등장까지 걸린 시간은 겨우 열흘이었다. 길게 잡아 9월 20일의 스탈린 지령과 10월 3일의 소비에트민정수립으로부터 따져도 채 한 달이 넘지 않았다. 김일성이 9월 19일 원산에 상륙한 이후 군중대회에서 등장하기까지 걸린 시간은 한달 정도였다. 우연의 일치겠지만 김일성의 귀국과 동시에 스탈린의 지령이 하달된 것도 흥미롭다. 군중대회에서의 등장 이후 김일성은 곧바로 북한정치의 중심인물로 부상하였다. 정밀하게 배치된 표면의 이 시간배정은 잘 배열된 배면의 어떤 계획을 암시한다.[24] 이 시간배열이 의미하는 바는 독자적인 지배체제를 수립하는 방향으로의 분명한 움직임이었다. 물론 그 내부의 힘의 배분문제, 이를테면 민족주의자와 공산주의자 간의 권력의 배분문제 같은 것은 그 큰 틀과 방향의 하위문제였던 것이다.

사태의 추이에 비추어 이 기간은 초기 국가형성 시기에서 가장 중요한 시기였다. 미군정보도 인정하듯이 "최초에 소련군은 중앙정부를 수립하려는 쪽으로 움직이지 않았다. 그것은 북부한국은 서울중앙정부의

24) 스칼라피노와 이정식은 인용없이 9월 27일에 소련군사령부가 다음과 같은 7개항의 포고를 발표했다고 적고 있다. 즉, 모든 일제 통치기구들은 철폐할 것임, 소비에트식 정부체제는 강요하지 않을 것임, 부르주아민주혁명을 인정할 것임, 소련은 한국에 대해 어떠한 영토적 야심도 가지고 있지 않음, 종교 및 언론자유를 보장할 것임, 일본인이나 친일파들이 소유하고 있던 토지는 몰수할 것임, 소작료는 3·7제로 할 것임. Robert Scalapino, and Chong-Sik Lee, 《한국공산주의운동사》 2권, 한홍구 역(서울: 돌베개, 1986), p. 424.

통제하에 들어가야 된다고 믿어졌기 때문에 거부되었다".[25] 조만식 역시 평양에 중앙정부를 수립하는 것을 거부하였다. 그렇다면 독자적 공산당의 창설과 중앙행정기구(행정10국)의 창설은 이와는 반대되는 정책이 수립되었음을 의미했다. 소련군은, 자신들이 인위(人委)를 인정하자 이에 고무된 서울의 인공(人共)이 북한지역의 인위에 대한 통치권을 요구하였으나 이를 인정하지 않았다. G-2가 날카롭게 지적하였듯이 이것은 남한인공의 '희원적 사고'(*wishful thinking*)에 불과했다.[26] 자신들이 점령한 지역에서 스스로 통제하는 인위를 인정하는 것과 독자적인 중앙정부임을 자임하는 인공을 인정하는 것은 전혀 다른 문제였던 것이다.

10월 12일에는 스탈린의 지령에 비견되는 중요한 지령이 25군사령관 치스차코프와 참모장 펜코프스키(V. A. Pen'kovskii)의 연명하에 〈북조선주둔 소련 25군사령관의 성명서〉[27]라는 이름으로 발표되었다. 성명은 "쏘련군대는 약탈자들을 타도하기 위하여 북조선으로 들어왔다. 쏘련군대는 조선에 쏘베트질서를 설정하거나 또는 조선지역을 얻으려는 그런 목적들은 갖지 않았다. 북조선인민의 공사유재산은 쏘련군사령부 당국의 보호하에 처하여 있다"고 전제한 뒤 다음과 같이 공포하였다.

(가) 북조선지역에 … 민주주의초보와 공민자유의 공고를 자기의 과업으로 내세우는 모든 반일 민주주의단체들의 결성 및 그들의 활동을 허가함.

(나) 북조선 노동대중에게 자유적 직업동맹 보험회사 문화 계몽협회들의 결성권을 줄 것.

(다) 성결들과 기타 교회들에서 배례하는 것을 금지말 것.

(라) 반일당과 민주주의단체들은 자기의 강령과 규약을 가지고 와서 반드시 지방자치기관과 군경무사령관에 등록되어야 하며, 동시에 자기의 지도기관의 인원명부를 제출할 것.

---

25) *ISNK*, No. 1(Dec. 1, 1945).

26) *ISNK*, No. 2(Dec. 17, 1945).

27) 《조선중앙년감》(1949년), p. 58 ; 《해방후 4년간 일지》, pp. 11~12.

(마) 북조선지역내에 있는 모든 무장대를 해산시킬 것. 모든 무기 탄약 군용물자들을 軍警務司令官에게 바칠 것. 평민 중에서 사회질서를 유지하기 위하여 임시 도위원회들은 쏘련사령부와의 협의하에 旣定된 인원수의 보안대를 유지함을 허가함.

끝으로 성명은 "북조선인민들이 자기의 평화적 노력을 계속하며 산업 상업 공영 및 기타 기업소들을 정상적 작업을 보장하며 쏘련군당국의 요구와 지령을 실행하며 사회질서를 유지함에 있어 쏘련군당국에 원조하기를 호소"하였다. 이것은 성명서의 형태였지만 사실은 명령이었다.

이 성명서에서 중요한 것은 (라)항과 (마)항이었다. 우선 (라)항에 따르면 모든 정당과 사회단체는 강령과 규약, 인원들을 소련군에게 반드시 등록해야 했다. 이는 모든 정당과 사회단체에 대한 소련군의 강력한 통제기도를 의미했다. 이 조치는 미점령군 사령관 하지(John R. Hodge)가 발표한 1945년 9월 17일의 "정당은 오라"에 비교된다. "정당은 오라"에서 하지는 이렇게 말하고 있다.

조선주둔군 최고사령관 하지 중장은 조선에 있는 각 단체가 중요한 정치단체라고 인정되는 것에 한해서 그 대표자를 회견하기로 하였다. …이 면담에 참여하고자 하는 당대표는 하기사항을 서면으로 제출하기 바란다. ① 정당의 명칭, ② 정당의 조직, ③ 정당의 정확한 정견, 또는 정강, ④ 정당으로서 하기 직무를 감당할 수 있는 명칭을 명기할 것…[28]

성명에 지명과 발포자가 없다면 두 성명의 주체를 구별하는 것은 쉽

28) 《매일신보》 1945년 9월 17일, 《자료대한민국사 1》, p. 115. 이 〈정당은 오라〉 성명이 미국군정 시기의 초기 정치질서 주조에 끼친 영향은 결정적이었다. 그러나 이에 주목한 사람은 아무도 없었다. 이에 대해 최초로 주목한 사람은 최장집이다. 여기서의 해석은 그의 해석에서 빌려온 것이다. 최장집, "미군정하 국가다원주의의 형성과 정치균열," 《한국현대정치의 구조와 변화》(서울: 까치, 1989), pp. 125~127.

지 않다. 내용이 거의 같지 않은가? 치스차코프의 포고 중 '모든 무장대'의 해산, '모든 무기'의 압수를 규정한 (마)항은 (라)항보다 더 중요했다. 전술했듯이 해방 직후 북한에는 많은 자생적 정치-치안조직들이 분출하였다. 이러한 조직들은 더 이상 존재할 수 없게 된 것이었다. 이 포고의 (라)항과 (마)항처럼 분명하게 용인가능한 단체의 존재범위를 설정해 준 초기 지침은 없었다.

(라)항이 분계선 남부에서의 미국군정의 "정당은 오라"에 비교된 것처럼 (마)항은 '일반인민의 무장해제', '무기 탄약 또는 폭발물의 불법소유금지'를 명령한 미군정의 1945년 9월 27일의 〈법령 제5호〉에 상부하였다. 〈법령 제5호〉의 내용은 다음과 같았다.

> 제1조(일반인민의 무장해제) 조선내의 일반인민은 기종족을 불문하고 기주소로부터 최근 한 경찰서에 1945년 9월 23일 일요일 정오 12시까지 화기, 탄약 또는 폭발물을 전부 인도할 사.
>
> 제2조(무기, 탄약 또는 폭발물의 불법소유) 1945년 9월 23일 일요일 정오 12시 이후에 여하한 화기, 탄약 또는 폭발물이든지 차를 불법소지하거나 관리하는 것은 재판소의 정한 처벌에 처함.[29]

초기의 미소정책은 그 방향과 내용이 너무도 닮은꼴이었던 것이다.

앞서 우리는 스탈린의 일반원칙과 슈티코프의 대한(對韓)지침을 비교하였다. 9월 20일의 스탈린 지령과 10월 12일의 치스차코프의 명령 역시 그들 둘과 유사한 비교점들을 제공해 준다. 어떤 연구들은 소련군은 진주 후에 한국인들의 자주적인 밑으로부터의 정치참여를 원조하고, 그것을 정의 방향에서만 도와준 것으로 해석한다. 어떤 해석들은 또 그 반대로 소련군은 한국인들을 억압하고 착취한 것처럼만 해석한다. 그러나 건준(建準)을 비롯한 초기의 자생적 정치조직들에 대한 정책에서 보았듯이 이 두 해석은 사실에 부합하지 않는다.

소련의 힘과 정책은 정치조직들의 내부구성까지 근본적으로 변화시

---

29) 《미군정법령집》, p. 8.

켰지만 부분적으로는 수용하되 부분적으로는 배제하는 정책이었다. 특히 자생적인 모든 무장대의 해산을 명령한 치스차코프의 포고는 소련의 정책이 탈식민민중의 혁명적 움직임들을 수용하지만은 않은 '방향이 있는 결정'임을 뚜렷하게 보여준다. 용어만 달랐지 '사설군사단체'라고 불린 남한의 자생조직들과 북한의 무장단체들은 그 성격에서 차이가 있는 것은 아니었다. 그들은 미소에 의해 모두 해산당하였다. 수용과 배제, 즉 누구는 포섭하고 누구는 억압하는 양면정책이 소련 초기점령정책의 핵심이었던 것이다. 억압과 포섭, 이것은 최장집이 지적하였듯이 진주초기 미국정책의 핵심이었다. 소련의 초기정책 역시 이 양면전략이 핵심이었던 것이다. 그러나 서로간에 수용의 세력과 배제의 세력이 반대였다는 점이 결정적으로 달랐다.

치스차코프의 포고 이후 해방 직후 분출하였던 모든 조직과 단체들은 소련군의 통제하에 들어가거나 해체되었다. 치안유지위원회, 자위대, 치안대 등 다양한 명칭으로 존재하던 자생적 단체들은 이미 해체당한 뒤였고, 10월 21일에는 많은 자생적 치안단체로부터 체계적인 경찰기구로의 이행적 중간역할을 수행했던 적위대마저 해체되었다.[30] 그리고는 소련군 사령부에 의해 허가된 보안대의 활동만이 가능했다.[31] 이는 해방 후 북한에 등장한 최초의 공식적인 허가된 무장력이었다. 적위대는 공산주의자들이 조직한 것이었다.[32] 그럼에도 불구하고 보안대의 등장과 함께 적위대 역시 전부 해산되지 않으면 안되었다. 보안대는 지방수준에서부터 조직되기 시작했고 경찰체제의 중앙집중화를 계속해 나갔다.[33] 무장력의 중앙집중화가 시작된 것이었다.

평양학원도 설치되어 군사부분에서 지도자가 될 인물들을 양성하기 시작하였다. 지방수준에서는 중앙의 통제를 받는 경찰기구가 조직되기

30) 《해방후 4년간 일지》, p. 12.

31) Hq, FEC, *HNKA*, p. 8 ; 극동문제연구소, 《북한전서》 中 (서울: 극동문제연구소, 1974), p. 23.

32) *ISNK*, No. 1 (Dec. 1, 1945).

33) Hq, FEC, *HNKA*, p. 8.

시작했고, 이를 시발로 각도에 도보안대(道保安隊)를 창설하여 각도의 치안유지와 경비임무를 담당하였다. 또한 11월 15일 경에는 최용건의 제의로 경찰기구의 통일을 논의하기 위한 보안·당관계자 합동회의가 열려 중앙과 지방의 보안·사법·경찰기구의 통일이 결정되었다.[34] 여기에서 보안국 창설이 결정되었고, 각 지방인위들은 보안부서를 조직하기 시작했다. 자생적 초기단체들의 해체와 공식적인 경찰조직의 구축 및 물리력의 중앙집중이 병행되었다는 것은 곧 배제와 수용의 병행을 통한 독자적인 통치조직의 형성이라는 초기질서의 구축을 의미했다.

2. 분단체제구축의 초기행보 : 분할통치기구의 조기구축

9월 하순에서 10월 하순까지의 한달간의 시기는 북한의 초기정치에서 매우 중요한 시기였다. 최초에 중앙정부를 수립하려는 방향으로 움직이지 않았던 소련군은 자신들이 선택한 지배동맹인 김일성그룹이 도착한 9월 하순부터 독자적인 행보를 뚜렷이 하기 시작하였다. 여기서 말하는 '독자적'이라는 말은 '분단지향적'이라는 말과 동의어이다. 소련의 초기행보는 세 가지 점에서 '확보된 지역내의 사회주의 구축'(*Socialism in One Zone*) 정책이 채택되었음을 보여주었다.

첫 번째는 소비에트민정을 수립하여 구체적인 정치적 경제적 사회적 점령정책들을 집행해 나갈 체제를 갖추었다는 점이었다. 두 번째는 한국인 행정조직의 건설이었다. 곧 한인화(韓人化)정책이었다. 1945년 8월에서 10월 초까지 북부한국에는 어떠한 한국인 중앙행정기구도 없었다. 그러나 소련군정은 10월 중순 이의 설치를 시도하였고, 조만식의 반대로 최초에는 실패하였으나 결국 11월에는 성공하였다. 셋째로는 독자적인 공산당의 창설이었다. 서울에 조선공산당이 있었음에도 불구하고 소련과 김일성그룹은 서울과 북한의 토착 공산주의자들의 반대를 무릅쓰

34) Hq, Fec, *HNKA*, pp. 8~9.

〈표 2-1〉 북한의 초기 1개월의 정치일정 (9월 19일~10월 20일)

9월 19일	김일성그룹, 원산을 통해 귀국
9월 20일	스탈린, 비밀지령 하달
10월 3일	점령정책집행기구인 소비에트민정 수립
10월 5일	독자적 공산당창당을 위한 예비회의
10월 8~10일	중앙행정기구수립을 위한 인위 연합회의
10월 10~13일	독자적 공산당창당을 위한 공식회의와 창당결정
10월 12일	점령의 포괄적 내용을 담은 치스차코프의 포고
10월 13일	소련군지도부-김일성-조만식 회합
10월 14일	군중대회 개최, 김일성의 대중에게의 최초의 공식등장
10월 15일	소련군정, 《평양민보》 발행 허용
10월 16일	평남인위, 〈施政大綱〉 공포
10월 20일	조선공산당 북조선분국 공식수립

고 10월 중순에 북부한국만을 담당하는 독자적인 공산당을 조직한 것이었다. 거의 동시적으로 시도된 이 세 조치들을 볼 때 소련군은 38선 분할을 수용한 뒤 독자적인 체제구축에 매우 일찍 나섰음을 알 수 있다.

〈표 2-1〉은 독자체제구축을 위한 소련군정의 행보를 잘 보여준다. 여기에서 용어문제를 한 가지 지적하면 특정의 행정기구로서 소비에트민정(SCA)을 지칭할 때는 '소비에트민정'이라고 부르고 소련제25군과 소비에트민정, 그리고 지방의 위수사령부를 포함하여 북부한국에 주둔한 현지 소련점령기구를 통칭할 때는 '소련군정' 또는 '소련점령군'으로 부르고자 한다.

1) 소비에트 민정의 수립

최초의 표면적인 움직임은 10월 3일에 소비에트 민정(*Grazhdanskaya Administrtsiya* ; *Civil Administration*)의 수립으로 나타났다.[35] 두 한국의

35) V. D. Tikhomirov(ed.), *Istoriia Korei*(*The History of Korea*), Vol. II (Moscow, 1974), p. 162, Erik van Ree, *Socialism in One Zone*, pp. 102~

초기정치를 둘러싸고 이 기구만큼 큰 영향을 끼쳤으면서도 거의 알려지지 않은 기구도 없다. 우선 우리는 이 기구가 언제 만들어졌는지에 대해 무지하였다. 소련의 점령정책은 이 기구가 만들어지면서 군사적 점령에서 정치적 점령으로 변화되었다. 소비에트민정(*Soviet Civil Administration ; SCA*)의 수립 이전까지는 아직 순수한 군사적 점령단계였다. 소비에트민정은 각 부분의 점령정책을 담당할 전문가들을 보유하고 있었는데 대부분은 소련군 장교였다. 이들의 총 숫자는 46년 9월에는 약 200명에 달했으나 점차로 줄어들어 동년 12월에는 60명으로 줄어들었고, 47년 7월에는 30명 정도로 축소되었다.[36] 축소의 이유는 한인화정책으로 인해 그 역할을 한인들이 대신하여 갔기 때문이었다. 소비에트민정의 내부구성은 초기 행정10국이나 임시인위의 부서와 완전히 똑같이 10개의 국으로 이루어져 있었다.[37] 이것은 숫자의 동일만이 아니라 구성과 역할도 동일하였다. 통제 또는 협력에 용이하도록 편제하였기 때문이었다.

주목할 만하게도 소비에트민정은 지방정부를 갖지 않았다. 지방은 위수사령부(*Komendatura*)를 통하여 중앙의 명령과 정책을 집행하였다. 즉, 지방은 위수사령부가 장악하고 있었던 것이다. 그러나 소비에트민정은 이 지방위수사령부들조차 직접 통제한 것은 아니었다. 지방위수사령부는 25군사령부 직속이었다. 레베데프에 따르면 소비에트민정은 각 도의 고문들을 통하여 위수사령부의 활동을 지도했다. 고문들은 소비에트민정에 직속되어 있으면서 동시에 도에서는 소련군사령부를 대표하여 도의 위수사령관을 예하에 두었다.[38] 이를 보면 지방수준에서 소련군

103에서 인용. 북한의 초기 문헌들을 광범하게 조사해도 이것의 한국어 공식명칭은 발견되지 않는다. 추론컨대 한국어 공식명칭 없이 그냥 썼던 것으로 보인다. 북한문헌들에는 쏘련민정, 쏘련민정부, 쏘련군민정사령부, 쏘련민정관리국 등 약간 다른 용어들이 자주 나온다. 러시아어로는 Grazhdanskaya Administrtsiya이고 G-2에는 Civil Administration으로 번역되어 있다. 탈취된 북한문헌을 검토하여 볼 때 가장 많이 사용된 명칭은 '쏘련군 민정사령부'였다.

36) *ISNK*, No. 41(Jul. 15~31, 1947).

37) *ISNK*, No. 20(Sep. 21, 1946).

정은 지방 소비에트민정조차 설치하지 않고 초기에는 직접적으로 군사 통치를, 나중에는 한국인 인위를 통한 통치를 하였음을 알 수 있다.

25군 군사회의의 명령에 따르면 25군은 전북부한국지역에 133개의 위수사령부를 설치하여 점령정책을 집행해 나갔다. 1945년 9월 28일 현재에는 54개의 지방위수사령부가 기능하고 있었다.[39] 위수사령부는 최소한 군(郡)수준에까지 설치되었음을 알 수 있다. 당시 북한은 총 89개의 군이 있었다.[40] 그렇다면 위수사령부가 군의 숫자보다 훨씬 더 많게 되는데 이는 커다란 사업장이 있는 도시, 산업시설 등에는 독자적인 위수사령부를 설치하였기 때문이다. 소련군이 산업시설을 중시하여 직접 중앙에서 통제하였던 때문이었다. 전술했듯이 당시 소련군은 대략 4만 명 정도가 북한에 주둔하였다. 중앙은 물론 지방에서도 이들이 힘의 원천이었다. 지방에서 소련군의 통치력은 역시 이들로부터 나왔다. 때문에 따로 지방소비에트 민정을 수립하지 않고 이들로 위수사령부를 구성하여 거기에 소비에트민정 담당장교를 배치하였던 것이다.

초기 질서주조 시기 동안 점령업무는 순전히 소련군정과 각도 및 시·군의 위수사령부가 담당했다. 군사편제로는 소비에트민정은 25군 편제에 속해 있었으나 사령관 치스차코프의 지휘를 받지 않았다. 소비에트민정은 25군 군사회의의 산하기구로서 25군 군사회의의 구성위원은 레베데프, 로마넨코(Andrei A. Romanyenko), 샤닌(G. I. Shanin), 체렌코프(Cherenkov), 프르소프(Fursov) 등 5명이었다.[41] 군사회의는 25군의 직속 상급부대인 연해주 군관구군사회의의 지휘를 받았다. 따라서 치스차코프가 아니라 연해주 군관구 군사회의의 군사위원인 슈티코프의 지휘를 직접 받았다.

슈티코프는 레닌주 당서기와 군사위원으로서 오랜 경험을 쌓은 정치

---

38) 레베데프, "수행해야 할 의무를 자각하며,"《朝鮮의 解放》, pp. 124~126.

39) Erik van Ree, *Socialism in One Zone*, p. 96.

40) NA, RG 242, SA 2009 Item 9/113. 북조선인민위원회, 〈道·(평양특별시) 시·군 인민위원회 기구정원 및 事務分掌〉.

41) *ISNK*, No. 20 (Sep. 21, 1946).

장교로서 후에 미소공동위원회 소련측대표, 그리고 초대 평양주재 소련대사를 역임하였다. 그는 북한문제에 관한 한 1945년부터 50년까지 가장 중요한 역할을 한 인물이었다. 북한에서의 점령정책에 대한 대강을 지시한 것은 그였고, 북한에서 그의 말은 모스크바의 스탈린의 말로 이해되었다. 와다 하루키는 그를 '스탈린의 충실한 제자이며 또한 오른팔'로서 "그야말로 1945년부터 1951년까지 사이의 소련의 대한정책을 입안하고 그 실행을 지도했던 책임자였다"고 서술하고 있다.[42] 이 평가는 과장이 아니었다.

소련군정은 1945년 직후의 초기 질서주조의 시기동안 깊숙하고 치밀하게 막의 앞과 뒤에서 내면과 외곽을 분명하게 틀지어 갔다. 소비에트민정의 다양한 부서는 상부의 정책에 기초하여 자기들의 분야에서 프로그램을 세우고 정책을 수행하는 책임을 맡고 있었다.[43] 25군사령부에서도 많은 장교들이 선발되어 소비에트민정으로 보내졌다. 이렇게 하여 45년 11월 19일에 한국인의 독자적인 행정 10국이 창설되었을 때는 소련전문가들이 행정 10국의 고문자격으로 배치되어 한국인들과 함께 일하게 되었다.[44]

소비에트 민정은 임시인위가 만들어진 뒤에도 각국을 '통제하고 자문하는 부서'를 소비에트민정 안에 두고 있었다.[45] 북한 내에서 소비에트민정의 책임은 25군 군사회의위원 로마넨코 소장이 맡았다. 그러나 간과해서는 안될 점은 소비에트민정이 소련 25군사령부의 예하기관이었다는 점이다. 그것은 전투조직이 아닌, 점령정치를 위한 정치조직이었다. 즉, 그것은 25군의 직접적인 지휘하에 놓여 있는 정치, 행정, 경제, 사회 정책을 실질적으로 다루는 실무집행기관이었다. 주한 미제 24군과 주한 미국군정에 비유될 수 있는 것이다. 따라서 북한에 진주한 소련군

---

42) 와다 하루키, 〈소련의 대북한정책 1945~1946〉, p. 253.

43) *ISNK*, No. 30 (Feb. 16, 1947).

44) 시체니친, "해방후 조선에서," 《朝鮮의 解放》, p. 313 ; *ISNK*, No. 20 (Sep. 21, 1946).

45) *ISNK*, No. 20 (Sep. 21, 1946).

통치가 민정이었고 미군통치는 군정이었다는 주장은 사실이 아니다.

전체적으로 소련의 북한점령정책은 연해주 군관구군사위원 슈티코프(상장)의 주도하에 25군 사령관 치스차코프(근위상장), 25군 정치부사령관 레베데프(소장), 소비에트민정 사령관 로마넨코(소장), 소비에트민정 부사령관 이그나체프(대좌), 25군사령관 참모장 샤닌(소장, 초대 참모장 펜코프스키는 곧 샤닌으로 교체되었다), 25군사령관 정치고문 발라사노프 등의 7인에 의해 좌우되었다. 이들이 초기 북한체제 구축의 핵심 7인이었다. 소비에트민정사령관 참모장 이그나토프(Ignatov) 대좌와 경제문제를 통괄지휘한 코스톨로프스키도 중요한 역할을 수행하였다. 일반적으로 소비에트민정 참모장으로 잘못 알려진 이그나체프 대좌는 부사령관이었다. 로마넨코가 모스크바를 가거나 할 때는 그가 사령관대리를 맡았다.

간단하게 이들의 북한에서의 프로파일을 정리해 볼 필요가 있다.[46] 하지나 아놀드, 맥아더, 굿펠로(M. Preston Goodfellow)를 아는 만큼 최소한 같은 정도로 이들에 대해서도 알 때 비로소 초기의 남한과 북한 및 그들 각각의 미소와의 관계를 균형있게 알 수가 있다.

슈티코프 (Terentii F. Shtykov)

소련군의 당과 정치조직을 담당했다. 소련공산당 중앙위의 정책을 북한에 전달하는 것도 슈티코프의 역할이었다. 가장 커다란 영향력을 행사한 인물이다. 미소공위 소련측 수석대표를 맡아 서울에 왔었고 소련의 북한점령이 끝난 다음에는 주북한 초대 소련대사로 초기 북한에서 가장 커다란 역할을 했다. 한국전쟁의 결정시 스탈린과 김일성·박헌영 사이에서 큰 역할을 하였다. 가끔 모스크바보다는 평양의 견해를 개진하여 모스크바로부터 경고를 받기도 하였다. 1945년 현재 연령이 38세로서 국가원수로는 너무 젊은 김일성과 그리 큰

46) *ISNK*, No. 14(Jun. 22, 1946) ; No. 20(Sep. 21, 1946) ; No. 21(Oct. 7, 1946) ; No. 37(May 31, 1947) ; Erik van Ree, *Socialism in One Zone*, pp. xi~xiv ; 레베데프, "수행해야 할 의무를 자각하며,"《朝鮮의 解放》, p. 96.

차이가 나지 않는 것도 김일성이 대소관계에 접근하거나 국내문제를 처리하는 데 어떤 도움을 주었을 것이다.

치스차코프 (Ivan M. Chistiakov)
1945년 8월 진주시부터 1947년 3월까지 25군사령관을 맡았다. 초기 군사점령 시기에 커다란 역할을 한 인물이다. 47년 3월에 코로토코프로 교체되어 북한을 떠났다.

레베데프 (Nikolai G. Lebedev)
치스차코프 밑에서 25군의 정치담당 부사령관을 역임했다. 25군 군사회의군사위원이었고 정보조직, 내무성 및 사법기구를 관장하였다. 47년 가을부터 로마넨코에 이어 소비에트민정의 사령관을 맡았다.

로마넨코 (Andrei A. Romanenko)
25군 부사령관 겸 소비에트민정의 사령관으로서 구체적인 점령정책을 집행하는 책임을 지고 있었다. 25군 군사회의 군사위원으로서 북한정치의 전개에 큰 영향을 끼쳤다. 1946년 7월에 김일성·박헌영과 함께 비밀리에 모스크바로 스탈린을 방문하기도 하였다.

이그나체프 (Alexandr M. Ignat'ev)
소비에트 민정의 부사령관으로서 정치담당이었다. 초기 북한에서의 정당정치의 상당 부분은 이그나체프에 의해 전개되었다. 중요한 정당문제는 그의 관할하에 있었다. 이를테면 민주당의 창당을 허용하고(45년 11월) 배제(46년 2월)를 주도한 것도 그였다. 슈티코프와 함께 점령이 끝난 다음에도 북한에 남아 소련대사관의 참사관으로서 여전히 중요한 역할을 수행하다가 한국전쟁 때 미군의 폭격으로 사망하였다.

발라사노프 (Gerasim M. Balasanov)
25군 사령관의 정치고문이었다. 역할에 비추어볼 때 KGB와 같은 소련정보기관의 평양책임자임이 분명하다. 영어와 일어를 구사할 줄

알며 미소공위 대표를 맡았다. 북한에 오기 전에 동경에도 근무했었던 한국문제전문가로 알려져 있다. 표면적으로는 소련 외무성의 정책을 북한에 전달하고 침투시키는 역할을 하였다.

샤 닌 (Gregori I. Shanin)
펜코프스키에 이어 25군 사령관 참모장으로 있었다. 또 25군 군사회의 군사위원이자 미소공위 대표이었다. 미소공위 회의시에는 슈티코프의 참모장을 맡았다.

이상의 핵심 7인은 대부분이 미소공위 대표로 회담에 참여하였다. 흥미로운 것은 이들 7인 중 소비에트민정의 간부는 로마넨코와 이그나체프밖에 없다는 점이다. 이것은 소련군정 내에서의 소비에트민정의 위상과 역할을 그대로 나타낸다. 그것은 그저 집행기구일 뿐이었다. 소비에트민정을 통제하는 25군 군사회의에도 소비에트민정 집행부에서는 로마넨코 혼자만이 들어 있었다. 초기에 잘못 알려진 뒤로[47] 사람들은 소비에트민정을 소련군정으로 이해하여 왔고, 그것이 또 대북 점령정책을 주도한 것으로 잘못 알아왔던 것이다. 로마넨코도 과대평가하여 소련군정 —실제로는 소비에트민정— 을 '로마넨코사령부'라고 거의 모든 기록과 연구들이 통칭해 왔던 것이다. 소비에트민정은 실무집행기관으로서 점령기관의 일부일 뿐이었다. 로마넨코의 역할 역시 슈티코프와는 비교조차 되지 않고 치스차코프보다도 낮은 그 밑의 실무장교였다. 그는 슈티코프나 치스차코프를 넘어 점령정책을 좌우할 수 있는 위치에 있지 않았다.

소련군정의 역할과 관련지어 레베데프의 진술은 주목할 만하다.

> 소련군 위수사령부의 존재는 민주적인 사회조직사업과 민주적인 사회개혁을 방해하는 반인민적인 세력을 절대로 용납하지 않았다. 위수사령부의 사업장에는 경험있고 정치적으로 훈련된 지휘관들과 정치일꾼

47) 김창순, 《北韓十五年史》(서울: 지문각, 1961), pp. 51~54.

> 들이 모여들었다. 초기에 위수사령관과 정치부 부사령관이 매일 인민위원회 일꾼들과 만났으며, 그들은 항상 도와 군의 사정을 잘 알고 있었다. 후에 경험있는 조선의 친구들이 확보됨에 따라 이러한 회합은 점차 줄어들었다.[48]

방해세력의 불용에서 볼 수 있듯이 소련군이 초기정치를 좌우했음을 분명하게 언급하고 있는 것이다. 또한 처음에는 소련군장교와 인위위원들이 매일 만났다고 언급, 둘 사이의 긴밀한 협력 속에 북한정치가 이루어졌음을 고백하고 있다. 그럼에도 불구하고 초기 북한정치를 자발성으로만 설명한다면 이는 사실에 배치된다.

소련군의 규모는 점령이 진행되면서 조선화와 더불어 현저하게 줄어들었다.[49] 이 축소는 네 가지의 의미를 동시에 지녔다. 하나는 미소공위의 성공이나 통일정부 수립은 더 이상 기대하지 않는다는 의미였다. 통일정부의 수립여부에 관계없이 독자적인 정부수립을 추진하겠다는 의사였다. 두 번째는 얼마나 빨리 조선화가 진행되었는가를 보여주는 것이다. 조선화의 정도는 소련으로부터의 집행권의 이양, 즉 자주성의 증대를 의미했지만 반대로 독자적 단독정부 수립으로의 질주를 의미하는 것이기도 하였다.

세 번째로 사회혁명이 이미 끝났고 반동계급이 전부 척결되거나 남하하였기 때문에 사회적 저항을 억압할 방대한 물리력이 더 이상 주둔할 필요가 없었던 것이다. 끝으로 북한은 조기에 이미 중앙집중화된 방대한 정규무장력과 경찰력을 보유하고 있어서 이들만으로도 치안유지는 충분히 가능하고도 남았다는 점이다. 군대의 경우 미국과 남한을 고려하여 표면적인 공식명칭은 보안간부 훈련대대부였으나 비공식적인 내부명칭은 이미 인민군으로 편제되어 있었다. 따라서 소련군의 역할도 줄어들 수밖에 없었다. 이상의 점에 비추어 48년 정부수립 이후의 소련과 북한의 미소양군 동시철퇴 주장은 미군을 철수시키기 위한 전술이었지

48) 레베데프, "수행해야 할 의무를 자각하며,"《조선의 해방》, p. 94.

49) *ISNK*, No. 35 (Apr. 30 1947).

실제로는 철수할 소련군은 거의 남아 있지 않았다.

북부한국의 초기 핵심지배집단은 삼각연합이었다. 그것은 소련군정, 소련한인(*Korean-Russian*), 그리고 김일성그룹이었다. 이들은 초기 북한의 삼각지배연합이라고 부를 수 있을 것이다. 중요한 점은 이들 사이에 갈등이 존재하지 않았다는 점이다. 이것은 남한에서 이승만 및 김구와 하지가 갈등한 것에 대비되었다. 물론 이들 사이의 관계는 수평적이지 않았다. 소련군이 질서의 구획자로서 최고수준의 행위자였고, 그 아래에 김일성그룹과 소련한인들이 배치되어 있었다. 소련한인들은 실무를 담당하기 위해 소련군이 불러온 전문관료집단이었다. 이들은 1930년대에 스탈린의 이주정책으로 대부분이 카자흐지방에 거주하던 자들이었다. 이들은 46년 경까지는 소련군사령부, 소비에트민정, 공산당, 인위, 보안국, 인민군 등에 광범하게 포진하였으나 조선화(*Koreanization*)가 진행되면서 47년부터는 소련군사령부와 소비에트민정의 소속 소련한인들도 대부분 당과 인위, 인민군으로 넘어왔다.[50]

소련군 자체도 두 그룹으로 구성되어 있었다. 하나는 순수하게 군인들인 25군지휘관들이었고 다른 하나는 25군사령부의 지휘를 받아 점령정책을 펴나간 정치군인들과 소비에트민정 관리들이었다. 정치군인들이 대거 들어오게 된 요인 중에는 초기 전투군인들이 비행을 저지른 데 따른 파견의 이유도 있었다. 실질적인 구체적 점령정책은 후자의 전문군인들이 집행했다. 인위가 형성되어 조선화가 상당정도 진행된 뒤에도 소련군은 2중의 '지원 또는 자문' 장치를 두었다. 즉, 인위에 소련한인과 소련군 담당장교들을 배치하는 '지원-자문' 체제를 구축하였던 것이다. 따라서 각 인위의 정책은 중앙과 지방 모두에서 이들 3자간의 연합행동을 통해서 실행되었다. 대규모 사업장이나 공장, 광산에는 그 사업장 독자의 고문관이 배치되었다. 이를테면 원산이나 겸이포 등에는 다른 곳보다 소련군 책임자도 더 높았고 더 많은 점령요원들이 배치되었다. 사업장 수준까지 이러한 삼각지배연합이 구축되었으며 소련의 고위

50) *ISNK*, No. 50(Dec. 1~15, 1947).

장교가 직접 파견되어 활동하였던 것이다.

크게 보면 이들은 3자연합이 아니라 2자연합이라고 할 정도로 소련한인들은 소련군이 점령정책의 효율화를 위해 들여온 소련인들(소련국적)이었다. G-2는 이들이야말로 '소련식 공산주의의 표준적 담지자'라고 평가하였는데 이는 정확한 관찰이었다.[51] 이 삼각지배연합은 1948년 9월까지 지속되었다. 그러나 소련의 역할은 조선화가 진행되는 정도에 비례하여 점차 축소되어 갔다. 큰 외곽을 설정하자 그들은 뒤로 물러섰고, 김일성을 비롯한 한국인 지배집단이 전면으로 부상하여 정책을 집행하였다. 소련군이 비우고 간 공백은 이들 한국인 지배집단이 메웠으며 거기에는 김일성그룹과 소련한인들을 제외한 많은 다른 공산주의자들이 합세하여 갔다. 국내공산주의자들과 연안 출신의 공산주의자들이 그들이었다.

미국군정과 비교해 볼 때 소련군정은 세 가지 점에서 커다란 차이가 있었다. 첫째, 초기 국가형성기간의 단기성과 정책의 철저성, 둘째 자신들과 보조를 함께 할 집행리더십과 실무진의 소련으로부터의 동행, 셋째 그로 인한 질서주조자와 국가형성세력 사이의 갈등부재 그것이었다. 따라서 북한의 초기정치를 통역정치, 고문정치라고 부른 것은 비난의 의도가 내재된 것이었음에도 불구하고 당시 북한정치의 특징을 잘 나타낸 것이었다. 물론 그것은 남한도 마찬가지여서 영어를 잘하고 미국적 배경을 가진 인물들은 쉽게 하지의 사령부에 접근하고 영향력을 행사할 수 있었다.

2) 독자적 공산당, 중앙행정기구 및 군대와 경찰조직의 등장

'확보된 지역의 사회주의구축' 정책을 현시해 주는 표현으로서 소비에트민정보다 더 중요한 것은 독자적인 한국인 공산당과 중앙행정기구의 수립이었다. 스탈린의 비밀지령과 소비에트민정의 수립 직후 독자적 공

51) *ISNK*, No. 39(Jun. 30, 1947).

산당을 창설하기 위한 최초의 회의는 10월 5일에 있었다. 이 회의는 북한이 단독적인 지배기구를 창설하는 분명한 출발이었다. 1945년 8월 해방이 되었을 때 북부한국의 공산주의자들은 남부한국과 마찬가지로 각 지방에서 많은 자생적인 공산당조직들을 만들었다. 이들은 김일성그룹의 귀국 이전까지는, 비록 서울중앙의 완전한 통제하에 놓인 것은 아니었으나, 북부한국만의 독자적인 공산당조직을 만든다는 어떠한 조짐도 보이지 않았다. 오히려 평남과 해주에서 중심적인 활동을 수행한 현준혁과 김덕영은 서울의 공산주의자들이 파견한 것이었다. 어쨌든 그들에게 서울은 움직일 수 없는 중앙이었다. 공산주의자들에게 '일국일당'(*one country, one party*) 원칙은 결코 파괴할 수 없는 근본이었다. 그들에게 그것의 파괴는 아마도 공산주의자이기를 거부하도록 강요당하는 것만큼이나 상상하기 어려운 일이었을 것이다.

그러나 소련군과 김일성그룹은 서울의 조선공산당의 통제를 받지 않는 또 하나의 공산당을 창당하기 위하여 움직였다. 이것은 일국일당원칙의 분명한 위배였다. 그러나 현실을 초월하는 원칙은 있을 수 없었다. 이 예비회의가 10월 초에 있었다는 점은 내부적으로 소련군과 김일성그룹 사이에 서울의 중앙을 갖고는 모든 것이 불가능하다는 인식을 하였기 때문이었다. 9월 19일 원산으로 귀환한 직후인 9월 20일부터 김일성그룹은 이미 몇몇 핵심들을 지방으로 내려보내 정지작업을 해오고 있었다. 그들은 평남(림춘추), 평북(김일), 함남(김책), 함북(안길·최춘국) 등에 만주 게릴라지도자들을 파견하여 은밀히 작업을 추진시켜 오고 있었다. 이들은 각자의 지역에서 새로운 당중앙의 창설운동을 벌여나갔다.[52] 말을 바꾸면 소련군과 김일성그룹의 창당방침은 이미 귀국 이전에 세워졌거나 또는 최소한 귀국과 동시에 세워졌던 것이다.

그러나 독자적인 공산당조직의 창설은 격렬한 반대에 부딪혔다. 국내의 토착 공산주의자들은 처음 들어보는 이 구상에 매우 놀랐을 것이다. 10월 5일의 예비회의에서 많은 공산주의자들은 "만일 북조선에 중

52) 《붉은 해발》 1권(1981), pp. 19~24; 《조선전사》 23권, p. 47.

앙조직위원회를 결성한다면 당을 분렬시키는 것으로 된다"며 서울 중앙을 당중앙지도기관으로 인정할 것을 주장하였다.[53] 완강한 저항이었던 것이다. 10월 5일의 예비회의 이전에 지방에서도 대립은 격렬하였다. 함흥지방에서는 김일성그룹의 핵심 김책과, 대표적인 국내 토착공산주의자 오기섭이 대립하였는데 김책은 완강하게 평양에 분국을 건설할 것을 주장하며 맞섰다. 예비회의에서도 김책은, 서울중앙을 고집하여 분국설치를 반대하는 자들에 대항하여 가장 강력하게 분국의 설치를 주장하였다. 이에 대해 국내 공산주의자들은 거세게 저항하였다.[54]

새로운 당중앙을 창설하기 위한 논란은 그러나 결론이 예정된 논란이었다. 왜냐하면 그것은 대등한 힘을 갖는 한국 공산주의자 진영내 결정의 과정이 아니라 소련의 지침이었기 때문이었다. 소련이 선택한 지배동맹의 파트너인 김일성그룹이 1945년 9월 22일 평양에 도착하였음을 고려할 때 독자적인 공산당을 창설하기 위한 회의가 이렇게 빨리 왔다는 것은 주목할 만한 것이었다. 보름도 안되어 회의가 열렸다는 점은 소련군-김일성그룹 사이에 이미 어떤 합의가 있었음을 강력하게 시사하며, 또한 이는 귀국 이전부터 김일성그룹 내에서는 이미 결정되어 있었던 사실이라는 점을 보여준다.

1945년 7월 말 주보중과 최용건이 88공작단에서 중국공산당 동북당위원회 전체회의를 열어 조선공작단을 만들 때에 귀국하면 공산당을 창건하기로 이미 합의를 한 상태였다. 당시 88공작단에서 간부로 있었던 교수귀(喬樹貴)의 증언에 따르면, "조선공작단이 조선으로 돌아간 후에도 조선에서 당조직이 건립되기 이전에는 여전히 중공과의 연계를 보지하며 조선에서 당조직을 건립한 후에는 조선공작단은 중공에서 떨어져나와 스스로 본래 중공당내에서 지녔던 직무를 취소할 것을 결정하였다. 조선공작단의 영도공작은 김일성이 전면적으로 책임을 졌다".[55]

53) 《붉은 해발》 1권, p. 24.

54) 《붉은 해발》 1권, pp. 13~31.

55) 喬樹貴, "在艱苦的　年代里," 《延邊歷史硏究》 1 (1986), p. 83, 와다 하루키, 《김일성과 만주항일전쟁》, pp. 284~285에서 인용.

이때는 아직 38선이 결정되지 않았을 시점이었다. 따라서 이 결정은 조선이 해방되면 귀국과 동시에 조선에서 주도적으로 공산당을 창당하겠다는 의사였던 것이다.

북부한국만의 독자적인 창당움직임에 맞서 박헌영은 당중앙으로서 서울의 권위와 인공을 인정받기 위하여 김일성을 직접 만나 이를 저지하려 노력하였다. 그러나 김일성은 개인이 아니었다. 그의 뒤에는 소련군정이 있었다. 그리고 김일성그룹의 노선 역시 확고하였다. 레베데프에 따르면 자신은 "처음부터 이북에 공산당이 필요하다고 주장했다. 소베에트화의 첫 코스였을 뿐만 아니라 남쪽당을 의식하지도 않았다. 그러나 현실적으로 서울에 당중앙이 있다는 어려움 때문에 여러 번 논의를 거치지 않을 수 없었다"고 증언한다.[56] 소련은 서울의 조선공산당(朝鮮共産黨)을 의식하지조차 않았던 것이다. 결국 박헌영의 노선은 관철될 수 없었다. 인공(人共)을 들어 조공(朝共)의 중앙성을 인정받으려던 그의 제안은 거부되었다.[57]

여기에서는 중요한 두 가지 사실이 드러난다. 하나는 분국창설에 대한 박헌영의 명백한 반대가 존재하였다는 점이고, 다른 하나는 박헌영의 반대에도 불구하고 분국의 설치가 강행되었다는 점이다. 이는, 분국의 설치에 대해 사업상의 어려움 때문에 박헌영 역시 동의하였을 것이라는 해석이 오류였음을 보여준다. 또한 소련군정-김일성그룹의 분국설치의지가 매우 강력하였고 그것이 단순한 공산당 사업상의 문제 때문만은 아니었음을 보여준다. 인공에 대한 부인이 제국주의적 반민중적 속성의 준거가 된다면 시기적으로나 강도면에서 소련은 미국보다 더 제국주의적이었다.[58]

---

56) 《秘錄 조선민주주의인민공화국》, p. 113.

57) 《붉은 해발》, p. 80 ; 중앙일보 특별취재반, 《秘錄 조선민주주의인민공화국》(上)(서울: 중앙일보사, 1992), pp. 108~111. 전 북한 고위관료 서용규는 박헌영-김일성 대담에서 격론이 벌어지고 결론이 나지 않자 로마넨코가 '김일성동지와 같은 생각'이라고 하여 분국설치에 합의하게 되었다고 증언하고 있다.

58) 커밍스는 소련군정이 인공을 인정하였다고 인용주 없이 주장하고 있다. (*Origins*,

새로운 당을 창설하기 위한 예비회의는 소련군정-김일성그룹 노선의 국내적 투입의 한 전환적 계기였다. 북부한국의 공산주의자들은 예비회의 닷새 뒤인 10월 10일부터 이를 공식적으로 결정하는 회의를 열었다. 공산정치에서 특정의 공개회의를 개최한다는 것은 내부적으로 이미 노선이 결정되었음을 보여주는 징표이다. 회의는 10월 10일에서 13일 사이에 열렸고,[59] 명칭은 〈조선공산당 5도당책임자 및 열성자대회〉였다. 이 회의는 비밀회의로 진행되었는데, 조선공산당 북조선분국(朝鮮共産黨北朝鮮分局)의 설치를 공식적으로 결성했다는 점에서 매우 중요했다. 이는 사실상 새로운 당중앙의 창설이었다. 새로운 당중앙의 창설은 박헌영이 주도하는 남한의 조선공산당의 유일지도성을 인정하지 않겠다는 의사였다. 즉, 북한지역에서 공산당은 소련의 진주와 동시에 조직되었는데 지난 3개월 동안은 분국이라는 독자적 중앙기구 없이 사업해 왔음을 고려할 때 이것은 새로운 출발, 즉 서울의 중앙지도성을 인정하지 않겠다는 것임에 분명했다.

이것은 기본적으로 소련의 의사였다. 그러나 5도당대회에서는 김일성의 보고는 매우 신중하여 표면적으로는 서울의 당중앙을 인정하였다. 대회에서 김일성은 이렇게 보고하고 있다.

> 우리 조선이 소·미 양군이 지역적 진주됨을 따러 국제적으로나 정치적으로나 특수성을 띠이고 있다. 따라서 남북부 조선지역에도 양측의 지역적 특수성이 잇다. 그럼으로 조선에 있어서 지리상 또는 정치적으로나 중심지인 경성에 당중앙이 잇어 남부조선의 사업을 치중함은 정치적 발전에 있어 정당하다고 인정한다. 우리는 북부조선의 특수성을 따러 모든 행정 기타 당의 정책을 실현식힘에 잇어 더욱 당중앙과의 밀접한 지도와 연락이 요구되는 동시에 五道의 행정상 통제를 필요로 함에 따라서 북부조선에 黨北部分局 설치의 필요로써 당중앙에 직속된

Vol. I, p. 293).

59) 《조선로동당 력사교재》(평양: 조선로동당출판사, 1964), p. 131 ; 《秘錄 조선민주주의인민공화국》, p. 113.

> 분국을 설치한 것이다. 이 분국은 중앙에 직속되여 직영될 것이며 어떠한 때던지 중앙에서 필요를 인정치 않는 때 또는 개혁 등 개선을 필요로 인정할 때는 어느 때던지 중앙에서 처리할 권리가 있고 분국에서는 복종할 의무가 있다.[60] (강조는 인용자)

연설에서는 남과 북의 지역적 특수성에 대한 강조와 행정적인 필요성에 대한 강조가 두드러짐을 확연하게 느낄 수 있다. 또한 서울의 중앙에 대한 복종의 의사를 명백히 천명하고 있다. 이 복종의 표현은 조선공작단을 결성할 때 귀국하면 공산당을 창설하려 했던 김일성그룹으로서는 내키지 않는 승복이었다. 회의에서는 "전세계 푸로레타리아의 영수 스타린 동지 만세!"에 이어 "조선공산당만세! 조선인민공화국 만세! 조선무산계급영수 박헌영동지 만세!"가 함께 외쳐졌다. 세 가지의 주요 이름이 만세되고 있다. 그 세 가지는 조공, 인공, 박헌영이었다. 공산사회에서 만세는 권위의 인정과 복종의 표시이다. 인공을 표면적으로 인정하고 있음이 주목할 만하다.

회의의 벽두에는 다른 공산당에서도 항상 그렇게 해왔듯이 최고지도자에 대한 예우로서 박헌영에게 보내는 축전이 낭독되었다. 그는 조선무산계급의 영도자로 불렸다.

> 우리는… 붉은 군대의 영웅적 투쟁에 의하야 그 모든 유리한 조건이 실현되는 조선에 잇어서, 더욱이 북조선에 잇어서 박헌영 동지의 정당한 노선을 발버서 5도연합회의가 열니게 됨에 대하야 전세계무산계급의 조국인 소연방 스탈린 대원수께 감사를 드리는 동시에 조선무산계급의 영도자인 박헌영 동지에게 심심한 감사를 드린다. 우리들은 동지의 정당한 볼쇠비키적 지도하에서 우리 볼쇠비키진영을 더욱 확대강화하고 목전에 박두한 모든 정책을 爲政하야 동무의 건강을 축원한다.[61]

---

60) 朝鮮産業勞動調查所, 《옳은 路線을 爲하야》(서울: 우리문화사, 1945년 11월), p. 53.

61) 《옳은 노선을 위하야》, pp. 36~37.

표출된 언술상 박헌영에 대한 도전을 찾기는 어렵다. 오히려 박헌영과 서울 조선공산당에 대한 확실한 충성의 표시를 읽을 수 있다. 그러나 이러한 표면적인 〈서울중앙에 대한 인정〉은 실질적인 의미는 없었다. 이 시점은 이미 소련군이 인공을 부인한 뒤였다. 비슷한 시기인 10월 16일 발표된 평남인위(人委)의 시정대강은 제1조에서 "인민대표회의를 소집하여 민주주의공화국 수립을 기함"이라는 조항을 넣었는데 이것은 인공을 인정치 않으며, 나아가서는 그것을 지도하는 조공을 인정치 않겠다는 의사표시였다.[62] 5도당대회에서의 인정은 서울중앙을 고집하는 자들이 참여하고 있었기 때문에 취해진 표면적인 인정이었던 것이다.

박헌영은 1945년 8월 해방의 시점에서는 분명히 남북을 아우르는 최고의 공산주의 지도자였다. 45년 11월 초에 발행된 《옳은 노선을 위하야》의 겉표지에는 "조선무산계급의 위대한 지도자 박헌영동무 만세!"와 "근로자농민과 일체 근로대중은 조선공산당의 기빨 아래로!"라는 구호가 동시에 실렸다. 박헌영의 독점적 지도성과 서울 조선공산당의 정통성의 주장이었던 것이다. 그러나 분국이 설치되었다는 사실 그 자체가 이미 그의 중앙지도성의 종식을 의미하였다.

5도당대회에서의 결정에도 불구하고 실제로 분국이 성립된 것은 일주일이나 지난 10월 20일에 가서였다.[63] 결정 이후에도 곧바로 분국을 성립시키지는 못했던 것이다. 10월 20일 분국이 설립되자 서울의 조공중앙위원회는 10월 23일 분국을 '승인'하였고, 분국은 이 승인사실을 하부 당조직에 전달하였다.[64] 공산주의자로 발을 들여놓을 때부터의 일국 일당원칙에 대한 오랜 학습과 토론, 그리고 무엇보다도 이로 인한 식민시대의 숱한 파쟁과 당파적 이합집산 및 코민테른으로부터의 당해체 명령이라는 굴욕적 처분의 경험을 갖고 있는 서울의 고참 공산주의

---

62) 《해방후 4년간 일지》, pp. 11~12.

63) 《해방후 4년간 일지》, p. 12 ; NA, RG 242, SA 2005 Item 2/9, 《해방후 3년간 일지》, p. 3.

64) 《해방일보》 1945년 11월 15일.

자들은 겉으로는 승인을 하였지만 이것이 무엇을 의미하는지 정확히 알았다.

분국은 단순한 서울중앙의 지부의 창설이 아니라 새로운 또 하나의 중앙의 창설이었다. 이는 소련의 고전적인 1국1당원칙의 적용이라면 불가능한 설치였다. 곧 새로운 당의 창설은 무엇보다도 소련의 정책이었던 것이다. 10월 13일에 공산당 내 최대의 문제였던 새로운 당중앙의 건설을 마치자 다음날 곧바로 평양시 군중대회가 열렸다. 그리고는 김일성이 극적인 방법으로 민중 앞에 등장하였다. 그는 한달간이나 대중 앞에 나타나지 않다가 대군중집회에서 귀국연설을 하는 방식으로 극적으로 등장하였고, 그와 동시에 북한정치의 핵심인물로 부상하였다.

11월 15일에는 조선공산당 북조선분국 제2차 확대집행위원회가 열렸다. 사후의 북한기록에 따르면 이 회의에서 김일성은 한달 전의 분국 창설대회에서와는 달리 공개적으로 인공을 인정하지 않는다는 연설을 하였다.

> 인민공화국은 우리 인민의 지지를 받을 수 없는 자들로 구성되어 있습니다. 거기에는 반공분자이며 친미분자인 리승만을 비롯하여 친일파, 민족반역자들과 가짜 혁명가인 파벌분자들이 들어가 있으며, 참다운 애국자인 견실한 공산주의자들은 들어가 있지 않습니다. 이러한 정부가 인민대중의 리익을 옹호하는 정권으로 될 수 없다는 것은 자명한 일입니다. 한마디로 말하여 인민공화국은 소수 특권계급을 위한 반인민적인 부르죠아정권이라고밖에 인정할 수 없습니다. 우리 공산주의자들이 어떻게 이러한 정부를 인정할 수 있겠습니까. 우리는 〈인민공화국〉을 우리 인민의 정권으로 인정할 수 없으며 또 인정할 의무도 없습니다. 〈인민공화국〉을 지지할 것을 주장하는 것은 참다운 인민정권을 세우는 것을 포기하는 반인민적 행위입니다.[65]

인공에 대한 김일성의 부인은 그것을 지도하는 서울 조공의 중앙리더

---

65) 《김일성저작집》 1권, p. 403.

십에 대한 부인이었다. 10월에 당분국을 창설할 때까지만 하여도 김일성은 서울조공과 박헌영의 지도성을 인정하였고 그의 지시가 있으면 해체하겠다고까지 언명했었다. 한달 만에 공산진영의 중심은 서울이 아니라 평양으로 옮아간 것이었다. 결국 오늘날 북한문헌들은 "2차 확대집행위원회는 … 종파분자, 지방할거주의자들의 악랄한 책동을 폭로분쇄하고, 정권문제를 빛나게 해결하는 데서 결정적인 전환의 계기를 열어놓았다"66) 고 기록하고 있다.

그러나 헤게모니 투쟁은 간단히 해결되지는 않았다. 북한지역의 일부 도당위원회들은 평양중앙에는 사업보고도 올리지 않았다. 함남도당의 경우 당중앙에서 파견한 간부들을 지방에서 배척하기도 하였다. 일부에서는 도당-시당 수준에서까지 서울중앙이 당중앙이라고 하면서 서울중앙에게 당비를 내고 당청사에는 공공연히 〈서울중앙〉을 지지하는 구호를 내붙이기까지 하였다. 또 하나의 당중앙의 창설은 간단하지 않았던 것이다.

서울의 《해방일보》에는 12월까지도 원산의 노동자들이 성금을 보내면서 "우리들의 지도자요 수령인 박헌영동지 만세!"를 외치는 상자기사가 실렸다.67) 원산노동자들을 빈 이러한 기사는 서울중앙이 의도적으로 실은 것임에 틀림없었다. 12월 25일 조선공산당 평남도위원회는 조선공산당 북조선분국에 대해서는 한 마디도 언급이 없이 "조선공산당 만세!" "조선인민공화국수립 만세!"를 외치고 있었다.68) 여기에서 말하는 조선인민공화국은 서울 조공의 지도하에 있는 인공을 말하였다. 서울과 평양, 박헌영과 김일성은 날카롭게 대립하고 있었던 것이다. 평양의 토착공산주의자들의 또 다른 토론을 보아도 분국이 엄연히 성립된 뒤에도 분국에 대해서는 단 한마디도 언급하지 않았다.69) 그들은 12월

66) 《붉은 해발》 1권, p. 85.

67) 《해방일보》 1945년 12월 23일.

68) 〈조선공산당 평남도 제1차 대표대회 보고연설〉, 《조선공산당 문건자료집》, pp. 60~74.

69) 〈평양시당 제1차 대표대회 순서(工作總結報告 草案)〉, 《조선공산당 문건자

까지도 분국은 언급이 없이 오직 조선공산당만을 지칭하고 있었다. 이것은 명맥히 서울의 조선공산당을 말했다.

김일성과 그의 그룹은 이러한 현상을 목도하면서 좌시하지 않고 12월 17일 조선공산당 북조선분국 제3차 확대집행위원회를 소집하였다. 회의의 '조공 북조선분국 중앙 제3차 확대집행위원회'였고 연설제목에 사용한 당명은 '북부조선당'이었으나 연설내용에서는 김일성은 최초로 '북조선공산당'이라는 명칭을 사용하였다.[70] 그것도 반복해서 사용하였다. 당의 결정서에서도 역시 북조선공산당이라는 표현이 나타났다. 당의 지칭이 조공 북조선분국이 아니라 '북조선공산당'으로 바뀌어 있었던 것이다. 이것은 앞으로 보게 될 북한공산주의자들의 호칭 당겨쓰기의 최초의 사례였다. 그들은 나중에 공식명칭으로 등장하는 명칭을 매우 일찍부터 사용하곤 하였는데, 이를테면 북조선공산당, 북조선인민위원회, 조선민주주의인민공화국, 인민군 등을 그것이 실제 등장하기 훨씬 이전부터 공공연하게 사용하곤 하였다. 그리고는 나중에는 그 당겨쓴 명칭이 항상 공식명칭이 되었다. 이는 단순히 명칭의 조기사용이 아니라 의도의 반영이었다. 즉, 그들은 이미 그 용어를 사용할 시점에 그곳으로 마음이 가 있었던 것이다.

김일성은 이 회의에서 자주 '우리당', '우리 공산당'이라는 표현을 썼는데 이것은 북한만의 공산당을 의미했다. 그가 뽑은 '우리공산당'의 당원통계는 단지 4,560명으로서,[71] 자신들의 직접관할하에 있는 당원들만을 통계로 잡고 있었다. 당시에 조선공산당 평남도당만도 당원이 6,618명이었다.[72] 더욱이 그는 보고에서 "3개월간 당이 존재하여 오는

료집》, pp. 37~51.

70) NA, RG 242, SA 2012 Item 8/88, 《黨의 政治路線 及 黨事業總結과 決定》, pp. 8~9.

71) NA, RG 242, SA 2012 Item 8/88, 《黨의 政治路線 及 黨事業總結과 決定》, p. 1.

72) 〈조선공산당 평남도 제1차 대표회의 보고연설〉, 《조선공산당문건자료집》, p. 68.

동안에"[73] 라는 표현을 사용하였는데 이것은 8월에 설립된 당들을 인정하지 않는 발언이었다. 12월의 회의였으므로 3개월간 당이 존재하였다는 것은 9월부터를 말한다. 즉, 자기들이 귀국하여 활동하기 시작한 이후만을 말하는 것이었다. 이 장의 도입부에서 보았듯이 조공 평남지구가 만들어진 것은 8월 17일이었으며 다른 지방도 대부분이 8월달에 공산당이 조직되었다. 따라서 김일성은 '4개월간 당이 존재하여 오는 동안에'라고 보고해야 할 것을 '3개월로' 하며 이미 존재하던 당과 당원을 삭제하고 있는 것이다. 그러나 평양의 토착공산주의자들의 토론은 전부 당의 사업을 총결하면서 반복하여 '4개월'이라고 표현하고 있었다.[74]

결국 1945년 12월에 오면 공산당은 두개로 갈라졌던 것이다. 이것은 10월의 소련군정과 김일성그룹의 의사가 무엇이었는지를 확인해 준다. 힘의 중심이 서울에서 평양으로의 이동과 김일성의 부상은 일치하였다. 12월의 회의에서 김일성은 지난 3개월간 후선에 머물러왔던 데서 벗어나 당의 최고지도자인 책임비서로 등장하였다.[75] 초기에 국내파에게 주어졌던 당내 최고지도자의 자리를 2개월간의 헤게모니 투쟁을 통하여 장악하였던 것이다. 8월부터 9월까지 북부한국의 공산주의자들은 서울 중앙의 지부로서 활동해 오다가 10월에 분국이 만들어져 두 개의 분파로 분리되기 시작하였고, 10~11월간의 정비작업을 거쳐 김일성에게 헤게모니가 넘어갔던 것이다.

그것은 전체로부터의 분리, 분리된 당내의 헤게모니 장악이라는 2단계 권력장악과정이었다. 이 장악과정이 과연 소련군정의 후원이 없었다면 가능했을까 하는 물음은 검토되어 볼 만한 질문이다. 아마도 가능하

---

73) NA, RG 242, SA 2012 Item 8/88, 《黨의 政治路線 及 黨事業總結과 決定》, p. 1. 같은 회의의 〈결정서〉에서는 '공산당이 존재하는 3개월 간에'라는 표현은 같으나 당원수는 7천 명으로 김일성의 보고와 차이가 있다.

74) 〈평양시당 제 1 차 대표대회 순서(工作總結報告 草案)〉, 《조선공산당 문건자료집》, pp. 37~51.

75) NA, RG 242, SA 2012 Item 8/88, 《黨의 政治路線 及 黨事業總結과 決定》, p. 1.

지 않았을 것이다. 한국의 공산주의자들은 식민시기부터 오랜 분파투쟁의 역사를 갖고 있었다. 따라서 분당이 소련의 노선이 아니었다면 또 하나의 분국을 만든다는 주장은 해당행위로서 종파주의라는 강한 비판과 함께 그러한 주장을 하는 자들은 축출되었을 것이다. 분당 후의 책임비서로의 등장 역시 소련의 후원이 없었다면 북한의 국내 공산주의세력에 기반을 갖고 있지 못한 김일성으로서는 2개월 만의 정복은 불가능하였음에 틀림없었다.

김일성은 12월회의의 보고에서 강한 어조로 당의 통일과 규율문제를 지적하였는데 이는 힘의 배분관계가 어느 한편으로 완전히 기울지 않는다면 가능하지 않은 것이었다. 그는 분국의 지시나 결정을 도당이 무시하고, 도당이 자기사업을 분국에 보고하지 않는 것을 지적하며 이는 '공산당의 정신과 조직적 원칙에 모순되는 것'이라고 비판하였다. 계속적으로 분국을 인정하지 않거나 서울당중앙을 고수하려는 자들에 대한 강력한 경고였던 것이다. 원칙적으로 말하면 도당이 취하는 행동이 맞는 것이었다. 분국은 당중앙은 아니지 않은가? 그러나 김일성은 이미 당중앙의 위치에서 원칙을 말하고 있었다. 또한 동회의는 김일성의 보고에 따른 결정서를 채택하였다. 당지도자로서의 김일성의 확고한 위치를 읽을 수 있는 부분이다. 회의는 또 '1946년 1월 말에 분국확대위원회를 소집하고 접수된 결정실행에 대한 분국비서(分局秘書)의 보고를 토의할 것'을 결정하였다.[76] 김일성의 보고를 듣고 그 보고를 중심으로 토의하는 수준으로 헤게모니가 확립되었던 것이다. 지도자의 보고를 경청하고 그의 교시를 토론하며 학습하는 것은 공산주의 정치의 기본이었다.

사회주의 구축 움직임의 세 번째 조치는 중앙행정기구의 창설이었다. 중앙행정기구 창설을 위한 움직임이 소련군이 진주한 처음부터 있었던 것은 아니었다. G-2 역시 처음에 소련군은 독자적인 체제를 수립하는

---

76) NA, RG 242, SA 2012 Item 8/88, 〈북부조선당공작의 착오와 결점에 대한 결정서〉, 《黨의 政治路線 及 黨事業總結과 決定》, pp. 11~18.

방향으로 움직이지 않았음을 인정하고 있다. 그렇다고 소련이 서울의 인공을 인정한 것은 물론 아니었다. 남한의 인공은 소련이 북부한국의 인위를 인정하자 북부한국의 인위에 대한 자신들의 계속적인 통치를 요구하였는데 소련은 인공 자체를 인정하지 않았다. 전술했듯이 이것은 인공의 '희원적 사고'일 뿐이었다.[77]

중앙행정기구 수립움직임은 이미 9월 초에 논의가 있었으나 취소되었다. 그러나 소련군은 10월에 중앙행정기구의 창설을 다시 시도하였다. 10월 8일부터 10일까지 '북조선 5도인민위원회 연합회의'가 열렸고, 여기에서 독자행정기구의 수립을 추진하였다. 논의사항은 '공통적인 제문제의 당면한 해결을 위하여' 행정, 산업, 식량, 재정, 교육문제에 대한 토의를 위한 것이었다.[78] 참여자는, 약간의 논란이 있으나, 북한자료에 의하면 각도의 대표 75명이었다. 회의에는 치스차코프 사령관 이하 소련군지휘부도 참석하였다.[79]

이는 일단 미국과의 합의여부에 관계없이 내부적인 집행기구를 갖추려는 노력이었다. 연합회의에서는 분계선 북부 5도의 행정을 총괄할 행정국의 설치를 시도하였다. 이것은 10월 3일에 건립된 소비에트민정에 맞추기 위한 국내 대응조직이었다. 즉, 소비에트민정과 함께 정책을 집행할 한국인 중앙행정기구를 수립하려는 시도였다. 그러나 이는 조만식의 강력한 반대에 직면하여 성공하지 못했다.[80] 조만식의 반대가 있자 공산주의자들은 행정기구수립에 앞서 먼저 내부진영의 정비부터 시작, 조선공산당 북조선분국을 창설하였다.

10월 16일에는 평남인위가 〈시정대강〉을 공포하였다.[81] 이는 소련군

---

77) *ISNK*, No. 2 (Dec. 17, 1945).

78) NA, RG 242, SA 2005 Item 2/9, 《해방후 3년간의 국내외 중요일지》(평양: 민주조선사, 1948), p. 2 ; 《조선중앙년감》(1950), p. 196 ; 《해방후 4년간 일지》, p. 10.

79) 《조선중앙년감》(1950), p. 196.

80) *ISNK*, No. 1 (Dec. 1, 1945).

81) 《해방후 4년간 일지》, pp. 11~12.

사령부의 지침이나 허가 없이는 불가능한 발표였다. 모두 19개조인데 이 중 중요한 것은 '인민대표회의를 소집하여 민주주의공화국 수립을 기함', '20세 이상의 남녀는 선거 및 피선거권이 유함', '인민은 언론, 출판, 집회, 결사 및 신교의 자유가 유함', '일본제국주의자 및 친일분자가 소유한 토지, 회사, 금융기관, 공장, 광산, 탄광, 운수, 교통, 상업소, 기타 일체의 생산기관을 국유로 함', '소작료는 3·7제로 함', '8시간노동제와 노동자의 생활보장을 기함' 등이었다. 이미 정부의 공식적인 시책과 같은 시사를 받는다.

소련군정-북한리더십은 11월 19일에 재차 각도 인민위원회연합회의를 열어 결국은 "북조선 5도행정의 통일적 관리를 위한" 〈행정 10국〉을 설치하는 데 성공하였다.[82] 10월의 실패를 뒤집어 설치를 확정한 것이었다. G-2는 이를 "김일성이 이끄는 5도를 통치할 조선군사정부가 수립되었다"고 보았다.[83] 조만식은 패배하였던 것이다. 조만식은 행정 10국의 위원장을 요청받았으나 이도 거절한 것으로 알려졌다.[84]

10개의 행정국은 각각 산업, 교육, 상업, 보안, 사법, 교통, 농림, 재정, 체신, 보건국이었다. 완벽한 정부조직을 방불한다. 곧 행정 10국은 '태아적 정부'였던 것이다.[85] 여기에 설치된 각국(各局)에는 소련인 고문이 배치되었다.[86] 우리는 남부한국의 미국군정과는 반대되는 현상을 목도할 수 있다. 즉, 주한 미국군정은 미국군정에 자문회의를 구성하여 여기에 한국인 자문위원회를 두었는데 반대로 소련은 한국인 집행기구를 독자적으로 두고 소련인이 자문을 담당하고 있는 것이다. 이것

---

82) 《해방후 4년간 일지》, p. 15 ; 《해방후 3년간의 국내외 중요일지》, p. 19 ; 《조선전사》 23권, p. 113 ; *ISNK*, No. 2 (Dec. 17, 1945). G-2에는 인위연합회의가 11월 15일에 열렸다고 되어 있는데 당시와 현재의 모든 자료들이 11월 19일로 되어 있기 때문에 19일이 맞다.

83) *ISNK*, No. 1 (Dec. 1, 1945).

84) 오영진, 《하나의 증언》, p. 139.

85) 김학준, 《한국문제와 국제정치》(서울: 박영사, 1987), p. 17.

86) *ISNK*, No. 1 (Dec. 1, 1945) ; 치스차코프, "제 25 군의 전투행로," 《조선의 해방》, p. 72.

을 자주성이라고 표현한다면 그것은 또 분단정부 구축에는 한발 앞서간 것을 인정하는 자기분열증적 고민에 빠지게 하는 요소이다. 어느 쪽이든지 이것은 의심의 여지없는 사실상의 중앙행정기구였다.

이 중 가장 중요한 두 개의 국은 치안을 담당한 보안국과 법률을 담당한 사법국이었다. 특히 보안국은 가장 중요했다. 이것은 최용건이 중국에서 들어온 뒤 곧바로 11월 15일 경에 조직한 것으로 그때까지 전국에 산발적으로 흩어져 있던 치안조직을 통일시킨 것이었다.[87] 이것의 조직은 초기 국가형성 과정에서 매우 중요한 의미를 지닌다. 이것은 나중에 북한군과 경찰의 뿌리가 되는 조직이었다. 북한의 군조직은 여기서부터 성장해 나간 것이었다. 초기의 사병은 물론 인민군의 중요 장교들은 군대가 창설되기 전에는 전부 보안대에 있었다. 최용건은 12월에는 제1회 각도 보안부장회의를 열어 전국적 치안조직의 중앙통제와 반동요소에 대한 숙청, 그리고 국가기구내의 숙청에 착수하였다. 12월의 이 회의 이후 북한에서는 강력한 숙청이 시작되었다.[88] 만주게릴라파 트로이카 중 김책은 공산당 내에서 김일성을 옹립하려 노력하고, 최용건은 방대한 보안국을 장악하여 국가권력을 틀어쥐려 하고 있음을 금방 알 수 있다.

G-2는 보안국을 비롯한 초기 북한정치에 대해 정확한 분석을 하고 있다.

> 초기부터 보안국은 조선공산당의 기본적인 무기였다. 이 그룹은 경찰력을 장악하는 데 있어 한 순간도 약화를 허락한 적이 없다. 초기 4개월 동안은 새로운 정부를 형성하는 데 있어 정치활동에서는 조만식의 조선민주당처럼 약간의 반대가 허용되었으나 보안기관에 관한 한 절대로 허용되지 않았다. … 공산주의자들은 경찰력을 장악하면서 지방의 권력을 장악하여갔다. 최초의 장악을 계기로 더 확장되었지 줄어

---

87) Hq, FEC, *HNKA*, p. 8.

88) NA, RG 242, SA 2005 Item 6/2, 〈제2회 각도 보안부장 회의록〉. 날글씨의 기록이기 때문에 면수는 없다.

들지는 않았다.[89]

보안기관은 김일성그룹의 권력장악과 확산의 중심골간이었던 것이다.

다른 하나는 사법국이었는데 국장은 소련한인 조송파였다.[90] 행정10국은 11월 19일에 창설되었으나 사법국은 이미 11월 16일이면 〈北司포고 제1호〉를 발하기 시작하였다. 다른 행정국들도 이미 사전에 구축된 것이 적지 않았다. 법률의 시행과 적용문제는 특히 시급했다. 중요한 것은 11월 16일의 포고 제2호였다.[91] 제목은 〈북조선에 시행할 법령에 관한 건〉으로서 내용은 일반적 이해를 넘는다. 북한은 해방과 동시에 모든 식민잔재를 완전히 청산한 것으로 알려져 왔었다. 그러나 포고 제2호는 "1945년 8월 15일 조선에서 기(其)효력을 상실할 법령 중 성질상 조선 신국가건설 및 조선고유의 민정(民情)과 조리에 부합치 않는 법령 및 조항을 제외하고 기여(其余)에 법령은 신법령을 반포할 때까지 각각 기효력을 존속"한다고 했다. 일제시대의 법률과 조항들을 공식적으로 존속시킨다는 것이었다. 몇 가지 법률적 관행들도 식민시기의 것을 따랐다.

소련군과 북한공산리더십은 곤혹스러웠을 것이다. 순수 군사점령 상태에서 계속적인 군사명령만으로 통치할 수는 없었다. 그렇다고 새로운 국가건설에 필요한 엄청나게 방대한 신법령들을 완전히 새로이 다 제정하기엔 시간이 부족하였다. 때문에 혁명의 대의에도 불구하고 일제시대의 법률들을 그냥 쓰고 있었던 것이다. 일제시대의 법령을 그대로 사용

89) *ISNK*, No. 39(Jun. 30, 1947).

90) 그러나 조송파는 임시인위 결정에 따라 북사포고 12호로 崔容達로 경질된다(46년 2월 10일). 대신 그는 북조선검찰소장으로 옮겨간다. 그가 사법국장을 그만둔 뒤에도 법률의 집행문제는 여전히 소련한인들이 요직을 전부 장악하고 있었다. 사법국에서는 '쏘련군 사령부에서 파견된'(원문 그대로) 김택영이 실무를 담당하고 있었으며 최용달이 자리를 비울 때는 그가 대리국장을 하였다. NA, RG 242, SA 2009 Item 7/209, 〈북사포고문〉.

91) NA, RG 242, SA 2009 Item 7/209, 〈북사포고문〉.

하겠다는 포고 제 2 호는 사법국을 만든 뒤 가장 먼저 내린 포고였음에 비추어(포고 1호는 단순히 직제에 관한 것이다), 식민지시대의 법률들이라도 얼마나 급하게 필요했는지를 알 수 있다. 혁명과 반동은 표면에서 선언과 말로만 이루어지는 것은 아니었다. 따라서 그것에만 근거하여 판단되어서도 안된다.

당시에는 군대간부 교육기관의 효시인 평양학원도 만들어졌다. 그 원장은 김일성그룹의 핵심 김책이었다. 보안국장을 최용건이 맡고 평양학원원장을 김책이 맡는 데서 이미 군과 치안기구에서는 헤게모니를 절대로 줄 수 없다는 김일성그룹의 강한 의지를 읽을 수 있다. 이는 '정규군 창설을 위한' 군사정치간부를 육성하기 위해 설립한 장교양성기관이었다. 이 학원은 45년 11월 17일 개교를 결정하고 그해 말에 선발, 46년 초 교육시작, 46년 개원이라는 재빠른 순서를 밟아나갔다. 평약학원의 개원식에서 한 김일성의 연설에 따르면 이는 '앞으로 새 조국건설과 인민의 혁명적인 정규무력건설에 이바지할 첫 중앙간부 양성기관'이자 '정규군 창설을 위한 기관'이자 '정규군대의 시초'였다.[92]

오늘날 이 학원의 개교는 인민군의 주추를 놓은 것으로 평가된다. 이는 남한군 창설인자 및 장교육성의 중추역할을 할 남한의 군사영어학교의 개설시기와 놀라우리만치 일치한다. 이렇게 국가기구를 갖추어가는 일방 북한은 또 이 시기에 해방 후 최대의 대중조직인 조선노동조합전국평의회(전평)의 북한조직을 중앙조직에서 떼어내 북부한국만의 독자적인 조직을 만드는 등 여러 대중단체들도 남한과 분리하여 독자적인 조직체를 만들어 나갔다.

우리는 여기에서 사실상 남한과 북한은 45년이 다 가기도 전에 각각 단독적인 지배체제를 수립하는 방향으로 움직였음을 알 수 있다. 특히 소련의 행보는 발빠른 것이었고 어떤 방향이 있는 정책이었다. 그것은 도이처의 표현대로, 그리고 초기 북한에 대한 소련의 정책을 집중연구

---

92) 김일성, "평양학원 개원식을 축하하여"(1946년 2월 23일), 《김일성저작집》 2권, pp. 71~72. 이 평양학원은 49년 1월 조선인민군 제 2 군관학교로 개칭되었다.

한 저서의 제목대로 '확보한 지역에서의 사회주의 구축' 전략이었던 것이다.[93] 일지역사회주의론과 민주기지론으로 표현할 수 있는 이 '구축' 정책의 의미는 이중적인 것이었다. 하나는 남한으로의 공산주의의 확대를 시도하지 않는다는 소극적인 의미와, 다른 하나는 확보된 지역에서는 재빠르게 사회주의를 이식시킨다는 적극적인 의미의 이중성을 띤 것이었다. 결국 소련의 진주에 맞서 38선으로의 분할을 제안하여 분단의 단초를 놓은 것은 미국이었지만, 이를 받아들여 확보된 지역에서의 자기체제의 구축작업에 먼저 돌입한 것은 소련이었다.

3) 사회주의 조기구축 정책과 민족주의 및 연안공산세력

소비에트민정의 수립, 새로운 공산당의 창당, 중앙행정기구의 수립으로 대표되는 확보된 지역 북한에서의 사회주의 조기구축을 위한 초기조치 세 가지와는 별도로 소련군의 행보는 다른 두 가지 점에서도 주목할 만하였다. 하나는 민족주의와 공산주의의 연립정책이었고, 다른 하나는 연안계열 공산세력의 입국거부였다. 이 두 가지는 모두 소련군정의 초기 대한정책의 성격을 읽게 해주는 지표 가운데 하나였다. 먼저 민공연립정책을 보자.

지방수준에서, 그리고 한국인 토착정치세력들끼리는 민공갈등이 심각하였지만 중앙의 소련군정은 적극적인 민족주의자의 수용정책을 펴나갔다. 공산당을 강력하게 키우려는 시도 자체가 민족주의 세력에게 맞서는 역량을 갖추게 하기 위한 것인지도 몰랐다. 따라서 11월 3일의 조선민주당의 결성은 소련의 허락에 따른 것이었다.[94] 조선민주당의 창당이 민족주의자들이 주도한 것이었건 또는 소련군정과 김일성의 제안을 민족주의자들이 수용하였던 것이건 간에,[95] 어느 쪽이든지 소련군

---

93) Isaac Deutscher, *Stalin — A Political Biography*, 2nd ed. (New York: Oxford Univ. Press, 1967), pp. 552~553; Erik Van Ree, *Socialism in One Zone — Stalin's Policy in Korea, 1945~1947* (Oxford: BERG, 1989).

94) 오영진, 《하나의 증언》, p. 160.

정의 허가 없이는 불가능하였다. 10월 12일의 치스차코프의 포고를 상기할 때 소련의 허가 없이 대규모의 정당을 창당한다는 것은 상상하기 어려웠다. 특히 이를 주도한 것은 이그나체프 대좌였다.[96] 조만식에 관한 권위있는 기록들에 따르면 김일성 역시 조만식에게 민주당의 창당을 권유하였다.[97] 소련군정의 허용 및 이그나체프의 주도, 김일성의 권유에 비추어 볼 때 1945년 11월 현재 민족주의 세력의 결집허용은 소련군정의 분명한 정책이었던 것이다.

창당의 시기는 주목될 필요가 있다. 처음에 소련군은 모든 정당 사회단체를 신고하거나 해산하라고 명령하였다. 그러나 11월 3일에는 민족주의자들의 정당결성을 허용한 것이다. 이 허락은 이 사이에 독자적인 공산당의 구축이 일단락되었고 또 자신들이 민족주의자들에게 맞서 내세울 지도자인 김일성의 등장작업을 마무리하였기 때문에 가능하였다. 조선공산당 북조선분국이 등장한 이후, 즉 북한지역의 공산주의자들을 통일적으로 묶은 다음에 민족주의자의 결집을 허락하였던 것이다. 조만식은 김일성에게도 가입을 권유하였다. 그러나 그는 조선공산당과 조선민주당의 친선과 우의를 도모하는 역할을 하겠다며 이를 거절했다.[98]

민주당의 창립은 한편으로는 소련이 민족주의자들을 포용하여 그들과 연립하겠다는 정책의 결과이기도 하였지만, 다른 한편으로는 민족주의 세력이 강력하였기 때문이기도 하였다. 주지하는 바대로, 북한지역은 전통적으로 민족주의와 기독교 세력이 매우 강력하였다. 조만식은 민족주의자이자 기독교장로였다. 공고한 사회적 기반을 가지고 있는 이들을 포용하지 않고 공산주의자들만으로 점령정책을 편다는 것은 불가능했다. 따라서 민주당 창당의 허용은 조만식을 내세워 민족주의자와

---

95) 대립되는 이 두 주장에 대해서는 와다 하루키, 〈소련의 대북한 정책 1945~1946〉, pp. 273~274를 참조하라.

96) *ISNK*, No. 20(Sep. 21, 1946) ; *ISNK*, No. 22(Oct. 22, 1946).

97) 《고당 조만식》, p. 218, 김병연 편, 《평양지》(서울: 고당전·평양지간행회, 1964), p. 54.

98) 오영진, 《하나의 증언》, p. 161.

기독교도들을 소련을 지지하게끔 묶어두려는 다포석적인 것이었다.

분할체제의 구축과 민족주의자 결집의 허용은 표면적으로는 서로 상반되는 정책으로 보인다. 그러나 이 둘은 내적으로는 일관된 하나의 정책이었다. 즉, 점령지역의 체제구축의 강화를 위한 것이었다. 일단 남한으로부터 떼어내고 그 다음에 떼어낸 지역을 강화하려는 2단계 정책이었던 것이다. '분할(南韓과의)과 연합'(民共간의)을 동시에 읽을 수 있는 정책이다. 소련은 1945년 11월까지도 중앙행정기구의 위원장의 자리를 조만식에게 권하였다.[99] 또 그는 1946년 초 탁치균열로 사임할 때까지는 평남인민정치위원회 위원장이었다. 소련은 탁치실시를 받아들이라고 요구할 때도 그에게 대통령을 제안하였을 정도였다. 끝까지 조만식과 그가 이끄는 민족주의 세력에 대한 집착을 읽을 수 있게 한다.

뒤에서 보듯이 소련군이 1946년에 미소공위에 제출한 각료명단에서도 최초의 수상은 김일성이 아니라 여운형이었다.[100] 탁치균열 이후까지 소련은 정부의 수반은 공산당의 지도자가 아니라 좀더 유연한 지도자를 내세우려 하였음을 알 수 있다. 북한공산리더십의 1946~47년 내부토론에서는 자신들이 초창기에 너무 거물중심, 거물주의에 끌려다녔다는 비판이 종종 나왔는데 이는 조만식의 크기에 너무 끌려다녔음을 지적한 것이었다.[101] 탁치균열 때까지 북한정치의 중심인물은 김일성이 아니라 조만식이었던 것이다.

소련군정-북한공산리더십이 민족주의 세력을 매우 중시하였고 그들과 공존하려 했다는 다른 한 증거는 최용건의 배치에서도 확인된다. 그들은 최용건을 민주당에 배치하여 민족주의 진영과의 공존을 도모했다. 북한 공산주의 지도자 중 핵심인물인 최용건은 45년 10월 중국에서 귀국하자 조선민주당에 참가, 부위원장을 맡았다.[102] 최용건을 민주당에

---

99) 오영진, 《하나의 증언》, p. 139.

100) 소련군 정치사령부 제 7 국장 M. 부르체프, "단평 — 조선임시정부 각료후보들에 대하여," 《역사비평》 1994년 봄, pp. 374~381.

101) NA, RG 242, SA 2005 Item 6/2, 〈제 2 회 각도 보안부장 회의록〉.

102) 《고당 조만식》, p. 222 ; 《평양지》, p. 54. 김일성과 최용건은 물론 김책까지

배치한 것은 최용건과 조만식의 특수한 관계에서 연유하였다. 최용건은 조만식의 오산학교 제자였다. 함석헌에 따르면 최용건은 조만식이 오산학교시절 '안아서 길러낸' 제자였다.[103] 민주당 부위원장을 맡으면서 최용건은 조만식에게 '재학중과 같이 지도해 달라'고 요청하였다고 한다. 또 다른 한 명의 부위원장은 나중에 남하하여 남한정부에 가담하는 이윤영이었다. 물론 위원장은 당연히 조만식이었다.

민족주의 세력의 결집을 허용하면서 공산진영의 핵심인물인 최용건을 배치하는 결정이 소련군-김일성그룹의 합의 없이 가능하였다는 가정은 순진한 상상이다. 최용건은 초대 보안국장이었고 김일성의 둘도 없는 동지였다. 그는 무엇보다도 오랜 고참 공산주의자이자 중국공산당 중견 간부당원이었다. 이러한 사람을 공산당이 아닌 민족주의 정당에 참여시켰다는 것은 민족주의세력에 대한 연대정책을 강력히 증좌하며, 이는 또한 민족주의 세력이 얼마나 강한지 반증하는 것이었다. 김일성을 중심으로 이들 만주 게릴라파 3대 지도자는 공산당 내에서는 김책이 그를 옹립하는 역할을 떠맡고 나서고, 조만식이라는 큰 지도자가 이끄는 민족주의 세력에게는 그의 제자인 최용건을 배치하여 권력의 구심적 집중과 횡적 연립을 동시에 시도하고 있음을 볼 수 있다.

김일성 역시 12월의 3차확집위의 보고에서 "지방에서 공산당원들이 민주당원을 반대하고 나오며 민주당원들이 공산당원들을 반대하고 나오는 사실들이 있다"며 "이런 사실들은 오직 참을 수 없다"고 좀 어색한

도 민주당의 창당에 깊이 관여하였고 간부를 맡았다는 주장이 있으나 확인할 수는 없다[한근조, 《고당 조만식》(서울: 태극출판사, 1973), pp. 386~391]. 소련군정과 김일성이 민주당의 창당을 허락 또는 권유하였다는 점에 비추어 김책의 배치는 있을 수 있는 조치였을 수는 있을 것이다. 와다 하루키와 김용복은 최용건의 부당수 배치는 물론 김책의 핵심간부 임명을 인정하고 있다(와다 하루키, 〈소련의 대북한 정책〉, p. 275 ; 김용복, 〈해방직후 북한 인민위원회의 조직과 활동〉, pp. 195~196). 만약에 그렇다면 조선민주당은 소련군정과 김일성그룹이 '조만식을 업고자 하는' 고도의 정치적 의도의 산물이었다고 할 수 있다.

103) 함석헌, 《죽을 때까지 이 걸음으로》(서울: 삼중당, 1964), p. 137.

어조로 강력하게 비판하였다. 그는 "간판을 위하여 통일전선이 우리에게 요구되는 것이 아니라 인민을 단결시키기 위하여 국내의 정치적 경제적 생활을 정돈시키기 위하여 요구되는 것" "뿔조아 민주주의적 국가 창설을 위하여 요구되는 것"이라고 주장하였다.104) 거듭 민족주의와의 연립을 강조하고 있는 것이다. 초기의 이러한 민공연립은 소련군이 진주한 동구지역에서는 일반적인 것이었다. 여기에서 민공연립정책과 사회주의 구축 정책은 차원이 다른 것이라는 점이 강조되어야 한다. 후자가 큰 틀에서의 대원칙이었다면 전자는 그 안에서의 운용책이었다.

초기 사회주의 구축 정책과 관련지어 45년 가을 조선의용군의 무장입북 저지와 이들에 대한 신의주에서의 해산 및 만주로의 추방 역시 주목할 만한 사건이었다. 종전 직전인 1945년 8월 11일 주덕 팔로군 총사령은 8월 8일 소련의 대일전 참전에 직면하여 다음과 같은 〈연안총부명령 12호〉를 내렸다. "중국 및 조선경내에 진군하여 싸우는 쏘련 붉은 군대에 배합하고 조선인민을 해방하기 위하여 나는 지금 화북에서 대일작전을 벌이고 있는 조선의용대의 사령원 무정, 부사령원 박효삼 박일우에게 즉시 소속부대를 통솔하여 팔로군 및 원동북군 X부대와 함께 동북으로 출병하여 적과 괴뢰군을 소멸함과 아울러 동북의 조선인민을 조직하여 조선을 해방하는 임무를 완수할 것을 명령한다."105)

독립동맹에서 활동하였던 김명시(金命時)에 따르더라도 주덕은 해방과 함께 곧바로 조선의용군에게 조선에 들어가 조선해방전쟁에 참가하기를 권하였다.106) 이것은 조선의용군으로 하여금 즉시 조선해방에 착

---

104) NA, RG 242, SA 2012 Item 8/88, 《黨의 政治路線 及 黨事業總結과 決定》, p. 8.

105) 《조선의용군 발자취》 집필조, 《중국의 광활한 대지 우에서》(연변: 연변인민출판사, 1987), p. 681.

106) 《해방일보》 1945년 12월 28일. 여기에 나오는 김명시는 그 후 북조선로동당에 가입하여 남한에서 활동하다가 1949년 9월 30일 보안법 위반혐의로 체포되자 유치장 독방에서 자기 치마로 목을 매어 자살하였다(《서울신문》 1949년 10월 11일). 김명시는 식민시기의 유명한 공산주의 지도자였던 김형선(金炯善)의 누이동생이었다. 그녀는 모스크바의 동방노력자공산대학을 졸업하였고

수하라는 지시였다. 한 자료에 따르면 모택동은 이때 이들에게 "조선의 완전독립 없이 중국의 독립이 있을 수 없다"고 연설하였다.[107] 조선과 중국의 독립을 연결시키고 있는 것이다. 이에 따라 조선의용군은 곧바로 연안을 출발하였다. 그러나 그들은 일본의 예상외의 조기항복으로 조국해방전쟁에는 참여하지 못하였다. 이들이 수천리길을 걸어 봉천에 도착한 것은 해방된 지 거의 세달이나 지난 11월 3일이었다. 연안에서 봉천까지는 7천리에 달하는 매우 먼 거리였다.

조선의용군은 곧바로 귀국을 시도하였다. 그러나 그들은 소련과 김일성그룹의 거부로 입국이 좌절되지 않으면 안되었다. 조선의용군의 이 귀국시도와 좌절에는 세 가지의 설이 있다. 먼저 G-2는 9월 말에 이미 무정이 2,500명을 대동하고 신의주를 거쳐 귀국을 시도하였으나 소련군에 의해 정지당하고 무장까지 해제당했다고 기록하고 있다. 무정은 "만주로 돌아가 국부와 싸운다면 무기는 돌려줄 수 있다"는 소련군의 제안을 받고 이를 수용하여 만주로 돌아가 그곳에서 계속적인 증강을 하였다고 쓰고 있다. G-2는 무정이 12월에 평양으로 왔다고 기록하고 있다.[108] 그러나 이 정보는 사실이 아닐 가능성이 높다.

두 번째로 조선의용군의 선견종대(先遣從隊) 대장을 맡았던 한청(韓靑)에 따르면 그가 이끄는 조선의용군 선견종대 1,500명이 10월 하순 안동에 도착하여 신의주로 귀국하였다. 이때 평양에서 만난 김일성이 "미소간의 협의에 따라 무장입국은 불가능하다"며 개인적으로 입국하여 장차 건설될 군에 편입시키자고 하여 그들은 이를 거부하고 11월 5일 심양으로 돌아왔다고 증언한다.[109] 이 사실은 한청의 증언으로 최근에

상해에서는 여운형과 함께 《無産者新聞》을 발행하기도 하였다. 1932년 국내 공작을 위하여 서울에 잠입하였다가 체포되어 평양형무소에서 7년간 투옥되기도 하였다. 그녀는 출옥 후 다시 중국으로 탈출하여 팔로군지역에서 활동하였다(노천명, "김명시 여장군의 반생기," 《신천지》 1946년 3월호, p.182; 김준엽·김창순, 《한국공산주의운동사》 5권, p.381).

107) 《조선인민보》 1945년 12월 19일, 심지연, 《朝鮮新民黨硏究》(서울: 동녘, 1988), p.48에서 인용.

108) *ISNK*, No.46(Oct. 1~15, 1947).

서야 알려진 사실이나 이 증언은 당시에 뿌려진 조선의용군 선견종대가 발행한 희귀한 전단이 오늘날 남아 있어 확인가능하다.[110]

세 번째는 지금까지의 일반적으로 알려진 주장이다. 45년 11월 조선의용군 압록강지대 편성임무를 부여받은 김호와 김강은 압록강지대를 편성하여 소련군의 입북허가를 받아 입북하였다. 그러나 이들은 소련-김일성리더십의 무장입국거부로 신의주까지 귀국하였다가 해산당한 뒤 만주로 되돌아가고 말았다.[111] 이들은 신의주에서 보안대의 습격을 받아 무장해제를 당하고 안동으로 다시 돌아갔던 것이다. 무정을 비롯한 조선의용군지도자들은 소련군과 협의하여 어떻게 해서든지 이들을 무장한 채 입국시키려 하였으나 소련-김일성그룹의 완강한 반대로 불가능했다.

결국 무정은 45년 11월 10일 소수의 노혁명가들만 조선으로 돌아가고 그 외는 잠시 동북에 남아서 변화하는 정세에 대처할 준비를 해야 한다면서 조선의용군을 3개지대로 이루어진 동북조선의용군으로 재편하였다.[112] 이들이 바로 중국혁명의 과정에서 활동하다가 복잡한 변화과정을 거쳐 나중에 중국인민해방군 164사단과 166사단이 되어 1949년 귀국하는 조선의용군 3개 지대였던 것이다. 소련의 입국거부는 의도하지 않은 효과로서 결과적으로 중국혁명의 성공에 기여하고 북한군의 강화에 크게 기여하였던 것이다. 그러나 무정의 재편지시가 먼저였는지, 압록강지대의 입국좌절이 먼저였는지는 아직 불분명하다.

이 중 적어도 뒤의 두 번의 시도는 사실이었다. 이들의 입국좌절에 비추어 비록 자기들과 같은 공산계열의 부대들일지라도, 소련점령군이

---

109) 장준익, 《북한인민군대사》(서울: 서문당), pp. 447~452 ; 《秘錄 조선민주주의인민공화국》 上, pp. 148~154.

110) NA, RG 242, SA 2005 Item 6/49.

111) 김창순, 《北韓十五年史》, pp. 61~65.

112) 이의일·서명훈 주편, 《조선의용군 3지대》(흑룡강민족출판사, 1987), p. 102 ; 현룡순 · 리정문 · 허룡구 편, 《조선족 백년사화》 4권(서울: 거름, 1989 재발행), p. 108.

무장부대의 집단입북을 반대한 것만은 분명했다. 그 이유는 두 가지로 해석가능한 것이다. 하나는 미군과의 관계 때문이었고 다른 하나는 내부문제 때문이었다. 전자는 미군과의 합의가 없는 상태에서 조선인 무장부대를 입국, 주둔시키는 데 대한 부담 때문이었고, 후자는 치안관리의 문제 또는 김일성그룹의 헤게모니가 구축되지 않은 상태에서 대규모 군사력을 받아들일 수는 없었기 때문이었다.

이 두 가지 이유 중 더 중요한 것은 물론 후자였다. 왜냐하면 나중에는 미군과의 합의가 없기는 여전히 마찬가지였으나 전부 받아들였기 때문이다. 물론 소련은 무장습격까지 가하여 강제로 무장해제, 추방하려 한 것은 아니었다. 조선의용군 무장부대 습격사건과 11월 23일의 대규모의 신의주학생 반공시위사건 등 신의주에서 연속적인 충돌이 일어나자 슈티코프는 신의주 보안부대장 한웅을 해임시켜 버렸다.[113] 아마도 충돌 없이 돌려보내려는 것이 소련의 정책이었을 것이다.

1946년에 들어서는 소련군정은 조선의용군을 아무런 주저없이 전부 받아들였다. 45년에 강제해산당하고 추방되었던 압록강지대의 김호와 김강도 다시 들어와서 인민군의 간부를 맡았다. 이 시기에 소련군정과 김일성리더십은 이미 평양학원을 설립하여 군을 창설하려 움직이고 있었다. 그에 따른 인재의 필요성이 제기되자 연안공산세력을 받아들였던 것이다. 따라서 45년의 이들의 입국거부는 김일성리더십의 헤게모니 구축과 떼어서 생각할 수 없다. 미군의 정보기록에는 무정은 무장입국이 안되자 만주로 돌아가려 하였으나 최용건이 만류하여 돌아가지 않았다는 정보가 남아 있다.[114]

무정 역시 1946년 초의 기자회견에서 "만약에 지금이라도 조선을 우리 전조선인에게 돌려준다면 우리 의용군으로서는 조선 전체를 무장적으로 수비할 힘을 가지고 있다. 그러나 현재는 복잡한 여러 가지 사정으로 주력이 국내로 돌아오지 못함을 일면 유감으로 생각하는 바이다"

113) *ISNK*, No. 37 (May 31, 1947).

114) Hq, FEC, *HNKA*, p. 99.

라고 말할 정도였다.115) 이 진술은 소련의 제지가 아니었으면 전국적인 장악에 성공하였을 것이라는 말의 완곡어법인 것이다. 이것은 45년 가을에 조선의용군을 무장해제시키고 다시 만주로 추방했던 소련에 대한 강한 불만의 표현이었던 것이다. 다만 정치적인 고려로 은유적이고 온건하게 말하고 있을 뿐이었다. 이 시기는 보안대가 창설되던 시점이었으나 아직 확고하게 자리를 잡지는 못한 때였다.

무정의 위의 말은 단순한 과장은 아니었다. 실제로 소련군을 배제한다면 순수 한국인 무장력은 1945년 가을 현재 조선의용군이 가장 대규모의 부대였다. 최용건, 김일성, 김책, 최현은 1930년대에는 많은 명성과 투쟁업적을 남겼으나 1945년 가을 현재에는 그들은 다만 60명만을 대동하고 들어왔을 뿐이었다. 그러나 조선의용군은 만주에 이보다 수십배의 병력을 보유하고 있었다. 결국 1946년의 조선의용군 지도자들의 입북허용, 그리고 1949년의 대규모 입북에 비교하여 볼 때 1945년의 이 저지가 시사하는 바는 분명했다. 자기들이 대동한 그룹이 최소한 공산당 내에서만이라도 권력을 확보하기 이전에는 대규모 무장력의 귀국을 허용하지 않겠다는 의사였다. 그것은 팽팽한 권력투쟁을 야기할 것이기 때문이었다.

무장무대의 입국은 불허하였음에도 불구하고 소련군정은 연안공산세력의 개별적인 입국은 허용하였다. 북한의 한 자료에 따르면 조선독립동맹의 입국은 12월 13일이었다.116) 증언에 기초한 최근의 한 주장은 무정이 조선의용군 간부 70명과 함께 11월 말에 평양에 도착하였다고 기록하고 있다.117) 초기의 미군정보는 이미 "45년 9월 말에 조선공산당에 들어갔다"고 기록하고 있다. 이는 아직 확인하기 어렵다. 만약에 그렇다면 무정이 해방 즉시 귀국하여 북한에 왔다가 다시 만주로 돌아갔다는 얘기가 되나 그럴 가능성은 높아 보이지 않는다. 무정에 대해서뿐

---

115) 《조선인민보》 1946년 1월 14일, 심지연, 《조선신민당 연구》, p. 240에서 인용.

116) 《해방후 4년간 국내외 중요일지》(평양: 민주조선사, 1949), p. 16.

117) 《秘錄 조선민주주의인민공화국》, p. 142.

만 아니라 우리가 여기서 규명하려고 하는 몇 가지 점에 대해 중요한 시사를 하고 있으므로 이 자료를 약간 길게 인용한다.

> 무정은 오래된 고참 중국공산군 출신이다. 그는 장정에 참여한 30인의 한국인 중 유일하게 살아남은 인물로서 조선의용군사령관을 지냈다. 한때 그는 중국공산군 포병단장으로서 최고의 포병전문가로 평가받았다. 그는 중국시민권을 가진 한국인이었다. 1945년 8월 말에서 9월 초에 중국공산당은 그를 자신들이 선택한 한국의 지도자로 여기고 한국으로 들여보냈다. 중국공산군의 한국인 중에서 무정은 최고의 지위와 신망을 얻고 있었다.
>
> 그는 귀국 후 북한에서 순회연설을 하여 엄청난 대중을 끌어모으며 폭발적인 대중적 반응을 얻었다. 자유선거에서는 그는 쉽게 승리했을 것이다. 그의 연설에서 무정은 두 가지 원칙을 강조했다. 하나는 협동경제(*cooperative economy*)이고 다른 하나는 식민주의로부터의 경제-정치적 독립이었다. 그는 또한 북한정권은 중국공산주의자들과 협력해야 한다고 강력하게 시사했다. 그는 소련에 대해서나 남한과의 연합에 대해서는 어떤 언급도 하지 않았다.
>
> 그러나 무정이나 북한 민중 누구도 소련점령은 곧 소련지배(*soviet hegemony*)를 뜻한다는 사실을 무시할 수 없었다. 김일성은 무정을 신생정권의 어떠한 높은 직위에서도 쫓아내었다. 이에 중국은 무정에게 중국으로 돌아올 것을 요구했으나 그는 이를 거절하고 북한에 남았다.
>
> 한편 무정은 45년 9월에 조선공산당에 들어갔다. 그는 나중에 조선로동당의 창설자 중의 한 사람이엇다. 46년 12월 그는 보안간부훈련대대부의 포병부 사령관이 되었다. 48년 2월 그는 인민군창설시에 포병사령관이 되었고 48년 9월에는 민족보위성 포병사령관이 되었다.
>
> 정치에서는 그는 아무런 직위도 차지하지 못했다. 김일성의 반대로 인하여 그는 48년 9월의 최고인민회의 선거에도 출마조차 할 수 없었다. 결국 그는 48년 10월 평남도인민회의의 한 자리를 차지했다. 이는 한 국가의 장(長)이 되리라고 예상되었던 자에게는 슬픈 영락(零落)이었다.[118]

이 초기정보는, 약간의 오류에도 불구하고, 북한에서의 중국과 소련의 영향력의 관계와 소련의 초기정책의 성격에 대해 정확한 핵심을 찌르고 있다. 소련점령은 곧 소련 헤게모니를 뜻했던 것이다. 무정을 비롯한 이들이 북한정치에 본격적으로 합류한 때는 이미 소련에 의해 북한정치의 초기질서가 정초(定礎)되어가던 시점이었다. 이 점이 중요하였다. 조선건국준비위원회 지부들을 비롯한 정치, 군사, 청년 분야의 초기의 많은 자생적 건국조직들은 소련의 의도에 따라 재빠르게 재편되어 가고 있었다. 이 시점에서 이들이 소련의 헤게모니를 넘어 어떤 영향력을 행사한다는 것은 불가능했다. 모든 초기질서 형성시기의 정치는 일반적 시기의 정치보다 훨씬 빠른 속도로 전개된다. 따라서 권력투쟁에서 참여의 시점과 순서는 매우 중요한 요인이 아닐 수 없다. 동원가능한 다른 자원이 없을 때 또는 동등할 때 참여와 진입의 시점은 때로는 가장 중요한 결정요인일 수도 있다.

조선의용군의 입국거부 사건은 중국의 영향력이 소련에 의해 저지당한 초기 사례였다. 이후 중국적 기원과 연대가 가장 강하다고 할 수 있는 연안계열의 인물들은 권력핵심에서 배제되어 주변으로 배치되었고, 이는 중국영향력의 축소를 의미했다. 김일성과 그의 동료들은 중국적 기원에도 불구하고 1940년 이후 소련으로 입국, 최후에는 소련군에 소속되어 소련과 합동으로 항일저항을 준비해 온 결과 이미 중국의 통제에서 벗어나 있었다. 38선 북부의 질서는 기본적으로 소련의 구상에 의해서 좌우될 수밖에 없었던 것이다. 2차 세계대전 직후 짧은 시간에 형성된 동아시아와 한국에서의 소련의 압도적인 영향력이 중국의 긴 역사적 우선권을 제압하였던 것이다.

조선의용군의 입국거부는 민족주의자 김구의 입국을 개인자격으로 제한했던 미군의 정책과 동일한 것이었다. 소련의 연안출신 공산주의자에 대한 집단입북의 저지와, 미국의 임정에 대한 개인자격의 입국강요 사이에는 정치적으로는 차이가 없다.

---

118) Hq, FEC, *History of the North Korean Army* (1952), pp. 98~99.

그러나 한 가지 점에서는 둘은 커다란 차이가 났다. 소련군은 공산주의자들과 연대하거나 그들을 키워주었으나 미군은 그들을 억압하였다. 군정장관 아놀드(Archibald V. Arnold)는 건준을 이어받은 인공을 '괴뢰극' '사기' '기만' '유희물' 등의 저급한 용어를 써가며 〈명령의 성질을 가진 요구〉를 발표하여 진주 한달 만인 10월 10일 부인하였다.[119] 물론 이는 인위도 부인하겠다는 의사였다. 인공과 인위는 당시의 미군정관리가 '이미 조직되어 활동하고 있는 사실상의 정부'(*de facto government*)라고 기록한 데서 볼 수 있듯이[120] 독립국가 수립을 위한 전국적인 조직이었다. 그러나 미군은 미군정청만이 유일한 정부라며, 이들과 상의하려 하기보다는 이들을 파괴하고자 하였다. 11월 13일에는 인공의 군대 역할을 하던 좌파계열의 국군준비대에 대한 해체명령이 내려졌다.

자생적 건국조직들을 부인하는 대신 미군정은 친일협력세력으로 이루어진 새로운 국가기구를 수립하였다. 이것들은 곧 반혁명적인 조치를 의미하였다. 국가형성의 과정이란 단순하게 말하면 주어진 영토 내에서 배타적 지배를 가능케 하는 국가기구의 확립과정이라고 할 수 있다. 따라서, 그것이 거시적 기간에 걸친 것이건 단기간에 걸친 것이건, 국가기구의 창설처럼 분명한 국가형성 노력의 징표는 없다. 미군정의 국가기구 창설노력은 1945년에 이미 그 초기적 준비가 완료되었다. 치안유지와 좌파억압을 위해 가장 먼저 창설을 시작한 경찰은 1945년 11월 중순까지 1만 5천 명까지 확대되었다.[121] 이는 엄청나게 빠른 것이었다. 군대의 경우 45년 11월 13일에는 〈군정법령 제 28 호〉에 의거, 이미 군정청내에 국방사령부(Office of Director National Defense)가 설치되었고, 정부조직으로서 군무국과 산하 육군부와 해군부가 설치되었다.[122] 그리

---

119) 《매일신보》 1945년 10월 10일 ; 《자료 대한민국사》 1권, pp. 226~227.

120) E. Grant Meade, *American Military Government in Korea* (NewYork: King's Crown Press, 1952), p. 54 ; 조순승, 《한국분단사》(형성사, 1982), p. 68.

121) General Headquarters, *Supreme Commander for the Allied Powers, Summation of Non-Military Activities in Japan and Korea*, No. 2 (Nov. 1945), Part V, Korea, p. 185.

고는 곧바로 11월중에 '4만 5천 명의 육군과 공군, 5천 명의 해군 및 해안경비대'를 창설할 국방계획을 작성하였다.[123] 군대의 편제와 지휘간부 양성을 위한 군사간부학교(군사영어학교)도 만들어졌다.

하지(John R. Hodge)는 "나는 '점령초기부터'(from the beginning of the Occupation) '한국군 창설'(establishing a Korean Army)에 매우 관심이 많았다"[124]라고 진술한 바 있다. 아직 정부도 수립되어 있지 않은 데도 불구하고 너무 큰 부대를 창설하는 것이 소련과의 관계에서도 부담이 될 것을 고려하여 미군정은 45년 말 좀 축소된 계획인 이른바 뱀부계획(Bamboo Plan)을 만들어 8개 도에 각각 1개 연대씩 8개 연대의 창설을 추진, 이듬해 4월까지 창설을 완료하였다.[125] 이러한 국가기구의 창설 자원은 거의 전부가 식민지배관료 출신들이었다. 일반 행정공무원은 78.6%, 치안공무원은 71.2%가 일제관료 출신이었다.[126] 인공의 부인과 혁명을 저지하기 위한 국가기구의 창설로 인해 '인공의 해체, 식민관료의 부활'이라는 역전된 상황이 도래한 것이었다. 이를 뒷받침하는 군정자문 및 협력세력들 역시 보수적이고 친일경력을 가진 사람들로 채워졌다.[127] 과거의 지배망이 복원된 것이었다. 혁명세력에 대한 배제와 구식민지배세력의 부활, 이는 그람시의 표현을 빌리면 '혁명/복고'(*revolution/restoration*)[128]의 과정이었다.

---

122) 내무부 치안국, 《美軍政法令集》(1956), pp. 27~28 ; 국방부 전사편찬위원회, 《국방사 1》(국방부, 1984), pp. 182~183.

123) Robert K. Sawyer, *Military Advisors in Korea : KMAG in Peace and War* (Washington D. C. : Office of the Chief of Military History, 1962), p. 10.

124) "Lieutenant General Hodge, to Maj Gen Orlando Ward"(18 Mar. 1952), R. K. Sawyer, *Military Advisors*, p. 21.

125) 국방부 전사편찬위원회, 《한국전쟁사 1 : 해방과 건군》(1967), pp. 266~303.

126) 원구환, "미군정 관료의 사회적 배경에 관한 연구"(연세대학교 대학원 행정학과 석사학위 논문, 1989), pp. 81~82, 95~97.

127) Bruce Cumings, *Origins*, Vol. I, pp. 135~178 ; 심지연, 《한국민주당 연구 II : 한국현대정당론》(창작과비평사, 1984), pp. 11~88.

128) Antonio Gramsci, *Selections*, pp. 109~110, 113, 117~119.

국내에 있었건 해외에 있었건 김일성과 이승만, 공산당과 한민당 등 지지세력은 대동하거나 부추겼던 반면, 용허하지 않은 자생적 정치세력의 독립성 주장은 받아들여지지 않았다는 점에서는 소련군과 미군의 초기 대한(對韓)정책은 동일했다. 북한의 민족주의자들과 남한의 혁명주의자들은 머지않아 생존의 문제에 직면하지 않으면 안되었다. 포섭과 배제, 수용과 억압의 병행, 그 점에서 둘 모두는 한국인들에게 해방자이자 점령자였다. 이들의 이중적 속성이 이후 8년간 한국을 20세기 중반 세계에서 가장 격렬한 쟁투의 소용돌이 속으로 몰아넣은 최초의, 그리고 가장 커다란 동인이었다.

제 3 장

분단의 내화(內化)

'확보된 지역에서의 사회주의 구축' 정책의 초기적 행보를 내딛되 미국과 남한을 의식하며 조심스럽게 전개되던 북한정치는 1946년 초에 들어서면서 급류로 바뀌었다. 그것은 남한에서도 마찬가지였다. 1945년의 해방이 1948년의 두 분단국가로 이어지는 역사의 거대한 회전(回轉)에서 가장 결정적인 계기는 무엇이었을까? 그것은 다음의 세 가지였다. 하나는 1945년 8~9월의 미소의 분할점령이었고, 두 번째는 1946년 초의 신탁통치 균열이었다. 그리고 세 번째는 46년 5월의 미소공동위원회의 결렬이었다.

첫 번째 것이 하나의 사회가 기본방향을 잡아가는 외형을 놓았다면, 그 기본방향의 외형이 분명한 모습을 지으며 내면화된 것은 두 번째 것이었다. 봉건과 식민을 거치면서 강화된 민족주의적 열망에 불타는 한국인들로서는 그것조차도 결코 수용할 수 없는 것이었지만, 제 2 차 세계대전에서 한국인들의 역할이 작았다면 첫 번째는 어쩌면 어느 정도 감수해야 할 부과물이었는지 모른다. 일반적으로 국제적 조건이라고 부를 수 있는 그런 것이었다. 그런 점에서 두 번째의 계기는 한국인들에게 훨씬 더 충격적인 것이었으며, '모든 것을 만들 수 있는 계기'로서의 해방의 순간은 그들에게 너무 빨리 종식되었던 것이다.

1945년 8월에서 12월까지 남부한국과 북부한국은 각각 분단으로의 방향을 향해 치달으면서도 '결국은 하나가 되겠지'하는 강한 기대가 병존하였다. 무엇보다도 고려의 통일 이래 지난 10세기 동안 한국민들은 그때까지 한 번도 분단된 민족으로 존재해 본 역사적 경험을 갖지 않았다. 이 두 개의 상치되는 현상, 분립으로의 흐름과 합치에의 희원(希願)이라는 이상과 현실의 이율배반이 공존가능한 연유는 결정(決定)의 유예 때문이었다. 그러나 결정이 취해지자 상반되는 두 가능성이 병존하던 파국적 균형은 결국 종식되고 말았다.

한국인들은 1946년 초 갑자기 밀어닥친 폭풍을 거치면서 불안과 기대가 혼재되었던, 개인적 수준과 집단적 수준 모두에서의 2중적 감정의 병존이 갑자기 줄기를 나누어 분기(分岐)되는 현상을 목도하게 되었다. 이 폭풍은 모두에게 갑자기 온 것이었고, 또 갑자기 깨닫지 않으면 안 될 만큼 준비되지 않은 것이었다. 그것은 한국문제에 대한 모스크바 3상회의의 결정과 그에 대한 한국인들의 반응을 말한다. 여기에서 모스크바 3상회의의 내용과 그것을 둘러싼 미소의 정책과 국내의 반응 전부를 상세히 논의할 수는 없다.[1] 그것은 이미 잘 연구되었기 때문이다.

---

1) 이에 대한 훌륭한 연구들로는 다음을 참조하라. 이호재, 《한국외교정책의 이상과 현실》, pp. 138~177 ; 최상용, 《미군정과 한국민족주의》, pp. 167~219 ; 조순승, 《한국분단사》, pp. 88~102; Bruce Cumings, *Origins*, Vol. I, pp. 214~237 ; 이동현, 《한국신탁통치 연구》(서울: 평민사, 1990) ; 서중석, 《한국현대민족운동 연구》, pp. 301~354 ; 이완범, "한반도신탁통치문제, 1943~46," 박현채 외, 《해방전후사의 인식》 3권(서울: 한길사, 1987), pp. 213~305 ; 이수인, "모스크바협정 찬반운동의 역사적 성격," 이수인 편, 《한국현대정치사》 1 (서울: 실천문학사, 1989), pp. 93~142.

1. 모스크바 협정과 탁치 균열

1945년 12월 모스크바에서의 미영소 3국 외상회의의 합의내용이 '한국에 대한 신탁통치의 실시'로 전달되자 왜곡이 되었건 제대로였건, 그것은 즉시 독립을 기대하던 한국인들에게는 청천벽력과도 같은 소식이었다. 그것은 '일제 36년'으로 각인된 고통스런 식민통치의 변형된 연장으로 받아들여졌다. 나중에 우파와 친일파에 의해 반소반공으로 공격받은 것은 제 2 차적 파장이었고, 최초에 이것은 모두에게 놀라운 사태로 받아들여졌던 것은 사실이었다. 모든 한국인들은 혼돈으로 빠져들었고, 사람들은 전부 격렬하게 반응하였다. 그것은 격변적 사태가 정점을 향하여 치달을 때 어느 사회에서나 항상 나타나는 집단적 휩쓸림의 모습이었다. 이러한 집단적 휩쓸림에서 이성적 판단과 호소가 틈입할 여유는 주어지지 않는다. 이성적 성찰과 반추는 다만 사태가 지나간 뒤의 뒤늦은 '해석'일 뿐이었다. 이른바 미네르바의 부엉이와 같은 것이다.

이 사태가 얼마나 혼돈스러운 것인지는 1920년대부터의 한국 최고의 고참 공산주의자이자, 모스크바의 노선에 충실해 왔던 국제주의적 공산주의자인 박헌영조차 최초에는 소련의 정책이 반영된 이 결정에 반대했었다는 데서 여실히 드러났다. 그의 최초의 반대의사는 이 결정이 일반 한국민중의 민족의식과 얼마나 거리가 먼 것이었는가와, 한국민중들이 이를 얼마나 반독립 반민족적인 것으로 받아들였가에 대한 한 상징일 수 있다. 박헌영의 이 반대는 나중에 그가 김일성 계열로부터 미국의 간첩이었다고 조작된 공격을 받는 한 중요한 이유가 되기까지 하였다.

소련의 지침을 받지 않은 서울의 조선공산당 지도부의 공산주의자들은 혼돈에 빠져들었고 박헌영이 소련의 의도와 모스크바 3상회담의 내용을 정확하게 안 것은 45년 말~46년 초 비밀리에 평양을 다녀와서였다. 박헌영은 12월 28일 평양을 방문하여 이듬해 1월 2일 서울로 돌아와 찬탁으로 돌아섰다.[2] 박헌영이 평양에 가기에 앞서 로마넨코 소비에트민정사령관은 모스크바 합의를 확인하기 위해 직접 모스크바를 다녀왔다. 북한의 공산주의자들은 물론 모두 이를 전폭적으로 지지하였다. 그들은 찬탁이 아니라 '모스크바 3상회담 결정 총체적 지지'로 표현하였지만 대중들에게 이 차이는 간취되지 않았다. 즉, 그들에게 '찬탁'과 '모스크바 3상협정 총제적 지지'라는 구호가 갖는 차이는 본질적인 것이 아니었다.

정통 공산주의자 박헌영은 그렇다 하더라도 가능한 한 대중에 근거하려 한, 따라서 교조적 공산주의 교의와 이론에 충실하려 하기보다는 유연한 현실적 대응으로 대중과 함께 가려 하는 대중적 민중주의자 여운형조차 공식적인 태도표명을 유보하며 조심스럽게 접근할 정도였다. 조금의 시간이 흐른 뒤 여운형은 표면적으로는 3상회담을 지지하였지만, 랭던(William R. Langdon)이 날카롭게 지적하듯이 그는 "신탁통치보다 즉시 독립을 선호하였다".[3] 랭던에 따르면 여운형은 "공산주의자들의 압력으로 인해 내키지 않는 심정으로 탁치를 지지하였다". 여운형은 혼란스러웠고 곤혹스러웠다. 여운형이 혼란스러웠다는 것은 다른 말로 하면 대중들은 더욱 혼란스러웠다는 것을 의미한다. 받아들일 수밖에 없는 국제적 결정과, 이를 받아들이지 않으려는 대중들의 격한 민족의식 사이에서 그는 주춤거렸다.

"모스크바 3상회의의 결정의 핵심은 탁치실시가 아니라 임시정부의 수립"이라는 좌파의 해명도 반탁지도자들과 대중들에게는 들어오지 않았다. 이승만과 김구가 아닌, 여운형을 존경하고 추종했던 한 정직한 미국 군정의 관리가 정확하게 지적한 대로 "어떠한 해명도 온 나라를 휩쓸고 있는 저항의 천둥소리(*the rumbling of discontent*)를 잠재울 수 없었다".[4] 그의 이 말은 탁치사태의 핵심을 한마디로 요약한 것이었다.

---

2) 중앙일보 특별취재반, 《秘錄 조선민주주의인민공화국》, p. 188 ; 한재덕, 《김일성을 고발한다》, p. 239.

3) "The Political Adviser in Korea (Langdon) to the Secretary of State," *FRUS 1946*, Vol. Ⅷ, p. 687.

4) Richard D. Robinson, *Betrayal of a Nation* (unpublished memoire, 1947),

직정적인 퍼스낼리티를 갖고 있었던 김구는 미국 군정에 대항하여 쿠데타를 일으키는 한편, 공산주의자들이 소련의 정책을 추종한다 하여 김일성을 제거하고자 암살단을 파견하였다. 표면적 언표만으로는 내심을 읽기가 어려운 현실주의자 이승만도 반탁을 선명히 하였다. 이승만의 반탁은 그가 식민시기 동안의 독립운동시에 탁치와 유사한 위임통치를 주장하여 왔다는 점에 비추어 탁치 자체에 대한 반대라기보다는 소련의 한국문제 개입에 대한 반대, 즉 반소반공관점에서의 반대였다.[5] 친일적 요소가 많다고 비난받던 한민당 역시 반탁의 편에 섰다. 한민당은 이 기회를 통하여 지난 몇 달간 정치의 주도권을 장악하고 있던 인공을 아예 쓸어버리고자 기도하였다.

결국 사회는 이 결정을 지지하는 사람들과 반대하는 사람들로 완전히 갈라졌다. 소련은 이러한 양분된 폭발이 왜곡보도의 결과이며, 한국인들의 반응은 이러한 왜곡보도의 희생자들[6]이라고 언명했지만, 이미 전 사회를 휩쓸고 지나간 집단적 휩쓸림을 잠재우거나 되돌려 놓을 수는 없었다. 소련의 해명은 진실을 말하고 있는 것이었으나 그 해명은 폭풍 같은 사태의 방향을 바꾸기에는 너무도 미풍이었다. 민족주의자와 우파는 소련과 미국, 그리고 공산주의자들을 갖은 욕설로 비난하며 제거하고자 시도하였다. 공격은 소련과 공산주의자들 또는 이 협정을 받아들이려는 사람들에게 집중되었다. 물론 이 공격은 사실에 근거하지 않은 공격이었다. 신탁통치는 미국의 오랜 정책이었으며 모스크바에서도 이를 제안한 것은 미국이었다. 그러나 실상은 정반대로 '소련이 신탁통치를 주장하고 미국은 즉시 독립을 주장'한 것처럼 보도되었다.

한번 각인된 오인이 얼마나 뿌리깊은 영향을 끼치는가는, 당시에 이 운동을 주도하였던 사람들이 낸 책은 1970년대까지도 "그 당시도 그랬

---

p. 25.

5) 고정휴, "독립운동기 이승만의 외교노선과 제국주의," 《역사비평》 제 31 호 (1995년 겨울), p. 176.

6) NA, RG 242, SA 2005 Item 5/20. 소련외무성 편, 국제문제연구회 역, 《쏘베트聯盟과 朝鮮問題 — 文獻集》(평양: 국제문제연구회, 1949), pp. 5~10.

고 지금도 확인된 바에 의하면 모스크바 3상회의에서 신탁통치안의 창안자는 미국도 영국도 아닌 소련이었다고 한다"고 주장하는 데서도 알 수 있다.[7] 시간이 흐른 뒤 실제의 사실이 밝혀지자 이러한 관점에서 간행된 새 기록들은 탁치가 소련의 제안이었다고 비난하던 공격은 더 이상 반복하지 않는다. 다만 서술의 초점을 바꾸어 반탁운동은 3·1운동을 잇는 제2의 민족독립운동이었다는 점과, 좌파가 반탁에서 찬탁으로 전환하였다는 두 가지 점을 집중적으로 부각시킨다. 소련이 탁치를 제안했다는 허위의 공격은 사라졌다. 그렇다면 반탁운동의 가장 핵심적인 초점은 사라진 것임에도 불구하고, 사실이 밝혀져도 사실에 관계없이 옳은 것은 언제나 자기자신들이다. 이것은 남과 북, 동과 서를 막론하고 적의 부당함과 자신의 정당함만이 서술의 기준인 냉전시대의 이념적 역사해석에서는 오래된 전통이다.

초기에 가장 격렬한 반응을 보인 것은 정부로서 자임하던 김구가 이끄는 임정의 민족주의자들이었다. 항일 민족주의자들에게 반탁은 '제2의 3·1운동', '제2의 독립운동'처럼 받아들여졌다. 같은 반탁이었으나 친일 경력자들에게 그것은 소생운동이었다. 서로 반대되는 이 두 운동의 접점은 공교롭게도 '애국'과 '독립'이었다. 독립운동을 제압하던 일본 경찰·관료 출신들이 독립운동 세력들과 함께 '민족독립'을 주장하고 나선 것이다. 결국 이 애국주의는 항일이냐 친일이냐의 대립축을 친소냐 반소냐, 친공이냐 반공이냐의 대립선으로 환치시켜 놓는 결정적인 계기가 되었다. 이데올로기 지형의 전위(轉位)였던 것이다.

민족에 이념이 중첩되면서 '민족애'의 내용은 혼란스러워졌다. 친일세력들은 일본제국주의에 붙었던 민첩성을 다시 발휘하여 이 계기를 이용하여 빠른 변신에 성공, 친일의 굴레를 벗고 반공의 갑옷으로 무장한 채 다시 등장할 수 있었다. 그들은 반탁과 공산주의 타도를 가능한 한 높이 외쳐 천형(天刑) 같은 '친일파'의 굴레를 벗어버리고자 분투하였

7) 한국통일촉진회 편, 《북한반공투쟁사》(1970), p. 23 ; 《고당 조만식》, pp. 233~234.

다. 때문에 그들의 반탁운동은 더욱 격렬하였고 자신들의 모든 것을 걸었다. 서중석의 지적처럼 반탁운동의 논리였던 반소반공은 "갖가지 방법으로 좌파를 공격하는 여의봉같은 무기였다". [8] 그들은 기회를 잡은 것이었다.

약간의 친일적 행태로 주춤거리던 사람들조차 이 기회에 분명한 애국심을 보여주고자 열광적으로 반탁에 몸을 바쳤다. 사람들은 과거의 행적이 의심스럽고 비도덕적일수록 그를 덮을 수 있는 새로운 체제와 이념에 더욱 열광적인 충성을 표시하려 한다. 즉, 새로운 충성대상에 대한 변절자의 충성은 더욱 강력한 것이다. '항일민족' 세력과 '친일반민족' 세력의 뒤엉킨 운동, 이것이 반탁운동의 핵심이었다. 따라서 역설적으로 친일반민족 세력에게 도덕적 탈출구를 마련해 준 것은 항일민족주의 세력이었다. 도덕적 판단과 직정적 행태를 선호하는 김구는 자신의 행동이 항일세력을 궁지로 몰고 친일세력을 소생시키리라는 역설을 고려하지 않은 채 이 전도된 투쟁의 선두에 서서 사태의 방향을 전환시키는 데 주저하지 않았다.

북한에서 조만식은 가장 격렬하게 저항하였다. 그는 그의 오랜 제자이자 북한정치의 실력자로 부상한 최용건으로부터 여러 차례 번의(翻意)를 요청받았으나 굽히지 않았다. 함석헌이 전하는 최용건의 말에 따르면 그는 조만식을 열아홉 차례나 만나서 설득하였다. [9] 김일성도 조만식을 돌려놓고자 끈질기게 번의를 요청하였다. 김일성은 45년 12월 말 최용건과 함께 빈번하게 조만식을 방문하였다. 그는 "모스크바 3상회의는 우리민족의 장래를 위하여 절대로 지지해야만 하고 또 오늘에 와서는 이미 우리 힘으로 변할 수 없는 국제노선이니 선생 개인으로나 조선민주당으로서나 이를 찬성하여 주어야 하는 동시에 이에 관한 성명서를 발표(해달라)"고 했다. [10] 김일성, 최용건에 이어 소련군의 최고지도부인 치스차코프, 로마넨코, 이그나체프까지 나서서 그를 설득하려

8) 서중석, 《한국현대민족운동연구》, p. 316.
9) 함석헌, 《죽을 때까지 이 걸음으로》, p. 137.
10) 오영진, 《하나의 증언》, p. 181.

노력하였다. 이는 조만식의 비중, 그리고 소련이 마지막까지 이 결정에 대해 민족주의자의 동의와 지지를 얻으려 얼마나 심혈을 기울였는지를 알게 해준다.

당시의 정책담당자였던 레베데프와 메클레르를 비롯하여 오영진, 한재덕, 서용규 등이 공통적으로 증언하듯이 모스크바 결정을 받아들일 경우 "소련은 당시에 조만식에게 새로이 수립될 정부의 대통령을 제안하였고 김일성은 군부의 책임자가 될 것"이라면서 그를 설득하였다.[11] 여러 증언을 볼 때, 그리고 소련의 초기정책을 볼 때 이것은 사실이었다. 최초 점령시기에 소련군은 공산주의자를 전면에 내세우려 하지 않은 것은 분명하였다. 조만식은 치스차코프, 로마넨코 등과의 회담에서도 확답을 미룬 채 결정을 당론에 부쳤으나 1월 2일 조선민주당 회의에서는 탁치에 대한 최종적인 반대를 결정하였다.

소련군은 집요하게 번의를 요청하였으나 조만식은 끝내 받아들이지 않았다. 소련군정과 북한리더십의 고위지도자들이 총동원되었음에도, 그리고 대통령직을 제의하였음에도 이 민족주의자는 돌아서지 않았다. 결국 소련군은 다수결방식을 통하여 조만식이 의장으로 있는 평남인민정치위원회에서 모스크바 협정에 대한 지지를 도출해 내려 하였으나 이마저도 조만식의 참여거부로 실패하였다. 1946년 1월 5일 평남인민정치위원회 확대회의에서 소련군정 당국과 조만식은 최종적 협상을 시도하였으나 타협은 끝내 이루어지지 않았다. 조만식은 평남인위의 다수결방식 자체를 받아들이지 않았다. 그의 다수결 거부는 이 문제의 본질이 한국의 민족주의자들에게는 타협의 문제가 아니라 민족의 장래를 결정하는 생사의 문제로 인식되었음을 보여주는 것이었다.

조정기간을 가졌음에도 불구하고 조만식이 굽히지 않자 결국 그들은 정면충돌하였고, 이를 계기로 조만식은 북한의 최고행정적 지위인 평남인민정치위원회 의장에서 사임하였다.[12] 그의 사임은 한국의 민족주의

---

11) 한재덕, 《김일성을 고발한다》, p. 252 ; 오영진, 《하나의 증언》, p. 185 ; 《秘錄 조선민주주의인민공화국》, pp. 62~63.

12) 한재덕, 《김일성을 고발한다》, pp. 254~257.

세력과 소련의 결별을 보여주는 최종적 의례였다. 한재덕은 이 퇴장을 놓고 '민족의 영예와 얼을 지켜나가는 영광스러운 퇴장'이었다고 과장되게 기록하고 있다.[13] 조만식은 결별 이후 감금되었고, 많은 민족주의자들은 남쪽으로 내려갔다. 민족주의자들이 퇴장한 가운데 1월 5일 평남인민정치위원회는 모스크바 3상회의의 결정을 전적으로 지지한다는 성명서를 발표하였다.[14] 민족주의자들이 대거 월남해 버리자 민주당 내부에서도 조만식은 반동파로 공격받았다. 12월 28일부터 1월 5일까지의 단 8일간이라는 짧은 기간이 한 민족의 운명을 좌우할 국제적 결정에 대해 수용이냐 아니냐의 여부를 선택해야 하는, 그리고 그 선택에 따라 앞으로 전개될 사태의 방향이 결정될 핵심국면이라는 점은 이 사태가 얼마나 긴박하게 돌아갔고, 그것이 해방국면에서 얼마나 결정적인 전환점이었는지를 웅변하고도 남는다.

남한에서 조만식에 비유될 수 있는 사람은 김구였다. 김구와 임정세력의 선택은 중요했다. 왜냐하면 그것은 친일-항일의 대립구도에서 민족주의 이념과 도덕의 향배를 보여주는 중요한 지표일 수 있기 때문이었다. 그것은 그들이 실제로 모든 민족주의 세력을 대표하고 있었고, 또 그러한 힘을 가졌느냐와는 별개의 문제였다. 임정과 김구의 선택이 가지는 중요성은 그들이 식민시기에 해외에서 가장 대표적이고 상징적인 민족주의 세력으로 인식되어 있었다는 점에서 대중들에게 중요한 선택의 준거이자 안내자일 수 있었다.

이승만의 반탁이 반공과 연결된 것이었다면 김구의 반탁은 임정의 헤게모니 장악과 직결된 것이었다. 즉, 그것은 임정추대운동이었다.[15] 이 차이는 간과되어서도 안되지만 지나치게 강조되어서도 안된다. 왜냐하면 의도의 사악성만이 판단의 준거가 아니라면 초래한 현실적 결과에서 이 둘의 차이는 거의 없었기 때문이다. 그들의 선택은 결국 같은 결과를 초래하였다. 실제로 둘은 48년 선거를 놓고 갈라설 때까지는 동일

13) 한재덕, 《김일성을 고발한다》, p. 255.

14) 《해방후 4년간 일지》, p. 20.

15) 서중석, 《한국현대민족운동연구》, p. 306.

한 배를 탔었다. 김구는 탁치를 새로이 수립될 임시정부에서의 임정배제나 지분축소로 받아들였고, 따라서 반탁을 임시정부의 정부장악 계기로 활용하려고 하였다. 당시의 자료들과 오늘의 객관적인 연구 중 이를 부정하는 경우는 없다. 이 점이 김구와 조만식을 구별시키는 결정적인 차이였다. 결과적 동일성에도 불구하고 도덕적 준거에 근거하여 김구와 이승만의 차이는 강조되어 왔으나 김구와 조만식의 차이는 간과되어 왔다. 만약에 도덕이 기준이라면 이 둘의 차이는 김구와 이승만의 차이보다 더 컸다. 이 점은 조만식 진영에서 가장 날카롭게 지적되었다.

> 신탁통치 기간 중의 임시정부에 관련하여 대한민국 임시정부측의 반발이 컸다. 이 기관에서는 한국의 새로운 독립정권은 자기네들이 맡을 권리가 있다고 소위 법통론을 주장했다. 그들은 여하한 새로운 정부의 출현도 적대시하고… 따라서 이 일파에서는 신탁통치에 반대하는 동시에 그보다도 미소공동위원회에서 자기들 일파를 완전히 무시하고 새로운 임시정부를 뽑는다는 데 전면적으로 반대하였다. 그러나 이 임정파에 대한 당시의 국내의 반응은 감상적인 동정 이외의 큰 지지를 받지 못하였다. 솔직히 말해서 망명시절의 그들의 업적이랄 것으로나 귀국한 이후의 그 역량으로 보나 해방한국의 신정권을 담당하기에는 너무도 무력했던 것이다.[16]

정치적 부활과 생존의 무기로 활용하려 한 한민당과 친일파를 제외하더라도 이승만의 것이 반공주의와, 김구의 것이 정권장악과 연계된 것이라면 반탁 민족주의의 전형은 조만식이 가장 가까웠다. 그는 대통령을 제의받았음에도 탁치를 거부하였다. 김구가 임정의 법통을 인정받았음에도 불구하고 탁치를 거부하였을는지에 대해서 우리는 확인할 수 없다. 당시의 자료들이 말하는 바에 따를 때 김구는 임정법통을 인정받았다면 탁치 결사반대를 거둬들였을 것이다.

탁치갈등에는 또 다른 중요한 점이 숨어 있었다. 반탁세력들간의 차

16) 《고당 조만식》, pp. 230~231.

이가 존재하였고 또 사후에 반탁운동이 반소반공으로 연결되는 전환이 일어나기는 하였지만 탁치를 미국이 제안하였다고 사실대로 알려졌더라도 사태는 크게 다르지 않았을 것이라는 데에 문제의 핵심이 놓여 있었다. 즉, 반탁운동에는 그것이 오직 반소반공의 목적에서만 전개되었다고 공격할 수는 없는 요소가 내재해 있었다. 탁치에 대한 논의는 45년 10월부터 있어왔고 이때 좌파와 우파는 모두가 이에 대해 거세게 반발했었다. 좌파의 경우 10월 23일 빈센트의 발언에 대해 인공 중앙위원회의 이름으로 10월 25일 "조선문제는 조선인의 손으로 능히 해결할 수 있고 타국가의 간섭을 절대로 필요치 않는다. … 신탁관리제를 만일 미국이 조선에 수립시키려고 한다면 조선민족은 전민족의 생명을 부정당하는 일이 있다할지라도 절대 배격치 않을 수 없다"고 격렬하게 반박성명을 내었다.[17] 이 성명은 우파와 같은 강한 민족주의적인 요소가 내재되어 있다.

이호재가 지적하듯이 "한국신탁통치안은 그 자체로서는 국제정치적인 현실성과 불가피성을 가졌다 하더라도 그것은 한국 민족의 소망과 감정 혹은 '우리에게 기회만이라도 달라'는 한국적 민족주의의 요구에 정면으로 배치하여 충돌할 수밖에 없는 것이었다".[18]

또한 최상용은 반탁운동을 "그 기본적 성격은 민족의 자결 및 독립을 순수하게 추구하는, 말하자면 '반탁민족주의'였다고 할 수 있을 것"(강조는 원문 그대로)이라며, "민중의 '반탁'운동은 자연발생적으로 표출된 반식민지 독립에 대한 열망으로서 일부 우파지도자의 고정적 반공이데올로기와는 구별되어야 할 것"이라고 지적한다. 나아가 그는 "김구를 중심으로 하는 '반탁민족주의' 주창자들에게는, 반탁은 일관된 민족주의의 표현이었음에 틀림없지만, 그들에게는 당시의 국제정치, 특히 한국을 둘러싼 미소관계에 대한 현실적인 인식이 결여되어 있었다. 말하자면 국제정치의 인식에 매개되지 않은 즉자적인 민족주의의 표출이었다"[19]

---

17) 《매일신보》 1945년 10월 26일 ; 《자료 대한민국사》 1권, pp. 308~309.

18) 이호재, 《이상과 현실》, p. 154.

19) 최상용, 《미군정과 한국민족주의》, pp. 201~202.

고 지적한다. 반면에 서중석은 "좌파는 반탁운동이 당시의 민족감정에 대한 호소력이 컸다는 사실을 경시하였고 결국 이는 힘의 변화에 큰 영향을 끼쳤다"며 좌파의 오류를 날카롭게 지적하고 있다.[20]

좌우세력에 대한 이들의 지적은 반탁운동이 갖고 있는 민중적-민족적 저항의 측면과 한계를 동시에 들여다보고 있는 것이다. 대부분의 탁치연구는 비판적 관점에서 그것을 반소반공의 음모에서만 보려 하거나 또는 반대로 반공주의의 관점에서 애국투쟁이었던 것만으로 보려 함에 비해 최초의 민족주의적 측면과 그것의 제2차적 변화, 그리고 그 한계에 대한 위의 지적들은 정곡을 찌르는 것이다.

김구와 조만식의 완고불굴의 민족주의는, 일단 원칙이 서면 어떠한 현실적 명리와 이해도 초월하여 그 원칙을 견지하는 식민시기의 비타협적 투쟁의 연장이었다. 즉, 무엇이 옳은 것이냐는 도덕적 명분이야말로 대부분의 민족주의 지도자들의 판단과 행동의 준거였다. 나중에 김구는 한 인터뷰에서, 자신의 노선이 옳지만 비현실적이라는 평가가 있다는 질문에 대해 이렇게 대답하고 있었다.

> 우리는 현실적이냐 비현실적이냐가 문제가 아니라 그것이 정도(正道)이냐 사도(邪道)이냐가 생명이라는 것을 명기(銘記)하여야 한다. 비록 구절양장(九折羊腸)일지라도 그것이 정도라면 그 길을 택하여야 하는 것이요 진실로 이것만이 인도(人道)인 것이니 여기에서는 현실적이니 비현실적이니 하는 것은 전연 문제 외의 문제인 것이다.[21]

임시정부를 비롯한 민족주의자들은 일찍이 1941년을 전후하여 전후 한국에 국제보호라는 제도가 적용될 것이라고 알려진 이후 이에 대해 즉각적인 독립을 요구하며 반발하기 시작하였다.[22] 특히 42년 11월 루

---

20) 서중석, 《한국현대민족운동연구》, p. 316.

21) 《金九主席 最近言論集》(출판사와 출판연도 미상), p. 101.

22) 이호재, "2차대전중 한국인의 대외인식 : 《新韓民報》의 내용을 중심으로," 《亞細亞硏究》, Vol. XXV, No. 2(1982년 7월), p. 9.

스벨트가 라디오연설을 통해 필리핀을 비롯한 아시아에서 해방될 국가들은 자치능력이 부족하므로 교육을 통한 준비기를 거쳐 독립이 달성되어야 한다고 공개석상에서 연설한 뒤 점차 미국의 이러한 구상이 알려지자, 김구, 조소앙 등과 미국의 이승만은 절대적인 독립을 요구하며 즉각적으로 반발하였다. 김구는 한국의 정치경험이 일본보다 장구하다고 주장, 한국은 절대적 독립을 확보할 것이라고 다짐했다.[23] 43년 2월 1일 임시정부는 외무부장 조소앙의 명의로 신탁통치 반대성명서를 중국 신문들에 발표하였다.[24] 이후로도 임정을 중심으로 하여 한국 민족주의자들의 탁치반대는 종전시까지 일관되게 지속되었다. 국무성은 이러한 한국인들의 항의를 루스벨트에게 보고했으며, 이로써 루스벨트는 일찍부터 대부분의 한국독립운동가들이 탁치에 반대하고 있다는 사실을 알고 있었다.

해방 후의 '반탁, 즉시독립' 주장을 하게 되는 데는 식민시기의 반탁 주장의 경험이 크게 작용하였음에 틀림없었다. 탁치를 식민통치와 같은 악으로 보는 단순화가 모든 유혹과 복잡한 현실적 고려를 넘어 하나의 원칙에의 강한 집착을 가능케 한 것이었다. 1950년 사망할 때까지 조만식은 어떠한 타협의 의사도 비추지 않았다. 초기 이행시기에 김일성과 박헌영은 상황을 중시하기보다는 교의를 더 중시했다는 비판을 자주 받아왔다. 마찬가지로 이승만, 김구와 조만식도 임시정부수립이라는 목표와 분할점령이라는 상황보다는 반공과 민족주의라는 교의에 더 충실하였다. 어느 쪽에서도 타협과 공존의 노력은 찾아보기 어려웠다.

대립의 지형은 식민시기의 대립축이 이어지던 지난 4개월과는 판이하게 반탁이냐 찬탁이냐로 바뀌었고, 이는 반공과 친공, 애국과 매국, 선과 악의 대립으로 전화되었다. 혼류처럼 흐르던 초기 해방의 정치는

---

23) James Matray, *The Reluctant Crusade—American Foreign Policy in Korea, 1941~1950*, 구대열 역, 《한반도의 분단과 미국》(서울: 을유문화사, 1989), pp. 29~31 ; 이완범, "한반도 신탁통치문제, 1943~46," 《해방전후사의 인식》 3권, pp. 218~219.

24) 이호재, 《한국인의 국제정치관》(서울: 법문사, 1994), pp. 316~317.

하나의 단순하고도 날카로운 접점으로 배열되었던 것이다. 그를 계기로 식민시기 동안 지속된 좌우투쟁의 긴 역사가 다시 전면에 등장하였다. 탁치논쟁은 기억하기 싫은 과거의 분열의 역사를 되불러오게 한 매개로 작용하였던 것이다. 이제 초점은 이 전화(轉化)에 대한 소련군정과 북한리더십의 인식과 대응이 어떠할 것이냐는 문제였다. 확보된 지역의 사회주의 구축 정책의 표출과 관련하여 과연 소련이 최초의 정책처럼 탁치균열 이후에도 여전히 민공연립정책을 견지할 것인지 아닌지가 주목되는 것이었다.

2. 분단정권의 등장:
분단지배체제의 등장과 급진이행의 준비

1946년 초의 갈등은 식민시기의 반목과 대립, 적대의식과 상호견제가 다시 적나(赤裸)의 모습을 띠고 대립의 표면에 부상하는 결정적 계기였다. 제국주의의 억압이 사라지고, 친일과 항일의 언술이 찬탁과 반탁에 의해 공산주의와 반공주의라는 뒤틀린 대결구조로 나타나자 항일세력의 정통성 독점은 갑자기 축소되었다. 그 결과 친일세력은 이제 현실정치적으로뿐만 아니라 이념적 도덕적으로도 항일세력에게 비등하게 맞설 수 있었다. 그들은 반공을 무기로 찬탁세력을 공격하며 친일의 굴레를 벗어 던지고 맞물린 대립관계를 형성하는 데 성공하였던 것이다.

탁치갈등은 그만큼 탈식민시기의 한국의 사태를 다른 나라들과는 결정적으로 다르게 전개되게 한 특이한 경험이었다. 타협의 소멸, 애국의 독점주의가 시작된 것이었다. 독점적 애국주의는 항상 생사투쟁적 극단주의로 연결된다. 이를테면 1949년에 김구는 자신이 46년 초에 소생시켜 준 친일세력들이 연루된 음모의 결과로 피살되었을 때 좀더 일찍이 카멜레온적인 애국주의에 대한 다음의 경구를 깨달았으면 좋았을 것이다. "오늘 그들은 나를 지지하는 애국자들이지만 내일 그들은 나를 반대하는 애국자가 될 것이다"(Today they are patriots for me, tommorrow they may be patriots against me).[25] 1946년 오늘 그를 지지한 사람들은 그러나 내일 1949년엔 그를 반대한 것이 아니라 아예 살해하였다. 1946년에 그를 지지한 사람과 1949년에 그를 살해한 사람의 이념은 똑같이 '애국'이었다. 그 애국이 반공적 애국인 것까지도 같았다. 동일한 '반공애국'일 때는 지도자로 받들어 모셔졌으나, '통일애국'을 주장하자 그는 살해되고 말았던 것이다.

해방 직후의 국면에서 45년 8월보다도 46년 1월의 폭발이 더 격렬했고 더 투쟁적이었다. 한민당의 지도자 송진우(宋鎭禹)는 모스크바 결정을 받아들이려는 듯한 태도를 보이다가 살해되었고, 1947년 미소공위에 참여하려던 장덕수(張德秀)도 마찬가지 이유로 살해되었다. 극단주의자들의 눈에 그들은 기회주의자이거나 매국노로 보였다. 그것은 여운형도 마찬가지였다. 극단주의의 대립 속에 정치적 사려가 자리잡을 여지는 없었다. 상호간에 남은 것은 제어되지 않은 적나의 적의와 욕망이었다. 1946년 초 김일성을 살해하려 할 만큼 가장 극단적이었던 김구가 두 한국을 평화적으로 합치려 극단주의를 버렸다가 1949년 또 다른 극단주의자들에게 살해되는 것은 아이러니가 아니라 한국정치의 어떤 특성의 표출이었다.

탁치균열로 인해 1945년 가을의 경쟁적 공존시기는 아주 빨리 소멸되었다. 공존기의 종식은 다른 말로 해방기의 종식으로도 불릴 수 있는 것이었다. 이제부터 한국에서의 하나의 민족국가의 형성이나 정치세력의 통일은 이미 갈라진 것들을 다시 하나로 묶는 작업을 의미했다. 따라서 1946년 초의 탁치균열은 해방시기로 불릴 수 있는 초기 국가형성시기에서 하나의 대쟁(大爭)으로 불릴 수 있는 것이었다. 이호재는 이를 '이상주의와 현실주의'의 대정치논쟁이라고 부른 바 있는데 이는 탁치균열의 핵심을 지적한 것이었다.[26] 민족주의자들은 즉시독립이라는 이상을 좇았으며, 혁명주의자들은 국제적 결정이라는 현실을 좇았다.

---

25) Eric Hobsbawm, *Nations and Nationalism Since 1780* (Cambridge: Cambridge University Press, 1990), p. 75.

26) 이호재, 《이상과 현실》, p. 165.

그러나 이상과 현실 사이에 놓인 간극은 좁혀지지 않고 더욱 멀어만 갔다. 이상주의자들은 현실을 고려하지 않았고 현실주의자들은 이상이 갖는 대중적 힘을 무시하였다. 이 대결은 남한에서는 친일파의 소생과 반공주의의 확산을 초래하였고 북한에서는 민족주의자의 탈락을 산물로 남겼다. 조만식의 완고한 반대에 직면하여 소련군정은 그때까지 견지하여 오던 민족주의자와의 연립정책을 드디어 폐기하였다. 동유럽 여러 나라들에서의 소련의 민공연립정책이 진주 후 수년간 지속되었음을 고려할 때 한국에서 이것의 급속한 폐기는 말할 필요도 없이 탁치균열 때문이었다. 결국 탁치대쟁(託治大爭)은 민공연립과 공존정책에 따라 동구에서는 일정기간 지속될 수 있었던 이른바 초기 평정시기(平靜時期, *lucidum intervallum*)[27]의 완전한 종식을 가져왔던 것이다.

조만식은 사임하였고 감금되었을 뿐만 아니라 반동으로 규정되어 타도의 대상으로 바뀌었다. 슈티코프는 탁치균열시의 조만식과의 팽팽한 대결을 겪으면서 치스차코프에게 "어찌 조선에 조만식과 같은 사람이 한 사람뿐이겠습니까? 그들의 수는 수백 명이며 그들은 이번의 공격만으로 그치지 않을 것"이라면서 "조선의 동지들에게 계급투쟁의 본질에 관해서 많이 설명해 줄 필요가 있다"고 말하였다.[28] 이 언급에서는 민족주의에의 정책이 '연립'에서 '투쟁'으로 전환되었음을 읽을 수 있다. 중대한 전환이었던 것이다.

김일성은 2월 8일에 표면적으로는 온건하게 다음과 같이 공격하였다.

> 반동분자들은 모스크바 3상회의의 결정을 부분적으로 후견에 대한 요해를 옳지 못하게 해석하기를 시도하였다. 그들은 우리 인민을… (판독 불능)하게 하며 그(인민)의 통일을 파탄시키며 민주주의적 통일전선을 와해시킴으로써 조선에 진실한 민주주의적 질서를 창설함에 장

27) Andrew Gyorgy "Satellite Parties in Eastern Europe," in Sigmund Neumann (ed.), *Modern Political Parties : Approaches to Comparative Politics* (Chicago: The University of Chicago Press, 1956), p. 290.

28) 치스차코프, "제 25 군의 전투행로," 《朝鮮의 解放》, pp. 75~76.

애하려고 시도하고 있다.[29]

그러나 최용건은 비밀회의에서 '막부 3상회의가 있는 후로부터는 민주와 반민주가 판연히 분기된 것'이라고 직접적이고도 분명하게 규정하였다.[30] 최용건은 바로 문제의 핵심을 짚어 지적한 것이다. 탁치균열 초기인 1월 8일에 이미 북한의 민주청년동맹 지방열성자협의회는 결의문을 통해 "3상회의 결정에 반대하는 자를 반동분자로 규정한다"고 하였으며 민주주의조선임시정부에 반민주주의적 제정당 사회단체를 절대로 참가시키지 말 것을 주장하고 있었다.[31] 결정이 알려진 지 열흘 만의 '반동' 규정이었다.

한국내에서의 사태에 대한 평양의 인식은 모스크바에서도 크게 다르지 않았다. 스탈린은 한국에서의 탁치문제의 왜곡된 전개에 대해 직접 관심을 표명하였다. 1월 23일 스탈린은 주소 미대사 해리만(W. Averell Harriman)을 만나 남한에서의 미국관리들의 탁치반대에 대한 전문보고를 읽어주며 "한국에서 우리들은 좋지 못한 관계로 출발하였다"고 이의를 제기하였다.[32] 여기서 말하는 우리들이란 미국과 소련을 말한다. 해리만 자신의 회고록에 따르면 스탈린은 이때 "소련정부는 미국만큼 신탁통치를 필요로 하지는 않는다"며 "만약 두 나라가 신탁통치의 철회

---

29) 김일성, "목전정치정세와 북조선인민위원회의 조직문제에 관한 보고," 《김일성장군중요논문집》(평양: 북조선로동당출판사, 1948), p.14. 이 보고는 1946년 2월 8일의 보고였다. 그런데도 '북조선인민위원회'가 등장하고 있다. 북조선인민위원회는 47년 2월에 창설되므로 정식명칭은 이 시점에서는 '북조선임시인민위원회'가 맞았으나 북한의 내부문건들은 46년부터 북조선인민위원회로 쓰고 있었다. 물론 오늘날의 북한문건들은 전부 다시 '북조선림시인민위원회'로 고쳐놓았다. 이러한 현상은 조선인민군, 조선민주주의인민공화국의 경우도 마찬가지였다.

30) NA, RG 242, SA 2005 Item 6/2, 〈제 2 회 각도보안부장회의록〉.

31) 《4년간 중요일지》, p.20.

32) "The Ambassador to the Soviet Union (Harriman) to the Secretary of State" (Jan. 25, 1946), *FRUS 1946*, Vol. VIII, p.622.

가 바람직하다고 생각한다면 신탁통치는 철회될 수 있다"고까지 말한 것으로 되어 있다.[33] 스탈린은 신탁통치를 원하지 않았던 것이다. 즉, 미국의 제안으로 그들과의 합의를 깨지 않기 위해서 신탁통치를 받아들였던 것이며, 이것은 전시회담에서부터의 스탈린의 일관된 정책이었다.

스탈린과 슈티코프의 말을 합치면 우리는 왜 소련이 46년 초 이후 북한에서 급격한 체제이행과 구축으로 돌입하였는지를 이해하게 된다. 그것은 한국 탁치문제에 대한 미국 정책의 이율배반적 행태로 인한 높은 불신 때문이었다. 그렇지 않아도 분계선의 북부에 독자적인 체제의 수립을 추진하던 그들로서는 조만식과의 결별로 민족주의자와의 연립이 불가능해졌고, 게다가 자신들이 신탁통치를 제안해 놓고도 소련을 공격하도록 방임하고 지원하는 미국의 이율배반적인 행태,[34] 반탁운동을 반소반공운동으로 전환한 민족주의-우파세력들이 직접 북한체제를 타도하려 시도하자 독자정부 수립의 길을 더욱 분명히 했다. 이런 움직임을 주시하면서 "소련군정은 북한만의 정권조직의 수립을 최종적으로 결단하였던 것"이다.[35]

임시정부수립에 대한 모스크바 회담에서의 결정이 있자 마자 1월 2일 북한에 급진적 토지개혁을 위한 토지조사사업을 지령[36]한 소련군정은 북한리더십과 함께 1946년 2월 8일에 북조선임시인민위원회를 설립하였다. 임시인위를 설립하기 위해 2월 7일 정당, 사회단체의 간부, 인위장 등이 참석하는 예비회의를 열고는 임시인위의 결성방침을 결정하였다. 다음날에는 공식적인 본회의인 '북조선 민주주의 각 정당 사회단체 행

33) W. Averell Harriman, and Elie Abel, *Special Envoy to Churchill and Stalin, 1941~1946*(New York: Random House, 1975), pp. 532~533.

34) 서울로 보내는 한 전문에서 미국은 "모스크바에서 회담을 주도한 미국의 입장은 공개되어서는 안된다"고 훈령을 내리고 있었다. "The Charge in the Soviet Union(Kennan) to the Secretary of State"(Jan. 25, 1946), *FRUS 1946*, Vol. VIII, p. 617, 각주 28.

35) 와다 하루키, 〈소련의 대북한정책, 1945~1946〉, p. 300.

36) 〈북조선 주둔 소련군사령관의 명령서〉 제 2 호, 《조선공산당문건자료집》, p. 75.

정국 인민위원회 대표 확대협의회'가 개최되었다. '민주주의' 정당과 사회단체만의 확대협의회라는 점은 민족주의나 비공산계열의 신체제수립에서의 결정적인 배제를 의미했다. 김일성 역시 연설에서 '친일파와 반민주주의적 분자들을 숙청할 것'을 강조하였다.[37]

민주주의세력만의 참여는 정치사회 수준에서는 혁명을 위한 지형의 정리가 끝났음을 보여줄 뿐만 아니라 동시에 소련군과 북한공산주의자들의 문제의식의 중대한 전환을 반영한다. 마지막 순간까지 견지해왔던 민족주의자와의 포용-연합정책의 공식적인 폐기였던 것이다. 임시인위의 위원장에는 김일성이 선출되었다. 부위원장은 연안계열의 노투사 김두봉이었고, 최용건은 보안국장을 맡았다. 한달 전 모스크바 회의의 결정을 받아들이라고 설득할 때는 조만식에게 대통령을 제의하였음을 고려할 때 이것은 완전한 전환이었다. 와다 하루키는 이러한 조치가 소련군정의 의지가 처음부터 작용하고 있었던 것으로 분석한다. 최초에 건준을 수립할 때만 해도 주요 간부중에 공산주의자는 두 명밖에 없었다. 그러나 이 임시인위 간부 중에는 거꾸로 민족주의자가 두 명밖에 없었다.[38] 완전한 역전이었던 것이다.

2월 8일 임시인위의 설립과 동시에 전국적으로 내걸린 공식축하 표어를 보면 이 기구의 설립이 무엇을 의미하고, 이 기구가 무엇을 하려는 것인지를 잘 보여준다. 다음은 소련군정과 북한공산리더십이 내세운 공식축하 표어이다. 여기에서의 인용은 조선민주청년동맹과 여성동맹의 2월 9일자의 전단에 근거한 것이다.[39] 이 격문의 내용은 1946년 2월 8일이 북한 초기정치에서 지니는 의미를 가장 잘 보여주는 것들이 아닐 수 없다. 표어는 가장 먼저 "인민의 정권 북조선인민위원회 성립만세!"를 내세워 임시인위가 인민의 정권임을 분명히 했다. 또한 "북조선인민위

37) 김일성, "목전 조선정치형세와 북조선인민위원회의 조직문제에 관한 보고," 《김일성장군중요논문집》, p. 9.

38) 김용복, 〈해방직후 북한 인민위원회의 조직과 활동〉, p. 219.

39) 조선민주청년동맹 · 여성동맹, 〈북조선인민위원회 성립을 축하하는 표어〉(통일원 소장 미군탈취문서).

원회는 우리의 정부"라며 "다같이 사랑하자, 다같이 지지하자, 다같이 옹호하자"고 호소하였다. '정권'과 '정부'라는 표현을 쓰고 있음을 알 수 있다. 곧이어 표어는 "임시인위 위원장 김일성장군 만세!"와 "부위원장 김두봉선생 만세!"를 외치고 있었다.

또한 표어는 강령과 정책의 제1항에서 "먼저 북조선에 철저한 민주정치를 세움으로써 전국의 모범이 되자"고 강조한다. 이 구호에서는 확보된 지역에서 먼저 체제를 구축하자는 이른바 "확보된 지역의 사회주의구축"노선의 한국화, 즉 민주기지론의 발상과 맹아가 물씬 묻어나는 것을 볼 수 있다. 다음으로는 "북조선인민위원회의 성립은 전국의 통일적 임시정부의 수립을 촉성하는 것"이라고 주장, 모스크바 결정에 대한 대비임을 명백히 했다. 이어서 격문은 모스크바회의 결정의 옹호지지와 친일파 민족반역자의 철저한 숙청을 주장한 뒤 "토지문제의 해결은 목전 조선민주정치에서 그 위대한 가장 중심적 과업의 하나이다. 토지를 농민에게 주라"고 외쳤다. 토지문제를 가장 중심적 과업이라고 규정하는 데서 볼 수 있듯 정부로서 자임하는 임시인위가 수립 후 최초로 할 일이 무엇인지를 암시받을 수 있는 것이다. 표어는, '토지는 농민의 사활문제'라며 "외놈(왜놈—원문 그대로) 친일분자, 대지주의 토지를 농민에게 무상분배하자"고 주장하였다. 또한 표어는 "북조선의 굳건한 민족통일전선은 전국민족통일전선의 모범이 되며 그 기초가 된다"며 통일전선의 결성을 강조하였다. 물론 탁치대쟁 이후 통일전선은 좌파만의 통일전선이 되지 않을 수 없었다.

임시인위는 하나의 분명한 지배체제(*regime*)였다. 그것은 사실상의 분단정권이었던 것이다. 다만 헌법적 규정만이 없었을 뿐이었다. 김일성 자신은 이를 '중앙행정기관'으로 불렀다.[40] 하지는 맥아더를 경유하여 워싱턴에 보내는 보고에서 "조선공산당은 소련의 완벽한 통제하에 놓여 있다"면서 "북한에 인민정부(People's Government)가 수립되었다"는

---

40) 김일성, 〈목전 조선정치형세와 북조선인민위원회의 조직문제에 관한 보고〉, p. 8.

현지신문의 보도를 인용하였다.[41] 이 보고는 북조선임시인위에 대한 미군정의 인식을 잘 보여준다. 와다 하루키는 아예 "김일성을 중심으로 하는 북한정권이 탄생했다"고 결론짓고 있다.[42] 맞는 진술이다.

커밍스 역시 이 시점에 '북부단독정부'(*seperate northern administration*)가 수립되었다고 기술하고 있다.

> 탁치 위기 후 탈중앙화의 양상은 종결되었다. 2월 부터 북부단독정부의 맹아가 나타나기 시작했고 곧이어 근본적인 사회개혁들이 추진되었으며 북부의 군사기구들이 등장하였다. 탁치를 둘러싸고 민공연립 역시 깨졌고 이로 인해 온건민족주의자들은 점차 권력을 잃었다.

그러나 이 부분에 대한 커밍스의 해석은 우리 및 일반적 해석과는 다르다. 그는 남한이 먼저 단독정권을 수립했으며, 북한의 조치는 이에 대한 대응이라고 주장했다.

> 그러나 남한에서는 1945년의 마지막 3개월 동안 단독정권을 위한 초기적이고 선제적인 조치가 취해졌다. 북한이 남한을 따르기 시작한 것은 단지 남한의 정책의 결과에 뒤따른 것일 뿐이었다. 물론 우리는 북부단독정권(*seperate northern regime*)이 불가피했었는지 문제를 제기

---

41) "General of the Army Douglas MacArthur to the Secretary of the State," *FRUS 1946*, Vol. Ⅷ, p.633.

42) 와다 하루키, 〈소련의 대북한정책, 1945~1946〉, p.302. 소련의 자료를 광범하게 검토한 웨더스비(Katheryn Weathersby)는 46년 2월 소련점령당국이 서울에서 미소공위가 진행되는 동안 북한에 단독정부를 수립하기 시작했다고 하였다. Katheryn Weathersby, "Soviet Aims in Korea and the Origins of the Korean War, 1945~1950 : New Evidence from Russian Archives"(Working Paper, No.8, Cold War International History Project, Woodrow Wilson International Center, Nov. 1993), pp.17~18. 웨더스비는 모스크바의 중앙위원회 문서들에는 북한(단독정부 수립)을 위해 소련관리들이 마련한 헌법과 법률의 초안들이 많이 보관되어 있다고 주장하고 있다. 그러나 필자는 이 문건들이 임시정부의 수립에 대비하기 위한 것일 가능성도 높다고 생각한다.

할 수 있다. 그러나 사태연관은 부인할 수 없는 것이다. 남한이 먼저 (단독정부의) 길을 갔다.43)

그는 단독정부의 수립은 인정하지만 남한이 먼저 길을 갔다고 보고 있는 것이다.

소련군정의 사실상의 분단정권 수립은 세 가지로 해석가능한 조치였다. 첫 번째는 모스크바 3상회의에서의 결정으로 인한 조선민주주의임시정부수립에 대비하기 위한 것이었다. 즉, 이에 대비해 선제적으로 미리 정부조직을 갖추어 놓을 필요가 있었던 것이다. 두 번째는 탁치균열을 계기로 민족주의자와의 균열이 심화되자 확보된 지역에서의 사회주의 체제 구축 작업을 본격화한 것이었다. 지난 4개월간의 사태로 이제 거의 모든 것이 분명해졌던 것이다. 이 두 번째 요인이 가장 커다란 이유였다. 또 하나의 사태는 미국 군정의 움직임이었다. 주지하듯이 이 시기에 미국군정은 남조선 대한국민대표민주의원을 설치하여 독자적인 행정조직의 구축에 착수하였다. 이에 대응하는 측면도 있었던 것이다. 아마도 북한 내의 통일적인 행정을 담당할 기술적 필요성도 한 요인이었을 것이다.44) 김일성 자신도 행정적 중앙주권기관이 없으므로 말미암아 각 국과 지방인민위원회가 사업을 지도하기와 북조선 지방에서 경제 정치 및 문화적 생활을 지도하기가 대단히 곤란하다고 언급하고 있었다.45) 이러한 복합적 성격을 갖는 조직이었으나 가장 중요한 것은 역시 두 번째 측면이었다.

최초에 소련은 북한에 중앙정부를 수립하는 방향으로 움직이지는 않았다. 그러나 북한에서는 이미 9월 초에 중앙정부를 수립하는 문제가 토의되었다. 10월 중순에 그러한 노력이 다시 시도되었으나 조만식의

---

43) Bruce Cumings, *Origins*, Vol. I, p. 403.

44) 김용복, "해방직후 북한인민위원회의 조직과 활동," 《해방전후사의 인식》 5권, p. 218.

45) 김일성, "목전 조선정치형세와 북조선인민위원회의 조직문제에 관한 보고," p. 8.

반대로 역시 무산되었다.[46] 조만식의 반대가 있자 공산주의자들은 먼저 내부진영의 정비부터 시작, 조선공산당 북조선분국을 먼저 창설하였다. 11월에는 결국 북조선 행정 10국이 수립되었다. 1945년 11월에 행정 10국이 등장한 이후 취한 일련의 조치들은 사실상 중앙정부의 기능에 해당한다. 행정 10국은 명백히 국가기구의 외형을 갖추어 나갔다. 그리고는 탁치균열 후 한 달 만에 사실상의 정부가 수립된 것이었다.

임시인위 수립 직후인 해방 후 최초로 맞은 46년 3월 1일 북한 전역에서 반공시위와 테러가 번져 갔다. 이 사태들은 북한 내의 토착적인 반공요소에 의한 것이기도 하였고, 남한의 우파들이 파견한 반공요소에 의한 것이기도 하였다. 특히 평양의 3·1절 기념식에서의 반공조직의 폭탄투척은 북한의 좌파들에게는 다른 어떤 것보다도 큰 충격이었다. 김구와 신익희가 파견한 이들은 해방 직후 북한에서 월남하여 중국국부의 남의사를 본뜬 백의사(白衣社)를 결성한 뒤 요인살해 임무를 띠고 다시 북파된 것이었다.

북파 반공요원들은 소련군과 인위의 고위인사들이 참석한 기념시위 현장에서 김일성과 소련장교들을 노리고 연단을 향해 수류탄을 투척하려 하였으나 소련군 소위 노비첸코가 집어드는 바람에 수류탄은 그의 손 위에서 폭발하여 그의 팔이 날아갔다. 다른 사람들은 전원 무사하였다.[47] 이때 김일성을 구해준 대가로 노비첸코는 북한에서 '3월 1일의

---

46) *ISNK*, No. 1 (Dec. 1, 1945).

47) 치스차코프, "25군의 전투행로," p. 76 ; 레베데프, "수행해야 할 의무를 자각하며,"《조선의 해방》, pp. 130~131 ;《북한반공투쟁사》, pp. 167~173 ; 북한연구소 편,《북한민주통일운동사 ― 평안남도 편》(서울:북한연구소, 1990), pp. 286~294. 흥미롭게도 그동안 반공우익적 관점에서의 과장이나 조작이라고 비판받았던 많은 과거의 공식 자료나 회고들에서 밝혀진 사실들이 당시의 북한 내부문건이나 최근에 공개되는 소련의 자료들에 따르면 대부분이 사실로 확인되고 있다. 이것은 전형적인 부정의 부정을 통한 긍정이다. 즉, 북한은 남한우익의 반동성을 공격하기 위해서 이러한 반공적 행동을 기록하였을 것이고, 남북한의 우익들은 자신들의 반공활동을 강조하기 위해서, 그리고 북한에 얼마나 많은 반공투쟁이 있었는가를 증거하기 위해서 기록하였을 텐데 정반대의

영웅'으로 불렸고 49년에는 3급 국가훈장을 받았다.[48] 노비첸코는 이때의 공훈으로 오래 시간이 흐른 뒤인 1992년 4월 김일성의 80회 생일에 직접 초대되어 김일성과 함께 찍은 커다란 사진이 《로동신문》의 1면에 실리기도 하였다.[49] 이 밖에도 이들 북파 반공조직들은 최용건, 김책, 강량욱 등을 노려 살해를 기도하기도 하였다.

북한은 이에 "만고에 용서할 수 없는, 조선민족을 조선놈 자기들 손으로 살해하는 '팟쇼테로' 강도단의 철천의 죄악은 조선민족과 국가를 사랑하는 인민의 가슴 속에 영영히 씻을 수 없는 슬픔과 원한과 분노를 남기고 있다. 이 '팟쇼테로' 강도단은 어디서 왔으며 누구의 도당들이냐?"며 극도로 흥분하였고, 다음과 같이 격렬하게 비난하였다.

> 이 '팟쇼'무리들은 일찌기 해외에서 조선민중을 속이고 살해하고 국제 '팟쇼'의 종노릇을 하던 소위 '대한임시정부'(임정) ─ 조선민중이 승인한 일도 없고 관계도 없는 가칭 정부 ─ 주석 대통령 김구 이승만이가 특별 위임해서 보낸 살인방화강도단이다. 김구와 이승만의 '임정'일파는 조선에 와서 친일파의 집단인 한국민주당과 결합하야 '팟쇼'반동세력을 만들어 가지고 조선에 자라오르는 민주세력을 없애버리고 봉건적 팟쇼전제정치를 세울랴는 음모를 계획하였다. 팟쇼의 상투수단인 '테로'행동으로 조선민주운동의 근거지 북조선민주주도자인 공산당과 북조선인민위원회를 파괴시키려 하였다.[50]

이 비난은 모략이나 조작이 아니었다. 이 암살단은 2월 15일에 대한민국임시정부 내무부장(신익희) 명의로 발급한 〈승차편의공여에 관한 의뢰장〉,[51] 신임장을 가지고 북한에 잠입하였다. 신익희는 임정계가 조

목적을 가진 두 기록이 일치하고 있는 것이다.

48) 치스차코프, "25군의 전투행로," p. 76 ; 레베데프, "수행해야 할 의무를 자각하며," pp. 130~131.

49) 《로동신문》 1992년 4월 24일.

50) NA, RG 242, SA 2013 Item 5/225, 北朝鮮 '五·一' 紀念共同準備委員會, 《팟쇼·反民主分子의 正體》(1946), p. 24.

직한 반공지하단체인 대한민국임시정부 중앙정치공작대의 본부장이었다. 북한자료에 따르면 사건후 주모자인 김정의(金正義)와 최기성(崔基成)이 '북조선인민위원회 보안국'(원문 그대로—북조선임시인민위원회 보안국)에 체포되어 사건의 전모가 소련군정당국과 북한의 지도부에게 알려졌다. 이 사건은 남한의 자료들에 따르더라도 사실이었다. 북한 내의 토착반공주의자들 역시 비밀결사를 만들어 3·1절 기념식장을 폭파할 계획을 세웠으나 사전유출로 인해 실패하였다.[52]

임정과 김구가 직접 김일성을 비롯한 지도부를 노렸다는 점은 민족주의자와의 연립을 모색하던 소련군정과 북한리더십에게는 큰 충격이었다. 김구와 이승만은 탁치균열 직후부터 반공투쟁을 강화, 각종의 반공단체를 조직하고 지원하고 있었다. 조만식의 완강한 저항에 이은 민족주의자들의 김일성 암살시도로 민족주의와 공산주의는 넘을 수 없는 결별과 대립으로 들어섰다. 북한에서는 각 기관, 직장, 공장에 이들의 계속되는 테러에 대비하여 자위대를 조직하였다.[53] 식민시기 민족통일전선을 형성한 경험이 없었다고 하더라도 한국의 좌파와 우파의 생사투쟁적 대결은 너무 빨리 너무 격렬하게 왔던 것임에 분명하였다. 우파의 공격에 대응하여 소련군정과 북한리더십은 "테로강도단의 두목 김구 이승만을 타도하자"고 정면으로 공격하였다. 또한 소련의 《프라우다》에는 김성수, 장덕수, 이승만, 김구를 친일적이고 반동적이며 반민족적 반소적이라고 비난하는 기사가 실렸다.[54] 소련군정과 북한의 리더십은 이러한 사태전개가 무엇을 의미하는지 정확하게 알고 있었던 것이다.

해방 직후 김구가 귀국할 때 조선공산당은 그들의 기관지에 "김구선

---

51) 의뢰장은 NA, RG 242, SA 2013 Item 5/225, 《팟쇼·反民主分子의 正體》, p. 26에 공개되어 있다. 이들이 임정과 맺은 연계에 대해서는, 《북한민주통일운동사—평남편》, pp. 286~294를 참조. 여기에도 역시 이들이 지령문과 소개장을 휴대하였다고 기술하고 있다.

52) 도날드 비 셸리, *Beggar at the Banquet*, 송용필 역, 《거지들의 잔치》, pp. 35~37.

53) NA, RG 242, SA 2013 Item 5/225, 《팟쇼·反民主分子의 正體》, p. 26.

54) 《팟쇼·反民主分子의 正體》.

생일행 환국"이라는 정중한 귀국환영기사를 실은 바 있었다. 이 기사는 김구를 '민족혁명의 지사', '반제의 일생을 바친 고결한 지사'로 소개하며 '이들을 맞는 마음 든든하다'고 하였다.[55] 식민시기의 격렬했던 좌우투쟁을 접고 하나되어 신생의 조국건설에 나서자는 제안이었다. 조선인민공화국의 창설을 선언한 1945년 9월 6일의 중앙인민위원회에서 공산주의자들은 이승만을 인공의 주석에, 김구를 내무부장에 추대할 정도로 호의와 연대를 위한 악수의 손을 내밀었었다. 이승만은 중앙인민위원의 맨 앞에 놓일 정도였다.[56] 특정조직의 인물배치의 순서는 항상 가장 정확한 권력의 서열을 나타낸다.

해방 초기의 이러한 대우로부터 '반동테로강도단의 괴수'로의 급변은 인식과 상황의 변화의 정도를 정확하게 반영했다. 위의 문건은 "김구 이승만은 역사적으로나 현실적으로나 조선민족의 반역자이다. 그들은 조선봉건세력과 친일파의 결합체이며 외국팟쇼제국주의의 앞잡이다. 이승만과 김구 등 반동세력은 조선봉건세력과 외국팟쇼세력과 제국주의 잔재세력 친일파의 삼위일체다"라고 공격한 뒤 '이승만과 김구는 조선의 애국자가 아니라 이완용을 배운 조선의 매국노'[57]라고 최대의 증오를 나타내었다. '선생'에서 '매국노'로의 전이의 한가운데에 탁치균열에의 대응이 놓여 있었다.

문건은 또 한민당에 대해서도 격렬한 공격을 가하였다. 다음의 인용은 북한의 공산주의자들이 초기에 한민당을 비롯한 남한 우파보수세력에 대해 어떤 인식을 갖고 있었는지를 잘 보여주고 있다.

> 한국민주당은 조선친일파 지주 대자본가의 본영이며 일제시대 팟쇼통치를 유효하게 방조한 친일파들의 집결처(이다.) … 조선이 해방될 때 이런 민족반역자들은 서울에 모여들어 '한국민주당'에 집중되어 가지고 여전히 일제정책의 대리인 역할을 적극 연출하고 있다. '한국민주

55) 《해방일보》 1945년 11월 25일.

56) 《조선해방1년사》, p. 86 ; 송남헌, 《해방 3년사》 I, p. 51.

57) 《팟쇼·反民主分子의 正體》, p. 12. 17

당'은 친일파들이 지배권을 가지고 있다.

> 서울 시골서 순사 형사하던 자들과 참의원하던 일정시대의 친일파들은 다 한국민주당의 당원이다. 그들은 지금 다 구적을 회복해 가지고 여전히 조선인민을 압박하고 박해하며 테로운동을 합법적으로 옹호하는 것이다. 현재 한국민주당은 조선민족반역자의 소굴이다. 한국민주당은 자신들의 친일적 면목이 아직도 씻어지지 못한 것을 잘 알므로 '대한민국임시정부'를 유일의 의탁처로서 민중기만의 조흔 은닉처를 찾어내인 것이다. '임정'이 들어오기 전부터 환영준비와 지지운동이 있었다. 그들이 오자말자 그 민족반역적 성질 반인민 반민주 반공 반소의 통일성에서 그들은 곧 야합되었다.[58]

이어서 "'임정'과 한국민주당의 결합은 조선의 봉건잔재 세력과 팟쇼친일파의 종합체"라고 공격, 민족주의자와의 결별을 분명하게 드러냈다.

당시 소련군정과 북한공산리더십의 공식견해를 반영하는 신문이었던 조선공산당 북부조선분국의 기관지인 《正路》는 부록을 발행, 이승만 김구를 "36년이란 오랫동안 일제에게 가진 착취와 압박을 밧다가 이제 해방의 첫발을 내여드디게 되었는데 이때 일 개개인의 번영을 꿈꾸는 정권욕에서 음모와 테로로써 민족의 분열을 이르키는 팟쇼분자 유랑정치가"로 규정한 뒤 "그들은 귀국이래 좌우양익의 통합을 방해하여 민족의 분열을 촉진시켰고 비상국민회의와 민주의원을 만들어 남북의 불통일을 초래하였으니 민족의 증오의 적(的)이 아니면 안된다"고 주장하였다. 나아가 신문은 그들이 이것도 부족하여 북조선의 민주세력을 좌절시키고자 "파쇼적 음모와 흉계로써 그의 도당들을 북조선에 보내어 테로강도의 파쇼행위를 하게" 하였다고 비난하였다. 3·1절 사건 직후였다.

《정로》는 같은 면에서 또한 미국 로스앤젤레스에서 발행되는 교포신문 *Korean Independence*, 1946년 1월 23일자를 번역·게재하여 이승만

---

58) 《팟쇼·反民主分子의 正體》, pp. 18~19.

과 김구를 공격하였다. "이승만 김구의 이 매국적 행위를 보라! 경제적 이권을 저당, 9개 조약을 체결, 이것이 반역자들의 본색이다"라는 자극적인 제목을 단 신문은 이승만과 김구가 미국과 중국국부에게 비밀리에 광산채굴권을 비롯한 경제적 이권을 팔아넘겼다고 비난했다.[59]

북한의 공산주의자들은 탁치균열에서 나타난 이승만과 김구의 반공주의가 역사적 기원을 갖는 것이며, 김구·이승만과 한민당이 만날 수 있는 이념적 정치적 접점도 반공주의임을 공격하였다. 이 공격은 비난과 정치적 선전이 혼재된 공격이었지만 정확한 지적이었다.

> 김구 이승만 김성수가 외국에 조선을 팔아먹은 것과 팟쇼특무와 결탁한 점, 반공한 점은 꼭같은 것이다. 조선민족반역자들의 특징 가운데 역사적 특징은 '반공'이다. 해외에서 국내에서 공산주의자를 팟쇼적 수단과 팟쇼와 일제의 손을 빌어 희생시켜 버렸다. 그들의 적은 일제나 팟쇼가 아니었고 조선의 공산주의와 공산당과 진보적 인민이었다. 우방인 소련도 공산주의가 지배하는 국가라는 점에서 역시 대반대(大反對)하였던 것이다. 해외의 공산주의자들이 얼마나 김구 등의 손에 희생되었는가.[60]

김구와 이승만의 테러단 파견에 대해서는 그들을 '테로의 두목'이라고 격렬하게 공격하였다.

> 김구와 이승만은 짓금 선두에 서서 '테로'운동을 영도하고 있다. 그들의 '임정' 내무부는 북조선에 '테로'수송을 위하야 분망하고 있다. 패륜의 분자인 불량자패들을 모아서 금전으로 매수해 가지고 인민의 이익을 위해 싸우는 북조선인민위원회 책임자들과 북조선영도자들과 인민들을 암해하는 '테로'운동을 시작한 것이다. 조선의 민족반역자들은 자기민족을 총으로 암해하고 있다.

---

59) 《정로》 1946년 3월 22일.
60) 《팟쇼·反民主分子의 正體》, p. 19.

나아가 북한의 좌파들은 날카롭게도 이들의 행동이 미국과 연결되어 있음을 암시하였다. 이는 매우 빠른 인식이었으며 이것은 또한 미국의 이해할 수 없는 정책에 대한 소련의 암묵적이나 분명한 경고가 담긴 반발이었다.

> 우리는 김구와 이승만의 반동이 언제나 국제적 연결이 없지 않다는 것을 증명한다. 원래 조선봉건적 세력, 친일파, 민족반역자들의 특징은 일제, 파쇼, 제국주의의 지지성원 아래에서 자라났다. 그들의 배경은 제국주의와 파쇼로서 보장하고 있는 것이다. 그자들의 파쇼적 본질을 '테로'운동 우에 표현한 것은 인민의 피를 마시고 꺼꾸러지는 악독한 흡혈귀의 본색인 것이다.
>
> 이승만과 김구가 '테로'운동으로서 우리 북조선의 인민정치를 없애려는 음모계획의 원인은 즉 반동적인 반인민적 반민주적인 봉건파쇼전제정권을 수립하고 전제왕이 되려는 것이 궁극의 목적이다. 이것은 제국주의와 파쇼의 대업자이며 대리인이다.[61]

물론 북한은 아직 미국을 명백하게 미제라고 공격하지는 않았다. 그것은 이들 '반동'에게 공격을 집중하여 미국과의 직접 대결을 회피하려는 전술적 고려의 반영이었다. 그러나 그들은 이것이 점차 강화되는 세계적 수준의 반공흐름을 반영하고 있는 것임을 날카롭게 인식하고 있었다. 즉, "그자들은 세계민주주의의 증강을 두려워하며 반대하는 자들로서 파쇼의 '사회'(死灰)를 회복시키려는 것으로서 이 파쇼잔재의 국제부흥운동의 일부분일 것"이라며 "세계의 반동조류의 일환이며 처칠의 '영미군사동맹' 발언이 이들의 귀를 트이게 했을 것"이라는 점을 지적하는 것을 잊지 않았다.[62]

처칠(Winston Churchill)의 발언은 1946년 3월 5일 미주리주 풀턴에서 행한, 소련의 위협에 대처하기 위하여 '영어사용 국민들간의 형제애적

61) NA, RG 242, SA 2013 Item 5/225, 《팟쇼·反民主分子의 正體》, p. 21.
62) 《팟쇼·反民主分子의 正體》, p. 21.

단결'을 호소한 유명한 '철의 장막'(*iron curtain*) 연설을 지칭할 것이다. 처칠의 발언에 앞서 1946년 2월에 이미 케난은 소련과의 협력은 더 이상 유지될 수 없으며 미국은 소련과의 상호적대적이고 상호불신의 관계를 받아들일 준비를 해야 한다는 견해를 모스크바로부터 워싱턴으로 보내왔다. 이른바 유명한 '긴 전문'(*long telegram*)이었다.[63] 그의 생각에서 볼 때 소련은 더 이상 평화의 동반자가 아니었다. 세계적 수준의 미소냉전의 심화가 진행되고 있었던 것이다.

그러나 한국내의 좌우, 남북간의 국내냉전은 미소간의 국제냉전의 전개보다 훨씬 더 빠른 속도로 심화되어 갔다. 그들은 상대방을 의심하는 수준을 넘어 상호간에 이미 직접적인 테러를 교환할 만큼 악화되어 있었다. 직접 폭력을 행사하며 상대방을 격렬히 비난하고 있었던 것이다. 진행속도의 이 불일치는 모스크바와 워싱턴의 원거리 갈등보다 평양과 서울의 근거리 갈등이 훨씬 더 앞서 나갔음을 의미한다. 말을 바꾸면 냉전이 분단의 단초를 제공하였음에도 불구하고, (세계)냉전보다 (한국)분단이 먼저 고착된 것이었다.

코저(Lewis A. Coser)를 원용한다면 갈등은 가까운 관계에서 일어날 때 더 맹렬하고 더 과격하다. 그러한 관계에서는 단결과 적대의 공존이 갈등을 더욱 첨예하게 한다. 또 적의는 그것이 발생하는 집단들의 몰두

63) George Kennan, *Memoirs, 1925~1950*, chap. 11, "The Long Telegram" (Boston: An Atlantic Monthly Press Book, 1967), pp. 271~297; '긴 전문'의 전문은 다음 책을 보라. "Secret. Moscow Embassy Telegram #511: 'The Longtelegram'" (Feb. 22, 1946), in Thomas H. Etzold, and John Lewis Gaddis (eds.), *Containment: Documents on Ameri an Policy and Strategy, 1945~1950* (New York: Columbia University Press, 1978), pp. 50~63. 소련 역시 당시에 냉전에 대해 '긴 전문'과 유사한 인식을 갖고 있었음을 보여주는 문건으로는 이른바 '노비코프 전문'을 참조하라. "The Novikov Telegram" (Washington, Sep. 27, 1946), in Kenneth M. Jensen (ed.), *Origins of the Cold War: The Novikov, Kennan, and Roberts 'Long Telegram' of 1946*, Revised Edition (Washington: United States Institute of Peace Press, 1993), pp. 3~16.

가 크면 클수록 더욱 깊고 격렬한 반응을 불러일으킨다. 그리고 한 동일공동체내에서의 갈등에서는, 한쪽이 다른 한쪽을 그 공동체의 통일과 일체성에 대해 위협이라고 인식하면 할수록 서로간에 더욱 맹렬하게 증오한다.[64] 서울과 평양의 관계는 워싱턴과 모스크바의 관계보다 훨씬 가까웠다. 또 원래 하나의 집단이었기 때문에 갈등은 더 맹렬하고 더 과격하였다. 단결은 남한이나 우파, 북한이나 좌파와 같은 내부진영에서 발생하였고, 적의는 남과 북, 좌와 우, 민족주의자와 사회주의자 같은 다른 진영과의 사이에서 발생하였다. 단결이 강화될수록 적의가 커졌고, 반대로 적의가 격렬할수록 단결이 강화되었다. 상대방이 민족의 통일과 정체성을 파괴한다고 인식하면서 이들은 서로를 더욱 맹렬하게 증오하기 시작하였다. 얼굴을 마주보는 대면갈등은 멀리 떨어진 다른 어떤 갈등보다도 항상 더 격렬하게 마련이다.

문건의 끝에서 북한의 공산주의자들은 "인민의 역량의 성장으로 이승만 김구의 이러한 테로는 절대로 성공하지 못할 것"이라면서 "그자들의 이러한 봉건적 팟쇼적 민족반역의 죄악은 히틀러나 동조의 최후일밖에 남은 것이 없"을 것이라고 공격하였다. 이완용, 히틀러, 동조는 한국인들에게 모든 악의 결합이었다. "반동세력의 소멸을 위하야 '테로'자들과 용감하게 싸우자!"[65]는 호소가 문건의 최종 결론이었다. 초기에 반동은 친일파에게 한정된 것이었다. 그러나 탁치대쟁을 거치면서 반동은 민족주의자들에게까지 확대되었고 이제 좌파와 우파, 공산주의자와 민족주의자의 관계는 생사투쟁적인 관계로 변하였던 것이다.

1946년 3월 20일 미소공위 개막연설에서 슈티코프는 기조연설을 통해 "조선인민의 모든 국내생활을 점진적으로 민주화시키는 과정에는 심각한 어려움들이 가로놓여 있는데, 이는 반동적이고 반민주적인 집단들, 그리고 조선에서 민주적인 체제를 창조하여 확고히 수립하는 과업을 방해하는 데에 목적이 있는 일단의 분자들의 격렬한 저항에 의해서

64) Lewis A. Coser, *The Functions of Social Conflict*, p. 71.
65) NA, RG 242, SA 2013 Item 5/225, 《팟쇼·反民主分子의 正體》, p. 22.

야기되었다"[66]고 지적한 바 있다. 반탁운동과 우파의 좌파에 대한 공격을 지적한 것이었다.

결국 1945년 8월 미국의 분할결정과 소련의 수용이 잠정적인 영토적 분단이었다면 1946년 1월의 탁치대쟁으로 인한 분단은 정신적 이념적 분단이었다. 즉, 국제적 결정과 조건이 내화(*internalization*)하는 계기였던 것이다. 그러나 이 내화는 국제적 대립이 그대로 투과된 것은 아니었다. 그 내화는 변형전이(*metamorphosis*)라고 부를 수 있는 현상이었다. 즉, 본격적으로 하나의 행동과 역행동(*reverse action*)의 맞물린 상호교환과 반복이 일어나게 된 계기였다. 아이가 사회현상을 배울 때 사회는 아이에게 직선적으로 투입되지는 않는다. 변형되어 전이된다. 이때 사회는 세계였고 아이는 한국이었다. 냉전의 변형전이, 이것이 분단이었던 것이다. 이 이후로 사태는 마치 행동과 역행동, 반응과 역반응이 시간의 전개에 따른 파도치기처럼 들고나며 전개되었다. 미소공위 기간에 있었던 모스크바 3상회의의 참여대상에 대한 논쟁은 대표적이었다. 결정이 대응을 부르고, 대응에 따라 다시 결정의 변화가 모색되었다. 그런 점에서 이 내화는 변형전이였다. 동시에 이 내화는 해방초기 잠복했던 원래의 갈등요소들이 일시에 분출하는 미시발생적(*microgenetic*) 집중현상이었다.

탁치논쟁이 몰고오는 갑작스런 바람으로 좌와 우는 처음에는 일시적으로 움츠려 곱송그린 모습을 하였다. 그러나 잠시의 주저가 지난 후 몸을 추스르자 서로들 원래의 정신과 행태를 되찾아 투쟁에 나섰다. 즉, 탁치갈등 이후로 남북한의 국내정치는 찬성세력과 반대세력이 조직에는 조직으로, 기념행사에는 기념행사로, 선전에는 선전으로, 데모행진에는 데모행진으로 대응하는 서로 다른 두 사회가 형성되어 가고 있었다.[67] 조직과 단체의 병렬조직화와 대칭조직화가 두드러지게 나타났던 것이다. 해방 후 첫 번째 맞는 3·1절 기념행사도 서로 따로 치를

---

66) "Lieutenant General John R. Hodge to the Secretary of State"(Undated), *FRUS 1946*, Vol. Ⅷ, p. 653.

67) 최장집, 《한국현대정치의 구조와 변화》, p. 142.

정도가 되고 말았다.

커밍스가 말하듯이 이 대소동은 한국에서뿐만 아니라 세계적 차원의 미소갈등의 진전에서도 하나의 중대계기였다. 그것은 하나의 임브롤리오(*imbroglio*)였던 것이다.[68] 그럼에도 불구하고 비록 뒤틀리고 뒤엉킨 모습이었지만 탁치대쟁은 한국정치의 본래 모습을 가장 잘 보여준 사건이었다. 한국의 정치전통과 특성에서 나타나는 가장 중요한 현상의 하나는 정치갈등과 이슈의 중앙집중화 및 단순화였다. 어떤 지도자간의 대립도 항상 단순한 대립선을 형성한다. 이슈와 갈등의 계선도 항상 그러했다. 하나를 중심으로 뭉치고, 그 하나를 가운데 놓고 싸우는 것이다.

갈등의 혼돈기가 지나면 공산주의냐 아니냐, 김구냐 이승만이냐, 독재냐 민주냐, 박정희냐 반박정희냐, 김영삼이냐 김대중이냐의 대립이 중요하지 다른 작은 지도자나 이슈는 보이지 않게 된다. 이 현상은 항상 그러했다. 찬탁이냐 반탁이냐도 마찬가지였다. 45년 8월부터 12월까지 보였던 많은 지류들은 이를 계기로 원래의 특성으로 돌아가 이슈는 아주 단순해졌다. 찬성이냐 반대냐의 하나로 모아졌던 것이다. 이 소동에는 근대적 정치갈등의 핵심축인 이념이 들어가 있었고, 또 그것이 중심 갈등요인이었기 때문에 중앙집중성과 이슈단순화 현상은 더 뚜렷하게 나타났다. 탁치를 둘러싼 갈등은 단순한 갈등으로만 표현할 수는 없는 하나의 대쟁이었고, 다가올 사태의 비극적 전개를 알리는 징조였다.

---

68) Bruce Cumings, *Origins*, Vol. I, pp. 225~226.

제 II 부
북한혁명과 분단질서의 등장

냉전의 내화로 서로 다른 사회의 모습을 띠어 가자 한 번 가속도가 붙은 분단으로의 행진은 더욱 빨라졌다. 증오의 크기는 확대되었고 사회의 이질성도 그에 맞추어 커져갔다. 탁치대쟁(託治大爭)이 가져온 격랑 속에 소련군정과 북한공산리더십은 46년 들어서자마자 사회를 혁명적으로 변화시키기 시작하였다. 모스크바에서 합의한 임시정부 수립에 대비하기 위해서라도 주요 조치를 선취하겠다는 의도였다. 경제구조가 급진적으로 혁파되어 지난 수 세기 동안 조선경제의 근간이었던 소작제도는 갑자기 사라졌다. 농민들은 토지를 가질 수 있게 되었고 중요 산업은 국가소유로 변하였다. 인민들의 동원도 줄을 이었고, 토지를 개혁한 공산당은 움직일 수 없는 권력의 실체로 등장하였다. 한쪽에서는 공산당이 권력을 장악하고 다른 한쪽에서는 그에 대한 탄압이 본격화될 만큼 해방 1년이 채 되지도 않아서 남과 북의 움직임은 완전히 반대방향을 향해 있었다.

이 시점을 계기로 하여 남과 북을 합치려던 미소의 접촉도 중단되었다. 이른바 제1차 미소공동위원회의 결렬이었다. 이후로 남아 있는 선택 가능한 길은 각각 자기 체제를 공고히 하는 것이었고 미국과 소련의 점령군 및 남과 북의 헤게모니를 장악한 세력들은 이를 주저하지 않았다. 북한에서는 이후 반세기를 통치할 리더십과 정당의 모태가 등장했고 이들은 선거를 통해 자신들의 권력을 민중에게 뿌리박고자 노력하였다. 뒤이어 국민의 정신을 개조하려는 정신변혁을 추구하기도 하였다.

공식적인 분단질서는 48년 가을에 등장하지만 46년 1년 동안의 변화로 분단은 이미 돌이킬 수 없는 것이 되고 말았다. 이 1년 동안 북한에서 있었던 엄청난 변화는 다른 사회에서는 드물거나 아니면 시기가 꽤나 걸리는 변화였다. 북한에서는 어떤 변화가 있었고 이 변화는 어떤 의미를 지니는 것일까?

제 4 장

북한혁명 : 반정복과 반혁명

지침과 참여, 위로부터의 혁명과 아래로부터의 혁명의 결합

1946년 2월에 지배체제를 수립하자 소련군정과 북한리더십은 곧바로 사회의 혁명적 변혁에 착수하였다. 1945년에서 46년에 있었던 북부한국에서의 이 급격한 사회변화는 '북한혁명'(*North Korean Revolution*)이라고 불릴 수 있을 것이다. 1945년 8월에서 1946년 2월이 혁명의 제1단계였다면 1946년 3월부터 8월까지는 제 2 단계였다. 제 1 단계가 혁명적 리더십의 구축단계였다면 제 2 단계는 그 리더십 주도하의 사회변혁단계였다. 광의의 북한혁명은 1단계와 2단계를 모두 포함하고 협의의 그것은 후자만을 지칭한다. 북한혁명의 2단계에는 혁명적 변화를 제도화하고 공고화한 조치들, 이를테면 김일성의 최종적 집권과 조선로동당의 창당도 포함된다.

북한혁명은 북한사회의 계급구조를 근본적으로 변화시켰고 국가 및 사회체제의 거시-역사적 성격을 결정하였다. 즉 이 혁명은 북한의 국가건설에서 가장 중요한 사건으로 기록될 만한 변혁을 가져왔다. 여기서 말하는 혁명에 대한 정의는 탕초(Tang Tsou)를 따른다 : 혁명은 "인간삶의 거의 모든 영역에서 사회구조와 인간관계의 근본적 변화"로서 그것은 국민혁명(*national revolution*)이자 정치혁명(*political revolution*)일 뿐 아니라 사회혁명(*social revolution*)이다.[1] 필자가 보기에 하나의 격변적 사태가 혁명으로 불릴 수 있기 위해서는 최소한 세 가지의 요건이 충족되어야 한다. 첫째로 그것은 무엇보다도 사회의 근본적인 변화이어야 하고, 변화의 기간이 단기간이어야 하며, 세 번째로는 기존의 제도를 통하지 않는 변화여야 한다. 즉 하나의 사태가 혁명이기 위해서는 근본성, 단기성, 비제도성의 요건이 충족되어야 한다.

1. 토지 문제 : 갈등의 중심

10월 혁명의 성공 이후 새로이 등장한 소비에트 정권이 최초로 착수한 것은 토지개혁과 중요 산업의 국유화조치였다. 소련은 1945년 종전 후 진주한 동구 국가들에서도 유사한 정책을 폈다. 1940년대 중반 북한은 어떠했을까? 1946년 2월 북한에 전혀 새로운 지배체제가 구축된 뒤 최초로 착수한 조치도 토지개혁과 국유화조치였다. 그러나 이는 단순히 소련군의 점령에 의한 것만은 아니었다. 모스크바협정 및 남한과의 분단이라는 요인 또한 결정적이었다. 이 세 요소의 결합이 세계에서 가장 빠르고 비유혈적인 토지개혁을 이루어내게 된 근본요인이었다.

해방 직전(1943년) 북한의 토지상황은 총 농호 가운데 4%인 46,134호의 지주가 총 경지면적 1,982,431정보의 58.2%를 차지하고 있었으며 농가호수의 56.7%에 달하는 빈농들은 경지면적의 5.4%를 소유하고 있었다.[2] 극심한 토지소유의 불균형을 읽을 수 있다. 1945년 식민주의의 종식 당시 북한의 농민구성은 자작농 26%, 자소작농 31%, 소작농

---

1) Tang Tsou, "Reflections on the Formation and Foundations of the Communist Party-State," *The Cultural Revolution and Post-Mao Reforms — A Historical Perspective*(Chicago: University of Chicago Press, 1986), p. 267.

2) 《조선중앙년감》(1949), p. 71 ; 손전후, 《우리나라 토지개혁사》(평양: 과학백과사전출판사, 1983), p. 72 ; 《붉은 해발》, p. 110.

42%로서, 자소작을 제외하더라도 거의 절반에 가까운 농민들이 소작제도의 질곡에 놓여 있었다.[3] 그러나 인정식(印貞植)이 지적했듯 실제로는 자작농이라 할지라도 1930년대에 이미 50.2%가 1정보 미만이었으며, 자소작은 60.1%, 소작농은 67%가 1정보 미만으로서 거의 빈농에 가까운 형편이었다.[4]

농민의 궁핍화와 빈농화는 이후로 더 악화하면 하였지 나아지지 않았다. 이는 식민경제구조가 농민들에게 얼마나 가혹한 것이었는가를 보여준다. 농민의 정치행태는 일단 "농민들의 토지소유, 소작관계, 노동, 세금, 그리고 물가가 그들의 눈에 참을 수 없는 것일 때 그들은 혁명적으로 된다"고 할 수 있을 때 식민경제구조는 참을 수 없는 수준으로 보일 수 있는 것이었다.[5] 토지소유구조의 불평등은 참을 수 없는 모든 문제의 핵심이었다. 따라서 식민시기에 "농업문제의 타개를 위해서 이 시기에 궁극적으로 요청되는 문제는 토지분급(土地分給)의 정책이 아닐 수 없었다."[6] 남한은 물론 북한의 토지개혁의 거시역사적 배경은 한말 이래 혁파되지 않고 식민시기를 거치며 누적되어 온 토지소유의 모순구조로부터 주어진 것이었다.

그러나 "광범한 빈궁과 착취는 그들 자체로, 또는 그것들만으로는 혁명적 상황을 창출하기에 충분하지 않다."[7] 식민통치는 혁명적 저항을 촉진하기도 했지만 동시에 그것을 제약하는 결정적 요인이기도 하였다. 토지소유관계는 혁명의 촉진요소였지만 식민지배를 위한 국가기구는 혁명의 저지요소였다. 전자는 사회경제적 조건이었고 후자는 정치적 조건이었다. 따라서 결국 "농민의 물질적 고통들은 정치적 계기와 결합되었

3) Headquarters, United States Army Forces in Korea(Hq. USAFIK), 〈G-2 Weekly Summary〉, No. 27(Mar. 5, 1946).

4) 印貞植, 《朝鮮의 土地問題》(서울: 青樹社, 1946), p. 104.

5) Samuel P. Huntington, *Political Order, in Changing Societies*(New Haven: Yale Univ. Press, 1968), p. 374.

6) 김용섭, 《한국근현대농업사연구》, p. 440.

7) Barrington Moore, Jr., *Social Origins of Dictatorship and Democracy*(Boston: Beacon Press, 1966), p. 220.

을 때 농민의 폭발을 위한 불꽃과 설계도를 제공해 준다"[8] 고 할 수 있다. 혁명은 이 두 조건의 충족에 의해서만 가능하다. 식민시기 동안 토지문제의 해결을 위한 독립운동진영의 많은 방안들이 제시되었으나 실현되지 못한 가장 큰 이유는 식민통치의 지속 자체에 있었던 것이다. 중국을 비롯한 전통세계에서조차 근대세계의 충격이 상부구조를 침식했을 때에서야 비로소 진정한 혁명의 시도는 가능할 수 있었다.[9] 우리는 앞서 라쿠엘과 스카치폴을 인용하면서 국제적 조건의 격변과 혁명적 상황의 도래 사이의 상관관계를 언급한 적이 있었다. 따라서 상부구조의 침식과 붕괴의 도래가 있기 전에는 식민통치하에서 혁명의 성공은 가능하지 않았다. 결정적 요인이 된 것은 식민통치의 종식과 외세의 점령이었다. 여기서 말하는 외세는 미국과 소련을 모두 말한다. 즉 "역설적으로 2차 세계대전 이후의 대부분의 전반적인 토지개혁은 공산혁명이나 미국의 군사점령에 의해서 이루어지게 되었다."[10]

북한에서 토지개혁 요구는 해방과 함께 급격하게 제기되었다. 김일성의 표현을 따르면 "8·15의 해방이 오자 농민들에게 새로운 소식이 들려오게 된 것"[11] 이었다. 토지개혁 요구는 친일협력세력에 대한 숙청과 함께 가장 중요한 2대 사회적 의제였다. 말을 바꾸면 토지개혁문제는 해방 직후 북한 경제와 사회, 정치의 내부를 들여다볼 수 있는 소우주였던 것이다. 김일성은 농민들의 상황과 요구를, "수천 년 가까운 봉건착취에 고혈을 빨리고 일제의 통치의 2중의 착취압박에 시달린 조선농민은 농노에 가까운 비참한 생활을 하였고 빈궁과 기아의 위협 아래 구사일생의 생활을 하여 왔다. 농민들의 최대의 욕망과 기대는 자기의 토지에서 자기들을 위한 농경생활이 있기를 기원한 것"이며, "항상 바라는 바이되 감히 청하지는 못하는 식으로 맘 가운데서만 생각코 고민코

---

8) Samuel P. Huntington, *Political Order*, p. 374.

9) Barrington Moore, Jr., *Social Origins*, p. 218.

10) Samuel P. Huntington, *Political Order*, p. 386.

11) 김일성, "'토지개혁' 사업의 총결과 금후의 과업," 《김일성 장군 중요 논문집》 (평양: 북조선로동당출판사, 1948), p. 24.

있던 큰 문제가 이것"이라고, 간단하나 핵심을 짚어 정리하였다.[12] 때문에 식민주의의 종식 이후 토지개혁은 그 어떤 문제보다도 시급한 것이었다. 그러나 토지개혁에 대한 요구가 탈식민으로 갑자기 제기된 것은 결코 아니었다.

한국에서 토지개혁에 대한 요구의 역사는 실로 오랜 것이었다. 식민시기 동안 한국인들은 토지문제로 인해 강력하게 투쟁한 역사를 갖고 있다. 조선왕조 말기의 한국은 밑으로부터의 빈번한 저항과 개혁세력의 위로부터의 개혁시도에도 불구하고 이행에 실패, 어떠한 근대적 토지개혁도 이루어내지 못한 채 식민지로 전락하였다. 반대로 그러한 근대적 변혁을 이루어내지 못한 것이 식민지로 전락하게 된 근본적인 내적 이유였다. 따라서 한국인들의 반식민투쟁은 당연히 근대국가로의 이행을 위한 반봉건투쟁을 함축하고 있었다. 두 투쟁의 결합은 20세기 전반 다른 아시아 국가들의 반식민투쟁과 마찬가지로 사회주의자들에 의해서 주도되었다. 반식민 민족독립투쟁은 민족주의자들과 사회주의자들이 공동으로 투쟁하였으나 반봉건투쟁은 사회주의자들에 의해 더 강조되었고 주도되었던 것이 사실이다.

한국과 중국의 민족주의자들은 반식민투쟁에서는 사회주의자들과 차이를 갖지 않았으나 반봉건투쟁에서는 차이를 안고 있었다. 종전 이후의 중국의 사례가 보여주듯 사회주의자들은 민족주의자들을 반봉건투쟁의 대상으로 여기기도 하였고 민족주의자들 자신이 이러한 요소를 안고 있는 것도 사실이었다. 한국의 반식민세력이 분열하여 단일한 대안국가를 형성하지 못한 데는 세계에서 가장 높은 수준의 억압적 통치를 행사한 일제식민통치의 특수성에다가 내부의 이와 같은 균열 또한 큰 이유였다. 즉 이들은 계급적으로 이미 분화되어 있었고, 따라서 사회의 발전경로에 대한 전망이 상이하였다.

토지문제의 해결에서도 민족주의진영과 사회주의진영은 식민시기부

12) 김일성, "'토지개혁' 사업의 총결과 금후의 과업," 《김일성 장군 중요 논문집》, pp. 23~24.

터 크게 상이한 처방을 내리고 있었다. 이 차이는 이들로 하여금 어떠한 타협방안도 내어놓지 못하고 경쟁과 투쟁의 관계에 놓이게 하였다.[13] 민족-자본주의진영은 농업문제의 해결방안을 지주제의 개선과 소작입법, 자작농 창설과 농업협동조합운동에서 찾았으며, 혁명-사회주의진영에서는 조선농업문제의 발생이 전통적 지주-소작 모순관계가 일본제국주의의 한국지배와 결합되어 있다고 보면서 근본적인 토지혁명을 추구하였다. 이는 해방 후에도 연결되어 전자는 유상몰수 유상분배 방안으로, 후자는 무상몰수 무상분배 방안으로 나타났다.

사회주의진영의 경우, 김용섭이 지적하듯, 토지문제의 혁명적 해결을 민족해방의 최우선 과제로 설정하였고 이는 해방후에도 마찬가지였다.[14] 한국에서 사회주의적 토지개혁이 최초로 제기된 것은 1928년 코민테른의 12월테제였다. 12월테제는 1928년 현재 식민사회인 한국의 반식민투쟁의 문제를 토지문제로 압축한다. 그것은 "조선혁명은 토지혁명이어야 한다", "조선혁명은 민주적 부르주아혁명이다"라고 간명하게 짚어낸다. 나아가 테제는 "토지혁명의 전개 없이는 민족해방투쟁의 승리는 얻어지지 않는다", "민주적 부르주아혁명은 프롤레타리아의 헤게모니하에서 사회주의혁명으로 발달한다"고 주장한다.[15] 이 테제는 1928년 코민테른 6회 대회 이후 동대회에서 채택된 식민지테제에 의거하여 코민테른 집행위원회 정치서기국에서 동년 12월에 채택한 것이었다. 전형적인 2단계 혁명론이다.

코민테른의 토지혁명노선은 식민시기 동안 실현될 수 없었으나 12월

13) 식민시기 동안의 민족주의진영과 사회주의진영의 상이한 토지문제 해결방안에 대해서는 서중석, "일제시기·미군정기의 좌우대립과 토지문제,"《한국사연구》67호(1989) ; 김용섭, "일제강점기의 농업문제와 그 타개방안,"《한국근현대농업사연구》, pp. 373~459, 특히 pp. 428~453 참조. 이들은 식민시기의 토지문제 해결방안이 해방후에도 고스란히 연결되어 나타났음을 강조한다.

14) 김용섭, 《한국근현대농업사연구》, p. 453.

15) 〈조선농민 및 노동자의 임무에 관한 테제〉, in Dae-Sook Suh(ed.), *Documents of Korean Communism, 1918~1948* (Princeton: Princeton Univ. Press, 1970), pp. 243~256.

테제는 식민주의의 종식 이후 공산주의자들에 의해 변형된 내용으로 다시 등장하였다. 이른바 '8월테제'로 알려진 박헌영과 조선공산당의 〈현정세와 우리의 임무〉가 그것이었다. 오랜 제국주의의 질곡에서 막 벗어난 사회의 혁명가들은 어떠한 대응을 준비하였으며 어떠한 사회를 꿈꾸었을까? 8월테제는 한국 공산주의자들의 최초의 혁명구상과 노선을 담은 것이었다. 오랜 기간의 독립운동과 혁명에 대한 준비는 뛰어난 공산주의 독립운동가 박헌영으로 하여금 짧은 시간에 장문의 논리정연한 테제를 쓸 수 있도록 하였던 것이다. 이 고참 공산주의자에게 그것은 준비된 이론을 풀어내기만 하면 되는 작업에 불과하였다.

> 금일 조선은 부르조아민주주의혁명 계단을 걸어가고 있나니 민족적 완전독립과 토지문제의 혁명적 해결이 가장 중요하고 중심되는 과업으로 서 있다. 즉 다시 말하면 근로인민의 이익을 옹호하는 혁명적 민주주의정권을 내세우는 문제와 동시에 토지문제의 해결이다. 우리 조선사회제도로부터 전 자본주의적 봉건적 잔재를 깨끗이 씻어버리고 자유발전의 길을 열어주기 위하여 우리는 토지문제를 혁명적으로 해결하지 않으면 안 된다. 무엇보다도 먼저 일본제국주의자와 민족적 반역자와 대지주의 토지를 보상을 주지 않고 몰수하여 이것을 토지 없는 또는 적게 가진 농민에게 분배할 것이오 토지혁명의 진행과정에 있어서 조선인 중소지주의 토지에 대하여서는 자기 경작토지 이외의 것은 몰수하여 이것을 농작자의 노력과 가족의 인구수 비례에 의하여 분배할 것이오 조선의 전토지는 국유화한다는 것이오 국유화가 실현되기 전에는 농민위원회 인민위원회가 이것을(몰수한 토지 — 인용자) 관리한다.[16]

테제는 이어서 "조선혁명의 현단계는 부르조아민주주의혁명" 단계로서 "이 혁명에서 토지문제를 용감히 대담스럽게 혁명적으로 해결함으로써 광범한 농민계급을 자기의 동맹자로 전취(戰取)하는 계급만이 혁명

16) "현정세와 우리의 임무," 김남식 편, 《남로당연구자료집》 1권(서울: 고려대학교 아세아문제연구소, 1974), p. 10.

의 영도권을 잡을 수 있다. 그것은 곧 조선에 있어 가장 혁명적인 조선 푸로레타리아만이 이 혁명의 영도자가 되는 것이다"고 주장한다. 8월테제는 결국 대지주의 토지를 무상으로 몰수하여 분배하겠다는 급진적 방안이었다. 박헌영-조공의 노선 역시 12월테제와 마찬가지로 전형적인 볼셰비키 2단계 혁명노선이었다.

혁명의 노선과 단계인식에서는 초기의 김일성도 박헌영과 동일하였다. 그의 초기 혁명노선은 2단계 혁명론에 입각하여 부르주아민주주의 혁명을 추구하는 것이었다. 김일성의 40년대 중반 사회혁명노선은 박헌영의 것과는 다르다는 주장이 종종 제기되었다. 그러나 기록이 말하는 바를 따를 때 둘 사이에는 민족주의에 대한 인식이나 대면, 포용의 범위, 또는 통일전선의 형성 문제 등에서는 차이가 있었으나 사회혁명에 대한 기본인식은 차이가 없었다. 더욱 중요한 점은 소련이 점령한 상태에서 독자적인 사회혁명노선을 설정하고 추구한다는 것은 객관적으로 불가능하였다는 점이다. 만약 그랬다면 그것은 그들의 정치적 몰락으로 직결되었을 것이다. 모택동과는 달리 1940년대의 김일성은 그러한 역량을 갖고 있지 못했고, 또 당연히 시도하지 않았다. 더욱이 김일성은 소련이 대동한 지배동맹의 일인이었다.

때때로 김일성의 민족주의적 측면과 박헌영의 국제주의적 측면을 비교하는 것을 볼 수 있다. 전자는 민족주의적이었고 후자는 국제주의적이었다는 것이다. 이는 부분적으로 맞는 얘기이다. 그러나 1945~6년의 초기 결정국면에서는 이러한 주장은 맞지 않았다. 대표적인 실례로 탁치균열을 볼 때 이 국제 공식정책에 대해 처음에 의문을 제기하고 민중의 민족주의적 감정을 고려하여 받아들이지 않으려 고민한 것은, 김일성이 아니라 박헌영이었다. 김일성의 민족주의적 색조가 박헌영보다 강하였던 것은 사실이었으나 그것은 그가 소련으로부터 권력을 이양받아 점차 처음에는 한 발로, 그리고 나중에는 두 발로 설 수 있을 때 가서였다. 그의 독립성의 정도와 민족주의의 색채는 비례적으로 나타났다.

김일성은 45년 10월 13일의 〈서북5도 당책임자 및 열성자대회〉에서 "현단계에서는 자본민주주의정권을 세워야 한다"[17]고 주장했다. 45년

12월 17일의 조공 북조선분국 제3차 확대집행위원회에서는 "부르주아민주주의적 국가 창설", "부르주아민주주의정권의 수립"[18]을 주장했다. 스탈린의 1945년 9월 20일 지령과 동일한 내용임을 알 수 있다. 그는 또한 토지개혁 직후에 있는 보고에서 토지개혁과정에서의 좌경적 오류를 지적하면서는 "현재 조선혁명은 자산계급 민주주의혁명 계단"[19]이라고 규정했다. 이는 박헌영과 동일하게 레닌의 이론에 기반한 2단계 사회주의혁명노선이었다. 이러한 기본노선의 일치가 전제되지 않고 둘의 차이를 논의하는 것은 아마도 설명력이 떨어질 것이다.

종전 후의 한국의 혁명적 상황에서 어떠한 체제도 토지문제의 근본적 해결 없이 안정을 구가할 수는 없었다. 식민지배구조의 급진적 변혁을 추구하지 않은 미군도 이러한 점을 인식하여 토지문제 해결에 적극적이었다. 토지문제는 갈등의 중심에 놓여 있었던 것이다. 주지하는 바 일본에서의 미국의 농지개혁은 미국이 일본의 농촌을 공산화의 위협으로부터 지키기 위한 것이었다. 즉 혁명에 대한 예방조치이자 대체물이었던 것이다. 농지개혁은 재벌해체와 함께 미국이 일본에서 취한 2대 민주화정책이었다. 남한에서의 미국의 농지개혁 또한 밑으로부터의 요구를 수용한 위로부터의 예방조치적 개혁이었다.

미국 군정은, 일본 식민주의가 남겨놓은 가혹한 소작제로 인한 조선농민의 참혹상을 목도, 진주한 지 한 달도 못되어 10월 5일 군정법령 9호로 '비상사태'를 포고하고 소작료 3·1제를 시행하지 않을 수 없었다.[20] 이 비상사태 포고는 소작료를 총액의 1/3을 넘지 못하게 했으며

---

17) 《옳은 노선을 위하야》, p. 47.

18) "북부조선당 공작의 착오와 결점에 대하여," NA, RG 242, SA 2012 Item 8/88, 《黨의 政治路線 及 黨事業總結과 決定》, pp. 8~9.

19) 김일성, "'토지개혁' 사업의 총결과 금후의 과업," 《김일성 장군 중요 논문집》, p. 36.

20) 〈법령 제9호 最高小作料 決定件〉
제1조(국가비상사태 포고) 현행 계약에 의하여 소작인이 其 田地에 대하여 지불하는 가혹한 소작료 및 이율과 그 결과로서 소작인의 半奴隷化와 그 생활수준이 군정청이 목표로 하는 수준 이하에 있는 이유로 조선에 비상사태

1/3을 넘을 경우 소작계약 자체를 무효화시켰다. 이것은 남한의 좌파와 농민들의 3·7제 요구가 증가하고, 북한의 3·7제 실시가 남한으로 전해진 데 따른 대응이었다.[21] 분계선을 넘는 북풍(北風)은 이미 45년부터 불었음을 알 수 있다.

분계선 북부의 헤게모니를 장악한 소련군정과 공산주의자들은 미국 군정과는 비교할 수 없이 적극적이었다. 조선공산당 평남도당위원회는 1945년 9월 13일 대지주 토지의 몰수를 결정하였다.[22] 9월 14일에는 인민정부 수립 요강을 통하여 소련군 사령부는 노농정권의 수립과 무상몰수 무상분배에 의한 토지개혁을 천명했다. 무상몰수 무상분배는 볼셰비키혁명이후 소련에서 최초로 실시된 역사상 가장 급진적인 토지개혁방식이었다. 평남건준을 대체하여 등장한 평남인민정치위원회에서는 20개조의 〈시정대강초안〉을 작성하였는데 여기서 토지개혁에 대한 내용은 "일체의 소작주는 토지는 무상몰수하여 무상분배하되 그것이 실현될 때까지는 잠정적으로 3·7제의 소작제를 실시한다"[23]는 것이었다. 급진적인 시정대강초안은 인민정치위원회 내의 민족주의계열의 거센 반대를 불러일으켰다.[24] 무상몰수-무상분배를 핵심으로 하는 이들 주장은 사

를 포고한다.

제 2 조(최고소작료 결정) 田地에 대한 소작인과 지주 간의 현존한 계약, 협약 또는 약속은 아무리 성립, 증명이나 기록이 되었더라도 그 성질 여하를 불문하고 본령의 효력 발생에 따라 개정한다. 그리하여 소작료는 총액의 3분의 1을 초과치 못한다.

제 4 조(소작지 계약의 일방적 해제는 무효) 현존 소작권의 유효기간에는 지주가 該小作權을 해제하려고 取捨權이나 강제력을 합법적으로 행사치 못한다 [대한민국 내무부 치안국, 《미군정법령집》(서울: 내무부 치안국, 1956), pp. 10~12].

21) 《조선년감》(1947), p. 37.

22) 조선공산당 평안남도위원회, "조선공산당 평남도 제 1 차 대표대회 보고 연설," 《조선공산당 문건자료집》, p. 65.

23) 《소련군정의 시말》, p. 7.

24) 급진적인 내용에 반발하여 부위원장 오윤선이 사임하고 위원장 조만식도 사임을 표명한 것으로 알려졌다. 《소련군정의 시말》, p. 8.

실상 조공-박헌영의 8월테제와 차이가 없는 것이었다.

그러나 부르주아민주주의정권의 수립을 지시한 9월 20일의 스탈린의 지령 이후 좌경적인 급진방안들은 철회되었다. 먼저 조공 평남도당은 9월 25일 확대위원회를 열어 정치노선에 관한 강령을 채택하고 "조선의 혁명계단은 자본혁명계단"이라는 부르주아노선을 명확히 하였다. 회의에서는 토지문제에 대해 사유재산과 사유토지의 승인을 분명히 하고 비친일적 요소의 대동단결을 규정, 13일의 대지주토지의 몰수 주장을 좌경으로 규정하여 취소하는 결정을 채택하였다. 광범한 민족통일전선의 추진을 위해 토지몰수 대상을 친일 반동지주에만 국한시킨 것이었다.[25]

시정대강초안 역시 민족주의자의 저항을 우려한 소련군의 개입으로 좀더 온건한 내용으로 조정되어 10월 16일 평남인위의 〈시정대강〉으로 공표되었다.[26] 북한 민족주의세력의 핵심이었던 민주당의 경우, 오늘날 그들의 구체적인 토지정책을 찾을 수는 없지만, 당의 기본정책에서 토지문제와 관련하여 "소작제도의 개선, 자작농 창정(創定)의 강화, 농업기술의 향상"[27]을 들고 있는 것으로 보아 식민시기의 민족-자본주의진영의 노선을 이어받았음을 분명히 했다. 민주당의 〈강령〉과 〈정책〉, 〈선언〉 모두를 보아도 인민, 노동자, 농민, 몰수, 인민공화국 등의 용어는 하나도 없었다. 대신 국민, 민권, 민족, 문화, 대중, 인류, 근로대중, 민주주의공화국 등의 용어가 자주 등장하였다. 민주당의 강령의 1항과 2항은 "국민의 총의에 의하야 민주주의공화국의 수립을 기(其)함", "민권을 존중하며 민생을 확보하야 민족 전체의 복리증진을 도(圖)함"이었다.[28]

평남인위의 〈시정대강〉에서는 무상몰수 무상분배의 급진적 내용은

25) 조선산업노동조사연구소, 《옳은 노선을 위하야》, pp. 28~30.
26) 《해방후 4년간 일지》, pp. 11~12.
27) 조선민주당 초기 팜플렛. 통일원 소장 미군탈취문서(NA, RG 242).
28) 조선민주당 초기 팜플렛 〈綱領〉, 〈政策〉, 〈宣言〉. 통일원 소장 미군탈취문서(NA, RG 242).

철회되었다. 그러나 일본제국주의와 친일분자 소유의 토지 및 금융기관과 일체의 생산기관에 대한 몰수와 국유화 및 소작료 3·7제는 그대로 발표되었다. 이는 민족주의자에 대한 포용정책, 그리고 2단계 혁명노선에 따른 부르주아민주주의혁명 단계에 대한 인식 때문이었다. 김일성 역시 12월 17일의 조공 북조선분국 3차확집위에서 "현단계에 있어 '북조선공산당'의 전반 정치 및 실지(實地) 활동은 모든 민주주의 정당들과 정치적 단체들의 넓은 연합의 기초 우에 뿔조아-민주주의정권을 수립함에 방조(幇助)를 주어야 할 것", "반일 민주주의당과 단체들과의 통일전선을 만방으로 강화시켜야 될 것"이라고 강조하였다.[29] 여전히 부르주아민주주의혁명론에 따른 민족주의자와의 통일전선정책임을 알 수 있다.

10월의 서북 5도당 책임자 및 열성자대회에서 채택된 〈토지문제결정서〉 역시 비교적 덜 급진적인 내용을 담고 있었다. 〈결정서〉에 따르면 제1조에 "일본제국주의자의 토지 및 조선인 친일적 반동적 지주의 토지를 일체 몰수하여 이를 농민의 노력에 의하여 분여 경작케 한다"고 되어 있었다.[30] 여기서 반역지주에 대한 규정은 "한일합병 전 일본제국주의와 한일합병에 공헌한 매국노 및 그 후계자", "한일합병 후 일본제국주의의 강도적 시설(施設)에 악질적으로 협력한 자", "일본 침략주의 전쟁에 직접 간접으로 협력한 자"를 말하였다. 그러나 "공식적으로 관공리에 임명되었다 하더라도 인근 주민 및 소작인으로부터 그의 본의가 아니라는 증명이 될 때는 그 소유권을 인정한다"고 하여 악질적 지주의 범위를 제한하였다. 몰수된 토지의 분배는 원칙적으로 빈농에게 하되, 민족해방운동자와 그 유가족, 빨치산운동자와 그 유가족, 일본제국주의와의 전쟁에서 희생당한 자와 그 유가족, 해당 토지를 경작하고 있는 연고자에게 우선권이 있음을 규정하였다.

그러나 12월 말에 이르러 소련군정은 표면적인 온건노선과는 달리 내부적으로는 좀더 근본적인 사회경제적 개혁을 모색하게 된다. 지난 5개

29) "북부조선당 공작의 착오와 결점에 대하여," NA, RG 242, SA 2012 Item 8/88, 《黨의 政治路線 及 黨事業總結과 決定》, pp. 8~9.
30) 〈토지문제결정서〉, 《옳은 노선을 위하야》, pp. 32~34.

월 동안의 남북의 사태 전개가 영향을 끼쳤음이 분명했다. 12월 25일 소련군 정치사령국장 슈킨 대령은 모스크바의 외무성 부상 로조프스키에게 〈조회 — 북조선에서의 정치정세에 대한 보고서〉를 보낸다. 보고는 스탈린이 지시한 부르주아민주주의 개조작업이 극히 더디게 진행되고 있으며 때문에 조선에서 군대 철수 후에도 (소련의) 국가이익을 보장해줄 항구적인 경제적 정치적 지위가 형성되어 있지 않다고 지적한 뒤 경제복구와 간부양성을 위한 북한권력의 집중과, 부르주아민주주의 개조의 장애물인 농촌대지주의 제거를 제안하였다.[31] 지주가 사회변혁의 장애물임을 분명하게 언급하고 있는 것이다. 스탈린의 지령이 있었음에도 불구하고 이러한 급진 개혁정책이 모색되고 있었다는 점을 보면서 우리는 모스크바와 평양의 차이를 발견한다. 또한 모스크바와 평양, 워싱턴과 서울의 차이가 지니는 인식과 정책의 차이가 무엇을 의미하는지도 알게 된다. 탁치논쟁의 본격화 이전에 준비된 급진정책을 볼 때 정책은 갈등이 이루어지는 현장을 중심으로 선택된다는 점이다.

탁치논쟁이 본격화되기 이전에 내부적으로 급진이행을 준비하고 있던 소련군정의 이러한 방침은, 모스크바협정으로 인해 예견된 임시정부 수립 논의에 맞서 더욱 전격적으로 추진되었다. 의제를 선제하겠다는 강력한 의지였다. 게다가 탁치균열로 인한 민족주의자와의 화해할 수 없는 분열 역시 이를 촉진시켰다. 그리고 내용 역시 더 급진화되었다. 일찍이 무어는 "농민계급을 보기 전에 사회 전체를 보는 것이 필요하다"[32]고 말한 바 있는데 이 말은 어떤 나라보다도 북한의 토지개혁에 잘 들어맞는다. 농민문제만이었으면 북한의 토지개혁은 실제와는 결정적으로 달랐을 것이다. 북한의 토지개혁은 농민문제 자체보다는 사회 전체의 문제가 더 결정적이었다.

---

31) 〈조회 — 북조선에서의 정치정세에 대한 보고서〉(1945년 12월 25일), p. 7 ; 김성보, "북한의 토지개혁(1946년)과 농촌계층 구성 변화," 연세대학교 국학연구원, 《東方學志》 87집(1995년 3월), pp. 62~63.

32) Barrington Moore, Jr., *Social Origins*, p. 457.

2. 토지개혁과 북한혁명 : 사회변동의 동학

조선에 임시정부를 수립한다는 모스크바 합의가 있자 1946년 1월 2일 북한 주둔 25군사령관 치스차코프와 참모장 펜코프스키는 명령 제2호를 내려 46년 2월 15일 전에 토지조사사업을 완료하도록 인위의 농림국장과 각도 인위장에게 명령했다. 진주할 당시 내린 명령을 제외하면 진주 후 내린 최초의 명령이 이 토지조사사업 명령이었다. 이 명령이 발견되고서야 비로소 우리는 토지개혁이 어떻게 3월 5일부터 급작스레 시작되게 되었는지 그 이유의 하나를 알 수 있게 되었다.

조사대상은 전농호였으며 농민소유지뿐만 아니라 국유지와 일본인 소유지까지 세밀히 조사하여 등록하라고 명령했다. 각도의 군경무사령관에게는 이를 "기일 내에 완료할 수 있도록 협조할 것"을 명령했다.[33] 이 명령은 임박한 토지개혁을 상정한 토지조사사업 명령이었다. 명령권자가 치스차코프인 것은 아직 조선인 행정기구가 결성되지 않았기 때문이었다. 또한 행정 10국의 최고책임자가 조만식의 거부로 인하여 공석이었기 때문에 점령군 사령관이 직접 내린 것이었다. 그러나 임시 인위가 결성된 뒤에는 명령자는 임시 인위장 김일성으로 바뀌었다.

1946년 2월 8일 북조선 임시인민위원회 결성대회에서 김일성은 토지개혁의 임박한 실시를 분명하게 밝혔다. 김일성은 새로이 수립될 임시인민위원회의 과업 중 두 번째의 것[34]으로서 "일본제국주의와 민족반역자 및 조선대지주들의 수중에 있던 사용할 만한 토지와 삼림을 국유화하는 기초에서 토지개혁과 또는 소작제도를 없이하고 토지를 농민에게 무상분배할 것을 준비하여 실시할 것"을 제시한 뒤 이는 인민위원회의 중대 실천과업이며 "이의 개혁 없이는 농촌경제의 발전과 부흥은 물론

---

33) 〈북조선 주둔 소련군 사령관의 명령서〉 제2호, 《조선공산당 문건자료집》, p. 75.

34) 첫 번째 과업은 지방정권기관의 강화와 친일파와 반민주주의적 분자들의 숙청이다.

자유민주주의적 조선국가 건설도 불가능하다. 토지개혁문제의 해결은 결국 우리 국가의 대다수인 농민의 세기적 욕망과 기대를 실현할 가능을 주는 것"이라고 주장하였다.[35]

김일성의 연설은 김일성 개인의 연설이 아니라 소련군정과 북한리더십의 정책이었다. 물론 그것은 또한 농민의 희원(希願)이기도 하였다. 그는 인위의 위원장이었고 많은 사회주의국가의 원수들의 연설이 그렇듯이 그의 연설은 체제내의 합의된 공식정책이나 견해를 말한다. 더욱이 초기에 그의 연설은 많은 경우 소련 한인들이 작성해준 것이었다. 김일성의 연설에서 토지개혁 문제가 국가수립 문제와 직접적으로 관련하여 언급되고 있음은 주목할 필요가 있다. 그 이유는 모스크바 3상회의에서 조선민주주의임시정부의 수립이 결정된 데 따른 것이었다. 사전조사, 준비, 실시의 모든 단계에서 전광석화와 같은 속도전의 이유는 모스크바 3상회담에서의 조선민주주의임시정부의 수립 결정과 그에 대한 대비에서 찾아져야 한다. 김일성 역시 토지개혁의 역사적 의의 중 첫 번째 것으로서 "토지개혁은 모스크바 삼국외상회의가 결정한 조선민주주의 과업 실행의 초보적인 인민의 거동"[36]으로 들었다.

임시인위의 출범시의 〈긴급 당면과업에 대한 결정서〉는 일제 및 친일반동분자와 대지주 소유 토지의 국유화, 소작제도의 철폐, 무상분배라는 3대 원칙을 결정하였다.[37] 이 3대 원칙은 실제의 토지개혁시 거의 그대로 적용되었다. 2월 15일 열린 조공 북조선분국 제4차 확대집행위원회에서 채택된 결정서는 "농민대중의 의견을 절실히 수집하여 농민대중의 의견과 요구에 의하여 토지문제를 정리하도록 노력할 것"을 결정

---

35) "目前 朝鮮政治形勢와 北朝鮮臨時人民委員會의 組織問題에 關한 報告," 《김일성 장군 중요 논문집》, pp. 9~10; 《조국의 통일독립과 민주화를 위하여》 1, pp. 8~9.

36) 김일성, "'토지개혁' 사업의 총결과 금후의 과업," 《김일성 장군 중요 논문집》, p. 16.

37) 〈각 인민위원회 각 민주주의 정당 각 사회단체 대표들의 확대협의회에서 결정된 북조선임시인민위원회와 도 군 인민위원의 긴급 당면과업에 대한 결정서〉, 《조선중앙년감》(1950), pp. 37~38.

하였다.[38] 이후 토지개혁에 대한 준비는 매우 빠르게 진행되었다.

강조할 필요도 없이 북한에서의 토지개혁에 대한 준비는 소련 진주군이 없었다면 그렇게도 빠른 시간 내에 그렇게 완벽하게 되었을 리가 없었다. 토지개혁은 마치 속도전을 벌이듯 빠르게 추진되었다. 46년 3월 1일 김일성은 평안남도 3·1 운동 기념대회에서 "자기 동포가 자기 민족을 착취하는 소작료제도를 취소하고 농민에게 밭을 주는 (밭갈이하는 자에게 밭을 주는) 원칙하에서 토지문제를 해결하여야 되리라고 본다. 동포가 동포를 착취하는 현상을 없이할 것"이라고 역설하였다(괄호는 원문 그대로).[39] 3월 3일에는 전국농조 북조선연맹 대표자회의가 열려 토지개혁의 필요성과 그 기본원칙을 제안하였다.

그러나 마지막 순간까지도 소련군정과 공산주의자들의 토지정책은 내부적으로 심각하게 갈등하였다. 민족주의자와의 갈등을 넘자 갈등이 내부의 노선대립으로 전이하였던 것이다. 사태가 너무 빠르게 진행되는 데 따른 진통이었다. 북한의 토지개혁이 임박한 2월 말에서 3월 초 사이에 모스크바에서는 국방성과 외무성 간의 의견대립이 발생하여 소련공산당 중앙위원회에서 논쟁이 벌어졌다.[40] 메레츠코프와 슈티코프로 이어지는 군부의 토지개혁안은 무상몰수 무상분배, 5정보 이상 소유 지주의 토지 전부 몰수, 몰수토지의 국유화를 원칙으로 하고 있었다. 이에 대해 3월 1일 외무성 부상 V. M. 로조프스키가 급히 제동을 걸면서 자신의 안을 채택할 것을 건의하였다. 로조프스키의 안은 무상몰수 유상분배, 10정보 이상 소유 지주의 토지몰수, 몰수토지 소유권 농민에게

---

38) 〈'目前 黨內情勢와 當面課業'에 관한 결정서 — 조공북조선분국 중앙 제 4 차 확대집행위원회에서 결정〉, NA, RG 242, SA 2012 Item 8/88, 《黨의 政治路線 及 黨事業總結과 決定》, p. 24.

39) 김일성, "三·一 절을 맞이하며 조선인민에게 고함," 《조국의 통일독립과 민주화를 위하여》 1, p. 19.

40) 이하의 논의는 김성보, "북한의 토지개혁(1946)과 농촌계층 구성변화," 《동방학지》 87호(1995년 3월), pp. 72~83 ; 전현수, "해방직후 북한사 연구의 몇 가지 문제에 대하여 — 러시아 대외정책문서보관소 소장 북한관계자료의 검토," 《역사와 현실》 제 10 호(1993), pp. 301~303.

분배(사유화)를 원칙으로 하고 있었다. 두 안은 몰수의 범위와 분배방법에서 차이가 났던 것이다. 전자가 좀더 급진적이었고 후자가 좀더 온건한 방식이었다. 로조프스키는 자신의 초안이 폴란드와 루마니아에서의 토지개혁을 참고하였다고 언급하였는데 두 나라는 동구에서 비교적 온건한 방식으로 토지개혁을 실시한 나라들이었다.

그러나 2월 28일부터 시작된 북조선 2차 농민대회에서 농민들은 주요한 측면에서 로조프스키가 아니라 슈티코프-메레츠코프의 손을 들어주었다. 3월 2일 열린 농민대회의 토지문제에 관한 분과회의에서 북조선임시인위 농림부장 이순근(李舜根)의 보고와 토론이 있었다. 토론에는 9명이 참가하였다. 다음날 대회는 무상몰수 무상분배, 지주의 모든 소작지의 몰수, 사유화를 원칙으로 하는 요청조건을 담은 북조선농민연맹대회 결정서를 채택하였다.[41] 그러나 사유화의 경우도 분배토지의 임대차나 저당설정을 금지함으로써 국유화와 거의 같은 효과를 지니고 있었다. 3월 4일에는 조공 북조선분국 제5차 집행위원회에 토지개혁법령 초안이 보고되어 최종안이 만들어졌다. 이 안은 다음날 북조선임시인위의 논의에 부쳐졌다.

김일성이 토지개혁법령 초안을 낭독하자 11명이 토론에 나서 격렬한 논쟁을 전개하였다. 산업국장 이문환, 재정국 차장 이봉수, 평안남도인위 부위원장 홍기황 등은 반대발언을 하였다. 이문환은 "토지개혁법령의 채택은 우리가 사회주의의 길로 가고 있다는 점을 증명해주는 일이 될 것이다. 그렇게 되면 자본가들은 '보라, 벌써 공산주의 건설이 시작되었다'라고 말할 것이다"라며 국가의 유상매수를 제안하였다. 이봉수는 무상몰수와 유상매수를 절충할 것을 제안하였다. 한편 홍기황은 "머지않아 북한 공장기업소들이 국유화될 것이라는 이야기들이 벌써 나오고 있다. 이는 부자들로 하여금 남한으로 도망치게 하는 결과를 초래할 것"이라고 비판하였다.[42] 그러나 반대의견은 수용되지 않았고 법령의

41) 《옳다》 1946년 3월 10일, 김성보, "북한의 토지개혁," p. 76에서 인용.

42) 김성보, "북한의 토지개혁," pp. 78~79 ; 전현수, "해방직후 북한사 연구의 몇 가지 문제에 대하여," pp. 302~303.

초안은 만장일치로 통과되었다.

북한의 토지개혁 원칙과 방법은 3월 5일에 공포된 〈북조선토지개혁에 대한 법령〉과 7일의 〈토지개혁법령에 관한 세칙〉에 나타났다.[43] 토지개혁의 근본원칙은 무상몰수 무상분배와 경자유전(耕者有田)이었다. 무상몰수 무상분배는 러시아혁명에서 최초로 실시된 가장 급진적인 토지개혁방법이었다. 이것은 동구에서도 단지 알바니아와 유고슬라비아에서만 실시된 바 있는 정책이었다. 동구의 경우도 루마니아는 무상몰수 유상분배였고 기타 대부분의 국가들, 이를테면 폴란드, 동독, 체코슬로바키아, 헝가리 등은 유상-무상몰수에 유상분배였다. 불가리아는 아예 유상매수 유상분배였다.[44]

중국 및 소련의 경험과의 비교를 통한 북한의 토지개혁에 대한 한 방대한 종합적 연구에 따르면 북한의 토지개혁 모델은 1939~40년에 소련에서 개발된 것이었다.[45] 소련과 동구의 법령을 번역하여 적용하다 보니 일부 조항과 용어는 한국의 상황과는 거리가 있기도 하였다.[46] 그런데 부분적으로는 김일성그룹이 만주에서 항일투쟁을 할 때 시도하였던 개혁방법이 원용되기도 하였다. 이를테면 점수제에 따른 토지분여제가 그것인데 이 방식은 "유격근거지에서의 초기 토지혁명정책의 경험이 직접적으로 원용된 것"[47]이었다. 또한 자경(自耕)을 원하는 지주는 이주하여 경작토록 허용하는 방식도 독특한 것이었다. 분배는 "가족수와 그 가족내의 노동능력을 가진 자의 수"를 기준으로 실시하였다. 세대별 토

---

43) 북조선인민위원회 사법국 편, 《북조선법령집》(1947), pp. 59~63.

44) 동구의 토지개혁유형에 관해서는 농지개혁사 편찬위원회, 《농지개혁사》 상권(서울: 농림부 농지국, 1970), pp. 330~332를 참조하라.

45) Joseph Man-Kyung Ha, "Politics of Korean Peasantry : A Study of Land Reform and Collectivization with Reference to Sino-Soviet Experiences"(Ph. D., Dissertation Paper, Political Science, Columbia Univ., 1971), p. 162.

46) 박동삼, "북한의 토지개혁정책에 관한 연구"(국민대학교 대학원 정치외교학과 박사학위논문, 1992년 2월), pp. 68~69.

47) 이종석, "북한지도집단과 항일무장투쟁," 김남식 외, 《해방전후사의 인식》 5(서울: 한길사, 1989), p. 132.

지분배점수의 계산은 18~60세의 남자는 1점, 18~50세의 여자는 1점, 15~17세의 청년은 0.7점, 10~14세의 소년은 0.4점, 9세 이하의 아동은 0.1점, 61세 이상의 남자는 0.3점, 51세 이상의 여자는 0.3점을 기준으로 삼았다.[48] 또한 토지의 분배시에는 반드시 토지의 질을 참작하여야 했다.

북한에서는 메레츠코프-슈티코프 안대로 5정보 이상이 지주로 규정되어 몰수되었다. 토지개혁을 실시하면서 3월 7일 임시인위는 〈친일파, 민족반역자에 대한 규정〉[49]을 채택하였다. 이것은 말할 필요도 없이 5정보 이상의 지주 이외의 범주에 들어가는 구 식민체제의 지배요소들의 물적 기반을 박탈하겠다는 의도였다. 친일파에 대한 규정은 남한의 1948년 규정과 거의 차이가 없었다. 이 규정에서 특히 주목할 점은 해방후의 '반동적 요소'도 포함되어 있다는 점이었다. 북한은 공산주의 지도자에 대한 "암살 음모, 테로단 조직, 지도 및 배후조종자나 감행자, 반동단체 가담자"도 민족반역자로 규정하였는데 이는 해방후, 특히 탁치균열 이후의 우파의 파괴활동을 민족반역행위로 규정하여 이들의 물적 기반을 합법적으로 박탈하기 위한 조치였다.

3월 4일의 조공 북조선분국 5차 집행위원회에서는 토지개혁안이 해방 당시와 달리 급진화하게 된 이유를 소련의 역할에 따른 북한지역에서의 민주주의정책 실행조건의 형성과, 친일파 민족반역자 및 지주들의 반동적 파시스트적 행위의 노골화를 들었다. 동시에 토지개혁의 주된 목적이 민주주의를 반대하는 반공반소 분자들의 경제적 근거를 완전히 숙청하는 데 있음을 강조하였다.[50] 지난 몇 달 간의 계급투쟁을 반영하여 우파도 반동, 민족반역자로 규정하여 토지를 몰수하고 있음을 알 수 있다. 이는 토지개혁이 임시정부 수립에 대비하여 북한지역의 우파적, 민족주의적, 비사회주의적 요소를 청산하려는 계급투쟁, 사회(주의)혁

48) 〈토지개혁법령에 관한 세칙〉, 《북조선법령집》, p. 62.

49) 〈친일파, 민족반역자에 대한 규정〉, 《김일성저작집》 2권, pp. 113~114.

50) 〈조선공산당 북조선분국 제5차 집행위원회 결정서〉, 《조선공산당 문건자료집》, pp. 223~226.

명의 관점에서 추진되고 있음을 읽게 해주는 대목이다.

한편 일반농민들을 동원하고 조직화하는 작업도 광범하게 전개되었다. 이미 해방과 함께 농민들은 급격하게 동원되었다. 소련진주군과 한국인 공산지도자들은 45년 10월까지의 최초의 정비기간이 끝나자 농민들의 동원을 저지하지 않고 고무추동하였다. 1945년 가을 북한에서는 광범하게 소작료 3·7제 투쟁이 전개되었다. 이미 많은 농민들은 식민시기에 빈발한 소작쟁의와 혁명적 농민조합활동을 통하여 이 문제에 대한 의식과 투쟁경험을 갖고 있었다. 함경도지역의 경우 전국에서 1930년대 혁명적 농조운동이 가장 활발한 곳으로서 총 27개군 중 18개군(67%)에 혁명적 농조가 건설되어 활동할 정도였다.[51] 따라서 각 지방의 적지 않은 활동가들이 30년대의 투쟁의 지도자였으며 일반농민들도 투쟁을 위해 참여해본 역사적 경험을 갖고 있었다. 이 경험은 당연히 40년대의 농민투쟁의 자산이 되었다.

여기에 더하여 위로부터의 촉진제로서 소련군과 공산당의 선도가 있었다. 헌팅턴이 날카롭게 지적하였듯이 토지개혁은 통치엘리트나 농민대중 양쪽 모두의 이니셔티브로부터 시작될 수 있는 것이다.[52] 북한의 경우 이 지적은 아주 잘 들어맞는다. 친일세력과 지주들을 무력화하기 위해 공산 통치엘리트들은 농민들을 효율적으로 동원하였다. 3·7제 실시를 위해 공산당에서는 선전원들을 농촌에 파견하여 군중집회를 갖고 3·7제 투쟁의 본질과 정당성을 해설하였다. 김일성은 이 투쟁의 의미를 "공산당은 조선농민의 세기적 요구와 희망을 잘 이해하여 그들의 요구와 희망을 해결할 책임이 당에 부과된 조선의 역사적 임무라는 것을 잘 인식함으로써 토지문제에 대한 정확한 정책을 세웠던 것"이라고 강조하였다.

그에 따르면 "공산당은 3·7제 투쟁에 농민들로 하여금 적극 참가하도록 추진시키여 장차 올 토지개혁을 위한 사상상의 준비를 하였던 것

---

51) 지수걸, 《日帝下 農民組合運動 硏究》(서울: 역사비평사, 1993), p. 169.

52) Samuel P. Huntington, *Political Order*, p. 393.

이다. 3·7제를 위한 투쟁 가운데서 농민의 각오는 점점 높아갔다. 농민은 자기자신이 능히 자기들의 이익을 위하여 발언할 수 있는 권리를 얻은 것을 깨달았다. 농민들은 사상적으로 해방의식에 눈뜨게 되었다. 농민들의 토지에 대한 요구는 점점 커오기 시작하였다."[53] "소작료는 3·7제로!"라는 구호는 곧바로 "농민에게 땅을 달라", "토지를 농민에게 주라!"로 바뀌었다. 밑으로부터의 요구를 동원하는 청원운동(請願運動)의 시작이었다. 간단한 구호의 변화이지만 이는 큰 변화를 함축한다. 즉 소작료 변경에서 토지제도 자체의 혁파로 옮아간 것이었다.

곳곳에서는 농민대회를 열어 〈토지분여탄원서〉를 제출하거나 〈토지요구결의문〉을 채택하여 김일성에게 전달하기도 하였다. 토지를 농민에게 주라는 농민들의 서신은 토지개혁 전에 3만여 장에 달했고 이러한 요구의 서신은 북조선 임시인민위원회에 가마니 가득 쌓였다. 2월 말에는 북한의 농민대표 300여 명이 토지를 요구하는 농민의 희망을 결의하고 요구하였다. 3·1운동 기념시위에서는 전국적으로 3백만 명의 농민들이 낫과 호미를 들고 토지를 요구하였다.[54] 농민들은 점점 타오르고 있었던 것이다. 농민의 동원이 토지개혁의 출발에 필요한 것은 아니었지만, 그러나 토지개혁이 성공하기 위해서는 농민의 동원과 조직화를 반드시 북돋아야만 한다는 점[55]이 확인된 것이다.

농촌에서는 토지개혁을 신속하게, 저항없이 진행하기 위해서 이를 뒷받침할 물리력을 갖추어 갔다. 우리는 앞서 보안대가 창설되는 과정을 살펴보았다. 그러나 보안대가 아직 농촌의 마을단위까지 전부 장악할 수는 없었다. 곳곳에 광범한 침투망을 갖던 거대한 구 식민국가권력이 붕괴한 상태에서 농촌은 아직 권력의 완전한 대체가 이루어지지 않고 있었다. 즉 한국인 국가권력은 아직 농촌까지 완전하게 침투해 있지

---

53) 김일성, "'토지개혁' 사업의 총결과 금후의 과업,"《김일성 장군 중요 논문집》, p. 24.

54) 김일성, "'토지개혁' 사업의 총결과 금후의 과업,"《김일성 장군 중요 논문집》, pp. 24~25.

55) Samuel P. Huntington, *Political Order*, p. 394.

는 못하였다. 농촌에는 민간무장력으로서 농촌자위대가 조직되었다. 이것은 자치조직형태의 외곽국가조직으로 볼 수 있는 것이었다. 농촌자위대는 18~35세까지의 청년들로 조직된 민간의 반군사적인 조직으로서 농민연맹에 소속되어 활동하였다.

농촌자위대는 리에 분대, 면에 소대, 군에 대대, 도에 지대부의 방대한 수직적 조직체계를 갖추고 정기적인 훈련을 하였다. 국가의 수직적 침투체계가 갖추어진 것이었다. 새로운 국가권력에 의한 구 식민국가의 완전한 대체가 농촌수준에서도 완성된 것이었다. 농촌자위대의 분대성원은 8~10명이었고, 1개 리에는 3~5개 분대를, 면에는 3~4개의 소대를 두었다. 군에는 또 3~5개의 대대를 두었고 이들이 도의 지대부를 형성하였다.[56] 이렇게 하여 토지개혁시까지 전국적으로 6개 도에 6개 지대, 90개의 대대, 740개의 중대, 8,480개의 소대, 22,666개의 분대가 조직되었고 212,194명의 대원들이 망라되었다. 공식 국가기구의 몇 배에 달하는 212,194명의 엄청난 농촌민간치안조직을 갖추게 되었던 것이다.[57] 이들은 토지개혁시 계급투쟁에 있어 노동자-농민-국가의 전위조직 역할을 하였다. 즉 중앙집중된 권력(*concentrated power*)은 토지개혁법령을 규정할 수 있지만, 단지 확산된 권력(*expanded power*)만이 이 법령들을 실행할 수 있었다.[58] 자위대는 확산된 권력의 말단을 이루고 있었던 것이다. 여기에서 우리는 혁명과 동원화의 동시적 추진을 볼 수 있다.

1950년 여름 남한의 토지개혁에서도 거의 똑같게 반복되는 북한 토지개혁의 내부과정을 그들의 자료를 갖고 하나의 사례를 중심으로 추적하여 보자. 황해도 수안군의 경우로서 한 사회경제제도의 변혁이 얼마나 빠르게 진행되었는지를 알 수 있다. 〈표 4-1〉에서 볼 수 있듯 지방수준에서 토지개혁은 길어야 20일 만에 끝났다. 수안군의 경우 법령해설이

---

56) 손전후, 《우리나라 토지개혁사》, pp. 79~80.

57) 〈농민동맹 중앙위원회 회의록〉(1946), 손전후, 《우리나라의 토지개혁사》, p. 81에서 인용.

58) Samuel P. Huntington, *Political Order*, p. 395.

시작된 것은 3월 7~12일이었고 실행위원회가 처음 개최된 것이 13일이었다. "조그마한 반동도 없이" 21일에 조사가 끝나고 조사 후 4일 만에 분할계획이 확정되었다. 조사로부터 확정까지는 9일, 법령 공포로부터 확정까지는 20일이 걸린 것이다. 이는 전국적 수준에서도 동일하였다.

김일성에 따르면 토지개혁의 주체는 공산당과 농촌위원회의 두 가지였다.[59] 그는 "전당은 모든 힘을 여기에 집중하였다"고 하였는데 실제로 공산당은 당의 전간부들을 지방으로 파견하였다. 분국 중앙의 집행위원들은 각도에 파견되었으며 각도 위원들은 또 각군으로 파견되었다. 그리고 각군의 위원들은 각 면(面)과 리(里)에 파견되었다. 수직적 하향파견 방식이었다. 그에 따르면 "토지개혁의 선두에 선 것은 공산당"이었다. 한국전쟁시의 방법 역시 완전히 동일하여 이는 1950년 여름 남한에서도 재현되었다. 또한 그는 "당은 빈농과 고농으로서 농촌위원회를 조직하여 토지개혁의 핵심이 되고 선발대가 되게 하며 그 직접 집행자가 되게 하였다"고 주장, 농민으로 구성된 농촌위원회 역시 당의 주도로 결성된 것임을 밝히고 있다. 농촌위원회는 리·동 단위에서 실제로 토지개혁을 담당한 추진기관이었는데 여기에는 빈농과 고농, 토지없는 농민들이 다수를 차지하였다. 〈표 4-1〉에도 보면 농촌위원회가 주동이 되어 조사하는 것이 나온다. 6도의 농촌위원회 총수는 12,001개이며 참가농민의 총수는 90,697명이었다.[60]

북한은 '토지개혁지원대'를 각지의 농촌에 파견하고 각 정당 사회단체들도 여기에 적극적으로 참여하게 하였다. 전체적으로는 300여만 명의 군중이 동원되었다.[61] 〈표 4-1〉에서 한 가지 눈여겨볼 것은 토지개혁을 위해 100명의 노동자가 파견되었다는 점이다. 노동자들의 파견은 북한식의 초기 노-농 연대를 의미했다. 김일성 역시 이 점을 강조하였다.

---

59) 김일성, "'토지개혁' 사업의 총결과 금후의 과업,"《김일성 장군 중요 논문집》, pp. 19~20.

60) 김일성, "'토지개혁' 사업의 총결과 금후의 과업,"《김일성 장군 중요 논문집》, p. 20.

61)《붉은 해발》, p. 123.

〈표 4-1〉 북한의 토지개혁 일정 — 황해도 수안군 사례

3월 5일	토지개혁 법령 공포
3월 7일~12일	군농민위원회 확대위원회 개최, 토지개혁 법령해설 시작
3월 13일	군농민대회 개최. 그리고 각 단체 대표자들로서 각 단체 연합회를 개최. 결정서 성명서 선언문을 만장일치로 가결. 군실행위원을 선임. 이어 제1차 실행위원회 개최
3월 14일	각면 책임자, 농민위원회 책임자, 수안광산에서 동원된 노동자 100명, 소작인 빈농 고용농 100명 참가 수안군 노동자-농민 동맹자대회를 개최
3월 15일	각면에 배치된 실행위원들이 트럭에 분승, 〈적기가〉를 합창하며 각자 맡은 구역으로 진군
3월 16일~21일	군본부에서 파견된 책임자와 지도원을 선두로 농촌위원회가 주동이 되어 개인별 조사 — 21일까지 정확한 조사가 끝났다. 군본부에서는 직접 대회에 참가. 특히 공산당, 보안서, 군위원회, 민청 등이 적극 협력. 조그마한 반동도 없었음
3월 25일	몰수된 토지분할계획을 확정
3월 28일	각 면위원회에서 분할안을 승인. 사업 완수 경축대회
3월 30일까지	각 리 면 군 농민대회에서 생산돌격대를 조직하여 각자의 분할받은 토지에 최고생산량을 기약.

* 용어와 내용은 약간의 요약을 빼고는 원문 그대로.

자료: NA RG 242, SA 2005 Item 6/2, 〈정세보고〉.

전국적으로 35만의 노동자가 토지개혁을 지원하기 위하여 동원되었다. 김일성에 따르면 이밖에도 농민연맹 70만, 여성동맹 30만, 기타 예술연맹, 교육자동맹 등 총 300여만의 조직군중이 토지개혁사업을 위해 직접 참여하였다.62) 300만이라는 엄청난 군중을 동원하여 토지개혁을 전사회의 동원화와 직접적으로 연계시키고 있음을 알 수 있다. 농민의

62) 김일성, "'토지개혁' 사업의 총결과 금후의 과업," 《김일성 장군 중요 논문집》, p. 26.

참여는 법률의 통과에는 필요없을지 몰라도 법률을 실행하는 데는 필요했던 것이다.[63] 또한 토지개혁이라는 급진적 사회변혁 그 자체가 하나의 동원체제가 등장해 가고 있는 과정임을 목도할 수 있다. 토지개혁이라는 혁명적 조치에 사회의 모든 에네르기를 집중하고 있는 것이다. 토지개혁을 북한혁명이라고까지 부를 수 있는 근거는 여기에 있었다. 그것은 해방 1년도 안된 사회의 모든 것을 뿌리째 뒤흔들며 문자 그대로 '변혁시키고 있었던 것'이다.

중앙에서 마을단위까지 수직적 체계를 갖춘 민간조직인 자위대는 특히 농민을 동원체제로 효율적으로 묶는 역할을 하였다. 이것 역시 혁명적 동원체제의 전형적인 초기 원형이었다. 그것은 기본적으로 국가공식물리력의 침투와 그에 의한 동원의 어려움이라는 조건과, 인민들의 자생성을 높이기 위한 리더십의 선택, 두 가지 요소의 결합이었다. 그것이 순전히 위로부터의 주도에 의해서만 부과된 것이라면 인민들의 자발적 참여의 정도는 매우 낮았을 것이다. 그것은 또한 북한혁명의 성격을 아주 단순하게 만들었을 것이다. 그러나 위로부터의 부과와 밑으로부터의 참여의 결합이라는 데에 대중조직의 특성이 놓여 있었다.

해방 초기의 수많은 대중단체는 아직 국가와의 연계의 정도가 높지 못했고 수직적 수평적으로 느슨하였다. 따라서 밑으로부터의 자생성이 좀더 강조되는 편이었다. 그러나 토지개혁이라는 국가주도의 혁명을 수행하면서 국가와 대중조직들의 관계, 그리고 그것들의 연계에 의한 국가와 대중의 관계는 질적으로 상이해지기 시작하였다. 새로이 등장하는 국가권력은 혁명의 수행을 목적으로, 그리고 그 혁명의 수행과정에서 가장 낮은 공동체인 마을수준까지 동원조직을 갖추어 나갔다. 이렇듯 300만의 대중동원, 농촌위원회의 구성, 노농연대, 각급의 자위대 조직을 통한 수직적 침투, 공산당원들의 하향파견(下向派遣)과 침투라는 다양하고 교차적인 동원조직과 방식을 통해 국가의 침투능력과 동원능력은 결정적으로 높아지기 시작하였다.

---

63) Samuel P. Huntington, *Political Order*, p. 395.

대중조직은 국가와 대중을 엮는 전달기관 역할을 수행하였던 것이다. 지방수준에서 새로운 국가권력이 자신의 정당성을 독점적으로 침투시키고 새로운 목적, 즉 혁명을 위해 동원하기 시작하였으며 이에 성공하고 있었던 것이다. 그것은 마치 하나의 새 생명이 태내에서 탄생할 때 어느 시점부터인가 중추신경이 새 생명의 원활한 기능수행을 위해 비로소 신체의 모든 신경의 말단까지 체계적으로 통제하기 시작하는, 새로운 단계로의 비약같은 것이었다. 따라서 토지개혁은 단순히 사회경제적인 변혁만을 초래한 것이 아니라 체제와 대중의 관계 및 지방에서의 권력관계의 변화, 체제의 혁명적 동원체제로서의 이행까지 동시적으로 결과하였던 것이다.

토지개혁이 끝났을 때 전국적인 토지의 몰수내역을 보면, 총 1백만 325정보를 몰수했는데 이는 북한 총 경지면적의 거의 절반에 달하는 면적이었다(1,000,325정보/1,982,431정보).[64] 이 중 일본국가 및 일본인과 종교단체의 토지는 겨우 4%였다. 나머지 약 96%는 지주 및 민족반역자, 소작 주는 자의 토지였다.[65] 이들은 총 405,603가구에 달했다.[66] 실로 엄청나게 많은 수의 가구가 토지를 몰수당했음을 알 수 있다. 당시 북한의 총 농가호수는 1,121,295호였다.[67] 그렇다면 이 통계는 열 농가 중의 최소한 네 농가는 토지를 전부 또는 일부를 몰수당했음을 알 수 있다. 5정보 이상 소유한 지주들의 평균 몰수면적은 8정보(237,746정보/29,683호)였다. 5정보 이상의 지주가 아니면서 소작 주는 자들의 평균 몰수면적은 1.66정보였다(621,489정보/374,556호).[68] 시기의 급속성과 함께 일단 몰수 대상 가구수가 실로 엄청남을 알 수 있다.

---

64) 조선민주주의인민공화국 국가계획위원회 중앙통계국, 《1946~1960 조선민주주의인민공화국 인민경제발전 통계집》(평양: 국립출판사, 1961), p.59.

65) 《조선중앙년감》(1949), p.71.

66) 《1946~1960 조선민주주의인민공화국 인민경제발전 통계집》, p.59.

67) 북조선인민위원회 기획국 편찬, 《1946년도 북조선인민경제통계집》, 한림대학교 아시아문화연구소, 《1946·1947·1948년도 북한경제통계자료집》(춘천: 한림대학교 출판부, 1994), p.33.

68) 《인민경제발전통계집》, p.59.

토지의 분배는 토지 적은 농민이나 토지 없는 농민들에게 분배되었다. 총 분배토지는 981,390정보였는데 이는 724,522가구에게 분배되었다. 평균적으로 가구당 1.35정보씩 분배되었음을 알 수 있다. 토지개혁 직후인 1946년 3월 31일 조사에 따르면 955,731정보를 788,249가구에 분배하여 가구당 평균 1.21정보씩 분배받은 것으로 나타난다.[69] 분배 후 가구당 평균 토지면적은 1.63정보였다. 전혀 토지가 없는 44만여 가구가 토지를 무상으로 새로이 분배받았다. 이는 토지를 분배받은 전체의 61%에 달하는 숫자였다. 고통스러웠던 오랜 식민주의의 종식이 가져다준 혜택을 가장 많이 본 사람들은 의심의 여지 없이 이 농민들이었다. 가구당 4인 가족을 기준으로 하더라도 북한리더십은 300만 농민에게 토지를 제공하여 그들을 지지기반으로 삼았던 것이다. 때문에 이후로 이들은 김일성과 그의 체제를 지지하는 가장 튼튼한 지주의 하나가 되었다. 반면에 지주들의 토지는 평균 14.5정보에서 2.1정보로 축소되었다.[70] 대부분은 남으로 탈출하였지만 남은 지주의 사회경제적 계급 기반 역시 완전히 박탈되었던 것이다.

그런데 남한의 토지개혁 및 한국전쟁중의 북한의 토지개혁과 비교하여 미리 한 가지 지적하고 넘어가자면 방법의 차이를 제외하면 농민에게 돌아간 토지의 실제 양은 큰 차이가 없었다. 사회경제적 변혁이 결정적으로 중요하다면서 전쟁까지 시도하였음에도 불구하고 혁명적 방법을 택한 북한체제가 농민에게 준 시혜나 개혁적 방법을 택한 남한체제가 농민에게 준 시혜 사이에는 거의 차이가 없었던 것이다.

전쟁중의 〈공화국 남반부지역에서의 토지개혁 실시 정형에 관한 결정서〉에 따르면 농촌에서 실제로 토지개혁을 주도한 농촌위원회는 전체적으로 18,000개가 조직되어 약 140,000명의 농민에 이에 참여하였다고 주장되었다.[71] 이 숫자는 아마도 과장이 아닐 것이다. 토지개혁이 실

69) 《북한경제통계자료집》, p. 135.

70) 《조선중앙년감》(1949), pp. 71~72; 《인민경제발전통계집》, pp. 59~60.

71) 이하 통계는 조선민주주의인민공화국 내각결정 제 168 호 〈공화국 남반부지역에서의 토지개혁 실시 정형에 관한 결정서〉(1950년 9월 29일), 《내각공보》

시된 면은 전체 1,526개의 면 중 1,198개의 면에서 실시되었다고 주장되었다. 1개 면에 약 15개의 농촌위원회와 117명의 농촌위원이 있었음을 알 수 있다. 이것은 실제의 토지개혁을 추진하는 역할을 하였다.

북한이 전쟁중 남한에서 몰수한 토지의 총 면적은 596,202정보였다. 이것은 점령지역 총 경지면적의 43%에 달하는 것이었다. 각각 미제에 속했던 토지 975정보, 이승만 정부와 그 기관의 소유지 39,627정보, 회사 및 상사 소유지 14,993정보, 지주 및 소작 준 토지 524,431정보, 기타 16,116정보였다. 이 가운데 573,343정보가 농민에게 분배되었고, 나머지 22,859정보는 국유화되었다. 토지를 분여받은 농호수는 고용농민 81,579호, 토지 없는 농민 341,407호, 토지 적은 농민 844,892호로서 총 1,267,809호(원문 그대로)였다. 이는 점령지구 총 농가의 66%였다. 적어도 두 농가 중 한 농가는 토지를 분여받았다는 것이었다.

보은군의 통계를 보자. 북한이 조사한, 이승만 정부하에서 토지개혁을 의미하는 농민들이 매입한 토지의 통계에 따르면 총 3,697호가 토지를 매입하였는데, 즉 유상분배받았는데 이 중 2,224호는 토지대금을 전불(全拂)하였고 1,473호는 반불하였다. 약 60%가 완불하였음을 알 수 있다. 비록 유상분배였지만 북한의 통계에 따르더라도 전쟁 이전에 농민들이 상당한 수준으로 분배를 받았고 분배대금의 지불 역시 예상보다 훨씬 높은 것을 알 수 있다. 이 3,697호의 농가가 분배받은 총면적은 1,404정보이다.[72] 이는 한 가구당 평균 0.38정보씩 분배받았음을 의미한다. 북한의 분배는 이 지역에서 평균 0.36정보(2,567정보/7,117호)이다. 그렇다면 거의 비슷한 수준임을 알 수 있다. 오히려 남한정부의 분배보다도 더 적은 것이다. 북한이 분배한 토지의 남한 전국의 가구당 평균면적은 0.45정보(524,343정보/1,267,809호)이다. 아주 중요한 통계이다.

결국 남한과 북한의 방식 어느 것을 택했더라도 농민들에게 돌아간

(1950), pp.585~586.

72) SA 2010, Item 4/87. 보은군 토지개혁실행위원회 위원장 리선우 〈통계보고에 대하여 — 보은군 토지개혁에 관한 통계〉.

농지의 양의 차이는 크지 않았던 것으로 나타난다. 어떤 연구들은 토지개혁 후 남한과 북한의 가구당 평균토지면적[남한—0.837정보(1949년 현재 2,070,577정보/2,473,833호), 북한—1.63정보(1946년 현재 1,824,605정보/1,121,295호)]을 갖고 두 한국의 토지개혁의 시혜와 성격을 비교하려 한다. 그러나 이는 터무니없는 방법이다. 이는 인구수과 토지면적에 따른 절대량의 비교이지 그것이 토지분배로 인한 시혜의 양과 성격을 나타내는 것은 결코 아니다. 땅이 넓고 가구수가 적으면 평균적인 절대토지소유면적은 늘어날 수밖에 없는 것이다. 시베리아에서 토지를 분배한다면 아마도 세계에서 가장 많은 양을 농민에게 줄 수 있을 것이다. 우리가 논의하고 있는 문제는 토지개혁이라는 근본적 변혁 자체가 제공하는 시혜의 양과 성격이지 결코 절대량이 아닌 것이다. 보은의 경우는 같은 토지면적과 가구를 놓고 분배하였을 때의 양을 한눈에 비교하여 주지 않는가?

무어는 위로부터의 개혁과 자유주의적 개혁 사이를 비교하여 말하기를 "근대화과정에서의 노동억압적 농업체제의 확립이 반드시 다른 형태보다 농민들에게 더 큰 고통을 창출하지는 않는다. 일본의 농민들은 영국의 농민들보다 더 태평한 시기를 향유하였다"고 진술한다. 그는 계속하여 "폭력적 민중혁명이 … '봉건적' 장애를 제거하기 위해 반드시 필요하다고 하는 생각은 독일과 일본의 역사가 반증하고 있듯이 전혀 터무니없는 것"[73]이라며 위로부터의 방법이 급진적 방법보다 반드시 더 농민의 고통을 강요하는 것은 아니라는 점을 지적한 바 있다(강조는 무어). 그렇다면 점진적 자유주의적 방식과 폭력적 민중혁명적 방식 사이의 차이도 같은 비교적 어법으로 진술 가능하다. 후자의 이행방식이 반드시 필요했다거나, 전자보다 더 나았다고 말할 수는 없다. 또 전자의 농민이 후자보다 더 고통스러웠다고 말할 수도 없다.

국가의 무상몰수와 국가에 의한 무상분배는 전형적인 볼셰비키 방식이었다. 무상몰수 무상분배라는 점 외에 북한의 토지개혁에서 특징적인

73) Barrington Moore, Jr., *Social Origins*, pp. 435, 438.

두 가지 점은 강조되어야 한다. 하나는 해방후의 '우파-반동들'도 민족 반역자로 규정되어 토지를 몰수당하였다는 점이고 다른 하나는 지주와 민족반역자의 것은 토지 이외에 모든 것을 박탈했다는 점이었다. 특히 후자는 북한의 토지개혁을 특징지은 중요한 요소였다. 지주는 "축력(畜力), 농업기구, 주택의 일체의 건물 및 대지"까지 완전하게 몰수당하였다.[74] 살림집의 경우 대지까지 철저하게 박탈하였다. 지주는 기존의 거주지에서 더 이상 생활할 수 없게 하였던 것이다. 타군(他郡)으로 이주하여 자경(自耕)을 하겠다고 한 지주—지주는 자경하려고 해도 현 거주지는 물론 현 거주군 내에서는 불가능했고, 타군으로 이주해야 자경이 허락되었다—들에게 분배한 면적은 전부 9,622정보였는데 이는 전체 지주에게서 박탈한 토지의 0.4%였다.

그런데, 토지는 물론 집과 농기구, 가축까지 몰수당했음에도 이주 지주는 총 3,911가구에 불과했다.[75] 이는 몰수당한 지주 약 3만 가구(29,683가구)의 13%에 불과하다. 거의 전원이 이주를 포기하였던 것이다. 그렇다면 나머지 87%의 지주들은 어디로 갔는가? 이들 약 2만 6천 가구는 이주자경(移住自耕)을 선택한 것이 아니라 이를 포기하고 아예 분계선을 넘어 월남했던 것이다. 이것은 38선을 의식한 의도적인 반동 남하정책, 다른 말로 하여 반혁명의 수출정책이었다. 따라서 북한으로부터의 북풍은 단순히 혁명의 남하만이 아니었던 것이다. 소련군을 비롯한 북한의 지배집단이 이를 몰랐다는 것은 말이 안 된다. 소련군은 북한으로부터 계속되는 탈출과 남하를 의식적으로 저지하지 않았다. 그들은 알면서도 거주가 불가능하게끔 지주의 재산을 가옥까지 몰수하고는 남하를 유도하였던 것이다.

남하의 방임과 유도는 혁명을 용이하게 하기 위한 저항계급의 축출정책이었다. 이들이 계속하여 북한에 남아 있다는 것은 저항계급의 잔존을 의미했고 그것은 북한체제에 대한 계속적인 도전요소로 기능할 것이 분

74) 〈북조선 토지개혁에 관한 법령〉 제 11 조, 《북조선법령집》, p. 59.
75) 《인민경제발전통계집》, p. 59.

명했다. 그래서 반혁명요소의 수출정책을 폈던 것이다. 따라서 38선의 존재는 북한혁명을 '무혈의 초단기혁명'으로 만든 결정적인 요인이었다. 토지개혁을 포함한 북한혁명이 세계에서 유례없는 단기간에 비유혈적으로 성공할 수 있었던 것은 바로 계급투쟁 분할선으로서의 38선의 존재 때문에 가능하였던 것이고 그것이야말로 20세기 사회혁명들 중 북한혁명만이 지닌 단연 독특한 특징이었다. 구체제의 3대 저항계급이라 할 수 있는 요소 중 일본식민국가는 이미 붕괴하였으며 구체제의 지배동맹계급인 친일세력들은 전부 월남을 하였다. 그렇다면 남은 것은 지주뿐이었는데 이들마저 계급투쟁계선을 넘어 남하함으로써 이후 북한은 혁명에 성공한 다른 어떤 사회보다도 균질한 사회가 되었다. 북한혁명은 내부로부터의 계급적 저항이 세계혁명 역사상 가장 작고 빠르게 종식된 사례로 기록될 수 있을 것이다. 거시적으로 말하여 반세기 동안 지속된 북한사회의 무이질성은 바로 그것이 구축될 때 수행된 혁명의 방식과 직결되어 있는 것이다.

토지개혁에 대한 저항이 전혀 없었던 것은 아니었다. 자성군 같은 경우 지주가 군농맹위원장으로 있으면서 토지개혁을 방해하였고, 함흥에서는 전문학교와 중학생들의 토지개혁 반대시위가 있었다.[76] 그러나 이러한 저항은 한 사회의 거대한 변혁에 대한 저항치고는 없는 것이나 다름없었다. 일회적 삽화였던 것이다. 때문에 우리는 북한혁명을 '계급투쟁 없는 계급혁명'이라고 부를 수 있을 것이다. 북한혁명을 계급투쟁 없는 계급혁명으로 만든 결정적인 두 요인은, 하나는 소련군의 점령이었고 다른 하나는 분계선의 존재였다. 이 두 가지의 비중은 우열을 가리기 어려울 것이지만, 힘이 작용한 순서로는 소련군의 점령이 먼저였다. 압도적 힘을 가진 소련군의 점령이라는 조건 위에 진행되는 토지혁명에 저항할 수 있는 반혁명세력은 존재할 수 없었다. 전술한 대로 38선의 역할 역시 매우 컸다. 38선의 존재로 내부의 적은 용이하게 소멸하였고 이들은 38선의 남부에 결집하였다. 38선은 계급의 분할선 역할을 하고 있었던 것이다.

---

76) 《붉은 해발》, pp. 129~130.

3. 사회변혁과 정치변동 : 북한혁명의 성격

지주소작제도의 폐지를 핵심으로 하는 토지개혁은, 구사회와의 단절을 가장 분명하게 보여주었을 뿐만 아니라, 혁명을 이제는 돌이킬 수 없는 사태로 만들었다는 점에서 이른바 혁명의 '결정적 단계'였다.[77] 지주소작제도의 의미는 단순히 경제적 생산의 방식을 조직화하는 데서 그치는 것이 아니었다. 전통 한국사회에서 지주-소작관계는 인간관계와 정치권력, 사회구조의 거의 모든 것을 담고 있는 고리였다. 식민시기 동안 이 고리는 더욱 강화되었다. 그러한 고리의 철폐는 사회의 모든 것을 부수어서 새로운 단계로 나아가게 만들기에 충분하였다.

토지개혁이 끝나자 김일성은 그 역사적 의의를 다음과 같이 세 가지로 요약하였다. 이것은 실제의 토지개혁의 핵심 의의이기도 하면서 소련군정과 북한공산리더십이 토지개혁을 급속하게 추진한 이유이기도 하였다.

> 첫째, 토지개혁은 모스크바 삼국외상회의가 결정한 조선민주주의 과업 실행의 초보적인 인민의 거동이다. 조선의 역사적 발전을 장기 방애(妨碍)한 것은 봉건제도와 그 잔재이다 … 봉건적 아세아생산양식의 정체성과 모순은 조선인민에게 시대적 낙후성과 인민을 빈궁과 착취, 압박의 질곡에 빠지게 하였다. 당은 민주주의 조선 건설의 역사적 임무를 완수키 위하여 역사적 창거인 공전미유의 봉건전복의 토지개혁사업을 인민 앞에 제시하였고 또 선두에서 견결한 집행자가 되었다. 봉건 잔재의 사회경제적 근거인 봉건제도는 농촌에서 영구히 그 그림자까지를 근절하였다. 봉건착취인 소작제는 다시 조선역사 가운데 그 존재가 남지 않게 되었다.[78]

---

77) Barrington Moore, Jr., *Social Origins*, p. 153.

78) 김일성, "'토지개혁' 사업의 총결과 금후의 과업,"《김일성 장군 중요 논문집》, p. 16.

토지개혁의 가장 커다란 의의를 역시 모스크바 결정에 의한 임시정부 수립에의 대비에서 찾고 있다. 이는 소련군정과 북한리더십의 핵심 문제의식이었다. 그런데 이 연설은 김일성의 것이었지만 또한 소련군의 것이기도 하였다. 김일성은 개인적으로 아시아적 생산양식의 정체성과 모순을 결코 얘기한 적이 없었다. 이 표현은 아시아 공산주의자들에게는 오랫동안 받아들이기 어려운 치욕스러운 것이었다. 민족주의적 색채가 강한 김일성은 특히 아시아사회를 정체되었다고 인식하지 않았었다. 소련이 철수하자 김일성은 이를 곧바로 빼버렸고 오늘날 이 문구들은 더이상 존재하지 않는다.[79]

두 번째로 김일성은 "토지개혁의 국제적 의의는 상당히 큰 것"이라면서 다음과 같이 지적하였다.

> 동방팟쇼 일제가 구축된 동방에서 인민의 민주주의를 위한 투쟁은 각종 형식을 통하여 고창(高漲)되고 있다. 중국, 안남, 인도 등 인민들은 자유를 위하여 투쟁하고 있다. 그러나 토지개혁의 근본적인 철저한 방법으로서 민주주의를 건설하는 것은 오직 조선 하나뿐이다. 이것은 조선인민의 역사적 창거일 뿐만 아니라 동방민주주의의 역사적 창시이며 동방민주주의 건설에 모범과 방양(榜樣)이 되었다. 동시에 팟쇼 잔여와 제국주의의 침범을 방지하는 동방반팟쇼민주주의 진선(陳線)에 주요한 역할을 하고 있는 것이다. 토지개혁의 위대한 거동은 조선인민의 민주적 거동이며 동시에 동방인민의 민주거동에 위대한 일보취(一步驟)라고 아니할 수 없다. 이러한 의미에서 금번 토지개혁은 국제반팟쇼민주주의운동에 있어 중대한 가치가 있는 운동이며 동방민주주의의 추동력이 되고 있는 것(이다).[80]

---

79) 《김일성 저작집》 2권, p. 146.

80) 김일성, "'토지개혁' 사업의 총결과 금후의 과업," 《김일성 장군 중요 논문집》, pp. 16~17.

이 부분 역시 동아시아 전반에 대한 소련의 혁명노선의 냄새가 강하게 묻어난다. 즉 소련은 북한혁명을 통해 동아시아에서 사회변혁의 하나의 전범을 창출하고자 하였던 것이다. 비록 소련영향권의 범위 내에서일지라도 이것은 미국이 남한을 "아시아에서 우리의 전반적 성공이 달려 있는 이념적 전쟁터"(an ideological battleground upon which our entire success in Asia may depend)[81]로 인식하였던 것에 대응된다. 그것은 다음 세 번째로 언급한 진술에서 더욱 확연히 드러나며, 더욱 중요한 것은 바로 이 세 번째의 의의였다.

> 셋째 금번 토지개혁은 **북조선민주주의의 기초가 될 뿐 아니라 또 전조선민주주의 건설의 기초가 된다.** 금번 토지개혁은 봉건제도와 잔재의 근거지인 북조선농촌을 **민주주의 근거지로** 변전시켰다.… 토지개혁에 의한 봉건제도 잔재의 전복은 **민주주의의 기초를** 만들었으며 **민주주의 진지를 튼튼한 지반으로** 닦기 시작하였다. **북조선의 민주주의 건설은** 해방된 자유로운 농민의 민주적 발전에 의하여 그 물질적 토대를 얻을 뿐만 아니라 **전조선 건설의 토대를 만들고 있는 것이다. 조선의 민주건설은 토지개혁의 민주주의의 토대 없이는 도저히 그 완벽을 상상할 수 없는 것이다.** 금번의 북조선의 토지개혁 후 민주주의의 거인적 진보와 농촌의 민주적 발전과 농민생활의 향상 및 산업의 번영 등은 **남조선민주주의의 촉진제가** 되고 있는 것이다. 조선인민은 민주주의 조선을 건설하기 위하여 반듯이 토지개혁의 민주주의를 철저히 시행한 북조선 임시인민위원회와 같은 임시정부를 요구하며 또는 이 개혁을 과단(果斷) 실행한 인민총의를 대표한 북조선 임시인민위원회가 통일임시정부의 핵심이 되고 방양이 되어야 할 것을 요구하는 것이다.[82]

강조 표시된 언술들을 추적하면 우리는 뚜렷한 공통점을 발견할 수

---

81) "Ambassador Edwin W. Pauley to President Truman"(Jun. 22, 1946), *FRUS 1946*, Vol. Ⅷ, p. 706.

82) 김일성, "'토지개혁' 사업의 총결과 금후의 과업,"《김일성 장군 중요 논문집》, pp. 17~18.

있다. 그것은 민주주의 근거지에 대한 계속적인 강조와 그 근거지가 전조선혁명의 담보가 될 것이라는 인식이 강하게 들어 있다는 사실이다. 민주기지론의 구체화였다. 우리는 앞서 소련의 초기 대북한전략이 '확보된 지역에서의 사회주의 구축' 전략의 초보적 단계였다고 진술한 바 있는데 모스크바 결정, 탁치균열과 토지개혁을 거치면서 이 구상이 몇 가지의 징표를 통하여 표면으로 부상하였을 뿐만 아니라 혁명주체들의 인식에서도 분명하게 드러남을 볼 수 있다.

모스크바 결정 이후의 탁치균열, 민족주의자와의 분열과 갈등, 토지개혁의 준비, 지배체제의 등장… 이 모든 것이 1~2월에 집중되었다. 다른 말로 하면 북한혁명은 곧 '사회주의 구축 전략'의 한국화의 계기였던 것이다. 우리가 이 세 가지 의의를 길게 인용하는 데는 그럴만한 이유가 있다. 이것들은 곧 북한혁명의 핵심의의와 주체의 인식을 보여주고 있기 때문이다. 한마디로 그것은 민주기지론의 등장과 구체화였다. 민주기지론은 스탈린의 '확보된 지역에서의 사회주의 구축' 정책의 한국화였고 그 계기는 북한혁명이었던 것이다.

이제 우리는 북한혁명에서의 농민의 역할을 검토하고 넘어가야 할 필요가 있다. 우리가 북한혁명이라고 부르는 사회적 격변에서 농민의 역할은 어느 정도였을까? 이 물음은, 그 혁명이 밑으로부터의 혁명이냐 위로부터의 혁명이냐의 이분법적인 문제에 대한 해답을 위해서만은 아니다. 사회변혁의 중심 대상이자 주체인 농민들의 인식과 행태, 역할, 반응을 검토하지 않는다면 혁명의 성격은 규명되기 어렵거나 모호해진다. 또한 우리가 앞으로 검토할 대상인 남한 토지개혁과의 비교를 위해서도 필요하다. 어떤 사람들은 북한농민의 혁명성과 자발성, 주도성을 강조하고 다른 어떤 사람들은 그들을 소련군정의 피동체로만 설명한다. 즉 소련군이 모든 것을 주도하였다는 것이다. 그러나 이러한 이분법은 실제의 사태에 대한 사실적 이해를 차단한다. 이 둘 말고 더 적절한 해석을 제시할 수는 없을까?

무엇보다도 이 혁명의 최대의 수혜계층은 농민들이었다. 김일성은 농민들의 환호를 "농민들이 토지를 얻고 감격의 기쁨으로서 보낸 멧세

이지 혈서가 눈 오듯한 것으로도 증명할 수 있다"[83]고 주장하였다. 실제의 개혁과정에서도 이 동 단위로 빈농중심의 농촌위원회가 조직되어 토지개혁을 주도하면서 농민들의 역할이 매우 중요했다. 또 농촌민간조직인 자위대의 방대한 구축도 본 바 있다. 수안군의 사례를 주의 깊게 본 독자라면 농민은 법령의 공포를 제외하고는 시작에서 완료까지 실제의 토지개혁과정에 적극적으로 참여하고 있음을 간취하였을 것이다.

그러나 농민의 자발과 참여는 소련군정과 공산리더십의 존재를 고려치 않는다면 불가능한 것이었다. 누가 혁명의 조건을 창출하였는가? 농민인가, 새로운 국가권력인가, 아니면 다른 어떤 요소인가? 그것은 말할 필요도 없이 소련군정-공산리더십 동맹, 그중에서도 특히 전자였다. 또 북한혁명에서 농민은 지주와 계급투쟁을 벌인 바가 없었다. 누가 적대계급을 타도하였는가가 혁명의 중심문제의 하나라고 할 때 이것을 타도한 주체는 농민이 아니라 소련군과 공산리더십이었다. 지주의 힘의 원천이었던 식민국가와 친일지배세력을 타도한 것 역시 소련군과 공산리더십이었다.

그렇다면 이 혁명은 일단 밑으로부터 자생적인 혁명조직이 부상하면서 연대하고 결집하여 조직화된 대안세력을 구축, 적대계급을 타도하고 기존 권력을 대체해 가면서 혁명을 이루어 나갔던 프랑스혁명이나 러시아혁명과 같은 아래로부터의 혁명의 원형과는 크게 다르다는 점이 확인된다. 아래로부터의 혁명의 고전적 모델로 여겨져온 프랑스혁명과 러시아혁명, 그리고 중국혁명의 경우 우리는 혁명적 사회변혁이 시작되면서, 또는 혁명적 변혁이 먼저 오고 리더십이 구축되거나 적어도 이 둘이 함께 진행되는 것을 보아왔다. 그러나 역의 순서였다는 점에서 북한혁명은 위로부터의 혁명이었다. 북한혁명은 체제가 먼저 구축되고 나서 사회변혁이 시작되었던 것이다. 따라서 북한혁명은 아래로부터의 요구를 수용한 위로부터의 혁명이었던 것이다.

---

83) 김일성, "'토지개혁' 사업의 총결과 금후의 과업,"《김일성 장군 중요 논문집》, p. 21.

농민들은 적극적으로 참여하기도 하였으나 그렇지 않은 경우도 있었다. 많은 지역에서 농민들은 열렬하게 참여하였지만 이것이 전국적이지는 않았다. 북한의 내부 정보보고에 따르면 어떤 면에서는 농민들은 처음에는 너무도 피동적이었다. 어떤 면에서는 서류상의 개혁만이 이루어지기도 하였고 어떤 농민은 자기가 분배받는 줄도 모르고 있었다. 이러한 지역의 혁명은 종이 위의 혁명이었거나 탁자 위의 혁명이었던 것이다. 또 어떤 군에서는 군관료들이 법령조차 해설하지 않고 선전물을 그대로 사무실 한곳에 쌓아두었다. 김일성은 이를 두고 당과 관료들의 무관심을 질타하였다. 이것은 20일이라는 급진혁명이었음을 고려하면 피할 수 없는 한계였다. 이 한계는 한국전쟁시의 토지개혁에서는 더욱 확연하게 드러났다. 어떤 면에서는 이승만과 김구가 들어오면 지주에게 분배받은 토지를 다시 내어주려고 생각하는 농민도 존재했다.[84] 북한 정보기관들은 소시민들의 태도에 대해서는 "표현은 안 해도 내심으로는 토지개혁을 비난하며 혐오하는 모양같다"[85] 고 파악하고 있었다.

여기에서 우리는 무어를 빌려올 수 있을 것이다. 그는 "농민은 역사의 한 객체라는 견해, 즉 농민은 역사적 변화가 그를 스쳐 지나가기는 하지만 이 변화의 추진력에 아무것도 기여하지 못하는 사회적 삶의 한 형태라는 견해를 진지하게 받아들이는 것은 이제 불가능해졌다. 근대의 농민은 혁명의 추진기관이었던 것 못지않게 그 적극적 주체였으며 그 추진력을 장악한 농민이 역사무대에 유력한 배우로 등장했다는 것은 역사의 역설을 음미하고자 하는 이들에게는 참으로 진기한 맛을 더해 줄 것"이라고 진술한다. 이 진술은 근대의 농민혁명에서 발견된 진실이다. 그렇지만 그는 계속하여 "혁명에 대한 농민의 공헌은 경우에 따라 매우 달랐다"고 지적한다. 즉 "중국과 러시아에서는 결정적이었고, 프랑스에서는 매우 중요했으며, 일본에서는 매우 사소한 것이었고, 인도에서는 현재까지도 하찮은 것이며, 최초의 봉기가 실패로 끝난 독일과 영국에

---

84) NA, RG 242, SA 2005 Item 6/2, 〈제2회 각도 보안부장 회의록〉.
85) NA, RG 242, SA 2005 Item 6/2, 〈제2회 각도 보안부장 회의록〉.

서는 보잘 것이 없었다"[86]고 그 차이를 간과하지 않는다.

역사적 변동에서의 농민의 역할 자체에 대한 인식의 문제와 그 역할의 차이에 대한 인식의 문제를 분리하여 지적하는 이 두 진술은 탈식민사회 남한과 북한에는 모두 적용될 수 있다. 샤닌(Teodor Shanin)이 말했듯 혁명적이라든지 반동적이라든지 하는 식의, 시대와 장소를 가로질러 같은 의미가 부여될 수 있는 농민은 존재하지 않는다. 그것은 농민에 대한 하나의 신비화로서, 시대와 사회에 따른 농민의 이질성은 의심의 여지가 없다.[87] 특히 초기 북한은 더욱 그러하였다. 농민의 자발성과 혁명성만으로 북한혁명을 설명할 수는 없다. 좀더 전체적인 사회적 조건(*setting*)과 역사적 맥락이 없이는 농민은 이해될 수 없다. 그들의 실천주의(*activism*)는 식민주의라는 역사적 맥락과 소련 점령이라는 사회적 조건의 결합이라는 전체적 지형 위에서 발휘되었던 것이다. 북한혁명에서 농민의 역할은 아마도 '매우 중요한' 정도에 해당할 것이다. 북한혁명에서 농민은 결정적이지는 않았다.

그들이 전부를 수행한 것은 아니었지만 농민과 함께 중요한 역할을 수행한 것은 소련군과 공산리더십이었다. 소련군-혁명적 공산리더십-농민 3자의 결합, 이것이 북한혁명의 핵심적 요체였다. 지금까지의 논의를 토대로 우리는 북한혁명의 성격을 추출할 수 있게 되었다. 그것은 위로부터의 혁명과 아래로부터의 혁명의 전형적 결합이었던 것이다. 북한혁명은 최초에는 아래로부터의 요구가 존재하였고 이를 위로부터 동원하여 실행하였던 것이다. 즉 식민통치로 인해 요구의 객관적 상황이 존재하고 있었으며 사회전체적 이유 때문에 급진적으로 추진된 복합적인 요인과 방식의 결합이었다. 동구에 대한 도이처의 설명을 들어보자.

---

86) Barrington Moore, Jr., *Social Origins*, p. 453.

87) Teodor Shanin, "Defining Peasants : Conceptualizations and De-conceptualizations — Old and New in a Marxist Debate," *The Sociological Review*, Vol. 30, No. 3 (Aug. 1982).

구 볼셰비즘은 1917년 혁명과 같은 아래로부터의 혁명을 믿었다. 그러나 스탈린이 지금(1949년 현재 : 책이 출간되던 시점 — 인용자 주) 동구와 중부유럽에서 실행하고 있는 혁명은 위로부터의 혁명이다. 그것은 그 지역을 지배하는 거대한 힘에 의해 포고되고 교육되고 관리된다. 비록 현지 공산당이 그의 직접적인 대행자와 실행자였지만 혁명의 대부(*great party*)는 배면에 위치해 있는 적군이었다. 이것이 현지 노동계급이 그 격변에 참여하지 않았다는 의미는 아니다. 국민의 중요 요소(노동계급이나 농민 등을 의미 — 인용자)의 의식적 협력 없이 단지 위로부터만 실행될 수 있는 혁명은 없다. 따라서 러시아 점령영역(*Russian orbit*) 내에서 일어난 것은 반정복이자 반혁명(半征服半革命 ; *semi-conquest and semi-revolution*)이었다.

이것이 이 현상에 대한 평가를 매우 어렵게 한다. 정복만이 있었다면 그것을 명백한 러시아제국주의로 비난하기가 쉬울 것이다. 혁명만이 있었다면, 최소한 국민의 권리 — 모든 위대한 국민이 사용했던 권리 — 가 그것(혁명 — 인용자)을 만든다는 사실을 인정하는 사람들에게는 그것을 환호하는 데 있어 주저가 없어야 할 것이다. 그러나 그것은 '일지역 사회주의'의 핵심을 구성하는 정복과 혁명의 혼합(*blending*)이다.[88)]

동구혁명을 설명할 때 우리는 도이처의 이 설명처럼 정확한 분석을 아직 본 적이 없다. 북한혁명의 본질과 그것을 둘러싼 해석의 모든 것 역시 도이처의 이 짧은 설명 속에 함축되어 있다. 북한혁명의 대부는 소련군이었으나 현지 농민 역시 적극적으로 참여하였다. 따라서 그것은 결국 정복과 혁명의 혼합으로서 반정복이자 반혁명이었다. 말을 바꾸면 점령과 자발의 혼합이었던 것이다. 이 둘 중 하나에 대한 강조는 절반의 진실만을 말하는 것이다. 즉 절반은 허위인 것이다. 이것이 북한혁명의 성격에 대한 필자의 결론이다.

남북한의 토지개혁에 대한 수준높은 한 비교연구는 민중적 관점에서 다음과 같이 결론내리고 있다 : "당시 조선민중과 대부분의 정치세력들

88) I. Deutscher, *Stalin*, p. 554.

이 옹호했던 이해관계는 소련이 원하는 이해관계와 상당부분 일치하였다", "이북의 농지개혁에 관한 한 소련 점령군을 외부 점령세력의 개입으로 볼 수 없다", "소련세력이 농지개혁을 시작하고 공시하는 데에 직접 개입하였다는 어떠한 증거도 없다", "혁명적 농지개혁에 의해 이북에서 이룬 성과가 만약 외부개입만 없었다면 한반도 전체가 택했을 역사적 진로에 불과하다는 사실이 핵심적이다".[89] 이 연구의 문제제기와 비교방법론은 남북한의 초기사회를 이해하는 데 있어 매우 중요하다. 그러나 필자는 민족주의세력이나 대규모 검거의 사례에서 볼 수 있듯 소련과 한국민중의 이해가 반드시 같지는 않았으며, 또 사태전개에서 소련이 수행했던 실제 역할은 매우 컸다고 본다. 필자는 이러한 사실을 인정하는 것이 민중의 관점에 배치되는 것이라고는 생각지 않으며, 또한 좀더 사실주의적인 해석이 아닐까 생각한다.

이제 토지개혁을 진행하면서 병행된, 또는 그 효과로 나타난 정치적 현상을 지적하여야 할 때이다. 변화의 핵심은 농촌에서의 공산당의 강화, 그리고 반사회주의적 요소의 사회적 청산으로 나타났다. 이것은 당연히 혁명을 수행한 혁명적 리더십의 강화로 연결되었다. 김일성에 따르면 토지개혁으로 농민들은 "당의 주위에 결집하고 당의 정책의 치열한 지지자가 되었다. 토지개혁 과정중 빈농과 고농 가운데에서 많은 당원들을 흡수하여 농촌의 당기초를 세웠고 당의 성분을 바꾸어 당을 확대하게 하며 공고하게 하였다."[90] 그는 토지개혁은 "당을 확대할 뿐만 아니라 당이 농촌에서 공고한 진지를 차지한 중요한 관건이 되었다"고 평가했다. 또 토지개혁에 따라 농촌은 "지주의 농촌이 아니라 농민들의 농촌"이 되었으며 농민들은 "농촌행정의 주인"으로 바뀌게 되었고 "각 이·면에 있는 인민정권을 지주 부농의 수중에서 탈취하여 빈농과 고농의 손에 들어오게 되었다"고 진술하였다.[91]

---

89) 강정구, 《좌절된 사회혁명 — 미군정하의 남한·필리핀과 북한 연구》(서울: 열음사, 1989), pp. 304, 321~322.

90) 김일성, "'토지개혁' 사업의 총결과 금후의 과업," 《김일성 장군 중요 논문집》, p. 21.

토지개혁으로 비로소 인민정권이 농민의 손으로 들어왔다는 얘기였다. 농촌마을의 권력주체는 농민이 되었던 것이다. 봉건시대에서 식민시대로의 격변에도 불구하고 지속되며 농민을 옭아매던 지주-소작제는 혁명이라는 거대한 굉음과 함께 비로소 붕괴하였던 것이다. 이것은 한마디로 중앙식민권력의 붕괴에 이은 농촌 권력관계의 전면적인 재편을 의미했다. 실제로 토지개혁으로 인해 토지를 분여받은 농민들의 공산당에 대한 지지는 급상승하였다. 농민과 공산당의 관계는 결정적으로 강화되었다.

토지개혁은 공산당의 강화와 함께 지배체제의 구축과 강화를 결과했다. 특히 국가기구 내의 '반사회주의적 반동적 요소들'은 보안국을 중심으로 1946년 '3·1절 폭탄투척' 사건을 계기로 4월까지 '완전히 정리되었다'.[92] 사회경제적 변혁인 토지개혁과 그것의 정치적 귀결인 반혁명세력의 척결이 비슷한 시기에 이루어지고 있음은 주목할 필요가 있다. 즉 토지개혁은 리더십에게 이중적 수준에서 체제의 강화로 연결되었다. 하나는 농민의 지지상승이었고 다른 하나는 반혁명세력의 탈락이었다. 혁명의 성공과 실패를 가르는 기준은 무엇보다도 사회경제적 변혁과 새로운 체제의 구축을 시도하는 지배체제의 안정화, 공고화에 있다고 할 때 혁명의 대부가 진주해 있는 상태에서 실패란 사실상 상상키 어려운 것이었다. 무엇보다도 북한혁명의 리더십에게 이 혁명은, 그가 만주게릴라 출신이든 연안그룹이든 지난 20여 년간 국외에서 투쟁할 때의 목표이자 희원이었기에 더 절실한 것이었다.

체제의 강화는 국가기구의 강화에서 두드러졌다. 토지개혁을 거치면서 국가기구의 중추인 보안대는 46년 7월 현재 1만 5천 명으로 급속하게 성장하여 전국을 장악할 수 있게 되었다.[93] 1945년 11월의 행정 10국과 46년 2월의 임시 인위는 분단체제 구축의 측면과 동시에 식민국가

---

91) 김일성, "'토지개혁' 사업의 총결과 금후의 과업,"《김일성 장군 중요 논문집》, p. 22.

92) NA, RG 242, SA 2005 Item 6/2, 〈제2회 각도 보안부장 회의록〉.

93) NA, RG 242, SA 2005 Item 6/2, 〈제2회 각도 보안부장 회의록〉.

권력을 피압박민중들의 자치적 국가권력으로 대체하였다는 이중적 의미를 지니는 것이었다. 중앙과 지방에 걸쳐 1만 5천 명에 달하는 방대한 신억압적 국가기구를 구축한 것은 새로운 지배체제가 재빠르게 지방에까지 확산하여 침투하는 데 성공하였음을 보여준다. 보안기구 단독으로 1만 5천 명을 기록하고 있다는 것은 엄청나게 많은 숫자였던 것이다.

또한 국가기구는 내부적으로는 계속적인 숙청을 하여 반사회주의적 요소를 도려내었다. 적지 않은 사람들은 민족주의자라는 이유로 핵심 국가기구에서 배제되었다. 황해도의 경우 46년 7월 현재 보안서원은 총 2,351명인데 그 때까지의 숙청 숫자는 1,247명에 달했다. 숙청자 중에는 서장 6명 등 최고급 간부도 포함되어 있었다.[94] 거의 절반을 숙청하면서 또 계속 충원을 하였음을 알 수 있다. 계속적인 충원과 계속적인 숙청작업의 병행을 통해 체제 강화와 사회주의화를 추진하여 나갔던 것이다. 숙청의 이유는 두 가지였는데 하나는 친일파 민족반역자들이 여전히 국가기구에 들어와 잠복해 있었기 때문이었고, 다른 하나는 반사회주의적 — 북한의 용어로 반민주주의적 — 요소라는 이유 때문이었다.

북한의 숙청은 이미 보안국이 창설된 직후인 45년 11~12월, 그러니까 탁치균열이 있기 전부터 광범하게 실시되고 있었다.[95] 이 문제에서 소련은 다른 어떤 부분보다도 깊숙하고 철저하게 개입하였다. 보안국장 최용건은 "중대정치범 취급은 반듯이 쏘련군의 지시하에 집행할 것"을 전국 보안부장들에게 지시하였다.[96] 보안국 고문 사구루친 대좌 역시 전국 경찰-정보기구인 보안국에 대해 집행하는 사업을 철저하게 보고할 것을 지시하였다. 숙청은 다른 기관들에서도 같은 정도로 철저하게 집행되었다. 북한의 군, 치안기구, 법조계, 관료 등에서 숙청된 사람들은 전부 월남하여 남한의 국가기구 내로 포섭되어 들어갔다. 그것은 자진 월남자의 경우도 마찬가지였다.

---

94) NA, RG 242, SA 2005 Item 6/2, 〈제 2 회 각도 보안부장 회의록〉.

95) NA, RG 242, SA 2005 Item 6/2, 〈제 2 회 각도 보안부장 회의록〉; NA, RG 242, SA 2005 Item 6/2, 〈제 1 회 각도 보안부감찰과장 회의록〉.

96) NA, RG 242, SA 2005 Item 6/2, 〈제 2 회 각도 보안부장 회의록〉.

북한에서 억압기구의 활동은 초기부터 매우 철저했고 광범위했다. 황해도 보안부의 경우 46년 1~6월의 6개월 동안에 체포된 정치범이 1,752명이었는데 이 중 검찰소 이감(移監)은 1,057명, 수인수(囚人數)는 509명이고 '쏘군이감자'(원문 그대로)는 186명이었다.[97] 최소한 10%에 달하는 정치범을 소련군이 직접 다루고 있음을 알 수 있다. 황해도를 평균적인 수준으로 가정한다면 전국적으로는 보안부대가 취급한 숫자만도 약 1만 명이 넘는 정치범이 체포되었음을 알 수 있다(1,752명×6개도). 매우 많은 숫자이다. 그러나 당시 북한에는 이미 여러 치안, 정보, 검찰기관들이 있었기 때문에 실제의 숫자는 이보다 더 늘어날 것임에 틀림없다. 이를테면 취급기관이 나와 있지 않은 한 정치범 통계는 검찰기관 112, 재판기관 4, 정보기관 76, 특무기관 34(소련특무기관 7), 보안대 5, 감찰기관 258명으로 분류되어 있었다.[98] 이들 중 상당수는 소련으로 압송되어 갔다. 1946년 4월 1일 현재 강원도 검찰소장이 북조선 사법국장에게 제출한 도내 범죄통계에 따르면 상위 11개 죄목 중 절반이 사회범죄(125건)이고 절반이 정치범죄(93건)였다. 차례대로 상위로부터 보면 절도 47, 안녕질서에 관한 죄 36, 여행령 위반 26, 도박 21, 배임 19, 강도 18, 소련군 지령 및 인위 지령 위반 17, 횡령 13, 소요 10, 살인 7건의 순서이다.[99]

이 체제는 초기부터 경찰국가 속성을 띠면서 기능하고 있음을 알 수 있다. 북한의 토지개혁이 사회혁명이었던 것은 이 변혁이 사회경제적 제도를 근본적으로 단기간에 바꾸었다는 점에서뿐만 아니라 이 과정에서 형성된 혁명권력이 중앙에서 지방까지 자기들의 이념과 체제를 침투시켰다는 점에서도 그러하였던 것이다. 공산주의를 반대하는 자들은 철

---

97) NA, RG 242, SA 2005 Item 6/2, 〈제 2 회 각도 보안부장 회의록〉.

98) NA, RG 242, SA 2005 Item 6/2, 문서의 명칭은 없다.

99) 〈북조선 제 2 차 사법책임자회의 강원도 보고서〉, 《사료집》 9-1, pp. 8~9. 여기서 《사료집》 9-1은 워싱턴에 보관되어 있는 한국전쟁중의 미군의 탈취문서로서 대한민국 교육부의 국사편찬위원회가 편집, 발행한 《북한관계사료집》의 제 9 권에 자료번호 1이라는 뜻이다.

저하게 분쇄되었다. 무어의 지적처럼 "일반적인 혁명이론에 따르면 테러는 혁명가들이 권력을 잡은 직후에 최고조에 달한다."[100] 혁명가들은 새로운 사회질서를 수립하기 위한 길을 준비하기 위해 반대파를 완전히 척결하고 구체제를 청산하려고 한다. 북한도 마찬가지였다.

일단 숙청이 시작되자 급속하게 확산되었다. 즉 숙청은 국가기구에만 한정되지 않았고 일반민중들에게도 확산되었다. 이 확산은 국가기구의 구축의 결과였다. 경찰은 갑자기 할 일이 많아졌고 방대한 규모의 정보망이 구축되었다. 그리고 체포자가 급속하게 늘어났다. 혁명은 혁명주체들조차도 눈 돌릴 틈이 없는 변혁을 가져왔던 것이다. 분계선에는 계급의 적들의 침투를 방지하기 위한 경비대가 파견되었고 민중 속에서 적대세력을 적발하기 위한 노력들이 갑자기 강화되었다.

처음에는 숙청과 체포가 주로 구 식민시기의 상층 직위에 있는 사람들과 지주계급에게만 가해졌으나 숙청의 칼날은 곧바로 확대되었다. 구 식민지배계급에게만 한정되었다는 신화는 심문기록과 재판기록, 그리고 범죄자통계가 말하는 바 잘못된 믿음이었다. 민족주의자들은 식민 반동과 지주에 못지 않은 탄압의 대상이 되었다. 각지에서 계속되는 학생들의 저항 또한 탄압의 대상이 되었다. 이들이 일반국민이 아니라면, 즉 노동자와 농민, 그중에서도 자기체제를 지지하는 사람들만이 국민이라면 그것은 전형적인 스탈린주의적 국가의 속성이 아닐 수 없다.

이것은 이른바 '혁명적 테러'(*revolutionary terror*)의 본질이었다. 즉 "일반적으로 질서와 안전의 회복은 혁명의 성취를 축하했던 하층 인민을 위한 것은 아니었다"고 말할 수 있다면 북한도 이에 해당한다. 따라서 "구 엘리트에 대한 혁명적 테러의 본래적 사용과 하층인민에 대한 그것의 뒤이은 사용을 분리하는 것은 불가능한 것"이다.[101] 최초에 구 엘리트들을 타도하기 위해 사용된 혁명적 테러는 혁명의 성취를 축하했던 일반인민에게까지 확산되었던 것이다. 이 둘을 분리하는 것은 불가

---

100) Barrington Moore, Jr., *Authority and Inequality under Capitalism and Socialism* (Oxford: Clarendon Press, 1987), p. 56.

101) Barrington Moore, Jr., *Reflections on the Causes of Human Misery*, p. 66.

능한 것이다.

끝으로 토지개혁 이후 취해진 몇 가지 조치를 검토하여 보자. 우선 가장 중요한 조치로서는 중요산업 국유화조치가 있었다. 이것은 토지개혁과 함께 2대 사회경제적 변혁조치였다.[102] 1946년 8월에 취해진 조치였으나 1946년 전체 공업 총생산액 중 이미 사회주의 경제형태가 차지하는 비율이 72.4%, 소상품경제형태 4.4%, 사적 자본주의형태 23.2%로 거의 완전히 사회주의경제형태로 넘어가 있었다.[103] 특히 중요 기간산업 및 대형사업장은 다른 산업부문보다 더 빨리 국유화되었다.[104] 사회혁명 당해연도에 전체 공업생산액의 70% 이상이 사회주의적 경제형태에 의한 생산이라는 것은 이 혁명이 사실상 사회주의혁명이었음을 보여준다.

다음으로는 농업현물세제가 있다. 소련에서 무상몰수 무상분배를 실시한 이후 곧바로 농업현물세를 실시한 것처럼 북한에서도 토지개혁이 완료되고 당해연도의 산물에 대해서 농업현물세제를 실시하였다. 처음에는 일괄적으로 총 수확량의 25%를 징수하도록 하였으나 다시 알곡에 대하여는 27%로, 기타에 대하여는 23%로 개정하였다.[105] 그러나 이 수치는 법령상의 규정일 뿐이었다. 농업현물세의 경우 내부자료를 볼 때 북한의 농민들이 낸 각종 잡세는 토지개혁 이전과 다를 바 없었다. 애국미, 성출 등 잡세로 인하여 추론컨대 실제로는 거의 40% 정도를 납부하여야 했다. 초기의 성출과 잡세 중 가장 큰 부담은 소련군의 주둔비와 식량도 포함되어 있었다. 소련으로의 쌀의 반출 역시 25% 농업

102) 국유화조치의 법령에 대해서는 〈북조선 임시인민위원회 결정 제58호 — 북조선 임시인민위원회의 산업, 교통, 운수, 체신, 은행 등의 국유화에 관한 법령〉, 《북조선법령집》, p.43.

103) 《인민경제발전통계집》, p.41.

104) 각 산업의 사업장 규모별 국유화 정도에 대해서는 *ISNK*, No.43(Aug. 15~31, 1947)을 보라.

105) 〈북조선인민위원회 결정 제28호 — 농업현물세에 관한 결정서〉; 〈북조선인민위원회 법령 제24호 — 농업현물세 개정에 관한 결정서〉, 《북조선법령집》, pp.93~94.

현물세 규정이 지켜지지 않은 이유의 하나였다. 결국 북한의 토지개혁은 사인지주제에서 국가지주제로의 변화였다고 할 수 있는 것이었다.

다시 내부의 통계를 보자. 1946년 황해도 평산군은 도에서 할당받은 찬출할당미(성출미)의 양이 14만 가마니였으나 76,480가마니밖에는 못 채웠다. 45%를 내지 못한 것이다. 내부보고는 "군내 현하 농촌실황은 찬출의 희망은 전무할 뿐만 아니라 도시나 농촌에 기아자가 속출하는 현황"이었다(원문 그대로). 신천군은 벼 388,932가마니를 할당받았는데 매상은 176,796가마니를 하였고 소련군은 167,000가마니를 요구하였다. 이에 매상한 176,796가마니 중 161,160가마니를 소련군에게 넘겨주고 해주와 평양으로 8,140가마니를 반출하였으며 신천군 자체 소비량은 7,496가마니밖에 되지 않았다. 91%가 소련군으로 갔음을 알 수 있다. 신천군은 소련군의 요구수량에도 미달하고 있었으므로 "일반 직장배급조차 극히 어려운 실정"이라고 보고하고 있었다.[106] 세금의 경우도 평북의 경우 총 19개의 세목 중 '붉은 군대 유지비'(원문 그대로)가 11위였다(1,339,854원). 소련군 주둔비를 북한 주민들이 직접 부담하고 있음을 알 수 있다. 이는 학교신축비(14,382,209원), 면유지비(4,080,161원)보다는 적은 것이었으나 보안대비(1,335,653원), 교육비(289,390원)보다는 많은 것이었다.[107] 일반농민의 부담은 공포된 법령과는 달리 매우 무거웠음을 알 수 있다.

농업현물세에 관한 결정서에는 "일체 공출제도를 폐지한다"(제 1 조), "농민은 징세서에 지정한 수량의 곡물을 완납한 후 남은 곡물은 자유로 판매할 수 있다"(제 3 조), "각 인민위원회는 곡물 수확의 25% 이외의 곡물은 의무적으로 공출시키지 못한다"(제 4 조), "농민들은 수확고의 75%의 완전한 주인이 되었다"(개정된 결정 前文)고 되어 있었다.[108] 그

106) 황해도내 재판소 검찰소, 〈정세보고〉, 《사료집》 9-3, pp. 143~172.

107) NA, RG 242, SA 2005 Item 6/2, 보안처, 〈1947년도 사업관계서류〉.

108) 〈북조선인민위원회 결정 제 28 호 — 농업현물세에 관한 결정서〉; 〈북조선인민위원회 법령 제 24 호 — 농업현물세 개정에 관한 결정서〉, 《북조선법령집》, pp. 93~94.

러나 앞서 보았듯 이 중 실제로 지켜진 것은 거의 없었다. 막대한 양의 쌀의 찬출은 다른 이름의 공출이었다. 곡물의 75%는 농민의 것이라면서도 쌀의 운반과 처분에 있어 자유는 보장되지 않았다. 신천에 사는 나봉섭은 "빈한한 형을 위해 쌀 9가마니를 운반하다가 보안대 분주소원에게 걸려 압수당하였다."[109] 혁명의 원칙과 혁명의 실제는 같지 않았던 것이다. 기타 노동법령이 실시되어 노동자들에게는 8시간 노동제가 도입되고 남녀평등에 대한 법령도 도입되었다. 그러나 이러한 것들은 혁명의 부속물들에 불과하였으며 실제 운용 역시 규정과는 거리가 멀었다. 노동법령은 선전과는 달리 거의 지켜지지 않아서, 노동자들은 계속적인 동원의 대상이 되었다.

이 시기에는 거대한 토목공사와 대중동원도 병행되었다. 이 사업은 북한리더십이 말하는 대로 건국운동이자 건국사업이었다. 토지개혁이 끝난 직후인 1946년 4월 초 김일성은 평양의 보통강 개수공사를 지시하였다. 강의 물줄기를 바꾸라는 것이었다. 공사는 5월 21일 착공하였다. 김일성은 착공식에 참석하여 직접 "첫 삽을 떴다."[110] 그 첫 삽은 식민지를 철저하게 뚜드려 부수고 혁명적 동원체제의 건설을 알리는 첫 삽이었을 것이다. 체제는 강의 물줄기를 바꿀 만큼 거대한 동원체계로 변전되고 있었다. 이 사업은 7월 15일에 끝났다. 한 강의 물줄기를 바꾸는 대토목사업을 50여 일 만에 완수하는 놀라운 속도전이었다. 7월 21일에는 '보통강 개수공사 완수'(普通江改修工事完遂) 경축대회가 열렸다. 총 길이 5천 미터, 총 토량 42만 평방미터, 총 동원 연인원은 579,328명의 거대한 토목공사였다.[111] 1947년 현재 평양시의 인구가 352,101명[112]이었음을 고려할 때 60만에 달하는 동원숫자는 기록적인 것이 아닐 수 없는 것이다. 이는 모든 평양시민이 일인당 평균 2회 가까이 참

---

109) NA, RG 242, SA 2005 Item 6/2, 〈1947년 사업관계서류〉(보안처) ; 《북사집》 9-6.

110) NA, RG 242, SA 2005 Item 1/6, 《보도》 1947년 3월, p. 66.

111) 《해방후 4년간 일지》, p. 65.

112) 〈1948년도 사업관계서류〉(보안처), 《사료집》 9-7, pp. 435~436.

여하여야 동원 가능한 숫자였다.

인간의 힘으로 자연을 개조하기 위한 도전들이 줄을 이었다. 단천에 항만을 건설하는 축항공사는 80일밖에 걸리지 않았다. 압록강 방축공사, 용흥강 개수공사, 평양-경흥간 철도개량공사, 해주 축항공사 등의 대토목공사가 계속 이어졌다. 노동자와 농민들은 연속적으로 이 혁명사업들에 동원되었다. 북한은 해방 첫해의 봄에 이미 새 체제의 건설을 위해 들끓고 있는, 숨쉴 틈 없이 몰아치며 돌아가는 하나의 일사불란한 동원체제가 되어가고 있었다. 체제는 조직적이었고 혁명의 대의를 위해 하나로 뭉친 것처럼 보였다. 해방 1년도 안 된 시점에 북한은 빠르고 긴장된 건국의 조류가 분출하며 넘쳐흐르고 있었다. 그것은 혁명의 급류였다.

20세기의 일반적인 혁명들과 비교해볼 때 우리는 다음의 세 가지를 북한혁명의 특징으로 들 수 있을 것이다. 그것들은 단기성, 비유혈성, 체계성이다. 체계성은 소련의 점령으로 가능하였고 비유혈성은 38선 때문에 가능하였다. 단기성은 이 두 가지와 농민들의 집단적 참여로 가능하였다. 단기성과 관련지어 김일성 자신조차 "이 사업 진행의 성과의 위대성과 진행의 순리성은 역시 초기록(超記錄)의 새 역사의 페-지를 점령한 것"113)이라고 하였다. 이 신속성은 계획의 입안자들에게도 놀라운 것이었다. 보안국 고문 사구루친 대좌는 "쏘련에서는 혁명당시 전기(前記) 사업수행에 5년 이상 10년을 요구했으나 북조선에서는 6개월이라는 단시일 내에 전부를 완수할 수 있었다"114)고 했다. 혁명의 기간에서 북한은 소련의 1/10에서 1/20밖에 안 걸린 것이었다.

그러나 스멜서(Neil J. Smelser)가 말하듯 사회변화의 속도가 크면 클수록 사회가 직면할 수밖에 없는 심각한 반(反)통합의 문제도 그만큼 커진다.115) 또한 사회변화의 영역이 넓을수록 사회가 직면하는 문제도

113) 김일성, "'토지개혁' 사업의 총결과 금후의 과업," 《김일성 장군 중요 논문집》, p. 23.

114) NA, RG 242, SA 2005 Item 6/2, 〈제 2 회 각도 보안부장 회의록〉.

115) Neil J. Smelser, "Mechanisms of Change and Adjustment to Change," in Bert F. Hoselitz, and Wilbert E. Moore (eds.), *Industrialization and*

심각해진다. 두 한국의 경우 관할지역 내의 통합의 정도가 높아질수록 반대진영과의 반통합은 커졌다. 남부한국에서의 조치들이 식민시기의 기존틀을 너무 유지하려 하였기 때문에 숱한 문제들을 야기하였다면 북한의 변화는 너무 빠르고 작위적이었을 뿐만 아니라 넓었기 때문에 문제였다.

무어는 1929년부터 1934년까지의 스탈린에 의한 위로부터의 혁명을 논하면서 "나는 인간역사의 어느 시기에도 그렇게 급속하고 그렇게 철저했던 어떤 의도적인 사회변혁도 생각할 수 없다"고 말한 바 있다.[116] 무어는 이 문장 바로 뒤에다가 이런 말을 덧붙였다.

> 사실 변혁이라는 말은 완곡한 표현이다. 단기적으로 (이 스탈린주의적) 위로부터의 혁명은 인간이 만든 재앙(*man-made disaster*)이었다.

물론 북한에서의 변혁이 인간이 만든 재앙이라고 말하는 것은 터무니없는 것이다. 그렇다고 하더라도 5년이 걸린 러시아의 변혁은 북한에서의 변혁에 비하면 너무 길고 너무 불철저했었다. 아마도 북한혁명은 20세기의 세계사에서 가장 급속하고 가장 철저했던 의도적인 사회변혁이었을 것이다.

북한의 혁명적 변화를 거치면서 이미 두 한국은 사회적으로는 서로 다른 사회가 되어 있었다. 1946년 중반을 지나면서 두 한국은 사회구조적으로 분단되었던 것이다. 이 분단은 첫 번째의 영토적 분단과 두 번째의 이념적 분단에 이어 세 번째의 분단이었다. 사회적 분단으로 남북간의 반통합의 정도는 더욱더 커질 수밖에 없었다. 사회적 분단에 이념적 적의(敵意)가 덧씌워지면서 증오와 대립은 더욱 치열해갔다. 결국 두 사회를 다시 통합한다는 것은 이제 또 다른 폭력이 아니고는 불가능해 보였다.

Society (UNESCO-MOUTON, 1966), p. 45.

116) Barrington Moore, Jr., *Authority and Inequality*, p. 48.

제 5 장

혁명적 동원체제의 구축

혁명의 성공은 새로이 등장한 지배체제의 안정적 구축에서 확인된다. 길게는 1945년 10월, 짧게는 1946년 2월에 시작한 북한혁명은 언제 이 체제를 안정적으로 구축하는 데 성공하였을까? 그것은 1946년 5월 미소공위(美蘇共委)가 결렬되고 그해 여름에서 가을로 이어지는 시기였다. 이미 지적한 대로 1946년 5월 미소공위의 무기휴회는 48년질서 형성기의 가장 커다란 전환점이었다.

1945년 8월의 최초의 분단인 영토적 분단이 탁치균열을 통해서 이념적 분립과 함께 급속하게 한국화되었다면 제 1 차 미소공위의 결렬은 남아 있던 가능성들을 닫아버린 하나의 종국적(終局的) 의식이었다. 이 결렬은 한국문제를 놓고 45년 8월과 12월에 연이어 합의하였던 미소(美蘇)가 최초로 합의에 실패했음을 의미했다. 이 결렬은 기묘하게 뒤엉킨 결렬이었다. 단순히 미소간의 의견대립만으로 결렬된 것도 아니었고, 또 국내 정치세력들간의 의견대립만으로 결렬된 것도 아니었다. 공위의 결렬에는 이 두 가지가 긴밀하게 얽혀 있었다.

미소 합의의 최초 결렬과 함께 북한에서는 이후 반세기 동안 북한을 지배할 체제가 등장하였다. 김일성이 최고지도자로서 전면적으로 등장한 것이다. 우리는 이 장에서 이 문제를 탐색할 것이다. 김일성을 중심으로 한 체제구축과 그 체제의 초기 국가건설과정을 먼저 김일성이 귀국하여 등장하는 과정까지를 살펴보고 다음에는 그가 어떻게 해서 북한의 최고지도자로 결정되고 부상하는가, 그 뒤 어떤 초기정책들을 펼치는가를 중심으로 추적할 것이다.

1. 김일성의 등장과 부상

알려진 바와 같이 식민시기 김일성은 만주에서 오랜 항일게릴라투쟁을 지휘하다가 강화되는 일본군의 토벌을 피해 1940년에 만주에서 소련 영내로 넘어갔다.[1] 그는 처음에 소련군에 체포되었으나 동북항일연군(東北抗日聯軍) 제2로군 사령관 주보중(朱保中)의 신분보증으로 석방되었다. 그는 이곳에서 오케얀스크 밀영에 설치된 병영(남야영 또는 B야영)으로 들어갔다. 동북항일연군의 다른 한 밀영은 하바로프스크 부근의 비야츠크에 있는 병영(북야영 또는 A야영)이었다.

동북항일연군의 남북 야영에다가 약간의 소련군인과 한인2세를 합쳐 1942년 8월 1일 소련극동홍군(蘇聯極東紅軍) 독립 제88여단(旅團) — 동북항일연군 교도파(教導旅), 이하 88여단 — 을 창설하였다. 88여단의 여단장은 중국인 주보중이었고 조선인 중 최용건은 부참모장, 김일성은

1) 김일성의 만주탈출시기에 대해서는 약간씩 견해가 다른데, 와다 하루키에 따르면 김일성 부대는 1940년 8~10월 사이에 만주에서 소련으로 넘어갔다. 와다 하루키, 《김일성과 만주항일전쟁》, 이종석 역(서울: 창작과비평사, 1992), p.247. 최근 들어 주요 연구성과가 제출되고 있는 만주에서의 김일성 부대의 항일게릴라투쟁에 대한 연구는 와다 하루키, 《김일성과 만주항일전쟁》; 이종석, "북한지도집단과 항일무장투쟁," 《해방전후사의 인식》 5권, pp.35~154; 신주백, "김일성의 만주항일유격운동에 관한 연구," 《역사와 현실》 제12호(1994), pp.144~190; 신주백, "만주지역 한인의 민족운동연구, 1925~40"(성균관대학교 대학원 사학과 박사학위논문, 1996년 2월) 등을 참조.

제1교도영장(대대장), 강신태(姜信泰·강건)는 제2교도영 정치부영장(정치부 대대장), 허형식(許亨植)은 제3교도영장, 김책은 제3교도영 정치부영장, 안길은 제1교도영 정치부영장 등을 맡았다.[2] 교도영은 88여단의 최상급편제였다. 따라서 조선인들은 최고위간부들을 맡고 있음을 알 수 있다. 만주 항일게릴라투쟁의 지도적 인물이자 초기 북한정권의 핵심 트로이카인 최용건, 김책, 김일성 역시 오랜 기간 분리되어 투쟁하다가 88여단의 창설을 계기로 드디어 한 조직에 전부 들게 되었다. 이른바 '만주게릴라파'라고 부르는 정치세력의 초기적 결집이었다.

1942년 9월 13일에는 88여단 내의 중국공산당 당원대회를 개최하여 '중국공산당 동북당조직(東北黨組織) 특별지부국(特別支部局)'을 설치하고 최석천(崔石泉·최용건), 김일성, 김경석(金京石), 김책, 안길(이상 조선인), 주보중, 장수전, 팽시로, 왕명귀, 왕효명, 계청(이상 중국인) 등을 집행위원으로 선출하였다. 9월 14일에는 새로이 선출된 동북당조직 특별지부국 제1차 위원회가 열려 지부국의 서기와 부서기를 선출하고 위원들의 임무를 분담하였다. 이 선거에서 최용건은 당서기에, 김일성은 부서기에 선출되었다.[3] 최용건과 김일성의 비중이 매우 컸음이 느껴지는 부분이다.

이 때에 88여단에 소속된 조선인들은 최용건, 김일성, 김책, 강건, 안길 외에도 김일, 최현, 최용진, 김광협, 이영호, 유경수, 서철, 박영순, 최광, 허봉학, 김경석, 최춘국, 박성철, 오진우 등이 있었다. 기타 이동화, 박길남, 문일, 이청송, 김봉율, 유성철, 이종인 등의 소련한인들도 있었다. 88여단에서 장교로 있었던 사람들은 전원 귀국 직후 북한정치, 특히 군부의 요직으로 진출하였다. 이를 보면 초기 북한의 중요인물들이 얼마나 깊이 만주 게릴라투쟁과 연결되어 있으며, 또 소수 핵심그룹 중심으로 이루어졌는가를 확인할 수 있다.

중요한 것은 88여단 시절에 만주게릴라파의 조선인의 서열에 변화가

---

2) 東北抗日聯軍鬪爭史 編寫組, 《東北抗日聯軍鬪爭史》(北京: 人民出版社, 1991), pp. 448~450.

3) 東北抗日聯軍鬪爭史 編寫組, 《東北抗日聯軍鬪爭史》, pp. 451~452.

왔다는 점이었다. 김일성은, 1945년 7월 말 주보중과 최용건이 동북당 전체회의를 소집하여 항일연군의 장래에 대해 결정을 내리는 가운데 조선으로 진공할 조선공작단(朝鮮工作團)을 만들 때 단장으로 선임되었다. 조선공작단의 당위서기는 최용건이었고 김책, 안길, 서철, 박덕산(김일), 최현 등이 나머지 구성원이었다.[4] 그리고는 조선공작단 구성 이후 국내진공을 준비하였으나 8월 8일 소련의 참전과 일본의 조기항복으로 최종적인 민족해방전투에는 참여하지 못하였다. 소련의 참전으로 국내 진공이 무산되자 이것은 이들에게 커다란 슬픔을 안겨 주었다.

이들은 두 그룹으로 나뉘어 귀국길에 올랐다. 수십 년간을 해외에서 머물며 항일투쟁을 전개한 이들의 귀국시의 감정은 표현하기 어려웠을 것이다. 김일성과 그의 그룹은 비야츠크에 머물던 중 일단의 소련장교들과 함께 9월 5일 귀국을 위해 출발했다. 처음에 그들은 만주를 거쳐 압록강으로 귀국하려 하였으나 결국에는 블라디보스토크를 거쳐 소련 선박 푸카초프호를 타고 1945년 9월 19일에 원산을 통하여 입국할 수밖에 없었다. 홍수로 인하여 압록강을 건널 수가 없어서 길게 돌아서 들어온 것이었다.[5] 목단강에서 청진-회령으로 들어가는 철도가 있었지만 그들은 이곳 역시 일본군이 폭파시켜 놔서 들어갈 수가 없었다.[6] 이들이 만주 목단강에 도착하였을 때 커다란 환영집회가 열려 시민들로부터 열렬한 환영을 받았다.[7] 한국인 중 대표연설은 김책이 하였다. 다른 한 그룹은 만주로 향하여 이곳에서 더 공작을 하다가 1945~46년중에 몇 번에 걸쳐 나뉘어 들어왔다. 최용건, 강건, 김광협 등이 그들이었다.[8] 이것은 이미 조선공작단을 만들 때부터 둘로 나누어 만주와 조선

---

4) 彭施魯, "在蘇聯野營的 五年,"《黑龍江黨史資料》 제 10 집, p. 77, 와다 하루키, 《김일성과 항일전쟁》, p. 284에서 인용.

5) 유성철, 《한국일보》 1990년 11월 6일.

6) 《남북의 대화》, p. 176.

7) 량재화, "환영의 물결, 감격적인 상봉," 中國朝鮮族 歷史足迹 編輯委員會 編, 《결전》(북경: 민족출판사, 1991), pp. 297~300.

8) 東北抗日聯軍鬪爭史 編寫組, 《東北抗日聯軍鬪爭史》, p. 479.

으로 들어가기로 되어 있었던 것이다.

김일성이 소련에 머물 때 그는 소련으로부터 좀 특별한 대우를 받았던 것 같다. 오영진과의 대화에서 한 김일성 자신의 말에 따르면 그는 몸이 좋지 않을 때는 소련의 배려로 소련군이 모스크바로 불러다가 두어 달 간 휴양시켜준 일도 있었다. 소련사람들은 이때 그를 '조선의 차바예프'로 불렀으며 그에게 차바예프를 다룬 영화를 보여주기도 하였다.[9] 차바예프는 소련 내전에서 많은 전공을 세운 유격부대장이었다. 일부 소련장교들은 북한에 귀국해서도 그를 국내인사들에게 소개할 때 '김일성 장군은 조선의 차바예프'[10]로 불렀다.

당시 88여단에 함께 있었던 김경석의 증언을 여정이 전하는 바에 따르면, 비야츠크에 있는 동안 모스크바에서 김일성을 두 번 불렀는데 그중 한번은 몰로토프가 친히 그를 접견하였다. 그에 따르면 88여단의 직속상부인 소련 극동방면군 사령부 정찰국장 조르킨(王新林) 소장과 김일성은 특별히 가까운 사이였다.[11] 한편 조르킨 소장 밑에서 정보업무를 담당하였던 최원은, 조르킨이 "조선사람 김일성은 믿을 수 있는 사람이고 우리 사람이다"라고 하였다고 증언한다.[12] 전 KGB 요원 올레그 고디에프스키(Oleg Gordievsky)의 회고에 따르면 김일성은 당시 소련군 대위로서뿐만 아니라 NKVD(KGB의 전신)의 요원으로서 복무하였다.[13]

당시에 그가 적군에 가담하여 소련군 대위가 되었다는 것은 민족주의자들이 반일투쟁을 위해 중국 국부와 협력하는 것만큼이나 자연스러운 것이었다. 그것은 이범석(李範奭)이 미국의 전략첩보대(*Office of Strategic Service*; *OSS*)와 연대하는 것과 하등의 차이가 없었다.[14] 그가

9) 오영진, 《하나의 증언》, pp. 172~173.

10) 오영진, 《하나의 증언》, p. 153.

11) 여정, 《붉게 물든 대동강》, p. 118.

12) 여정, 《붉게 물든 대동강》, pp. 120~121.

13) Christopher Andrew, and Oleg Gordievsky, *KGB — The Inside Story* (New York: Harper Collins Publishers), pp. 552~553.

14) 이범석, 《우등불 — 후편》(서울: 삼육출판사, 1992), p. 261.

KGB의 요원이 되는 것도 청년독립운동가 장준하와 김준엽이 국내진공을 위해 미국의 OSS 대원이 되었던 것만큼이나 식민지 민족독립운동가로서 자연스러운 것이었다.[15] 어떤 연구들은 김일성의 중국공산당 경력을 들어 그의 투쟁이 조국독립을 위한 것이 아니었다고 비난하거나, 그의 소련군 경력을 들어 그의 불변의 소련괴뢰성을 강조하려 한다. 반대로 어떤 연구들은 남한지도자들의 경력을 들어 그들이 이미 식민시대부터 미군의 비밀정보조직과 연계되어 있었던 자들이라고 비난한다. 그러나 사후의 이념적 지평에서 식민시기의 독립운동을 보는 것은 잘못된 것이다. 그것은 분단시대의 자신의 입점으로 식민시대의 행동들을 평가하려는 전도된 방법인 것이다. 역사와 인간행동을 바로 이해하는 첫출발은 시대와 상황에 대한 이해와 그 속에서의 선택에 대한 균형의식이 아닐 수 없다.

그럼에도 불구하고 김일성의 소련과의 긴밀성이 그의 부상과 권력장악에 결정적인 영향을 끼친 것만은 분명했다. 고디에프스키에 따르면 그를 46년에 새로 조직된 북조선 임시인위의 의장이 되게 한 것은 MGB(NKVD의 후신이자 KGB의 전신)의 지지에 의해서였다.[16] 김경석, 최원, 그리고 고디에프스키와 김일성 자신의 말을 종합하여 볼 때 김일성이 자신과 비슷하거나 또는 더 높은 지위의 사람들을 제치고 선택되는 데는 소련과의 친밀도가 상당히 작용하였음을 의심하기는 어려울 것이다.

레베데프에 따르면 최초에 소련군정은 김일성을, 25군을 주축으로 하여 "군정을 세우고 나서 조선의 실정을 완전히 파악한 후 정지작업을 끝내면 입북시키려고 하였으나 미국에 있는 이승만이 곧 귀국할 예정이라는 정보를 입수하고는 서둘러 김일성그룹을 입북시키게 되었다."[17] 이것은 해방되자마자 남한의 지도자들을 의식하여 헤게모니 장악을 염

15) 장준하, 《돌베개》(서울: 사상, 1985), pp. 220~242 ; 김준엽, 《장정 ― 나의 광복군 시절》(서울: 나남, 1987), pp. 385~402.

16) Andrew, and Gordievsky, *KGB ― The Inside Story*, p. 553.

17) 《秘錄 조선민주주의인민공화국》, pp. 296~297.

두에 두었음을 나타내는 중요한 증언이다. 다른 한 증언 역시 이와 비슷한 내용을 말하고 있다. 당시 만주에 머무르다가 북한으로 귀국하여 인민군 창설에 깊이 관여하였던 이기건(李奇建)에 따르면, 그가 만주 목단강 역전에 있을 때 소련군 복장을 한 김일성그룹이 "지금 조선 내부사정이 어떻게 됐느냐?"라고 물어 자기가 방송을 통하여 들은 바 있는 "조선에 동진공화국(東震共和國)이 탄생됐다"고 하자 한 소련군 상위 복장을 한 조선인이 "김구요 이승만이요?"라고 되물었다. 질문을 한 사람은 후에 인민군 총참모장에 오르는 안길이었다.18)

안길의 물음은 그들이 국내사정, 특히 김구와 이승만의 국가수립 움직임에 날카롭게 신경을 곤두세우고 있었음을 증명한다. 해방이 되었을 때 이미 평양에는 "김일성 장군이 평양에 입성한다", "동진공화국 내각명단" 등의 벽보나 소문이 나돌았다.19) 동진공화국 조각명단은 8·15 직후 서울거리에도 나붙었다. 그 내용은 "대통령 이승만, 총리대신 김구, 육군대신 김일성, 외무대신 여운형, 기타 미정"이라는 것이었다.20) 동진공화국의 조각명단이 서울과 평양 거리에 동시에 나붙었던 것은 신국가에 대한 민중들의 초조와 조갈나는 갈망을 보여주는 것이었다. 조각명단에 김일성이 육군대신으로 포함된 것도 우리의 눈길을 끈다.

유성철에 따르면 김일성그룹이 원산에 상륙할 때 동료들은 김일성에 대해서 물으면 "우리는 선발대이며 김일성은 나중에 올 예정이다", "김일성의 나이 신지 경력 등에 관해서는 일체 모른다고 하라"는 지시를 김일성으로부터 받았다.21) 김일성 귀국시 원산으로 김일성부대를 마중 나갔던 소련 한인 정상진에 따르면 그는 처음 만났을 때 김성주라고 자신을 소개하여 김일성인지를 몰라보았다.22) 와다 하루키는 이것을 "유

---

18) 曺圭河·李庚文·姜聲才, 《남북의 대화》(서울: 고려원, 1987), p. 176.

19) 《고당 조만식》, p. 171.

20) 송남헌, 《해방 3년사》 1, p. 39.

21) 《한국일보》 1990년 11월 6일.

22) 金贊汀, 《비극의 항일빨치산》(서울: 동아일보사, 1992), p. 293; KBS 다큐멘터리 〈내가 겪은 공화국 제1편—88여단의 김일성〉 1992년 6월 22일.

격대 사령관으로서의 신비화 전술을 견지한 것"이라고 분석한다.[23] 원산에 3일 간 머무른 김일성그룹은 9월 22일 평양에 도착하였다.

원산을 출발하기 전인 9월 20일에는 김책 등을 각 지방으로 보내 김일성그룹의 당조직을 구축하기 시작하였다.[24] 평양에 들어오기 전에 원산에 도착하자마자 다음날 바로 지방에 당조직을 구축하기 위해 핵심 조직원들을 파견하였다는 것은 조선공작단을 결성할 때에 이미 김일성그룹에서 어떤 결정이 있었음을 강력하게 증거한다. 즉 이러한 조치는 출발전에 김일성그룹이 당과 정권의 문제에 대해 일정한 구상을 갖고 있었음을 보여준다.

김일성은 귀국 직후부터 활발한 정치활동을 시작하였다. 그는 9월 30일에 조만식과 회합을 가졌다. 당시 소련군 정치장교였던 메클레르의 증언에 따르면 이 회합은 소련군이 주선한 것이었다.[25] 김일성은 조만식을 만나자 한국식으로 큰절을 하며 "선생님, 김일성입니다" 하고 인사를 하였다. 두 지도자의 최초의 만남이었던 것이다. 그러나 이들은 3개월여 후인 1월 초에는 탁치균열로 인해 결정적으로 반목하게 되었다. 최초의 만남에서 '선생님' 하고 큰절을 하였다가 탁치균열 때 '반동'으로 규정하는 간극의 급격한 확대는 마치 조선공산당이 김구가 귀국할 때는 '선생'이라고 부르며 환영하다가 탁치균열로 인해 '반동'으로 규정하는 간극의 확대와 동일하다. 이것은 해방 초기의 민족주의자와 공산주의자의 연대를 상징하면서 동시에 두 강대국이 결정한 탁치문제가 한국인들에게 가한 상처의 깊이를 상징하는 표징적 현상이다.

1945년 8월부터 10월까지 해방 이후 두 달 간 북한에 존재하는 공산당조직들은 서울의 조선공산당의 지부들뿐이었다. 김일성그룹이 9월 22일 평양에 들어온 이후 10여일 만인 10월 5일에 소련군-북한리더십은

---

23) 와다 하루키, 《김일성과 만주항일전쟁》, p. 291.

24) 《김일성 저작집》 1권, p. 269 ; 《붉은 해발》, pp. 19~24.

25) 《秘錄 조선민주주의인민공화국》, pp. 48~56. 한재덕 역시 9월에 조만식은 김일성의 방문을 받아 만난 적이 있다는 소문을 기록해놓았다(《김일성을 고발한다》, p. 60).

곧바로 북한에 새로운 공산당조직의 창설을 추진하기 위한 회의를 열었다. 전술했듯 10월 5일 예비회의에서 분국의 창설방침을 밝혔으나 이것이 격렬한 반대에 부딪치자 김일성은 10월 8일 박헌영과 단독 회동하여 담판을 지어 분국창설 노선을 관철시켰다. 그리고는 10월 10일에 분국창설대회를 열었다. 김일성은 또한 소련군의 주선 아래 각계 인사들과 그룹별로 회합을 하며 유력한 지도자로 소개되었다.

10월 5일에 그들이 귀국한 지 15일여 만에 독자적인 공산당의 창설을 위한 예비회의가 있었다는 점은 귀국시점을 고려할 때 엄청나게 빠른 것이 아닐 수 없었다. 이는 이미 떠나기 전에 이들간에는 김일성을 중심으로 뭉치겠다는, 그리하여 자신들이 나라를 경영하겠다는 어떤 결의와 맹세를 하였음을 강력하게 시사한다. 특히 만주게릴라파의 3대 지도자인 최용건-김책-김일성은 어떤 형제적 결의를 하였던 것이 분명하다. 와다 하루키는 이와 관련하여 이렇게 표현한다.

> 비유적으로 말하면 이 세 사람의 관계는 다음과 같은 삼형제의 관계였다고 보는 것이 좋을지도 모른다. 장남과 차남은 조건이 좋은 막내에게 집안의 상속을 잇게 한다는 결단을 내리고 막내의 현명함을 칭송하며 자기들도 스스로를 낮추어 막내를 섬기려고 하는 것이다. 이것은 전적으로 다른 집안과의 엄혹한 대항 속에서 집안을 흥하게 하기 위해서였다.26)

김일성은 10월 10일에는 조선공산당 북조선분국을 창설하기 위한 회의에 참석하여 분국을 창설할 필요성에 대해 밝혔고 회의의 마지막날인 13일에는 이 회의의 각 지방의 참석자들 앞에서 연설하였다.27) 추론컨대 10일부터 12일까지의 사전 결정과정에서의 대결과 격론이 귀결이 나자 13일에 지방의 대표들이 전부 집합한 대회에서 결정된 노선을 공식적으로 밝혔던 것으로 보인다. 그리고는 그는 분국창설회의가 끝난 13일

26) 와다 하루키, 《김일성과 만주항일전쟁》, pp. 280~281.
27) 《김일성 저작집》 1권, pp. 304~338.

저녁에는 평양시내의 각계 대표들이 베푼 '김일성 장군 환영회'에 참석하였다. 낮에는 분국 창설을 공식적으로 결정짓고 저녁에는 주요 지도자들이 참여하는 환영회에 참석하였던 것이다. 이 환영회는 평남인민정치위원회가 주최한 것이었다.[28] 환영회에서 김일성은 "인제는 무엇보다 일제를 완전히 쫓아내고 친일파 민족반역자를 제(除)한 각층각파의 인민이 통일단결하여 민주주의적 국가, 완전한 국가를 건설하기에 힘을 합하자"고 강조하였다.[29] 친일파를 제외한 전민족이 단결하여 새 조국 건설에 나서자는 요지의 이 연설은 김일성이 지속적으로 강조한 민족통일전선 노선의 연장이었다.

실제로 그는 서북 5도당 대회에서도 좌경급진주의와 우경기회주의에 대해 강도 높은 어조로 비판하였다. 그는 이 연설에서 장안파를 현실에 맞지 않는 주장을 하는 '가짜 좌경파'라고 공격하는 한편 "연합전선을 짖는다고 해서 무산계급의 독자성을 망각하는 것은 우경적이다. 우리는 연합전선을 펴서 인민정권을 짖는 것이다"면서 "조선민족의 이익을 파러먹는(팔아먹은) 그네들까지도 용납할 수는 없는 것"이라고 주장하였다.[30] 후자는 인공이 우파들에게까지 너무 넓게 문호를 개방한 데 대한 비판이었다. 건준에서 인공으로의 초기 재편과정에서 너무 좌파중심으로 재편되었다는 비판이 훗날 적지 않았음을 고려할 때 김일성은 반대의 관점에서 비판하고 있는 것이었다. 따라서 김일성의 양면 비판은 언술의 측면에서만 접근되어서는 안 된다. 권력투쟁이라는 현실정치의 측

---

28) 《조선중앙년감》(1949), p. 63. 한재덕이 말하는 10월 14일의 김일성 장군 환영 평양시 군중대회 직전의 김일성 환영 회합은 아마도 이것일 것이다. 그에 따르면 이 회합에는 로마넨코, 조만식, 김일성, 문일, 한재덕 자신 등과 평남인민정치위원회 위원들이 참석하였다. 한재덕은 김일성이 이때 조만식의 환영사에 답하며 "각계 각층 전민족의 총력결집을 부르짖었다"고 기술하고 있다(《김일성을 고발한다》, pp. 54~59).

29) 《조선중앙년감》(1949), p. 63. 훗날 발행된 《김일성 저작집》에는 이때 김일성이 〈단결하여 민주주의 새 조선을 건설하자〉라는 제목으로 연설을 한 것으로 나와 있다(《김일성 저작집》 1권, pp. 339~345).

30) 《옳은 노선을 위하야》, pp. 50~51.

면이 고려되어 설명되어야 한다. 표출되는 언술들은 실제의 의도나 객관적 상황을 배제한다면 정확하게 분석될 수 없다. 즉 김일성의 진술에는 새로운 헤게모니의 장악 의도가 깊게 들어 있는 것이었다.

13일의 두 번의 내부집회에 참석한 김일성은 다음날인 10월 14일에는 평양 공설운동장에서 열린 '평양시 군중대회'에 참석하였다. 7만 명의 군중이 참집한 대회에서 그는 로마넨코에 의해 영웅이요 민족적 지도자로 소개되면서 비로소 대중 앞에 등장해서 연설을 하였다. 해방된 지 두 달 만이었다. 환영대회의 위원장은 조만식이었다. 이 갑작스런 출현과 연설로 그는 대중에게 가장 극적인 방법으로 등장하였다. 남과 북을 통틀어 누구도 이러한 연출된 대중집회의 기회를 제공받은 적이 없었다. 김일성은 대회에서 다음과 같은 연설을 하였는데 이 연설의 뒷부분은 건국에 대해 말할 때 그가 자주 반복한 내용이었다.

> 우리 민족은 36년간의 암흑생활에서 광명을 맞나(만나) 해방과 자유를 얻고 또 3천리 강산은 찬연한 아침 해발같이 희망에 빛나게 되었다. 조선민족은 이제로부터 새 민주조선 건설에 힘을 합하여 나가야 되겠다. 어떠한 당파나 개인만으로 이 위대한 사명을 완수할 수는 없는 것이다. **돈있는 자는 돈으로 지식있는 자는 지식으로 노력을 가진 자는 노력으로 참으로 나라를 사랑하고 민주를 사랑하는 전민족이 완전히 대동단결하여 민주주의 자주독립국가를 건설하자.**[31]

흔들림없는 민족통일전선의 원칙과 노선을 읽을 수 있다. 강조 표시된 뒷부분은 그후로도 아주 유명한 말로 남아 있다. 1946년 초의 한 연설에서도 김일성은 민족주의자와의 연대와 통일을 거듭 강조하였다. 김일성은 모택동이 이끄는 중국공산당의 온건노선을 거듭 강조하면서 이렇게 말하고 있다.

> 금일의 우리 과업은 쏘베트 국가 건설이 아니라 인민공화국 건립이 기초임무라 할 것이다. 이 인민공화국을 건립함에는 무산계급뿐 아니

---

31) 《조선중앙년감》(1949), p. 63.

라 자본가·지주 할 것 없이 전민족이 다 같이 일치단결하야 통일전선을 느러야 할 것이다. … 우리들은 민족파의 노력을 무시할 수도 없으며 또는 그들과 현계단에 있어서 투쟁하야 민족통일전선을 내려서는 절대로 안될 것이다.

동시에 김일성은 공산당의 주도성과 자본가·지주의 본질을 폭로해야 한다는 점에 대한 지적을 잊지 않았다.

이 과정에서 공산당으로서는 소극적이어서는 안 된다. 피동적이어서는 아니될 것이다. 인민공화국을 세우는 데 있어서는 우리들 공산주의자들은 가장 적극적으로 능동적인 역할을 하여야 하며 가장 민중의 선두에 서서 이끌고 나가도록 해야 한다.

자본가나 지주들은 인민공화국 건설 도중에서 항상 동요성을 갖이고 있는 것이다. 자기의 개인적 이익을 위하야 민중을 기만하고 혹은 배반하는 일이 번다할 것은 움직일 수 없는 사실이다. 그런 고로 우리들은 민족통일전선을 ○○여 공화국을 건설하는 과정에 있어서 그들의 모든 추악상을 폭로하고 비판해야 할 것이다. 그럼으로써 대중들은 그들 자본가계급의 배신을 인식하는 동시에 공산당의 정직성을 철저히 숙지하는 계기를 줄 수 있다.[32]

연설 직후 이 젊은 공산주의자는 갑자기 북한정치의 핵심인물로 부상하여 아버지뻘의 조만식이나 다른 주요한 지도자들에 버금갈 인물이 되었고 모두가 그의 비중을 느끼며 행동하지 않을 수 없었다. 연설 직후 김일성이 '가짜'라는 여론이 돌았는데[33] 그것은 그가 너무 젊었기 때문이었다. 레베데프에 따르더라도 김일성이 가짜라는 여론이 돌았던 것은 사실이었다. 소련군은 그가 가짜가 아님을 증명하기 위해 기자들을 대동하여 그의 고향인 만경대를 방문하게 하기도 하였다.[34] 그곳에는 그

---

32) 김일성 장군 述, 《민족대동단결에 대하야》(조선공산당 청진시위원회, 1946), pp. 10~12. (○○는 판독 불능.)

33) 오영진, 《하나의 증언》, pp. 141~143.

의 조모와 숙부, 친척들이 살고 있어 가짜라는 여론을 잠재울 수 있기 때문이었다. 레베데프의 증언은 김일성의 만경대 방문에 동행취재하였던 한재덕에 따르더라도 사실이었다.[35] 10월 18일에는 대동관에서 '김일성 장군 가족위안회'가 열리기도 하였다.[36]

그가 가짜라는 여론이 존재했던 것은 사실이지만, 그는 결코 가짜 김일성이 아니었다. 진지한 연구들이 상세하게 밝혀놓았듯 그는 실제로 식민시기에 명성을 떨치던 항일게릴라지도자 김일성이었다. 조선조 말의 의병투쟁과 국권회복투쟁부터 시작하여 갑신정변, 동학농민전쟁, 독립협회, 3·1운동, 임시정부를 비롯 좌와 우, 민족주의와 사회주의에 이르기까지 이념적 편견 없이 객관적으로 서술한 당시의 한 독립운동사에 기록된 김일성 관련 서술을 보자.

> 항일전에 있어 빼지 못할 한 거대한 존재는 백두산과 압록강 유역을 중심으로 한 김일성 군(軍)의 활약이다. 만주국으로 하여금 일억원의 경비를 쓰게 하고 총독부로 하여금 조선통치의 암이라 하여 국경강안이 전부 보루화를 하여도 안심할 수 없이 두통(頭痛)한 것은 항일전상 특필대서할 일이다. 백두산의 녹림(綠林)호걸 청년장군 김일성 장군은 평안북도 출생으로 금년 34세의 청년이다. 압록강 연안 일대의 경찰서 주재소 등 습격방화를 당한 곳이 많아 언제나 그 때마다 헌병대 경찰대를 다수 동원하여 소탕이라는 이름으로 보복전을 개시하였으나 늘 가련한 참패를 당하고 말았다. 이는 김일성 부대가 산림중의 지리에 능숙한 것과 게릴라전의 기습전법을 취하여 적으로 하여금 발을 붙이지 못하게 하고 늘 오리무중에 방황케 한 것이다. 고어에 용장 아래 약졸이 없다는 말과 같이 그 부하들 역시 모두 용감하여 보천보(普天堡)를 습격한 때는 민중을 모아 놓고 일장의 애국연설을 하여 일반에게 큰 감격을 주었다. 그 행동이 담대하고 질풍신뢰(疾風迅雷) 같으면서도 또 유유한 점은 목도한 자들이 늘 전하여 오는 말이다. 일만군경

---

34) 《秘錄 조선민주주의인민공화국》, pp. 88~89.

35) 《김일성을 고발한다》, pp. 79~89.

36) 《해방후 4년간 일지》, p. 12.

과의 교전은 백여 회가 넘으며 특히 그중에도 명월구(明月溝)로부터 일병 대부대를 유인하여 안도(安圖) 가는 도중에서 섬멸한 것과 삼도구(三道溝)로부터 청산리(靑山里)로 향하는 일본군 대대를 최후의 일인까지 전멸시킨 것은 가장 큰 승전이었다.[37]

해방과 거의 동시에 출간된 다른 한 독립운동사 연구는 김일성의 투쟁에 관하여, 사실 서술에 있어 약간의 과장과 오류가 있음에도 불구하고, 사실적으로 기술하고 있다. "조선혁명군" 항목에서는 이종락(李鍾洛), 장소봉(張小蜂), 차광수(車光洙), 김혁(金赫), 최효을(崔孝乙) 등과 함께 김성주(金誠柱·김일성)가 활동한 것으로 되어 있다. 이들은 대단히 용감하여 홍원(洪原), 단천(端川)을 비롯해 조선내의 지역에까지 투쟁의 범위를 넓혔으나 주요 인물들의 체포로 1928년 활동을 중지하였다고 기술되어 있다. 또한 "'ㅌ·ㄷ'와 김일성" 항목에서는 본명 김성주인 평양산의 김일성의 1926년 이후 몇 년간의 활동에 대한 기록이 언급되어 있다. 여기에는 그가 'ㅌ·ㄷ', 즉 '타도제국주의동맹'을 결성하였다는 사실과, 조선사회의 효성(曉星)이 되어 달라는 뜻에서 동지들이 그에게 일성(一星)이라는 이름을 지어주었고 이로부터 金一星이나 金日成으로 불렸다는 내용이 나와 있다.[38] 이종락, 장기명(張基明), 현균(玄

37) 姜興秀, 《朝鮮獨立血鬪史》(서울: 고려문화사, 1946), pp. 142~143, "五. 金日成將軍의 活躍".

38) 崔衡宇, 《海外朝鮮革命運動小史》 제 1 집(한성: 동방문화사, 1945), pp. 25, 28~31. 이 책은 김일성에 관한 부분을 여기에서 중단하고 있다. 제 2 집에서 계속 쓰겠다고 하였으나 제 2 집은 출간되지 않았다. 최형우의 서술에 대한 분석은 와다 하루키, 《김일성과 만주항일전쟁》, pp. 47~50을 보라.

아래의 내용은 김일성의 회고록에 나와 있는 최형우에 관한 진술이다. 김일성에 따르면 최형우는 최일천(崔一泉)의 필명이다. 그는 일제시대에는 최천, 또는 최찬선이라고도 불렸다. 만주에서 그는 반제청년동맹위원장이며 《농우》의 주필을 맡고 있었다. 김일성은 그의 집에서 몇 주일씩 머물렀다. 그는 여러 해 동안 장춘에서 김일성측의 비밀공작원 활동을 하였으며 동아일보 지국장도 맡아보았다. 최형우는 해방후 서울에서 활동하였다. 그는 이때 조선혁명당 정치부장, 신진당 중앙위원회 부장, 김일성 장군 환영위원회 위원, 민족자

均), 김혁, 최천(崔泉), 문시선(文時宣) 등과 함께 활동한 내용도 서술되어 있다.

그가 젊었기 때문에 가짜라는 여론이 돌았던 것에 대해 만주의 항일게릴라투쟁을 논구한 이종석은 이렇게 반박한다.

> 겨울이면 영하 40도가 넘는 혹한과 배고픔을 극복하고 일상적으로 계속되는 일제의 토벌에 맞서 싸워야 하는 1930, 40년대의 만주에서 항일무장투쟁에서 백발이 성성한 노장군 김일성이 존재할 땅은 한 치도 없었다. 그 시기의 만주는 오직 젊고 정신력이 투철한 20, 30대의 전사들만이 살아 남을 수 있는 곳이었다. 우리가 당시 아시아 공산주의 운동의 현황을 살펴본다면 30대 초반의 공산주의 지도자 출현은 보편적이었음을 발견하게 된다. 중국의 경우 박고, 장문천, 왕명, 주은래 등의 저명한 지도자들이 모두 20대에 최고지도자의 위치에 올랐음을 상기해볼 때 '33세의 김일성 장군'은 그리 놀랄 만한 일이 못 된다.[39]

김일성은 그 명성으로 인하여 9월 6일 서울에서 열린, 조선인민공화국을 수립하기 위한 전국인민대표자대회에서 그가 아직 해외에 체류하고 있었음에도 불구하고 여운형, 이승만, 김구, 허헌, 김성수, 조만식, 안재홍 등과 함께 55명의 중앙인민위원에 선출되었다.[40] 그는 쟁쟁한 노명망가들로 구성된 중앙인민위원 중 가장 젊은 사람의 하나였다.

한편 한재덕에 따르면, 진주 이후 평양에서 신문발행을 금지시켰던 소련군정은 그의 환영대회가 끝남과 동시에 신문발행을 허가하였다.[41]

주연맹 집행위원을 역임하였다. 김일성, 《세기와 더불어》 2권, pp. 188~191. 자료에 따르면 신진당, 민족자주연맹 등 서울에서 활동할 때의 그의 이름은 최천이었다. 서울시 임시인민위원회, 《政黨社會團體登錄綴》(서울: 서울시 임시인민위원회, 1950. 9 ; 영인판, 한국안보교육협회, 1989), pp. 71, 765.

39) 이종석, "북한지도집단과 항일무장투쟁," 《해방전후사의 인식》 5권, pp. 127~128.

40) 《조선해방 일년사》, p. 86.

41) 한재덕, 《김일성을 고발한다》, pp. 72~74.

북한의 한 자료는 10월 14일에 조공 평남위원회의 기관지 《봉화》가 발간되기 시작하였다고 기록하고 있다.[42] 이는 김일성의 등장을 대중들에게 광범하게 알릴 수 있도록 하기 위한 조치였을 것이다. 이렇듯 귀국 때부터 김일성이 소련의 특별한 대우를 받은 것은 사실이었다. 그러나 김일성은 아직 국가의 지도자로 선택된 것은 아니었다. 그는 공산진영 내의 지도자로 선택된 것이었다.

레베데프에 따르면 "스탈린 정부로부터 김일성을 북한의 지도자로 추대하라는 특별한 지시는 없었다"고 증언한다.[43] 그는 "10월 13일 조선공산당 북조선분국 설치, 그리고 이튿날인 10월 14일 김일성 장군 환영 평양시민대회, 12월 17~18일 조선공산당 북조선분국 제3차 확집위 등을 통해 김일성이 공산당의 지도자가 되도록 노력했다"고 증언한다. 실제로 1945년 12월 17~18일에는 김일성은 분국의 책임비서가 되어 공산당의 지도자로 부상할 수 있었다. 자료와 증언, 소련군의 행태에 비추어볼 때 소련군이 선택한 최초의 국가지도자는 조만식이었다.

한 건준 참여자는 소련군정이 탁치를 받아들이면 조만식에게 대통령을 제안하였다고 이미 1950년대 초에 증언한 바 있다.[44] 이 증언은 한재덕에 따르더라도 사실이었다.[45] 레베데프 역시 이를 똑같이 증언하고 있다. 그에 따르면 "조만식을 초대 대통령에 김일성을 군부책임자에 내정해 놨었다"면서 이를 로마넨코가 조만식에게도 그대로 통보하였다고 증언한다.[46] 그에 따르면 당시 소련공산당 중앙은 "아직은 공산당원을 전면에 절대 부각시키지 말고 정권 초기에는 민족주의자 또는 민주주의자를 내세우라는 지시가 계속 떨어졌다"고 증언한다. 김일성·조만식과 밀접히 연계를 맺었던 정치장교 메클레르 역시 탁치균열 이전에는 조만식이 대통령으로 되어 있었다고 증언한다.[47] 그러나 그가 탁치를

42) 《해방후 4년간 일지》, p. 11.
43) 《秘錄 조선민주주의인민공화국》, p. 61.
44) 오영진, 《하나의 증언》, p. 185.
45) 한재덕, 《김일성을 고발한다》, p. 252.
46) 《秘錄 조선민주주의인민공화국》, pp. 62~63.

계기로 자기네와 결별하였다는 것이다. 오영진, 한재덕과 레베데프, 메클레르의 증언 사이에는 거의 40년의 시차가 존재한다. 그렇다면 이 증언들은 어떤 일치를 위한 조작은 아니라고 볼 수 있다. 또한 이러한 정책은 부르주아민주주의 국가를 수립하라는 스탈린의 지시, 그리고 그의 동구에서의 장기적인 민공연립정책에 비추어 사실로 보인다.

그러나 45년 말에서 46년 초의 탁치균열로 인해 정치지형은 새롭게 재편되지 않으면 안 되었다. 조만식의 배제였다. 조만식이 배제되자 G-2는 날카롭게도 북한에서 유일하게 남은 지도자는 김일성이라고 분석하고 있다.

> 소련당국은 한달 전 북한지역을 통치할 중앙정부를 수립하였다. 소련인들은 한국인들에게 중앙정부의 위신을 세우기 위하여 조만식을 강력히 지지하기로 결정하였다. 이러한 노력들은 실패하였고 그 결과 소련인들은 조만식을 정치권력에서 제거하려 한다. 이는 북한지역에 소련인들의 지지를 받는 단 한 사람의 뛰어난 정치인을 남겨놓았는데 그는 김일성 장군이다. 소련인들에 의해 김 장군이 '수입되고'(*imported*) 이어서 그들에 의해 그를 정치적 지도자로 옹립하려는 운동이 주어졌음을 볼 때 그들이 그를 통제하려고 가정한다는 것은 당연하다. 그의 위치는 소비에트 민정의 하나의 '괴뢰' 지도자(*a 'puppet' leader*)에 근사(近似)한 것일 것이다.[48] (강조는 원문 그대로)

그럼에도 불구하고 소련은 아직도 김일성을 국가의 수반으로 결정한 것은 아니었다. 탁치균열과 토지개혁은 지방에서 공산당의 기반을 확대하였고 김일성은 민족의 지도자로 받아들여지기 시작하였으나 소련군정은 비공산계열이나 온건좌파에의 미련을 버리지 못하고 있었다. 최근에 공개된, 미소공위에 제출하려고 1946년 3월에 작성하여 소련공산당 중앙에 제출한 현지 소련군의 임시정부 구상을 보면 이때 김일성의 직위는

---

47) 《秘錄 조선민주주의인민공화국》, p. 63.

48) *ISNK*, No. 4(1946년 1월 18일).

국방상이었다.[49] 이 자료는 레베데프, 메클레르, 오영진 등이 증언한 '군부책임자 예정', '국방상 임명 제안'이 사실임을 증거한다. 즉 김일성을 최초에 군부지도자로 상정했던 구상이 미소공위에 대비하는 시점까지도 유효했음을 보여준다.

다른 주요 각료의 명부를 보면 수상은 여운형으로 되어 있었다. 조만식과 결별한 후에도 정통 공산주의자를 전면에 내세우지는 않고 있음을 읽을 수 있다. 여운형은 미국이 시도한 좌우합작의 한 축이었을 뿐만 아니라 기본적으로 미군측과 매우 가까웠다.[50] 따라서 미소공위가 성공했을 경우 그는 미소의 공동지원으로 조선에 수립되는 최초의 임시정부의 수반으로 결정되었을 가능성이 높았다. 그러나 소련군정과 북한공산리더십은 여운형에게 보내는 비밀지령을 통해 미군정이 주도하는 좌우합작을 강력히 반대하고 있었다. 이를테면 슈티코프는 1946년 9월 24일 북한을 방문한 여운형에게 무슨 답변을 주어야 할지 스탈린의 지령을 요청했고, 9월 26일 슈티코프는 로마넨코에게 "좌우합작을 추진하지 말 것과 미군정이 남조선에서 추진하려는 정부에도 참여하지 말 것"을 지령하도록 명령하였다. 다음날 로마넨코, 샤브신, 여운형, 김일성이 참석한 회의가 열렸고 회담내용은 스탈린에게도 보고되었다.[51] 따라서 여운형에 대한 지지는 자신들의 노선에 복종할 때에 한해서였을 것이

---

49) 소련군 정치사령부 제 7 국장 M. 부르체프, "단평 — 조선임시정부 각료후보들에 대하여," 《역사비평》 1994년 봄, pp. 374~381.

50) 전체적으로 G-2를 검토해볼 때 핵심적인 정치문제에 대해서 미군정과 가장 많은, 가장 깊숙하게 의견을 교환한 인물은, 이승만이나 김구가 아니라 여운형이었다. 여운형 역시 미군측에 가장 깊숙한 정보를 제출하고 있었다. 이를테면 46년에 좌우합작을 할 때 여운형은 "음모를 꾸며서 박헌영을 제거할 것"을 제안하기도 하였다. 또 그는 북한을 다녀와서도 김일성과의 면담내용이라든지 자신의 인상 등을 미군에게 아주 상세히 개진할 정도였다. 박헌영과 여운형 사이의 관계는 해방 후 어떤 지도자들의 관계보다도 적대적이었다. 이러한 여운형에 대해서 미군은 각종 정보를 취하거나 그를 좌우합작의 기본축으로 이용하면서도 비밀보고는 그를 계속하여 정치적 기회주의자로 보고 있었다[Hq. USAFIK, *G-2 W/S*, No. 56 (Oct. 11, 1946)].

51) "슈티코프 비망록," 1946년 9월 24~28일, 《중앙일보》 1995년 5월 18일.

다. 실제로 여운형은 자주 평양을 방문하여 주요 문제에 대해 슈티코프 및 북한의 지도자들과 긴밀히 협의하고 그들의 의견을 전달받고 있었다.[52)]

다른 주요 각료를 보면 부수상 김규식·박헌영, 외무상 허헌, 내무상 최용건, 노동상 홍남표, 재무상 박문규, 체신-통신상 안기성, 공업상 무정, 교육상 김두봉, 선전상 오기섭, 경제계획위원장 최창익 등이었다. 이 임시각료의 명부는 슈티코프가 "박헌영과 김일성의 제안을 숙고하여" 작성한 것이었다. 선정작업에 김일성이 직접 참여하였음에도 불구하고 그가 국방상에 선정되었다는 점은 그를 군부지도자나 공산당 내 지도자 정도로 하려는 소련의 정책이 아직 유효하며 김일성 자신도 이를 수용했던 것을 의미한다. 이것은 아직 폐기되지는 않은 소련의 임시정부 수립정책에 비추어 있을 수 있는 정책이었다.

표면적으로는 이 임시정부 구상에 따르면 소련은 임시정부를 폭넓게 구상하고 있었음을 알 수 있게 한다. 김규식-김두봉과 같은 비공산계 인물뿐만 아니라 공산당 내에서도 북한출신보다 남한출신들이 11 대 6으로 더 많았다. 만주게릴라파 소속은 김일성과 최용건뿐이었다. 물론 모스크바협정을 반대하는 김구-이승만-한민당은 제외되었다. 그러나 전체적으로는 16개의 각료 중 수상과 중요 각료를 포함하여 3분의 2인 10명을 소련측에서 추천하도록 제시하고 나머지 중요하지 않은 3분의 1만을 미국측에서 제안하도록 하였다. 미국측이 장관을 차지하는 부서는 소련측에서 차관후보를 제안하도록 하였다.

이러한 구상은 1947년 제2차 미소공위 때도 변함이 없었다.[53)] 47년에도 각료의 할당은 남북 동수로 한다면서 좌익이 중요 부서 10개를 차지하고 우익에는 별로 중요치 않은 5개 부서를 양보하려고 구상하고 있었다. 좌익 : 수상, 부수상, 내무상, 국방상, 공업상, 외무상, 대내외상업상, 노동상, 교육선전상, 체신상. 우익 : 부수상, 농업상, 교통상,

52) 여운형의 평양 비밀방문과 협의내용에 대해서는《秘錄 조선민주주의인민공화국》下, pp. 90~184 참조.

53) "레베데프 비망록," 1947년 5월 22일.

재무상, 보건상, 법무상.

즉 남한을 대표하는 각료의 절반을 좌익으로 배당하여 4분의 3을 좌익이 차지하려고 하였던 것이다. 소련측은 미소공위 참가대상 정당 사회단체의 구성에서도 남북한 1대 1의 비율에다가 남한대표 중 절반을 좌파지분으로 확보할 것을 요구하여 전체적으로는 4분의 3을 좌파가 차지할 수 있도록 구상하고 있었다. 이러한 비율을 볼 때 미소공위는, 시초부터 성공할 수 없었지만, 만약에 가까스로 성공하였다고 하더라도 실제로 임시정부를 구성한다는 것은 거의 불가능하였음을 알 수 있다.

그러나 여운형과 김규식마저 남과 북에서 모두 탈락하였다. 미소공위와 좌우합작의 결렬은 표면적으로라도 그들의 설자리를 앗아가 버렸다. 그들의 탈락은 단순한 한 지도자의 탈락이 아니라 정치지형의 축소와 가능성의 상실을 의미했다. 그리고 가깝게는 48년의 분단국가의 등장과 전쟁, 길게는 20세기 후반 전체의 한국민족의 역사에 직접적인 자장(磁場)을 드리웠다. 엄청난 논쟁과 격돌을 불러일으키는 폭풍을 몰고 왔음에도 불구하고 합의를 이루지 못한 단일정부 수립문제는 결국 미소공위에 이르러서까지도 합의없이 결렬되고 말았다. 타협은 협상의 테이블에서도 도출되지 않았던 것이다. 그 결렬은 미국과 소련의 대한정책에서 뚜렷한 전환점이 되었고 이것은 해방국면 전체의 지형변화로 연결되었다.

2. 혁명의 종착: 반세기의 출발

해방이 분단으로 나아가는 가장 결정적인 전환점의 하나는 1946년 5월 제1차 미소공위의 결렬이었다. 이를 계기로 통일정부를 위한 내외적 가능성은 최종적으로 사라졌다. 미국과 소련은 각자 수용 가능한 상한과 수용 불가능한 하한을 갖고 들어왔다가 비로소 고정적인 정책을 갖게 되었는데 그 계기는 제1차 미소공위의 결렬 시점이었다. 미소 각각에 있어 워싱턴과 서울, 모스크바와 평양의 차이는 최종적으로 해소되었다. 이후의 1948년까지의 노력은 무위의 노력이었다. 그 점에서 제 2차 미소공위는 김학준이 말하듯 "불가능한 것을 달성하려고 시도"한 무위의 노력이었다.[54] 첫 번째의 전환이었던 모스크바협정과 탁치균열이 열린 가능성을 위한 전환이었다면 두 번째의 전환은 열린 가능성을 닫아버린 전환이었다. 둘 다 전환이었으나 서로 반대의 전환이었던 것이다.

공위의 결렬과 함께 한국에서 단일정부를 수립한다는 것은 불가능해졌다. 남한에서는 세 가지의 사태변화가 있었다. 온건우파와 온건좌파의 합작 추진, 강경좌파에 대한 강력한 탄압, 그리고 단독정부 수립의 추진이 그것들이었다. 먼저 미국군정은 좌파에 대해 강경하게 탄압하기 시작했다. 공위의 결렬은 더이상 좌파에 대한 포용의 정책을 필요로 하지 않았다. 주요 좌파지도자에 대한 체포령이 내렸고 체포된 자들은 재판에 회부되었다. 좌파는 이에 맞서 지금까지의 온건노선과는 달리 미국군정에 대항하여 정면 대응하기 시작하였다. 이른바 신전술이었다.

7월 말 박헌영은 〈신전술에 대한 지시서〉를 하달, 수세에서 적극적 공세로 전환하였다. 박헌영은 해방 이후 견지하였던 미군정과의 협조노선의 폐기를 지령하였다. 또한 그 때까지의 무저항적 태세를 청산하고 우익에 대한 타격과 정권의 인민위원회로의 이양운동을 전개하기로 하였다.[55] 마지막 기대가 사라지자 서로, 남아 있는 가능성에 대비하여 유예하였던 준비된 결전으로 돌입하는 느낌이었다. 미군과 혁명세력의 관계는 1945년 8월에서 12월까지의 대결적 공존과 46년 1월부터 5월까지의 유보적 대결을 거쳐 이제 세 번째 단계인 유보없는 대결로 넘어갔던 것이다.

미국군정은 또한 온건좌파와 강경좌파를 분리해내어 온건좌파와 온건우파를 결합시키려는 좌우합작을 적극적으로 추진하였다. 그 중심인물로 선택된 사람들은 합리적이라고 평가받던 김규식과 여운형이었다.

---

54) 김학준, 《한국문제와 국제정치》, p. 27.

55) 박일원, 《남로당의 조직과 전술》(서울: 1947년 간행, 1984년 세계출판사 복간), pp. 30~32.

한국의 민족운동세력의 입장에서 좌우합작 시도는 분열을 막아보려는 마지막 노력이었다. 반면에 이승만은 6월 3일 이른바 '정읍발언'을 통해 "무기휴회된 공위가 재개될 기색도 보이지 않으며 통일정부를 고대하나 여의케 되지 않으니 우리는 남방만이라도 임시정부 혹은 위원회 같은 것을 조직하여(야 할 것)"이라고 주장하였다.[56] 미소합의를 기대하지 말고 단독정부 수립으로 나아가자는 주장이었다.

미국 역시 1946년 5월 22일 국무성, 전쟁성, 해군성의 3성 장관회의에서 단독선거를 곧 시행할 것을 제안하고 있었다.[57] 또한 번스(James F. Byrnes) 국무장관은 5월 25일 주한 정치고문 랭던(William Langdon)에게 《뉴욕타임스》의 기사를 인용하여 하지의 정치고문 굿펠로(M. Preston Goodfellow)가 한 다음과 같은 말을 전문으로 보내었다.

> 굿펠로 대령은 만일 미소공위의 소련대표단이 조속히 복귀하지 않을 경우 미국은 남한지역에의 단독정부(*a separate government in Southern Korea*)의 설립을 추진해야 할 것이라고 언명하였다.[58]

굿펠로와 이승만이 비슷한 시기에 공히 단정(單政)을 주장하고 있는 것이다. 여기에서 우리는 이승만이 굿펠로와 연계되어 워싱턴의 내부에 대해 잘 알고 있었다는 사실을 간과해서는 안된다. 굿펠로는 이승만과 아주 가까운 사이였다. 이승만은 공개적으로 언명하였고 미국은 내부적으로 검토하고 있다는 점이 다를 뿐이었다. 김구 역시 중심 고려대상이 아니었다. 미군정은 46년 5월 "김구를 지지하는 것이 말[馬]을 잘못 쓴 것임을 인정해야 할 때가 왔다"고 여겼다.[59]

---

56) 《서울신문》 1946년 6월 4일, 《자료 대한민국사》 2권, pp. 705~706.

57) "Memorandum on Meeting of Secretaries of State, War and Navy"(May 22, 1946), *FRUS 1946*, Vol. Ⅷ, pp. 681~682.

58) "The Secretary of State to the Political Adviser in Korea(Langdon)"(May 25, 1946), *FRUS 1946*, Vol. Ⅷ, p. 689.

59) *FRUS 1946*, Vol. Ⅷ(May 22, 1946), p. 682.

북한에서도 이 시점은 하나의 전환점이었다. 북한은 남한보다 더 결정적인 분수령을 넘어서고 있었다. 탁치균열을 분석할 때 언급했듯 스탈린은 1월 말에 해리만을 만났을 때 탁치문제를 놓고 미국이 취하는 불합리한 태도를 보고는 "한국에서 우리들은 좋지 못한 관계로 출발하였다", "소련정부는 미국만큼 신탁통치를 필요로 하지 않는다"고 말한 바 있는데 공위의 결렬은 소련의 입장이 정당하다고 여길 만한 명분을 제공해 주었다. 이미 초기의 격렬한 반탁과 반소반공운동을 지켜보면서 모스크바와 평양은 미국과 남한 우파의 인식과 행동이 어떤 배경하에서 무엇을 얻기 위해 그러는 것인지 날카롭게 응시하였고 대응을 했었다.

공위의 결렬이라는 중대한 전환국면도 마찬가지였다. 탁치균열을 거치면서 "파쇼잔재의 국제부흥운동의 일부분"이라며 미국을 은유적으로 공격하던 표현은 제1차 미소공위의 결렬 직후에는 미국에 대한 직접적인 공격으로 바뀌었다. 46년 5월 19일의 북조선공산당 중앙위원회의 격문은 미국을 지칭하는 것이 분명한 변상적(變相的) 제국주의라는 용어를 쓰고 있었다.

> 민족반역자 김구·이승만이와 그 졸도들은 조선이 해방도 되기 전부터 조선의 광산권과 외교권을 파라서 사복을 채우고 무치(無恥)하게도 일본제국주의자의 대리인들과 결탁해 가지고 조선을 다시 변상적 제국주의 식민지를 만들여고 애쓰고 있다.[60]

공산당 선전부장 김창만은 더 직접적으로 미국을 공격하였다.

> 이번 쏘미공동위원회의 중지를 통하여 변상적 제국주의자들의 조선에 대한 야욕과 그들의 전통적 식민지정책은 노골적으로 세상에 나타났다. … 조선인민은 변상적 제국주의의 조선에 대한 어떠한 음모도 책동도 허용할 수 없다.[61]

---

60) 북조선공산당중앙위원회, 〈檄〉(1946년 5월 19일), 통일원 소장 미군탈취문서.
61) 김창만, 《모든 것은 조국 건설에》, pp. 23~24.

'변상적 제국주의'라는 말은 '얼굴만 바꾼 제국주의'라는 의미였다. 따라서 이 표현은 미국은 일본과 다름없다는 인식의 발로였던 것이다.

1946년 7월에서 8월에 걸쳐 평양의 소련군정의 최고 간부들인 치스차코프와 로마넨코 등은 평양을 비웠다. 25군 참모장 샤닌도 평양을 떠나 연해주 보로실로프의 상급고위사령부를 다녀왔다.[62] 소련의 대한정책에 있어 보로실로프와 평양의 관계는 마치 미국의 대한정책에 있어 동경과 서울의 관계와 같은 것이었다. 김일성 역시 평양을 비웠다.[63] 박헌영은 비밀리에 서울을 떠나 평양으로 갔다.[64] 이 모든 움직임들은 극비리에 추진된 것들이었다. 그러나 그 움직임에 대한 정보들은 G-2에 샅샅이 잡히고 있었다. G-2의 이 정보기록들은 오늘날의 증언과 일치한다.

몇 가지 자료에 대한 추적에 의하면 김일성과 박헌영은 7월 1일에서 21일 사이, 또는 7월 7일에서 21일 사이에 평양을 비웠다. 《김일성 저작집》에 따르면 이 시기 동안 그는 7월 1일 중앙고급지도간부학교 개교식에서 연설한 뒤 7월 21일 보통강 개수공사 완공 경축대회에서 연설한 것이 전부였다. 이 사이는 비어 있으며 7월 7일의 편지가 하나 실려 있을 뿐이다.[65] 《저작집》보다 더 자세하게 김일성의 행적를 보여주는 것은 《조선전사》의 연표이다. 이에 따르면 김일성은 7월 1일 중앙고급지도간부학교에서 연설하고 7일에는 앞의 공개편지를, 8일에는 김일성종합대학 창립에 관한 북조선임시인위 결정 발표, 그리고는 7월 21일에 보통강 개수공사에서 연설한 것으로 나와 있다.[66] 7일과 8일의 행적은 김일성의 직접 참석 여하를 증명하는 것은 아니다. 따라서 이것이 그냥 발표만 된 문건이라면 김일성은 7월 1일 이후 평양을 떠났다고 할 수 있다. 그렇지 않다면 그는 7월 8일 이후 평양을 떠났다.

---

62) *ISNK*, No. 22 (22 Oct. 1946).

63) *ISNK*, No. 26 (20 Dec. 1946).

64) Hq, USAFIK, *G-2 W/S*, No. 45 (25 Jul. 1946).

65) 《김일성 저작집》 2권, pp. 283~304.

66) 《조선전사연표》 권 II, pp. 118~119.

그렇다면 이 사이에 김일성이 참석해야 할 행사가 없었을까? 그렇지 않았다. 7월 1일에는 쏘베트연방전람회가 조소(朝蘇)문화협회 주최로 개최되었고 7월 3일에는 해방탑 건립준비위원회가 조직되었다. 또 7월 10일에는 각도 공상부장(工商部長) 국영도영(國營道營) 책임자 연석회의가 있었다. 전농 북조선연맹을 북조선농민동맹으로 개편하는 제3차 농민대표대회도 이날 있었다. 7월 14일에는 북조선산업연구협회가 발족했으며 15일에는 보통강 개수공사가 완수되었고 7월 19일에는 해방탑 기공식이 거행되었다. 그러나 이 행사들에 김일성은 참석하지 않았다. 더욱이 북한군대의 초기형성에서 가장 중요한 계기의 하나였던 북조선 보안간부학교의 개교가 7월 20일 있었으나 김일성은 참석하지 않았다. 그는 보안간부학교 개교식에는 참석치 않고 개교 직후인 7월 26일에서야 방문하였다.67) 그렇다면 그는 7월 20일에 평양에 없었다는 얘기가 된다. 그가 참석한 7월 1일의 중앙고급지도간부학교 개교식에 비하면 이 학교 개교식은 더 중요한 행사였다. 이후의 북한 공식 역사에서도 보안간부학교의 창설은 인민군 창설에 매우 중요한 계기로 간주되었다. 그러나 그는 참석하지 않았다.

중요 인물들의 평양 집중과 비밀스런 동시 탈평양, 그리고 그 이후 사태의 새로운 전개는 이들이 어디엔가 모여서 새로운 국면에 대한 대응을 모색하였음을 암시한다. 레베데프에 따르면 김일성과 박헌영은 이때 소련의 모스크바를 방문하여 스탈린을 만났다.68) G-2는 김일성이 모스크바를 방문하였다는 정보를 입수, 언급하면서 이는 "신뢰할 만하다고 평가되며 아마 사실일 것"이라고, 극비리에 추진된 이 방문을 정확하게 추적하였다.69) 레베데프에 따르면 김일성과 박헌영의 모스크바 방문은 스탈린의 호출에 따른 것이었다.

스탈린이 그들을 호출하자 제1극동방면군 사령관 메레츠코프(Kirill

67) NA, RG 242, SA 2005 Item 2/9, 《해방후 3년간 일지》, pp. 10~11 ; 《해방후 4년간 일지》, pp. 63~65 ; 《조선전사연표》 권 II, p. 119.

68) 《중앙일보》 1991년 11월 30일 ; 《秘錄 조선민주주의인민공화국》, p. 326.

69) *ISNK*, No. 26 (20 Dec. 1946).

A. Meretskov) 원수가 평양으로 날아와서는 "스탈린 대원수가 김일성과 박헌영을 면접하겠다는 지시가 떨어졌다"며 김일성과 박헌영을 데리고 모스크바로 갔다. 이때 로마넨코, 서울 주재 부영사 샤브신(Anatolii I. Shabshin)이 김일성, 박헌영과 동행하였다. 슈티코프는 연해주로부터 모스크바로 직행하여 거기에서 김일성과 박헌영을 맞았다. 레베데프에 따르면 여기에서 김일성은 북한의 지도자로 최종적으로 결정되었다. 그리고는 스탈린은 김일성에게 "소련군정의 협력을 받아 북한의 소비에트화 정책을 조기 실현시키도록 투쟁하라"고 지시하였고 박헌영에게는 "어려운 여건 속에서 분투하는 혁명투쟁을 높이 평가한다"고 말했다.

샤브신의 부인 샤브신 쿨리코아에 따르면 자신의 남편이 이때 박헌영을 데리고 모스크바에 가서 스탈린 면접에 배석하였다. 박헌영의 딸 박비바안나 역시 이때 모스크바에서 자신의 아버지를 처음 만났다고 증언하였다.[70] G-2는 극비리에 추진된 김일성의 모스크바 방문의 이유가 "북한에 분단정권(*separate government* — 원문 그대로)을 수립할 가능성에 대한 것"이라고 놀라울 만치 정확하게 꿰뚫어보고 있었다.[71] 다만 방문 날짜는 약간씩 차이가 있어 G-2는 8월 또는 8월 3일에서 14일 사이로 추정하였고 레베데프, 샤브신의 부인, 박 비바안나는 7월 말이었다고 증언한다. 최근에 공개된 《소련 외교문서》에 따르면 김일성이 1950년에 전쟁의 결정을 위해 슈티코프에게 스탈린을 방문할 의사를 표시할 때 "1946년처럼 비밀방문으로 할 것을 제의"하였다는 얘기가 나온다.[72] 여기서 말하는 46년의 비밀방문은 바로 이때를 두고 하는 말임이 틀림없다.[73]

---

70) 《중앙일보》 1991년 11월 30일 ; 《조선민주주의인민공화국》, p. 330.

71) *ISNK*, No. 26(1946년 12월 20일).

72) 《소련 외교문서》 2, p. 23.

73) 《중앙일보》 1991년 11월 30일 ; 《秘錄 조선민주주의인민공화국》 上, pp. 326~330. 다른 한 증언에 따르면 스탈린이, 김일성이 귀국하기 전인 1945년 9월 초순 그를 모스크바로 불러들여 '북한의 지도자로 낙점하였다'고 밝히고 있다. 당시에 소련극동군 총사령관 부관을 지냈고 전 소련공산당 중앙위원회 국제부 극동담당 부부장을 지낸 코바넨코 이반 이바노비치의 증언이 그것이다(《秘錄

조선민주주의인민공화국》 下, pp. 201~212).

코바넨코는 "45년 9월 초순 극동군 총사령관 바실리예프스키 원수가 '극동군에서 추천한 88 정찰여단의 김일성 대위를 비밀리에 모스크바로 보내라'는 스탈린의 긴급지시를 받고 하바로프스크에서 소련군 특별수송기편으로 김일성을 모스크바로 보냈었다"고 밝혔다. 그는 "스탈린은 모스크바 교외별장에서 극동군 총사령부와 하바로프스크에 있는 KGB 극동본부가 보고한 김일성에 대한 평정서를 토대로 4시간 동안 김일성을 면접한 후 '군은 이 사람에게 적극 협력하라'고 지시했었다"며 "김일성은 사전에 소련으로부터 북한의 지도자로 내정돼 입북했음을 분명히 했다"고 증언한다.

그는, 일본군이 멸망하면서 25군에는 "인민위원회를 조직하기 위한 지도자를 빨리 찾으라"는 지시가 극동군 총사령부를 통해서 모스크바로부터 떨어졌으며 25군사령부가 마땅한 인물을 찾지 못해 어려움을 겪을 때 극동군총사령부에서는 KGB 극동본부와 협의해서 88여단의 김일성을 북한의 지도자 후보로 추천하기로 결정하였고 이에 김일성은 KGB 극동본부요원들의 안내로 모스크바에 가 스탈린을 만나 지도자로 결정되었다는 것이었다. 극동군 총사령부에서 김일성을 추천한 이유는 그가 3년여 동안 소련군대에서 정치 군사훈련을 받았고 이 과정에서 그의 리더십과 계략이 뛰어나다고 판단됐으며 30년대 중국과 만주 국경지대에서 중국공산당원으로 항일활동을 했을 뿐 조선공산당 등 종파투쟁에는 관여하지 않았기 때문이라는 것이다. 코바넨코는, 모스크바를 다녀온 김일성이 KGB 요원들과 함께 바실리예프스키 사령관에게 인사를 왔는데 이때 자신이 그를 사령관에게 안내하였다고 증언한다. 그는 적지 않은 소련 현지기관들이 박헌영을 지도자로 해야 한다고 주장하였으나 스탈린이 김일성을 지도자로 낙점했기 때문에 불가능했다고 주장한다.

김일성이 귀국 이전부터 스탈린에 의해 국가의 지도자로 결정되어 있었다는 이 주장은 몇 가지 점에서 강력한 의문을 낳게 한다. 첫째로, 그랬다면 조만식을 대통령으로 내세우려 하였던 초기 소련군정의 계획을 설명하기가 어렵다. 두 번째는 탁치균열 이후 1946년 구상했던 '여운형 수상'안은 더욱 설명할 수 없게 된다. 둘 다 민공연립정책의 산물이었는데 이를 설명할 수가 없게 된다. 세 번째는 1945년 9월 초면 스탈린이 트루먼으로부터 〈일반명령 1호〉를 받기는 하였으나 아직 다른 어떤 합의를 이루기 전인데도 불구하고 국가의 지도자를 결정하였다는 얘기가 된다. 네 번째는 당시에 88여단에 김일성과 함께 있었던 사람 중 한국과 중국의 누구도 45년 9월 초에 김일성이 비밀리에 모스크바를 방문하였다는 사실에 대해서 증언을 남기고 있지 않다는 점이다. 만약에 김일성이 9월 초에 모스크바를 방문하였다면 그가 조국을 향해 출발하는 9월 5일 전에는 돌아왔어야 한다. 결국 여러 가지 자료와 사실에 비추어 1945년 9월에

7월 말의 김일성의 일정을 보면 7월 22일 북조선민주주의민족전선(북민전) 창립대회 참석, 26일 중앙보안간부학교 방문, 27일 북조선공산당 중앙위원회 주재, 28일 북조선공산당 및 조선신민당 연석회의 참석, 29일 동 연석회의에서의 보고 등으로 모스크바를 방문할 시간적 여유는 없었다. 잠시 사라졌다가 나타나 7월 21일 보통강 개수공사 완공 경축대회에 참석한 김일성은 이후 어떤 방향을 감지케 하는 행보를 취하고 있었던 것이다. 8월 초에도 역시 2일 북민전 중앙회의 주재, 평남강동군 방문, 5일 중앙당학교 제1회 졸업식에서 연설, 8일 중앙교향악단 창립공연 관람 등으로 모스크바를 방문하기는 무리였다.[74)]

여러 자료에 따라 김일성의 모스크바 방문은 7월 1일에서 21일, 또는 7월 7일에서 21일 사이로 추정할 수 있다. 더욱이 레베데프는 스탈린이 김일성을 최종 지명한 이후 공산당과 신민당을 합당하여 로동당을 만들도록 하였다고 증언하고 있다. 북한의 사태를 좌우하는 가장 중요한 문제의 최종결정은 역시 스탈린의 몫이었다. 로동당의 창당 역시 소련군정의 정책의 결과였던 것이다. 그리고 김일성은 최초에 북한 또는 임시정부의 공산당 내 지도자이거나 국방장관으로 선택되었다가 사태의 전개에 따라 스탈린에 의해 최고지도자로 결정되었던 것이다. 이 과정에서 그는 자신보다 나이가 많고 투쟁경력도 장구한 조만식과 박헌영이라는 민족주의와 공산주의의 두 상징적 인물들을 차례로 넘었다. 미소공위의 결렬로 인해 소련군정이 준비했던 여운형도 용도 폐기되었다.

조만식에서 여운형으로, 여운형에서 김일성으로의 전이는 지도자의 선택문제를 넘어 소련이 구상하고 있는 이념과 체제의 성격의 변화를 보여주는 것이었다. 그것은 곧 북한체제의 성격의 변화를 의미했다. 1946년 여름의 중요한 결정 이후 1948년 9월 정부 수립시까지 북한의 체제는 커다란 변화가 없었다. 그것은 다만 구축된 체제의 공고화의 과정을 넘지 않았다. 그 과정은 마치 남한이 1946년 가을 모든 힘들이 전

이미 김일성이 북한 지도자로 선택됐다는 코바넨코의 증언은 오류로 보인다.

74) 《조선전사연표》 권 II, pp. 119~120 ; 《김일성 저작집》 2권, pp. 305~337.

부 드러나고 힘의 추이가 확실해져 지형이 결정되고 나자 이후 정부수립까지는 큰 변화 없이 사태가 진행된 것과 마찬가지였다.

1946년 7월 22일 열린 북조선민주주의 정당 사회단체 대표회의에서 김일성은 '민주주의민족통일전선위원회를 결성하자'고 연설하였다.[75] 좌파통일전선의 결성을 주장한 것이었다. 사회혁명이 성공하고 계급구조가 재편되었으며 민족주의자의 탈락이 분명해지자 본격적인 체제구축의 단계로 돌입한 것이었다. 그 구축은 사회경제 변혁에 상응하는 정치적 제도화의 시도였다. 최고지도자의 결정, 통전의 구축, 단일지배정당의 형성 등 중요한 정치적 제도화가 같은 시간에 전부 이루어졌다. 정당의 통합과 통일전선의 결성이라는 조치는 모두 좌파세력의 결집을 의미했다.

7월 23일에 조선신민당 중앙상무위원회 대표 김두봉으로부터 조선신민당과 북조선공산당의 합동을 제의하는 서신이 김일성에게 전달되었고 24일에는 이를 접수한다는 김일성의 회신이 김두봉에게 전달되었다.[76] 7월 26일 신민당 중앙위원회에서는 북조선공산당의 양당 합당조건에 대하여 토의하고 이에 대해 찬성한다는 회답을 보냈다.[77] 곧바로 7월 27일 김일성은 북조선공산당 중앙위원회 제8차 확대집행위원회를 열고 공산당과 신민당이 합당해야 한다는 보고를 하였다. 7월 28일에는 양당 중앙위원회의 연석회의가 열렸고 7월 29일에는 치열한 토론 끝에 합당선언이 발표되었다.[78] 아주 빠른 합당 추진이었다.

신민당의 소멸을 통한 합당과 두 당을 그대로 두는 것 사이에는 정치적으로 커다란 차이가 있었다. 이 합당조치는 미소공위의 결렬과 김일성 옹립으로 인해 분단체제를 구축하려고 결정하였기 때문에 가능한 조치였다. 강력한 두 당의 존재는 선택 가능한 정치를 하게 하고 이는 공

---

75) 《김일성 저작집》 2권, pp. 305~312.

76) 《해방후 4년간 일지》, p. 65.

77) 《조선해방 일년사》, p. 455.

78) 《해방후 4년간 일지》, pp. 65~66 ; 《조선전사연표》 권 II, p. 119 ; 《조선해방 일년사》, pp. 455~456.

산주의 방식의 정치에서는 존재할 수 없는 것이었다. 지지를 하나로 묶어내는 작업이 필요한 것이지 공산당이 다른 좌파정당과 대등한 경쟁상대가 된다는 것은 있을 수 없는 방식이었다. 그러한 방식은 자유경쟁적 정치체제에서나 가능한 것이었다.

비슷한 시기에 남한에서도 조선공산당과 남조선신민당·인민당의 3당합당이 추진되었다. 이 문제에 대해 남한의 좌파들 사이에는 격렬한 논란과 파쟁이 있었지만 합당은 소련의 정책이었다는 점에서 무위의 논란이었다. 김일성은 두 당의 합당을 소련의 지시와 절대적 후원으로 손쉽게 추진할 수 있었으나 박헌영은 반대파로부터 격렬한 도전을 받았다. 남한의 좌파 3당은 각각 합당찬성파와 반대파라는 6파로 분열되었고 그들 중 합당에 찬성하는 세력은 남조선로동당을 만들어내었으나 좌파는 완전히 분열되었고 만신창이가 되다시피 하였다.

좌파지도부가 극심한 파쟁에 휩싸여 있을 때 남한의 민중들은 미군정의 실정과 경제파탄, 친일파의 발호, 경찰의 탄압에 항의하며 전국에 걸친 봉기를 감행하고 있었다. 합당문제와 마찬가지로 항쟁의 시작에서도 소련의 개입은 깊숙했다. 슈티코프 비망록을 보면 9월 9일 박헌영은 "당이 사회단체들을 어떻게 지도해야 하는지를 문의했다." 이에 대해 "테러와 압제에 반대하는 항의집회를 조직할 것"(11일), "미군정과 남조선 반동파의 행동을 폭로하는 대중적인 항의를 조직할 것"(16일)이 지시되었다. 또한 슈티코프는 500만 엔에 달하는 투쟁기금을 지원하였을 뿐만 아니라 임금인상, 체포인사 석방, 폐간된 좌익신문의 복간 등의 요구가 받아들여질 때까지 파업투쟁을 계속할 것을 지령하였다.[79] 결국 당시 남한과 북한에서 전개된 좌파와 관련된 주요 사태에 대해 소련은 거의 전부 개입하고 있었다고 할 수 있다.

북한에서 공산당과 신민당 두 당의 합당을 위한 대회는 8월 28일부터 30일까지 열렸지만 그것은 단지 결정된 사항을 공식적으로 추인하는 사후대회였다. 한달간의 통합과정을 거쳐 지방에서도 합당에 대한 반대를

---

79) 《중앙일보》 1995년 5월 9일.

제압한 뒤였다. 합당회의가 약간의 논란 속에 치러졌다고 해도 그것은 이 합당 결정이 비민주적이며 급작스럽게 결정되었음을 방증하는 것일 뿐이었다. 합당회의에서는 주목할 만한 하나의 새로운 사실이 등장하였다. 지금까지의 회의들과는 달리 김일성은 모든 발언자들로부터 영도자요 민족의 영웅으로 부상하였다. 한국어에서 '영도자'라는 말은 절대적인 충성과 복종의 대상에게 붙이는 용어이다. 1945년 이후 국민과 지지자들로부터 지속적으로 영도자라는 표현을 들은 인물은 이승만, 김일성, 그리고 박정희 세 명뿐이었다. 그 이후에 이런 호칭으로 불린 지도자는 아무도 없었다. 34세의 이 젊은 지도자는 귀국 10개월 만에 민족의 영도자가 되어 있었다.

합당대회 첫날인 8월 28일 북조선직업총동맹 대표 최경덕은 첫 번째 축사에서 "조선인민의 위대한 영도자 김일성 장군 만세!"를 외쳤다. 그는 또한 자기의 축사에서 다섯 번이나 '조선민주주의인민공화국'이라는 국명을 사용하였다.[80] 1948년에 가서야 수립되는 국호를 1946년부터 쓰기 시작했음을 알 수 있다. 이후로 이 국명은 거리낌없이 사용되었다. 회의에서는 다른 발언자들도 김일성을 "우리 민족의 위대한 영도자 김일성 장군", "우리 조선의 위대한 영도자", "우리 민족의 영웅", "우리 민족의 자랑"으로 불렀다. "토지개혁과 같은 거대한 민주개혁은 김일성 장군의 영도하에 이루어진 것"으로서 그 성공은 그의 지도력에서 기인한 것으로 해석되었다. 평북의 대표로 참석한 박병서는 우리의 지도자로는 "김일성 동무를 내세워야 할 것"이라면서 "만일 김일성 동무를 깎는 자가 있다면 그는 반동분자요 반역자"라고 지적하였다.[81] 김일성에게 충성하느냐 반대하느냐가 반동의 기준이 되었음을 알 수 있다.

김일성의 아버지 김형직보다도 나이가 많은, 유명한 어문학자요 독립동맹의 주석으로서 오랫동안 민족독립운동을 지도한 김두봉 역시 "우리의 지도자 김일성 장군 만세!"로 자신의 연설을 마쳤다. 김형직은

80) 〈북조선로동당 창립대회 회의록〉, 《사료집》 1권, pp. 102~103.

81) 〈북조선로동당 창립대회 회의록〉, 《사료집》 1권, p. 130.

1894년생이었고 김두봉은 1890년생이었다. 당시 김일성은 34세였다. 김두봉의 "김일성 장군" 호칭과 "김일성 장군 만세!"는 어딘가 어색한 것이었다. 분국의 창설문제로 1945년에 김일성에게 강력하게 반대하였던 오기섭 역시 김일성을 "조선민족의 위대한 영도자"로 불렀다.[82] 반대파들도 전부 김일성의 수하로 들어갔던 것이다. 조선로동당의 위원장으로 내정된 김두봉과 반김일성파인 오기섭조차 "위대한 영도자 김일성 장군 만세!"를 부른다는 것은 김일성의 헤게모니가 완벽하게 구축되었음을 의미한다.

김일성은 지난 10개월 간의 정지과정을 거쳐 소련군의 절대적인 후원을 업고 군부나 공산당 내의 지도자에서 조만식의 탈락이라는 망외의 계기와 미소공위의 실패, 그리고 박헌영과의 지도력 경쟁을 넘어 북한의 국가지도자로 부상한 것이었다. 이전에는 어떠한 회의에서도 김일성은 집단적으로 이렇게 불린 적이 없었다. 1945년 가을 남한의 좌파 의사를 대변하던 《해방일보》에서는 그가 귀국하여 분국을 설치하고 이를 주도하자 그를 "조선의 청년영웅", "민족의 청년영웅"으로 불렀다. 그러나 김일성이 언급되자마자 그 옆에 나란히 박헌영은 "조선노동계급의 수령(首領)"으로, "민족해방운동의 지도자"로 불렀다.[83] 모든 조직에서 영웅은 여럿일 수 있으나 최고지도자를 의미하는 수령은 오직 하나만이 존재한다. 김일성을 언급하기 이전에는 《해방일보》에서 박헌영을 이렇게 부른 적이 없었다. 둘에 대한 이러한 대비(對比)는 김일성의 등장에 대한 서울의 고참 공산주의 지도자들의 날카로운 견제의식과 박헌영 지도성의 확립의도를 보여주는 것이었다.

그러나 해방 초기 서울에서 전국에 걸친 지도력을 행사하던 박헌영은 미소의 분할점령상태에서 45년 10월에서 12월의 공산당 내 권력이동기를 거치며 남한만으로 그 영향력이 축소되었고, 46년 초 탁치문제에의 대응을 놓고는 김일성에게 전국적 지도력을 사실상 이양하였다. 그리고

---

82) 〈북조선로동당 창립대회 회의록〉, 《사료집》 1권, pp. 119~143.

83) 《해방일보》 1945년 11월 5, 15, 20, 21일.

는 46년 10월 6일 그는 미국군정의 체포령을 피해 관속에 숨어 북한으로 피신하였다.[84] 1946년 10월에는 이미 김일성은 스탈린의 지명으로 난공불락의 헤게모니를 구축하고 있을 시점이었다. 비록 탈락하기는 했지만 46년 7월 스탈린이 소련이 진주한 한 지역인 북한의 지도자를 선택할 때 남한에 근거가 있는 박헌영을 불렀다는 점 자체가 역설적으로 그의 한국 공산주의운동에서의 지도적 위상을 방증하는 것이기는 하였다.

1946년 4월의 북조선공산당 중앙위원회 제2차 각도 선전부장회의에서 당 선전부장 김창만은 "김일성, 박헌영, 무정 동무 만세"가 함께 외쳐지고 있다면서 이는 종파주의·영웅주의로서 당의 통일과 영도의 유일성을 장해한다고 비판하였다. 그는 "당을 근로대중 속에 건립하는 데 있어서의 김일성 동지의 역할을 똑똑히 인식하여야 한다"면서 "김일성을 지도자로 하여 분국의 주위에 단결하여야 할 것", "이후에는 지도자에 대한 태도에서 그전과 같은 혼란을 철저히 극복하여야 한다"고 강력하게 주의를 주었다.[85] 김일성 선전에 앞장섰던 김창만은 좀더 이른 46년 6월에 "우리 민족의 위대한 영도자 김일성 장군 만세!"를 외치고 있었다.[86]

1946년 4월 시점에서 여전히 박헌영과 무정에 대한 만세가 불리고 있었다는 것은 공산당 내에서조차 김일성이 박헌영 및 무정과 지도력을 공유하고 있었음을 보여준다. 즉 아직 김일성의 통일적 지도가 당내에서도 확립되지는 않았던 것이다. 박헌영은 주요 활동근거지가 남한이었

84) 박헌영의 정확한 북한 피신 날짜는 그동안 베일에 싸여 있었다. 최근에 공개된 "슈티코프 비망록"에 따르면 10월 6일이었다. 이 부분의 기록을 인용한다. "46년 10월 6일 박헌영이 남한을 탈출해 북한에 도착했다. 박헌영은 9월 29일부터 산악을 헤매며 방황했는데 그를 관에 넣어 옮겼다. 박헌영이 휴식을 취하도록 지시했다." "슈티코프 비망록," 1946년 10월 7일. 《중앙일보》 1995년 5월 9일.

85) NA, RG 242, SA 2012 Item 8/88, 《黨의 政治路線 及 黨事業總結과 決定》, pp. 67~68.

86) 김창만, "'六十萬歲' 二十週年을 기념함," 《모든 것은 조국건설에》(평양: 조선로동당출판사, 1947), p. 23.

음에도 불구하고 북한지역에서 만세를 받고 있었던 것이다. 박헌영을 제외하면, 북한의 정치인 중에는 단 2명 김일성과 무정만이 만세의 대상이었다. 무정 역시 김일성의 강력한 경쟁자였던 것이다. 그러나 4개월 후의 회의는, 그것이 공산당 내부회의가 아니라 신민당과의 통합회의였음에도 불구하고 이를 '김일성 만세' 하나로 통일시켜 버렸던 것이다.

보안국장 최용건은 김일성 지도력을 가장 앞장서서 확립하기에 노력하였다. 1946년 7월 1~2일 사이에 열린 제2회 각도보안부장회의 결정서는 김일성을 '우리의 영명한 영도자 김일성 장군'으로 부르면서 〈김일성 장군께 드리는 감사문〉을 채택하였다.87)

> 민족의 영웅이시며 위대한 영도자이신 장군께서는 조국을 떠나 황량한 광야와 준험한 산림 속에서 춘풍추우 20여 성상을 오직 강도 일본제국주의놈들의 철제(鐵蹄) 밋테서 신음하는 우리 민족해방과 근로대중의 이익을 위하야 혈투하신 결과 삼천만 동포로 하야금 잃었던 강토를, 언어를, 그리고 일체 자유를 찾는 환희를 주셧읍니다. … 봉건세력과 일제의 악독한 압박과 착취 밋테서 우마와 같이 혹사밧던 근로자·사무원으로 하야금 자유와 행복을 열어주신 것에 대해 다시금 장군께 무한한 감사와 최고의 영예를 드린다.

이어서 "일만오천여의 우리 보안원은 장군의 영명장대하신 의도"와 "장군의 혁명적 정신과 정확하신 영도사상을 본받"들겠다고 다짐하였다. 이것은 조직원이 조직의 지도자에게 바칠 수 있는 최대의 충성과 복종의 표시였다. 곧 국가의 구성원이 국가원수에게 바치는 절대충성의 표시였던 것이다.

1946년 7월 해방 1주년을 맞이해서는 드디어 "땅없는 농민에겐 생명의 구주, 근로자 대중에겐 해방의 은인"이란 가사를 담은 〈김일성 장군의 노래〉가 창작되어 보급되었다. 김일성을 칭송하고 흠모하며 그에게 감사하는 내용의 이 노래는 곧바로 전국으로 퍼져나갔다. 이 노래의 등

87) NA, RG 242, SA 2005 Item 6/2, 〈제2회 각도 보안부장 회의록〉.

장시기에 대해서는, 그것이 김일성의 부상이라는 정치적으로 중요한 의미를 함축하기 때문에, 적지않은 논란이 있어 왔으나 지금까지 공개된 자료들 중 이 시기 이전에 이 노래의 등장을 확인해주는 1차 자료는 없다.[88]

흥미 있는 최초 가사의 내용을 보자.[89]

1. 장백산 줄기줄기 피어린 자욱
 압록강 구비구비 피어린 자-욱
 오늘도 자유조선 꽃다발 우에 역연히 빛어드는 거룩한 자욱

 (후렴)
 아 - 아 - 그 일흠도 그리운 우리의 장군
 아 - 아 - 그 일흠도 빛나는 김일성 장군

2. 만주벌 눈바람도 꺽지를 못한
 밀림의 긴긴밤도 굽히지 못-한
 순국의 굳은 일념 그 ○○○념 초목도 머리숙일 순국의 일념

3. 땅없는 농민에겐 생명의 구주
 근로자 대중에겐 해방의 은-인
 그 발길 그 손길이 닫는 곳마다 이 강산 방방곡곡 우숨이 핀다

4. 二十개 정강우에 자라는 조선
 나-나리 자라가는 새로운 조-선
 내 조선 민주조선 우리의 조선 힘차게 떠메고 선 위대한 기둥

---

88) 오늘날 북한에서도 이 노래의 등장시기를 필자의 추론처럼 1946년 7월로 기록하여 놓았는데 이는 사실을 말하고 있는 것이다. 《조선전사연표》 권 II, p. 119.

89) 〈김일성 장군의 노래〉, NA, RG 242, SA 2005 Item 2/34, 《조선여성》, 해방 1주년 기념 창간호.

국가(國歌)나 국기(國旗), 국명(國名)보다도 최고지도자에 대한 칭송의 노래가 먼저 나왔음을 알 수 있다. 보안부장회의와 김일성 장군의 노래에는 한 가지 현저한 변화가 나타나고 있었다. 즉 해방의 주체가 바뀐 것이었다. 그 때까지는 오로지 붉은 군대였다. 그러나 이제는 김일성이 그 자리를 넓게 차지하고 들어가 있음을 분명하게 간취할 수 있다. 김일성은 "삼천만 동포로 하여금 잃었던 강토를 언어를 그리고 일체 자유를 찾는 환희를 주신 분"으로 부상하였다. 1945년 해방 당시와 1946년 해방 1주년의 문건들은 이 점에 관한 한 판이한 차이를 보이고 있었다.

지금까지 해방은 전적으로 소련의 붉은 군대가 갖다준 것이었다. 그러나 이제 그 공은 김일성의 항일투쟁과 공유하게 되었다. 실제로는 후자의 내용을 더 칭송하는 흐름으로 바뀌어 갔다. 최고지도자로서의 역사적 정통성을 확보케 하기 위한 김일성에 대한 소련의 양도가 눈에 띄게 많아졌다. 이것은 물론 지도자를 옹립하는 데 있어 경력을 관리해주기 위한 소련의 양해가 있었기 때문에 가능한 것이었다. 투쟁의 공유는 곧 정통성의 공유였다. 공산체제에서, 특히 건설기 공산체제에서 투쟁 경력은 정통성의 획득과 유지의 독점적인 창출원이다. 그것은 무엇과도 비교될 수 없는 권력의 자원이었다.

지도자의 투쟁 때문에 해방이 되었음을 강조하는 칭송은 지도자의 과거의 업적, 그중에서도 오늘의 정통성을 뒷받침해주는 업적을 과장하고 창조한다. "누가 맑스-레닌을 옳게 해석했는가"가 탈식민국가에서는 "누가 해방을 가져왔는가"로 바뀌지 않을 수 없었다. 이는 홉스봄이 말하는 '전통의 창조'(*invention of tradition*)였다. 창조된 전통에는 실제적으로 창조되고 구축되는 전통뿐만 아니라 공식적으로 제도화되는 전통도 포함된다. 창조된 전통은 또한 매우 빠르게 구축되며, 학습에 의해 행동의 가치와 규범을 반복 주입하고, 따라서 자동적으로 과거와의 연속을 기도한다.[90)]

90) Eric Hobsbawm, "Introduction: Inventing Tradition," in Eric Hobsbawm, and

김일성의 부상과 소련의 후퇴는 북한사회에 반비례적으로 나타나기 시작했다. 이 반비례는 관료와 운용방식의 조선화(*Koreanization*)와 동시적으로 병행되었다. 많은 결정권은 인민위원회와 공산당으로 넘어왔고 소련군이 축소되면서 지방의 치안도 보안대가 장악하여 갔다. 그리고 소련군정의 소련한인들도 인위와 당, 군으로 넘어오기 시작하였다. 그 시점은 1946년 여름부터 집중되었다. 김일성이 현실과 상징의 양면에서 북한의 지도자로 확고하게 자리잡은 것은 이렇듯 다른 어느 때가 아닌 46년 7~8월이었던 것이다. 공개된 문건들을 추적할 때 그는 로동당 창당대회 이전의 공식 비공식 회의에서는 단지 김일성 동지로만 불렸을 뿐이었고 이렇듯 집중적으로 칭송된 적이 없었다. 이러한 칭송은 사실상 스탈린에게나 가능한 것이었다. 이후에는 그는 이 위치로부터 반세기 동안 한번도 심각한 위기에 처한 적이 없었다.

1946년 7월 소련과 북한공산리더십이 임시정부 수립에 대한 미련을 버리자 김일성은 지금까지 유보해 왔던 직접적인 공격을 더 이상 유보하지 않았다. 그 대상은 셋이었다. 미국은 미제(美帝)로 불리기 시작하였고, 김구와 이승만은 김일성의 입에서조차 반동파의 수괴로 불렸으며, 남조선은 "오늘날 또다시 제국주의의 침략의 위기에 직면하고 있다"고 공격하였다.91) 이때의 제국주의는 미국을 지칭하는 것이었다. 이 공격은 해방 1주년 기념식에서의 연설에서였다. 연설에서는 또한 드디어 일제로부터의 해방이 지난 36년간의 "조선민족의 투쟁의 결과"라는 표현이 나오기 시작하였다. 그것도 "소련의 위대한 붉은 군대의 영웅적 투쟁" 앞에 나오기 시작하였다. 이 표현은 김일성식 민족주의의 초기적 발로였다.

7월의 전환기에 있은 로동당의 창당은 7월 23일 제의로부터 7월 29일 합당선언까지는 단지 6일이 걸렸을 뿐이었다. 상이한 지지기반과 강령

Terence Ranger(eds.), *The Invention of Tradition*(Cambridge: Cambridge University Press, 1984), pp. 1~14.

91) 김일성, "8·15 일주년을 기념하면서 조선동포에게 고함,"《김일성 장군 중요 논문집》, pp. 91~124.

과 정책과 뿌리를 갖는 두 정당의 합당이 단지 6일만 걸렸다는 것, 그리고 공산당이 포괄하기 어려운 계층을 담당하기 위하여 창당한 정당이 5개월 만에 소멸한다는 것은 의사의 수렴과 결정의 정치적 과정이 생략되는 공산체제라고 해도 매우 빠른 것이었다. 이것은 높은 수준의 결정력이 행사되었음을 시사한다. 더욱이 조선신민당은 이제 만든 지 몇 달 밖에 되지 않는 상태였다. 2월에 만든 정당을 5개월 만에 갑자기 해체, 합당한다는 것은 어떤 커다란 사태나 인식의 변화가 없다면 불가능한 것이다.

정치체제의 구조에 관계없이 정당은 동원의 기본기제이며 지방공동체들을 국가로 통합시키는 기능을 행사한다. 이것은 특히 탈식민사회의 단일정당국가에서 그러하다. 인종이나 지역균열이 존재하는 곳에서 정치지도자들은 단일정당체제를 지역과 인종을 아우르는 "민족이라는 더 넓은 공동체의식을 불러일으키는 데" 이용하였다.[92] 인종갈등이나 지역갈등이 존재하지 않는 곳에서 단일정당체제의 형성은 계급갈등이나 이념갈등을 아울러 하나의 국민, 하나의 인민으로 일깨워준다. 북한은 인종이나 지역, 문화갈등이 존재하지 않았다. 로동당 창당으로 계급갈등과 이념을 반영하는 심각한 정치갈등은 존재할 수 없었다. 민주당과 청우당이 남아 있었으나 그것들은 어디까지나 우당(友黨)일 뿐이었다.

정당의 가장 중요한 기능은 일반민중과 통치구조 사이, 즉 사회와 국가 사이의 전달벨트(*transmission belt*)로서의 기능이라고 할 수 있다.[93] 따라서 사실상의 일당체제의 구축은 민주적 결정과정과 의사수렴의 종언을 뜻했다. 하나의 독점적 정당이 사회의 갈등적인 이해관계를 두 개

---

92) Seymour M. Lipset, and Stein Rokkan, "Cleavage Structures, Party Systems, and Voter Alignments : An Introduction," Seymour M. Lipset, and Stein Rokkan(eds.), *Cleavage Structures, Party Systems, and Voter Alignments*, p. 4.

93) Otto Kirchheimer, "The Transformation of the Western European Party Systems," in Joseph LaPalombara, and Myron Weiner(eds.), *Political Parties and Political Development*(Princeton, New Jersey: Princeton Univ. Press, 1966), p. 177.

의 경쟁하는 정당관계보다 더 잘 수렴할 수는 없다. 일당체제는 제한된 당내 민주주의가 보장된다고 하더라도 일체적 결의(*unanimity*) 원칙의 표현에 불과했다. 일체적 결의는 복수의 의견이 경쟁하여 모아지는 정치적 결정과정(*political deliberation*)[94]의 결여를 특징으로 한다. 김윤걸의 경우에서 볼 수 있듯 북한은 더욱이 당내민주주의는 거의 실현되지 않았다.

김두봉은 창당에 즈음하여 두 당이 하부수준에서 마찰이 있었음을 지적하였다. 따라서 이를 해소하는 것도 합당의 한 요인인 것으로 시사하였는데[95] 이 지적은 우리가 보았던 45년 김일성의 보고와 정면으로 배치된다. 김일성은 1945년 가을에는 공산당과 민주당의 반목을 강력히 비판하며 두 당의 공존과 협력을 매우 강조하였다. 그런데 이제는 민족주의정당은 고사하고 같은 좌파정당마저 공존이 아니라 흡수해버린 것이었다. 북한은 북조선로동당의 창당을 계기로 당이 독점적 권력을 갖는 당국가(*party state*)가 되어가기 시작하였다. 당국가 형태의 일당국가 지배에서 국가는, 사회의 사회적 경제적 체제의 재편을 위해 권력을 전면적으로 사용하려는 이념적 목표를 갖는 일괴암적 정당의 하나의 도구가 된다.[96] 그러나 정치의 본질은 갈등에 있는 것이고 정치는 성격상 대립하는 요구들이 겨루어지는 장이라고 할 때 복수정당의 존재는 정치적 결정에서 필수적이다.

46년 2월의 조선신민당의 결성은 배제된 민족주의 대신 온건좌파가 그를 대체하는 성격을 지니고 있었다. 즉 탁치균열로 축소된 지형에서의 민족주의 정당을 대체한 것이었다. 그러나 온건좌파마저 흡수하여 단일한 정당으로 통일시켜버렸던 것이다. 45년 10월의 공산당 결성으로

---

94) Bernard Manin, "On Legitimacy and Political Deliberation," *Political Theory*, Vol. 15, No. 3(Aug. 1987), pp. 338~368.

95) 〈북조선로동당 창립대회 회의록〉, 《사료집》 1권, pp. 119~127.

96) Joseph LaPalombara, and Myron Weiner, "The Origins and Development of Political Parties," in Joseph LaPalombara and Myron Weiner(eds.), *Political Parties and Political Development*, p. 40.

부터 시작하여 11월의 민주당 결성, 46년 1월 민주당 배제와 2월의 신민당 결성, 7월의 신민당 소멸과 로동당 결성까지의 정당의 등장과 해체의 스펙트럼을 보면 이 짧은 시기 동안 각각의 정당이 대표하는 이념과 정책을 북한체제가 어떻게 수용하고 배제해 왔는지를 선명하게 읽을 수 있다. 민주당의 창당시에는 민족주의까지 확대를 하였다가 46년 1월에는 민족주의자를 배제하였고, 배제된 만큼의 축소된 지형에서 온건좌파가 등장하였으나, 결국 김일성 지도체제의 구축과 함께 그것도 다시 흡수되었던 것이다. 이것을 하나의 그림으로 나타내면 〈그림 5-1〉과 같다.

이 그림에서 보듯 북한의 초기정치는 정치이념과 세력의 수용과 배제를 분명히 하면서 전개되었다. 이 변화에는 정당의 등장과 소멸이 결정적이었다. 그림에서 '공간 A'는 활동가능한 이념과 세력을 계속 수용하는 영역을 말하고, '공간 B'는 배제되거나 탈락되는 영역을 말한다. '공간 A'는 계속하여 축소되고 '공간 B'는 계속하여 확대되고 있음을 한눈에 볼 수 있다. 단계 사이의 상하격차는 그 격차만큼 지형이 축소된 정도를 말한다. 그럴 때 세 번의 결정적인 축소의 계기가 발견된다. 첫 번째는 소련군의 진주이고, 두 번째는 탁치균열이며 세 번째는 로동당의 등장이었다. 결국 최초의 지형에서 몇몇 뚜렷한 단계를 거쳐 1년 만에 공산당 지배체제가 구축되었던 것이다. 같은 시기에 김일성도 국가의 지도자로 등장하였던 것이다.

김일성체제의 구축과 단일정당체제의 구축이 일치하였다는 점은 중요한 시사를 던진다. 제3세계의 정치변동을 탐색하는 가운데 헌팅턴(Samuel P. Huntington)은 "혁명이 얼마만큼 성공했느냐를 측정하는 기준은 그것이 탄생시킨 제도(*institution*)의 권위와 안정성이다. 전면적인 혁명은 따라서 기존 정치제도의 신속하고 폭력적인 해체, 새로운 집단의 정치에로의 동원, 그리고 새로운 정치제도의 창설을 수반한다"[97]고

97) Samuel P. Huntington, *Political Order in Changing Societies* (New Haven: Yale Univ. Press, 1968), p. 266.

〈그림 5-1〉 정당의 창당과 해체로 본 초기 북한의 이념과 세력의 배제과정

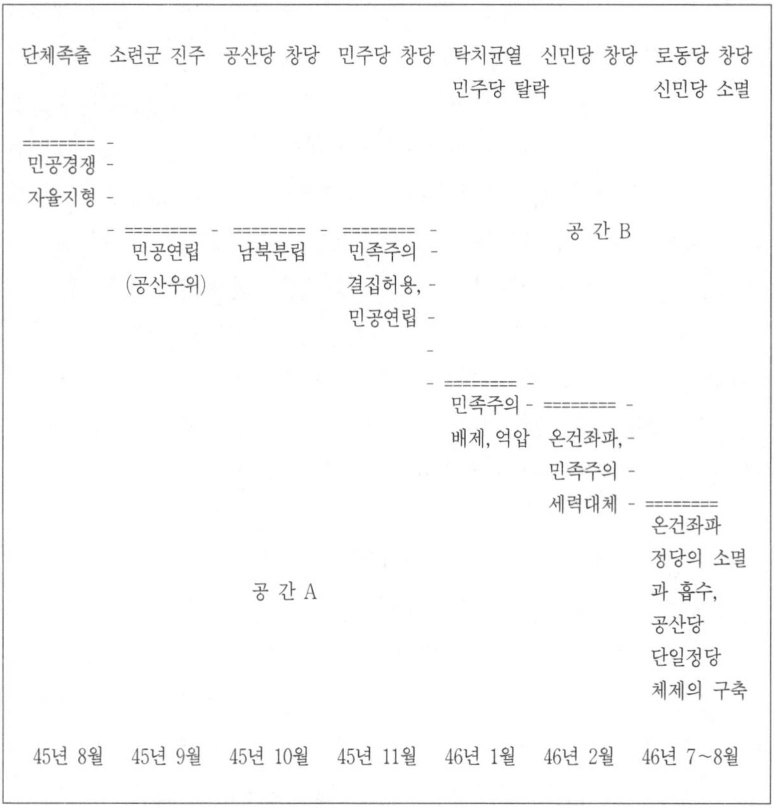

말한 바 있는데 북한혁명은 이렇게 볼 때 1946년 중반이면 성공의 문턱을 넘었던 것이었다. 혁명을 통하여 등장한 체제는 공산체제였으며 그 체제는 1946년 7월 이후 크게 흔들리지 않았다. 북한혁명은 사실상 여기에서 거의 끝난 것이었다. 우리가 여러 측면에서 추적하였던 이 사회혁명은 결국 공산혁명이었던 것이다. 가장 급진적인 리더십은 농민과 결합하였으며 그 급진성은 미소냉전으로 인한 제국소련의 군대에 의해 담보되었고, 계급분할선의 존재로 인해 적대계급이 일거에 탈출함으로써 매우 용이할 수 있었다. 따라서 이 공산혁명은 역사상 가장 쉬운 혁명 중의 하나였다.

여기까지 와서 우리는 비로소 앞에서 추적하려고 던졌던 물음들, 즉 이 혁명의 주체와 진행과정, 특징과 성격, 의미에 대해 적절한 해답을 얻은 셈이다. 구체제 지배세력이 배제된 최초의 지형 축소에서 머무르는 정도가 가장 이상적인 혁명이 아니었을까 우리는 상정해본다. 그것은 〈그림 5-1〉에서 나타난 지형변화과정에서도 최초지형이 비교적 큰 변화 없이 몇 단계 동안 지속되는 데서도 알 수 있다. 그것은 또한 한국민중들이 추구하던 탈식민해방의 의제를, 그들에게 너무 큰 고통과 인간적 비용을 요구하지 않고 달성할 수 있는 한 방법이었을 것이다. 물론 남한의 친일파들과 구체제 지배계급은 이 정도의 사회변화조차도 반대하였는데 그것은 해방 자체를 부정하고 지나온 시기의 모든 독립투쟁을 조롱하는 것 이상 아무것도 아니었다. 그것은 다만 민중들에게 고통스런 식민지배를 계속 받아들이라는 의미 이상이 아니었다.

김일성이 최종적인 지도자로 확정된 뒤 소련군과 북한공산리더십은 체제의 공고화에 돌입하였다. 1946년 여름으로 분단은 굳어진 것이었다. 1945년 8월에서 12월까지가 분단으로의 제 1 단계라면 탁치균열부터 1차 미소공위의 결렬까지는 분단의 제 2 단계였다. 이 이후로 단일국가를 수립할 가능성은 없었다. 이승만은 단독정부를 주장하였고 김일성과 박헌영은 모스크바로 스탈린을 방문하여 체제의 구축을 결정하고 돌아왔다. 스탈린의 45년 〈일반명령 1호〉 수용으로부터 시작된 '확보된 지역의 사회주의 구축' 정책은 46년 7월의 지도자 결정으로 완성된 것이었다. 이후 이 정책은 최소한 1950년 봄까지는 더 이상 흔들리지 않았다.

김일성의 헤게모니 장악과정은 두 단계였다. 첫 번째는 공산당 내의 헤게모니 투쟁이었다. 소련의 확고한 의도 덕분에 비교적 쉬웠던 이 단계는 1945년 10월의 북조선분국 창설과 12월의 3차 확대집행위원회까지의 기간 동안에 결정이 났다. 이 단계에서 어려웠던 것은 최초의 돌파인 45년 10월의 결정이었다. 45년 8월과 9월에 들어온 소련군과 김일성이 한두 달간 전체 한국의 정세를 면밀히 관찰한 후 내린 독자공산당의 창설이라는 예외적 결정은 당시와 오늘의 많은 논란에도 불구하고 앞으로의 확고한 방향을 암시하는 결정이었다.

헤게모니 장악의 두 번째 단계는 분단의 두 번째 단계와 일치하였다. 그는 첫 단계보다 더 어려운 투쟁으로 46년 초 조만식의 강한 저항에 직면해야 했다. 그러나 조만식은 참여 거부 결정을 내렸고 그를 따르던 많은 민족주의자들이 저항을 선택하는 대신 분계선을 넘어가는 선택을 함으로써 이 투쟁 역시 짧은 시간 내에 결말이 나버렸다. 조만식을 비롯한 민족주의자들이 참여 거부가 아니라 참여를 결정하였다면 분계선 북부에서 공산당과 김일성의 헤게모니 구축작업은, 최악의 경우 불가능했거나, 그렇지 않더라도 매우 늦어졌거나 어려웠을 것임에 틀림없었다. 조만식은 소련군정의 강력한 지지를 받고 있었기 때문에 그가 참여 결정을 내렸다면 사태는 달라졌을 것이다. 그러나 그의 완강한 저항으로 소련군정은 그를 미련없이 버렸고 미소공위에 대비하여 잠시 여운형을 고려하기도 하였으나 미소공위가 실패하자 김일성을 유보없이 국가의 지도자로 전면에 등장시켰던 것이다.

김일성의 권력장악과정은 원심적 방법이었다. 먼저 핵심을 장악하고 다음에 핵심의 외곽을 장악하며 그 다음에 더 먼 외곽을 향하여 권력을 확대해 나가는 방식이다. 김책과 최용건의 절대적인 도움을 받아 핵심그룹인 김일성그룹 내의 헤게모니를 장악하고, 그 다음엔 김일성그룹이 똘똘 뭉쳐 공산당 내의 헤게모니를 장악하고, 이어서 전체 좌파를 장악하며 이를 대중에게 확산하는 수순이었다. 자기들끼리도 분열하였던 연안계열과 국내 공산주의자들이 갖고 있지 못했던 내적 응집력을 이들은 갖고 있었던 것이다. 내적 응집력이야말로 김일성그룹만이 유일하게 갖고 있던 장점이었다.

권력의 장악을 하향침투와 외향확산의 방법으로 하였다면 권력의 공고화는 상향집중과 내향응집의 방법을 사용하였다. 이 두 방법의 끊임없는 반복이 초기 김일성의 권력장악과정이었다. 46년 여름 신민당과의 합당에 의한 북조선로동당 창설, 48년 봄 평양에서의 좌우연석회의와 민공회합, 그리고 49년의 최대공산주의연합의 결성(조국전선과 조선로동당의 창설)은 구축된 권력의 확장단계였다. 따라서 한국의 좌파, 정확히 말해 북한체제는 최대공산주의연합을 결성한 49년부터 남한출신 좌파들이 몰락하는 51년까지의 3년간이 최대확장의 시기로 볼 수 있다. 이 최대연합의 형성과 유지는 전쟁준비와 수행 때문에 필요했던 것이다. 반대로 2년여의 최대연합시기를 지나면 확장의 과정은 정확하게 거꾸로 적용된다. 즉 우파 및 남한과의 대결을 위해 1945년부터 점차 확대되던 공산연합은 전쟁을 상정하였던 49년을 계기로 최대공산연합으로 팽창되었다가 확대의 역코스를 밟아 축소의 과정을 밟는다. 최초로 배제된 것은 최대연합에 마지막으로 가담한 남한좌파들이었고, 두 번째로는 연안공산계열과 소련한인들이 배제되었고 마지막으로는 김일성그룹의 방계조직인 조국광복회그룹이 배제되었다. 좁은 의미에서의 김일성그룹만이 남았을 때 숙청은 중단되었고 바로 그 시점에서 김일성 유일지도체제가 확립되었다. 물론 김일성 핵심그룹은, 김책, 강건, 최춘국, 조정철, 최용건 등 전사하거나 자연사한 경우가 아니면 한 명도 이 숙청에 포함되지 않았다. 또 그 그룹에서는 한 명도 김일성 헤게모니에 도전하지 않았다.

남한의 정세는 북한에 비해 구조적 변환도 저항도 늦게 시작되었고 늦게 폭발하였다. 이 차이가 민중성만의 차이였는가 하는 물음은 던질 필요가 있다. 대답은 그것만은 아니었다는 것이다. 물론 민중성의 차이도 한 요인이었다. 친일파의 배제와 토지개혁 등 식민지 민중의 열망을 소련군정과 북한리더십은 발빠르게 처리해 나갔다. 그러나 다른 한편 이 시차는 억압성과 민주성의 차이이기도 하였다. 남한은, 비록 어떤 주어진 틀 안에서라 하더라도, 약간의 자유경쟁적 갈등이 허용되었고 존재하였다면 북한은 허락되지 않았다. 남한은 좀더 민중적일 필요가 있었고 북한은 좀더 민주적일 필요가 있었으나 둘 다 자기 길만을 가려하였다.

1945년 9월 김일성의 원산으로의 귀국 이후 반년여의 북한정치를 보며 우리는 소련 점령하의 북한사회에서 초기에 어떻게 지도자가 등장하고 부상되며 결정되고 대중에게 확인받는지를 목도한다. 최초에 귀국하여서는 정치사회의 중심인물로 부상하며 그것을 재편하였고 이어서는 대중에게 극적인 방법으로 등장하였다. 그 이후로는 민중적 이해가 걸린 중요한 사태의 처리와 개혁의 주도로 대중들의 지지를 추출하였다. 46년 중반에 들어서부터는 김일성의 부상, 소련의 후퇴, 조선화의 세 가지가 집중되었다.

김일성의 가장 큰 권력자원은 소련의 후원이었을 것이다. 또 그는 강력한 항일운동의 지도자라는 정통성을 갖고 있었다. 이것 역시 큰 자원이었다. 항일게릴라투쟁 지역이 조국과 가까워 그는 일찍이 조국의 인민들에게 널리 알려져 있었다. 이 점도 득이 되었을 것이다. 와다 하루키는 김일성이 최용건과 김책에 비해 경력과 지위에서는 많이 뒤처졌지만 명망성에서만은 가장 앞서 있었다고 지적한다. 그에 따르면 그것은 김의 '결정적인 자산'이었다.[98] 김일성의 또 다른 자산은 최용건과 김책이라는 두 선배지도자들의 헌신적인 도움이었다. 이들은 식민시대의 위치에도 불구하고 스스로 김일성 밑으로 들어가 그를 영도자로 밀어올렸다. 이 두 사람이야말로 김일성의 헤게모니 장악에 가장 큰 몫을 하였다. 다른 그룹들이 각개약진을 하여 역량이 분산되었음에 반해 만주게릴라파는 이 셋을 중심으로 뭉쳤고 이 셋의 결정은 곧 전체의 합의와 같은 힘을 발휘했다.

김일성 자신의 정치력도 지적되어야 한다. 소련군의 점령과 두 한국으로의 분할이라는 상황에서 그는 다른 주요 지도자들과 마찬가지로 비록 전체 한국을 통일하기 위한 상황타파적인 지도력을 보여주지는 못했지만 주어진 조건에서 정치적 술수와 능력을 최고로 발휘하는 데는 뛰어난 역량을 갖고 있었다. 오늘날 남아 있는 북한의 내부 문건들을 추적하면 김일성이 상당한 정치적 능력의 소유자였음을 의심하기는 어렵다. 당내 토론에 관한 한 그는 문제의 핵심을 짚어 중심에 곧바로 도달하여 문제를 파악하는 능력을 보여주었다. 그의 또 하나의 능력은 대중정치의 능력이었다. 그는 오랜 야생의 반식민투쟁가답게 문제를 직접 대중에게 호소하고 대중을 장악하는 능력을 보여주었다. 공산주의이론에 관한 한 소련 정치군인들조차 탁월성을 인정했던 박헌영도 이 점에

98) 와다 하루키, 《김일성과 만주항일전쟁》, pp. 280~281.

서는 밀렸다. 이는 해방 당시 여운형이나 이승만에게서 종종 발견되던 정치였다. 권력에 오르자 이승만이 보여준 정치 역시 꼭 김일성과 같은 대중정치였다. 그는 항상 문제가 핵심으로 치달을수록 대중에게 직접 호소하는 방식을 채택하였다. 그들은 서로 배우고 있었다.

그러나 김일성의 탁월함은 주어진 조건 내에서만 그러하였다. 그는 이를 뛰어넘을 정도는 되지 못하였다. 말을 바꾸면 그는 구조를 타파하고 뛰어넘을 지도자는 되지 못했던 것이다. 이를테면 그는 민족주의를 포용하는 것과 분단문제를 해결하는 데 있어 다른 지도자들과 차이를 갖고 있지 않았다. 오히려 그는 분할이라는 조건을 타고 먼저 권력을 장악하려 하였다. 그는 구조를 극복하려는 지도자라기보다는 구조를 타는 지도자였던 것이다. 바꾸어 말하면 초기의 한국지도자들은 그들이 가진 정치적 능력을 발휘하여 주어진 환경을 극복하기에는 후자의 영향력이 너무 압도적이었던 것이다.

제 6 장

선거와 이행의 완료

1946년 여름에 김일성체제를 확립하고 분단정부 수립을 움직일 수 없는 정책으로 결정한 뒤 북한에서의 이행기는 사실상 종식되었다. 46년 8월의 중요 산업 국유화조치는 북한혁명의 마지막 중요조치였다. 국유화는 토지개혁과 함께 두 개의 주요한 급진적 사회변혁조치였다. 이것으로 사회혁명을 위한 핵심적 조치들은 끝난 것이었다. 해방 1년 만에 지배체제의 구축과 새로운 경제체제의 도입이라는 정치와 경제의 변혁이 사실상 완료되었던 것이다.

다음으로는 새로운 제도의 공고화 단계가 필요했다. 공고화의 단계에서는 형성된 제도와 체제가 일반민중에게 침투하고 그들로부터 지지를 얻는 것이 무엇보다 중요했다. 그러기 위해 필요한 것은 민중을 동원하기 위한 메커니즘들이었다. 세 가지의 방법이 사용되었는데 선거, 교육, 그리고 대중운동이 그것이었다. 이 세 가지는 제도화된 채널을 통하여 대중을 신체제에 통합하는 기능을 수행한다는 공통점을 갖는다. 새로이 등장한 모든 체제들은 통합의 기제들을 효율적으로 사용하려 노력해 왔다. 그것의 성공 여부에 따라 체제의 안정성이 결정되기 때문이었다.

제도화된 채널로 대중을 장악하려는 시도는 구체제 해체 및 새로운 지배체제의 구축, 토지개혁이라는 사회경제적 변혁과 함께 사회혁명의 완성을 위한 세 번째의 조치였다. 어쩌면 이 단계는 새로운 국민형성을 위한 국민혁명의 단계라고 볼 수 있을지도 모르겠다. 구체제의 해체와 신체제의 구축이 정치혁명이었다면, 사회경제제도의 근본적 변혁은 사회-경제혁명이었고, 새로운 체제의 인민들을 하나로 묶는 이 단계는 국민혁명이라고 부를 수 있을 것이다. 이 과정에서 체제는 동원체제의 성격을 굳혀 갔다.

이행과 공고화가 갖는 차이는, 전자가 변혁 자체에 초점이 있다면 후자는 안정화에 초점이 놓여 있다는 점이다. 북한에서 공고화의 시기는 길게 보아 46년 중반부터 48년 국가의 공식적인 형성의 시기까지로 볼 수 있을 것이다. 그러나 엄밀하게 말해 조선민주주의인민공화국이라는 또 하나의 분단국가의 등장은 혁명과정에 포함시키기는 어렵다. 그것은 공고화 과정까지도 끝난 사태의 사후적 귀결이었다. 그것은 이미 존재하고 기능하는 국가의 천연된 공식화에 불과했던 것이다.

1. 선거 : '긴 과정의 마지막 의식'

1) 북한의 최초 선거 : '지지 확인의 의식' (*ritual of confirmation*)

체제의 공고화를 위한 최초의 뚜렷한 조치는 선거였다. 사회주의에서의 선거는 '정치권력을 향한 사회세력 및 정치집단들의 공개적 경쟁'으로 정의되는 민주주의하에서의 선거와는 전혀 달랐다. 선거에서의 경쟁은 민주주의의 특징을 이루며 또한 민주주의와 민주주의 이외의 정치를 구별해준다. 그러나 사회주의에서의 선거는 단지 통치의 수단으로서 작용할 뿐이었다. 경쟁을 하지 않는 사회주의 선거의 네 가지 핵심기능은 ① 사회세력을 동원하고, ② 공산주의 정치규준을 명료화하며, ③ 인민의 정치도덕적인 통일을 확고히 하고, ④ 일괄적인 후보자 명부에 대하여 고도의 참여와 지지를 나타내게 함으로써 노동자와 당의 단결성을 증명해 보이는 것인데[1] 1946년 이후 오늘에 이르기까지 북한의 선거는 이 네 가지 기능에서 벗어나지 않았다.

북한에서의 최초의 선거는 새로운 출발의 징표가 아니라 지금까지 진행된 사태의 완수를 위한 계기였다. 물론 그것은 남한에서도 마찬가지였다. 미소공위가 결렬된 지 얼마 지나지 않은 남한에서는 7월 9일 하지의 성명을 계기로 미군점령지역에 입법기관을 설치한다는 방침이 처음으로 알려졌다. 8월 24일에는 미군정이 남조선 과도입법의원 설치에 관한 군정법령 118호를 공포하였다.[2] 법령은 모스크바 협정에 따른 조선민주주주의 임시정부의 수립에 대비하여 과도입법기관의 필요에 따라 설치한다고 규정하였다. 선거의 방법은 간접선거였다. 즉 각 리(里)는 대표 2명을 선거하고, 리대표들은 다시 면대표 2명을 선거하며, 면대표 2명은 다시 군대표 2명을 선거하고, 군대표들은 각도에 할당된 숫자만큼의 도대표(의원)를 뽑는 방식이었다. 선거의 방식은 비밀투표였다. 이는 2월에 결성된 대한국민대표 민주의원을 대체할 기구였다.[3]

1946년 9월 5일 북조선 임시인민위원회는 인위야말로 "진정한 인민의 정권"이라면서 북한지역에서 각급 인민위원회의 선거를 실시하기 위한 결정서를 채택, 공표하였다.[4] 남한의 군정법령 118호가 공포된 시기와 거의 일치하는 시점에 결정되었음을 알 수 있다. 같은 날 중앙선거위원회가 결성되었고 이어서 각급의 선거위원회도 결성되었다. 로동당이 결성된 것이 8월 29~30일이었음을 고려할 때 로동당의 결당과 동시에 일

1) 디터 놀렌, 《선거제도와 정당체제》, 박병석 역(서울: 다다, 1994), pp. 18~19, 23.
2) 《미군정법령집》, pp. 225~228.
3) 김혁동, 《미군정하의 입법의원》(서울: 범우사, 1970), pp. 30~35.
4) 《해방후 4년간 일지》, p. 75 ; 〈북조선 임시인민위원회 결정 72호 — 면, 군, 시, 도 인민위원 선거에 대한 북조선 임시인민위원회 제 2 차 확대위원회의 결정서〉, 《북조선법령집》, p. 26.

주일 만에 이어지는 전국적인 선거의 실시 결정은 체계적으로 준비된 어떤 배열을 감지케 한다. 실제로, 선거방침이 결정된 것은 이보다 앞선 7월 모스크바에서였던 것으로 보인다. 슈티코프는 9월 9일의 일기에서 "모스크바에서 논의된 일련의 사항들을 실행하는 조치들을 강구할 것"이라며 조치들 중의 하나로 선거를 언급하고 있었다. 선거는 모스크바 고위수준에서 논의되었던 것이다.5)

선거법령과 규정이 발표되자 소련군정의 선거준비가 본격화되어 로마넨코는 민주전선의 후보 추천과 후보수의 제한 문제, 이그나체프는 소비에트민정과 각 도대표들과의 선거준비대책의 협의, 슈티코프는 선거사업을 지원하기 위한 전문가의 북한파견문제를 담당했다. 선거구 확정, 각급 선거위원회의 조직과 선거서류의 발송, 후보의 입후보가 순서대로 진행되었다. 슈티코프는 선거직전과 선거시점에는 직접 북한을 방문하여 선거사업을 현지에서 지도하고 종합적으로 감독하였다. 10월 21~27일 첫 번째 방문시에는 그는 북한의 정당 사회단체 지도자들을 광범하게 접견하고 선거준비사업을 독려했다. 또한 선거선전사업과 선전자료의 준비, 후보자의 정당별 사회성분별 교육수준별 구성, 유권자수와 공민증의 교부, 투표소 설치, 보안경계 등에 이르기까지 소련군정의 선거대책을 상세하게 점검하였다. 11월 1~5일의 두 번째 방문에서는 제1차 방문시의 감독사업에 더하여 각도에 선거사업을 지도할 전권위원을 파견하였고, 선거당일에는 평양과 진남포를 방문하기도 하였다. 슈티코프는 선거후에도 평양에 남아 선거결과에 관한 공식발표문의 작성을 지도하고 선거결과의 집계 및 서류보관에 대해서까지 지도하였다.6)

선거규정에 나타난 선거방식은 보통·직접·평등선거로서 무기명투표였다. 각 지방에서는 선거를 위한 입후보자 추천이 이어졌다. 추천은 위로부터 결정이 되어 내려가는 후보도 있었고 밑으로부터 대중들이 추

5) 전현수, "쉬띄꼬프 일기가 말하는 북한정권의 성립과정," 《역사비평》 30호 (1995년 가을), p. 146.

6) 〈슈티코프 비망록〉 1946년 9월 24일~11월 5일; 전현수, "'쉬띄꼬프 일기'가 말하는 북한정권의 성립과정," 《역사비평》 30호, pp. 146~148.

천하는 경우도 있었다. 그러나 대부분은 전자였다. 이 모든 과정에 소련 군정은, 슈티코프의 기록에서 생생하게 볼 수 있듯, 깊숙이 개입하였다. 최초로 후보로 선정된 사람은 10월 9일의 김일성과 김두봉이었다.[7] 임시인위는 각 지방에서 광범한 선전사업을 실시하기 위해 전국적으로 선전실을 설치하였다.[8] 선전실을 통하여 중앙에서 많은 선전요원들이 지방으로 파견되어 중앙의 조치들을 선전, 해설, 침투시켰다. 법령에 따르면 각급 인민위원장의 책임 아래 인민위원, 정당 사회단체의 간부, 교원, 문화인들을 선전사업에 참여시켜야 했다. 선전실을 통한 대중에의 침투시도는 1950년 여름 남한에서 선거를 실시할 때도 그대로 반복되었다.

선거는 하나의 근대적 제도임과 동시에 그 자체가 정치적 교육의 과정이다. 즉 북한의 선거는 인민을 하나로 묶어내는 국민형성의 과정의 한 단계였던 것이다. 선전실의 설치는 소련군정과 북한리더십이 선거를 교육의 계기로 활용하고 있으며 국가공식이념과 정책의 하향식 침투를 시도하고 있음을 보여준다. 선거는 가장 중요한 정치교육의 방법이었다. 선전실을 통하여 전국적으로 9월부터 11월까지 두 달 간에 걸친 일반인민에 대한 정치교육사업이 있었다. 최초의 선거 실시였던 만큼 그 선전과 준비가 만족스럽게 진행된 것은 아니었다. 슈티코프에 따르면 농민들은 자신들이 권력을 선거한다는 말이 무슨 말이냐고 의아해하는 사람들도 있었다.[9]

북한의 리더십은 이 선거의 의의를 매우 크게 인식하였다. 김일성은 선거를 앞두고 11월 3일은 "전조선 인민의 명절이며 우리의 해방과 승리의 기념일", "우리 조국과 우리 인민의 위대한 역사적인 날"이라면서

7) 《4년간의 일지》, pp. 82~83.

8) 《북조선법령집》, p. 36. 선거가 끝나고도 이 선전실은 민주선전실로 변경, 존속하여 정치교육과 선전에 사용되어 중앙의 지시가 효과적으로 침투할 수 있는 메커니즘의 하나가 되었다. 〈選擧宣傳室을 民主宣傳室로 存續시킴에 관한 결정서〉(1946년 11월 8일), 《북조선법령집》, p. 36.

9) 〈슈티코프 비망록〉 1946년 9월 24일.

다음과 같이 이 선거의 의의를 진술하였다.

> 우리 인민은 오랜 역사를 지나는 동안 정권 창립에 있어서나 그 기관 선거에 있어서 우리의 의사를 발휘해본 적이 없었습니다. 인민의 소원(所願) 여하를 불관(不關)하고 정권을 위로부터 강제로 구성하였든 것입니다. 그렇기 때문에 그 정권은 항상 반인민적 정권이었든 것입니다. 그러나 그런 시절은 과거로 지나가고 말았습니다. 우리는 우리 민족역사상에 있어서 처음으로 자유롭게 그 성질로 보아 진정한 인민정권인 인민위원회를 선거하게 되었습니다. 이렇게 11월 3일은 역사적 기념일인 동시에 전인민들의 환희의 날입니다.[10]

도시군 인민위원 선출을 위한 선거는 46년 11월 3일에 실시되었다. 이 선거는 해방 후 처음으로, 어쩌면 김일성의 진술처럼 역사상 처음으로 일반민중들이 근대적인 제도정치에 참여하는 계기였다. 그의 연설의 핵심은 인민이 비로소 역사의 피동체에서 주체로 나서고 있다는 진술이었다. 그는 새로이 구성될 인위는 밑으로부터 세워지는 정권임을 분명히 하였다. 위의 진술이 사태의 성격을 옳게만 얘기하고 있는 것은 아니었지만 이 선거가 한국의 역사를 통하여 처음으로 실시되는 근대적 보통선거인 것만은 사실이었다. 소련군정과 북한리더십은 이 선거를 통하여 수백 년에 걸친 전변에 해당하는 1년간의 전변을 공고히 하려 하였던 것이다. 북한혁명에서 무엇보다도 중요한 특징은 그 압축성이었다. 김일성은 위의 연설에서 "지난 일 년 동안은 비록 짧은 기간이었으나 북조선에서 일어난 여러 가지 위대한 사실로 보아 이는 과거 역사의 수백 년과 같은 거대한 의의를 가지는 것"이라고 말하고 있다.

선거의 방법은 추천된 후보자에게 찬성과 반대를 표시하기만 하면 되는 이른바 '찬반투표'였다. 김일성은 자유선거라고 하였으나 그렇지 않았다. 선거의 방법이 단순했던 것을 놓고, 복잡할수록 하층집단을 선거

---

10) 김일성, "歷史的 民主選擧日 앞두고 朝鮮人民에게 고함," 《김일성 장군 중요 논문집》, pp. 125~126.

로부터 배제시키게 되기 때문이라고 볼 수 있을지도 모른다. 이를테면 문자해독능력이 요구되는 방식을 채택하였을 경우 하층집단은 대부분 문맹자집단이었기 때문에 그것은 자연스럽게 하층집단을 선거에서 배제시키게 되는 것이다.[11] 그러나 찬반투표방식은 하층집단을 참여시키기 위한 단순함을 말하기에는 너무도 민주선거의 원칙에서 벗어나는 것이었다. 그 방식은 공산사회 선거의 고전적인 양식이었다.

후보의 추천권 역시 규정상 민주적 정당 사회단체에 있었으나 실질적으로는 민전에서 거의 독점적으로 행사하였다. 이 단체의 결성이 선거 직전이었음을 고려할 때 추천권의 독점적 행사는 대표체계의 협애화를 시사한다. 찬반투표의 투표방식은 흑백함 투표방식이었다. 의사수렴의 다양한 채널은 보장되어 있지 않았던 것이다. 초기부터 반대세력의 진출은 제도적으로 차단되었다. 이 방식은 47년 2월에 실시된 면 리(동) 인민위원회 위원선거 때도 동일하였다.[12] 민전을 통하여 추천을 함으로써 1차 여과과정에 중앙이 직접 개입하여 한 번 거르고, 이를 흑백함 투표를 통하여 한 번 더 걸러 높은 지지와 승인을 추출해내는 방식이었다. 2중의 여과장치였던 셈이다.

선거에서 '친일분자들'(원문 그대로)은 선거권과 피선거권을 박탈당하였다. 이 조치는 북한이 혁명 직후의 정치참여에서 친일파를 어떻게 규정하고 배제하였는지를 볼 수 있는 한 공식지표가 된다. 조선총독부의 중추원 참의·고문 전부, 도회의원(道會議員)·부회의원(府會議員)의 조선인 전부, 일제시대의 조선총독부 및 도의 책임자로서 근무한 조선인 전부, 일제시대의 경찰 검사국 재판소의 책임자로 근무한 조선인 전부, 자발적 의사로서 일본을 방조할 목적으로 일본 주권에 군수품 생산 기타의 경제자원을 제공한 자, 친일단체의 지도자로서 열성적으로 일본제국주의를 방조 활동한 자 등이 '친일분자'로 규정되었다.[13] 토지개혁

---

11) Göran Therborn, "The Rule of Capital and the Rise of Democracy," *New Left Review*, No. 103 (May/June 1977), p. 36.

12) 〈북조선 면 군 시 및 도 인민위원회 위원의 선거에 관한 규정〉, 〈북조선 면 리(동) 인민위원회 위원선거에 관한 규정의 건〉, 《북조선법령집》, pp. 29~33.

때보다 매우 완화되어 있음을 알 수 있다. 그것은 이미 사회혁명의 과정에서 적대세력의 핵심인 친일파들이 대부분 제거되었기 때문이었다.

남한과 비교하여 볼 때 이 규정은 특별히 더 엄격하지는 않았다. 남한의 〈반민족행위처벌법〉과 비교하여 볼 때 적어도 규정상으로 더 엄격한 것은 남한쪽이었다. 1948년 9월 22일에 공포된 남한의 〈반민족행위처벌법〉은, 그것이 그대로 실행되기만 하였다면 철저한 구체제 청산이라고 할 수 있을 만큼 광범하고도 엄격하였다. "한일합병에 협력한 자, 한국의 주권을 침해하는 조약 또는 문서에 조인한 자 및 모의한 자는 사형 또는 무기징역에 처하고 그 재산과 유산의 전부 혹은 2분지 1 이상을 몰수한다(제1조). 또한 일본정부로부터 작(爵)을 받은 자 또는 일본제국의회 의원이 되었던 자, 일본치하 독립운동자나 그 가족을 악의로 살상 박해한 자 또는 이를 지휘한 자 등은 사형, 무기 또는 5년 이상의 징역에 처하고 재산의 전부나 일부를 몰수한다(제2, 3조)"고 규정하였다.[14] 남한의 친일규정은 우리가 상상하는 것보다 매우 엄격했던 것이다.

후보를 추천하고 대중을 직접 동원하는 역할을 맡은 민전은 통일전선으로서 북한에서 정당과 사회단체를 가장 광범하게 묶는 조직이었다. 이것은 가장 외곽에 존재하는 통치기구라고 할 수 있는 것이었다. 당-정권-통일전선 순으로 통치의 외연이 넓어지는 끝의 외선(外線)에 존재

13) 〈북조선 면 군 시 및 도 인민위원회 위원의 선거에 관한 규정〉, 《북조선법령집》, p. 26.

14) 〈반민족행위처벌법〉, 고원섭 편, 《反民者罪狀記》(서울: 백엽문화사, 1949), pp. 160~161. 나머지 내용을 보면, 습작한 자, 중추원부의장 고문 또는 참의, 칙임관 이상의 관리, 밀정행위자, 독립을 목적으로 단체를 조직한 자나 그 단체의 간부, 악질적인 군·경찰, 군수공업경영자, 道 府의 자문 또는 결의기관의 의원, 관공리, 친일단체의 수뇌간부, 종교, 사회, 문화, 경제, 언론 종사자 중 일본침략주의에 협력한 자 등은 모두 또는 악질적일 경우 10년 이하의 징역에 처하거나 15년 이하의 공민권 정지처분을 받았다. 또한 고등과 3급 이상, 도 5급 이상을 받은 관공리 또는 헌병, 헌병보, 고등경찰의 직에 있던 자는 반민법의 공소시효가 경과되기 전에는 공무원에 임명될 수 없었다.

하여 원심적으로 중앙으로부터 주변으로 펼쳐나가는 한편, 반대로 대중들과 직접 접촉하여 주변을 중앙으로 구심적으로 묶어내는 조직체였다. 민전의 외선에는 사회단체가 놓였고 그 밖에는 일반인민이 놓였다. 민전은 곧 인민과 국가의, 대중단체와 정권의 연결고리였던 것이다. 물론 통전은 로동당이 장악하고 있었다. 로동당의 지시를 받지 않고 민전이 독자적으로 정책을 결정하고 노선을 선택하며 선언을 발표한다는 것은 불가능했다. 민전은 곧 당·정권과 대중의 연결벨트였던 것이다.

11월 3일의 선거는 어쨌든 한국의 역사에서는 1인 1표에 의한 최초의 근대적 선거였다. 북한은 이를 "조선민족의 역사에서 처음인 민주선거"[15] 라고 주장하였다. 당선자의 정당별 계층별 지역별 구성은 북한사회의 특성을 어느 정도 보여준다. 선거의 결과 총 3,459명의 위원들이 당선되었고 낙선자는 단지 54명이었다.[16] 총 유권자 451만 6,120명 중 450만 1,813명이 참여하여 투표율은 99.6%에 달했다. 거의 전원투표였다. 민전에서 추천한 후보에 대한 찬성투표는 도인위 97%, 시인위 95.4%, 군인위 96.9%로서 평균 97.06% 4,369,428표에 달했다. 반면에 반대투표는 단지 2.93%로서 131,757표였다. 북한 선거의 반복적 특징인 '전원투표, 전원찬성', '추천=당선'의 등식이 최초의 선거부터 나타났음을 볼 수 있다.

선거를 통해 볼 때 체제에 대한 반대세력은 소멸하였던 것이다. 이는 공산당이 주도하는 정치가 1년 만에 확고한 기반을 갖게 되었음을 보여준다. 김일성 역시 선거로 수립될 인위의 첫 번째 과업을 "이미 승리한 모든 민주주의 개혁을 공고화하고 발전"시키는 것이라고 주장하였다.[17] 선거를 통해 단독정권을 공고화하면서도 한편으로는 그는 표면적인 통일의 열망을 표시하는 것을 잊지 않았다 : "우리 조선은 반드시 통일될

---

15) 《조선중앙년감》(1949), p. 84.

16) 이하의 통계분석은 《조선중앙년감》(1949), pp. 83~84; 《북한경제통계자료집》, p. 142.

17) 김일성, "歷史的 民主選擧日 앞두고 朝鮮人民에게 고함," 《김일성 장군 중요 논문집》, p. 129.

것이며 통일되는 때에는 자유와 민주주의의 모든 성과를 전조선 인민이 다 가치 즐길 수 있게 될 것"이라고 주장하였다.

선거의 결과가 전원투표·전원찬성, 추천=당선으로 나타난 데에는 몇 가지 요인이 있었다. 가장 중요한 요인은 제도의 힘이었다. 찬반-흑백투표라는 선거제도는 반대의사의 표출을 효과적으로 봉쇄하였다. 민주선거에서 필수불가결한 요소의 하나는 평등의 원칙과 함께 비밀의 원칙이었으나 후자는 지켜지지 않았다. 38선 분할로 인한 적대계급의 월남 역시 커다란 요인이었다. 적대계급이 월남하지 않고, 아니 그들을 월남시키지 않고 투표하였다면 양상은 달랐을 것이다. 그리고 토지개혁과 지난 1년간 계속하여 실시된 대중에 대한 정치교육의 효과도 매우 컸을 것이다.

정당별 구성은 로동당 1,102명(31.8%), 민주당 351명(10%), 청우당 253명(8.1%), 무소속 1,753명(50.1%)의 구성을 나타내었다.[18] 이러한 당선의 분포는 1946년 현재 북한의 정치지형을 함축하는 지표였는데 우리에게 다음과 같은 세 가지 뚜렷한 사실을 드러내 보여준다. 하나는 로동당이 역시 최대의 정당이라는 점을 보여주고 있으나 민주당과 청우당의 지지도 상당했음을 알 수 있다. 사회의 급진이행에도 불구하고 민주당과 청우당의 지지기반이 만만치 않게 존재하고 있었다는 점이다. 상층 정치혁명에도 불구하고 이 혁명이 사회의 저변을 쓸어홅듯 인민을 장악하지는 못하고 있었다는 점을 보여주는 것이다. 혁명이 사회에 뿌리를 내리기에는 그에 합당한 만큼의 시간을 필요로 하였던 것이다. 즉 엘리트의 비약이 대중의 비약으로 연결되는 데는 확산에 드는 시간과 과정을 요구한다.

다른 한편 이 분포는 소련군정과 북한리더십이 대중정치의 수준에서까지 무리하게 일순간에 로동당 독점의 정치를 구축하려 시도하지는 않고 있었음을 보여준다. 후보의 추천에까지 소련군정과 로동당 지도부가 깊숙이 개입하였음에 비추어 볼 때 그들이 정당 간에 일정한 배분을

18) 《조선중앙년감》(1949), p. 84.

미리 정하여 추천하였음을 보여주고 있는 것이다. 세 번째의 특징은 무소속의 과잉당선이었다. 이는 일반대중에게 아직 정당의 침투가 확실하지 않았음을 보여준다. 즉 정당정치가 착근되지 않았던 것이다. 무소속 과잉당선 현상은 1948년 5월 남한의 첫 번째 총선에서도 마찬가지로 나타났다.

비슷한 시점에 치러진 남한의 남조선 과도입법의원의 정당별 분포를 비교해보면 해방 1년 만에 남한과 북한의 정치가 어느 정도 벌어져 있었는지를 확인할 수 있게 된다. 남한의 입법의원은 민선 50명 중 한국민주당 15명(30%), 독립촉성국민회 17명(34%), 한국독립당 4명(8%), 무소속이 14명(28%)이었다.[19] 독촉(獨促)은 이승만이 이끄는 단체였고 한민당은 해방정국에서 건준과 인공에 반대하여 가장 보수적인 노선을 걷던 정당이었다. 민선에서 좌파는 제주도지역의 두 명만이 당선되었으나 이들은 곧 사퇴하고 말았다. 김규식은 11월 4일 "전체적으로 보아 유능한 애국자가 당선되지 못하였고 더구나 좌익진영은 전면적 검거 때문에 피선될 기회가 거의 없었다는 것이 유감이며 피선된 자가 극도로 편향적인데다가 친일파라고 지목되는 자가 다수 피선된 것은 이 입법기구에 대하여 전민중의 실망을 주었고 충분한 민의를 반영시키지 못한 반민주적 선거라는 인상을 주게 되었다"면서 하지에게 서한을 보내 전면적인 재선거를 요구하였다.[20]

탁치균열에서 북의 공산당과 남의 한민당, 김일성과 이승만의 대결을 떠올려보면 그들이 얼마나 다른 성향의 정치집단인가를 알 수 있을 것이다. 그렇다면 이 두 선거는 남과 북에서 이제 누가 헤게모니를 잡고 누가 대중을 동원하여 권력에 접근할 수 있는 집단인지를 분명하게 보여주었다. 또 소련군정과 미국군정이 누구를 권력동맹으로 선택하였는가도 분명하게 드러났다. 남북에서의 최초선거로 구성된 기구에서 멀어진 이 모습을 보며 이 두 기구 바로 1년 전에 건준이라는 유사한 단

19) 김혁동, 《미군정하의 입법의원》, p. 48.
20) 《동아일보》, 《조선일보》, 《서울신문》, 《경향신문》 1946년 11월 6일, 《자료 대한민국사》 3권, p. 720.

체 속에 남한과 북한의 대부분의 정치세력들이 함께 참여하고 있었다는 사실을 떠올린다는 것은 완전히 불가능하였다.

한편 북한의 선거결과는 계층별 구성과 지역적 차이도 보여주었다. 3,459명 중 농민과 사무원이 각각 1,256명(36%)과 1,056명(30.5%)이 당선되어 압도적인 다수를 점하고 있었다. 노동자는 510명(15%)이었고 인텔리와 지주는 각각 311명(9%)과 14명(0.4%)에 불과하였다.[21] 그나마도 지주는 황해도와 강원도에서 당선된 것일 뿐 평안도와 함경도에는 전멸하여 단 한 명도 당선자가 없었다.

지역별로 볼 때, 평안도는 노동자와 농민의 비율이 약 1 : 3.8(136 : 518)인 데 비해 함경도지방은 그 비율이 1 : 1.6 (206 : 330)이었다. 즉 거의 두 배 이상 차이가 났다.[22] 황해도 역시 평안도와 비슷했다. 평안도에서는 함경도에 비해 민주당의 당선비율도 거의 두 배의 차이를 나타내었다. 이를테면 평남은 12%(68/561)였는데 함남은 6.4%(39/613)였다. 이것은 비교적 그 지방의 사회구성이 반영된 비율로서 뒤에서 살펴볼 비선출직과는 상당한 차이가 있었다. 함경도에는 대규모 산업시설의 존재와 도시화로 노동자가 다른 지역에 비해 훨씬 더 많았다. 또 식민시기부터 함경도에는 공산주의가 강했고 평안도와 황해도는 민족주의와 기독교가 강했었다.

도시군 인위(人委) 선거를 마치고는 뒤이어 정권의 말단을 강화하기 위한 면·리(동) 인위에 대한 선거를 실시하였다. 선거는 47년 2월 북조선 인위를 성립하기 이전에 착수하여 인위가 성립된 다음인 47년 2월과 3월에 실시되었다. 이 선거로 모든 면과 리(동)에 인위가 조직되어 국가행정기구는 중앙에서 지방까지 수미일관한 체제를 갖추었다. 선거에서는 총 53,314명이 당선되었다. 선출직 하부 국가기구 구성원을 5만이나 갖추는 것은 국가가 매우 광범한 침투능력을 갖게 되었음을 보여준다. 찬성투표는 86.63%였다. 전원투표와 만장일치에 가까운 찬성을

21) 《조선중앙년감》(1949), p.84.

22) 《조선중앙년감》(1949), p.84.

기록한 초기 두 선거를 통해볼 때 립셋과 로칸이 지적했듯 북한의 선거는 사회주의선거 일반이 그렇듯 정당화의 기능(*legitimizing function*)을 수행하는 '지지확인의 의식'(*rituals of confirmation*)이었다.[23] 이후로도 북한의 선거는 이 정의를 넘지 않았다.

1946년 5월 미소공위가 결렬되고 김일성의 최고지도자로의 등극과 로동당의 결성 이후 반 년 만에 완전한 국가체제가 구축된 것이었다. 공고화는 이것으로서 일단락되었다. 최고지도자의 선택은 물론, 국가기구를 구성하는 과정과 절차에서도 북한혁명을 포함한 북한의 국가수립 과정은 위로부터의 방식이었다고 해석할 수 있는 것이었다. 북한혁명은 수립된 제도의 법률적 완비기간까지 포함하여 가장 길게 잡는다 해도 1947년 2월로 완성된 것이었다.

따라서 11월 3일의 선거와 개표는 이른바 그람시가 말하는 '긴 과정의 마지막 의식'이라는 정의에 부합한다.[24] 비록 1년의 기간은 물리적 시간으로 긴 과정은 아니었으나 그 사이에 발생한 사건과 변화의 폭은 다른 사회의 긴 시간 동안의 변화와 사건을 압축한 만큼에 해당되었다. 따라서 선거는 45년 해방 이후 로동당의 창당까지 전개되어온 과정을 마감하는 하나의 마지막 의식이었던 것이다. 1년간의 압축혁명은 다른 나라의 몇 년에 해당하는 긴 과정이었음에 틀림없다 하겠다. 즉 물리적 시간의 단기성에도 불구하고 역사적 시간은 매우 길었다고 할 수 있는 것이었다. 이후 북한선거의 기본형태와 제도, 성격은 오늘날까지 그대로 유지되고 있다.

2) 이행의 완료 : 북조선 인위의 등장

선거 직후인 47년 2월 17일부터 20일까지 북조선 도시군 인민위원회 대회가 열렸다. 이에 앞서 슈티코프는 46년 12월 19일 메레츠코프, 로

23) Seymour Martin Lipset, and Stein Rokkan, "Cleavage Structures," p. 4. 립셋과 로칸은 전체주의 선거라는 표현을 쓰고 있다.

24) Antonio Gramsci, *Selections*, p. 193.

마넨코와 만나 북조선 도시군 인민위원회 대회를 소집하여 북조선인민위원회를 수립할 것을 제기했다. 이들의 동의를 얻자 슈티코프는 로마넨코와 함께 대회진행과 의사일정 계획을 작성했다. 둘은 대의원들을 각 도시군 인위 회의에서 인민위원 3명당 1명의 비율로 비밀투표로 선출하여 3,459명을 대표해서 1,153명을 출석시킬 것을 결정했다. 또한 임시인위법령의 승인, 47년도 경제발전계획, 47년도 예산 등의 각 의안에 대한 의사일정과 보고자들도 결정했다. 인민회의는 총 231명으로 구성하고 인민회의의 정당별 사회성분별 구성도 숫자까지 배분하여 결정하였다(로동당 35%, 민주당 15%, 청우당 15%, 무소속 35%, 여성 15%. 노동자 40명, 농민 50명, 지식인 45명, 상인 10명, 기업가 7명, 종교인 10명, 수공업자 10명). 다음날 슈티코프는 인민위원회 대회소집과 인민회의 창설문제에 대해 모스크바에 보고하였다.

김일성은 슈티코프의 계획을 전달받고 대회를 북조선 임시인위 창립 1주년 기념일인 2월 8일에 소집할 수 있도록 허락해줄 것을 요청했다. 슈티코프는 김일성이 대회에서 낭독할 정치정세보고 집필계획을 직접 작성했다. 47년 1월 3~4일에는 슈티코프, 치스차코프, 로마넨코, 김일성이 회의를 열어 대회의 소집문제를 최종적으로 논의했다. 이 자리에서 김일성은 대회소집에 대한 북한지도부의 동의의 뜻을 전달했고 각 의안별 보고자, 인민회의 구성, 면·리 인위의 선거계획, 인민경제발전계획 등이 검토되었다. 슈티코프는 또한 소련군정의 고위 경제전문가들을 배석시켜 인민경제발전계획의 작성에 대해 지시사항을 하달하였다. 2월 4일 슈티코프는 소련군정의 주요 지도자들이 참석한 가운데 대회소집에 관한 민전의 결정서와 인민위원회 결정서, 대의원선출규정, 의사일정, 보고들, 미소공위 재개에 대하여 미소 양국 정부에 보내는 호소문, 북조선인민회의에 관한 규정, 북조선인민회의 1차회의의 의사일정 등을 최종적으로 승인했다.[25)]

위의 인민회의 대회소집에 관한 결정의 방식과 과정은 소련점령의 시

25) 〈쉬띄꼬프 일기〉 1946년 12월 19일, 20일, 24일, 27일, 47년 1월 3~4일. 전현수, "'쉬띄꼬프 일기'가 말하는 북한정권의 성립과정," pp. 143~145.

기 동안의 북한정치에 대한 표징의 하나로 보인다. 즉 정당별 사회성분별 배분은 물론 의사일정과 의안, 보고자, 경제수치까지 하나하나 결정하여 내려보내는 것은 당시 북한정치의 방식과 결정의 주체와 힘, 의사결정과정을 드러내준다. 보이지 않는 다른 많은 사업들도 거의 같은 방식으로 처리되었음을 이 하나의 결정과정은 잘 보여주고 있는 것이다. 최고위 수준에서의 논의와 의안의 결정, 모스크바에의 보고, 상세한 계획의 작성, 김일성(과 북한리더십)에게의 전달, 김일성(과 북한리더십)의 참석과 발언 및 조정, 소련군정의 전문가집단에게의 준비 지시, 최종 점검과 승인, 실행 등이 그것이다. 하위수준의 실무자들 역시 같은 방식과 과정으로 일을 해 나갈 것이었다.

인민위원회 대회는 임시인위에서 정식으로 정부로 넘어가기 위한 대회였다. 이를 계기로 그동안 미분화 상태에 있던 입법기관과 행정기관도 분리되었다. 근대국가의 외형을 갖추려 하였던 것이다. 대회에서는 선거를 통하여 추천된 237명 후보 전원을 인민회의 대의원으로 선출하여 명목상의 최고주권기관인 인민회의를 구성하였다.[26] 237명의 대의원에는 김일성, 김두봉, 최용건, 무정, 김책과 같은 초기 지도자들뿐만 아니라 당과 정부, 사회단체의 거의 전원의 중견간부들, 그리고 최금복(30세 · 남포 동양제련소 12년 경력의 노동자), 김제원(59세 · 농민 · 애국미헌납운동의 창설자), 백경운(39세 · 상인), 김태욱(27세 · 벽돌공장 10년 경력의 노동자), 김득란(35세 · 국문해독 정도의 빈농) 등의 일반인민, 최승희(36세 · 무용가), 안신호(64세 · 평남 남포여맹위원장 · 안창호의 누이동생), 작가 한설야 · 이기영 등의 인물들이 포함되었다. 정당별 구성은 무소속을 크게 줄여 3개의 정당의 비율을 높였다는 점 외에는 선거의 결과와 큰 차이가 없었다. 그러나 사회성분별 구성에서는 노동자의 구성을 크게 높여 농민 및 사무원과의 비율을 비슷한 분포가 되도록 조정하였다.[27]

---

26) 《조선중앙년감》(1949), p. 84.

27) 대의원들의 전체명단과 흥미로운 개인경력, 그리고 정당별 사회성분별 구성에 대해서는 〈북조선 도 · 시 · 군 인민위원회 대회 회의록〉, 《사료집》 8권, pp. 144

대회의 발언에서는 김일성에 대한 찬양이 간단없이 이어졌다. 뿐만 아니라 회의의 막간을 이용해 한재덕이 등단하여 〈김일성 장군을 맞으며〉라는 시를 낭송하였고, 유명한 음악가 김동진(金東振)은 〈김일성 장군의 노래〉를 독창하였다. 또 김일성 장군에 대한 창극조가 심청전과 함께 연주되기도 하였다.[28] 모든 '임시'자는 떼어졌고 임시인위에서 실시한 조치들도 법적 정당성을 추인받았다. 북조선인위의 위원장은 김일성이 맡았고 김일성그룹의 2인자인 김책은 부위원장을 맡았다. 김책은 48년 2월에는 신설되는 민족보위국장을 겸임하여[29] 인민군 총사령관 최용건과 함께 김일성체제를 받쳐주는 가장 튼튼한 지주가 되었다. 내무국장은 연안그룹의 박일우였고 외무국장은 박헌영의 부하 이강국이었다. 박일우와 이강국의 등장은 연안계열 및 남한에서 월북한 지도자들이 북한정부에 본격적으로 참여하기 시작하였음을 의미한다. 또한 내무국의 등장으로, 보안간부훈련대부의 등장 이후 혼재하던 경찰과 군대의 조직과 역할도 분리되었다.

군은 계속하여 최용건이 사령관을 맡고 있었다. 교육국장은 유명한 작가 한설야였고 김일성에게 저항하던 오기섭은 노동국장을 맡았다. 1947년의 이 내각 구성은 한국공산주의운동 진영의 여러 파벌을 망라한 연합내각이었다. 이는 48년 9월의 공식적인 정부수립 시에도 마찬가지였다. 각료 중에는 민주당 소속도 있었고 천도교 청우당 소속도 있었으나 이들은 정치적 영향력은 없는 자리였다. 내각은 권력의 실제 배분관계를 반영하여 구성된 것은 아니었다. 초기 북한 내부권력의 원천은 압도적으로 당과 군부 및 경찰기구에 집중되어 있었다. 내각은 마치 초기 소련점령 시기의 소비에트 민정처럼 결정된 정책을 집행하는 정책집행 실무기구였다. 어쨌든 오늘날 북한의 공식 역사서들이 북조선 인위를 '첫 프롤레타리아 독재정권'[30]이라고 규정하는 데서 볼 수 있듯이 이것

~160, 167~168 참조.

28) 〈북조선 도·시·군 인민위원회 대회 회의록〉, p.165.

29) 《조선중앙년감》(1949), p.85.

30) 《조선전사》 24권, p.31 ; 《력사사전》, pp.953~955.

은 하나의 완벽한 정권이었다.

1947년 2월 21일부터 22일까지는 최고인민회의 1차회의가 열렸다. 북한 최초의 의회였다. 먼저 인민회의의 의사결정과정은 비밀투표가 아니었다. 또 정원보다 많은 다수가 추천되어 그중 정원만큼을 선출하는 종다수(*plurality*)의 방법도 채택되지 않았다. 초기부터 전체회의에서의 결정과정은 거의 생략되었고 이미 결정된 사항에 대해 최종적 동의만을 구하면 되었다. 모두가 항상 만장일치였다. 남한의 정치사회가 너무 시끄럽고 혼란스러웠다면 북한의 정치사회는 조만식과 민족주의자들이 제거된 뒤 너무 단조롭고 만장일치적이었다는 완전한 대비성을 보여주었다. 달리 말하면 국가와 인민 사이에 중간매개가 갑작스레 사라졌다. 국가와 인민, 국가와 사회 사이에는 직접적인 대면관계가 성립된 것이다.

인민회의에서 김두봉의 보고는 김일성의 헤게모니를 상상케 한다.

> (우리는) 과거 일 년간에 민주주의 제과업을 용감하게 실천하여 위대한 성과를 획득하였습니다. 이 위대한 성과는 우연한 소득이 아니라 위대한 김일성 동지의 영명한 영도로서만 가능하였다는 것을 우리는 항상 명기하여야 할 것입니다. 그러므로 우리는 더욱 김일성 동지 주위에 튼튼히 단결하여 용기를 백배하여 전조선의 통일적인 임시정부 수립을 목표로 일로매진하여야 할 것입니다.[31)]

김두봉은 먼 훗날 북한에서 김일성을 부를 때 사용하던 용어인 '위대', '영명', '영도'라는 말을 사용해 가며 그를 칭송하고 있다. 해방 초기에 국내 공산주의계열의 인물로서 공산당 책임자를 맡았던 김용범 역시 "더욱 김일성 장군 주위에 뭉치어 민주주의 자주독립국가 쟁취에 전력을 다할 것을 맹서"[32)]하였다. 명백히 반김일성적인 노선을 취하며 함

---

31) NA, RG 242, SA 2005 Item 5/6, 《북조선인민회의 제 1 차 회의 회의록》, p. 6.

32) NA, RG 242, SA 2005 Item 5/6, 《북조선인민회의 제 1 차 회의 회의록》, p. 29.

경도에서 김책과 대립하였던 국내 공산주의계열의 지도자 오기섭도 '위대한 영도자'의 조건을 "정당한 시기에 실제적이며 반드시 실현될 수 있는 문제를 제기하는 지도자"라고 든 뒤 김일성이야말로 이렇게 하여 "우리의 모든 사업을 성공시켰다"고 칭송하였다.[33] 반대파들까지 모두 김일성 권력의 수하로 들어갔던 것이다.

그러나 오기섭·김용범은 애초부터 국가의 지도자급의 인물은 아니었다. 오기섭·김용범보다도 더욱 많이 변한 인물은 무정이었다. 지방에서는 해방 직후에 '무정 만세'가 나올 정도였고, 또 국가의 영도자로서 평가받던[34] 몇 안되는 인물인 그의 김일성에 대한 충성의 표시는 놀라운 것이었다. 그는 최고권력에 대한 명백한 도전의욕을 갖고 있었던 인물이었다. 그의 다음 말은 권력의 초기형성기의 경쟁자의 진술이라는 점에서 길게 인용될 가치가 있다. 무정의 진술은, 권력은 비록 초기형성기일지라도 일단 어느 한쪽으로 기울면 굴욕적일 만큼 독점적이라는 점을 보여준다.

> 북조선인민위원회가 이와 같은 위대한 사업을 수행하는 데는 두 가지 조건이 있었습니다. 즉 하나는 객관적 조건이요 달은(다른—원문 그대로) 하나는 주관적 조건입니다. 객관적 조건은 북조선에 진주한 위대한 쏘련군대가 락후된 우리 조선사회 발전을 촉진시키기 위하여 성의있는 원조가 있었다는 것입니다. 주관적 조건은 우리 민족의 영도자이신 김일성 위원장의 영명하신 영도가 있었다는 것입니다. 나는 우리 영도자의 생활작풍을 항상 주의하여 보았습니다. 김일성 위원장에게는 일요일이라는 것은 물론 없고 매일, 휴식시간이라고는 불과 3, 4시간밖에는 없습니다. 저반(這般) 맹장수술을 하신 때에도 아직 완쾌치도 않었음에도 불구하고 우리를 영도하시기 위하여 퇴원하셨던 것입니다. 이와 같이 김일성 위원장의 전생활은 오직 민주주의 조선의 완전독립을 위하여 일야(日夜) 고심하시는 것으로서 일관하셨습니

33) NA, RG 242, SA 2005 Item 5/6, 《북조선인민회의 제1차 회의 회의록》, p. 26.

34) Hq. FEC, *HNKA*, p. 99.

다. 우리의 참된 영도자 김일성 위원장의 영도하에 각 책임자는 자기의 전능력을 다하여야 할 것이며 상급 인민위원회와 하급 인민위원회는 김일성 동지를 중심으로 일사불란하게 결속하여야 하겠습니다. …

김일성 위원장의 영도하신 결과 북조선임시인민위원회의 일 년간 사업에 허다한 승리적 수획(收獲)과 단련을 쌓았음으로 제민주과업을 파괴하려는 반동분자들의 부단의 음모를 여지없이 파괴하고 반석같은 기초 위에 북조선은 자라났던 것입니다. … 북조선인민뿐만 아니라 전조선인민이 김일성 동지의 영도하에 튼튼히 결속하여 민주주의 자주독립국가 건설에 일로매진하여야 할 것입니다.[35)]

무정의 이 말보다 더 분명하게 형성기 권력투쟁의 종료를 보여주는 것은 없었다. 공산정치에서 도전자의 충성표시는 권력갈등의 종료와 최종적인 일인집중의 표현이다. 무정은 1905년생으로 김일성보다는 7살이 위였다. 그의 연설은 조선화가 진행되면서 해방과 민주개혁의 주체가 소련의 지도에서 김일성의 지도로 옮아왔음을 고려할 때 아직은 균형을 유지하려는 흔적이 보이기는 한다. 그러나 모든 토론자들은 김일성을 '우리의 영도자', '민족의 영웅', '위대한 지도자'라고 추켜세우며 김일성의 업적과 보고를 '정당하다', '위대하다', '영명하다', '전적으로 지지 찬성한다'고 토론하였다. 그는 북한 내의 스탈린과 같은 존재로 상승하고 있었다. '가장 적절', '가장 우월', '전부 옳다'는, 인간에게 사용할 수 있는 최상급의 표현은 물론 '찬양'이라는 종교적 용어까지 사용되었다. 김일성에 대한 예찬이 지나치자 사회자인 김두봉은 "영도자에 대한 찬양으로 시종하여 시간을 보내는 경향이 있는데 보고내용에 대하여 토론해 달라"[36)] 고 주문하였다.

이견이 없는 것은 아니었다. 그러나 그 이견은 김일성을 찬양하고 그의 뜻을 헤아려 집행하는 데서 나타나는 차이일 뿐이었다. 김일성의 뜻

---

35) NA, RG 242, SA 2005 Item 5/6, 《북조선인민회의 제1차 회의 회의록》, pp. 18~19.

36) NA, RG 242, SA 2005 Item 5/6, 《북조선인민회의 제1차 회의 회의록》, p. 19.

자체에 대한 반대는 허용되지 않았다. 인민회의 대의원 김윤걸(金允杰)은 당시 북한의 상황을 한국의 오랜 속담을 인용하여 김일성만이 있고 그를 따르는 지지자들과 대중은 없다고 지적하였다.

> 속담에 장군은 났으나 용마(龍馬)는 없다는 말이 있습니다. 해방 후의 우리 조선은 마치 장군은 있으나 용마는 없는 격입니다. 발포된 법령은 허다하였으나 지방에 있어서는 정당하게 집행되지 못한 례가 많습니다. 토지개혁사업에서 볼지라도 법령은 올바르지만 정당하게 실시하지 못하였습니다. 요이주자에 해당하는 자는 방임하고 요이주자에 해당치 않는 자를 축출하였다가 최근에 와서는 귀환케 하는 자도 있고 혹은 토지개혁사업 일 년이 지난 금일에 축출하는 사례도 있습니다. 조선에 위대한 영도자 김일성 장군은 있으나 장군의 의도하는 뜻대로 실행하는 자가 몇 사람이 되겠는지 나는 의심하는 것입니다.[37]

이 진술을 김일성에게 바치는 아첨의 표본이었지만 김일성(과 공산당)이 너무 앞서간다는 뜻을 내포한 말이기도 하였다. 당시 북한에는 이러한 현상이 여러 면에서 존재했었다. 토지개혁사업에 관한 김윤걸의 지적은 김일성 자신이 누차 강조하여 지적하던 점이었다. 소련군정의 지도자들 역시 마찬가지의 인식을 자주 보여주었다. 그러나 이러한 발언이 김일성 이외의 사람에게서 나온다는 것은 허용되지 않았다. 앞으로 항상 반복될 방식의 초기표출이었다. 정책의 오류에 대해 김일성이 지적하면 그것은 정당한 비판이고 고쳐져야 할 교시였지만 다른 사람이 지적한다는 것은 불만분자의 소행이고 해당(害黨)행위였다. 옳은 노선과 대중의 뜻을 판단할 준거는 인민회의 대의원 김윤걸은 제시해서는 안 되었다.

김윤걸의 발언 도중에 "실례를 들라", "구체적으로 설명하라"는 고함이 터졌고 그의 발언이 끝나자 최창익, 허정숙 등의 긴급동의가 이어졌

37) NA, RG 242, SA 2005 Item 5/6, 《북조선인민회의 제1차 회의 회의록》, p. 21.

다. 훗날 반당종파분자로 숙청되는 최창익이 등단하여 김일성에의 절대 충성을 나타내는 강경발언을 하였다.

> 김윤걸 대의원의 비유는 명백히 북조선의 민주과업을 반대하는 말입니다. 토지없는 농민에게 토지를 분여한 것이 부당하다는 말인가? 큰 일을 수행할 때에 개미 한 마리 죽는 것에 대하여 左요 右요 말하는 것은 천부당 만부당한 일입니다. 우리 사업의 전체를 은폐하고 부분적으로 파생하는 사소한 일에 구애하는 것은 옳지 못한 것이며 반대하기 위한 반대라고 간주할 수밖엔 없습니다.[38]

최창익의 진술은 1940년대 후반 북한혁명주체의 사업방식을 함축하는 시사적인 발언이다. 김윤걸 정도의 문제제기조차 반대를 위한 반대로 규정되어 용인되지 않았던 것이다. 강조 표시된 부분은 혁명과 계급투쟁이라는 최고목표가 옳으면 그 도정(道程)에서 발생하는 문제들은 고려치 않아도 된다는 정통 맑스주의-레닌주의적 문제의식의 연장이었다. 정통 맑스주의와 레닌주의의 교범에서는 목적이 옳으면 수단은 중요시하지 않는다. 과정에의 고려는 자주 생략된다. 맑스주의-레닌주의가 역사적으로 실패하게 된 중대한 연유의 하나는 여기에 있었다. 최창익은 다시 "김일성 위원장을 우리의 영도자라고 하면서 민주주의적으로 되는 사업을 반대하는 곳에 위험성이 있는 것"[39]이라고 비판한다. 이 비판은, 김일성을 영도자로 받아들이면, 그의 뜻은 민주적이기 때문에 그를 반대해서는 안 되며 그를 반대하는 것은 곧 민주주의를 반대하는 것이라는 논리였다. 김일성 반대가 민주주의 반대로 일치되고 있었던 것이다. 말을 바꾸면 김일성에 대한 반대는 혁명과 민주주의에 대한 반대와 동일하였던 것이다. 이는 르불(Olivier Reboul)이 정확하게 지적하

---

38) NA, RG 242, SA 2005 Item 5/6, 《북조선인민회의 제1차 회의 회의록》, p. 22.

39) NA, RG 242, SA 2005 Item 5/6, 《북조선인민회의 제1차 회의 회의록》, p. 31.

였듯, 혁명에 반대한다고만 하면 모든 반대자들의 권력을 박탈하고 추방할 수 있었던 전형적인 스탈린주의의 논리였다. '혁명' 언술은 점차 그 자체가 혁명의 내용과는 관계없는 권력의 이데올로기가 되어가는 것이다.[40]

회의에서 김일성을 북조선인민위원회의 위원장으로 추대한 사람은 최용건이었다.

> 이 모든 결과는 김일성 위원장의 영도가 가장 조직적이었으며 치밀하였으며 영명하였다는 것을 증명하는 것이고 우리 민족의 절실한 요구를 가장 올바르게 만족시켜준 것이기 때문에 우리는 최대의 명예를 전체 조선인민의 이름으로 김일성 장군에게 올려야 하겠습니다. 우리 북조선인민은 전체 조선인민과 더부러 조선민주자유독립을 위하여 그 공고한 토대가 되는 북조선 민주건설의 성과를 확고 강화하여 앞으로 더욱 발전시키는 것이 최대의 당면과업이 될 것입니다. 이 엄숙한 과업을 실시하는 데 있어서 최고지도의 책임자로서 다시 김일성 장군을 북조선인민위원회 위원장으로 추대하고 북조선인민위원회 재조직의 책임을 위임할 것을 본인민회의에 제의하는 바입니다. 그것은 김일성 장군의 영도가 정당하였다는 것뿐만 아니라 이미 조선인민은 장군의 주위에 튼튼히 결속하였으며 김일성 장군만이 조선민족의 행복을 위하여 가장 올바르게 영도하여 준다는 것을 굳게 믿고 있기 때문입니다.[41]

1946년 이후 오늘에 이르기까지 북한의 토론문헌들을 보면 모든 힘과 권위가 어떤 핵을 향하여 집중되는 현상을 보는 것 같다. 사회현상 역시 마찬가지였다. 인민에서 정권으로, 정권에서 당으로, 당에서는 김일성그룹에게로, 거기서는 또 김일성 개인에게로 찬양과 힘이 자력적으로

---

40) Olivier Reboul, *Langue et Ideologie*, 홍재성·권오룡 역, 《언어와 이데올로기》(서울: 역사비평사, 1994), pp. 35~38.

41) NA, RG 242, SA 2005 Item 5/6, 《북조선인민회의 제1차 회의 회의록》, p. 45.

집중되었다. 모든 토론의 끝은, 민주개혁에 대한 것이든 조국통일에 대한 것이든 임시정부 수립에 관한 것이든 관계없이, 전부 "김일성 장군 주위에 굳게 뭉쳐 … 하자"는 것으로 끝났다.

초기의 경우 예외적인 인물들도 있었다. 초기 박헌영과 허가이는 절대충성의 표현을 거의 쓰지 않았다. 그들이 그러한 표현을 썼더라도 그것은 진심이 느껴지지 않는 표현이었다. 무정과 박헌영 · 허가이는 권력의 유지방법이 달랐던 것이다. 무정이 일찌감치 충성을 나타내며 김의 수하로 들어갔음에 반해 박헌영과 허가이는 그렇게 하지 않았다. 그들은 김일성의 영도성과 위대성을 인정하지 않았다. 한국과 소련에서 오랜 공산당 생활을 하여 이론과 실무에 밝았던 이들은 내심으로는 청년 공산주의자 김일성을 수용하지 않았음에 분명했다. 그러나 후에 김일성에게 받은 대우는 셋 모두 동일했다.

무정은 전쟁중 군대지휘상의 실수로 숙청당하였고 박헌영은 미제 간첩 혐의와 권력 도전 혐의로 처형당하였다. 허가이 역시 마찬가지 대우를 받았다. 그는 '당 박사'로 불리면서 조선로동당의 초기 주추를 놓은 사람이었다. 조선로동당의 초기 창건과정에서 가장 커다란 역할을 한 인물은 김일성이 아니라 허가이였다. 그는 로동당을 만들고 근대 정당으로 만든 창당 실무자였다. 1946년 창당후 전쟁 이전까지 당의 기구와 조직, 당원관리를 책임진 사람도 그였다. 그는 전쟁중에 당 관리상의 실수를 이유로 김일성에게 숙청당하였는데 당 창설에서의 그의 업적에 비하면 전쟁중의 실수는 하찮은 것으로서 제거되기에는 너무나 사소한 실수에 불과했다.

그렇다면 당시 중앙과 지방인민위원회의 내부구성은 어떻게 이루어져 있을까? 이를 확인할 수 있다면 북한의 국가기구의 규모와 성격, 그리고 중요정책과 방향을 파악할 수 있을 것이다. 인민위원장 김일성에게 보낸 한 '극비' 자료에서 이를 확인할 수 있다.[42] 먼저 각도 인위를

42) NA, RG 242, SA 2009 Item 9/113, 북조선인민위원회, 〈道 · (평양특별시) · 시 · 군인민위원회 機構定員 및 事務分掌〉.

보면 각도 인위에는 위원장, 부위원장, 서기장이 각각 한 명씩 있고 집행부서는 15개 부서(14부 1실)로 이루어져 있었다. 15개 부서는 기획부, 간부부, 총무부, 재정부, 농산부, 상공부, 교육부, 보건부, 사법부, 선전부, 양정부(糧政部), 도시경영부, 내무부, 서기장실 등이다. 중요한 것은 인위의 내부구성이었다.

15개 부서 중 6개 도 모두 가장 많은 인원이 배치된 부서는 치안을 담당하는 내무부였다. 6개 도 인위의 내무부는 다른 부서에 비해 압도적으로 많은 98명에서 99명이다. 각도 인위의 총인원은 최대 362명(함남)에서 최소 352명(함북) 사이로 거의 비슷하였다. 내무부 다음으로 많은 부서는 내무부의 절반 수준인 평균 50명선의 농산부였다. 6개 도 인위의 총 숫자에서는 내무부 591명, 농산부 303명, 재정부 138명, 교육부 108명, 양정부 105명의 순이었다. 이것이 상위 5개 부서로서 이 부문 문제를 가장 중요하게 다루고 있었음을 알 수 있다. 당시 북한의 각도 인위의 총 구성원은 모두 2,142명이었는데 내무부는 전체에서 28%를 차지하고 있었다.

평양시의 경우에도 가장 많은 인원이 배치된 곳은 내무부로서 70명이었다. 전국의 시인위의 총합을 보면 과급의 14개 부서 중 내무서(내무부는 시군 수준에서는 '내무서'가 된다)가 878명, 농산과가 211명, 도시경영과가 184명, 다음이 양정과 122명이었다. 총 2,185명의 시급 인위에서도 내무서가 수위이며 이는 전체의 40%나 되었다. 도급에서 시급으로 내려오면서 치안담당기관의 비율이 28%에서 40%로 높아진 것을 볼 수 있다. 12개의 시 전부에서도 내무서는 2위인 농산과와 두 배 이상의 차이를 보이며 선두자리를 차지하고 있었다.

각도 인위의 과의 내부구성을 보면 도 인위의 각과는 총 55개인데 그 중 가장 많은 인원을 배당받은 과는 내무부의 정보과로서 20명으로 이루어져 있었다. 이 숫자는 내무부 내의 다른 과의 평균 인원인 6명의 세 배가 넘는 숫자이며 한 단계 높은 직제인 부서(部署)급보다도 더 많은 숫자였다. 15개의 부서 중 총인원 수에서 과단위 조직인 정보과보다 더 많은 인원을 보유하고 있는 부서는 내무부, 농산부, 재정부의 3개

부서에 불과하였다. 다른 12개 부서는 총인원 수에서 정보과에 뒤졌다. 정보의 수집과 처리가 가장 중요하게 다루어지고 있음을 알 수 있다.

도 수준에서 군·구 수준으로 내려오면 약간 달라져서 내무서 다음으로는 세금의 징수문제가 가장 중요하게 다루어졌다. 평양시 4개구의 경우 전체 18개의 계(係)의 상위 4개 중 3개가 세금관련계로서 직세계(直稅係)가 31명으로 수위였고 3위는 징수계 27명, 4위는 간세계(間稅係) 24명의 순이었다. 세금문제를 다루는 곳이 275명 중 82명으로 약 30%를 차지하고 있다. 2순위의 계는 기류계(寄留係)로서 인구의 이동과 거주문제를 다루는 곳이었다. 당시에 북한에서는 거주이전의 자유가 상당부분 제한되어 있었다. 1946년부터 범죄통계에는 벌써 여행령 위반이 상위를 기록하고 있었다. 평양의 내무서는 행정체계에 포함되어 있지 않고 4개의 내무서(평양내무서 62명, 서평양내무서 52명, 동평양내무서 52명, 사동내무서 52명)로 독립되어 총 218명으로 이루어져 있다. 이는 평양시 4개구의 전체 관료 정원 275명에 맞먹는 숫자였다.

이제 군단위의 기구와 편제를 살펴보자. 북한에는 당시에 전부 6개도에 89개의 군이 있었다. 89개 군의 인위의 총 행정관료는 10,499명이었다. 군 인위는 12개의 과급 행정기구로 이루어져 있다. 평안북도의 경우 총 2,235명의 군 행정관료 중 784명이 내무서 소속이고 2위는 농산과로서 335명이고 3위는 양정과로서 205명이었다. 평남의 경우 총 1,652명 중 내무서 소속이 596명으로 역시 선두이고 다음은 240명의 농산과, 3위는 양정과의 148명이었다. 이러한 분포는 다른 도에서도 변화가 없었다. 이렇게 해서 총 10,499명의 지방관료 중 내무서 소속이 3,732명으로 가장 많았다. 이는 관료총인원의 36%에 해당하는 비율이었다. 도 인위의 28%보다 높아져 있음을 알 수 있다.

노동부문을 보면 우선 도 인위의 수준에서 전체 2,142명 중 노동부는 67명으로 15개 부서 중 9위를 차지하고 있었다. 이 수치는 보건부의 84명, 도시경영부의 68명보다도 적은 숫자였다. 평양시의 경우도 노동부는 11명으로 전체 14개 부서 중 단지 10위를 기록하고 있다. 노동부는 도는 물론 시와 군 수준에서도 지원부서가 아닌 독립적 집행업무를 갖는 실무부서 중에는 가장 낮은 인원배치를 보여주고 있었다. 평양시 4개 구의 경우 노동과는 전체 18명으로 이는 앞서 보았던 세금관련과나 기류계 등의 한 계의 수준에도 훨씬 미치지 못했다. 흥남, 함흥, 청진, 나진, 원산 등 중요한 산업시설과 거대한 공장들을 구역내에 갖고 있는 시급 전체의 통계를 보아도 노동과는 총 2,185명 중 단지 63명으로서 실무과 중 가장 낮은 수치를 기록하고 있다. 원산은 총 184명의 시 인위 정원 중 7명, 함흥은 182명 중 6명, 흥남은 183명 중 7명, 나남·나진·사리원 등은 단지 2~3명만이 배치되어 있을 뿐이었다. 비율로는 0.03%밖에 안 되었다. 그러나 치안담당은 무려 40%에 이르렀다. 국가관료의 40%가 경찰이었다는 점은 북한이 사실상의 경찰국가였음을 보여준다.

과연 북한의 산업-노동의 문제가 이 정도로 없었을까? 여기서 말하는 산업-노동의 문제란 좁은 의미의 노동쟁의, 또는 노사관계의 문제로만 이해되어서는 안 된다. 그것은 노동자의 구성, 규모, 인력의 배치, 산업화에 따른 계층의 이동과 구성의 변화, 노동정책 등을 포괄한다. 식민시기의 산업구성으로 볼 때 '북한은 공업, 남한은 농업'이라는 등식이 성립될 정도로 북한의 산업-노동문제는 중요했다. 흥남, 함흥, 원산 등에는 화학, 비료, 제철, 발전, 철강, 금속 등의 중요한 산업시설과 대규모 사업장이 한둘이 아니었다. 식민지배의 말기에 들어와 일본이 한국의 북부지역에 건설한 중공업, 화학공업 시설들은 그 규모에서 일본을 제외하고는 동아시아에서 가장 선진화된 수준이었고 그에 따르는 노동의 문제도 적지 않았다. 그럼에도 불구하고 노동문제에 대한 홀대는 몇 가지 수준에서 이해 가능하다. 하나는 토지개혁을 비롯한 농업문제와 식량문제에 더욱 많은 관심을 돌렸기 때문이었다. 또 산업시설 가동의 중단과 소련으로의 시설과 자재의 철거와 수탈도 적지 않은 영향을 끼쳤다. 북한에서는 당시에 노동력의 부족현상이 심각하였는데 이 요인도 산업-노동문제를 방치하는 데 영향을 주었을 것이다.

전체를 보면 중앙과 지방을 막론하고 치안, 농산, 징세, 양정, 교육부문이 항상 상위를 차지하였다. 그중에서도 특히 치안부분의 인원배치가 두드러졌다. 매우 빨리 경찰국가적 속성을 띠었던 것이다. 북한이 초기에 경찰국가로 되게 된 이유는 몇 가지의 요인이 존재하였다. 하나는 소련의 군대가 대규모로 진주해 있는 상태에서 위로부터 국가기구의 구축이 저항없이 용이하게 이루어질 수 있었다는 점이다. 여기에서 소련의 사회주의 국가기구의 제도와 운영경험의 이식은 커다란 역할을 하였을 것이다. 두 번째로는 구체제와의 급격한 단절을 통한 사회변혁 역시 국가기구의 빠른 팽창과 사회장악의 커다란 요인이었다. 반대세력과의 타협을 통해 온건한 사회변혁을 시도하였을 경우 이렇게 빠르고 방대한 국가기구의 구축 및 그를 통한 사회통제는 불필요하였을 것이다. 폭력적이고 단절적인 급진이행은 그 신속성을 가능케 할 무장력을 반드시 필요로 한다. 이 점에서 보면 폭력적 사회주의혁명을 거친 국가들이 예외없이 강력한 국가였고 경찰국가였다는 점은 당연하다. 북한 역시 예외가 아니었던 것이다.

세 번째는 우파 및 남한과의 대결의 필요성 때문이었다. 초기에 저항하던 우파는 곧바로 저항력을 상실했기 때문에 시간이 흐르면서 커다란 고려의 요인은 되지 못했다. 그러나 남한과의 대결은 중요한 의미를 지녔다. 소련군정과 북한리더십은 남한에서 복귀한 친일경찰과 우익조직들의 확산에 크게 신경을 쓰면서 치안유지와 테러방지를 위해 노력하였다. 따라서 경찰은 자연스럽게 확대강화의 명분을 가질 수 있었던 것이다. 남한만이 식민시기에 급속하게 확대된 국가기구를 계승한 것은 아니었다. 이 세 요인이 초기에 북한국가기구를 급속히 확대하고 경찰국가적 속성을 갖게 한 요인들이었다. 급진혁명은 급진지수에 따르는 국가폭력을 반드시 필요로 한다.

2. 교육과 건국운동 : 동의의 추구

1) 국정(國定)의 교육

새로운 건국이념과 체제논리를 만들고 전파하기 위해 교육은 혁명과 체제의 공고화에서 필수적인 요소이다. 즉 교육제도의 구축과 이념의 확산은 혁명적 사회변혁의 과정에서 빼놓을 수 없다. 모든 체제의 형성과정에서 교육체제 구축의 성공 여부는 국가의 공식이념이 구축되었는가를 판별하는 한 기준이 된다. 심지어 이는 혁명의 성공 여부를 판별하게도 한다. 교육제도는 국가의 공식이념과 정신을 확립하고 전파하기 위한 채널이자 수단이 된다. 어떤 의미에서 교육제도는 등장하는 사회주의체제의 생명선이라고 할 수 있다.

초기 북한의 경우 교과서의 편찬과 교육체계의 제도화, 역사 새로 쓰기에서 우리는 이를 확인할 수 있다. 교과서는 사회에 대한 새로운 해석기준과 세계관이 확립되었을 경우에 편찬 가능한 것이다. 또한 그것은 역사에 대한 새로운 해석을 의미한다. 북한은 혁명의 과정에서 매우 이르게 국정(國定)의 교과서를 편찬하기 시작하였다. 1946년 5월이었다. 이 시기는 토지개혁이라는 가장 중요한 사회경제적 변혁을 이룬 직후였다. 1946년 5월 시작한 북한의 교육체계 정비와 새로운 교육기관의 설립, 교과서의 편찬은 대략 46년 말이면 거의 끝났다. 역시 사회혁명과 동시적으로 진행되었음을 알 수 있다.

교과서의 편찬은 국가의 공식 교육방침이 확립되었음을 의미한다. 북한은 임시인위 내에 교과서편찬사업 감찰위원회를 설치하여 편찬사업 전반을 기획, 심의, 지도, 감독하였다. 감찰위원회는 출판기관에 대한 지휘와 명령권을 가졌다. 또한 교과서의 원고를 사전에 심사하였으며 집필자에 관한 인사를 담당하였다. 최고 통치기구인 임시인위가 원고의 심사와 집필자 선정을 직접 담당하는 데서 북한이 교과서문제를 얼마나 중요시했는가를 알 수 있다. 즉 정권수준에서 교과서문제를 처리하고 있는 것이다.

감찰위원회의 위원장은 임시인위의 서기장이었고 감찰위원은 보안국장을 비롯하여 6인의 임시인위 국장과 부장(재정국장, 산업국장, 총무국장, 선전부장, 기획부장)들로 구성되었다. 내각의 장관급이 감찰위원을 맡고 있는 것이다. 최고수준의 인적 구성이랄 수 있었다. 감찰위원회 내의 심사위원은 총 31명이었는데 김두봉을 비롯하여 장종식, 최용달, 이동화, 김창만, 오기섭, 안함광, 안막, 허정숙, 이기영, 한설야 등이 들어 있었다.[43] 감찰위원과 심사위원에 최용건, 최용달, 김창만 등 교과서의 편찬과는 직접 관계가 없는 인물들이 포함되어 있음은 주목을 요한다. 이들 셋은 각각 보안, 사법, 선전부문의 핵심 책임자들이었다. 교과서의 편찬을 단순히 학생들의 학습용 교재의 편찬으로 보고 있지 않다는 증거였다. 북한의 다른 기구와는 달리 지식인들이 대거 포함되어 있음이 주목할 만하다. 이것은 당연한 것이다.

같은 1946년 5월에는 '북조선종합대학' 창립준비위원회가 만들어졌다. 교과서의 편찬 결정과 대학 창립 결정이 일치하는 데서 새로운 교육체계의 수립이 전체 혁명의 과정에 배치된 것이라는 점을 읽을 수 있게 한다. 임시인위는 대학의 이름을 "조선해방을 위하여 일본제국주의와 투쟁한 조선민족의 영웅 김일성 장군의 일홈을 부여하여 '김일성대학'"으로 결정하였다(원문 그대로).[44] 해방후 최초로 탄생되는 최고교육기관에 김일성의 이름이 사용되고 있음을 알 수 있다. 교육에서도 김일성의 업적과 사상이 가장 높이 다루어지고 있다는 증명이었다. 이것은 또한 그의 카리스마가 매우 일찍 구축되었음을 보여준다. 45년 10월에 인민 앞에 최초로 등장한 33세의 지도자가 7개월 후에 조선민족의 영웅으

---

43) 〈교과서 편찬·인쇄에 관한 결정서〉(1946년 5월 12일), 《사료집》 5권, pp. 658~659.

44) 북조선임시인민위원회 결정 제40호, 〈북조선종합대학 창립에 관한 건〉, 《북조선법령집》, pp. 226~227 ; 북조선임시인민위원회 결정 제21호 〈북조선종합대학 창립준비위원회 조직에 관한 건〉, 《사료집》 5권, pp. 660~661. 초기에는 김일성대학이라는 공식명칭과 함께 '북조선김일성대학'이라는 명칭도 공식 비공식적으로 사용되었다. 그러나 나중에는 김일성대학으로 고정되었다.

로 칭송되며 대학의 이름에 사용되었다면, 그리고 이것이 내각의 공식 결정으로 채택된 것이라면 이 짧은 기간에 그의 리더십이 얼마나 빠르게 구축되었는가를 보여주고도 남는다.

초대총장은 김두봉이었다. 김일성대학은 46년 9월에 개교, 신입생을 모집하였다. 창립을 결정한 지 4개월 만에 개교를 한 것으로서 이는 아주 빠른 것이었다. 초기 김일성대학의 모집요강을 보면 두 가지의 흥미로운 사실을 발견할 수 있다. 하나는 항일투쟁가족의 우대였고 다른 하나는 입학시험에서 역사과목의 강조였다. 1947년도 예과 입학모집요강을 보면 모집정원은 1학년 100명, 2학년과 3학년 각 50명의 200명이었는데 입학지원자 자격은 20~30세까지의 남녀로서 일정한 학력을 갖추고 진보적 민주주의사상이 견실한 자일 것이 요구되었다. 특히 조국해방운동에 참가한 자 및 그의 자녀와 극빈노동자 빈농출신자는 우선적으로 입학을 허가한다고 하였다. 또한 입학시험과목에서는 국어, 수학, 지리와 함께 역사과목이 전학년에 걸쳐 필수과목으로 배정되어 있었다.[45)]

더욱 흥미 있는 사실은 1947년 9월 7일 김일성대학을 신축하는 기공식을 가졌는데 이 신축을 위한 기금이 농민들의 애국미(愛國米)로 이루어졌다는 점이었다. 애국미는 토지개혁에 대한 감사의 표시로 김제원 농민이 헌납한 이래 북한의 전체 농민들이 국가에 헌납한 것이었다. 또한 농민들은 김일성 장군의 노래를 부르면서 신축공사장에 대거 참여하여 노력봉사를 하였다. 농민들이 헌납한 애국미로서 '김일성' 대학을 신축하고, 또 인민들이 직접 참여하여 이 건물을 신축하는 데서 우리는 토지개혁이라는 혜택이 최고지도자의 의지로 가능했으며 그러한 혜택을 베풀어준 최고지도자에게 충성을 바치고 일체감을 느끼게 할 수 있는 일련의 연관고리를 읽을 수 있다.[46)]

---

45) 〈북조선김일성대학 예과학생 모집 요항(要項)〉, NA, RG 242, SA 2005 Item 2/31, 《조선여성》 1947년 6월, 면수 없음.

46) "인민의 최고학원은 신축된다—김일성대학 신축공사장에 참가하고," NA, RG 242, SA 2005 Item 1/9, 《문명상업과 소비조합》 6호(1947), pp. 1~2(필자는

46년 9월에는 평양과 청진에 교육자의 양성을 위하여 2년제의 교원대학이 설립되었다. 또한 기술자를 양성하기 위한 전문학교가 여러 도와 시에 설치되었다. 이 모든 결정은 임시인위에 의해 46년 6월과 7월에 집중적으로 이루어진 것이었다. 46년 6~7월에는 교육분야에서도 혁명이 이루어지고 있었던 것이다. 임시인위는 또한 "민주건국에 필요한 간부배양을 목적"으로 46년 6월에는 중앙정치간부학교를 신설하였다. 이 기관의 설립목적은 최고 정치간부의 양성을 위한 것이었다. 6월 6일에 결정을 내려 6월 20일에 학업을 시작하였다. 초단기간에 결정과 개교가 이루어지고 있는 것이다. 교장은 박효삼이었고 수업기간은 3개월에 학생은 매기당 100명이었다. 학생은 각급 인위와 정당 사회단체의 지도자 중에서 선발하였다.[47]

46년 7월 8일 임시인위는 보안대의 인재를 양성하기 위하여 보안간부학교를 설립하였다.[48] 정원은 500명이었고 수업기간은 12개월이었다. 이는 군사교육을 담당하는 중요한 교육기관이었다. 학생모집 심사위원장은 무정, 위원은 최용건, 김책, 김웅, 장종식(인위 간부부장)이었다. 입학자는 도나 시·군·면 인위의 추천을 받아야 했다. 역시 7월 8일 결정이 되었으나 7월 15일 이전에 준비사업을 완료하고 7월 20일에 개학을 하였다. 교원은 소련군사령부 사람들이었다. 여기에서 보면 핵심 국가기구의 인력을 양성하는 교육기관에는 입학자격에서부터 이미 인위의 추천이 있어야 될 정도로 엄격한 검증과정을 거쳐야 된다는 사실을 보여주고 있다. 강사들이 소련군사령부에서 직접 파견되고 있음도 주목할 만하다. 이 보안간부학교는, 군대의 간부를 양성하기 위한 교육기관이었다. 이 시기에 국가의 공식적인 군대조직이라고 할 수 있는 보안간부훈련대대부가 만들어진 것과 함께 북한혁명이 새로운 국가강권기구의 창설로 이어졌음을 보여주는 징표이다.

이 잡지의 기자. 이름 표기 없음).

47) 《사료집》 5권, pp. 661~662.

48) 〈보안간부학교 설립에 관한 건〉, 《사료집》 5권, pp. 665~666.

또한 북한은 경제산업기술부분의 인재들을 양성하기 위한 교육에도 심혈을 기울였다. 김일성대학 내에 기업장 지배인 강습소를 설치하여 각 직장의 지배인이나 생산기술자, 사회단체의 지도자 중에서 선발하여 강습을 실시하였다. 대상은 금속, 화학, 광산, 기계, 건축 등의 기간산업 종사자였다.[49] 이 모든 북한의 교육에서 중요한 것은 언어문제였다. 소련군이 점령하고 있는 현실에서 사회의 운영원리와 경험이 전부 소련으로부터 나오고 있는 현실에서, 또 교육의 기획과 전달자가 소련인이었다는 점에서 러시아어는 필수적인 것이었다. 이것은 단순한 언어의 학습이 아니었다. 이는 소련의 혁명경험과 이론을 수입하고 적용하는 것과 직결된 것이었다. 또한 소련군정이 뒤로 물러나고 조선화가 진행되면서 조선인들이 점차 실무를 담당해야 되는 데 대한 준비조치이기도 하였다.

임시인위는 46년 12월 러시아어 번역자의 양성과 지도층의 러시아어 강습을 목적으로 노어(露語)강습소를 47년 1월 5일에 평양, 신의주, 청진, 함흥, 해주, 원산, 철원, 진남포, 선천 등 9개 시군에 설치하기로 결정하였다. 창립목적은 "소련의 문헌을 번역하여 그들이 가진 우수한 문화를 섭취함으로서 조선의 새로운 문화를 건설하고 민주주의사상을 더욱 견고"히 하며 "지도층의 노어습득을 급선무"로 하기 위해서였다. 수강생은 '갑'과 '을'의 두 종류로서 '갑'은 소련문헌 전문번역가를 양성하기 위한 것이었고, '을'은 지도층의 러시아어 습득을 위한 것이었다. 교육기간은 47년 1월 5일부터 12월 25일까지였고 전자는 15학급에 750명, 후자는 13학급에 650명이었다.[50]

위에서 든 몇몇 초기교육기관에 대한 논의는 무작위적인 추출이 아니라 전체를 보여주는 핵심기관들을 대표적으로 선정한 것이다. 즉 이를 보면 중심적인 교육기관의 설립이 다섯 가지의 부분에 집중되어 있음을 알 수 있다. 고등교육(김일성대학), 정치(중앙정치학교), 군사(보안간부

49) 〈생산기업장 지배인 강습소 설치에 관한 결정서〉, 《사료집》 5권, pp. 666~668.

50) 〈로어강습소 설치에 관한 건〉, 《사료집》 5권, pp. 668~669.

학교), 경제(경제산업의 강습과 교육), 언어(노어강습소)의 다섯 가지에 대한 교육이 초기 교육혁명에서 중요한 것으로 설정되었던 것이다. 이 다섯 가지는 초기 국가형성에서 어느 부분보다도 가장 많은 인재가 집중적으로 필요한 부분이었다. 그러나 이 기관 설립이 최초에는 엘리트 교육기관에 집중되었다는 점도 지적되어야 한다.

북한은 그렇다면 왜 이렇게 많은 고등(高等) 및 실무(實務) 교육기관들을 조기에 집중적으로 설치하지 않으면 안 되었을까? 이유는 간단하였다. 구식민체제 해체와 방대한 새로운 국가기구의 설립은 그것을 운용할 인원을 필요로 하였다. 그런데 북한은, 구식민체제의 지배기구와 인원을 상당부분 그대로 이어받은 남한과는 달리 이를 전면적으로 해체시켰다. 북한이 초기에 새로운 고위관료와 국가운영 엘리트 교육을 위한 기관이 급히 필요했던 연유는 1차적으로 여기에 있었던 것이다. 소련으로부터 들어온 소련한인의 거의 대부분이 국가기구에 바로 투입할 수 있는 실무자집단이었던 이유도 여기에 있었다. 북한이 즉각적 투입이 가능한 실무인재의 양성에 먼저 주력하였다는 점은 학교교육제도와 일반인민교육제도의 구축은 이 다음에 뒤따랐다는 점에서도 확인된다. 즉 실무교육기관을 정규교육기관들보다 먼저 설립하였던 것이다.

1946년 5월부터 교육혁명을 시작한 북한은 46년 12월에는 학교교육의 체계와 제도를 확정하였다. 임시인위에서 〈북조선 학교교육체계에 관한 규정 및 그 실시에 관한 결정서〉가 채택되어 학교교육제도가 완성된 것은 46년 12월이었다. 여기에서는 보통교육, 기술교육, 고등교육의 3단계로 교육체계를 나누고 보통교육은 인민학교 5년과 초급중학교 3년, 고급중학교 3년을, 기술교육은 초급기술학교와 중등전문학교로 나누었다. 또 고등교육은 교원대학과 대학을 설치하였다.[51] 46년 12월에 정규교육체계를 확립했다면 47년 4월에는 성인교육 및 직장교육 체계를 확립하였다.[52] 직장에서는 낮에는 산업생산에 종사하고 밤에는 공부하

---

51) 〈북조선 학교교육체계에 관한 규정 및 그 실시에 관한 결정서〉, 《사료집》 5권, pp. 670~672.

52) 〈북조선 성인교육 및 직장교육 체계에 관한 결정서〉, 《사료집》 5권, p. 677.

는 체계를 갖추었던 것이다.

교과서 편찬, 교육제도 구축에 이어 교육의 세 번째 조치는 역사 서술과 한글의 강조였다. 우리는 앞에서 김일성체제의 등장은 소련군정의 후퇴와 직결되어 있다고 진술한 바 있다. 그 반비례관계는 역사의 서술과 해석에서도 나타나기 시작하였다. 1947년 1월 7일 임시인위는 결정서를 통해 "인제 우리는 조선민족의 사상을 양육하는 진실하고도 과학적인 조선민족의 역사를 편찬할 수 있게 되었다"며 조선역사편찬위원회를 창설하였다. 위원은 25명이었고 위원장은 맑스주의 경제사학자 이청원(李淸源)이었다. 물론 새로운 역사서술의 기조는 한국민족의 역사 반만년을 맑스주의 역사관에 의해서 전부 새롭게 기술하는 것이었다. 역사편찬사업은 북한의 초기 혁명시기의 사업 중에서는 가장 길다고 할 수 있는 1949년 12월까지 완료하게 되어 있었다. 그러나 식민시기부터의 최근세사는 특별히 47년 12월까지 빨리 편찬해내야 했다. 김일성대학의 교원 중에 역사서술에 참여하는 사람들에게는 교과외 업무는 면제해줄 만큼 역사 새로 쓰기는 중요하게 추진되었다. 또 전국 인민을 대상으로 하여 1등 7만 5천 원, 2등 5만 원의 현상을 걸고 일반인에게 우수한 저술을 공모하기도 하였다.[53]

한글 연구를 위해서는 47년 2월 초에는 임시인위의 결정으로 조선어문연구회가 만들어졌다. 북한리더십은 "조선어문의 통일과 발전을 기하는 것은 조선민족문화 건설의 기초를 닦는 것으로서 시급히 요청되는 것"이라고 주장했다.[54] 식민시기에 일본의 유례없는 한글말살정책과 동화정책에 대항하여 한글 사용을 고수한다는 것은 한국인들에게는 민족의 정신과 혼, 얼을 지키는 투쟁으로 받아들여졌다. 언어를 위한 투쟁, 그것은 곧 사상과 정신을 위한 투쟁이었던 것이다. 그들은 식민시기 동안 한글을 지키기 위해 감옥에 가기도 하였고 일부는 목숨과도 바꾸려 하였다. 한글의 우수성에 대한 강조가 외래문물이 침투하기 시작하는

53) 〈조선역사편찬회에 관한 결정서〉, 《사료집》 5권, pp. 673~674.

54) 〈조선어문 연구에 관한 결정서〉, 《사료집》 5권, pp. 674~675.

19세기 들어 특별히 분출하였다는 것은 그것이 민족의 자긍심과 직결된 민족주의의 한 표현이었음을 보여준다.

해방과 동시에 남한과 북한의 곳곳에서 일본어신문을 즉각적으로 한글신문으로 전환하였던 것은 한글에 대한 애착을 잘 보여준다. 오늘에도 그렇듯 한글에 대한 독자성과 우수성의 강조는 한국민족의 독자성과 우수성을 내외에 현시하는 가장 중요한 지표 중의 하나였다. 한글은 19세기 민족주의의 발흥 이래 한국에서 항상 등장하는 민족문화의 우수성에 대한 재료였다. 한국인들에게 이순신이 외세의 침입으로부터 민족을 보위한 상징의 정점이라면 한글과 그것을 창조한 세종대왕은 민족의 우수성과 민족문화의 독창성을 대표하는 상징의 정점이었다. 한글을 강조하고 널리 보급하려 한 이유의 하나는 문맹을 타파하고 대중교육을 실시하여 정치적으로 교육과 선전의 효과를 높이려는 의도도 있었다.

교육제도를 완성하자 북한리더십은 중앙의 지침을 효율적으로 침투시키기 위해 각급 인위장들에 대한 강습도 조직하였다. 북조선인위의 선전부가 이를 직접 주관하였다. 101개 시·군 인위장과 부인위장, 805개 면 인위장과 부인위장, 그리고 9,792개의 리 인위장 모두에 대한 강습이 47년 5월부터 7월 사이에 실시되었다. 강습기간은 시·군 인위장은 30일이었고 면·리 인위장은 20일이었다. 혁명이 성공한 뒤 중앙에서 지방간부들에게 일괄적으로 재강습을 실시하였던 것이다.[55] 북한은 또한 성인들의 문맹퇴치와 재교육을 위하여 한글학교(4개월)를 만들었고 그밖에 수많은 성인학교, 성인중학교, 직장기술학교, 직장전문학교, 기술원양성소, 기술강습소, 고등기술원양성소, 고등기술원강습소 등을 인위의 결정으로 만들어 수많은 지역과 직장에서 성인들을 재교육시킬 수 있도록 했다.

많은 교육기관의 장이나 간부들은 다른 부분과 마찬가지로 소련에서 온 전문 기술관료들의 관장하에 있었다. 건설된 북한체제의 외양에 피

---

55) 〈북조선 각급지방인민위원회 지도간부 준비에 대한 단기강습 실시에 대한 결정서〉, 《사료집》 5권, pp. 675~676.

를 돌게 한 것은 이들 소련한인 기술관료였다. 고급관료를 양성하는 중앙고급지도간부학교의 교장은 소련한인 박영빈(朴永斌)이었다. 교원들 역시 많은 숫자가 소련한인들이었다. 교원의 부족으로 북한에서는 "민족간부를 육성하는 각급 간부학교의 정치교원을 양성하기 위한 북조선인민위원회 정치교원양성소"를 설립하기도 하였다.

교육에 대해서는 초기부터 많은 특혜가 주어졌다. 학생들에게는 국가로부터 많은 장학금이 주어졌다. 이를테면 1947년 2학기의 경우 김일성대학 예과 전원과 본과의 50%, 단과대학 전원 등 대부분의 대학과 전문학교 학생들에게는 장학금이 주어졌다. 이는 국가이념의 전수자를 양성하는 좋은 방식이었다. 기숙사제도와 장학금제도, 납입금의 면제와 저렴, 그리고 교육자에 대한 우대가 두드러졌다. 대학교원은 놀랍게도 부상급, 즉 차관급의 대우를 받았고 물자배급에서도 우대를 받았다. 교원에게는 또한 주택과 물자배정, 식량배급 등에서 많은 혜택이 주어졌다. 교원은 혁명가족이나 군인만큼이나 중시되었다.

김일성의 보고에 의하면 북조선 임시인위 1년 동안 초등학교 1,100개, 중등기술학교 27개를 개교하였다. 전체적으로 학교는 45년에 비해 4배가 증가하였고 1947년 초 현재 학생수는 130만이었다. 성인을 위한 학교는 1만 6천 개가 설치되었고 50만 명이 문맹퇴치의 혜택을 입었다. 농촌에만도 2,274개의 인민학교와 103개의 중등학교가 있었다.[56] 교육은 실로 놀라운 성장이었다. 다음의 비교는 교육이 얼마나 빨리 확대되었는가를 잘 보여준다. 다른 말로 하여 이는 전인민에 대한 교육의 실시, 국가의 공식이념과 정책의 침투효과가 그만큼 크다는 것을 의미했다. 체제가 일단 틀을 잡아나가자 초기 북한에서 교육은 확실히 새 사회를 건설하기 위한 뚜렷한 선도역할을 하고 있었던 것이다. (구체제의) 해체, (신체제의) 건설, (신체제이념의) 교육이라는 뚜렷한 3단계 혁명을 읽을 수 있다.

---

56) NA, RG 242, SA 2005 Item 5/6, 《북조선인민회의 제1차 회의 회의록》, pp. 12~13.

〈표 6-1〉 북한의 초기 교육기관과 학생 현황

	학교/학생	일제시대	1947년 현재	성장비율
초등학교	학교수	1,372	2,482	80%
	학생수	878,000	1,183,000	35%
중등학교	학교수	44	217	393%
	학생수	17,000	70,000	311%
기술전문학교	학교수	62	68	10%
	학생수	15,000	20,000	33%
기 타			의과대학 (1) 교원대학 (2) 종합대학 (2) 기술양성소(27)	

* 1947년 9월 1일 공업대학, 교원대학이 개교 예정이며 학생수는 6,300명.
자료 : 《레베데프 비망록》 1947년 5월 17일.

2) 사상혁명과 집단정신의 비약의 시도 : 건국사상 총동원운동

학교교육체계의 구축에 이어서는 일반인민에 대한 대중적인 사회운동이 진행되었다. 이것은 전사회에 대한 교육이었다. 사상과 이념의 대중적 침투와 동원으로서 건국사상 총동원운동이 그것이었는데 이것은 선거가 끝남과 동시에 실시되었다. 46년 11월 25일 김일성은 선거를 총결하면서 "전국적으로 되는, 군중적으로 되는 건국정신총동원(建國精神總動員)과 사상의식(思想意識)을 개조하기 위한 투쟁을 전개할 것을 호소"하였다(원문 그대로). 그는 "일부 일꾼들 가운데 나태하고 사치하기를 좋아하고 개인향락을 따르고 부화(腐化)하고 해태하고 산만하고 단결하여 서로를 도울 줄 모르며 학습하기 싫어하는 기풍이 엄중하게 존재하고 있다"고 질타하면서 "일본제국주의가 그 장구한 통치의 악독한 결과로 우리 민족 가운데 남겨놓고 간 나쁜 관념과 악습이 우리 생활 가운데 아직도 뿌리가 깊이 남아서 우리 사업의 전진을 장해하고 있(다)"[57]고 주장하였다.

이어서 그는 "우리가 일본제국주의한테 '물려받은' 것은 단지 파괴된 공장, 혼란된 운수기관, 파산당한 농촌경제, 장부만 남은 국고금이었다"며 다음과 같이 강조하고 있다.

> 우리들은(우리 간부들은—인용자) 전민족의 운명을 걸머지고 이렇게 악렬(惡劣)한 조건 위에서 모든 곤란을 무릅쓰고 새 나라를 세우기 위하야 싸우고 있다. 우리는 없는 것을 새로 창조하고 부족한 것은 부족한 대로 모든 곤란과 장애를 이를 악물고 뚫고 나아가야 살 수 있고 새로운 부강한 나라를 세울 수 있다. 우리가 또다시 나태하고 사치하고 부화(腐化)하고 곤란을 두려워하고 개인향락만 따른다면 우리 조국은 또다시 비운에 떠러지고 말 것이다.[58]

간부와 인민에게 남아 있는 구체제의 사상적 관습적 잔재들이 새로운 국가건설에 장애가 되고 있으니, 사회의 전변을 위해서는 간부일꾼들이 먼저 바뀌어 구습을 혁파하자는 주장이었다. 건국에 대한 김일성의 굳은 각오가 서려 있음을 읽게 한다. 그람시의 표현을 빌리면 혁명엘리트 자신들을 교사로, 인민들을 학생으로 하여 북한이라는 학교가 과거의 "전통적인 세계관의 모든 잔해와 투쟁"하려 하였던 것이다.[59] 그것은 또한 초기 북한 공산주의자들의 집단적 각오이기도 하였다. "이를 악물고 뚫고 나가야 살 수 있다"는 표현 속에는 고통스런 식민지를 경험한 공산주의자들의 새 조국 건설에 대한 비원과 비장함이 서려 있다. 김일성은 또한 개인주의와 향락주의에 대해 강하게 비판하였다. 공동체를 향한 강한 집단주의의 요소였던 것이다. 집단주의는 지난 반세기 동안의 북한체제의 가장 뚜렷한 특징이었다. 김일성의 진술 속에는 오늘날까지 이어지고 있는 공동체에 대한 개인의 희생, 강한 집단주의적 윤리

---

57) 김일성, "북조선 민주선거의 총결과 인민위원회의 당면과업,"《김일성 장군 중요 논문집》, pp. 159~160.

58) 김일성, "북조선 민주선거의 총결과 인민위원회의 당면과업,"《김일성 장군 중요 논문집》, p. 160.

59) Antonio Gramsci, *Selections*, p. 34.

와 행동, 사회의 유기적 일체감의 형성, 위로부터 간부가 앞장서는 간부솔선주의·골간주의 등의 원리가 이미 함축적으로 나타나고 있다.

김일성은 건국사상 총동원운동을 다음과 같이 호소하였다. 새 사회를 건설하기 위한 지침이자 김일성과 북한리더십이 항상 강조한 핵심주장이기에 약간 길게 인용한다.

> 먼저 우리 인민위원회 행정기관에 복무하는 일꾼들로부터 산업기관 문화교육기관 기타 모든 부문에 일하는 일꾼들을 물론하고 전체인민에 이르기까지 정신상 새로운 동원과 전변을 일으켜야 할 것입니다. 우선 오늘 우리 조국이 경제적으로 얼마나 곤란하며 긴급한 가운데서 전진하고 있는가 하는 점에 대하여 전체 간부 전인민은 똑똑히 인식하여야 할 것입니다. 그리하여 우리는 누구를 물론하고 부지런히 일하며 책임지고 일하며 남이 두 시간 일하면 나는 네 시간, 남이 8시간 일하면 나는 열 시간 열두 시간을 일하는 기풍을 만들어야겠습니다. 모든 직장에서 네거리에서 뒤ㅅ골목에서 '건달꾼'들을 일소해야 하겠으며 놀고 먹는 모리배들을 숙청하여야겠습니다.
>
> 모든 낭비현상과 사기 횡령 등 악습과 무자비한 투쟁을 전개하여야 할 것입니다. 그리하야 국가경비는 물론이고 기타의 모든 소비 개인생활에 이르기까지 대중적 절약운동과 청렴운동을 일으켜야 할 것입니다. 모든 산만하고 해태하고 서로 깍고 서로 是非하는 현상을 청산하고 다 같이 뭉치고 도와주고 다 같이 이끌어 줌으로써 단결하며 우애하여 향상하는 정신으로써 전체 간부들과 인민들을 교육하여야 할 것입니다.
>
> 개인의 생활만 돌보고 개인의 향락만 꾀하며 공공생활을 무시하며 국가재산을 수호할 줄 모르는 일체 비공민적 관념과 행위와 격렬히 투쟁함으로써 개인보다 공공생활과 전체이익을 존중하며 국가재산을 애호하는 새로운 국민도덕을 건립하여야 할 것입니다. … 곤란을 숨길 것이 아니라 세상에 내놓음으로써, 결점을 가리울 것이 아니라 냉혹한 자아비판을 전개함으로써 간부를 교육하며 인민을 교육할 것입니다. … 이상에서 지적한 모든 투쟁임무는 한 마디로 종합해 말하면 새 조선을 건설하기 위한 정신상 대개혁을 의미하는 것이요 새로운 민주조

선의 일꾼다운 국민다운 정신과 풍습과 도덕과 전투력을 창조하기 위한 일종 사상혁명의 의미하는 것입니다. … 새로운 민족적 기풍을 창조하여야 할 것입니다.[60]

"정신, 풍습, 도덕, 생활의 일대개변…"과 같이 강조 표시를 추적하면 김일성은 새로운 정신세계와 새로운 사회로의 비약을 꿈꾸고 있음이 드러난다. 즉 완전히 다른 사회를 만들자는 것이었다. 정치체제의 혁파와 건설, 경제제도의 변혁에 이어 의식과 생활에서도 혁명을 이루자는 것이었다. 즉 정치혁명, 사회경제혁명, 사상혁명의 3단계 혁명을 의욕하고 있는 것이다. 북한혁명을 논의하면서 교육과 사상동원을 새롭게 주목해야 하는 연유는 여기에 있다. 김일성과 그의 동료들은 분명히 사회사상의 완전한 개조를 의욕하고 있었다.

우리는 그의 진술들이 박정희가 1961년 군사쿠데타를 통해 구권력을 붕괴시키고 새로이 권력을 잡은 뒤 했던 많은 진술들과 흡사한 데 대해 놀라게 된다. 그것은, 내용은 물론 핵심용어까지 비슷했다. 혁명가들은 항상 전면적인 새 출발을 기도하고 따라서 집단주의적이고 독재적인 면을 안고 있다. 이른바 혁명적 독재인 것이다. 둘 다 인민들은 자기를 따라올 것이라고 확신하였고 새로운 사회를 향한 위로부터의 이행에 대한 자신감에 넘쳤다. 새로움은 항상 구체제에 대한 부정에서 출발하며 그 부정의 강도가 강할수록 변화의 폭은 크다. 즉 부정의 강도와 변혁의 정도는 비례하며, 그 점에서 구체제에의 저항의 정도만큼만 부정할 수 있다는 점도 진실이었다.

김일성의 제창이 있자마자 로동당에서는 중앙위원회와 중앙위원회 상무회의를 열어 이 운동을 전개하기 위한 방안들을 토의, 결정하였다(11월 28일, 12월 3일).[61] 12월 6일부터는 곧바로 전국적인 건국사상총동원운동이 시작되었다.[62] 김일성의 호소에 이어 연속적으로 구체적인

60) 김일성, "북조선 민주선거의 총결과 인민위원회의 당면과업,"《김일성 장군 중요 논문집》, pp. 160~163.

61)《조선전사》23권, p. 443.

조치들이 제시되었다. 지방에서도 중앙의 지시에 따라 문화와 사상의 전변을 위해 일사불란하게 움직였다. 구사상과 인습, 의식의 유증은 물론 민족주의와의 연립, 잠정연립 및 신민당과의 합당 등으로 인해 여러 정치적 사상적 갈래가 혼재하던 현상을 새롭고도 단일한 체계로 변전시키기 위한 노력이 이어졌다.

각 지방당과 인위들은 건국사상총동원에 거국적으로 참여하였다. 이를테면 로동당 평남위원회의 집행계획서에 따르면 12월 18일까지 열성자대회의 개최와 건국사상동원을 위한 보고회의 조직, 도시군 각 지방당에서는 토론회 연구회를 가질 것, 도시군의 강연집행부의 조직과 강연회 개최, 각 사회단체들의 동원계획 작성과 동원을 위한 교육사업 개최, 각종 선전수단을 총동원한 사상교육사업의 전개를 내용으로 하고 있었다. 당과 정부, 대중단체가 삼위일체가 되어 총력운동을 전개하고 있음을 한눈에 알 수 있다.[63]

북조선임시인위는 중앙에서 일률적으로 〈건국사상총동원 선전요강〉을 만들어 전국에 배포하였다. 학습회가 광범하게 조직되었고 인민들은 여기에 참여하여 건국사상을 학습하여야 했다. 황해도만 하여도 당세포 학습회가 3,673회 열려 111,787명이 이에 참가했다. 전위대로서는 건국사상 총동원공작대가 만들어져 중앙에서 지방까지 완벽한 중앙집중적인 동원 및 교육체계가 갖추어졌다. 공작대는 정당과 사회단체로 이루어진 총동원공작반을 비롯해 학생, 청년, 여성, 소년, 연예, 통신, 교통공작반 등 사회의 거의 모든 조직들이 총동원되어 조직적으로 참가하였다.

그들은 "과거의 썩은 생활을 고치자", "부지런히 일하는 자만이 새 조선의 건설자다", "무식은 파멸이다" 등의 구호를 내걸고 농민들 속으로 침투하였다. 이 공작대는, 토지개혁시 자위대와 농촌위원회가 건설되어 농민들을 이에 참여시키는 역할을 했듯, 사상혁명에서 그와 같은 역할을 수행하고 있었다. 이 운동에는 수백만이 참여하여 토지개혁, 노력동

62) 《4년간 일지》, p.92.

63) 《로동신문》 1946년 12월 21일, 《조선전사》 23권, pp.444~445에서 인용.

원에 이어 또 한번의 전국적인 동원이 이어졌다. 마치 분출하는 분수처럼 짧은 순간의 집단적 참여가 일시에 터져오르고 있었던 것이다.

건국사상총동원운동이 시작되자 농민과 노동자들은 이에 즉각적으로 호응하였다.[64] 46년 12월 10일 황해도 재령의 농민 김제원은 30가마니의 쌀을 애국미의 이름으로 국가에 헌납하였다. 김일성의 제안이 11월 25일이었음을 상기할 때 재빠른 호응이었다. 김제원은 식민시기에 소작인생활을 하다가 토지개혁으로 3,390평의 토지를 분배받아 66가마니를 수확한 바 있었다. 그렇다면 김제원은 총 생산량의 46.5가마니, 즉 생산량의 70%(현물세 25%, 애국미 45%)를 국가에 바친 셈이었다. 김제원의 헌납이 있자 당일 재령군에서만도 830가마니의 애국미가 헌납되었다. 토지를 준 데 대한 감사의 표시였을 것이다.

12월 13일 김일성은 김제원과 재령의 농민들에게 편지를 보내 감사를 표시하고 다른 농민들도 이에 따를 것을 호소하였다.[65] 동시에 로동당과 북조선농민동맹의 중앙회의가 연속적으로 열려 애국미헌납운동을 전국적으로 확산시킬 결정을 채택하였다. 이후 농민들의 참가는 전국으로 확산되었다. 북한정치의 특징인 '따라하기' 운동의 시작이었다. 앞으로는 많은 스타하노프가 만들어질 것이었다. 황해도는 20여일 만에 3,673가마니의 애국미가 헌납되었고 평북의 선천군 6개 면에서는 8일 만에 1,350가마니가 헌납되었다. 이 사건의 시작과 확산은 농민의 발의, 위로부터의 수용과 확산 결정, 전국적 확산이라는 세 단계의 뚜렷한 전개과정을 읽을 수 있다.

건국사상총동원운동은 전형적인 위로부터의 동원이었다. 중앙의 결정이 있자 당과 정부기관, 대중단체들이 종적으로는 위에서 아래로, 횡적으로는 중심에서 주변으로 이에 호응하면서 확산되어 나갔던 것이다. 또한 사회적으로는 반일적 요소를 척결한다는 명분으로 시작된 것인 동시에 반공주의적 요소를 몰아내는 청소작업이기도 했다. 또한 이를 통

64) 《조선전사》 24권, pp.453~467.

65) "김제원 동지와 황해도 재령군 농민들에게," 《김일성 저작집》 2권, pp.573~574.

해 각종 사회단체와 지방 국가기구의 이질적 요소들에 대한 숙청운동이 병행되기도 하였다. 중앙과 도의 국가기구가 1946년 여름까지 정비된데 이어 대중조직과 지방 지배기구의 정비가 추구된 것이었다. 이는 국가공식이념과 사상을 가장 낮은 수준까지 침투시키기 위한 운동이었다.

동원을 위한 각종의 돌격운동과 투쟁도 벌어졌다. 이를테면 노동자들은 곳곳에서 농민들의 애국미헌납운동에 비견되는 많은 '돌격대'를 만들어 46년 12월부터 증산과 건국운동에 참여하였다. 여기에는 산업, 석탄과 철도, 교통부문의 노동자들이 참여하였다. 결국 건국사상총동원운동은 친일세력 숙청, 사회경제적 변혁에 이어 구체제와의 단절을 위한 마지막 조치였다. 이 운동은 단순히 정신혁명을 넘어 하나의 국민과 인민을 만들기 위한 국민혁명의 성격을 지니고 있었다. 때문에 선전과 동원을 위해 리더십은 심혈을 기울일 수밖에 없었다. 초기 혁명적 동원체제의 특성은 46년에 이미 두드러지게 나타나고 있었던 것이다. 평양시의 경우 46년 12월중에 개최된 대중강연회만 해도 총 592개의 강연장소에서 열릴 정도였다. 여기에는 건국사상총동원운동 199개소, 애국미헌납운동 322개소, 양곡수매사업 41개소, 방역과 미신타파 21개소가 포함되었다. 전국적으로는 각종의 강연대가 파견되었다.

1946년 주요한 사회변혁이 종료되자 47년 들어 북한은 임시인위를 인위로 바꾸었고, 본격적인 계획경제로 이행하였다. 이 두 가지의 변화는 더 이상 잠정적이고 임시적인 권력기구와 경제제도는 필요없다는 의미였다. 계획경제로의 이행은 변혁의 성격과 종료, 그 변혁으로 탄생한 체제의 성격을 더욱 분명하게 보여주었다. 이는 또한 지난 1년여 동안 진행된 혁명의 성격도 더 명확히 해주었다. 김일성은 1947년 2월 19일의 인민위원회대회에서 계획경제에 대한 정책을 상세하게 밝혔다. 그것은 산업발전, 지방산업, 농촌경제, 운수, 체신, 상품교류, 문화와 교육, 보건 등의 부문으로 나뉘어 구체적인 목표와 과업이 제시되었다.[66)]

---

66) 김일성, "1947년도 북조선 인민경제 발전에 관한 보고,"《조국의 통일독립과 민주화를 위하여》1권, pp. 251~288.

보고에서 김일성은 “해방 후 북조선에서는 정권은 인민의 정권인 인민위원회의 손으로 넘어왔으며 따라서 위대한 제민주주의 개혁을 실현하여 토지개혁과, 과거 일본인과 민족반역자들이 가지고 있던 기업소, 운수, 은행 등을 국유화하여 우리 인민경제를 계획적으로 관리할 수 있는 조건을 창설하(였다)”고 주장하였다. 곧 정권수립과 사회경제개혁으로 계획경제로 전이할 토대를 이미 마련하였다는 얘기였다.

계획경제체제의 등장은 해방 1년여 만에 사회(주의)혁명을 완수하고 체제의 이행이 종료되었음을 뜻하였다. 즉 46년으로 체제이행은 끝났던 것이다. 김일성체제의 구축이라는 정치적 수준이 변화뿐만 아니라 계획경제체제가 들어서는 사회경제 수준에서의 변화까지 포함할 때 더욱 그러하였다. 토지개혁과 중요산업 국유화조치로 인해 계획경제의 장애는 없었다. 북한이 이 시점부터 전국적 수준에서 계획경제의 실시가 가능하였다는 사실은 1946년의 혁명이 구체제와의 단절에 성공하였음을 보여준다. 또한 1946년으로 국가관료조직이 지방까지도 구축되었음을 의미한다. 이제 실제 행정업무는 조선인들에게 거의 넘어온 상태였다.

1950년에 북한이 전쟁을 치를 수 있는 경제적 토대는, 단순히 소련의 원조만이 아니라, 47년부터 시작된 3년 이상의 계획경제가 갖고 있는 초기적 장점에서 나왔다. 자원의 추출과 배분, 집중, 효율적 관리면에서 북한 정도의 국가규모는 거의 최적의 규모였다. 이를 통해 북한은 초기축적에 성공할 수 있었고 그것은 1950년에 이르면 이미 상당한 정도의 국부의 축적을 가능하게 했던 것이다. 특히 북한 토지개혁의 급진성은 많은 자원을 국부로 돌렸고 높은 현물세율 역시 과거의 지주수취에서 국가수취로 수취의 주체가 바뀌면서 국가로 하여금 엄청난 부를 축적할 수 있게 하였다. 북한 계획경제의 초기 성공은 그 체제를 강력하게 하는 데 기여하였을 뿐만 아니라 거시적으로는 전쟁의 경제적 토대를 제공하기도 하였던 것이다. 물론 북한지역에 압도적으로 많았던 중공업, 화학, 발전설비 등 식민시대의 산업배치도 그 기본토대를 제공한 한 요인이었음은 강조할 필요도 없다.

제 7 장

분단국가 형성과 48년질서의 등장

1947년 5월 21일 2차 미소공위가 서울의 덕수궁 석조전에서 1차 공위가 결렬된 지 1년 만에 열렸다. 그러나 2차 공위는 1차 공위와 똑같은 이유로 결렬되었다는 점에서 불가능한 것을 달성하려고 시도한 의식일 뿐이었다. 그것은 미소 모두 자기 길을 가기 위해 서로 다르다는 점을 최종적으로 확인하는 절차에 불과했다. 미소공위의 대표로 평양을 방문하고 돌아온 미군정 정치고문 제이콥스(Joseph Jacobs)는 1947년 7월 7일 국무장관에게 "소련은 이미 북한에 모든 형식을 갖춘 한국인 공산주의국가의 수립을 완료하였다"고 보고하였다. 그는 "미소공위가 궁극적으로 모스크바협정을 이행하는 데 성공한다고 하더라도 남한과 북한을 통합시키기는 어려울 것"이라고 보고하였다.[1] 이 진술은 실제 사태에 대한 미국의 인식을 반영함과 동시에 미국의 향후 정책방향을 시사하는 것이었다. 그 정책방향은 단독정부의 수립을 의미했다.

이제 미국과 소련은 자신들이 선택한 국가형성 파트너에게 권력을 이양하기만 하면 되었다. 그들이 표면적으로 어떤 정책을 추진하고 협의

1) "The Political Adviser in Korea (Jacobs) to the Secretary of State" (Jul. 7, 1947), *FRUS 1947*, Vol. VI, pp. 690~691.

하더라도 그것은 다만 정해진 정책을 정당화할 명분과 수순일 뿐이었다. 47년 가을에 접어들어 45년 말의 모스크바 결정에 근거하여 한국에 통일정부를 수립하려는 모든 노력은 실현이 불가능하다는 점이 분명해졌다. 2차 미소공위가 결렬되자 47년 9월 17일 미국은 소련의 반대를 무릅쓰고 한국문제를 유엔으로 넘겼다. 이미 미국과 소련은 한국문제뿐만 아니라 세계적 수준에서 격렬한 대립을 노정하고 있었다. 곧 냉전의 격화였다. 이러한 대립상황에서 미소 어느 쪽도 자신들에 반대되는 체제가 전한국을 지배하는 것을 받아들이려 하지 않았다. 그러한 사태의 도래는 한국 수준을 넘어 동아시아지역의 자본주의블록과 사회주의블록 간의 세력관계를 한쪽으로 기울게 할 것이기 때문이었다.

그러나 미소공위에서 합의에 실패한 한국문제가 유엔으로 넘겨진다고 해서 미국과 소련, 남한과 북한이 함께 동의할 해결방안을 도출해낸다는 것은 더욱 어려웠다. 소련은 미소합의의 위반이자 유엔헌장 위반이라며 한국문제의 유엔 이관 자체부터 강력하게 반대하였다.[2] 그러나 결국 유엔에서는 소련의 주장이 좌절되고 "유엔 감시하의 총선거"를 주장한 미국의 의견이 채택되었다.[3] 당시 유엔은 미국의 영향하에 있었기 때문이었다. 유엔에서 미국안이 통과됨에 따라 통일정부를 수립하기 위해 한국에서 실시될 선거를 감시하기 위한 유엔임시한국위원단(UNTCOK ; UN Temporary Commission on Korea, 유엔임시한위)이 1948년 1월 8일 내한했다. 그러나 남한과 북한은 이미 다른 리더십에 의해서 지배되고, 다른 사상에 의해서 운용되는 분단된 사회의 모습을 보여주고 있었다. 45년 해방 이후 지난 2년간 남북한에서의 사태 전개는 하나

2) 이때 소련이 제시한 유엔헌장 조문은 제 107 조였다. 107조의 전문은 다음과 같다. "본 헌장의 어느 조항도 본 헌장에 조인한 국가에 대해 2차 세계대전중에 적국이었던 나라와 관련하여 전쟁의 결과로 각 정부가 수락 또는 인정한 행위를 무효화하거나 배제할 수 없다."

3) 유엔에서의 한국문제 처리과정에 대해서는 조순승, 《한국분단사》(서울: 형성사, 1982), pp. 141~157 ; Leon Gordenker, *The United Nations and the Peaceful Unification of Korea: The Politics of Field Operations, 1947~1950* (Hague: Martinus Nijhoff, 1957), pp. 13~25를 참조할 것.

의 정부를 향한 것이라기에는 서로가 너무 다른 사회·경제형태와 정치·국가형태를 향해 나아가고 있었다.

1. 또 하나의 분단국가 : 조선민주주의인민공화국

1) 행동과 역행동의 병진

1948년 1월 유엔임시한위가 내한한 후 한국의 분단과 통일을 가름할 기로에서 유엔이 주관하는 총선에의 참여 여부를 놓고 한국의 정치세력들은 대립되는 두 진영으로 재편되었다. 선거참여세력과 참여거부세력이 그것이었다. 이로써 그동안 우파와 좌파, 민족주의자와 공산주의자, 반일독립운동세력과 친일세력, 혁명세력과 반혁명세력, 모스크바결정 지지세력과 반대세력으로 나뉘어 있던 정치세력들은 새로운 대립선을 형성했다. 북한은 1947년 한국문제가 유엔으로 넘겨졌을 때부터 이를 격렬하게 비난하면서 유엔에서의 결정을 따르지 않을 것임을 분명히 했다.[4]

유엔의 결정에 따라 선거의 감시를 위한 유엔임시한위가 입국하게 되자 북한은 이를 "절대 배격한다"면서 결코 받아들이려 하지 않았다.[5] 북한의 선거 거부는 소련군정, 특히 슈티코프의 지시에 의한 것이었다.[6] 그것은 모스크바의 정책이었던 것이다. 선거 거부 대신 슈티코프는 남한의 대표 300명을 포함한 전조선인민위원회 대표자대회를 3월에 개최하려 구상하였다.[7] 이 대회를 통해 남북한에 걸친 전국적인 인민

---

4) 한효, "조선문제와 연합국기구—미국은 어찌하여 조선문제를 유엔에 상정하였나," NA, RG 242, SA 2005 Item 1/8, No. 9(1947), 《순간(旬刊) 북조선통신》 10월 중순호, pp. 1~3.

5) "조선 인민은 유엔 조선위원회를 절대 반대한다," NA, RG 242, SA 2005 Item 1/8, No. 20(1948), 《순간 북조선통신》 1948년 2월 상순호, pp. 1~2.

6) 《레베데프 비망록》 1948년 1월 21일.

7) 《레베데프 비망록》 1948년 1월 21, 22일, 2월 2일.

회의를 구성하려 하였던 것이다. 즉 소련군정은 북조선인민회의에서 임시헌법을 채택한 다음 남북한 전체의 전조선인민대표자대회를 통해 구성된 전국적인 인민회의의 인준을 거쳐 임시헌법의 전국성을 주장할 구상이었다.[8] 그러나 이 구상은 취소되었다. 남한보다 먼저 헌법을 제정했을 때 받게 될 단독정부 선제수립의 비난을 피하기 위해서 소련군정은 이 구상을 철회하였던 것이다.

남북의 선거거부세력이 연대하려는 움직임은 남한에서도 진행되었다. 48년 2월 4일 김규식, 홍명희, 안재홍, 원세훈 등이 참여한 남한의 민족자주연맹회의에서 논의한 후, 2월 26일 김구와 김규식은 북한의 김일성과 김두봉에게 "남북 정치지도자간의 정치협상을 통하여 통일정부 수립과 새로운 민주국가의 건설에 관한 방안을 토의하자"[9]는 내용의 서신을 보냈다. 민족자주연맹은 좌우합작이 결렬된 뒤 1947년 12월 20일 15개의 정당, 25개의 사회단체, 개인 등이 참여하여 만든 좌우합작노선을 계승한 조직이었다. 서신 발송 직후부터 적지 않은 정당과 사회단체들이 단독선거 반대 및 남북통일운동에의 참여를 선언했다. 이에 앞서 1월 28일 김구는 유엔임시한위에 보내는 6개 항으로 된 〈의견서〉에서 "한국문제는 결국 한인(韓人)이 해결할 것이니 남북한인지도자회의를 소집할 것"을 요구하였다.[10]

소련의 반대에도 불구하고 결국 2월 26일 유엔소총회가 격론 끝에 "유엔임시한위의 감시가 가능한 지역에서의 총선거 실시"라는 방안을 통과시키자 선거 반대 움직임은 더욱 가열되었다. 왜냐하면 이는 남한만의 단독선거를 의미하였기 때문이었다. 남조선 과도입법의원마저 분열되어 선거를 반대하는 의원들은 의원직을 사퇴하였다. 3월 12일에는 남북협상을 제안한 김구와 김규식을 비롯하여 홍명희, 김창숙(金昌淑),

---

8) 정해구, "남북한 분단정권 수립과정 연구, 1947. 5. ~1948. 9."(고려대학교 정치외교학과 박사학위 논문, 1995년 8월), p. 172.

9) 《새한민보》 2권 9호(1948년 4월 하순), 김남식 · 이정식 · 한홍구 편, 《한국현대사자료총서》 7권(서울: 돌베개, 1986), p. 575.

10) 《서울신문》 1948년 1월 29일, 《자료 대한민국사》 6, pp. 176~178.

조소앙(趙素昻), 조완구(趙琓九), 조성환(趙成煥) 등이 공동성명을 발표하여 "단정 수립은 남북의 우리 형제 자매가 미소전쟁의 전초전을 개시하여 총검으로 서로 대하게 될 것이 명약관화한 일"[11]이라는 요지의 성명서를 발표하고 평화적 협상을 통한 통일정부의 수립을 주장했다.

김구와 김규식의 서신 발송 직후 소련군정과 북한리더십은 이에 어떻게 대응할 것인지에 대해 심각하게 숙의하였다. 서신을 전달받은 후 초기의 논의에서는 김구의 강한 반공투쟁과 반동성 때문에 비판적인 견해들이 많았다. 김일성은 "김구를 만나보았자 아무런 수확이 없다"는 견해였다. 그러나 결국 이들은 "김구는 어리석은 인간이기 때문에 반드시 만날 필요가 있고 그를 설득할 수 있다. 그러면 그는 동의할 것이다. 그는 심지어 북한에 머물러 있을 수도 있다"고 판단하고 김구의 회합제의에 적극적으로 응답하기로 전환하였다. 가장 앞장서서 김구를 불러들여야 된다고 주장한 인물은 김두봉이었다.[12]

서신의 전달 후 내부의 의견통일을 위해 20일 동안이나 침묵을 지키던 북한은 3월 15일 김일성과 김두봉의 이름으로 김구와 김규식에게 서신을 보내어, "단독정부를 반대하고 통일독립을 위한 전조선 정당사회단체 대표자회의를 평양에서 열 것"[13]을 제안하였다. 이 제안은 김구와 김규식의 서신에 대한 답신의 형식이 아니라 북한 자신들이 새로이 제안하는 형식을 띠었다. 즉 좌우회합의 헤게모니를 남측의 우파에게 넘겨줄 수는 없다는 의사표시였다. 북한은 3월 25일 선거를 반대하는 남한의 정당과 사회단체들에 김일성을 비롯한 김두봉, 최용건 등 9개의 주요 정당과 사회단체 대표들의 연서로 다시 서신을 보내어 외군 철수, 유엔한위 반대를 주장하며 "단독선거를 반대하고 통일정부를 추구하는 정당 사회단체간에 평양에서 전조선 정당사회단체 대표자연석회의를 개최하여 통일국가 건설을 추진하자"[14]고 제안하였다.

---

11) 송남헌, 《해방 3년사》 2(서울: 까치, 1985), pp. 540~541.

12) 《레베데프 비망록》 1948년 3월 9, 10, 12일.

13) 송남헌, 《해방 3년사》 2, p. 542.

14) "남조선 단독정부 수립을 반대하는 남조선 정당사회단체에 고함," NA, RG

선거 참여 여부와 통일정부 수립 문제가 쟁점으로 떠오르자 남한은 갑자기 소용돌이에 빠져들었다. 하지는 4월 6일 공식성명을 발표하여 "남북협상에 참여하는 남한측 대표는 전혀 대표성이 없는 개인 자격이고, 그 움직임은 자유선거에 패배할까 두려운 북한 공산주의자들의 간계에 의한 것이며, 그 시도의 성공을 기대하는 것은 착각"[15]이라고 비난했다. 북한의 응답이 있은 이후 김구와 김규식의 협상 참여 여부도 뜨거운 이슈로 떠올랐다. 김구와 김규식은 논쟁의 와중에서 북행에 대한 확고한 결정을 내리지 못하고 주저하였다. 이들의 깊은 고뇌와 주저는 숨가쁘게 소용돌이쳐온 분단문제가 마지막 고비를 향하여 치닫고 있다는 것을 뜻했다.

평양회합에 대한 김구와 김규식의 입장도 약간 상이했다. 김규식은 미군정의 지원 아래 좌우합작을 추진했던 인물로서 유엔임시한위와의 타협 가능성을 버리지 않고 있었다. 그는 4월 13일 김구와의 회담에서도 "이번 남북협상을 예비회담으로 하고 본회담은 서울서 개최할 것과 유엔한위의 입북을 허용하여 남북총선거로 통일정부를 수립토록 북조선과 교섭하자"고 제안한 것으로 알려졌다.[16] 그는 아직도 유엔을 통한 통일국가 수립 가능성을 버리지 않고 있었던 것이다. 김규식의 입장은 통일이라는 '목표'와 미소의 분할점령이라는 '현실', 두 가지를 동시적으로 고려한 선택이었다. 김규식은 4월 21일 북행에 앞서 "독재 배격 민주주의국가 건립, 독점자본주의 배격 사유재산제도 승인, 전국적 총선거를 통한 중앙정부 수립, 외국에의 군사기지 제공 불가, 미소 양군 당국은 철퇴 조건 및 기일을 협정하여 공표할 것"[17] 등의 다섯 가지 조건을

242, SA 2005 Item 1/8, No.27, 《旬刊 北朝鮮通信》 1948년 4월 중순호, pp.1~2 ; 《새한민보》 2권 9호(1948년 4월 하순), 《한국현대사자료총서》 7권, pp.575~576.

15) 《새한민보》 2권 9호(1948년 4월 하순), 《한국현대사자료총서》 7권, pp.575~576.

16) 《동아일보》 1948년 4월 16일.

17) 《동아일보》, 《조선일보》 1948년 4월 22일, 《자료 대한민국사》 6, p.822.

북한측에 제시하였고, 북한이 이를 받아들이자 그 때서야 북한으로 출발했다.

그러나 김구는 달랐다. 남북회합에 대한 그의 의지는 매우 강력했다. 그는 "반탁·반공, 즉시 독립"을 이상으로 여기던 2년 전과 같이 통일을 지상과제로 여기고 있었다. 김구의 현실인식과 해결방안은 항상 명료했고, 때문에 대중들에게 커다란 호소력을 갖고 있었다. 그는 복잡한 문제를 단순화하는 비상한 재능을 갖고 있는 지도자였다. 그로 인해 문제가 복잡하고 치열해질수록 그의 선택은 힘을 발휘했다. 따라서 단정이냐 아니냐의 소용돌이 속에서 김구는 탁치대쟁 이후 다시 정치갈등의 중심에 서게 되었다. 그는 "이미 조국을 위하여 생명을 던진 몸이니 나의 가는 길을 막지 말라", "내가 이번에 가서 성과가 없다면 차라리 38선에서 배를 갈르리라"[18]는 비장한 성명을 발표하고 많은 반대에도 불구하고 4월 19일 북행을 결행하였다.

김구의 북행과 좌우회합 참여는 하나의 전환이었다. 그는 1947년 11월 30일 이승만과의 회담 후 12월 1일 발표한 담화에서 "소련의 방해로 인하여 북한의 선거만은 실시하지 못할지라도 추후 하시(何時)에든지 그 방해가 제거되는 대로 북한이 참가할 수 있게 하는 것을 조건으로 하고 의연히 총선거의 방식으로서 정부를 수립해야 한다. 그것은 남한이 단독정부와 같이 보일 것이나 법리상으로나 국제관계상으로 보아 통일정부일 것이요 단독정부는 아닐 것이다"고 주장하였다. 이어 그는 "이승만 박사의 주장을 세인이 단독정부라고 오해하는 것은 유감"이라면서 이승만과 자신은 조금도 근본의사의 차이를 보지 못하였다고 강조하였다.[19] 같은 날의 한 회의에서도 그는 자신의 생각이 이승만의 주장과 조금도 다른 점이 없으니 "이 길로 우리는 나아가야 한다"고 주장했다.[20] 그는 남한만의 선거를 지지하였던 것이다. 따라서 김구의 북행

---

18) 《서울신문》, 《조선일보》 1948년 4월 21일, 《자료 대한민국사》 6, p. 811.

19) 《새한민보》 1권 17호(1947년 12월 중순), 《한국현대사자료총서》 7권, p. 526; 《동아일보》, 《조선일보》 1947년 12월 2일, 《자료 대한민국사》 5, pp. 756~757.

은 통일추구라는 명분과 정치패배라는 현실정치의 결합의 결과였다. 1948년의 시점에서 남한정치의 헤게모니는 이승만에게로 넘어가 있었다. 즉 김구의 북행과 평양회의 참가는, 행태는 일관하였으되 노선은 전환한 선택이었다. 그 선택은 반공에서 연공으로의 전환이었다. 정치적 연대의 인물과 노선의 측면에서 볼 때 그의 선택은 함께 반탁을 추구했던 이승만노선과의 결별이었다.

김구 등의 평양행을 계기로 1948년 4월 평양에서는 단독선거를 반대하고 통일정부 수립문제를 논의하기 위한 일련의 회담들이 열렸다. 4월 19일부터 26일까지는 '남북조선 제정당 사회단체 대표자 연석회의'가 열렸다. 뒤이어 27일부터 30일까지는 '남북조선 제정당 사회단체 지도자 협의회'가 열렸다. 연석회의에는 남북한에서 총 56개의 정당 사회단체의 대표자 695명이 참석하였다. 대표들 중 가장 많은 수를 차지한 것은 노동자들과 농민들로서 각각 124명과 86명이 참석하였다. 또 대표들은 거의가 독립운동을 하던 사람들로서 이들의 일제하 투옥 연수를 합치면 무려 746년 9개월에 달했다.[21] 이러한 독립투쟁 경력을 내세워 회의참여자들은 자신들이야말로 통일정부 수립의 진정한 주체라고 주장하였다. 회의의 모든 토론과 결정에서는 남한총선을 '망국적 단독선거'라고 규탄하고, 그 추진세력들을 대해서는 '매국배족노'라고 비난하였다.

회의의 보고에서 김일성은 "조국의 정치정세가 첨예하다"면서 그 이유는 "미제국주의자들이 친일파 민족반역자들의 지지하에서 우리 삼천만 민족을 분열하고 우리 조국의 강토를 자기네의 식민지로 만들려고 책동하는 데 있다"고 주장하였다. 그러면서 그는 "미제국주의자들의 침략적 기도를 반드시 파탄시키자"고 호소하였다.[22] 단선 추진을 미국의

20) 《조선일보》, 《경향신문》 1947년 12월 2일, 《자료 대한민국사》 5, p.756.

21) 주영하, "전조선 제정당사회단체 대표자연석회의 대표자자격심사위원회 보고," 《남북조선 제정당사회단체 대표자연석회의 자료》, 《사료집》 6권, p.54.

22) 김일성, "북조선 정치정세," NA, RG 242, SA 2005 Item 1/8, No.29(1948), 《순간 북조선통신》 1948년 5월 상순호, pp.1~12.

침략의도로 직접 연결시키고 있는 것이다. 이는 김일성의 연설이면서, 동시에 그의 입을 빌려 소련의 대미 비난의사를 표현한 것이었다. 김일성에 이어 남한정세를 보고한 사람은 박헌영과 백남운이었다. 그러나 그들의 보고내용은 김일성의 것과는 크게 달랐다. 김일성의 보고가 지침의 성격을 띠고 있었고 국가지도자연하는 형태가 포착되는 내용이었다면, 박헌영의 보고는 지나치게 상세하고 분석적이었다. 그것은 마치 실무보고 같은 수준이었다. 이 차이는 1948년 4월 현재의 박헌영과 김일성의 위상을 반영하는 것이었다. 회의에서 채택된 〈결정서〉를 보면 흥미 있게도 북한이 그동안 남한 반동파의 수괴라고 불렀던 김구는 반동에서 빠지고 이승만과 김성수 등만이 남았다. 이는 김구의 회합 참여로 인한 예우였다. 회의는 단정단선반대 전국투쟁위원회의 결성을 결의하고 26일 폐막되었다. 4월 25일에는 34만 명이 참석한 가운데 연석회의지지 평양시민대회가 열렸다.[23]

회의의 진행은 김구와 김규식이 최초에 협상을 제안할 때 구상한 형태와는 거리가 있었다. 그들은 자신들과 북한의 공산리더십이 통일정부 수립이라는 대의에는 일치하고 있었으나, 수립의 방법이나 주도권 문제를 놓고는 넘을 수 없는 벽이 있다는 사실을 깨닫지 않으면 안 되었다. 그들은 이미 꽉 짜인 "준비된 의식(儀式)에 초대된 손님들"[24] 이상이 아니었다. 회의의 결의문이나 성명서를 채택하는 과정에서 그들은 자신들의 의견을 반영하지 못했다. 정치적 의미가 담긴 보고나 축사도 대부분 김일성과 박헌영을 비롯한 좌파지도자들이 하였다. 김구는 다만 의례적인 인사말을 했을 뿐이고 김규식은 그나마도 하지 않았다. 회의의 진행이나 토론은 좌파중심으로 이루어졌고 민족주의자들은 철저하게 소외되었다. 이러한 현상을 보고 조소앙은 "다 틀렸다"고 분개했다.[25]

오늘날 남아 있는 평양회합의 토론내용을 보면 이 회합이 협상이 아

23) 대표자연석회의의 자세한 진행상황은 《대표자연석회의 자료》, pp. 9~132.

24) 안철현, "남북협상운동의 민족사적 의미," 최장집 편, 《한국현대사》 1 (서울: 열음사, 1985), p. 340.

25) 《남북의 대화》, p. 388.

니었음을 잘 보여준다. 남한의 선거추진세력에 대한 비난과 자신들의 정당성을 주장하는 선전을 제외하면 통일정부를 수립하기 위한 구체적 방안이나 정책을 놓고 벌인 실질적인 토론은 없었다. 회의의 일정과 보고자 선정, 토론과정에서 발생할 문제에 대한 대비조치 등은 전부 소련군정의 사전검토와 지시에 따른 것이었다. 레베데프는 이러한 내용들을 슈티코프에게 상세히 보고하여 지시를 받고 있었다. 심지어 슈티코프는 회의참석자들이 남조선으로 돌아갈 것이라는 허위정보를 흘려 미군정과 남조선당국이 혼란에 빠지도록 하라거나, 반동분자와 미국간첩이 회의에 참석할 수 있으니 자격심사위를 강화하여 진짜 이름을 꼭 알아두라는 지시까지 내릴 정도였다.[26]

폐막 후 서울에서 간 평양회의 참석자들은 서울귀환파와 평양잔류파로 나뉘어 각기 다른 길을 갔다. 김구와 김규식은 남한으로 귀환하였으나, 홍명희, 이극로, 이영, 이용(李鏞)[27] 등은 평양에 남아 북한정권의 수립에 참여하였다.[28] 김구와 김규식은 서울에 돌아와 5월 6일 성명서를 발표하여 다시 한번 통일정부 수립을 주창하였다. 그러나 남한은 4일밖에 남지 않은 선거열기에 싸여 있어 그들의 성명은 열기 속에 묻히고 말았다. 5월 10일, 38선 이남에서만의 총선거가 실시되자 김구와 김규식은 6월 7일 통일독립촉성회를 조직하여 통일운동을 전개하였다. 북한의 김일성과 김두봉 역시 이들에게 다시 서신을 보내어 "북조선에서도 새로운 선거를 실시하여 정부를 수립해야 되겠으므로 양위 선생은 여기에 호응해주기 요망한다"며 월북과 북한정권 수립에 참여를 요청했으나 김구와 김규식은 이를 '새로운 단정'의 수립이라 비난하며 응하지

---

26) 《레베데프 비망록》 1948년 3월 24일, 4월 2, 6, 8, 12, 14, 17일.

27) 이용은 일제강점에 저항하여 단식, 자살했던 유명한 이준(李儁)의 아들이다.

28) 1970년대에 공개된 북한의 한 자료에는 당시에(1948년 5월 3일) 김구가 김일성과의 담화에서 "남조선에 나가서 투쟁하다가 정 곤난하면 다시 북조선에 들어오겠다"고 하며 "임시정부의 인장을 북한에 주겠다"고 한 것으로 기록되어 있다. "선생이 내놓은 '상해임시정부'의 인장은 그냥 가지고 가십시오. 내가 그 인장은 받아서 무엇하겠습니까. 우리에게는 그저 인민대중의 투터운 신임이 있으면 됩니다." "김구와 한 담화," 《김일성 저작집》 4권(조선로동당 출판사, 1979), pp. 303~304.

않았다.

김구는 1차 회합 때도 연석회의에는 참여하지 않았다.[29] 김구 자신도 회의에의 참여보다는 김일성과의 단독담판을 더 중시하였다. "나는 주석단에 들어가지 않겠다. 나는 이 회의에 큰 의미를 부여하지 않는다. 그러니 당신들 계획대로 회의를 계속하라. 나는 단지 김일성을 만나러 왔다. 단독회담에서 우리가 당면한 긴박한 문제를 해결해야 한다." 그러면서도 김구는 김두봉에게 "북의 헌법은 단독정부 수립을 의미하는 것이 아닌가?"하고 물어 북한 역시도 단독정부라는 비판을 숨기지 않았다.[30] 한 증언에 따르면 1차 회합이 끝나고 김일성이 김구에게 평양에 남을 것을 권유하자 김구는 "펄펄 뛰었다."[31] 북한에는 남지 않겠다는 소리였다.

김구는 비록 남한정부 수립에 반대하고 최초 평양회의에는 참여하였으나 서울 귀환과 제2차 회의에의 불참으로 자신의 정치적 선택을 표출하였던 것이다. 평양에서는 6월 29일부터 7월 5일까지 제2차 남북제정당 사회단체 지도자협의회가 열렸으나 이 협의회는 '남북' 제정당 사회단체라는 명칭에도 불구하고 좌파들만의 회담이 되고 말았다. 즉 이 회의는 좌파 단독정부를 수립하기 위한 조치에 불과했다. 홍명희, 허헌, 이극로, 백남운 등은 북한정부 수립에 참여하였음에 비해 김구, 김규식 등은 참여하지 않음으로써 북한에서도 민족주의 세력은 포함되지 않았다.

우리는 여기서 용어 한 가지를 지적하고 넘어가야 할 필요를 느낀다. 이것은 단순히 용어의 문제라기보다는 사실 인식과 해석의 문제라고 할 수 있다. 1948년 봄의 평양회의는 학문적으로는 일반적 표현으로 고착된 '남북협상'이라고 부를 수 없다는 점이다. 이것은 두 가지 점에서 그러하다. 우선 이 회합에 참여했던 남한 정치단체의 대표들이 남한체제,

---

29) 최성복, "남북협상 레포트," 《신천지》 1948년 4~5월호.

30) 《레베데프 비망록》 1948년 4월 19일.

31) 북한의 전(前) 재정성 부상이자 중앙은행 총재였던 소련 한인 김찬의 증언이다. 《조선민주주의인민공화국》 下, p. 363.

또는 남한민중을 대표하는 대표성에서 결여되어 있었기 때문에 '남북'이라는 표현이 합당치 않았다. 두 번째는 회합의 내용이 특정의 사안을 놓고 상이한 의사를 좁히거나 합의를 도출해내려는 과정이 아니었기 때문에 '협상'이라고 부를 수 없었다. 회합의 내용을 보면 그것은 어떠한 부문에서도 의견을 조정한 협상의 과정을 포함하고 있지 않았다.

한편 남한의 좌파는 평양회의 참여뿐만 아니라 직접적인 선거저지투쟁을 병행하였다. 이러한 이중전술 역시 소련군정이 지시하였거나, 아니라면 최소한 허락한 전술이었다. 슈티코프는 1월 21일 레베데프에게 "민전의 전환과 테러를 이유로 한 선거 반대"를 지시하였다.[32] 민전의 전환은 선거 반대를 위한 전환을 의미하였다. 즉 남한좌파의 선거저지투쟁은 통일을 위한 대중들의 열망과 소련의 전술, 이 두 가지의 기묘한 착종이었다. 1월 21일의 지시에 이어 1월 22일에 소련이, 조선인 대표가 참석하지 못하는 유엔임시한위의 활동에는 참여할 수 없다는 입장을 분명히 하여 유엔임시한위가 관장하는 선거의 강행이 두 분단정부의 수립임이 명확해지자 좌파는 강력한 저지투쟁에 돌입하였다. 이른바 '2·7 구국투쟁', '단선저지투쟁'이었다.

2·7 구국투쟁은 2월 초와 말에 걸쳐 두 차례 일어났다. 투쟁은 2월 7일 전평 산하의 각 단위노동조합들이 조직적으로 파업을 시작하면서부터 본격화하였다. 각 지방에서는 농민과 학생들도 시위에 참가하여 선거 반대를 위한 파업과 시위가 확산되었다. 2월 10일이 지나면서 첫 번째 투쟁은 일단 소강상태에 접어들었다. 그러나 2월 25일부터는 다시 파업과 시위가 시작되어 3월 초까지 계속되었다. 2·7 구국투쟁에서 좌파는 90회 가까이 경찰을 공격하고 18명의 경찰을 사망케 하였다. 이 과정에서 좌파공격자들도 12명이 사망하였고 군중은 70명이 사망하기도 하였다. 최초 저지투쟁에서 100명의 인명피해를 가져왔던 것이다.[33]

---

32) 《레베데프 비망록》 1948년 1월 21일.

33) Hq. USAFIK, *G-2 Weekly Summary*, 1948년 3월 5일 ; *History of the United States Armed Forces in Korea*(*HUSAFIK*), Vol. 3(영인 간행 ; 서울: 돌베개, 1988), p. 416.

소련군정과 북한이 남한의 좌파를 동원하여 파업투쟁을 전개한 것은 미국과 유엔한위, 인민들에게 "좌파가 이만큼 강력하다"는 것을 과시함으로써 선거를 못하도록 하려는 데 있었다.

선거가 다가오자 남로당은 선거저지투쟁을 지도하기 위한 특별기구로서 남조선단선반대투쟁전국위원회를 조직하고 각 도·시·군에도 지방조직들을 건설하였다. 2·7 구국투쟁이 끝나자 3월 24일 레베데프는 김일성에게 "남한의 총선을 파탄시키기 위한 투쟁위원회를 결성할 것"을 지시한 바 있었다.[34] 선거반대조직의 명칭이 레베데프의 지시와 유사하였다는 점은 이 투쟁이 그의 지시로부터 영향받았음을 보여준다. 이는 평양회의와 무장투쟁을 동시에 진행하려는 이중전술을 그대로 보여준다.

남로당은 4월 1일부터 선전선행대(宣傳先行隊)라는 특수조직까지 만들어 당의 일상활동을 중단하고 선거 저지에 모든 역량을 집중했다.[35] 그 결과 4월 9일까지 10일 간의 선거등록기간은 혼란의 연속이었다. 입후보자 등록마감일인 4월 16일까지 전국적으로 176건의 단선저지사건이 발생했고, 4월중의 사망자는 전국적으로 154명에 달할 정도로 충돌이 빈발했다.[36] 선거일이 임박하면서 유혈적 충돌은 더욱 치열해져 갔다. 한반도의 남단 제주도에서는 4월 3일 끝내 단선을 거부하는 대규모의 민중봉기가 발생하여 최악의 상황을 연출하였다. 전국적으로 시위, 봉화투쟁, 동맹휴학, 습격, 피살, 파업, 테러, 검거가 속출하는 가운데 선거가 치러졌다. 5월 8일부터 10일까지 전국적으로 57개의 투표소가 공격을 받았고, 7명의 경찰관과 72명의 민간인이 사망하였다. 또한 134개의 선거사무소가 공격받았고, 파업과 맹휴도 63건에 달하였다.[37] 또

---

34) 《레베데프 비망록》 1948년 3월 24일.

35) 김남식, 《남로당 연구》, pp. 326~327.

36) 《동아일보》 1948년 4월 29일 ; 《조선일보》 1948년 5월 6일.

37) Hq. USAFIK, *HUSAFIK*, Vol. 3, p. 431. ; Hq. USAFIK, *G-2 Periodic Report*, 1948년 5월 14일.

〈표 7-1〉 48년 선거 전후의 정치폭력 총계 — 남한

폭력사태 \ 월별	1월	2월	3월	4월	5월	계
도 시 습 격				5	72	77
경찰지서공격		130	118	50	85	383
경 찰 사 망		33	20	15	32	100
좌 익 사 망		74	75	70	153	373
우 익 사 망	1	14	14	81	138	248
시 위	6	118	69	126	186	505
정부건물공격		9	14	2	9	34
선거사무소 공격				58	68	126
파 업 · 태 업	15	148	84	42	120	409
동 맹 휴 학		7	5	4	9	25

자료: Hq, USAFIK, *G-2 Periodic Report*, Jun. 4, 1948.

다른 자료에 의하면, 3월 31일에서 5월 17일까지 사망이 202명에 달했고, 선거사무소 경찰지서 등에 대한 공격이 1,047회, 파업 태업 등이 1,395회에 달했다.[38]

유엔임시한위가 내한한 이래 단선이 끝날 때까지의 정치폭력을 미군측의 자료에 의거하여 요약하면 〈표 7-1〉과 같았다.

약 4개월의 기간 동안 사망자의 총수는 721명에 달했다. 그러나 폭력과 유혈사태 속에서도 공식적으로는 제주도를 제외하고 선거는 압도적인 참여 속에 완료됨으로써 좌파의 선거저지운동은 실패였다.

선거의 강행과 저지를 둘러싼 대립에서 가장 커다란 사건은 제주도에서 발생한 이른바 '제주 4·3 항쟁'이었다. 제주 4·3 항쟁은 1948년 4월 3일 새벽 1시경 한라산 주위의 봉우리들에서 봉화가 오르면서 약 1,500여 명의 도민들이 도내 20여 개의 경찰지서 중 10여 개의 지서를 공격

38) USAMGIK, *SKIGA*, No. 32 (May 1948), p. 182.

하면서 시작되었다. 저항세력들이 내세운 명분은 "단선단정의 반대 및 조국의 통일독립과 민족해방, 미제와 그 주구들의 학살만행 제거, 그리고 뼈에 사뭇친 원한의 제거"[39] 등이었다. 제주항쟁은 1945년 8월 해방으로부터 1948년 8월 두 분단정부가 수립될 때까지 3년간 38선 남쪽에서 있었던 갈등 중 가장 크고 비극적인 사건이었다.

협상과 투쟁, 강경진압과 선무가 반복되는 가운데 제주도에서의 선거는 파탄을 면치 못했다. 각지의 선거사무소가 습격당하고 선거 관계 공무원들이 납치되거나 살해되었다. 어떤 면에서는 선거 관계 공무원들이 약 50%나 사표를 제출하기도 했다.[40] 상당수의 선거사무소에서는 선거관리공무원들이 선거사무를 기피하여 기능을 하지 못했다. 제주도의 3개 선거구 중 2개 선거구(북제주군 갑구와 을구)는 선거로서 인정될 수 없는 상황이었다. 미군정은 선거를 6월 23일로 연기하여 재선거를 실시한다고 발표했다. 그러나 상황은 6월에 들어서도 호전되지 않았다. 결국 6월 10일 미군정 장관 딘(William F. Dean)은 행정명령 22호[41]를 발표하여 제주도 북제주군 두 선거구의 선거를 무기 연기했다.

2) 국가 수립의 최종단계와 민족주의

북한은 48년 1월 22일 소련대표의 선거 거부와 동시에 공식적인 정부 수립작업에 착수하였다. 최초의 단계는 가장 중요한 헌법에 관한 토론이었는데 이는 1948년 2월 북조선인민회의 제4차 회의 때부터 본격화되었다.[42] 헌법에 관한 논의가 의미하는 바는 1월에 유엔한위가 들어오자 곧 헌법 작성에 착수하였다는 소리였다. 정부 수립을 위한 선거의 실시는 늦었지만 헌법 작성의 시작은 남한보다도 훨씬 더 일렀던 것이

---

39) 김봉현·김민주 공편, 《제주도 인민들의 4·3 무장투쟁사 — 자료집》(大阪: 文友社, 1963), pp. 84~85.

40) Hq. USAFIK, *G-2 P. R.* (May 11, 1948).

41) 행정명령 제2호, "제주도선거의 무기연기," 미군정청 관보, 1948년 6월 10일.

42) 《조선중앙년감》(1949), p. 43.

다. 그러나 북한의 헌법 제정에 관한 문제는 일찍이 47년 11월에 소집된 북조선인민회의 제3차 회의 때부터 제기되었었다.[43] 이 시점은 유엔에서 미국의 주장이 통과된 직후였다. 이후 48년 9월까지의 기간은 남한이 먼저 정부를 수립하게 만들어 비난의 근거를 확보하겠다는 기다림의 기간이었던 것이다. 그 가장 큰 이유는 이미 국가를 수립해놓은 상태에서 서두를 것이 없었다는 현실적 이유와, 단정으로 먼저 갔다는 대남 공격의 명분을 쌓기 위해서였다. 《레베데프 비망록》에 따르면 소련군정과 북한리더십은 "헌법 시행을 당분간 보류한다" "헌법에 의한 선거는 남한보다 늦게 실시한다"고 하여 공식적인 정부 수립 일정을 최대한 늦춰 분단고착화의 비난을 받지 않으려 얼마나 노력했는지를 상세히 보여준다.[44]

북한은 1948년 6월 29일 제2차 남북조선 정당 사회단체 지도자협의회에서 〈지체없이 전조선정부를 세울 데 대한 방침〉을 내어놓았다. 그러나 선거라는 제도적 절차를 제외하면 단독정부 자체는 북한이 남한보다 훨씬 먼저 구축해놓은 상태였다. 헌법만 해도 북한은 48년 4월 29일 이면 초안이 완성되어 북조선인민회의 특별회의에서 만장일치로 통과되었다. 또 남북한의 공산주의세력은 정부 수립을 위한 사전조치로 남북한 좌파의 결집을 위해 48년 8월 2일에 남북조선로동당의 연합중앙위원회를 조직하였다.[45] 이는 통일전선사업을 통해 정치세력의 외연을 확장해오던 방식의 연장이었다. 즉 이는 46년 8월의 북조선로동당 창당, 48년 4월의 평양회의를 이어받는 정책이었다. 이후 전쟁을 앞두고는 한국공산주의세력의 최대 결집을 시도하여 남북의 두 로동당을 합당하였다. 통일전선 사업방식은 대표적인 김일성식 사업방식으로서 그는 귀국 초기부터 통일전선 문제에 깊은 관심을 기울였었다.[46]

---

43) 김두봉, "조선민주주의인민공화국 헌법에 관하여"(최고인민회의 제1기 제1차 회의에서의 보고, 1948년 9월), 통일원, 《북한최고인민회의 자료집》 제1집 (1988), p. 27.

44) 《레베데프 비망록》 1948년 1월 14일.

45) 《조국의 자유독립과 민주건설을 위한 조선로동당의 투쟁》, p. 43.

남한의 선거 실시에 맞추어 북한은 독자적으로 선거를 실시하였다. 1948년 7월 10일 중앙선거위원회가 조직되고 산하에 구선거위원회와 분구선거위원회가 조직되었다. 첫 대의원 후보는 7월 24일 추대된 김일성이었다. 선거에는 남한의 좌파들도 참여하였다. 그들은 이른바 지하선거를 통하여 선출되었다. 좌파들은 북한정권의 정통성을 주장하고 남한인민까지 선거에 참여하였음을 과시하기 위하여 남한에서도 비밀리에 지하선거를 강행하였던 것이다. 남한지역의 지하선거는 북한의 발표에 의하면 총유권자 8,681,746명 중 6,732,407명, 즉 77.52%가 참여하였다.[47] 이는 엄청난 과장이었다. 어쨌든 이렇게 하여 남한에서도 1,080명의 대표가 선출되었다. 이들 대표가 다시 48년 8월 21일 해주에 모여 남조선인민대표자대회를 개최, 북한의 최고인민회의에 참여할 대의원 360명을 선출하였다. 이중(二重) 선거였던 것이다. 북한의 최고인민회의 대의원의 지역적 분포를 보면 남한출신 360명에 북한출신은 212명이었다. 이는 인구 5만 명당 1인씩을 선출하였기 때문이다.

그러나 남한출신이 더 많은 것은 정치적으로는 아무런 의미도 없었다. 남한이 북한출신의 민족주의 인사들을 각료에 몇 명 넣고, 또 북한에서 숙청당한 친일파들, 또는 공산주의를 반대하여 월남한 사람들을 경찰과 군대의 고위직에 등용시켰다고 하여 이것이 남북을 아우르는 통일정부라고 할 수는 없었듯이 북한이 몇 가지의 상징적 조치를 취하였다고 하여 통일정부일 수는 없었다. 북한 역시 의심의 여지 없이 단독정부였다. 그리고 그 길을 남한보다 훨씬 앞서서 나아갔다. 북한은 남북지역 전체에 걸친 선거를 통하여 정부를 수립하였다는 점 때문에 오랫동안 통일정부라고 주장해 왔으나 그것은 선전적 의미에 제한될 뿐 북한 역시 분단국가였던 것이다.

북한최고인민회의에서 중요한 것은 그 구성의 방식만이 아니라 내부구성이었다.[48] 내부구성을 보면 북한이 당-정-군-의회가 일치하는, 권

---

46) NA, RG 242, SA 2005 Item 5/62, 김일성 장군 술(述), 《민족대동단결에 대하야》(조선공산당 청진시당위원회, 1946).

47) 《조선중앙년감》(1949), pp. 43~44.

력집중형의 사회주의 국가임을 금방 알 수 있다. 물론 최종적 권력은 당으로부터 나왔다. 그 점에서 북한은 전형적인 당국가(*party state*)였다. 당이 정부와 의회, 군대를 지휘하였고 당의 주요 인물들은 다른 조직에서 전부 2중 또는 3중의 중복 지위를 갖고 있었다. 4중의 지위를 가진 사람도 적지 않았다. 이것은 사회주의국가의 일반적 특성이었다. 김일성, 박헌영, 허가이, 김두봉, 허헌, 김책, 최용건, 박일우 같은 정치지도자들은 말할 필요도 없었다.

최고인민회의에는 군인들도 상당수 들어 있었다. 최용건을 비롯해서 강건, 최광, 한일무, 박훈일, 김일, 리청송, 김태련 등 북한군 지도자들뿐만 아니라 남한출신 중에도 이호제, 길원팔, 김달삼 등의 게릴라 지도자들이 포함되어 있다. 최고인민회의의 구성원 중 특기할 만한 사람은 천재 무용가 최승희를 비롯해, 박정희가 61년에 쿠데타를 성공시키자 박정희의 친형 박상희의 친구로서 박정희를 잘 알고 있었기 때문에 전에 좌파였던 박정희와의 접촉을 위해 간첩으로 남파되었다가 처형되는 황태성, 49년 가을 간첩으로 남파되었다가 전향하여 보도연맹위원장을 맡는 정백 등이 있었다.

최고인민회의 대의원에 선출되지 못한 사람 중 눈에 띄는 사람은 무정이었다. 그는 내각에서도 배제되었다. 레베데프에 따르면 김일성은 "초대 내각은 통일정부를 지향하는 남북 거국내각이어야 한다"고 주장했다.[49] 북한 내각은 실제 거국내각의 성격을 지녔다.[50] 수상은 김일성이었고 부수상은 박헌영(외무상 겸임)과 홍명희, 그리고 김책(산업상 겸임)이었다. 민족보위상은 최용건, 내무상 박일우, 재정상 최창익, 교육상 백남운, 농림상 박문규, 사법상 이승엽 등이었다. 전평 위원장을 지낸 허성택은 노동상을 맡았다. 이러한 구성은 한국 공산주의운동의 역사적 특성인 여러 파벌들간의 타협적 산물이었다. 그럼에도 불구하고

48) 최고인민회의 대의원 구성은 《조선중앙년감》(1949), pp. 14~17 ; 《조선중앙년감》(1950), pp. 13~15.

49) 《조선민주주의인민공화국》 下, p. 394.

50) 북한 내각구성은 《조선중앙년감》(1949), p. 13 ; 《조선중앙년감》(1950), p. 12.

만주게릴라파는 수상, 부수상, 민보상을 맡아 주요 인물 3인이 전부 핵심권력을 잡고 있다.

그러나 무정은 아무것도 맡지 못하였다. 같은 연안계열의 박일우조차 내무상을 맡았으나 무정은 배제되었다. 무정의 배제는 김일성의 그에 대한 강력한 견제 때문이었다. 김일성은 그를 중요한 자리에는 결코 앉히려 하지 않았다. 김일성과 무정의 날카로운 대립은 48년까지도 지속되고 있었던 것이다. 김일성의 반대로 무정은 최고인민회의 대의원에 출마조차 할 수 없었다. 내각구성에서의 탈락, 대의원에서의 탈락, 당에서의 홀대, 군대에서의 홀대, 이것은 그가 김일성으로부터 집중적으로 견제를 받았기 때문이었다. 그가 212명이나 되는 대의원에도 못들 정도의 인물이었는가? 결코 그렇지 않았다. 그는 혁혁한 항일투쟁으로 대중들에게 '무정 장군'으로까지 불린 인물이었다.

이승만이 좌파였던 조봉암을 넣을 정도로 연립내각을 구성했으되 김구계열은 철저하게 배제하였듯 김일성 역시 남한출신까지 입각시킬 만큼 내각의 연립성을 강조했으되 무정은 철저하게 배제하였다. 김구와 이승만은 같은 우파였고 김일성과 무정은 같은 공산주의자였다. 그렇다면 우리는 여기에서 현실 정치갈등은 결코 이념과 노선의 일치 여부에 의해 결정되지만은 않는다는 점을 간취하게 된다. 정치는 이념 이전에 권력을 위한 투쟁으로 이루어져 있다. 정치적 연대와 반대를 구성하는 두 요소 중 이념보다 권력의 장악은 항상 우선하는 것이다. 권력의 장악이 옳은 노선과 이념을 말할 수 있게 하는 것이지, 이념과 노선의 옳음이 권력을 장악하게 하는 것은 결코 아니었다. 초기 북한을 이해하는 기준의 하나로서 공-공 갈등(共-共葛藤)을 들 수 있는 것도 이러한 이유에서였다. 무정이 1950년 가을 북한의 주요 지도자 중 누구보다 먼저 숙청되는 데는 그에 대한 김일성의 경쟁의식도 한몫을 하였던 것이다.

분단으로의 과정에서 많은 한국민들은 해방된 조국이 어떻게 단일독립국가로 연결되지 않고 분단이 될 수 있느냐며 이러한 역사의 반명제를 인정치 않으려 했으나 모두가 그런 것은 아니었다. 이승만과 김일성을 비롯한 많은 사람들은 깊숙이 심화된 국제적 국내적 대립을 받아들이고 분단을 수용하려 했다. 이 점에서 분단은 국제적 상황과 국내적 상황의 동시 산물이었다. 즉 그것은 미국과 소련, 이승만과 김일성, 남한과 북한, 좌파와 우파의 동시책임이었다. 이러한 진술이, 누가 더 큰 책임이 있느냐는, 어디서 그러한 사태의 씨앗이 뿌려졌고 누가 그 사태를 선도했느냐는 책임의 궁극성과 차별성 문제를 무시하거나, 역사를 적절한 수준에서 절충주의적으로 해석하려는 것은 아니지만, 한 사태에 대해 하나의 대립되는 접점에서 만나고 있었다면 역사적 책임의 분할은 불가피하다. 물론 책임의 차이와 순서는 간과되어서는 안 된다. 예컨대 1945년 8월 10일에서 11일 밤 사이에 워싱턴에서 한국인들의 의사와는 관계없이 자신들의 외교정책의 일환으로 38선을 기준으로 한반도를 분할키로 한 미국의 결정이 이후 한국에서 전개된 쟁투와 비극의 한 단초였다는 주장은 진실인 것이다.

1948년에 있었던 선거저지운동은 이상적이었으되 실현가능한 것은 아니었다. 실현이 난망하였다고 해서 이를 비현실적인 운동이었다고 규정할 수는 없지만 반대로 명분이 정당했다고 해서 반드시 긍정적이었다고 평가하는 것도 항상 수긍될 수 있는 명제는 아니다. 일례로 이 운동의 중심이었던 김구의 행태는 당혹스럽다. 그는 1945년에서 1947년까지 완강한 반공주의자요 임정봉대론자로서, 그래서 공산주의에 대한 테러를 불사하고 평양회의 참여 직전까지만 해도 이승만과 노선이 같다고 했었다. 그의 전환이 48년이 아니라 45년에 왔다면 사태는 달랐을 것이다. 그러나 그는 헤게모니를 장악할 가능성이 남아 있을 때는 결코 그렇게 하지 않았다.

하나의 사태와 선택은 객관의 자(尺)에 의해서 엄정하게 평가받지 않으면 안 된다. 평양회의에 임했던 북한의 인식도 남한에서 참가한 사람들의 그것과는 판이했다. 그들의 입장에서는 통일추구라는 도덕성의 독점과 전조선정부라는 표면적 명분의 추구가 결합되어 있었다. 그러나 김구에게 후자의 염은 조금도 없었다. 동상이몽이었던 것이다. 선거저지투쟁의 경우 45년 해방에 따른 분출이나 46년의 전국적인 봉기와는 달리 주장과 명분이 훨씬 더 선명했고 투쟁의 강도도 더 높았음에도 불구하고 그 때와는 달리 대중성은 반비례적으로 낮아졌다. 또 소련의 영향과 개입이 높아진 데 비해 대중들의 참여는 낮아졌다. 이는 46년의 가을봉기와 48년의 저지투쟁 사이의 1년 반 동안 객관적 조건과 대중들의 의식이 매우 빨리 변했음을 의미한다. 이러한 변화는 역사적 사태의 진행이 완만한 시기의 변화 몇 배를 압축한 효과를 갖는다. 45년에서 48년으로의 한국좌파의 투쟁사는 대중성과 폭력성, 다른 말로 하여 민중성과 교조성, 참여범위와 이념강도의 반비례를 보여준다. 그러나 48년의 작은 폭력으로도 막지 못한 분단은 2년 후 그것과는 결코 비교될 수 없는 폭력으로 되돌아왔다.

미소 점령 3년의 마지막 국면에서 핵심은 직접적 행동과 정치적 행동 사이의 선택의 문제였다. 선거는 이제 참여냐 거부냐의 선택을 강요하는 국면이었다. 일관된 참여거부노선을 고수할 것인가, 아니면 전략적 목표의 달성을 위해 전술적 전환을 할 것인가가 문제였다. 다른 투쟁의 방식이 있었던 46년의 탁치대쟁과는 달리 48년의 선거는 다른 가능성이 봉쇄된 마지막 의식이었다. 도덕적, 현실적으로 김구는 48년질서의 형성에 참여하는 것이 나았을 것이다. 이 선거의 지형을 놓은 지도자의 한 사람은 김구였다. 김구는 한민당 및 이승만과 함께 선거가 채택될 구조적 조건을 초래하는 데 크게 기여한 지도자였다. 그들은 공산주의 타도를 위해 그러한 지형을 창출하여 왔었다. 그러나 그는 그 자신을 포함한 사람들의 2년간의 행태의 결과로 있게 된 선거에 불참하는 전환을 민족주의와 애국의 이름으로 감행했다.

선거거부보다는 선거참여가 통일문제를 진전시키는 데 더 기여했을 것이다. 이것은 단지 "참여없이 발언없다"는 언명에서가 아니라 19세기와 20세기의 여러 나라의 노동운동과 선거의 역사에서 확인된 것이다. 보통선거에의 참여가 노동운동을 약화시킬 것이고 파괴시킬 것인가에 관한 오랜 논쟁의 결론은 혁명이 불가능한 상태에서 참여는 불가피하다는 것이었다. 김구는 선거를 거부하는 대신 평양회합에 참여하였지만 이 회합은 통일에 어떠한 기여도 하지 못했다. 북한의 정보원들이 비밀리에 입수한 정보를 내부 간부용으로 작성한 '절대비밀'로 분류된 《정세

보고》에 실은 바에 따르면, 김구는 평양회합에서 돌아온 뒤 6월 29일 이승만을 직접 방문하여 "자기는 표면화한 남북통일파의 일인이라서 금번 정부 수립에 직접 참가가 불가능하니 엄항섭, 조완구, 조경한 3인만 등용하여 주기를 요청한다"고 하였다.[51] 이 비밀정보가 사실이라면 김구는 48년 초까지의 이승만-김구 연대의 원래의 반공노선으로 돌아온 것이었다. 이 재전환은 남한정부를 단독정부로 보았다면 불가능한 선택이었다.

여운형이 살해되고 조만식은 감금되었으며 독립동맹이 북한체제에 흡수된 당시의 상황에서 북한은 좌파의 결합체였고 김구는 민족순결주의의 대표자였다. 46년에 김구는 김일성을 암살하려 시도했었고, 김일성은 그를 반동파의 수괴라고 공격하였다. 46년에 심하게 반목하였던 이들이 같은 국면에서 이념적 스펙트럼의 변화 없이 하나의 목표를 위해 만날 수 있었다는 것은 아이러니였다. 그러나 이 만남은 단순한 아이러니가 아니라 현실의 '전환' 속에 가로놓인 민족주의와 애국이라는 명분적 스펙트럼의 '지속'의 결합이었다. 셰볼스키(Adam Przeworski)의 지적처럼 참여를 거부하는 사람들은 정치적 스펙트럼에서 영원히 고정된 위치를 고수하려 한다고 할 때[52] 현실이해의 결합은 이를 더욱 강화시키는 기능을 수행한다.

김구는 임정이 탈락하거나 하나의 정파로 전락하는 것에 대해 참을 수 없었다. 결국 그의 선거 거부는 결과적으로 새로이 구성되는 정부에서 반대세력이 선거를 통해 합법적으로 압도적 지배세력이 되도록 허용하였던 것이다.[53] 김구가 단정에 참여했을 경우 남한체제는 한민당, 이승만, 김구 및 민족주의세력 사이의 3자 정립관계(鼎立關係)가 형성되었을 것이다. 그것은 실제보다 내적으로는 더 다이내믹하고, 남북관계에서는 덜 갈등적인 상황을 만들어내었을 것임에 틀림없었다. 선거

---

51) NA, RG 242, SA 2006 Item 14/31, 절대비밀, 북조선로동당 중앙본부 조직부 련락과 발행, 《정세순보》 제 17 호(1948년 7월 15~25일).

52) Adam Przeworski, *Capitalism and Social Democracy*, p. 10.

53) 이호재, 《한국외교정책의 이상과 현실》, p. 251.

거부는 민족주의 일반의 가능한 선택이 될 수 없었다. 48년선거의 투표율은, 강제적인 요인이 있었지만, 그렇더라도 45년의 상황을 고려한다면 놀라운 것이었다. 좌파의 파괴기도와 민족주의자들의 거부에도 불구하고 인민들의 선거참여가 높았던 것은 설명되어야 한다. 사람들은 구조를 바꾸려 하기도 하지만 구조에 순응하는 측면을 항상 함께 갖고 있다. 문제는 계기로서 사람들은 45년이라면 이 선거에 참여하지 않았을 것이다. 거기에는 더 나은 가능성이 열려 있었기 때문이었다. 그러나 48년엔 일부는 체념했고, 일부는 반공 때문에 적극적으로 찬성하였으며, 일부는 더 장기적인 모색을 위해 참여하였다.

46년 초 김구의 반탁투쟁이 갖고 있는 과격성은 공산주의자들의 과격성보다 더 높았다. 탁치대쟁이 한국사회에 깊은 균열을 가져온 것은 사실이었다. 그러나 테러가 이 갈등을 해소하는 불가피한 선택은 아니었다. 만약 다른 유형의 지도부가 있었다면 그 이상의 결과를 얻기 위해 치유하고 화합하는 정책을 취하는 동시에 테러라는 무기의 사용을 자제하였을 것이다.[54] 탁치대쟁의 주도와 민족주의 주창에서의 지도적 역할에도 불구하고 탁치대쟁 이후 김구가 이승만에게 정치사회와 민중사회에서의 헤게모니를 넘겨준 것은 아이러니가 아닐 수 없었다. 그러나 이것은 이념면에서 급진적이고 행동면에서 직선적인 그의 행태의 결과이기도 하였다. 여기에 비해 이승만의 행태는 노회하고 계산적이며 현실주의적인 분칠을 한 것이었다. 그는 김구 이상 파당적이고 비타협적이었으되 김구보다 더 현실적이었고 더 정치적이었다.

1946~47년의 김구의 행태는 이해하기 어려운 것이었다. 그것은, 조직과 대중적 운동을 통하여 목표를 추구하여 점진적으로 그 성과들을 축적해가는 방식이 아니라 은밀한 비밀결사와 테러에 의존한 일격요법을 즐겨 사용한 그의 관성화된 대응방식이었다. 친일파와 한민당은 민족주의이념을 독점한 김구가 자기들보다도 강경한 반탁·반모스크바협

54) 이 표현은 무어의 표현을 빌려 약간 바꾼 것이다. B. Moore, Jr., *Authority and Inequality under Capitalism and Socialism*(Oxford: Clarendon Press, 1987), p. 55.

정 태도를 취한 결과 이탈리아의 파시스트들이 그러했던 것처럼 어부지리 효과를 극적으로 얻었다. 이것은 하나의 반전이었다. 1945년의 4개월 동안 해방국면에서 반공주의는 대중들에게 아직 깊이 침투되지 못했었다. 김구의 격렬한 반탁은 모든 반탁세력에게 민족주의라는 예기치 않은 정당성을 얹어주는 의도하지 않은 결과를 가져왔다. 결국 김구는 반탁 주도로 자신이 증오해 마지않던 친일파에게 큰 힘을 준 셈이었다. 이승만 역시 이를 계기로 좌파를 누르고 앞서갈 수 있었다.

48년의 평양회의는 김구의 식민시기부터의 공산주의에 대한 증오와 그에 대한 북한좌파의 강렬한 반감에 비추어볼 때 상호 대전환이었다. 그러나 그것의 성공가능성과 진실성은 매우 낮았다. 48년 평양회의가 있기 전까지 김구는 북한지도부의 주공격 대상이었다. 김구의 입북이 임박해서야 곳곳에 붙어 있는 그에 대한 비난과 공격의 내용을 담은 벽보가 떼어졌다. 북한은 "살인강도단 두목 김구 이승만 타도하자!" "삼천만이 다 죽더라도 숙망이던 황제 노릇 해보고야 말겠다"는 내용의 김구를 비방하는 포스터와 삐라를 김구가 오기 직전에서야 떼어냈던 것이다.[55]

민족분단을 막기 위해서는 김구는 48년에 북한을 갔어야 하는 것이 아니라 1945년 말~1946년 초에 갔어야 했으며 김일성은 같은 시기에 남한으로 오려는 노력을 하여야 했다. 그러한 선택은 자기 노선과 헤게모니의 포기가 아니면 불가능한 결단이었다. 그러나 김구는 이때 통일을 위해 손잡는 대신 오히려 김일성을 죽이려 하였고 임정의 독점적 법통을 고집하였다. 또 김일성은 해방 직후부터 소련의 후원을 업고 가장 먼저 단독지배체제를 구축하려 움직였다. 그는 1945년의 더 좋은 조건에서도 이루지 못한 통일을 5년간이나 갈등이 깊어진 뒤 전쟁을 통하여 이루고자 시도하였다. 그러나 이 점과 관련하여 "과거보다 미래에 덜 어려울 것이라고 믿을 이유는 존재하지 않는다"[56]는 지적은 진정 경청

55) 《남북의 대화》, p. 413.

56) Eric Hobsbawm, *Revolutionaries* (New York: Pantheon Books, 1973), p. 15.

할 만하다. 미래가 과거보다 더 나을 것이라고 믿을 이유는 존재하지 않는 것이다.

48년 8월에서 9월의 정부수립은 행정적, 기술적 차원을 제외하면 역사적, 구조적 현상으로서의 분단질서의 등장에 관한 한 단독정부를 수립하자고 주장한 이승만이나 독자공산당과 단독정부를 미리 수립한 김일성이나 차이를 발견키 어려웠다. 김일성에게 최초의 분단추구는 공산주의 지도자로서 스탈린의 정책을 받아들인 전략이었다. 결국 그는 최초에는 분단을 수용하여 단독정부를 수립하고 그 뒤 강력한 민주기지를 건설하여 역량을 강화한 뒤 북풍으로 단번에 쓸어버리는 전략을 선택하였다. 결과적으로 그렇게 되었지만 그것은 혁명을 위한 커다란 우회전략이었던 것이다.

2. 초기 북한의 저항과 갈등

1945년 해방 직후 초기 북한에 과연 균열이 있었을까? 있었다면 초기 지형의 형성과정에서 북한은 어떠한 균열이 있었을까? 북한의 정부수립까지를 살펴본 지금 우리는 다시 45년으로 돌아가 이 두 가지 물음에 답하려 한다. 먼저 이 물음들은 과연 정확하게 제기되는 질문인가를 확인해야 한다. 이념의 잣대로써 볼 때 초기 북한에 관하여 위의 물음들은 제기되어서는 안 된다는 지적 분위기가 강했다. 왜냐하면 급진적 관점에서 볼 때 소련의 진주는 오직 해방이며 그에 따르는 것은 해방에 복무하는 것이고 그에 반대되는 것은 반혁명의 이름으로 제압하기만 하면 되었기 때문이다. 반대로 보수적 관점에서는 오직 소련과 공산당은 모든 악의 근원이었기 때문에 반공 저항만이 정당하였다고 주장한다. 이 둘의 대립은 또 하나의 이념전쟁으로서 일부는 아직도 이념전쟁을 계속하고 있다.

그러나 학문의 영역에서도 재연돼온 이러한 이념전쟁은 이제 종식되어야 할 것이다. 이념을 벗어나 사실에 비추어볼 때 초기 북한에는 균열이 존재했으며 그것들은 반드시 반혁명적, 반민족적인 것으로 치부할 수는 없는 것이었다. 그것들은 남한에서보다 더 빨리 더 크게 나타났다. 그리고는 더 빨리 사라졌다. 우리는 초기 북한의 정치지형을 검토하면서 북한정치의 다이내미즘과 균열을 본 바 있다. 민중사회의 분출과 저항, 그리고 저항의 재빠른 소멸이라는 역사상 희귀한 초기 북한정치의 이 특징적 현상을 어떻게 설명해야 할까?

초기 북한에서의 갈등과 균열은 다음과 같은 세 가지의 것으로 요약될 수 있다. 가장 먼저 그리고 가장 크게 나타난 것은 소련군과 한국민중의 대립이었다. 두 번째는 민족주의진영과 공산주의진영의 대립이었으며 세 번째는 공산주의진영 내의 대립이었다. 여기에 중첩된 것이 친일파를 비롯한 구체제 지배세력과 항일독립운동세력의 균열이었다. 이것은 식민시기의 대립의 연장이었다. 친일파 숙청은 따라서 식민시기의 반식민 독립투쟁을 잇는 것이었다. 독립국가의 수립이 목표였던 반식민투쟁은 거시적으로 말하면, 민족국가의 몰락을 저지코자 제국주의에 맞섰던 개항기의 민족운동을 이어받는 것이었다. 따라서 구체제의 지배세력을 배제하지 않는다면 해방의 내용은 없는 것이나 다름없었다. 식민시기의 민족독립운동을 기억에서 지우고 식민지배체제 붕괴 후에도 구체제 지배세력의 숙청을 배제한다면 그것은 엄연히 존재했던 모든 의미 있는 역사를 해체하고 모든 정치적 대립을 오직 적나의 권력투쟁으로만 해석하는 것이 될 것이다. 그러나 그러한 역사해체적 해석은 있어서는 안 된다.

사회적 대립과 갈등 자체에 이미 역사가 지닌 진보의 측면이 내장되어 있다. 따라서 특정 시기의 갈등은 모두 앞시기로부터 넘겨받은 모순을 딛넘기 위한 인간들의 움직임의 결과인 것이다. 그것은 또한 다가올 시기의 삶과 사회의 모습을 담는 전망들간의 길항인 것이다. 따라서 한 기존 질서의 붕괴는 그 질서를 받쳐주던 논리와 세력의 퇴장 및 새로운 논리와 세력에 의한 대체를 수반하지 않으면 안 되는 것이다. 이것은 해석이라기보다는 역사의 엄정한 본질인 것이다. 비정상적 통치형태인 식민체제가 붕괴하였는데도 이것이 남긴 유산의 청산이 수반되지 않는다면 그것은 스스로의 역사를 부정하는 것이다. 그럴 때 모든 반식민투쟁은 의미를 상실한다. 독립은 왜 하였는가? 그것을 위해 왜 목숨 바쳐 싸우고 왜 식민지 감옥행을 마다하지 않았으며 왜 혹한의 만주벌판을 달리고 소작쟁의를 일으켰는가? 남한의 이승만체제가 헌법 전문에 3·1운동과 식민시기 임시정부를 삽입하고, 북한이 김일성의 항일투쟁에 집착하는 이유는 이에 대한 해답의 준비인 것이다.

미군이 진주한 남한에서도 균열의 양상은 초기 북한과 매우 비슷했다. 그들 역시 한국민들의 자치조직을 인정하지 않았다. 소련군이 인공을 인정하지 않았듯 미군 역시 임정과 인공을 인정하지 않았다. 둘 다 한국인들의 자치기관은, 그것이 식민시기에 한국인들의 어떠한 희생이 담겨 있는 것이건, 어떠한 대표성을 지니고 민중의 희망을 표상하고 있는 것이건 인정하지 않았다. 남한에서도 미군과 한국 민중의 대립이 있었고 친일파와 항일독립운동세력의 대립이 있었으며 공산주의자와 민족주의자의 대립이 있었고 같은 이념진영 내에서도 헤게모니 장악을 위한 불꽃튀는 대결이 전개되었다.

먼저 초기 북한의 첫째 균열, 즉 한국 민중과 소련점령군 사이의 균열을 분석하자. 소련군은 처음에 해방군으로 왔음을 강조하고 격정 어린 포고로 식민지 민중의 해방을 경하하였다. 논리적으로 말해 해방군과 피해방민 사이에 균열이란 있을 수 없어야 했다. 그러나 소련군은 진주와 함께 한국 민중들과 충돌하였고 이것은 그들이 진주한 지역의 일반적인 현상이 되었다. 그것은 해방군으로 자처한 소련군의 만행에서 비롯되었다. 피해방 민중들은 처음에 그들에게 어떠한 도전도 시도하지 않았다. 한 관찰자는 "소련 점령군의 약탈과 부녀 수렵이 도처에서 벌어졌다. … 북한의 천지는 금시 전율과 공포의 바다로 화하고 말았다. 도처에서 한국청년들과 소련군대 사이에 대소 충돌이 일어났다"[57]고 기록한다. 강한 반공 어조의 이 기록은 반공지식인의 편견일 것이라고 받아들여질지 모른다. 그러나 이러한 시각은 지난 40년간 대중적 동의를

57) 김창순, 《북한십오년사》(서울: 지문각, 1961), p. 44.

받으며 남한 지배이념의 한 축을 형성해온 것이 사실이다. 그것은 이러한 증언이 실제의 사태를 어느 정도 반영한다는 징표였다.

그렇다면 나중에 인민군 장교가 되는 사람의 눈에 비친 소련군은 어떠했을까?

> 소련군이 점차로 많아짐에 따라 여러 가지 충돌사건이 일어났다. … 매일마다 소련군 병사에 의한 협박 약탈 폭행 절도 강간과 때로는 사살사건 등이 끊이지 않았다. … 특히 부녀자 강간사건은 시민의 불안과 공포의 씨앗이었다. 이러한 현상은… 소련군이 진주한 중소도시에서는 어느 곳이나 마찬가지였다. … 그것은 해방군의 논리가 아니라 침략군의 논리인 것이다. … "위대한 붉은 군대 도둑놈!" "러시아인 물러가라!"는 비난을 도처에서 들을 수 있었다.[58]

그에 따르면 러시아인들은 처음에 쓸 만한 물건을 가차없이 빼앗았고 이에 저항하면 총구를 들이대며 위협했다. 나중에 인민군 중견군관이 되어 공병분야에서 중요한 역할을 하게 되는 그는 속으로 "해방군 엿먹어라! 위대한 붉은 군대 뒈져버려라!"라고 외쳤다. 납치와 윤간사건도 빈발했다. 부녀자들은 모습을 숨겼고, 그는 이러한 소련 점령하의 초기 북한을 '약탈지옥'이었다고 표현한다.[59]

실제로 소련군은 개인적인 약탈뿐만 아니라 북한에서 적지 않은 양의 산업시설과 기계, 설비를 철거하여 갔다. 그들의 입에 발린 '사회주의적 국제주의'가 아니라면 이것은 의심의 여지 없이 중심부의 주변부에 대한, 점령자의 피점령자에 대한 약탈이자 착취였다. 여기에는 함흥, 원산, 청진, 성진, 겸이포 등 중요 산업도시의 질소, 철강, 비료, 화학, 화력발전, 조선, 정유, 금속산업의 시설과 설비뿐만 아니라 많은 양의 쌀과 가축도 포함되었다.[60] 몇몇 지방을 예로 들면 쌀의 경우 45년

---

58) 주영복, 《내가 겪은 조선전쟁》, pp. 32~33.

59) 《내가 겪은 조선전쟁》, pp. 35~42.

60) 소련군의 설비 철거에 대해서는 *ISNK*, No. 5 (1946년 2월 5일), No. 8 (1946년

10월부터 46년 1월까지 함경도 문천에서는 6만 가마, 덕원에서는 5만 3천 가마, 안변에서는 5만 2천 가마를 흥남을 통해 소련으로 실어 갔다.[61] 쌀은 특히 문제였다. 우리는 이에 대해 이미 북한의 토지개혁을 설명하면서 살펴본 바 있다. 어떤 통계는 소련이 반출해간 쌀이 45년 254만 석, 46년 290만 석이라고 밝힌다.[62] G-2는 "소련의 철거는 모든 전쟁 중공업의 완전한 철거를 넘어 한국경제에 사활적인 많은 산업 영역까지 확대되었다"고 보고하였다.[63] 이러한 착취는 한국 민중의 반발을 산 요인 중의 하나였다.

만주의 소련군 행태를 경험하고 북한을 거쳐 월남한 한 목사는 이렇게 진술한다.

> 소련군들이 길거리를 활보하면서 … 여자란 여자는 눈에 뜨이는 대로 끌어다 강간을 하는가 하면 시계 등 값나가는 물건은 보는 족족 강탈해 가는 것이었다. 나는 인민재판의 경험과 소련군의 횡포 등으로 '공산주의 세계란 정말 이런 것인가'하는 환멸을 느끼고 있었으므로 공산치하의 이북에서는 더 이상 살고 싶은 마음이 없었다.[64]

이 목사는 45년 9월 20일 강한 반공의식을 품은 채 해방 한 달 만에 서울로 내려왔다. 민족주의계열의 한 건준 참여자는, "스탈린 수상은 제2차 대전에 승리하였지만 동시에 두 가지 불가피한 실책을 저즐렀다. … 그 하나는 위대한 붉은 군대로 하여금 소련 이외의 지역을 보게 한 것이고 또 하나의 실책은 소련 이외의 지역 인민으로 하여금 위대한 붉은 군대를 보게 한 것"[65]이라고 냉소적으로 풍자한다. 그러나 그의 풍자 뒤에는 국제정치에 대한 비수같은 날카로움과 소련군에 대한 민족

3월 20일), No. 10(1946년 4월 20일) ; 《소련군정의 시말》, pp. 56~63.

61) *ISNK*, No. 8(Mar. 20, 1946).

62) *ISNK*, No. 8(Mar. 20, 1946) ; 《소련군정의 시말》, p. 56.

63) *ISNK*, No. 10(Apr. 20, 1946).

64) 강원용, 《빈들에서》 1권(서울: 열린문화, 1993), pp. 141~146.

65) 오영진, 《하나의 증언》, p. 82.

주의자의 조롱이 들어 있다.

그에 따르면 "밤 9시의 평양 거리는 3주일 전과는 판이한 공기이었다." 3주일 전이라는 것은 해방 당시와 그가 다시 평양에 돌아갔을 때인 3주일이 흐른 뒤의 시점을 말한다. 그는 "피압박 민족을 해방한 소련은 온 세계 약소민족에 대하여 영토적 야심이 있을 수 없고 또 장차로도 있지 않을 것이다"는 내용의 소련군의 포고를 인민들은 다음과 같이 뒤집어 이해했다고 진술한다. 절묘한 비아냥이다. "소련은 온 세계 약소민족에 대하여 영토적 야심이 없을 수 없고 또 장차로도 없지 않을 것이다." 그는 계속하여 "소련의 영용한 장군들과 평양시민의 친선은 성공적이 아니었다", "소련은 제국주의자 일본과 피해방민족 고려인을 구별할 줄 몰랐다"[66]고 기록하고 있다. 이것은 부분적으로는 비난이었지만 부분적으로는 진실이었다.

몇몇 증언에서 볼 수 있듯 소련의 초기 점령정책은 실제로 문제가 많았다. 그들은 오랜 전투에서 오는 중압감, 피로, 욕망의 억제, 상부로부터 받은 질책 등을 저항수단이 없고 해방감에 들떠 있을 뿐만 아니라 아직 무조직의 해방된 민중들을 대상으로 삼아 한꺼번에 풀어내려고 하였다. 북한에서의 초기 사태 전개에 대해 호의적인 연구도 이를 인정하고 있다.[67] 역시 가장 결정적인 증거는 자기 자신들의 문건일 것이다. 스탈린은 점령사령관에게 내린 45년 9월 20일의 지령에서 다음과 같은 항목을 마지막에 넣었다.

> 북조선에 진주한 소련군 장병들에게 군기를 엄격히 지키고 주민을 괴롭히지 말며 행동을 잘 하도록 훈시할 것. 종교적 예식 수행과 행사 등을 방해하지 말고 사찰과 기타 종교시설에 손대지 말 것.[68]

군기에 관한 이 조항은 진주 초기 소련군의 만행으로 인하여 한국 민

66) 오영진, 《하나의 증언》, pp. 82, 130~131.

67) B. Cumings, *Origins*, Vol. I, pp. 388~389.

68) 《소련과 북한과의 관계》, p. 39.

중들의 저항을 받은 데 따른 지시였다. 그는 또한 이 지령에서 "붉은 군대의 북조선 진주는… 조선영토를 탐내거나 또는 소련식 질서를 부식시키자는 것이 아니며, 북조선 인민의 사회적 및 개인적 소유는 소련군의 보호를 받(는다)"은 항목도 넣어야 했다.

한 소련점령군 내부자료는 이 문제와 관련하여 모스크바에 다음과 같이 보고하고 있다.

> 북조선 영토에 주둔하고 있는 우리 군부대원들이 때때로 자신의 부도덕한 행실로 주민들에게서 불만을 야기하고 있으며 우리 군종사자들의 적지 않은 사실들—주민강탈, 살해—이 소련의 권위를 실추시키고 있다. 예를 들어 평남에서만도 1월 중순에서 2월 사이에 7명의 조선인들을 살해하고 7건의 상해, 2건의 강간, 5건의 강탈, 1건의 약탈, 5건의 절도사건이 일어났다.

보고는 이밖에 "아래의 사실들은 규율없는 군부대 종사자들의 부도덕한 행동들을 확인해 준다"며 소련병사의 조선여자 강간, 10채의 가옥난방의 파괴, 85채의 가옥소각, 소비조합의 비료와 쌀 각각 115가마니와 10가마니에 대한 조직적 절취 등을 사례로 제시하였다.69)

스탈린은 동구에서는 이러한 문제에 대해 냉혹하게 대응하였다. 유고에서는 121건의 강간이 있었고 그중 111건은 강간살해였다. 또 1,204건의 약탈행위가 있었다. 그러나 스탈린은 이들을 이해하는 반응을 보였다. 질라스의 고백이다.

> 내가 모스크바에서 돌아온 지 얼마 안 되어 나는 적군의 범죄에 대한 스탈린의 '이해' 태도의 중요한 실례들을 공포심을 갖고 들어야 했다. 소련군, 특히 전차부대는 동부 프러시아를 통과하면서 여자와 아동이 포함된 모든 독일 민간인 피난민들을 가두고 체계적으로 학살하였다.

69) 당중앙문서보관소 자료 2-1, Fond 17, Opis 128, Delo 392, "북조선의 정치경제 상황에 대한 보고," pp.77~78.

> 스탈린은 이 보고를 듣고 어떤 조치를 취할 것인지 문의를 받았다. 그는 대답하기를 "우리들은 장병들에게 지나치게 많은 교육을 했어. 그들이 어느 정도 이니시어티브를 갖게 그냥 놔둬."[70]

북한의 경우도 소련군의 만행이 친일파와 일본 제국주의자들에 대한 억압이 아니라 일반 민중을 대상으로 하여 자행되었다는 데에 문제가 있었다. 그것은 단순히 특정의 일부 반동적 요소에게만 가해진 제한된 폭력이 아니었다. 소련군의 만행으로 인한 대립현상을 한국 민중 대 소련군의 균열이라고 표현할 수 있는 이유도 여기에 있다. 스탈린의 지령의 영향 때문이었는지 점령 초기를 지나면서 이러한 만행은 현저히 줄어들었으나[71] 소련군의 초기 행태는 많은 한국인들로 하여금 소련에 대해 반감을 갖거나 저항하게 했고 또는 아예 월남을 선택하게 했다.

초기 해방정치의 가장 중요한 특징인 자율적 집단의 분출에서 중요한 것은 두 가지였다. 하나는 집회와 결사의 자유였고, 다른 하나는 의사표현의 자유와 그것의 민주적 결집이었다. 이들은 근대 민주주의의 두 핵심요소이기도 하였다. 민주주의를 농민, 민족주의와 함께 사회분석의 핵심준거로 설정하지 않으면 안 되는 연유는 여기에 있다 하겠다. 이 원칙이 보장되지 않는 해방은 해방된 민중에게는 단지 부분적 해방을 의미했다. 말을 바꾸면 이는 통치주체의 변화에 관계없이 부분적 억압의 지속이었다. 우리는 앞서 소련군이 진주하면서 한국인 자생조직의 내부구성을 변화시켜 일정한 방향으로 통일시키려 하였음을 보았다. 이것은 통합에 저항하는 세력의 반발을 불러일으킬 것이었다. 지방정치는 중앙보다 더 큰 변화를 보이며 재빨리 갈등을 향하여 치달았다. 해주에서는 해방 초기에 좌우가 대결하였다가 우파는 곧바로 서울로 탈출하였다. '9·16사건'으로 불린 이 사건 뒤 소련군과 지배블록은 우파의 발호를 단호하게 저지하였다. 결사의 자유는 처음부터 제한되었던 것이다.

공산당과 다른 노선을 걷는 온건 사회주의자들의 민족사회당 결성 시

70) Milovan Djilas, *Conversations with Stalin*, pp. 88~89, 111.

71) 김기석 편, 《북조선의 현상과 장래》(1947), p. 13.

도가 있었으나 소련군이 직접 그에 가담한 사람들을 검거함으로써 무산되었다.[72] 해방 직후 함흥지방에서 민족주의자들은 민주청년회라는 조직을 만들어 치안유지와 계몽사업을 실시하였다. 그러나 민주청년회의 간부들은 탁치갈등 훨씬 이전이었으나 소련군이 진주하면서 45년 9월에 반소반공 혐의로 체포되었고 단체는 지하화하였다. 한교석(韓喬石)은 이때 체포되어, 나중에 내무성 부상에 오르고 56년의 8월 사태 때 숙청되는 이필규 등에게 취조를 받다가 소련 장교에게 넘겨진 뒤 소련으로 이송되었다.[73] 장창종(張昌鍾)은 흥남에서 40여 명과 함께 '흥남반공청년동지회'라는 반공지하조직을 결성하여 저항하려다가 45년 10월 14일 검거되어 식민시기에 민족독립운동가들이 수형되었던 함흥형무소를 거쳐 시베리아로 유형되었다.[74] 이들이 9월과 10월에 검거되었다면 이는 두 가지를 의미한다. 반공운동이 초기부터 시작되었다는 사실과 또 그 참여자들이 소련에 의해 매우 빠르게 검거되기 시작하였다는 점이다. 처음부터 집회와 결사의 자유는 허용되지 않았던 것이다.

장창종이 소련 감옥에 있을 때 그곳에는 많은 한국인이 잡혀와 함께 있었다. 이들의 구성은 흥미 있다. 이들 체포자들은 평양, 함흥, 청진, 신의주 각 지방에서 잡혀온 사람들이 비슷한 숫자를 보이고 있었다. 곧 소련군에 의한 체포는 전국적인 현상이었다. 그들 중에는 윤종화(尹鍾華·식민시대 서울 종로경찰서장), 김인욱(金仁旭·일본육사 출신·일군육

72) 오영진, 《하나의 증언》, pp. 131~132.

73) 한교석, "시베리아 유수기," 《신동아》 1967년 1월, pp. 318~357 ; 2월, pp. 350~385 ; 3월, pp. 372~402.

74) 장창종, 《바이칼은 흐르는가?》(서울: 고려원, 1991), pp. 24, 80~86. 같은 내용이 저자의 《나의 소련 유형기》(중앙교육출판사, 1987)에도 실려 있다. 흥미있는 것은 장창종의 회고록이 나오기 이전인데 반공적 기록이라고 도외시되었던 과거의 자료들의 내용이 그의 회고와 동일하다는 점이었다. 이들은 체포 후 소련으로 이감된 사람들의 명단까지 거의 일치한다. 이를테면 《북한민주통일운동사 — 평북》, pp. 291~299를 보라. 이는 뒤에 나오는 김선혁의 경우도 동일하였다. 이런 현상은 북한에 대한 남한의 초기 기록들이, 조작이 아니라 상당 부분 사실을 말하고 있다는 점을 인정해야 하는 증거의 존재로 보인다.

군 중좌), 윤상필(尹相弼·일본육사 졸업·만주의 친일단체인 협화회 간부), 그리고 다른 일본경찰 및 친일단체 출신들도 있었으나 더 많은 숫자는 민족주의적 결사를 만들었거나 소련군에 저항하다가 체포된 사람들이었다. 이를테면 최석건은 한국인의 시계를 강탈하려는 소련군에게 대들었다가 잡혀왔다. 장창종에 따르면 소련 감옥에는 신의주학생사건에 가담하였다가 잡혀온 자들도 많았다.

이러한 조치가 구체제의 지배계급, 즉 식민국가기구인 총독부의 관리들과 지배계층에게만 제한적으로 행사되었다면 그것은 전체 민중에게는 해방적 조치였을 것이다. 그러나 실제는 무차별적이었다. 북한보안기관의 내부 비밀회의에서 각 지방별로 초기에 인민의 원성을 사게 된 요인을 자체 지적하는 것을 보면 크게 두 가지가 두드러졌다. 하나는 과거 일본경찰관리 출신들이 여전히 치안기구 감찰기구에 남아서 활동한다는 불만이었고, 다른 하나는 좌경적 급진성 때문이었다.[75] 전자는 재빠른 숙청으로 곧바로 없어졌으나 후자는 그렇지 않았다. 함경남도 강원도 함경북도 등의 보안부장들에 따르면 거의 전도에서 초기의 좌경적 탄압이 문제가 되었다. 함경남도는 소련군 진주와 거의 동시에 치안기관이 등장하여 비공산세력들을 억압하기 시작하였으며 초기부터 좌경성향이 나타났다. 강원도는 초기에 아예 "과거 일본 경관보다 더욱 심하다는 인민들의 비난을 받았다. … 그러므로 군중과 이탈되어 있다"는 보고를 하고 있다. 평북은 치안기관이 "민중과 합작치 못하고 있다"며 "적으로 하여금 적을 치게 하는 방침, 이를테면 종교단체간에 파벌투쟁을 일으켜 이를 약화시켜야 할 것"을 제시하였다.

문제는 이러한 좌경적 방침이 시간이 흐르면서 근절되었느냐였는데 그렇지가 않았다. 탁치갈등과 토지개혁을 겪으면서 민족주의자는 타도의 대상으로 바뀌었다. 이는 소련군과 한국 민중 간의 균열이자 공산주의와 민족주의의 균열이었다. 곧 이 두 가지는 중첩되어 있었던 것이다. 레베데프는 "(초기부터) 소련군 위수사령부의 존재는 민주적인 사회

75) NA, RG 242, SA 2005 Item 6/2, "제1회 각도 보안부 감찰과장 회의록".

조직사업과 사회개혁을 방해하는 절대적이고 반인민적인 세력을 용납하지 않았다"[76]고 하였는데 이때 말하는 반인민적 반민주적이라는 말은 반공산주의적이라는 말과 동의어였다. 반공주의적 결사와 집회의 자유는 허용되지 않았던 것이다.

결사·집회의 자유와 함께, 해방에 의한 자율적 분출의 다른 한 요소는 의사표현의 자유였다. 해방은 정치적 결사와, 의사표현의 자유에 의한 결집의 과정을 포함하여야 한다. 그러나 북한에서는 해방에도 불구하고 의사표현과 언로는 통제되었다. 앞서 우리는 초기 한국인들의 최초의 의사표현기관이 《압강일보》나 《황해일보》의 이름으로 지방에서 자치적으로 간행되었음을 보았다. 이는 오랫동안 의사표현의 자유를 박탈당한 한국인들에게는 해방과 건국의 소식을 알려주는 가장 빠르고 중요한 채널이었다. 자신들의 의사를 정확하게 표현해주는 모국어 의사표현기관을 갖는 것은 식민시기 동안 한국민들의 큰 바람의 하나였다. 그것을 소유하는 것 자체가 식민지배와는 다른 해방의 내용이었다. 그러나 모국어 의사표현기관은 오래 가지 못했다. 진주한 지 열흘 정도밖에 지나지 않아 9월 2일 소련군은 한국어 신문을 폐간시켰다.[77] 9월 2일 지방신문들이 폐간된 이후 9월 4일 《평북민보》(《서북민보》), 9월 9일에는 《자유황해》 등이 창간되었다.[78] 그러나 G-2에 따르면 국내외 뉴스는 소련군의 검열과 통제를 받았다.

평양의 경우 신문이 다시 나오기 시작한 것은 10월 15일 소련군의 허가를 얻고 나서였다. 그런데 허가의 이유와 날짜가 흥미로웠다. 소련군은 10월 15일까지는 여러 한국민들의 끈질긴 요구에도 불구하고 허가 요구를 들어주지 않았었다. 한재덕의 진술에는 소련군이 왜 새 소식에 목말라하는 이 정치폭발, 뉴스폭발의 시기에 한 달 이상이나 신문을 금

---

76) 레베데프, "수행해야 할 의무를 자각하며," 《조선의 해방》, p. 125. 러시아어 원문을 확인할 수는 없었으나 이 번역은 오역임에 분명하다. '절대적'이라는 번역은 아마도 '독재적,' '반동적' 등의 뜻의 원어였을 것이다.

77) *ISNK*, No. 1 (Dec. 1, 1945).

78) 《4년간 일지》, p. 9 ; NA, RG 242, SA 2005 Item 2/9, 《3년간 일지》, p. 2.

지시켰는지의 이유까지 나와 있다.

> 만사를 쏘련군의 지시와 허가에 의해 해 나가게 되었다. 그래서 인민정치위원회에서는 곧 우리말 신문을 발행해달라고 여러 번 교섭을 하였다. 한편 나는 공산당을 통하여서도 간곡한 교섭, 교섭이라기보다 부탁을 하였다. 그러나 좀체로 허가를 해주지 않았다. "해방된 민족이 이 격동기에 국내 국제소식을 전연 모르고 지난다는 것은 얼마나 답답한 일이겠는가." 나는 이런 정치사업부문을 전담하고 있는 이그나체프 대좌를 찾아가서 신문발행의 허가를 간청하였다. "그 신문을 맡아 할 사람도 다른 사람이 아니라 바로 우리들 공산당원들인데 우리가 어련히 잘하겠기에 무엇을 꺼려 허가를 해주지 않는가? 믿고 맡겨보라!" 그러나 막무가내였다. … 쏘련군은 우리들 공산당원들에게조차 신문발행을 허가하여 주지 않았다. … 정말 화가 치미는 일이었다. 이것이 피압박민족의 해방자로 자처하며 언론출판의 자유를 위해 싸우라는 '볼세비키'의 실지 행동인가? …
>
> 바로 이러한 때에 나는 10월 15일을 기하여 평양인민정치위원회의 기관지로서 《평양민보》를 발간하라는 통보(지시)를 받았다. 왜 하필이면 10월 15일인가? 왜 이 날을 기다려 왔는가? … 그것에는 까닭이 있었다. 10월 14일 김일성 장군 환영회가 있으니 이것을 창간호에 극적으로 취급하여 오래간만에(해방후) 처음 나오는 신문에 파고드는 모든 사람들에게 최대의 선전효과를 얻으려는 계량된 의도였던 것이다. … 볼세비키들의 계략은 적중하였다. 해방후 평양에서 처음 나온 신문은 낡은 윤전기로서는 미처 찍어낼 수가 없으리만큼 날개가 돋혀 뿌려졌다. 사람들은 앞을 다투어 목마른 사람 냉수 마시듯 그것을 읽었다. 그것은 … 문제의 인물 김일성에 관한 기사로 가득 차 있었다. … 거의 각면 전부가 김일성에 관한 것으로 메워져 있었다. 그 선전효과는 가히 짐작할 만한 일이다. 그것은 … 거의 전부가 내가 쓰고 꾸며낸 것이었다.[79] (괄호는 원문 그대로)

---

79) 한재덕, 《김일성을 고발한다》, pp. 72~74.

한재덕은 당시 《평양민보》의 편집국장이었다. 신문의 내용은 지금 확인할 수 없지만 그가 말하는 발행일 10월 15일은 G-2의 정보와 일치한다. 그가 이 글을 쓸 당시에는 G-2가 공개되지도 않았을 때이고, 따라서 이를 보았을 리도 없다. G-2가 공개되었을 때는 그는 이미 죽은 뒤였다.

소련군과 한국 민중의 균열에 더하여 북한에 존재한 또하나의 균열은 민공균열이었다. 1945년 11월 23일 신의주에서는 신의주 시내 학생들의 대규모 반공시위가 있었다. 이 시위는 우발적 사태가 아니라 공산세력의 주요 기관에 대한 직접적인 집단공격을 가할 만큼 조직적인 것이었다. 학생들은 몇 개의 집단으로 나뉘어 공산당본부, 보안서를 일제히 공격하였다. 시위의 규모와 공격양태로 보아 사전에 치밀하게 시위가 모의되었음이 분명했다.[80] 학생들의 시위와 공격에 각 공산기관을 보호하는 무장부대들은 학생들을 향하여 발포하였고 적지 않은 학생들이 사살, 부상, 체포당하였다. G-2는 최소한 9명에서 30명이 사망한 것으로 보았고 한 종합기록은 사망 24명, 부상 350명, 체포 1,000여 명, 시베리아 유형 200여 명으로 기록하였다.[81] 오늘날의 기록들에 따르면 당시 사망자는 24명이었다.

학생들에 대한 조사에는 소련 비밀정보기관들이 직접 개입하였고 고문이 자행되었다. 적지 않은 체포자는, 반소적인 요소들에 대하여 앞으로 5년간 계속될 처리방법의 하나인 소련감옥으로의 이첩처분을 받았다. 이 사건은 45년 식민주의의 종식 이후 남부한국과 북부한국을 통틀어 최초로 발생한 집단적인 저항이자 인명피해사건이었다. 오늘날까지 이 사건은 소련 점령하의 최대의 반소반공사건으로 기록되고 기념된다. 일부에서는 식민시기의 항일운동을 잇는 민족주의운동의 대표적인 사건으로 인식하기도 한다. 부분적으로 이는 맞는 얘기였다. 즉 이 사건은 민족주의의 공산주의에 대한 집단적 저항을 의미했다. 식민시기에도 학

80) 《북한민주통일사 — 평북편》, pp. 260~261.

81) *ISNK*, No. 2 (Dec. 17, 1945) ; 《북한민주통일사 — 평북편》, p. 285.

생들은 지속적으로 저항의 요소였고 45~46년 북한 초기 질서주조기에도 그들은 끈질기게 저항하였다. 학생들은 46년 반탁과 반공투쟁에서 가장 중요한 저항요소의 하나였다. 김일성은 토지개혁을 거치고 나서도 1946년 4월에 "간 곳마다 반동분자를 학생이 대표하는 경향이 있다"고 지적하였는데 이는 사실이었다.[82] 지주나 친일파가 아니라 학생들이 북한체제에 대한 가장 강력한 저항세력이었던 것이다.

신의주사건은 통제되지 않은 지방 공산주의자들의 행태 때문에 발생한 것이었다. 김일성은 이 시위가 공산당이 군중과 연계를 갖지 못하여 사회민주당이 학생들을 무장시켜 도당을 습격한 것이라고 보았다.[83] 그러나 45년 종전 이후 소련군이 진주한 지역에서 세계적으로 이렇게 빨리 찾아온 대규모 저항은 없었다는 점에서 이것은 특별하게 받아들여지지 않으면 안 된다. 무엇보다도 평안도는 식민시기 이래 강력한 민족주의의 저항의 전통을 갖고 있으며 또 기독교가 강력한 기반을 갖는 곳이었다. 민족주의와 기독교는 공산주의 이념 및 정책과는 결코 상응하지 않는다. 특히 민족주의는 외래적인 요소에 대한 저항적 측면을 강력하게 보지하는데 제 3 세계에서 그것은 어떤 이념과 질서가 부과되는 초기에 강력하게 저항하는 일반적 특성을 갖는다. 한국에서 19세기 말에 등장한 민족주의는 강력한 저항민족주의의 표본이라 할 만했다.

한국에서 학생들은 항상 민족주의를 기저이념으로 삼고 저항운동을 하는 특성을 갖고 있다. 식민시기와 분단시기로 이루어진 20세기의 역사에서 이것은 한국의 가장 뚜렷한 특징 중의 하나였다. 초기 북한에서의 저항도 예외가 아니었다. 지주가 아니라 학생이 초기 저항에서 선두에 섰던 것은 이러한 특성을 반영한다. 그것은 계급투쟁이라기보다는 순수한 반공운동이었다. 김일성은 11월 27일 직접 신의주에 와서 연설을 하였다. 여기에서 그는 사건이 반동분자들의 소행이라고 공격하였

82) "토지개혁 토론에 대한 김일성 동지의 결론," NA, RG 242, SA 2012 Item 8/88, 《당의 정치노선 급 당사업총결과 결정》, p. 44.

83) 김일성, "북부조선당 공작의 착오와 결점에 대하여," NA, RG 242, SA 2012 Item 8/88, 《당의 정치노선 급 당사업총결과 결정》, p. 4.

다.[84] 소련군정이 김일성을 이곳에 직접 보낸 것은 두 가지 점에서 의미 있는 배치였을 것이다. 하나는 그의 지도력을 시험하는 것이었고 다른 하나는 그의 지도성을 공개적으로 드러내기 위한 배려였을 것이다. 김일성 자신이 직접 대중 앞에 나서려 하였는지도 모른다. 귀국 이후 중앙정치에만 집중하던 그에게 이 사건은 10월 14일 이후 최초의 대중 연설이자 대민사건 처리였다. 이를 계기로 그가 공산진영 내의 지도자라는 사실은 더욱 분명해졌다.

신의주사건은 소련군정과 한국 민중, 민족주의와 공산주의 두 균열이 접합되어 폭발한 것이었다. 저항의 최초 요인은 후자였으나 이 저항에는 소련군정에 대한 반발이 착종되어 있었다. 북한에서의 초기 저항들은 46년 탁치 갈등 이후처럼 남한으로부터 우파조직이 침투하여 봉기한 것이 아니었다. 이것은 자생적이었다는 점에서 공산주의자들의 정책에 대한 인민들의 자발적 저항이었던 것이다. 또 이것은 소련의 점령정책에 대한 저항의 측면을 안고 있었다. 월남의 물결에서 볼 수 있듯이 공산주의자에 대한 저항은 대부분 소련에 대한 저항의식과 연결되어 있었다.

미국의 점령정책이 내부적으로는 확고했을지 몰라도 표면적으로는 주춤거리는 행보를 보인 반면, 소련의 점령정책은 내부의 확고성 여부에 관계없이 표면적으로는 훨씬 더 빨리 고착되어 흔들리지 않았다는 차이를 보여주었다. 소련은 '지침'을 주었고 미국은 '범위'를 설정해주는 방식이었다. 1947년 6월 시점까지도 소련군정의 레베데프는 김일성의 연설을 사전에 검열하고 있었다.[85] 분계선을 경계로 북부에서는 저항이 45년 말과 46년 초에 폭발하였다가 곧 종식되었음에 비해, 남부에서는 꿈틀꿈틀 내연하다가 한참 뒤에서야, 그러나 규모면에서는 훨씬 더 대규모로 폭발한, 그리고 그 여진이 오래 지속된 그러한 차이를 가져온 요인의 하나는 이러한 미소 점령정책의 차이로부터 연유하였다. 그 차

---

84) 《김일성 저작집》 1권, pp. 449~458 ; 《북한민주통일운동사 — 평북편》, p. 285.
85) 《레베데프 비망록》 1947년 6월 14일.

이는 저항의 시기와 규모, 지속 모두에 영향을 끼쳤다.

한국에서 악명높은 '시베리아 유형'으로 알려져 있는 저항세력에 대한 처리방법도 이때에 나왔다. 물론 반드시 시베리아만으로의 유형은 아니었다. 다른 여러 곳으로도 강제이송이 있었으며 감옥수형, 강제노동과 같은 억류방법도 사용되었다. 우리는 앞에서 상당수의 체포자들을 소련군과 정보기관이 다루고 있음을 본 바 있다. 체포자들은 1950년 전쟁 직전에 돌아오거나 또는 전쟁이 끝난 뒤에야 돌아와 북한 감옥으로 이송되어 계속 수형생활을 한 사람들도 있었다. 한 인민군 장교가 숙청되어 감옥에 있을 때인 1958년에 만난 죄수가 48년 반소 혐의로 체포되어 받은 형기는 25년이었다. 그는 7년간 소련 극동지방의 감옥에서 수형생활을 하다가 55년에 북한 감옥으로 이감되었다.[86] 13명의 어떤 반탁운동자들은 체포되어 46년 5월에 소련비밀경찰로 넘겨져 혹독한 고문을 받은 뒤 재판에 회부되었다. 이들은 소련극동군법회의 재판에서 1명은 사형, 4명은 10년 징역형, 4명은 8년, 4명은 7년을 선고받았다. 그리고는 49년 10월 소련으로 보내져 독일, 폴란드, 체코 등지의 정치범들과 함께 수용되었다. 김선혁(金善爀)은 이때 7년형을 받은 사람 중의 한 명인데 그는 53년 소련 형무소에서 형기를 다 마치고도 다시 그곳에서 무기유배형을 받았다.[87]

각지에서 소련군은 많은 수의 한국인을 체포하였다. 거기에는 친일파만 있는 것은 아니었다. 반소적이었으되 민족주의적인 요소들도 많았다. 이것은 해방군으로서는 분명히 억압정책이었다. 이러한 체포와 이감에 대해서는 어떠한 통계도 집계되거나 발표된 적이 없었다. 월남 단체들이 발행한 출판물들이나 반공서적들은 이들이 엄청나게 많을 것으로 주장하여 왔었다. 1992년 러시아의 옐친 대통령의 방한에 맞추어 '시베리아유형 애국지사기념회'라는 남한의 한 단체가, 명단과 생사 여부를 확인해줄 것을 요청하며 제출한 호소문에는 "1945년 10월부터 48년

86) 여정, 《붉게 물든 대동강》, pp. 184~185.

87) 金善爀, "시베리아 流刑 47年," 《신동아》 1993년 10월, pp. 598~607.

9월까지 3년 동안 북한지역에서 반탁 반소 반공활동을 하다가 체포되어 시베리아 강제수용소 등으로 유형된 학생, 청년, 종교, 민족인사들은 모두 20만 명에 이른다"고 주장하였다.[88] 이 숫자는 과장일 것이다. 그러나 많은 사람들이 45년부터 반소 반공의 혐의로 체포되고 있었고 이 중 상당수의 사람들이 유형을 갔던 것은 사실이었다.

반동요소를 척결한다는 명분하의 소련의 이러한 행동은 한국 민중에게는 만행으로 받아들여졌다. 이를 받아들일 수 없는 한국인들은 월남하거나 거세게 저항하였다. 남한좌파의 반미투쟁처럼 공개적이지 않았을 뿐 46년 이후에도 북한에서의 내부저항은 사실상 끊이지 않았다. 작은 규모이긴 하였으나 1947년 48년에도, 그리고 1950년까지도 북한에서는 계속적으로 자생적인 반체제 정치범들이 나왔다. 남한에서만 저항이 지속되었던 것은 아니었다. 소련군과 비밀정보기관들은 이러한 행위의 진압에 계속 직접 간여하였다. 보안기관의 내부 토론기록에 따르면 북한의 감옥은 46년이면 이미 만원을 이루었고 죄수의 수가 초과되어 다른 곳으로의 이감이나 감옥의 신설을 요청한 지방도 있었다. 그 많은 사람들이 반동이거나 친일파였다면 그것은 너무 급진적인 혁명이었음에 분명하였다. 북한에서의 초기균열이 너무 빨리 왔고 너무 빨리 없어진 것은 사실이었다. 특히 북한혁명을 거친 다음 대규모의 공개적인 균열은 없어졌다. 저항이 빨리 온 것도 소련군대 때문이었고 빨리 없어진 것도 소련군대 때문이었다. 그 이유는, 저항세력이 소련군이 진주한 다른 지역에서처럼 지하화했고 은밀하게 투쟁하거나, 아니면 월남하여 분계선을 넘어버렸기 때문이었다.

강원용의 월남사유를 보면 그는 월남시에 이미 강한 반공주의자가 되어 있음을 알 수 있다. 초기의 억압정책과 급진이행은 결국 많은 숫자의 한국인들을 월남하게 만들거나 반공주의자로 만들었다. 역사적으로 파시즘 이데올로기도 그 대중적 기반을 갖는다. 즉 역사적 경험에서 추출된 이념은 정치권력의 구축에 선행하며 정치적 행동의 초석을 놓아준

88) 《중앙일보》 1992년 11월 17일.

다.[89] 그렇다면 48년질서하 남한의 반공주의는 반드시 위로부터 주어진 측면만 존재했었던 것은 아니었음을 알 수 있다. 한국에서 전후 끊임없이 정권에 의한 이념적 호출이 가능할 수 있었던 이유는 물론 전쟁의 경험이 가장 큰 영향을 끼쳤다. 그러나 그 이전의 공산통치의 경험도 큰 영향을 끼치고 있었다. 이념적 호출과 동원은 정권의 이용 측면도 존재하였으나 그러한 호출과 동원을 가능케 한 역사적 경험의 존재가 없이는 불가능하다. 남하자의 상당수는 식민시기의 기득권자들이거나 친일파이거나 기독교도들이었다. 그러나 그들이 월남자의 전부는 아니었다. 상당수는 친민족주의적 반공산주의적 이유 때문에 월남하였다. 건준 가담자들은 45년 말에서 46년 초에 집단적으로 월남하였는데 이들은 친일파가 아니었다. 그렇다면 소련의 민족주의 포섭정책은 실패한 것이었다.

G-2에 따르면 45년 8월 15일에서 12월 13일까지 소련 점령지역에서 모두 461,497명의 한국인이 월남하였다.[90] 12월 1일부터 26일까지는 하루 평균 2,700명의 한국인들이 월남하였다.[91] 흥미 있는 것은 이러한 남하를 소련군이 적극적으로 저지하지 않았다는 점이었다. 소련군인들은 표면적으로는 망루를 설치하고 초소를 설치하여 제지하는 척하였으나 실질적으로는 남하를 충분히 인지하면서도 제지하지 않았다. 남하하는 그들은 북한지역 내에서의 통행증을 소유하였는데 소련군인들은 암묵적으로 이를 '경계선 통행허가증'으로 이해하고 있기도 하였다.[92] 이 남하는 탁치균열과 토지개혁으로 인하여 더욱더 늘어났다. 소련점령군과 북한리더십이 동구보다 더 급진적인 점령과 이행정책을 펼 수 있었던 것도 이러한 탈출구가 존재했기 때문이었다.

---

89) Zeev Sternhell, *The Birth of Fascist Ideology — From Cultural Rebellion to Political Revolution*, Transl. by David Maisel (Princeton: Princeton University Press, 1994), p. 3.

90) *ISNK*, No. 2 (Dec. 17, 1945).

91) *ISNK*, No. 3 (Jan. 2, 1946).

92) *ISNK*, No. 2 (Dec. 17, 1945).

3. 두 가지의 북풍 : 혁명과 반혁명

우리는 앞서 북한혁명의 3대 특징인 비유혈성, 단기성, 체계성을 가져온 요인을 지적하는 가운데 그중의 하나로 38선이라는 분할선의 존재를 들었다. 실제로 45년에서 48년까지의 48년질서의 형성과정에서 38선의 존재는 다른 어떤 것보다도 중요하게 고려되어야 한다. 이 선은 사회갈등과 정치투쟁의 지형을 바꾸어놓았을 뿐만 아니라 북한사회와 남한사회를 특징지었다. 적지 않은 사람들은 이 선을 넘어 남한사회로 내려옴으로써 두 사회에 큰 영향을 끼쳤다. 사람들이 빠져나간 북한도 이로부터 큰 영향을 받았고 사람들이 들어온 남한도 큰 영향을 받았다.

먼저 몇 가지의 통계를 갖고 이 기간 중에 내려온 사람들이 얼마나 되는지, 그 기간은 언제부터 언제까지인지, 그들의 성향은 어떠한 사람들인지를 살펴볼 필요가 있다. 과연 북한에서 남한으로, 또는 남한에서 북한으로 이동한 인구수는 얼마나 될까? 이것은 과장되어서도 안 되고 또 축소되어서도 안 된다. 먼저 공식통계부터 추적할 필요가 있다.[93] 세 가지 중요한 기록들이 남아 있다. 한국은행의 《1949년판 경제연감》에 나와 있는 공식통계부터 추적하자. 이 자료는 초기 한국의 경제에 관해서는 가장 권위있는 통계집으로 인정받고 있다. 1949년 5월 31일 건국 후 최초로 공식 국세(國勢)조사를 하였을 때 등록되어 조사된 월남 북한주민은 총 670,325명이었다. 이 숫자는 사회부 및 외무부에 정식으로 등록한 숫자에 한한 것이다. 이 숫자에는 북한을 거쳐 입국한 만주동포(317,327명)는 포함되지 않았다. 1949년 5월 31일 현재 귀환 및 월남을 포함하여 외부유입 한국인 총수는 공식통계로는 2,211,087명이었다.[94]

이 공식통계는 남한의 1944년 5월 1일 현재의 인구가 15,879,110명이

---

93) 1948~50년의 인구 월남에 대한 논의는 14장을 참조하라.

94) 한국은행, 《1949년판 경제연감》, p.I-158. 이하 나타나는 몇몇 자료에서의 통계수치의 약간의 불일치는 원자료의 불일치이다.

기 때문에 당시의 인구증가율이 0.01338%였으므로 1949년 5월 1일의 인구는 16,970,232명이 된다고 추정한다. 그러나 여기에 외부유입인구 2,211,087명을 더해도 실제인구 20,166,756명과는 109만의 차이가 난다는 것이다(통계는 원문 그대로). 따라서 이 공식통계는 전기 67만 명의 등록된 월남자에다 109만 명을 더하면 176만 명이 되는데 이들이 바로 등록되지 않은 사람까지 포함한 월남자라는 주장을 제기하고 있다. 나아가 이 공식통계는 고향을 찾아 월북하거나 생계를 위하여 월북한 사람을 계산에 넣으면 결국 순수 월남자는 "200만을 훨씬 넘을 것"으로 추정하고 있다.[95]

한국산업은행이 발간한《한국산업경제십년사》는 월남인구를 약 160만 내외로 추정한다.[96] 이 자료는 1944년에서 1949년까지의 사회적 인구증가 3,060,444명(20,166,756명－17,106,312명) 중 일본과 중국으로부터 귀환한 숫자를 뺀 183만 9천 명을 월남인구로 추정하나 월북자 등을 상쇄하면 결국 실제 월남자는 160만 내외일 것으로 추정된다는 것이다. 이 통계집은 인구는 몰라도 경제통계는 그 권위를 역시 인정받고 있는 자료이다. 한편 1948년 조선은행이 발간한《조선경제연보》는 47년 말까지의 '월남동포 숫자'를 80만 3천 4백 34명으로 잡고 있다. 46년에 18만 5,441명, 47년에 16만 5,074명을 포함하여 그렇다는 것이다.[97] 이 통계가 잡지 못하고 있는 기간인 45년 통계를 그 시기 G-2에 따르면 45년 8월에서 12월 13일까지의 월남자가 461,497명으로 나와 있다.[98] 따라서 이 통계는 근사치를 말하고 있는 것으로 보인다. 1945년 12월 초부터 12월 13일까지의 하루 평균 월남인구는 2,000명이었고 27일까지의

95) 《1949년판 경제연감》, p.I-159.

96) 한국산업은행조사부, 《한국산업경제십년사》, p.339.

97) 조선은행조사부, 《조선경제연보》(1948), p.I-9.

98) *ISNK*, No.2(Dec. 17, 1945). 이것은 G-2의 기록 중 비교적 작은 수치를 택한 것이다. 다른 G-2 정보를 택할 경우 이 시기 남하자는 훨씬 더 늘어난다. 그러나 거기에는 중국이나 만주로부터 북한을 거쳐 월남하는 숫자가 포함되어 있다고 추정되어 배제하였다.

평균 월남인구는 2,700명이었다.[99] 따라서 12월 말까지 약 4만~5만이 통계에 잡히지 않았음을 고려하면 47년 말까지의 80만여 주장은 일단 설득력이 있는 주장이다.

ECA가 1949년에 편찬한 《남한경제실정》의 월남인구 통계는 45년 통계는 없고 46년부터 49년 5월까지는 월별통계까지 뽑아서 46년 185,208명, 47년 163,233명, 48년 116,107명, 49년 1~5월 14,747명, 도합 479,295명이 이 기간 중에 월남하였음을 잡아놓고 있다.[100] 앞의 통계와 거의 비슷함을 알 수 있다. 토바(I. B. Taeuber)와 바클레이(G. W. Barclay)의 지적처럼 1945년에서 1949년까지의 유입인구에 대한 공식통계는 과장되었지만,[101] 반대로 또 공식통계에 잡히지 않은 누락된 숫자도 상당했다는 점도 지적되어야 한다. 초기의 공식통계는 등록된 자에 한해서 통계를 추출하였기 때문이다. 또 초기 혼돈의 시기에 인구유입이 폭발적이었을 때 통계를 잡지 못했음은 사실이다. 주한미군사령부의 G-2조차 주간정보요약에 인구유입에 대한 통계가 최초로 잡히는 것은 45년 12월 4일이다.

주한미군사령부 주간정보요약이 기록한 45년 12월 4일 현재 귀환 총인구는 943,658명이었다.[102] 인구학자 트레와타(G. T. Trewartha)와 젤린스키(W. Zelinsky), 톰슨(W. S. Thompson) 등은 남한으로 들어온 상당한 숫자가 등록되지 않았음을 지적하고 있다.[103] 여러 자료를 비교검토

99) *ISNK*, No. 3 (Jan. 2, 1946).

100) 《남한경제실정》, pp. 109~110.

101) I. B. Taeuber, & G. W. Barclay, "Korea and Koreans in the Northeast Asian Region," *Population Index*, Vol. 16, No. 4 (1950), pp. 278~297, Tai Hwan Kwon, *Demography of Korea* (Seoul: Seoul National Univ. Press, 1977), p. 177에서 인용.

102) Hq. USAFIK, *G-2 W/S*, No. 12 (Dec. 4, 1945).

103) G. T. Trewartha, and W. Zelinsky, "Population Distribution and Change in Korea, 1925~49," *Geographical Review*, Vol. 45, No. 1 (1955); W. S. Thompson, *Population and Progress in the Far East* (Chicago: Univ. of Chicago Press, 1959), p. 368, Tai Hwan Kwon, *Demography of Korea*, p. 177에서 인용.

한 권태환은 해외로부터 남한으로 들어온 숫자를 180만, 소련 점령 북한지역으로부터의 총 월남자를 74만으로 추정한다.[104] G-2는 1948년 1월 30일 현재 남한으로의 귀환 숫자가 200만을 넘어 2,069,104명에 달했다고 보고하고 있다.[105] 권태환보다 약 26만이 더 많다.

북한으로부터의 인구유입은 이후로도 계속되었다. 위의 인구학자들이 통계를 잡을 때는 G-2는 아직 공개되지 않았을 때였다. 필자는, 앞의 인구학자들이 본 기존 자료와 새로이 공개된 자료를 추가하여 검토한 결과 순수 월남자는 약 100만 명 내외는 되었을 것으로 추정한다. 몇 가지의 통계자료를 가지고 전체 월남자 숫자와 분포를 추적하여 보자.

정치(학)적으로 인구이동의 전체 숫자는 매우 중요하다. 그러나 단기적 인구이동에서는 그것만이 중요한 것은 아니다. 전체 숫자도 중요하기는 하지만 그것은 인구학과 경제-사회학에서 더 철저하게 규명되어야 하고 또 그 분야에서 중요한 문제이다. 정치(학)적으로 더 중요하게 규명되어야 할 것은 이들의 이동이 어떠한 이유에서였으며, 이 경향이 과연 지속되는가, 지속된다면 어떠한 이유에서 언제까지 지속되는가, 탈출에 대한 지도부의 대응은 어떤 것이었는가, 그것이 남한정치와 이념에 끼친 영향은 어떠했는가 하는 문제들이다. 필자는 여기에 핵심적인 문제가 있다고 본다.

남하 총수와 관련해서도 먼저 한 가지 지적하고 넘어가야 할 점이 있다. 북한 내부자료에 따르면 북한의 총인구는 1947년 12월 현재에 9,171,093명이었다.[106] 북한 인구통계를 식민시기와 비교하면 하나의 흥미로운 수치가 우리 앞에 제시된다. 1944년 현재 북한지역의 총인구는 총 8,558,484명이다.[107] 여기에는 강원도는 전부 빼고, 황해도는 전부 포함시킨 숫자다. 그런데 47년 12월 현재 북한의 인구는 9,171,093명

104) Tai Hwan Kwon, *Demography of Korea*, p. 189.

105) Hq. USAFIK, *G-2 W/S*, No. 124 (Jan. 30, 1948).

106) 보안처, "1948년 사업관계서류," 《사료집》 9권, pp. 435~436.

107) 조선은행조사부, 《1949년판 경제연감》, p. I-159.

〈표 7-2〉 월별 월남인구 통계 (46년 1월~50년 5월)

	1946년	1947년	1948년	1949년	1950년
1월	13,306	706	2,664	1,313	71 *[d]
2월	20,437	166	4,005	3,500	30 *[d]
3월	34,437	8,096	11,855	4,541	57
4월	50,450	28,443	15,848	4,092	67
5월	25,818	40,164	12,391	1,301	29
6월	17,203 *[1]	25,631	15,473	499	*[e]
7월	8,212 *[2]	13,295	17,295	411 *[c]	
8월	4,739 *[3]	11,374	7,450	352	
9월	2,234	13,623	11,718	312	
10월	2,997	9,533 *[a]	7,764	408	
11월	4,740	7,715	5,958 *[b]	323	
12월	635	4,487	3,686	163	
합 계	185,208	163,233	116,107	17,215	254

*[1] : 소군당국, 6월 초 남하금지령 발포. 그러나 실제는 금지하지 않음.
*[2] : 미군당국, 남하자를 줄이려고 남하 발견시 송환하겠다고 발표. 그러나 소련 초소는 이 송환자들을 받기를 거부함.
*[3] : 8월 5일, 하지가 소련 사령관에게 통제되지 않는 남하 물결에 항의. 그러나 소련은 역시 통제 안함.
*[a] : 소련군, 남하 저지 시작.
*[b] : 북한, 38선 통행 완전 금지를 위해 '통행증' 발급 시작.
(통행 통제는 47년부터 이미 시작.)
*[c] : 북한, 38연선 주민소개 사전조사 시작.
*[d] : 북한, 38연선 주민소개 시작. 38연선 출입금지.
*[e] : 입수된 통계 없음.
북한, 6월 12일에서 18일까지 38선 특별경비주간 설정, 각 분주소 특별경계 지시.

자료: ECA 편, 《남한경제 실정》(1949), pp. 109~110.
HQ, USMAGIK (KMAG), *G-2 Periodic Report*, No. 7 (May 18, 1950).
HQ, USAFIK, *G-2 Weekly Summary*, No. 124 (Jan. 30, 1948).
HQ, USAFIK, *G-2 Intelligence Summary Northern Korea*, No. 15 (Jul. 5, 1946) ; No. 18 (Aug. 20, 1946).
KLO Report #490-A (May 10, 1950).
NA, RG 242, SA 2012 Item 6/133, 인제 내무서 북면분주소 "工作日誌".
NA, RG 242, SA 2006 Item 6/2, 정치보위국장 방학세, "국경선 및 38선 통과에 대한 통행증명서 발급에 대한 의견서".

이다.[108] 이 통계는 황해도 1,718,006명과 강원도 1,162,308명이 포함된 숫자이다. 그렇다면 38선으로 인한 분단으로 강원도 일부가 남한으로 떨어져 나왔지만 옹진과 개성 부근을 제외하고는 황해도는 거의 다 포함되었음을 고려할 때 추가되고 떨어져 나간 것을 고려하더라도 44년 통계에 비하여 47년 통계에는 감소된 숫자보다는 추가된 숫자가 훨씬 많다는 사실을 금방 알 수 있다. 또 강원도와 황해도 인구 총수 간의 차이만도 55만 명을 넘는다. 최소한 이 과정에서 55만 명 이상이 추가되었음을 알 수 있다. 즉 1944년에 비해 1947년에 북한 인구통계시 가장 적게 잡아도 55만 이상이 추가되었음을 알 수 있다. 그렇게 되면 북한인구는 910만 정도가 된다.

1925년에서 1944년까지의 북한지역의 인구증가율은 0.01936으로 남한의 0.01338보다 높았다.[109] 그렇다면 이 통계를 따르더라도 북한은 44년부터 47년까지 3년간 인구가 정지해 있기는커녕 오히려 크게 감소하였다는 소리가 된다. 실제로는 그보다 더 편입이 되었지만 최소치인 55만을 추가하여도 정지해 있으므로 자연증가율조차 유지되지 않고 인구가 감소하였음을 알 수 있다. 즉 자연증가, 황해도의 포함으로 인한 최소한 55만 명 이상의 편입증가, 그리고 해외로부터의 유입을 고려할 때 북한인구는 통계적으로도 상당히 감소한 것이다.

1947년 기준의 전체인구와 비교하여 볼 때 남하자를 최소한 약 100만으로 추정하더라도 최소한 인구의 10% 정도가 월남하였음을 알 수 있다. 만주나 중국 거주자로서 북한을 거쳐 들어온 자는 여기에 포함되지 않는다. 역사상 어떤 혁명도 인구의 10%를 외부로 추방하면서 진행된 혁명은 없었다. 만약에 이 10%가 전부 친일파이거나 지주라면 그것은 성립되기 어려운 얘기이다. 너무 광범하게 규정하는 것은 차라리 아무

---

108) NA, RG 242, SA 2005 Item 6/2;《사료집》 9권, pp.435~436. 나중에 기록된 다른 한 북한통계는 46년 말 현재 북한인구를 925만 7천 명으로 잡고 있다.《1946~1960 조선민주주의인민공화국 인민경제발전통계집》, p.18. 거의 차이가 없음을 알 수 있다.

109) 조선은행조사부,《1949년판 경제연감》, p.I-159.

것도 아니라는, 즉 친일파와 비친일파의 경계가 없다는 소리와 결국 마찬가지인 것이다. 실제로 식민지 상황에서 이렇게 많은 숫자가 친일파이거나 지주이지도 않았다. 1943년 현재 지주는 46,134호였으며[110] 1946년 토지개혁시 5정보 이상 소유한 지주로 규정되어 전부 몰수당한 가구는 29,683호였다.[111] 그렇다면 나머지 월남자는 대부분 비친일파, 비지주라는 얘기인데 북한의 규정에 따르더라도 결국 대부분의 월남자는 원칙적인 혁명의 적은 아니었다는 얘기이다.

다음으로 월남의 시기를 보자. 여기에서 가장 중요한 것은 월남의 시점과 지속 여부이다. 특정한 시기에 집중되었다가 중단된다면 그것은 오히려 해석이 간단하다. 즉 특정 부류의 계층만이 반발하여 내려온 것으로 해석하면 되는 것이다. 혁명이 완전히 끝나자 1947년 10월부터 소련군은 남하자를 통제하기 시작하였다. 특히 9월에는 38선 전지역에 걸쳐서 새로운 보안부대가 배치되기 시작하였다. 해주에는 신의주로부터, 양양에는 함경도 북부지방으로부터, 철원에는 함흥으로부터 보안부대들이 이동하여 배치되었다. 지금까지는 당해 지역 자체 치안기관에서 38선 경비를 담당하여 왔었으나 이때부터는 중앙에서 통일적인 통제를 가하기 시작하였던 것이다.[112]

〈표 7-2〉에서 볼 수 있듯 남하는 1950년까지도 계속 이어지고 있었다. 월남은 1945~46년에만 집중되었다가 단절되는 것이 아니었다. 통계를 보면 47년에도 46년과 거의 같은 규모로 월남한다. 지주와 친일파가 월남한 뒤인 47년에도 한 달에 많게는 몇 만 명에서 적게는 몇 천 명, 몇 백 명씩 계속하여 집단적으로 월남하고 있음을 알 수 있다. 이들은 만주에서 들어오는 귀환자와는 아무런 관련이 없는 사람들이었다. 계속적인 탈출, 곧 지지의 이반인 것이다. 남하현상은 49년에도 계속 이어졌고 이는 50년까지 지속되었다. KLO 비밀보고에 따르면 1950년 1월에 한 마을의 7가구가 북한체제에 반대하여 집단적으로 탈출하였

110) 《조선중앙년감》(1949), p. 71.

111) 《인민경제발전통계집》, p. 59.

112) *ISNK*, No. 47(Dec. 15~31, 1947).

다.[113] 이 시기의 월남은 대부분 반동적 요소는 아니었다. 또 만약에 이들이 반동적 요소라고 하여도 이렇게까지 많은 '반동요소들'을 남한으로 내몰아서 반공적 반북적 집단을 구축하게 하고 그런 이념을 다른 남한 인민에게까지 확산시킬 필요는 없었다. 탈출이 없었다면 이 숫자는 상당수가 저항을 택하였을 것이고 그것은 당연히 북한지역에서의 유혈을 불러왔을 것이다.

이제 월남의 직업별 분포와 사유를 보자. 초기 월남자의 구성이 지주, 친일파, 중상류층들 중심이었다는 점은 분명하였다. 그러나 그들이 전부는 아니었다. 47년 5월에서 12월까지의 월남자 127,663명의 직업 분포가 조사된 자료가 하나 있다. 이에 따르면 총 24종의 직업소유자(무직 포함)가 월남하고 있는데 무직이 68,248명으로 절반 정도를 차지하고 있다. 해방 직후의 사회경제적 혼란상 때문에 당연하였을 것이다. 상위 10개의 분포를 보면 순서대로 농업(13,948명), 상업(10,348), 광부(9,320), 직공(8,065), 학생(5,348), 청부(請負·2,009), 교사(1,954), 서기(1,557), 목수(1,439), 관리(1,012)가 10위까지이고 나머지는 의사, 어부, 철공, 인쇄공, 이발업, 양복공, 운전수, 광업 등의 분포이다.[114] 월남자가 아주 광범한 직업에 걸쳐 있음을 알 수 있다. 지주와 친일파는 주로 농업과 관리로 분류된 항목에 집중되어 있을 것이다. 그런데 이것이 조사된 시기가 47년 5월부터 12월까지의 통계이기 때문에 지주와 친일파는 거의 없다고 봐도 된다. 그들은 거의 전부 45~46년에 집중적으로 내려왔기 때문이다.

다른 한 통계는 월남 사유를 조사하여 놓은 것인데 47년 5~6월의 월남자들을 대상으로 한 것이다. 31,859명 중 생활난이 20,731명, 귀향이 9,400명, 구직 892명, 사상문제 502명, 상용(商用) 252명, 향학(向學) 82명의 순이었다.[115] 생활난과 구직을 이유로 한 월남이 가장 많고 귀향 역시 30%에 달하고 있음이 주목할 만하다. 귀향은 남한에 고향을

---

113) 〈KLO Report〉, #367-A(Feb. 28, 1950).

114) 《조선경제연보》(1948), p.I-9.

115) 《조선경제연보》(1948), p.I-9.

둔 사람들의 귀환을 의미하였다. 이는 식민시기 일본의 산업정책으로 인해 농업지역인 남한의 사람들이 공업지역인 북한으로 이주하였다가 돌아오는 것을 말하였다. 사상문제는 순전히 반공주의를 이유로 월남한 사람들이었다.

그렇다면 이러한 탈출에 대한 소련군정과 북한리더십의 대응을 보자. 여기에는 한 가지의 비밀이 숨어 있다. 이 남하를 미군은 오히려 막으려 했고 소련군은 오히려 방임하였다는 점이다. 즉 월남자에 대해 소련군과 북한리더십이 초기에 취한 정책은 일반적인 이해와는 완전히 달랐다. 이들은 월남을 막지 않았을 뿐만 아니라 권장하는 듯한 태도를 취했다. 46년 6월 초에 소련군은 남하금지령을 내렸으나 이후로도 전혀 적극적으로 통제하지 않았다.[116] 월남자의 대규모 유입에 따른 사회경제적 문제를 우려한 미군의 항의에도 불구하고 남하 물결은 계속되었다. 소련군은 미군측에서 남하자를 송환하려 해도 받지 않았다.[117] 46년 7월 10일 남하자를 줄이려고 미군정에서는 발견자는 가까운 초소에서 송환하겠다고 발표했으나 소련군 초소는 이들 송환자를 받기를 거부하였고, 7월 23일에도 재차 시도하였으나 또 거부하였다.

북한 토지개혁시 지주에 대해서는 가옥과 대지, 살림살이까지 전면 몰수하여 타군으로 이주 경작하도록 하였으나 실제로 타군으로 이주하여 경작한 가구는 13%에 불과하였다.[118] 그렇다면 87%는 월남하였던 것이다. 이는 남하의 유도정책이다. 이 점은 이전의 연구에서도 자료가 공개되지 않았기 때문에 지적되지 않았던 사실이다. 소련군 점령사령관은 46년 8월 5일 하지의 항의를 받고도 그들의 남하를 막을 어떠한 적극적인 조치를 취하지 않았다.[119] 이 점은 중요하다. 이때는 북한혁명이 한창 진행되고 있던 시점이었다. 소련군정과 북한리더십이 반동세력의 근절을 위해 의식적으로 남하를 방임, 또는 권장하고 있음을 확인할

116) *ISNK*, No. 15 (Jul. 5, 1946).

117) *ISNK*, No. 16 (Aug. 20, 1946).

118) 앞의 토지개혁과 북한혁명 부분을 참조하라.

119) *ISNK*, No. 18 (Aug. 20, 1946).

수 있는 것이다. 이러한 반동 남하정책은 북한혁명을 용이하게 하였다. 그러나 동시에 남한에 반혁명세력을 결집시켜 주고 그들이 퍼뜨리는 반공, 반북한의 이념을 급속하게 확산시켰다.

그렇다면 소련군-북한리더십은 끝까지 38선 월남을 허용했을까? 그것은 결코 아니었다. 혁명이 성공하자 47년부터 정책은 바뀌었다. 소련군은 47년 10월부터 38선 월남을 저지하기 시작하였다. 그런데도 〈표 7-2〉에서 볼 수 있듯이 월남은 계속되었다. 표의 설명에서 보다시피 48년 정부 수립 직후 북한정부는 정부공식정책으로서 38선 통행을 완전히 금지시키기 위해 통행증제를 실시하기까지 하였다. 그럼에도 불구하고 월남은 전쟁이 발발하는 1950년까지도 끊이지 않고 이어졌다.

대규모의 월남은 북한사회의 변화와 함께 남한사회에 커다란 영향을 끼쳤다. 이는 북한사회에 압력의 완화를 가져왔고 남한에는 서로 다른 두 영향을 가져왔다. 당시 북에서 남으로의 영향은, 북한사회의 변화가 끼친 영향과 대규모 남하가 끼친 영향의 두 가지였다. 우리는 이를 북한으로부터 남한으로의 바람, 곧 북풍이라고 부를 수 있을 것이다. 북풍이라는 말을 처음 쓴 것은 김일성 자신이었다. 그는 이미 45년에 38선 문제에 대한 대화 중 북풍이라는 용어를 쓰고 있었다.[120] 그의 이러한 인식이 확연히 드러나는 계기는 앞서 토지개혁에 대한 그의 정리를 보면서 지적했던, 민주기지에 대한 인식이 구체화되면서부터였다. 민주기지론적 문제의식의 구체화와 '북풍' 인식의 구체화가 시기적으로 일치하였다는 것은 의미 있다.

김일성은 46년 4월 토지개혁에 대한 당내 토론을 결론지으면서 38선 문제에 대하여 다음과 같이 진술하고 있다.

> 삼팔도(三八度) 이북과 이남의 농촌경제상황은 완전히 다르다. 삼팔도 이북에서는 이미 토지문제를 완전히 해결하였다. 반면 이남에서는 삼칠제(三七制)도 완전히 시행치 못하였을 뿐 아니라 토지문제에 대한 정확한 강령이 나오지 안었다. 삼팔 이남의 반동파들은 "어떻게 되

120) 오영진, 《하나의 증언》, p.177.

는가 보아라", "지주 없이는 농사가 반드시 실패로 돌아갈 것이다" 한다. 그런 고로 우리는 파종을 잘하고 농촌생산력을 높여서 실제적 해결로서 그들의 반동선전을 분쇄하여야 한다. 또 과거에는 삼팔도선의 책임을 공산당에게 지워 가지고 삼팔도를 없이하자고 선전하드니 지금은 남풍을 보내기보다는 북풍이 무서워 말하지 않고 있다. 삼팔도선을 없이하는 문제는 우리가 토지개혁을 원만히 해결하는 데서 볼 수 있다.[121]

토지개혁과 같은 민주개혁을 하여 남한에 북풍을 불어넣어 그들의 반동적 선전을 분쇄하고 남한의 민주개혁을 촉진시켜 38선을 없애야 한다는 문제의식이었다. 북풍과 남풍의 발언에서 그의 선명한 민주기지 인식을 읽을 수 있다. 그러나 탈식민 후 북한이 남한체제와 민중에게 끼친 영향, 곧 북풍은 하나가 아니라 두 방향에서 함께 불었다. 하나는 정(正)의 방향에서였고, 다른 하나는 부(負)의 방향에서였다.[122] 전자는 토지개혁과 친일세력 배제에 의한 남한민중들의 개혁에의 기대였고, 후자는 이로 인한 구체제 지배세력의 월남 및 남한 국가기구에로의 결집, 그리고 이들이 퍼뜨리는 공산주의에 대한 나쁜 소문에 의한 남한민중들의 반공의식의 확산이었다. 김일성은 전자만을 보았고 또 그것만을 강조하였다. 여기에 문제가 있었다. 어느 것이 더 큰 영향이었는지는 즉각 확인되지 않았지만 시간이 지나자 부의 영향이 더 크고 심대했다는 사실이 드러났다.

북풍은, 하나는 혁명의 바람이었고 다른 하나는 반혁명의 바람이었다. 혁명의 바람은 친일세력을 제거하고 탈식민 사회개혁을 이루어야 한다는 바람이었다. 반혁명의 바람은 소련에 반대하고 북한식의 사회변혁에 반대한다는 바람이었다. 반혁명의 바람도 혁명의 바람에 못지 않았다. 그것은 48년질서의 시기 동안 남한에서 만연한 반공주의로 표출

---

121) "토지개혁토론에 대한 김일성 동지의 결론," NA, RG 242, SA 2012 Item 8/88, 《당의 정치노선 급 당사업총결과 결정》, pp. 45~46.

122) Bruce Cumings가 본 것은 주로 전자이다. *Origins*, Vol. 1, Chap. 11, pp. 382~427.

되었다. 여기에서 허시만을 빌려오는 것이 좋을 것 같다. 허시만(Albert Hirschman)을 따를 때 "조직을 떠나는 것을 탈출(*exit*)이라고 한다면 조직이나 권위에 직접적으로 불만을 나타내는 것을 저항(*voice*)이라고 할 수 있다."[123] 그에 따르면 "저항은 탈출이 불가능할 때 반응할 수 있는 유일한 방법이다."[124] 다른 말로 하면 탈출이 가능하다면 저항을 택하지 않는다는 얘기다. 이것이 월남문제의 핵심이었다. 남북 각각의 체제에 대한 충성(*loyalty*)은 대쌍관계동학에서는 고려요인이 되기 어렵다. 왜냐하면 충성은 맞물려 경쟁하는 체제의 경우 서로 길항관계에 놓이기 때문이다.

간단하게 말하면 탈출은 특정 개인이나 조직과의 관계의 단절을 말하며 저항은 탈출이 불가능하거나 비용이 많이 들 때 나타난다. 어떤 상황에서는 탈출이 불만표출의 주요한 방법이 되나 다른 어떤 상황에서는 저항이 불만표출의 주요한 방법이 된다. 그러나 둘을 결합하여 나타낼 수도 있는데 그러할 때는 둘은 서로를 강화시켜주거나 약화시켜주는 효과를 갖는다.[125] 북한은 전형적인 후자의 사례였다. 결국 "탈출의 존재는 저항이 광범하고도 효과적으로 발생할 수 있는 가능성을 현저하게 줄인다"[126]고 할 때 북한에서 탈출의 증가는 저항의 감소로 이어졌다. 그리고 이것은 남한의 충성을 강화시켜주었다. 결국 남한을 강화시켜준 요인의 하나는 혁명의 과정에서 나타난 소련군정과 김일성체제의 급진주의였다. 이 탈출을 선택한 사람들이 북한을 지지하지 않을 것임은 말할 필요도 없었다. 시간이 지나면서 북한체제는 높은 안정성을 구가했는데 이것은 탈출의 급격한 증가 때문이었다. 저항은 더 이상 찾아보기 어려웠다. 남한에서의 계속적인 저항은 반대로 탈출이 없었기 때문

123) Albert Hirschman, *Exit, Voice and Loyalty* (Cambridge : Harvard Univ. Press, 1970), p. 4.

124) Albert Hirschman, *Exit, Voice and Loyalty*, p. 33.

125) Albert Hirschman, "Exit and Voice : An Expanding Sphere of Influence," *Rival Views of Market Society and Other Recent Essays* (Cambridge : Harvard Univ. Press, 1992), pp. 77~101.

126) Albert Hirschman, *Exit, Voice and Loyalty*, p. 76.

이기도 하였다.

이승만은 1948년에 이미 "이북에서 넘어온 동포가 450만"[127]에 달한다며 대북 자신감을 표출한 바 있다. 이 수치는 엄청난 과장이었으나 북한 민중들의 반공의식에 대한 이승만 특유의 기대가 들어간 허풍이었다. 그러나 월남인구가 월북인구보다 비교할 수 없이 많았다는 점은 분명한 사실이었고, 남한으로의 대규모 탈출이 없었다면 북한도 남한 이상으로 격렬한 갈등이 야기되었을 것임은 의심할 수 없었다. 탈출이 불가능하면 그들은 저항을 선택하였을 것이기 때문이었다.

4. 48년질서 형성의 특징

우리는 지금까지 45년 종전 이후 48년 두 분단국가가 수립될 때까지를 북한을 중심으로 살펴보았다. 이제 이 시기 남한과 북한에서 전개된 사태의 특징을 살펴보기에 앞서 남한의 사태전개를 간단히 정리할 필요가 있다. 남한의 경우 선거의 도입으로 헤게모니 장악에 가장 유리한 고지를 점령한 것은 역시 이승만과 한민당이었다. 한민당과 이승만은 47년 6월 입법의원에서 보통선거법이 통과되자 정부수립 주장을 더욱 강화하였다. 이승만은 중요한 전환점인 47년 7월 이후부터는 자신을 "경쟁자가 없는 지도자로 구축하는 데 성공하였다."[128] 이때의 그의 확고한 지위 구축은 46년 5월 1차 미소공위의 결렬시점에 정읍발언을 통하여 단독정부 수립 주장을 하였음을 상기할 때 현실정치와 국제정세를 판독하는 차가운 현실주의자의 면모를 읽을 수 있게 한다. 헨더슨(Gregory Henderson)은 이를 두고, 그는 귀국 직후부터 사실 '결정적 국면의 해결사'(*deus ex machina*)였다고 부른다.[129]

---

127) "국회 개원식 축사," 《대통령 이승만 박사 담화집》, p. 1.

128) Gregory Henderson, *Korea — The Politics of Vortex* (Cambridge : Harvard Univ. Press, 1968), p. 151.

129) Gregory Henderson, *Korea — The Politics of Vortex*, p. 151.

미소공위의 최종 결렬을 계기로 미군정은 좌파에 대한 마지막 뿌리뽑기를 본격화하였다. 이것은 정부 수립을 목전에 둔 저항세력의 제거를 의미했다. 즉 공위의 성공에 따른 단일정부 수립은 좌우연립을 의미하기 때문에 그들을 제거할 필요가 없었지만 단독정부 방침이 확실해지자 그들과의 공존의 영역은 존재할 이유가 없었다. 타협의 공간은 소멸하였던 것이다. 따라서 제2차 미소공위의 결렬은 좌익세력에 대한 총공세를 억제시켜 왔던 마지막 저해요인이 제거되었음을 뜻한다.[130] 이를 계기로 우파 청년단체의 테러는 좌파는 물론 온건중도파에게까지 확대되었다. 이는 중앙과 지방이 동일하였다.[131] 8월 11일부터 좌파활동가들에 대한 적극적인 공격과 대규모의 체포가 잇따랐다. 주요 좌파지도자들이 체포되었고 공공기구 내에 잠복해 있던 좌파 역시 대부분 8월의 최종공세를 계기로 속속 체포되었다.[132] 공공기구의 전국적인 이념적 단일화가 시작된 것이었다. 그들은 각종 사건의 이름으로 솎아내지기 시작하였다.

좌파가 배제되고 반공공세가 강화되면서 좌우합작의 시도는 좌절되었다. 그러면서 좌우연립 노력과 함께 시작된 친일파에 대한 처벌 움직임도 중단되었다. 개혁이 구체제적 요소의 배제를 의미하는 것이라고 한다면 반공공세의 강화와 개혁의 중단은 이 둘이 얼마나 깊숙이 대척적(對蹠的)으로 엇물려 있는가를 보여주는 것이었다. 이것은 국가 형성 후에도 친일과 개혁, 반공과 민주가 서로 엇물려 기능하였던 점의 초기 정초였다. 공산주의의 위협과 반공이 강조되면 될수록 그것은 개혁의 중단과 과거의 복고를 의미했다. 급격한 우경 드라이브 속에 47년 7월 19일 중도좌파 지도자인 여운형이 암살되었다. 여운형의 암살은 한 정치지도자의 암살이자 동시에 객관적인 국면의 전환을 반영하는 사건이었다.

---

130) 최장집, 《한국현대정치의 구조와 변화》, p. 154.

131) 서중석, 《한국현대민족운동 연구》(서울: 역사비평사, 1992), pp. 560~566.

132) 《동아일보》, 《서울신문》 1947년 8월 13, 14일, 《자료 대한민국사》 5, pp. 213, 216.

좌우합작의 결렬은 남한에서 중도적 진보적 대안을 갖고 개혁과 단일 정부 수립을 추진할 노선의 최종적 실패를 상징하였다. 바로 그 시점에 여운형은 암살되었던 것이다. 그가 식민시대의 주요한 독립운동의 지도자였을 뿐만 아니라 해방 직후 자주적인 국가 수립 움직임을 주도하였던 중심인물이었다는 점에서 그의 암살은 그것이 좌와 우 어느 쪽에 의해서였든지 간에 지난 2년의 사태 역전(逆轉)과 그에 따른 극단주의의 성공과 온건합리주의의 실패를 상징하는 비극이었다. 좌우합작 및 남북연계를 추진하였던 여운형의 암살, 우파의 좌파 및 중도파에 대한 테러의 급증, 좌우합작의 최종적 결렬, 미국의 유엔 이관 구상 등이 모두 연결되었던 것은 이 시점에서 이제 좌와 우, 남과 북을 결합할 가능성은 더 이상 남아 있지 않음을 분명하게 보여주는 사태들이었다. 여러 측면에서 47년 여름은 분단정부 수립을 위한 최종적 단계였던 유엔 이관을 위한 마지막 정지작업이 진행된 시기였음을 알 수 있다.

이제 정치적 선택과 투쟁을 결정하는 두 가지의 핵심요소, 즉 이념적 요소와 현실정치적 요소 중 후자만이 남았다. 이것은 전자의 투쟁이 종료되었음을 의미한다. 이 점에서 1947년 제 2 차 미소공위의 결렬은, 정치투쟁의 두 요소가 맞물려 진행되었던 그 때까지의 갈등에서의 한 전환점을 의미한다. 따라서 이 시기에 주장된 이념적 명분적 주장은 그 내면을 볼 때 문자 그대로 명분의 수준을 넘기 어려웠다. 정치투쟁의 요소가 적나의 권력투쟁으로만 나타나자 국가 형성의 최종단계에서 국가기구의 팽창은 더욱 두드러지게 나타났다. 경찰은 47년 7~8월 2만 8천 수준이던 것이 48년 3월에는 3만 6천으로 증가하였다. 경비대 역시 48년 3월에는 5만 명으로 급증하였다.[133] 군대와 경찰보다 더 강한 이념적 사상적 무장을 하고 있던 족청은 48년 6월에는 87만 명, 8월에는 115만 명에 달할 정도로 팽창하였다. 이렇게 성장한 국가기구는 국가 형성 후 한국의 정치에 지속적인 영향을 끼쳤다.

한편 정부 수립의 마지막 단계에서 취해진, 그리하여 정부 수립 후

133) R. K. Sawyer, *Military Advisors*, p. 29.

지속적인 영향을 끼친 조치들로는 뚜렷이 강화된 탈식민 개혁조치가 있었다. 그것은 단정의 기반을 강화하기 위한 조치들이었다. 초기에는 반혁명과 국가기구 창설에 초점이 놓여 있었으나 후기로 가면서 국가기구 강화와 개혁조치가 동시에 추진되었던 것이다. 필자는 이를 '반공에서 개혁으로의 전이'라고 부를 수 있다고 본다. 그러나 그 개혁은 반공의 틀 내에서였으며 사실상 반공을 강화하기 위한 체제 구축 시도였다. 따라서 초기에 놓인 반공의 틀을 넘어서 개혁이 추진될 수는 없었다. 정부 수립 직전의 개혁은 크게 두 가지였는데 하나는 사회경제적인 개혁조치였고 다른 하나는 정치적인 개혁조치였다. 후자가 근대국가의 외형을 제도적으로 놓는 것이라면 전자는 내외의 도전으로부터 이 국가가 생존할 수 있는 내적 기반과 정당성을 창출하기 위한 것이었다.

형성기 국가의 정당화 문제는 일반적으로 외적 정통성과 내적 정통성을 확보하는 문제라고 할 수 있다. 한국의 경우 전자는 유엔의 결정 준수 및 유엔 감시-유엔 승인이라는 일련의 조치로 추구하였다면 후자는 내부 개혁조치에 의해 추구되었던 것이다. 내적 정당성을 확보하기 위한 개혁조치에는 사회경제적 개혁과 정치적 개혁 두 가지에다 민중들에 대한 체제 홍보와 선전이 추가되어 세 가지가 존재하였다. 이 단계로 넘어오면서 대립은 좌파와의 그것이 아니라 개혁을 저지하려는 우파와의 그것으로 전이하였다. 즉 점령 초기의 반혁명단계에서의 대립이 좌파와의 그것이었다면 이 개혁단계에서의 대립은 우파와의 그것이었다. 흥미 있는 전이였다.

먼저, 정치개혁의 핵심은 보통선거제도의 도입이었다. 이 시기의 선거 도입 시도는 좌파의 탈락과 단독정부의 수립이 불가피해졌다는 조건의 반영이었다. 국가 수립시의 최초 선거는 향후의 갈등의 틀과 구조를 결정짓는 선거라는 점에서 하나의 정초선거(*founding election*)라고 할 수 있다.[134] 선거제도의 문제, 선거권의 문제, 선거방법, 당선자 결정방법

134) Guillermo O'Donnell, and Philippe C. Schmitter, *Transitions from Authoritarian Rule : Tentative Conclusions about Uncertain Democracies* (Baltimore : Johns Hopkins Univ. Press, 1986), pp. 57~64.

등 유럽에서는 오랜 기간 동안 치열한 계급투쟁의 결과 발전하였던 문제들이 남한에서는 다만 몇 달 안에 전부 결정되었다. 서구의 경우 보통선거를 통한 참정권의 전면적 확대, 곧 1인 1표의 확대는 매우 긴 시간 동안 투쟁한 결과였다. 한국에서 일거에 주어진 보통선거권은 적어도 표면적으로는 마셜(T. H. Marshall)이 말하는 시민권(*citizenship*) 발달의 세 단계,[135] 즉 시민적 권리, 정치적 권리, 사회경제적 권리 중에 두 번째 단계인 정치적 권리의 단계에 비유할 수 있을지 모른다.

또 하나의 개혁조치는 토지개혁이었다. 토지개혁은 해방 직후부터의 가장 중심적인 개혁의제였다. 미군정은 48년 3월 22일 토지개혁 실시계획의 발표와 함께 이를 단기간에 완료하였다. 물론 그것은 신한공사의 소유토지에 한정된 것이었다. 최초 진주시에 한국의 상황을 "불꽃을 튀기기만 하면 즉시 폭발할 준비가 되어 있는 화약통"[136]이라고 인지하고 있었던 미군정은 초기에는 식량대책을 비롯한 시급한 현안문제에 치중하다가 대규모의 농민저항을 받고난 뒤인 1946년 10월부터 근본적인 토지개혁의 실시를 준비해오고 있었다.[137] 본격적인 개혁준비가 농민저항의 시점과 일치한다는 사실이 흥미롭다. 그리고는 단독정부의 수립 직전에 남한우파의 반대에도 불구하고 이를 전격적으로 실시하였던 것이다. 같은 우파일지라도 한민당같은 경우는 자신들의 계급적 이해 때문에 반대하였으나 이승만의 경우 "이미 대통령 행세를 하고 있던" 그로서는 장차 수립될 자기 정부에서 토지개혁을 실시하여 이를 "자기 정부의 정통성을 확보하는 중요한 자원으로 삼으려 하였기 때문에" 반대하였다. 이는 토지개혁이 정당성의 확보에 얼마나 중요한 개혁조치였는가를 시사한다.

---

135) T. H. Marshall, *Class, Citizenship, and Social Development* (Univ. of Chicago Press, 1977), p. 78.

136) "The Political Adviser in Korea (Benninghoff) to the Secretary of State," *FRUS 1945*, Vol. VI, p. 1049.

137) Arthur Bunce, "신한공사의 연혁 및 최종보고서"(1948. 8. 18), 《농지개혁사 관계자료집》 제 4 집(한국농촌경제연구원, 1986), p. 169.

3월 22일 착수한 토지개혁은 4개월여 만인 8월 1일에 완료되었는데 이로써 502,460명의 소작농이 토지를 분배받았다.138) 이렇게 5개월 만에 신속하게 끝낼 수 있었던 것은 무엇보다도 미군정의 오랜 준비, 이를테면 소작농 및 토지에 대한 정밀한 조사, 개혁요원들의 훈련, 여러 행정적 준비 때문에 가능한 것이었다.139) 토지개혁을 관장했던 미첼(C. Clyde Mitchell)은 한국인들이 스스로 하였으면 아마 3~4년은 걸렸을 것이라고 지적한다.140) 미군정의 토지개혁으로 1944년 자작농 14%, 소작농 50%의 분포에서 48년에는 자작농 34%, 소작농 20%로 바뀌어 있었다.141) 미군정의 급격한 선제적인 토지개혁은 이후 남한정부가 들어선 이후에 토지개혁을 실시하게 하는 데 있어 강력한 압력이 되지 않을 수 없었다.

선전과 홍보 역시 정당성을 침투시키고 동의를 추출하는 중요한 방법이었다. 이는 48년에 들어와 특히 집중되었다. 민주주의의 우수성과 토지개혁의 혜택을 강조하는 선전이 광범하게 실시되었다. 48년 들어서면서부터 남한의 도시와 농촌은 수많은 신문과 전단, 책자와 홍보물, 포스터로 뒤덮였다.142) 이는 46~47년에 사회혁명과 선거를 실시하면서 전국을 홍보물로 덮으며 선전과 홍보를 전개한 북한에 비교되었다. 북한의 혁명적 변화를 남한은 뒤늦게 개혁적 변화로써 뒤따르고 있었던 것이다. 이 점에서 혁명은 개혁을 강요하였다고 볼 수 있었다.

서구의 경우 구체제를 지탱하는 사회경제적 질서 및 계급구조의 해체와, 시민권과 보통선거권의 확대는 근대시민혁명의 결과로 가능한 것이었다. 그렇다면 한국의 정부수립과정과 그 직후에 나타난 토지귀족-지

---

138) Arthur Bunce, "신한공사의 연혁 및 최종보고서"(1948년 8월 18일), p.169.
139) 신병식, "한국의 토지개혁에 관한 정치경제적 연구"(서울대학교 정치학과 박사학위 논문, 1992년 8월), p.153.
140) C. Clyde Mitchell, "신한공사의 연혁 및 최종보고서"(1948년 4월 30일), 《농지개혁사 관계자료집》 제 4 집(한국농촌경제연구원, 1986), p.159.
141) Arthur Bunce, "신한공사의 연혁 및 최종보고서"(1948년 8월 18일), p.169.
142) 박찬표, "한국의 국가형성," pp.336~338.

주계급의 해체와 1인 1표에 기초한 보통선거권-참정권의 확대는 일단 서구의 시민혁명적 귀결과 유사한 것이라고 할 수 있었다.[143] 특히 구 토지귀족의 해체는 한국의 산업화와 민주주의의 발전에 커다란 기여를 하였다. 그것은 전통의 보루이자 근대화의 저지세력으로서의 영향력을 상실하였던 것이다. 미군 진주 최초 시점의 반혁명전략과 비교하면 이것은 사실상 혁명적 귀결이었다. 물론 전자의 혁명은 급진혁명, 또는 좌파혁명을 의미하였고 후자의 혁명은 위로부터의 혁명, 또는 시민혁명을 의미하였다는 점에서 차이가 있었다. 그럼에도 불구하고 어쨌든 반(좌파)혁명적 출발의 친(시민)혁명적 귀결, 이 이율배반이 남한국가 형성의 핵심적 비밀이었다.

무엇이 반혁명적 출발의 혁명적 귀결을 가능하게 했던 근본적 요인이었던가? 우리는 이에 대해 세 가지의 요소를 지적할 수 있을 것이다. 첫 번째는 미국의 정책이었다. 미국은 최초 진주시 혁명적 상황에 놓여 있던 체제를 식민국가강권기구를 복원하여 강제적으로 안정시켰지만 그것이 얼마나 큰 대가를 치르는지를 10월 항쟁을 통하여 경험한 바 있었다. 따라서 안정화를 위해서는 동의의 기반을 구축하고 확대하는 것이 필요하였으며 그것은 개혁적 정책으로 나타나지 않을 수 없었다. 지배의 두 요소 중 처음에는 강제력을, 그 다음에는 헤게모니를 구축하고자 하였던 것이다. 두 번째는 분단과 북한의 존재였다. 분단과 그로 인한 북한의 급진개혁이 미군과 남한의 개혁을 촉진하였던 것이다. 토지개혁의 경우를 보면 북한의 급진개혁은 남한에 커다란 개혁압력요소로 작용하였음을 알 수 있다. 세 번째는 농민과 좌파의 저항이었다. 밑으로부터의 저항과 혁명의 기운이 있었기에 미점령군은 그들을 체제내로 흡수, 수용하기 위해서 개혁정책을 펴지 않을 수 없었다. 10월의 농민저항 이후 식량대책과 같은 단기적인 대책이 아니라 토지개혁과 같은 근본적인 정책을 구상하게 된 것은 이러한 데서 연유한다.

---

143) 전상인, "한국의 국가 : 그 생성과 역사적 추이,"《사회비평》제 5 호(1991년 4월), p. 410.

그러나 이러한 개혁은 제한적일 수밖에 없었는데 그것은 남한이 갖고 있는 반공의 보루로서의 위치 때문이었다. 친일파를 숙청하지 못한 것은 그 대표적인 경우였다. 개혁의 과정에서 구체제 핵심지배세력을 배제하지 않은 것은 토지개혁과 보통선거제도가 그러했듯 향후 한국의 정치에 커다란 영향을 끼쳤다. 이것은 초기 국가 형성, 제도의 창설에서 반공과 민주주의 중 전자가 우선하였음을 의미하며, 무엇보다도 이후 전개될 한국에서의 정치갈등의 핵심계선을 반공과 민주주의의 범위 내로 설정하는 역할을 하였다. 친일파를 숙청하지 않음으로써 이 체제는 북한에 비해 상대적인 정통성의 도전을 받았는데 그것은 반공을 넘을 수 없는 경계로 설정한 데서 오는 한계였다. 말을 바꾸면 이 개혁의 선을 넘어 수용할 경우 공산주의와의 투쟁은 어려웠던 것이다.

그렇다면 48년 등장한 남북의 두 국가를 근대국가라고 할 수 있을까? 결론부터 말하면 냉전의 결과로 등장한 남한과 북한의 두 한국은 두 개의 합법적인 권력실체, 즉 두 개의 분단국가였다. 48년 38선의 남북에 들어선 두 지배체제는 각각 하나의 근대국가였다. 베버(Max Weber)의 정의를 따라 국가는 "강제력을 사용할 권리의 유일한 원천"으로서 "주어진 영토 내에서 물리적 강제력의 정당한 사용을 독점하고자 (성공적으로) 주장하는 유일한 인간공동체"[144]라고 할 때 남한과 북한은 국가성(*stateness*)에서 결여되어 있지 않았다. 국가성은 "통치의 기구들이 여타 조직들과는 구별되며, 중앙집권화되어 있고, 자율적이며, 상호간에 공식적으로 조정되는 정도"를 말한다.[145] 이때 "국가는 질서를 유지하고 실질적 또는 잠재적으로 다른 국가와 경쟁하는 두 가지의 기본업무를 수행한다."[146] 그리고 국가의 실제 조직을 조건짓는 두 가지 요소는

144) Max Weber, "직업으로서의 정치," 임영일·차명수·이상률 편역, 《막스 베버 선집》(까치, 1991), p. 208.

145) J. P. Nettl, "The State as a Conceptual Variable," in John A. Hall(ed.), *The State : Critical Concepts*, Vol. I (London: Routledge, 1994), pp. 9~36 ; Charles Tilly, "Reflections on the History of European State-Making," in Charles Tilly(ed.), *The Formation*, p. 32.

힌체(Otto Hintze)가 말하는 바와 같이, "사회의 계급구조와 국가들의 외부적 배열(*ordering*)이다."[147] 남북한은 이 두 요소에서 크게 결여된 것은 없었다. 48년 이전의 대립과 48년 이후의 대립의 근본적인 차이는 여기에 있었다. 이제는 정통성의 배타적 독점을 주장하는 '두 국가의 공존 상태'가 도래한 것이었다. 남한과 북한은 전부 사회적 갈등이라는 내적 계기가 냉전이라는 외적 계기를 매개로 하여 등장한 것이었다.[148] 38선에 의한 남북의 인위적 분할은 변경(*frontier*)이 국경(*border*)으로 설정되는 네 가지의 역사적 경로인 합의적 분배(*allocation*), 기존 경계의 획정(*delimitation*), 조작적 구획(*demarcation*), 행정적 조치(*administration*) 중 동독 및 서독의 분할과 유사한 가장 인위적인 '조작적 구획'의 사례에 해당한다고 할 수 있다.[149] 이 38선은 민족의 분할선으로서의 의미뿐만 아니라 세계의 분할선의 의미를 내포하고 있었다. 즉, 38선은 그 선을 중심으로 하여 한국, 동아시아, 세계라는 세 수준의 사회주의와 자본주의체제를 가르는 중첩된 분할선이었다. 1948년 이후 아시아에서 배열과 대치의 중심계선은 38선이었고 그것은 위의 세 수준의 대립을 내장한 실체였다.

48년에 등장한 남한의 국가는 반공국가이자 자유민주주의 외형을 갖는 국가였다. 우리는 한국국가 형성을 바라보는 데 있어 '반공국가 = 극우독재'라는 등식과 '반공국가 = 자유민주주의의 전형'이라는 이분법을 극복해야 할 것이다. 전자는 사회경제적 민주적 개혁의 성과를 보지 않

---

146) Theda Skocpol, *States and Social Revolutions*, p. 30.

147) Otto Hintze, "Military Organization and the Organization of the State," John A. Hall(ed.), *The State : Critical Concepts*, Vol. Ⅰ, p. 183.

148) 국가형성의 관점에서 초기 북한을 잘 정리한 연구로는 다음을 참조하라. Hak Soon Paik, "North Korean State Formation, 1945~1950," Vol. Ⅰ · Ⅱ(Ph. D. Thesis, Univ. of Pennsylvania, Political Science Dept., 1993).

149) 이 네 가지에 대한 설명은 S. B. Jones, *Boundary Making : A Handbook for Statesman*(Washington: Carnegie Endowment for International Peace Monograph, 1945), Anthony Giddens, *The Nation-State and Violence*(Berkeley and Los Angeles: Univ. of California Press, 1985), pp. 119~120에서 인용.

는 시각이며 후자는 그것이 초기 반공질서의 구축 위에서 도입된 자유민주주의라는 점을 보려 하지 않는 한계를 지닌다. 둘 다 지양되어야 할 어떤 것들이다. 제도는 도입 자체가 이미 그 기능을 담보하고 있는 측면을 배제할 수 없다. 사회변화에 맞추어 제도의 내용을 채워 가는 과정이 형성 후에 뒤따르는 도정이었던 것이다.

남북의 두 국가는 기본적으로 외생적(*exogenous*) 과정을 거쳐 형성된 국가였다. 물론 거기에는 내생적인(*endogenous*) 요인도 있었지만 최초의 출발은 강조할 필요도 없이 외생적인 것이었다.[150] 남한의 국가는 특히 국가가 시민사회로부터 나오지 않고 그것이 사회의 분출을 저지하면서 위로부터 형성되고 사회의 분화와 발전의 정도에 비교하여 과대성장되었다는 점에서 과대성장국가(*overdeveloped state*)라고 할 수 있는 것이었다.[151] 과대성장국가의 형성과 유지는, 민주제도의 틀 속에서 반공주의정책을 성공적으로 달성하려는 미국의 정책에 따른 것이었다. 간단하게 말해 미국의 대한 국가형성정책은 반공국가의 안정적 유지를 한편으로 하고 자유민주주의의 제도화를 한편으로 하는 체제의 상한(上限)과 하한(下限)의 범위를 갖는 것이었다. 그것이 미국이 한국에 설정해준 범위, 곧 미국의 범위였다. 한국의 국가형성의 과정은 정확하게 이 범위 안에서 그것이 이루어졌음을 보여준다.

이제 끝으로 북한을 중심으로 이 시기 남북의 사태전개를 살펴보면서 우리가 찾아낸 몇 가지의 특징들을 요약해보자. 첫째로는 두 개의 한국 어느 쪽을 막론하고 미소 중심부의 역할이 사태전개의 방향에 결정적이었다는 점이다. 많은 한국인들은 그들의 대립을 극복하고자 투쟁하였으나 실패하였다. 또 다른 한국인들은 외부의 대립을 더 치열한 대립으로

150) 외생적 형성과 내생적 형성에 대해서는 Maurice Godelier, "Process of the Formation and Bases of the State," *International Social Science Journal*, Vol. 32, No. 4 (1980), pp. 609~623.

151) Hamza Alavi, "The State in Post-Colonial Societies: Pakistan and Bangladesh," in Harry Goulbourne (ed.), *Politics and State in the Third World* (London: Macmillan Press, 1979), pp. 38~69.

내화(內化)시켰다. 여기에서 사태의 방향을 결정하는 데에 행사된 미국과 소련, 미국군정과 소련군정의 역할의 차이를 이념적 기준으로 강조하는 것은 무의미해 보인다. 이들이 행사한 힘의 방향의 차이에도 불구하고 처음부터 미국과 소련은 자신들이 수용할 수 없는 질서의 등장과 형성을 용인하지 않았다.

소련은 밑으로부터의 요구를 수용하고 이를 더 급진적이고 혁명적인 방향으로 나아가게 하는 데 초점을 두었다. 그것은 그러한 방향이 자신들이 구축할 질서에 부합하는 것이었기 때문이었다. 한국 민중들의 요구가 자신들이 질서와 부합하지 않는 것이었을 때도 이들이 한국 민중들의 요구를 수용했을 것이라는 상상은 하기 어렵다. 초기 질서 주조, 지도부 선택, 탁치 균열, 토지개혁에서 보여준 소련의 분명한 구획은 밑으로부터의 움직임을 통하여 뒤집히거나 전환될 수 있는 것이 아니었다. 그들에 의한 구획은 허물 수 없었다. 그들이 가졌던 구획선은 그것이 선명한 정도만큼이나 견고하였다. 우리는 2차 세계대전 종전 후 소련군이 진주한 지역에서 이들에 저항하여 이를 성공시킨 사례를 알고 있지 못하다. 반면에 미국은 밑으로부터의 요구를 수용하지 않거나 선별적으로 수용하여 식민체제를 혁명적으로 변혁하지 않으면서 자신들의 체제를 부과하는 방향으로 움직였다. 따라서 그들은 소련이 북한에서 치른 것보다 훨씬 더 커다란 대가를 치러야 했다.

이 차이가 남과 북에서의 사태를 좌우한 요인의 하나였다. 1945년 이후 시간이 흐르면서 두 한국의 사태발전의 방향은 미국과 소련체제가 갖고 있는 차이만큼이나 점점 멀어져 갔다. 두 한국에서 진행된 사태는 45년 8월에는 매우 비슷했으나 9월에는 다른 방향으로의 단초가 보이기 시작했고 12월에는 상당히 달랐으며 46년 1월부터는 반대방향으로 나아가기 시작했고 46년 봄부터 완전히 달라져서 48년에는 상극의 체제가 되었다. 한국에서의 사회의 커다란 윤곽과 발전방향은 45년이 다 가기도 전에 결정되었던 것이다. 이것은 비극이었지만 피할 수 없는 현실이었다.

두 번째는 분할점령과 분단의 압도적인 규정력이었다. 분단은 시차를 두고 기묘하게 내화되어 갔다. 그것은 남북에서 거의 같은 정도로 각각의 사회를 규정하였고 그만큼 멀어져갔다. 45년 8~9월의 첫 번째 분단은 단순한 '영토적 분단'이었다. 최초에 38선 분할선은 한국문제 처리를 위한 국제적인 합의의 수준을 넘지 않았다. 물론 그것이 단순한 군사적인 작전적 편의만을 위해 그어지고 합의된 것은 아니었다. 정치적 판단의 결과로 그어진 이 선의 등장은 분단의 시발점이 되었고 이후의 사태를 방향짓는 단초적 역할을 하였다. 말할 필요도 없이 영토적 분단의 모든 책임은 미국과 소련에 있었다. 특히 한반도의 분할을 먼저 제안한 미국쪽에 더 큰 책임이 있었다. 분단의 두 번째 단계는 45년 말에서 46년 초까지의 탁치대쟁으로 인한 분단이었다. 이것으로 인해 좌파와 우파, 공산주의세력과 민족주의세력은 판연하게 분열하였고 격렬한 생사투쟁적 대결로 들어서게 되었다. 따라서 이것은 '이념적 분단'으로 불릴 수 있는 것이었다. 두 세력은 서로가, 다를 뿐만 아니라 상대방을 제압하지 않고는 생존하기 어렵다는 인식을 굳혀가기 시작하였다. 한 잠정적 국제합의의 수용 여부가 민족의 운명을 결정지을 만큼 비중을 갖는 전부였는지는 그후의 역사적 대가를 반추할 때 오늘에도 여전히 반성적으로 성찰하지 않으면 안 된다.

세 번째의 분단은 46년 북한의 사회변혁에 따른 분단이었다. 이는 '사회적 분단'이었다. 북한의 급진적 사회변혁과 함께 남북은 전혀 다른 이질적 사회로 되어가기 시작하였다. 이것으로 분단은 이미 어느 정도 고정화되었다. 46년은 사회적으로 다른 모습으로 나아가는 출발의 시기였다. 북한이 인민위원회로 권력을 이양하고 있을 시기 남한에서는 모든 주권을 인민위원회에 넘기라는 대중적 시위가 있었다. 또한 남한의 좌파들은 북한에서는 지난 여름에 완료한 좌파정당 통합을 놓고 격렬하게 갈등하고 있었다. 그러나 이 저항이 마지막이었다. 남북 모두에서 47년에는 어떤 의미 있는 변화는 없었다. 47년에 남한과 북한은 모두가 46년에 정해진 길을 앞으로 나아가기만 하면 되었다. 47년의 국제적 조건과 상황은 46년에 정해진 길을 가속화할 뿐이었다. 46년이 그렇게도 시끄러웠던 이유는 서로가 새로운 질서를 놓기 위한 모색 때문이었으며 일단 체제의 틀이 잡히자 격동은 빠르게 가라앉았다. 46년에 정해진 질서는 마치 직선로를 달리는 기차와도 같이 앞으로 질주하기만 하였다.

네 번째의 분단은 '구조적 분단'이었다. 이는 47년 한국문제의 유엔이관에 따른 분단으로서 더 이상 돌이킬 수 없는 단계를 통과하였다는 점에서 '구조적 분단'이었다. 내부와 외부 모두에서 이제 서로가 분단을 정당화하는 법적이고 제도적이며 국제적인 조치들만을 남겨놓은 것이었다. 통일정부 수립을 위한 이후의 논의는 심하게 말해 자기 체제를 정당화하기 위한 수순밟기와 요식행위를 넘지 않았다. 사실상 구조적인 분단은 지난 2년간 진행되어 오고 있었고 이 단계는 그러한 사태의 사후처리에 불과하였다.

다섯 번째의 분단은 '제도적 분단'이라고 부를 수 있는 48년 두 정부의 수립에 의한 분단이었다. 이는 분단질서로의 이행에서는 하나의 통과의례를 넘지 않았다. 그것은 이미 정해진 귀결을 단지 제도화하고 합법화하였을 뿐이었다. 한국의 국가형성은 사회경제적 발전과 분화를 토대로 거시적 과정을 통하여 사회로부터 국가가 나온 것이 아니라 국가가 사회를 주조하는 역의 과정이었다. 또한 외부의 점령을 통하여 단기간에 압축적으로 이루어졌기 때문에 국가형태의 최종적인 수립과 등장 역시 압축적이었다. 선거에 의한 제도형성은 사실 지난 2년간의 과정의 마지막 처리에 불과했다. 그 점에서 남한의 선거 역시 "긴 과정의 마지막 의식"이었던 것이다.[152] 그것은 이미 존재하는 실제 현상을 공식화하는 단계를 의미했다.

그럼에도 불구하고 근대적 국가의 공식적인 등장이 지니는 의미는 과소평가되어서는 안 된다. 이것의 의미는 단순히 제도의 구축이라는 데만 한정될 수는 없었다. 왜냐하면 남북의 대립은 이제 지난 3년과 같은 좌우 대결이 아니라 국가 대 국가, 정권 대 정권이라는, 역사상 가장 많이 가장 합법적으로 무력을 동원할 수 있는 대결구도로 전환한 것이기 때문이었다. 48년질서에서의 남북대립은 좌우대립의 연장이면서 또

---

152) Antonio Gramsci, *Selections*, p. 193.

한 단순히 그것의 연장은 아니었다. 여기에 분단으로 인한 두 분단국가의 등장이 지니는 의미가 내장되어 있었다.

분단의 과정에서 남북의 체제형성은 같은 높이를 지녔으되 속도가 다른 파도를 타듯 약간의 시차를 두고 진행되어 갔다. 먼저 앞서간 쪽은 북한이었다. 북한의 최종적인 정부 수립은 남한보다 늦었지만 그것은 다만 법적 공식적 수준에서만 그러하였다. 주어진 영토 내에서의 배타적 중앙권력의 수립은 북한이 훨씬 앞서 있었다. 이것은 해석의 문제가 아니라 사실의 문제였다. 1949년 9월의 북한정부의 수립은 8월의 남한정부 수립에 대응하는 형식을 띠었지만 그것은 다만 공식적으로만 남한보다 더 늦게 정부를 수립하여 단독정부 선제수립 - 분단고착화라는 비난을 받지 않으려는 의도에서였다. 반면에 남한의 단독정부 수립은 선제적으로 정부를 수립하려는 한편 북한에서 이미 수립된 정부에 대응하는 공식적 제도화의 의미를 함께 지니고 있었다.

분단질서 형성기에 나타난 세 번째 특징은 극단주의(*extremism*)였다. 이 점이 분단으로의 행진에 기여한 바도 컸다. 이를테면 현준혁, 송진우, 장덕수, 여운형의 살해는 이 시기 극단주의의 전형적인 실례들이었다. 이들은 모두 온건한 길을 가려 하다가 극단주의자들의 손에 의해 암살되었다. 극단주의의 폐해는 어떻게 하여 모스크바협정이 국제적 결렬에 이어 국내적 파탄으로 귀결되는가를 이해하는 데서도 중요하다. 북한에서 좌파는 우파의 발끝까지도 뿌리를 뽑으려 하였다. 남한의 우파 역시 좌파와의 공존은 생각조차 하지 않았다. 소름끼치는 우파 반공청년단체들은 소요를 진압하는 데 있어 항상 돌격대식의 폭력, 공포스런 용어인 '말살', '타공'을 추구하였다. 좌파와 우파의 선전구호는 항상 "빨갱이만 때려잡으면" 또는 "친일파 민족반역자 반동들만 때려잡으면" 모든 사람이 행복한 삶을 누릴 수 있다는 것이었다. 서로 상대방만 제거하면 행복해질 수 있다고 믿었다. 이것은 국가 수립 후 두 한국에서 동일하게 재현되었다. 이것은 애국주의의 창출로 이어졌고 정당성 창출과 동원의 기저적 자원이었다. 그에 기반하여 남한은 북한을, 북한은 남한을 타도하고자 했다.

제 Ⅲ 부
48년질서의 성격: 남한

전쟁의 직접적인 원인은 분단과 남북대립의 48년질서가 갖는 독특한 동학에 있었다. 지금까지는 48년질서가 등장하는 해방으로부터 두 분단정권의 수립까지를 북한을 중심으로 추적하였다. 이제 우리는 48년질서 시기 동안의 남한과 북한을 다루어야 한다. 48년질서는 다른 말로 하면 현대한국의 이른바 전간기(*inter war period*)였다. 3년 동안 치열하게 전개된 해방국면과 한국전쟁은 각각 식민과 분단, 분단과 전후질서의 연결고리에 해당하는 역사적 위치를 지닌다. 환언하면 해방국면은 식민에서 분단으로의 연결고리였고, 한국전쟁은 분단에서 전후질서로의 연결고리였다.

해방국면과 한국전쟁의 두 격변은 서로 연결되어 있다. 두 개의 격변을 연결하여 주는 시기가 바로 48년질서로서 이 시기는 이를테면 현대세계사의 1차 세계대전과 2차 세계대전 사이의 간기와 같은 것이었다. 전쟁으로의 이행을 규명하기 위해서는 전쟁 직전 두 한국 각각의 독립적인 다이내믹스와, 하나로부터 갈려나간 그것들이 서로 맞물려 있는 관계를 들여다보아야만 한다. 이 둘은 한국전쟁의 도래를 설명하기 위해 필수적인 요소이다. 우리는 이 문제를 대쌍관계동학이라는 개념으로 풀어가고자 한다.

대쌍관계의 동학이라는 말은 분단을 하나의 질서로 이해하지 않으면 성립되기 어려운 개념이다. 필자가 이 연구에서 48년 '질서', 53년 '질서'와 같이 질서라는 말을 사용하는 이유는 각각의 내부동학으로부터만 전쟁의 도래를 설명하는 것도 진실의 절반만을 말하는 것이듯, 두 한국 사이의 관계만으로 전쟁의 도래를 설명하는 것도 진실의 절반만을 말하는 것이다. 마찬가지의 근거에서 국제적 요인으로만 전쟁의 기원과 성격을 설명하는 것도 절반의 진실이고, 국내적 요인으로만 이들을 설명하는 것도 절반의 진실만을 말하는 것일 뿐이다.

분단을 질서로 파악할 때 그것은 체제나 구조로서 파악하는 논리와는 다르다. 분단을 체제나 구조로 파악할 때 그것은 좀더 결정론적이다. 사회변혁의 기원은 특정 사회에 고유한 과정에서 발견된다는 점은 의심의 여지가 없다. 따라서 변화는 주어진 사회구조에 내재하는 메커니즘들을 통해 발생하고, 그들의 다이내믹스에 의해 형성되고 제한된다. 그러나 변혁의 기원이 발전하고 변화하며 드러나는 데 있어 때로는 외부적 요인이 더 결정적인 역할을 할 때가 있다. 한국전쟁의 경우 분할선 설정과 전쟁의 결정이 특히 그러하였다.

사실 혁명이나 전쟁과 같은 사회변혁은 구조의 자동적인 발현은 결코 아니다. 홉스봄이 날카롭게 지적하였듯이, 구조가 너무 과장되어서는 안된다. "구조(*structure*)와 상황(*situation*)은 상호작용하며 결정과 행동의 한계를 설정한다. 그러나 행동의 가능성을 결정하는 것은 주로 상황이다."[1] (강조는 원문 그대로) 이 명제를 받아들일 때 식민경험이 역사적 조건이었고 냉전과 분단이 구조였다면 48년질서 속에서의 대쌍관계동학은 상황이었다. 한국전쟁을 초래한 요인은 주로 상황이었다.

---

1) E. J. Hobsbawm, "Revolution," Paper presented at XIV International Congress of Historical Sciences, San Francisco(Aug., 1975), p. 12. John Dunn, "Understanding Revolutions," *Rethinking Modern Political Theory, Essays 1979-83*(Cambridge: Cambridge University Press, 1985), p. 76에서 재인용

48년질서 시기 남한과 북한의 사회는 어떤 성격을 갖고 있었는가? 남한과 북한의 지도자들이 강조하였듯 북한은 오직 소수 공산주의도당들의 국가였으며 남한은 한 줌의 반동들의 국가였는가? 국가는 자원 및 동의이념의 추출에 성공하고 있었으며, 지배논리의 침투는 어느 정도였을까? 각각 제도의 창설자인 미국 및 소련과의 관계는 어떠했을까? 지지와 저항의 크기는 어느 정도였으며, 국가가 지지를 창출하고 저항을 단념케 하기 위해 취한 정책은 무엇이었는가?

지지의 창출을 위해 남한과 북한의 국가는 적나의 강권력만을 사용했는가 그렇지 않은가? 정치사회는 어느 정도의 대표성을 갖고 밑으로부터의 의사를 대표하고 매개하였는가? 사회의 균열은 어느 정도였고, 그 균열들간의 위계와 얽힘은 어떠하였으며, 균열의 해소를 위해 국가가 선택한 방법은 무엇이었는가?

결국 농민, 민주주의, 민족주의라는 준거에 비추어 보아 48년질서 시기 남한과 북한은 어떠한 평가를 내릴 수 있는가가 문제의 핵심이 될 수밖에 없을 것이다. 이러한 주제와 관련하여 북한에 대해서는 어느 정도의 해답을 얻었으므로 지금부터는 남한이 좀더 많은 관심의 초점이 될 수밖에 없을 것이다. 남한은 전쟁을 필요로 할 만큼 반민족적이었고, 식민지 경제구조에 놓여 있었으며, 인민의 지지상실로 붕괴 일보직전의 위기에 직면해 있었는가? 남한에서의 토지개혁은 어느 정도로 이루어졌으며 또는 이루어지지 않았으며, 이것과 전쟁도래의 관련성은 어느 정도인가?

1948년 두 분단정권의 등장 이후 2년 동안 남한과 북한은 다른 어떤 시기보다도 맞물려 돌아갔다. 하나로부터 갈려나간 직후였기 때문에 양쪽 어느 쪽도 분단을 합법적이고 제도화된 것으로 받아들이려 하지 않았고 합치려는 강렬한 의욕을 갖고 있었다. 그러나 단순히 맞물려 돌아간 측면만을 밝혀서는 안된다. 서로 독립적으로 기능하고 운용되는 부면을 보아야 한다. 이 두 측면은 엇물려 있었다. 내부동학이 관계의 동학을 결정하고 남북관계가 내부정치를 규정하였던 것이다.

남한의 경우 대쌍관계동학은 미국의 범위, 남한 내 균열의 수준 및 위계와 함께 48년질서 시기 남한의 핵심적인 세 특성이었다. 그리고 이 셋은 사실 48년에서 오늘에 이르기까지의 현대한국의 사회와 정치를 이해하는 핵심요소가 된다. 국가형성 직후 이승만체제는 지배연합의 균열에 직면하였고, 균열은 곧 시민사회의 저항으로 이어졌다. 위기는 남한국가의 복합적인 위상을 반영하여 곧바로 복합적인 균열구조로 빨려들어 갔다. 균열은 남한국가를 중앙접점으로 삼아 미국-상대공산주의국가 북한-시민사회-정치사회가 어우러진 채 상하좌우로 맞물려 전개되었다. 남한의 균열과 위기는 무엇보다도 신생 독립국가의 정당성의 위기로부터 연유한 것이었다. 모든 균열들이 탈식민 건국의제에 직결되어 있었다는 점은 위기들의 이러한 성격을 시사한다. 지배연합 내의 균열조차 국가형성 과정의 반영이었다. 형성의 과정은 형성 후의 체제의 성격에 직접적인 영향을 끼쳤다.

따라서 남한체제의 위기는 앞 시기의 유산들이 차곡차곡 쌓인 누적적 위기(*cumulative crisis*)였다. 그것은 스틴치콤(Arthur L. Stinchcombe)이 말하는 이른바 누적적 인과관계(*cumulative causation*)의 연장이었다.[2] 누적적 인과관계를 말하는 것은 반드시 결정주의를 말하는 것은 아니며 또 그럴 필요도 없다. 그것은, 앞선 요인들을 배제하는 기능적 설명과 앞선 요인으로부터만 사태를 꿰는 결정주의적 설명의 통합적 지양이라고 할 수 있다. 많은 부분 남한체제의 위기의 표출은 근대국가로의 이행의 실패, 식민주의의 경험, 그리고 냉전과 분단조건하에서의 국가형성이라는 세 시기의 거시적 미시적 유산들의 누적의 결과였다. 위기의 요인들은 과거로부터 넘겨받은 것들이었다. 그러나 이것을 넘는 데 국가의 역할이 있었다. 국가의 실질적 선택에 따라 또 다른 인과관계가 형성된다. 즉, 위기의 성격은 변화한다.

키르히하이머(Otto Kirchheimer)의 말을 빌어 우리는 48년질서의 출범

---

2) Arthur L. Stinchcombe, *Theoretical Methods in Social History* (N. Y. : Academic Press, 1978), pp. 61~70.

시기의 조건을 '출발의 제약조건'(*confining conditions*)이라고 표현할 수 있을지 모른다.[3] 키르히하이머는 '특정체제의 출발 시 존재하는 특별한 사회적 지적 조건'을 제약조건이라 부른다. 필자는 이 개념을 정치적 경제적 국제적 조건까지 포함하여 키르히하이머의 원래적 사용보다 좀 더 넓은 의미로 쓰려 한다. 새로이 등장한 체제들에 존재하는 모든 조건은 이른바 선행조건(*antecedent conditions*)이 된다. 새로운 체제의 등장시 선행조건이 없는 체제는 존재하지 않는다.

그러나 제약조건은 단순한 선행조건보다는 새 체제가 생존지속하기 위하여 극복해야 할 조건을 의미한다. 제약조건은 어느 정도까지 새 체제의 등장을 조건짓는가? 즉, 새 체제는 어느 정도까지 제약조건에 기속되어 행동하는가? 제약조건은 등장 후 체제의 행동의 경로를 어느 방향과 범위로 안내하는가? 새 체제는 어떻게 이 극복에 성공하거나 실패할 것인가? 결국 사회구조가 넘겨받은 유산은 무엇이며, 새 체제의 본질은 무엇이고, 새 체제가 제약조건을 극복하기 위해서 선택하는 방법은 무엇인가 등이 중요한 문제가 된다. 출발의 제약조건은 체제의 선택과 해결책에 따라서 변화할 수밖에 없다. 그것은 '경계의 확장'(*expansion of the parameter*)이라고 부를 때, 경계의 확장은 사회구조의 변화를 말한다.

국가수립 직후 남한에서의 위기는 국가의 전면적 위기는 아니었다. 이 진술은 위기의 정도와 관련된 것이 아니라 위기의 본질과 관련된 것이다. 본질적으로 남한의 위기는 정당성의 위기였지만 북한이 정당성의 독점을 주장하는 가운데 정당성의 전면적 결여로부터 초래된 도전은 아니었다. 남한은 협애한 정당성을 지속적으로 확장하는 데 성공하고 있었다. 이를테면 토지개혁의 성공으로 본질적인 수준의 위기 가운데 하나를 넘는 데 성공하고 있었다. 정당성의 확장은 체제의 생존능력의 상

---

3) Otto Kirchheimer, "Confining Conditions and Revolutionary Breakthroughs," edited by Frederic S. Burin and Kurt L. Shell, *Politics, Law, and Social Change—Selected Essays of Otto Kirchheimer* (N. Y. : Columbia Univ. Press, 1969), pp. 385~407.

승으로 이어졌다.

균열의 위계와 정당성의 수준을 판별하는 데 있어 국가(*state*), 정권 또는 체제(*regime*), 정부(*government*)를 구별하는 문제는 중요하다. 국가의 안정성과, 일단의 인적 집단이 관장하고 통치하는 체제나 정권의 안정성은 구별되어야 한다. 특정 체제의 불안정성이 곧바로 국가의 불안정일 수는 없다. 하나의 국가가 동의의 기반이 협애하고 정당성의 위기를 내재하고 있더라도 일정한 내적 지탱력을 갖고 있는 한 그것은 민중들에 의해 하나의 현실적 실체로 받아들여진다는 것을 의미한다. 1948년의 분단국가의 등장은 모순적 지위에서 대립하던 힘들간의 역사적 타협(의 산물)이었다.

제 8 장

분단국가의 등장과 초기 균열

1948년의 남한과 북한 두 분단국가의 성립으로 두 강대국 미국과 소련의 합의에 의한 1945년 8월의 분할선 설정과 뒤이은 양국의 분할점령, 그리고 그 뒤의 3년간의 국내외적 갈등과 쟁투의 결과였다. 남북한 모두에서 3년간의 국가형성의 과정은 사회에 대한 배제와 수용의 과정이었다. 때문에 최초의 저항은 국가에 대한 사회의 도전이어야 할 것이다. 그러나 48년질서가 태동하는 시점에서 사회는 지난 3년간의 역전과정을 반영하여 국가에 도전할 어떠한 자원과 역량을 소유하지 못했다. 사회역량의 최저점에서 국가는 형성되었던 것이다.

1. 국가형성과 초기 균열 : 정치사회

남한의 최초 정치갈등은 밑으로부터의 저항 이전에 국가형성의 두 중심세력 내부로부터 나타났다. 미국과 연합하여 남한국가를 형성한 중심세력은 반공주의 이념으로 결합한 이승만-한민당 연합이었다. 이 연합은 단정연합으로서 최초에는 좌파에 대한 대응으로 형성된 반좌파연합, 또는 반공연합이었다. '인공반대'가 한민당의 출발모토였다는 점을 기억하는 것은 단정연합의 성격을 쉽게 이해할 수 있게 해준다. 즉, 남한국가형성 세력의 체제창출 이념은 출발부터 반공주의였다. 다른 정치이념들은 반공주의의 하위에 놓였다.

그러나 단정연합은 정부수립을 위한 선거에의 참여문제를 놓고 민족주의세력과 분열함으로써 단순히 반공연합만은 아니었다. 이념분열에 이은 이 제2차적 분열은 한국의 국가형성이 반드시 이념대립의 결과만은 아니었다는 점을 보여준다. 한국의 국가형성 과정은, 짧은 3년간이었지만 민족보다는 이념이, 이념보다는 정권이, 정권에서는 또 파당이 중요시되었던, 권력을 향해 끊임없이 질주하는 적나의 정치투쟁의 요인들이 유보없이 동원되고 등장했던 시기였다.

이승만-한민당 단정연합은 해방직후 어떤 정치연합보다도 빠르게 결합하여 미국군정 시기 동안 지배연합의 역할을 수행하였다. 이 연합은 미국군정을 정치갈등의 구획자로 하여 전개된 대립에서 군정의 하위동맹자로서 강력한 반혁명연대를 형성하였다. 미국군정 시기는 모든 정치세력이 대등한 권력자원과 동원기제를 갖고 참여자에게 동일하게 기회가 주어지는 공간에서 경쟁한 국면이 아니었다. 미국군정은 사실상의 국가로서 정치적 경쟁의 한 당사자이면서도 다른 한편 여타 행위주체와는 다르게 한 차원 위에서 갈등의 룰을 정하고 방향과 틀을 제시하는 질서의 구획자이기도 했다. 요컨대 질서의 주조자(鑄造者)였다.

이승만과 한민당은 제도의 창설자 미국군정이 선택한 정치적 파트너이자 그들이 보장한 정치공간의 최대의 활용자였다. 따라서 1948년 등장한 남한국가는, 주요하게는 미국의 산물이었지만 동시에 제한적 틀 속에서나마 허용된 갈등공간에서 승리하여 등장한 결과물이었다. 즉, 상반되는 이중적 요소의 결과물이었던 것이다. 따라서 북한국가와 남한국가는 두 가지 점에서 비교되었다. 전자가 구체제와의 혁명적 단절로 인해 상대적으로 더 높은 탈식민성을 보유했다는 점, 그럼에도 불구하고 형성과정에서 남한에 비해 제도의 창설자의 역할이 훨씬 더 높았다는 점이 그것이었다. 이 두 가지는 상반되는 비교점이었다.

점령의 종식이라는 두 분단국가의 수립에 따른 48년질서 등장은 두 제도창설자의 후퇴를 의미했다. 그 결과 남한의 국가는 갈등의 반영이면서 동시에 갈등의 주체로서 변환되었다. 국가는 단순히 특정계급의 지배도구만은 아니다. 풀란차스(Nicos Poulantzas)[1]가 언급했듯 국가는 계급투쟁의 객체(*object*)만은 아니다. 국가는 특정의 지배계급, 이를테면 미국의 지배도구도 아니었지만 지주의 지배도구도 아니었다. 그것은 프롤레타리아의 배타적 지배도구일 수만도 없었다. 국가는 그 자체가 투쟁의 주체(*subject*)로서 사회의 갈등이 응축되고 반영되는 장이었다. 또 국가는 지배계급을 포함한 사회세력에 대해 자율성과 그 자체의 권력을 가지면서 사회의 다양한 이익과 요구에 대해 자체의 정책을 부과한다.

따라서 국가는 완전한 주체도 완전한 객체도 아니며, 상호간의 침투와 교차, 그리고 엇물림에 의해서 정치사회 및 시민사회와 여러 수준에서 다층적으로 연결되어 있다. 때문에 48년 두 국민국가의 등장이 지니는 의미는, 거시적 수준에서뿐만 아니라, 현실적 사회갈등의 측면에서도 매우 컸다. 48년질서에서 남한국가는 단순한 미국의 괴뢰는 아니었다. 때때로 그것은 미국과 균열하여 대립하였다. 또한 사회갈등은 자주 국가로 응축되어 나타났고, 국가는 사회의 갈등에 적극적으로 개입하였다.

이승만과 한민당의 결합은, 해방 후의 헤게모니투쟁에서 승리하기 위한 필요 때문이었다. 전자는 후자의 조직과 자금이 필요했고, 후자는 전자의 명망성과 정치적 지도력이 필요했다. 정치투쟁에서 승리하기 위해서는 이들 두 요소는 항상 필수적이다. 따라서 양자의 관계는 상보적일 수밖에 없었다. 이승만은 해외에서의 오랜 생활 이후 귀국하여 개인적 명성에도 불구하고 조직적 경제적 기반이 없었고, 한민당은 조직적

---

1) Nicos Poulantzas, *State · Power · Socialism*(London: Verso, 1980), pp. 127 ~145.

경제적 기반에도 불구하고 이승만이나 여운형, 김구, 박헌영과 같은 국가수반급의 인물을 갖고 있지 못했다. 송진우가 있었으나 그는 이승만과 김구에게는 뒤졌다. 그조차도 탁치균열의 소용돌이 속에서 잃었고, 당의 실질적인 지도자 김성수는 전면에 나서지 않는 성향을 지니고 있었다.

한민당 간부들은 보수적 성향과 식민시기의 친일적 행위로 인해 이를 상쇄해 줄 요소가 절대적으로 필요하였다. 해방초기 한민당이 이상하리만치 강경하게 임정봉대(臨政奉戴)에 집착하였던 이유는 여기에 있었다. 임정과 김구의 명성을 이용하여 자신들의 아킬레스건을 은폐하려는 의도였다. 그러나 임정과 김구가 탈락하자 그들은 임정봉대 주장을 소리 없이 거둬들였고 두 진영 사이는 날카로운 대립관계로 변전되었다.

이승만과 한민당을 연결해 주는 공통의 요소는 반공주의와 친미주의라는 정치이념과 남한국가의 권력장악이라는 현실적 이해가 존재하였다. 둘 중 어느 쪽도 상대가 배제된 가운데 좌파에 대항하여 정치적 헤게모니를 독점할 수 없었다. 1945년에서 48년까지 남한 정치갈등의 중심계선은 의심의 여지없이 미국군정 대 한국의 좌파였다. 특히 정치지형이 형성되는 초기 1년간은 이 둘 사이의 갈등을 제외하고는 설명될 수 없었다. 초기 해방정치의 주도권은 좌파에게 있었던 것이다. 따라서 이승만-한민당 연합은 반좌파투쟁을 위해 미국군정이 주도하는 반혁명연대의 하위동맹자였다.

그러나 좌파의 몰락과 참여거부로 반혁명연대의 필요성은 사라졌다. 결합을 강요했던 요인이 제거되자 정부수립 직후 두 세력은 곧바로 균열했다. 가장 강력한 경쟁세력이 제거되자 마자 갈등의 전선은 진영내로 전이하였던 것이다. 간단하게 말하면 반공투쟁의 대상이 사라지자 반공진영내의 갈등이 격화되었던 것이다. 여기에서 우리는 앞으로 전개될 정치균열의 전개를 예시 받는다. 밖 또는 밑으로부터의 저항의 증가는 위로부터의 반저항연대를 형성하고 강화케 할 것이고, 그것의 완화나 철회는 이를 해체시킬 것이라는 점이다. 정치연합의 형성과 해체는 반대의 방법으로도 일어난다. 강력한 지배세력의 존재는 강력한 저항연합의 형성을 촉진하며 지배세력과의 투쟁이 중심이 되나, 지배세력의 붕괴는 갈등의 중심이 저항연합 내부로 전이한다는 점이다. 이러한 현상은 정치갈등의 일반이론이라 불려도 틀림이 없을 보편적 현상이다.

다른 한편 이승만의 한민당 배척은 남한체제가 갖고 있는 기본성격으로부터도 연유하였다. 즉, 그 체제는 정당의 정책제시와 이에 대한 국민의 지지를 기반으로 하기보다는 경찰과 군대 등 국가강권기구에 훨씬 더 많이 의존하는 체제였다. 일반적으로 탈식민사회의 과대성장국가는 정당, 정치인, 선거, 자율적 결사 등 정치의 매개기능을 행사하는 대표체계들을 생략하거나 대폭 축소하고 관료와 경찰, 군대 등 식민시기부터의 높은 연속성을 갖고 있는 억압적 국가기구에 의존하여 통치하는 방식을 선호한다.[2] 이승만 정부는 그중에서도 특히 경찰에 의존하고 있는 체제였다. 따라서 정당의 존재와 지지는 반드시 필수적인 것은 아니었다.

3년에 걸친 정치투쟁의 수렴의식으로 실시된 정부수립선거가 끝나자 새로이 등장할 국가의 정부형태를 놓고 이승만과 한민당은 날카롭게 대립하였다. 최초의 대립요인은 권력구조와 정부형태에 관한 것이었다. 한민당은 내각책임제를 주장했고, 이승만은 대통령제를 주장했다. 그러나 이 갈등은 단순히 정부형태의 선택을 둘러싼 갈등이 결코 아니었다. 갈등의 본질은 권력의 배분문제였고, 지배연합 내의 헤게모니의 장악에 관한 문제였다. 곧 권력의 장악에 관한 문제이자 등장할 국가의 성격과도 직결된 문제였다. 한민당이 내각책임제를 주장한 것은 의회의 다수파를 차지하고 있는 자신들이 권력을 장악하려는 의도였고, 반대로 이승만은 최고권력자 1인에게 권력이 집중되는 대통령제를 통해 절대권력을 장악하려 했다.

현장에서 이 갈등을 취재한 회고에 의하면, 의회를 장악하고 있던 한민당은 내각책임제를 채택하여 '대통령에 이승만을 추대하고 국무총리

---

2) Hamza Alavi, "The State in Post-colonial Societies: Pakistan and Bangladesh," in Harry Goulbourne (ed.), *Politics and State in the Third World* (Hong Kong: Macmillan Press, 1979), pp. 38~69.

에 김성수를 옹립'하여 신생국가의 권력을 장악하려 하였다.[3] 1960년의 4월 사태에 의한 민주당정부의 수립은, 그들이 학생들의 투쟁을 타고 12년 전의 기도를 달성한 셈이었다. 권력구조 역시 이들은 12년 전의 구도를 복원시켰다. 건국헌법을 만들고 이 신생국의 권력구조를 주조한 사람은 유명한 헌법학자 유진오였다. 그의 헌법초안은 김성수의 부탁에 따른 것으로서 내각책임제를 내용으로 하는 김성수-한민당의 의사가 반영된 것이었다.[4] 그는 당시에 고려대학교의 법률학 교수였기 때문에 그 학교의 교주(校主)인 김성수의 강력한 영향을 받지 않을 수 없었던 것이다.

이승만은 자신의 개인정치고문 올리버(Robert Oliver)에게 보낸 편지에서도 '정부의 안정을 어렵게 할 것', '적어도 대통령 임기동안은 정부가 안정된 상태에 있도록 되어야 할 것이고, 국회가 이것을 변경할 권한을 가져서는 안될 것'이라면서 내각제를 반대하였다.[5] 이 편지에는 이승만이 내각책임제를 반대하는 이유가 잘 나타나 있다. 그것은 무엇보다도 권력의 안정이었다. 이승만에게서 의회 및 정당과 권력을 공유하겠다는 유연성을 발견한다는 것은 불가능한 일이었다.

이승만의 강한 반대에도 불구하고 제헌국회는 내각책임제 헌법안을 채택, 그의 의사를 묵살하려 하였다. 그러자 당시 국회의장을 맡고 있던 이승만은 "내각책임제하의 정부에는 참여하지 않겠다"[6] 고 위협했다. 그는 "오늘날과 같이 혼란한 정세 속에서 내각책임제를 하면 권력의 안

---

3) 조용중, 《미군정하의 한국정치》(서울: 나남, 1990), p. 156.

4) 동아일보 편, 《秘話 第一共和國》 1권(서울: 홍우출판사, 1975), p. 110 ; 헌법초안은 유진오, 《헌법기초회고록》(서울: 일조각, 1980), pp. 108~193.

5) Robert Oliver, *Syngman Rhee and American Involvement in Korea, 1942~1950* (Seoul: Panmun Book Co., 1978), p. 177. 유진오의 회고에 의하면 이승만 역시 처음에는 내각책임제를 찬성하던 입장이었다(유진오, 《헌법기초회고록》, pp. 62, 66). 그러나 유진오의 회고는 이승만이 대통령제를 오랫동안 견지하였다는 일반적인 이해와는 다른 것이다.

6) 유진오, 《헌법기초회고록》, p. 66 ; 동아일보 편, 《秘話 第一共和國》 1권, p. 101.

정이 안될 것"이라면서 "만일 원안대로 채택된다면 나 같은 사람은 모든 것을 그만두고 국민운동이나 하겠다"고 선언해 버렸다.[7] 이승만의 내각제 거부는 올리버가 지적한 대로 일부에서 내각제를 추진한 이유가 이승만을 대통령에, 김규식을 부통령에, 김구를 내각제하의 실권자인 국무총리에 추대하려 하였기 때문인지도 모른다.[8] 실제로 이승만 지지자들과 한민당은 김구의 복귀를 우려하여 긴밀히 연대, 그의 진입을 치밀하게 저지하였다.[9]

물론 이승만의 참여거부 위협은 실제 거부의사는 아니었다. 현장을 취재한 한 기록처럼 이것은 협박이었다.[10] 이승만의 참여거부는 김구의 참여거부와는 달리 국가형성연합 자체의 붕괴와 그에 따른 한민당의 동반탈락을 가져올 것이 분명했다. 또한 민족독립운동을 주도한 많은 인물들의 월북, 살해, 참여거부로 협애하게 출발한 상황에서 이승만의 참여거부는 남한체제를 매우 우습게 만들 것이 분명했다. 결국 한민당은 후퇴했고, 이는 이승만체제가 지닌 사인(私人) 권위주의적 성격의 초기적 기원이었다.

한민당의 굴복에도 불구하고 지배연합 내 갈등은 정부형태에 대한 합의에서 끝나지 않았다. 한민당의 입장에서 최초의 양보는 다만 권력분점을 위한 양보였다. 즉, 제도를 양보하면서 내각과 의회를 장악하여 실권을 차지하겠다는, 하나의 양보적 굴복이었다. 이 선택은 선택의 범위 밖에 있는 문제와 안에 있는 문제 사이에서 후자를 선택하게 강요당한 균열구조의 결과였다. 즉, 당시의 정치지형과 갈등구조에서 단정연합과 반대연합 사이의 대립을 넘어 한민당이 후자로 나아갈 가능성은 닫혀 있었다. 그들의 선택은 지배연합 내의 영향력 확대에 머물 수밖에 없었던 것이다.

그러나 8월의 건국내각 구성에서 이승만은 국가형성연합에서 최대의

7) 조용중, 《미군정과 한국정치》, p. 159.
8) Robert Oliver, *Syngman Rhee*, p. 180.
9) 동아일보 편, 《秘話 第一共和國》, pp. 130~131.
10) 조용중, 《미군정과 한국정치》, p. 167.

지분을 갖고 있는 한민당을 다시 배제했다. 이승만은 내각의 주요 각료 중 단 한 명만을 한민당 몫으로 임명했다. 이제 그가 대통령제를 고집한 이유가 어디에 있었는지가 분명해졌다. 이것은 이승만식 정치라고 부를 수 있는 권력배분과 유지의 방법이었다. 그는 1960년 권력에서 축출될 때까지 항상 명분과 실리의 결합을 추구하였는데 명분이 실리보다 분명히 더 크지 않는 한 선택은 언제나 실리쪽이었다. 그가 명분을 채택한 유일한 경우는 아마도 권력에서 물러나는 순간 단 한 번뿐이었을 것이다. 한민당계 인물의 중용은 권력을 분점함으로써 자신의 권력을 오히려 약화시키는 자기침식적 행위였다. 뿐만 아니라 한민당은 지주와 친일세력의 정당이라는 일반의 인식으로 인해 신생의 독립정부 이미지에도 좋지 않았다.

이승만은 특히 토론과 견제가 많은 정당과 의회의 존재를 달가워하지 않는 극단적인 반정당-반의회주의자였다. 이승만이 주한미대사관 노블(Harold Noble) 참사관과의 면담에서 정당정치에 대한 자신의 견해의 일단을 피력한 것을 드럼라이트(Everett F. Drumright) 대리대사가 국무장관에게 보고한 바에 따르면 이승만이 정당정치를 얼마나 혐오했는가를 알 수 있다.

> 그는, 정당 싸움질과 파벌주의는 한국인들의 가장 큰 정치적 약점이며, 해방 전 미국에서의 파벌간의 투쟁은 왜놈들이 끼친 해악보다도 더 해악적이었다고 말했다. 따라서 그는 조국에 돌아왔을 때 자신은 정당정치를 반드시 피해야겠다는 결심을 굳혔다고 말했다.[11)]

이승만은 민주주의의 기본 제도인 정당을 파벌과 동일시하였던 것이다. 그것은 의회에 대해서도 마찬가지였다. 그가 정부형태 논의시에 내각제를 반대할 때의 명분도 '권리를 국민에게 주자'는 것이었다. 그는 자주 대표의 과정을 생략하려 하였다.

---

11) "The Charge in Korea(Drumright) to Secretary of State"(May 2, 1950), *FRUS 1950*, Vol. Ⅶ, pp. 59~60.

한민당은 이승만의 배제에 반대당의 길로 들어섰다. 자신들이 쟁취한 지배체제에서 반대당으로의 전환, 이는 내키지 않는 전환이었으나 정(正)의 선택이 아닌 부(負)의 선택이었기에 다른 선택은 봉쇄되어 있었다. 즉, 그것은 합리적 선택이라기보다는 구조가 강요한 선택이었던 것이다. 건국내각의 각료는 대부분이 이승만과의 사적 친분관계나 정치적 기반의 유무가 중요한 선택요인이었다.

건국내각에서 한민당 몫으로 임명된 사람은 김도연(金度演) 뿐이었다. 최대의 국가형성연합에 대한 분명한 배제를 읽을 수 있다. 윤치영과 임영신은 식민시기부터의 이승만의 오랜 가신그룹이었고, 이범석, 이청

〈표 8-1〉 전간기 이승만체제의 각료 변동상황

국무총리	이범석 48. 7~50. 4 신성모(서리) 50. 4~50. 11
외 무	장택상 48. 8~48. 12 임병직 48. 12~51. 4
내 무	윤치영 48. 8~48. 12 신성모 48. 12~49. 3 김효석 49. 3~50. 2 백성욱 50. 2~50. 7
재 무	김도연 48. 8~50. 4 최순주 50. 4~51. 3
법 무	이 인 48. 8~49. 6 권승렬 49. 6~50. 5 이우익 50. 5~50. 11
국 방	이범석 48. 8~49. 2 신성모 49. 2~51. 5
문 교	안호상 48. 8~50. 5 백락준 50. 5~52. 10
농 림	조봉암 48. 8~49. 2 이종현 49. 2~50. 1 윤영선 50. 1~50. 11
상 공	임영신 48. 8~49. 6 윤보선 49. 6~50. 5 김 훈 50. 5~52. 3
사 회	전진한 48. 8~48. 12 이윤영 48. 12~50. 3 허 정 50. 3~52. 10
교 통	민희식 48. 8~48. 10 허 정 48. 10~50. 5 김석관 50. 5~53. 2
체 신	윤석구 48. 8~49. 6 장기영 49. 6~52. 1
무임소	이청천 48. 8~48. 9 이윤영 48. 9~48. 11

자료: 《大韓民國人事錄》(내외홍보사, 1949).
《大韓民國 歷代 三府要人總鑑》(한국정경사, 1971).

천, 조봉암은 독립운동계열의 인물이었다. 임영신은 미국에서의 활동시절에 이승만과의 결혼설이 나돌 정도의 친분이 있는 측근이었다. 윤치영 역시 그에 못지 않은 가신이었다. 파당적 정치기반이 있는 인물들은 대부분이 제외되었다.

몇몇 사람은 전문성이 인정되었는데 이를테면, 국방의 이범석, 농림의 조봉암, 법무의 이인, 문교의 안호상, 사회의 전진한이었다. 이범석은 유명한 광복군장교 출신이었다. 안호상은 미군점령시기부터 교육-이념-사상 문제에서 우파의 이데올로그로서 선봉에 섰던 사람이었다. 그는 초대각료 중에서 가장 장수하며 이승만체제의 초기 이데올로기를 창조하며 정교화하고 체계화한 중심인물이었다. 이승만주의라고 불리는 일민주의(一民主義)를 창시한 것도 그였고, 그것을 체계화하고 보급한 것도 그였다. 이승만, 김성수, 이범석, 조봉암과 함께 전간기 남한체제의 성격을 드러내 주는 또 한 명의 중심인물을 들라면 그는 안호상이었다. 전진한은 우파 노동운동을 통하여 좌파를 타도하는 데 일조한 인물이었다.

내무장관이 윤치영에게 돌아간 것은 경찰의 두 지주인 미국군정 수도청장 출신의 장택상과 경무부장 출신의 조병옥 사이의 반목 때문이기도 하였으나, 이 둘에게 실권을 주지 않으려는 이승만의 의도이기도 하였다. 이승만은 조병옥을 대통령특사로 임명하여 외국을 돌아다니게 했고 계속 그런 자리로 남아 있게 하려 하였다. 그러나 조병옥은 노골적으로 내무장관이나 국방장관을 요구하였고,[12] 이승만 역시 조병옥이 내무장관을 계속 원하고 있다는 것을 분명하게 알고 있었으나[13] 전쟁이 나기 전까지는 결코 그를 그 자리에 임명하지 않았다. 이범석과 이청천은 각각 조선민족청년단(朝鮮民族青年團 : 족청)과 대동청년단을 이끌면서 각자 민병조직을 장악하고 있는 인물들이었다. 이범석의 임명은 한민당을 견제하려는 이승만의 강한 의지가 개재된 것이었다.

---

12) 조병옥, 《나의 회고록》(서울: 민교사, 1959), p. 272.

13) Robert Oliver, *Syngman Rhee*, p. 242.

특이한 것은 조봉암의 농림부장관 임명이었다. 그는 식민시기 동안 한국의 대표적인 공산주의자였다. 비록 해방 후에는 인천에 머물면서 특별히 주목할 만한 활동을 하지는 않았지만 식민시기에 그는 박헌영에 비견되는 고참 공산지도자였다. 한국의 초기 공산주의운동사에 그는 단연 이름을 남길 만한 활동가였다. 조봉암의 농림장관 취임은, 그가 대통령과 자기는 농지개혁 노선이 다르다며 장관취임을 거절하였음에도 불구하고 이승만이 그의 노선을 받아들이기로 약속하며 재차 승낙을 요구한 데 따른 취임이었다.[14] 조봉암의 취임이 이승만의 요구에 따른 것이라는 점은 조봉암 자신의 진술에 따르더라도 사실이었다.[15] 이들 둘 사이에는 그때까지 사실 아무런 개인적 조직적 이념적 연계가 없었다. 그리고 이승만은 조봉암이 전 공산주의자로서 토지문제에 관한 한 여전히 무상몰수 무상분배를 고수하고 있다는 사실도 알고 있었다. 그럼에도 불구하고 조봉암을 임명한 것은 토지문제에 대한 이승만의 인식의 일단을 읽게 한다. 조봉암이 취임하자 우익청년단원들은 이승만에게는 항의하지 못하고 '왜 공산당을 입각시켰냐'며 그의 비서집을 습격하기도 하였다.[16]

초기내각에서 한민당의 배제와 함께 가장 분명하게 드러난 것은 김구-임정계열의 완전한 배제였다. 이승만과 한민당연합은 자신들끼리는 갈등하였지만 김구계열을 배제한다는 데에는 완전한 일치를 보고 있었다. 그들은 김구계열을 좌파에 못지않게 배척하였다. 이 배제는 전간기 동안 지속적으로 유지되었다. 전후의 조봉암 배제에서도 이승만과, 한민당을 이은 민주당은 차이를 갖지 않았다. 조봉암을 배제하고 거세하는 데서 민주당은 이승만보다 결코 유연하거나 포용적이지 않았다. 김구와 조봉암의 포용은 민족주의진영의 단결이라는 명분에는 맞는 것이었지만 지배연합 내에서의 자기들의 지분을 현저히 축소시키는 것이었다. 그것은 또한 고령의 이승만에 뒤이은 권력승계의 가능성마저 축소시키는 것

14) 동아일보 편, 《秘話 第一共和國》 1권, pp. 149~150.

15) 조봉암, 《우리의 當面課業》(서울: 혁신문예사, 1954), p. 75.

16) 동아일보 편, 《秘話 第一共和國》 1권, pp. 149~150.

이었다. 따라서 이들의 김구와 조봉암 배제노력은 필사적이었다.

초기의 남한 내각은 북한 내각과 마찬가지로 연립내각 성격을 띠었다. 그러나 반대연합과 참여거부 세력에게까지 참여를 허용한 것은 아니었다. 거의 모든 인물들은, 이승만의 사적인 신임을 받고 있던 인물들이거나 정치적 영향력이 크지 않은 사람들이었다. 미국군정 시기에 경찰의 최고위 간부를 지낸 장택상은 내무장관이 아니라 외무장관에 기용되었다. 이승만은 정치적 기반이 없는 인물들을 임명하여 마치 군주가 신하를 거느리듯 하려 하였다. 이승만과 함께, 대소의 의제를 함께 논의하며 그를 가까이서 지켜본 무초(John Muccio)에 따르면, "이승만은 어느 한 순간도 장관이란 자는 '예스' 맨 이상, 다시 말해 대통령의 생각을 수행하는 것이 유일한 목적이라는 생각 이상을 전혀 해보지 않고 있었다. 다른 사람들과 리더십을 공유하고 책임을 부여해야 한다는 관념은 완전히 결여되어 있었다"(강조는 원문 그대로).[17]

국무총리조차 그는, 당시 의회와 일반 대중이 예상하던 김성수-신익희-조소앙을 배제하고 정치적 영향력이 없는 월남한 이윤영(李允榮)을 지명했다. 이승만은 스스로도 이 세 사람이 가장 강력한 총리후보였음을 밝히면서도 각각에 대한 배제의사를 굽히지 않았다. 그가 제시한 표면적인 배제이유가 어떠했든지 간에, 강력한 인물이나 집단과의 권력의 공유는 허락되지 않았다. 김성수는 가장 강력한 후보였으나 한민당을 배제하려는 의도가 확고하였기 때문에 고려의 대상이 되지 못했다. 신익희는 이승만진영으로 돌아서기는 하였으나 기본적으로 임정의 뿌리를 갖고 있는 인물이었다. 조소앙은 이승만 스스로의 표현을 따르면 '노선이 갈려서 우리 대업에 대한 방해가 있었던 사람'이었다.[18] 48년 선거를 반대한 세력은 포용하지 않겠다는 소리였다. 그리고는 이승만은 남한에 아무런 기반이 없는 이윤영을 지명하였다. 이승만이 이윤영을 지

---

17) "The Ambassador in Korea (Muccio) to the Secretary of State" (Jan. 18, 1950), *FRUS 1950*, Vol. VII, p. 11.

18) 동아일보 편, 《秘話 第一共和國》 1권, pp. 96~97; 조용중, 《미군정하의 한국정치》, pp. 173~174.

명한 데는 북한출신을 총리로 지명함으로써 자기의 정권이 북한까지 포함한 유일한 합법정부임을 나타내려는 의도가 강력하게 내재되어 있었다.[19] 그러나 이윤영은 의회에서 인준이 거부되었다. 의회가 단정정치연합으로만 구성되었음을 고려한다면 이러한 인준거부는 의회와 이승만의 균열적 출발을 방증하는 것이었다.

의회와 이승만의 갈등은 이승만정권의 지지기반의 협애성과 제한적 민주성을 동시에 보여주는 요소였다. 즉, 전간기 이승만체제는 지지기반은 협애하였으되 도전불능의 독재적 체제는 아닌 지극히 모순적인 위치에 놓여 있었다. 이후 한국정치 40년을 볼 때 대통령이 임명한 국무총리에 대한 인준거부는 예외적인 것이었다. 이윤영이 거부되자 이승만은 이범석(李範奭)을 국무총리로 지명했다. 그러나 이범석의 지명에는 그가 기반하고 있는 족청을 이용해 한민당과 이범석을 대립시키려는 원려(遠慮)가 있었다. 조봉암과 마찬가지로 족청과 이범석은 나중에는 이승만에 의해 가장 심하게 탄압받지 않으면 안되었다.

그러나 지배연합 내의 균열은 당시 한국사회의 근본적 문제들을 둘러싼 갈등은 아니었다. 근본적인 갈등은 친일세력의 숙청, 토지개혁문제, 그리고 통일문제의 세 의제를 둘러싸고 표출되었다. 이 세 의제는 해방직후부터 한국사회에 가장 첨예하게 전면화된 것들이었다. 이는 3대 탈식민의제이자 3대 건국의제라고 부를 수 있을 것이었다. 친일세력의 숙청문제의 경우 정부가 수립되자 곧바로 숙청요구가 분출하였다. 친일세력의 숙청은 가장 중요한 탈식민의제였음에도 불구하고 미국군정 시기 동안 이들이 오히려 국가기구의 주요 구성원으로 재등장하며 실현되지 않았었다. 이들에 대한 숙청은 구체제와의 단절만이 아니라 신체제의 성격과 직결된 문제였다.

정치적 이행의 시기에 구체제의 지배세력과 연합하여 이행을 이루었을 경우 숙청의 문제는 반드시 제기될 수밖에 없었다. 민족정기, 애국, 지조와 같은 도덕적 준거가 정치적 평가와 선택의 중요한 기준이 되는

19) 동아일보 편, 《秘話 第一共和國》 1권, p. 97.

한국에서 일제에 협력하여 동족을 탄압하였다는 것은 용서받을 수 없는 행위였다. 1948년 7월 17일 공포된 건국헌법에서는 헌법에 규정한 형벌 불소급의 원칙에 대한 유일한 예외규정을 두어 제101조에서 특별히 "이 헌법을 제정한 국회는 단기 4278년 8월 15일 이전의 악질적인 반민족행위를 처벌하는 특별법을 제정할 수 있다"[20]는 조항을 두었다. 정부수립 4일 후인 8월 19일에는 국회의원 11명이 〈정부 내 친일파 숙청에 관한 건의안〉을 제출하여 정부 내의 각료나 고위직 중 현저한 친일 행위자에 대한 숙청을 주장하였다.[21]

친일세력의 제거와 처벌을 둘러싼 초기갈등은 주로 의회의 반민족행위특별처벌법(反民族行爲特別處罰法 : 반민법)과 반민족행위특별조사위원회(反民特委)를 둘러싸고 전개되었다. 혁명이 아닌 한 법률과 제도는 항상 정치투쟁의 핵심적 고리가 된다. 즉, 모든 권력투쟁은 제도적 매개를 갖기 마련이다. 친일세력 처벌의 법적 근거를 마련하기 위해 추진된 반민법은 제정과정에서부터 반대에 직면하지 않으면 안되었다. 헌법의 규정에 따른 특별법이었음에도 불구하고 반민법은 의회의 제정과정에서부터 격렬한 논란이 있었다. 의회 내의 논란은 이 문제가 국가형성 직후의 한국에서 얼마나 민감한 의제였는가를 암시한다. 친일세력들은 미국군정과 제1공화국 국가기구의 골간을 이루고 있었다.

최고권력자 이승만은 이들의 처벌을 강력하게 반대하였다. 이승만은 반민법이 국회에서 통과되기도 전에 담화를 통해 친일반민족행위자들을 처벌하기 위한 법률의 제정에 대한 반대의사를 표명했다. 친일세력의 처벌은 곧 자신의 정부의 골간을 도려내는 것이었기 때문이었다. 친일 극우단체들은 여러 곳에서 집회를 개최하여 법 제정을 반대하는 시위를 벌였다. 집회의 구호는 '친일세력 처단 반대'가 아니라 '반공'이었다. 친일처벌반대를 위한 한 집회의 명칭은 '반공구국총궐기대회'였다. 반공으로 친일을 덮는 논리는 친일파를 소생시킨 언술이 반공이었던 미국군정

20) 유진오, 《헌법해의》(서울: 明世堂, 1949), pp. 207~208.

21) 대한민국 국회 사무처, 《국회사 : 제헌국회 제2대 국회 제3대 국회》(대한민국 국회 사무처 위원국 자료편찬과, 1971), p. 65.

시기의 연장이었다. 군부권위주의 시기 동안에도 한국에서 민주주의에 대한 반대언술은 독재가 아니라 '자유민주주의 수호'이거나 '반공'이었다. 반민법 제정을 주동하는 국회의원들을 '사형시키겠다'는 협박장이 돌아다녔고, 서울 시내의 곳곳에는 법제정을 반대하는 벽보가 나붙었다. 경찰은 군중데모를 선동하였고, 국무총리 이범석은 이러한 집회에 참석하여 축사를 하였다. 경찰의 선동과 국무총리의 참여는 친일문제에 대한 정부의 입장이 무엇인지를 잘 보여주었다. 국회에는 "민족처단을 주장하는 놈은 공산당의 주구다", "인민은 여기에 속지 말고 가면의원을 타도하라"는 전단이 뿌려졌다.[22)]

반동적 저항에도 불구하고 1948년 9월 7일 국회의 표결에서 친일 반민족행위자를 처벌하기 위한 특별법안은 재석 141명 중 찬성 103표, 거부 6표의 일방적인 표차로 국회를 통과하였다.[23)] 이 표차는 초기 의회가 사회의 요구를 거부하지 않아 시민사회와 정치사회의 단절이 크지 않았음을 보여준다. 특히 친일문제에 관한 한 의회는 행정부와 사법부에 비해 식민통치에의 협력계층이 가장 낮았다. 의회는 행정 및 사법부와는 달리 선출의 방식으로 구성되었기 때문이었다. 선거의 핵심기능은 무엇보다도 여과에 있었다. 제헌국회는 이승만정부의 다른 세 번의 의회에 비해서도 친일협력자의 비율이 절반에도 미치지 못할 정도로 낮았다. 임종국(林鍾國)의 연구에 따르면 2대에서 4대 의회의 친일협력자 평균비율은 9.8%였음에 비해 제헌국회는 그 절반인 4.8%에 불과했다.[24)] 이승만은 9월 22일 원치 않는 이 법을 공포하지 않을 수 없었다.

48년 10월에는 국회내에 반민특위가 구성되었고, 법원과 검찰에는 특별재판관(15명) 및 특별검찰관(9명)으로 구성된 특별재판부가 설치되었다. 특별재판부의 부장은 유명한 법률가 김병로(金炳魯)였다. 서울 및 각도에는 도조사부(道調査部)가 설치되었고, 각군에는 군조사부(郡

22) 이호진 · 강인섭, 《이것이 국회다》(서울: 삼성출판사, 1988), pp. 76~77.

23) 국회사무처, 《국회사 : 제헌국회 제 2 대 국회 제 3 대 국회》, p. 34.

24) 임종국, "제1 공화국과 친일세력," 《해방전후사의 인식 2》(서울: 한길사, 1985), p. 159.

調査部)가 설치되었다. 중앙에서 지방까지 수직적 조사기구를 갖추어 지방에 존재하는 구체제의 뿌리까지 뽑아내겠다는 의사였다. 이 특별재판부는 의회로서는 이례적으로 검찰권과 사법권을 갖는 특별사법기관의 성격을 갖는 것이었다. 현대한국의 역사에서 이는 매우 이례적인 경우에 해당한다. 1980년대 후반과 90년대 초반 두 번에 걸쳐 시도되었던 군부권위주의체제의 유산에 대한 청산경험과 비교할 때 검찰권과 사법권을 갖는 정부수립 직후의 구체제 청산시도는 훨씬 더 강도가 높은 것이었다.

반민특위와 특별재판부의 구성인물들은 대부분 식민시기에 3·1운동이나 신간회, 임시정부를 통해 오랫동안 반일독립운동에 참여했던 인물들이었다. 지방의 지부구성원들의 경우도 마찬가지였다. 친일숙청에 대한 갈등은 중앙에서 지방까지 이어졌다. 사회의 언어들은 재빠르게 구체제 청산의 물결로 뒤덮이기 시작하였다. '친일이냐 항일이냐'는 식민시기 대립이 다시 불려나왔고, 사람들은 식민시기 친일파의 반민족적 악행들을 떠올리며 숙청을 요구하였다. 과거의 기억이 되살아나자 처벌의 요구는 점점 강력해졌고, 이는 가장 먼저 가장 크게 사회의 균열을 촉진하였다.

친일세력의 숙청문제는 다른 한편 이념문제 및 통일문제와 중첩되어 있었다. 체제수립 과정의 핵심갈등이 무엇이었는가와, 누가 그 갈등에서 주요한 역할을 수행하였는가가 친일숙청문제의 심연에 숨어 있었다. 지난 3년의 핵심갈등은 혁명이냐 아니냐, 반공이냐 아니냐였고, 남한정부는 그 갈등을 타고 등장하였다. 투쟁의 선봉에 섰던 것은 우파와 친일세력이었다. 친일숙청문제는 이념과의 중첩 때문에 반격을 받아 주요 정치의제에서 배제되었다. 우리는 다음 장에서 친일숙청과 반공의 의제가 어떻게 엇물려 있었는지를 보게 될 것이다.

친일세력 숙청문제가 핵심 정치의제로 부상할 때인 1948년 10월 13일 국회의원 44명은 〈외군철퇴긴급동의안〉을 제출하였다.[25] 미국의 절대

25) 국회도서관 입법조사국, 《한국정치연표, 1945~1984》(국회도서관, 1984), p. 52.

적 지원하에 출발한 국가임을 고려한다면 건국 2개월 만의 44명 국회의원의 미군철수 주장은 그 시기와 규모(44/198, 총의원의 22%) 면에서 매우 빠르고 큰 것이었다. 문제의 민감성을 반영하여 44명 의원들의 철수동의안이 제출되자 마자 다른 의원들의 반대가 속출하여 국회는 휴회하였다. 의회조차 예리하게 균열될 만큼 이 의제는 민감했고, 휘발적 요인들을 안고 있었던 것이다.

남한에서 이 문제가 핵심의제가 된 이유는 무엇보다도 제도창설의 중심 힘인 미군이 철수할 때 국가형성과정에서의 가장 중요한 대립인자였던 상대 공산주의국가와의 대결에서 승리를 보장할 수 없었기 때문이었다. 다른 한편 지배연합의 헤게모니가 확고히 구축되기 이전에 반대연합의 도전이 격렬해진다면 48년질서는 다시 1945년이나 또는 적어도 48년질서구축 이전의 갈등상태로 회귀할 것이 분명했기 때문이었다. 반대세력의 제압 이전에 체제창설 무력의 철수는 48년질서 위에 불안하게 존재하는 남한국가를 위기로 빠뜨릴 것이 분명하였다. 소련군이 김일성의 헤게모니가 확고해진 뒤 철수한 것을 상기할 때 남한의 국가는 북한에 비해 아직 사회에 안정적 토대를 구축하지 못하였던 것이다. 이는 반대세력을 조기에 일소한 소련의 정책과는 달리 반대세력을 점진적으로 배제한 미국의 정책의 결과이기도 하였다.

주한외국군대의 철수문제는 미소공동위원회 때부터 가장 첨예하게 대립된 의제였다. 강력한 단정반대론자인 김구 역시 1948년 9월부터 미소양군 철퇴와 평화로운 통일독립을 위한 남북협상을 주장했다. 그는 전간기 남한국가에서 반대연합의 가장 강력한 지도자였다. 김구는 정부수립 이전인 1948년 1월에 남북협상을 제안하면서 이미 '미소양군의 즉시철퇴'를 주장한 바 있었다.[26] 이후로 김구를 비롯한 참여거부 세력들은 계속 주한미군의 철수를 주장했다. 10월 19일 김구는 '반탁과 철병은 애국자의 동일 주장'[27]이라면서 오늘의 철병주장이 과거의 반탁민족

---

26) 《서울신문》 1948년 1월 29일 ; 대한민국 문교부 국사편찬위원회 편, 《자료 대한민국사 6》(동위원회, 1973), p. 177.

27) 吳蘇白 編, 《解放 20年 — 資料篇》, 증보판(세문사, 1966), p. 25.

운동의 연장에 있음을 암시하였다.

그는 한 인터뷰에서 "미소양군 철퇴를 주장하는 것은 3천만 동포의 혈원"(血願)이라면서 다음과 같이 강경하게 주장하였다.

> 우리나라 강토 안에 때아닌 외군주둔이란 있을 수 없습니다. 주둔이 일각이라도 연장되면 연장될수록 백해(百害)가 양성되어 우리의 국운을 쇠멸시키는 것입니다. 적국 아닌 우리나라에 계속 주둔한다는 것은 국제헌장에 어그러지고 정의인도(正義人道)에 배치되는 일입니다.

그는 "미소양군이 철퇴하는 날이면 조선은 진공상태에 놓일 것이고, 내란이 발생하여 동족끼리 상잔하는 비극을 연출할 것"이라는 질문에 대해서도 정면으로 반박하였다.

> 양군이 철퇴하면 진공상태에 빠지고 북조선인민군이 쳐들어오고 내란이 일어난다는 것은 모두가 구실이고 모두가 비과학적인 관찰입니다. 남은 북을 의심하고 북은 남을 의심한다면 몇백 년을 끌어도 문제는 해결되지 않을 것입니다.[28]

결과적으로로 그의 지적은, 옳았으되 정확하지는 않았던 것이다.

통일정부수립 주장을 제압하고 분단국가가 수립된 상태에서 남북통일을 주장하는 것은 국가형성연합에 대한 부정은 말할 것도 없고 분단국가의 존재근거(*raison d'etre*)를 부정하는 것임은 강조할 필요도 없었다. 즉, 친일세력 숙청문제와 주한미군 철수문제 및 통일문제는 모두가 국가의 정당성의 문제와 직결되어 있는 의제들이었다. 뒤에서 보듯이 1949년 6월에 48년질서의 변개를 주장하는 세력이 정치사회에서 모두 제거된 이후 이들 의제가 다시 제기되지 못한 것은 이 문제가 국가의 정당성 문제와 직결되어 있었음을 증명한다.

국가형성세력의 분열, 구체제 지배계급 해체문제의 가열, 제도의 창

---

28) 《김구 주석 최근 언론집》, pp. 102~103.

설자 미군철퇴 및 평화통일 주장 등으로 이승만체제를 둘러싼 균열은 국가수립 직후부터 재빠르게 확산되었다. 갈등의 심화와 확산은 3년간의 점령시기가 구체제 지배세력과 사회경제체제의 해체에 미온적이었던 데에 근본이유가 있었다. 의제의 해소는 시간의 문제가 아니라 정도의 문제였던 것이다. 말을 바꾸면 시간의 진행에 따른 자연적 해소란 결코 없다는 점이다. 그러나 다른 한편으로 근본적 갈등의 심화는 제도의 창설자가 퇴장하고 국가 자체가 계급갈등의 주체로서 투쟁의 장내로 들어왔기 때문이었다.

2. 밑으로부터의 마지막 저항 : 여수반란

국가수립 직후에 노정되었던 정치사회의 갈등은 그 갈등을 초래한 건국의제들이 정치사회에서 해소되지 못한다면 결국 전체사회로 확산될 것임을 암시한 초기 징조였다. 사회갈등이 심화될 경우 투쟁은 국가 자체를 둘러싼 정치투쟁으로 전화될 것이었다. 국가는 정치투쟁의 최종적인 공간이기 때문이었다. 즉, 갈등해소의 천연은 시간이 흐르면서 오히려 근본갈등의 계선으로 돌아갈 개연성을 높였다. 식민시기의 모순의 정도와 이의 해소를 위한 1945년의 사회폭발의 정도가 엄청났었기 때문에 3년간의 억압과 조정의 기간을 거쳤음에도 불구하고 전간기 한국사회는 여전히 탈식민의제에 긴박되어 있었던 것이다.

한국의 현대정치가 보여왔듯 위로부터의 내연은 밑으로부터의 폭발을 내장한다. 게다가 민중의 불만과 저항을 조직하고 촉발시키는 좌파 혁명세력은 아직 완전히 소멸된 것은 아니었다. 저항지도부의 존재는 조직화된 저항의 불꽃을 터뜨리는 데 필수적이다. 좌파 혁명세력은 곳곳에서 중앙정부의 권위에 도전하고 있었다. 이승만체제에 대한 밑으로부터의 최대도전은 정부수립을 위한 선거에 저항하며 1948년 4월 발생하여 계속되고 있던 제주도에서의 저항과, 이를 진압하려다 발발한 여수반란사건이었다.

48년 4월 3일에 발발한 제주도에서의 민중저항은 정부수립 직전 한달 이상의 소강상태에 접어들었으나 정부수립을 전후하여 다시 격화되었다. 제주도의 초기저항을 지도했던 지도자들은 7월에 비밀리에 제주도를 빠져나와 해주에서 열린 남조선인민대표자대회에 참석했다. 회의에서 저항의 중심인물인 김달삼(金達三)은 제주항쟁에 대해 보고하여 참석자들로부터 많은 박수를 받으며 젊은 나이에도 불구하고 박헌영(朴憲永), 홍명희(洪命憙)와 함께 30명의 주석단에 선출되었다. 그는 보고에서 "북조선의 민주개혁을 남조선에서도 하루속히 실시하도록 용감히 싸우자"고 호소하였다.[29]

김달삼의 특별보고와 주석단 피선은 해주에 집결한 공산주의자들이 제주저항을 얼마나 중시했는가를 보여준다. 초기에는 비교적 비이념적인 요인에 의해, 경찰과 청년단의 제주도민에 대한 부당한 탄압과 차별에 대한 대중적 저항으로서 분단선거의 저지라는 명분을 계기로 출발한 제주도의 저항은, 상이한 이념에 근거한 두 분단국가의 등장이라는 조건의 급격한 변화를 계기로 성격이 변전되지 않을 수 없었던 것이다. 1948년 8월 이전의 저항과 이후의 저항의 차이는 여기에 있었다. 특히 제주도의 경우 저항지도부의 북한국가 수립에의 가담은 미군과 남한정부로 하여금 제주저항이 북한공산주의자들과 연계된 것으로 인식하게 하였다. 실제로 김달삼을 비롯한 제주저항의 지도부를 북한의 국가수립에 참여시킨 것도 노동당의 지시였으며, 당중앙은 이들을 대신하여 제주항쟁을 지도할 조직원(리재옥)을 파견하여 제주도에서의 항쟁을 자신들의 전국적 투쟁전략과 연계시켰다.[30] 토착적 저항이 북한의 중앙좌파와 연계되기 시작하였던 것이다.

여기에 하나의 중요한 시사점이 존재한다. 즉, 두 분단국가의 수립을 계기로 하여 친일과 항일, 좌파와 우파 간의 대립의 성격이 변전되었다는 점이다. 남한에서의 저항은 이제 즉각 북한에 대한 지지로 받아들여

29) 《사료집》 6권, p. 155. 김달삼의 보고내용은 〈남조선인민대표자대회자료〉, 《사료집》 6권, pp. 201~207을 보라.

30) 《로동신문》 1950년 2월 11일.

졌다. 이 문제는 남한리더십뿐만 아니라 북한리더십도 동일하게 인식하였다. 전간기 남한에서의 농민봉기는 남한과 북한 모두에서 북한을 지지하는 것으로 동일하게 받아들여졌다는 것이다. 모든 저항이 실제 그러했느냐의 여부에 관계없이 각각의 리더십은 그렇게 받아들이고 있었다. 곧 남한좌파의 저항이 북한의 사주로 인식되는 데에 남한국가의 반좌파 공격의 정당성의 근거가 주어지고 있었다. 이것은 남한의 자생적 저항세력에게는 파멸적 결과를 초래하는 재앙이었다. 그러나 북한은 간첩침투와 게릴라부대 남파를 비롯하여 전간기 동안 끊임없이 남한의 저항을 촉발하고 지도하려 시도하였다.

정부가 제주도저항에 대해 본격적인 진압을 위해 여수에 주둔하고 있는 국군 제14연대를 투입코자 내린 출동명령에 병사들이 출동전야인 10월 19일 '동족상잔을 강요하는 제주도 출동명령 거부'를 주장하며 반란을 일으킴으로써 전장은 본토로 확대되었다. 제주도와 여수·순천, 그리고 뒤에서 볼 게릴라전투지역의 한국인들에게 사실상의 전쟁은 1950년이 아니라 1948년에 시작된 것이었다. 제주저항지도부의 북한체제 수립참여에 뒤이은 본토에서의 반란시도는 남한정부의 위기의식으로 연결되었다. 남한의 대표적 공간사가 기록하고 있듯 "제주도에 이어 육지에 제2전선을 형성하여 제주도의 투쟁을 용이하게 해주고 14연대에 이어 전군에 반란을 일으켜 대한민국을 일거에 전복"[31] 하려는 음모로 받아들여졌다.

동일한 인식은 여수반란 직후의 국무총리 겸 국방장관 이범석의 진술에서도 발견된다. 그는 반란직후의 의회보고에서 "공산주의자들은 여수에서 반란을 일으킴으로써 제주도사태를 남한 각지에서 전개시키려 하고 있다"[32] 고 비난을 퍼부었다. 제주의 저항이 '지방적 저항-지방적 대응'의 조합이었다면, 여수반란 이후는 '지방적 저항-전국적 대응'의 조

31) 대한민국 국방부 전사편찬위원회, 《한국전쟁사 1 : 해방과 건군》(동위원회, 1967), pp. 451~452.

32) 〈제1회 정기회의 속기록—제89호〉, 《대한민국국회 제1회 속기록, 自 제61호 至 제128호》, p. 671.

합으로 바뀌어 인식되었다. 그러한 인식의 결과 여수군인반란 직후 군당국은 해군함정을 동원하여 제주도 해안을 봉쇄, 선박출입을 금지시키고 육지와의 모든 연결을 차단시켰다.[33)]

여수에서 군인들의 반란 이후 제주도에서의 정부군의 대응은 훨씬 강경해졌다. 그것은 본토로의 확전에 따른 예견된 반응이었다. 이때부터 대결은 일방적이었다. 한 자료에 따르면 11월중 이른바 약 500여명의 공산폭도가 죽어갔으나 같은 기간 중 전사한 군경은 5명을 넘지 않았다.[34)] 대부분이 현지주민들로 이루어진 저항세력들은 군경보다 지형에 더 익숙했고 기습과 매복 도피에 능숙했다. 그러나 사망자의 구성은 이해할 수 없을 정도의 절대적인 불균형을 보여주었다. 이 불균형은 공산폭도로 죽어간 500명의 구성이 전부 공산폭도는 아니었을 뿐만 아니라 살상이 어느 한쪽에 의한 일방적인 것이었음을 암시한다. 정부군은 한라산 전체를 포위하여 한쪽에서 다른 한쪽으로 마치 토끼몰이를 하듯 공격했다. 이러한 작전은 제주도 주민들에게 유격대로의 합류와 군경관할구역으로의 하산 중 어느 하나의 선택을 강요했다. 즉, 대립의 심화는 저항이냐 지지냐의 선택을 강요하였던 것이다. 지방민중의 선택조차 남한과 북한의 두 한국 중 중간은 결코 허용되지 않았다. 이것이 분단이라는 48년질서가 민중들에게 가하는 비극이었다.

국가기구의 진압은 선무작전과 함께 자수의 권유가 사용되었다. 그러나 가장 주요한 방법은 역시 토벌이었다. 48년 가을과 49년 봄 사이의 겨울에 제주도에서는 가공할 토벌작전이 전개되었다. 1949년 3월에 국무총리 이범석은 "제주도의 비극은 미군정에 의해 채택된 무력에 의한 진압방침에 큰 책임이 있다"면서 "정부는 진압과 선무공작을 병용하는 5분 정치(五分政治), 5분 군사(五分軍事)의 작전으로 임하겠다"고 다짐했다.[35)] '5분 정치, 5분 군사'라는 말은 절반은 정치적으로 접근하고 절반은 무력으로 진압하겠다는 표현이었다. 그러나 그의 말은 지켜지지

---

33) 국방부 전사편찬위원회, 《한국전쟁사 1》(1967), p. 443.

34) Hq, USAFIK, *G-2 P/R*, 1948년 11월 3일부터 1948년 11월 30일까지의 통계.

35) 《서울신문》 1949년 3월 15일 ; 《동아일보》, 《조선일보》 1949년 3월 16일.

않았다. 더욱이 이 시점은 사태가 거의 끝난 시점이었으며, 사망자는 주로 이승만체제의 수립 후에 집중적으로 발생하였다.

1949년 4월 9일 이승만은 제주도를 방문, 저항의 종식을 내외에 과시하였다. 5월 10일에는 연기되었던 제주도선거가 실시되었다. 1년간의 소용돌이 속에서 추정컨대 제주도민의 약 8분의 1인, 3만여명이 사망하였다. 사망자의 대부분은 민간인이었다. 미군의 한 보고서는 토벌의 성공 이유를 정직하게 '민간인 대량살육계획'으로 기록하고 있으며, 자신들이 추정한 사망자 1만5천 명 중 최소한 80%가 군경에 의해 살해된 것으로 보았다.[36] 이 기간 중 사망한 군경은 118명이었고, 서북청년단은 40명이었다.[37] 전투를 했다는 두 세력간의 사망자 숫자의 이 엄청난 불균형은, 그것이 전투에 의한 사망이 아님을 시사한다. 이는 국가폭력의 극치였던 것이다. 권력의 부도덕성과 잔인성은 국가간 전쟁에서보다는 민간저항의 진압작전에서 더 자주 드러난다.

10월 19일 전남 동부의 여수에서 일단의 좌파군인들이 일으킨 반란은 다른 반란과는 현저히 다른 것이었다. 그것은 좌파를 제압해야 할 핵심 국가기구내에서 좌파분자들이 일으킨 것이기 때문이었다. 더욱이 이 반란은 단순한 군인들만의 반란으로 끝나지 않았다. 물론 반란의 불꽃은 군내의 좌파가 터뜨렸고, 그들이 반란을 주도했다. 좌파야말로 이승만체제의 최대의 도전세력이었다. 48년질서의 형성과정에서 중심적인 공산주의세력이 대부분 북한으로 넘어갔음을 고려한다면, 그리고 1945년에서 1948년까지의 3년간 이들이 극한적 탄압을 받았음을 고려한다면 1948년 시점에서 좌파의 강력한 조직적 봉기시도는 거꾸로 그들의 깊은 뿌리와 끈질긴 생명력, 비밀스런 침투능력을 방증하는 것이었다. 1945년 진주(進駐)시 한반도의 상황이 '혁명적이었다'는 미군의 인식은 사태에 대한 가감없는 직시였다. 여수의 폭발은 혁명적 사태의 마지막 절정이었다. 여수에서의 폭발은 46년 가을 대구-경상도, 48년 봄 제주도에

---

36) Hq, USAFIK, *G-2 P/R*, 1949년 4월 1일 "Chejudo Report".

37) 《동아일보》 1949년 4월 19일, 5월 26일.

이어 세 번째의 대규모적인 저항이었다. 이곳에서는 이 저항이 해방 후 최초의 폭발이자 마지막의 폭발이었다. 전국적으로도 이것은 마지막이었고, 결국 이 사건은 전체국면의 방향을 바꿔놓은 결정적인 계기가 되었다.

여수반란은 1945년 탈식민 이후의 여러 요인들이 중첩되어 폭발한 것이었다. 그중에서 군에의 좌파의 침투는 특별히 더 강조될 필요가 있다. 왜냐하면 그것은 어떻게 반공주의를 제일의 기저이념으로 출발한 국가에서 핵심국가기구가 반란을 일으킬 수 있느냐는 아이러니를 이해하는 데 필수적이기 때문이다. 간단하게 말하면 여수반란은 공산주의와의 대결을 위해 국민형성 이전에 모두에게 총을 주었기 때문에 가능한 사건이었다. 총은 국민으로 형성되는 과정에서 그 확산의 범위만큼만 점차로 주어지지 않으면 안된다. 그러나 일거에 주어지자 이는 강력한 저항의 요소로 돌변하였다.

1945년 해방에 뒤이어 많은 자생적 단체들이 분출하였다. 이미 진술했듯 '집단의 분출'이었다. 여기에는 많은 청년-군사단체들이 있었다. 이른바 사설군사단체였다. 이러한 자치조직들은 미군의 진주와 함께 해체되었다.

그러나 46년에서 48년까지 있은 남한군 창설 때 많은 청년들은 군으로 입대하였다. 이들 초기 참군자들의 지향은 여러 갈래였다. 어떤 사람들은 새 조국의 건설을 위해, 또 어떤 사람들은 친일경력에 대한 면죄부를 받기 위해, 또 다른 사람들은 공산혁명을 위해서 입대하였다. 미군의 국가기구의 창설은 남한에서의 혁명적 상황에 대비하기 위한 것이었으나, 역설적으로 그곳은 좌파의 피난처 역할을 해주었다. 일부는 경찰의 추적을 피해 피신수단으로 입대하기도 했고, 일부는 군내에 좌파를 심기 위한 남조선노동당의 조직적 침투작전으로 공산세포의 임무를 띠고 은밀히 위장입대하기도 했다. 군내의 좌파침투는 용이했을 뿐만 아니라 광범위했다.

북한에서 소련군정과 리더십은 46년 4월이면 국가기구에서 모든 체제저항적인 요소를 척결하였다. 그러나 남한의 군은 창설 때부터 혼란스러웠다. 여수반란 이전에도 군에서는 '작은 반란'과 충돌이 빈발했으며 명령불복종의 하극상이나 상사에 대한 구타와 살해음모가 이어졌다.[38] 1948년 가을의 시점에서 남한의 좌파는 가장 크고 강력한 국가기구인 군에 은밀하게 집결해 있었다. 그리고 북한은 48년 이후에도 남한군대에 대한 비밀스런 침투기도를 중단하지 않았다. 1949년 3월 김일성과 박헌영이 스탈린을 방문하였을 때도 남한군에 대한 첩자의 침투문제를 거론하였을 정도로 이 문제에 대해서 공산주의자들은 많은 노력을 기울였다.[39]

남한의 군인들은 자신들이 인식하기에 일제의 주구요 친일파로 이루어진 경찰에 대해 미국군정 시기 이래 강한 거부감을 갖고 있었다. 그들은 무기 장비 복장 급식문제에서 경찰에 비해 홀대를 받는 데 대해서도 불만이 높았다. 반면에 일사불란한 조직력과 강력한 중앙집권적 통제를 자랑하는 경찰은 좌파파괴와 체제유지의 전위대로서 군을 오합지졸로 멸시했고, 사상적으로도 '불순하다'고 의심했다. 이러한 반목은 군경 간의 빈발하는 갈등과 충돌로 이어졌다. 1947년의 영암사건은 대표적인 군·경 충돌사건이었다. 영암사건은 1947년 6월 1일~3일 경찰과 군(경비대)이 상호간의 반목과 증오로 충돌, 총격전을 벌여 적지 않은 인명피해를 낳은 사건이었다. 인명피해는 경찰이 사망 1, 부상 4명이었고 경비대가 사망 6, 부상 10여명이었다.[40] 군경충돌에 관한 한 영암사건은 여수사건과 아주 유사하였다.

제주도에서는 경찰의 최고책임자 조병옥과 군대의 진압책임자 김익렬(金益烈) 경비대 제 9 연대장이 제주저항의 발발이유, 강경진압책과 온건진압책을 놓고 대립하다가 딘(William Dean) 군정장관을 비롯한 미

---

38) 빈발한 이 반란과 충돌사건들은 육군본부, 《창군전사》(1980), pp. 383~506을 참조하라.

39) 볼코고노프, 《스탈린》, p. 368; 《朝日新聞》 1993년 6월 26일; 〈소련외교문서〉 3, 《서울신문》 1995년 5월 15일.

40) 《동광신문》 1947년 6월 6일; 《한국전쟁사》 1권, pp. 127~136; 《창군전사》, pp. 388~392.

군정 고위관계자들 앞에서 둘이 난투극을 벌이기도 하였다. 조병옥은, 제주도 민중의 저항이유 중에는 경찰의 행태에도 문제가 많다면서 경찰의 진압중단과 군으로의 진압권의 이양, 온건 진압을 주장하는 김익렬을 '빨갱이'로 몰아 공격하였다.[41] 물론 김익렬은 좌파가 아니었다. 그는 이 사건으로 해임되었으나 나중에 다시 복귀하여 육군중장까지 진급하였다가 1969년에서야 예편한 사람이었다.[42] 그런 그가 좌파군인이었을 리는 만무했다. 조병옥의 김익렬에 대한 공격의 방법은, 가장 강경한 반공주장이 가장 정당하다는 반공만능주의, 또는 극단적 반공이 아니면 모두 빨갱이라는 파시즘적 사태인식을 상징한다. 이렇듯 경찰의 친일경력과 야만적 행태 때문에 생긴 군경의 반목은 고위지휘관들까지 반목을 불러일으켰으며, 사병들의 경우 더 심하였다.

여수에 주둔하고 있던 14연대의 경우 좌파세력이 더 많았다. 특히 그 연대는 단정(單政) 반대투쟁이 가장 치열하게 전개될 시점에 창설되어 더욱 많은 좌파요소들이 경찰의 추적을 피해 용이하게 입대할 수 있었다.[43] 입대과정에서 철저한 신원조회는 없었다. 여수반란을 주동한 김지회, 홍순석, 지창수 등이 연대의 창설요원이었기 때문에 좌파의 침투는 더 치밀하고 용이하였다.[44] 이들이 입대하는 신참사병들에게 이념적 영향을 주었다는 것은 의심할 수 없다. 군내 좌파 비밀첩자의 임무는 신참병사의 포섭이 또한 핵심이었다. 따라서 14연대는 약 반수 이상이 남로당 전남도당에 의해 침투되어 있었다.[45]

반란이 발발한 여수를 비롯한 전남 동부지방의 경우, 1946년 10월의 전국적인 가을항쟁시 이에 참여하지 않음으로써 다른 지방과는 달리 이

---

41) 김익렬, "김익렬 유고 : '유언 — 4 · 3의 진실'", 《제주신문》 1989년 9월 12~13일.
42) 〈장교자력표 — 군번 10047번 김익렬〉, 《陸軍將校資歷表》.
43) 황남준, "전남지방정치와 여순사건," 박현채 외, 《해방전후사의 인식 3》, p. 445.
44) 김석학·임종명, 《광복 30년 — 제 2 권 : 여순반란 편》(광주: 전남일보사, 1975), pp. 17~20 ; 사사키 하루다카(佐佐木春隆)/강창구 편역, 《韓國戰秘史》 上(서울: 병학사, 1977), p. 296.
45) 김남식, 《남로당 연구》, p. 381.

시점까지도 해방 직후의 건준지부와 인민위원회를 주도했던 세력이 여전히 붕괴되지 않고 있었다. 1945년의 상황이 1948년으로 연결되고 있었던 것이다. 48년 4월의 제주도와 동일하였다. 그곳도 초기의 온건좌파는 붕괴되지 않고 48년 4월까지 건재했다. 이 점이 중요했다. 좌파지도부의 온건성과 초기 봉기에의 불참은 다른 지역과 같은 좌파의 전면도괴를 연기시키고 있었던 것이다. 조직적인 혁명세력으로서의 군내의 응집된 좌파, 그들의 연대세력으로서의 잠재적인 민간 저항세력의 존재, 이들에게 공통의 정신적 접점을 제공해 주고 있던 친일경찰의 만행, 그리고 점점 어려워지는 민중들의 생활 등 군반란이 좁게 병영내로만 한정될 수 없었던 조건은 산재(散在)했다. 그 결과 14연대가 반란을 선택했을 때 짧은 시간에 인근지역의 농민과 학생들이 대거 합류했다. 군내 좌파와 토착민간좌파로 구성된 반란세력은 수 시간 만에 여수의 주요 관공서를 점령하였고, 반란 첫밤의 날이 새기도 전에 전여수를 장악했다.

최초의 상황은 고전적인 농민반란의 양상을 띠었다. 사회 경제 정치적 불만이 편재(偏在)하고 있는 상태에서, 그 불만을 조직하는 이념과 명분이 존재하고 있으며, 연대의 뿌리를 제공해 주는 저항과 해방의 경험을 공유하고 있고, 촉발의 주도세력과 계기가 있어 반란의 불꽃이 점화되었을 때 불만의 크기만큼이나 빠르게 광범한 반란대열이 형성되었다. 최초의 군인봉기는 거대한 민중반란으로 변전되었던 것이다. 초기 반란에서 진압군경은 반란군과, 빠른 속도로 반란에 호응참여하는 농민 및 학생들에게 밀렸다. 진압을 위해 출동한 일부 군과 지휘관들은 총구를 돌려 반란세력으로 돌변하였다. 국가기구는 혼란에 빠졌고, 진압과 반란은 뒤엉켰다.

반란은 여수와 순천을 휩쓴 뒤 광양, 곡성, 구례, 순천, 고흥의 인근 다섯개 군으로 확산되었다. 어떤 지역에서는, 마치 한국전쟁 초기처럼, 반란군 세력이 당도하기도 전에 토착좌파가 경찰과 우익청년단, 친일파들을 공격하였다. 벌교, 고흥, 보성, 광양 등에서는 경찰이 미리 도주하여 토착좌파들이 무혈점령했다. 짧은 불꽃, 재빠른 확산과 참여, 유혈적인 진압, 궤멸적인 패퇴, 그리고 사태의 종결에 따른 국면의 완전한 역전… 각 계기마다 이 사건은 46년 가을의 추수봉기와 아주 유사했다. 사태의 이러한 파고는 국가형성기 한국의 민중반란의 정형 같은 특징이었다. 반란군 치하의 점령지역에서는 친일협력자, 경찰과 우익인사, 그리고 청년단원들이 반동과 반역자라는 이름으로 처형당하였고, 어떤 지역에서는 재판없이 즉결처분이 행해졌다. 인민위원회도 복구되어 이른바 인민행정이 실시되었다. 체포당한 경찰이 흥분한 군중들에게 밟히거나 몰매를 맞은 곳도 있었다. 사태의 역전이 무엇을 가져오는지를 이 사태는 뚜렷하게 보여주고 있었다.

반란은 그러나 기본적으로 성공할 수 없는 것이었다. 10월 20일 이른 아침 국방장관 이범석은 여수반란에 대한 대책을 수립하기 위해 긴급히 비상회의를 소집했다.[46] 주한미군 임시군사고문단(Provisional Military Advisory Group : PMAG) 로버츠(William L. Roberts) 단장, 경비대 총사령관 송호성(宋虎聲), 수 명의 미 군사고문관 및 한국인 장교가 참석한 이 회의에서는 진압작전지도부를 광주에 파견키로 결정했다. 20일 군수뇌부는 육군 총참모장 채병덕(蔡秉德), 육본 작전참모부장 정일권(丁一權), 정보국장 백선엽(白善燁)이 비행기로 광주에 도착하여 현지시찰 및 임시조치를 취하였다. 다음날 군은 경비대 총사령관 송호성을 반군토벌사령관에 임명하고 반군토벌사령부를 광주에 파견하였다. 전군 지도부의 총력대응이었다. 38선에서 북한군과 연하고 있는 상태에서 이러한 총력대응은 미국 군사고문단과 남한정부의 여수사건에 대한 인식이 어떠했는가를 반영한다.

총력대응으로도 사태는 호전되지 않았다. 초기 진압과정에서 진압군경은 반란군민(軍民)에게 밀렸으며, 군 자체가 지휘불능과 병력붕괴 상태에 빠져 우려할 만한 지휘체계 마비현상이 나타났다. 이러한 현상은 한국전쟁 초기에도 재현되었다. 진압군 최고지휘부끼리 지휘체계를 놓고 다투는 현상이 벌어지기도 하였다. 최초의 거대반란에 군은 흔들리

46) 백선엽, 《實錄 智異山》(서울: 고려원, 1992), p. 164.

고 있었다. 23일과 24일에 연속된 여수탈환작전에서도 정부군은 패퇴를 거듭했다. 정신, 훈련, 지휘체계, 장비, 작전 등에서 남한군은 한 도시의 반란도 진압하지 못하고 밀릴 만큼 저열한 것처럼 보였다. 26~27일에 걸쳐 정부군은 육·해·공군 합동작전으로 여수시가를 잿더미로 만들고 나서야 탈환에 성공하였다.

많은 기록들이 표현하듯 여수는 불바다가 되었다. 한 지방도시의 반란에 총력을 경주하여 대응했던 것이다. 호남지구 전투사령부의 발표에 따르면, 정부군의 여수 진주시 반란병사 200명, 무장한 민간인 1천 명, 동조세력까지 합쳐 총 1만 2천 명이 저항하고 있었다.[47] 정부의 자료에 따르더라도 대부분의 저항세력은 민간인이었던 것이다. 이 통계는 군인들의 반란촉발 이후 진압의 시점까지 동안 민간인이 얼마나 많이 반란군측에 가담했는가를 상징하는 수치였다. 일부는 강제로 가담하였을 것이고 일부는 자발적으로 가담하였을 것이다.

진압작전에서 미군의 역할은 결정적이었다. 고문단 장교 소이어(Robert Sawyer)가 지적하고 있듯, 장비와 지휘, 작전에서 미군의 지원과 역할이 없었으면 사태는 훨씬 심각해졌을 것임에는 의심의 여지가 없었다.[48] 이 점은 남한국가에 대한 근본도전에 맞서는 최후의 대응력이 어디에 있는가를 판별해 주는 시사였다. 제도의 창설자는 체제 자체가 붕괴위기에 직면할 순간에는 개입하지 않을 수 없었던 것이다. 그 점에서 이 사건은 2년 후에 다가올 한국전쟁의 예고였다.

미군의 지원으로 반란진압에는 성공하였지만 여수사건은 이승만체제의 기반을 근저부터 흔들었다. 그리고 결론부터 말해 이승만체제에 도전한다는 좌파의 봉기는 이승만체제를 강화시켜 주는 역설적 결과를 초래하였다. 군내 좌파의 엄존, 정규군의 반란, 일반 민간인의 대거 가세 등은 이승만정부에 커다란 충격이었다. 반란이 진압되자 사태의 역전을 반영하여 많은 좌파와 반란가담 민간인이 체포되어 처형되거나 처벌을

---

47) 《호남신문》 1948년 10월 29일.

48) Robert K. Sawyer, *Military Advisers in Korea : KMAG in Peace and War* (Washington D.C. : Office of the Chief of Military History, 1962), p.40.

받았다. 전라남도의 발표에 의하면 11월 1일 현재 인명피해가 사망·행방불명만도 여수와 순천이 각각 4,800명과 1,953명에 달했다.[49] 작은 두 지방도시에서 거의 7천 명에 달하는 인명피해가 발생했음을 알 수 있다. 제주저항을 제외하면 오늘에 이르기까지 이렇게 많은 인명피해를 낳은 사건은 아직 없다. 일주일 만의 피해가 이 정도였다면 이것은 단순한 군대 한 연대의 반란이 결코 아니었음을 보여준다.

반란을 주도한 저항세력들은 체포를 피하고, 좀더 장기적이고 조직적인 저항을 위해 반란지역을 빠져나와 산악으로 이동하였다. 전쟁이 발발할 때까지 계속될 긴 게릴라전의 시작이었다. 대중 속의 좌파는 이제 소멸된 것이었다. 대중을 동원하려던 반란은 거꾸로 대중과 유리되는 결과를 초래했던 것이다. 이 유리는 단순히 공간적 차원에서만 나타난 현상은 아니었다. 유리는 심정과 의식의 차원에서도 같은 정도로 진행되었다. 산악으로의 공간적 이동 속에는 대중의 마음 속으로부터의 이탈도 포함되어 있었던 것이다. 좌파는 대중을 장악하는 데 실패하였던 것이다.

결국 좌파는 대중투쟁에서 게릴라투쟁으로 이행했다. 이들은 지리산으로 입산, 유격전구를 형성하여 투쟁을 전개했다. 그러나 그것은 혁명의 고조기에 나타나는 투쟁수단의 강화차원이 아니라 그렇게 할 수밖에 없었던, 즉 그렇게 하지 않으면 생존할 수 없었던 조건의 반영이었다는 점에서 혁명의 퇴조와 조종을 알리는 징표가 아닐 수 없었다. 이것은 능동적 선택의 결과가 아니라 피동적 강요의 결과였으며, 그러한 강요를 자초한 전술적 과오의 자기습득물이었다. 여수사건은 대중 속의 좌파적 요소를 청산케 하고 국가를 강화시켜 주며, 또한 분단의 장벽을 튼튼히 쌓아주었다는 점에서 최초의도의 정반대의 결과를 초래한, 한국전쟁의 시작 및 종결과 동일한 구조였다.

전간기 좌파의 급진주의는 하나의 정치 사회세력으로서 좌파를 게토(*ghetto*)화시켰던 것이다. 앞으로 살펴볼 게릴라투쟁에 대해 미리 한 가

---

49) 《호남신문》 1948년 11월 1일.

지 지적하자면 남한의 게릴라투쟁은 두 측면을 동시에 가지고 있었다는 점이다. 즉, 그것은 남한 내 인민들로부터 나온 자생적 저항과 북한으로부터의 게릴라요소의 투입에 의한 저항의 결합이었다. 전자만을 강조하는 것도 반쪽의 진실이지만 후자만을 강조하는 것도 분명히 반쪽의 진실이다. 즉, 각각 반은 허위였다. 전자만이 있었을 경우 남한의 게릴라투쟁은 실제보다 훨씬 덜 치열했을 것이다. 여수반란 이후부터 북한이 게릴라들을 본격적으로 남파하기 시작하는 1949년 6월 이전의 시기 동안에는 남한의 게릴라투쟁이 활발하지 않은 고요기가 있었다. 이것이 의미하는 바는 북한의 침투가 중요한 요소였다는 점이다.

3. 반공체제의 강화

여수반란은 저항형태의 한 전환점으로서 한국전쟁 이전의 마지막 대중투쟁이었다. 그러나 이 사태의 영향은 단순히 저항형태의 전환을 초래한 데서 그치지 않았다. 사태의 영향은 반대방향에서 더 깊고 광범하게 현재화되었다. 이승만체제는 이후 비로소 '반공으로 날이 새고 반공으로 날이 저무는' 가공할 반공국가로 변환되었다. 이 변환이 여수사태의 좀더 근본적이고 장기적인 영향이었다. 그것은 좌파의 몰락과 함께 여수반란이 가져다준 실제의 정치적 결과였다.

사태의 종결과 함께 국회는 곧바로 이러한 사태가 일어나게 된 데 대한 정부의 책임을 추궁했다. 그러나 이승만은 '정부의 책임은 없다', '정부에 책임을 묻는 것은 부당하다'고 응수하였다. 반란의 여진이 아직 가시지 않은 11월 7일 이승만은 '공산분자를 철저히 숙청하라'고 그의 정부에 강력하게 지시했다. 11월 3일 김구는 "미소양군 철수 후 통일정부 수립하자"는 요지의 담화를 발표했으나 그에 대한 반향은 반란의 충격 속에 묻혀 들리지도 않을 정도였다.[50] 반대로 국회에서는 〈미군 계

50) 《한국정치연표, 1945~1984》, p. 53.

속 주둔 요청결의안〉이 가결되었다.[51] 반란직전에 〈미군철수요청 결의안〉이 제출되었음을 상기한다면 국면의 역전에 따른 의회의 반응은 정반대로 돌변하였던 것이다. 의회는 반란과 미군철수가 어떤 상관관계를 갖고 있는 것인지 분명히 인식하고 있었다. 이승만 역시 미군계속주둔을 요청하는 특별담화를 발표하였다. 지방의 한 반란과 미군철수 문제가 즉각 연결되는 데에 전간기 한국정치의 한 본질이 숨어 있었다.

11월 말 의회는 격렬한 논란 속에 국가보안법을 통과시켰다. 국가보안법의 입법은 전간기 한국정치의 갈등지형을 법률적 수준에서 틀지은 결정적인 계기였다. 법은 사회적 갈등의 산물이자 사회적 합의의 산물이다. 이 법이야말로 반공주의이념, 국가강권기구와 함께 이후 남한국가를 유지하는 데 가장 크게 기여한 세 요소였다. 또한 분단국가이자 반공국가로서의 남한국가의 성격을 드러내 주는 가장 중심적인 요소였다. 사람들의 삶을 조건짓는 하나의 살아 있는 구조로서의 분단의 규정성을 이 세 요소보다 더 잘 체현하고 있는 것도 없었다. 좌파의 조급한 급진혁명주의가 이 법의 등장에 기여한 바는 결정적이었다. 국가보안법은 1949년 5월 이른바 '국회첩자사건'으로 인해 국회의원 10여명의 체포를 비롯하여, 1949년에만도 수많은 국민들을 처벌함으로써 좌파요소 척결은 물론 체포위협에 의한 두려움의 동원과 저항의지의 단념을 가져옴으로써 전간기 이승만체제의 유지에 크게 기여했다.

다른 한 영향은 주한미군철수의 연기였다. 반드시 이 반란 때문만은 아니었으나, 이 사태가 끼친 영향도 크게 고려되어 미국은 애초에 1948년 말로 되어 있던 주한미군 철수시점을 1949년 6월로 연기하였다. 미국이 최초에 한국에서 주한미군을 철수하려 하였던 시점은 원래 1948년 말이었다. 1948년 4월 2일 NSC가 작성하여 트루먼에게 제출, 4월 8일에 그의 승인을 받은, 극비로 분류된 NSC 8에 따르면 주한미군 철수는 48년 12월 31일까지로 되어 있었다.[52] 물론 이 결정이 내려진 뒤에도

51) 《한국정치연표, 1945~1984》, p. 54.

52) "Note by the Executive Secretary of the National Security Council (Souers) to the President Truman," Enclosure "Report by the National Security

국무성은 남한의 상황이 호전되지 않는 한 주한미군의 철군을 연기하려 시도하였고, 군부는 예정된 기일내에 철군하려 하여 둘 사이에 완전한 의견의 일치를 본 것은 아니었다. 관료적 갈등은 NSC 8이 승인된 뒤에도 계속되기는 하였다. 그러나 국무성의 견해가 더 강력해지고, 또 군부가 국무성의 견해에 동의하여(1948년 11월) 결과적으로 주한미군의 철군연기가 결정된 것은 여수반란 이후였다.

여수에서 군인들의 반란이 일어나자 미 대통령특사[53] 무초는 여수의 반란을 거듭 언급하면서 "오직 미국 점령병력의 계속적인 주둔만이 한국정부에게 내부상황을 호전시킬 시간을 줄 수 있음이 명백하다"면서 철군의 완료가 연기되어야 한다고 건의하였다.[54] 그는 또한 여수반란 이후 주한미군 철수의 연기를 강력히 요청하는 이승만, 장면 등의 요구를 여러 차례 본국에 전달하여 이들이 느끼는 위기의식을 워싱턴에 인식시키려 하였으며,[55] 스스로도 "북한의 무장력에 대한 군사정보관측에 의하면 한국에서 내전이 발발할 경우 북한이 승리할 능력이 있다는 결론에 도달하였다. 이것은 만주에 있는 중국공산군의 한국인 부대가 합류할 경우 더욱 확실하다"고 지적하였다.[56]

결국 12월 17일 국무성 동북아시아과의 비숍(Max W. Bishop)은 나일즈 본드(Niles W. Bond)와 마련한 초안을 극동과장 버터워스(W. Walton Butterworth)에게 보내면서 NSC 8의 재검토를 건의, "미군이 한국에서

Council on the Position of the United States with Respect to Korea"(NSC 8) (Apr. 2, 1948), *FRUS 1948*, Vol. VI, pp. 1163~1169.

53) 당시에는 아직 한미간에 공식외교관계가 없었으므로 무초는 대사의 직위를 갖지는 못하였다.

54) "The Special Representative in Korea(Muccio) to the Secretary of State" (Nov. 12, 1948), *FRUS 1948*, Vol. VI, pp. 1325~1327.

55) "The Special Representative in Korea(Muccio) to the Secretary of State" (Nov. 5, 1948), *FRUS 1948*, Vol. VI, p. 1320 ; (Nov. 9, 1948), *FRUS 1948*, Vol. VI, p. 1323 ; (Nov. 19, 1948), *FRUS 1948*, Vol. VI, p. 1333~1334.

56) "The Special Representative in Korea(Muccio) to the Secretary of State" (Nov. 12, 1948), *FRUS 1948*, Vol. VI, pp. 1325~1326.

최종적으로 철수한다는 것은 한국정부의 생존을 크게 위협하게 된다", "그로 인한 한국의 상실은 일본을 크게 위협, 일본에서의 미국의 이익을 손상시키게 될 것", "주한미군의 조기철수는 세계산업의 중심지 또는 4~5개 권력중심부의 하나인 일본을 공산주의자들의 정치-군사 체제에 넘겨주는 것과 같은 것"이라면서 "한국으로부터의 최종적 철수를 연기해야 한다"고 건의하였다.[57] 또한 NSC 8을 국가안보회의에서 재검토하도록 건의하였다. 이는 NSC 8에 대한 공식적인 수정요구였다. 결국 NSC 8은 NSC 8/2로 수정되었고 여기에서는 주한미군 철수시점이 49년 6월 말로 연기되었다.[58] 실제로도 주한미군 철수는 49년 6월 말에 완료되었다.

"조국통일을 위해 미소양군 철퇴하라"는 주장이 반란군의 구호 속에 포함되어 있었음을 상기하면 반란은 반대의 결과를 갖고 왔던 것이다. 급진주의는 자주 혁명에 기여하기보다는 반혁명에 기여한다. 주한미군 철수문제가 미소공위 이래 가장 중요한 정치쟁점이었고, 북한에서는 이미 소련군이 철수하고 있음을 고려한다면 철군의 연기는 미국의 중요한 의사표시였다. 남한과 미국의 정책결정자들은 여수에서의 반란사태가 무엇을 의미하는지 정확히 알고 있었던 것이다. 곧 남한이 계속하여 붕괴위협에 시달리는 한 결코 한국을 포기하지는 않겠다는 의사표시였던 것이다. 반란은 주한미군 철수를 앞둔 논란의 시점에 결국은 철군연기론자들을 도와주는 최악의 선택이었던 것이다. 동기는 반드시 뜻한 바의 결과로 이어지지만은 않으며, 어떤 경우 정반대로 귀결된다. 이 점에서 여수반란과 한국전쟁은 동일했다.

여수반란의 다른 결정적인 영향의 하나는 군내의 좌파척결이었다.

---

57) "Memorandum by the Chief of the Northeast Asian Affairs (Bishop) to the Director of the Office of Far Eastern Afairs (Butterworth)" (Dec. 17, 1948), *FRUS 1948* Vol. VI, pp. 1337~1340.

58) "Report by the National Security Council to the President" (NSC 8/2) (Mar. 22, 1949), "Position of the United States with Respect to the Korea," *FRUS 1949*, Vol. VII, pp. 969~978.

이 조치는 국가가 내부의 공고화를 위해 취한 가장 결정적인 조치였다. 북한에서 본격적인 우파척결의 시기는 1946년 반탁시위와 3·1절 시위 이후였다. 이후 영향력있는 우파는 소멸하였다. 좌파가 제공한 좌파척결의 계기는 미군철수의 연기에 못지 않은 결정적 효과를 가져왔다. 반란 후 남한정부와 군의 지도부는 군내 좌파조직이 집단적 반란을 일으키는 사태에 직면하여 군내 좌파가 결코 좌시할 수 없는 수준임을 절감하고는 특별기구를 설치하여 군내의 좌파척결에 나섰다. 이승만 역시 커다란 충격을 받았다. 이 작업에는 미군과 경찰, 군내정보기구가 총동원되었다. 특히 군과 대립관계에 있던 경찰이 오랫동안 추적하여 놓은 군내 좌파비밀조직과 계보에 대한 치밀한 조사는 막강한 영향력을 행사하였다. 숙군의 총책임자였던 백선엽에 따르면 반란 후 숙청을 위해 경찰로부터 넘겨받은 자료는 "이불보따리만큼의 방대한 분량이었다".[59]

국가형성 직후 남한의 초기군대는 하나의 단체정신(*esprit de corps*)으로 무장되어, 하나의 정부에 충성을 바치는 단일의 조직체가 아니었다. 이념적 분열은 말할 것도 없었고, 당시 남한군에는 조직, 과거의 출신, 병과(兵科), 지지하는 정치인과 정당에 따라 많은 파벌이 있었다. 이들 간의 반목과 견제는 어떤 때는 미군이 개입하여 조정이 필요할 정도였다. 국가수립 이전에도 좌파군인 숙청이 있기는 했으나 그것은 극히 소규모였다. 최초의 숙군은 제주도에 진압차 가 있던 경비대 6연대장 박진경(朴珍景)이 암살되면서부터 시작되었다. 그러나 박진경 암살의 여파는 크지 않았다. 여수의 집단반란으로 인한 숙청은 전혀 달랐다.

남한군내의 좌파의 뿌리는 깊고도 방대했다. 이승만은 점령기간 미군의 우유부단한 정책이 좌파를 근절시키지 못하게 하였으며, 항상 그들과 타협하라고 함으로써 공산당을 배양하였다고 비난하였다. 그는 여수반란사건도 '국방경비대 창설시 프라이스 대령이, 자기의 수차에 걸친 경고에도 불구하고 좌파들을 경비대에 입대하도록 허용하였기 때문에 일어난 사건'[60]이라고 주장하였다. 빈발하는 좌파의 도전에 대한 이

59) 백선엽, 《군과 나》(서울: 대륙연구소, 1989), p. 344.

승만의 생각은 간단한 것이었다. 곧 "지난 2년간 공산당을 다루는 방법이 불확실하고 무정견했기 때문에 거의 황무지에서 남한에 공산당조직을 일으키게 했고, 그로 인하여 남한에 공산당 문제를 낳게 만들었다"[61]는 것이다. 그는 반란 직후 경찰의 군내 좌파조직 자료를 전달받고는 엄청난 충격 속에 로버츠 군사고문단장을 불러 "당신네가 국방경비대를 만들면서 좌우익을 가리지 않고 아무나 받아들이는 바람에 군내부가 이 지경이 되고 말았소. 당신이 여기에 대해 전적으로 책임을 지고 사태를 수습하시오"라고 말했다.[62] 하우스맨의 회고에 따르면 이승만은 그에게 숙군작업이 얼마나 잘 엄중하게 처리되고 있는가에 대해 일일보고를 하도록 명령하였으며, 신성모, 로버츠 고문단장 등으로부터 수시로 보고를 받고 있었다.[63] 군내 좌파숙청은 국가적인 대사였던 것이다.

이승만의 말은 부분적으로 진실이었다. 미군은 엄격한 사상검토를 하지 않았으며, 따라서 좌파의 침투는 용이하였다. 그러나 결과적으로는 좌파를 한곳에 몰아놓는 효과를 낳음으로써 미국의 포용과 흡수정책은 대성공을 거둔 것이었다. 의도하지 않은 기대효과의 성취, 이것도 음모이론으로 설명할 수 있을 것인가? 한국전쟁의 발발을 위해 유도하였듯, 미군이 음모를 갖고 선심정책을 펴서 좌파를 한 군데에 몰아놓은 뒤 기회를 봐서 일망타진하려 했었던 것이라고 진술하는 것은 진실일까? 좌파는 언제나 미제의 음모에 당하기만 하는 피동적 존재일까? 아마도 여수반란에 따른 좌파척결은 사태의 결과였지 처음부터 계획된 음모는 아니었을 것이다.

장교들에 대한 좌파의 침투기도는 특히 치밀하고도 뿌리깊었는데 반공을 기저이념으로 출발한 국가에서 어떻게 이런 일이 가능할 수 있었으며 또 어떻게 처리되었는가를 보는 것은 흥미롭다. 이를 이해하는 것

60) Robert Oliver, *Syngman Rhee*, p. 222.

61) *Syngman Rhee*, p. 222.

62) 백선엽, 《군과 나》, p. 44 ; 《實錄 智異山》, p. 208.

63) 《한국일보》 1990년 11월 14일.

도 한국전쟁의 한 측면을 해명하는 열쇠가 될 것이다. 공개된 적이 없는 초기 남한군지도부의 개인 비밀경력철과 남한군 내의 군법회의에서의 재판기록들을 추적, 분석하여 보면 우리는 남한군의 파시즘적 특성보다는 오히려 어떻게 이렇게 많은 좌파군인들을 안고서도, 또 그들의 끈질긴 반란기도와 내란음모에 직면하여서도 체제가 유지될 수 있었을까 하는 의문을 갖게 된다. 군내의 재판기록을 분석하면 남한군내의 좌파는 전쟁시까지도 완전히 근절되지 않았음이 분명하였다.

먼저 남한군 최고지도부를 형성한 군사영어학교 출신의 초기 군 최고지도자들의 내부 인사·정보관리용 비밀이력—군내에서는 이를 자력(資歷)이라고 부른다. 《陸軍將校資歷表》라고 부르는 것이다—기록을 추적하자. 이들은 모두 군번 1번부터 110번까지를 받은 최고지도부였다. 이들의 개인경력을 추적하면 군번 1번부터 100번까지의 최고급장교 100명 중 28명이 파면된 것으로 나타나 있다.[64] 이 중 62년에 파면되는 원용덕, 전쟁기간 중 적전비행이나 이적행위로 파면되는 조암(趙岩), 장은산(張銀山), 이영순(李永純)을 제외하더라도 대부분은 전쟁 전의 좌파혐의나 반란가담, 반란기도로 파면되거나 처형되었다. 군번 100번까지의 최고급 간부 중 약 1/4이 좌파였던 것이다. 거기에는 최남근(崔楠根), 김종석(金鍾碩), 오일균(吳一均), 오규범(吳圭範), 나학선(羅學善), 조병건(趙炳乾) 등 최고급 간부들이 포함되어 있었다. 이들의 영향으로 이들이 교육한 육군사관학교 출신 고급간부들도 상당수가 연쇄적으로 좌파지휘관이 되어갔다.

적지 않은 최고급 간부들의 좌파경향은 이들 바로 밑의 간부들에게서도 유사하였다. 육군사관학교 졸업자들의 경우 제1기는 김학림, 김창영, 안영길, 최창근 등 총 6명으로 약 15%가 숙청되었으며, 제2기는 박정희를 비롯하여 두 명의 월북 대대장 표무원, 강태무, 그리고 황택

64) 한국 국방부 전사편찬위원회, 《陸軍將校資歷表》. 군번 1~100번. 자료번호는 없다. 발간연도는 원래 없다. 이 자료는 군번순으로 되어 있으며 그 양도 엄청나게 방대하다. 내용은, 장교 개인의 경력을 그때그때 변화가 있을 때마다 추가하여 기록하는 비밀인사기록이다.

림 등 17명이, 그리고 제 3 기는 여수반란을 주도한 김지회, 홍순석, 제주도 4·3 진압차 출동한 박진경 연대장을 암살한 문상길 등이 좌파였다.[65] 3기가 이렇게 고위 좌파장교들을 많이 보유하게 된 것은 그들이 재학중 오일균, 조병건, 김학림, 김종석 등의 좌파지휘관이 생도대장, 구대장 등으로서 이들의 교육을 담당하면서 깊은 사상적 영향을 끼쳤기 때문이었다.

재판기록에 대한 추적결과 이 부분에 대한 박정희시기 남한의 공식기록들은 거의가 사실을 말하고 있었다.[66] 두 개의 공식 군사(軍史)가 동시에 기록한 바에 따르면 제 6 기는 아예 281명의 임관자 중 258명이 조사를 받았고, 그중 60명이 좌파로 숙청될 정도였다.[67] 결국 부대 집단월북, 여수반란(14연대), 대구반란(6연대) 등 국가형성 이후의 남한의 주요 저항이 대부분 군내에서 발생한 것임을 볼 때 국가형성 후 남한 내 좌파는 핵심국가기구인 군내에 가장 광범하게 포진해 있었다고 한 진술은 실제에 비추어 과장이 아니었음이 증명된다. 그들은 대부분이 지휘관들이었다. 또한 이들의 죄목은 대부분이 반란기도였다. 반란기도라는 것은 좌파조직을 결성하거나 이에 가담, 작당하여 국가에 변란을 기도하였다는 의미였다. 최고급지휘부가 이 정도였으면 그 밑의 장교들은 어떨까 의문을 갖지 않을 수 없을 것이다. 이들에 대한 개인경력과 재판기록을 최고급지휘부의 것만큼 입수할 수는 없지만 고급지휘관들에 대한 재판기록에서 추출을 할 수는 있다. 결론은 그들도 고급지휘관과 비슷한 정도의 좌파군인을 안고 있었다는 데 다다르게 된다.

군내 좌파조직사건에 대한 재판기록들을 보면 소수의 영관급 장교에 그의 몇 배 되는 다수의 위관급 장교나 하사관급들이 연루되어 있는 것

65) 한용원, 《창군》(서울: 박영사, 1984), pp. 85~86.

66) 재조선 미군정청, 《특명철, 1946~1948》; 《陸軍將校資歷表》; 전편위사료 626호, 《국방부특명철, 1949》; 전편위사료 26호, 《국방부특명철, 1949~1950》; 전편위사료 842호, 《육군본부 고등군법회의명령》; 육본군사감실, 《육군역사일지, 1945~1950》.

67) 《창군전사》, p. 510; 《한국전쟁사》 1권, pp. 496~497.

을 볼 수 있다. 마치 하나의 줄기에 여러 개의 감자가 열 듯하였다. 영관급 1~2명에 위관급 장교는 수십 명씩이 붙어 있었으며 하사관급 역시 비슷하였다. 영관급의 장교들에 대한 재판도 이어졌지만 가장 많은 숫자는 위관급과 하사관급이었다. 그들은 한 번에 수십 명씩 재판을 받고 숙청된 경우가 숱했다. 여수반란도 위관급 장교와 하사관급 장교들이 주동이 되었던 사건이었다. 그러나 대조적으로 사병들은 다수가 아니었다. 그들은 같은 조직사건에서도 소수만이 발견된다. 대부분의 조직사건에서 최고로 많은 숫자를 차지하고 있는 계급은 위관급과 하사관급이었다.[68]

그 이유는 두 가지였다. 하나는 북한과 남로당의 지도부가 군내 좌파 침투를 기도할 때, 명령에 따라 일사불란하게 움직이는 군내의 특성상 사병들에 대한 침투보다는 그들을 움직일 수 있는 장교와 하사관들에게 집중적인 침투를 시도하였기 때문이었다. 다른 하나는 특정조직을 은밀히 파고들어야 하는 비밀첩자(프락치) 공작의 특성상 점조직 방식을 통한 간부들에 대한 침투가, 지식수준이 낮고 노출의 위험이 있으며 다수를 포섭해야 하는 사병들에 대한 침투보다는 더 용이했고 효과가 컸기 때문이었다. 군내의 좌파조직은 침투공작의 특성상 횡적으로는 조직상호간에는 인지를 못하도록 되어 있었다. 14연대가 최초에 반란을 일으켰을 때 김지회는 14연대내 핵심좌파장교였으나 반란군 사병과 하사관들이 그가 좌파장교임을 몰라보고 그를 감시했던 것만 봐도 이 침투가 얼마나 비밀스런 침투이며, 한 부대내에서조차 상호간에 거의 알지 못하도록 되어 있었는가를 알 수 있다.

군내좌파들은 민간간첩조직과도 연계되어 있었다. 군좌파 재판기록을 보면 군내사건에 연루되어 간첩으로 처형되는 민간인이 적지 않았다. 이들은 군과 연결된 민간좌파들이었다. 이를테면 남로당간부인 이

---

68) 이에 대해서는 다음의 비밀기록들을 참고할 수 있다. 재조선 미군정청, 《특명철, 1946~1948》; 《陸軍將校資歷表》; 전편위사료 626호, 《국방부특명철 1949》; 전편위사료 26호, 《국방부특명철, 1949~1950》; 전편위사료 842호, 《육군본부 고등군법회의 명령》.

재복(李在福) 같은 인물은 좌파의 군내침투를 담당한 중심인물이었다. 그는 이근민(李根民), 박영근(朴榮根), 오일서(吳一緖), 이일도(李一道) 등 여러 개의 가명을 갖고 오랫동안 간첩으로 활동하면서 군내에 좌파 침투와 조직을 관장했으나 숙군의 와중에 체포되어 처형되었다.[69] 이재복의 수 개의 가명은 마치 일제시대 좌파 독립운동가들이 일본경찰의 체포망을 피하기 위해 변성명했던 것을 연상시킨다. 그는 숙청시 최고급장교였던 최남근을 비롯해 박정희 등과 긴밀히 연계를 맺고 군내에 좌파조직을 총괄하였던 인물로 알려졌다. 이재복과 그의 비서가 체포되자 군내의 좌파 세포조직 500명의 명단이 군경으로 넘겨졌다.[70] 또 다른 비밀재판기록들 역시 체포된 군인들과 연계된 민간인 간첩들이 동시에 처형되는 것들을 종종 볼 수 있다. 그들 중의 일부는 현주소지가 북한으로 되어 있는 경우도 있었다. 이것은 이들이 북한에서 파견된 간첩이었음을 말해 준다.[71]

좌파군인 숙청과 관련지어 최남근, 김종석, 박정희의 경우는 특정의 측면을 설명해 주는 사례로 볼 만하다. 최남근은 좌파군인으로 처형되었음에도 불구하고 박정희 시기의 공식기록에 이례적으로 '상관이나 동료나 부하들에게 선망적인 존재'였다고 기록되어 있는 인물이다.[72] 이 표현은 단순히 박정희가 과거의 상관이자 동료 좌파군인이었기 때문에 예의로 붙인 것은 아니었다. 그는 당시의 군장교들을 사로잡고 있었던 인물 중의 하나였다. 그는 15연대장으로서 여수반란을 진압하러 갔다가 행방불명이 되었는데, 스스로 진술하기를 반란군에게 포로가 되었다가 탈출하였다고 했다. 그는 신문을 받은 후 다시 제4여단 참모장으로 발령을 받았으나 부임치 않고 잠적하였다.

---

69) 〈육본 고등군법회의 명령 제49호〉, 〈제50호〉, 《국방부특명철, 1949》 한국국방부 전사편찬위원회 사료 626번.

70) 한용원, 《창군》, p. 131.

71) 이를테면 〈육본고등군법회의 명령 106호〉, 〈107호〉, 《국방부특명철 1949》 사료 626번.

72) 《한국전쟁사》 1권, p. 474.

그는 다시 체포되어 신문을 받을 때 반군에게 포로가 된 것이 아니고 김지회 부대와 조우하였으나 "인간적인 양심에서 죽이지 못하고 스스로 손을 들었다"고 진술하였다. 다시 탈출한 데 대해서는 "전우들끼리 골육상잔한다는 것은 가슴아픈 일이며 상관 동료들에게 더 이상 배신할 수 없다"며 반군진영을 탈출했다고 하였다. 그리고는 군법회의에 출두하면 김지회에 대해 다시 언급하지 않을 수 없고 그렇게 되면 2중의 배반자가 되기 때문에 군인생활을 청산하고 조용히 살기 위해 도피하였다고 진술하였다.[73] 그러나 그는 결국 "의연한 자세로 '조국에 죄를 지었으면 달게 받아야 한다'[74]며 총살을 당했다.[75]

육본정보국장으로서 숙군의 최고책임자였던 백선엽은 그를 "청렴하고 강직한 군인으로 정평이 나 있었다"고 기록하고 있다. 그는 총살 순간에도 "대한민국 만세!"를 외쳤다. 실제로 숙군을 담당했던 김완룡이나 신상철 등의 부하장교들도 그를 좌파라고 믿지 않았고, 그는 남로당과도 관계가 없었다고 증언한다.[76] 그에 대한 이들의 평가는 아깝다는 심정이 가득하다. 그러나 최남근의 사례는 중간이 허락되지 않는 남북대립의 냉혹한 한 단면을 보여줄 뿐이었다. 그는 인간적 측면에서 처신하려 하였으나 냉혹한 이념전쟁의 현실은 이를 허락하지 않았던 것이다. 더욱 흥미 있는 것은 북한에서 그는 애국자로 불렸다는 점이다.[77] 남한에서 저항자는, 내면의 고뇌에 관계없이, 북한의 애국자였던 것이다.

김종석은 제2연대장으로 47년에 좌파혐의로 이미 체포되었었으나 채병덕 등의 석방운동으로 석방되었다가 체포되기도 하였다. 그는 숙군 당시에 다시 체포되어 총살형을 당했다. 그를 조사한 당시 경비대 총사령부 감찰총감인 오동기(吳東起)의 진술에 의하면 그는 2연대장 부임시

---

73) 《한국전쟁사》 1권, pp.472~474.

74) 백선엽, 《實錄 智異山》, p.214.

75) 〈육군고등군법회의 명령 제50호〉, 《국방부특명철, 1949》 국방부 전편위 사료 626호.

76) 백선엽, 《實錄 智異山》, pp.213~214.

77) 《로동신문》 1949년 11월 25일.

군내 좌파조직책의 핵심으로서 이주하, 이재복과 연계를 맺고 있으면서 군내의 자금을 민간 공산조직에 제공하고 있었다. 그의 혐의를 잡고 체포하였으나 통위부 특별부대장인 채병덕과 미 군사고문 하우스맨의 석방압력으로 결국 그는 함께 체포된 이상진과 함께 석방되고 말았다.

군법회의 과정에서도 관선변호인 박진경(후에 제주도에서 암살당하는 장교)은 "오동기 대위는 불평분자다. 일군출신들과 만군출신을 군에서 축출하고 중국계열과 광복군을 핵심으로 하려는 정략적인 모략을 하고 있다"고 공격하였다. 이념투쟁에 뿌리깊은 파벌싸움까지 개재되어 있는 것이다. 말을 바꾸면 이념을 파벌로 덮는 공격이었다. 오동기는 중국군 출신이었다. 김종석을 체포하였던 오동기는 오히려 나중에 이른바 인민혁명군 사건이라는 조작된 사건으로 최능진과 함께 체포되어 수감생활을 하지 않을 수 없었다.[78] 그러나 김종석은 결국 49년 숙군시 다시 체포되어 처형되었다.

김종석과 인민혁명군의 사례는 군내의 격심한 파벌갈등의 일단을 읽을 수 있는 사례였다. 광복군과 중국군 출신들은 일군과 만군 출신들이 장악하고 있는 군에 거의 들어가지 않았으며, 들어가서도 그들로부터

---

78) 이른바 인민혁명군 사건은 이승만 시기와 박정희 시기에 대조적으로 기록된 대표적인 사건 중의 하나이다. 이승만 시기의 기록들은 이 사건이 "남북로당과 결탁하여 무력혁명으로서 대한민국을 전복하고 김일성 일당과 합작하여 그들이 숭배하는 정객—김구를 지칭(인용자)—을 수령으로 공산주의 정부를 수립하려 음모한 것"으로 되어 있다. 김구와 연루된 정부전복 음모로 기록하고 있는 것이다. 《6·25 사변사》, p. 56 ; 《공비토벌사》, pp. 13~14.

그러나 박정희 시기의 기록은 완전히 다르다. 이에 따르면 오동기는 좌파가 아니었으며, 최능진과는 일면식도 없었을 뿐만 아니라, 상부의 거듭되는 석방압력에도 불구하고 좌파핵심 김종석을 계속하여 의법처리할 것을 주장하였다. 또한 한국전쟁이 발발한 뒤 서대문형무소 수감중 인민군이 서울에 진주하여 오동기를 계속 자기편의 고위직에 끌어들이려고 하였음에도 불구하고 그가 응하지 않았다는 점을 들어 그가 이러한 사건을 음모하지 않았음이 명백하다고 기록하고 있다. 즉, 조작이라는 것이었다. 《한국전쟁사》 1권, pp. 484~488. 이 기록은 오동기의 진술과 일치한다. 한국 국방부 전편위, 〈면담사료 제3008-3호, 오동기〉 1966년 12월 21일, 《한국전쟁 증언록》.

지속적으로 배제당하고 소외되었다. 남한의 초기 군간부의 구성은 광복군과 독립군 출신은 소수였고, 압도적으로 일본군과 만주군 출신으로 이루어져 있었다.[79] 경비대 총사령관과 육군 5사단장, 2사단장을 역임하고 전쟁발발 당시에는 청년방위대 고문단장으로 있던 송호성의 전쟁발발 후의 서울잔류와 북한가담도 이러한 소외와 멸시에 따른 반발적 행동이었다. 송호성은 '정부를 따라 남하하자'는 전 헌병사령관 장흥의 요구에 대해 이렇게 말하고 있다.

> 그놈들이 나를 버리고 다 도망가고 말았는데 나는 됨박이 아니다. 이범석에게 채이고 채병덕한테 채이고 내가 갈 곳이 어데냐? 나 혼자 여기에 남겠다. 당신 혼자서 가시오.[80]

현대한국에서 아마도 박정희만큼 좌파경력 때문에 개인적으로는 물론 정치적으로도 논쟁에 휘말린 인물은 없을 것이다. 그의 좌파경력은 40~50년대에는 그를 개인적으로 옭아매었고, 60년대에는 한국의 대통령선거전을 뜨겁게 달구었다. 1961년 5월 16일의 군사쿠데타 직후 북한은 의외의 침묵을 지켰다. 그러나 '국시를 반공으로 한다'는 쿠데타의 제일성(第一聲)을 알고 나서 북한은 갑자기 격렬한 전면적인 공격을 하고 나섰는데 이는 아마도 박정희를 비롯한 쿠데타 주동인물들의 경향을 몰랐거나, 아니면 그의 과거의 경력을 알았기 때문에 사태가 분명해질 때까지 기다렸기 때문이었는지도 몰랐다.[81] 좀더 그럴 듯한 가능성은

---

79) 이에 대한 상세한 연구는 한용원, 《창군》, pp. 47~66.

80) 《한국전쟁사》 2권, pp. 257~258. 이 기록에 따르면 송호성은 인민군 소장계급을 달고 북한군 전선사령부에서 그들의 자문역을 담당, 낙동강전선까지 남하한 것으로 되어 있다. 그러나 필자는 북한 및 미국 자료에서는 이를 아직 확인하지 못하였다. 송호성은 남한과 북한을 통틀어 전쟁중 전향한 군인 중에는 최고급의 지휘관이었다. 이것을 기록한 《한국전쟁사》 2권 역시 박정희 때의 기록이다. 이 책은 1권과 마찬가지로 완전히 다른 내용의 개정판이 나오면서 사라졌으며 다시 출간되지 않았다.

81) 《로동신문》 1961년 5월 17일, 18일, 21일.

전자이나 후자일 가능성도 전혀 배제할 수는 없었다. 북한이 쿠데타 직후 박정희의 친형인 박상희와 오랜 친구이자 당시 상업성 부상을 맡고 있던 황태성을 남파하여 박정희와의 비밀접촉을 시도한 것에 비추어 볼 때 후자의 가능성도 없지는 않았다.

재판기록에 의하면 박정희는 46년 7월부터 좌파조직에 가담한 것으로 되어 있다. 즉, 남로당이 만들어지기 이전부터였다. 아마도 이는 박상희의 영향 때문이었을 것이다. 박상희는 10월항쟁을 주도하다가 살해당하였는데 그는 형제 중에서도 박정희가 가장 존경하는 인물이었다. 그러나 박정희는 체포 후 군내의 좌파조직을 알려주는 대가로 살아났다. 그는 군법회의에서 무기징역을 선고받았으나,[82] 이때는 이미 군 최고수뇌부에서 그의 면죄가 결정된 뒤였다. 재판기록에 따르면 그는 수십 명의 조직사건에서 가장 중심적인 인물이었다. 그는 공개적으로 열심히 활동하지는 않았지만 단순가담자가 아니었던 것 역시 분명했다. 1949년 4월 18일자의 그의 재판기록은 그에 대한 군 지도부의 면죄방침을 반영하여 '판결 ─ 무기징역'에 '심사 ○ 관의 조치─ 징역 10년으로 감형하며 감형한 징역형을 집행정지함'이 부기되었다(○는 판독불능).[83] 그의 개인 비밀 《資歷表》에는 1949년 5월 10일 '불명예파면'을 당하고 50년 6월 30일에 '복직'한 것으로 되어 있다.[84] 1950년 전쟁중의 명령들에 따르면 박정희는 〈국본특별명령 제 1 호〉로 6월 30일에 복직되며, 명령은 7월 4일부로 받는다. 정일권의 소장진급 명령과 함께 내려진 이 제 1 호 명령은 대통령의 명령에 따른 것이었다.[85]

한 가지 이상한 점은 박정희의 석방에 거의 모든 군지휘부가 달려들

---

82) 《서울신문》 1949년 2월 18일.

83) 〈육군 고등군법회의 명령 제 18 호〉, 〈18호 3항〉 전편위사료 626호《국방부 특명철 1949》; 〈육본고등군법회의 명령 제 18 호〉, 한국 국방부 전편위 사료 842호, 《육본고등군법회의 명령》.

84) 《陸軍將校資歷表》 군번 10166번 박정희.

85) 〈國本特別命令(陸) 제 1 호〉, 《국방부특명철, 1949~1950》 전편위 사료 26호, p. 1422.

었고 또 동의하였으며 미군장교들까지 그랬다는 점이다. 이에 대한 어떤 분명한 해답을 얻는다는 것은 불가능할 것이다. 하우스맨도 이승만 대통령에게 박정희의 형집행을 면죄해 줄 것을 건의하였다고 기록하고 있다.[86] 백선엽은 박정희가 “숙군과정에서 중형이 선고된 군인 중 구명된 유일한 케이스”라면서 “어려운 처지에서도 침착한 그의 태도가 일순 나를 감동시켰다. ‘도와드리지요’. 참으로 무심결에 이러한 대답이 나의 입에서 흘러나왔다. … 나는 일단 내 입으로 한 약속을 지키기로 했다”고 기록하고 있다.[87] 그의 개인기록을 추적하면 박정희는 이후 쿠데타를 일으킬 때까지 전기간 동안 항상 진급이 늦었으며, 그나마도 처음에는 임시진급을 하였다가 나중에서야 정식진급으로 발령을 받았다. 그는 좌파경력으로 항상 소외되었던 것이다. 이런 좌파경력과 소외가 그를 불만케 하고 쿠데타의 주역으로 밀어올린 요인의 하나였음을 의심하기는 어렵다.

군내 좌파숙청은 전간기의 다른 어떤 사건보다도 결정적인 영향을 끼쳤다. 이러한 숙청 없이 전쟁을 맞았다면 북한의 공격에 의해서가 아니라 내부요소의 반란에 의해서 남한은 스스로 붕괴하였거나, 진압군이 반란군으로 돌변하여 내전을 벌였던 여수에서와 같이 남한군끼리 전투하는 전쟁이 벌어졌을 가능성이 컸다. 사실 이 시점의 남한군은 완벽한 중앙집권적 명령체제와 넘치는 혁명열기로 무장한 북한군에 비한다면 아직 제대로 통제조차 되지 않고 있었다. 주목할 만한 한 통계를 보면 남한군의 당시 성격을 알 수 있다. 1948년 9월 1일부터 1949년 8월 31일까지 국가수립 후 1년간의 남한군에서의 탈주자에 관한 통계이다.

총사령부 23명, 육군사관학교 210명, 특수부대 689명, 수도사단 본부 4명, 1사단본부 37명, 2사단본부 73명, 3사단본부 112명, 5사단본부 97명, 6사단본부 42명, 7사단 14명, 8사단 5명, 1연대 158명, 2연대 119명, 3연대 150명, 5연대 315명, 7연대 91명, 8연대 536명, 9연대

86) 《한국일보》 1990년 11월 14일.

87) 백선엽, 《군과 나》, p. 347.

246명, 10연대 98명, 1연대 249명, 12연대 377명, 13연대 196명, 15연대 310명, 16연대 115명, 17연대 28명, 18연대 47명, 19연대 87명, 20연대 215명, 21연대 6명, 22연대 250명, 23연대 3명, 25연대 10명으로서 총 4,912명이 탈출하였다. 탈출자 통계를 월별로 살펴보면 다음과 같았다. 1948년 9월 993명, 10월 149명, 11월 479명, 12월 571명, 1949년 1월 425명, 2월 388명, 3월 339명, 4월 304명, 5월 668명, 6월 316명, 7월 631명, 8월 305명으로서 총 5,568명이었다.[88] 매월 평균 400명 이상의 군인이 계속 탈출하였음을 알 수 있다. 부대별 탈주자와 월별 탈주자 통계를 둘 다 제시하는 이유는 탈출이 모든 부대에서 쉬지 않고 이루어지고 있다는 두 가지 사실을 보여주기 위해서이다. 이러한 탈출은 숙군(肅軍)으로부터 커다란 영향을 받았을 것이다. 이 탈출자의 숫자는 남한군 전체의 무려 5%에 해당하는 숫자였다.

제10장에서 볼 수 있듯이 1950년 6월 25일에도 남한군내에 적지 않은 오열이 존재하여 북의 침공에 호응하였음을 고려할 때 숙군은 전쟁의 초기 방향을 바꿔놓은 계기의 하나였다. 그것은 전전의 어떠한 사건보다도 전쟁의 방향에 커다란 영향을 끼쳤다. 숙군을 통하여 총살, 징역, 파면 등의 숙청을 당한 군인은 모두 4,749명에 달했다.[89] 이는 전군의 약 5%에 달하는 수치로서 엄청나게 많은 군인들이 숙청되었음을 알 수 있다. 숙군은 해방 후 다른 어떤 숙청보다도 철저했던 숙청이었다. 그렇다면 숙군으로 인하여 숙청당한 군인의 숫자와 탈주자의 숫자를 합하면 약 10%의 군인이 숙청당하거나 탈출한 셈이었다. 급작스런 대규모 숙청으로 인한 적지 않은 무리에도 불구하고 숙군의 결과는 정부수립 후 이승만체제의 가장 큰 승리로 기록될 만했다.

대규모 숙군이 없었을 경우 한국전쟁의 초기 방향이 달라졌을 것임을 짐작하기는 어렵지 않다. 한 공식기록은 다음과 같이 기록하고 있다.

---

88) KMAG, *G-2 P/R*, No. 177 (Sep. 8, 1949), Annex No. 1.

89) 《한국전쟁사》 1권, p. 496 ; 백선엽 《實錄 智異山》, p. 210.

숙군의 본격적 계기가 된 여수반란, 대구반란 등이 만약에 야기되지 않고 북괴의 남침시에 군내봉기가 있었다면 대한민국이 어떻게 되었는가 함은 자명한 일이다. 이러한 관점에서 볼 때 반란사건과 숙군은 대한민국을 구하였고 국군을 반석 위에 서게 하였던 것이다.[90]

이것은 정직한 자기고백으로 보인다. 숙군을 총지휘하였던 백선엽은 "만약 여수반란사건이 없었고 숙군이 없었더라면 6·25와 같은 상황에서 국군이 자멸의 길을 걷지 않았으리라 장담할 사람은 아무도 없을 것"이라고 진술한다.[91] 이 두 진술은 전쟁초기 남한군이 여수반란 초기처럼 지리멸렬하고 허둥대고, 지휘부가 붕괴하였으며, 또 일부는 지휘부와 일선부대 간의 연락마저 두절되었었음을 고려할 때 사실에 부합한다.

숙군작업은 동지 중에서 적을 찾아내 처벌하는 작업이었으므로 많은 무리가 따랐다. 숙청의 정당성과 법적 근거를 놓고도 논란이 치열하였다. 숙청의 과정에서 어떤 사람들은 무고와 중상모략에 의해 좌파로 몰려 처벌되었고, 개인적 원한관계나 친소(親疎)관계에 따라 또는 군내의 뿌리깊은 파벌에 따라 좌파로 만들어져 처형당하기도 하였다. 과거 일본군이나 만주군 출신이 아닌 광복군 계열들 군인들 중 몇몇은 좌파숙청의 흐름에 묻어 함께 숙청되었다. 오동기(吳東起)의 경우도 그에 해당한다. "대한민국 만세"를 부르면서 죽어간 '좌파' 군인도 있었다. 이는 무리한 숙군이 가져온 희극적 비극이었다. 그러나 정부는 "군은 사상, 의사, 행동, 명령계통 등 전부가 선명하게 일치하여야 하며 이에 대하여 위반하는 군의 존재는 불가능한 것"[92]이라는 국방장관 이범석의 언명에서 볼 수 있듯이 이 문제에 관한 한 강경숙청으로 일관했다. 이 점에서 좌파군인 숙청문제와 친일세력 숙청문제는 정부의 강경과 온건정책의 면에서 크게 비교되었다.

---

90) 《한국전쟁사》 1권, p. 498.

91) 백선엽, 《군과 나》, p. 346.

92) 《동아일보》 1948년 11월 13일.

군내의 좌파조직에 대한 압박은 또 다른 반란을 불러일으키기도 했다. 숙군 압력에 못 이겨, 그리고 여수 14연대의 봉기에 자극받아 대구의 6연대가 48년 11월 초부터 49년 1월에 걸쳐 세 번에 걸친 연속적인 반란을 일으켰다. 그러나 6연대의 반란은 14연대의 경우와는 달랐다. 반란은 군내(軍內)의 병영에만 한정되었고, 군내의 호응조차 크지 않았다. 폭풍으로 치달은 여수와, 미풍에 그친 대구의 두 반란은 제 2 의 여수는 불가능하다는 점을 확인시켜 주었다. 그것은 세 가지 요인 때문에 그러하였다. 첫 번째는 군내 좌파의 허약이었다. 14연대와는 달리 6연대에는 좌파의 비밀조직이 강력하지 않았다. 두 번째는 한번 반란을 경험한 이승만체제의 신속한 대응 때문이었다. 놀란 이승만정권은 신속한 대응으로 반란을 병영내로만 묶어두었던 것이다. 세 번째는 46년 가을 봉기를 경험한 대구가 전남 동부지방과는 현저히 달랐기 때문이었다. 민간사회의 모든 좌파조직들은 이미 10월항쟁의 물결에 휩쓸려 사라져 갔던 것이다.

숙군작업에는 관동군헌병 오장(伍長) 출신의 김창룡(金昌龍) 등 독립군을 체포하던 일군 헌병출신도 동원되었다. 독립군을 추적하고 고문하던 일군헌병이 해방된 조국에서도 동족을 추적하고 고문하는 사태는 있어서는 안될 비극이었다. 그들 중 적지 않은 숫자는 북한의 친일파 숙청 때 탈출하여 남한군에 가담한 사람들이었다. 역설적으로 남한군대는 일군과 만군 출신들이 장악하여 북한군과는 달리 식민시기 경력은 문제되지 않았다. 경찰에서까지 친일경력자들에 대한 숙청요구가 강력하였음에 반해 군은 이 요구로부터 제외된 성역으로 남아 있었다. 이 부문에 대해서는 친일경력자들에 대한 배제요구가 없었다. 그 결과 군대는 좌파의 피난처일 뿐만 아니라 친일파의 피난처 역할도 하는, 상극의 요소가 공존하는 역할을 하였다.

군내에도 경찰이나 관료, 법조, 검찰 부문에 못지 않은 적극적, 광신적 일본 협력자들이 적지 않았으나 이들은 숙청의 바람에서 비켜나 있었다. 이는 현대한국의 역사에서 가장 커다란 아니러니의 하나였다. 모든 일군-만군 출신들을 친일파로 규정할 수는 없지만 고위간부들은 일본군 경력자들이 다수였으며, 그들이야말로 남한군대의 초석을 놓은 사람들이었다. 왜 이들의 친일경력은 문제되지 않았는가? 군대는 어떻게 하여 친일파의 피난처 역할을 하였는가? 해답은 간단하였다. 그들이 북한의 위협으로부터 국가를 수호하는 중심기구였기 때문이었다. 여기서 읽을 수 있는 사실은 분명하다. 친일이라는 과거의 의제는 반공투쟁이라는 현재의 의제를 넘을 수 없었다는 점이다. 구체제 청산은 현재의 생사투쟁적 대립 때문에 유예되었던 것이다.

한국에서 40년 이상 '체제수호의 보루'요 '자유민주주의의 지주'라는 주장과, '반민주적이고 반인륜적인 악법'이자 '통일의 근본적 걸림돌'이라는 양극적인 논란을 불러일으킨 국가보안법이 만들어진 것도 이 시점이었다. 국가보안법은 여수사태가 종결된 직후인 11월 초에 의회에서 초안이 만들어졌다. 국가보안법은 한 달이라는 짧은 기간 동안의 속결입법으로 1948년 12월 1일에 법률 제 10 호로 공포되어 시행되나 제정과정에서부터 격한 논쟁을 불러일으켰다.[93] 심의중인 11월 16일에는 국회의원 47인이 국가보안법 폐기동의안을 제출하였다. 그러나 이는 부결되었다.

찬성론자들은 "국가가 엄연히 존재하는 상태에서 반민주분자는 역적으로서 절대로 용납할 수가 없다", "우리를 (이) 법을 세밀히 하여서 물샐틈없이 하여야 한다"고 주장하였다. "공산도배의 발호에 맞서 국가를 보위하지 못하면 후대를 볼 낯이 없을 것"이라는 말과, "지역민중들의 여론은 강력한 입법을 통하여 포악한 도배들을 처리해 달라는 것이 주류"라는 말도 반복되었다. 예수교 장로회 목사 출신의 박순석(朴順碩)은 이 법의 부작용을 예상한 듯 "피를 한 폭기(포기 — 원문 그대로) 뽑자면 나락을 다칠 때도 있다"면서도 "그렇다고 해서 피를 안 뽑을 수 있겠는가"고 반문하였다. 또한 "우리는 이 민주정부를 지지하며 육성해 나가지 않으면 안될 책임과 의무가 있다. 만일 이 민주정부를 파괴하고 말살하

93) 국가보안법의 제정에 대한 가장 잘된 설명은 박원순, 《국가보안법 연구 1》(서울: 역사비평사, 1989), pp. 75~105를 참조하라.

려는 세력이 있다면 어떠한 수단과 방법을 취해서라도 그러한 폭력을 배제하는 데 만전을 기하지 않으면 안된다"(李周衡)는 주장도 있었다.[94] 박순석과 이주형의 발언에서는 개인의 인신보호와 권리보다는 국가의 안녕과 질서유지가 우선이라는 현대한국의 뿌리깊은 사고의 원형을 발견하게 된다. 또한 목적을 위해서는 방법과 수단은 중요하지 않다는 논리도 숨어 있다. 이들의 발언은 오늘날까지도 매우 자주 듣는 말이다.

그러나 반대론자들은 이 법이 정치적으로 악용될 소지가 많은 반민주 악법일 뿐만 아니라 통일에도 장애가 된다고 주장했다. 다음 발언들은 국가보안법 제정과정에 국회에서 반대발언을 한 의원들의 핵심주장이었다. 오늘의 반대논리와 거의 차이가 없었다. "이 법률을 발표하고 나면 안 걸릴 사람이 없을 것이다"(조헌영). "좌익을 막으려면 좌익에 지지 않는 민주주의적인 입법을 해가지고 민족정기를 살려야 한다. 이 법률이야말로 히틀러의 유태인 학살을 위한 법률이나 … 일제의 치안유지법과 무엇이 다르겠는가"(노일환). "민주주의 헌법은 인민의 권리를 보장한 것이다. 다수 일어나는 반란사태에 대(항)해서 우리가 만들었던 헌법정신은 몰각하고 (거꾸로) 인민을 극도로 속박하는 법률을 우리 자신이 만드는 법이 어디 있는가"(신성균, 괄호는 추가). "국가보안법은 포악무도한 일제침략주의의 흉검이라고 할 수 있는 치안유지법과 똑같은 비민주적 제국주의의 잔재이다. 우리가 민주독립 국가를 재건하는 이 마당에 … 제국주의 잔재폐물은 용납할 수 없다"(김옥주).[95]

찬성론자와 반대론자의 논거가 동일하게 민주주의수호와 인민보호였음은 큰 아이러니였다. 우리는 이로부터 초기제도의 형성 시점부터 이미 이후 지속될 서로 다른 두 민주주의간의 갈등의 원형이 놓였음을 간취하게 된다. 즉, 민주주의의 수호를 위해 국가보위를 위한 입법을 하

94) 〈제 1 회 국회속기록〉 제 105 호, 《제 1 회 국회속기록, 自 제 1 회 제 61 호~至 제 1 회 제 128 호》, pp. 945~958.

95) 〈제 1 회 국회속기록〉 제 105호, 107호, 108호, 《제 1 회 국회속기록, 自 제 1 회 제 61 호~至 제 1 회 제 128 호》, pp. 945~959 · 2, 984~992, 993~1009.

자는 논리와, 민주주의를 위해 반민주악법은 용납할 수 없다는 두 개의 민주주의였다. 여수반란 이후의 강한 반공드라이브에도 불구하고 국가보안법의 제정과정에서 이의 비민주성을 주장하며 반대한 의원들의 존재는 제헌국회가 반공을 기축으로 탄생했음을 고려할 때 주목할 만했다. 이들은 소장파로 불렸는데 주로 젊은 국회의원들이었기 때문이었다. 이들은 소속 정당과 정파에 관계없이 개혁적이고 민족주의적인 입장을 견지했다. 이들은 민중주의적 토지개혁과 철저한 친일세력 숙청, 주한미군 철수와 평화통일, 국가보안법의 비민주성, 공산주의에 맞서기 위한 민주주의의 수호를 주장했다. 남한의 제헌국회는 20대에서 70대까지의 다양한 연령에 걸쳐 분포했는데, 소장파로 분류(44세 이하)되는 젊은 국회의원들은 총 200명의 국회의원 중 83명에 달했고(41.5%),[96] 이 중 약 60여명이 경찰과 관료, 한민당에 포진해 있는 수구세력에 맞서 강경한 개혁적 입장을 견지했다.

그러나 강력한 반공국가에 포위된 의회 내에서의 이들의 외침은 수용되기 어려웠다. 이승만은 방송을 통하여 "국회내에 선동분자가 있어서 법률제정에 문제가 있다"고 몰아붙였고, 곳곳에 "빨갱이 처단하라"는 데모와 벽보가 나붙었다. 이들에게는 암살위협이 가해졌다. 국회내에서조차 이 법안의 폐기를 주장하는 의원들에게는 "공산당을 도와주고 있다"는 공격이 가해졌다. 곧 국가보안법을 반대하는 것은 이적행위라는 주장이었다. 매카시즘의 바람은 아래와 위, 두 곳으로부터 동시에 불었다. 결국 이 법은 소장 개혁주의자들의 반대에도 불구하고 통과되었는데 이는 반공에 관한 한 의회의 다수파도 정부와 입장이 다르지 않았음을 보여준다. 특히 국가보안법은 정부 주도가 아니라 국회의원들이 발의하여 제정된 의원입법이었다. 친일파처벌법과 국가보안법을 모두 통과시키는 상반의 특성이 제헌국회에는 동시에 존재하고 있었다. 의회는 모순적 지위에 놓여 있었던 것이다.

이승만체제는 여수사태 이후 공사(公私)의 많은 청년단들을 통합하여

96) 대한민국 중앙선거관리위원회, 《大韓民國選擧史》 제 1 집 (동위원회, 1973), p. 619.

준국가공식기구인 대한청년단(大韓靑年團 : 한청)을 창설했다. 10월 29일 '민병 5만명을 조직할 것'[97]을 언명한 이승만은 두 달간의 정지작업을 거쳐 12월 21일 3백만에 달하는 거대한 한청을 결성했다. 이로써 정치 지도자와 정당을 따라 많은 갈래를 갖고 국가의 직접 통제에서 벗어나 개별지도자의 직접 통제하에 민병(民兵)의 역할을 하던 많은 청년단들이 해체되었다. 우익청년조직들은 국가의 일원적 통제하에 놓이게 되었던 것이다. 이는 커다란 민족주의적 청년단을 사병적 조직으로 거느리고 있는 김구와 이범석, 이청천을 겨냥한 것이었다. 각각의 사병적 청년단을 거느리고 있던 이들은 조직을 박탈당했다.

청년단의 통합에 족청과 그의 지도자 이범석이 저항했으나 저항은 오래가지 못했다. 족청은 전국적으로 가장 방대한 조직을 갖추고, 제복을 착용한 채 정규적인 훈련을 하여 마치 준국가기구처럼 행세하고 있었다. 그들의 실제의 역할 역시 좌익들의 활동을 탄압하는 등 경찰과 군대의 역할에 버금 갔다.[98] 규모 역시 1948년 8월 15일 현재 족청의 단원은 무려 115만에 이를 정도로 방대하였다.[99] 이 숫자는 정규군의 10배에 달하는 엄청난 규모였다. 이승만은 49년 1월 15일 직접 "족청을 해산시키고 한청과 합류하라"고 지시했다.[100] 버티던 이범석과 족청은 결국 굴복했다. 족청이 해산되자(1949년 2월) 그의 지도자 이범석은 국방장관에서 해임되었다. 족청의 해산으로 인해 이범석을 이용하여 군과 족청을 통할할 필요성은 사라졌던 것이다.

또한 여수반란 이후 학생과 교원들의 급진성향에 위기감을 느낀 이승만체제는 48년 10월 학도호국단 조직방안을 구체화하고 조직요강을 완성하였다. 이는 일민주의를 보급하기 위한 안호상의 구상이었다. 49년

---

97) 《한국정치연표, 1945~1984》, p. 53.

98) 임종명, "조선민족청년단 연구"(고려대학교 대학원 사학과 석사학위논문, 1995년 2월).

99) United States Army Military Government in Korea, *South Korean Interim Government Activities*, No. 34 (Jul. /Aug. 1948), p. 248.

100) 《서울신문》 49년 1월 16일.

4월 중앙학도호국단이 결성되었는데 그 지향은 '민족의 주의사상의 통일'이었다. 이는 학원내 좌익사상과 조직의 척결과 일민주의로의 통일을 의미했다. 총재는 대통령이었고, 부총재는 국무총리, 중앙단장은 문교장관이었다. 일선 조직체계는 군대식 편제였고, 사용되는 용어 역시 군대식 용어였다. 학도호국단은 일제하의 학생경찰이나 히틀러의 청년단과 외양마저 유사하여 '일민주의 기치 아래 독일 군국주의식 청소년 기동타격대'로 평가받았다.101) 이는 사실상 학내의 관제 우익정치조직이었던 것이다. 모든 학생단체와 조직들은 학도호국단으로 통일되었고, 간부들은 거의 전부가 미군정기에 반공우익 학생조직의 간부를 맡았던 사람들로 채워졌다. 이를 계기로 학생들은 정권의 단일적인 통제하에 놓였고, 중등학교 이상의 학교에서는 학생군사훈련의 실시가 결정되었다. 청년단과 함께 학교는 이승만체제의 지배이념이 침투하는 가장 중심적인 채널이었다. 곧 학교와 교육은 국가의 공식이념을 확산하는 기제가 되었던 것이다.

이로써 이승만체제는 여수반란을 계기로 군대, 청년단, 학생들을 전부 지배체제 동원구조의 하부조직으로 묶는 데 성공하였다. 경찰은 국가수립시에 이러한 조치가 완성되어 있었다. 빠른 속도로 군사조직과 편제들이 정비되어 갔고, 청년학생들에 대한 동원과 징발권을 행사하기 위한 법적 제도적 조치들이 뒤따랐다. 이제 공사의 물리력은 이승만정부의 수중으로 들어갔으며, 모든 국가기구와 준국가기구는 단일적 통제하에 놓이게 되었다. 이승만체제는 1948년 8월이 아니라 여수반란을 겪고 나서 명실이 상부한 반공체제로의 변환에 성공, 상대 공산주의국가에 맞서는 체제를 갖추어 갔던 것이다.

---

101) 한준상·정미숙, "1948~53년 문교정책의 이념과 특성," 《해방전후사의 인식》 4, pp. 352~354.

제 9 장

48년질서의 변환 : 6월 공세와 토지개혁

1. 6월공세 : 48년질서하 남한의 대응양식

여수의 폭풍이 몰아온 충격에서 벗어나자 건국의제를 둘러싼 갈등이 재현되었다. 여수는 긴장의 중심이었으나 긴장의 고리가 풀리자 서울은 1948년 8월로 돌아갔다. 이 회귀는 마지막 정리의 계기였다. 민중적 압력이 완화되자 헤게모니 블록 내의 갈등이 재연되었다. 정부수립 직후 반이승만 노선으로 전환한 한민당은 신익희(申翼熙)와 지청천(池靑天)세력을 흡수, 반이승만적이면서도 보수적인 세력을 결집하여 49년 2월 10일 민주국민당(民主國民黨 : 민국당)을 창당했다. 민국당의 등장은 단정정치연합의 분열을 보여주는 상징이었다. 또한 민국당의 등장으로 송진우 - 김성수 -신익희-조병옥 -장면- 윤보선-유진산 -김영삼 -김대중으로 이어지는, 한국정치의 한 뿌리깊은 축을 형성하는 보수적 반대당이 건설되었다.

보수적 반대당과 이승만의 관계는 1945년에서 48년까지는 연대, 48년에서 52년까지는 연대와 반대의 병존, 그리고 52년에서 60년까지는 대립이라는 관계로 변화되어 갔다. 전간기 반대당의 노선은 연대와 반대의 기묘한 병존이었다. 파당적 이해에서는 반대했으되 체제적 이념적 이해에서는 국가형성연합의 성격 그대로 다시 연대하였다. 한민-민국당의 선택은 항상 이 범위 사이에서 이루어졌다. 두 분파는 체제수준의 문제에서는 누구보다 강력하게 연대하였고, 체제내부의 헤게모니를 놓고는 어느 세력보다도 격렬하게 대립하였다. 전간기 동안 이는 의제에 따라 명징하게 표출되었다.

민국당의 이승만과의 결별은 초기 이승만체제가 몇몇 가신적 인물에 의해 움직이는 사인적 권위주의 국가였음을 보여준다. 그러나 이승만체제는 이 시기 동안 결정의 권한 및 절차의 집중성과 배타성의 제도화, 즉 도전불능의 제도적 독재성을 보유한 것은 아니었다. 권위주의통치와 그것의 제도화의 실패라는 이 모순적 이중성은 이승만 시기 이후 박정희 시기를 거쳐 현대한국에서는 변함없이 유지되었다.[1] 이승만 시기의 경우 그 요인은 분단과 미국과의 연계 두 가지 이유 때문이었다. 이 두 가지는 독재성을 높인 요인이면서 또한 독재성을 제한한 이중적 기능을 수행하였다.

이러한 이중성은 기본적으로 분단과 미국이 한국에게 가하는 정책의 상한과 하한으로 설명할 수 있을 것이다. 후자는 미국의 범위(*American Boundary*)라는 개념으로 설명가능하였다.[2] 국가의 유지가 보장되는 이유로 인해 독재가 가능했고, 반면에 상대 공산주의국가와의 체제경쟁으로 인해 독재와 파시즘의 제도화에는 성공할 수 없었다. 즉, 체제는 국가강권기구의 완벽한 대중감시, 정당의 폐쇄나 대중동원을 통한 독재의 구축에 성공할 수 없었다. 제도화에 성공할 수 없었던 구조적 조건만큼 열린 공간에서 정치균열이 전개되었다.

이승만체제는 자주 전통적 독재의 외양을 띠었으나, 어떤 때는 의회와 정기적 선거, 정당의 존재에서 볼 수 있듯 서구민주주의를 흉내 내

---

1) 이 테제는 한배호가 밝혀낸 한국정치의 한 중심적 특성이다. 한배호, 《한국의 정치과정과 변화》(서울:법문사, 1993);《한국정치변동론》(서울:법문사, 1994).

2) 이에 대해서는 다음 장의 상세한 논의를 참조하라.

었다. 그러나 전체 사회제도와 질서는 조합주의적 본질에 근접하는 것이었다. 체제는 마치 여러 특징들을 혼융한 하나의 혼탕처럼 보였다. 가장 근접한 것은 아마도 조합주의체제적 측면일 것이다.[3] 이승만체제의 기본이념인 일민주의(一民主義)는 자본주의와 공산주의를 "두 개의 반동하는 정치사조의 탁류"로 철저히 배격하고 있었다. 이범석은 "이 두 사조 속에서 얼마나 역사가 욕되었으며 얼마나 인류가 화(禍)되었던가. 이제 그 반동은 최고조에 달하여 혼란과 도탄 속에서 세계와 인류를 구원할 새로운 정치체제를 갈망하고 있다"고 주장한다. 나아가 그는 다음과 같이 주장한다.

> 착취의 원칙 위에 세워진 자본주의를 지양하고 유린의 원칙 위에 세워진 공산주의를 극복하여 계급을 타파하고 빈부의 차등을 없이하고 종파의 존재와 남녀의 차별까지 거부하는 이 대통령 각하의 일민주의를 토대로 하는 우리나라의 건국정신은 우리나라와 우리 민족만을 구원할 수 있는 새로운 정치이념일 뿐만 아니라 나아가서 세계에 범시(範示)하여 반동하는 자본주의 및 공산주의의 와중에서 전인류를 구출할 수 있는 위대한 새로운 정치체제이다.[4]

이범석의 말은 당시 남한체제의 성격과, 그것을 이끌었던 리더십의 사상을 한마디로 보여주고 있다. 국가와 사회는 의심의 여지없이 하나의 유기체로 받아들여졌고 개인과 집단, 계급의 이익은 수용되지 않았다. 자유주의적 관념 역시 설 땅이 없었다. 만약에 자유주의적 관념과 사상이 존재하였다고 할지라도 그것은 다만 냉전자유주의(*cold war liberalism*)이거나 반공자유주의, 또는 둘의 합성어인 냉전반공자유주의일 뿐이었다. 냉전자유주의의 핵심특성은 바로 반공주의이다.[5] 이때

---

3) Bruce Cumings, *Origins*, Vol. II, Chap. 6, pp. 185~236.

4) 양우정, 《이 대통령의 건국정치이념 — 일민주의의 이론적 전개》(서울: 연합신문사, 1949), pp. 1~2, 이범석의 서문.

5) Anthony Arblaster, "Cold War Liberalism," *The Rise and Decline of Western Liberalism* (Oxford: Basil Blackwell, 1984), pp. 309~332.

자유주의 앞에 붙는 수식어는 뒤의 피수식어를 질식시킬 만큼 사회에 넘쳐흘렀다. 국가는 이익의 결정자였고 배분자였다. 가장 커다란 사회적 이익은 민족통일이었고, 그것을 위해 사회내의 집단적 이익들은 희생되어야 했다. 홉스봄이 지적하듯 "이념적 대립이 있는 곳에서 민족이라는 상상의 공동체에 대한 호소는 모든 도전을 제압해 왔다."[6]

그러나 조합주의적 특성을 가졌으되 그것만으로는 이 시기 동안의 또 하나의 뚜렷한 특징인 의회의 저항, 특히 하층농민계급에 기반을 둔 의회세력의 이승만에 대한 도전은 설명되기 어렵다. 균열과 갈등의 서열 역시 설명하기 어렵다. 국가가 주도한 위로부터의 개혁인 토지개혁을 설명하기 위해서도 새로운 문제설정이 필요하다. 핵심 건국의제인 통일문제, 주한미군 철수문제, 친일세력 배제문제, 토지개혁 문제에서 이승만과 민국당, 김구와 소장개혁세력의 정책은 의제에 따라 복합적으로 균열되었으며 균열의 정도는 상이했다. 의제에 따른 균열과 연대의 수준 및 위계[7]는 각 세력과 집단의 계급적 계층적 노선과 힘의 배분관계를 반영했다. 즉, 균열의 서열(*hierarchy*)이 존재했었다.

건국의제들에서 중심 균열계선은 무엇보다도 김구-개혁세력 대 이승만-민국당 간의 균열이었다. 전자의 연합과 후자의 연합은 발생적으로 대립되었다. 즉, 단정연합과 반대연합은 정부수립 이후에도 여전히 대립하였다. 그것은 사실상 참여세력과 참여거부세력의 대립의 지속이었다. 따라서 이승만과 민국당 사이의 균열은 본질적 대립의 하위균열이었으며, 오히려 체제수준의 균열에서 민국당은 이승만의 가장 강력한 연대세력이었다. 때때로 이 보수정당은 이승만보다 더 강경한 수구노선을 견지하였다. 이 두 균열의 중첩에 국가수립 직후 남한정치의 핵심이

---

6) Eric Hobsbawm, *Nations and Nationalism Since 1780* (Cambridge: Cambridge Univ. Press, 1990), p. 163.

7) Seymour M. Lipset and Stein Rokkan, "Cleavage Structures, Party Systems, and Voter Alignments: An Introduction," in idem (eds.), *Party Systems and Voter Alignments: Cross-National Daspeatives* (New York: The Free Press, 1967), pp. 9~26.

놓여 있었다.

반이승만정권이 곧 반남한은 아니었던 것이다. 말을 바꾸면 반정권이 반국가는 아니었던 것이다. 반이승만은 사회개혁이나 친북한과는 더욱 동의어가 아니었다. 민국당은 강력한 반이승만 세력이었으되 그들은 또한 가장 강력한 반북한-반공세력이었다. 자신들의 선택이 김일성을 도와주는 것이라면 이들은 언제라도 모든 저항을 단념하였다. 이러한 선택은 민국당만의 문제가 아니라 보수적 사회기반의 일반적 성향이었다. 나중에 살펴볼 1950년 5월의 제2대 총선의 중간파 당선자들의 성향을 분석해 보면 이러한 경향은 더욱 두드러진다. 내부의 어떤 대립의 계선도 38선에 의한 대립에는 훨씬 떨어졌다. 두 균열은 수준이 다른 문제였다. 외부의 적과의 대립과 내부의 적과의 대립으로 비유할 수 있는 것이었다. 즉, 38선을 둘러싼 균열과 이승만체제 내부에서의 균열은 본질적으로 수준이 달랐다. 지배체제가 아니라 국가에 대한 지지의 차이는 더욱 컸다.

균열의 핵심의제는 3대 건국의제에 집중되었다. 이들 의제를 둘러싼 균열을, 립셋(Seymour M. Lipset)과 로칸(Stein Rokkan)의 도식을 원용하여 〈그림 9-1〉과 같이 나타낼 수 있을 것이다. 여기에서 보면 토지문제가 가장 복합적이며, 지배연합 내 헤게모니 투쟁이 가장 좁은 수준의 균열임을 금방 알 수 있다. 그러나 통일문제와 친일세력 청산문제의 둘은 가장 뚜렷하게 대립구도를 갖추고 있다. 전간기는 짧은 시기였으나 네 가지의 균열이 중첩적으로 뒤엉켜 있음을 알 수 있다.

가장 뚜렷한 대립을 보인 것은 외군철수문제와 통일문제였다. 김구는 49년 1월 18일 외군철퇴와 남북협상을 다시 주장했으나 남한정부는 다음날 즉각 남북협상을 반대하는 성명을 발표했다. 국회에서는 개혁파 국회의원들이 외군철퇴 결의안을 제출했다. 우리는 여기에서 핵심의제에 대한 참여거부세력 김구와 의회 내 개혁세력의 연대를 목도할 수 있다. 그러나 이 제안은 민국당의 반대로 부결되었다. 의회에서의 결의안 통과가 좌절되자 개혁파 국회의원들은 의회를 벗어나 국제기구에 이 문제를 직접 호소하려 시도, 63명의 연서로서 3월 19일에 유엔임시한위에

〈그림 9-1〉 48년질서 초기 남한의 핵심의제와 균열구조

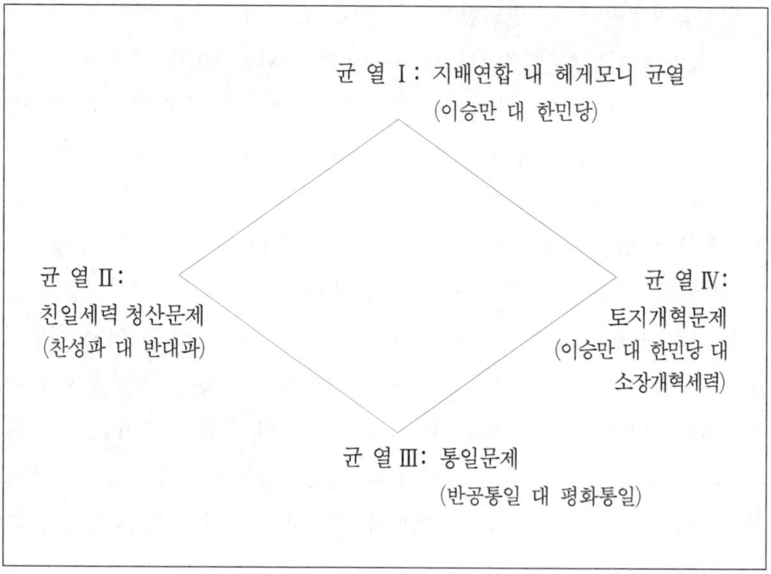

외군철퇴 진언서를 제출하였다.[8] 의심의 여지없이 이승만과 그의 정부는 이 균열에서는 민국당의 편을 들었다.

토지개혁문제를 놓고도 의회는 보수파와 개혁파로 양분되어 대립하였다. 통일문제 및 외군철퇴, 친일세력 숙청문제와 마찬가지로 이 문제에서도 의회의 보수파와 진보파의 대립은 민국당 대 소장개혁세력의 대립으로 나타났다. 남한의 대표적인 공식기록은 이를 '지주 및 농민 양계급의 상반되는 이익을 추구'[9] 하는 데서 오는 대립으로 기록하고 있다. 이것은 전형적인 계급적 시각의 기술로서 토지문제는 결국 계급문제였음을 인정하고 있는 것이다. 민국당이 지주계급을 대변했고, 소장개혁세력이 농민을 대변했음은 강조할 필요도 없다.

통일문제를 중심고리로 해서 의회 내의 개혁파 국회의원들은 의회 밖

8) 《경향신문》 1949년 3월 20일.

9) 대한민국 중앙선거관리위원회, 《大韓民國政黨史》 제 1 집 (1973), p. 204.

의 김구와 연대해서 정부에 강경하게 맞섰다. 이것은 마치 1980년대 반대당과 김대중·김영삼의 연대를 연상케 했다. 의회 내의 반독재세력들은 충성스런 야당과 연합하지 않고 김영삼·김대중과 연대함으로써 제도의 틀을 벗어나 민주화연합을 형성했다. 김영삼·김대중은 민중운동권보다는 온건했으나 의회 내의 충성스런 반대당보다는 강경했다. 이 연대는 독재정권에 맞서는 민주화연합을 가능하게 하였으며, 그것은 전간기 김구와 소장개혁세력의 연대를 연상케 하는 것이었다.

의회가 이렇듯 의제에 따라 계급적 계층적 이해를 반영한 사례는 이후의 한국의 정치에서 보기 힘들었다. 80년대 중반 이후 민주화의 시기 정도가 이에 비견될 수 있을 것이다. 한국의 의회는 시민사회의 이익과 의사를 정상적으로 대표하지 못해 왔다. 의회는 항상 높은 자율성을 갖고 시민사회로부터 유리되어 있었다. 이것은 양당정치가 비교적 제대로 운영되었던 1960년대에도 마찬가지였다. 그러나 전전에는 그렇지 않았다. 전간기 동안 핵심의제는 의회로 집중되었고, 대부분 거기에서 걸러졌다. 제헌의회는 '정치갈등의 중심장'으로서 이승만 시기의 어떤 의회보다도 의제의 수렴과 문제해결능력에서 앞서 있었다.[10] 이는 1945년 이전 식민체제가 지닌 모순의 크기와 그에 따른 45년 이후의 시민사회의 요구의 폭발, 그리고 축소되기는 하였으나 그 요구의 의회로의 침투에 기인했다. 48년 형성된 의회는 이념적 지형의 축소 위에 등장한 것이었지만 그것이 의제의 축소를 가져온 것은 아니었다.

해체되었으나 다시 등장하여 국가기구에 포진하고 있는 친일세력 숙청문제는 가장 중심적인 의제였다. 49년 초 반민특위가 구성되자 국민적 관심은 특위활동에 집중되었고, 의회는 완전히 정치의 중심으로 부상하였다. 반민특위는 의회 내 기구에 머무는 것이 아니라 검찰권과 사법권을 갖는 준사법기관이었다. 반민특위가 본격적인 활동을 개시하면서 많은 친일경력자가 체포되어 조사를 받았다. 모든 언론의 의제는 이것으로 집중되었고, 대립은 다시 식민시기로 돌아가 친일이냐 반일이냐

10) 백영철, 《제 1 공화국과 한국민주주의》(서울: 나남출판, 1995).

의 문제가 되불려나왔다. 당시의 주요한 4대 신문인 《동아일보》, 《조선일보》, 《서울신문》, 《경향신문》을 검토하여 보면 이 문제는 토지개혁 문제와 함께 가장 뜨거운 사회정치적 쟁점으로 떠올라 있었다. 이는 사회의 이슈화 정도를 반영한다. 이슈화란 다른 말로 의견수렴과 반영의 노력을 말한다.

현대민주주의에서 언론은 정당과 함께 가장 중요한 두 개의 전달벨트를 구성한다. 당시 언론자유는 상당 정도 보장되어 있었다. 당시 남한에 대해 유보없는 비판적 해석을 견지하는 연구조차 이러한 상대적인 언론의 자유를 인정하고 있다는 것은 많은 의제가 언론을 통하여 표출되고 여론화하고 있었음을 반증한다.[11] 좌파신문은 용인되지 않았지만 이 시기에 그것을 문제 삼을 수는 없었다. 같은 시기 북한에서 우파언론은 존재 가능하였으며, 미국에서 공산주의언론과 정당은 자유를 보장받고 있었는가에 대해 긍정적 해답을 제시할 수 있을 때 이 문제에 대한 부정은 설득력을 얻을 수 있을 것이다. 토지개혁과 친일파 문제, 각료들의 비행, 정부정책에 대한 비판적 보도에 있어 전간기는 보기 드문 언론자유의 시기였다. 토지개혁에 대한 보도는 농민의 입장에서 보도하는 것이 지주의 입장을 지지하는 보도보다 압도적으로 많았다.

친일문제도 마찬가지였다. 대통령과 의회가 대립할 경우 대통령의 담화와 그를 정면으로 반박하는 국회의원의 주장이 같은 크기로 실렸다. 친일세력 청산의 문제는 약간의 편차를 보이기는 하였으나 거의 모든 신문에서 완전한 척결을 주장하는 논조였다. 그것은 결코 정부의 입장을 홍보하거나 구체제지배세력의 논리를 옹호하는 것은 아니었다. 1월 8일 반민특위가 활동을 개시한 이래 최초로 체포된 자는 화신재벌의 친일자본가 박흥식이었다. 한 신문은 이 문제에 대해 "민족의 이름으로 반역자는 단죄된다. 친일반역배 드디어 심판대에, 박흥식 드디어 수감!"[12] 이라고 흥분된 감정을 드러내었다.

---

11) Bruce Cumings, *The Origins*, Vol. II, p. 213.

12) 《서울신문》 1949년 1월 11일.

이 흥분은 사회일반의 흥분을 말한다. 이어서 1919년 3·1운동의 33인의 1인이었던 최린이 잡혀들어 갔고, 홍명희와 함께 조선의 3대 천재라 불렸던 최남선(崔南善), 이광수(李光洙)도 '황민화운동의 수괴', '해방 후도 몰염치'라는 커다란 신문제목과 함께 체포되었다.

최남선은 대동아전쟁을 "진실로 일본 및 일본정신을 발단자… 또는 중추원리로 하는 전동아의 해방전쟁", "인류역사의 세계를 현전(現前)케 하는 기연(機緣)"이라면서 "보람있게 죽자", "가라! 청년학도여"라고 조선청년의 출병을 권고하였다.[13] 이광수는 부모에 대한 효심과 가족마저 버리고 학병에 나가라고 권고하고 있었다.

> 학병을 그래 무엇으로 주저하는가, 부모 때문인가. 충없는 효 어데 있으리. 나라없는 부모 어데 있으리. 그래 처자 때문에 주저하는가.
> … 그대들의 나섬은 그대 가문의 영화이며 3천만 조선인의 살 길.[14]

이광수에게 나라는 일본이었고 그것은 가족과 부모보다 중요하였던 것이다. 이들 천재들의 또 다른 천재성은 친일의 화신으로 발현되었다. 조선민중 누구도 모르는 사람이 없을 정도로 유명하였던 최남선과 이광수의 몰락과 구속은 아무리 높은 문화적 명성을 지녔더라도 일본에 협력하였다는 사실에 관한 한 추호의 도덕적 유예도 허락할 수 없다는 민중일반의 의식을 읽을 수 있게 한다.

온갖 신분적 특권과 권세, 거만을 자랑하던 이씨왕조의 많은 귀족들과 대자본가들, 일제침략기구의 주구들이 계속 잡혀들어 갔다. 노덕술, 김태석, 김덕기 등 언론에 의해 '악질' 경찰과 헌병으로 보도된 일본경찰, 헌병, 고등형사, 밀정, 독립군고문기술자들도 체포되었다. 나라를 팔아먹었다는 을사오적의 한 아들도 체포되었다. 이들에게 식민통치의 종식은 45년이 아니라 49년이었다. 그들은 단순히 신체만 구속된 것이

13) 임종국, 《친일문학론》(서울: 평화출판사, 1966), p. 407.
14) 오익환, "반민특위의 활동과 와해," 송건호 외, 《해방전후사의 인식 1》(서울: 한길사, 1979) p. 160.

아니라 자신들의 반민족적 죄상(罪狀)과 악행에 대한 상세한 폭로와 함께 잡혀들어 갔다. 악행의 폭로는 친일파에 대한 민중의 분노를 반영한 도덕적 응징이었다. 당시 일반민중들에게 더 중요한 것은 법률적 구속보다는 도덕적 응징이었는지도 모른다. 이들의 체포에 민중은 환호하였다. 지방의 반민특위는 그들대로 지방에 피신해 있는 친일파들을 체포하였다. 이들 친일파의 석방운동을 하려던 사람들 역시 체포되었다.

재판이 시작되면서는 언론은 더욱 상세해졌고 사회는 더욱 흥분하였다. 3월 28일 공판이 개시되자 법원은 가득 찼고 신문은 이 소식을 전면을 할애하면서까지 재판광경과 내용, 그들의 수갑찬 모습을 연일 대서특필하였다. 한 대표적인 신문은 "반민자 재판의 날은 왔다!"며 재판광경과 내용을 연일 전면으로 보도하였다. 그 신문은 이 재판을 "조국을 팔고 민족의 고혈을 착취하여 일제에 축성을 바침으로써 자기의 영화를 마음껏 누리던 친일매국도배들을 해방된 지 4년 만에 비로소 민족의 이름으로 단죄하는 역사적인 대공판"이라고 명명하였다.[15] 이 재판은 민중들에게는 구체제가 붕괴하는 하나의 의식처럼 받아들여졌다. 이승만 및 친일파들과의 갈등에도 불구하고 숙청은 사회적 합의였다.

당시의 신문과 잡지들의 보도내용, 취재방향, 제목, 연재물, 일반 민중의 반응들을 추적하면 민중들에게 이 해체의 의식은 '일제 36년'으로 각인되어 있는 억눌림을 풀어내는 일종의 집단 카타르시스 기능을 수행하고 있음을 간취할 수 있었다. 그것은 마치 하나의 질서가 무너져내리고 하나의 질서가 새로이 빚어지며 태동하는 장려한 의식처럼 보였다. 그것은 또한 구체제의 해체만이 아니라 신생의 독립국의 건설방향에 대한 희원이 동시에 포함된 것이었다. 그러나 친일세력 숙청문제는 파란을 겪지 않으면 안되었다. 정치는 의식(儀式)이나 수사만이 아니며, 따라서 카타르시스를 넘어선다. 그것은 명백히 힘과 자원의 동원능력에 의해 좌우되는 싸움이라는 점을 친일세력 청산문제는 보여주었다.

반민특위가 본격적인 활동을 시작하면서부터 친일세력들과 국가기구

15) 《서울신문》 1949년 3월 29일.

의 방해공작이 거세고 치밀하게 전개되었다. 그들은 정치 사회 경제적으로 여전히 과두지배세력을 형성한 채 친일세력 처벌을 주장하는 중심 의원들을 공산당으로 몰아붙였다. 이승만 역시 친일세력이 체제의 골간이자, 좌파를 제압하는 데 필수적인 요소였기 때문에, 이들을 비호하는 데 적극적이었다. 그가 이들을 감싼 것은 두 가지 이유 때문이었다. 하나는 권력을 장악하는 과정에서의 기여라는 발생적 기원 때문이었고, 다른 하나는 이들의 적극적 반공투쟁 때문이었다. 이승만은 이들을 제거하고 북한과 맞설 자신이 없었다. 그는 겉으로는 자주 대북 자신감을 표출하였지만 내부적으로는 남한이 북한보다 허약하다는 점을 잘 알고 있었다. 그는 민중적 수준에서는 북한을 이길 수 있다고 자신했지만, 정부와 군대는 이를 이기기 어렵다고 정확하게 꿰뚫어보고 있었다.

반민법 제정과정부터 이를 견제하던 이승만은 반민특위가 활동을 개시하자 "반민자 처단에 신중하라"고 특별담화를 발표하였다. 그는 반민특위와 의회가 자기의 요구를 받아들이지 않자 반민자 처단이 '치안을 혼란시킨다', '국회와 정부의 권리는 따로 있는 것'이라면서 반민자 처단은 시기와 방법의 적당성이 긴요하다고 언급하였다.[16] 악랄한 친일행위를 한 경찰간부들이 체포되기에 이르자 그는 특위위원들을 불러 이들을 석방하라고 직접 압력을 행사했다. 이를테면 이승만은 악랄한 친일경찰 노덕술을 석방하라고 요구하였다. 그러나 반민특위가 이를 거부하자 그는 반민법 개정을 시도하고 '특위활동의 불법성'을 언급하며 친일세력 처벌을 중단시키려 강한 압력을 가했다. 이승만은 49년 4월 16일에는 직접 반민특위 활동의 중지와 특경대 해산을 지시했다.[17] 이승만의 압력은 노골적이며 반복적인 것이었다.

이승만의 계속되는 압력에 대해 특위와 의회는 강력하게 반발하였다. 2월 18일 의회는 대통령의 2월 16일의 반민법 개정요구 담화에 대해 즉각 '대통령의 담화는 부당하므로 이를 취소할 것을 요청'하는 결의안을

---

16) 《서울신문》 1949년 2월 19일.

17) 이승만, "반민특경대는 해산," 대한민국 공보처, 《大統領 李承晩博士 談話集》 제1집(공보처, 1953), pp. 17~18.

채택, 대통령의 요구를 묵살하였다.[18] 또한 반민특위위원장 김상덕과 부위원장 김상돈은 이를 정면으로 반박하는 담화를 발표하였다. 이승만은 헌법을 들어 반민법의 위헌성을 지적하였으나 이에 대해서도 이들은 합헌임을 논리적으로 반박하여 봉쇄하였다. 대법원장 김병로는 담화를 발표하여 '반민자의 처단은 민족총의의 반영'[19]이라며 이를 지원하였다. 뿐만 아니라 그는 의회와 대통령 사이의 법리논쟁에서도 의회의 편을 들었다.

다음은 언론에 보도된 김상돈의 의회에서의 발언이다. 이것을 《국회속기록》에서 인용하지 않고 신문에서 인용하는 것은 의도적이다.

> 우리 위원회에서 비상한 노력을 계속하던 차에 대통령이 부르시기에 반민특위활동을 무슨 원조나 하여주시려는가 보다하고 기쁜 마음으로 찾아갔다. 그랬더니 기대와는 천양지차로 노덕술을 석방하라는 말이 있었다. 그래서 노덕술을 석방할 수 없다고 말하였더니 그래도 노덕술은 경찰기술자이며 공훈이 있는 자이다. 이 사람이 없이는 신생국가의 치안유지가 안된다고 말하며 다시금 석방을 요청하기에 나는 민주주의국가에서는 그러한 기술이 필요치 않다고 거절하였다.
>
> 그랬더니 대통령은 못마땅하게 생각하면서 당신들이 그대로 나가면 나는 나대로 생각이 있다고 말하였다. … 대통령은 특위활동 때문에 치안이 혼란상태에 빠졌다고 말하였는데 그렇다면 제주도사건을 비롯하여 전남반란사건, 38선의 혼란상태 이 모두가 다 반민특위의 고문난타 때문에 그렇다는 말인가? 대통령의 담화는 부당한 것이며 다시는 대통령이 신생국가의 건전한 발전을 위하여 꿈에라도 그러한 말을 하지 말아야 한다.[20]

대통령에 대한 이러한 정면 도전의 사례는 친일문제의 균열을 놓고는

---

18) 《서울신문》 1949년 2월 18일.

19) 《서울신문》 1949년 1월 13일.

20) 2월 17일 제33차 본회의 발언, 《서울신문》 1949년 2월 18일. 대통령의 담화에 대한 반민특위의 공식 반박담화는 같은 날짜, 같은 신문에 실려 있다.

얼마든지 있었다. 김상돈은 이승만과의 대화내용을 공개하여 그가 얼마나 부당하게 친일파를 석방하라고 요구하고 있으며, 그 요구의 근거가 얼마나 궁색한 반공과 치안유지에 있는가를 공격하고 있는 것이었다. 나아가 이 발언은 이승만의 주장을 논리적으로 반박할 뿐만 아니라 그에게 '그런 짓은 하지 말아야 한다'는 경고까지 하고 있는 것이었다. 이후의 한국의회에서 대통령에 대한 이러한 도전은 불경죄에 해당할 만큼 불가능한 것이었다. 최고권력자의 의지에 반하는 명백한 저항과 정치적 묵살의 표시, 이 저항은 민중들의 지지 때문에 가능했다. 이 갈등은 표면적으로는 의회와 대통령·행정부 사이의 대립으로 외화되었으나 이승만정부는 여론으로부터 고립되었다.

그러나 친일세력과 정부는 반공을 동원하여 이의 역전을 기도하였다. 이승만의 압력으로도 특위의 활동을 저지하지 못하자 친일세력들은 협박, 중상모략, 관제 군중데모, 삐라살포, 테러, 감금기도, 특위위원 내사(內査) 등 더욱 직접적이며 야만적인 방법으로 위협하였다. 이승만의 위협이 정치적 압력이었다면 이들의 위협은 폭력적 압력이었다. 그것은 제3세계 일반의 적나의 정치테러에 근접하는 것이었다. 특위위원들에 대한 위협과 테러는 지방에서도 가해졌다. 지방에서도 반민자 체포는 빈발하였으며, 이 선을 따르는 균열은 중앙과 지방에 긴밀하게 연결되어 있었다. 핵심의제의 균열은 중앙과 지방, 지역에 따른 편차가 없었으며 그것은 전국적 의사소통, 보편적 여론의 전달메커니즘이 보장되어 있었기 때문에 가능했다.

일본경찰을 지낸 경찰간부들은 전문테러리스트를 동원하여 특위위원장과 검찰관장, 그리고 노일환, 김웅진 의원과 같은 강경한 친일세력 숙청 주장의원들을 납치하여 암살하려 음모했다. 48년 10월 고위경찰관료인 최란수(崔蘭洙), 노덕술(盧德述), 홍택희(洪宅喜) 등은 특위를 공격하기 위해 김웅진, 노일환, 김장렬(金長烈) 의원을 납치하여 암살할 음모를 모의하고 직업테러리스트 백민태(白民泰)를 포섭하여 계획을 진행하였다. 노덕술은 많은 한국인들에게 동족에게 악랄한 고문을 가하면서 친일을 한 대표적인 인물로 각인되어 있었다. 이들은 암살대상자를 특위위원장 김상덕(金尙德), 특별검찰관장 권승렬(權承列) 등 15명으로 변경하고 49년 1월 8일 백민태를 직접 경찰로 불러들여 자금과 권총, 수류탄을 주고 살해를 지시했다. 경찰은 음산한 테러음모의 소굴이었던 것이다. 그러나 백민태의 자수로 음모는 실패하였다.[21] 이를 보면 전간기 이승만체제는 '테러리스트로서의 국가'에 접근한다.[22] 국가는 테러로부터 국민을 보호하는 것이 아니라 반대로 국가가 테러를 동원하여 국민을 억압하고 그들에게 공포를 느끼게 하여 저항을 단념케 하는 것이다.

1948년 10월의 폭발에 흔들렸던 이승만체제는 1949년 봄부터 본격적인 공세로 전환했다. 갈등은 외견상 맞물림이 없어 보이는 친일숙청과 반공주의의 두 기축을 중심으로 전개되었다. 그러나 이 두 의제처럼 깊숙이 맞물린 것도 없었다. 두 의제는 하나의 고리로 연결되어 서로 긴박되어 있었다. 그 연결은 반탁운동이 반공운동으로 변환될 때 친일세력이 소생하는 과정에서 이미 확인된 바 있었다. 그 변환과 소생의 과정에서 의제는 바뀌었고 사태는 역전되었다. 1949년 6월은 변환과 역전의 두 번째 절정이었다. 즉, 1949년 6월은 48년질서의 남한 정치균열에서 결정적인 전환점이었다. 탁치균열이 해방의 정치가 반년 만에 변환된 계기였다면 49년 여름은 건국의 정치가 변환된 계기였다. 필자는 이를 6월공세라고 부를 수 있다고 본다.

정치의제의 집중적인 폭발, 그리고 그 의제들이 해방과 국가형성 이후의 가장 본질적인 의제들이었다는 점, 매 의제마다 이익과 손해를 본 집단의 동일성, 사태역전을 위해 사용한 수단이 불법적이고 비제도적이었다는 점, 이후의 사태전개방향의 이전과의 완전한 역전 등과 같은 점에서 1949년 6월의 일련의 사태는 이승만 정권과 민국당이 연합한 하나의 쿠데타였다. 그것은 국가기구내의 보수적 분파의 적나의 폭력적 공

21) 《서울신문》 1949년 2월 15일 ; 이호진 · 강인섭, 《이것이 국회다》, p. 77.

22) Michael Stohl and George A. Lopez (eds.), *The State as Terrorist : The Dynamics of Governmental Violence and Repression* (Westport: Greenwood Press, 1984).

격이었다. 공격의 대상은 개혁적 입장에서 보수분파와 반대노선을 견지한 세력이었다. 민중주의적 농지개혁과 철저한 친일세력 숙청, 미군철수와 평화통일을 주장하는 김구와 의회 내 소장개혁세력이 그들이었다.

이승만과 민국당의 결별 이후부터 6월 공세로 인한 김구살해와 개혁세력의 붕괴 이전까지의 시기는 민국당의 전성시대이자 동시에 소장파의 전성시대이기도 하였다. 가장 대립되는 두 분파가 동시에 전성기를 맞이했다는 것은 아이러니였다. 그러나 이것은 단순한 아니러니가 아니라 국가형성의 특성이 반영된 전간기 정치의 본질의 표출이었다. 48년 8월의 정부수립 이후 균열이 국가형성을 둘러싼 본질적 문제로 접근하자 의회 내에 공존하던 보수적 분파와 진보적 분파가 각각의 계층적 본질을 드러내지 않을 수 없었던 데 따른 귀결이었다. 갈등의 첨예화는 결국 모든 정치세력의 본질을 드러내도록 강요한다.

갈등이 치열해지자 균열의 담당자들인 국가형성 정치연합의 한 분파는 초기의 이탈에서 다시 지배연합으로 복귀했고, 의회 내 개혁세력은 점차 의회 밖의 강경 반대지도자와 연결강도를 높여갔다. 따라서 대립은 의회 내의 민국당과 소장개혁 세력의 대립으로 외표화되었지만 의회는 전체 정치와 사회의 축소판일 뿐이었다. 대립의 중심은 이승만과 김구였고, 이는 본질적으로 48년질서의 참여여부를 놓고 갈라섰던 현실주의와 도덕주의라는 두 노선의 최종적 대결이었다. 6월의 전환기까지 두 세력의 대결은 격렬했다. 이승만과 김구는 조용했지만 민국당과 소장개혁세력의 대결은 불꽃을 튀겼다. 진정한 대표인 두 지도자는 잠복하였고 표면의 후자 둘은 전면에 나섰던 것이다.

민국당은 창당 후 제2회 국회회기 말(1949년 4월 30일)에 이르러 소속의원 69명의 제1당으로 부상하였다. 경제적 토대와 반공주의를 이용하여 많은 무소속과 군소정당 소속의원들을 끌어들였던 것이다. 소장개혁세력은 제1회 국회(1948년 5월 31일~12월 18일) 때 한독당계의 동인회(同仁會), 족청계의 청구회(靑丘會), 진보적 이론그룹인 성인회(成仁會)가 연대, 하나의 세력으로 부상하기 시작한 이래 제2회 국회(1948년 12월 20일~1949년 4월 30일) 때 성인회와 동인회가 합류, 동성회(同

成會)를 구성하고 청구회와 공동보조를 취함으로써 이승만 체제와 민국당에 맞서는 강한 반대연합을 형성하였다.[23] 두 그룹으로 뚜렷하게 분화되어 나갔음을 볼 수 있다. 갈등의 치열화는 결집과 분립을 통하여 대립선을 분명하게 해준다. 분립이 뚜렷할수록 결집의 강도가 높아지고, 결집의 강도가 높을수록 분립은 심화된다.

미군철수를 앞둔 한 달여에 걸친 〈표 9-1〉의 짧은 일지는 대중의 눈에 감지되지 않는 은폐된 배면에서 어떠한 은밀한 움직임이 있었는지를 잘 드러내 준다. 또한 긴박하게 돌아간 한 달여간의 이 시기가 48년질서로 불리는 전간기의 한국 정치에서 어떠한 위치를 점하고 있었는가를 보여준다.

우리는 1945년 9~10월의 북한정치의 초기 일정을 도표화하면서 그러한 움직임의 뒤에서 전개된 것이 무엇인가를 추론한 바 있다. 겉으로 드러난 사태는 배면의 사전 움직임이 없이는 현재화되지 않는다. 최초의 징후는 "남로당이 정당프락치활동을 강화하여 국회의원들을 조종하고 있다"[24]는 신문보도에서 나타났다. 이 보도의 밑에 어떤 움직임이 깔려 있었는지, 그리고 그것이 다가올 폭풍의 전조였는지를 아는 사람은 사태를 배면에서 주도하고 있던 사람들을 제외하고는 없었다. 보도 후 국회가 휴회하자 세 명의 소장파 국회의원 이문원, 최태규, 이구수가 보도와 동일하게 '남로당의 첩자'라는 혐의로 구속되었다. 국회의원은 회기중에는 체포할 수 없었다.

친일세력들은 친일세력 척결에 적극적이었던 국회의원들이 국가보안법 위반혐의로 체포된 것을 계기로 반민특위를 '공산주의자의 소굴'이라고 공격했다. 그러나 세 의원의 구속에도 불구하고 6월 4일 반민특위가 악질적 친일경력을 가졌다고 비판받은 경찰간부 서울시경 사찰과장 최운하, 종로서 사찰주임 조응선을 체포하자 경찰은 더욱 강경하게 석방위협을 가했다. 이마저 거부하자 마침내 그들은 총공세로 나왔다. 국가

---

23) 소장파의 형성과 변화에 대해서는 백운선, "제헌국회내 '소장파'에 관한 연구" (서울대학교 정치학과 박사학위논문, 1992), pp. 75~79를 참조하라.

24) 《동아일보》 1949년 5월 9일.

〈표 9-1〉 전간기의 전환점 : 6월 공세의 일지

날 짜	내 용
5. 9	"정당 프락치활동 강화, 국회의원을 조종, 남로당 간첩 기소" 보도
5.20	국가보안법 위반혐의로 국회의원 이문원 최태규 이구수 구속
5.21	이승만, 태평양방위동맹 결성 주장 담화
5.23	국회, 피검 국회의원 석방결의안 부결
5.31	미군철퇴 반대 국민운동 전개
6. 3	국회, 국무위원 총퇴진 결의
6. 4	반민특위, 친일경찰간부 최운하 서울시경 사찰과장 종로서 사찰주임 조응선 체포 서울시경 국장, 특위 체포자 석방 안하면 실력으로 해결하겠다고 위협
6. 5	국민보도연맹 결성
6. 6	경찰, 간부들 지휘하에 반민특위 습격, 특위 와해
6. 8	국회, 국무위원 총퇴진 재결의
6.12	전국에 걸쳐 태평양방위동맹 촉진 반공-국방강화 국민대회
6.16	검찰, 국회프락치사건에 결정적인 증거를 갖고 있다는 남로당원 정재한(鄭載漢·女) 체포발표, 그러나 재판이 끝날 때까지도 정(鄭)의 신분은 일반과 언론에 공개되지 않음
6.18	지방자치법 국회 통과
6.20	국회의 미군철병제의 문제화
6.21	농지개혁법 공포
6.21	국가보안법 위반혐의로 국회의원 김병회, 노일환, 김옥주, 박윤원, 강욱중, 서용길, 황윤호 구속
6.25	국가보안법 위반혐의로 국회부의장 김약수 구속
6.25	북한, 남북의 민전통합, 조국통일민주주의전선 결성
6.26	남한군 현역장교, 전 대한민국임시정부 주석 김구 살해
6.27	북한, 조국전선, 평화통일 관련 〈선언서〉 채택 "미군철퇴, 1949년 9월 남북한 동시선거" 주장
6.29	남한에서 미군철수 완료
6.30	북한, 남북노동당 합당, 조선노동당 결성

기구와 의회의 대결은 파국적 충돌을 향한 대치로 치달았다. 6월 6일 이른바 '6·6사건'이라고 불린 경찰의 반민특위 습격사건이 발생했다. 습격에 이어 경찰은 내무차관 장경근의 지시로 반민특위의 유일한 무장력인 특별경찰대를 해체시켰다. 제도적 반대세력조차 불법적으로 국가물리력을 동원하여 제압하려는 시도였다.

공격의 목표는 주요 건국의제를 의회로 끌어들여 지배체제를 공격하는 것을 저지하려는 데 있었다. 따라서 이 공격은 의회를 국가의 손아귀에 넣으려는 사실상의 반의회 쿠데타였다. 반민특위의 활동으로 친일경력을 가진 고위경찰이 체포되며 경찰의 동요가 심각해지자 다수가 일제 경찰출신인 경찰간부들이 최고권력자의 묵인과 방조하에 특위의 활동을 중단시키기 위해 불법적으로 직접 폭력을 행사한 것이었다. 이것은 오직 벌거벗은 권력의 모습이었다. 그리고는 친일경찰을 체포했던 특위관계자들이 거꾸로 체포되었다. '법을 지키라'는 엄명은 일반국민에게는 적용될 수 있었지만 법의 집행자 자신에게는 해당되지 않는 말이었다. 국민은 폭력을 행사해서는 안되었지만 국가의 폭력행사는 무제한적이었다.

6월 공세로 친일숙청과 반공강화라는, 표면적으로는 유리되었으되 내면적으로는 가장 맞물린 두 문제는 역전되었다. 역전이 가능했던 이유는 이승만의 기본인식 때문이었다. 이승만은 친일세력 숙청이 자기 체제에 가져다줄 명분과 정당성의 증가보다는 그들의 배제가 갖고 올 지배체제의 현실적 약화에 유념하였다. 그가 친일파 처단을 반대한 가장 커다란 이유는 치안혼란이었다. 노덕술을 체포하지 말라는 것도 공산주의자들을 체포하는 데 필요한 그의 '기술' 때문이었다. 이승만에게 내부의 적은 38선을 연해 있는 외부의 적에 비하면 고려의 대상이 아니었던 것이다. 38선 이북의 진정한 적과 싸우기 위해서는 내부의 장애들을 속히 제거해야 했다.

그러나 친일세력 숙청은 좌우의 이념대립이나 통일문제와는 상이한 문제였다. 연원은 동일했지만 대중의 멘탈리티와 정치적 언술의 표출에서 둘은 크게 달랐다. 그 문제는 숙청을 주장하는 세력이 도덕적 정당성을 독점할 수 있던 유일한 문제였다. 이 문제는 해방 반세기를 지나는 오늘까지도 가장 강력하고 끈질긴 생명력을 가지고 있다. 아직도 이 의제는 여전히 한국의 대중정서와 비판세력의 중심소재이다. 이는 아마도 통일이 된 이후까지도 그러할 것이다. 북한의 김일성이 남한의 비판세력으로부터, 다른 어떤 것을 잘못했을지라도, 가장 크게 인정받은 것은 그의 철저한 친일파 청산이었다. 반면에 이승만이, 다른 어떤 것을 잘 했을지라도, 가장 크게 비판을 받은 것은 친일파포용 때문이었다.

이 문제는 참으로 단순치 않은 문제였다. 도덕적 문제와 현실의 문제가 얽혀 있었기 때문이었다. 도덕적 수준에서 친일세력 숙청문제는 오랜 식민통치의 고통을 기억하는 한국인들에게는 양보할 수 없는 문제였다. 그들이야말로 민중의 희생을 강요하고 제국주의에 붙어 국가와 민족을 팔아 넘기고 동족을 전쟁터로 내몬 악의 총체였기 때문이었다. 정신과 민족혼을 강조할 때 이들은 더욱 용서할 수 없게 된다. 아주 단순한 문제였던 것이다. 현실의 영역에서 이 문제는 복합적이고 중첩되어 있었다. 당시의 세 가지의 핵심의제인 토지개혁, 통일정부의 수립, 친일세력의 숙청문제는 상호 얽혀 있었고, 이 중 가장 선명하고 단순하게 대비되었던 것은 친일세력 숙청문제였다. 그리고 여기가 바로 이승만정부의 약한 고리였다. 따라서 다른 부분에서의 공격 역시 이 문제로 집중되었다.

토지개혁문제에서 이승만체제는 결코 반동적이지 않았다. 특히 이승만 개인은 토지개혁에 대해 적극적이었다. 남한의 토지개혁은 농민에 근거하여 지주계급을 무력화시키는 반지주적인 내용이었다. 거시적으로 토지개혁은 사회구조의 변동에 있어 현대한국의 어느 것 못지않게 깊고 긴 영향을 끼쳤다. 그러나 이승만체제는 이 문제해결에서 보인 진보성을 인정받지 못해왔다. 그럴 경우 친일세력의 응집체로서의 이승만체제의 악마성은 약화될 것이기 때문이었다. 그러나 토지개혁은 실제의 구체제 해체에 있어 친일세력 청산에 못지않게 중요하였다. 이승만 정부가 이를 수용하자 이것을 갖고 공격하는 것은 불가능해졌다.

분단과 통일의 문제는 더욱 복잡한 구조로 얽혀 있었다. 여기에는 각각의 집단노선을 대표하는 이승만, 김구, 김일성이라는 세 행위자가 동일한 평가의 지평에 놓여 있기 때문이었다. 가장 먼저 지적되어야 할 점은 북한은 1946년에 이미 사회혁명을 끝내놓았을 뿐만 아니라 분단정권으로서의 김일성체제까지 구축해 놓았다는 점이었다. 소련군정 및 북한리더십의 행위는 탈식민성에서도 앞서갔지만 동시에 분단성에서도 앞서가는 자기분열을 보여주었다. 그러나 그들은 스스로의 자료가 말하듯 실제의 분단정부를 먼저 구축하였음에도 불구하고 표면적으로는 결코 먼저 분단정부를 수립하려 하지 않았다. 공격과 비난의 근거를 확보하기 위해서였다. 이 점을 고려하지 않는다면 평가는 선언과 현상의 수준에만 제한될 것이다.

미소 역시 48년 시점에서 남한이나 북한을 포기하려 하지 않았다. 따라서 1948년 시점에 통일정부를 수립한다는 것은 불가능한 상상이었다. 48년보다는 45~46년의 결정국면에서 분단을 피하기 위해 상호증오와 분단지향노선을 거둬들이고 또 국제정세를 객관적으로 판독하여 대응하는 것이 더 나았다. 친일세력에게 최초의 면죄부를 부여한 사람은 이승만과 김구였다. 김구의 반탁운동은 임정의 법통확보 및 자신의 권력장악과 직결된 것이었다. 김구는 48년에 갑자기 연공을 주장하고 나섰다. 단정을 위한 조건의 창출에 앞장섰던 그는 갑작스런 전환과 참여거부로 통일의 상징이 되었고 이승만은 분단의 상징이 되었다.

그러나 48년질서에서 분단과 통일의 문제는 상쇄적이었다. 불행히도 현실은 북한수용과 통일을 주장하는 세력이 소수였고 반공-반북의식으로 남한을 강화하여 북한을 타도하자는 세력이 다수였다. 이는 현실조건의 반영이자 국토완정을 주장하는 북한의 대응물이었다. 남한의 단정노선을 강화해 주고 정당성을 부여해 준 요인의 하나는 먼저 분단으로 갔던 북한의 선택이었다. 단정세력이 정당성을 확보하기 위해 분단의 논리와 반공주의를 강화한 것을 부인할 수는 없었다. 그러나 대중들이 오직 그것에 의해서만 반공의식을 갖게 되었다는 설명은 진실의 절반만을 말하는 것이다. 공산주의와의 생사투쟁적 대결을 끝내고 정부가 수립되었고, 또 그들과 그러한 대결을 지속하고 있는 상태에서 평화통일

주장은 지배적이지 않았다. 평화통일 주장보다는 반공통일 주장이 더 강력하게 받아들여지는 조건이었다.

그러나 친일세력 숙청문제는 전혀 달랐다. 표면적으로 이것은 이념문제와도 분리되어 있어 보였다. 또 토지개혁 같은 구조적 변환을 가져오는 것도 아닌 문제로 보였다. 달리 말하여 사람을 자르고 가두는 문제였기 때문에 효과도 훨씬 더 즉각적이고 선명하였다. 민주화 과정에서 5공 청산과 군부권위주의 청산이 마치 커다란 사회적 구조변화를 가져온 듯 보였던 과대포장 효과는 제도와 구조의 변화보다 인적 청산이 갖고 있는 일종의 사회적 집단착시였던 것이다. 한국의 정치문화는 가장 근본이 되는 이슈가 쟁점화되면 세부적인 내용과 정책에 대해서는 하나하나 따지지 않는 특성을 지니고 있다.

사회적 합의인 친일세력 숙청을 거부한다는 것은 이승만정부에는 커다란 부담이었다. 그러나 이승만은 도덕적 명분보다는 현실적 이득을 취하였다. 이 선택은 남한이 이 문제를 수용할 수 없었던 48년질서의 구조와 그 속에서의 지배체제의 성격을 함께 보여준다. 그것의 수용은 곧 1948년질서의 붕괴 내지는 상대 공산주의국가에 이니셔티브를 양도함을 의미했다. 반공체제를 지탱할 수가 없게 되는 것이었다. 친일파도 숙청하고 반공도 강화하면 되지 않느냐는 반론이 생사투쟁적 대결을 진행중인 이승만에게는 들리지 않았다. 친일세력 숙청을 정면으로 저지하다가 실패하자 이승만 체제가 반공으로 우회하여 국가보안법을 동원, 적극적으로 숙청을 요구하는 국회의원들을 구속한 것은 친일과 반공문제가 지닌 맞물린 특성을 반영한다. 극우세력들은 반탁운동에서 우회방법의 효과를 체험한 바 있었다. 단순하게 말해 이 체제는 반공을 보루로 지탱되는 체제였다. 토지개혁과 민주적 외양의 추구조차 그것이 능동적이었건 수동적이었건 궁극의 지향은 공산혁명의 예방, 즉 반공주의의 강화와 북진(反共)통일에 놓여 있었다. 이는 모든 주장과 조치가 국토완정과 남한해방에 있었던 북한과 동일한 구조를 갖는, 지극히 대쌍적인 맞물림이었다.

이승만의 선택은 현실적으로 두 가지 결과를 초래했다. 하나는 도덕적 비난이었고 다른 하나는 체제의 강화였다. 후자는 대북관계에서의 강경책으로 나타났다. 탁치균열 및 48년질서에의 참여여부 문제와는 반대의 양상을 보여주었던 것이다. 탁치문제에서 찬탁세력은 명분은 밀렸으나 국제적 조건이라는 현실에 충실하려 하였고, 반탁세력은 현실주의 감각은 결여되어 있었으나 명분에서는 유리한 지점을 차지하였었다. 48년질서에의 참여문제에서 이승만과 김구는 참여와 참여거부로 결별하였는데 이때 전자는 현실주의로 선회하였고, 후자는 도덕주의를 고수하였다. 친일숙청문제는 이러한 대립의 세 번째 의제였다.

귀속재산처리와 농지개혁문제에서도 대결은 격렬했다. 특히 농지개혁의 경우 식민시대 이래의 오랜 대결인 지주 대 농민의 대결로 나타났다. 민국당은 자신의 기반인 상층지주계층의 해체 및 소작료 수입의 감소, 경작제도의 붕괴를 저지하려고 했고, 소장개혁세력은 지주-소작제도의 근본적 혁파 없이 식민체제의 타파와 농민의 빈곤탈출은 불가능하다며 맞섰다. 정부와 의회의 보수세력에게 맞서는 국가형성 직후의 개혁세력은 이념과 정책, 그리고 실제구성에서 해방직후 혁명적 민족주의 세력의 분단조건에서의 축소판이라고 할 수 있었다.[25]

중요한 변화는 단정정치연합의 복원과 그 안에서의 힘의 배분관계였다. 49년 봄을 지나며 민국당은 의회를 장악했다. 또한 민국당은 49년 봄을 지나면서 주요 각료에 자당 출신을 앉힘으로써 내각마저 장악했다. 민국당은 내무(김효석), 재무(김도연), 상공(윤보선) 등 내각의 핵심부서를 장악함으로써 이들 부서가 관장하는 세 가지의 핵심영역, 즉 경찰과 우익청년단, 세금·원조의 징수 및 배분과 예산집행, 귀속기업체와 관련된 정보와 이익을 독점할 수 있었다. 그들은 교통부(허정)와 체신부(장기영)까지 차지하여 내각은 사실상 '민국당 내각'과 마찬가지였다(앞장의 〈표 8-1〉 전간기 이승만 체제의 각료 변동상황을 보라). 이 변화는 초기에 한민당을 배제하였던 이승만이 여수반란이라는 밑으로부터

25) 소장파의 성격, 노선, 활동에 대해서는 백운선, "제헌국회내 '소장파'에 관한 연구," pp. 86~202를 참조하라.

의 저항과 소장개혁 세력의 공격이라는 정치사회로부터의 도전에 직면하여 민국당과 다시 연합하였기 때문에 온 결과였다. 더 근본적인 도전에 대해 초기 국가형성 정치연합의 복원으로 대응하였던 것이다. 따라서 6월의 공세는 지배연합 내 두 분파의 이해가 일치했기 때문에 가능했다.

더욱 중요한 것은 제도의 창설자인 미군의 철수라는 변수였다. 즉, 이를 앞두고 지배연합의 결집이 필요했기 때문이었다. 미군철수를 앞두고 반대연합이 집중적인 공격을 받고, 그 시점이 남한정치와 48년질서의 결정적인 전환점이 되었다는 점은 의미심장하다. 우리는 이 연구의 제 1 권에서 미군철수를 앞두고 북한에서 진행된 중요한 변화들을 살펴본 바 있다. 그들은 자신들의 혁명의지를 관철하는 데에 미군의 주둔을 가장 커다란 장애로 여기고 있었다. 그렇다면 이 문제는 역으로 이승만체제에도 동일한 문제의식을 주었음에 분명하다. 곧 새로운 정비의 필요성이었다. 결국 1949년 6월의 공세는 미군철수를 앞두고 시작된 '대정리'의 시도였던 것이다.

1949년 6월을 계기로 48년질서에 반대하는 정치세력은 용인된 정치공간에서 배제되었다. 이승만과 민국당이 다시 연대하여 단정정치연합을 복원하였을 때 반민특위 해체, 김구 암살, 국회의원 대량검거가 연속해서 이어졌다. 민국당은 민중주의적 개혁을 주장하며 자신들의 기반인 토지를 급진적 방법으로 농민에게 분배하려 시도하고, 민주주의와 통일의 이름으로 자신들의 권력기반인 48년질서를 위협하고, 게다가 친일숙청문제를 강도높게 제기하여 자기들의 도덕적 아킬레스건을 물고 늘어지는 소장개혁세력과 김구 추종세력들로 이루어진 반대연합에 대해 뿌리깊은 반감을 갖고 있었다. 이 문제를 둘러싼 균열에서 의회에서의 이승만정부의 대변세력은 반대당 민국당이었다.

반대연합의 공격이 파상적이자 검찰과 경찰에서는 49년 3월부터 이들을 주목, 국회의원들의 일거수 일투족을 은밀하게 추적하였다. 이러한 음모를 주동한 사람 중엔 6월 4일에 반민특위에 체포되는 최운하(崔雲霞)도 있었다. 그러나 국회의원들은 이러한 비밀사찰을 인식하지 못하고 여전히 대정부 공격에 강경했다. 당시의 매카시즘 드라이브와 공산주의와의 생사투쟁적 대결에서 '반공에의 반대는 곧 반정부이고, 반정부는 곧 친북한이며 국가보안법 위반'이라는 가공할 등식에 저항할 공간은 주어지지 않았다. 즉, 반공에 반대한다고 해서 국가보안법에 걸면 걸리지 않을 사람은 거의 없었다.

김구의 외군철퇴와 평화통일 주장도 기본적으로는 공산주의자와 북한에 대한 인정과 포용, 즉 연공과 용공을 의미했기 때문에 국가보안법의 위반이었다. 이는 국회의원들을 남로당 첩자라는 혐의로 검거할 때의 죄목의 근거이기도 하였다. 그의 주장은 북한의 주장과 동일했다. 그러나 김구를 국가보안법 위반으로 잡아넣는 것은 불가능했다. 점령시기 동안 그의 노선과 행동은 누구보다도 강력한 반공주의노선이었기 때문이다. 반면에 국회의원들은 가능했다. 모든 건국의제에서 이승만체제에 비판적인 그들은 정부에게 눈에 가시였다. 일본경찰과 검찰출신 관료들에게 그들의 제거는 자신들의 생존에 직결되어 있었다. 즉, 소장개혁세력과 국가기구내의 친일협력자들의 대결은 둘 중의 하나의 몰락으로서만 결판이 날 생사투쟁이었다. 더욱이 소장개혁세력의 지도자 노일환은 반민특위 특별검찰부 검찰관으로서 가장 강력히 정부 내 친일세력의 숙청을 요구한 사람이었다. 그들은 친일파의 목줄을 쥐고 있었던 것이다.

그러나 친일파에게는 전가의 보도인 '반공'이 있었다. 의회의 휴회와 함께 소장개혁파 의원들이 체포되자 일부 국회의원들은 체포된 국회의원들의 석방결의안을 제출했고, 의회는 국무위원 총퇴진을 결의하였다. 그러나 석방결의안은 민국당의 반대로 부결되었다. 소장국회의원들이 물러서지 않고 정부와 맞서자 지배연합과 반대연합의 대립은 파국의 절정으로 치닫는 듯했다. 5월 28일 다시 개회한 의회에서 일부 의원들은, 놀랍게도 민국당의 중심인물 김준연(金俊淵) 의원 제명결의안을 제출했다. 그는 김구를 '크렘린의 신파'라고 매도했으며, "의원들의 석방을 요구하는 자는 대한민국을 부인하는 자다, 60여명의 소장파의원들은 김일성의 선전방침을 집행하는 자다"라고 발언했고, 게다가 앞으로 더 구속될 국회의원을 "미리 알고 예고하였다"[26] 고 비난받았다. 김준연의 김구에 대한 공격은 김구가 평양회의에 참석하려 할 때 했던 한민당의 공격과 아주 유사한 것이었다. 민국당의 핵심 김준연의 사전 인지와 일련의 행태는 6월 공세에서의 반대연합에 대한 공격이 민국당과 이승만체제의 합작에 의한 조작인 것처럼 보이게 하는 증거로 의심받았다.

주한 미대사 무초(John Muccio)는 이에 대해, 애치슨(Dean Acheson) 국무장관을 대신하여 3개월간의 극동정세 현지시찰 여행중 1950년 1월 11일부터 14일까지 한국을 방문한 제섭(Philip Jessup) 순회대사에게 "그들(체포된 국회의원들)이 외국(북한)의 지령을 받았다는 것을 (남한정부가) 입증할 수 있을까 매우 회의하고 있으며, 이승만은 일단의 국회의원들이 체포되었을 때 20여명의 명단을 더 가지고 있지만 체포하지는 않겠다는 뜻의 편지를 보내왔다"고 말하고 있다.[27] 이 진술은 국가가 법위반 여부에 관계없이 마음만 먹으면 언제라도 더 많은 의원들을 체포할 수 있음을 보여주는 것이었다. 법의 자의적 집행은 통제되지 않았다. 이승만은 유사한 내용의 편지를 올리버에게도 보내 "박헌영의 비서가 어떤 여인과 함께 38도선을 넘다가 개성에서 붙잡혔는데 이들로부터 비밀통신문이 발견되었고 그래서 국회의원들을 체포하게 되었다"고 하였다.[28] 물론 이 편지의 내용은 사실이 아니었다. 박헌영의 비서는 있지도 않았고 또 국회의원들은 이것에 관계없이 이미 그 전에 체포되기 시작하였다. 무초의 얘기를 들은 제섭은 '이 사건은 의회의 지도자들에 대한 분명한 위협'이라고 기록하고 있다.[29]

'국회의원 60여명이 구속될 것'이라는 소문도 돌았다. 문제의 핵심은 의원들의 법률위반 여부가 아니라 이승만과 국가공안기구의 판단이었

26) 이호진 · 강인섭, 《이것이 국회다》(삼성출판사, 1988), pp. 82~83.
27) "Memorandum by the Ambassador at Large, Philip C. Jessop"(14 Jan. 1950), *FRUS 1950*, Vol. VII, p. 7. 괄호는 인용자 추가.
28) Robert Oliver, *Syngman Rhee*, p. 232.
29) "Memorandum by the Ambassador at Large, Philip C. Jessop"(14 Jan. 1950), *FRUS 1950*, Vol. VII, p. 7.

다. 6월의 공세 때 김약수(金若水 · 59 · 동래), 노일환(盧鎰煥 · 35 · 순창), 이문원(李文源 · 42 · 익산을), 김옥주(金沃周 · 33 · 광양), 김병회(金秉會 · 32 · 진도), 황윤호(黃潤鎬 · 35 · 진양), 강욱중(姜旭中 · 40 · 함안), 최태규(崔泰奎 · 29 · 정선), 이구수(李龜洙 · 36 · 고성), 서용길(徐容吉 · 37 · 아산), 신성균(申性均 · 43 · 전주), 배중혁(裵重赫 · 28 · 봉화), 박윤원(朴允源 · 40 · 남해) 의원 등 13명이 구속되었다. 이들은 간첩 하사복(이삼혁)을 통한 남로당의 지령에 따라 이른바 '남로당의 7원칙'을 국회에서 실현하려 했다고 국가보안법 위반혐의로 구속된 것이었다. 남로당의 7원칙이란 ① 외군 철퇴, ② 남북한 정치범 석방, ③ 남북의 정당 사회단체 대표로 남북정치회의 개최, ④ 보통선거에 의하여 최고입법기관 구성, ⑤ 최고 입법기관에서 헌법제정, 통일정부수립, ⑥ 반민족행위자의 처단, ⑦ 조국방위군의 재편성 등이었다.[30]

실제의 구속과 처리과정은 일반의 이해를 넘었다. 검거와 취조는 군헌병사령부까지 가담하여 군-검-경의 합동수사로 진행되었다. 군은 군내부 이외의 사건에는 개입할 수 없었다. 헌병사령부의 의원들에 대한 고문수사로 인해 육군총참모장 채병덕이 국회에 출석하여 해명하기도 하였다. 이들이 남로당의 첩자라는 혐의로 구속된 1949년 4월에서 8월까지는, 적어도 법률적으로는 남로당은 아직 불법정당이 아니었다. 《동아일보》의 한 기록은 이를 정직하게 지적하고 있다.[31] 남로당이 불법화된 것은 49년 10월 18일 법령 제 5 호 2조를 적용, 좌파경향의 정당사회단체 133개를 불법화하여 해체를 명령하면서부터였다.[32] 때문에 '프

30) 《대한민국 국회 제 3 회 속기록, 自 제 1 호～至 제 20 호》, p. 23의 권승렬 검찰총장의 보고 ; 서울지방법원 형사부, 〈國會프락치事件 判決文〉, 《월간 다리》 1972년 4월, p. 192 ; 《국회사 — 제헌국회, 2대 국회, 3대 국회》, pp. 132～133. 이 사건에 대한 공식기록들은 다음을 참조하라. 서울지방법원 형사부, 〈國會프락치事件 判決文〉, 《월간 다리》 1972년 4～8월, pp. 187～203, 191～205, 169～177, 197～202, 179～207. 이것은 가장 상세한 기록이다. 廉漢榮 編, 《國會프락치事件 全貌》(朝鮮時報社, 1949) ; 吳制道, 《붉은 群像》(희망출판사, 1951) ; 《追擊者의 證言》(희망출판사, 1969).

31) 동아일보 편, 《秘話 第一共和國》 2권, p. 57.

락치'라는 용어는 적어도 법리에는 부합하지 않는 모순이었다.

반대연합 국회의원들은, 국가가 마음에 안 드는 국회의원들을 마치 순서를 정해 굴비를 엮듯 시차를 두고 구속되었다. 이문원은 발표와는 달리 이미 4월 말부터 구금상태였으며, 5월 17일 이구수·최태규, 6월 21일 노일환·강욱중·김옥주·김병회·박윤원·황윤호, 6월 25일 김약수, 8월 10일 배중혁·차경모, 8월 14일 서용길·신성균·김봉두 등 15명이 차례로 구속되었다. 법률적 원칙은 적용되지 않았다. 김익로(金益魯)·김영기(金英基)·원장길(元長吉)은 구속영장이 발부되었으나(8월 10일) 실제 구속되지는 않았고, 차경모(車庚模)·김봉두(金奉斗)는 구속되었으되 재판에 회부되지 않았다. 구속된 13명의 의원은 최초 의원이 구속된 지 7개월 만인 49년 11월부터 비로소 공판이 시작되었다. 모든 절차에서 법집행의 자의성은 무제한에 가까웠다. 그레고리 헨더슨(Gregory Henderson)의 지적을 보자.

> 피고인들은 재판이 시작된 1949년 11월 17일까지 외부와의 연락이 차단된 채 계속해서 고문을 당했다. 언론은 거의 주의를 기울이지 않았다. 어떤 변호인이나 시민권리단체들도 이 재판에 영향력을 행사하려 들지 않았다. … 재판은 독재체제의 측면을 배가시켰다. 고문이 종종 가해지는 가운데 구금상태에서 검찰이 취득한 자백에 근거한 공소장이 재판의 진행을 지배했다. 자백은 한 여간첩의 '음부'에서 빼낸 문건에 의해 '입증되었는데' 그 여인은 전에는 들어본 적도 결코 없었을 뿐만 아니라 계속되는 요구에도 불구하고 법정에 나타나지 않았다. 그 문건의 진실성을 입증할 다른 방법은 시도되지 않았다(강조는 원문 그대로).[33]

"민족적 양심을 가진 애국지사가 이 법망에 걸려서 불순도배의 손에

---

32) 《한국정치연표, 1945~1984》, p. 61.

33) Gregory Henderson, *Korea — The Politics of Vortex*(Cambridge: Harvard Univ. Press, 1968), p. 166.

서 쓰러지리라는 것을 역력히 보는 것(같다)"며 법제정을 반대하던 노일환은 자신의 체포로 자기예언의 선견성을 입증하고 말았다. 구속된 의원중 부의장 김약수를 제외한 전원이 소장개혁세력이었다. 김약수는 제1차 조선공산당사건에 연루되어 6년반을 복역하는 등 식민시기부터의 유명한 독립운동지도자였다.[34] 조직적 좌파첩자로 알려진 의원들 중 최고령자는 43세였고, 최연소자는 28세, 그리고 이들의 평균연령은 33세—제헌국회의 평균연령은 47.1세—였다. 간첩과 첩자는 대규모 조직을 갖지 않는 특징을 갖는다는 점 때문에 이렇게 많은 국회의원이 남로당의 조직적 첩자였다는 국가공안기구의 주장은, 당사자와 동료의원들은 물론 일반민중의 눈에도 수세에 몰린 이승만 체제와 친일파의 정치탄압으로 보였다.

첩자라고 주장된 의원들은 자신들이 첩자임을 강력히 부정하는 가운데 첩자활동을 증명할 증거를 대라고 주장했다. 그러나 증거는 제시되지 않았다. 이에 대해 증거가 없다는 검찰총장 권승렬의 의회에서의 다음 증언은 증거주의가 채택되지 않았음을 그대로 보여준다. 권승렬의 답변은 의원들의 공격에 직면하여 불충분한 증거에 기초한 무리한 법집행을 반영, 우물쭈물과 횡설수설의 극치를 보여주고 있다. 그 자신도 무슨 소리인지 알 수 없는 발언을 하고 있는 것이다.

> 이 사건은 물적증거라는 것은 완전한 것이 없습니다 마는 다소는 있습니다 마는… 없습니다 마는… 대개 물적증거가 있는 사건은 물적증거만 가지고 이와 같은 일이 있다고 기소할 수 있읍니다마는 그러나 물적증거가 박약한 사건 즉 모의사건 말과 말이 서로 연락해서 모의한 사건은 사람의 말에 의해서 판단하는것밖에 없읍니다.[35]

권승렬은 뒤이어 '말은 물론 자유'라고 진술한다. 이 인용은 띄어쓰기

---

34) 《단기 4253년판 대한민국 인사록》(서울: 내외홍보사, 1950), p. 22.

35) 〈제 3 회 국회 임시회의 속기록 제 1 호〉, 《대한민국국회 제 3 회 속기록, 自 제 1 호~至 제 20 호》, p. 21.

는 물론 중략표시의 점(…) 하나까지도 원문 그대로이다. 있다는 것인가, 없다는 것인가? 평균적인 한글 해독능력을 가진 독자는 혼란스러울 것이다. 즉, 상식의 수준에서 이것은 해독불가능한, 이해를 넘는 답변이다. 이것은 권승렬의 곤혹과 횡설수설이 아니라 이 사건에 대한 국가의 횡설수설이자 곤혹이었다. 구속된 의원들은 사건의 조작을 주장하였다.

최초 구속된 세 명과 함께 구속영장이 신청되었으나 체포를 면한 황윤호는 신문을 보고 자신에게 구속영장이 발부된 것을 알았으며, 반공투쟁을 통해 당선된 자신이 어떻게 남로당의 프락치냐며 어이없어했다. 황윤호는 '나는 공산당과 열렬히 싸웠다는 것을 진주에서도 다 아는 사람'이라면서 자신이 공산당의 첩자가 아님을 강조하였다.[36] 최근까지 이 사건의 유일한 생존자였던 서용길은, 사건은 '정적(政敵)인 소장파를 때려잡은 조작극' '이승만정권이 정 여인이라는 가공의 유령인물을 내세워 완전히 조작한 것'이라고 주장했다.[37] 가장 중요한 중심인물로 체포된 노일환은, 전쟁이 발발하여 인민군의 진주로 석방된 뒤 서용길이 국회첩자사건의 진실을 묻자 '아직 모르고 있었느냐. 이건 멀쩡한 정치적 장난'이라고 말하였다.[38]

다른 국회의원들은 "이미 철수가 예정되어 있고, 거의 다 철수를 했으며, 또 미국과 유엔한위의 공식정책인 미군철수 주장이 어떻게 불법이냐"며 항변했다. 김영기의 다음 증언은 이 사건의 본질과 관련하여 시사적이다.

> 당시 소장파의원들이 양군철퇴안을 국회에 상정했는데 부결되었읍니

---

36) 〈제3회 국회 임시회의 속기록〉, 《대한민국국회 제3회 속기록, 自 제1호~至 제20호》, p.33. 그러나 황윤호는 미지의 인물이 자신에게 접근하였었던 점은 인정하고 있다.

37) 서용길, "내가 겪은 6·25," 《신동아》 1990년 6월호, pp.603~605; 동아일보 편, 《秘話 第一共和國》 2권, p.55.

38) 동아일보, 《秘話 第一共和國》 2권, p.145.

다. 부결되니까 이것을 다시 미대사관(유엔한위의 오류—인용자 주)에 전달했단 말입니다. 그러니까 정부와 한민당(민국당의 오류—인용자 주)에서는 안되겠다 싶어, "정재한이라는 여자의 음부에서 비밀문서가 나왔다고 조작해서 관련의원들을 체포한 것"입니다. 나는 당시 양군철퇴안에 도장을 찍은 일밖에 없어요. 약 80여 명이 찍었는데, "유엔결의에서 정부수립 후 6개월 이후에 양군을 철퇴한다고 했으니 당연히 양군철퇴주장에다 도장을 찍었단 말예요." 그런데 어느 날 신문을 보니 나에게 체포영장이 나왔단 말예요. 내가 안성에서 "공산당 때려잡아 국회의원까지 한 사람"인데, 다른 구속된 의원들도 모두 그래요. 터무니없는 조작극이지요. 구속된 의원을 재판하는데 정재한이가 없어요. 세상에 증인도 없는 재판을 했단 말입니다[39] (강조는 인용자).

체포된 자 중 반공운동을 하여 국회의원에 당선된 사람은 김영기 외에도 많았다. 미군철수는 미국의 공식적인 정책이었을 뿐만 아니라 이미 공표까지 되었었다. 때문에 이것은 미국에게도 동일하게 받아들여졌다. 제섭 순회대사는 장경근(張暻根) 내무차관이 그와의 대담에서 자신이 "문제된 한국인의 미군철수주장이 미국정부의 결정에 위해 취해진 조치와 일치하는 데도 어째서 그것을 공산주의의 지령을 받은 확실한 증거로 보느냐"고 묻자 "이유를 설명하지 못했다"고 기록하고 있다.[40] "박헌영에게 보내는 국회첩자사건 관련 비밀지령문을 음부에 감추고 월북하다가 38선을 넘기 직전에 가까스로 검거되었다"는 음산한 중세기적 무용담의 증인은 피고들과 여론의 끈질긴 요구에도 불구하고 공개되지 않았다. 6월 30일에 공보처는 다음과 같이 발표하였다.

6월 16일 남로당 중앙 월북문건부 연락원인 남로당원 정재한(여·42)이 국회공작 전말보고서 겸 군사경찰 기밀문건 다수를 자기 국부에 은폐 휴대하고 동일 오전 10시 정각 서울 출발 개성행 열차로 월북

39) 《이것이 국회다》, pp. 88~89.

40) "Memorandum by the Ambassador at Large, Philip C. Jessop"(Jan. 14, 1950), *FRUS 1950*, Vol. VII, p. 7.

연락할 것을 내사 탐지하고 개성까지 추적 미행했다. 전기 鄭은 개성 월북책임자 우상덕의 집으로 향하는 도중 노상에서 체포, 개성서에 인치 취조한 바 전기 문건 전부를 압수했다.41)

또한 7월 2일 육군 총참모장 채병덕은 의회에 출두하여 공보처와 같은 내용을 진술하면서 '정재한의 국부에 보관한 비밀서류를 압수조사한 결과 이번 사건의 단서를 완전히 얻게 된 것'이라고 보고하였다.42)

가공의 여인이 지닌 문건이 국회첩자사건의 핵심증거라는 주장이었다. 그러나 국회의원의 실제 구속은 이미 이 여인이 체포되었다고 발표되기 1개월여 전부터였다. 즉, 정재한의 음부의 문건이 증거라고 주장하면서도 실제 체포는 그에 앞서 이미 집행되었던 것이다. 그리고, 후일의 《동아일보》의 기록처럼 그 여인은 "단 한 차례도 공판정에 출두하지 않았다".43) 모순이 아닐 수 없었다. 많은 취재와 기록들에 바탕을 둔 《동아일보》의 기록은 "국회프락치사건을 다루는 관건의 하나인 수사단서가 정재한의 은폐문서라는 공표는 여러 모로 보아 조작된 것임이 거의 분명하다"고 기록하고 있다.44)

---

41) 동아일보 편, 《秘話 第一共和國》 2권, p. 58.

42) 〈제 4 회 국회 임시회의 속기록〉, 《대한민국국회 제 4 회 속기록, 自 제 1 호~至 제 23 호》, p. 14.

43) 동아일보 편, 《秘話 第一共和國》 2권, p. 60.

44) 동아일보 편, 《秘話 第一共和國》 2권 (서울: 홍우출판사, 1975), p. 60. 이 문제와 관련하여 필자는 당시에 이를 직접 담당했던 검사 오제도와 면담하였다(1992년 4월 8일, 서울). 오제도는 초기 한국의 좌파 색출 및 제거에서 가장 중심에 섰던 인물 중의 한 명이었다. 먼저 그는 "'국회프락치사건'의 증거가 있었느냐"고 묻자 간단하고도 분명하게 "증거는 없다"고 대답하였다. 필자가 정재한이 공개되지 않았던 점, 또 남로당이 49년 6월 현재 적어도 법리적으로는 불법정당이 아니었던 점을 들어 논리적 법리적 모순점을 질문하자 "중요한 것은 증거가 아니라 그들(국회프락치 관련 체포자들)의 주장이 당시에 공산당이 아니면 주장하지 않던 내용이라는 데 있다. 그러한 주장은 당시에는 공산당들만이 하던 것인데 이는 그들이 남로당과 연계되었다는 것을 보여주는 것이 아니고 무엇이냐"고 반문하였다. 오제도의 답변은 당시에 국가가 가장 핵

군대의 장교가 백주에 행한 김구 암살은 6월 공세의 절정이었다. 그리고 그것이 6월 공세의 최종적 마무리였다. 반민특위 와해, 국회의원 대량체포에 이어 마지막으로 김구가 암살되자 더 이상의 공세는 없었다. 임정의 상징인 김구에 대한 현역 군장교의 암살은 임시정부의 정통성에 대한 암살로 받아들여졌다. 또한 그의 암살은 그가 지니고 있는 민족주의와 통일의 상징성 때문에 이승만체제의 반민족성과 반통일성의 표상처럼 받아들여졌다. 김구의 장례식은 전국민적인 애도 속에 치러졌다. 그의 장례식날 서울의 거리는 일제시대부터 임정과 김구를 기억하는 헤아릴 수 없는 인파로 가득 메워졌다. 그리고 김구 암살범 안두희는 최근에 이르기까지도 수차례에 걸친 암살위협과 시도로 고통받지 않으면 안 되었다.

김구 암살은 김구를 정점으로 형성되어 있는 48년질서 혁파세력의 의회 안과 의회 밖의 연대를 차단하려는 오랜 음모의 결과였다. 김구를 살해한 안두희는 김구가 공산당과 내통했기 때문에 죽였다고 주장했다.

> 애국애족정신으로써 만인의 존경을 받으신 국부이기도 한 선생이 국회프락치 소장파사건과 관련되고 더욱이 국군월북사건과 여수순천반란사건 등에 관련되었다는 풍문에 울분을 참지 못한 것이다.[45]

김구의 암살은 최고권력자의 반공의지와, 지배체제와 자신들의 안전을 위해 그것을 미리 알아서 집행해 주는 단순충성파들의 과잉행동, 공개되기 어려울 만큼 복잡하게 엉킨 깊숙한 곳에서의 은밀한 움직임들, 그리고 그것을 최종적으로 결행한 범죄자도 모를 만큼 고도로 뒤엉킨

심으로 문제 삼았던 기준이 무엇인지를 잘 보여준다.

45) 안두희, "나는 왜 백범 선생을 죽여야 했나?"《弑逆의 苦悶》(학예사, 1955) ; 공판정에서의 안두희의 진술, 손충무 편,《이것이 眞相이다》(진명문화사, 1966), pp. 83~88. 이 진술이 실린 위의 안두희의 저서는 안두희 자신의 저술인지에 대해 의심받아 왔으나, 그럼에도 불구하고 그의 살해동기는 위의 진술 속에 정확하게 요약되어 있다.

미로(迷路)적 전개의 결과였다. 그러나 그것이 국가테러의 최절정기에, 그리고 살해당한 그가 공세의 최대 장애였고, 사전에 여러 소문과 암살 음모들이 반공개적으로 난무했었으나 국가는 아무런 조치를 취하지 않았을 뿐만 아니라 오히려 최종범죄자가 군대의 장교였다는 점, 암살범이 나중에 여러 국가기구의 고위인사들의 도움으로 석방되어 다시 장교에 복귀하였다는 점들이 배면의 음모와 움직임들을 폭로했다. 음모는 교차적이고 복선적이며, 관계된 자들도 자신의 위치와 역할을 모르며 공개되지 않는다는 특성을 갖는다.

6월 공세 시기의 반공드라이브와, 그 공세에서 이익을 본 사람들과 김구와의 대칭성, 손해를 본 사람들과 그와의 동일성, 그리고 이후의 사태가 앞과는 어떻게 달리 전개되었는가가 김구 암살의 움직임과 관련자들을 암시한다. 당시 서울지검 검사장 최대교(崔大教)에 따르면 국방장관 신성모는 김구가 암살된 직후 그를 방문한 법무장관 권승렬과 최대교에게 '이제는 민주주의가 됐지'라고 말하였는데 이 말은, 그가 직접 김구 암살을 지시하였다거나 연루되었는지를 밝혀주지는 않지만, 최소한 이승만정부 전체가 김구의 존재와 그의 죽음을 어떻게 인식하였는가를 압축적으로 보여준다.46) 헌병사령관 장흥(張興)은 당연히 사건의 최고책임자로서 수사하여야 하나 김구 계열의 인물이었기 때문에 그가 진실을 밝힐 우려가 있다 하여 이승만의 지시로 김구 암살과 동시에 수사 실권을 상실하였다.47) 이후 그는 저항에도 불구하고 아예 해임되었다.48)

김구 암살범은 현행범이었으나 처형되지 않았을 뿐만 아니라 이해할 수 없는 후대(厚待)와 감형 끝에 다시 군에 복귀하여 고급장교로 승진했다. 국가의 공식발표는 김구 암살의 원인이 한독당 내의 노선갈등에 따른 것이라는 데 초점이 놓여 있었으나 이를 믿은 사람은 없었다. 헌병사령관으로서 이면의 움직임들을 깊숙이 알고 있던 장흥은 사후공개

---

46) 동아일보 편, 《秘話 第一共和國》 1권, p. 260.

47) 동아일보 편, 《秘話 第一共和國》 1권, pp. 256~264.

48) 〈육본특명 제 140 호 제 3 항〉, 전편위 사료 626번 《국방부 특명철, 1949》.

된 회고록에서 '김구 암살의 주범은 신성모'라면서 다음과 같이 진술하고 있다.

> 국방장관이었던 신성모 군이 소위 팔팔구락부라는 친일파 및 장관들과 한민당과 결탁하여 백범선생 저격음모를 계획하고 당시 정계요인 암살의 능수인 서북청년회 회원 안두희 놈을 매수, 군에 입대시켜 총술을 가르쳐 준 뒤 한독당에 입당하도록 교사하여 거사케 한 것이며, 사건의 주모자를 분석한다면 단체로서는 한민당과 새로 조직된 88구락부, 서북청년회이고 개인으로서는 국방장관 신성모라고 지적할 수 있다.[49]

6월의 공세는 이렇듯 반민특위 습격, 국회의원 대량체포, 그리고 김구 암살로 이루어진 3면 공세였다. 이를 통해 반대연합은 급격히 몰락했고 다른 국회의원들도 통일문제와 이념 수준에서의 대정부 공격을 중단했다. 척결된 것은 친일세력이 아니라 그들의 척결을 주장한 사람들이었다. 관제반공데모가 거리를 휩쓸었고 거대한 국민보도연맹이 만들어져 과거의 좌파들을 옥죄며 사회에는 거미줄 같은 사상통제망이 쳐졌다. 6월부터 빈발한 서울과 지방의 반공대중집회에서 구속의원들은 반동의원으로 규탄되었고 그들을 선출한 몇몇 지역구에서는 소환움직임이 일었다. 사회의 반공드라이브는 그대로 의회 내로 침투하여 개혁파의원들을 위축시켰다. 의회에 뿌려진 전단 중에는 '폭탄선물을 받기 전에 회오개심하라'는 내용도 있었다. 전단을 뿌린 단체의 이름은 반공투쟁단이었다.[50]

국민보도연맹 가입자 중에는 소설가 황순원, 시인 김기림과 정지용, 국어학자 양주동, 문학평론가 백철, 만화가 김용환, 전 근로인민당 중앙위원 정백 등의 유명인이 적지 않았다. 과거에 좌익활동을 했다는 많

---

49) 장훙, "백범 암살은 신성모의 지령이었다,"《월간조선》1984년 8월, pp. 139~140.

50) 동아일보 편,《秘話 第一共和國》2권, p. 102.

은 사람들이 가입을 요구받았고, 어떤 지방에서는 할당된 숫자를 채우기 위해 좌익활동을 하지 않은 사람들도 가입을 요청받았다. 이러한 노력은 가능한 한 많은 숫자를 반좌파투쟁조직에 묶어두려는 국가의 의도였지만 가입자가 많으면 많을수록 자기정부에 반대하던 좌파가 많음을 증명하는 자기부정적 행동이었다. 6월 공세 전후의 사회상은 이후 반복되는 반공만능주의의 한 시원적 형태였다. 반공주의의 바람은 위와 아래 두 곳으로부터 함께 불었다. 국가와 지배연합이 친일세력척결 문제에 대해 반공이념을 동원하여 대응하는 행태는 핵심적 정치균열에 대한 그들의 대응행태의 한 초기적 전범으로 기록될 만하였다.

6월 공세 직전 정부는 일반민중에 대한 감시와 사찰도 강화하였다. 이른바 '외래유숙자신고제' 또는 '개인주택유숙계'(個人住宅留宿屆) 였다.[51] 이 제도의 명분은 공산세력의 침투를 방지하고 불순분자를 색출하기 위하여 '국민재조직'운동을 전개하겠다는 것이었다. 내용은 각 동반을 기준으로 매 10호마다 한 반을 조직하여 상호연대책임하에 반국가적 사상과 인물의 침투를 방지하겠다는 것이었다. 또 반내에 유숙하는 외래자는 반드시 관내 파출소에 신고해야 했다. 그러나 이 제도는 결국 좌파와 대중에 대한 경찰의 정보수집이 핵심목표였기 때문에 경찰의 주민통제를 강화하는 데 기여한 셈이 되고 말았다. 반장에 대한 임면권은 경찰이 갖고 또 반드시 경찰의 참여하에 반상회를 개최하여야 했다. 이 제도는 개인의 자유를 침해하고, 거주 이전의 자유를 제한하며 고래의 미풍양속인 마을공동체내의 교류와 협력, 단결심을 해친다는 이유로 국회와 여론의 강한 비판을 받아 제대로 실시되기에는 많은 어려움을 안고 있었다. 그럼에도 불구하고 이 제도의 실시는 반공투쟁을 명분으로 하여 이승만체제가 경찰국가적 속성을 벗어나기 어려웠음을 보여준다.

6월을 지나면서 군대숙청도 표면적으로는 완료되었다. 5월 5일에는 두 개의 대대가 대대장의 지휘하에 집단적으로 월북했다. 그 이후 더 이상의 조직적 군반란은 없었다. 김구의 암살로 강경반대세력의 제거

51) 《서울신문》 1949년 4월 19일, 21일.

가 완료되었을 때 의회는 이승만의 요구로 7월 6일에 1950년 9월 21일까지로 정해져 있던 반민족행위 공소시효를 1949년 8월 31일로 단축시켰다. 반대연합에 대해 왜 집중적인 공격을 가하였는가가 더욱 분명해지는 순간이었다. 제도를 통한 도전을 일찍이 종료시키겠다는 것이었다. 저항은 미미했고 반민특위 위원들만이 다음날 총사직으로 저항하였다.

1949년 1월 반민특위가 활동을 개시한 이래 8월 31일 공소시효 기간 마감까지 8개월간 682건의 친일행위를 조사하여 체포 305건, 미체포 173건, 자수 61건, 영장취소 30건, 검찰송치 559건이었다. 이 중 특별검찰부가 기소한 것은 221건인데 재판을 한 것은 불과 38건이었다. 그나마도 실형를 선고받은 것은 단 7명뿐이었다. 이 7명도 감형, 형집행정지 등으로 석방되어 친일세력 처벌은 없는 것과 같았다.[52] 이는 북한이 친일세력들을 전부 주요 공직에서 추방하고 처벌했던 것과 비교되었다. 북한에서 고위직에 있을 수 없었던 일본 군, 경찰, 관료출신들은 남하하여 남한의 군, 경찰, 관료의 고위직으로 들어갔다. 따라서 부분적으로 남한과 북한의 대립은 식민시기 친일조선인들과 반일조선인들의 대립상을 재현하였다.

친일과 항일의 대립은 더 이상 유지되지 않았다. 이후 전간기 동안 친일세력 숙청문제는 더 이상 사회의 중심의제가 되지 못했다. 그리고 6월공세 이후 건국의제를 둘러싼 지배연합과 반대연합의 균열은 소멸하였다. 반대연합은 다시는 건국의제들을 갖고 이승만 체제를 정면으로 공격하지 못했다. 이 전환 이후로 갈등의 주전선은 뚜렷이 바뀌어 갔다. 두 가지 갈등이 남았는데 하나는 지배연합 내부의 헤게모니 갈등이었고, 다른 하나는 북한과의 대결이었다.

1949~50년의 신문과 잡지, 자료들, 그리고 의회의 활동을 추적하면 하나의 의아스러운 사실이 발견되는데 그것은 49년 6월 이후 친일세력 숙청문제는 더 이상 사회의 핵심의제로 살아 있지 못했다는 점이었다.

---

52) 《이것이 국회다》, p.80 ; 《조선일보》 1949년 9월 1일 ; 《국회사》 1권, p.76.

그 이슈는 사회의 중심의제에서 급속하게 소멸하였던 것이다. 친일세력 숙청문제는 해소되지 않았으나 해소된 것처럼 소멸해 버렸다. 즉, 더 큰 근본갈등이 존재할 경우 그보다 작은 정치의제의 제기와 소멸에 있어 실질적인 해소와 비해소의 차이는 국면의 전개에 결정적인 영향력을 끼치지 않는다. 말을 바꾸면 의제를 제기하고 도전하는 정치 사회세력이 존재하지 않을 경우 잠재적 의제는 현실적인 사회적 갈등으로 표출되지 않는다.

2. 토지개혁과 헤게모니 지배 : 전쟁과 농민

전간기(戰間期) 정치균열의 한켠에는 핵심적 의제인 사회경제문제가 놓여 있었다. 이 균열의 해명은 전쟁의 성격을 규명하는 데 결정적으로 중요하다. 당시의 사회경제문제는 토지개혁문제와 일치한다고 해도 될 만큼 토지개혁문제는 사회경제문제의 중심이었다. 토지개혁문제는 단순히 경제적 문제를 넘어 가장 정치적인 문제였으며, 실제로 당시의 리더십에게나 민중들에게나 동일하게 받아들여졌다. 이 문제는 전간기 이승만체제의 성격은 물론 한국전쟁의 기원을 해석하는 데 매우 중요하며 그만큼 면밀하게 탐색되어야 한다.

그동안 토지문제야말로 남한과 북한 두 사회의 상이성의 표상이었다는 주장이 강력히 제기되어 왔다. 즉, 북한은 토지개혁이 되었고 남한은 토지개혁이 되지 않았기 때문에 전자는 높은 탈식민성과 민중성을 갖고 있었고, 후자는 토지개혁이 되지 않아 높은 식민성과 반민중성을 갖고 있었다는 주장이다. 간단하게 말해 남한은 친일파와 한민당, 지주의 국가라는 것이다. 커밍스는 "남한은 경찰국가였고 그것은 지주라는 작은 계급의 대리기구(*an agent of a small class of landlords*)였다". "1950년 6월 25일까지 단 1에이커의 주인도 바꾸지 않았다"고 진술한다.[53] 반면

53) Bruce Cumings, *The Origins*, Vol. II, pp. 189, 455.

에 북한은 항일독립운동 세력과 농민의 국가라는 것이다. 이것은 북한의 주장이기도 하지만 한국전쟁에 대한 유력한 연구경향의 중심테제이기도 하다. 이 차이가 전쟁의 한 기원이고, 이 차이야말로 한국전쟁의 내전적, 계급투쟁적 성격을 함축하는 핵심문제라는 주장이다.

친일세력 청산문제나 통일문제가 일반민중들에게 정신과 멘탈리티의 집단적 지향과 관련된 문제였음에 비해 경제문제는 민중들의 구체적인 생존의 조건과 직결된 현실적 삶의 문제였다. 이것은 친일세력 청산과 함께 구체제 청산의 2대 과제였다. 남한과 북한 모두 통일문제, 즉 반공과 혁명은 공격과 방어의 정도가 거의 동일하여 상호 길항적이었다. 민족주의 역시 어느 한쪽도 독점할 수 없었다. 따라서 친일세력 숙청과 토지개혁 문제의 둘 중 전간기 사회구성의 성격을 이해하는 핵심은 친일세력 숙청문제보다는 토지개혁문제에 놓여 있었다. 인적 재편은 사회경제적 재편만큼의 실질적 거시적 효과를 가져오지는 못한다.

토지개혁을 통하여 구체제지배계급의 사회경제적 기반을 박탈하고 그를 통하여 계급으로서의 존재를 해체하며, 나아가 그들이 단일한 계급으로서 국가를 장악하고 정치적 결정을 좌우하는 영향력의 범위를 축소시키거나 박탈한다면 그것은 분명한 구체제청산일 수 있었다. 경제제도의 단기적, 장기적 변화와 계급의 해체 및 등장에 끼친 그것의 영향은 항상 정치적 결과로 표출된다. 구체제의 토지제도는 바로 정치적 지배와 피지배를 가능케 하는 힘의 제도적 근원이었기 때문이다. 따라서 농업사회에서 토지제도의 재편이야말로 이행기의 가장 큰 정치적 이슈로 해석되지 않으면 안되는 것이다. 그것을 경제적 문제로만 인식하는 것은 문제의 본질을 놓치는 것이다. 그것은 가장 정치적인 문제이며 정권의 성격과 직결된 문제였다.

토지개혁에 대한 농민들의 강한 변혁 요구를 반영하여 건국헌법에는 "농지는 농민에게 분배하며 그 분배의 방법, 소유의 한도, 소유권의 내용과 한계는 법률로서 정한다"[54]는 조항이 삽입되었다. 헌법에 이 조항

54) 건국헌법 〈제 86 조〉, 유진오, 《憲法解義》, p. 181.

을 넣었다는 것은 새로이 수립될 정부의 토지문제에 대한 인식의 일단을 잘 보여준다. 토지개혁문제는 신생의 탈식민사회가 앞으로 어떠한 발전전망을 가질 것이냐는 문제와도 직결되어 있는 것이었다. 미국이 체제의 외곽을 자본주의 시장경제질서로 잡아놓기는 했으나 그것은 오직 외곽만 그러하였다. 그것을 자리잡게 하는 역할은 신생의 국가에게 있었다. 이 역할의 성공여부가 48년질서에서 두 분단국가의 성격과 우열을 순서지을 것이 분명했다. 때문에 이 조항이 헌법에 삽입된 것은 토지개혁에 대한 국가의 적극적인 의지를 담았다는 점에서 큰 의미를 갖는 것이었다.

이 조항이 헌법에 들어가게 된 과정을 살펴보면 우리는 이를 더욱 확연히 볼 수 있다. 최초에 헌법의 초안을 만들 때 헌법초안자 유진오는 그것을 들고 김성수를 찾아가 새 헌법의 몇 가지 기본원칙을 설명하였다. 다음의 진술은 토지개혁에 대한 남한리더십의 인식을 압축해서 보여주고 있다.

> 김성수 씨는 양원제, 내각책임제에는 곧바로 찬성하였으나 농지개혁에는 약간 망설이는 빛을 보였다. 자신 지주이고 또 지주출신자들이 많이 집결된 정당의 대표자이니 나로서는 처음부터 예기했던 반응이었다. 그래 나는… 제일차 세계대전 후 동구제국이 농지개혁을 단행한 이야기를 하고 그것 없이는 농민이 공산당으로 쏠리는 것을 막을 길이 없었음을 역설하였다. 거기다 덧붙여서 그때 우리나라 좌익은 농지의 무상몰수 무상분배를 주장하고 있는데, 그것은 농민을 기만하는 정책임을 설명하였다.
>
> 공산당의 토지정책은 본래 토지의 국유화인데, 지금 공산당이 토지를 지주로부터 무상몰수 무상분배해 준다는 것은 농민의 지지를 얻기 위한 임시방편에 불과하고 농민의 지지로 정권을 잡게 되면 그들은 반드시 농지를 국유화할 것이라 하여 1905년 당시의 러시아 사회민주당의 故事(레닌의 주장으로 '토지국유화' 대신 '농지는 농민에게'라는 강령을 내어걸던 — 원주)를 인용해 가면서 설명하였다. 그러니까 지금 우리는 공산당의 그러한 기만전술을 폭로하는 동시에 우리가 하겠다

는 농지개혁은 농민에게 농지를 정말로 분배해 주는 것임을 납득시켜야 한다 하였다. … 김성수 씨는 '농지개혁만이 공산당을 막는 최량의 길'이라는 내 말에 '그것도 그렇겠다' 하면서 결국 농지개혁에도 찬성하였다.[55)]

유진오의 회고에는 토지개혁에 대한 남한엘리트의 근본인식은 물론 김성수가 최초에는 토지개혁에의 동의를 주저하였다는 점, 그러나 그것이 공산당을 막는 최량의 길이라는 지적에 나중에서야 이를 동의하였다는 점이 분명하게 드러나 있다. 김성수의 반응은 당시 한국지주계급 일반의 인식이라고 봐도 틀림없을 것이다. 이것은 물론 대세를 무리하게 뒤틀지 않는 김성수 개인의 오랜 성향을 반영하기도 하였지만, 다른 한편으로는 당시에는 아직 권력구조가 확정되기 이전이었고, 또 이승만이 권력구조에 대한 자신의 의사를 표명하기 이전이었기 때문에, 대세에 순응하여 경제적 기반을 양보하면서 내각책임제를 통하여 정치권력을 장악하려는 의도였다. 특히 김성수는 당시 시점에서는 내각책임제하의 가장 강력한 국무총리 후보로 떠오르고 있던 인물이었다. 그러나 이승만의 연속된 배제로 그의 이러한 구도는 좌절되고 말았다.

토지개혁의 전과정에 대한 종합적인 한 연구는 헌법에 이 조문이 들어가지 않았을 경우 토지개혁 자체가 상당히 난관에 봉착하였을 것이며, 심할 경우 불가능하였을지도 모른다고 추정한다.[56)] 이 점에서 이 헌법조문의 삽입은 단순치 않은 정치적 함의를 지니고 있었다. 셰볼스키(Adam Przeworski)가 지적하듯 이행기에는 절차적 수준의 문제가 아닌 본질적 수준의 문제, 즉 사회경제적 내용을 헌법조문에 넣으면 실행이 어렵다는 점에서 더욱 그러하였다고 할 수 있다. 왜냐하면 본질적 변혁을 추구하려다가는 그것이 너무 격렬한 갈등이나 계급투쟁을 불러오기 때문에 달성하기 어렵다는 점 때문이었다. 예컨대 독일 바이마르

55) 유진오, 《헌법기초회고록》, pp. 29~30.

56) 김성호·전경식·장상환·박석두, 《農地改革史硏究》(서울: 한국농촌경제연구원, 1989), pp. 434~452, 999~1000, 1005.

공화국 시기 헌법의 사회적 권리에 관한 조항들이 그러하다.[57] 즉, 이행의 시기에 "헌법은 국가의 실현능력을 넘어서는 이상적 정책목표들을 제시하는 것을 피해야 한다. 대신 헌법은, 민주적 선거와 같은 기제들을 통하여 표현된 정책목표들을 실현하기 위해 사회의 능력을 확실히 조정하기에 충분한 최소한의 제도와 권리에 초점을 맞추어야 한다".[58] 또한 헌법조항들은 정책으로 전환가능한 것이어야 한다. 이러한 것들은 '헌법구성의 원칙'을 이룬다고 할 수 있다.

따라서 건국헌법에 진보적 내용을 갖는 사회경제조항을 삽입하였다는 점은 단순치 않은 함의를 지닌다. 제1공화국의 헌법은 토지개혁에 대한 조항을 넣었을 뿐만 아니라 이를 헌법민주주의(*constitutional democracy*)의 질서내에서 달성했다는 점에서 초기 한국정치와 민주주의의 한 중요한 부면을 드러내준다. 즉, 이는 진보적이고 성공적이었던 것으로 해석할 수 있다. 토지문제에 대해 이승만은, 중도적 관점에서 사태를 매우 정확하게 꿰뚫어 보고 있었다. 이승만은 정부수립 이전인 국회개회식사(1948년 5월 31일)와 시정방침연설(1948년 9월 30일)에서 거듭 토지개혁의 중요성을 강조했다.

> 민생문제 해결에 있어서 항상 나의 가슴을 아프게 하는 것은, 농민과 노동자의 생활향상이 염원이니 정부는 농민과 노동자의 생활향상을 위하여 시급한 대책이 있을 것입니다. … 헌법의 조항에 의거하여 앞으로 토지개혁법이 제정시행될 것이니 토지개혁의 기본목표는 전제적 자본제적 토지제도의 모순을 제거하여 농가경제의 자주성을 부여함으로써 … 먼저 소작제도를 철폐하여 경자유기전(耕者有其田)의 원칙을 확립할 것이나 농민대중이 원하는 바에 의하여 정부는 균등한 농지를 적당

57) 이 문제에 대해서는 Adam Przeworski, *Democracy and the Market* (Cambridge: Cambridge Univ. Press, 1991), p. 36.

58) Peter C. Ordeshook, "Some Rules of Constitutional Design," in Ellen Frankel Paul, Fred D. Miller, Jr., and Jeffrey Paul (eds.), *Liberalism and the Economic Order* (New York: Cambridge Univ. Press, 1993), p. 207.

한 가격 또는 현물보상의 방식으로써 농민에게 분배할 것입니다.[59]

그는 자신의 정치고문 올리버에게, 정부수립 이전에 보낸 편지에서도 이미 다음과 같이 언급, 예상보다 더 개혁적인 조치가 취해질 것임을 예고하였다.

> 우리가 우리 자신의 정부를 갖게 될 때에는 한국의 파시스트(*fascists*), 반동(*reactionaries*), 그리고 극우주의자들(*extreme rightists*)에 대해 말하는 모든 인간들이 우리나라를 자유화시키는(*liberalizing*) 일에 우리들이 얼마나 앞서 나가는가를 보고 놀라게 될 것이오. 토지개혁법이 첫 번째로 제정될 것이고 다른 많은 자유주의운동들이 뒤를 이어 실시될 것이오.[60]

이승만은 첫 번째 개혁조치는 토지개혁임을 언급하고 있다. 이 말은 자신을 미국사람들이나 좌파들이 파시스트, 반동, 극우주의자라고 비판하는 데 대한 준비된 반격의 의도의 일단을 드러낸 것일 것이다. 장차 정부가 수립되면 실제의 조치로서 그렇지 않음을 반면적으로 보여주겠다는 의도였다.

그는 정부수립 전에 이미 미국군정과 토지개혁의 시기문제를 놓고 마치 자신이 정부의 수반이 된 듯한 태도로 갈등을 벌였었다. 그는 대통

59) 이승만, "대통령 시정방침 연설," 대한민국 국회사무처, 《制憲國會經過報告書》(1986), pp. 305~306.

60) Robert Oliver, *Syngman Rhee*, pp. 152~153. 같은 편지에서 이승만은 친일세력 숙청문제에 대해서도, 이때까지만 상당한 정도의 진취적 의향을 갖고 있었음을 보여준다. 그러나 그는 자기가 정부의 수반이 되자 돌아서 버렸다. 그는 이렇게 쓰고 있다. "미국의 교회계통으로부터 약간의 비판을 몰고올 일이 한 가지 있는데 지난날의 친일협력분자들을 숙청하는 문제가 그것이오. 이 문제가 가능한 한 속히 해결되어야 하는 이유는, 대부분의 불만과 불안이 지금까지 우리가 극단적인 사람도 처벌하지 않았고 또 그 나머지를 용서하는 조치도 취하지 않아 왔다는 사실에 기인하기 때문이오. 미국사람들은 원한을 갚는 보복이라고 (이에) 반대할 것이오"(p. 153).

령이 되기 전부터 최고권력자인 듯이 행동하였고 미국군정의 관리들 역시 그렇게 대해오고 있었다. 3월에 보낸 편지에서는 이승만은 미국군정이 토지개혁을 서두르는 데 대해 "미국군정은 한국국회의 승인 없이 토지를 처분할 권리가 없는 것"이라면서 "선거는 앞으로 6주일밖에 남지 않았는데 한국민중들이 국회를 구성할 기회도 가지기 전에 왜 그들이 이 토지를 분할하고 매각하려 그렇게 서두는지 모르겠다"고 비판하였다.[61] 자기가 토지개혁을 직접 하여 민중의 지지를 확보하겠다는 분명한 의사표시였다. 사회경제변혁은 새로운 리더십의 정통성확보에 매우 중요한 근거를 제공한다. 소련군정 역시 김일성의 등장 이후에 토지개혁을 실시하였고, 이는 이후 북한리더십이 가장 자주 김일성의 업적으로 내세우는 정통성의 자원의 하나가 되었다.

우리는 앞서 이승만의 초대 내각구성을 보면서 초대 내각은 사실상의 연립내각적 성격을 띠었다고 지적하였다. 그러나 초대 내각은 반한민당 내각이라고 부르는 것이 가장 정확하다. 이범석의 증언에 따르면 이승만은, 국무총리 이범석이 김성수와의 면담에서 약속한 8명의 각료를 한민당 몫으로 입각시키고자 계속 천거하였으나 끝까지 받아들이지 않았다.[62] 김성수와 이범석은 국무총리 인준을 조건으로 각료직 8명의 할양에 합의하였었다. 그러나 이승만은 분명하게 반한민당 내각을 구성하려 하였던 것이다. 최흥조(崔興朝)는 이를 두고 "충천(沖天)하는 민원(民怨)이, 군정(軍政)을 난마처럼 엉클어놓은 한국민주당을 중심으로 하는 친일특권계급의 발호에서 유래한 것임을 인정한 이 대통령은 그의 인사에서 군정관리를 제외할 방침을 천명함으로써 한국민주당을 경원하여저 획기적인 연립내각을 조직하였던 것"이라고 평가한 바 있다.[63] 이미 김구는 참여거부를 선언했기 때문에 고려의 대상이 아니었지만 동맹세력 한민당을 배제한 것은 어떤 의도를 내포한 것이 분명했다.

---

61) Robert Oliver, *Syngman Rhee*, p. 154.

62) 희망출판사 편집부 편, 《사실의 전부를 기술한다》(서울: 희망출판사, 1966), pp. 86~88.

63) 최흥조, 《民主國民黨의 內幕》(신문의 신문사, 1957), pp. 40~41.

그의 인식은 토지개혁문제에서 더 뚜렷하게 드러났다. 당시 사회경제변혁의 두 핵심문제는 토지개혁과 귀속재산처리였다. 이 문제에 있어 이승만은 예상외의 인사를 하였는데 귀속재산처리를 담당하는 장관인 상공장관에는 측근인 임영신을 임명하였고, 농림부장관에는 조봉암을 임명하였다. 둘 다 한민당이 장악하고 있었던 부분이었고 그들의 경제적 이해가 직결되어 있었기 때문에 자신들이 장관을 맡으려 가장 노렸던 부분이기도 하였다. 미국에 체류하고 있던 임영신의 임명은 그녀가 국내 귀속재산과 아무런 개인적, 집단적 관계가 없는 점을 이용하여 이 문제를 정부주도로 처리하려는 인사였다. 임영신에 따르면 이것은 이승만의 사실상의 강권이었다.[64] 이는 미국군정시기 동안 다수의 귀속재산과 연계된 한민당을 겨냥한 것이었다. 한민당에서는 상공장관에 자기 당의 허정을 예상하고 있었다.

더 큰 충격은 유명한 공산주의자였던 조봉암의 농림장관 임명이었다. 농림장관에게 골수 좌파였던 조봉암을 임명하자 한민당은 긴장하였다. 토지개혁에 대한 많은 통계자료 및 현지실증 자료를 참고한 방대한 연구는 이 문제에 대해 의미 있는 해석을 하고 있다.

> 그를 등용함으로써 좌익계의 정치선동에 어느 정도 대처할 수 있는데다가 국민에 대한 이 박사의 개혁의지를 간접적으로 표명하는 동시에 조봉암 씨에 내재했었을 계급의식을 은근히 부추김으로써 한민당의 물질적 기초였던 지주제를 철저히 붕괴시키기 위한 2중, 3중의 정치적 계략으로 볼 수 있다.[65]

조봉암의 비서실장이었던 이영근의 증언은 조봉암의 농림장관 임명의 의미를 정확히 지적해 준다.

---

64) 승당 임영신 박사 전집편찬위원회, 《承堂任永信博士文集》 II (서울: 중앙출판인쇄, 1986), p. 978.

65) 김성호·전경식·장상환·박석두, 《농지개혁사 연구》(한국농촌경제연구원, 1989), p. 454.

조봉암은 농정을 그르치면 중국에서처럼 이 나라가 공산화될 것이 필지인데 한민당이 모든 개혁을 반대하니 그를 물리치고 대대적인 개혁을 지지해준다면 맡아보겠다고 했고 이승만은 조봉암의 그와 같은 제안에 동의했다.[66]

이후의 사태전개를 볼 때, 그리고 누구보다도 철저한 반공주의자인 이승만이 한민당의 반대를 익히 알고 있으면서도 조봉암의 거절의사를 꺾으면서까지 임명한 데 비추어 위의 해석과 증언은 사실에 근접한다.[67]

정부 내의 최초의 토지개혁팀은 가히 혁명적이었다. 조봉암과 함께 토지개혁을 추진했던 농림차관 강정택(姜挺澤)은 민주주의민족전선의 농업문제연구위원회 총책임위원을 역임하면서 북한식의 토지개혁을 주장하였던 좌파이론가였고, 토지개혁사업의 실무총책인 농지국장 강진국(姜辰國)도 조봉암의 '열렬한 신봉자'였다. 그 밑의 행정관계 3개과장 중 2명은 한국전쟁 당시에 자진 월북했다고 한다.[68] 그렇다면 토지개혁을 담당할 농림부의 정책결정자와 실무진은 당시 남한체제가 포용할 수 있었던 이념적 스펙트럼에서는 가장 급진적인 인물들로 구성된 셈이었다. 강진국에 따르면 한민당계 의원들은 자기를 포함하여 농림부의 토지개혁담당자들을 두고 공공연하게 '빨갱이', '공산당 앞잡이'라고 공격하였다.[69] 그들에게는 개혁조차 혁명으로 보였던 것이다.

---

66) 이영근의 증언(1989년 12월 6일), 정태영, 《조봉암과 진보당》(서울: 한길사, 1991), p.165에서 인용.

67) 그러나 이 두 장관은 결국 한민당의 집요한 음모와 모략, 그리고 그것을 집행해준 한민당계 감찰위원회 위원장 정인보의 끈질긴 노력으로 49년 초 중반에 각각 내각에서 축출되고 만다. 물론 이들의 축출이유는 얼토당토않은 것이었다. 이들의 축출이유와 과정에 대해서는 《국회사》, pp.116~125 ; 《농지개혁사 연구》, pp.476~483 ; 《서울신문》 1949년 2월 17일, 22일, 23일 참조.

68) 《농지개혁사 연구》, p.454. 이 3명의 과장은 아마도 강진국과 함께 혁명적인 농지개혁법 시안을 만든 지정과장 윤택중(尹澤重), 분배과장 배기철(裵基澈), 사정과장 안창수(安昌洙)일 것이다. 동아일보 편, 《秘話 第一共和國》 1권, p.315.

농림부에서는 정부출범 직후인 9월 7일에 4명으로 이루어진 농지개혁법 기초위원회를 결성하였는데 그중 3명은 조봉암, 강정택, 강진국이었다. 다른 한 명은 한민당계 인물이었으나 한민당계로서는 진보적인 기획처장 이순탁이었다. 이것은 두 한국의 정반대의 사회구성과 이념적 지향을 고려한다면 단연 혁명적인 진용이었다. 강진국에 따르면 조봉암은 정부수립 후 "농지개혁을 하루라도 서둘러야겠으니 빨리 법을 만들어 내라"고 독촉하였다.70) 조봉암의 성화로 강진국이 위의 3인 과장과 함께 밤을 새워가며 작업, 최초에 구상한 토지개혁안은 "농토의 유상매수도 아니고 무상흡수도 아닌, 즉 적당한 보상을 주고 공공의 복리를 위해서 수용하려는 것"이었다.71) 즉, 해방 후 좌우의 오랜 주장인 유상매수-유상분배도, 무상몰수-무상분배도 아닌, '제 3 의 길', '제 3 의 형태'를 채택하려는 것이었다.72)

강진국 자신이 이 문제를 분명하게 제 3 의 길로 인식하고 추진하고 있었음은 다음 진술에서 간취할 수 있다. 또한 이 인식은 조봉암을 비롯한 초기 토지개혁팀의 구상이었다. 강진국은 남한농지개혁의 기본방침을 설명하면서 "지주에게 억울한 희생을 시키지 않고 또 농민에게는 염가로 분배하는 방법, 즉 **유상매수 유상분배와 무상몰수 무상분배의 '중간적인 입장'을 채택한 것**"73) 이라고 주장했다(강조는 인용자). 분명한 원칙과 노선이 설정되어 있음을 읽을 수 있는 부분이다. 그가 제 3 의 길의 법적 근거로 든 것은 토지개혁에 관한 헌법조항인 86조뿐만 아니라 오히려 사유재산에 관한 조항인 헌법 제 15 조였다. 그와 농림부 농지개혁팀은 사실상 제 86 조보다는 제 15 조를 더 앞세웠다. 그런데 제 15 조의 내용이 예사롭지가 않아 주목할 필요가 있는 조항이었다.

---

69) 동아일보 편, 《秘話 第一共和國》 1권, p. 346 ; 강진국, "헐뜯긴 農地改革法草案," 《신동아》 1965년 10월호, p. 194.

70) 동아일보 편, 《秘話 第一共和國》, p. 314.

71) 강진국, "농지개혁의 理想"(1948), 《농지개혁사 연구》, p. 474에서 인용.

72) 《농지개혁사 연구》, pp. 475~476.

73) 강진국, "남한 농지개혁의 전망," 《民聲》 1949년 3월, p. 16.

헌법 제15조는 "개인의 재산권을 보장하되 재산권의 행사는 공공복리에 적합하도록 하여야 하며, 법률이 정하는 바에 의하여 상당한 보상을 지불하고 공공필요에 의하여 국민의 재산권을 수용(收用) 또는 제한할 수 있다"는 내용이었다. 강진국은 아예 남한헌법의 기본정신을 '민족사회주의적인 것'으로 해석하고 있었다.[74] 강진국은 분배대상 농지에 대해서도 '몰수'나 '매수'가 아닌 독특한 '징수'라는 표현을 쓰고 있었다. 위의 방대한 《농지개혁사 연구》는 이 제15조는 공공목적의 필요에 의한 사유재산의 강제수용규정이기 때문에, 제3의 길을 채택하기 위한 '놀라운 발상'이자 '일종의 입법쿠데타'라고 해석한다.[75] 초기 토지개혁 구상의 핵심을 파악한 지적이다.

당시 농림부안의 핵심은 지주보상지가는 5년평균 생산고의 15할(150%)이었고, 농민의 상환지가는 5년평균 생산고의 12할(120%)에 상환기간은 3년 거치-10년 상환, 연평균 상환지가는 1.2할(12%)이었다. 농림부는 이러한 초안을 만든 뒤 49년 1월 4일부터 곧바로 전국을 돌며 지방공청회를 실시하여 농민들과 지방의 농지담당관료들의 의견을 수렴하여 1월 24일에 원안 거의 그대로의 내용을 국무회의에 상정하였다. 공청회는 '가는 곳마다 초만원'[76]을 이룰 만큼 이 문제에 대한 농민들의 관심은 지대하였다.

그러나 농림부의 제3의 길은 좌절되고 말았다. 국무회의는 이 초안을 기획처에 보내어 재심, '징수'는 '매수'로 바꾸었고, 지주보상지가는 20할(200%)로, 농민의 상환지가도 20할(200%)로 바꾸었다. 상환기간은 10년이었다(뒤의 〈표 9-2〉 참조). 국무회의나 기획처는 농림부보다 보수적이었던 것이다. 또 농림부안이 완성되어 제출될 때인 49년 초에는, 한 공식기록의 표현처럼, '한민당의 재정적 기초에 목을 조이던'[77]

---

74) 유진오, 〈건국헌법 제15조〉, 《憲法解義》, pp. 45~47 ; 강진국, "남한 농지개혁의 전망," 《民聲》 1949년 3월, p. 15 ; 《농지개혁사 연구》, pp. 474~475.

75) 《농지개혁사 연구》, pp. 474~475.

76) 동아일보 편, 《秘話 第一共和國》, p. 316.

77) 《농지개혁사 연구》, p. 477.

조봉암이 한민당의 음모와 집요한 제거공작으로 인해 축출위기에 놓여 있었다. 그는 끝내 2월에 농림부장관에서 축출되었다. 내각의 국무회의 역시 보수주의자들로 채워졌다. 제헌의원 최태규는 조봉암의 축출을 '토지개혁을 묵살시키려고 하는 음모가 있다는 것이 민중의 여론'이라고 지적하고 있다.[78] 민중들도 이를 알고 있었다는 지적이다.

게다가 농림부안의 법제화를 위해 직접 대면해야 할 법제처장 유진오, 재무장관 김도연, 기획처장 이순택 등은 전부 한민당계열이었다. 결국 농림부안은 정부의 정책으로 채택되지 못하고 사산(死産)하고 말았다. 이 사산은 급진개혁노선은 수용될 수 없었음을 보여준다. 최초에 조봉암-임영신을 등용하여 한민당의 반대를 돌파하려던 이승만의 의도는 좌절된 것이었다. 이는 이승만의 좌절이라기보다는 조봉암의 좌절이었다. 그러나 제 3 의 길을 채택한 최초의 입법의도가 흔적도 없이 사장된 것은 결코 아니었다. 조봉암의 퇴진에도 불구하고 이 최초의 입법의도는 실제의 토지개혁에 반영되었다. 이 잔존은 두 가지 이유 때문이었다. 하나는 이승만과 정부의 반한민당적인 개혁의지 때문이었고, 다른 하나는 이 문제에 관한 한 만개된 언론자유와 농지개혁 지지일변도의 보도경향 및 여론 때문이었다.

농림부안의 좌절 이후 정부에서는 좀더 온건한 기획처안을 구상하여 제출였으나(49년 2월 5일) 한민당이 장악한 의회의 산업위원회는 더 보수적이고 지주적인 독자적 안을 구상하여 추진하려 하였다. 기획처안조차도 지주들에게는 불리한 것이었다. 이것이 이른바 산업위원회안이라는 것이었다. 산위안이 국회에 제출되면서 임시조치법안과 정부안은 기각되었다(3월 10일). 그러나 산위안이 제출된 이후에도 정부는 농림부장관 이종현의 입을 통하여 '농민구출 없이 국가발전 없다'면서 '농지분배는 최저염가로 할 것'임을 강조, 후퇴하지 않았다.[79] 정부는 각국의 예를 제시, 이를 언론에 보도하여 지주와 민국당의 요구가 반농민적인

78) 《농지개혁사 연구》, p.483.
79) 《서울신문》 1949년 3월 18일.

〈표 9-2〉 토지개혁안의 내용 비교

	농림부안	기획처안(정부공식안)	국회안(산위안)	최초 공포된 법률안(49.6)	개정된 법률안(50.3)
소유한도	2정보	3정보	3정보	3정보	3정보
보상연한	3년 거치 10년 균분	10년 균분	10년 균분	5년 균분	5년 균분
보상지가	15할	20할	30할	15할	15할
연간보상	2할	2할	3할	3할	3할
상환연한	10년 균분	10년 균분	10년 균분	5년 균분	5년 균분
상환지가	12할	20할	30할	12.5할	15할
연간상환	1.2할	2할	3할	2.5할	3할

자료 : 《농지개혁사 연구》, p.574 ; 《농지개혁사 관계자료집》 1권, pp.28~33.

것임을 간접적으로 폭로하고 있었다. 이들 안을 표를 통해 비교해 보자.

정부안에 대한 몇 차례의 상정시도를 거듭 민국당의 주도로 좌절시키자 국회의원 정준(鄭濬)은 이를 '왜 상정시키지 않느냐'고 산위를 공격하였다.[80] 그는 또 "어떻든지(어떻게 해서든지) 농지개혁법안을 지연시키려고 하는 음모가 있다"고 공격하였다. 이에 대해 민국당이 집단적으로 반박하자 최태규는 "정준 의원의 그 말이야말로 우리 3천만 민중이 고대하고 있는 말이다. 음모가 없다고 어떻게 지적을 안 하겠는가? 이 법안이 하루바삐 상정되어야 할 것을 가지고 여지껏 연기시키는 이유가 어디에 있는가?" 하고 반박하였다.[81] 이 논쟁은 전체 사회논쟁의 축도였다.

농지개혁을 앞두고 지주들의 토지강매로 인해 지방에서 소작쟁의가 빈발하자 농림부는 급한 대로 지주의 토지강매를 금지시키는 농지개혁임시조치법을 발의하였다. 그러나 이조차도 민국당은 의회상정을 봉쇄하였다. 그리고는 정부의 압력에 맞서 민국당은 신속하게 국회안(산위

80) 《서울신문》 1949년 2월 15일.

81) 《농지개혁사 연구》, pp.490~491.

안)을 상정하였다. 정부안을 봉쇄하기 위한 전략이었다. 한 공식기록처럼 "국회안을 긴급동의로 상정시킨 것은 지주의 토지강매를 못하게 하는 임시조치법과 지주에게 불리한 정부안(기획처안)의 상정을 봉쇄하기 위한 것"이며, "한민당계가 자신의 의석수를 믿고 감행한 또 하나의 음모였고 지주계급의 이익을 대변한 것"이었다.[82]

그러나 의회안 상정에 대한 언론의 보도는 판이하였다. 두 신문을 통하여 당시의 계급적 계층적 이해가 어떻게 달랐는지를 보자. 아주 명징하게 차이가 나고 있다.

> 기다리던 토지개혁은 그 법안이 드디어 국회에 상정되었다. 처음 농림부에서 기초한 법안이 국무회의에서 부결되자 그 다음은 정부안으로서 기획처안이 나왔는데 국회로서도 이미 준비한 바가 있어 산업위원회에서 기초한 안이 결국 국회에 상정되었다. … 정부안을 상정하느냐 국회안을 상정하느냐에 대하여 의론이 분분하였으나, 국민의 이해와 지대한 관계가 있는 이와 같은 법안은 국회에서 기초하여야 마땅할 것으로, 그 내용의 여하를 막론하고 참으로 다행한 일이라 하겠다.[83]

> 국회의원 제공(諸公)에게 보내노니 진심으로 농민을 해방시키려는 영예를 지키라. 대한민국 국회의원으로 출마할 때 그대들은 농민에게 무엇을 약속하였던가. 국민에게 충실함은 곧 국가에 충실한 것이요, 국민을 기만해서는 안된다.[84]

하나는 민국당-지주의 견해가 반영된 안을 '드디어 상정되었다'며 '다행한 일'이라 하였고, 다른 하나는 상정과 동시에 '진심으로 농민을 해방시키라', '국민을 기만하지 말라'고 경고하고 있다. 다른 신문과 잡지들도 역시 《서울신문》과 같은 논조였다. 당시의 주요 신문 네 개의 보

---

82) 《농지개혁사 연구》, p. 493.

83) 《동아일보》 1949년 3월 3일.

84) 《서울신문》 1949년 3월 10일.

도경향을 분석하는 것은 흥미로운데 《동아일보》는, 여러 가지 수사적 표현과 은유를 동원하였지만 시종일관 지주와 민국당의 이익을 대변하였고, 다른 세 개의 신문은 농민과 정부의 입장에서 보도하였다. 많은 객관적인 잡지들 역시 대부분 농민-정부의 입장을 강력히 지지하였다.

전간기의 특성으로 든 언론자유는 토지개혁을 놓고는 특히 두드러졌다. 토지개혁에 관한 한 밑으로부터의 압력이 만만치 않았던 것이다. 산위에서 정부안과는 달리 지주의 입장을 대변한 '지주보상액의 30할-10년 상환'안을 제출하자 이에 대해서 여론은 날카롭게 비판했다. 《서울신문》은 "모 일당을 제외하고는 대개가 30할-10년 상환을 적극적으로 반대하여 격론이 전개될 것으로 보인다"면서 이를 반대하는 측의 논거를 들어 "30할-10년 상환이라는 것은 농민을 해방시키는 것이 아니라 농민에게 농지를 분배한다는 허울좋은 미명하에 농민을 영구히 부채농으로 만드는 결과로 되어 … 농민의 빈곤을 항구케 하여 … 이는 지주의 토지처분방법에 지나지 않는다. … 도시의 식량공급 등 일견 일리있는 듯한 입론을 하기도 하는 모양이나 단적으로 농지개혁의 중대 목적이 어디 있는가를 생각해 본다면 딴 소리를 고집할 수 없을 것"이라고 경고하였다.[85] 지주와 민국당에 대한 정면공격인 것이다.

이에 앞서 이 신문은 농지개혁법의 상정이 민국당의 술수로 지연되자 "농지법 국회상정, 왜 지연되나"라는 제목하에 각계의 여론을 청취하여 이를 비난하는 여론을 싣고는 다음과 같이 공격하고 있다.

> 민주공화국인 대한민국 국민의 7, 8할 이상을 점령하고 있는 농민은 이제 무엇을 바라고 있으며 무엇 때문에 고민을 하고 있는가? 이에 대한 대답은 국민된 이 누구나 서슴지 않고 말할 수 있을 것이다. 즉 그들은 지금 토지개혁이 곧 실시될 것을 목을 길게 빼고 고대하고 있으며 … 이와 같은 긴급하고도 심각한 현하 실정에 불구하고 토지개혁 법안조차 입법으로써 결정되지 못하고 있는 그 이유는 어디에 있는가? … 국회의원 제공(諸公)은 10만 인민의 대표로서 당선되면 무엇

85) 《서울신문》 1949년 3월 19일.

을 하겠다고 농민에게 약속하였던가? 민중은 토지개혁을 앞두고 제공의 태도를 주시하고 있음을 모르는 체하여서는 안될 것이다. 여기에 정치적 편견이 있어 이것이 일각이라도 지연되었다면 이야말로 용서되지 못할 크나큰 죄과가 될 것이다.[86]

이어서 이 신문은 농림부, 헌법의 규정, 정부의 움직임 등을 상세하게 보도한 뒤 농림부안이나 정부안보다 높은 지주보상률을 추진하고 있는 국회를 "어느 한 계급을 위하여 법안 기초조차 고의로 지연시키고 있다"고 경고하였다. 국회를 강도 높게 공격한 신문은 옆에다가 "이런 독지가도 있다"면서 26정보를 자기의 소작인들에게 무상분배한 수원의 나중석(羅重錫)에 관한 기사를 커다랗게 실었다. 이러한 기사는 다른 소작인 농민들을 자극, 선동하고 지주들을 궁지에 몰기 위한 의도에서였을 것이다.

신문들은 또한 지속적으로 농촌의 곤궁한 상황과 농민의 요구를 보도하였다. 정부로 하여금 '토지개혁을 급히 실시할 것'이며 토지개혁을 앞두고 진행되고 있는 지주의 토지강매를 '억압하라'(원문 그대로)고 촉구하였다.[87] 또한 법안을 심의중인 국회의원들뿐만 아니라 행정부 정책결정자들이 동시에 신문에 나와서 격론을 벌이기도 하였다. 지주-민국당을 대표하였던 산위위원장 서상일, 위원 조헌영(趙憲泳), 농림부의 농지국장 강진국, 기획처의 경제 ○○관 김명완(金明完, ○○는 판독불능) 등이 "농지는 농민에게 어떻게 분배되나"라는 제목하에 각각의 입장을 개진하고 토론을 전개하는 것을 볼 수 있다. 여기에서는 상환기간과 보상률에 대한 각각의 상이한 견해(이는 〈표 9-2〉에 나와 있는 각 부처의 안 그대로이다)를 분명하게 제시하고 토론하고 있는데 지주의 입장은 교묘하게 논리를 전개하나 궁색하고 옹졸함을 쉬이 알 수 있다. 행정부의 관료 강진국은 이 토론에서 산위안을 공개적으로 '지주의 입장'이라고 정면에서 공격하고 있었다.[88]

86) 《서울신문》 1949년 2월 16일.
87) 《서울신문》 1949년 2월 26일.

동시에 신문에는 농지분배에 대한 농민들의 태도와 견해, 토지개혁이 필요한 농촌의 상황이 연재와 대담으로 지속적으로 보도되었다. 각자의 입장이 뚜렷이 대립되어 좋은 표본이 될 수 있는 한 대담을 인용한다.[89] 소작지가 많은 김포에서 진행된 이 대담에는 소작인 5명, 김포군수, 자소작인 1명, 국회의원 정준(鄭濬), 귀속농지 관리국 김포출장소장, 지주 1명이 참여하였다. 대담에서 농민들은 '상환 기간 5년 이내, 가격은 연생산고(年生産高)의 15할'을 주장하였다. 우연의 일치라고 하기에는 이 '5년 시한-15할 보상'은 나중에 실제로 실시되는 농지개혁의 시한-보상률과 글자 하나도 틀리지 않고 동일하였다. 농민들의 희원과 욕구의 자제가 일정한 수준을 유지하고 있었던 것이 아닌가 추론되는 부분이다. 농민들은 반드시 무상몰수 무상분배가 자신들이 바라는 것은 아님을 이렇게 표현하고 있다. 김포의 소작인 노상길(盧相吉)은 "남의 땅을 거저야 가질 수 있겠습니까? 그러니까 열 마지기 정도의 땅이라면 땅 값은 한 일 년에 두 가마씩 한 2년 동안 물었으면 좋겠습니다"고 말하고 있다. 적당한 보상가에 상환 기한을 짧게 끝내고 싶은 심정을 읽을 수 있다.

토론에 나온 국회의원 정준 역시 국회에서 상환기간과 지가보상률에 대한 여러 가지 안이 나와서 논의중이라면서 자신도 "'15할-5년 상환'을 하면 좋을 것 같다"고 제시하였다. 농민들의 주장과 일치하는 것을 볼 수 있다. 정준은 국회에서도 지속적으로 농민의 입장에서 민국당을 공격한 의원이었다. 귀속농지담당 관료는 '15할에 20년 상환'을 제시, 보상률은 농민의 요구와 같으나 상환기간이 매우 길다는 점에서 차이가 난다. 한편 지주 김태원(金泰元)은 '25할에 8년 상환'을 요구, 소작인들의 요구와는 큰 차이가 난다. 이는 민국당이 추구한 30할에 근접하는 수치이다. 이 농촌 현지토론을 보면 농민-의원이 모두 15할-5년 상환을 선호하고 있었음을 알 수 있으며 농민들도 무상분배는 "남의 것을 거저

88) 《서울신문》 1949년 3월 9일.
89) 《서울신문》 1949년 3월 23일.

먹는다"는 이유로 그리 원하고 있는 방식이 아니었음을 알 수 있다.

몇몇 사례를 볼 때 당시 언론은 계급적으로 대립하는 견해를 제시하여 농민으로 하여금 누가 옳은지를 판단케 하는 교육의 기능을 행사하고 있었음을 보여준다. 신문들의 보도경향은 극소수를 빼고는 거의 동일하였다. 그것은 이러한 여론이 일반적이었음을 증거한다. 우리가 국회와 정부 내의 정책결정과정 및 토론뿐만 아니라 언론의 보도를 탐색하는 이유는 핵심의제에 대한 농민의 의사와, 의사의 수렴 및 침투방식, 그리고 정부의 정책결정의 방식을 보여주기 위해서이다. 토지개혁에 대한 농민의 의사를 어떻게 수렴하였고, 정부와 의회가 이에 대해 어떠한 태도를 취했는가, 최종적 법률은 어떤 내용을 담고 있었는가 하는 문제를 탐색하는 것은 지주의 국가니 부르주아의 국가니 하는 국가의 추상적 계급성을 운위하는 것보다 실제적인 정책의 내용을 통하여 체제의 성격을 규명하는 데에 더 사실적인 근거를 제공해 주기 때문이다.

지주의 반대에 직면하여 이승만 정부는, 전형적인 이승만식 정치라고 할 수 있는 대중동원방식에 호소, 도청소재지를 비롯한 전국 각지에서 청문회를 개최하여 농민의 의견을 들으며 지주들을 고립시키고 농민을 체제내 지지세력으로 포섭하였다. 이를 계기로 농민들의 의식화와 체제내화는 가속화하였다. 의식화는 반지주의식이었고 체제내화는 친정부화였다. 의식화와 체제내화의 조합 사이에 반공과 공산주의 침투의 저지라는 근본의도가 달성되어 가고 있었다. 이것은 국가가 의도한 궁극적인 목표였다. 토지개혁문제에 관한 한 포위된 것은 정부가 아니라 민국당이었다. 결국 토지개혁을 계기로 이 정당은 계급정당으로서의 지주계급의 대변자 역할을 상실할 수밖에 없었다.

농지개혁법을 둘러싸고 심각한 논쟁이 진행중일 때 농민단체인 대한농민총연맹(농총) 역시 강경한 성명을 발표하여 지주와 민국당을 압박하였다. '2천 5백만 농민의 조직체'로 자임하던 농총은 좌파의 전농이 해체된 이후 최대의 농민단체였다.

국회본회의를 통하여서 우리는 우리의 적을 뚜렷이 보았으며 적은 얼마나 노회하고 교활하고 후안무치하고 이기적이며 배타적이요 자가의 탐욕을 위하여는 민족도 국가도 대의도 아무것도 없다는 것을 우리는 우리의 눈과 귀로 보고 들었다. 농민의 귀중한 투표를 얻어가지고 국회에 참획하여 농민의 이익과 권리를 말살하기에 광분하며 민주주의의 기본과업인 토지개혁을 의식적으로 지연시키고 또 농민의 이익을 절실히 주장한 우리 농총의 토지개혁안, 농림부안, 심지어는 기획처안까지도 묵살하고 지주를 위한 산업노농위원회안을 한사코 통과시키려는 반민주적 행위에 대하여 우리 농총은 의분을 금할 수 없으며 우리는 농민의 염원관철을 위하여 이 반민주적 세력에 敢然 宣戰할 것을 결의하고 있다. 더욱이 토지의 강매행위를 저지하려는 임시조치법에 대한 대통령 서한을 묵살한 것과 서상일 의원의 발언중 지주도 국민의 일원인 만큼 손해가 없도록 보호한다고 주장한 것 등은 다대수 농민동포의 적으로 자부자처한 행동이다. 우리는 국회의 一動一靜을 기록으로 수집하고 있으며 이 엄연한 사실이 방방곡곡의 농민들에게 우리들의 입을 통하여 명명백백히 알려질 날이 올 것을 부언하여 둔다.[90]

토지개혁을 반대하는 지주를 적으로 규정하고 있으며, 그 적과의 전쟁의 선포를 결의하고 있다. 우리의 적, 노회, 교활, 후안무치, 이기적, 배타적, 탐욕, 광분, 반민주적, 분노, 선전, 농민의 적 등 지주와 민국당에 대한 표현은 자극적이고 분노에 찬 어휘들이었다. 성명내용으로 보아 이들은 의회 내의 토론과정에 대해서도 상세히 인지하고 있었다. 언급된 서상일은 국회에서 지주와 민국당의 의사를 관철시키려고 가장 열심히 노력한 민국당 소속의 산위 위원장이었다. 이 성명을 볼 때 다음의 세 가지를 알 수 있다.

첫째 의회의 토론과정과 정책의 결정과정이 농민과 그들의 이익을 대변하는 단체에게 곧바로 상세하게 알려졌다는 점이다. 이를 통하여 농민들의 이해와 의사가 의회로 침투할 수 있었다. 의회는 민중에게 완전히 노출되어 사회로부터 전혀 자유롭지 않은 상태에서 정책결정을 하지

---

90) 대한농민총연맹, "國會議員諸公에 告함," 주효민, "농지개혁을 싸고도는 국회 내 각파의 동향" 所收, 《신천지》 1949년 4월, p. 18.

않으면 안되었던 것이다. 1980년대 후반과 1990년대 초반을 통하여 노동이 지속적으로 정책결정구조에서 배제되는 것과 비교할 때 당시 농민의 참여는 낮은 수준의 참여가 결코 아니었다. 그 중심고리는 언론자유였다.

둘째로 농민단체는 대통령의 서한을 전폭적으로 지지하고 있었다는 점이다. 반면에 토지개혁을 반대하는 의회를 강력히 비판하는 것을 볼 수 있다. 친일세력 숙청문제와는 전혀 다른 균열구조를 읽을 수 있다. 사회, 행정부, 의회의 관계에 있어 친일세력 숙청문제에서는 정부와 대통령이 수세적이었음에 반해 이 문제에서는 의회가 궁지로 몰리고 있었던 것이다. 균열구조와 연대관계의 역전인 것이다. 토지개혁은 이승만 정부가 사회에 침투하고 지지를 추출하는 가장 중요한 자원의 하나였던 것이다.

세 번째는 1950년 5월 총선에서의 민국당과 지주계급의 전국적인 몰락은 사회경제적 변화와 계급구조의 재편, 그리고 이의 정치적 귀결을 반영한 결과였다는 점이다. 또한 토지개혁의 과정에서 보수적 입장으로 인해 농민의 지지를 얻지 못했었던 것이었다. 농총의 성명을 인용한 주효민은 "지가보상이 평년작 30할이란 세계사상 유례없는 이 농지개혁법을 작성한 기관이 바로 산업노동위원회이며 이 위원회의 위원 40명 중 과반수인 28명이 민주국민당계 출신"이라며 "민국당에서는 산위안의 무수정통과를 기도하고 있는 것 같다"고 비판했다.91) 민국당의 입장은 농민들에게 상세히 알려졌던 것이다. 실제로 당시의 산위는 민국당이 장악하고 있었으며 따라서 민국당과 지주의 견해를 대변하였다.

국회의원 신상학(辛相學)은 토론에서 "금번 산업노동분과위원회에서 수고 많이 했습니다. 이야말로 농민대중을 위해서 수고한 것이 아니라 그야말로 오랫동안 농민을 착취해 오던 지주층 토지처분법을 제정하느라고 수고 많이 했다고 말을 아니할 수 없읍니다"고 신랄하게 조롱하였

91) 주효민, "농지개혁을 싸고도는 국회내 각파의 동향," 《신천지》 1949년 4월, p. 21.

다.[92] 민국당의 후안무치를 비꼬고 있는 것이다. 조봉암은 농림부장관에서 축출된 뒤에도 의회토론에서 여전히 제3의 길을 강력히 주장하였는데 그의 토론은 보수적인 산위안을 좌절시키는 데 커다란 기여를 하였다.

> 소작인은 지금 땅을 거저 준다고 하면 그 뒤에 세금을 안 받겠다고 하는 것을 조건으로 할 때에 기뻐할 것입니다. (그러나) 만일 (농민 상환율이) 20할 30할 한다고 할 것 같으면 이 법을 우리가 제정한다고 하더라도 실시가 되지 않는다는 점을 여러분에게 확실히 말씀해 드립니다. 왜 그러냐 하면 지금 소작인들은 (소작률이) 15할이나 20할이 된다고 하더라도 그냥 소작인으로 있는 편이 난 거요. 이것은 다른 나라에 그런 예가 있고 가까운 일본에서도 소작인이 분배하는 것을 거절한 일이 있어요. …
>
> 그런 까닭에 이것은 무상으로 한다면 세금을 부과하지 않는다는 조건이어야 좋아할 것이로되 그렇지 아니한 이상 15할 이상 올라가서는 절대로 실행되지 않는 법이라는 것을 우리가 기억해야되겠다는 것이올시다.[93]

이 진술은 중요한 인식을 담고 있다. 북한의 무상몰수 무상분배방식과 농민들로부터 지나치게 높은 상환율을 받아내려는 지주와 민국당안을 동시에 비판하고 있다. 양면비판이었다. 사실에 비추어 조봉암의 지적은 타당한 것이었다. 앞서 보았듯 북한의 토지개혁은 농민들에게 토지를 주었지만 현물세율을 27%로 정했고, 실제의 수취는 이보다 더 높아 농민들은 다만 지주의 소작인에서 국가의 소작인으로 바뀐 것에 불과하였다. 조봉암은 이 점을 지적하고 있는 것이었다. 땅을 거저 주어봤자 높은 세금을 받으면 소용이 없다는 지적이다. 북한의 실제 현물세

---

92) 〈제2회 정기회의 속기록 제57호〉, 《대한민국국회 제2회 정기회의 속기록, 自 제511호~至 제818호》, p. 125.

93) 〈제2회 정기회의 속기록 제57호〉, 《대한민국국회 제2회 정기회의 속기록, 自 제511호~至 제818호》, p. 124.

비율은 최소 25%에서 최고 40% 내외에 달했다. 유상분배와 무상분배는 말의 의미가 갖는 차이에 비해 실제 혜택과 복리의 차이는 거의 차이가 없는 방식들이었다.

조봉암의 후자의 지적은 더욱 타당하였다. 농민에게 30할(5년 평균생산고의 300%)에 달하는 고율의 지가상환액을 받아내려 한다면 소작률 15%가 차라리 농민의 지가상환율 30할보다는 더 낫다는 주장이었다. 지주와 민국당에 대한 공격이었다. 이 공격을 통하여 그는 지주에게 산위안 대로 너무 높은 보상을하여 준다면 '지주까지도 미친 놈이라고 웃을 것'이라며 산위안이 얼마나 탐욕에 찬 방안인가를 조롱적으로 비판하였다. 조봉암은 문제의 핵심을 찌르고 있었다. 극단적인 반동정책을 취할 때 농민들은 차라리 과거의 농촌공동체에서 유지되던 지주소작관계를 받아들여 안정적 생존을 보장하는 후원-수혜(*patron-client*)의 관계를 유지하려 하거나,[94] 아니면 반대로 참을 수 없는 착취에 직면하여 많은 농민혁명의 사례에서 보듯 혁명이념에 경도되어 급진혁명에 호소하게 될 것이었다.[95]

조봉암과 농림부는 제3의 길이라고 할 수 있는, 반은 자본주의적이고 반은 사회주의적인 반자반사(半資半社)의 노선은 좌절되었지만 가능한 방법내에서 최대한의 개혁을 추구하고 있었음을 알 수 있다. 결국 실제의 남한 토지개혁에서는 '상환지가(償還地價) 15할에 5년 균분'(연간 3할 상환)안으로 결정되었는데(〈농지개혁법 개정안〉 1950년 3월 10일),[96] 이는 '상환지가 30할-10년 균분'(연간 3할 상환)을 주장한 의회안보다는 2분의 1 수준 정도로 낮은 것이었으며, '20할-10년 균분'(연간 2할)의 정부공식안(기획처안)보다도 낮고 최초의 원안이었던 '12할-10년 균분'(연

94) 이는 스코트(James C. Scott)를 비롯한 도덕경제(*moral economy*)이론가들의 관점이라고 할 수 있다. James C. Scott, *The Moral Economy of the Peasant* (New Haven: Yale Univ. Press, 1976).

95) Jeffery Paige, *Agrarian Revolution* (New York: Free Press, 1979).

96) 〈법률 제108호 — 농지개혁법 중 개정법률〉, 농수산부 한국농촌경제연구원 편, 《농지개혁사관계자료집》 1권(발간연도 미상), pp. 32~33.

간 1.2할)의 농림부안에 근접하는 것이었다.

여기에서 초안의 10년 균분안이 최종법률에서는 5년 균분으로 그 시기가 절반으로 짧아졌음은 주목할 필요가 있다. 상환기일의 단축은 농민들의 단기적 상환부담을 그만큼 크게 하였다는 측면과, 농민들의 토지소유를 단축시켜 주었다는 상반되는 두 측면을 동시에 지니고 있었다. 좀더 커다란 효과는 후자였다. 농민들 역시 하루라도 빨리 자기 토지를 갖고 싶어하였으며, 국가는 각 지역에서의 공청회를 통하여 이를 확인하고 있었다. 앞의 김포에서의 토론에서도 참가농민들의 요구는 5년이었다. 내각에서 논의할 때도 기획처장 이순택은 상환연한 15년을 주장한 데 반해 조봉암은 5년에서 10년으로 줄일 것을 주장하였다.[97]

실제의 농민들의 상환시점은 아예 5년이 아니라 1년 정도면 거의 끝나 있었다. 전쟁중 북한이 조사한 한 통계를 보자. 1950년 여름 점령 당시 그들의 조사에 따르면 이 군에서 농민들은 이승만 정부하에서 총 3,697호가 토지를 유상분배받았는데 이 중 2,224호는 토지대금을 전불(全拂)하였고 1,473호는 반불하였다. 약 60%가 완불하였음을 알 수 있다. 북한의 통계에 따르더라도 전쟁 이전에 농민들은 거의 전부 분배를 받았고, 또 분배대금을 지불했던 것이다.[98]

의회 내의 토론에서 주목할 한 가지 점은 소장개혁세력의 핵심역할을 수행하였고 노일환과 함께 국회첩자사건의 핵심으로 지목되는 이문원(李文源)의 발언이었다. 그는 국회토론에서 강력하게 무상몰수 무상문배를 주장하였다.

> 개혁법안 이 초안은 전적으로 반대를 합니다. … 今般 이 토지개혁을 실시함으로서 좌익에서 우익을 공격하는 모든 불리한 점을 일소해야 정치적으로 이 대한민국정부가 유익을 받는다고 생각해요. … 우리는 당연히 정치적으로 볼 때 無償으로 농민에게 토지를 분배하지 않으면

97) Hq, USAFIK, *G-2 Intelligence Summary*, No. 163(29 Oct., 1948).

98) SA 2010 Item 4/87. 보은군 토지개혁실행위원회 위원장 리선우 〈통계보고에 대하여 — 보은군 토지개혁에 관한 통계〉.

우리나라에는 안정이 오지 않을 뿐 아니라 농민의 생활을 구출할 도리가 없다고 생각해요.[99]

소장개혁세력은 농지개혁법안에도 '분배'라는 어구 앞에 반드시 '무상'을 넣을 것을 주장하였으나 부결되었다.[100] '좌파의 공격을 막아내기 위하여'라는 명분하에 무상몰수 무상분배를 주장한 이 진술은 북한식의 토지개혁을 주장한 것이었다. 그러나 무상몰수 무상분배 주장이 받아들여질 가능성은 없었다. 그럼에도 불구하고 무상몰수 무상분배의 주장은 상호 대비되는 두 가지 점에서 주목할 만하였다. 하나는 그러한 급진적 주장이 반동적 주장과 맞붙어 상호 상쇄효과를 결과함으로써 중도의 개혁적 입장을 강화시켜 주었다는 것이다. 급진주의의 존재는 반동주의를 공격하여 개혁주의를 강화하는 효과를 가져왔던 것이다. 즉, 수구보수주의, 중도개혁주의, 급진민중주의의 3자 정립(鼎立) 관계에서 앞뒤의 둘은 서로 길항관계를 형성하며 상대를 공격하며 대립, 개혁주의를 강화하였던 것이다.

다른 한편 소장개혁세력의 핵심들은 토지개혁의 실시를 지연시키려 노력하였다. 그들은 지주-민국당과는 반대의 입장에서 그들과 마찬가지 결과를 추구하였던 것이다. 기묘한 역설이었다. 혁명을 위한 개혁의 저지였을까? 가끔 그들은 한민당과 마찬가지로 상정을 지연시키기도 하였다. 이에 대해 산위 위원장 대리였던 이병관(李炳瓘)은 "소장파의원들의 작란(作亂)이 아닌가" 하면서 "이러한 무도(無道)한 안을 내서 이 안이 통과되지 못했다고 하지마는 이것은 어떠한 정책의 모략이 아닌가 혹은 어떠한 추파를 띤 것이 아닌가" 하고 지적하여 어떤 저의가 있다는 듯이 의심하고 있었다.[101] 이병관의 지적은 전혀 무리한 추측이 아니었

99) 〈제 2 회 정기회의 속기록 제57호〉, 《대한민국국회 제 2 회 정기회의 속기록》, pp. 119~120.

100) 〈제 2회 국회속기록 제 86 호〉, 《대한민국국회 제 2회 속기록》, pp. 709~710.

101) 〈제 6 회 국회정기회의 속기록 제 17 호〉, 《대한민국국회 제 6 회 속기록, 自 제 1 호~至 제 45 호》, p. 335.

다. 북한은 남한의 국회의원들에게는 아니었을지라도 남한 내의 좌파공작원들에게는 남한정부가 실시하려는 토지개혁을 저지시키라고 반복하여 지령을 내려보냈다. 그들은 이승만 정부의 유상몰수 유상분배의 방식이 진정 농민을 위하는 길이 아니라면서 기만적인 토지개혁을 "가는 걸음마다 파탄시키라"는 호소와 성명을 숱하게 내려보내고 있었다. 지방의 게릴라를 동원하여 남한정부가 하려는 토지개혁을 파탄시키려는 기도는 계속적으로 시도되었다.

남한에서 속히 무상몰수 무상분배의 토지개혁을 실시하여 남한농민을 해방시키겠다고 반복하여 주장한 김일성과 박헌영의 공개적 언명이 아닐지라도 북한은 남한에서 자신들이 토지개혁을 하겠다고, 남한은 식민지 봉건적 질곡에 놓였다고 지속적으로 공격하여 왔었다. 이 책의 1권에서 살펴본 대로 남한에서 토지개혁법이 완성되어 통과되기 직전인 1949년 5월 9일에는 북한은 〈내각결정 제46호〉로서 〈공화국 남반부의 토지개혁 실시를 위한 법령기초위원회 조직에 관한 결정서〉를 채택하여 남한 토지개혁에 대한 구체적인 법적 준비에 착수하였다. 이 기구가 남한에서 토지개혁을 실시하기 위한 논의와 준비가 한창 진행중일 때 결성되었다는 것은 의미 있다.

> 공화국 남반부에서는… 아직까지 토지개혁은 실시되지 못하여 토지는 여전히 극소수의 손에 남아있고 남반부 농민들은 지주의 고율 소작료와 약탈적 양곡강제공출 및 강제매입, 기타 온갖 가렴주구에 시달려 농촌경리는 극도로 피폐되고 있으며 농민들의 생활은 여지없는 도탄에 빠지고 있다. 공화국 남반부 농민들은… 공화국 남반부에 있어서도 북반부에서와 같은 가장 민주주의적인 무상몰수 무상분배의 토지개혁을 시급히 실시할 것을 요구하고 이러나 치열한 투쟁을 전개하고 있다.[102]

---

102) 〈조선민주주의인민공화국 내각결정 제46호—공화국 남반부의 토지개혁 실시를 위한 법령기초위원회 조직에 관한 결정서〉, NA, RG 242, SA 2005 Item 2/114, 《내각공보》(1949), pp. 216~217.

이어서 〈결정서〉는 "조선민주주의인민공화국 내각은 공화국 헌법과 공화국 정부의 정강에 기초하여 공화국 남반부에 있어서도 속(速)한 시일내에 공화국 북반부에서와 같이 토지개혁을 실시하여야 할 필요가 있다는 것을 인정하고 공화국 남반부에 실시할 토지개혁법령 초안을 작성하기 위하여 법령기초위원회를 조직할 것을 결정한다"고 언명하였다. 남한에서의 토지개혁의 실시를 준비하겠다는 것이었다. 이를 보면, 국회첩자사건이 이승만정부의 공격이었음에는 의심의 여지가 없지만, 다른 한편 북한의 남한사회 전영역에 대한 광범하고도 집요한 비밀첩자 침투노력에 비추어 보아 소장개혁세력의 일부핵심이 그들의 노선에 동조하는 사람들과 접촉했을 가능성까지 부인할 수는 없게 한다. 의심받은 국회의원들의 국회내에서의 진술을 보더라도, 그들 자신은 남로당 첩자가 아니라고 강력히 주장하였지만, 미지의 인물로부터 비밀스런 접촉시도를 당하였었음을 인정하는 발언을 하는 의원들이 적지 않았다. 군대의 경우를 미루어 보더라도 북한의 수많은 첩자들이 의회의 의원들이라고 하여 예외적인 영역으로 놓아 두었을 리는 만무했다.

이 문제와 관련하여 농지개혁법 상정 때의 국회의원 박기운(朴己云)의 다음 진술은 시사적이다. 또한 남한의 토지개혁에 대한 인식의 핵심을 읽게 해준다.

> 지금 현실로 볼 것 같으면 토지개혁이라는 것은 지방적으로 대개 다 되어있다고 인정하지마는 이것을 법문화(法文化)시켜 가지고 국가에서 토지개혁을 실시했다는 것을 공포치 아니할 것 같으면 장차로 토지개혁이 어떻게 되는가, 또는 현실적으로는 자연적으로 되는 토지개혁이 장차로 또 자본주의적으로 흘러가지 않을까('법문화되지 않고 자연적으로 흘러가게 두어 가지고는 지주 중심으로 가게 되지 않을까'의 뜻—인용자 주), 모든 것이 지방의 농민들은 머리속에 사라지지 아니하고서 속히 법문화되는 것을 갈망하고 있으니 요전에 制憲 시대에 헌법 제18조를 제정했을 당시에 38이북의 김일성이가 어떠한 연회석에서 술을 먹고 있었습니다. 이 술을 먹고 있을 때에 헌법 제18조가 결정되었을 때에 술잔을 던지고서 한탄한 사실이 있었습니다. 이것이

어째서 그러냐. 만일에 남한에 토지개혁이 된다고 할 것 같으면 38이북의 공산당들이 자기네들만 토지개혁을 하고 남한에서는 토지개혁을 아니한다, 이렇게 생각했던 것이 그 사람네들이 18조의 제정을 보고서는 이제 남한의 농민은 다 남한의 대한민국에 다 뺏기고 만다, 우리들이 이제껏 적화운동을 해왔었던 것은 수포로 돌아가고 만다, 이래 가지고서는 주석(酒席)에서 한탄한 사실이 있습니다.[103]

박기운은 토지개혁이 공산주의의 침투를 막는, 그들과의 경쟁에서 농민을 끌어들이기 위한 조치라는 것을 정확하게 인지하고 있었던 것이다. 김일성이 실제로 주석에서 술잔을 던지고 한탄하였는지는 확인할 수 없다. 그러나 박기운의 이 진술 속에는, 조봉암처럼 논리적이지는 않지만, 투박한 어투로 토지개혁을 하는 핵심이유와 대북-대공견제와 경쟁의 인식이 정확하게 지적되어 있다. 당시 남한 내 이념스펙트럼상에서의 좌파와 반동의 노력은, 목적은 반대였으나 온건개혁을 어렵게 하려는 데서는 동일하였다, 하나는 혁명을 위해 모순을 완화시킬 개혁을 저지하려 했고 다른 하나는 계급적 이익의 확보를 위하여 개혁을 저지하려 했다. 그러나 둘 모두 실패하고 말았다. 전자와 후자가 모두 공산혁명을 가능케 할 것이라는 점에서 극과 극은 만난다는 언설은 이 부분에서도 진리가 아닐 수 없었다.

일찍이 무어는 보수적 근대화의 성공에 필수적인 두 개의 조건을 든 바 있다. 하나는, "리더십은 상층지주계급으로 구성된 지각이 부족한 반동세력을 이끌고 갈 만큼 매우 유능하여야 한다"는 점이고 다른 하나는, "리더십은 또한 사회내의 극단적인 반동적 압력 및 민중적이거나 급진적인 압력 둘 다로부터 자유롭기 위해서 충분히 강력한 관료기구를 장악하거나 구축할 수 있어야 한다"는 점이다.[104] 반동적 압력과 급진

103) 〈제 2 회 정기회의 속기록 — 제 31 호〉, 《대한민국국회 제 2 회 속기록, 自 제 1 회~至 제 50 호》, p. 563. 여기서 박기운이 말하는 헌법 제 18 조는 제 86 조의 오류이다. 건국헌법 제 18 조의 내용은 토지개혁에 관한 내용이 아니라 노동 3권의 보장에 관한 것이다. 유진오, 《憲法解義》, pp. 51~53.

104) B. Moore, *Social Origins*, p. 441.

적 압력의 극복이 위로부터의 개혁에는 필수적인 것이었다. 남한의 토지개혁은 이 언명의 한 전범으로 보인다. 남한의 토지개혁은 급진공산주의와 반동적 지주 양자 사이를 뚫고 성공한, 배링턴 무어가 말하는 바 위로부터의 개혁과 보수적 근대화의 드문 사례였다.

결국 저지노력은 토지개혁의 시기를 1년 연기시키는 데는 성공하였으나 토지개혁 자체를 불가능하게 하지는 못하였다. 원래 정부는 토지개혁을 1949년 3월까지는 끝내려고 하였었다.[105] 토지개혁에 대해 강한 집념을 갖고 있던 이승만 역시 49년초의 기자회견에서 '토지개혁 금년내 실시'를 거듭 언명한 바 있었다.[106] 연내 실시방침은 1949년 여름까지도 포기되지 않았다. 토지개혁법안이 문제가 되어 소멸통고된 8월까지도 농림부는 연내실시를 포기하지 않았었다.[107] 하곡을 거둬들이고 있고 논에는 곡물이 파종되어 있는 상태에서 기술적으로는 어려움이 많았을 텐데도 실시하려는 것으로 봐서 어떤 집요함을 읽을 수 있다. 여기서 말하는 연내실시라는 것은 추수기 이전의 실시라는 의미였다. 왜냐하면 추수기에는 이미 소작료를 계산하고 바쳐야 하기 때문에 토지개혁의 실시가 불가능했으므로 기술적으로 그 안에 끝내야만 했다. 추수가 임박한 8월까지도 '금년내 실시'를 강조한 것을 보면 토지개혁을 빨리 끝내려고 정부가 얼마나 서둘렀는지를 알게 해준다.

농촌에서 지주와 농민들은 소작료를 놓고 이미 팽팽하게 대립하고 있었고, 지주의 강매노력과 소작인들의 소작료 제공거부로 각지에서 크고 작은 소작쟁의와 갈등이 빈발하였다. 또 농민들은 국가의 토지개혁 방침과 소문, 청문회 등을 듣고는 국가에 의탁하면서 지주에 맞서는 사례가 늘어가고 있었다. 이승만은 이미 지주들의 토지강매에 대하여 "곧 토지개혁이 실시될 것이니 농민들은 지주들의 협박을 경찰에 신고하여 국가의 보호를 받으라"고 언명하였다.[108] 이는 곧 국가가 지주의 보호

105) 《동아일보》 1948년 10월 26일.
106) 《서울신문》 1949년 2월 5일, 12일.
107) 《조선일보》 1949년 8월 23일.
108) 《서울신문》 1949년 2월 12일.

자로서가 아니라 농민의 보호자로서 기능하겠다는 진술이었다. 항상 그러했던 것은 아니지만 토지개혁에 관한 한 남한국가는 지주의 국가가 아니라 농민의 국가이고자 노력하였다.

그러나 9월에 들어서는 농림부조차도 연내 실시를 포기하고 말았다. 농림장관 이종현은 8월까지만 하도 "어떻게 해서든지 추수가 있기 전에 이 법을 실시코자 하니 일반지주들은 소작료를 받지 않을 각오(를 하라)"[109]고 말하였으나, 9월 들어서는 "추수기에 박두한 관계로 금년 추수에 대하여는 종래의 소작관계를 그대로 답습(하겠다)"[110]고 언명하였다. 이미 추수가 시작되고 있는 상황에서 현실적으로 토지개혁은 불가능한 것이었다. 지주와 그들의 대변자인 민국당의 노력은 일단 성공한 것이었다. 이들의 반동적 노력이 국가와 농민을 누르고 성공했을 경우 그것은 아마도 한국에서의 공산주의혁명의 성공에 커다란 기여를 하였을 것이다. 그것은 토지개혁을 저지하여 결국은 농민들을 혁명적 상태로 내몰고 끝내는 농민계급으로 하여금 폭력적인 공산혁명이 아니고는 자신들의 토지소유가 불가능하다는 신념으로 경도되게 하였을 것이다. 다른 나라의 많은 농민혁명의 경험에 비추어 이는 틀린 말이 아니다.

그러나 국가는 토지개혁을 마냥 방치하지는 않았다. 49년 8월까지도 연내실시를 시도하였던 국가는 49년 말부터 다시 준비에 착수하여 50년 들어서면서 그해 봄이 다 가기 전에 토지개혁을 단행하였다. 남한의 토지개혁이 이루어진 시점은 한국전쟁의 기원과 관련하여 중요한 문제이다. 전쟁 후에 이루어졌다면 한국전쟁은 혁명을 이룬 집단이 봉건적-식민지적 상태에 놓여 있는 나머지 지역을 해방하려 시도한 계급투쟁이자 사회혁명적인 측면이 있음을 부인할 수 없을 것이다.

정확한 입론을 위해서 상세하게 통계와 자료를 추적할 필요가 있다. 1945년 해방 당시 남한의 토지상황을 보면 지주소유의 총 농지면적(소작지)은 144만 7천 정보였다. 이 중 귀속농지는 26만 9천 정보였고 조선

109) 《조선일보》 1949년 8월 23일.
110) 《조선일보》 1949년 9월 25일.

인지주 소유농지는 117만 8천 정보였다.[111] 그런데 1947년 말의 소작지 면적은 전부 132만 4,806 정보였다.[112] 귀속농지는 변동이 거의 없었기 때문에 이 두 통계에서 줄어든 만큼(12만 정보)은 소작지의 감소로 봐도 된다. 1948년 말에는 아예 분배대상 면적의 명목으로 통계잡혀 있는데 이는 총 102만 4천 정보였다.[113] 그중 지주소유농지가 75만 5천 정보, 귀속농지가 26만 9천 정보였다. 한편 1949년 6월에 토지개혁을 위해 농림부가 장기간 전국실태조사를 한 바에 따르면 지주소유농지(요매수대상농지)가 60만 1,049 정보, 귀속농지가 23만 2,832 정보로서 합계 83만 3,881정보가 분배대상 농지로 조사되었다.[114] 1945년, 47년, 48년, 49년 6월의 네 통계를 보면 지주의 토지소유가 45년에서 48년 사이에 117만 8천 정보에서 75만 5천 정보로 줄어들었고, 48년 말에서 49년 6월 사이에도 75만 5천 정보에서 60만 1,049 정보로 줄어들었음을 알 수 있다. 이 통계는 분배대상이냐 아니냐에 따라 약간의 차이는 있겠지만 전체적인 경향을 나타내는 데는 아무런 장애가 되지 않는다. 그리고 50년 봄에 실제로 실시된 농지분배의 면적은 42만 정보였는데,[115] 49년도 실태조사(60만 1,049정보)와 50년 봄의 실제분배면적(42만 정보) 사이의 차이(18만 정보)는 두 가지를 보여준다. 하나는 그 사이에도 계속하여 소작지가 사적으로 분배되고 있었다는 점이고, 다른 하나는 토지개혁이 이루어지지 않은 잔존 소작지이다.

전체로는 해방이 된 1945년에서 아직 토지개혁을 시작하기 전인데도 1949년 6월 사이에 소작지는 이미 거의 2분의 1로 줄어들었음을 보여준다. 조사된 49년 6월에서 실제로 토지개혁이 실시되는 50년 초까지는, 실제로 농지개혁법이 통과된 뒤였고 개혁의 실시가 임박하였기 때문에 아마 앞시기보다도 더 빠른 속도로 줄어들었을 것이 틀림없다. 실제로

111) 농림부 농지국, 《農地改革統計要覽》(1951), p. 18.

112) 《농지개혁통계요람》, p. 12.

113) 《농지개혁통계요람》, p. 20.

114) 《농지개혁통계요람》, pp. 42~43.

115) 《국회사 — 제헌국회, 제 2 대 국회, 제 3 대 국회》, p. 508.

45년 말에서 47년 말까지 줄어든 양은 거의 없었으나 토지개혁의 실시가 움직일 수 없는 사실로 굳어지면서 47년 말부터 48~49년을 거치면서는 앞의 2년간보다 더 짧은 시기였으나 줄어든 양과 비율은 비교하기 어려울 정도로 많고도 빨랐다. 귀속농지는 커다란 차이가 없을 뿐만 아니라 국가가 직접 분배하면 되는 면적이기 때문에 중요하지 않다. 1947년에서 49년 사이에는 분배대상 농지가 49만 925 정보가 줄어들었다. 이는 49년 현재의 분배대상 면적의 약 37%에 해당하는 수치이다. 즉, 3분의 1이 법률의 확정 이전에 지주들이 농지개혁 여론과 소문만으로도 이미 자작농이나 소작인들에게 사적으로 매도 또는 분배하였던 것이다.

토지개혁의 완료시점과 관련하여서는 먼저 그에 대한 공식기록부터 보자. 전쟁중인 1951년 2월 16일의 제 10 회 국회에서 박만원(朴晩元) 등 23명의 국회의원이 '농지개혁 실시상황 여하'에 대한 서면질의에, 농림부는 3월 19일, "농지분배상황은 1950년 4월 15일 수배자호수(受配者戶數) 총 120만호에 42만 정보가 분배 완료"되었다고 서면 답변하였다.[116] 즉, 실제로 토지개혁을 담당하였던 농림부에 따르면 토지개혁은 이미 전쟁 이전에 완료되었던 것이다. 토지개혁의 실무를 담당하였던 농지관리국 관료 이준영(李准永)에 따르더라도 이 답변은 사실이었다. 그는, "소작농지의 분배는 이미 동란전에 거의 모두 끝났습니다. 소작농들이 자기가 부치고 있는 농토를 신고해 오면 읍 면사무소가 이를 제시하고 이의 신청이 없으면 그대로 소유권 이전이 확정되어 채권 채무관계가 성립됐어요. 그래서 수배농민(受配農民)은 자기 땅을 경작하게 되었으니까 별 문제가 없었(어요)."[117] 국회의원 박기운은 법령을 만들 때인 49년 2월 15일에 이미 "지방에서는 이미 다 되어 있다"고 말한 바 있다.[118] 이것은 과장이지만 이 시점에서도 이미 상당 정도로 진척이 되었던 것은 사실이었다.

116) 《국회사 — 제헌국회, 제 2 대 국회, 제 3 대 국회》, pp. 507~508.

117) 동아일보 편, 《秘話 第一共和國》 1권, p. 356.

118) 〈제 2 회 정기회의 속기록 — 제 31 호〉, 《대한민국국회 제 2 회 속기록, 自 제 1 회~至 제 50 호》, p. 563.

남한의 토지개혁과 관련하여 오랫동안 치밀한 연구를 통하여 주목할 만한 성과를 내온 김성호(金聖昊)는 "실제의 토지분배는 시행령 공포일인 50년 3월 25일 이전에 완료되었다"고 주장하고 있다.119) 구체적인 일정을 보면 49년 6월 20일에 농림부는 매수대상농지를 파악하기 위해 전국적으로 농촌실태조사에 착수하여 12월 21일 매수면적이 총 60만 1,097정보에 달한다고 발표하였다.120) 이어 1950년 2월 3일에는 매수농지에 대한 농지소표를 작성토록 지시했고 8일에는 매수농지의 가격을 평가하게 했다. 이어 농림부는 2월 24일에 〈농가별 분배농지일람표〉를 3월 10일까지 작성하여 3월 15~24일 열흘 동안 시·읍·면사무소에서 공람토록 했다. 특별한 이의신청이 없는 한 일람표상의 이 분배대상은 그대로 확정되었다. 농림부는 5월 27일에는 분배농지에 대한 상환대장을 작성토록 지시하였는데 농지가 분배되지 않고서는 이 농지대의 상환대장작성은 불가능한 것이다.121) 이 부분을 쓴 전경식은 농지국의 관료였다. 결국 그는 "토지개혁은 3월 24일을 전후한 시기에 완전히 이루어졌다"고 진술하고 있다.

한 지방의 토지개혁에 대한 사례연구 역시 전쟁전에 이미 토지개혁이 완료되었음을 뚜렷이 보여주고 있다. 장상환이 현지 관련 문건들과 통계를 기초로 연구한 충남 서산군 근흥면의 토지개혁 사례연구에 따르면 위의 중앙의 일정과 놀라울 정도로 차이가 없음을 알 수 있다.122) 1950년 1월 13일에 군 수준의 농지개혁사무 담임자회의가 있었는데 여기에서는 "현하정세를 미루어보아 단시일 내에 실시가 예측(된다)"면서 "만반의 준비태세를 정비하고 일사천리격으로 농지개혁 실시에 박차를 가하도록 조치(할 것)"을 지시하였다. 그 후 2월 25일 농지소표를 각 면으로 송부하였고, 3월 3일에, 소표 작성 및 정리완료는 3월 10일, 경작자

---

119) 《농지개혁사 연구》, p.601.

120) 《조선일보》 50년 2월 25일.

121) 《농지개혁사 연구》, pp.601~602.

122) 《농지개혁사 연구》, pp.929~992; 장상환, "농지개혁과정에 관한 실증적 연구," 《해방전후사의 인식》 2, pp.292~358.

별 농지일람표 종람개시는 3월 15일, 종람완료는 3월 24일, 분배통지는 3월 30일까지 완료하도록 지시하였다. 이에 따라 실제의 3월 27~28일 사이에 근흥면은 종람을 완료하였다. 4월 5일에는 군에서 농지분배예정지통지서의 발급을 지시하였다.

4월 7일에는 서산군 농지개혁관계읍면장회의를 열어 농지개혁법개정(3월 10일 공포), 농지개혁법시행령(3월 25일) 공포사실을 알려주고 농지개혁법시행규칙(4월 28일)을 미리 통고하여 주면서 분배예정통지서발급을 재차 지시하였다. 이 지시에 따라 근흥면에서는 4월 18~19일 양일간에 농림부장관을 대신하여 일제히 농지분배예정통지서를 발급하였다. 많은 연구들이 지적하듯이 이 통지서가 발급되었다는 것은 "농지를 실질적으로 분배완료한 것을 의미했다". 근흥면의 사례를 연구한 장상환 역시 1950년 4월 19일에 농지개혁은 완료되었다고 주장한다. 농지개혁법개정법률안이 공포된 것이 50년 3월 10일이고 시행령이 공포된 것이 3월 25일, 시행규칙이 공포된 것은 4월 28일이었음에 비추어 볼 때 실제의 토지개혁은 이러한 법률적 준비에 관계없이 미리 진행되었던 것이다.

그렇다면 앞에서 농림부가 1951년에 국회에 답변을 할 때 "1950년 4월 15일에 농지개혁을 완료하였다"고 보고한 것은 사실에 맞는 보고였던 것이다. 또 농지개혁에 직접 참여하였던 이준영이나 전경식 역시 전쟁 이전에 완료되었음을 증언한 바 있다. 사후의 연구에서도 전국적 상황을 연구한 김성호나 개별사례를 연구한 장상환 모두 전쟁 이전, 즉 1950년 3월에서 4월이면 토지개혁은 이미 완료되었다는 공통의 결론에 도달하였다는 점을 확인하였다. 지금까지 필자가 추적한 자료와 연구의 이러한 공통의 결론은 남한에서의 토지개혁이 이미 50년 봄이면 완료되었다는 점을 움직일 수 없는 사실로서 증거한다. 그러나 이것은 사실 최종적 완료수치이며 앞서 보았듯 1949년 6월이면 이미 토지개혁은 법 시행 이전이었음에도 불구하고 2분의 1은 끝나 있는 상태였다.

즉, 남한의 토지개혁을 탐색하면서 흥미 있는 것은 이미 법령공포 이전에 사실상의 개혁이 상당히 이루어졌다는 점이다. 이는 토지개혁이 피할 수 없는 길임을 확인한 지주들이, 한편으로는 사전강매를 통하여 법에 의한 강제분배를 피해보려고 했기 때문이기도 하였고, 다른 한편에서는 다른 여지가 봉쇄된 강요된 상황에서 그들이 자구책의 방편으로 선택한 결과였다고 할 수 있다. 중요한 점은 이 두 가지의 의도 중 어느 것에 의해서였건 그 결과는 차이가 나지 않았다는 점이다. 그것이 비록 국가의 법적 매개를 거치지 않았다는 점에서 지주-농민간의 직접 거래 방식을 띠기는 하였지만, 어느 면이든지 토지가 분배되었다는 사실 자체에는 차이가 없었다. 다만 사전분배 당시의 지가상환율에 대해서는, 전체분배의 거의 절반에 달하는 이 사적 거래를 추적한다는 것이 불가능하기 때문에 통계를 뽑을 수는 없을 것이다. 그러나 한 가지 분명한 것은 이 사적 거래가 국가의 법적 상환율을 넘어 지주가 소작인에게 고가로 매각하지는 못하였을 것이라는 점이다. 그랬을 경우 그것은 곧바로 소작쟁의 요인이 되며 또 국가가 개입할 근거가 되었기 때문이다. 이 사전분배의 양이 방대하였음에도 불구하고 법적 분배 이후에 이를 둘러싼 토지분규가 빈발하지 않았다는 점은 사전분배의 상환율, 또는 매각가격이 공식분배보다 더 높지는 않았음을 반증한다. 장상환의 실증연구에 따르면 소작지의 방매가는 시가보다 3분의 1 정도 낮은 수준에서 이루어졌다.123)

또 한 가지 흥미 있는 것은 지주가 버티다가 그들의 의지가 꺾였다는 점이다. 이들은 의회에서도 토지자본의 산업자본화를 명분으로 상환율을 5년 연평균 생산고의 30할(300%)를 고집하였다. 그러나 이것은 결국 15할(150%)로 하향조정되었는데 강진국의 증언에 따르면 이에 대한 민국당의 동의의 과정과 근거가 흥미롭다. 그가 한민당의 김상호(金尙浩) 의원의 말을 전하는 바에 따르면, 자신이 《동아일보》에 1949년 4월 17일부터 3회에 걸쳐 "농지개혁과 지주대책"이라는 글을 연재하였는데 그 골자는 "농지개혁은 지주의 토지자본을 산업자본으로 바꿔 근대산업 발전에 기여토록 한다"는 내용이었다. 이 글을 읽은 김성수는 "이렇다면

123) 장상환, "농지개혁과정에 관한 실증적 연구," p. 355.

농림부안이 나쁠 것이 없지 않느냐"면서 한민당 간부회의에서 150%안을 받아들일 것을 지시하였고, 한민당내에서는 아무도 이의를 제기하지 않았다.[124] 결국 지주의 의사를 대변하던 민국당의 결정구조는 김성수가 장악하고 있음이 확인되는 것이며, 최초에 300%안도 역시 그들의 당안(黨案)이자 김성수의 안이었음을 증거한다. 그 글을 읽기 전까지는 김성수도 농림부안에 대해 반감을 갖고 있었음을 위의 증언에서 우리는 읽을 수 있다.

결국 당시 민국당의 결정구조는, 특히 토지개혁과 같은 핵심문제의 결정구조는 김성수의 역할이 절대적이었음이 증명된다. 김성수가 산업자본으로의 재편에 착목한 것은, 최초에 그가 공산당을 저지하기 위하여 토지개혁 조항의 건국헌법 삽입을 찬성하였다는 점과 함께 계몽된 한 대표적인 근대지주의 거시적인 생존방식을 간취하게 해준다. 유진오와 강진국의 두 증언을 합치면 한국의 지주계급이 수차례의 격변적 사태에도 불구하고 어떻게 해서 완전히 몰락하거나 탈락하지 않았는가 하는 데 대한 하나의 해답을 얻을 수 있다. 그것은, 첫째로는 상대공산주의국가와의 대결이라는 구조적 조건(이것이 가장 큰 이유이다), 두 번째는 위로부터의 개혁이라는 국가의 토지개혁방식, 그리고 셋째로는 지주 자신들의 이러한 생존방식과도 큰 관련이 있었다.

또한 우리는 남한의 토지개혁을 보면서 정부, 특히 이승만의 토지개혁 의지가 매우 강력하였다는 점을 여러 번 확인하였다. 이 점이야말로 농민들의 욕구와 함께 실제로 토지개혁을 추진한 두 지주였다. 이 점에서 두 초기한국의 지도자 이승만의 정치와 김일성의 정치는 닮은꼴이었다. 그것은 대중정치였다. 우리는 여기에 와서는 정부의 형태를 놓고 진행된 초기의 길항과 균열이 결코 민주냐 반민주냐 하는 기준을 갖고 이승만을 비판할 수만은 없는 균열이었음을 확인하게 된다. 사실상 당시의 민국당을 비롯한 의회의 주류는 자신들의 이익보전을 위해서 투쟁하는, 풀란차스(Nicos Poulantzas)가 말하는 강고한 하나의 정치계급

124) 동아일보 편, 《秘話 第一共和國》 1권, pp. 346~347.

(*political class*)이었다.[125] 정치계급, 특히 가장 강력한 구체제 지배계급인 지주로 구성된 의회가 권력을 장악하는 내각책임제가 되었을 경우 적어도 토지개혁은 실제 실시된 내용과 시기에 이루어졌을 가능성은 전무했다. 그것은 더 늦어졌을 것이고 지주의 주장을 더 많이 반영하는 방식이었을 것이다. 농민과 대통령, 정부의 압력에도 불구하고 그들은 자신들의 계급적 이익을 확보하려 의회를 기반으로 끝까지 버텼다. 이들이 국가마저 장악하였을 경우의 사적 이익추구는 상상하기 어렵지 않다.

이승만, 김성수와 함께, 그리고 상호 길항하면서 토지개혁을 이루어 간 또 한 명의 대표적인 인물은 조봉암이었다. 결국 개인수준에서 보면 남한의 토지개혁은 상이한 구상과 경력을 가진, 따라서 상이한 계층을 대변한 이 세 사람의 계급적 길항의 산물이었다고 할 수 있다. 토지문제의 해결에 있어 그들은 각각 수구주의, 보수개혁주의, 민중주의 또는 급진개혁주의를 대변하였다. 수구주의와 대립하였던 민중주의는 소장개혁세력의 붕괴로 3자 정립구도의 한 축을 받치는 집단적 힘으로서는 탈락하였지만 조봉암에 의해 좀더 온건한 방법으로 추구되었다. 즉, 수구주의와 민중주의는 각각 보수개혁주의에 의해 수렴되었던 것이다. 이 수렴은 이후 계속하여 반복될 한국식 수동적 타협, 즉 그람시가 말하는 수동혁명(*passive revolution*)[126]의 최초의 사례였다. 무어의 표현을 빌면 전형적인 보수적 근대화(*conservative modernization*)였던 것이다.[127] 민중들은 문제를 제기하였지만 그들의 요구는 혁명적 방법으로 달성되지 않고 보수개혁세력에 의해 위로부터 수용되었던 것이다. 문제를 먼저 제기하고 요구한 것은 농민들이었다. 그 점에서 농민들의 도전과 저항이 존재하지 않았다면 위로부터의 개혁에 의한 토지개혁조차 없었다는 점은 강조할 필요도 없었다. 그들의 도전과 숱한 희생이야말로 이 개혁

---

125) Nicos Poulantzas, *Political Power and Social Classes* (Verso, 1978), pp. 103~104, 326~330.

126) Antonio Gramsci, *SPN*, pp. 105~120, 206.

127) Barrington Moore, Jr., *Social Origins*, pp. 436~441.

의 밑거름이었던 것이다.

조봉암은 그가 실제로 한국의 현대정치에서 한 역할과 끼친 영향에 비해 학문적으로 지나치게 낮게 평가되어 온 인물인데, 토지개혁의 과정을 보면 우리는 그가 나중에 1950년대 중반에 이승만에게 충분히 도전할 만한 인물이라는 점을 확인하게 된다. 그는 농림부장관에 임명되어, 비록 채택되지는 않았지만 당시 남한상황에서는 혁명적이라 할 토지개혁안을 제출, 대중에게 공개해 버림으로써 이보다 더 지주적인 안이 나오는 것을, 그것을 반동적-반농민적이라고 여론이나 농민들로 하여금 인식하게끔 하여 가장 커다란 대강(大綱)을, 의도적으로 미리 설정해 버린 인물이었다. 그리고 농지개혁의 본질을, 다른 어떤 것이 아니라 소작제도의 철폐라고 핵심을 짚어 말한 사람도 조봉암이었다. 조봉암은 토지개혁의 핵심을 두고 논란이 분분하자 이를 '소작제도의 폐지'라고 간단하게 정리해 버렸다. 이것이야말로 핵심이었다. 계급으로서의 지주의 몰락을 가져온 소작제도의 철폐는 단순한 문제가 아니었다.

> (농지개혁은) 소작제도라는 이 수천 년 내려오는 제도를 고치자는 것이에요. 없애 버리자는 것이에요. 이것이 개혁이에요. 개혁이란 그렇게 무서운 것도 아니고 어려운 것도 아닙니다. 그 문자가 결코 무서운 문자가 아니예요. 그런 까닭에 소작제도를 없애고 우리나라의 봉건적인 사회조직을 근대적인 자본주의제도로 발전시키기 위한 노력이올시다.[128]

토지개혁을 검토하면서 우리는 조봉암의 인식과 논리는 당대 최고임을 자주 확인할 수 있다. 우선 그는 '봉건'과 '근대'를 대비시키고 있다. 또 그는 봉건사회의 핵심문제를 소작제도에서 파악하고 있으며 따라서 소작제도를 철폐하는 것이 토지개혁의 핵심이라고 주장하고 있다. 우리

128) 〈제 2 회 국회정기회의 속기록 제 69 호〉, 《대한민국 국회 제 2 회 속기록, 自 51 호~至 88호》, p. 350.

가 오늘날 일반적으로 받아들이듯이 소작제도는 단순히 경제적 지배, 피지배의 문제가 아니라 전근대 시대의 사회제도와 인간관계, 정치의 모든 것을 지배하는 고리였다. 조봉암은 이미 소작제도를 없애는 것을 '봉건적인 경제제도'를 철폐하는 것이라는 표현 대신에 '봉건적인 사회조직'을 철폐하는 것이라고 훨씬 광범한 개념으로 사용하고 있다. 덧붙여 그는 근대를, 그의 오랜 신념인 사회주의가 아니라 자본주의라고 인식하고 있음을 읽을 수 있다. 그는 진정으로 사회주의를 포기하였던 것이다. 그러나 그가 식민시기에 걸쳐 오랫동안 민족해방을 위하여 깊이 고뇌하고 치열하게 투쟁한 것이 사회의 근본문제에 대해 한 단계 높은 수준에서 핵심을 짚어내고 처방을 제시하게 했음은 강조할 필요도 없을 것이다.

해방 후 최초에 농민을 동원한 것은 공산주의자들이었지만 46년 가을의 그들의 패배와 몰락 이후 농민을 동원한 것은 정부수립 후의 이승만과 조봉암이었다. 민국당의 음모로 농림부장관에서 축출된 뒤에도 조봉암은, 의회의 토론과정에서도 종종 확인하였듯, 문제의 핵심을 가장 정확하게 인식하고 있었으며 다른 의원들보다 폭넓은 지식과 거시적인 역사의식, 빈틈없는 논리로 개혁을 관철해 내었다. 현대 한국의 구조적 틀을 놓는 데 있어 다른 몇 가지 주요 사건들과 함께 토지개혁이 중심에 놓여야 하듯 그것의 가운데에는, 이승만과 함께 조봉암이 놓여야 할 것이다. 거시적으로 사회를 볼수록, 그리고 사회경제구조의 변화와 정치의 변화를 함께 볼수록 이 잊혀진 인물의 선구성은 더욱 선명하게 되살아난다.

끝으로 공산주의세력의 존재를 빼놓을 수 없다. 우리는 남한의 모든 정치세력들이 토지개혁을 실시해야 할 이유로서 북한공산체제의 존재, 그들의 침투저지를 들고 있음을 자주 목도하였다. 그것은 김성수와 같은 지주 역시 마찬가지였다. 공산주의는 이미 그 존재만으로서도 남한 토지개혁의 정도와 방식, 속도를 결정해 주는 역할을 하였던 것이다. 거셴크론(Alexander Gerschenkron)이 말하는 '후진성의 이점' 또는 '빌어온 기술'[129]의 문제의식이 짧은 사회경제적 변화에도 적용될 수 있다면 필자는 그 사례를 남북한의 토지개혁에서 찾을 수 있다고 생각한다. 물론 북한의 영향은 지금까지의 일반적 인식과는 달리 복합적이었다. 그동안의 해석은, 북한의 급진적인 무상몰수 무상분배 방식의 영향은 남한의 토지개혁을 개혁적 방향으로만 강제하였다는 데에 초점이 놓여 있었으나 실제의 영향은 이중적이었다. 즉, 1945년에서 48년까지의 공산주의의 강력한 저항, 그리고 49~50년에도 근절되지 않은 그들의 투쟁과 북한의 위협이 남한 토지개혁에 끼친 영향은 두 방향에서 동시에 주어졌다. 그것은 개혁을 촉진하는 일방 급진개혁방식을 배제하게 하는 이중의 영향을 끼쳤던 것이다.

우리는 조봉암의 입에서 무상몰수 무상분배의 실제를 알고 이를 비판하는 것을 읽은 바 있다. 농민의 입장을 대변하며 지주를 공격하던 신문들조차 토지개혁에 대한 기획기사를 낼 때면 "농민도 살고 지주도 살자"는 구호를 내세우고, 또 지주들로 하여금 모든 것을 완전히 박탈하는 것이 아니라는 점을 여러 번 강조하는 것을 볼 수 있었다. 김포의 소작인 노상길 역시 무상분배를 원치 않고 있음을 밝히고 있다. 북한의 경험은 그들이 채택한 무상몰수 무상분배 방식을 남한이 폐기토록 하는 데도 도움을 주었던 것이다. 조봉암까지도 무상몰수 무상분배 제도의 현물세제가 갖고 있는 허구성에 대해서 상세히 알고 있었다. 그렇다면 북한의 토지개혁이 일방적으로 개혁을 촉진하였다는 전통적 해석은 지양되어야 할 것으로 보인다.

또한 북한과 좌파의 영향만이 결정요소도 아니었다. 남한리더십의 기여는 다음의 진술의 범위만큼 주어질 수 있다. 무어는 다음과 같은 점을 지적하여 우리로 하여금, 한국의 토지개혁에서도 내부적 요인이 결코 작지 않았으며, 또한 한국의 농민들이 보수적 근대화의 실질적인 혜택을 입은 계층이라는 두 가지 점을 인지할 수 있도록 안내한다.

> 외부로부터의 위협, 그것은 때로는 실재했고 때로는 가공의 것이었으

---

129) Alexander Gerschenkron, *Economic Backwardness in Historical Perspective* (Cambridge: Belknap Press, 1962), pp. 8, 41~42.

며 때로는 비스마르크의 경우처럼 내부적 목적을 위해 고의로 조작한 것이었으나 그것이 없었다면 지주이익집단은 (근대화의) 전과정을 위태롭게 했을 것이다. 그러나 이러한 행위를 설명하는 모든 비중을 외부의 위협에만 두는 것은 불가능할 것이다. 물질적 및 기타의 보상은 꽤 실질적이었다. 상당한 경제성장을 이룩한 곳에서는 '사회정책'을 최초로 고안해 낸 독일처럼 공장노동자들도 꽤 큰 혜택을 받을 수 있었다.[130]

우리가 특히 주목하여야 할 점은 남한과 북한의 토지개혁이 공히 농민의 이익을 반영한 이행이었다는 점이다. 북한의 이행은 농민을, 남한의 이행은 지주의 이익을 일방적으로 보장한 이행이었다고 말하는 것은 과도한 이념적 편향의 소산이 아닐 수 없다. 남한의 경우 위로부터의 이행이었을지라도 그것을 주도한 국가는 지주만의 편이지는 않았다. 북한 역시 위로부터의 이행이었다. 오랫동안의 핵심적 사회제도인 지주제는 남한과 북한 모두에서 철폐되었다. 남북 모두 똑같이 국가주도의 위로부터의 이행이었다. 북한은 혁명적, 단절적 방식을 택했고 남한은 개혁적, 점진적 방식을 채택하였다는 차이가 있었다. 농민의 참여 역시 그곳에서 더 높았다.

지주와 농민의 배타적 이익보장에 관한 논쟁은 이제 불필요해 보인다. 종속적 이행이었느냐 자주적 이행이었느냐는 문제는 더욱 불필요해 보인다. 개혁 주체의 결정권에 비추어볼 때, 소련군이 진주하여 그들의 무력이 점령하고 있는 상태에서 그들의 지시 속에 진행된 북한보다는, 비록 미국이 만들어놓은 틀 속에서였으나 주요 정책을 남한정부가 결정하여 추진한 남한의 토지개혁이 더 주체적이었다. 토지개혁의 결과 농민은 전통적인 후원-수혜(*patron-client*)의 관계, 지배-피지배의 강고한 고리를 맺고 있던 지주와의 수세기에 걸친 관계를 단절하고 직접 국가와 대면하였다. 이 단절은 조선왕조와 식민시대를 이어 지속되어 오던 가장 핵심적인 통치메커니즘이 붕괴되었음을 의미한다. 한국의 역사에

130) Barrington Moore, Jr., *Social Origins*, pp. 440~441.

서 이는 처음이었다. 지방에서 권력주체였던 지주는 사실상의 거점적 지방정부기능을 상실했다. 제프리 페이지(Jeffery M. Paige)는 제3세계 농민혁명에 대한 방대한 비교연구에서 지주와 농민의 소득원이 모두 토지일 경우, 농민이 행동을 취할 때 그들의 경제적 지위를 상승시키는 유일한 방법은 지주의 토지를 점유하는 방법이며, 그렇게 되었을 때 농촌의 계급구조는 파괴되고 상층지주계급의 정치권력은 종식된다고 말한다.[131] 한국의 경우는 이 사례에 해당한다.

토지개혁 이전 식민시기 지주와 농민의 소득원은 모두 토지였고, 토지개혁이 진행되면서 농촌의 계급구조는 파괴되었고 상층지주계급의 권력은 종식되어 갔다. 국가와 농민 사이에 매개는 사라졌고, 그만큼 국가와 농민 양자 모두에 대한 지주의 영향력은 동시에 소멸하였다. 농촌의 권력관계는, 해방의 해인 1945년이나 봉기의 해인 1946년이 아니라 토지개혁의 해인 1949~50년에 가서야 변화되었던 것이다. 이것이야말로 구조적인 변화로써, 전통적인 경제적 지배구조의 해체라는 점에서는, 전근대와 근대를 가르는 한 준거일 수도 있었다. 그것은 사실상 부르주아지 없는 부르주아지혁명이었다고 할 수 있을 것이다. 그렇다면, 남한에서는 미국과 국가가 서구의 부르주아와 같은 역할을 하였다고 할 수 있을 것이다.[132] 공산혁명에 대한 예방혁명의식 또는 친일계급 존속에 따른 정통성 불안의 해소 때문에 더욱 적극적으로 토지지급에 치중한 결과였다. 강정구가 지적하듯 남한에서의 국가의 공식적인 토지개혁은 시민사회내에서 진행중인 토지개혁의 혁명적 경향이 파괴된 후 사후적으로 추진한 것이었다.[133]

1950년 4월 무초 주한미대사는 "한국인의 80%를 구성하고 있는 농민은 강력한 안정요소(*a strong element of stability*)를 형성하고 있다"[134]고

---

131) Jeffrey M. Paige, *Agrarian Revolution — Social Movements and Export Agriculture in the Underdeveloped World* (New York: Free Press, 1975), p. 45.

132) 신병식, "한국의 토지개혁에 관한 정치경제적 연구," pp. 294, 329~334.

133) 강정구, 《좌절된 사회혁명 — 미군정하의 남한·필리핀과 북한연구》(서울: 열음사, 1989), p. 396.

보고하고 있었다. 이것은 CIA, KMAG G-2 등 다른 주한미국기관들도 마찬가지였다. 1945년과 비교해 볼 때 이는 가장 뚜렷한 역전이었다. 하지의 정치고문 베닝호프(H. Merrell Benninghoff)는 1945년 9월 15일 국무장관에게 "남한은 무엇보다도 불꽃을 튀기기만 하면 즉시 폭발할 준비가 되어 있는 화약통(*powder keg*)이라고 묘사할 수 있습니다"135)라고 보고한 바 있다.

이러한 인식은 진주당시 미국의 보편적인 인식이었다. 이미 진주 전에 미국은 45년 6월에 일제하 토지관계, 경제문제, 정치문제를 분석한 뒤 "한국의 경제적 정치적 상황은 공산주의이념을 수용하기에 알맞게 되어 있고, 비록 보통 한국인들이 소련에 대해 호의를 갖고 있지는 않지만 소련의 후원을 받는 사회주의정권의 정책과 활동은 한국에서 쉬이 민중적 지지를 받을 것"136)으로 진단하고 있었다. 또한 진주 뒤 2개월간의 상황을 체험한 뒤 하지는 더 직접적으로 11월 2일 맥아더에게 "공산주의자들의 활동은 적극적 행동이 취해지지 않는 한 지배를 획득할 지점에 도달하고 있습니다"137)라고 보고하고 있었다. 1945년 11월 좌파는 미국이 보기에도 거의 지배를 획득할 지점에까지 육박하였던 것이다. 1945년 6월, 9월, 11월의 보고가 거의 일치하고 있는 것이다.

그러나 50년 4월의 보고는 정반대였다. 즉, 한국의 농민들은 혁명을 포기했던 것이다. 결국 토지개혁은 혁명의 대체물이었다. 그것은 헌팅턴이 말하는 '대체물로서의 개혁'(*reform as a substitute*)이라고 할 수 있었다.138) 라스웰(Harold Lasswell)과 카플란(Morton Kaplan)이 지적하였

---

134) "Memorandum by Mr. W. G. Hacker of the Bureau of Far Eastern Affairs—Interdepartmental Meeting on the Far East," *FRUS 1950*, Vol. Ⅶ, p. 49.

135) "The Political Adviser in Korea(Benninghoff) to the Secretary of State," *FRUS 1945*, Vol. Ⅵ, p. 1049.

136) "Policy Paper Prepared in the Department of State"(Jun. 22, 1945), *FRUS 1945*, Vol. Ⅵ, p. 563.

137) "Lieutenant General John R. Hodge to General of the Army Douglas MacArthur, at Tokyo"(Nov. 2, 1945), *FRUS 1945*, Vol. Ⅵ, p. 1106.

듯 실질적 개혁은 정치사회적 혁명을 위한 대체물의 기능을 수행한다. 또는 프리드리히(Carl J. Friedrich)의 말처럼 많은 작은 혁명들은 보다 큰 혁명을 저지하는 역할을 수행한다. 따라서 혁명을 반드시 불가피한 것이라고 여길 필요는 없다. 한국에서 토지개혁은 공산주의의 개입가능성과 영향력을 축소시켰고, 따라서 그것은 혁명의 가능성을 현저히 줄였다. 말을 바꾸면 토지개혁은 보수화효과와 체제의 안정화효과를 갖고 있는 것이다. 농민을 혁명으로부터 떼어내는 가장 효과적인 방법은 개혁이었던 것이다.

만약에 우리가 분단과 그에 따른 대쌍관계동학(對雙關係動學), 국가형성의 과정에서의 시민사회의 패배에 따른 과대성장국가[139]의 등장, 방대한 억압적 국가기구와 강제력에 기반한 강한 국가의 지속, 그리고 미국의 범위[140] 및 좌파의 위협이라는 구조적 요인들을 무시한 채 이를 오직 체제에 대한 능동적인 지지만으로 연결하려는 해석의 위험을 피할 수 있다면 우리는 반공주의라는 대항이념에 의해 실제역할을 행사하는 자유민주주의이념을 제외하고는 이승만체제가 농민들에게 자신의 헤게모니를 침투시키고 행사하며 동의를 추출한 방법은 바로 토지개혁을 통해서였다고 진술할 수 있다.

토지개혁을 통한 헤게모니지배의 획득, 그람시의 표현을 빌리자면 '강제는 동의와 결합했던 것'이다.[141] 이 결합은 전간기 이승만체제의 가장 큰 성과로 기록될 만했다.

---

138) 이하의 논의는 Samuel Huntington, *Political Order*, pp. 362~380을 참조.

139) Hamza Alavi, "The State in Post-colonial Societies: Pakistan and Bangladesh," in Harry Goulbourne(ed.), *Politics and State in the Third World* (Hongkong: Macmillan Press, 1979), pp. 38~69.

140) 이에 대해서는 다음 장을 참조하라.

141) Christine Buci-Glucksmann, *Gramsci and the State*, David Fernbach (trnas.) (London: Lawrence and Wishart, 1980), p. 319.

제 10 장

'미국의 범위'와 한미관계

미국의 대한정책(對韓政策)과 한국전쟁의 기원 및 발발과는 어떠한 관계가 있을까? 한국전쟁은 미국이 유도하였는가, 아닌가? 이 물음은 참으로 오래된 질문이고, 이 주제를 연구하는 학자들은 모두 하나씩의 견해를 갖고 있는 가장 미로적인 화두였다. 그러나 한국전쟁을 둘러싼 주제 중 미국의 대한정책만큼 많이 연구되고 논쟁적이었던 주제도 없다.

모든 연구를 통틀어 가장 치밀하고 방대한 한국전쟁 연구라고 할 수 있는 커밍스의 저작 역시 전체 내용의 절반 이상이 미국의 외교정책을 해명하는 데 바쳐지고 있다.[1] 스톤이 제기한 한국전쟁을 둘러싼 논쟁의 최초의 출발 역시 미국의 대한정책을 어떻게 볼 것인가의 문제였다. 전쟁의 시작후 봇물처럼 터진 미국 내의 논란은 소련이 좋으냐 나쁘냐가 아니라 미국이 이 전쟁을 알았냐 몰랐냐, 유도했느냐 아니냐의 문제였다. 최초에 이 의문은 한국에 대한 정보 실패를 추궁하는 우파에 의해

1) 식민시기와 종전 직후를 다루었기 때문에 제 1 권은 그렇지 않지만 본격적으로 한국전쟁을 다루는 제 2 권의 경우 전체의 약 절반이 미국외교정책의 분석에 바쳐지고 있다. 이 책은 책 전체의 서론의 제목이 아예 "미국외교정책의 방법과 이론의 성찰"이다. Bruce Cumings, *Origins*, Vol. 2, pp. 3~32.

제기되었으나 나중에는 좌파가—정보 실패가 아니라 음모라고— 항상 불러내는 학문적 단골항목이 되었다.

전쟁 직전의 미국의 대한정책 또는 남한의 대북정책을 해명하는 문제는 결국 유도의 문제를 해명하는 것으로서, 전쟁을 결정한 주체들이 미국의 개입문제를 가장 고민하였다는 점은 역으로 한국전쟁의 기원을 정확하게 규명하기 위해서는 유도 여부의 문제를 제대로 규명해야 한다는 것을 의미한다. 따라서 이것은 동일한 하나의 문제를 뒤집어서 보는 것에 불과하다. 미국과 소련, 남한과 북한, 모스크바-북경-평양, 워싱턴-동경-서울 중 어느 한쪽만을 배타적으로 보아서는 그들이 함께 얽혀 발생한 전쟁의 기원은 결코 해명되지 않는다.

여기에서 다루어져야 할 핵심적인 문제는 세 가지이다. 하나는 유명한 애치슨 연설과 한국전쟁 발발과의 관련성 여부이고, 다른 하나는 미국의 대한원조의 문제이며, 마지막 세 번째는 당시에 난무하던 전쟁의 발발 소문과 정보에 대한 한-미의 인식, 즉 사전인지 여부와 대처의 문제이다. 이 세 가지는 전부 고의 유도의 문제, 또는 방임의 문제와 직접 관련이 있다. 즉 한국전쟁의 기원 및 발발과 불가분의 관계에 있는 주제들이다.

가장 많이 연구되었음에도 이들을 둘러싼 논쟁은 전후 50년이 가까워 오는데도 끝나지 않았다. 그동안은 대립적인 두 관점, 즉 친미냐 반미냐, 또는 제국주의냐 자유수호냐와 같은 공유영역 없는 대립시각 사이에서 하나의 선택만이 가능하였다. 다른 대안적 해석이 존재할 이념적 학문적 공간은 주어지지 않았다. 그러나 한미관계와 그를 둘러싼 이승만 및 미국의 정책을 접근함에 있어 이러한 양자택일적인 시각은 이제 지양되어야 할 것이다. 전쟁 전의 미국의 대한정책이 어떤 하나로 단순화될 수 있는 것은 아니다. 그런 점에서 당시의 미국과 남한의 이해의 일치와 갈등의 영역을 설정하고 밝히는 작업은 매우 중요하다. 이들은 어떤 점에서 일치하였고 어떤 점에서 갈등하였는가? 이는 48년질서에서의 미국의 대한정책, 남한국가의 성격을 밝히는 작업이 될 것이며 또한 한국전쟁의 기원과 성격의 한 부분을 해명하는 것이 될 것이다.

1. '미국의 범위' : 한미관계의 본질

1) 미국의 범위 : 개념과 내용

우리는 이 절을 전쟁중의 미국무성 동북아국장의 다음 진술로 시작하려 한다. 이 진술은 전쟁 이전의 한미관계를 이해하는 데서도 중요한 지침을 제공한다.

> (한국에 대한) 개입의 정당성은 2차 세계대전의 종전 이후 미국과 한국, 유엔 사이의 긴밀하고 특수한 관계에서 연유한다. 이 관계는 그동안 너무 깊이 얽혀와 우리는 한국의 과거와 미래에 대한 모든 책임으로부터 결코 자유로울 수 없다. 우리는 한국에서 발생하는 어떠한 일에도 연루되어 있다.[2)]

가장 먼저 지적되어야 할 점은 1948년 남한체제의 등장이 미국정책의 산물이었다는 점일 것이다. 따라서 한미관계를 대등한 쌍방관계로 볼 수는 없었다. 미국은 1945년 9월 한반도의 38선 남부를 점령한 이래 남한좌파의 저항을 제압하고 자본주의 경제체제와 자유민주주의 정치제도를 외형으로 갖는 국가를 수립하는 데 성공하였다. 미국의 입장에서 남한국가의 수립은 이상적 점령목표의 최소값과 현실적 점령정책의 최대값으로 표현할 수 있는 것이었다.

시장과 선거가 남한체제의 외면적 형태를 특징짓는 두 제도적 기축이었다. 그러나 이 두 요소는 제도와 관행, 그리고 말과 실제 사이에 커다란 간극을 보였다. 제임스 팔레(James Palais)가 지적하는 대로 "1948년에 민주공화국의 모든 외장을 갖추고 출발하였으나 한국정치의 실제는

---

2) "Memorandum by the Director of the Office of Northeast Asian Affairs (Young) to the Assistant Secretary of State for Far Eastern Affairs (Allison)"(1952. 6. 13), *FRUS, 1952~54*, Vol. 15, Korea, pp. 328~337.

빌려온 제도와 상당한 괴리가 있었다."[3] 그러나 원칙의 도입과 원칙의 준수는 다른 문제였다. 다른 말로 하여 제도의 도입과 도입된 제도의 정상적인 기능의 문제는 수준이 다른 것이었다. 제도의 최초 도입 자체는 이미 어떤 기본적 틀을 설정하는 역할을 하지 않을 수 없다. 체제 자체의 외양을 설정하는 문제와 등장한 제도를 운용하는 것은 다른 차원의 문제라는 점을 전제하지 않는다면 제도의 창설자 미국과 그 산물인 남한국가의 균열을 이해하기는 어렵다.

국가형성시기의 핵심문제는 체제의 선택 문제였다. 곧 "어떤 체제를 선택할 것인가?"의 문제였다. 1945년에서 48년은 말할 필요도 없고 전 간기에도 체제의 기본성격을 둘러싼 갈등은 존재할 수 없었다. 때문에 한미간에 가능한 균열은 체제의 운용수준의 갈등이었다. 미국이 허용할 수 있었던 것은 체제운용의 문제였지 체제선택의 문제는 아니었다. 반대로 남한국가가 추구했던 것은 미국영역 내에서의 이익과 자율성이었지 그 영역으로부터 벗어나는 것은 아니었다. 이탈은 상상할 수 없었다. 미국의 영역을 벗어난다는 것은 생존 자체를 불가능하게 할 뿐만 아니라 45년에서 48년까지의 모든 투쟁을 무화(無化)시키는 선택이기 때문이었다.

반대로 남한국가를 미제의 괴뢰로서 단순화시킬 수도 없었다. 북한은 전쟁을 일으킬 때는 물론 그후로도 오랫동안 이러한 주장을 해왔다. 학문적으로 이러한 설명은 미국과 남한의 관계에 대해 도식적인 구조결정론을 채택할 때만 가능하다. 과연 남한은 미국의 단순한 괴뢰였을까? 그렇지 않았다. 1948년 국가수립이 가지는 의미의 하나는 미군의 점령이 끝남으로써 미국은 직접적으로 자신들의 정책을 행사할 수는 없게 되었다는 점이었다. 미국의 의도와 정책이 관철되는 방식은 이제 한국의 국가를 통해서만 가능하였고 그 과정에서 양자 사이의 균열은 피할 수 없었다.

---

3) James Palais, "'Democracy' in South Korea : 1945~1972," in Frank Baldwin (ed.), *Without Parallel — The American Korean Relationship Since 1945* (New York: Pantheon Books, 1973), p. 318.

48년질서하에서의 미국의 대한정책과 한미균열을 객관적으로 이해하기 위해서는 다음과 같은 하나의 새로운 설명틀을 설정해야 할 것 같다. '미국의 범위'(*American Boundary*)라는 개념으로서 먼저 개념의 내용을 도해하면 〈그림 10-1〉과 같다.

〈그림 10-1〉에서 미국의 범위는 Ⅰ′과 Ⅱ′의 사이, 곧 C영역을 말한다. Ⅰ′과 Ⅱ′는 미국의 받아들일 수 있는 한계의 상한(*upper boundary*)과 하한을 말한다. 미국의 대한정책은 탈식민 개혁조치를 취하더라도 그것이 미국의 허용치를 넘어 한국의 좌파의 요구에 접근하는 수준은 아니었다. 반면에 현상유지 또는 권위주의적 통치를 수용하더라도 그것이 민중의 밑으로부터의 반란을 유발하여 체제 자체의 붕괴를 초래하거나 파시스트 독재로 제도화되는 수준까지는 아니었다. 곧 미국은 좌파 공산체제와 우파 파시스트체제의 제도화를 둘 다 거부하는 정책을 견지하였다. 따라서 남한의 집권세력이든 반대세력이든 미국의 범위 Ⅰ과 Ⅱ는 48년질서시기 동안 '넘을 수 없는 한계'로 존재하였다.

미국 대한정책의 이와 같은 범위와 그 안에서의 운동은, 카츠넬슨(Ira Katznelson)과 프레위트(Kenneth Prewitt)가 날카롭게 지적한 바 있는 미국국가가 갖고 있는 중범위적 특성으로 인하여 나타나는 외교정책

〈그림 10-1〉 '미국의 범위'와 한미균열구조 Ⅰ

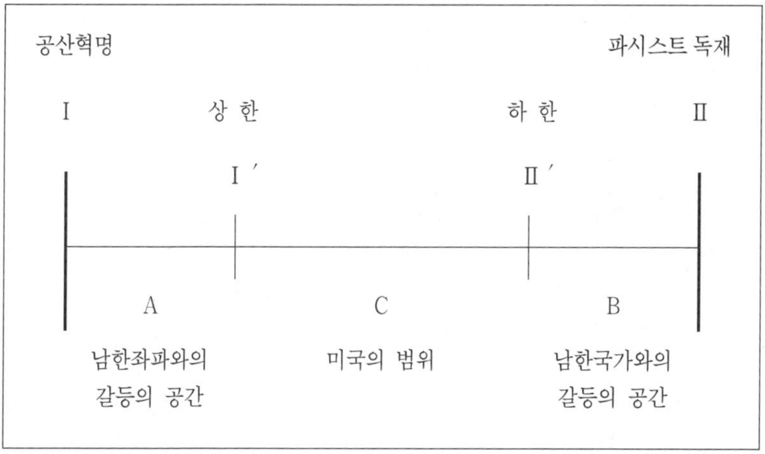

의 반복되는 진폭(振幅)을 반영한 것이었다.4) 마치 진자운동과 같은 패턴을 보여주는 이러한 기본특성을 반영하여 냉전시대 미국의 제3세계 외교는 다원적 민주주의를 발전시키는 한편 사회혁명을 저지하고 억압적 세력을 후원하기도 하였던 것이다.5) 대한정책에서 미국의 범위는, 국가형성과 한국전쟁 전후시기만이 아니라, 전냉전시기에 걸쳐 관철되었다. 한국이 공산주의와 최전방에서 대립하고 있다는 이유로 미국의 범위는 다른 어떤 나라에 대해서보다도 분명하게 표출되었다.

냉전시기 동안의 미국외교정책의 본질은 한국의 사례에서 가장 잘 파악할 수 있다. 즉 대한정책에서 나타난 미국외교정책의 특징은 냉전시기 미국외교의 일반적 성격이라 불러 부족함이 없을 것이다. 그곳에서 미국은 독재의 보장자이자 민주주의의 후원자였다. 전쟁시기 동안 이승만체제가 극도의 독재체제로 치닫자 미국은 구체적인 이승만 제거계획을 세우고 실행하려 하였다. 전선이 안정되자 이승만체제는 모든 민주질서를 압살하는 전시파시즘체제로 치달았다. 또한 그는 휴전회담을 강경하게 반대하며 전쟁을 지속하려 시도하였다. 이에 미국은 구체적이고도 반복적으로 수차에 걸쳐 이승만 제거계획을 세웠으나 결국 실행하지는 않았다. 대내통제와 대북경쟁에서 아직 이승만을 대체할 인물을 찾지 못하였기 때문이었다.6)

1960년의 4월혁명 직전에도 미국은 최후까지 이승만정부의 유지에

---

4) Ira Katznelson and Kenneth Prewitt, "Constitutionalism, Class, and the Limits of Choice in U.S. Foreign Policy," in Richard R. Fagen (ed.), *Capitalism and the U.S.—Latin American Relations* (Stanford: Stanford Univ. Press, 1979), pp. 25~40.

5) 이삼성, 《미래의 역사에서 미국은 희망인가》(서울: 당대, 1995), pp. 94~95.

6) 전시와 전쟁 직후 미국의 이승만 제거계획에 대해서는 홍석률, "한국전쟁 직후 미국의 이승만 제거계획," 《역사비평》 26호(1994 가을), pp. 138~169; 라종일, "1952년의 정치파동," 《끝나지 않은 전쟁》, pp. 185~203; 박명림, "한국전쟁," 《한국사 17권 — 분단구조의 정착》(서울: 한길사, 1994), pp. 373~397을 참조하라. 홍석률의 연구는 이 문제에 대해서만 배타적 관심을 기울인 가장 상세한 논문으로 보인다.

골몰하다가 나중에는 비밀리에 야당쪽으로 선회하였었다. 그러나 4월혁명 후 등장한 2공화국 정부가 질서의 유지에 무능하고 학생들의 급진적 통일운동이 체제를 위협하자, 최근에 공개된 한미간의 비밀외교문서들이 보여주고 있듯, 미국은 박정희가 주도하는 쿠데타를 묵인하여 군사 권위주의 정부의 등장을 도와주었다.[7] 군사쿠데타에 대한 표면적인 반대 언급은 진정한 정책이 아니었던 것이다. 박정희의 암살과 서울의 봄, 광주항쟁, 군사쿠데타를 포함하는 1979~80년의 격변에서 미국의 범위는 더욱 뚜렷하게 관철되었다. 민주화의 흐름을 역전시키려 기도한 전두환이 이끄는 신군부의 12·12쿠데타에 대해 미국은 쿠데타가 아니라면서 반란사태를 인정하였고 반란의 주동자들과 관계를 정상화시키려 노력하였다. 쿠데타라고 규정했던 글라이스틴 대사의 최초의 보고는 곧 "몸이 지친 상태에서 부주의하게 나온 표현"으로 정정되었다. 민주주의를 지지한다고 주장해온 미국의 이 모든 정책들은 명백히 한국민들의 강렬한 민주화 요구를 저지하는 방향을 띤 것들이었다. 비극적인 1980년의 광주학살 때도 미국은 쿠데타세력의 학살을 방조, 승인하였다. 그것은 공모(共謀)에 가까운 것이었다.[8] 그들은 민중을 탄압하기 위한 군대의 투입을 상세하게 알고 있었을 뿐만 아니라 반대하지도 저지하지도 않았다.[9]

1987년 독재에 대한 전국적인 민중항쟁으로 전두환체제가 위기에 처했을 때 역시 미국은 한국의 사태에 구체적으로 언급하며 개입하였고 수차례에 걸쳐 직접 극동담당 고위관계자들을 파견하여 사태를 자기들

---

7) 《동아일보》, 《한겨레신문》 1996년 2월 16일.

8) 이러한 내용을 담고 있는 비밀문건들은 다음에 상세하게 실려 있다. 팀 샤록, "미국, 광주학살 방조·승인했다," 팀 샤록·김재일, "12·12는 쿠데타 아니다. 신군부와 밀착하라," 《시사저널》 332호(1996년 3월 7일), pp. 26~37 ; 333호(3월 14일), pp. 26~35 ; 334호(3월 21일), pp. 26~32 ; "미국무부 한국 극비문서 공개," 《한겨레 21》 102호(1996년 4월 4일), pp. 8~20 ; 106호(5월 2일), pp. 72~84.

9) 광주학살과 미국의 역할에 대해서는 이삼성, 《미국의 대한정책과 한국민족주의》(서울: 한길사, 1993), pp. 23~224, 특히 23~51, 129~176을 참조하라.

이 원하는 방향으로 조정하려 노력하였다. 미국은 공식성명을 통하여 정부와 민주세력 모두에게 양보를 촉구하며 군부개입과 민중혁명을 모두 저지하려 노력하였다. 정부에는 가시적인 민주화조치를 촉구하며, 마치 전간기와 같은 정치 경제적 압력을 행사하려 하였고, 민주세력에는 폭력투쟁을 중단하고 정부와 타협할 것을 촉구하였다.[10] 지금까지의 방식이었던 사후승인 또는 사전개입을 통한 독자적 선택에서 양자의 사전타협을 촉구한 최초의 사례였다. 미국의 범위는 특히 독재와 민중항쟁의 결정적 순간에 작용하여 자신들이 정한 범위 내에서 양자의 타협을 유도하여 사태의 연착륙(*soft landing*)을 기도하는 것이었다. 요컨대 미국은 이승만, 박정희, 전두환 시기를 거치며 민주화조치를 촉구하면서도 반공권위주의체제의 등장과 유지의 기본 후원자였고, 반면 반공권위주의체제를 후원하면서도 민주주의를 실현하도록 압박한 압력자였다.[11]

미국의 범위는 점령 3년 동안에 형성된 것이었다. 이는 전간기에도 어김없이 관철되었다. 1940년대 후반 미국은 공산주의와의 대결에서 내부적 안정과 밑으로부터의 요구의 제한적 수용을 통해 공산주의의 침투와 확산을 저지하는 것이 매우 중요하다는 사실을 잘 알고 있었다. 특히 같은 아시아권 내에서 한국과 유사하게 공산주의의 도전에 직면하여 공산화를 허용한 중국의 사례야말로 가장 훌륭한 반면교사였다. 중국혁명은 한국문제와 한국전쟁을 둘러싼 조건에서 결정적인 전환점이었다. 1949년 발간된 《중국백서》의 서문에서 애치슨은 대중국정책을 총평하면서 트루먼에게 다음과 같이 보고하고 있다.

---

10) 《동아일보》 1987년 3월 9일, 4월 14일, 6월 20, 22, 26일 ; 《조선일보》 1987년 6월 12일 ; 《한국일보》 1987년 6월 24일.

11) '미국의 범위' 개념으로 전후 한미관계를 총괄한 내용에 대해서는 박명림, "'미국의 범위'와 한미관계, 1945~1995 : 냉전시기 미국 외교정책의 본질"(미출간 원고, 1995) 참조.

중국 국민당정부의 패배의 이유들은… 미국 원조의 불충분과는 아무런 관계도 없습니다. 전투현장의 미국 관측통들은 1948년의 그 결정적 한햇동안에 국민당군대가 무기나 탄약의 부족 때문에 진 전투는 단 한 번도 없었다는 사실을 보고하고 있습니다. 사실인즉 전쟁초에 이미 중경에서 미국 관측통들이 보아왔던 부패가 국민당의 저항역량을 치명적으로 병들게 한 것입니다. 국민당정부의 지도자들은 그들이 직면한 위기를 대처할 만한 능력이 전혀 없었다는 것, 그 군대는 싸울 마음을 잃어버렸다는 것, 그리고 그 정부는 인민의 지지를 상실했다는 사실들이 입증된 것입니다.

그와는 반대로 공산주의세력은 무자비한 규율과 광신적이라 할 만한 열성으로써 그들이야말로 인민의 수호자요 해방자라고 믿게 하였습니다. 국민당정부 군대는 '무찔러질' 필요가 없었습니다. 그것은 간단하게 자체 붕괴해 버렸습니다. 자고로 역사는 스스로 자신을 갖지 못하는 정권과 사기가 엉망인 군대는 투쟁이라는 시련을 살아 남을 수 없다는 실례를 너무나도 많이 보여주었습니다(강조는 원문 그대로).[12]

중국을 상실한 데 대한 변명이 들어 있음에도 불구하고 미국의 대중정책을 말하는 애치슨의 보고에는 대한정책과 한미균열의 핵심의제들이 숨어 있다. 미국에 있어 남한은 또 하나의 중국이거나 작은 중국으로 보였다. 48년질서에서 미국이 가장 우려했던 것은 국부의 경우에서처럼 이승만체제가 우익파시스트독재와 부패·무능으로 치달아 최소한의 민주적 제도를 파괴하고, 반동으로 선회하여 탈식민 개혁조치들을 취하지 않아서 궁극적으로 공산혁명을 초래할 토양을 배양하는 것이었다. 〈그림 10-1〉의 좌선한계(左線限界)로는 좌파혁명적 요구와 가능성을 차단하고 우선한계(右線限界)로는 파시즘적 요구와 가능성을 차단하여 일정한 범위 안에서 자본주의적, 민주주의적 외양을 가지면서 자생력을 갖는 체제를 창출해내는 것이 전간기 미국의 대한정책의 본질이었다.

---

12) U. S. Department of State, *United States Relations With China: With Special Reference to the Period 1944~1949* (1949), 이영희 역, 《중국백서》(서울: 전예원, 1982), pp. 27~28.

1945년에서 48년까지의 3년간 미국은 좌파혁명적 요구와 가능성의 차단에 주력하였다. 질서의 주조(鑄造)시기라고 할 수 있는 이 기간 동안 좌파를 몰아낸 힘의 원천은 미국으로부터 나왔다. 우파의 결집을 가능케 하였던 계기 역시 1945년 9월 미군의 진주였다. 미군은 좌파가 장악한 초기 지형을 서서히, 그러나 확실하게 역전시켜 나갔다. 우파는 곧바로 그들의 동맹세력이 되었다. 이를 통해 반혁명정책을 수행하였다. 그러나 단독정부의 수립이 확실해진 뒤부터는 이 정부의 자생력을 높이기 위한 구조변화를 통한 개혁정책을 추구하였다. 국내 우파의 저항에도 불구하고 토지개혁을 추진한 것은 대표적인 실례에 속한다.

48년 정부 수립으로 면전의 좌파가 소멸되자 균열의 무대는 재빠르게 전이하였다. 좌파와의 투쟁이 해결의 제일 의제일 때는 갈등할 여유가 주어지지 않았다. 그러나 그들의 도전을 제압하자 미국과 남한은 근본적이고 장기적인 대응을 모색하기 시작하였다. 도전세력의 소멸, 여기에 한미갈등의 본질이 숨어 있었다. 그러나 드러난 사실은 종종 더 깊은 진실의 단지 하나에 불과한 경우가 많다. 좌파의 소멸이 한미갈등을 격화시킨 한편 좌파의 계속적인 위협 역시 한미갈등을 더 부추겼다. 남한에서는 소멸하였지만 38선 넘어 북한의 위협은 더 커졌으면 커졌지 결코 줄어들지도 소멸하지도 않았다.

어떻게 대응할 것인가? 갈등의 진정한 원인은 여기에 있었다. 우선 극단(右線極端)은 좌파의 위협 때문에 받아들여질 수 없었다. 혁명을 예방하기 위해서도 이것은 허용될 수 없었다. 혁명세력으로서의 북한의 존재와 위협이 남한의 민주개혁을 압박하였던 것이다. 미국의 대한정책은 한국을 좀더 민주적인, 다른 말로 하면 이승만이 독재로 흐르지 않고 좀더 의회민주주의적인 체제로 나아가기를 바라는 것이었는데 그 이유는 바로 독재를 함으로써 초래될 좌파혁명의 가능성 때문이었다. 반동세력의 양보 없는 완강한 저항이야말로 혁명의 토양을 제공하는 최량의 자양분이었다.

범위의 이러한 제한은 남한 정치세력들과 갈등을 초래했다. 점령시기 동안의 갈등의 영역은 A였다. 좌파와 투쟁하는 A영역은 미국과 남한우파가 모두 '본질을 건드릴 수 없는' 영역이었다. 이 문제에서 미국과 남한 내 우파와의 근본적 갈등을 발견한다는 것은 불가능하였다. 본질적으로 이는 48년질서시기에도 변하지 않고 지속되었다. 그러나 그 내용은 현저하게 바뀌었다. 점령시기에도 군정과 이승만 및 김구, 한민당 간의 갈등이 없는 것은 아니었다. 탁치문제, 농민항쟁에의 대응, 좌우합작, 좌파처리, 토지개혁을 둘러싸고 미국과 국내 우파세력은 갈등하였었다. 그러나 좌파와의 갈등에 비하면 근본적이지 않았다. 이 시기 미국군정과 한국의 우파는 반좌파연합, 또는 반혁명연합으로서 국가형성을 주도하였다. 해방에서 분단정부 수립까지의 기간 동안 최대의 갈등은 좌파와의 갈등이었으며 정치지형을 Ⅰ에서 Ⅰ′까지로 끌어오는 데 들인 비용이 곧 한국에서의 혼란과 저항의 원인이었다. 그 전이된 넓이만큼이 한국민들의 치른 희생이었다. 48년질서를 창출하는 데 치른 한국 내의 비용은 사실상 Ⅰ과 Ⅰ′사이의 차이에서 발생한 것이었다.

그러나 면전의 좌파의 위협이 소멸하고 분단국가간의 갈등으로 전이하자 48년질서에서의 갈등은 A와 B의 영역에서 동시에 진행되었다. 양면전선이었던 것이다. 둘 중 더 먼저 더 크게 전면으로 등장한 것은 A가 아니라 B였다. 갈등이 다시 A의 영역으로 전화되는 것을 방지하기 위해서라도 남한국가의 정책을 Ⅱ에서 Ⅱ′의 수준으로 끌어내리는 것은 중요했다. 그러나 이것은 단일하고도 분명한 균열의 접점을 갖고 진행된 A영역에서의 갈등보다 더 복합적이었다. 3년간의 점령시기 동안 미국군정은 정책의 실제 결정 및 집행자로서 하위정치세력들을 통제하며 배제하거나 수용하면 되었다. 모든 것은 그들이 직접적으로 구획하면 되었다. 그러나 48년질서시기 동안은 그렇게 할 수 없었다. 미국군정의 시기와 48년질서의 시기가 결정적으로 다른 점은 바로 여기에 있었다.

국가의 창설은 직접적 지배의 종언을 의미했다. 48년질서시기의 남한은 북한과 마찬가지로 국가성이 결여되지 않은 하나의 국민국가였다. 이승만체제는 결코 미국의 괴뢰가 아니었다. 그럼에도 불구하고 이 체제는 제도의 창설자인 미국의 '산물'(*child*)이었기 때문에 미국의 지배적 영향을 받지 않을 수 없었다. 모든 체제는 최초의 발생의 방법과 과정에서 허용된 만큼만 등장후 구조적 정책적 자율의 공간을 갖는다. 우리는 이를 '운신의 폭'이라고 부를 수 있을 것이다. 이승만체제는 미국이 만들어놓은 전체 공간에서 태생한 체제였음에는 의심의 여지가 없었다. 그러나 그 다음은 주어진 공간내의 주체들의 몫이었다. 미국이 근본영역을 설정해 놓았다면 그 영역내에서의 경쟁을 통한 승리나 패배는 참여한 한국민들의 몫이었다.

곧 남한과 북한의 체제등장은 다음과 같은 세 수준의 정치의 다이내믹스의 결과였다. 첫 번째는 미소냉전과 분할점령이었다. 미소의 분할진주는 가장 큰 수준의 범위를 결정한 제일요인이었다. 두 번째는 미국 및 소련의 점령세력과 한국민들의 관계였다. 이 '관계의 동학'에서 또하나의 정치가 존재하였다. 식민시기의 친일이냐 반일이냐의 문제가 한국민 내부의 관계이자, 이 관계를 이용한 식민총독부와 한국민들 간의 관계였던 것처럼. 세 번째는 한국민들간의 정치쟁투였다. 미소의 정책은 각각의 정책에 의해, 즉 워싱턴은 모스크바에 의해, 모스크바는 워싱턴에 의해 큰 영향을 받았지만 그것만이 전부는 아니었다. 그들의 정책은 한국민들의 움직임에 의해서도 커다란 영향을 받았다. 미소의 갈등과 대립을 더 빠르고 더 크게 앞서가는 한국민들간의 갈등은 자주 상황을 더 악화시켰다. 미소가 갈등의 씨앗을 뿌렸다면 그 갈등을 증폭시켜 가능의 영역을 축소시켜 간 사람들은 한국민들 자신이었다. 그들은 갈등을 축소하는 대신 증오를 확대하였다.

48년질서에서는 A영역에서의 갈등조차, 그것이 본질적 한계를 건드리는 수준이 아니라면 미국은 점령시기와는 달리 '남한국가를 통해서' 개입하지 않으면 안 되었다. 그들은 이제 직접 구획하는 데 한계를 갖고 있었다. 위에서 말한 세 수준 중 두 번째 수준의 정치에 근본적인 변화가 온 것이었다. 점령시기와 48년질서시기의 가장 커다란 차이는 여기에 있었다. Ⅰ′을 넘어서 Ⅰ의 수준으로까지 접근하지 않는 한 전면적인 개입은 회피되었다. 구체적 수준에서 '미국의 범위'와 이에 따른 한미균열을 몇 가지의 중심의제를 갖고 살펴보면 〈그림 10-2〉와 같이 나타낼 수 있다.

<그림 10-2> '미국의 범위'와 한미균열구조 II

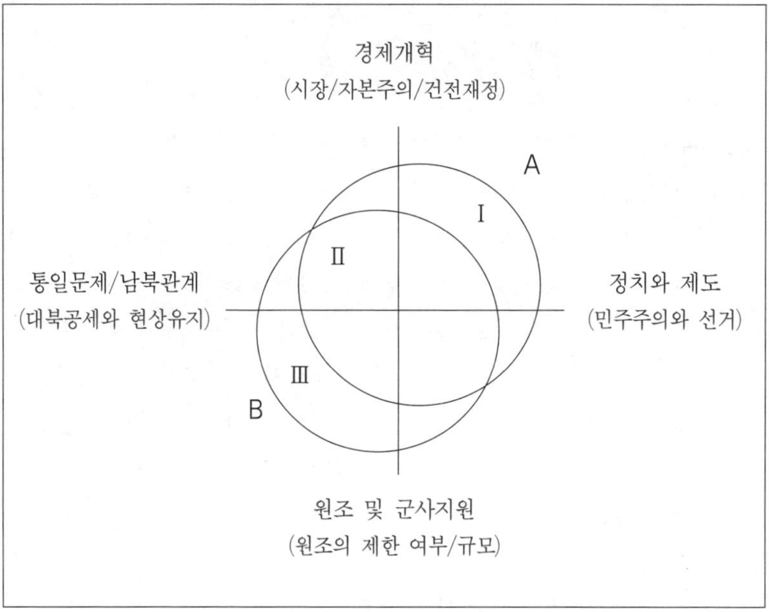

<그림 10-2>에서 원(圓) A는 미국이 추구하는 정책이었고 원 B는 한국의 이승만이 추구하는 정책이었다. 여기서 I은 남한이 받아들이기 어려운 영역이었고 반대로 III은 미국이 받아들이기 어려운 영역이었다. 물론 II는 공통된 영역이었다.

먼저 경제개혁과 건전재정의 문제에 있어 미국은 남한정부에 대해 자본주의 경제원칙이 정상적으로 기능하게 하기 위하여 많은 개혁조치들을 요구하였다. 이것은 이식된 자본주의가 정상적인 발전을 하여 대공경쟁에서 승리, 반공의 보루를 쌓는 물질적 토대를 구축케 하는 문제와 관련된 것이었다. 그들은 만신창이의 남한경제가 개혁을 통하여 소생하지 않으면 중국 국부의 길을 걸을 것이라고 누차 경고하였다. 경제개혁의 목표는 도입된 시장을 제대로 기능하게 하는 데 놓여 있었다. 원조는 중요한 위협수단이었다. 원조는 국가재정의 절대적인 부분을 차지하고 있었다. 따라서 국가재정은 반공국가의 핵심정책을 통제하거나 자율

성을 위해 투쟁하는 맞물린 고리였다. 이승만은 더 많은 재정을 반공과 군사정책에 투입하고자 하였고 미국은 이를 경제재건과 인민의 생활향상, 건전재정의 구축에 투입하라고 압력을 가했다.

미국은 이승만의 지나친 군사주의 경향이 경제를 망치고 있다고 판단하고 지속적으로 원조의 규모와 배분을 통제하여 군사부문에의 유입을 차단하고 경제와 재정의 안정적 구축에 돌리려고 노력하였다. 기본적으로 미국은 군사 및 정치적 상황이 경제적 상황보다 더 중요하게 여겨져서는 안 된다고 여기고 있었다. 또한 미국은 한국정부의 무책임한 재정정책이 지속된다면 궁극적으로는 정부의 붕괴를 가져올 것으로 여기기도 하였다.[13] 이에 미국은 자주 아주 구체적인 정책지침까지 내려보내 이승만 및 남한정부와 심각한 갈등을 일으켰다. 미국은 과도한 군사부문에의 지출로 재정적자, 인플레 등이 심화되자 이를 통제하기 위하여 "미국의 정책지침을 실행에 옮기지 않을 경우 미국은 원조 자체를 재고하고 무초를 소환할 것"까지 검토할 정도였다.[14]

반면에 이승만은 모든 원조를 북한과의 대결에 필요한 군사부문에 집중 투입하려고 하였다. 그에게 거시적인 경제체제의 구축은 공산주의와 면전에서 직면하지 않은 멀리 미국에 앉아 있는 사람들의 편안한 소리로만 들렸다. 그는 이렇게 말하고 있다.

> 현재 우리의 관점에서는 우리들 자신의 국방을 위해 타당한 무기를 충분히 공급받는 것이 경제부흥보다 더 절실하다. 우리 국가의 안전을 보장할 수 있을 때에 우리가 경제나 다른 어떤 것도 재건할 수 있는 것이다. 만일 안전이 확보되지 못한다면 모든 것을 다 가진들 무슨 소용이 있겠는가?[15]

---

13) "The Secretary of State to the Embassy in Korea," *FRUS, 1950*, Vol. Ⅶ, p. 1113.

14) "The Secretary of State to the Korean Ambassador"(Apr. 3, 1950), *FRUS, 1950*, Vol. Ⅶ, pp. 43~44.

15) Robert Oliver, *Syngman Rhee*, p. 249.

그에게는 잘 살 수 있는 제도와 정책의 도입보다는 당장 살아 남는 문제가 더 중요했던 것이다.

민주주의문제에서도 미국은 자유민주주의의 외양을 지키도록 압력을 넣었다. 민주주의의 문제는 남한의 경찰국가적 독재적인 행태와 직접적인 관련이 있었다. 이승만의 억압적 정책에 대한 미국내의 정부와 여론의 공격은 거센 것이었다. 《뉴욕타임스》의 딕 존스톤(Dick Johnston)은 "미국이 한국을 공산당의 수중에 들어가지 않도록 노력을 기울일 필요가 없다"고 주장했다.[16] 그 이유는 독재를 보호할 필요가 없다는 점 때문이었다. 이러한 주장은 미국내에 상당히 강한 것이었다. 미국시민자유연맹(The American Civil Liberties Union)의 로저 볼드윈(Roger Baldwin)은 "공산주의가 위험한 반면에 반동은 더 커다란 위협이 된다. 반동은 공산주의를 키워준다"[17]고 공격하였다. 그는 한국을 방문하고 돌아와서 '공산주의적'이지 않고 단순히 노동조건의 개선을 위해 노력하는 노동자를 정부가 가혹하게 다루고 있다고 공격하였다.

올리버에 따르면 이승만정부가 억압적이라는 공격 때문에 한국에 대한 동정은 약화되어 가고 있었다. 그는 49년 말 이승만에게 편지를 보내 "한국에 대해 비판적인 사람들뿐만 아니라 우호적인 사람들조차 경찰의 행태에 대해서 비판하고 있다"고 보고하였다. 이어서 그는 "끈질긴 비난의 소리에 비추어 시민의 권리는 가능한 한 충분할 정도로 보호되어야 하고 또한 보호되고 있다는 사실을 강조하는 어떤 조치를 취하면 좋을 것 같다"[18]고 권고하였다. 항상 이승만의 정책과 조치를 정당하다고 지지하던 올리버조차 미국내의 비판의 수위를 인지하고 있었던 것이다. 이는 매우 이례적인 것으로서 미국내에서의 한국의 비민주성에 대한 공격의 강도를 느끼게 하는 것이었다.

남한에서의 비민주적인 정부정책은 미국정부의 대한 원조정책에 커다란 영향을 끼쳤을 뿐만 아니라 미국사회의 반남한, 반이승만 분위기를

16) Robert Oliver, *Syngman Rhee*, p. 263.

17) Robert Oliver, *Syngman Rhee*, p. 264.

18) Robert Oliver, *Syngman Rhee*, p. 264.

고조시키고 있었다. 올리버는 국회의원을 대량 체포한 데 대한 워싱턴의 반응에 대해서 49년 7월 1일 서신을 보내 "우리는 모든 것이 잘되어 가는 중이라고 그들을 설득하기에 최선을 다하고 있는데 별안간 좋지 않은 뉴스가 연달아 쏟아져 들어왔다"는 ECA의 존슨(Edgar A. Johnson)의 말을 인용하여 이승만의 강공책을 원망하였다. 미국에서 대한원조를 통과시키기 위해 노력하는 그들은 "의회가 원조법안을 가결할 때까지만이라도 국회의원 체포를 연기시켰더라면 좋았을 것"이라고 제안하였다. 올리버에 따르더라도 "이 대통령은 '독재적'이고 그의 정부는 '억압적'이라는 공격은 계속 문젯거리였다."[19] 라티모어(Owen Lattimore)는 아예 "남한은 차라리 공산당 지배하에 빠져 들어가도록 내버려두는 것이 더 나을 것", "우리의 할 일은 남한이 스스로 망하도록 내버려두는 것이며 마치 우리가 뒤를 밀어주고 있는 것처럼 보이게 해서는 안 된다"고 《데일리뉴스》에 기고하여 남한을 공격하였다.[20]

그러나 이승만은 "남한의 내부약점이 자유세계가 한국국민을 포기할 구실이 되게 할 수 는 없다"고 생각하였다.[21] 그는 자주 이런 말을 하였는데 그가 말하는 약점은 공산주의의 득세였다. 그는 자주 타협주의는 공산주의와의 대결에서 패배한다는 주장을 하였고 그 대표적인 사례는 중국이라면서 미국의 대중(對中)정책을 공격하였다. 이승만은 "민주주의세계 수립을 위해 투쟁한다는 말은 무엇을 의미하였느냐"면서 미국의 타협주의정책이 중국을 상실케 하였다고 공격하였다.[22]

이승만은 미국군정기에도 군정의 유화책이 공산주의의 토양을 배양하고 성장시켰다고 공격하였다. 그에게 공산주의와의 양립, 공존의 인식을 발견한다는 것은 불가능하였다. 이는 식민시기부터 오랫동안의 뿌리를 갖는 불변의 인식이었다. 그는 또한 한국의 비민주성을 공격하는

19) Robert Oliver, *Syngman Rhee*, pp. 234, 245.
20) Robert Oliver, *Syngman Rhee*, p. 245에서 인용.
21) Robert Oliver, *Syngman Rhee*, p. 240.
22) "민주와 공산은 상반된 이념, 중국적화는 용납될 수 없다," 《大統領 李承晚博士 談話集》, p. 11.

데 대해서는 자주 "미국도 초기에는 한국과 같지 않았느냐?"는 식으로 응수하였다. 그러나 독재적 행태에 대한 비판은 단지 여론에 의한 것만이 아니라 미국의 정부공식정책으로서도 전달되었다. 이를테면 이승만이 선거를 연기하려 기도했을 때 원조를 중단하겠다는 미국의 강경한 압력으로 이를 철회할 수밖에 없었다.[23] 선거를 연기하려 한 이승만은 강력한 경고를 받았고 결국 자신의 연기의지를 철회하였다. 선거와 시장이 미국이 이식한 중요한 두 제도라고 할 때 제도는 미국의 범위가 관철되는 가장 확실한 채널이었던 것이다. 미국은 최초에는 독재의 터전을 닦아주었지만 또한 독재의 제도화를 제한하는 이중적인 기능을 수행하고 있었던 것이다.

통일문제와 대북관계에서 미국은 남한정부의 호전적인 대북정책을 지지하지 않았다. 이 문제가 한미갈등의 핵심이었다. 원조, 재정과 경제문제, 민주주의를 둘러싼 균열의 초점은 사실 전부 공산주의를 어떻게 막을 것이냐, 그들과 어떻게 대면할 것이며 공산분단국가와의 경쟁에서 어떻게 승리할 것이냐의 문제와 직결된 것이었다. 또 경제와 군사부문에서의 대한원조를 놓고 미국의 정책부서에 따라 관료적 갈등이 있었던 이유도 따지고 보면 북진통일과 남한체제의 생존문제에 대한 견해의 차이로부터 오는 것이었다. 이 문제에 관한 한 미국과 남한은 둘 다 강경하였지만 분쟁현장의 남한이 훨씬 더 강경하였다. 간단하게 말해 미국과 남한의 차이는 애치슨과 이승만의 차이였다. 애치슨식 생존방식과 이승만식 생존방식의 차이가 갈등의 폭이었다. 북진통일론이야말로 그 두 방식을 가르는 기준이었다.

49년 7월 1일 워싱턴에서 주한 미군사고문단 단장 로버츠에게 보내진 훈령에 따르면 고문단의 임무는, 훈련과 무기에 있어 본질적으로 방어적인 '내부치안'력을 발전시키는 데에 초점이 놓여 있었다.[24] 1950년 1월 유엔 한위에서의 증언에서 로버츠가 "한국정부가 만일 북한에 대한

---

23) 다음 장의 "최초의 검증—1950년 5월의 총선"항을 참조하라.

24) Robert K. Sawyer, *Military Advisors in Korea*, p. 57.

공격을 개시하는 경우 미국정부는 모든 군사적 경제적 원조를 중단한다는 통고를 본관은 받고 있으며 미군이 남한으로부터 철수할 때 방어용의 무기만을 양도한 것은 한국정부가 '국토통일을 목적한 전쟁을 시작할 생각조차도' 못하도록 하기 위한 의도에 연유한 것"[25]이라고 증언한 데서 볼 수 있듯이 이 문제를 둘러싼 대립은 매우 컸다. 미국의 장교들은 실제로 이승만의 군대가 북침을 하지 않을까 우려하고 있었다. 분계선 충돌시 1949년 7월 북한의 양양지역으로 깊숙이 침투해 들어간 10연대의 연대장 송요찬(宋堯讚)은 북침을 우려한 미국의 압력으로 해임되지 않으면 안 되었다.[26]

그러나 미국은 지금까지 알려진 것처럼 남한이 전쟁을 일으킬까 우려하여 무기원조를 제한한 것만은 아니었다. 기밀해제된 한 비밀자료는 다른 하나의 비밀스런 측면이 더 있었음을 지적하여 주고 있다. 이 점 역시 중요했다. 1950년 1월 1일 주한 미군사고문단이 상세하게 작성한, 남한과 북한의 군사, 정치, 경제는 물론 전쟁의 가능성이 높은 38선을 옹진, 개성, 춘천, 의정부, 강릉 등지의 지역 — 이들 지역은 공교롭게도 실제 전쟁이 발발한 지역들이었다 — 으로 집중적으로 나누어서 상세한 지형적 특성과 도로사정까지 정밀하게 고찰한 문서에 따르면 미군은 한국에서 전쟁이 발발할 경우 그 무기가 공산군에게 넘어가서 미군이 통제할 수 없게 되고, 결국에는 미국을 향한 공격무기가 되는 것에 대해서 심각하게 우려하고 있었다.[27] 이 점은 당시에 이승만이나 남한의 강경파들이 전혀 보지 못하던 것이었다. 그들은 미국이 자신들을 이 정도로까지 고려하고 있었는지를 전혀 몰랐다.

미국은 남한과 이승만에 대해 또 하나의 중국이자 장개석이라는 의심을 떨쳐버리지 않고 있었던 것이다. 결국 중국에서의 국부에 대한 경험

25) 임병직, 《임정에서 인도까지》(서울: 여원사, 1964), p. 328.
26) 《한국전쟁사》 1권, pp. 536~537.
27) NA, RG 319, D and P 091 JS, Ac of S(G-3) Operations Decimal File, 1949~1950, Box 162, "Shipments of Ammunition to Korea"(12 July 1949), "Top Secret".

은 한국에 대한 정책결정에서 준거적 경험으로 작용하였던 것이다. 무기의 원조가 사태를 결정하지 않을 뿐만 아니라 한국이 요구하는 무기를 양도하였을 경우 그것이 중국처럼 공산군에게 넘어가고 다시 미군을 공격할 것에 대해 미군은 두려워하였다. 미국은 당시에 북한을 소련의 직접적인 통제하에 있다고 보고 있었기 때문에 이러한 양도가 자칫 소련을 강화시켜줄지도 모른다고 여기고 있었다. 《중국백서》는 "대일 전승일 전후기간을 통해서 미국이 중국에게 제공한 군사장비의 대부분이 공산주의자들의 수중에 들어갔다. 그중에서 가장 막대한 손실은 1948년 9월 중순부터였다. … 1948년 초의 대사관 보고에 따르면 제남전투, 요녕회랑(遼寧回廊)전투, 장춘과 심양전투 등에서 국민당군은 33개 사단, 32만 병력을 상실했다. 그중에는 85%의 완전 미군장비로 무장된 8개 사단이 들어 있다." 또한 48년 12월 초 남경주재 무관은 "미국 제공 무기와 장비의 80%가 망실되었으며 그중 적어도 75% 중국공산군에 노획되었다"고 보고하고 있었다.28)

49년 3월 15일 천진주재 총영사는 국무성에 보낸 보고서에서 "천진을 점령하고 입성한 공산군부대들이 만주전투에서 총 한 방 쏘지 않고 그대로 공산군에게 넘어간 국민당군에서 입수한 미군무기와 탄약으로 거의 완전무장된 것을 목격한 불쾌한 경험을 갖는 천진시 거주 미국인들은… 여태까지 제공된 미국원조가 대부분 공산주의자들에게 넘어갈 만큼 무능함을 입증한 정부에게 미국이 그 이상 원조를 제공하는 것은 공산주의자들을 더욱 강화해주는 것밖에 안 된다고 생각하고 있다"는 천진시 거주 미국상공인들의 견해를 보고하였다.29) 《중국백서》 제 8 부의 전체 제목은 아예 "55억 달러 미국원조의 행방?"이다. 곧 원조가 제대로 쓰이지 않지 않았느냐는 의문이었다. 《중국백서》에 따르면 37년 중일전쟁 발발 이후 49년까지 미국은 중국 국민당정부에 총 35억 2천 3백만 달러를 원조했다.30)

---

28) 《중국백서》, pp. 474~475.

29) 《중국백서》, p. 396.

30) 《중국백서》, p. 502.

이승만은 자주 남한이 국부 때문에 피해를 보고 있다고 여기고 있었다. 그는 남한은 국부가 아니라면서—이 말은 결국 자기가 장개석이 아니라는 소리였다. 당시 이승만의 독재적 통치에 대해 세계의 여론은 그를 '작은 장개석'으로 여기고 있었다-- 결연히 공산주의와 맞서 싸울 테니 원조를 제공해달라고 외쳤다. "무기, 무기를 달라! 싸움은 우리가 하겠다"는 것이 그의 구호였다. 그는 미국의회의 대한 원조안 부결도 중국사태 때문에 의원들이 중국과 한국을 혼동한 데서 발생한 착오라고 보고 있었다. 그가 끊임없이 남한은 중국과 다르다고 한 이유는 미국이 남한을 국부와 같게 취급하여 버리지 않을까 하는 데 대한 두려움 때문이었다. 따라서 북진통일론으로 대표되는 남한의 대결조장과 긴장격화는 미군이 버릴지도 모르는 위기의식 속에서의 남한이 채택한 나름대로의 한 생존방식이었다. 즉 이승만은 국부와는 달리 싸울 의지가 있음을 과시하려 하였던 것이다.

거의 모든 측면에서 미국과 남한은 대립하고 있었던 것이다. 그런데 48년질서의 시기 동안 관철된 미국의 범위는 좌우한계보다 범위내의 본질을 반드시 이해하지 않으면 안 된다. 필자는 최초에 체제선택의 수준에서는 한미균열이 있을 수 없다고 말한 바 있다. 그 균열은 체제운용의 범위내에서의 균열이라는 것이다. 결국 하한과 상한 사이에서의 내부의 균열보다는 '본질을 건드릴 수 없는 영역'이 둘 모두에 더 중요하였다는 점이 강조되어야 한다. 그들은 그 체제를 3년 전에 만든 주체였다. 따라서 넘을 수 없는 계선의 존재가 한미균열의 본질이었다. 말을 바꾸면 공산주의의 위협으로부터 시달리는 한, 특히 그것이 외부로부터의 공격에 직면하는 한 한국에 대한 개입의사는 변하지 않았다.

이유는 간단했다. 그것이 미국의 공산주의 확산 저지 전략에 들어맞는 것이었기 때문이었다. 알렌(Richard E. Allen)은 이를 날카롭게 지적하고 있다.

> 미국지도자들의 눈에는 이승만이라는 위인이 바로 그들이 절실히 필요로 하는 타협할 줄 모르는 반공지도자의 전형이었다. 그렇기 때문

에 그가 미국이 추진하는 한일회담을 반대하고 한국휴전회담을 반대하고 한국민주주의의 발전을 저해하는 데 온갖 짓을 다해도 미국은 그를 강력히 지지해 마지않았다.[31]

이승만의 측근 올리버는 미국인의 입장에서 이 점을 좀더 솔직하게 진술하고 있다.

우리 미국에 있어 이승만의 존재의의는 그가 1904년 이래 세계문제나 한국문제를 볼 때 언제나 미국정부 정책이나 일반여론과 관련시켜 미국의 견해와 자기자신을 일치시켜 왔다는 점에 있다. … 이승만은 극동에 대해 미국이 품고 있는 제가치를 때로는 우리의 의사를 어겨 가면서까지 그것을 보존하는 데 많은 구실을 했다.[32]

미국의 범위와 한미갈등의 요체가 이 진술들 속에 들어 있다.

2) '미국의 범위'와 한국민족주의

한국민들의 미국에 대한 비난은 단순히 미국의 중국 포기의 경험 때문만은 아니었다. 한국민들은 자신들의 역사를 통해서도 미국의 정책을 깊이 인지하고 있었다. 따라서 한미갈등은 서구적 기능합리주의와 동양적 공동체주의가 빚은 대립이기도 하였고, 중심부의 국제정치논리와 약소국의 자국생존논리가 빚은 충돌이기도 하였다. 또한 그것은 한국인들의 강한 민족주의와 부딪치는 마찰음이었다. 나중에 이승만정부에서 외무장관을 지낸 변영태는 미국의 외교정책에 대해 여론을 인용하여 이미

---

31) Richard E. Allen, *Korea's Syngman Rhee*(1960), 송건호, "이승만과 김구의 민족노선," 윤병석·신용하·안병직 편, 《한국근대사론 III》(서울: 지식산업사, 1977), p.355에서 인용.

32) Robert T. Oliver, *Syngman Rhee, the Man behind the Myth*(New York: Dodd. Mead, 1954), pp.321~322, 송건호, "이승만과 김구의 민족노선," p.355에서 인용.

48년에 다음과 같이 비판하고 있다.

> 우리 국민은 불행히도 대단히 의아해하고 있습니다. 혹자는 단지 부인만 하고 혹자는 반박까지 합니다. 즉 초대 루스벨트는 우리를 원조하겠다는 협정의 의무가 있음에도 불구하고 일본이 우리나라를 병합할 때에 우리를 돈연불원(頓然不顧)하였고 2대 루스벨트는 허다한 국가 중에서 하필 일본보담도 더 치가 떨리는 국가에게 한국 반분을 주었으니 미국이 우리를 또다시 저바리지 않겠다는 것을 누가 알 수 있느냐라고… 반박하는 그들을 그렇다고 해서 비난하지는 마십시오. 기만당하고 환멸을 느끼고 인고(因苦)에 시달리고 실망하고 냉소하게 되어버린 그들입니다.[33]

그가 사용하는 기만, 환멸, 인고, 실망, 냉소 등의 어휘에 미국이 자국의 국제전략으로 인해 언제라도 한국을 버릴지 모른다는 데 대한 강한 불신과 분노가 들어 있다. 그것은 역설적이게도 45년 10월 하지가 진주하면서 내린 인공에 대한 부인성명에서 사용된 어휘들과 거의 동일하다. 변영태가 든 두 가지의 사례 중 앞의 것은 한국에 대한 미국의 오랜 제국주의적 침략적 속성을 비판할 때 북한에서 가장 자주 가장 극렬하게 인용되던 역사적 실례였다. 그는 "미국은 포츠머드와 얄타에서 우리를 저바렸다. 따라 생기는 것은 불안감뿐이다. 이제 또다시 미국이 우리를 저바리지 않으리라고 누가 담보할 것인가? 이것이 현재의 이 순간에 한국인이 가슴을 조리는 의문이다"라고 직접적으로 언급하고 있었다.[34] 반면 48년질서시기 내내 북한 역시 자주 미국이 일본과 협잡하여 조선을 팔아넘겼다고 격렬하게 공격하였다. 일본이 한국을 침략하고 병합하는 데 미국이 묵인을 통해 기여하였다는 사실은 한국인들에게는 다 알려진 비밀이었다. 이 점에서 변영태가 지적한 한국인들의 의심이나 북한이 지적한 한국을 팔아넘겼다는 공격은 역사성을 갖는 것이었

33) 변영태, 《나의 조국》(서울: 자유출판사, 1956), p. 180.
34) 변영태, 《나의 조국》, p. 114.

다. 미국에 대한 남한우익의 의심과 북한좌익의 공격이 하나의 지점에서 만나고 있는 것은 흥미로운 사실이 아닐 수 없었다.

48년질서시기의 남한의 북진통일론은 극우주의자들의 호전성의 발로이자 또한 역사적 실례로 인한 그들의 미국에 대한 의심 때문이었다. 미국인들은, 비록 외교적인 수사를 사용하기는 하였지만, 이 시기 한국인들을 너무 거칠고 조야하며 심지어 국제정치를 모르는 철부지쯤으로 여기고 있었다. 때때로 그들은 "작은 것이 귀찮게 군다"는 식으로 나왔다. 남한의 한 공식기록은 점령초기를 빗대어 "당시 미군들은 한국사람을 미국의 '인디언' 정도로 취급하였다"고 기록하고 있다.[35] 그들은 한국민들을 단지 '2등국민'(*sort of a second-class citizen*)으로밖에 여기지 않고 있었다.[36] 세련되고 절차를 준수하며 외교적 용어를 사용할 줄 아는 그들이 봤을 때 한국인들은 아직 애송이였고 국제정치를 몰랐다. 그러나 한국인들은 직선적이고 때론 거칠고 서툴렀지만 공동체적이었으며 새로이 건설한 국가를 잘 운영해보고자 하는 의욕에 넘쳤다. 그것은 북한에서도 마찬가지였다. 김일성은 소련에 의지하면서도 끊임없이 소련으로부터 벗어나려 하였다. 한국인들은 북한에서는 소련군과 충돌하였고 남한에서는 미군과 충돌하였다.

미국점령시기에 군내에서 빈발했던 충돌은 단순히 좌파와 우파, 좌파와 미군 사이의 충돌만은 아니었다. 미군과 우파지휘관들과의 충돌도 적지 않았다. 특히 영어를 모르며 강한 민족주체의식과 중국에서의 투쟁경력을 가진 노민족주의운동가들은 미군과 가까이 하지 않았고 그들과 자주 충돌하였다. 그들은 미군이 일군과 만군 출신으로 군대와 경찰을 편성하자 그러한 반민족적 조직에 가담하지 않으려 했다. 그 배제와 참여거부는 그대로 초기 남한군대와 경찰의 성격을 결정하였다. 이들은 영어를 모를 뿐만 아니라 중국적 기반으로 인해 내내 소외되었다. 어떤 한국인 장교들은 미군점령시기에 훈련에 관해 사사건건 참견하는 미군

---

35) 《창군전사》, p. 404.

36) Riochard D. Weigle, *Oral History*, p. 14, Truman Library, 차상철, 《해방전후 미국의 한반도정책》(서울: 지식산업사, 1991), p. 125에서 인용.

하사관을 자신들을 '모욕한다'는 이유로 구타하고는 사표를 던져버렸다.[37] 이 정황을 전하는 공식기록이 사용한 용어는 오만불손, 모욕, 긍지, 민족적 주체의식 등이다. 나아가 "오늘 제 나라의 국적을 찾고 새 출발하는 데 긍지까지 저버릴 수는 없었다"고 기록한다. 이승만과 그의 부하들은 자주 "우리가 국력이 약해서 그렇다"고 스스로 위안하지 않으면 안 되었다. 여기에는 국제정치에 희생된 바 있던 약소민족으로서의 비애와 그로 인한 민족주체적 반발과 생존의 본능이 혼재해 있었다.

미국인들은 1945년 진주할 때부터 좌파적 저항이건 우파적 저항이건 한국인들의 역사와 비애의 깊이를 이해하지 못하였다. 1948년에는 비록 북한정권의 수립에 참여하지만 1945년 현재에는 온건한 진보적 항일민족주의자였던 유명한 항일법률가 허헌(許憲)은 한국을 취재하고 있던 마크 게인(Mark Gayn)에게 1946년 이렇게 말하고 있다.

> 미군정과의 갈등은 그들이 상황을 이해하지 못하고 실수를 저지르고 있기 때문이오. 이 실수들 중의 하나는 한국의 좌파들은 대부분 공산주의자들이 아니라 민족주의자들이라는 점을 깨닫지 못하고 있기 때문이오. 이들은 지금 모두 똑같이 탄압받고 있소.[38]

허헌은 문제의 핵심을 찌르고 있었다.

게인의 기록은 온건하면서도 객관적이다. 취재에 바탕을 둔 그의 몇몇 지적을 보자. 그는 미국의 점령정책에 대해 "나는 개혁과 복구에 대한 열망보다도 공산주의에 대한 공포가 미국의 한국에 대한 정책의 확고한 기반이 되어 있음을 발견했다"[39] 고 쓰고 있다. 이것은 초기의 미국점령정책에 대한 가감 없는 직시였다. 그에 따르면 프라이스(Price)라는 이름을 가진 한 미국대위는 이렇게 말하고 있었다.

---

37) 《창군전사》, pp. 428~430.

38) Mark Gayn, *Japan Diary* (New York: William Sloane Associates, 1948), p. 363.

39) Mark Gayn, *Japan Diary*, pp. 351~352.

> 우리가 이곳에 왔을 때 우리는 조선인민공화국(인공)이 통제하고 있음을 알았다. 이것은 일본관리들로 하여금 계속 근무하라고 한 우리의 명령의 위반이었다. 그래서 우리는 그것을 분쇄해버렸다. 나는 인공이나 전농(全農 ; 전국농민조합총연맹)은 더 이상 문제가 되지 않는다고 생각한다. 지금은 노인들이 주민들을 조직하고 그들을 몽둥이로 무장시켜 시설들을 보호하고 있다. 이것은 우리에게 매우 만족스런 일이다.[40]

인공을 분쇄하여 한국인들끼리 싸우게 해놓고는 '만족스러운 일'이라고 하는 이 대위의 진술에서 우리가 해방군의 인식을 발견할 수는 없다. 게인은 "공산주의자들이 우리를 싫어한다는 것은 한국에 관한 한 진실이 아니었다"면서 이렇게 말한다. "진실은 우리가 사람들에게 자유와 민주주의를 가져다줄 기회를 분명히 가지고 있었으나 그 기회를 한편으로는 우리의 정책이 공포에 기초한 것이기 때문에 또 다른 한편으로는 이곳에서 사람들을 잘못 선택해서 내세우고 있기 때문에 잃어버렸다는 것이다." 그는 이어서 "우리의 실패는 분명히 우리가 직면한 문제의 복잡성 때문이 아니라 우리가 건설적으로 행동하지 못한 데 있다. 소련과 우리의 상치점들이 한국문제를 독립적으로서만 아니라 범세계적인 문제의 일환으로서 그것을 해결되기 어렵게 하는 점은 사실이다. 그러나 우리 지역에서 시급히 해결되어야 함에도 불구하고 방치되고 있는 문제들이 산적해 있다. 우리가 건설적인 행동을 취했더라면… 한국농민의 폭동을 진압하기 위하여 미국인이 운전하는 비행기에 일본이 훈련시킨 한국인 경찰을 실어 나를 필요도 없었을 것이다"고 지적한다. 그리고는 게인은 "이것은 내가 취재했던 것 중에서 가장 어둡고 암울한 이야기였다. 미국인으로서 내가 파헤친 사실들, 내 나라를 대표해서 일하는 사람들의 어리석음, 미국민들에게 한국에서 전개되고 있는 일을 은폐하기 위해 경주된 노력들에 대해 부끄러움을 감출 수 없다"[41]고 덧

---

40) Mark Gayn, *Japan Diary*, p. 401.

41) Mark Gayn, *Japan Diary*, pp. 440, 442~443.

붙인다.

공산주의 저지가 탈식민개혁의 유예와 구식민국가 총독부관리들의 계속 근무를 허락할 명분이 될 수는 없었다. 그러나 그들은 탈식민 개혁조치를 취하지 않았고 식민세력을 부활시켜 온건세력들을 모두 분쇄해버렸다. 결국 그들은 좌파와 한국민중들의 격렬한 저항에 직면하지 않으면 안 되었다. 그들은 독재의 모든 조건을 만들어놓은 채, 또 소련과 함께 어떠한 통일의 방안도 마련해 놓지 않은 채 둘 다 떠나고는 이번에는 그들의 독재적, 민족주의적 속성을 비난하고 원조를 하느니 마느니, 남한을 버리느니 마느니 논란을 벌이고 있었다. 이승만은 주한미군을 더 주둔하라고 할 때도 국민들에게는 "우리가 주장하는 바는 주둔의 연장으로 인연해서 우리 주권의 사용에는 조금도 침손(侵損)되는 일이 없을 것"을 언명하였다.[42] 이승만은 "우리가 강해져서 그들이 필요없을 때는 언제라도 먼저 나가라고 하겠다"고 언명하곤 하였다. 원조의 문제에 대해서도 이승만은 미국의 간섭이 지나치자 "우리가 주권을 이 정도까지 포기하느니 차라리 원조를 받지 않는 것이 좋을 것"이라고 말하기도 하였다.[43]

총리 이범석은 오늘날 초기 한국의 민족주의를 연구하는 데 가장 중요한 책 중의 한 권으로 꼽히는 자신의 저서에서 "민족의식은 민족의 의지와 예지와 정열의 결정(結晶)이다. 그리하여 민족의식은 민족적 결속(結束), 민족적 투쟁의 원천이다"고 진술한다.[44] 이 책의 중심주제는 민족지상(民族至上), 국가지상(國家至上)이었다. 이것은 이승만시기 내내의 지상 이데올로기였다. 이범석은 이승만, 안호상과 함께 초기 이승만정권의 3대 이데올로그였다. 그는 또한 초기 한국의 민족주의를 전형적으로 대표하는 인물이었다. 이러한 강한 민족주의 경향이 훗날 박정희에게서 종종 나타났고, 또 70년대 후반부터는 민주화세력의 중심흐름이었던 것은 한국인들이 지니는 강한 민족적 자존심을 나타내는 것이었

42) 《大統領 李承晩 博士 談話集》(1953), p. 1.

43) Robert Oliver, *Syngman Rhee.*

44) 이범석, 《민족과 청년》(서울: 백수사, 1948), p. 25.

다. 자신의 이념과 주의를 밝힌 박정희의 유명한 초기 저서인 《국가와 혁명과 나》는 국가와 혁명이라는 용어와 함께 민족이 가장 빈번하게 사용되었고 시작부터 아예 〈국가와 민족과 역사의 명제〉라는 제목으로 되어 있었다.[45] 민주화세력이 가장 빈번하게 사용한 용어 역시 민주와 함께 항상 민족이었다. 이승만은 민족을 반공 및 통일과 연결시켰다면 박정희는 민족을 근대화(중흥)와 연결시켰고, 민주화세력은 이를 민주주의와 연결시켰다.

북진통일론의 경우 그것은 단순히 북한과의 대결만을 목적으로 한 것은 아니었다. 이 시기의 자료와 문건을 탐색해 가면 갈수록 깊숙한 곳에 이르러 우리가 발견하게 되는 심연은 한국인들이 갖고 있는 짙은 민족애였다. 곧 강한 민족주체성과 민족의식에 기반한 하나가 되고자 하는 의식이었다. 그들은 진정으로 분단을 원치 않았다. 그러나 그들은 서로를 사랑하는 방법을 몰랐고 국제정치가 갑자기 가져다준 기회를 현명하게 넘는 방법을 몰랐다. 그들에게 그러한 폭풍은 처음 온 것이자 예상치 못한 것이었기 때문이었다. 북진통일론은 남한으로서는 미국과 소련-북한 사이에서의 생존의 한 방식이기도 하였다.

기본적으로 국토완정론과 북진통일론은 반공주의와 혁명주의에 불타는 호전성의 표시였다. 그렇지만 한편으로 둘은 통일의지에 불타는 민족주의의 발로였다. 이 둘은 상대방에 대한 강한 증오와 타도의지를 담고 있었으나, 이는 스스로 자부해온 '백의민족'으로서의 반만년의 단일 민족사를 해체한 데 대한 반발이었다. 흰옷은 언제나 이들의 상징이었는데 어떤 독립투사들은 만주벌판에서 죽어갈 때 동료들에게 흰옷이나 태극기를 덮어달라고 부탁하곤 하였다. 그들은 거기에 바로 민족혼(民族魂), 얼, 영혼, 정신 등 그들이 가장 소중히 여기는 것들이 들어 있다고 믿었기 때문이었다. 그러나 그들은 누가 이 분단을 초래했고 누가 이러한 싸움을 초래했는지를 한 번 더 생각하지 않았다. 즉 적이 누구인지를 제대로 설정하지 않고 자기네끼리 싸우는 잘못을 범하고 있었

45) 박정희, 《국가와 혁명과 나》(서울: 향문사, 1963), pp. 22~23.

다. 그들은 자신들이 강조해 마지않던 '5천년 백의민족'으로서의 공동체주의를 견지하지 못한 채 3년 내내 싸우고도 또 그러고 있었다.

결국 국토완정론과 북진통일론은, 한국인들이 그것을 받아들이기에는 너무도 인위적이고 작위적이었던 민족의 분단에 대한 극단적인 근본주의적 민족주의에 의거한 폭력적 해결의 추구였다. 한국인들의 의사에 반하여 폭력적 대결의 최초의 조건을 만든 것은 미국과 소련이었다. 따라서 미국의 범위는 한국민족주의와의 충돌의 측면도 안고 있었던 것이다. 당시 남한의 많은 논설들은 미국이 국제정치적 논리와 자신들의 국익을 위해 언제 또다시 한국을 헌신짝처럼 버릴지 모른다고 의심하고 있었다. 이 공격은 김일성이 소련의 통제로부터 벗어나와 두 발로 서려 했던 것과 마찬가지 인식의 발로였다. 즉 미국의 통제로부터 벗어나려던 한국인들의 민족주의적 측면과 긴밀히 연결되어 있었던 것이다.

변영태는 47년에 벌써 '반미주의'(反美主義) 라는 용어를 공개적으로 써가며 "솔직히 말한다면 우리는 '친반공미국적'(親反共美國的) 이 되려면 '반친공미국적'(反親共美國的) 이 되어야 한다"고 강조하고 있다.[46] 어색한 이 신조어의 뜻은 간단했다. 진정으로 반공적이고 친미적이 되려면 차라리 공산주의와 연대하여 반미를 함으로써 그들에게 우리가 공산주의와 연대할 수도 있음을 보여주어야 미국은 우리를 버리지 않는다는 뜻이었다.

> 우리가 친공반공을 동시에 할 수 있다면, 즉 우리가 '락'(諾) 및 '부'(否)를 동시에 말할 재조가 있어야만 비로소 전친미적이 될 수 있을 것이다. 그러므로 우리는 반친공미국적이 되며 타산적 동기에 자극되어 때때로 공산주의자들과 손을 잡아 한국의 독립을 억제하며 방해하는 일단의 사람들을 반대하는 사람이 되지 아니할 수 없는 것이다. 그들은 그들 자신이 먼저 '반한적'인 태도를 취함으로써 한국사람들로 하여금 모든 '反 … 的'인 태도를 취하게 한 것은 의심할 바가 없는 사실이다. …

46) 변영태, "반미주의," 《나의 조국》, p. 96.

그는 "어떤 일단의 사람들이 그들의 '마음에 들지 않는 사람들', 즉 대체로 한국인 중의 민족주의자들에 대하여 '반미적'이란 문자를 툭하면 내대고 있는 것을 우리는 본다"고 지적한다.

이승만정부의 민족주의는 홉스봄이 지적하는 민족주의의 이중적 측면[47] 가운데 위로부터의 민족주의였다. 나아가 그것은 보수적 민족주의였다. 그러나 위로부터의 민족주의는 그것이 확산될 조건이 없다면 결코 사회에 뿌리를 내릴 수 없다. 두 한국에는 위로부터의 민족주의가 확산될 수 있는 모든 조건이 갖추어져 있었다. CIA는 남한의 공산세력을 분석하는 한 비밀보고에서 한국의 정치이념, 특히 공산주의와 서구민주주의를 모두 거부하려는 한국인들의 민족주의적 측면을 다음과 같이 지적하고 있다. 1949년에 이미 한국정치의 이러한 특성을 꿰뚫었다면 그것은 아주 빠른 것이었다.

> 역사적 지속성, 인종적 문화적 동질성, 그리고 과거 역사에 대한 강한 자부심 등 일본의 40년간의 일본화(시도)도 극복해 왔던 한국의 오랜 전통들은 소련의 후원을 받는 공산주의와 서구식민주주의 모두에 계속 저항하게 한다. 덧붙여 강한 민족주의 정신은 일본의 점령에 대한 반발로 (더) 발전하였으며 해방으로 인해 더욱 강화되었다. … 남한민중들의 압도적 다수는 반공주의자들이다. 그러나 이러한 감정은 공산주의이념에 대한 복합적인 정치적 거부보다 공산주의 테러리즘과, 외세의 공공연한 대리인인 개개 공산주의자들에 대해서는 더욱 격렬하다. …
>
> 인구의 80%를 차지하는, 오랫동안 고통받아온 남한의 농민들은 그들에게 토지소유권과 비료, 낮은 세금, 소비재, 그리고 경찰의 잔인성의 최소화를 제공하는 정부와 정당을 지지할 것이다. 노동계급은 혁명적 전위로서의 이론적 기능을 수행할 수 없다는 것을 보여왔으며, 그들의 정견(*view*)이 사회주의와 자본주의의 독특한 극동적 혼융(*a unique Far Eastern blend of socialism and capitalism*)을 나타내는 민족주의자들의 리더십을 일반적으로 받아들여 왔다.[48]

---

47) Eric Hobsbawm, *Nations and Nationalism Since 1780*(1990), p. 10.

48) CIA, ORE 32-48, "Communist Capabilities in South Korea"(Feb. 21, 1949).

비록 반공주의의 측면을 강조하기는 하지만 강조 표시된 부분은 한국에 편재(遍在)한 민족주의적 특성에 대한 날카로운 지적이다. 이것은 한국에 대한 정확한 관찰의 결과였다. 자본주의와 공산주의를 전부 거부하거나, 둘 다를 한국화하려 했던 남북한의 속성은 이들이 10세기 이상을 예외적으로 민족과 국가를 일치시켜 생활해왔던 특수성으로부터 연유하였다. 분단이 역사의 반명제였던 정도만큼 분단극복을 위한 민족주의의 강화는 필연적이었다. 분단 이전에 지난 10세기 동안 한국민들은 민족이 분열되어 경쟁하거나, 주어진 영토 내에서 정통성과 합법적 지배를 경쟁하는 복수의 권력주체를 가져본 적이 없었다. 보편적으로는 '일민족 일국가'의 명제를 하나의 신화라고 하더라도 한국민들에게 이 명제는 신화가 아니라 역사였다. 분단은 오랜 단일민족국가를 유지하여 온 이른바 '민족성(*nationality*)의 원칙'의 근본적인 해체로서 수용할 수 없는 고통이었다. 이승만은 "하나인 민족으로서 무엇에고 또 어느 때이고 둘이 있을 수 없다"고 주장하였고, 이 문제에 관한 한 김일성은 더 말할 필요조차 없었다. 그는 죽을 때까지 자신을 "공산주의자인 동시에 민족주의자"로 여길 정도였다.

> 단일민족국가인 우리나라에 있어서 진정한 민족주의가 곧 애국주의로 된다는 것은 움직일 수 없는 하나의 원리이다. 이런 원리로 보면 나는 공산주의자인 동시에 민족주의자라고 말할 수 있다.[49]

이승만과 김일성이 동원을 하였지만 한국인들에게는 사회적 정신적으로 집단적 뭉침과 동원을 가능케 하는 강한 민족주의적 요소가 개항 이후 지속되어 왔었다. 한국민족주의는 개화기(開化期) 외세와의 접촉 시점의 근대국가의 형성시도로부터 시작되었다. 따라서 초기 최초의 한국민족주의는 근대국민국가를 수립하기 위하여 외세에 저항하는 저항민족주의일 수밖에 없었다. 민족주의의 두 번째 시기는 식민시기였다. 독립과 주권의 상실은 개화기와 개항시점의 민족주의를 더욱 강화시켰다.

---

49) 김일성, 《세기와 더불어》 1권(조선로동당출판사, 1992), p. 219.

민족주권의 회복과 독립을 위한 투쟁은 식민지민족주의의 절정이었다. 또한 식민시기 동안 3·1 운동을 거치면서 한국의 민족주의는 대중에게로 확산되었다. 세 번째는 바로 해방과 함께 찾아온 통일독립국가를 수립하기 위한 민족주의의 분출이었다. 그러나 세 번째 시기에는 이념대립이 들어가 있어 분열을 면치 못하였다. 어쨌든 세 시기 모두에 걸쳐 민족주의 감정과 운동은 엘리트들이 주도하였으나 대중의 호응 역시 못지않게 뜨거웠다.[50]

이승만과 김일성이 항상 수천 년 단일민족으로서 민족의 혈통과 유일성을 유지해온 우리가 어떻게 분단된 채로 있을 수 있느냐며, 왜 미제의 괴뢰가 되어 민족을 팔아먹고 왜 소련의 주구가 되어 민족을 팔아먹느냐는 상반된 주장은 둘 다 받아들여질 역사적 조건을 갖고 있었던 것이다. 한국은 홉스봄이 지적하는 대로 전형적인 역사적 국가였다. 그는 한국이 중국, 일본 등과 함께 "종족적으로 거의 동질적인 또는 완전히 동질적인 주민으로 구성된 예외적인 역사적 국가(*historic state*)"라고 지적하고 있다.[51] 역사적 국가로서의 한국은 단일혈통과 민족, 동일한 언어, 동일한 문화, 지역적 폐쇄와 고립 등 근대 민족주의가 흥기할 최적의 역사적 조건을 갖고 있었던 것이다. 한국은 원민족주의(*proto-nationalism*)의 기반이 가장 강력한 국가였던 것이다. 근대로의 이행의 실패, 식민과 분단, 전쟁과 두 가지 근대화로 특징되는 현대 한국의 역사의 한 측면은 단연 민족주의의 역사였다. 그것은 좌절까지 포함하여 오늘날까지도 그러하다.

현대 한국에서 위로부터의 민족주의의 또 다른 사례는 바로 박정희였다. 그가 주장한 자립경제와 자주국방(自主國防), 민족중흥은 동원화의 구호이자 동시에 제3세계의 대표적인 위로부터의 민족주의의 사례였

---

50) 이용희, "한국민족주의의 제문제," 한국국제정치학회 편, 《한국민족주의 대심포지움 특집 — 한국의 민족주의》, 국제정치논총, 제6집(1967), pp. 12~26; 차기벽, "한국저항민족주의의 제문제," 《한국민족주의의 이념과 실태》(서울: 까치, 1978), pp. 82~96.

51) Eric Hobsbawm, *Nations and Nationalism Since 1780*, p. 66.

다. 자주와 자립이라는 말은 박정희의 민족의식이 깊이 배어 있는 용어였다. 그는 이 말을 자주 사용하였는데 사실 그 말들은 김일성이 같은 시기에 자신의 상표처럼 사용한 '주체'와 맞물려 있었다. 사람들은 마치 자립과 자주, 주체를 김일성만의 용어인 것처럼 이해하고 있다. 그러나 조어의 시기나 사용횟수, 정책에서 나타나는 박정희의 자주와 자립에의 의지는 현대 한국에서는 이승만과 함께 유이(唯二)하게 김일성에게 견줄 만한 것이었다.

그러나 역설적이게도 "한 민족 안에 두 개의 나라가 있을 수 없다"는 이승만과 김일성의 근본주의적인 민족주의 인식은 민족의 절반의 구성원인 나머지 하나를 괴뢰라고 인식하는 근거가 되었다. 통일을 위한 민족주의 열망이 강하면 강할수록 민족구성원의 절반의 괴뢰성 주장도 높아지는 역설이었다. 분단하 정통성의 경쟁시대에 통일의 추구는 둘 모두에게 국가의 존재근거(*raison d'etre*)였다. 따라서 남북은 민족주의의 최대한의 발현을 추구하여 어떻게 해서든 상대방을 타도하고 통일을 이룩하고자 노력하였다. 이는 리더십과 민중들 모두에게 민족주의 원칙의 실현으로 표현된 '민중성의 실현'으로 보였을 것이다. 그러나 어떤 희생을 치르더라도 통일을 이루겠다는, 민족주의의 목표를 달성하겠다는 근본주의적 민족주의는 상대의 절멸 위에서만 실현 가능하다는 점에서 그것은 이른바 절멸주의(*exterminism*)[52] 이기도 하였다.

민족의 절반에 대한 타도의지와 시도는 역설적으로 "우리는 언제나 한 민족이었다"는 근본주의적 민족주의정신으로부터 발원하였다. 근본주의적 민족주의는 민족주의의 이중성을 결과하였던 것이다. 민족통일을 위해 "덮어놓고 뭉치자"고 주장한 이승만은 앞장서서 공산주의를 배제하였다. "민족분단은 남조선 반동들 때문"이라고 공격한 김일성은 남한보다 먼저 분단체제를 구축하여 갔다. 또한 김구와 조만식을 비롯한 민족주의세력은 남과 북에서 체계적으로 배제되고 제거되었다. 민족주

52) E. P. Thompson, "Notes on Exterminism, the Last Stage of Civilization," in New Left Review(ed.), *Exterminism and Cold War*(London: Verso, 1982), pp. 1~33.

의의 제거 위에 추구하는 반민족주의적 민족주의가 초기 두 한국의 민족주의의 실체였다.

2. 유도의 문제 : 사실과 해석

1) 애치슨 연설, 한국 포기 또는 유혹의 문제

전쟁 발발 직전의 미국의 정책과 관련하여 아마도 가장 논쟁적이었던 문제는 애치슨 연설이었을 것이다. 1950년 1월 12일 미 국무장관 딘 애치슨은 내셔널프레스클럽에서 〈아시아에서의 위기 — 미국정책의 한 시험대〉라는 제목으로 연설하였다. 한국에 국한해서만이 아니고, 이 연설의 전반적인 기조인 미국의 대아시아 정책 일반을 보더라도 그것은 좀 미묘하며 난해한 연설이었다. 탕초는 "그 때까지 한 애치슨의 연설 중에서 가장 탁월하면서 동시에 가장 논쟁의 여지가 많은 연설 중의 하나"[53] 라고 지적하여 이 연설이 지니는 두 측면을 날카롭게 짚어낸다.

먼저 지적할 것은 이 연설이 트루먼 독트린과 같은 무슨 〈선언〉이 아니었다는 점이다. 그것은 그냥 하나의 연설이었다. 이 연설이 논란을 초래한 이유는 애치슨이 태평양지역에서의 미국의 도서방위선(島嶼防衛線)을 알류산 열도 - 일본 - 류큐 - 필리핀으로 설정하고 한국을 제외하였기 때문이었다. 그는 이 방위선에 포함된 지역의 군사적 안보는 미국이 보장하며 기타 다른 지역에 대해서는 군사적 안전보장을 약속할 수 없다고 말하고 그러한 지역의 군사적 안보의 제1차적인 책임은 당사국에 있고 제2차적으로는 유엔헌장하에 있는 전세계 문명국들의 공약에 의존할 수 있다고 진술하였다. 애치슨은 또한 이 지역에서는 군사적 안전보장의 문제보다는 내부전복이나 간접침략에 대한 취약성이라는 문제가 더 시급하며 이러한 문제는 군사적 수단으로 해결될 수 없다고 진술하고 있다.[54]

---

53) Tang Tsou, *America's Failure in China, 1941～1950*, Vol. Ⅱ, p. 534.

이 연설에서 한국은 애치슨의 초점이 전혀 아니었다. 이 연설은 탕초가 지적하듯 대만문제와 모택동의 모스크바 방문에 따른 대아시아 정책의 일반, 특히 중국에 관한 미국의 단기적, 장기적 정책을 밝히는 것이었다.[55] 한국에 관한 한, 애치슨 자신 역시 자신의 유명한 회고록에서, 전쟁의 발발 이후 이 연설 때문에 그렇게 큰 곤욕을 치렀으면서도, 이 연설의 제목을 원래의 제목인 〈아시아에서의 위기〉(Crisis in Asia—An Examination of United States Policy)가 아니라 〈중국에서의 위기〉(Crisis in China—An Examination of United States Policy)라고 잘못 기록하고 있는 것만 봐도 이 연설에서 애치슨이 초점을 둔 것은 중국이지 한국이 전혀 아니었음을 알 수 있다.[56] 그러나 결과적으로 5개월 후 한국에서 전쟁이 발발하자 이 연설은 극우파들로부터 격렬하게 공격을 받았고 그것은 오랜 후에는 반대로 좌파의 공격의 빌미가 되었다. 먼저 한국과 관련되는 중요 부분을 보면 다음과 같다.

> 북태평양지역에 대한 우리들의 책임과 기회는 남태평양지역에 관한 것과 크게 다르다.
>
> 북태평양의 일본에서 우리들은 직접 책임을 지며 직접적인 행동의 기회를 지닌다. 이 사실은 정도는 낮지만 한국에 관해서도 진실이다. 한국에서 우리는 과거 직접적 책임을 졌고 또한 행동했다. 현재 역시 더 많은 성과를 올릴 큰 기회를 지니고 있다. … 한국에서 우리들은 큰 전진을 보며 군사점령을 끝내고 독립주권국가를 수립시켰다. 그리하여 이 나라는 세계의 거의 모든 국가들로부터 승인됐다. 우리들은 이 나라를 수립시키기 위해 큰 원조를 공여했다. 우리들은 현재 이 나라가 확고한 기초를 쌓을 때까지 원조를 계속하도록 의회에 요청하고

54) 국방부 전편위, 《국방조약집 제1집, 1945~1980》(전편위, 1981), pp. 690~691.

55) Tang Tsou, *America's Failure in China, 1941~1950*, Vol. II, pp. 534~536.

56) Daen Acheson, *Preasent at the Creation* (New York: Norton & Co., 1969), p. 355. 애치슨 역시 여기에서 자신의 연설에 대한 앞의 탕초의 평가를 인용하고 있다.

있다. 그 입법화 조처가 의회의 결정을 기다리고 있다. 이런 원조를 중지해버리라는 의견이나 이 나라의 건설을 중도에 그만두자는 의견은 완전한 패배주의이며 아시아에서의 우리들의 이해로 볼 때 말이 안 되는 것으로 생각된다. 한국에서 우리들의 책임은 직접적이며 우리의 기회는 명백하다.

이와는 반대 남쪽에서는 필리핀을 빼면 우리의 기회는 적고 우리의 책임은 아주 적다.[57]

지금까지 많은 연구들은 애치슨 연설이 한국전쟁의 한 원인이었던 것처럼 설명해왔다. 즉 그것은 한국을 미국의 방어선에서 제외함으로써 소련-북한에 침략의 초대장을 보내주었다는 것이다. 애치슨 자신 역시 이에 대해 자신의 회고록에서 "훗날 나의 연설은 남한을 방위선에 포함시키지 않음으로써 북한의 대남침략을 유발하는 '청신호(*green light*)를 제공하였다'는 주장이 제기되었다"며 이 연설과 한국전쟁의 발발을 둘러싼 논쟁을 진술한 바 있다.[58] 이른바 초청논리라는 것이다. 그는 곧바로 "이러한 주장은 무엇보다도 남한과 맺어진 상호방위조약을 볼 때 의심스러운 것"이라고 주장한다.

흥미로운 것은 이러한 주장이 우파와 좌파에서 동시에 나오고 있다는 점이다. 우파와 전통주의 시각은 애치슨이 무책임하게 한국을 방어선에서 제외시킴으로서 한국을 버릴 듯한 태도를 취하여 소련-북한으로 하여금 한국을 침략할 초청장을 주었다고 주장한다. 오늘날까지의 한국의 공식시각은 이것이었고 이것은 우리가 전통주의 해석이라고 불러온 접근의 정설이기도 하였다. 반면에 좌파와 수정주의 시각은 동일한 초청논리를 반대의 방향에서 설명한다. 즉 애치슨은 북한을 유도하기 위해 고의로 남한을 제외하는 연설을 하였고 결국 이 유도에 북한이 말려들

---

57) 국회도서관 입법조사국, 《한국외교관계자료집》 입법참고자료 제 193 호(국회도서관, 1976), pp. 70~71 ; Kim Se Jin(ed.), *Documents on Korean — American Relations, 1943~1976*, p. 88.

58) Dean Acheson, *Preasent at the Creation*, p. 358.

었다는 것이다. 둘 다 이 연설이 5개월 후에 다가온 한국전쟁의 원인이 되었다는 점에서는 일치한다.

이 두 주장을 상세하게 소개할 여유는 없다. 다만 한국에서의 대표적인 견해들만을 소개한다. 여기에서도 흥미로운 '일치'가 나타나기 때문이다. 많은 공식기록에서의 반복되는 지적을 인용치는 않겠다. 이승만 시기의 대표적인 우파인 임영신은 애치슨의 연설이 "공산주의자들이 침략할 경우에 그들이 과연 어느 정도의 화력을 가지고 얼마나 대담하게 공격할 것인가를 떠보기 위하여 계획된 시험"이라고 주장한다. 군사적으로 보더라도 미국의 정책결정자들은, 한국을 시험대로 삼는다고 하더라도 더 잃을 것이 없다고 생각했다고 임영신은 주장한다. 결국 이와 같은 음모의 희생물이 되어 한국전쟁은 필연적으로 일어날 수밖에 없었고, 애치슨 연설과 미합동참모본부의 반역적인 행위로 한국은 벼랑에 떨어지게 되었다고 공격한다.[59]

한편 윤치영에 따르면 "1950년 초 우리들에게는 깜짝 놀랄 뉴스가 전해졌다. … 1950년 1월 12일 미국무장관 딘 애치슨은 워싱턴 기자구락부 연설에서 한국은 아시아방위선 밖에 놓이게 된다고 밝혔던 것이다. (이것은) 1949년에 모택동의 팔로군이 이미 중원대륙을 석권하고 장개석을 대만으로 몰아낸 이 마당에 한반도까지 공산세력의 수중에 들어가도록 방치하겠다는 폭탄선언"이었다고 주장한다. 애치슨 연설을 이렇게 규정한 그는, 한국전쟁을 두고는 "결국은 올 것이 온 것이고 이것은 필경 우리 국민의 여망을 저버리고 우리가 애써 찾은 주권국가를 볼모로 하여 소련의 남하정책을 시험하기 위한 유인정책으로 국제공산주의세력을 끌어들인 결과임을 뒤늦게 알아차리게 된 것"이라고 주장한다.[60] 임병직은 애치슨을 "불순한 사상을 가진 사람"으로 규정하면서 "애치슨 장관의 선언은 북한괴뢰의 침략야욕을 유발하게 되었다고 극단적으로 말할 수 있는 것"이라고 주장한다.[61] 극우의 논리에서 '유인정책', '유발하

59) Louise Yim, *My Forty Year Fight for Korea* (Seoul: Chungang Univ. Press, 1967), pp. 297~299.

60) 윤치영, 《윤치영의 20世紀》(서울: 삼성출판사, 1991), pp. 241~246.

였다'는 말이 나오고 있음을 볼 수 있다. 반대의 관점에서 김재준 역시 동일하게 지적한다.

> 이승만 대통령은 당초부터 '북진통일'을 슬로건으로 내걸었다. '백두산 꼭대기에 태극기를 세운다'고 했다. 1950년 1월 이래 이승만과 미국 사이의 긴밀한 접근은 이 계획을 단행하기 위함이었는지도 모른다. 이북의 김일성은 이에 자극되어 자기편에서 선수(先手) 쓸 궁리를 하고 있었는지도 모른다. 그래서 중공을 통하여 소련에서 무기를 공급받고 군대를 38도선 부근에 집결시켰는지도 모른다. 미국은 전쟁을 각오하면서도 자기편에서 선공(先攻)하는 일은 좀처럼 하지 않는다. 이번에도 그랬다고 본다.
>
> 애치슨 국무장관은 한국에서 미군을 철수시켰다. 그리고 한국은 미국의 방위선 밖에 있다고 선언했다. 다시 말해서 미국은 일본-필리핀-동남아선을 방위구역으로 한다는 것이다. 그렇다면 한국은 소련 중공에서 맘대로 해도 좋다는 조로 생각할 수가 있다. 김일성은 "이게 웬 떡이냐"고 고스란히 그 함정에 뛰어든 것이 아니었을까? 초조하게 남침을 준비하고 있는 이북의 실상을 미국이 몰랐을 리는 없다. 그러나 모르는 척 '유도작전'을 시도한 것이라고 한국의 지성인들은 추측한다(강조는 원문 그대로).[62]

김재준은 나중에 한국에서 가장 대표적인 반정부 민주화운동의 지도자였던 인물이다. 그는 윤치영과 임영신보다도 오히려 더 온건하게 유도를 추측한다. 오늘날 유도설을 주장하는 임영신이나 윤치영은 좌파라고, 수정주의라고 공격받지 않는다. 반면에 미국의 학자들은 좌파라고 공격받는다. 이 일치는 아이러니다.

임영신과 윤치영은 이승만시기의 각료들이었다. 그러나 이승만의 당시 반응을 볼 때 그의 노선을 한 치도 벗어남이 없이 따르던 임영신과 윤치영이 1950년 애치슨 연설이 발표된 시점 당시에도 이렇게 인식하였

61) 임병직, 《임정에서 인도까지》, pp. 360~361.
62) 金在俊, 《凡庸記》(서울: 풀빛, 1983), pp. 191~192.

을지는 커다란 의문이다. 그 때도 그들은 깜짝 놀랐을까? 당시의 신문과 잡지, 공식기록들을 추적할 때 한국에서 이러한 반응을 보였다는 근거는 찾기 어렵다. 많은 극우적인 기록들 역시 한국전쟁이 발발한 뒤에, 특히 이를 둘러싼 1951년의 맥아더 청문회에서의 우파의 공격에 의한 격론이 알려진 뒤의 사후적 해석이자 기록들이다.

그들은 1950년 1월에는 누구도 이러한 반응을 보이지 않았고 오히려 '감사하는' 반응이 한국의 일반적인 여론이었다. 이러한 주장들은 아마도 나중의 논쟁을 인지하여 사후적 해석들을 당시의 인식이었던 것처럼 기록하고 있는 것일 것이다. 어쨌든 한국의 전형적인 보수파 또는 극우파와, 진보파 또는 민주파의 인식이 놀랄 정도로 정확하게 일치하고 있다는 사실은 흥미로운 것이다. 그것은 미국에서도 마찬가지였다. 많은 좌파적 시각 역시 우파의 공격을 근거로 해석을 지탱해 나간다. 이제 이 문제와 관련된 자료들을 한 가지씩 추적하여 보자.

먼저 이 연설 이후 북한의 정책이 급변하였느냐는 문제를 검토해야 한다. 제1권에서 우리가 이미 검토하였듯이 북한리더십의 통일인식과 정책은 49년 말에서 50년 초에 걸쳐서 급격히 급진화하였다. 그 가장 중요한 계기는 중국혁명이었다. 그러나 애치슨의 연설을 전후로 하여 북한의 대남정책이 급변하였다는 징후는 찾기 어렵다. 북한의 국토완정론은 1949년 초에 나왔고 스탈린의 동의를 얻기 위한 노력은 1949년부터 지속적으로 이어졌다. 북한리더십은 49년 내내 작은 전쟁을 구상하였다. 또한 북한 내부의 결정은 사실상 49년 말에 이루어졌다. 그렇다면 애치슨 연설이 전쟁을 초래했다는 주장은 일단 의심스러운 것이다.

일단 애치슨 연설에 대한 북한의 내부 비밀반응을 보자. 김일성은 이 연설이 발표되자 커다란 관심을 기울였다. 당시 북한의 유일한 통신사로서 모든 해외통신을 거의 독점적으로 다루고 있던 〈조선중앙통신〉의 간부 한재덕(韓載德)의 증언이다.

> 그것(애치슨 연설)은 대단히 커다란 역할을 했다고 해도 좋다는 것을 나는 체험으로 이야기할 수 있다. … 〈조선중앙통신사〉에 애치슨 연

설이 들어왔을 때 … 나는 직접 김일성의 비서 김종환(金宗桓)에게 전화를 했다. … 김종환에게 전화를 하고 나자 곧 나에게 전화가 걸려왔다. 이번에는 김일성이 몸소 걸어온 것이다. 그리고는 지금부터는 다른 특수통신과는 별도로 이것과 관련된 통신은 모두 나에게 직접 전화로 연락하라는 명령을 받았다.[63]

애치슨의 연설에서 남한이 미국의 방위선에 포함되어 있지 않다는 것이 확실하였다면 그것은 소련과의 협의를 앞두고 전쟁의욕을 가속화하고 있던 김일성에게는 고무적인 요소였을 것이다. 그러나 그 고무가 전쟁을 하지 않으려는 데서 하는 것으로의 전환, 또는 안 된다는 데서 해도 좋다는 청신호 구실을 한 것은 아니었다. 물론 이것은 김일성이 전쟁을 결행하는 데 조금 더 긍정적인 기대를 갖게 만들었을 것이다. 그리고 애치슨의 연설은 이 정도의 역할을 하였다고 보인다. 앞의 비밀반응과는 달리 이 시기의 《로동신문》들에 따르면 이 연설에 대한 인식과 대응은 흥미로운 사실을 전해준다.

우선 《로동신문》은 남한이 애치슨의 방위선 내에 들어간 것으로 보았다. "애치슨의 의견에 의하면 미국의 방위선이란 곧 예속국인 일본 비률빈 남조선인 바" 미국은 이러한 나라들에 대하여 "직접적인 책임을 지고 있다"[64]고 언급한 것으로 분석, 보도하였다. 다른 기사들도 마찬가지였다. 《로동신문》의 논조는 이 연설에 남한이 포함되어 있느냐 않느냐에 있지 않았고, 그것이 갖는 대아시아, 대남한 침략성을 지속적으로 비난하는 데 초점이 놓여 있었다. 다른 신문과 잡지들의 글들도 동일하였다. 즉 북한의 일반적인 인식은 이것으로 인하여 미국의 정책이 바뀐 것으로 보지 않았다.

1949년 이후 1950년 6월에 이르기까지 정부수반 김일성과 외무상 박헌영의 모든 대외적 대내적 연설은 미국의 정책을 비난하는 데 있어 시

---

63) 大森 實, 《朝鮮の戰火》(東京: 講談社, 1981), pp. 306~307, 1969년 12월의 면담.

64) 《로동신문》 1950년 1월 26일, "애치슨은 아무것도 연구하지 않았다".

간과 사태에 따른 어떤 편차도 보이지 않아왔다. 그러나 그들은 1945년 해방으로부터 탁치균열을 거쳐 1946년 중반의 미소공위 결렬 및 북한지역에의 단독정부 수립 결정 등의 전환점에서는 미국에 대한 인식과 규정, 표현이 크게 변화되어 왔다. 그것은 대외적으로만 그런 것이 아니라 내부 비밀토론에서도 역시 그러하였다. 그러나 1950년 1월 중순에는 이것을 계기로 한 전환은 결코 일어나지 않았다.

남한과 이승만의 반응 역시 북한과 마찬가지였다. 이것은 더욱 흥미롭다. 우리는 지금까지 이에 대해 반세기 동안 지속된 하나의 정설화된, 그러나 사실은 오류인 신화를 갖고 있었다. 이 연설에 대해 남한과 이승만은 격렬하게 반발하였다는 신화가 그것이다. 이러한 해석에는 예외가 거의 없었다. 정말 그랬을까? 이러한 신화의 무비판적 수용은 우리가 이 연설 자체와 그를 둘러싼 미국의 외교정책에만 관심을 집중해 오는 동안 정작 그 연설의 대상인 남한과 북한의 반응에 대해서는 착목하지 않아왔던 연구경향의 결과였다. 이승만과 남한은 반발하지도 분노하지도 않았다. 오히려 감사의 표시를 애치슨에게 보냈다. 이 연설이 발표되고 나서 이승만은 다음날인 13일에 즉각 다음과 같은 전문을 주미대사 장면을 통하여 애치슨에게 보냈다.

> 한국에 대한 귀관의 성명에 심심한 감사를 표합니다. (우리는 지금) 돌을 파서 뒤집어버리려는 외국의 사주에 의하여 온갖 수단으로 파괴를 일삼는 도배에 대하여 철저히 그 세력을 분쇄시키고 있습니다. 이번 귀관의 성명은 실지회복 반공투쟁에 총력을 다하고 있는 한국국민을 고무시키는 데 큰 도움이 되었읍니다(괄호는 추가).[65]

매우 짧음에도 불구하고 이 전문(電文)의 내용 자체와 공개 사실은 주의깊게 해독하여야 한다. 우선 이승만은 전혀 격렬하게 반발하지 않고 있다. 그는 왜 "방어선에서 제외시키면 그것은 북한의 공산주의자들에게 남한을 침략하라는 청신호가 될 것"이라고 격렬하게 공격하지 않

---

65) 《서울신문》 1950년 1월 15일.

았을까? 그는 북한의 침략위협을 좌절시키기 위해 북한이 아니라 소련을 직접 공격할 만큼 국제정세에 대한 판독능력에서 뛰어난 인물이었다. 그가 비판하지 않은 이유는 간단하게 말해 애치슨 연설의 내용이 그렇지 않았기 때문이었다. 애치슨의 상대가 비신스키가 아니라 스탈린이었던 것처럼 인식과 행태면에서 한국에서 애치슨의 상대는 주미대사 장면이 아니라 이승만이었다.

이 전문이 말하는 바는 두 가지였다. 하나는 포기하지 않았다고 실제로 인식하였다는 점이고, 다른 하나는 무엇보다도 미국은 한국을 포기하지 않는다는 것을 대외적으로 공표하여 내부의 민중과 북한 공산주의자들, 그리고 소련과 미국에 인식시키고자 하는 의도가 개재되어 있었다. 대사에게 보내는 전문(電文)을 이례적으로 언론에 전문(全文)을 공개한 것을 보아도 이승만의 의도의 일단을 읽을 수 있다. 그렇지 않다면 '외교에는 신'[66]으로 불리던 이승만이 마치 바보처럼 방어선에서 제외되었음에도 불구하고 "실지회복투쟁에 큰 도움이 되었다"고 반응할 리는 만무했다. 한국의 신문들의 논조 역시 동일하였다. 《서울신문》은 사설에서 애치슨 연설이 "이것은 미국이 한국에 대하여 직접 책임이 있다는 것을 확언한 것"이라면서 "우리를 고무시키고 있는 것"이라고 주장하였다.[67]

이승만은 1월 19일의 하원에서의 대한원조법안의 부결에 대해 1월 20일 "대단히 유감으로 생각하는 바"라며 다음과 같은 성명을 발표하였다. 우선 그는 "이 원조안이 의외에도 부결되었으나 나는 미국국회와 미국정부가 앞으로 심심고려(甚深考慮)하여 대한민국이 계속적인 제국주의적 공산도배의 위협을 능히 막아나갈 수 있도록 하는 건전한 국내경제의 발전에 긴요한 이 대한원조안을 승인하게 될 것이라고 확신"한다고

---

66) 임병직, 《임정에서 인도까지》, p. 333. 이러한 인식은 당대 한국인들에게는 일반적인 것이었다. 한국인들은 그를 평가할 때 항상 "외교에는 귀신, 인사에는 등신"이라는 말을 써왔는데 전자는 그가 어려움 속에서도 나라를 구했다고 해서 붙여진 평가였다면 후자는 그의 인사정책의 난맥상을 비꼬는 평가였다.

67) 《서울신문》 1950년 1월 15일.

언급, 의회가 대한원조법안을 결국은 통과시킬 것이라고 믿고 있음을 피력하였다. 이어서 그는 "대한민국은 침략과 전복을 일삼는 공산도배 제국주의의 무력공격에 대하여 단호히 물리치고 혁혁한 전과를 거두고 있는 아시아에서 유일한 국가이다. 아시아에서 어떤 국가는 동요하고 공포를 받아 위축되고 일대국(一大國)은 패배하였으나 대한민국은 불굴의 결심과 용기를 가지고 성공을 확신하여 계속 투쟁하는 것"이라고 주장하였다.68)

우리는 여기에서 이승만이 남한과 국부는 다르다는 점을, 국부의 몰락은 미국의 정책의 잘못이기도 하지만 국부 자체에도 문제가 있다는 점을 반복하여 지적하고 있음을 알 수 있다. 이것은 외교적 수사가 아니라 실제로 그가 중국 국부의 멸망원인이 무엇이었는가를 정확하게 보고 있었다는 점을 보여준다. 그는 앞서 강조하였듯이 표면적으로는 장개석과 같이 항상 반공연대를 외쳤지만 남한이 국부와 동일시되고 자신이 장개석과 동일시되는 것에 대해 매우 불쾌해했고 또 동일하지도 않다고 생각하고 있었다.

1월 25일에도 그는 원조법안 부결과 관련하여 다시 담화를 발표하였는데 "처음에는 우리뿐만 아니라 미국의 정부와 언론도 경악하였지만 사실을 살펴본 결과 중국에 대한 정책으로 많은 쟁론이 있어오던 나머지 국회의원 중에서 중국과 한국 사이의 관계가 어떠한 것을 막론하고(중국과 한국이 각각 어떤지를 혼동하고) 현재의 원동정책(遠東政策)을 반대하는 의도로 투표한 것이 어망홍류(漁網鴻流)로 우리가 손해를 받게 된 것"이라면서 "결국 트루먼 대통령과 국회의원 모두가 한국원조를 정지해서는 안 된다는 인식에 일치하여 상당한 원조가 계획대로 계속해서 올 것"이라고 강조하였다.69)

지속적인 원조에 대한 믿음뿐만 아니라 대중국정책을 둘러싼 논쟁이 결국 한국에 대한원조법안을 부결시켰고 그 와중에 한국이 피해자가 되

68) 《서울신문》 1950년 1월 21일 ; 《大統領 李承晩 博士 談話集》(1953), p.146.
69) 《서울신문》 1950년 1월 26일 ; 《大統領 李承晩 博士 談話集》, p.196.

었다는 주장이었다. 이는 그가 왜 남한은 국부와 다르다고 주장하였는가의 이유가 되기도 하는 것이었다. 대만 국부와의 반공연대를 강조하면서도 그들을 비판하고 그들과의 차별을 분명하게 설정하여 우리는 국부가 아니고 나는 장개석이 아니라고 주장하는 데서 이승만의 현실주의적인 인식과 정책의 한 사례를 볼 수 있다. 위의 1월 20일의 담화에서 이승만은 소련에 미리 패배의식을 갖고 있거나 한국의 상황을 절망적이라고 여기고 있는 미국의 조야를 향해 "'소련의 힘은 너무 강력하고 한국에 대한 돈은 쥐구멍에다가 물을 붓는 것과 같다'고 말하는 자는 백림을 상기하라"고 주장하였다.

같은 시점에 미국에서 이승만과 비슷한 인식을 보여준 사람은 케난(George Kennan)이었다. 당시 케난은 세계정치에 대해 깊이 꿰뚫고 있던 몇 안 되는 사람이었다. 케난은 의회의 청문회에서 중국과 한국을 비교하면서 이미 1949년 6월 16일에 다음과 같이 말하고 있었다.

> 오늘날 나는 중국정부가, 마땅히 대항해야 할 것들에 대해 대항하기 위해 갖추어야 할 권위와 대중적 존경과 내적 자기규율을 어느 곳에서도 갖고 있지 못하다고 믿는다. 남한 국부의 경우는 전적으로 다르며 그들 스스로가 단호함과 열정을 보여준다면 그들은 좋은 기회를 가질 수 있을 것으로 생각한다. 나는 그들은 좋은 기회를 가졌다고 본다. 나는 그것이 확실하다고 말하지는 않겠다. 그리고 나는 그들이 반도에서 살아날 수 있을 것이라고 보장할 수도 없다. (그러나) 우리가 그들에게 경제적 지원을 한다면, 적어도 나는 우리가 걸어볼 만한(지원할 만한—인용자) 가치가 있는 기회이며, 그것이 우리가 할 일이라고 생각한다. 경제적 지원이 없다면 나는 그들이 생존할 수 없을 것으로 본다. 왜냐하면 경제적 지원 없이 내버려진 인민들로부터 나오는 불안정과 경고는 공산주의자들이 활용하는 요소의 하나이고 그들은 기회를 잡으면 그것을 매우 잘 이용할 것이기 때문이다.

이어서 케난은 "그것은 매우 중대한 차이"라고 진술하고 있다.[70]

그럼에도 불구하고 어쨌든 남한에 대한 위의 비판적 견해들은 당시 미국에서는, 그리고 남한의 일부에서도, 여론을 타고 있던 주장이었다. 즉 반공이 독재를 정당화하여 주고 민주주의 없이 공산주의와의 경쟁에서 승리할 수 있겠느냐는 것이었다. 또한 몰락 직전의 남한 경제상황 역시 지원을 어렵게 하고 비판을 강화시켰다. 매큔(George M. McCune)이 지적하였듯이 의회의 반대자들은 애치슨의 연설을 듣고 "남한은 곧 공산화될 것"이라면서 "미국의 더 많은 대한 원조는 '쥐구멍'에다 돈을 쏟아붓는 것"이라고 공격하였다(강조는 원문 그대로).[71] 그러나 이승만은 베를린 위기에도 불구하고 미·영·불의 단호한 조치가 베를린은 물론 서독까지 위기에서 구했음을 들어 한국을 아시아의 베를린과 서독에 비유하면서 단호한 정책과 지원을 강조한 것이었다.

이승만은 또한 한국은 "공산국가와 매일매일 싸우는 동북아세아대륙에 있어서 유일한 자유국가"라면서 "대한민국의 유지는 절대 필요한 것"이며 그렇지 않을 경우 "자유세계권 내에서 이탈될 수도 있을 것"이라고 경고하였다. 이승만은 단순히 한국의 방위를 위해 구걸하는 방식을 택하지 않았다. 그는 한국의 방위가 동아시아는 물론 세계의 세력 균형과 공산세력의 팽창 방지, 그리고 미국의 국익에 도움이 된다는 식으로 접근하였다. 이 호전적인, 그러나 현실주의적인 반공주의자는 한국의 유지 문제를 다룰 때 그것을 단순히 한국의 문제로만 한정하여 교섭하거나 요구하는 방식이 아니라 동북아정세나 세계냉전구도에서 한국의 위상, 그리고 한국이 공산화되었을 때의 일본방위의 난관, 미국의 동아시아정책의 난관을 들어 접근하였던 것이다.

애치슨 역시 한국을 포기하지 않았음은 언급할 필요조차 없다. 그는

---

70) Committee on International Relations, U.S. House of Representatives, *Selected Executive Session Hearings of the Committee, 1949~50*, Vol. Ⅷ: *United States Policy in the Far East*, Part 2: *Korea Assistance Acts, Far East Portion of the Mutual Defense Assistance Act of 1950* (Washington: U.S.G.P.O, 1976), p. 47.

71) George M. McCune, *Korea Today* (Cambridge: Harvard Univ. Press, 1950), p. 255.

의회의 대한원조법안 부결 이후 즉각 다음날 트루먼에게 의회의 결정을 반대하는 다음과 같은 내용의 서한을 보냈다.

> 우리는 대한민국에 대해 다만 방어만을 제공할 수는 없습니다. 우리는 지금까지 그것의 계속적인 생존에 필요한 경제적, 군사적, 기술적인, 그리고 다른 지원들을 약속하여 왔기 때문입니다. … 우리의 제한된 지원이 계속된다면 공화국(남한—인용자)은 계속 생존할 수 있는 좋은 기회를 갖게 될 것입니다. 그러나 만약 그러한 추가적인 지원이 거부된다면 그 기회는 상실될 것이고 아마도 우리의 모든 노력들은 수포로 돌아갈 것입니다. 제가 판단하기에 우리가 의회의 이 결정을 이 문제에 대한 최종적인 결정으로 받아들여야 한다면 그것은 미국외교정책의 한 재앙이 될 것입니다.[72]

1월 12일의 연설이 방어를 포기한 것이라면, 또는 그러한 의사를 조금이라도 내포하였던 것이라면 이러한 서한은 이해하기 어려운 것이다.
트루먼 역시 서한을 받자마자 이를 공개하면서 "나는 애치슨 장관의 견해에 전적으로 찬성한다"며 의회에 대하여 19일 표결에 대한 재고, 수정을 요청하였다.[73] 애치슨은 자신의 회고록에서도 하원에서 한 표 차이로 대한원조법안을 부결시킨 데 대해 "1월 19일에 쓰리고 예상치 못한 강타를 맞았다"고 기록하고 있어 의회의 부결이 예상치 못한 것이었음을 보여주고 있다.[74] 사실상 1950년 초반의 한미관계에서 애치슨 연설은 결정적인 중요성을 갖고 있지 않았다. 이승만은 물론 한국정부와 여론의 입장에서 가장 중요하게 다루어진 것은 원조법안의 통과문제였다. 애치슨의 연설과 원조 결정, 트루먼과 애치슨의 다른 언명들, 그리고 이에 대한 남한의 반응을 종합하여 보면 큰 줄기에서 남한과 미국

---

72) Dean Acheson, *Strengthening : The Forces of Freedom — Selected Speeches and Statements of Secretary of States Acheson, Feb. 1949~Apr. 1950* (Washington: USGPO, 1950), pp. 174~175.
73) 《서울신문》 1950년 1월 23일.
74) Acheson, *Present at the Creation*, p. 358.

은 1950년에 와서는 그간의 갈등과 균열을 좁혀 하나의 방향으로 수렴해 가고 있었다.

1월 19일에 하원에서 대한원조법안이 부결되자 1월 20일 장면 대사가 애치슨을 직접 만나려고 하였다. 이것은 애치슨을 직접 만나 의사를 확인해보라는 이승만의 지시에 따른 것이었다. 그러나 애치슨의 의회 출석 관계로 그를 만나지 못하자 장면은 미국무성 동북아시아담당 차관보 버터워스(W. W. Butterworth)를 만났다. 버터워스를 만나서 장면은 전날 대한원조법안이 하원에서 한국에 유리하게 처리되지 못한 데 대해 한국의 우려를 전달하고, "한국이 미국의 태평양방위경계선에서 제외되고 또 전날 하원에서 대한원조 잔액분이 부결된 조치가 겹쳐 미국은 이제 과연 한국을 포기할 것인지 아닌지 하는 심각한 문제를 제기하게 되었다"고 말했다. 그러나 버터워스는 "그와 같은 견해에 동의할 수 없다"고 정면으로 부정하면서 "한국의 위치는 어떠한 방향으로 방위선이 구획되더라도 그 선에 의한 이익의 정의를 초월해 있다"고 말했다. 이것은 곧 애치슨의 인식 및 진술과 동일한 것이었다. 장면은 또한 버터워스에게, "'국무장관을 방문하여 한국에 대한 국무장관과 대통령의 선의를 한국정부는 확신하고 있으며 미국은 한국을 포기하지 않을 것이라는 자신의 신념을 전달하라'는 훈령을 이승만 대통령으로부터 받았다"고 언명하였다.75)

그동안의 이승만의 대미 강경노선과 발언에 비추어 볼 때 1950년 들어 미국의 대한정책에 대한 이승만의 태도는 오랜 불신과 반발이 완화되어 있고 누그러뜨려져 있을 뿐만 아니라, 오히려 신뢰하는 듯한 경향으로 바뀌어 있음을 알 수 있다. 또 그 때까지 항상 주장하였던, "미국은 자신들의 세계전략에 따라 결국 한국을 버릴 것"이라는 주장에서 벗어나 "미국은 한국을 포기하지 않을 것이라고 믿고 있다"고 언급하고 있다. 이것은 1950년 들어서의 이승만의 변화였으며 한미관계의 변화이기

75) "Memorandum of Conversation, by Mr. John Z. Williams of the Office of Northeast Asian Affairs"(Jan. 20, 1950), *FRUS, 1950*, Vol. VII, pp. 11~14.

도 하였다. 애치슨의 연설이 한국을 버린 것이라면 이러한 반응은 이해할 수 없는 것이었다. 결국 1월 20일 이승만은 "미국의 의회와 정부는 대한원조 제공을 포기하지 않을 것"이라는 성명을 내었고 애치슨은 이승만의 이 성명을 받아 곧바로 무초에게 훈령을 내려 이승만의 "훌륭하고 온건한 성명"에 감사한다는 뜻을 전하였다.[76] 그리고 1월 21일에 트루먼은 의회에서 〈대한원조계획의 재심을 요구하는 성명서〉를 발표하였으며 장면은 애치슨을 1월 28일에 만났다. 이때 장면은 1월 12일의 애치슨 연설에 대한 이승만과 한국국회의 감사서한을 전달하였다.

1월 26일에는 남한정부와 미국정부는 비공산국가에 대한 강력한 지원을 위해 1949년에 제정된 미국의 〈상호방위원조법〉(The Mutual Defense Assistance Act)에 의거하여, 남한에 대한 미국의 방위원조를 명문화한 〈대한민국정부와 미합중국정부 간의 상호방위원조협정〉을 체결하였다.[77] 이 협정은 내용의 온건함에도 불구하고 실제적으로는 1월 12일의 '연설'보다는 더 항구적이고 법제화된 관계의 제정이자 지원규정이었다. 따라서 중국에 대한 정책을 발표하는 한켠에 작게 끼워진 1월 12일의 연설보다 결코 덜 중요하다고 할 수 없는 것이었다. 1월 29일 애치슨은 "대한원조의 계속을 확신한다"는 내용의 서한을 이승만에게 발송하였다.[78] 결국 2월 9일에는 미국하원에서 대한원조법안이 가결되었고 2월 10일에는 이 법안이 상원을 통과하였다. 이에 대한 한국에서의 반응은 1월 12일의 연설에 대한 반응과는 비교할 수 없는 것이었다. 남한은 환호하였고 북한은 더욱 비난의 논조를 강화하였다.

그렇다면 1월 12일의 연설은 사실상 한국전쟁의 기원 및 발발과는 아무런 관련이 없음을 보여준다. 그것은 대한정책이 약화되었다는 어떠한 징표도 담고 있지 않았다. 그 연설은 미국의 대한원조를 축소하거나 추

---

76) "Memorandum of Conversation, by Mr. John Z. Williams of the Office of Northeast Asian Affairs"(Jan. 20, 1950), *FRUS, 1950*, Vol. VII, p. 13, fn., No. 4.

77) 한국 외무부, 《大韓民國外交年表 — 附 主要文獻, 1948~1961》, pp. 168~170.

78) 한국 외무부, 《大韓民國外交年表 — 附 主要文獻, 1948~1961》, p. 12.

가원조를 거절하려는 것도 아니었다.[79] 뿐만 아니라 미국의 대한정책을 날카롭게 추적하며 하나하나에 신경을 곧추세워 예민하게 반응하고 있던 북한과 남한 모두에게서 어떤 중요한 변화의 조짐도 일어나지 않았다. 결국 이 연설은 우파와 좌파의 대립적인 사후해석과는 달리 전쟁의 기원 및 발발과 직접 관련이 없었다. 그렇다면 이 연설의 내용은 어떻게 해석하여야 하는가?

우선 애치슨은 한국을 특별히 의도적으로 제외한 것은 아니었다. 그는 그냥 원래의 미국의 정책을 반복하였을 뿐이었다. 의도적으로 제외하였다는 것, 또는 의도적으로 포함시키지 않았다는 것과 원래의 정책을 그대로 이어받았다는 것 사이에는 커다란 차이가 있다. 애치슨은 무엇을 그대로 반복하였는가? 이 연설은 새로운 어떤 것이 아니라 당시에 존재하였던, 49년 12월에 승인된 미국의 대아시아 정책의 전반적 기조를 담고 있는 NSC 48 시리즈의 내용을 그대로 반복하고 있는 것에 불과했다.[80] 애치슨이 제시한 방어선은 이미 49년 말에 NSC 48/2에 동일하게 나와 있는 방어선을 반복하여 말하고 있을 뿐이었다. 그리고 NSC 48/2 자체도 또한 그에 앞서 구체화된 개별국가들에 대한 정책을 반복하고 있을 뿐이었다. 문맥상 이는 정확하게 일치한다. 따라서 이 연설이 어떤 새로운 내용을 담고 있다거나 그 때까지는 포함되어 있던 한국을 새로이 배제한 것은 아니었던 것이다.[81] 이것은 또한 맥아더의 구상이기도 하였다. 그것은 이에 대한 버터워스의 위의 설명을 보아도 그렇고 애치슨의 보좌관이었던 배틀(Louis Battl)의 증언 역시 새로운 내

79) Robert K. Sawyer, *Military Advisers in Korea*, pp. 102~103.

80) 〈NSC 48/2 : The Position of United States with Respect to Asia〉(Dec. 30, 1949), Etzold, and Gaddis, *Containtment : Documents on American Policy, 1945~1950*, p. 251 ; 신복룡, “한국전쟁의 원인에 관한 한 고찰—D. 애치슨의 연설을 둘러싼 논쟁을 중심으로,” 건국대학교 사회과학연구소, 《사회과학》 제 12 집(1988), pp. 53~72.

81) 〈NSC 48/2 : The Position of United States with Respect to Asia〉(Dec. 30, 1949), Etzold, and Gaddis, *Containment : Documents on American Policy, 1945~1950*, pp. 269~276.

용이 아니라 NSC에서 토의된 내용들이었음을 증언하고 있다.[82)]

결국 애치슨 연설은 미국의 전반적인 대한정책, 즉 '미국의 범위'라는 기조에서 벗어나 있지 않았던 것이다. 그것은 여전히 내부적인 자생력을 강조하는 그 때까지의 미국외교정책의 연장선상에 있는 것이었다. 이것은 특히 NSC 48과 맥아더의 구상의 연장이었던 것이다. 따라서 이것은 사실상 한국전쟁과 직접 관련이 없을 뿐만 아니라 그것에 어떤 청신호를 준 것은 아니었다.[83)] 북한-소련이 고무된 것은 50년 초의 이 연설 때문이 아니라 앞서 살펴보았듯이 중국혁명과 그 혁명에서의 미국의 정책, 주한미군 철수라는 장기적인 사태 때문이었다 이 연설 하나가 그들에게 전환을 가져오거나 청신호를 보내주었던 것은 아니었다. 만약에 이 연설이 전환이었다면 이승만이 누그러져 온건하게 전환하였다는 것은 설명되지 않는다. 그렇지 않다면 이승만이, 북한을 고의적으로 유도하려는 애치슨의 의도를 알고, 또 자신도 유도하려고 미리 감사를 표시했다는 해석이 있을 수 있는데 이것은 최악의 이중 악마적 논리로서나 가능한 상상일 것이다.

이승만은 그러나 1월 12일의 애치슨 연설에 대해서는 사의를 표하였으나 5월 초의 코넬리(Tom Connally) 상원의원의 발언에 대해서는 극단적인 반감을 드러내었다. 코넬리는 미리 발간된 5월 5일자의 《유에스뉴스 월드리포트》지와 〈세계정책과 초당외교〉라는 제목으로 한 회견에서 "한국은 (미국의) 방위전략의 필수적인 부분이 아니지 않느냐"는 질문에 대하여 "그렇다. 어떤 전략적 중요성을 가진 그런 위치는 아니다"라고

82) Francis Heller (ed.), *The Korean War : A 25 Year Perspective* (Kansas: Lawrence, 1977), pp. 12~13.

83) 신복룡, "한국전쟁의 원인에 관한 한 고찰—D. 애치슨의 연설을 둘러싼 논쟁을 중심으로," 건국대학교 사회과학연구소, 《사회과학》 제 12 집(1988), pp. 53~72 ; Bok-Ryong Shin, "A Consideration on the Origins of the Korean War—In Connection with D. Acheson's Speech before the National Press Club," in War Memorial Service-Korea, Korean War Research Conference Committee (ed.), *The Historical Reillumination on the Korean War* (1990), pp. 77~104.

대답해 커다란 물의를 불러일으켰다.[84] 이승만은 드럼라이트 대리대사와의 면담에서 "코낼리 상원의원의 그와 같은 발언은 남한으로 쳐들어와서 점령해 버리라고 공산주의자들을 노골적으로 청하는 것이나 다름없는 것"이라며 "상원 외교위원장인 코낼리 의원은 말할 것도 없거니와 그 어느 누구건 올바른 정신상태에 있는 사람이라면 어떻게 그와 같은 터무니없는 말을 할 수 있을 것인지 이해가 안 간다"고 말했다. 덧붙여 이승만은 "코낼리의 발언이 큰 해를 끼쳤다", "그가 국무성과 밀접한 관계에 있다는 점에 비추어 그의 발언이 미국의 정책과는 관계가 없는 것이라고 말하기가 쉽지 않을 것"이라고 언급, 그것이 국무성의 정책이 아닌가를 강력하게 의심하였다. 물론 드럼라이트는 이승만의 이러한 항의에 대해 "미국이 대한민국에 대한 군사적 경제적 정신적 지원을 계속하고 있으며" "미국이 매우 큰 규모의 군사고문단을 한국에 배치하고 있으며 한국의 경우보다 더 큰 규모의 미국 군사고문단은 터키뿐"이라며 미국의 대한 지원이 약한 것이 아님을 강조하였다.[85]

국무성의 러스크 극동담당차관보 역시 코낼리의 발언에 대해 웹 차관에게 "일본-류큐슈-필리핀 방위선에 대해 공개적으로 언급하는 것은 한국정부와 국민의 신뢰를 해치고 결과적으로는 상존하는 공산주의자 등의 침략위협에 대처하는 그들의 의지를 해칠 뿐"이라는 "국무성의 우려"를 전달하도록 건의하였다.[86] 이승만의 반응은 최초에 애치슨의 연설에 대해서는 큰 의구심을 품지 않았으나 그 뒤로도 계속하여 나도는 소문들, 즉 남한이 미국의 극동방면 전략구역 내에 있지 않다는 소문 때

---

84) "Memorandum by the Assistance Secretary of State for Far Eastern Affairs (Rusk) to the Under Secretary of State (Webb)" (Annex-Excerpt From : *U.S. News & World Report,* May 5, 1950), *FRUS, 1950,* Vol. Ⅶ, pp. 65~66.

85) "Memorandum of Conversation, by the Charge in Korea (Drumright)" (May 9, 1950), *FRUS, 1950,* Vol. Ⅶ, pp. 77~78.

86) "Memorandum by the Assistance Secretary of State for Far Eastern Affairs (Rusk) to the Under Secretary of State (Webb)," *FRUS, 1950,* Vol. Ⅶ, pp. 64~65.

문에 예민해진 반응이었다. 그는 당시에 드럼라이트와의 면담에서 급속히 성장하고 있는 북한공군을 견제할 수 있는 공군지원 문제에 관해 미국이 반응을 보이지 않고 있는 데 대해서 특히 불만을 품고 있었다. 이승만은 1950년 봄 이후 북한의 공군력이 급증하고 있는 사실을 정확하게 인지하고는 이에 맞설 수 있는 공군력의 지원을 미국에 요청하였으나 미국은 이를 지원하지 않고 있었다.

결국 애치슨 연설과 그와 트루먼의 전문들, 상호방위원조협정의 체결, 원조법안의 통과와 지원 등을 보면서 우리는 미국의 대한정책이 1950년에도 지속적으로 이승만이 북침할 정도로 지원이나 공약을 강화하지 않으면서 동시에 내부의 전복적 기도에 대해서는 생존할 수 있을 만큼의 자생력을 가지게 하는 정책의 지속이었음을 알게 된다. 이러한 정책을 반영하여 50년 들어서 미국은 남한의 경제안정에 대해서 더욱 커다란 관심을 기울이고 있었다. '미국의 범위'는 지속되었던 것이다.

3. 전쟁 직전의 유도 : 한 반대가설

마지막으로 우리는 미국과 남한의 유도문제를 다루어야 한다. 즉 한국과 미국의 전쟁 직전의 마지막 대북정책과 책략을 다루어야 한다. 제1권에서 이미 논구하였듯 북한은 1950년 6월 25일 군사적으로는 어떠한 선제적인 도발도 당하지 않았다. 그럼에도 불구하고 그것이 유도책략의 존재 여부를 명쾌히 해주지는 않는다. 선제공격의 선택과 유도의 존재 여부는 서로 다른 주체에 의한 다른 결정의 영역이기 때문이다.

이 문제에 대한 우리의 결론을 미리 말하면 유도가 비록 있었더라도 소련과 중국, 북한리더십의 전쟁결정이 없었다면 그것이 전쟁으로까지 발전하지는 않았을 것이라는 입장이다. 물론 사실을 말하면 전쟁을 불러일으킬 적극적인 유도는 존재하지 않았다. 이러한 진술이 미국과 남한의 모든 정책을 정당화시켜 주는 것은 아니다. 두 한국은 48년질서시기 동안 첨예한 정통성 경쟁과 넘치는 통일의지로 인해 항상 전쟁으로 치달을 가능성을 안고 있었다. 그러나 이것이 전쟁으로의 이행에 대한 어떤 필연성을 담고 있다거나 그것을 정당화시켜 주는 것은 결코 아니었다. 이 점에서 한국전쟁은 구조의 발현이라기보다는, 그것이 없었던 것은 아니나, 그 구조를 타파하려는 주체의 결정, 즉 능동적인 선택의 측면이 훨씬 더 많았다.

북한은 정치적으로는 숱하게 도발당하였다. 그러나 정치적 도발은 상쇄적인 것이었다. 말을 바꾸면 북한 역시 비슷한 정도의 정치적 대남 도발을 지속적으로 감행해왔다. 군사적 도발의 경우 비슷하였다. 1953년 이후에도 남북한의 대결은 항시 전쟁의 위험을 내포하였다. 특히 북한이 다시 급진군사주의로 급격하게 경도된 60년대 말의 경우 전쟁 일보 직전의 벼랑에까지 갔었다. 이때의 위기는, 박정희로 하여금 "한판 붙겠다"는 각오를 하게 할 만큼 북한의 군사모험주의가 남북한관계를 전쟁 일보 직전의 위기로 몰아넣었었다. 북한은 박정희의 목숨을 직접 노려 그의 집무실을 향하여 기습부대를 침투시키기까지 했었다. 그러나 결과적으로 전쟁은 발발하지 않았다. 그 이유는 간단했다. 리더십이 전쟁을 선택하지 않았기 때문이었다.87)

먼저 남한부터 보자. 이승만은 1950년 5월 11일 외신기자와의 주례회견에서 "5, 6월이 위기"라고 밝혔다. 그는 이렇게 말하고 있다.

> 북한괴뢰집단의 침범 위협은 우리의 신경을 날카롭게 하고 있다. … 여러분은 우리의 우려를 이해할 것이다. 우리의 생명은 위협을 받고 있고 우리의 백성은 위험에 빠지고 있다. 미국의 모든 원조는 북한을 침범하기 위한 것이 아니고 다만 방어를 위하여서만 사용될 것이다. … 나는 5월과 6월이 위기의 달이며 무엇이 일어날지도 모른다고 생각하고 있다.88)

---

87) 군사모험주의가 실패한 뒤 김일성은 이를 주도한 자들을 숙청해버렸다. 그러나 이 숙청이 군사모험주의 자체 때문에 숙청한 것인지 아니면 그것이 실패한 데 따른 숙청이었는지는 알려지지 않았다.

88) 《조선일보》 1950년 5월 14일.

다음날 그는 국내기자단과의 정례회견에서 이를 다시 강조하였다. 기자가 인민군의 38선으로의 집중문제를 묻자 이에 대해 그는 사실 여부를 확인해주지는 않고 다만 "우리는 지금 전쟁중에 있다는 것을 알아야 할 것이다. 남들은 냉전이라고 하지만 우리는 냉전이 아닌 것이다. 이북사람들이 내려오건 말건 우리는 충분한 군사적 준비가 노상 되어 있어야 할 것이다"라고 답하고 있다.[89] 5월 19일에는 이승만은 기자들이 최근에 '5, 6월 위기설'이 많이 들리고 있다고 하자 "이는 우리나라뿐만 아니라 다른 나라에서도 하고 있는 세계적으로 유포되고 있는 말"이라고 대답하고 있다.

같은 시기에 국방장관 겸 국무총리서리 신성모는 기자회견을 통하여 더 직접적이고도 상세하게 남침위협을 언급하였다. 먼저 5월 10일 상오 11시 30분에는 '남침위협설'에 대한 질문을 받고 "북한이 공군은 좀 있으나 최후의 승리는 보병인 만큼 염려없다"고 그가 항상 해오던 대로 간단하게 호언하였다.[90] 그러나 그는 같은 날 오후 3시의 기자회견에서는 북한군의 병력과 무기증강, 병력의 38선 집중, 38선에의 신부대의 편성 등으로 항목을 나누어 상당히 구체적인 언급을 하고 있다.

> 북한괴뢰집단은 군사력 강화에 힘쓰고 있는데 금년 정월 이후로 새로 3만 명의 모병을 하였으며 또한 상당수의 비행기와 탕크도 증가하고 있다. 그들은 군사력 증강과 아울러 그 병력을 38선에 집중시키고 있는데 그 실례로 한만국경에 배치되었던 부대를 38선으로 이동중에 있다. 그리고 38선상에는 강력한 유격대를 배치하여 남침을 기도하고 있다. … 우리는 이러한 제반 사정을 잘 알고 있으므로 이에 대한 만반의 준비를 갖추고 있으니 국민제위는 두려워 말고 정신적 무장을 공고히 하는 동시에 국군을 절대 신뢰하기 바라는 바이다. … 현재 우리 해군은 일조 유사시에는 동서이북에 대한 하고 싶은 행동을 언제던지 할 수 있는 힘과 태세를 갖추고 있다.[91]

89) 《서울신문》 1950년 5월 12일.
90) 《조선일보》 1950년 5월 10일.

북한군의 동태에 대해 극도의 날카로운 신경으로 관심을 초집중하고 있으되 남한국민에게는 안심하라고 부탁하고 있음을 알 수 있다. 같은 기자회견의 일문일답에서는 그는 다음과 같이 말하고 있다.

기　자 : 북괴군이 전면적으로 남침해올 경우를 생각할 수 있는가?
신성모 : 물론 있다고 생각하고 준비하고 있다.
기　자 : 북괴군이 침공해올 때 이북으로 반격해 넘어갈 수는 없는가?
신성모 : 만약 이런 사태가 일어난다고 하면 한쪽에 십만씩 이십만 병력이 전쟁상태로 들어가고 또 이 상태는 종국을 보기 전에는 아무도 중지시킬 수도 없다. 우리는 십분의 실력을 가졌으나 대통령의 뜻을 받들어 시기를 바라고 자중하고 있는 것이다.[92]

신성모는 또한 같은 날 다음과 같은 말을 하였다고 외신[AP]에 보도되었다.

정보에 의하면 북한괴뢰군은 대거 38도선을 향하여 이동하고 있다. 북한괴뢰군은 현재 총계 18만 3천 명의 훈련된 병력을 가지고 있는데 이들은 비행기와 173대의 전차와 37척의 군함의 지지를 받고 있다. 이 이외에 유격군 9천 명과 보안대 청년단이 있다. 북한공산군을 지원하기 위하여 중공군에 가담하였던 약 2만 5천 명의 북한인이 북한에 귀환한 바 있다.[93]

---

91) 《서울신문》, 《조선일보》 1950년 5월 12일.

92) 《서울신문》 1950년 5월 12일.

93) 《조선일보》 1950년 1월 12일 ; "Report of the United Nations Commission on Korea — Covering the Period from 15 December 1949 to 4 September 1950," *General Assembly Official Records : Fifth Session Supplement*, No. 16 (A/1350) (Lake Success, New York, 1950), pp. 153~154, in Compiled by Ministry of Foreign Affairs, Report of the United Nations Commission on Korea, IR-IO, No. 9-5 (Nov. 1961).

신성모의 언급은 거의 정확한 것이었다. 당시의 군사적 상황의 핵심은 중국으로부터의 병력의 이동과 38선으로의 집중이었는데 이 두 가지를 전부 인지하고 있었던 것을 말한다. 다른 많은 미국과 남한의 비밀 정보문서들도 중국으로부터의 조선인 병력의 유입이 가장 중요한 관건이라고 반복하여 언급하고 있었다. 아직 38선으로의 이동이 전면화되지는 않고 있었으나 신성모의 발언은 북한 내부의 움직임을 상당히 정확하게 알고 있지 않으면 하기 어려운 발언이었다.

이미 1950년 1월에 남한의 육군참모총장은 북한당국의 침략계획은 무르익어 그의 실천은 오직 시간문제로 믿어진다고 유엔한위에 보고한 바 있었다. 그는 공격이 다가오는 그 해 봄에 개시될 것인지 아닌지에 대해서는 알 수 없다고 했다. 그러나 그는 "남한의 약화 징조가 보일 때에는 언제든지 공격이 시작될 것"이라고 믿고 있었다. 그는 북한정권은 한미군사동맹에 의한 무기지원으로 국군이 현저하게 증강되기 이전에 모든 필요한 준비를 완료하려고 서두르고 있다고 말했다. 참모총장으로서 그는 "북한에서 진행되고 있는 모든 준비로부터 파악할 수 있는 위험에 대해 알고 있었던 것"이다.[94]

5월 15일에는 신성모는 〈시국담화〉를 발표하여 "우리나라 근해에 소련선박과 북한선박이 출몰하여 시설과 경비상태를 탐지하려는 것이 분명하다"며 경비를 강화하라고 지시하였다. 그는 '5, 6월 위기설'에 대해서는 "이 두 달은 비단 우리나라만이 아니라 세계적으로 위험을 내포하고 있는 달"이라고 답변하였다.[95] 6월 8일 신성모는 좀더 직설적으로 전쟁 발발이 임박하였다는 듯이 "현하 긴박한 사태에 대비하여 국가총동원령을 발표할 것을 고려중"이라고 언급하였다.[96] 긴장의 파고가 시

---

94) "Report of the United Nations Commission on Korea — Covering the Period from 15 December 1949 to 4 September 1950," *General Assembly Official Records: Fifth Session Supplement*, No. 16 (A/1350) (Lake Success, New York, 1950), pp. 147~148.

95) 《서울신문》 1950년 5월 17일.

96) 《서울신문》, 《조선일보》 1950년 6월 10일.

시각각 높아지는 감을 느낄 수 있다. 그러나 이 이후 전쟁 발발 위협과 소문에 대한 이들의 더 이상의 상세한 언급은 찾아보기 어렵다.

이후 남한의 대응은 위기에 대한 대응이 아니라 공격을 용이하게 해주는 방향으로 움직이고 있었다. 5월의 경고와는 달리 전쟁 직전인 6월의 남한의 움직임은 전쟁을 억제하는 형태이거나, 최소한 정상적인 형태가 아니라 공격을 불러들이는 듯한 형상으로 바뀌어갔다. 우선 6월 10일에는 후방은 물론 전방을 담당하는 사단장급 지휘관의 전면적인 이동이 있었다.[97] 육군본부의 참모들도 전면적으로 변경되었다. 일시에 최고지휘부와 일선지휘부가 바뀐 것이었다. 이 전면이동은 세 가지 점에서 매우 이해하기 어려운 것이었다. 무엇보다도 중요한 점은 공격 임박의 정보가 누차 빈발하는 미묘한 시점에서 전면이동이 있었다는 점이었다. 다른 하나는 건군후 최대의 인사이동으로서 전례가 없는 일선 지휘관과 본부참모에 대한 거의 전체의 동시 대이동이었다는 점이었다. 이러한 인사이동은 위기시에는 어느 나라에도 없는 대응방법이었다. 세 번째는 보직과 임지의 배치가 전혀 합리적이지 않았다는 점이었다. 어떤 고급지휘관은 전혀 모르는 보직을 맡았고 전투경험이 없는 지휘관이 최전방으로 배치되기도 하였다.

보직과 임지의 이러한 전격적이고도 전면적인 교체는 공식기록들이 지적하고 있듯이 "그 시기로 보아 매우 이해하기 어려운 문제"이자 "5～6월의 위기에 대한 대비책으로서는 여러 가지 점에서 불투명한 점이 있었다."[98] 이로써 지휘관들은 임지에 부임하여 자기 부대상황도 파악하지 못한 채 전쟁을 맞아야 했다. 육본의 지휘부도 자기 임무를 파악하지 못한 상태에서 전쟁을 맞이하였다. 이 전격적인 교체로 인해 새로 형성된 육본의 지휘부는 지휘부대로 허둥댔고, 새로 부임한 지휘관들은 그들대로 허둥대었다. 중앙과 전선이 모두 혼란에 빠져들었던 것이다. 6월 10일의 인사에서 작전국장에 임명되었던 장창국(張昌國)에 따르면

---

97) 〈육군역사일지 1945～1950〉, 《한국전쟁사 1 — 해방과 건군》, pp. 761～763.
98) 육군본부 정보참모부, 《북괴 6·25 남침 분석》, p. 58 ; 《한국전쟁사 1》, p. 762.

새로이 부임한 상태에서 업무의 일관성은 고사하고 자신의 업무영역조차 제대로 파악하지 못한 채 전쟁을 맞았다.[99] 그는 이 인사이동은 "당시에도 말이 많았다"고 증언한다.

육본의 인사국장에 임명된 신상철은 6월 25일까지 부임조차 하지 못하고 있었다. 전방에 배치된 사단내의 최전방 경비연대와 직후방 연대 사이에도 부대 교대가 있었다. 6월 10일은 남침설이 끊임없이 운위되고 있던 때였다. 차량과 총포, 장비 역시 정리와 수리를 명목으로 전쟁 발발 수주전에 각 부대별로 차례로 부평 병기창으로 보내어 각 부대는 전쟁이 발발하였을 때 무기와 장비의 형편없는 부족에 시달렸다. 부대별로 약 3분의 1 정도가 병기창으로 보내졌다. 이것은 육본 병기감실의 전체계획에 따른 것이었다. 즉 중앙의 계획과 지시에 의한 것이었다. 지휘관 이동과 병기 축소에 뒤이어 병사들의 축소도 진행되었다.

6월 22일에는 각 부대에 내려져 있던 비상경계를 6월 23일 24시를 기하여 해제, 상당수의 병사들이 토~일요일 외출외박을 떠났다. 남한군은 당시에 북한군의 평화공세에 대비하여 6월 11일부터 경계태세에 들어가 있었다. 그러나 이것을 6월 23일 해제한 것이었다. 더욱이 비상해제와 함께 농번기휴가를 실시하여 전방의 부대들은 병력의 3분의 1이 비어 있는 상태였다. 이미 남한군은 4월 17일부터 5월 3일까지 16일 간, 5월 9일부터 6월 2일까지 25일 간을 각각 메이데이와 총선을 대비한 대기태세 및 경계태세에 있었기 때문에[100] 13일 간의 마지막 경계가 풀리자 장교들과 사병들의 외출과 이완의 정도는 매우 컸다. 지난 80여 일 중에 60일 이상을 대기 및 경계태세로 근무하였던 관계로 경계해제와 함께 주말을 맞아 많은 수가 외출외박을 나갔고 농번기휴가로 인해 더욱 많은 수가 외출외박을 나가 전방은 허술한 상태로 빠져들어갔다.

---

99) 장창국 면담(서울, 1992년 4월 10일). 장창국은 1950년 6월 10일의 인사이동시 참모학교 부교장에서 강문봉에 이어 작전국장으로 임명되었다. 《한국전쟁사》 권 1, 개정판, p. 574.

100) 육본 정보참모부, 《북괴 6·25 남침 분석》(1970), pp. 58~60 ; 《한국전쟁사 1》, pp. 763~765.

6월 24일에는 저녁에 육군회관 낙성식이 열려 전후방부대의 많은 지휘관들이 이에 참석하였다가 만취된 상태로 귀가하였다. 일부 지휘관은 원대에 복귀하지 못하고 부대를 벗어나 서울에서 취침중이었다. 총참모장 채병덕은 아예 이튿날 새벽까지 술을 마셔 숙취상태에서 전쟁 발발 소식을 들어야 했다. 적지 않은 장교들이 한국인들의 오랜 주벽인 2차, 3차를 마시기 위해 다음날 새벽에도 술을 마시고 있었다. 채병덕 역시 마찬가지였다. 그리고 그는 술이 덜 깬 상태에서 6월 25일 전투를 지휘하였다. 남한군 지휘부는 6월 25일 새벽 현재 "숙취상태에서 전쟁을 맞았던 것"이다. 이러한 현상은 몇몇 일선부대에서도 있었다. 이를테면 강릉을 담당한 8사단도 육본의 검열을 받고는 참모단은 6월 24일 검열단과의 주연 후 여관에서 취침중 전쟁을 맞았다.101) 〈그림 10-3〉은 전쟁 발발 직전의 남한의 군사적 움직임을 좀더 명료하게 보여줄 것이다.

4월 17일 12시 00 ~ 5월 3일 12시 00 : 대기태세
4월 29일 24시 00 ~ 5월 2일 12시 00 : 경계대세
5월 9일 12시 00 ~ 5월 27일 12시 00 : 대기태세
5월 27일 12시 00 ~ 6월 2일 12시 00 : 경계대세
6월 11일 16시 00 ~ 6월 23일 24시 00 : 비상경계태세

〈그림 10-3〉 전쟁 발발 직전의 남한군의 움직임

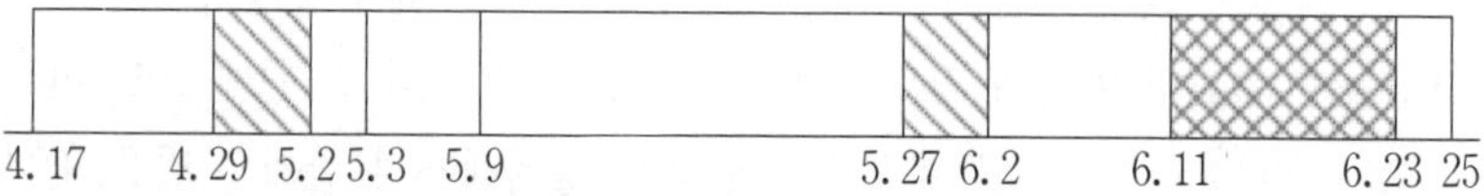

이 모든 것들이 개문(開門)을 위한 어떤 치밀하게 조직된 음모라고 판단할 근거는 발견되지 않는다. 그러나 한 가지는 분명하게 암시하는데 그것들은 하나같이 지휘체계를 혼란에 빠뜨리며 전투력을 매우 약화시키는 방향으로의 체계적인 움직임이었고 그것이 전쟁 발발이 임박하

101) 《한국전쟁사》 1권, 개정판, p. 241.

면서는 더욱 가속화되었다는 사실이다. 6월 10일 이후의 남한군의 움직임은 분명히 '이상한 것'이었다. 이것은 유도의 방향이 아니라 오히려 그 반대의 방향, 즉 오열(五列)이 존재하여 개문하는 방향으로의 움직이었음을 시사한다. 권위있는 미국의 두 개의 공간사(公刊史)는 조심스럽게 오열의 존재를 인정하며 그들의 호응으로 북한군이 쉽게 서울로 진입할 수 있었음을 기술하고 있다.[102] 그러나 그 오열이 국가기구 내 오열이었는지 민간인 오열이었는지를 이들 공간사들은 진술하고 있지 않다.

남한정부와 군에서 오열들은 적지 않았을 것이다. 우리는 이미 숙군의 과정을 보면서 남한군 내에 좌파가 얼마나 뿌리깊고 광범한가를 본 바 있다. 1950년 6월 현재 이들은 거의 제거되었지만 좌파조직의 특성상 완전히 근절되지는 않았을 것이다. 정부 내의 첩자 색출도 1950년까지 계속 이어졌고 그 해의 체포자 역시 적지 않았다. 김형욱에 따르면 1949년 3월부터 1950년 2월까지 남한 내무부장관을 하던 김효석은 '위장된 공산주의자'였다.[103] 즉 공산주의자인데 이를 위장하고 장관에 취임하였다는 뜻이다. 김형욱은 한국의 중앙정보부 초기에 오랫동안 부장을 하면서 초기 좌파에 관한 비밀정보를 많이 알고 있던 자였다. 내무장관이 위장된 공산주의자였기 때문에 남한의 상당한 정보는 북한으로 쉽게 갔을 것이다. 김효석은 김성곤의 집에 기거하면서, 남로당 간첩 이재복을 자기 집에 은닉시켜준 혐의로 체포된 김성곤을 풀어주기도 하였다. 당시 수사기록을 상세히 전하는 김형욱에 따르면 김성곤도 역시 좌파였다.

이승만에 따르면 김효석을 내무부장관으로 천거한 사람은 신성모였다. 그는 신성모의 천거로 임명이 되었으며 결국 반이승만적인 성향으

102) Roy Appleman, *South to the Naktong, North to the Yalu*, p. 34 ; James F. Schnabel, and Robert J. Watson, *The History of the Joint Chiefs of Staff*, Vol. Ⅲ : *The Korean War*, Part Ⅰ(Historical Division, Joint Secretariat, Joint Chiefs of Staff, 1978), p. 98.

103) 김경재, 《김형욱 회고록 : 혁명과 우상》 2권(서울: 전예원, 1991), p. 27.

로 인해 1950년 2월 해임되었다.[104] 개인적으로 이승만은 김효석을 알지 못했으나 신성모의 천거로 장관에 임명한 것이었다. 1950년의 총선거에서 그는 경찰을 동원하여 민국당 후보들을 지원함으로써 반감을 사고 있었다. 우리가 앞서 살펴본 대로 그는 전쟁이 발발하자 북한으로 가담하여 이승만의 허위의 '북침지령'을 폭로한 바 있다. 그런데 주목할 것은 김효석은 남한의 북침을 주장하면서, 북침을 가장 많이 가장 강도 높게 주장해온 신성모에 대해서는 전혀 비판하지 않고 있다는 점이다. 그는 이상하리만치 신성모의 그 많던 북침주장이나 "3일이면 평양 점령이 가능하다"는 발언 등에 대해서는 한마디도 언급하고 있지 않다.[105] 그는 자신을 천거한 데 따른 예우를 한 것일까?

한국전쟁 당시 하급장교로 전쟁에 참여하여 가장 많은 인명피해를 보았으며 나중에 박정희와 함께 군사쿠데타를 성공시켰던 육군사관학교 8기생들은 단체회고록에서 "각 분야별로 일사불란하게 진행되었던 전투력 약화작업은 북괴남침 직전까지 끝냈다", "그 당시 이와 같은 일련의 이적행위가 우연의 일치라고 볼 수 없었으며 군수뇌부에는 눈에 보이지 않는 북괴간첩 침투의 의혹을 느끼게 한다"고 진술, 신성모와 채병덕을 거의 공개적으로 간첩에 가깝게 묘사하고 있다. 당시의 참전장교들의 눈에도 남한군 수뇌부의 조치는 간첩, 또는 오열의 조치로 보였던 것이다. 그들은 현장의 군사지휘관의 입장에서 여러 가지 정황증거를 대면서 이러한 견해를 강력하게 개진한다.[106]

이 문제와 관련하여 필자는 당시에 제2사단장을 맡았던, 한국군의 군번 1번인 이형근과 면담하였는데 그는 면담에서 군사지휘관의 입장에서 당시를 분석하면서 "군내외에서 좌익분자들이 작전을 오도하였다"고 주장한다.[107] 이 진술에는 두 가지 의미가 들어 있다. 하나는 군수뇌부

---

104) "The Charge in Korea (Drumright) to the Secretary of State" (May 2, 1950) *FRUS, 1950*, Vol. VII, pp. 59~62.

105) 《조선인민군》 1950년 7월 8일.

106) 陸軍士官學校 第八期生會, 《老兵들의 證言》(1992), pp. 69~71.

107) 이형근 면담(서울, 1992년 9월 4일).

에 좌익분자가 있었다는 점이고 다른 하나는 그들이 작전을 오도하였다는 점이다. 그의 분석은 군사적으로 상당한 설득력과 치밀성을 갖고 있었다. 당시의 문건을 보면 그는 전쟁 발발 직전에 이미 방어를 위해서는 어떻게 해야 하는가를 놓고 채병덕과는 다른 견해를 제시하여 격렬하게 논쟁을 벌였던 인물이다. 남침 정보에 기초하여 적절한 방어를 해야 한다는 그의 계속적인 건의가 육본에서 받아들여지지 않자 그는 아예 사표를 제출하기까지 하였었다. 자신의 회고록에서 이형근은 앞에서 필자가 든 사실적 이상현상을 "6·25 초기의 10대 불가사의"라면서 "육군지휘부에 통적(通敵) 분자가 있었다"고 주장한다.[108]

한 KLO 대원의 증언에 따르면 채병덕의 부근에 있었던 인물 중에는 공산주의자가 있었다. KLO 대원이었던 이연길(李淵吉)에 따르면 채병덕 주위의 대위 신치호는 간첩이었다. 그는 채병덕과 매우 친근했고 무시로 그의 방에 출입할 수 있었다. 그는 항상 정보에 목말라했고 무언가를 찾는 눈치였다. 신치호는 국방부 소속의 장교였으나 부내(部內) 보고체계를 무시한 채 채병덕에게 직접 보고하였다. 이연길에 따르면 그를 통해서 "육본의 정보는 전부 빠져나갔다." 그러나 신치호는 전쟁이 나고도 한강을 건너오지 않았다.[109] 그는 북한쪽으로 가담하였을 가능성이 높았다.

G-2에 따르면 첩자를 잡는 남한군의 방첩대에도 북한의 이중간첩이 있었다. 주문진 방첩부대 대원인 김규용은 동시에 북한의 정치보위부원으로서 이중간첩이었기 때문에 체포되었다.[110] 또한 춘천을 담당하는 방첩대원 중에도 이중간첩이 있었다. 미군 극동사령부 정보부대 소속의 박승무(朴勝武)가 증언하는 바에 따르면 자신이 전쟁이 나서 서울에 침투하였다가 체포당해 내무서에 끌려갔는데 그곳의 내무서장은 전쟁 전 자신이 정보수집을 위해 북한에 수차례 파견하였던 춘천의 미군정보부 대원이었다. 그는 그곳에서 중좌계급장을 달고 내무서장을 하고 있었던

---

108) 이형근, 《군번 1번의 외길인생》(서울: 중앙일보사, 1993), pp. 55~57.

109) 이연길 면담(서울, 1993년 12월 4일).

110) KMAG, *G-2 P/R*, No. 199 (Oct. 18, 1949).

것이다.[111] 박승무는 그가 정보부대요원으로 있으면서 이중간첩으로 활동, 남한의 정보를 북한에 제공하고 있었던 것이라고 증언한다.

7사단 공병대대 3중대 부중대장이었던 최종성(崔鍾聲)의 증언은 더욱 흥미롭다. 최종성이 6월 25일 전쟁이 발발하여 부대에 복귀하자 부대가 텅 비었다. 이유는 공병대대장 최정훈 소령의 결혼식 때문이었다. 결혼식은 6월 25일 오전 9시 서울 운현궁이었다. 최정훈의 결혼식 때문에 부대의 지휘관들은 전부 그 전날 서울로 갔다. 따라서 부대지휘부는 비었고 사병들은 이미 비상해제와 농번기휴가로 소수만이 남아 있는 상태였다. 7사단 공병대대는 북한군의 탱크를 막을 장애물 하나 설치하지 않았었는데 이것 역시도 공병대대장 최정훈의 의도였다.

최종성은 최정훈이 결혼식을 오전 9시에, 그것도 부대에서 먼 서울에서 하여 의도적으로 부대를 비우게 했다고 증언한다. 그는 "통례적으로 오전 9시에 하는 결혼식도 있느냐?"면서 "북괴가 6·25 남침을 도발한 그날 서울 운현궁에서 오전 9시에 결혼식을 거행한다는 최 소령은 북괴의 남침지령을 받고 위장결혼식 각본대로 연출하였다"고 진술한다. 전쟁이 났을 때 7사단 공병대대는 일직 사관만이 남아 있었다. 최종성이 부대에 복귀하였을 때 최정훈과 작전과장은 다시는 나타나지 않았다. 물론 7사단은 형편없이 궤멸하였다. 그는 육군수뇌부의 전쟁 직전의 조치들을 두고 "남침의 기회를 제공한 방침"이라고 규정한다.[112]

육사 8기 출신 장교들이 좌파첩자로 오늘날까지도 의심하는 채병덕의 사인(死因)은 논란이 많았다. 그는 총참모장에서 해임된 뒤 1950년 7월 23일 신성모로부터 "부산지구에 분산되어 있는 병력과 부상장병을 수습하여 하동지구로 침입하는 적을 저지하라"는 명령을 받았다. 그는 급히 1개 대대 수준의 부대를 편성하여 24일 진주로 이동하였다. 부상병이 포함된 대대 수준의 부대로 질풍같이 밀고 내려오는 인민군을, 그것도 북한이 상승의 군대로 자랑해 마지않던 방호산의 6사단을 저지하

---

111) 《증언록》 박승무, 전편위 사료 735호(1982년 3월 22일 면담).

112) 《노병들의 증언》, pp. 338~340.

라는 명령이었다. 부대의 무장(武裝) 역시 다만 소총으로만 무장하였다. 필자가 만나본 당시의 군장교들 대부분은 이를 "초전에서의 패전의 책임을 지고 죽으라"는 명령이나 다름없었다고 증언한다. 당시 채병덕의 수행원이었던 정래혁은 "어째서 전 참모총장이며 소장이었던 그가 겨우 1개 대대 정도의 안내역을 맡았는지 알 수 없다"고 증언하며 박정희시기의 공식기록 역시 "이해할 수 없는 일"이라고 기록하고 있다.[113] 채병덕은 실제로 7월 27일 현장에 도착하여 "한국군복을 입고 있는 부대"로부터 사격을 받고 사망하였다.[114] 남한의 공식기록에 의하면 이들은 인민군 부대인데 남한군으로 위장한 것으로 기록되어 있다.

그가 죽었을 때 인민군이 죽였는지 국군이 죽였는지, 그 총탄이 발사된 방향에 대한 논란이 무성하였다. 당시의 30연대장 김용주는 "어디서 날아왔는지 알 수 없는 총탄을 맞고 그는 그 자리에서 숨졌다"고 증언한다.[115] 이것은 국군이 죽였는지에 대한 명백한 해답은 되지 않지만 어쨌든 인민군이 죽인 것이 확실하였다면 있을 수 없는 논쟁인 것 또한 사실이었다. 만약에 우리가 이것을 음모론의 논리를 뒤집어 적용하여 음모적으로 해석할 때는 어떻게 될까? 다음과 같은 흥미 있는 세트가 설정된다. "신성모와 채병덕이 음모적으로 짜고서 북한을 위하여 개문, 호응하였는데 채병덕이 총참모장에서 해임되자 이에 이 음모가 폭로될 것을 두려워한 신성모가 그를 무장도 시켜주지 않은 채 대군을 방어하게 해놓고는 뒤에서 국군으로 하여금 쏘게 하여 사살, 비밀을 묻어두려 하였다"는 내용이 된다. 물론 이를 받아들이기는 어려울 것이다.

상황과 사실은 첩자의 존재를 강력히 시사한다. 그러나 남한 내부의 비밀첩자는 있었더라도 아마도 증명되기 어려울 것이다. 그들은 전쟁의 발발과 함께 북한으로 넘어갔거나 서울에 잔류하였을 것이다. 또 이러한 문제를 북한이 공개할 리도 없다. 이 진술이 남한정부와 군의 고위관계자들이 북한첩자였다는 소리와 반드시 일치하는 것은 아니다. 그들

113) 《한국전쟁사》 2권, 개정판, pp. 841~842.
114) 《한국전쟁사》 2권, pp. 612~618 ; 《한국전쟁사》 1권, 개정판, pp. 825~827.
115) 《한국전쟁사》 2권, 개정판, p. 841.

은 몰랐을 수도 있고 또는 자신들은 정상적으로 한 것이 결과적으로 첩자의 건의에 의하여 그렇게 한 것이었을 수도 있다. 그러나 그들의 부하 중 누군가는 이러한 호응을 위해 오열로 행동하였음을 지우기는 어렵다.

결론적으로 필자는 남한의 일부 직위에 있는 사람들은 유도가 아니라 오히려 오열로 행동하였다고 본다. 즉 북한으로 하여금 침략하게 유도하는 것이 아니라 북한의 침략을 알고 이에 호응하여 도와주었다는 것이다. 결과적으로는 두 가지가 동일하지 않았느냐는 질문이 있을 수 있는데 이는 전혀 다르다. 전자는 남한을 위해 우파들이 음모적으로 유도하였다는 것이고, 후자는 북한을 위해 좌파들이 음모적으로 개문하였다는 점에서 정반대인 것이다. 한국전쟁의 발발은 유도의 논리보다는 호응의 논리, 또는 개문의 논리가 더 잘 들어맞는다. 아마도 이러한 개문조차도 남한과 미국을 위해 전쟁을 유도하려고 개문하였다고 해석한다면 그것은 우리로 하여금 사태의 진실을 꼬고 또 꼬아서 오직 악마적 음모에 의해서만 역사는 움직이는 것으로 해석하지 않으면 안 되는 지점으로 끌고가는 것 이상이 아닐 것이다.

그렇다면 이 시기 미국은 과연 전쟁 발발을 알고 있었을까? 이 문제에 대한 논쟁은 너무 오래 너무 상세하게 전개되어 왔기 때문에 재론하지 않겠다. 특히 CIA와 맥아더의 정보기관들은 당시에 격렬한 비난과 공격에 직면하여야 했다. 서울과 동경, 그리고 워싱턴의 미국 정보기관들은 전부는 아니지만 일부는 남침정보를 알고 있었다. 그러나 그것은 합의된 어떠한 결론과 대책을 도출해내지는 못하였다. 이를테면 KLO(Korea Liaison Office)와 같은 정보기관은 49년 6월에 주한미군의 철수에 대비하여 창설되었는데 오늘날 그 기관이 남겨놓은 정보 중에 해제된 것만 보아도 북한의 움직임은 거의 노출돼 있었다. 이 기관은 극동군사령부 총사령관 맥아더의 정보참모인 윌로비(Charles Willoughby)가 운용한 것이다. KLO는 1949년 6월 주한미군의 철수에 즈음하여 극동군 총사령부 정보참모부 소속으로 서울에서 창설되어 6월 1일부터 50년 6월 24일까지 총 1,195개의 정보보고를 제출하였다.[116] 우리는 오늘날

이 1,195개의 보고서들을 전부 이용할 수는 없다.

책임자는 애버트(Leonard Abbott) 중령이었다. KLO의 임무는 북한의 "정부, 군사 및 산업기관에 침투하는 것이었다." KLO는 정보수집기관일 뿐만 아니라 한국내에 있는 미국과 한국의 정보조직과 극동군 총사령부의 정보참모부(G-2) 간의 연락기구이기도 하였다. 즉 서울과 동경의 정보를 연계해주는 기구였다. KLO 보고서에 따르면 KLO의 정보요원들은 북한군의 사단이나 총참모부에 직접 침투하였기 때문에 주한 미군사고문단이나 다른 정보기관이 갖고 있던 것보다 더 정확한 정보를 갖고 있었다. 총참모부까지도 동경의 맥아더 사령부에 의해 침투당했던 것이다. 우리는 이미 북한에 대한 엄청난 양의 G-2 정보보고를 보면서 미군이 운용하는 첩보조직의 방대함과 깊숙함을 알고 있다. 이를테면 1947년에 보안간부훈련대대부 총참모부에 침투한 첩자는, 내부 비밀조직표를 빼내서 표면적으로는 보안대대부라는 이름을 계속하여 사용하고 있었지만 내부적으로는 이미 인민군이라는 명칭을 사용하고 있으며 완벽한 군대조직편제를 갖추고 있었고 사단별 구성까지 마쳐놓았음을 서울과 동경으로 보고하고 있었다.[117] 총참모부의 내부구성까지 완벽하게 보고되고 있었다.

KLO 정보요원들은 북한의 "책임있는 정부지위들"(*responsible governmental positions* — 원문 그대로)에까지 침투하였으며 산업기관에도 침투하였다. 우리가 입수한 KLO의 정보보고는 G-2를 비롯한 다른 정보기록들과 마찬가지로 1950년 6월 25일로 가까워 오면서는 이용할 수 없는 것이 많다. 기밀해제가 안 되었거나 삭제된 문서들일 것이다. 현재까지 입수한 KLO 첩자들의 정보보고에 따르면 이 정보요원들은 1950년 현재 북한 내의 움직임을 상세하고 알고 있었음을 보여준다. 또한 이들이 상당한 지위에까지 깊숙이 침투하였음을 보여주고 있다. 북한 내부에서 보내오고 있는 이들 정보요원의 보고는 매우 구체적이다. 이를테면 한

---

116) MA, RG 23, 〈Willoughby Papers〉.

117) ISNK, No.42(Aug. 1~15, 1947).

부대에 관해 보고할 때 그 부대의 위치를 제시할 때는 주변의 도시, 철도역, 큰 지형지물과의 거리 및 방향을 정확하게 보고하며 막사를 보고할 때는 건물의 개수, 색깔, 크기(좌우길이와 면적), 벽의 재질, 지붕의 모양과 재질, 차량의 경우 보유대수와 종류, 차량번호, 때로는 제작연도와 제작사까지 상세하게 보고하고 있다. 특정부대가 주둔지에서 벗어나 훈련을 떠날 경우 그 규모, 훈련의 내용과 일과의 구성, 지휘관의 계급 등까지 파악되어 보고되었다.

인위에서 내려간 명령서들, 특히 김일성이 장교들을 모아놓고 한 비밀연설까지 중간에 입수되어 보고되고 있다. 우리는 이미 앞에서 북한의 소개(疏開)와 도로, 교량의 수리 등을 다룰 때 KLO 보고서를 그 전거로 삼은 바 있다. 그리고 상호연계가 없는, 여러 지방에 있는 첩자들이 특정의 내용을 특정의 기간에 집중적으로 동시에 동경으로 보고하는 것을 볼 수 있다. 이를테면 소개문제, 도로와 교량의 상태와 수리에 대한 보고, 인민군의 주둔지와 이동, 비행장의 건설, 수리 및 현재의 이용 가능 여부 등에 대한 정보보고가 특정시기에 집중되고 있음을 알 수 있는데 이것은 동경에서 북한에 침투해 있는 첩자들에게 이러한 문제들에 대해 보고하라는 비밀지령을 내렸기 때문으로 보인다. 1950년 6월의 KLO 정보보고들을 입수하지는 못하였지만 1950년 봄의 보고들을 볼 때 인민군의 이동상황과 38선으로의 전면집중은 동경에 의해 완벽하게 파악되고 있었다고 보인다. 정보 중에는 "6월에 공격할 것"이라는 내용의 정보도 G-2와 KLO 보고서에서 반복되고 있었다. 물론 이러한 정보는 당시에 난무하던 침략날짜와 침략설 중의 하나였지만 그러한 정보가 취합되었던 것을 부인할 수는 없다. 최근에 비밀해제된 육군성의 5월 23일 정보보고는 한국에서 전쟁은 언제든지 일어날 수 있다고 보고하고 있다.[118]

윌로비는 나중에 자신들은 정보수집 임무를 다하였는데 워싱턴의 판단실수였다고 주장하였다. 자신들은 정보취합 임무를 다하였고 워싱턴

118) NA, RG 319, E 95, Box 130, ACS G-3 Operation Reports, 091 Korea.

에 이를 다 보고하였다는 것이었다. 그것은 CIA도 마찬가지였다. 미국에서는 나중에 이 문제를 두고 동경의 G-2, CIA, 국무성, 백악관 등이 정보인지 및 사전경고 여부를 놓고 격렬하게 논란을 벌였다. 즉 놀랐느냐 안 놀랐느냐의 논쟁이다. 이를테면 육군성 군사지원실장 렘니처(L. L. Lemnitzer) 소장은 하원에서 다음과 같이 답변하였다.

> ① 북한군은 남한에 수개월간 공격을 감행할 능력을 보유하고 있었다. ② 유사한 상황은 소련 주변의 다른 모든 지역에서도 실제로 존재한다. ③ 중앙정보국을 포함하여 어떤 정보기관도 한국을 임박한 공산침략의 지점으로 두지 않았다고 알고 있었다. ④ 그 침략은 나에게는 놀라운 것이었다.[119)]

렘니처는 정보가 임박한 침략을 경고하지 않았다고 지적한다. 그는 "저는 청문회를 마친 뒤 중앙정보국의 이용가능한 모든 정보를 검토했는데 그중 어느 것도 '중앙정보국 정보가 한국의 침략이 임박했다고 지적하고 있었다'는 힐렌쾨터의 증언에 기초하고 있는 상원의 성명과 암시를 지지하지 않습니다"라고 덧붙였다. CIA의 주장에 대한 반박인 것이다.

윌로비는 자신의 회고록에서 정보를 자세히 알고 있었고 1,195건 전부를 워싱턴에 보고하였다고 주장하였다.[120)] 그는 한국전이 발발하기 전 6개월 동안 417건의 특별정보가 제출되었다고 주장하였다. 따라서 자신들은 정보취득 임무를 완수하였으며 실수는 워싱턴이 하였다고 주장하고 있는 것이다. G-2와 함께 CIA 역시 마찬가지여서 논란에 빠져들었다. 특히 전쟁 직전인 6월 19일의 CIA 정보[121)]는 그것이 전쟁임박

---

119) NA, RG 330, E 199, Box 40, 1950년 6월 29일 국방장관실 "Memorandum for the Secretary of Defense — Intelligence Aspects of Korean Situation".

120) Charles Willoughby, and John Chamberlain, *MacArthur, 1941~1951* (New York: McGraw-Hill, 1954), p. 351.

121) "Memorandum by the Central Intelligence Agency — Current Capabilities of the Nothern Korean Regime," *FRUS, 1950*, Vol. Ⅶ, pp. 109~121.

의 내용이 없다하여 논란이 많았다. 당시에 CIA의 만주책임자를 맡았던 싱글러브(John Singlaub)에 따르면 CIA는 만주와 동북지방을 통하여 상당수의 한국인 정보원을 침투시켰고 이들은 침략에 관한 정보를 계속하여 보고하고 있었다.[122] 어쨌든 미국의 정보기관들은 거의 알고 있었던 것만은 분명하였던 것이다.

그렇다면 미군과 남한군은 전쟁을 사전에 준비하고 있었는가? 이 물음에 대한 해답을 준비하는 것은 그 자체가 바보스런 짓이다. 갈등하는 분계선을 마주하고 있으며, 전쟁의 위험성이 높은 곳에서 전쟁을 대비하는 것은 상식이다. 갈등의 현장에서는 항상 상황대비전략을 세우고 있어야 하는 것은 군사의 상식이었다. 미군과 남한군은 전쟁의 가능성을 항상 우려하였다. 남한군은 1950년 3월 25일 본격적으로 구체적인 방어계획을 작성하였다. 〈육본작전명령 38호 — 附 육군방어계획〉으로 알려져 있는 명령이 그것이다.[123] 비밀등급은 '군사극비'(軍事極秘)이다. 이 방어계획명령은 채병덕 시절이 아니라 그가 해임되어 신태영이 육군 총참모장대리를 맡고 있던 때에 작성된 것이다. 논란의 초점인 채병덕은 50년 4월 10일에 총참모장에 복귀하였다. 이 극비문건은 비밀에 묻혀 있다가 최근에 한국군 관계자들에 의해서 발굴된 자료인데 북한이 공격을 하였을 경우에 대비한 대응작전을 담고 있다.

명령은 "북한이 공격하면 후퇴후에 반격"한다는 내용이 주요 골자였다. 제1, 7, 6, 8사단 및 17연대는 각각 전방의 해당된 지역별로 방어구역을 배당받았다. 또한 2, 3, 5사단은 육본 예비사단으로서 전방사단을 지원할 증원부대로서의 계획을 작성하라고 명령받았다. 물론 이러한 배당 및 증원계획은 실제의 전쟁에서도 거의 그대로 집행되었다. 이 명령에 따르면 '제1 ; 방침'은 "군은 중점을 의정부 방면에 지향하고 면전에서 적을 격멸하려 함"으로 되어 있었다. '제2 ; 작전지도요강'은 "부대배치"에 관한 것과 "전투 각기(各期)의 지도내용"이었다. 전투 각기의

---

122) John Singlaub, *Hazardous Duty*(New York: Summit, 1991), pp. 164~167.

123) 〈육본작전명령 38호〉(1950년 3월 25일), 〈육군 제6사단 작전명령 42호〉(1950년 5월 18일), 국방부 전편위 사료 제562호, 제740호.

지도내용은 "초기(경계선전투) 작전", "제2기(주진지전투) 작전", "제3기(최후저항선전투, 예비진지전투) 작전"(이상 원문 그대로)의 세 단계로 이루어져 있었다. 각 단계의 작전내용을 보면 〈표 10-1〉과 같다.

〈표 10-1〉 육본작전명령 제38호(1950년 3월 25일, 군사극비)의 작전단계별 내용

초기(경계선전투) 작전은 별첨부록 제2호 작전도(이 작전도는 오늘날 발견되지 않고 있다) A선에서 적의 진공을 지연시킴. 지연전투는 주진지 전면의 교량 및 도로의 파괴, 장애물의 포설(布設) 등을 실시하며 A선으로부터 철수하야 주진지 B선까지 이동함. (교량 및 도로파괴 등은 작명 별지 공병부록에 의거함.) (그러는) 일방 제2, 제3, 제5사단을 작명 별지부록 제2호 작성도와 여히 집결하는 동시에 독립전투부대(옹진지구) 및 제8사단은 각기 정면에서 주진지 작전이 유리하에 전개할 수 있게끔 극력 견제공격을 취하는 동시에 또 적의(適宜) 유격전을 철저히 감행하야 적의 동면측방을 위협함.
제2기(주진지전투) 작전. B선에서 화력의 집중 발휘 및 철저한 역습으로 가장 인강(靭强)한 전투를 실시하야 적을 진전(陣前)에서 격멸시킴. 만약 적이 아진지에 침입하였을 경우라도 백방수단으로 동선상에 교착시킴. 전선과 ○(판독불능)으로 전투지도상 불리한 경우에는 지연전투를 실시하면서 B선으로부터 점차적으로 철수하야 C선까지 이동함.
제3기(최후저항선전투, 예비진지전투) 작전. 전군의 전화력 및 역습으로 적의 전력을 철저히 진전에서 분쇄격파하야 최후까지 차(此)진지를 확보함.
각 부대의 임무. 1. 제일선부대. (1) 제1사단은 배비(配備)의 중점을 문산 정면에 지향하고 적의 내공(來攻)을 철저히 소모시켜 진전에서 격멸식힘. (5) 독립전투부대(제17연대). 제17연대는 주작전방면의 전투가 유리하에 전개할 수 있게끔 옹진지구 정면에서 철저한 방어전투의 전개 및 철저한 유격전을 실시하야 적의 서부측면을 위협함. 또 필요에 따라서는 신속히 해주 일대를 점령할 준비를 함.

이를 볼 때 남한군의 작전계획이 매우 구체적이고 상세하였음을 알 수 있다. 이러한 작전계획은 예하부대, 이를테면 제6사단 같은 곳에서도 준비하고 있었다. 역시 동일하게 '후퇴후 역습' 계획을 세워놓고 있었다.[124] 물론 내용은 실제의 전쟁이 발발했을 때를 상정한 명령이었다. 6사단의 명령이 존재한다는 사실은 다른 부대에서도 앞의 육본의 명령을 받아 방어계획을 작성, 대비하고 있었음을 의미한다. 즉 전쟁 직전에 남한은 최고지도부는 물론 일선부대까지 일률적인 방어작전을 구상하고 대비하였던 것이다. 그것이 명령의 내용과 같이 실제로 준비를 하였었느냐는 것은 물론 별개의 문제이다.

미군 역시 작전을 준비하였다. 최근에 기밀해제된 '극비' 문건 하나는 이 문제와 관련하여 흥미 있는 사실을 가르쳐주고 있다. 미육군참모부 G-4 전략병참분과 계획실에서 1950년 7월 25일 기안한 한반도 전부수복안[125]이 그것인데 이 안은 7월 31일경까지 적이 부산 부근에 도달할 것이며 단계적 반격으로 나아가서 9월 30일경에 인천상륙작전, 1월 30일까지 원산 평양 부근에 상륙한다는 작전안, 즉 훗날 실행되는 맥아더의 안과 거의 일치하는 내용을 담고 있다. 문제는 이 문건 안에 첨부된 군수연구시리즈 LD-SL-17이다.[126]

이것은 한국을 다시 장악하기 위한 작전시리즈의 하나로서 전반적인 계획은 ① 현재 북한군에 점령되어 있는 영토를 다시 장악하고 ② 북한군을 괴멸시키며 ③ 전체 한국(*the entire country of Korea*)을 점령하기 위한 것이었다. 그런데 이 문건이 전쟁 전에 만들어진 것이 분명한, 이 LD-SL-17 이전의 문건에 근거하여 작전을 수립하고 있다는 점이다. 즉

---

124) 〈육군 제6사단 작전명령 42호〉(1950년 5월 18일), 국방부 전편위 사료 제740호.

125) NA, RG 319, E 97, Army—Operations General Decimal File 1950~1951 091 Korea Box 34, 〈극비〉. "Mobilization Requirements Program of the Army Logistic Study for Projected Operations".

126) "Logistic Study Covering Operations in Korea"(LD-SL-17), 1950년 7월 육군성 군수참모계획실 전략군수분과 작성.

"작전은 1950년 6월 25일 북한군에 의한 남한에 대한 침략일과 함께 시작되었다"는 표현이 나와 있는 것으로 봐서 실제로 전개되고 있는 작전들이 이미 6월 25일 이전에 만들어진 대로 따라가고 있음을 보여준다. 인천상륙작전도 물론이었다. 이는 1950년 6월 25일 이전에 작전이 준비되어 있었던 것임을 보여준다.

블레어(Clay Blair)에 따르면 "모든 상정 가능한 상황에 대해 전쟁계획을 작성한 국방성은 전쟁 직전 1950년 6월 19일 SL-17로 알려진 계획을 승인하여 배포했다."[127] 그것은 북한인민군의 침략을 상정하고 그럴 경우 부산교두보까지 후퇴하여 방어선을 형성하고 인천에서 상륙한다는 내용이었다. 필자가 입수한 위의 문건의 앞의 것을 말하는 것일 것이다. 블레어 역시 이 문건은 입수하는 데 실패, 제시하지 못하고 있다. 그 문건의 작성자인 커티스(Donald McB Curtis)는 나중에 "1950년 6월 26일 주일에 총사령부는 갑자기 SL-17의 50개의 복사본을 요구했다고 기억했고 그는 맥아더는 여기에서 그의 인천상륙작전의 아이디어를 얻었다고 주장했다."[128]

1950년 5월과 6월에 미국의 고위 정치-군사 책임자들은 상당수가 동경이나 서울을 들렀다. 마치 미국의 안보관계담당자들이 극동으로 옮아온 것 같은 인상을 주었다. 그리고는 그 시기에 SL-17이 만들어졌다. 남한과 미국의 이러한 대비는 이른바 사전대비계획(*contingency plan*) 수준을 넘지는 않았다. 그러나 그것이 실제 전쟁이 발발하기 직전에, 또 실제 실행된 작전과 유사하게 마련되었다는 점에서 중요하였다.

이제 이 문제에 대한 결론을 내릴 때이다. 유도의 문제에 관한 한 우리의 결론은 흐루시초프의 다음 언명과 일치한다.

> 오늘날 많은 사람들은 당시 히틀러가 우리를 침공하리란 사실을 우리가 알고 있었는지에 대해 끊임없이 물어본다. 바꾸어 말하면 우리가

---

127) Clay Blair, *The Forgotten War*(New York: Anchor Books, 1987), p. 87.

128) "Letter, Colonel Donald McB. Curtis to the Editor, Army(July 1985)", Clay Blair, *The Forgotten War*, p. 87. 997, f. n. 2.

기습을 당한 것인지 아니면 사전에 무엇인가를 알고 있었는지 어느 쪽인가 하는 것이다.[129]

이 물음에 대한 흐루시초프의 대답은 "두 견해 모두 맞다"는 것이다. 그는 "우리가 독일의 공격을 예견하지 못했다고 말하는 것은 한마디로 어리석은 이야기"라면서 "조금이라도 정치적 감각을 지닌 사람이라면 우리가 완전히 속았다는 식의 생각, 즉 기습을 당했다는 생각은 하지 않을 것"이라고 주장한다. 그는 "그 구실이야 어떻든 선제공격을 하는 쪽에서 볼 때 압도적인 군사적 우세에 대한 확신이야말로 침공에 대한 진정한 근거를 제공한다"면서 "히틀러는 바로 그런 종류의 확신을 갖고 있었고 … 단지 침략에 필요한 여건을 창출하기만 하면 되었다"고 증언한다.[130]

한국전쟁은 독소전쟁에 대한 흐루시초프의 해석에 일치한다. 그것은 기습이었던가 아닌가? 이것은 오랫동안 논란이 되어오던 문제이다. 그러나 이에 대한 해답은 비교적 간단한 것이다. 그것은 기습이면서도 또한 기습이 아니었다. 북한이 공격을 개시하였을 때 그것은 남한에 대한 완전한 기습은 결코 아니었다. 남한은 49년 말부터 북한이 전쟁이 일으킬 것이라는 사실을 반복하여 강조해오고 있었다. 그러면서도 그것은 또한 기습이었다. 전격전(*Blitzkrieg*)이었던 것이다. 남한의 누구도 6월 25일의 전격전에 대해 준비하고 완벽한 대응책을 세우고 기다리고 있었던 것은 아니었다. 미국 역시 마찬가지였다. 이 두 말을 합치면 남한과 미국은 거의 알고 있었으나 완전히 예상하여 준비하고 있던 것은 아니었다. 미국이나 남한이 한국전쟁의 발발에 대해서 완전히 무지했다는 가설은 성립할 수 없다. 또 그들 모두가 전쟁의 발발을 사전에 정확하게 인지하고 대응하였다는 가설도 성립할 수 없는 것이다.

반대로 김일성과 박헌영은, 승리의 확신을 갖고 있었고 공격의 여건을 만들어내기 위하여 스탈린과 모택동에게 말한 대로 인민군을 결집시

---

129) *Khrushchev Remembers—The Glasnost Tapes*, p. 49.
130) *Khrushchev Remembers—The Glasnost Tapes*, pp. 49~50.

킨 다음에 거부당할 평화통일 제안을 하였고 예상대로 거부당하자 전격 공격을 개시하였다. 문제의 핵심은 리더십이 전쟁을 선택하지 않았고 소련, 중국, 북한의 합의가 없었다면 적어도 1950년 6월 25일에 시작된 실제의 그 '한국전쟁'은 일어나지 않았다는 것이다.

제 11 장

48년질서와 대쌍관계동학

48년질서의 가장 중심적인 갈등의 축은 의심의 여지 없이 남한과 북한의 갈등이었다. 남한의 경우 이 갈등은 1949년 6월을 계기로 하여 분명하게 변화하였다. 49년 6월 이전에는 잠재적이었으나, 이후에는 현재적(顯在的)으로 변화하였던 것이다. 말을 바꾸면 남한에서 정치대립의 축은 내적 대립에서 통일문제, 즉 남북대결로 전이하였다. 당시에 남한에서 가장 많이 불린 캠페인 구호는 "한번 뭉쳐 민국수립(民國樹立), 다시 뭉쳐 남북통일(南北統一)"이었다. 1949년 6월이 이 구호의 앞과 뒤의 분기점이었다.

남한정권은 내부를 정리하자 근본적인 대립구조를 타파하려 의욕하였다. 친일세력 숙청문제는 남북의 대결이 고조되어 가자 뒷전으로 밀려나기 시작하였고, 대결이 격렬해지자 이내 꼬리를 감추었다. 남북대결이 고조되자 내부의 구체제의 청산문제는 사라졌던 것이다. 새로운 의제의 제기는 기존 의제의 대체나 소멸을 결과한다. 49년 6월 시점은 단순히 남한만의 변화의 계기는 아니었다. 북한 역시 최대 공산주의연합을 실현하여 국토완정을 달성하기 위한 체제로 전이하였다. 북한의 사회 역시 군사화하였다. 48년질서의 한 주조자인 주한미군이 마지막으로 철수한 것도 1949년 6월이었다. 결국 전쟁으로의 이행의 한 분수령은 이미 1년 전에 놓여지고 있었던 것이다. 48년질서에서 남북대립의 모습과 정도는 어떠하였을까? 그것은 어떤 변화의 궤적을 그렸으며, 특히 전쟁 직전 마지막 순간의 남북대립의 성격은 어떠하였는가?

1. 북진통일론 : 국토완정론의 대응

내부를 정비하자 이승만은 1949년 6월 이후 점차 대북공세를 강화하였다. 그것은 북진통일론으로 구체화하여 나타났다. 이승만의 북진통일론은 공산당에 의하여 점령당한 실지 '북한'을 회복한다는 의미였다. 곧 실지회복론(失地回復論)이었다. 남한에서 가장 자주 반복된 구호는 "공산도배에게 빼앗긴 고토를 되찾고 북한동포를 해방하자"는 것이었다. '실지회복' 주장은 이승만의 기자회견은 물론 정부공식문서, 신문과 잡지에 넘쳐흐르는 공통된 표현이었다.

외무장관 임병직은 "대한민국의 사명은 오직 방공투쟁(防共鬪爭)에 있다"며 "방공투쟁의 제일목표는 3천만 민족의 소원인 실지회복에 있으며 분열된 국토의 통일"이라고 주장하였다. 나아가 그는 "암흑세계에서 신음하고 있는 1천만 동포를 구출함은 몽매에도 잊지 못할 우리의 염원이며 이를 달성함이 무엇보다도 급선무일 것"이라고 주장하였다.[1] 국가존재의 제일근거를 반공과 실지회복에서 찾고 있었던 것이다.

북한의 총선 제의에 대해 남한은 48년에 실시하지 못한 선거를 북한지역만 실시해서 남한국회에 채워넣으면 된다고 응수하였다. 반면에 북한이 보는 통일은 친일파들이 장악하고 있는 남한을 해방시켜 국토를 완정하는 것을 의미했다. 따라서 북진통일론은 남한을 해방하겠다고 의욕한 김일성의 국토완정론에 대응하는 북한해방론이었다. **국토완정론과 북진통일론이야말로** 전간기(戰間期) 동안 정면에서 맞물려 충돌

1) 임병직, "극동방위선과 민주보루 대한민국의 사명," 《국방》 1950년 2월, p. 6.

한 대립물이었다.

49년 6월 미군철수 이전에 이승만의 북진통일론은 공개적으로 천명되거나 정교하지 않았었다. 국토완정론 등장 이전의 민주기지론처럼 아직 구상과 의욕으로만 존재할 뿐이었다. 또는 내부의 국가건설이 더 시급했기 때문이었다. 6월의 전환점 이전에 이승만은 북진통일 의사를 공개적으로는 거의 밝히지 않았다. 있었다라도 아주 제한적 횟수에 그쳤다. 이를테면 1949년 2월 8일 이승만은 미 육군장관 로얄(Kenneth Royall) 및 주한미대사 무초와의 대담에서 "육군을 증강하고 무장시켜 이른 시일 안에 북진하고 싶다"고 밝혔다.[2] 2월 12일 이승만은 주미한국대사 장면과 개인고문 올리버에게 보낸 〈오늘의 한국정치상황〉이라는 장문의 각서에서 다음과 같이 말하고 있다.

> 만일 허용되기만 한다면 우리는 당장 넘어가서 파괴분자들을 벌하고 즉시에 질서와 평화를 확립시킬 수 있다. … 우리는 미국의 원조에 의존해서는 안 되며 더욱이 무장과 훈련으로 스스로 대비하지 아니하고 가만히 앉아 있을 수는 없다. 북한의 우리 국민들은 매국노들을 응징하기 위하여 붉은 군대 내에 우익충성분자들의 협력으로 일치단결하여 총궐기할 때에 자기들을 도와달라고 우리에게 호소하고 있다. 그러나 우리의 미국친구들이 국제전쟁으로 번질까 두려워하기 때문에 우리는 북한동포들을 도울 수가 없다. 우리들은 미국정부의 정책을 무시하고 싶진 않지만 그렇다고 우리가 미국의 정책입안자들의 변하기 쉬운 정견없는 정책을 따른다면 한국은 조만간 또 하나의 중국처럼 밀어붙여질 것이 뻔한 일이다. 그러므로 우리는 양심이 명하는 바에 따라 우리 미국친구들이 무엇을 하든 무슨 말을 하든 상관없이 우리 자신의 계획을 가지고 앞으로 나아갈 결심이다. 우리들 자신이 서서히 재갈과 쇠사슬에 매이도록 내맡겨 대항도 이미 때가 늦었다는 것을 깨닫는 것보다는 우리가 차라리 싸우다가 부서지는 편이 낫다고 하는 국민감정이 지금 한국을 지배하고 있다.[3]

---

2) "Memorandum of Conversation, by the Secretary of the Army(Royall)" (Feb. 8, 1950), *FRUS, 1949*, Vol. Ⅶ, p. 957.

이에 따르면 이승만은 중국사태 이후 미국이 제2의 중국국부처럼 한국을 버리는 것에 대해 상당히 우려하고 있었음을 알 수 있다. 그는 미국을 신뢰하기 어렵다고 거듭 언명하고 있다. 따라서 미국의 정책과 충고에 관계없이 자신의 구상을 밀어붙일 각오를 피력하고 있는 것이다. 2월 17일에도 이승만은 비슷한 내용의 편지를 올리버에게 다시 보냈다.

> 우리들은 스스로의 방위를 가능하게 할 만큼의 무기를 신청하였다. '정당한' 경로를 통하여 우리는 수없이 요청하였으나 얻은 것은 아주 적은 수량이다. 38도선 너머 저쪽 병사는 여전히 사정거리가 긴 총으로 우리를 쏠 수 있다. 이런 총을 못 가진 우리 경찰은 적의 손아귀에 달려 있다. 사태를 악화시키지 않도록 우리 군대는 38도선 연변에 주둔하지 못하도록 되어 있다. 우리는 침략전쟁을 시작할 의도는 없지만 적어도 우리 자신을 지킬 권리만은 가지고 있고 싶다. 지금까지 우리는 그렇지 못했다. 우리는 탱크, 화염방사기, 그리고 다른 현대적 무기를 요구하였다. 그러나 그들의 말은 항상 '지금 오고 있는 중이오'라든지 '탱크는 이 땅에 맞지 않는다'는 등등의 딴소리뿐이다. … 우리는 한국이 '너무 작고 너무 늦은' 또 하나의 실패담으로 될 것을 매우 걱정하고 있다.[4]

내면적으로는 이렇듯 북진의사를 밝히면서도 이승만은 공개적으로는 북진의사가 없음을 밝혔다. 오히려 그의 주관심은 주한미군 철수와 국부의 몰락에 직면한 중국사태였다. 1949년 4월 18일 그는 주한미군의 철수와 관련해 특별성명을 발표하여 "현재 한미간에 주한미군 철수 논의가 진행중이나 이것이 한국에 대한 책임이나 관계를 조금이라도 감소시키는 의도가 아니며 오히려 국민의 안전과 행복을 위하여 경제, 군사, 기술, 기타 모든 원조를 다시금 강화하는 것"이라고 주장하였다.[5] 주한미군 철수를 격렬하게 반대하여 왔으되 이것이 실현되기에 이르자

---

3) Robert Oliver, *Syngman Rhee*, pp. 222~223.

4) Robert Oliver, *Syngman Rhee*, p. 223.

5) 《서울신문》 1949년 4월 19일.

미국의 지원이 줄어드는 것은 아니라고 언명하여 국민의 불안을 줄이고 다른 대안이 모색되고 있음을 암시한 것이다. 무초와 국무성은 같은 시기에 각각 이승만의 공개를 확인하는 담화를 발표하였다. 이 담화들은 한국군의 자체 치안능력을 인정하고 있었다.[6]

악화된 중국사태는 그에게 주한미군 철수에 못지 않은 영향을 끼쳤다. 이 사태는 김일성과 북한리더십에 결정적인 영향을 끼쳤듯 이승만과 남한에도 그에 못지않은 영향을 끼쳤다. 중국사태는 진정으로 한국에서의 사태에 중대한 영향을 끼쳤다. 제1권에서 보았듯 중국혁명이 없었다면, 또는 다른 시기에 성공하였다면 한국에서의 전쟁은 없었을 것이다. 한국의 신문과 잡지, 이승만의 연설에서 중국사태에 대한 관심은 북한에 못지않았고 이것은 미군의 대한원조와 함께 한국인들에게는 초미의 관심사였다. 북한의 신문과 잡지보다 더 상세하게 중국에서의 사태를 추적하였고 이승만 역시 날카롭게 신경을 곧추세웠다. 중국이 공산화되어 가자 이승만은 49년 1월 12일 장면과 올리버에게 〈오늘의 한국정치상황〉이라는 각서를 보냈다.

> 최근의 중국의 정치적 변동은 한국에 광범하고도 심각한 불안과 우려를 낳게 하고 있다. 중국에서 국민당정부의 몰락과 이에 따른 적색분자들의 상승추세는 반드시 한국에 불리한 결과를 초래할 것이다. 그러나 우리들 우려의 주요 원인은 이러한 공산측 승리보다 차원 높은 곳에 있다. (우리의) 중대한 관심사는 아시아의 공산주의 문제를 해결하고자 미국이 쓰고 있는 그 방법이다. … 미국이 손을 떼는 이 마당에 과거 다년간의 모든 도움과 원조가 허사였음이 입증되었다. 어째서 이렇게 되었는가? 그 해답은 간단하다. … 미국정책이 때로는 반공이고 때로는 친공이었는가 하면 때로는 이것도 저것도 아니었다. 그 결과 국민당은 기대할 만한 꾸준한 지지세력을 얻지 못한 반면 중국의 공산분자들은 폭넓은 지지세력을 확보하는 데 필요한 모든 고무적인 자극과 시간을 벌었다. 일반 인민대중은 미국정책이 믿을 수 없

6) 《서울신문》 1949년 4월 20일.

> 을 때 어느 곳으로도 갈 수 없다는 결론을 내리게 되었으며 희망을 포기하고 자중지란을 시작했다. 그리고 바로 미국은 철수결정을 내렸다.[7]

미국의 대중정책과 중국에서의 사태의 귀결에 대한 이승만의 관심은 결코 다른 나라의 사태에 대한 관심이라고 할 수 없었다. 중국의 공산화에 즈음하여 극동정세를 특집으로 다룬 국방부의 공식잡지에는 1950년 초 미국의 대중정책의 본질과 중소관계의 핵심을 보기 드물게 날카롭게 꿰뚫어 지적한 논문이 게재되었다. 논문은, "미영은 국부의 패배가 민주진영의 결정적 타격임을 모르는 바 아니나 그렇다고 극도로 부패하고 무능한 국부를 적극적으로 원조한댔자 아무런 효과도 거둘 수 없음으로 국부에 대한 모든 기대를 단념하고 원조를 중단하기로 결정하고 중국사태의 새로운 진전을 모색하는 일방", "모택동의 취향에 대하여 새로운 관측과 희망을 가지게 되었으니 곧 모택동의 티토화 문제인 것"이라고 지적하고 있다. 이어서 논문은 다음과 같이 핵심을 짚는다.

> 물론 이는 국부에 대한 극도의 실망에서 나온 것으로 모택동이 반드시 티토화할 수 있다는 정확한 근거를 발견한 것이 아니요 단지 중공이 전중국을 지배하게 된 오늘날에 있어 재기와 회생의 희망이 전연 보이지 않는 국부를 적극 원조함으로써 중공의 감정을 상하는 것보다 중공의 모택동으로 하여금 유고슬라비아의 티토노선을 취하게 하여 소련진영으로부터 이탈시키는 것이 오히려 유리하다고 생각하였으며 중국은 거부권을 지유(持有)하고 있는 5대 강국의 하나로써 장차 유엔과 대일강화문제 및 기타 극동문제 처리에 있어 중공이 국부를 대체하여 중국지위를 계승하려 할 터이므로 그 때에 모택동이 티토화함으로써만 이상 모든 문제 처리에 있어 유리한 입장을 지지(持持)할 수 있는 것이다. 그렇지 않는 한 소련진영은 새로운 전우의 힘을 얻어 민주진영에 대한 공격이 강화될 것이다.

---

7) Robert Oliver, *Syngman Rhee*, pp. 220~221.

논문은, 때문에 미국은 중국의 환심을 사려 중국의 주권을 존중한다느니, 미국은 중국에 대한 영토적 야심이 없다느니, 중국국민은 자기의 정부를 선택할 권리가 있다느니 등 중국에 대한 불간섭태도를 천명하였다는 것이다. 또한 논문은 모택동이 티토화한다면 미국은 중공을 승인할 용의가 있음을 시사할 뿐만 아니라 모택동의 티토화 정보와 가능성을 그럴듯하게 나열하여 여론을 현혹케 하였다고 지적한다. 논문은, 이러한 미국의 정책이 국부 실패에 대한 미국국민의 비판에 대해 방어하려는 술책일 수도 있다고 지적하는 것을 빠뜨리지 않는다. 또한 논문은, "중국의 전통적인 배외주의가 이제 자연히 소련에게 집중되어 중소대립항쟁이 시작될 것"이라거나, "모택동의 모스크바 방문이 의외로 장기화되는 것은 중소교섭의 결렬을 보여주는 것"이라며 "미국이 그럴듯한 성명과 담화를 발표하여 모택동의 티토화를 선전"하였으나 이는 "순전히 초조와 무위에서 나온 것임은 변명할 여지가 없는 것"이라고 비판한다. 끝으로 논문은 "중국에 대한 기대와 희망은 하나의 망상과 환상에 불과하였다"고 미국을 공격한 뒤 , "모택동이 소련을 이탈하여 미영의 민주진영의 품안으로 들어오기는 너무도 무력한 것", "모택동은 절대로 티토화하지 않을 것"이라고 결론 내리고 있다.[8] 1950년 초의 시점에서 이 분석은 미국-소련-중국-대만을 넘나드는 정확한 국제정세 분석이었다.

이승만은 49년 4월 28일 중국사태를 맞이하여 "남북통일은 남한군의 북벌에 의해서가 아니라 북한 자체의 반공애국적 요소에 의하여 평화적으로 이루어질 것"이라면서, 그렇기 때문에 북벌은 필요없을 것이라며 "현재 고려되고 있는 국군강화는 남북통일 후 만주의 중공군에 대(항)하기 위한 것"이라고 언급하였다.[9] 동시에 그는 미국이 대한 군사원조계획을 발표하자 이에 대해서는 "미국도 이제는 우리 문제가 곧 미국 자신의 문제인 것을 잘 알기(때문)"이라고 언급하고 있다. 5월 초에도

8) 김인기, "北京, 香港, 臺北 — 중국의 현하정세와 장래," 《국방》 1950년 2월, 국방부 전편위 사료 39호, pp. 19~24.

9) 《大統領 李承晩 博士 談話集》, p. 18.

그는 미국에 상호방위원조협정을 제안하고 "더 많은 군사원조를 바란다"고 언급하면서도 "우리가 3차 세계대전을 일으킬까봐 대한민국의 무장을 주저하는 것은 착오"라며 한국은 대서양조약과 같은 태평양조약을 원한다고 주장하였다.[10]

1949년 6월 남한에서의 6월공세와 미군철수, 조국전선을 통한 북한의 통일선전공세, 그리고 그들의 게릴라침투가 집중된 이후 드디어 이승만의 북진통일론이 공개적으로도 자주 천명되기 시작하였다. 조국전선의 제안이 있은 지 일주일 뒤인 49년 7월 10일 이승만은 "9월에 총선을 실시하자"는 북한의 조국전선의 제안을 "상투적인 기만이며 선전에 불과한 것"이라고 간단하게 거절하였다.[11] 그리고는 유엔 한위 감시하의 선거를 받아들이라고 역제안을 하였다. 대통령 특사로 나가 있던 조병옥과 주미대사 장면 역시 워싱턴에서 '신(新)선전공세'라며 공동으로 거부성명을 발표하였다.[12] 북한의 제안을 거부하는 대신 이승만은 반대로 두 가지를 추진하였다. 하나는 아시아에서의 반공진영의 강화를 위한 태평양동맹의 결성이었고 다른 하나는 북진통일의 주장이었다.

미군철수 이후 이승만은 대서양동맹 북대서양조약기구(NATO)에 버금가는 태평양동맹—또는 반공태평양동맹, 아시아반공연맹으로도 불렸다—의 추진에 적극적이었다.[13] 주한미군이 빠져나간 공백을 집단안보로 메우려는 구상이었다. 즉 아시아 집단안보의 구상이었다. 이승만은 이미 당시에 집단안전보장이라는 용어를 사용하고 있었다. 그는 이를 강력하게 원하고 반복적으로 주장했으나, "한국은 여러 사정으로 타국에서 시작하기를 기다린다"면서 필리핀의 키리노(Elpidio Quirino)로 하여금 추진토록 제안하기도 하였다.[14] 태평양동맹의 창설을 탐탁지 않게 생각하는 미국과의 관계를 고려한 외교적 제스처였다. 7월 11일

10) 《서울신문》 1949년 5월 4일.

11) 《大統領 李承晩 博士 談話集》, p. 22 ; 《서울신문》 1949년 7월 10일.

12) 《서울신문》 1949년 7월 10일.

13) 《서울신문》 1949년 7월 8, 9일.

14) 《서울신문》 1949년 7월 9일.

그는 조병옥과 장면을 애치슨에게 보내 "태평양지역의 집단안전보장체제를 요구"하기도 하였다.[15]

동시에 그는 아시아 반공연대를 위해 장개석과의 강력한 연대를 모색하였다. 7월 8일 그는 장개석 초청의사를 밝혔고 7월 17일 외무부를 통하여 장개석을 정식으로 초청하였다. 키리노와 장개석은 7월 10일에 바기오에서 회담을 열어 아시아 반공연대의 구축을 확인하였다. 7월 19일 이승만은 직접 장개석에게 전문을 보내어 그를 초청하였다.[16] 중국공산혁명의 성공이 임박하였고 뒤이어 남한에서 주한미군마저 철수하여 이들 아시아의 반공리더들은 미국이 중국대륙에 이어 대만과 남한마저 포기하는 것이 아니냐는 위기감에 빠져 있었다. 장개석 초청에 즈음하여 이승만은 "극동의 제자유국가가 공산제국주의 조류를 차지(遮止)시키려는 그들의 노력에 가일층 공동보조를 취하고 있음을 증명하는 것"이라는 성명을 발표하였다.[17]

장개석의 국부와 이승만의 남한은 중국사태의 변화에 따라 급격히 가까워졌다. 장개석이 방문하기 직전인 49년 7월 25일 주한 국부(國府) 대사 소육린(邵毓麟)이 서울에 부임하였다.[18] 소육린의 부임하자 이승만은 "한중 두 나라는 순치지세(脣齒之勢)의 관계"라면서 "공동의 적에 함께 대항하자"는 치사를 발표하였다.[19] 소육린에 따르면 그는 이승만과 임병직을 종전 이전인 워싱턴 시절부터 개인적으로 이미 잘 알던 사이였고 이범석, 김홍일 등과도 중국에서부터 알고 지내던 사이였다.[20] 따라서 그는 한중간의 긴밀한 연락에 적합한 인물이었다. 소육린은 많은 사람들이 대만과 남한의 문제를 유사하게 보고 있었음에도 불구하고 "두 나라는 다르다"고 지적하였다. 그는 이렇게 지적하고 있다.

---

15) 《서울신문》 1949년 7월 14일.

16) 邵毓麟, 《勝利前後》, 河正玉 譯(민조사, 1969), p. 163.

17) 《서울신문》 1949년 7월 28일.

18) 邵毓麟, 《勝利前後》, pp. 160~161.

19) 《서울신문》 1949년 7월 29일.

20) 邵毓麟, 《勝利前後》, pp. 164~166.

> 한국은 국제연합의 결의와 총선 감시하에 탄생되어 국제조직의 지원을 받았으나 중국은 고립무원이다.
>
> 공산당이 남한을 공격한다고 할지라도 남한은 이미 국제적인 성원을 받고 있으며 또한 맥아더 사령부가 지척에 있어서 이를 구하지 않고 좌시하고만 있을 리 없었다.[21]

장개석은 바기오 회담이 끝난 뒤 8월 6일 한국의 진해로 와서 8월 8일까지 머무르면서 이승만과 회담하였다. 논의의 핵심은 아시아에서의 공산주의 확산의 저지였다. 장개석의 방한은 거국적인 환영을 받았다. 모든 신문들은, 마치 전후 미국대통령의 방한 때처럼, 커다란 사진과 함께 상세하게 보도하였다.[22] 신문에는 장개석 개인전기가 연재되었다. 신문들의 제목은 "세기적 교환(交驩)", "동방의 두 거성 한 자리에", "태평양동맹의 우렁찬 태동", "한중 양원수 회담, 전동아(全東亞) 주시리에 개최" 등으로 이들의 회담을 연일 대대적으로 보도하였다. 두 반공지도자는 회담후의 공동성명에서 세계의 자유진영을 향하여 다음과 같은 경고를 하였다.

> 우리는 일반적으로 태평양 각국이 그리고 특히 원동(遠東) 각국이 오늘 세계의 어느 부분보다도 더 국제공산주의의 막대한 위험에 직면하고 있다는 것을 절실히 느끼고 있다. 이러한 나라들의 단결과 협조하는 행동은 어느 곳에서보다도 여기에 긴박히 요청된다. 만약 아세아가 유린당한다면 세계가 자유로울 수 없는 것이며 인류는 절반 자유인과 절반 노예인으로 나누어져 견딜 수 없는 처지에 이를 것이다.[23]

이들은 태평양동맹의 설치에도 합의하였다. 이것은 대서양만을 중시하는 듯한 미국에 대한 비판이었다. 이 비판은 장개석과 이승만의 일치

---

21) 邵毓麟, 《勝利前後》, p. 161.

22) 《동아일보》, 《서울신문》, 《조선일보》, 《경향신문》 1949년 8월 8, 9, 10일.

23) 《서울신문》 1949년 8월 9일.

된 인식이었다.

그러나 둘의 인식은 겉으로는 같았으나 속은 달랐다. 하나는 과거의 경험으로부터 나온 인식이었고, 다른 하나는 현재의 위협을 놓고 벌이고 있는 균열이었다. 이 점에서 남한은 국부보다 유리한 지점에 놓여 있었다. 장개석은 미국이 자신들을 버린 데에 대한 배신감에 끓고 있었으나 이승만은 국부의 실패로부터 배워 대비를 할 수 있는 후발주자의 이점을 안고 있었다. 그는 남한이 제2의 중국이라는 데 대해서, 그러니 원조할 필요가 없다는 데 대해서 강력히 반발하였다. 올리버에게 보낸 편지에서 그는 "우리는 결코 중국과 비교되어서는 안 된다. 왜냐하면 한국인들은 공산주의자들과 싸워서 꼭 소련사람들을 북한에서 쫓아내길 원하고 있기 때문이다", "중국에서는 중국인들이 싸우지 않으려는 상황이었으나 한국인들은 싸우기를 진정으로 원하고 있다"[24] 고 주장하고 있다. 그는 남한의 인민들은 싸울 의지가 있기 때문에 우리는 제2의 중국이 아니라고 반복적으로 주장하였다. 결국 그가 계속해서 북진통일을 강조한 것은 외국에 대해 투쟁의지를 보여주기 위한 측면도 있었던 것이다.

장개석 역시 "한중(韓中) 두 나라는 순치관계"라고 강조하였다.[25] 이 말은 모택동과 김일성, 중국의 공산주의자들과 북한의 공산주의자들이 "조중(朝中) 두 나라는 역사적으로 순망치한(脣亡齒寒) 관계이고 형제적 관계에 있다"고 한 것과 너무도 동일하였다. 모택동-김일성과 장개석-이승만이라는 중국과 한국의 공산혁명과 반공주의라는 대결과 연대의 이 두 조합을 갈라놓고 합쳐놓은 것은, 두 중국의 양안문제(兩岸問題)가 아니라 한국의 38선이었다. 중국문제가 종결되자 비로소 이 조합의 형성이 가능하였던 것이다. 말을 바꾸면 38선 때문에 아시아반공주의와 아시아공산주의의 연대가 가능하였다. 역으로 한국의 38선이 아시아공산주의와 아시아반공주의 간의 대립중앙으로 된 것은 무엇보다도 중국

24) Robert Oliver, *Syngman Rhee*, pp. 259~260.

25) 《서울신문》 1949년 8월 9일.

혁명 때문이었다. 중국혁명 이후, 두 한국의 갈등은 아시아에서 두 블록의 대결을 해명하는 핵심이었다.

즉 1949년 중반 이후 38선은 세 가지의 대립을 함축한 더욱 복합적이고 교차적인 대립선으로 변전되었다. 이 세 층위를 들여다보는 것이야말로 한국전쟁이 지닌 복합적 층위를 이해하는 데 매우 중요하다. 그리고 바로 이러한 복합성 때문에 한국에서 전쟁이 시작된다면 그것은 단순한 내전일 수 없었다. 1945년 8월의 38선은, 그것이 단순한 군사분계선이 아니었음에도 불구하고 어쨌든 그것은 다만 전후처리를 위한 미소간의 합의에 불과하였다. 그러나 종전 이후 한국과 동아시아에서의 격동적인 혼돈과 새로운 질서의 구축은 38선을 새롭게 변모시켰다. 그것은 하나의 뚜렷한 방향을 향해 운동하는 구획성을 보여주었다. 전체와 부분, 각 행위자들은 표면적으로는 혼란스러운 듯 보였으나 실제로는 힘의 진앙을 중심으로 수직적 수평적 정렬 속에 질서정연하게 움직였다. 질서의 심부기저는 표면의 혼란이나 외교적 수사에도 불구하고 흔들리지 않았다.

1949년 이후 아시아에서 배열과 대치의 중심계선은 38선이었고 그것은 세 수준의 대립을 내장한 것이었다. 하나는 남북대결이었다. 강조할 필요도 없이 38선이 지닌 가장 직접적인 의미는 남한과 북한을 가르는 계선으로서였다. 실제적인 폭발의 위험은 이 수준에서 가장 높았다. 48년 이후 38선은 두 한국이라는 분단국가를 가르는 계선으로 고착되었다. 이승만과 김일성, 남한과 북한은 전간기 내내 상대방의 실체와 정통성을 단 한순간도 인정하지 않고 오직 괴뢰로만 인식하였다. 38선의 철폐는 괴뢰를 타도하고 민족을 통일하는 문제와 직결된 문제였다. 주한미군의 철수 이후 이 수준의 대결은 더욱 격화되었다.

두 번째는 동아시아공산주의와 동아시아반공주의의 대결이었다. 이것의 등장은 중국혁명 때문이었다. 이 수준은 국내적 수준과 세계적 수준을 연결하는 매개고리였다. 김일성과 이승만의 대결은 이 수준에서 모택동과 장개석의 대결을 함축하였고, 또 모택동과 맥아더의 대결을 함축하였다. 즉 동아시아반공주의 연대는 이승만-장개석-키리노의 연대였고 이들의 배후이자 아시아반공의 실질적 맹주는 동경의 맥아더였다. 맥아더는 이를 조율하고 조정하는 실질적인 지휘자였다. 그는 느릿느릿하고, 멀리 보는 듯한 태도와 어조로 논쟁의 중심에서 비켜나 있었으나 실제로는 아시아에서의 대립의 중심이었다. 48년 10월 이승만을 일본에 초청하였을 때도 맥아더는 이승만에게 "미국인민을 보호하는 것과 같이 한국인민을 보호하고 캘리포니아를 방어하듯이 한국을 방어할 것"이라고 확약하여 이승만을 고무시켰다.26)

다른 무엇보다 그는 일본을 세계의 전범(戰犯)에서 아시아반공주의의 중심으로 재빠르게 변전시켰다. 그리고는 이승만-장개석-키리노와의 연대를 형성하였다. 냉전 초기 아시아에서의 미국의 반공정책은 워싱턴에 의해서가 아니라 맥아더에 의해서 요리되고 있었다고 해도 과언이 아니었다. 맥아더는 느린 듯하였지만 실제로는 아시아의 반공진영의 중심이자 제왕과 같은 존재였다. 그는 마치, 말을 더듬거릴 뿐만 아니라 항상 눈을 끔뻑거려 언뜻 보기에는 별로 생각이 없고 엉성한 노인처럼 보이는 이승만이 실제로는 가장 날카롭게 사태를 주시하고 가장 예민하게 국내적 국제정치적 추이를 추적하며 핵심을 꿰뚫어보는 것과 유사하였다. 맥아더는 장개석이 이승만을 방문하였을 때도 깊은 관심을 갖고 지켜보았으며 그들의 공동성명에 대해서도 "지대한 관심을 가지고 있었다."27) 이승만은 미국의 대한정책에 대해서는 도전적이었으나 맥아더에게는 항상 친근감을 표시하였고 도전하지 않았다. 이 점은 시사하는 바 크다. 워싱턴과 서울은 균열을 보여주었지만 아시아정책의 이니시어티브를 장악하고 있었으며 대한정책에서는 더 큰 발언권을 가진 맥아더와 서울의 견해는 일치하고 있었던 것이다.

세 번째 수준은 이 선이 등장할 때의 원래의 기원인 국제적 수준이었다. 이 수준은 1945년 이후 1950년까지 계속되었고 앞의 두 하위수준에서의 대결의 격화로 더욱 뚜렷하게 아시아에서 세계의 두 진영을 가르

---

26) 《大統領 李承晩 博士 談話集》, p. 141.

27) 《서울신문》 1949년 8월 10일.

는 계선으로 상승하였다. 1949년 주한미군 철수와 중국혁명의 성공 이후 한국의 38선을 단순히 두 한국을 가르는 계선으로만 본다거나, 38선에서의 대립을 한국민족 내부의 문제로만 본다면 그것은 비현실적인 것이었다. 38선에서의 대립은 1950년 현재 유럽에서의 대결과 함께 가장 국제적인 문제였다. 말을 바꾸면 그것은 국제냉전과 아시아냉전의 진앙이었다. 그러나 북한의 공산주의자들은 의식적으로 그렇지 않다고 인식하려 노력하였다. 북한은 38선의 의미를 계급투쟁과 민족해방이라는 국내적 수준으로 한정지으려 하였다.

이와 반대로 이승만은 38선 문제를 원래의 기원인 국제적 대립으로 상승시키고자 노력하였다. 그는 항상 미국에 대해 이 문제는 한국내의 문제로 한정되지 않으며, 한국의 위기는 세계 자유진영의 안전을 위협하는 문제라고 외쳤다. 그는 48년 국가수립 직후부터 "한국의 안전은 미국의 안전과 밀접한 관계에 있다"고 미국을 향하여 외쳤다.[28] 미국의 대중정책을 의식하여 그는 49년 2월 미국을 향하여 위협을 가하였다.

> 만약 미국이 공산주의의 전파에도 불구하고 양보를 계속한다면 공산주의와 투쟁하는 전국은(모든 나라는 — 인용자) 낙담할 것이며, (소련의) 위성국가군에 들지 않으면 안될 것이다. 그리고 미국민주주의는 공산주의 대양(大洋) 내에서 고립된 개각(介殼) 속에 들어가고 말 것이다. 그렇게 되면 미국은 공산주의 세계에 가맹하거나 또는 공산주의 방어를 위하여 단독으로 투쟁하는 양자 중에서 한 가지를 결정해야 할 것이다.[29]

미국에 의해 피조된 국가의 지도자의 발언으로서는 매우 도전적인 발언이었다. 그는 또한 소련이나 중국의 한반도 지배는 한국을 "일본의 심장을 겨눈 비수"가 되게 할 것이라는 일본의 오랜 공포감도 깊이 인식하고 있었다. 고승제(高承濟)는 "한국에서 공산주의의 승리는 극동에

---

28) 《大統領 李承晩 博士 談話集》, p. 141.
29) 《大統領 李承晩 博士 談話集》, p. 142.

서 미국의 주요 기지인 일본에 대한 위협이기 때문에" 한국의 정세는 중대하다고 정확하게 지적하고 있는 바, 이는 이승만을 비롯한 남한리더십의 일반적 인식이었다.[30] 나아가 이승만은 공산당에 의한 한국지배가 몰고 올 동북아시아의 위협을 미국은 결국 받아들이지 않을 것이라고 인식하였다.[31] 반공정책에 관한 한 그의 인식은 국제주의적이고 현실주의적이었다.

흥미 있는 것은 49년 6월의 전환 이후에도 이승만이 곧바로 북진통일 주장을 전면적으로 제기하지는 않았다는 점이다. 7월 29일 기자회견에서 이승만은 다음과 같이 말하고 있다. 선제공격을 자제해야 된다고 소련이 김일성에게 권고할 때의 바로 그 이유를 이승만이 말하고 있다. 소련의 문제의식과 일치하는 것이다.

> 38선, 특히 개성지대에 대한 적극적 대책을 쓰라고 말하나 이북에서 침범하는 데 힘이 모자라서 가만히 있는 것이 아니다. 38선 문제뿐만 아니라 이북 전체문제를 해결 못하는 것은 국제적 관련을 가진 문제이며 또 이것이 조금씩 해결되어 가고 있으므로 만일 이쪽에서 적극적 행동을 취한다면 우리로 인하여 세계대전이 또 일어났다고 떠들 터이니 이것이 듣기 싫고 평화적으로 해결하려고 기다리고 있는 것이다. 결코 힘이 모자라서 못하고 있는 것은 아니다.[32]

김일성과는 반대로 한국통일문제를 국내문제가 아니라 국제문제로 인식하고 있으며, 세계대전의 방화자라는 비난을 의식하고 있음을 볼 수 있다. 1948년 12월 맥아더의 초청으로 동경에 갔을 때 이승만은 "소련은 북한군에게 물자를 공급하고 있고 소련은 중국에서 난리가 가라앉는 대로 즉시 남침하도록 압력을 가하고 있다"고 공격하였다.[33] 사실

---

30) 고승제, "극동의 방위와 미국의 신정책," 《국방》 1950년 4월, 전편위 사료 39호, p. 31.
31) Robert Oliver, *Syngman Rhee*, p. 240.
32) 《서울신문》 1949년 7월 30일.
33) Robert Oliver, *Syngman Rhee*, p. 273.

여부에 관계없이 이승만은 의도적으로 소련을 걸어 공격하는 것이다. 그는 자신의 이 언명을 두고 전쟁 직전에 다음과 같이 언급하고 있다.

> 지금까지 모스크바에서 남한을 침략하라는 '청'신호('*green*' *light*)를 북한에 내리지 못하게 한 것은 오직 공산주의와 타협하지 않겠다는 한국국민의 결의와 공산주의에 대한 나의 단호한 태도 때문이다. …
>
> 소련은 계속해서 물품을 보내고 있었기 때문에 그 성명서에 새로운 것은 없었다. 그러나 소련은 이러한 공모관계로 비난받기를 원치 않으며 바로 이것 때문에 내가 그 성명을 발표한 것이다. 그 결과 그후 2개월 동안 모든 소련병력을 북한으로부터 철수시키라는 명령이 떨어졌던 것이다(강조는 인용자).[34]

이승만은 자신의 강경한 대소경고가 북한에 남침의 허가를 내주지 않은 이유라고 인식하고 있었던 것이다. 이는 소련이 한국에의 개입으로 인해 비난받지 않으려 한다는 사실을 정확하게 꿰뚫고 공격하였음을 말해준다. 우리는 이승만이 "한국의 안전은 미국의 안전에 직접 관계된다"면서 미국을 끌어들이고, "소련은 중국에서 공산혁명이 성공하면 북한으로 하여금 즉시 남침하라고 압력을 넣고 있다"고 공격하여 소련을 끌어들임으로써 한국문제를 국제문제로 상승시키려 노력하고 있음을 알 수 있다.

소련에 대한 직접적인 공격은, 소련이 북한의 전쟁발발에 연루되기를 원치 않는다는 것을 알고 북한이 아니라 소련을 향하여 "남침하도록 압력을 넣고 있다"고 공개적으로 공격함으로써 소련을 단념시키려는 의도의 산물이었던 것이다. 그가 소련을 물고 늘어졌던 이유는 이렇듯 소련이 공모관계로 인해 비난받기를 원치 않는다는 것을 알고 있었기 때문이었다. 김일성이 미국을 알았던 것에 비해 이승만은 스탈린을 훨씬 더 잘 알았던 것이다.

북한의 침투공세가 한층 치열해지고, 그들이 말한 9월 총선의 시기를

---

34) Robert Oliver, *Syngman Rhee*, p. 273.

넘기자 이승만은 본격적으로 북진통일을 주장하기 시작하였다. 이승만의 북진통일론이 공개적이면서도 집중적으로 표명되기 시작한 것은 1949년 가을부터였다. 49년 9월 30일 그는 외신기자회견을 통해서 "대부분의 한국인들은 북한 공산정권을 타도할 것을 익구(翼求)하고 있으나 그와 같은 행동을 개시한다면 유엔은 이에 항의할 것"이라면서 다음과 같이 언명하였다.

> "우리는 북한의 실지를 회복할 수 있으며 북한의 우리 동포들은 우리들이 소탕할 것을 희망하고 있다", "(우리는) 여사(如斯)한 조치는 늦으면 늦을수록 곤란하게 될 것을 두려워하고 있(다)", "시간적 여유는 공산주의에 도움이 되고 있다."[35]

이것은 유엔총회가 열리고 있는 레이크석세스를 향한 공개적인 언명이었다. 같은 회견에서 그는 "북한동포들은 우리가 공산당을 타도하고 한국의 자연적인 국경(만주와 한국 간의 압록강 및 두만강)을 유지하여 공산주의에 대한 철의 장막을 설치하는 데 참가할 것을 요구하고 있는 것이다. 이것이야말로 우리가 하지 않으면 안될 일이며 또한 벌써 오래전에 해놓았어야 될 일인 것이라고 언급하여 마치 김일성이 자기 체제에 대한 남한민중의 지지를 말하듯하였다."

10월 7일에는 다시 UP통신 부사장 조셉 존스(Joseph Jones)와의 외신기자회견을 통하여 "3일이면 평양점령이 가능하다"며 자신감 넘치는 발언을 하였다.[36]

> 우리는 3일 내로 평양을 점령할 수 있다고 나는 확신한다. 만주와 한국간의 국경은 38선보다 방어가 용이할 것이다. 그럼에도 불구하고 삼가는 이유는… 유엔과 미국이 우리가 세계대전을 일으킨다는 것은 우매한 일이라고 경고하였기 때문이다. 그러므로 우리는 아직도 참으려는 것(이다).

---

35) 《서울신문》 1949년 10월 2일.

36) 《서울신문》, 《조선일보》 1949년 10월 8일.

10월 14일 그는 AP통신이 보도한 기자회견에서 중국공산세력의 승리와 관련하여 "우리가 북한에 있는 공산정권을 처리하고 우리의 국경을 만주와의 자연경계로서 유지하는 것이 허용된다면 우리의 사업은 일층 용이하게 될 것"이라고 재차 강조하였다.[37] 10월 21일에는 "우리는 이북 공산당과 중공이 합세해서 침입해도 넉넉히 제어할 수 있다. 다만 소련이 비행기 기타 군기(軍器)를 원조하는 점이 문제이다. 우리는 이에 대한 준비도 되어 있다"고 주장하였다.[38] 문제는 소련의 지원이라고 인식하고 있었던 것이다.

10월 31일에는 인천에 정박중인 미국 함선 세인트폴(St. Paul)호 선상에서 독자적으로 공산주의에 맞서겠다고 다짐하였다.

> 한국은 한몸뚱이가 양단된 셈이다. 한국은 앞으로 장기간 남북분열을 용인하지는 않을 것이다. 우리가 전쟁으로서 이 사태를 해결하여야 할 때는 필요한 모든 전투는 우리가 행할 것이다. 우리는 우리의 우인에게 우리를 위하여 싸움을 싸워달라고 요청하지는 않는다. 이 대사상냉정전쟁(大思想冷靜戰爭 : 원문 그대로. 대이념냉전의 뜻)에서 우리는 공산주의를 저지하기 위한 가능한 모든 일을 할 것이다. 중국 또는 여하한 국가가 적화할지라도 우리는 우리의 독립을 유지할 것이다.[39]

이 기자회견은 무초에 의하여 미국정부에도 보고되었다. 무초에 따르면 이승만은 11월 2일 자신과의 대담에서도 "현재의 참을 수 없는 분단상태는 무한정 계속되어서는 안 된다. 한국은 싸울 준비를 해야 되며 필요하다면 무력에 의해 통일할 준비도 해야 한다. 그러나 오늘이나 내일 북진할 계획을 갖고 있지는 않다"고 언급하였다.[40]

약 한 달에 걸쳐 이승만은 집중적으로 북진통일을 주장하고 있었다.

---

37) 《서울신문》 1949년 10월 16일.

38) 《서울신문》 1949년 10월 21일.

39) 《서울신문》 1949년 11월 2일 ; 《大統領 李承晩 博士 談話集》, p. 24.

40) "The Ambassador in Korea(Muccio) to the Secretary of State"(Nov. 4, 1949), *FRUS, 1949*, Vol. Ⅶ, p. 1093.

그것도 거의 모두 외신을 통하여 북진 의사를 밝히고 있었다. 물론 이후에도 이승만의 북진통일 주장은 계속되었다. 11월 25일에도 이승만은 이렇게 말하고 있다.

> 나 개인 생각으로는 지금이라도 이북에 가서 배수의 일전을 할 의사가 없는 것은 아니다. 그러나… 지금 우리의 형편으로는 미국사람들의 덕의상(德義上) 군사상 또는 물질상의 원조와 아울러 유엔의 절대적 지지가 있는 만큼 순리로 해결할 수 있음으로 우리는 인내해서 최후까지 노력하여야 할 것이다.[41]

우리가 이승만의 북진통일 주장을 내용뿐만 아니라 발표날짜와 발표형식을 함께 추적하는 것은 이유가 있다. 우리는 이승만의 북진통일론이 갑자기 집중적으로 제기되었다는 점과, 그것이 외신과의 기자회견을 통해서였음을 알 수 있다. 북진통일 의사가 집중적으로 공개되기 시작한 이유는 다음과 같은 네 수준에서 이해가능한 것이었다.

첫 번째 이것은 대내·대민용 발언이었다. 그는 북한과의 긴장을 고조시켜 내부의 통합을 촉진하고 체제의 안정을 기도하였다. 통일문제의 제기야말로 저항을 중단시키고 민중을 결집시키는 가장 효과적인 방법이었다. 그는 실제로 치안을 혼란시켜서는 위험하다는 명분을 내세워 내부의 도전을 제압하였다. 49년 가을부터 게릴라에 대한 전면적인 공세의 시작은 이것과 깊은 관련이 있었다. 물론 이것은 또한 국민들에 대한 자신감의 표시이기도 하였다. 자신감을 고취시키고 국민을 통합하는 방법의 하나로 허장공세를 취하였던 것이다.

두 번째는 미국을 향한 발언이었다. 앞서 보았듯 이승만은 자주 미국에 대해 남한은 결코 국부가 아니라는 점을 인식시키고자 노력하였다. 즉 싸울 의사가 있다는 것이었다. 이승만은 미국으로부터 이중적 압력을 받고 있었다. 하나는 과연 북한의 공세에 직면하여 남한이 살아 남을 것이냐는 회의였고, 다른 하나는 이승만이 너무 호전적이어서 전쟁

---

41) 《서울신문》 1949년 11월 26일.

을 일으키지나 않을까 하는 의심이었다. 그는 상반되는 두 정책 사이에서 살아 남아야 하는 딜레마에 빠져 있었다. 그는, 비록 호전적이라고 비판받더라도, 북진통일 주장을 강화하여 남북충돌을 격화시킴으로써 미국으로부터 더 많은 원조를 받아내는 쪽을 선택하였다.

세 번째는 북한과 소련에 대한 대응이었다. 그는 남한이 강력하다는 사실을 소련에 인식시켜 그들이 북한에 남침신호를 보내지 못하게 하고자 했다. 즉 북진통일 주장은 소련을 향하기도 한 것이었다. 그는 자주 소련에게 대북원조를 중단하라고 요구하였다. 따라서 이승만의 북진통일 주장을 미국을 향한 제스처로만 볼 수는 없었다.

이승만은 또한 자주 북한이 밀고 내려와도 자신있다고 언명하여 북한을 자극하였다. 그러나 이러한 위협에 대해 김일성은 결코 두려워하지 않았다. 남한에서 실지회복과 북벌주장이 나오자 49년 초에 김일성은 이렇게 말하고 있다.

> 남조선 매국노 중 어떤 놈들은 하룻강아지 범 무서운 줄 모른다는 격으로 '북벌'을 운운하고 있으며 내란을 부르짖고 있으며 동족상쟁을 부르짖고 있습니다. … 인민과 고립되고 나라를 팔아먹는 몇 개의 망국노들이 동족상쟁과 내란을 부르짖지만 놈들은 우리 공화국 기치하에 결집된 전체 조선인민의 처단과 심판을 받을 날이 오래지 않을 것이며 단일민족의 유구한 력사를 가진 이 강토에서 그들의 자취가 영원히 없어지게 될 날이 오래지 않을 것입니다.[42]

이승만의 북진통일론은 정확하게 북한 국토완정론의 대응이었다. 즉, 그것은 북한의 중심 통일정책인 국토완정론과 꼭 맞물려 있었다.

사실 남한은 국토완정론이 제시만 되고 아직 본격 추구되지는 않았을 때에만 해도 특별히 통일정책이라고 할 구상을 갖고 있지 않았다. 어딘가 엉성하고 준비도 없이, 단지 실지를 회복하겠다는 과잉의욕만이 넘쳐 보이는 단계에 머물러 있었다. 그러나 북한공산주의자들의 국토완정

42) 《김일성 선집》 2권(1953년), p. 316.

의지가 중국혁명과 미군철수를 계기로 49년 6월부터 대대적인 선전공세로 표출되고 뒤이어 선전공세대로 게릴라의 대규모 남파라는 군사적 공세로 나오자 이승만은 이에 맞불을 질렀던 것이다. 즉 북진통일론은 국토완정론의 최초의 군사적 실현기도였던 49년 9월의 공세와 직결되어 있었다.

남한은 선전과 게릴라침투가 병행된 북한의 공세에 직면하여 더이상 밀리지 않으려 하였다. 북진통일론이 9월 공세 이후부터 갑작스레 분출한 것은 이러한 이유 때문이었다. 즉 49년 초에 '국토완정'과 '실지회복'을 기치로 하여 통일의 실현의지를 동시에 출발하였던 남과 북은 중국혁명과 미군철수를 전후로 하여 각각의 체제정비를 통하여 맞대결 태세를 갖추었고, 체제정비 후 북한이 먼저 9월에 대공세를 전개하자 잠시 밀리던 남한이 북한공세의 말미부터 본격적으로 북진통일론을 제기하여 맞불을 질렀던 것이다. 이후 전쟁 때까지 남한과 북한의 대결은 이 두 통일논리와 방식의 대결양상을 띠었다.

북진통일론의 네 번째 의미는, 따라서 이승만은 능력이 갖추어지면 실제로도 북한과 정면으로 대결하고자 하였다는 점이다. 그는 공산주의를 진정으로 증오하고 타도하고자 하였다. 그는 자주 공산주의를 병균에 비유하였고 소수의 공산도배만 제외하면 북한인민들은 공산주의자가 아니라고 주장하곤 하였다. 그는 또 그 인민들이 봉기하여 공산괴뢰정권을 타도할 것이라고 반복적으로 주장하였다. 그러나 그는 붙고자 하는 의욕은 넘쳤으나 승리에의 자신감은 결여되어 있었다. 그는 1950년까지도 남한이 북한보다 약하다는 사실을 잘 알고 있었다. 표면적인 자신감과 북진주장과는 반대로 그의 비공개 대담이나 편지들은 다른 한 가지를 더 말하고 있었는데 그것은 바로 남한이 형편없이 약하다는 사실을 지적하고 있는 점이었다. 이승만은 내심으로는 남한이 북한보다 강력하고 북침하면 승리할 수 있다고 여기고 있지 않았다. 북진을 가장 강도 높게 주장할 때인 10월 24일 이승만은 올리버에게 보낸 편지에서 다음과 같이 말하고 있다.

한국인들은 물질적 지원은 고사하고 미국의 도덕적 지원 없이는 아무것도 할 수가 없다. … 우리의 최근 비밀보고들은 추수가 시작되는 대로 항공기는 물론 기타 모든 것을 동원하여 남한으로 쳐내려올 만반의 준비가 되어 있다는 내용을 담고 있다. 무엇으로 우리는 그들을 저지할 수 있을 것인가? 우리의 탄약이 지탱할 수 있는 기간이 2일, 또는 2개월이라는 뜻은 각 사단이 각기 다른 시간에 싸운다면 두 달이 되고 전체 사단이 한꺼번에 싸운다면 이틀이 된다는 뜻의 논쟁이라는 것을 당신도 알 것이다. 소련사람들이 밀고 내려온다면 그것은 분명 단편적인 공격이 아니라 전면공세가 될 것이다. 군사국가(*military state*—원문 그대로)를 만들려고 우리가 군대를 육성하려 한다고 오해되고 받아들여질까 두렵다. 한국이 침략을 받을 때 미국이 그들을 지켜줘 한국을 희생시키지 않는다는 확신을 한국이 가진다면 그것은 또 다른 문제이다. 우리는 미국이 우리들의 전쟁을 싸워주기 바라지 않는다는 점을 항상 강조하여 왔다. … 우리가 필요로 하는 것은 우리 자신이 싸우기 위한 장비이다. 그러나 그들은 우리 땅을 우리가 다시 찾기 위해 북진할까 두려운 것이다.[43]

이승만이 북한의 남침위협을 강조하는 것은 김일성이 마치 모스크바를 향해 남한의 북침위협을 강조하는 것에 비교된다. 그렇다면 둘 다 위장이었을까? 위장이었을 수도 있고, 또 그들은 실제로 그렇게 느꼈을 수도 있다. 그러나 한 가지 점에서 둘은 결정적으로 달랐다. "자기체제가 형편없이 약하다"는 인식은 김일성에게서는 전혀 찾아볼 수 없었다. 이 점이 커다란 차이였다. 물론 이는 이승만의 공개적인 언명에서도 나오지 않는 고백이었다.

49년 11월 25일 이승만은 다시 절망적인 내용의 편지를 올리버에게 보냈다.

미국국민은 다량의 무기를 우리가 가지고 있는 것으로 생각하고 있다. 사실상 우리 육군의 보고에 따르면 (전쟁이 날 경우) 우리는 5일

43) Robert Oliver, *Syngman Rhee*, pp. 259~260.

이상을 견디기 어려운 탄약밖에는 가진 것이 없다. 미국당국은 5개월 정도 버틸 만한 충분한 것을 우리가 가지고 있다고 주장하였다. … 한국군 장교들이 '만일에 공산군이 전면공세로 밀고 내려온다면 우리는 어떻게 해야 하겠는가?'라고 말하니 미국사람들은 '그 자들이 그런 식으로 내려오지 않으리라는 것을 우리는 알고 있다'는 것이다. 내가 말하는 것은 우리가 최악의 사태에 대비해야 한다는 것이다. 나는 남한의 2천만 이상의 국민을 보호할 아무런 수단도 강구하지 않고는 가만히 앉아있을 수가 없다. 미국의 원조가 있든 없든 간에 우리의 국방에 대비하기 위해서 우리가 가진 모든 것을 다 바쳐야 할 것이다.[44]

이 점에서 이승만의 북진통일 주장은 이호재가 날카롭게 지적한 대로 '공갈정책'의 측면을 안고 있었다.[45] 즉 내면적으로는 약하다는 사실을 알고 있으면서도 겉으로는 북침을 강조하여 대결을 조장하고 있었던 것이다. 허위의 과장이 상대를 자극한 사례는 근대전쟁의 경우 적지 않았다. 이승만의 지속적인 북진공세 역시 북한을 자극하였다. 남한의 반복적인 공개적 북진통일론과 북벌위협은 북한이 인민을 단결시키고 인민군을 동원하는 중요한 요소였다. 그러나 북한리더십은 표면적으로는 북진주장을 침략위협이라고 비난했지만 내부적으로는 남한이 쉽게 북진을 하지 못할 것이라는 점을 인식하고 있었다. 이승만과는 달리 김일성과 박헌영은 자신들이 약하다는 점을 인정한 적도 주장한 적도 없었다. 그들은 항상 자신에 넘쳐 있었다. 이 점이 이승만과 김일성·박헌영의 차이였다.

북진통일 주장이 집중적으로 제기되기 전인 49년 9월 초에 서울에는 "소련은 북한공산주의자들이 금년 말까지 남한을 침공하지 않으면 북한측에 대여한 무기를 회수하겠다고 요구하고 있다"는 소문이 광범하게 퍼져 있었다.[46] 이 소문은 미국대사관 관리에 의하여 "아마 사실일 것"

44) Robert Oliver, *Syngman Rhee*, p. 260.

45) 이호재, 《한국외교정책의 이상과 현실》, pp. 337~347.

46) 《서울신문》 1949년 9월 4일.

이라는 확인을 받기까지 하였다고 보도되었다. 소문은 게릴라들이 실제로 기도했었고 또 그에 따라 서울에서 광범하게 유포된 8월 공세소문과 9월 공세소문, 또는 8월 위기설 등과 연결돼 있었다. 북한의 6월의 통일선전 공세 이후 서울의 미군정보기관들에는 중국으로부터의 병력의 이동정보가 계속하여 잡히고 있었다. 물론 이는 남한군과 정부에서도 인지하고 있었다.[47] 이에 따라 이들이 곧 침략하는 것이 아니냐는 7월 위기설, 8월 위기설, 9월 위기설 등이 계속 이어졌다. 연속되는 위기설에 뒤이어 마침내 9월에는 "남침하지 않으면 소련이 무기를 회수해간다"는 소문까지 돌았던 것이다.

G-2 역시 이러한 정보를 파악하고 있었다. 한 정보원은 "러시아 정부는 북한이 9월 말까지 남한을 점령하지 않으면 모든 무기를 러시아로 회수하겠다고 북한괴뢰정부에 명령했다"고 보고하였고[48] 다른 한 북한 정보원은 "만약에 북한정부가 올해 9월 말까지 남한을 점령하지 않으면 러시아정부는 무기와 탄약의 제공을 중단하는 것은 물론 이미 북한에 제공한 무기와 장비도 회수할 것이라고 말했다. 이 명령에 따라 김일성은 지금 인민군과 보안대를 38선을 따라 집중시키고 있다"고 진술했다.[49] 제1권에서 살펴본 김일성의 공격구상이 남한과 미국에까지 누출된 것일까? 그렇다기보다는 아마도 빈발하는 위기설의 반영이었을 것이다.

이승만의 북진통일 주장은 이중적이었다. 한편에서는 명백하게 북진통일을 주장하였지만 다른 한편에서는 다른 내용의 발언을 반복하였다. 조셉 존스와 강경한 내용의 기자회견을 한 날인 10월 7일 그는 국내 정례 기자회견에서는 북진통일 문제를 한마디도 언급하지 않은 채 "(한국사태 조사를 위한) 유엔의 군사시찰단을 환영한다"면서 "유엔에 전면적으로 협조할 것"이라고 언급하고 있다. 10월 14일의 정례 기자회견에서도 "이북 공산도배 중에서도 악질반란분자만 제외하고 전부 포섭해야

47) 《서울신문》 1949년 9월 14일.

48) KMAG, *G-2*, *P/R*, No. 172 (Aug. 29, 1949).

49) KMAG, *G-2*, *P/R*, No. 177 (Sep. 8, 1949).

할 터"라면서 "유엔과 협조하에 공론의 순리를 따라 통일하려는 것"이라고 답변하였다.[50] 이승만은 한창 북진통일론을 주창하던 49년 11월에 다음과 같은 기자회견을 하여 전혀 상반되는 내용을 말하고 있었다.

> 소련은 공산주의 지배하의 북한에 있는 한국인으로 하여금 유엔 감시하에 그 자유의 정부를 수립시킴으로서 한국문제를 해결할 수 있을 것이다. … 소련과 한국은 항상 우호적인 국가였으며 장래에도 이 돈독한 관계를 유지할 것을 우리는 희망하고 있다. 소련이 평화에 대한 그들의 의도의 진실성을 증명하려면 소련당국은 한국인 공산군을 무장해제시키고 그 괴뢰정권을 해체하고 유엔 한위를 초청하여 그 감시하에 북한에 자유선거를 실시하여야 한다. 이 조치는 전세계의 호의와 더불어 한국인민의 호의를 획득할 것이다.[51]

49년 12월 30일의 기자회견에서 이승만은 "우리는 새해에 통일을 이룩해야 하며 할 수 있다고 믿는다"면서 다음과 같이 말하고 있다. 전쟁을 각오하고 있다는 의사였다.

> 우리는 유엔 여러 나라들과 협력하기 위하여 성의있게 인내심있는 태도를 견지하여 왔다. 우리는 한국인민의 상호이해에 의거하여 통일을 이루려는 노력을 계속할 것이다. 그러나 일단 불가피한 시기에 도달하면 우리는 아마 유혈과 내란을 피할 수 없을 것이다. 불행히도 금년에 우리가 통일을 이룩하지 못한다면 우리는 부득이 자력으로 우리 영토를 통일하지 않으면 안 될 것이다.[52]

---

50) 《서울신문》 1949년 10월 8, 15일.

51) 《서울신문》 1949년 11월 27일.

52) "Report of the United Nations Commission on Korea — Covering the Period from 15 December 1949 to 4 September 1950," *General Assembly Official Records: Fifth Session Supplement*, No. 16 (A/1350) (Lake Success, New York, 1950), p. 72, in Compiled by Ministry of Foreign Affairs, Report of the United Nations Commission on Korea, IR-IO, No. 9-5 (Nov. 1961).

이승만의 북진통일 주장을 똑같이 외친 인물은 신성모였다. 신성모는 49년 9월 13일 기자회견에서 "우리가 우리 힘으로 밀고 넘어갈 준비는 수개월 전에 완료하였으나 우리와 같이 민주주의를 주장하는 미국 기타 다른 나라와 보조를 같이하고 있는 고로 그 때를 기다리고 있는 것"이라고 언급하였다.[53] 신성모는 같은 기자회견에서 중국으로부터 북한으로 병력이 넘어간 사실도 "알고 있다"고 분명하게 밝혔다. 이는 중국 인민해방군 166사단과 164사단의 북한으로의 귀환을 알고 있었음을 의미한다. 그는 기자회견에서 아직 귀환하지 않은 한국국적을 가진 사람들 8만 명이 중국에 더 남아 있다는 사실도 지적하고 있었다. 이는 남북한이 상대방의 비밀스런 움직임들을 서로 깊숙이 알고 있었음을 보여준다.

1950년 2월 10일 신성모는 유엔 한위의 전체회의에 출석하여 한국의 분단상태를 "몸을 칼로 찔린 사람의 상태"에 비유한 뒤 "한국인들은 더 이상 한국의 현상태를 참을 수는 없다. 오직 그 칼이 제거되는 데에 따라서 그 사람이 살 수 있는가 없는가를 알 수 있다. 만일 유엔이 한국에서 그 칼을 제거하는 데 성공하지 못한다면 — 지금까지 유엔은 이에 실패하여 왔다 — 그 때에는 한국인민 자신이 그렇게 하기 위해 그들의 노력과 힘을 사용하여야 한다"고 언급, 유엔을 의식하지 않고 직접 어떤 조치를 취할 것임을 시사하였다.[54] 이승만의 기자회견 내용과 매우 유사하다.

군부지도자들인 김석원와 채병덕 역시 자주 북진통일 의사를 피력하였다. 북진통일론은 남한의 리더십의 공식적인 통일정책이었던 것이다. 그것의 긍정, 부정 여부를 떠나 북진통일론은 전간기 남한식 생존방식의 한 전범이었고 토지개혁과 함께 분단국가로서의 전간기 남한을 성격

53) 《서울신문》 1949년 9월 14일.

54) "Report of the United Nations Commission on Korea — Covering the Period from 15 December 1949 to 4 September 1950," *General Assembly Official Records : Fifth Session Supplement*, No. 16 (A/1350) (Lake Success, New York, 1950), pp. 72~73.

짓는 2대 특징이었다. 이것은 한미관계, 남북관계, 그리고 통일방식은 물론 북한에 대한 남한리더십의 인식 등 당시의 통일문제를 이해하는 핵이었다. 그것은 중국혁명, 모스크바-북경-평양의 관계, 북한체제의 성격, 냉전에 대한 인식까지 전부 들어 있었다. 당시 한국의 생존문제는, 워싱턴으로부터 서울로 들어오는 측면만이 아니라 반대로 서울에서 워싱턴과 모스크바 등 외부를 향하여 나아가는 측면을 함께 보아야 하는 이유는 여기에 있다.

2. 분계선 충돌과 게릴라 갈등

49년 6월의 전환점을 통과하면서 남한과 북한은 각각 내부를 정리하자 진정한 적인 상대 분단국가에 대한 공세를 강화했다. 공세는 두 수준에서 진행되었다. 하나는 정치적 공세였고 다른 하나는 군사적 공세였다. 정치적 공세에 대해 우리는 두 가지의 통일정책을 논의하면서 이미 살펴본 바 있다. 군사적 공세는 38선에서의 상호공격과 게릴라침투로 나타났다. 미군과 소련군이 빠져나간 공백을 차지하기 위한 대립은 유보가 없었다. 경계선에서의 충돌은 격화되기 시작했다. 충돌은 미군철수후 빈발했는데 북한은 남한을 흔들어 놓으려 하였고 남한은 충돌을 격화시켜 미국으로부터 미군철수에 상응하는 원조를 받아내려 하였다.

공격은 쌍방 모두에 의해 시작되었다. 국민당정권이 붕괴하자 38선은 아시아에서 세계의 대립선으로 상승하고 있었다. 38선은 48년 말까지만 해도 미소군이 경비를 맡고 있어서 충돌이 없었다. 미소 양군이 충돌한다면 그것은 세계대전으로의 출발이 될 것이기 때문에 전혀 상상할 수 없었다. 소련군이 철군하면서 38선 북방의 경비를 북한의 38경비대에 인계하자 미군측도 이에 대응하여 38선 남방의 경비를 남한군에 인계하였다. 이미 소련은 47년 7월부터 38선 경비를 북한의 38경비대에 인도하였고 미군은 49년 1월에 본격적으로 인도하였다. G-2를 추적하면 남한군이 38선 경비를 맡자 49년 1월 19일부터 충돌이 시작되었다.[55] 남한군이 경계선에 진주하자마자 충돌이 시작된 것이었다. 잠시 잠잠하던 충돌은 3월이 되면서 다시 격화되었다.

남한의 한 자료에 따르면 이후 한국전쟁 발발 때까지의 충돌은 874회에 달했다.[56] 최초의 충돌이 있었던 49년 1월부터 매일 두 번 이상의 충돌이 이어졌음을 뜻한다. 38선은 사실상 전장이었던 것이다. 북한측의 주장에 따르면 1949년 1월부터 9월까지 38선 전전선에 걸쳐 남한의 침입횟수는 432회에 달했고 총 침입인원수는 4만 9천 명에 달했다. 그들은 총 13개 군, 45개 면, 136개 리가 10여 차례 이상 공격을 받았다고 주장했다. 그중에는 71회의 비행기 침입과 42회의 함대 습격도 포함되어 있다고 주장하였다.[57] 어느 쪽의 주장을 취하든지 전투횟수가 매우 많았음을 알 수 있다. 객관적으로 말하여 공격의 횟수는 서로 비슷하였다. 어느 지역에서는 남한이 더 많았고 어느 지역에서는 북한이 더 많았다. 또 초기에는 남한이 좀더 공격적이었으나 나중에는 북한이 더 공격적으로 바뀌어갔다. 북한이 점점 더 공격적으로 되었던 것은 남한 내륙의 게릴라투쟁을 도와주기 위한 이유 때문이었다. 38선 충돌은 황해도 옹진에서 강원도 양양까지 전전선에 걸친 것이었기 때문에 단순한 국부적 충돌이 아니었다.

최초의 대규모 충돌은 49년 5월 초에 있었다. 개성에서 5월 4일 전투가 시작되어 약 일주일 간 계속되었다. 이 충돌은 남한자료에 따르면 북한의 공격에 의한 것이었고 북한자료와 미군 G-2에 따르면 남한의 공격에 의한 것이었다.[58] 아마도 미군정보가 좀더 객관적일 것이다. 왜냐하면 전기간의 G-2를 추적하면 전체적인 충돌의 양상은 북한이 더 공격적인 것으로 나타나는데, 이것은 북한의 침략의지를 강조하며 미국

55) Hq. USAFIK, *G-2*, *P/R*(Jan. 21, 1949).

56) 《한국전쟁사》 1권, p. 159. 같은 책의 다른 곳에서는 이 874회가 북한측의 침투와 공격횟수로 나와 있다.

57) 〈38연선 무장충돌 조사결과에 관한 조국통일민주주의전선 조사위원회보고서〉, 《조선중앙년감》(1951~52), pp. 129~136.

58) Hq. USAFIK, *G-2*, *P/R*(May 6, 1949).

의 원조를 받아내려고 노력하던 이승만에게는 좋은 재료가 될 것임에도 불구하고 그렇게 기록하고 있다는 점에서 신뢰할 만한 것이다.

충돌은 옹진반도, 개성, 의정부, 춘천, 강릉 부근에서 빈발하였다. 이들 지역은 1950년 6월 25일 북한군이 주공격지점으로 삼았던 지역과 일치한다. 바로 이러한 이유 때문에 38선 충돌시의 공격과 같은 방식으로 남한군이 50년 6월 25일에도 선제적인 공격을 하지 않았겠느냐는 추론이 강력하게 제기되어 왔었던 것이 사실이다. 그러나 49년의 38선 충돌과 50년 6월 25일의 공격과는 직접적인 관련은 없었다. 1950년 6월 25일의 전면공격은 북한리더십이 전쟁을 하나의 변혁방법으로 택하여 소련과 중국의 지원 속에 오래 준비하였다가 힘을 집중시켜 폭발시킨 것이기 때문에 그 앞의 많은 '작은 충돌들'과는 단절된 것이다. 38선 충돌이 점차 격화하여 전쟁으로 발전하였다거나, 남한에서의 게릴라투쟁이 상승하여 전쟁으로 발전하였다는 주장은 성립될 수 없는 주장이다. 왜냐하면 우선 사실적으로 38선 충돌은 49년 가을을 지나면서 현저히 줄어들었고 50년 초에는 아예 거의 없다시피 하였다. 게릴라 투쟁은 더욱 그러하였다. 북한은 아예 전쟁을 준비하기 위하여, 남한의 게릴라 투쟁을 격화시키는 것이 아니라, 50년 초 봄에 전부 북한지역으로 불러들였다. 38선 충돌과 게릴라투쟁이 끝나 있는 상태에서 전쟁이 시작되었던 것이다.

5월 초 개성에서 시작된 충돌은 5월 중순에 접어들면서는 의정부와 옹진지구로 확대되기 시작하였다. 로버츠 주한 미군사고문단장에 따르면 5월 6일에는 개성에서 남한군이 4km를 침입하기도 하였다.59) 특히 빈발한 곳은 옹진이었다. 옹진은 바로 1950년 6월에 전쟁이 최초로 시작된 곳이기도 하였다. 남한은 옹진을 방어하기 위하여 6월 5일 옹진지구 전투사령부를 설치하기도 하였다. 계속되는 충돌에서 쌍방간에는 한꺼번에 수십 명의 사상자가 발생하기도 하였으며, 투입되는 부대의

---

59) "Memorandum of Conversation, by the Ambassador in Korea (Mucio)" (May 10, 1950), *FRUS, 1949*, Vol. Ⅶ, p. 1017.

규모도 연대급에 달하는 곳도 있었다. 6월 7일에는 남한군이 북한군을 가장하여 38선 북방 2km 지점의 고지를 점령하였고 38선 북방 8km 지점의 태탄을 공격하기도 하였다. 6월 18일에는 은파산을 점령하였다. 이들 전투에서는 개인화기는 말할 것도 없고 포(砲)까지 동원되었다. 때로는 반공의식에 불타는 서북청년단이 투입되어 그들의 반공투지를 과시하였다.

8월에는 남한의 육군본부가 직접 옹진지구에 사령관을 파견하여 이 지역을 담당시켰다. 새 사령관으로 파견된 사람은 남한군 지휘관 중 능력을 인정받고 있던 김백일이었다. 제주도에서의 저항이 종식되자 여기에 투입되었던 부대를 옹진으로 파견하기도 하였다. 개성에서는 북한의 공격에 대응하여 남한군은 사단장이 직접 공격명령을 내려 분계선을 넘어 침입하기도 하였다. 최고지휘부 육본의 이러한 대응과 조치는 38선에서의 충돌은 곧바로 서울과 평양의 대결로 상승하였음을 의미한다. 그것은 38선 충돌이 현지부대의 충돌이 아니라 최고수뇌부에서 직접 결정하고 대응하는 수준으로 상승하였음을 의미한다. 38선 분쟁에 대한 관심은 국방장관 신성모나 대통령 이승만이라고 하여 예외일 수 없었다. 그들 역시 깊은 관심을 갖고 이를 주시하고 있었다. 이것은 북한도 동일하였다. 민족보위상 최용건은 직접 옹진의 분쟁지역을 다녀갔고 주평양 소련대사 슈티코프도 38선 분쟁을 조사하러 다녀갈 정도였다. 즉 미소는 마지막 최전방의 갈등까지 어떤 형태로든 직접 연루되어 있었다.

38선 충돌이 격화된 시점이 주한미군이 철수하고 중국혁명의 추이가 결정된 다음이라는 점도 주목할 필요가 있다. 이 시점에서 북한은 남북로동당을 합당하여 공산주의역량의 단일한 결집을 이룩하고 통일선전공세와 게릴라침투를 강화하기 시작하였다. 따라서 그들은 게릴라투쟁을 지원하기 위해서라도 38선에서의 충돌을 격화시켜야 했다. 또한 김일성과 박헌영은 이승만의 역량을 시험해볼 필요가 있었다. 더욱이 그들은 38선은 미군이 주둔하는 한에서만 의미를 가질 뿐이라고 인식하고 있었다. 김일성은 자주 38선에서의 전투 결과 남한군은 인민군에 비해 형편

없음이 증명되고 있다고 외쳤다. 반면 남한은 미군이 철수하고 중국이 공산화되는 시점에서 미국에 대해 한국에서의 실제 갈등을 보여줌으로써 위험을 과장하여 지원을 획득하려 하였고, 또 이승만이 자주 강조한 대로 한국인들은 중국인들과는 달리 싸울 의지가 있다는 각오를 보여주려 하였다.

그러나 남한 내지에서의 북한의 9월 공세의 실패 이후 49년 가을에 잠시 충돌이 격화된 뒤 전쟁의 발발시까지 38선은 상대적으로 고요해졌다. 특히 1950년 들어서는 뚜렷이 안정되어 갔다. G-2에 따르면 사소한 충돌조차 한 건도 없는 날이 있었다.[60] 50년 봄이 되면 다시 약간의 충돌이 시작되지만 그것은 49년 봄에 비하면 아무 것도 아니었다. 고요의 시기가 존재하였다는 점이 말해주는 바는 충돌이 필연은 아니었다는 의미였다. 즉 쌍방간의 전투는 주체의 자제로 거둬들여질 수 있는 것이었다. 또한 38선 충돌의 격화가 6월 25일의 폭발로 이어진 것이 전혀 아니었음을 알 수 있다. 북한은 전쟁에 대비하여 본격적인 소개를 준비하기 시작하였고 남한은 내부소탕에 치중하였기 때문이었을 것이다.

남북한의 지도자들은 38선에서의 무력충돌을 자제하려 하지 않았다. 38선 충돌문제를 논의하기 위해 49년 6월 하순에는 남한군 내부고위회의가 열렸다. 회의에는 이응준(李應俊) 전 육군총참모장, 김석원(金錫源) 1사단장, 유승렬(劉升烈) 2사단장, 채병덕 육군총참모장, 백선엽 육본정보국장 등 남한군 최고위 장교가 참석했다. 회의에서 김석원은 "국가나 군은 모욕을 당해서는 안 된다"면서 "북괴가 38선을 넘어 침범해 오면 그것을 상회하는 무력과 빈도로 보복하여 다시는 넘보지 못하게 해야 한다"고 주장, 강력한 보복을 강조했다.[61] 이 언급은 쌍방 공히 견지하던 '이에는 이, 눈에는 눈'의 법칙(*lex talionis*), 또는 '확대보복의 원칙'의 확인이었다. 물론 이승만의 북진통일론도 '이에는 이, 눈에는 눈'의 원칙이었다. 적의로 인한 갈등의 반복은 최소한 동일한, 또는

---

60) KMAG, *G-2*, *P/R*, No. 239부터 No. 250까지의 보고서들을 보라.

61) 장창국, 《육사졸업생》(중앙일보사, 1984), pp. 224~225.

확대된 보복과 대응을 불러일으킨다.

김일성은 바로 그 김석원을 직접 겨냥하여 적의를 불태웠다. 비슷한 시기에 그는 남한군이 "38선 일대에서 끊임없이 불장난질을 하고… 강도행위를 서슴없이 감행하고 있다"[62] 면서 이렇게 말하고 있다.

> 1937년 여름 간삼봉 전투 때에 있은 일입니다. 보천보 전투에서 녹아난 일제는 중국 동북지방에 있는 무력만으로는 도저히 조선인민혁명군에 맞설 수 없다는 것을 깨닫고 이른바 정예사단이라고 자랑하던 라남 제19사단 소속에서도 가장 악질인 함흥의 김석원 련대까지 끌어다 간삼봉 전투에 들이밀었습니다. … 무공을 떨치겠다고 장담하면서 덤벼들었던 김석원이란 놈은 그때 치명상을 입고 간신히 살아서 도망쳤습니다. 그런데 그놈이 오늘은 미국놈의 앞잡이가 되어 38분계선 이남에서 공화국 북반부를 반대하는 불장난질을 하고 있습니다. 지난날 백두밀림에서 그놈과 싸우던 우리 동무들이 오늘은 38분계선에서 또 그놈과 맞서 싸우고 있습니다.[63]

그는 남한의 다른 누구보다도 이 일본군 출신 장교를 증오하였다. 김일성의 언명은 친일-항일의 대립이 완화되기는커녕 더 격화되었음을 보여준다. 과거의 대립은 이념의 개입으로 더 확대되었던 것이다.

38선 충돌과 함께 내부에 대한 상호침투도 빈발하였다. 대부분은 북한에 의한 침투였지만 남한 역시 침투를 하지 않은 것은 아니었다. 남한 역시 몇 차례의 침범을 시도했다. 남한이 48년질서의 시기 동안에 북한 내부에 깊숙이 침투하였던 유일한 사례는 호림부대(虎林部隊)였다. 원래 호림부대는 1949년 2월에 창설되었다. 이전에 이들은 국방부 제4국 소속으로 특수공작을 위해 창설된 부대였다. 대북 침투를 목표로 한 호림부대의 최초의 부대원은 서북청년 367명이었다. 그러나 병사

62) "부대의 전투준비와 전투력을 더욱 강화하자," 《김일성 저작집》 5권, p.225.
63) "인민군대는 현대적 정규무력으로 강화 발전되어야 한다," 《김일성 저작집》 5권, p.206.

개개인의 경력을 기록해놓은 자료에서 부대원들의 본적지를 추적하면 그들 부대원 중에는 남한지역 출신들도 적지 않았다. 일반적으로 알려진 것과는 달리 북한 출신들만 침투시킨 것은 아니었던 것이다.

호림부대원 240명은 특수교육을 받고 49년 6월 29일 38선을 넘어 침투하였다. 그러나 이들은 북한의 게릴라와는 달리 곧바로 체포되었다. 이들 중 대부분은 체포되거나 사망하였고 약 40명은 기적적으로 생환하였다.[64] 남한과 달리 북한은 철통같은 사회가 되어 있었기 때문에 결코 성공할 수가 없었다. 이들은 체포되어 재판을 받았는데 그것은 남한의 호전성을 선전하는 좋은 재료가 되었다. 북한의 신문과 방송에서는 이들의 체포와 재판과정을 대대적으로 보도하여 남한의 침략성을 반복적으로 선전하였다. 호림부대 재판은 9월에 최고재판소 주재로 모란봉의 특별법정에서 수많은 군중들이 법정 내외에 운집한 가운데 열렸다. 재판에서 피고인들은 모두 사형판결을 받았다.[65] 이들은 북한당국에 44명이 체포되었는데 총참모장 채병덕이 직접 침투시킨 것으로 진술하고 선전되었다.[66] 이 사건을 북한은 '단말마적인 최후의 발악'으로 묘사하였다. 9월 21일에 심문받은 5명의 주소는 모두 서울이었다.

다른 침투사례는 몽금포 공격이었다. 8월 16~17일 6척의 함정에 분승한 남한해군 특수부대가 황해도의 몽금포를 공격하여 북한의 선박 1척을 나포하고 4척을 침몰시켰다. 이 공격사건은 미군장교의 보트 1척을 좌파첩자가 몽금포로 몰고 가버리자 이를 응징하기 위해서 감행한 침투였다. 이 사건 결행 후 미국의 항의를 받아 남한의 담당장교는 다른 곳으로 보내졌다.[67] 전술하였듯 양양에서도 북한의 공격을 응징하고자

64) 호림부대에 대한 자료는 남아 있는 것이 거의 없다. 다음의 1차 자료를 참고할 수 있다. 〈호림부대 자료철〉 국방부 전편위 사료 527호 ; 〈호림부대 전투상보〉 전편위 사료 177호 ; 〈호림부대 투쟁사〉 전편위 사료 176호.

65) KBS 소장, 미 MID 노획필름(Military Intelligence Department, No. 5402).

66) 남궁 석, "소위 '국방군 호림부대' 공판 방청기," 《태풍》 제 2 권, 제 20 호, 통권 36호(1949), pp. 61~68.

67) 《한국전쟁사》 1권, pp. 572~573.

연대장 송요찬의 지휘하에 38선 북방에 위치한 유격대 근거지를 공격하자 미군의 항의로 연대장은 물러나고 말았다. 미군사고문단이 대북공격을 제한한 것과 슈티코프가 대남공격을 제지하지 않는다고 모스크바로부터 경고를 받은 것은 동일한 것이었다.

그러나 전체적으로 볼 때 남한의 대북침투는 보잘것없는 것이었고 북한이 집요하게 공격한 것에 비하면 형편없었다. 즉 남한의 침투는 북한의 침투횟수와 규모에 비하면 애교의 수준을 넘지 않았고, 없는 것이나 다름없었다. 침투사태보다는 오히려 월북사태가 빈발하였다. 월북은 육해공 3군 모두에서 일어났다. 38선 충돌이 격화될 시점에 잠복중이던 좌파장교 표무원(表武源)과 강태무(姜太武)는 자기들이 통솔하던 8연대의 1대대와 2대대를 이끌고 49년 5월 4일과 5일에 집단적으로 월북하였다.[68] 이들은 숙군의 압력을 견디지 못하고 임박한 체포를 피하기 위해 월북해버린 것이었다.[69] 이들은 훈련을 위장하여 38선으로 접근한 뒤 부대를 이끌고 그대로 북한으로 넘어가 버렸다. 남한군 공식기록에 의하면 약 반수는 대대장을 따라 월북하였고 반수는 이에 저항하여 다시 돌아왔다. 이 사건은 전간기 동안 남북한군 양쪽을 통틀어 가장 커다란 월경사건이었다. 그만큼 양쪽 모두에 충격적이었다.

그러나 이 사건은 이중의 의미를 지니고 있었다. 북한에서는 "이제 전쟁을 하지 않고도 통일이 되는구나"[70] 하고 생각할 정도로 남한군이 혁명적인 것처럼 인식되었다. 이들 부대는 북한에 도착하여 커다란 환영을 받았다. 평양역에서는 대규모 환영행사가 열렸고 이들은 꽃다발 속에 파묻혔다. 표무원과 강태무는 흥분 속에 대표연설을 하였다. 환영식이 끝나자 이들은 인민들의 환호 속에 평양의 스탈린거리에서 카퍼레이드를 벌였다.[71] 반대로 남한에서는 이 월북사건 직후 총참모장 이응

---

68) 《한국전쟁사》 1권, pp. 415~424 ; 《창군전사》, pp. 527~538 ; 〈육군역사일지〉, 면수 없음.

69) 《창군전사》, p. 537.

70) 전인민군 정보장교 최태환의 진술(필자와의 면담, 서울, 1990년 2월 1일).

71) KBS 소장, 미국 MID 노획필름(MID, No. 5281). 1950년대 중반까지도 표무

준이 물러나는 등 커다란 물의를 빚었다. 그러나 역설적으로 이 사건은 패배의식만을 제공하지는 않았다. 이제 남한군 내에는 좌파가 더이상 존재하기 어려웠음을 알리는 징표가 되기도 하였던 것이다. 동일한 사건에 대한 반대의 결과이자 인식이었다.

다른 월북사건은 공군기의 월북이었다. 남한군 조종사 이명호는 선전전단을 뿌리러 화천지역에 나갔다가 49년 9월 24일 비행기를 몰고 그대로 월북하였다. 그는 9월 28일 북한방송에 나와 다른 한 명과 함께 반남한방송을 했다. 그러나 남한 공군사령관 김정열은 이것이 그들의 목소리가 아니라고 부인했다.[72] 물론 남한 군당국은 월북사건 자체를 부인하였다. 그러나 이 월북사건은 사실이었다. 이명호는 월북후 북한 공군조종사가 되어 군내 잡지에 남한군대의 반동성과 반민족성을 공격하는 글을 기고하였다. 이를테면 그는 《조국보위를 위하여》 1950년 신년호에 "소위 국방군 항공대의 리면"이라는 글을 기고하였다. 당시에는 많은 사람들이 월남, 또는 월북을 하였는데 충성의 대상이 바뀐 사람들은 사태를 어떻게 인식하고 있는가를 보자.

> 소위 '국방군'이라는 것은 모든 제도에서 과거의 일본군대나 팟쇼독일군대와 조금도 다름이 없으며 소위 '국방군'의 목적과 과업은 우리 조국의 통일을 반대하며 우리 조국의 민주발전의 근거지이며 우리 조국통일독립의 튼튼한 담보로 되는 우리 공화국 북반부의 위대한 민주개혁의 제 성과들을 파괴하는 데에 있는 것이다. 그뿐만 아니라 소위 '국방군'은 우리 조국을 세계제패를 꿈꾸는 미제국주의자들에게 팔어먹으며 소위 '공산주의 위험'을 방어한다는 명목하에 일체 애국적 인민들의 독립운동과 민주운동을 무장으로 탄압하며 전세계 평화와 안전을 반대하며 인민들을 무제한으로 학살하는 천추의 원쑤의 소굴인 것이다.[73]

원은 "의거입북한 모든 국군장병들이 행복한 생활을 누리고 있다"며 자신의 옛 전우인 국군에게 월북할 것을 선동하였다(《로동신문》 1957년 12월 20일).

72) KMAG, *G-2*, *P/R*, No. 189 (Sep. 29, 1949) ; No. 191 (Oct. 4, 1949).

73) 리명호, "소위 국방군 항공대의 리면," NA, RG 242, SA 2005 Item 1/14,

어제까지의 충성의 대상이 천추의 '원쑤의 소굴'로 바뀌어 있다. 육군, 공군에 이어 함정의 월북사태도 있었다. 함정의 월북사태 역시 전부 좌파군인들에 의한 월북이었다. 함정의 월북은 48년 5월에 두 정(艇), 그리고 49년 5월에 한 정이 월북하였다. 많은 월북사건들이 49년 5월에 집중되고 있었다. 육해공군 공히 월북을 겪고 있었던 것이며 이는 북한에 커다란 자신감을 심어주었다.

그러나 북한병사와 항공기의 월남도 월북에 못지 않았다. 북한병사의 월남은 전간기 내내 지속되었다. 병사들의 월남에 대한 기사는 남한의 모든 언론매체를 통하여 대대적이고도 반복적으로 보도되었다. 체포된 북한군 병사 전영철에 따르면 북한은 탈출을 저지하고자 "남한이 포로를 어떻게 다루는가"를 교육하여 탈출하지 못하게 하고 있었다.[74] 잔인성을 강조하기 위해서였을 것이다. 북한 항공기의 월남은 1950년 4월 28일에 있었는데 월남 조종사 이건순(李健淳)은 이명호와 마찬가지로 큰 환영을 받았다.[75]

남한군에서는 또한 월남병사들을 주기적으로 모아놓고 환영식과 남한군에 입대하는 의식을 거행하여 얼마나 많은 숫자의 북한병사들이 월남하고 있는지를 과시하였다. 이를테면 49년 11월 24일에는 월남 북한군인 74명이 집단적으로 남한군에 편입하는 의식이 국방부에서 거행되었다. 이들은 남한에 대한 충성과 괴뢰 분쇄를 맹세하면서 김일성에게는 "하루빨리 항복하라"는 전달문을 낭독하였고, 북한인민군에는 "시기는 아직 늦지 않았다"면서 호기를 놓치지 말고 어서 빨리 남한으로 넘어오라고 호소하였다.[76] 이것은 북한군의 월남을 조장하고 남한국민들에게는 북한에서의 저항과 탈출을 보여주기 위한 의식이었다. 결국 군대 탈출의 문제는, 그 규모와 사회적 영향에 있어, 남북간에 상호 길항

《조국보위를 위하여》 1950년 신년호, p. 64.

74) KMAG, *G-2*, *P/R*, No. 238(Dec. 30, 1949).

75) 《서울신문》 1950년 4월 29, 30일 ; 공군본부, 《공군사》 제 1 집, 증보판(1991), p. 546.

76) 《서울신문》 1949년 11월 25일.

적이었다. 월남병사들 중에는 위장 월남을 통하여 남한군에 합법적으로 침투하기 위해 간첩으로 내려오고 있는 자들도 있었다. 그중에는 거지로 위장한 자까지 있었다. 상호간의 집요한 침투전략이었던 것이다.[77]

또 다른 흥미 있는 월북사태는 미군상선 킴볼 스미스(Kimball Smith)호의 월북이었다.[78] 킴볼 스미스호의 월북사건은 9월 20일 소금을 싣고 부산을 출발하여 군산항을 목표로 항해 도중 군산항에 입항하기 직전 좌파의 선상반란이 일어나 9월 22일에 진남포에 도착한 사건이었다. 선원들이 북한에 도착하였을 때 역시 거대한 환영식이 베풀어졌다. 그들은 월북 후 한 달 동안 8연대의 두 개 대대처럼 군중집회에 나가 환영을 받았다. 그후 이들은 대부분 북한 해군에 편입되거나 회령군관학교에 입교하였다. 그리고는 한국전쟁 전에 유격대나 사전침투조로 남한에 재침투하였다.[79]

38선 충돌과 남한의 게릴라투쟁은 맞물려 있었다. 38선 충돌 이전 남한은 여수반란의 후유증을 극복하며 정부수립 후 처음으로 숨을 돌리고 있었다. 그러나 38선 충돌이 격화되고, 특히 북한이 조국전선의 결성 이후 게릴라들을 남파하기 시작하자 남한은 다시 시끄러워졌다. 곳곳에서 게릴라투쟁이 빈발하였기 때문이었다. 49년 중반을 넘어서면서부터는 38선과 남한 내부가 동시에 싸움터로 달아오르고 있었다. 이는 북한에서 조국전선이 결성된 것과 직접적인 관련이 있었다. 조국전선의 결성식에서 채택한 총선거에 관한 선언서는 남한의 게릴라투쟁에 직접적인 영향을 끼쳤다. 1949년 6월 이전에 남한에서 게릴라투쟁은 전혀 격

---

77) KMAG, *G-2*, *P/R*, No. 200 (Oct. 20, 1949) ; No. 204 (Oct. 27, 1949).

78) KMAG, *G-2*, *P/R*, No. 187 (Sep. 26, 1949).

79) 김태규 면담(서울, 1990년 4월 9일). 김태규는 당시에 킴볼 스미스호의 선원이었다. 그의 이름은 G-2에서 확인 가능하다(Hq. KMAG, *G-2*, *Weekly Summary*, No. 3, Apr. 20, 1950) 그는 스미스호와 함께 월북 후 회령군관학교에서 6개월 간 유격훈련을 받고 50년 6월 10일 중앙당에 소환되어 전남지구 정치공작대(16명)에 소속되어 전북지구 정치공작대와 함께 전남지방 침투를 위해 진남포를 출발하였다. 그러나 이들은 선박사고로 중국으로 갔다가 전쟁이 발발한 뒤에야 남한에 도착할 수 있었다.

렬하지 않았었다. 단지 여수반란의 여진이 남아 있을 뿐이었다.

49년 6월 이후 게릴라투쟁의 격화는 북한의 게릴라 남파로부터 비롯되었다. 남한군경의 공식기록들이 기록해놓은 북한의 게릴라 남파 총 10여 회 중 7회가 조국전선이 창설되는 1949년 6월부터 그들이 제안한 총선시한인 49년 9월 사이에 집중되었다.[80] 실제의 게릴라침투 횟수는 이것보다 훨씬 더 많았다. 정보기록에 따르면 게릴라침투는 끊임없이 이어졌다. 이것은 내륙을 흔들어놓겠다는 전술이었다. 북한은 게릴라침투를 위해 강동정치학원이라는 전문양성기관을 설치하여 게릴라들을 훈련시킨 뒤 남파하였다. 또한 남한에서의 투쟁을 독려하고 고무하기 위해 상당수의 게릴라와 지도자들을 북한으로 불러들여 재교육하고는 다시 침투시켰다. 9월에 게릴라들의 역량은 절정에 달했다. 남한의 게릴라조직은 정규군의 편제인 병단으로 재편되었고 그 밑에는 또한 대대, 중대, 소대, 분대와 같은 군대편제까지 갖추고 있었다. 어떤 곳에서는 여단이라는 부대명칭이 사용되기도 하였다. 이들은 국가의 토벌에 대응하여 전쟁을 수행하는 각오로 맞서고 있었던 것이다. 그들은 49년 가을에 마치 모든 역량을 쏟아부으려는 듯 공격을 집중하였다. 이른바 9월 공세였다.

북한의 지원에 힘입어 남한좌파는 다시 활기를 찾았다. 《로동신문》을 비롯한 북한의 언론매체에는 남한인민들의 저항이 점점 강력해지고 수세에 몰린 이승만 괴뢰도당의 멸망은 멀지 않았다고 선동하고 흥분하였다. 그들은 게릴라의 대부분을 자신들이 남파하였으면서도 남한인민들이 봉기한 것처럼 위장하였다. 남한 국방부의 공식 월간잡지는 이를 정면으로 지적하고 있었다.

> 몇 일에는 무슨 유격대가 어느 읍을 점령하고 누구를 숙청하였느니 또한 2, 3일 전에는 순천 어느 곳에서 누구를 처단하였느니 하는 새빨

---

80) 육군본부, 《공비토벌사》, pp. 4~6 ; 《한국전쟁사》 1권, pp. 498~505 ; 사사키 하루다카, 《한국전비사》 1권, 강창구 역, pp. 463~478.

간 거짓말로 마치 대한민국 일대가 공산당 수중에 농락될 것 같이 허위선전을 하고 있다.[81]

물론 남한에서의 게릴라저항을 오직 북한으로부터의 침투에 의해서였다고 진술하는 것은 잘못된 것이다. 남한 내부로부터의 자생적 요소에 의한 게릴라투쟁도 적지 않았다. 그러나 이것만 강조하는 것도 역시 잘못된 것이다. 커밍스는 "게릴라투쟁의 역사는 북한의 지시나 실질적 지원의 어느 것도 보여주지 않는다"[82] 고 말하고 있다.

오직 외부의 선동만을 강조하려 하거나 그것을 전면 부정하여 농민의 혁명성만을 강조하려는 둘 다 진실의 절반만을 말하고 있는 것이다. 우리의 결론은 남한의 저항은 두 요소의 결합, 그중에서도 전자가 좀더 많은 부분을 차지하고 있었다는 것이다. 유엔한위의 보고는 "게릴라대원들이나 정보원들의 다수는 북한에서 훈련된 남한인들"이라면서 그들은 그들이 가진 지방에 대한 지식이 그들의 작전 실시와 지방불평분자들을 끌어들이는 데 있어 유리하게 작용하는 각 지방들의 전투원으로 다시 파견되었다고 분석하였다. 보고에 따르면 게릴라들은 현지보급으로 생활해야 했지만 무기와 탄약은 북한당국으로부터 받고 있었다. 여러 증거와 게릴라 심문에 근거하여 위원단은 "북한당국은 대한민국에 대하여 주의깊이 계획된 게릴라전(a carefully-planned guerrilla campaign against the Republic of Korea)을 실제로 실행중이라는 것을 확인하였다" 고 결론 내렸다.[83]

결국 여수반란 이후 남한의 게릴라투쟁과 내부저항은, 홉스봄이 말하는, 국가에 맞서는 전국적인 저항이 아닌 여기저기 띄엄띄엄 존재하

81) 김현수, "한미행정협정과 공산당의 말로," 《국방》 1950년 2월, p. 18.

82) Bruce Cumings, *The Origins*, Vol. II, p. 240.

83) "Report of the United Nations Commission on Korea-Covering the Period from 15 December 1949 to 4 September 1950," *General Assembly Official Records : Fifth Session Supplement*, No. 16 (A/1350) (Lake Success, New York, 1950), pp. 39~40.

는 점묘식 저항이나 지역적 저항의 복합체였다.[84] 즉 전국적 농민반란은 비현실적인 것이었다. 외부세력의 지원에 의해서만이 국지적이고 지방적인 저항들은 더 광범한 저항으로 전환될 수 있었으나 그것도 통일성을 갖고 있지 못했다. 그들간의 연대는 찾아보기 어려웠다. 저항의 주력은 북한으로부터 투입된 것이었다. 게다가 저항은 인민을 장악하지 못하였고 국가의 탄압으로 인해 생존을 위해서는 이동식 저항을 하지 않을 수 없었다.

게릴라들은 1949년 8월에 예정된 서울에서의 대봉기계획을 시도조차 하지 못하였다. 9월로 연기된 대봉기계획도 지도부의 집단적인 전향으로 인해 실패하였다.[85] 이 대봉기계획은 북한의 9월 선거의 제안과 직접 관련된 것이었고 이에 대한 수많은 지령들이 남로당조직을 통하여 하부로 내려가고 있었다. 49년 7월 조국전선의 평화통일선언을 전달받자 지하의 조선로동당 서울지도부에서는 각 지방당에 다음과 같은 투쟁지시를 하달하였다.

> 결정적 시기가 불원간 도래한다. 결정적 시기를 맞이하기 위하여 각 지방당은 정권 접수를 위한 준비를 하라. 또한 인민군이 진격하게 되므로 각 도당은 해방지구를 1~2개 확보하라. 모든 당조직은 군사조직으로 개편하고 결정적 투쟁을 전개하라. 돈있는 사람은 돈을 바치고, 집있는 사람은 집을 바쳐서 무기를 준비하라.[86]

---

84) Eric Hobsbawm, "Peasants and Politics," *The Journal of Peasant Studies*, Vol. I, No. 1 (Oct. 1973), p. 9.

85) 양한모, 《그들은 조국을 배반했다?》(일선기획, 1990), pp. 195~219 ; "남로당," 조선일보사 출판국 편, 《전환기의 내막》(조선일보사, 1982), 217~246쪽 ; 오제도, 《追擊者의 證言》, pp. 164~175 ; 이기하, 《한국공산주의운동사》 2(국토통일원, 1978), pp. 265~294. 양한모는 당시 남로당 서울시당 부책(副責)으로 있으면서 서울봉기계획을 주도하다가 피체, 전향하여 남한경찰간부로 활약하면서 반좌파전략의 수립과 그들의 제압에 중요한 역할을 수행한 전 공산주의자 홍민표(洪民杓)와 동일인물이다.

86) 김남식, 《남로당 연구》, p. 413.

전남지방에서는 남로당원들에게 "9월 20일 총선에 앞서 각군의 철도, 교량, 도로를 9월 19일 22시까지 파괴하라"는 지령이 내려갔다.[87] 어느 곳에서는 게릴라들이 군대와 경찰로 가장하여 침투하기도 하였다. 게릴라들에게는 인민군이 남하한다는 허위선전과 소문이 광범하게 돌았다.[88] 9월 선거에 관한 지령과 이를 완수하기 위한 지령들이 속속 내려갔다. 따라서 중앙과 지방의 모든 지하좌파는 지상으로 부상하여 투쟁하였고, 모든 역량을 투입하여 직접적으로 군경, 행정관서를 공격하였다. 적지 않은 청년들은 게릴라들을 따라 입산하여 유격부대에 합류하였다. 마치 최후의 불꽃을 사르는 듯한 모습이었고 실제로도 이때의 공격은 최후의 전사(戰死)에 가까웠다.

이를테면 9월 16일에는 게릴라가 광양에 주둔하는 군부대의 대대본부를 공격하여 충격을 주었다. 그들은 군의 대대본부뿐만 아니라 인근의 광양경찰서와 지서까지 공격하여 막강함을 과시하였다. 이를 진압코자 출동한 군부대는 매복에 걸려 패퇴하였고 대대규모의 부대가 게릴라에게 패퇴하기도 하였다. 결국은 다음날 사단장이 직접 전투에 나서서야 게릴라를 격퇴시킬 수 있었다. 이 전투에서 군경은 39명이 사망하고 14명이 실종되는 피해를 입었다.[89] 11월 3일에는 진주시가 게릴라에게 공격을 당하기도 하였다. 진주시같은 규모의 도시가 공격당했다는 점에서 이 사건은 남한에 많은 충격을 주었다. 게릴라들은 진주군청, 형무소, 법원, 경찰, 해병대 부대를 동시에 공격하였고 법원과 군청은 전소되었다. 이 화재는 시민들이 게릴라에 협조함으로써 일어난 것이었다.[90] 게릴라의 강력한 투쟁으로 전라도와 경상도, 그리고 강원도의 일부 산악지방은 "낮에는 대한민국, 밤에는 인민공화국"으로 불리며 대한민국의 통치권에서 벗어나 있었다. 여러 곳에 형성된 이른바 '빨치산 섬'이었다.

---

87) KMAG, *G-2*, *P/R*, No. 184 (Sep. 20, 1949).
88) 김남식, 《남로당 연구》, p. 414.
89) KMAG, *G-2*, *P/R*, No. 183 (Sep. 19, 1949) ; 백선엽, 《實錄 智異山》, p. 286.
90) KMAG, *G-2*, *P/R*, No. 208 (Nov. 3, 1949).

1949년 가을 남한의 게릴라들은 산악은 물론 산악에서 내려와 관공서나 군부대, 경찰서가 위치한 도시에 대한 대담한 정면공격작전으로 나왔다. 따라서 이는 단순한 공세가 아니라 아성공격(牙城攻擊)으로 불렸다.[91] 9월 14일에는 목포형무소에서 폭동이 발생하여 1,400명의 죄수 중 약 400여 명이 탈옥에 성공하였다. 곳곳에 게릴라가 출현하여 남한정부의 치안능력을 위협하였다. 9월 공세에 즈음하여 게릴라들에게는 인민군의 남하에 호응하라는 명령이 내려갔다. 북한으로부터의 지원중에는 게릴라의 지원뿐만 아니라 정기적인 해상보급채널이 존재하여 무기와 식량을 공급해주기도 하였다. 이들은 동해안지방의 해안선을 이용하고 있었으며 자신들만이 아는 다양한 신호체계를 가지고 상호접선하여 식량과 무기를 인수하여 다시 산악으로 사라지곤 하였다.[92] 이러한 공세로 9월에 남한정부는 다시 흔들리는 것처럼 보였다.

남한정부는 9월 말에 군경수뇌회의를 열어 전국을 지리산지구, 오대산지구, 태백산지구로 나누어 게릴라와 지방좌파에 대한 확실한 '뿌리뽑기'에 나섰다. 이른바 동계 대공세였다. 곳곳에서 대규모의 군경합동토벌대가 창설되었다. 군경토벌대는 게릴라를 절멸시키겠다는 의지로 섬멸전을 벌였다. 38선에서의 충돌 못지않게 남한 내부의 산악지역도 전장(戰場)이나 다름없었다. 남로당은 9월 말까지도 총선거를 포기하지 않았다. 그들은 9월 총선이 실패하자 선거는 10월에 실시될 것이라면서 끝까지 선거를 포기하지 않았다. 또 남조선은 10월내에 점령될 것이며 인공 지휘하에 서울에서 총선거가 실시될 것이라고 주장하였다.[93]

게릴라의 끈질긴 저항에 남한 군경은 유격대와 주민을 분리시키고 유격대의 근거지를 빼앗아 효과적인 진압을 하기 위해 마을 전체를 불살라 버리고 집단부락을 건설하여 주민들을 집단이주시키는 전략을 사용하였다. 이른바 전략촌 건설, 소진(燒盡), 소개(疏開) 작전이었다. 이러한 작전은 일제가 만주 및 한만국경지역에서 조선과 중국의 항일게릴

91) 김남식, 《남로당 연구》, pp. 417~419.

92) KMAG, *G-2, P/R*, No. 219 (Nov. 25, 1949).

93) KMAG, *G-2, P/R*, No. 190 (Sep. 30, 1949).

라들을 토벌할 때 사용하던 것이었다. 남한군 장교들 중 일부는 식민시기에 일본군과 만주군 장교로 근무하면서 중국인 및 조선인 항일세력을 토벌할 때 익혔던 이 전율할 방식을 제주도와 태백산, 지리산 지구의 유격대를 토벌할 때 사용하였다. 어떤 마을에서는 게릴라가 아닌 민간인을 대량으로 살상하여 커다란 물의를 빚었다. 48년 9월 경남 하동과 산청, 49년 12월 경북 문경 석달마을에서는 국군이 마을사람들 수백 명을 집합시켜 놓고 집단적으로 살해하였다.[94] 제주도의 경우 사망자의 80%가 민간인이었다. 이러한 양민학살은 용납될 수 없는 만행이었다.[95]

이러한 토벌작전은 "민중들의 삶의 근거지를 빼앗아 그들을 좌익으로 몰아가고 있다"고 국회에서도 격렬한 비판을 불러일으켰다. 강원 충북 경북 등 진압군경이 작전을 행사하는 지역의 출신의원들은 이성가(李城佳) 등 토벌지휘관을 파면하라고 요구했다. 이에 국회 국방위원장인 이청천을 위원장으로 육군 총참모장, 치안국장, 법무부 법무국장을 위원으로 하는 조사단까지 구성되어 현지 조사활동을 벌였으나 "빨갱이를 소탕한다"는 지상명제에 밀렸다. 민중들의 고통은 공산당 타도의 명분 앞에 고려될 공간이 없었다. 빨갱이 근절의 칼날을 피해갈 명분과 공간은 없었던 것이다. 반공을 제어할 수 있는 것은 사회의 어디에도 존재하지 않았던 것이다.

게릴라들의 1949년 가을공세는 남한군과 경찰의 강력한 토벌작전을 견디지 못하고 겨울을 지나면서 소멸해 갔다. 49년 여름까지 매월 평균 300~400명을 기록했던 토벌에 의한 게릴라 사망자 수는 9월 이후 800명

---

94) 한상구, "피학살자 유가족 문제," p. 177.

95) 한국전쟁 직전과 전쟁중의 민간인 학살과 관련하여 가장 상세한 추적은《항도일보》의 기자들에 의한 것일 것이다. 이들의 방대한 증언채록과 추적에 의하면 지리산 주변의 경남지역에서만도 희생자가 4천여 명에 달하였다. 조성구·박반석·하종탁·최정수, "대하실록 이념갈등의 희생양들 : 반세기의 망각 속에 묻힌 부산·경남의 참상 재조명," 1~53회,《항도일보》1989년 1월 25일~1990년 4월 2일.

에서 1,000명까지 달했다.[96] 이러한 사망자 수치의 증가는 게릴라투쟁의 격렬성, 남한의 섬멸전의 성공, 일반민중의 피해의 급증 등 세 가지를 동시에 보여주는 징표였다. 군경의 강력한 토벌작전에 맞서 게릴라들은 대규모 군대식 편제인 병단(兵團)을 해체하여 이동과 은신에 용이한 소규모 조직으로 재편하고, 산악에서 내려와 평야지역으로 진출하여 민간 속으로 잠입하였다. 그러나 이는 생존전략의 수준을 넘지 않았다. 산악에서 대중으로의 재침투는 국가의 공격을 피하여 산악으로 이동했던 1년 전의 정반대였다. 게릴라들은 위장 전향하여 국군과 경찰로 들어가기로 집단적으로 결정하기도 하였다.[97] 산악에 '빨치산 섬'을 만들었던 좌파는 이제 사회에 근거를 만들기 위해 역침투를 시도한 것이었다.

군경의 압박에 직면하여 게릴라들은 강온파로 갈려 내부 노선투쟁을 벌이기도 하였다. 어떤 사람들은 계속 투쟁하자고 주장하였고 다른 어떤 사람들은 더 이상의 투쟁은 무의미하다면서 투항할 것을 주장하여 갈등이 벌어지기도 하였다. 즉 온건파와 강경파, 투항파와 투쟁파가 갈린 것이었다.[98] 이러한 갈등은 모든 투쟁의 퇴조기에 항상 나타나는 현상이었다. 남한의 게릴라투쟁은 20세기의 일반적 게릴라투쟁의 경험에서 크게 예외적이지 않았으나 그들은 가장 좁은 지역에서 가장 강력한 국가를 상대로 투쟁하였다는 점에서는 어느 투쟁보다도 나쁜 조건 속에서 투쟁한 것이었다.

1949년 겨울에서 50년 봄에 걸친 전국적인 좌파 몰락과정에서 전 좌익활동자들과 그들로 조직된 국민보도연맹의 역할은 매우 컸다. 보도연맹은 그것을 조직하는 데 관계한 오제도와 정희택(鄭喜澤)의 증언에 따르면 전국적으로 33만~35만에 달하는 방대한 조직원을 포괄하고, 국가의 지원을 받으면서 반좌익 투쟁에 동원되었다.[99] 이들은 국가정보기

---

96) John Merrill, *The Peninsular Origins*, pp. 160, 215.

97) KMAG, *G-2*, *P/R*, No. 234 (Dec. 22, 1949).

98) KMAG, *G-2*, *P/R*, No. 273 (Mar. 3, 1950).

99) 정희택, "아아, 오늘 하루도 무사했구나," 《세대》 1971년 7월, p. 175 ; 《한겨

구에 정기적으로 보고를 올렸다. 보도연맹은 민중 속에 침투한 정보망이자 동원망이었던 것이다. 자수와 밀고가 장려되었다. 이 자수와 밀고는 한국전쟁 전후로 남한과 북한이 공히 동원했던 충성의 추출방식이었다. 많은 좌파들이 전향하면서 과거의 조직과 계보, 명단, 전술 등을 군과 경찰에 제공하여 서울과 지방의 좌파조직에 치명타를 가했다. 이는 국가가 일반민중들을 어떻게 충성스런 하부조직으로 묶어내는가를 잘 보여준다.

코저가 지적하듯 "배반자는 새로운 집단에 대해서 그 집단의 주장이 정당하다는 확신을 더욱 강화시켜주기 때문에 충성을 옮긴 집단의 강화에 기여한다. 더욱이 배반자는 새로운 집단의 가치방어와 주장에 종사함으로써 그 집단에 대한 그의 충성을 강조할 뿐만 아니라 그는 또한 그의 정신적 과거에 대한 설욕행위를 끊임없이 하는 것을 그의 제일의 목표로 생각한다."[100] 따라서 탈출자는 구래의 적보다 더 위험하다. 보도연맹에는 남로당 고위간부들도 있었고 좌익조직원이 아니라 심정적인 좌익동조자도 있었다. 어떤 사람은 자신의 생존을 위해서 과거의 동지들을 수사진에게 자세히 알려줬다. 4년 전, 각자가 부푼 꿈을 안고 해방의 환희와 격정을 독립국가 수립으로 연결시키고자 어떤 조직에든지 자발적으로 참여했던 행위가 이제 치명적 약점이 된 것이었다. 국가는 이들을 위협하고 관리하기만 하면 되었다.

이렇듯 이승만 지배체제는 공식적인 국가기구 이외에 방대한 준국가기구를 갖고 민중과 시민사회 위에 군림했다. 이들은 대부분 국가와 시민사회, 공공(公共)과 사사(私事)의 중간끄나풀로 존재하면서 1950년대 내내 가장 중요한 민중통제조직이 된다. 이것이야말로 국가의 직접적인 통제 못지않은 민중통제방식이었다. 이는 효과 면에서는 다른 어떤 방식보다도 컸다. 토지개혁을 통한 농민의 동의창출보다 먼저, 그리고 더 직접적으로 사용된 지배방식은 억압적 국가강권력에 의한 강제였다. 전

레신문》 1990년 6월 24일.

100) Lewis Coser, *The Functions of Social Conflict*, p. 70.

전의 충성과 기여에도 불구하고 전쟁이 발발하자 이들은 가장 먼저 군경에 의해 대규모로 학살되지 않으면 안 되었다. 한상구의 추적에 따르면 이러한 민간인 집단학살은 1960년 4월혁명 뒤 국회와 유족들의 노력으로 다수의 사례가 공개되어 책임자 처벌요구가 분출하였다.[101] 실적을 위해 강제로 가입된 자들도 대부분 학살되었다. 보도연맹의 참여자 개인 개인은 역사의 역전이나 정치쟁투의 귀결이 갖는 냉혹성을 절감하지 않으면 안 되었다.

남한 게릴라는 완전히 붕괴하였다. G-2는 49년 늦가을 "(게릴라에 대한) 민간인들의 공개적이고 단호한 반대는 분명히 증가하고 있다"[102] 고 분석하고 있다. 이는 시민사회에 산재하던 좌파혁명세력을 분리하여 산악으로 이동시켜 이들과 일반민중을 격리하고, 다음으로 시민사회에는 보도연맹과 자수의 권고를 통하여 공포와 두려움을 동원하며 토지를 주어 불만의 근원을 제거하는 방식으로, 그리고 산악으로 결집한 게릴라들에게는 군경을 집중투입하여 제압하는, 남한국가의 삼중전술의 성공이었다.

1949년 가을부터 1950년 초까지 남한의 게릴라투쟁은 절정에 달했다. 그런데 게릴라투쟁의 절정기는 북한에서 게릴라를 집중적으로 침투시키는 시기와 거의 일치하였다. 전간기 남한에서의 저항 중 가장 커다란 것은 좌파의 도전이었으나 그들 저항의 격렬성은 북한이 게릴라들을 남파하는 정도와 거의 비례하였던 것이다. 즉 48년질서하 남한의 좌파는 두 요소로 이루어져 있었다. 하나는 자생적인 요소였고 다른 하나는 북한으로부터 군사적 교육을 받고 침투한 요소였다. 이 둘은 동일하면서도 또 동일한 것이 아니었다. 북한이 대규모의 게릴라침투를 시도하지 않은 1949년 가을 이전, 특히 49년 6월 이전과 1950년 초 이후 남한에서의 게릴라투쟁은 활발하지 않았다. 이는 남한의 게릴라투쟁이 북한과

101) 이에 대한 상세한 설명은 다음을 참조하라. 한상구, "피학살자 유가족 문제," 사월혁명연구소 편, 《한국사회의 변혁운동과 4월혁명》(서울: 한길사, 1990), pp. 173~202.

102) KMAG, *G-2*, *P/R*, No. 221 (Nov. 29, 1949).

긴밀히 연결되어 있었음을 보여준다.

연결은 구체적인 이론과 투쟁전술에서까지도 그러하였다. 불러들여 교육하여 재침투시키고, 다양한 매체를 통하여 선전선동하고, 게릴라부대에 직접 간부가 가담하여 현지에서 지도하는 등 여러 방식이 사용되었다. 위장된 비밀문건을 사용하는 방식도 애용되었다. 이를테면 게릴라들에게 내려보내는 한 투쟁문건은 표지는 《農事寶鑑》(원문 그대로)이었는데 실제 내용은 표지 제목과 전혀 달랐다. 내용은 군사훈련용 교범이었다. 내면 표지 제목은 《軍事參考資料選集(三)》이었다. 내용은 군대교육의 기초, 전장교육과 실전경험, 소련 붉은군대의 후비군 교육, 독일군의 야간훈련, 미군 교육의 방법, 영국 전시군대훈련 등으로 이루어져 있다.[103] 또 다른 하나를 보자. 이것은 제목이 《高等考試問題集》이었다. 내용은 앞의 것보다도 더욱 다르다. "남조선로동당 창립 삼주년 만세!"라는 구호와 함께 안에 실려 있는 내용은 박헌영과 김삼룡의 글이었다. 글의 내용은 "남조선로동당 결성 삼주년을 맞으면서"와 "조국의 통일과 자유를 위한 투쟁에 있어 남조선로동당의 역할"이었다.[104] 고시문제집으로 위장하여 정보원을 통해 비밀문건으로 내려보냈음을 알 수 있다. 북한의 지도부는 은밀한 방법으로 교묘하게 위장하여 투쟁지침과 문건을 내려보내고 있었던 것이다. 게릴라, 간첩 및 첩보원의 파견 등의 인적 지원, 그리고 무기와 장비의 군사적 지원, 재정적 지원뿐만 아니라 이러한 은밀한 방법으로 사상적 이론적 지도까지 북한이 담당하고 있었음을 알 수 있다.

북한의 비밀침투방법은 북한지도부가 남한에 지하당을 구축하려 시도하고 게릴라들을 대거 남파하던 1960년대에도 재현되었다. 그 때에도 북한은 남한으로 간첩을 통해 각종 자료를 내려보냈지만 모두 위장된 표지를 하고 있었다. 북한과 직접 연결된 60년대의 대표적인 좌파조직이었던 통일혁명당 간부를 지낸 김질락에 따르면 박헌영·이승엽 재판

103) NA, RG 242, SA 2008 Item 10/119, 오상순, 《農事寶鑑》(박문출판사, n.d.).
104) NA, RG 242, SA 2008 Item 10/112, 《高等考試問題集》(三和書館, n.d.).

기록이 실린, "임화와 설정식이 미군정의 앞잡이가 되어 비밀조직 명단을 그들에게 넘겨주고 나중에 이승엽 박헌영과도 연결되어 미군을 위해 간첩행위를 계속한다"는 내용의 책은 제목이《북의 시인》이었다. 또 김일성부대의 항일 게릴라투쟁을 다룬 유명한 박달의 저서《서광》은《밀림》이라는 표지를 달고 남한의 좌파활동가들에게 내려왔다.

고리키의 소설《어머니》는《제야의 종소리》로, 북한의 공식 역사서인《조선로동당 략사》[105]는 당시 남한의 대표적인 역사학자인 이병도의《국사와 지도이념》(실제의 이 책은 1955년 일조각에서 나왔다)으로, 그리고 맑스와 엥겔스의 주요 논문들을 편집한 책은《사회사상총설》상권으로 제목 붙여진 채 내려보내져 돌려 읽혔다. 이밖에도 남한의 대학생들의 반정부투쟁을 조장하기 위한 내용을 담고 있는, 북경대학 학생들의 항일공산주의운동을 담은《청년전위》는《청춘의 노래》로 위장되어 내려보내졌다.[106] 강력한 반공정권을 구축하고 있던 1960년대의 상황이 이러하였다면 좌파에게는 상황이 훨씬 더 좋았던 1940년대의 활동상을 추측키는 어렵지 않다. 말을 바꾸면 사회는 엄청나게 바뀌었음에도 불구하고 1960년대에 이르기까지 북한의 투쟁방식은 1940년대에서 거의 바뀌지 않았던 것이다.

이 문제와 관련하여 남한에서의 당활동에 대한 박헌영의 다음 진술은 주목할 만하다. 박헌영은, 내부회의였기 때문에 로동당의 활동에 대해서 매우 강경한 어조로 비판한 1949년 말의 한 연설에서 "남반부 당단체들의 당 교양선전사업에 가장 큰 의의를 가지고 있는 것은 비밀출판물을 통하여 당원들을 교양하는 방법"[107]이라고 진술하였다. 실제로 해

---

105) 김질락은 책명을 착각하고 있다.《조선로동당 략사》는 1979년에 나온 책이다. 김질락이 말하는 책은 아마도《조선로동당 력사교재》일 것이다. 이 책은 1964년에 조선로동당출판사에서 나왔다.

106) 김질락 옥중수기,《어느 지식인의 죽음》(행림출판, 1991), pp. 63, 79~81, 90, 134. 김질락은 1967년에는 직접 북한을 다녀오기도 했다. 1968년 체포되어 1972년 사형당했다. 이 책은 그의 옥중수고로서 남한좌파의 이념과 행동, 활동방식, 대북인식 등에 대해 매우 많은 해석점을 던져준다.

107) 〈당원들의 사상정치교양사업 강화와 당단체들의 과업 — 1949년 12월 17일 로

주에 위치한 남로당 지도부는 우파나 중간파의 정당, 또는 군 경찰, 공무원, 각기관 등에뿐만 아니라 같은 좌파조직 내에도 광범하게 당원들을 침투시키고 있었다. 사실상 남한의 거의 모든 주요 조직에는 좌파의 프락치가 침투해 있었다.[108] 당시에 좌파간첩사건이 발표되었다 하면 반드시 수십 명에서 백 명이 넘는 다양한 사회, 정치, 군경, 교육조직의 관계자들이 연루되는 것을 볼 수 있는데 북한의 집요한 침투노력에 비추어보아 이를 단순히 조작이라고만 공격할 수는 없었다. 그만큼 좌파의 침투노력은 필사적이었다.

북한으로부터의 지원이 있었지만 결국 1949년 가을의 공세를 지나면서 좌파는 조종을 울렸다. 남한은 1949년 10월에 남로당 등 좌파단체에 대한 등록취소령을 내렸다. 이것은 남한좌파에 대한 공식적 사형선고나 다름없었다. 1945년 식민주의의 종식과 함께 찾아온 초기 해방국면을 주도했던 시점부터 이 시점에 이르기까지 좌파의 영향력은 지속적으로 축소의 과정을 밟아왔다. 반면 우파의 힘은 그에 반비례하여 상승해 왔다. 대칭적 역전이었다. 이 역전은 북한에서도 마찬가지였다. 그곳에서는 반대로 좌파가 상승하였고 우파가 몰락하였다, 남한은 이 과정이 4년이 걸렸음에 반해 북한은 1년도 안 걸렸다는 점에서 비교되었다.

국가의 공식적인 추방결정에도 불구하고 좌파는 저항을 하지 못했다. 그 이유는 이미 끝난 상황을 다만 공식적으로 확인하는 절차에 불과했기 때문이었다. 이러한 무저항은 국가수립 직후까지도 대규모의 봉기로 저항했던 1948년과도 뚜렷이 비교되었다. 남한국가의 좌파 숙청전략은 국가수립 1년여 만에 성공을 거둔 것이었다. 국가는 10월 1일에서 11월 30일까지 자수기간을 설정하여 물리적 공격과 이념적 장악을 병행했다. 박헌영은 남로당의 자수주간에 "자수하여 남한정부조직에 침투하라"고 명령하였다.[109] 보도연맹의 설립과 자수의 권장, 그것은 시민사회에 대

동당 중앙위원회에서 진술한 박헌영 동지의 보고〉, NA, RG 242, SA 2009 Item 1/191, 《로동당중앙위원회 정기회의 문헌집》(로동당출판사, 1950), p.139.

108) NA, RG 242, SA 2009 Item 5/131, "남로당과 대중단체와의 관계."

109) KMAG, *G-2*, *P/R*, No. 216(Nov. 18, 1949).

한 물샐틈없는 옥죔의 시도였다. 과거에 좌파활동을 한 자들은 자수하여 국가에 대한 과거의 불충(不忠)을 사죄할 것이며 이를 통해 국가가 베푸는 은전을 받으라는 종용을 받았다. 위로부터의 뿌리뽑기와 밑으로부터의 충성의 동원의 병행이었다. 충성은 자발적 참여와 강요된 동원의 결합으로 나타났다. 이제부터 과거의 공산주의자와 연루가족은 생존을 위해서, 또는 과거로부터 멀어지기 위해 없는 것은 만들어서 보고하고, 작은 것은 확대하여 보고하는 조작과 과장의 충성경쟁이 시작된 것이었다.

일반민중들은 한 번의 혹독한 패배를 경험한 뒤 국가강권력의 강대함과 공포스러움을 절감하여 알아서 기지 않을 수 없었다. 결국 스멀거리며 사회의 심저에 존재하는 한국 반공주의와 보수주의의 기원이 형성된 것이었다. 허시만이 말하는 저항과 탈출과 충성 중에 남은 것은 충성뿐이었다. 이 충성을 반드시 적극적 충성이라고만 볼 수는 없다고 해도 두려움의 동원에 의한 저항의 단념으로부터 나오는 충성 속에 이미 저항과 탈출의 충성으로의 전환이 포함되어 있었다. 체제는 억압적 방법을 통하여 저항을 포기케 하거나 소극적 지지를 창출해냈고, 토지개혁을 통하여 적극적 지지를 창출해내고 있었던 것이다.

3. 전쟁 직전의 남한 : '보통의 위기'

지금까지 우리는 전쟁의 기원과 관련하여 남한 및 미국과 관련된 중요 문제들을 대부분 짚었다. 이제 마지막 문제가 남아 있다. 전쟁 직전의 남한을 분석하는 것은 전쟁의 기원 및 성격과 관련하여 중요하다. 이 문제는 북한지도부의 급진주의 여부를 규명하는 데서도 중요하다. 1950년 6월에 한국에서 전쟁이 일어나지 않았더라면 전쟁 직전의 문제들은 여느 곳에서나 일어날 수 있는 사태로 지나쳐버렸을 것이다. 그러나 전쟁이 일어나자 이것들은 그것의 기원을 해명하기 위해 다시 불려나왔다. 무엇보다도 1950년 남한은 안정을 구가하고 있었는가 아니면 붕괴 직전의 위기에 시달리고 있었는가? 이것은 규명돼야 할 문제이다. 왜냐하면 남한체제가 붕괴위기에 직면해 있는 것이 확실하였다면 6월 25일의 공격은 급진군사주의의 귀결로만 볼 수는 없기 때문이었다.

1) 좌파의 몰락과 전향: 충성으로의 전이

1950년 들어 남한에서 나타난 가장 커다란 변화는 좌파의 몰락이었다. 좌파의 몰락은 세 가지 이유 때문이었다. 하나는 남한국가의 강력한 좌파 뿌리뽑기 정책 때문이었고 다른 하나는 민중들의 이반, 그리고 세 번째는 북한의 지원중단 때문이었다.

먼저, 내부혁명세력을 근절하기 위한 이승만정부의 노력은 좁게 게릴라에 대한 공세에만 한정되지 않았다. 49년부터 전개된 공세는 그들의 사회적 기반을 완전히 뽑아버리겠다는 의지의 발로였다. 49년 10월 18일 국가는 공산주의 정당, 사회단체 133개를 등록 취소하였다. 남한의 핵심 공산주의조직은 남로당 서울시당 고위간부들이 9월 18일 조직체계 일체를 갖고 집단적으로 투항함으로써 이미 내부로부터 급속히 와해되기 시작하였다.[110] 이로써 9월 봉기는 실패했고, 이들 모두는 투항 뒤 경찰로 변신하여 동지였던 좌파의 분쇄에 참여하였다. 좌파의 조직과 계보, 인물, 전술을 완벽하게 파악하고 있는 이들의 전향으로 중앙 좌파의 붕괴는 시간의 문제였다. 9월 21일 200여 명이 체포되었고 24일에는 고위 정보관계자가 포함된 경찰 28명을 비롯하여 공무원, 기자, 변호사 등 65명이 체포되었다. 어떤 때는 판검사 65명이 한꺼번에 체포되기도 하였다.

또한 국가의 강요에 의한 전향이 줄을 이었다. 이승만정부는 이른바 '빨갱이들'에 대해 49년 10월부터 11월 말까지 자수기간을 설정하여 자진출두를 강요하였다. 신문에는 탈당(脫黨)과 탈맹(脫盟)의 광고가 줄을 이었다. 이 기간 동안 서울에서만도 12,196명이 전향하였다. 이들의

110) 이기하, 《한국공산주의운동사》 2권(서울: 통일원, 1977), p.266.

직업별 분포는 매우 다양했는데 학생 2,418명, 노동자 1,160명, 상인 2,256명을 비롯해 공무원 474, 의사 40, 교원 58명 등 거의 다양한 직업에 걸쳐 있었다.[111] 지방의 경우 경북 북부지방에서는 18,669명이 전향하였다. 49년 9월 25일에는 남로당 강원도당 위원장 동필현(董弼玹)이 전향하였다.

9월 공세가 실패한 뒤 붕괴하여 가는 좌파조직을 복원시키고자 남파되었던 정백(鄭栢)도 체포되어 전향하였다. 정백은 해방 초기 장안파 조선공산당을 건설하여 한국의 공산주의운동을 재빠르게 복원하려 노력하였던 인물이다. 정백은 남파된 뒤 일주일 만인 10월 15일 체포되어 12월 27일 기자회견을 통하여 전향하였다. 그리고는 그는 각종 신문과 잡지에 공산주의의 만행과 북한의 비인간적인 현실을 고발, 폭로하는 글을 기고하고 대담에 참여하여 남한에서의 반공의식의 고취에 기여하였다. 그는 50년 3월 1일에는 보도연맹의 명예이사장에 취임하여 강력하였던 공산주의운동의 침몰을 증언하고 있었다. 그는 매일 보도연맹 사무실에 나가 다른 사람들의 전향과 남한에의 충성을 설득하였다.[112]

정백은 정부의 군내 공식잡지의 반공토론에 참여하여 좌파활동이 얼마나 잘못된 것이며, 북한이 얼마나 사람이 살 곳이 못되는가를 반복하여 폭로하였다. 그는 오제도, 최운하, 이선근과의 대담에서 북한에 환멸을 느낀다고 진술하였다.[113] 정백의 전향과 반공투쟁은 남한에서의 공산주의의 1945년의 위상과 1950년의 위상이, 5년이라는 짧은 기간이었지만, 엄청나게 변화하였음을 상징하는 징표였다. 한국전쟁 전까지 전향한 숫자는 약 10만 명에 달했다.[114]

모든 신문에는 거의 매일 탈당, 탈맹 성명서의 이름으로 된 전향성명서가 게재되었다.

---

111) 이기하, 《한국공산주의운동사》 2권, pp. 401~402.

112) 《서울신문》 1950년 3월 3, 24일.

113) 국방부 정훈국, 《국방》 1950년 4월, pp. 8~11.

114) 이기하, 《한국공산주의자》 2권, p. 403.

> 본인 등이 과거 남로당에 가입하여 허다한 모략과 기만으로서 국가와 민족에게 불충하였음은 오늘 새삼스리 뉘우치고 탈당하는 동시에 대한민국을 위하여 충성을 다할 것을 자이(玆以) 성명(聲明)하나이다.[115]

> 본인은 해방후 혼란기에 무지몰각한 소치로 좌익분자의 감언이설에 유도되어 민전산하단체에 가입되였었으나 일거월심(日去月深)에 기노선이 반민족적 반국가적 파괴적임을 자인하고 즉시 탈퇴하야 해단체와 일체 관계를 끈코자 하였으나 위협 공갈 협박 등으로 인하여 공포에 싸여 부득이 맹종한 사실이 있으나 본의는 아님으로 금반 전과(前過)를 후회하고 단연 탈퇴하는 동시에 대한민국의 일원으로써 … 이충보국(以忠保國)하기를 전하에 성명함.[116]

앞의 것은 전향자가 경북 칠곡군의 이병달(李柄達) 등 120명의 연서였고 뒤의 것은 서울 동대문의 김연상(金演相)의 것이었다. 물론 연대성명일지라도 모든 참여자는 본인의 성명과 주소를 빠짐없이 게재해야 했다. 전비를 뉘우치는 정도가 혹독하며, 또는 과거의 좌파활동이 본의가 아니었음을 강조하고 있다. 국가의 좌파색출은 민중들에게 공포로 다가왔던 것이다. 이 중의 많은 숫자는 만들어진 좌파일 것이다.

그러나 10만 명의 전향숫자는 적어도 두 가지는 함께 보여주고 있었다. 하나는 이것이 실제 좌파의 숫자를 나타낸다면 남한의 국가는 엄청나게 많은 국민이 좌파였음을 스스로 인정하는 것이었다. 다른 하나는 이것이 강제된 것이라면 무고한 일반국민을 좌파로 만들어 전향시킨 것을 의미했다. 이 점에서 전향공작과 보도연맹조직은 자기분열적인 것이었다. 대부분 보도연맹에 가입한 전향자들은 국가의 밀착감시와 통제에 놓여 있어 기본적인 인권과 자유를 제한당하였으며 국가가 실시하는 집단교육에 자주 참여하여 과거의 이념을 정화(淨化)하고 새로운 사상적 이념적 무장을 하라는 요구를 받아들여야 했다.

---

115) 《서울신문》 1950년 3월 31일.

116) 1950년 2월 5일의 성명, 《경향신문》 1950년 2월 ○일 게재(신문날짜 마모).

남로당 지도부는 49년부터 이중업, 조용복, 윤순달 등의 간부들이 체포되어 몰락이 가속화하고 있었으나 50년 들어 더욱 가속화하였다. 50년 2월 25일 196명으로 이루어진 대규모 좌파조직 검거사건이 발표되었다.[117] 사건은 군검경의 합동으로 좌파척결에 나선 결과로 발표되었으며 정부수립 이래 최대의 좌파조직 체포사건이었다. 지하에서 북한의 지도를 받아 남한의 좌파를 지도하던 김삼룡과 이주하는 3월 27일 체포되었다.[118] 이들의 체포는 조직된 좌파지도부의 최후의 붕괴를 의미했다. 김삼룡과 이주하의 체포에 대해 북한의 조국전선은 "인민의 심판을 받을 것"이라며 격렬한 비난성명을 내었다.[119] 이 성명은 이 둘의 비중이 상당함을 느끼게 해준다. 이는 또한 이들의 피체로부터 북한이 받은 충격이 매우 컸음을 의미하였다. 김삼룡과 이주하의 비중은 1950년 6월 북한이 전쟁 직전의 위장된 평화공세 때 이들을 북한에 억류되어 있던 민족주의 지도자 조만식과 교환하자고 한 데서도 알 수 있었다.

이들을 체포하게 된 경위는 전향한 좌파들의 공로 때문이었다. 철저한 비밀은거지에서 은신하여 생활하며, 본인의 성명을 사용하지 않을 뿐만 아니라, 사진조차 공개된 적이 없는 이들을 체포한다는 것은 내부의 밀고가 아니면 영원히 불가능하였다. 김삼룡의 체포는 그의 측근인 안영달이 경찰에 체포된 뒤 체포되지 않은 것처럼 행동하면서 비밀전향하여 남한의 검경과 치밀하게 모의하여 조용복을 위장석방시킨 뒤 다시 김삼룡에게 접근하여 체포케 한 것이었다.[120] 안영달은 북한의 이승엽

117) 《서울신문》 1950년 3월 4일.

118) 《서울신문》 1950년 4월 1일. 김삼룡의 체포날짜는 자료마다 상이하다. 당시 신문들의 보도는 3월 27일이고 G-2는 3월 28일 새벽 3시이다(KMAG, *G-2, P/R*, No. 288, Mar. 30, 1950). 또 체포 및 수사에 직접 가담하였던 사람 중 오제도는 3월 27일이라고 주장하고(《추격자의 증언》, p. 223) 양한모는 3월 15일(《조국은 하나였다?》, p. 233), 이기하는 3월 15일(《한국공산주의운동사》 2권, p. 290)이라고 주장한다. 필자는 당시 신문과 G-2를 좇아 일단 27일로 추론한다.

119) 〈공화국 남반부의 애국적 지도자들과 애국적 인사들에 대한 리승만 매국도당들의 야수적 학살과 박해에 관한 성명서〉, 《사료집》 6권, pp. 370~371.

과 남한의 김삼룡을 이어주던 인물이었다. 즉 대남사업을 책임지고 있는 자와 남한에서 이를 지도하는 최고지도자를 이어주는 것이 그의 역할이었다. 이러한 인물이 비밀전향하였다는 사실은 북한의 침투가 남한의 정보기관에 거의 드러나 있었다는 소리였다.

나중에 김일성이 이승엽 등을 미제간첩 혐의로 처형하는 이유는, 비록 그것이 박헌영이 간첩이었다는 논리로까지 비약될 수는 없는 것이지만, 이러한 사실에 따른 분노에서였을 것이다. 남한과 북한의 자료를 교차검토하면 안영달과 조용복, 백형복은 이중간첩으로 드러난다. 남로당의 지도적 인물들이 모두 체포된 상태에서 그들과 긴밀한 관계에 있는 이들만이 무사하다는 것은 의심스러운 것이었다. 결국 이들은 5월 7일 치안국 중앙분실장 백형복과 함께 월북해버렸다. 그것은 백형복을 동반 월북함으로써 자신들의 위장전향과 남한에의 협력행위를 은폐하기 위한 기도였다.

간첩 중에는 미군 헌병장교의 정부(情婦)로 있던 유명한 김수임도 있었다. 김수임 사건을 통하여 많은 군내의 정보들이 북한으로 제공되고 있었다.[121] 김삼룡과 김수임을 조사한 결과 21명의 한국군장교와 10명의 사병, 45명의 민간인이 연루되었다는 사실이 밝혀지기도 하였다.[122] 간첩조직은 군내부까지 침투해 있었음을 보여준다. 5월 15일에는 북로계열과 직접 연계를 맺고 있는 대규모 간첩조직이 적발되었다.[123] 이 간첩조직은 선거를 앞두고 적발되어 반정부계열의 후보들에 대한 탄압으로 받아들여지기도 하였으나 간첩사건 자체는 실재하는 것이었다. 이 간첩조직의 지도자는 성시백이었는데 그는 정당, 사회단체, 군, 정부, 법조계 등에 광범한 첩자를 침투시켜놓고 있었다. 체포자 중에는 교원 7명, 공

---

120) 오제도, 《붉은 군상》, pp. 102, 106 ; 《추격자의 증언》, p. 223 ; 이기하, 《한국공산주의운동사》 2권, pp. 286~294 ; 양한모, 《조국은 하나였다?》, pp. 231~233.

121) 〈김수임 재판기록〉(발행처 및 발행연도 미상).

122) KMAG, *G-2*, *W/S*, No. 4 (Apr. 27, 1950).

123) 《서울신문》 1950년 5월 26일.

무원 9명, 미국공관 직원 3명 등 총 112명이 첩자조직에 포함되어 있었다.[124] 성시백은 중국으로부터 1946년에 북한으로 들어와 김일성으로부터 간첩임무를 부여받고 47년 5월에 월남하여 서울에 거주하면서 간첩활동을 하고 있었다. 또 그의 주거는 미군정 통위부장 유동열이 주선해주었으며 체포될 때는 그에게 군사정보를 제공한 196명의 군인의 명단이 확인되기도 하였다.[125]

남한에서 좌파의 조종(弔鍾)을 알리는 다른 두 징표는 게릴라투쟁의 완전종식과 5월 30일의 총선거였다. 남한이 동계 대토벌을 강화하고 북한이 게릴라의 남파를 중단하자 남한에서의 게릴라투쟁은 급격히 감소하였다. 1950년 들어 자생적인 게릴라는 저항세력으로서의 역할을 상실하였다. G-2는 1950년 3월 10일 현재 지리산을 포함한 전체 호남지역의 게릴라의 총수를 무장 209명, 비무장 133명 등 342명으로 파악하고 있었다.[126] 이 숫자는 6월로 접근하면서는 더 줄어들었다. 이 정도의 게릴라 숫자는 없는 것이나 다름없었다. 1949년 말만 해도 미군비밀정보가 파악하고 있는 게릴라의 숫자는 총 2,850명에 달했다. 그중 호남지역은 1,030명으로 파악되고 있었다.[127]

이들과 민중들의 연대는 1950년 들어오면서는 종식되었다. 북한에서 게릴라침투가 시작되기 이전인 49년 초에 이미 미국 CIA는 〈남한 공산주의자들의 역량〉이라는 비밀보고에서 다음과 같이 평가하고 있다.

> 남한의 공산주의자들의 임무는 궁극적으로 남한을 조선민주주의인민공화국으로 흡수시키기 위한 소련계획의 실현을 돕는 것이다. 그것은 정치적 경제적 혼란을 만들어 정부에 대한 대중적 지지를 침해하고

---

124) 오제도, 《붉은 군상》, pp. 107~114 ; 중앙정보부, 《북한대남공작사》, pp. 300, 329~332 ; 이기하, 《한국공산주의운동사》 2권, pp. 294~306.

125) KMAG, *G-2*, *W/S*, No. 8 (May 25, 1950).

126) KMAG, *G-2*, *P/R*, No. 278 (Mar. 13, 1950).

127) KMAG, "G-2 Estimate," RG 330, Entry 18, Box 69, Assistant Secretary Defense, Office of Military Assistance Project Decimile File, Apr. 1949~May 1953.

남한의 군사역량을 분산시키며 공산주의 지배가 불가피하다는 확신을 발전시켜 그렇게 함으로써 북한과의 적시의 '연합'(*coalition*)을 위한 유리한 심리적 상황을 얻어내는 것이다. … 현재의 남한의 공산주의 역량은 이러한 임무를 성취할 지속적이고 전국적인 운동을 (남한민중이) 지지하기에 충분할 만큼 뛰어나 보이지 않는다.[128]

국무성과 마찬가지로 CIA도 "공산주의자들의 그들의 미래의 잠재적 가능성에 대한 제한은 우선적으로는… 개인적 당파적 차이를 해결하는 (남한의) 정부관리와 민중들의 능력, 그리고 농민과 도시노동자 모두를 위해 최소한의 생활수준을 보장해줄 수 있는 정부의 능력에 달려 있다"고 지적하고 있었다. CIA는 계속하여 "마을 주민들에 대한 게릴라들의 무차별적인 행동은 전에 (공산주의에) 동정적이었던 많은 민간인들을 군경에게 협조하게 만들고 있다"고 보고하고 있다. 좌파를 몰아내기 위해서는 남한정부의 자생적 능력이 중요하다는 점과 좌파는 이미 민중으로부터 멀어지고 있다는 지적이었다. 게릴라들이 활동의 자금과 식량을 농민들로부터 추출하고 강압행동을 일삼았다는 것은, 무어가 말하는, 스스로 농민의 지지를 끊어버리는 '자멸적 행동'이었다.[129] 북한에서의 게릴라침투가 없었다면 좌파의 저항은 더 일찍 종식되었을 것이다.

좌파몰락의 다른 한 지표는 선거와 관련되었다. 1950년 5월의 선거에 즈음하여 남한정부가 우려했던 좌파의 선거파괴 위협은 격렬하지 않았다. 이승만과 총리, 내무장관은 지속적으로 "치안에 만전을 기할 것"을 지시하였으나 그럴 필요가 전혀 없었다. 선거에 임하여 군대와 경찰 전체에게도 특별경계령이 내려졌으나 좌파는 더이상 위협요소가 아니었다. 3월에서 5월에 걸친 대규모의 간첩조직 적발, 그리고 동계대토벌, 북한의 지원중단이 이러한 몰락에 결정적인 영향을 끼쳤음이 확실했다. 북한은 선거 직전인 1950년 5월 24일 조국통일민주주의전선 중앙위원회

128) CIA, "Communist Capabilities in South Korea," ORE 32-48(1949년 2월 21일).

129) Barrington Moore, Jr., *Social Origins*, p. 217.

의 이름으로 〈남조선 제2차 망국선거를 파탄시키기 위하여 공화국 남반부의 전체 애국적 정당 사회단체들과 전체 당원들과 맹원들과 전체인민들에게 보내는 호소문〉이라는 긴 성명을 내어 "전력을 다하여 망국단독선거를 걸음마다 파탄시키라", "인민학살자 동족상쟁의 내란도발자들인 이승만 매국역도들을 타도 분쇄하라", "인민공화국의 기치를 높이 들고 남반부 방방곡곡에서 온갖 수단과 방법을 다하여 망국적 5·30단선을 파탄시키라"[130] 고 촉구했다.

선동에도 불구하고 남한좌파의 선거파괴기도는 없었다. 1948년 선거 때만 해도 좌파의 저지투쟁으로 인해 전국적으로 선거를 전후하여 격렬한 저항이 있었다. 선거사무소 습격과 파괴, 그리고 많은 수의 사상자가 나기도 하였다. 그러나 1950년 선거에서는 이러한 피해는 하나도 없었다. 북한의 지령을 받을 만한 좌파는 존재하지 않았던 것이다. 결국 한국전쟁은 좌파역량의 최저점에서 시작된 것이었다. 좌파역량 붕괴는 이승만정부의 탄압도 한 이유였고 다른 한 이유는 명백히 좌파의 급진주의 때문이었다. 급진주의는 혁명세력을 타도하는 데 기여하였던 것이다. 맑스의 언명처럼, 막상 혁명의 불꽃이 타올랐을 때, 즉 전쟁이 시작되었을 때 반란, 봉기, 유격투쟁, 습격, 월북… 등 "'가장 혁명적인' 사건으로 인식해왔던 것들이 실제에서는 '가장 반혁명적'이었음이 드러났다"(강조는 원문 그대로).[131] 남한의 혁명세력들은 전쟁이 시작되었을 때는 이미 소진되어 있었던 것이다. 더욱이 반이승만세력이 반드시 친북한세력은 아니라는 사실이 전쟁 발발후 확인되었다. 투쟁을 강화하여 이승만정부를 약화시키려던 전략은 오히려 자신들의 역량을 약화시켰던 것이다. 동기는 반드시 결과로 연결되는 것은 아니다.

1950년의 남한정치에서 한 가지 더 짚고 넘어가야 할 것은 이른바 중

130) 〈남조선 제2차 망국선거를 파탄시키기 위하여 공화국 남반부의 전체 애국적 정당 사회단체들과 전체 당원들과 맹원들과 전체인민들에게 보내는 호소문〉(1950. 5. 24), 《사료집》 6권, pp. 366~370.

131) Karl Marx, *The Eighteenth Brumaire of Louis Bonarparte* (New York: International Publishers, 1963), p. 29.

간파 문제였다. 중간파조직들 역시 좌파 못지않게 전향압력을 받았다. 중간파 정치조직들은 1950년이면 줄줄이 전향성명을 발표하고는 남한에 대한 충성을 맹세하였다. 건민회, 사회민주당, 신진당 등은 전부 전향을 선언하였고 이들은 전향하면서 48년 평양회의 때 북한을 방문하였던 대의원들을 제명하였다. 신진당의 경우 자기 당의 이용(李鏞)이 평양회의에 참여하였다가 잔류하여 북한의 도시경영상을 맡았는데 "우리는 북한에 잔류한 그와는 아무런 관계가 없다"고 절연을 선언하였다.[132] 전향과 충성의 맹세는 모든 중간파 정당사회단체가 마찬가지였다. 조소앙의 사회당은 아예 대한민국의 정통성을 인정하고 그 위에서 국토완정을 이루자고 주장하였다. 좌파와 중간파의 전향은 충성으로 이어졌다. 이것은, 충성의 강제성 자발성 여부를 말하기 이전에, 저항세력의 몰락과 국가의 사회에 대한 통제의 성공을 보여주는 것이었다.

2) 개헌문제 : 지배연합 내 헤게모니투쟁의 재연

좌파의 도전이 중단되자 이승만과 민국당 사이에는 다시 권력을 둘러싼 투쟁이 전개되었다. 좌파의 제거와 위기의 소멸로 갈등은 최초 갈등을 야기했던 국가형성연합 사이의 갈등으로 다시 전환되었다. 상황은 정부수립 직후의 양상을 재연하였다. 이승만의 반대에도 불구하고 민국당은 이승만을 거세하고자 초기에 자신들이 꿈꾸었던 내각제로의 개헌을 시도했다. 건국 2년 만에 권력구조를 바꾸려 하였던 것이다. 헤게모니 장악을 위한 민국당과 이승만의 투쟁은 타협할 수 있는 단계를 넘어 있었다. 문제는 이들의 연합을 강제할 강력한 도전이 더 이상 존재치 않는 데에 있었다. 즉 내부의 적이 소멸하자 헤게모니투쟁은 최초의 투쟁 때보다 더 격렬하였다.

민국당은 1949년 말부터 내각제 개헌을 추진하였다. 특히 민국당은 1950년 들어 미국하원에서 대한원조법안이 부결되자 이를 계기로 정부

---

132) 《서울신문》 1950년 1월 27일.

의 외교활동의 실패를 들어 책임정치를 이유로 개헌논의를 가속화하였다. 또한 제헌국회의 임기가 2년밖에 되지 않는 이유로 국회의원들이 임기연장을 원하자 민국당은 이를 이용하여 내각제 개헌에 박차를 가하였다. 1950년 1월 27일 민국당은 78인의 서명으로 개헌안을 제출하였다. 민국당은 "대통령책임제는 권력의 집중으로 군주제에 가깝게 될 우려가 다분(多分)하다", "헌법기초위의 초안은 양원제와 내각책임제였는데 정부수립이 초미의 급무라서 번안한 것"이라면서 개헌을 시도하였다.[133] 의회의 세력분포는 개헌추진세력인 민국당이 69명 정도였고 개헌반대세력인 국민당이 71명 정도였다. 국민당은 49년 12월 민국당의 독주에 맞서 친이승만세력이 결집하여 창당한 정당이었다. 이전에 존재하던 국민당은 48년 12월에 창당하였었으나 군소정당으로서 정치적 역할을 거의 해오지 못하고 있었다. 새로운 국민당의 창당으로 의회는 민국당과 국민당, 내각제 개헌추진세력과 개헌반대세력으로 양분되었다.

개헌 움직임이 일자 이승만은 이에 대해 즉각 반대하였다. 개헌안이 국회에 정식으로 제출되기 이전인 50년 1월 24일 그는 담화를 발표하여 내각제는 결함이 많고 계속적인 정치불안을 야기한다면서 "개헌공작은 부당하다"고 언명하였다. 그는 반대의 이유를 "이는 우리 민국과 전민족이 원치 않는 것", "그러한 정부로서는 무슨 일을 해나갈 여가가 없을 것"이라고 주장하였다.[134] 권력구조 변경에 대한 이승만의 저지의지는 완강하였다. 그는 개헌운동을 '정권도모'라고 치부하였다. 1월 27일 그는 다시 담화를 발표하여 개헌기도는 "정부를 동요시키는 것"이라면서 "이 정부를 굳게 세워서 국권을 보호해야 인민의 자유권도 찾고 생활정도도 진전시킬 수 있는 줄 아는 동포가 대다수이므로 헌법을 그대로 보호해서 발전시켜야 할 것"이라고 강조하였다.[135] 같은 날 그는 출입기자와의 회견을 통하여서도 "헌법을 조령모개하여서는 안 된다. 헌법은 목숨을 내걸고 보호하여야 한다"고 주장하였다.[136] 그는 정부수립시

---

133) 《국회사》 1권, p. 240.
134) 《서울신문》 1950년 1월 25일.
135) 《서울신문》 1950년 1월 28일.

부터 내각제가 자신에게 무엇을 의미하는가를 잘 알고 있었기 때문에 이 문제에 관한 한 양보하지 않으려 했다. 그러나 나중에 그는 목숨을 걸고 헌법을 조령모개하였다.

강력한 반대에도 불구하고 의회가 3분의 1의 찬성으로 개헌안을 제출하자 이승만은 1월 31일 대통령 특별교서를 발표하여 "정부를 보호하라", "국권을 옹호하라"고 언명하였다.[137] 개헌문제를 직접 거론하지 않으면서도 개헌운동을 파당적 행동으로 규정하고 이러한 행동이 국권을 침해한다는 내용의 진술이었다. 결국 그는 의회의 결정으로 인해 헌법의 규정에 따라 개헌안을 공고하면서도 "공고한 국권의 옹호"를 주장하며 이에 반대하였다.[138] 개헌안 표결이 다가오자 그의 반대의지는 더욱 강해졌다. 3월 9일 그는 다시 담화를 발표하여 "헌법을 결사보호"하겠다고 언명하였다.[139] 이승만의 언명을 보면 몇 가지 특징이 나타나는데, 개헌문제를 정부의 안정, 국권의 옹호문제와 연관시키고 있으며, 또 담화와 교서는 국민을 직접 대상으로 하였다는 점이었다.

실제의 개헌반대운동은 밑으로부터 시작되었다. 가장 큰 역할을 한 것은 우익 청년-대중단체였다. 이승만체제의 강화에 있어 이들의 행동대 역할은 뿌리깊었다. 1945년에서 1948년까지의 좌우 정치투쟁에서 가장 큰 역할을 한 것도 정당보다는 이들 청년-대중단체들이었다. 정당들간의 대립이 정치적이었고 비폭력적이었다면 청년단체들간의 대결은 폭력적이고 잔인하였다. 정부수립 이후에도 이러한 특징은 바뀌지 않았다. 의사의 수렴과 표출에 있어 정당의 역할은 여전히 제한적이어서 사회에 뿌리를 내리지 못하고 있었다. 정당의 매개역할의 결여는 전간기는 물론 1950년대 전체를 관통하는 이승만체제의 특징의 하나였다.

대중에게 직접 호소하는 이승만의 정치행태는 개헌문제에서도 두드러졌다. 이 방식은 해방 직후의 좌우투쟁의 모습을 이어받는 것이었다.

---

136) 《서울신문》 1950년 1월 28일.
137) 《서울신문》 1950년 2월 1일.
138) 《서울신문》 1950년 2월 7일.
139) 《서울신문》 1950년 3월 10일.

각 지방에서는 개헌반대 국민운동과 시위가 잇따랐다. 특히 광범한 전국조직을 갖춘 세 개의 대중단체들이 조직적으로 동원되었다. 대한청년단, 국민회, 전국애국단체연합회(愛聯)가 그것들이었다. 이들은 수백만의 조직원을 갖고 있었을 뿐만 아니라 정당보다 훨씬 더 강력한 중앙집권성을 갖고 중앙과 지방이 일사불란하게 움직이는 조직체들이었다. 이들은 정당과 국가기구를 부분적으로 대체하였다. 또한 이들은 종횡으로 경찰과 연계되어 있었다. 그러한 현상은 중앙과 지방이 동일하여 이들은 준국가기구나 마찬가지였다. 이들은 시군 수준은 물론 면과 리 등의 최하 지방행정단위에까지 개헌반대투쟁위원회를 결성하여 궐기대회를 개최하였다. 한 공식기록에 따르면 이들은 정부여당의 '하부기관'으로서 정부여당은 이들의 개헌반대운동을 '이용'하였다.[140] 결국 개헌반대운동은 정부-여당-대중단체의 3자가 연대하여 전개하였음을 알 수 있다. 이들을 묶는 정점이 이승만이었고 이승만의 의사가 이들의 행동의 준거였다.

이들은 지방별, 단체별 대표로 이루어진 개헌반대 전국대표자대회를 구성, 집회를 통하여 개헌운동을 "3천만 민중의 대변자인 국회의원의 배신행동"으로 규정하였다.[141] 1950년대 정치에서 익숙한 우의마의(牛意馬意) 정치의 초기적 발로였다. 집회는 이들 단체의 시군조직들의 주최로 전국적으로 열렸다. 민중은 참여와 혁명의 주체이자 동원의 대상이기도 하였다. 애련이 3월 8일에 서울에서 주최한 개헌반대 전국대표자대회는 개헌을 "국가주권의 이동(異動)에 가까운 하나의 혁명"(원문 그대로)으로 규정하고 있었다.[142] 국권을 옹호하라고 거듭 강조한 이승만의 언명이 주효하였던 것이다. 정부는 의회의 개헌기도가 얼마나 반민중적인 것인가를 여론조사를 통하여 재빠르게 발표하기도 하였다. 의회표결을 앞둔 3월 10일 정부는 "개헌안 반대 71%, 지지 29%"라는 여론조사 결과를 각 신문에 게재토록 하여 의회를 압박하였다.[143]

---

140) 《국회사》 1권, p. 241.

141) 《서울신문》 1950년 3월 8일.

142) 《서울신문》 1950년 3월 9일.

개헌의제를 둘러싸고 개헌에 찬성하는 의원들은 반민특위 때처럼 다시 협박에 시달렸다. "개헌추진자들은 정권욕에 사로잡힌 매국노들이며, 제 2의 프락치사건을 재연하고 있다"고 위협받았다.144) "친정부냐 아니냐"가 애국과 매국의 기준이 되었던 것이다. 이는 이후 반복될 한국식 정치경쟁의 한 전범이었다. 청년단과 노동조직들은 개헌반대데모에 동원되었다. 일부 국회의원들은 개헌서명을 취소하였고 정부의 강력한 위협에 직면한 민국당은 당론마저 분열되었다. 이승만은 민국당의 도전에 직면하여 국회표결을 앞두고 친민국당적인 내무부장관 김효석을 해임시켰다. 표결에서는 내각제 개한안에 대한 찬성이 79표였음에 반해 반대는 33표(기권 66표)를 기록해 개헌안은 부결되었다.145) 건국헌법에서의 개헌규정은 재적의원 3분의 2 이상의 찬성을 얻어야 했는데 이에 미달하였기 때문이었다.

정부는 개헌안이 통과되면 ECA 원조가 중단될 것이라는 성명서를 발표하기도 하였으나 미국으로부터 즉각 취소요청을 받기도 했다. 주한미대사 무초도 개헌에 반대하는 의사를 표명하였으나 이는 미국의 다른 대한관계자들의 비판을 받았다.146) 그들은 이승만체제의 사인(私人) 권위주의화와 경찰국가적 속성에 대해 매우 비판적이었다. 그렇다고 하여 의회로의 권력이양이 문제를 해결한다고 생각한 것도 아니었다. 이승만은 통제키 어려운 국무총리 이범석을 해임시키고, 후임에 다시 이윤영을 지명했으나 국회는 인준을 재차 부결시켰다. 대신에 국회는 104명의 서명으로 조병옥을 국무총리 후보로 추대했다. 그러나 이승만은 조병옥 대신 정치적 기반이 없는 신성모를 '총리서리'로 임명하여 맞섰다. 전쟁이 터질 때까지도 그의 '서리'자는 떼어지지 않았다.

143) 《서울신문》 1950년 3월 10일.

144) 《국회사》 1권, p. 241.

145) 大韓民國 中央選擧管理委員會, 《大韓民國政黨史》 제 1 집, p. 207 ; 《국회사》 1권, p. 241 ; 《서울신문》 1950년 3월 15일.

146) "Memorandum of Conversation, by the Officer in Charge of Korean Affairs (Bond)"(Mar. 15, 1950), *FRUS, 1950*, Vol. Ⅶ, p. 31.

이승만은 2월에 내무장관 김효석을 해임한 데 이어 4월에 재무부장관 김도연, 5월에 상공부장관 윤보선, 교통부장관 허정 등 민국당계열의 각료들을 차례로 해임하였다. 이승만은 좌파 소장의 도전에 대응하기 위해 민국당과 연합했으나 좌파 소장을 제압하자 다시 민국당을 배제하고 초기의 사인통치로 돌아가고 있었다. 이것은 이승만의 자신감과 도전세력의 완전붕괴를 반영하는 것이었다.

3) 최초의 검증 : 1950년 5월의 총선거

전간기에 남한에서 치러진 유일한 선거는 1950년 5월 30일의 제 2 대 국회의원 선거였다. 제헌국회는 임기가 2년이었으므로 50년 5월 말까지는 총선을 치러야 했다. 정부수립 후 최초의 선거는 어떤 과정을 거쳐 어떠한 결과를 낳을 것인가? 몇 가지 점에서 이 선거는 주목할 만하였다. 선거는 다시 1948년의 선거처럼 좌파의 격렬한 반대와 그로 인한 좌우의 폭력 속에 치러질 것인가, 정부의 치안유지능력은 어느 정도일 것인가, 또 1948년의 참여거부세력은 여전히 참여거부를 지속할 것인가, 48년 선거에 대해 격렬한 파괴공작을 벌였던 북한은 이 선거에 대해 어떠한 입장을 취할 것인가, 지난 2년간의 변화, 특히 토지개혁과 같은 사회경제적 변동은 선거에 과연 반영될 것인가, 미국의 대한정책과 통일문제에 대한 후보 및 유권자들의 반응은 어떠할 것인가 등이 주목할 만한 초점들이었다.

이 선거는 결과만이 아니라 과정 역시 주목되지 않으면 안 되었다. 이 선거는 정부수립 이후 최초의 선거였다. 대부분의 탈식민국가에서 초기 선거들은 격렬한 폭력과 내전 속에 치러지거나 정부가 선거를 제대로 관리하지 못하여 왔다. 미국이 선거의 연기를 강력하게 제한하여 결국 선거를 기일내에 치르도록 압력을 행사한 데는 민주주의의 외형을 유지하여야 한다는 측면과 함께 정부의 관리능력을 시험하기 위한 면도 있었다. 주한미군의 철수를 주저한 이유는 미군이 철수한 상태에서 과연 이 정부가 생존할 수 있을 것인지, 국가를 관리할 능력이 있을 것인지를 의심하였기 때문이었다.

선거는 정부의 관리능력을 시험하고 특히 민중의 정치성향을 검증할 수 있는 통로였다. 따라서 50년의 총선 역시 48년의 총선에 못지않은 중요성을 지녔다고 할 수 있다. 48년의 선거는 좌우대결 속에 치러졌지만 그 선거는 미군이 주둔하던 상태에서 치러진 선거였다. 지금까지 선거를 치러본 적이 없는 상태에서 근대적인 선거를 독자적으로 치러낸다는 것 역시 국가의 질서유지능력과 관련하여 중요한 문제였다. 결론부터 말해 이 선거는, 반정부적 성향의 후보에 대한 경찰과 우익청년단의 탄압을 제외하고는 탈식민사회에서 독립 2년 만에 치른 선거로서는 성공적인 것이었다. 2년 전 좌우투쟁 속에 선거가 치러졌음을 고려할 때 이러한 평온은 이승만체제의 경찰국가적 속성을 부인할 수는 없었지만 1950년 현재 좌파의 몰락과 국가의 치안유지능력을 보여주고 있었다.

주목할 만한 것은 미국의 범위가 관철되는 방식이었다. 선거가 임박하자 이승만은 선거를 연기하려 하였다. 3월 17일 AP통신과의 기자회견에서 이승만은 선거를 11월로 연기하려는 의사를 피력하였다.[147] 이것은 3월 13일 국회에서 개헌안이 저지되자마자 곧바로 나온 것이었다. 이승만은 민국당이 국회의원 임기연장과 연계하여 개헌을 시도할 때만 하여도 이를 저지하기 위해 2월 24일 총선을 "5월 10일에 치르겠다"고 국무회의를 통하여 공식 결정하고 공표한 바 있었다.[148] 개헌을 저지하자 곧바로 전환하여 선거를 연기하겠다고 나선 것이다. 그러나 회견이 문제가 되자 이승만은 다시 3월 21일에는 일반 여론에 따라 정해진 대로 5월 내에 총선을 실시하겠다고 번복하였다.[149] 3월 24일에는 정례기자회견에서 선거는 5월 하순에 치르겠다고 다시 확언하였다.[150] 그러나 3월 31일에는 공식적으로 국회에 공한을 발송하여 선거를 11월로 연기하겠다는 분명한 뜻을 전달하였다.[151] 이는 세 번째의 번복으로서 의도

147) 《서울신문》 1950년 3월 19일.

148) 《서울신문》 1950년 2월 26일.

149) 《조선일보》 1950년 3월 22일.

150) 《조선일보》 1950년 3월 25일.

된 혼선을 통한 여론시험이었다. 이러한 혼선과 번복은 1960년 축출될 때까지 전 집권기간을 통하여 중요한 이슈, 이를테면 개헌, 자신의 출마문제, 선거, 개각 등의 문제가 있을 때 자주 반복된 이승만식 정치였다. 그는 항상 출마하지 않겠다고 말했으나 항상 출마하였다. 의도된 번복이 반복되자 나중에는 그의 측근이나 국민들은 그의 말에 관계없이 그의 의도가 무엇인지를 알아차리는 데 힘들지 않았다.

이승만의 선거연기 의사에 대해 각 정당과 여론은 의견의 일치를 보지 못하고 있었으나 이에 대한 가장 강력한 저항은 미국으로부터 나왔다. 한국의 경제 및 정치상황에 대한 3월 15일의 ECA-국무성 합동대담에서 ECA의 번스는 이승만의 '사인권위주의적', '경찰국가적', '사인정부적' 경향에 대해 우려하면서 이승만에게 "미국의 지원 계속 여부에 대해 약간의 불안을 느끼게 하면 우리가 희망하는 방향으로 따라올지도 모른다"는 의사를 피력한 바 있었다.152) 그는 1월 하원에서의 미국의 대한 원조법안 부결이 가장 유익한 효과를 거두었고 "천 번의 공식성명서에 해당하는 가치를 지녔다"고 말하였다. 번스의 견해는 미국이 이승만정부의 아킬레스건을 알고 있다는 증거였다.

3월 31일의 이승만의 국회공한이 발표되자마자 미국은 즉각 강력한 압력을 행사하였다. 3월 15일의 대담에서 미국관료들은 정상적인 민주주의과정을 회복할 방법, 한국정부를 상대로 한 무기로서 대한군원(對韓軍援)의 중단위협이 지닌 효과에 대해 심각히 검토한 바 있었다. 이승만이 의회에 공한을 보내자 4월 1일 무초는 국무장관에게 전문을 보내 "선거를 연기하려는 기도를 비판하는 외교각서를 보낼 필요성이 절실하다"고 건의하였다.153) 전문에서 무초는 "대통령의 주장대로 선거가 연기되면 심각한 사태가 야기될 것"이라면서 자신도 곧 대통령을 만나

---

151) 《서울신문》 1950년 4월 1일.

152) "Memorandum of Conversation, by the Officer in Charge of Korean Affairs (Bond)"(Mar. 15, 1950), *FRUS, 1950*, Vol. Ⅶ, p. 31.

153) "The Ambassador in Korea(Muccio) to the Secretary of State"(Apr. 1, 1950), *FRUS, 1950*, Vol. Ⅶ, p. 39.

이에 대해 "아주 강력하게 경고할 생각"이라고 보고하였다(원문 그대로). 그리고는 한국에 전달할 국무장관의 각서에 "대한민국에 대한 미국의 군사적, 경제적 원조는 공화국의 민주주의적 제도의 존재와 성장에 입각해왔다는 사실에 각하의 관심을 촉구하고 싶다. 자유로운 선거는 이러한 민주주의제도의 초석이다. 법에 규정된 대로 선거를 실시하는 것이 절실하다"는 내용을 포함시켜줄 것을 건의하였다. 직접적인 압력이었다.

4월 3일 애치슨은 장면에게 보내는 최후통첩성의 각서에서, 선거 실시와 관련하여 무초가 건의한 강경한 내용을 그대로 포함시켜 전달하였다.[154] 각서는 국무성의 러스크 극동담당 국무차관보, 본드 한국담당관과 주미 한국대사 장면의 대담에서 전달되었다. 러스크 역시 대담에서 "오래 전에 결정된 5월 선거를 연기하는 것은 독선적인 행동으로 널리 해석될 것일 뿐만 아니라 한국이 채택한 민주주의원칙에도 위배되는 조치"라고 말했다. 그는 "특히 그렇게 되면 유엔총회를 통해 한국의 수립을 지원해준 국가들에게도 좋지 못한 인상을 주게 될 것"이라고 국제여론의 불리함을 지적하였다. 그는 "이러한 국가들의 계속적인 우의와 독점적인 지원은 한국이 가지고 있는 힘의 근원이며 그것은 상실할 수 없는 것의 하나"라면서 "선거의 연기는 미국의 여론과 의회에 대해서도 매우 불리한 결과를 초래할 것"이라고 덧붙였다.[155]

이승만과 장면은 러스크의 지적이 아니더라도 미국 내의 여러 단체들이 한국내의 경찰국가적 속성에 대해 비판적이라는 사실을 알고 있었다. 결국 장면은 미국 및 국제여론이 선거연기에 찬성하지 않는다는 내용의 편지를 "대통령에게 즉시 발송하겠다"고 하였다. 대담 이후 장면은 곧바로 서울에 들렀는데 선거연기에 대한 미국의 견해가 이승만에게 전달되었음에 틀림없었다. 4월 4일 무초는 직접 이승만을 방문하여 애치

---

154) "Memorandum of Conversation, by the Officer in Charge of Korean Affairs (Bond) : Aide-Memiore"(Apr. 3, 1950), *FRUS, 1950*, Vol. VII, pp. 43~44.

155) "Memorandum of Conversation, by the Officer in Charge of Korean Affairs (Bond)"(Apr. 3, 1950), *FRUS, 1950*, Vol. VII, pp. 40~43.

슨의 각서를 전달하면서 이승만에게 "한국정부는 선거연기를 설명할 수 없을 것"이라면서 "애치슨을 만족시키기 위해 자신이 무엇을 할 수 있겠느냐"는 이승만의 물음에 "5월 이전에 선거를 실시하는 것"이라고 간단하게 대답했다.[156]

유엔한위는 선거의 연기는, 의회임기가 끝나는 6월부터 연기된 선거로 새 의회가 구성되는 11월까지 대한민국을 '완전한 대의정부'를 갖지 못한 상태에 놓이게 할 것이라고 정부에 통고하였다. 유엔한위는 또한 선거의 연기가 국내분쟁을 야기할 것이며 한국에 군사분쟁이 야기되기를 희원하는 세력들에게 이용될지도 모른다고 천명하였다.[157] 미국과 유엔한위의 압력으로 인해 이승만은 결국 선거연기 의사를 거둬들여 예정된 선거를 5월에 치르겠다고 번복하지 않을 수 없었다. 이는 이승만정부가 지니고 있는 자율성의 한 구조적인 한계를 보여준다. 달리 말하면 민주적 제도는 미국의 의사가 관철되는 중요한 통로였다. 미국은 상대 공산국가와의 대립을 위해서라도, 또 원조의 명분을 유지하기 위해서라도 최소한의 민주적 제도와 절차마저 파괴하는 것을 수용할 수 없었다. 독재의 제도화의 한 징표가 선거의 폐기나 선거시기의 자의적 선택에 있는 것이라면 전간기 이승만은 이에 성공할 수 없었다. 이승만은 4월 7일 의회에 출석하여 "선거는 5월 25일에서 31일 사이에 치르겠다"고 발표하였다.[158] 한달여 사이에 네 번의 번복을 통하여 최초의 지점으로 돌아온 것이었다.

선거과정이 시작되면서 다시 정치폭발이 시작되었다. 가장 커다란 특징은 참여 정당 및 단체와 후보가 매우 많았다는 점이었다. 선거에는 총 39개의 정당 사회단체가 참가하였으며, 후보자는 2,209명에 달했다. 평균 경쟁률은 10.5 대 1이었다.[159] 해방 직후의 정치폭발이 아직도 식

---

156) "The Ambassador in Korea (Muccio) to the Secretary of State" (Apr. 1, 1950), *FRUS, 1950*, Vol. VII, pp. 44~45.

157) "Report of the United Nations Commission on Korea-Covering the Period from 15 December 1949 to 4 September 1950," p. 121.

158) 《조선일보》 1950년 4월 8일.

지 않았던 것이다. 한 신문은 이를 두고 "세계 희유의 난립상"이라고 보도하였다.[160] 이것은 당시에 신문들이 자주 지적하였듯 아직 씨족, 촌락, 지방유지 등의 요소들이 정치적으로 중요한 결정요인으로 작용한 데 따른 것이기도 하였다. 무초는 후보자의 당선을 결정하는 요인도 역시 "입후보자의 이슈나 정강보다도 훨씬 더 크게 작용하는 것은 후보자의 가족관계, 개인적 명망, 조직적 지원, 출생지 또는 연고자들이 가장 많은 지역의 유권자 수"라고 파악하고 있었다.[161] 다른 한편 단체와 후보의 이러한 분출은 정당이 정치적 대표의 기능을 제대로 수행하고 있지 못하다는 증거였다. 또한 어느 특정 정치세력도 정당의 형태로 대중의 의사를 대변하고 있지 못하다는 증거였다. 동시에 이것은 한국의 현대정치에서 종종 드러났듯 의회에 대한 기대의 상승과 정치욕구의 분출을 반영한다. 정치적 격변기에 한국의 총선은 정당과 후보의 급격한 증가를 보여왔다.

이승만은 선거가 시작되자 5월 24일부터 전국 순회연설에 나서 "애국자에게 투표하라"고 호소하였다. 그는 부산, 광주, 전주, 청주, 대전, 대구 등 전국의 주요 도시를 5일에 걸쳐 전부 순회하면서 대중들을 상대로 직접 연설을 하였다. 대중을 직접 상대하는 정치는 46년부터 그가 사용해오던 독특한 방식이었다. 중대이슈가 발생했을 때 대중에게 직접 호소하며 그들을 동원하려 노력한다는 점에서 이승만과 김일성의 정치는 유사하였다. 그의 연설에는 적게는 1만~2만 명에서 많게는 10만 명이 참석하여 그가 대중을 장악하고 있음을 과시하였다. 그는 항상 어느 한 정파나 정당의 지지자가 아니라 국민적 지도자이기를 원했고 그렇게 행동하였다. 그는 특정 정당을 지지하거나 반대하는 발언을 하지는 않았으나 공산계열인사, 중간파, 개헌파들에 대해서만은 분명한 반대의사를 표시하며 유권자들에게 그들을 지지하지 말 것을 호소하였다. 그는

159) 《대한민국선거사》 제 1 집, p. 623.

160) 《서울신문》 1950년 5월 9일.

161) "The Ambassador in Korea (Muccio) to the Secretary of State" (May 27, 1950), *FRUS, 1950*, Vol. VII, pp. 89~92.

자유와 민주주의를 강조하면서 “참다운 애국자들을 선출하라”고 호소하였다. 그의 연설들은 중앙신문들에 동정과 함께 크게 보도되었다.[162]

선거전이 시작되면서 많은 수의 좌파조직과 첩자들이 검거되었다. 이 중 어떤 것은 정치적인 이유로 확대된 것이었다. 선거에는 48년 선거를 거부하고 평양의 좌우회합에 참여하였던 중도세력이 참여키로 결정하였기 때문에 그들의 선전 여부가 특히 주목을 받았다. 출마한 중도계 후보들은 경찰과 청년단의 탄압을 받았다. 선거기간 중 정부수립 후의 가장 커다란 간첩사건이 적발되었을 때 이 간첩조직은 중간파 후보들을 후원하고 있는 것으로 발표되었다. 이를테면 조소앙, 김붕준, 원세훈, 장건상, 윤기섭, 최동오, 박건웅 등이 그들이었다.[163] 이 간첩사건은 후보들의 사진과 함께 대서특필되어 이들이 마치 간첩조직의 재정적 조직적 지원을 받고 있다는 대중적 이미지를 조작해냈다. 선거기간 중 이들은 경찰에 소환되어 집요한 조사를 받지 않으면 안 되었다.

정부와 민국당의 강력한 후보에게 맞서는 중도파 후보들은 사퇴하였다는 허위의 소문에 시달렸고, 최동오같은 후보는 압력에 굴복하여 결국 사퇴하고 말았다. 조병옥과 맞붙은 조소앙은 갖은 유언비어와 탄압에 시달려야 했다. 선거전은 공정한 방법으로 진행되지 않았다. 많은 후보와 유권자들은 경찰, 청년단, 상대후보가 퍼뜨리는 소문에 의해 희생되고 있었다. 당시 신문의 보도와 성명전을 통해 볼 때 조병옥은 갖은 방법을 다 동원하여 조소앙을 떨어뜨리려고 공격하였지만 그는 참패하고 말았다. 중간파의 진입을 저지하려는 정부와 민국당의 노력은 집요했고 합작적이었다. 전국에 참관단을 파견한 유엔한위는 “압력의 행사를 암시하기에 충분할 만한 수의 입후보 취소사례가 각지에서 발생하였다”고 보고하였다. 또한 한위는 후보와 후보의 선거운동에 대한 당국의 개입의 구체적인 증거들이 있다면서 개입의 주요 주체로 경찰을 지목하였다.[164] 그러나 탄압받은 후보 중 사퇴하지 않은 사람들은 대부분

162) 《서울신문》 1950년 5월 25~29일.

163) 《서울신문》 1950년 5월 26일.

164) “Report of the United Nations Commission on Korea-Covering the Period

이 압도적인 표차로 당선되어 유권자들이 정치적 의도가 개입된 발표와 탄압에 큰 영향을 받지 않았음을 보여주었다.

중간파의 대명사로 부상한 조소앙은 자신이 연루되었다는 보도가 나가자 조소앙 선거사무소의 이름으로 이를 즉각 부인하는 성명을 신문에 발표하였는데 성명의 내용은 주목할 만하였다. 성명은 광고형식으로 전문이 거의 모든 주요 신문에 보도되었다.

> 소위 북로당의 대한민국을 전복하려는 음모가 미연에 방지된 것은 우리 대한민국을 위하여 통쾌한 바이다. 기사에 의하면 그 도당들은 신성한 국회의원 입후보자 중 일부 인사에게 비용을 공급할 예정대상자 중 일인으로 조소앙 선생의 성명까지 기입되었다는 것은 천만 의외이다. 이것은 공산도배들의 우리 민족진영을 분열게 하려는 음모로써 천인이 공노할 바이다. … 동포제위는 우리 헌법명문과 대통령 각하의 교시대로 '대한민국과 정부를 옹호지지하는' 입후보자들에게 '양심과 비밀의 투표권'을 공정하게 행사하기 위하여 항간에 유포되는 모든 모략을 분쇄하고 금력과 권력과 불법행위를 배제하자(강조는 원문 그대로).[165]

이 성명은 두 가지를 동시에 지적하고 있었다. 북한에 대한 강한 공격과 대한민국 지지, 그리고 모략 및 권력의 불법행위의 분쇄가 그것이다. 전자의 경우 48년 정부수립시 참여거부세력의 대표적인 사람이었던 조소앙까지 "대통령의 교시를 받들자"는 데서 이들의 변화된 성향을 읽을 수 있다. 이를 두고 무초는 선거에서 "이승만은 불가침시되고 있다"고 지적하고 있었다.[166] 이승만은 비판에서 면제되어 있음을 알 수 있다. 그는 정부수립 2년여 만에 사실상의 국부(國父)로 상승하고 있었던

---

from 15 December 1949 to 4 September 1950," pp. 127, 131.

165) 《서울신문》 1950년 5월 27일. 연루된 다른 사람들도 성명을 발표하였는데 그 내용은 조소앙의 것과 비슷하였다.

166) "The Ambassador in Korea (Muccio) to the Secretary of State" (May 27, 1950), *FRUS, 1950*, Vol. Ⅶ, pp. 89~92.

것이다. 후자의 경우 당시의 모든 신문들이 "중상모략을 중단하라"고 할 정도로 각종 모략과 중상이 난무하였다. 모략은 이 선거의 한 특징적 양상이었다. 후보간의 비방과 소문, 비난은 선거를 가장 혼탁하게 한 요인이었기 때문에 이의 중지가 중요한 이슈가 되었던 것이다. 이는 정책과 이념의 대결이 불가능한 상태에서는 후보 개인에 대한 비방과 모략이 중요해지는 후진성의 반영이었다.

선거에서 가장 이슈화된 문제들을 추적하는 것은 당시에 어떠한 정치, 사회적인 이슈가 중심적인 것이었는가를 판별하는 데 도움을 준다. 지방현지를 르포형식으로 취재한 연재기사와 현지실정에 대한 보도, 그리고 당시의 당선자들의 인터뷰, 잡지의 분석기사들을 추적하여보면 두 가지 특징을 알 수 있다. 첫 번째는 민생의 해결이었다. 이는 신생의 독립국가가 물가고와 식량난 등에 시달리고 있었음을 보여준다. 다른 하나는 통일문제였다. 이 두 가지가 압도적인 이슈를 형성하고 있었다. 그런데 흥미 있는 것은 후자, 곧 통일문제의 제기에서 남북협상, 평화통일과 같은 구호와 주장은 나오지 않았다는 점이었다. 그것은 이제 불가능한 주장이 되어 있었다. 김구가 살해당한 이후 '협상파'라는 용어는 48년질서에서 친북파와 동일시되었고 반국가적인 인사로 낙인찍혔다. 가장 많이 운위된 통일주장은 반공통일이었다. 모든 통일주장은 "김일성 괴뢰도당을 타도하고 실지를 회복하여 통일을 이루자"는 식이었다. 그러나 친일파문제는 거의 거론되지 않았다. 이 이슈는 더 이상 정치쟁점으로 살아 있지 못하다는 사실이 분명해졌다. 또 토지개혁은, 거론되기는 하였으나 예상보다는 훨씬 적었다. 역시 중심쟁점에서 급속히 사라졌던 것이다.

선거의 결과는 선거과정에서 예견된 대로였다. 주요 신문들은 선거 전부터 자주 정당후보의 몰락과 기존 국회의원들의 대거 낙선, 그리고 무소속후보들의 진출을 예상하고 있었고 실제의 결과 역시 그러했다. 주한 미국대사관 직원들의 현지조사에 근거한 무초의 예상 역시 실제 결과와 거의 차이가 없는 정확한 것이었다.[167] 그는 민국당이 민중들로부터 지지를 상실하여 몰락할 것이라는 점도 지적하고 있었다. 선거의 방향은 이미 선거 전에 결과가 알려져 있었던 것이다.

우선 이 선거의 가장 커다란 특징은 무소속후보들의 대거 당선이었다.[168] 무소속은 126명(전체의 60%) 당선에 4,397,287표(62.9%)를 획득했다. 당선자수와 득표수에서 모두 절반을 훨씬 넘었던 것이다. 이는 1948년에 비해 당선자수에서 41명(제헌국회시 85명 당선, 전체의 42.5%)과 득표수에서 1,651,804표(제헌국회시 2,745,483표, 전체의 38.1%)의 증가였다. 이러한 현상은 무엇보다도 아직 정당체제가 자리잡지 못했음을 보여준다. 정당은 정치적 대표의 기능에서 매우 부족했던 것이다. 유엔 한위의 정확한 지적대로 유권자는 정당의 장점에 입각해서 투표하기보다는 입후보자들을 개인적으로 선택하였다. 즉 후보의 인격과 평판이 선택의 결정요인이었다. 당에 소속되었다는 사실은 오히려 입후보자에게 손해를 안겨주었다. 기존 정당들은 모두 인기를 잃었으며 결국 유권자들은 기존 정당과 관련이 없는 자들은 선호하였다.[169]

후보자의 난립 자체가 기존 정당조직의 미비와 인기하락을 증거하는 것이었다. 2대 국회의 총 210명 당선자 중 재선(再選)은 31명에 불과했다. 재선 비율은 15%에 불과했던 것이다. 나머지 179명이 초선이었다. 제헌국회와 제 2 대 국회는 구성원에서 현저한 단절성을 보임으로써 의회는 새로 구성한 것이나 다름없었다. 현역 국회의원의 거의 전원 낙선은 국가형성을 주도한 제헌국회와 기존 정당에 대한 민중들의 불만을 반영했다. 사실상 집권당을 표방한 대한국민당은 24석(전체 의석에서 11.4%)의 의석과 677,173표(전체 투표수의 9.7%)를 얻었다. 다른 집권당계 정당과 사회단체를 모두 합쳐도 범여권계는 57석 정도였다. 물론 이러한 수치는 액면 그대로 이해되어서는 안 된다. 이승만체제가 아직 특정정당에 기반한 체제가 아니라는 점, 그리고 이승만이 항상, 특히

---

167) "The Ambassador in Korea(Muccio) to the Assistant Secretary of State for Far Eastern Affairs(Rusk)," *FRUS*, May 27, 1950, pp. 89~92.

168) 이하의 분석은 《大韓民國選擧史》 제 1 집, pp. 623~632의 통계에 의거.

169) "Report of the United Nations Commission on Korea — Covering the Period from 15 December 1949 to 4 September 1950," pp. 125, 129~131.

선거기간을 통하여 자신이 특정정파나 특정정당의 지도자로 받아들여지는 것을 거부하였기 때문에 이를 이승만체제에 대한 부인으로 해석하기는 어렵다. 따라서 국민당의 저조한 지지율이 그의 체제에 대한 지지의 하락으로 이해되어서는 안 된다.

가장 큰 정당이었던 민국당 역시 참패하여 국민당과 같은 24석과 683,910표(9.8%)를 얻었다. 가장 큰 두 정당의 의석은 선거 전에 비해 현저히 감소했다. 이는 두 가지를 의미했다. 하나는 아직 정당정치가 착근하지 못하였다는 점이다. 곧 명망가들의 상층모임 수준을 벗어나지 못했던 정당들은 밑으로부터의 대표기능에 커다란 결함을 안고 있었던 것이다. 지배정당이건 반대정당이건 정당은 여전히 근대적 조직체계나 정강정책, 대중들에의 침투기제와 방법을 갖고 있지 못했다. 둘째는 단정정치연합의 지지율이 크게 저락했다는 점이었다. 특히 민국당의 몰락은 가장 뚜렷한 특징이었다. 민국당의 경우 24명 중 재선은 겨우 5명에 불과했고 19명이 초선이었다. 재선이 5명에 불과하다는 사실은 이 정당의 기존 의원들이 거의 전원 낙선하였음을 말한다. 제헌국회의 전기간을 통틀어, 특히 소장개혁세력의 몰락과 선거 직전의 거센 개헌운동을 통하여 가장 큰 정치세력을 형성하였던 민국당의 몰락은 특이한 것이었다. 한 관찰자는 “국민의 심판을 받은 것”이라고 표현한다.[170]

총선 결과의 다른 한 특징은 이른바 중간파 후보들의 압도적 표차에 의한 당선이었다. 임정 외교부장과 한독당 부위원장을 지내고 48년 선거를 거부하여 평양회의에 참여하였던 조소앙(趙素昻)과 단정수립의 핵심적 역할을 한 미군정 경무부장 출신의 조병옥의 서울 성북에서의 대결은 통일노선 대 단정(單政)노선의 상징적 대결처럼 보였다. 이 대결에서 유권자들은 34,035 대(對) 13,498표의 표차로 조소앙을 당선시켰다.[171] 조소앙의 득표는 전국 최고득표였다. 단정추진의 중추 조병옥의 패배가 지니는 의미는 컸다. 이밖에 안재홍(安在鴻·무소속), 원세훈

---

170) 최흥조, 《민주국민당의 내막》, p. 54.

171) 《서울신문》 1950년 6월 1일.

(元世勳 · 민족자주연맹), 장건상(張建相 · 무소속) 등의 중간파들도 전부 전국 평균득표보다 훨씬 많은 표로써 당선되었다. 원세훈에게 패배한 후보는 이승만의 측근으로서 내무부장관과 국회부의장을 지낸 윤치영이었다.

그러나 이 선거의 결과가 남한체제에 대한 지지의 철회라고 해석될 수는 없었다. 우선 의회와 의회선거는 제한된 정치투쟁 공간이다. 그것은 국가 자체를 놓고 대결하는 유보없는 총력전은 아닌 것이다. 이후의 한국정치 변화가 보여주듯 의회선거의 의미는 국가 자체를 변개시키기보다는 제한된 범위에서 정치적 요구가 반영되고 수렴되는 통로로서의 의미를 가진다. 특히 중간파에 대해서는 정확한 분석이 필요하다. 세 가지의 분석준거가 사용될 수 있는데 하나는 조소앙의 노선을 분석하는 것이고, 다른 하나는 이들 중간파에 대한 북한의 인식을 추적하는 것이다. 세 번째는 앞서 지적한 중간파의 1950년 초부터의 계속적인 전향소동이었다. 남로당 해산 이후 국가가 중간파에 대한 공세를 강화하자 이들은 전부 전향성명을 발표하여 친남한 입장을 분명히 했다.

국가형성정치연합과 1948년 질서 거부세력의 상징적 대결에서 후자를 대표한 조소앙의 노선을 분석하는 것은 중요하다. 그는 1948년의 선거에는 평양의 좌우회합에 참여하며 선거를 거부하였었는데 50년의 선거에는 새로이 참여하였기 때문이다. 그는 또한 김구와의 노선갈등으로 한독당을 탈당하여 새로이 사회당을 만든 인물이었다. 탈당시 조소앙과 김구와의 핵심적인 차이는 통일문제였고, 조소앙은 현실을 고려할 때 국제기구와의 연대 없이는 이 문제를 해결할 수 없다고 주장하였다. 이에 대해 김구는 여전히 강경노선을 고수하였고 조소앙은 이를 비현실적인 노선이라고 비판하는 성명을 발표하고 탈당하여 사회당을 창당하였던 것이다.

1950년 3월 제 2 대 국회 출마를 결심하고 발표한 조소앙의 정견은 그의 정치노선이 어떤 것인지를 보여준다. 그는 남한을 절대적으로 지지할 뿐 아니라 민족의 운명을 좌우할 주체로 끌어올리고 있었다.

이 대한민국은… 3·1 운동의 정신을 계승한 망명 대한민국 정부의 영웅적 투쟁의 결과이며, 5천년 독립민족의 적자이며, 장래 통일정부에로 돌진할 유일무이한 원동체이며, 민족진영의 최고 조직체인 것이다. … 한민족의 민족적 운명은 대한민국의 존망흥폐에 있는 것이다.[172]

통일문제는 물론 냉전에 대한 조소앙의 인식과 견해는 같은 시기에 발표된 글에 더욱 분명하게 드러나 있다. 조소앙의 다음 견해는 맹목적인 통일주장이 아니라 냉전의 실체에 대한 객관적 인식이 전제되어 있음을 보여준다.

구주에서 맹렬히 전개되는 냉전의 전화(戰火)는 동아에 집중되며 적색세력은 중국을 석권하며 나아가서는 동남아시아에 뻗쳤으며 각처에 38선을 형성하고 있는 형태이니 세계냉전의 최첨단에 서 있는 우리 한국의 위치는 매우 중요하며, 또 민족진영의 아성인 대한민국 정부의 사명과 역할은 실로 중대한 바가 있다. 민족진영의 존망, 아니 한국민족의 민족적 운명은 대한민국의 육성강화 여하에 있는 것이다. 이 30유여년의 법통을 계승하고 혁명선열의 피와 죽음으로 이루어진 대한민국을 우리는 육성강화할 책임을 느끼는 바이며, 그 육성강화의 일익을 담당하려고 금번 나는 새로운 충성된 결의를 국민 앞에 하는 바이다. …

세계는 2대 이데올로기의 대립으로 인하여 항쟁적 태세를 형성하게 됨에 따라 그 파문은 약소민족에 파급되어 각처에서 동족상쟁의 참극을 연출하게 되었다. 특히 우리나라에 있어서는 미소양국의 분할점령으로 인한 동족상잔을 격화시키고 말았다. … 남북의 대립은 이데올로기의 대립이니 우리는 그 본질이 사상전임을 파악하여 그에 대비하여야 할 것이다. 그 방책으로 남한의 모든 정치력을 총집결하여 정치공세를 취할 것이며, 또 민심을 수습하여 사상공세로 자주통일을 기도하여야 할 것이다.[173]

172) 조소앙, "나의 출마이유와 그리고 정견," "次期總選擧와 余의 政局觀," 《素昂先生文集》 下, pp. 126, 133.

이 글에서 조소앙은 48년의 좌우회합에 대해서도 북한이 이미 소련의 지령하에 강대한 권력과 무력을 배경으로 하여 남한에서 올라간 자신들을 대하여 "상대가 되지 않았기에 결국 실패에 돌아간 것"이라면서 "우리는 남한으로 돌아오면서 민족진영의 재편성 내지는 대동단결의 필요성과 가능한 지역에서의 선거로 우리의 정부를 수립하여 민족진영의 기반을 공고히 하여야 하겠다고 가슴깊이 느꼈던 것"이라고 진술하고 있다.

정부수립 직후에도 조소앙은 성명을 발표하여 친남한-반북한 태도를 분명하게 보였다. 1948년 10월 11일에 김구와의 노선갈등으로 한독당과 결별하면서 낸 성명에서 조소앙은 "목전 서울에 있는 대한민국은 그 전신이 피 두루마기를 입은 3·1 운동의 골격이며 5천년의 독립민족의 적자이며 장래 통일정권에로 돌진하는 발동기가 되고 민족진영의 최고 조직체"라면서 김구진영을 겨냥하여 "자신이 참가하지 않았다는 이유로, 자당의 정책이 집행되지 못했다는 이유로, 주권과 영토가 완성되지 못했다는 이유로 대한민국을 거부할 이유가 발견되지 않는 것"이라고 공격을 가하고 결별하였다.[174] 김구와의 결별이유가 어디에 있었는지를 보여주는 부분이다.

같은 성명에서 그는 "선거가 이미 완료된 오늘날에는 선거반대가 완전히 무의미하여진 것이다. 목전에 걸린 긴급한 문제와 장래에 닥쳐올 종종(種種) 곤란을 타개하며 방지하기 위하여는 대중 기초 위에서 원칙과 방법을 병행해야 할 것이다. **통일의 원칙만 사수하고 통일의 방법을 무시하여서는 안될 것이다. 통일의 구호만을 부르고 통일로 가는 첩경을 차단하여서도 안될 것이다**"라고 주장하였다.[175] 그는, 현실을 통하여 대한민국의 자주와 통일을 실현하자고 제의하였으나 받아들여지지 않자 "단연 수십 년간 갖은 간난고초를 겪어오면서도 지켜오던 한독당과 결별하

173) 조소앙, "나의 출마이유와 그리고 정견," "次期總選擧와 余의 政局觀,"《素昻先生文集》下, pp. 126, 133~134.

174) 조소앙, 〈성명서〉,《素昻先生文集》下, p. 110.

175)《素昻先生文集》下, p. 113.

였(다)"고 진술하고 있다. 우리는 조소앙의 성명에서 사회경제적 변혁에 있어 이상과 현실을 결합하려 한 조봉암의 노선과 유사함을 간취할 수 있다.

조소앙의 호소에서 친북한적인 요소를 찾는다는 것은 불가능하다. 그것은 중간파의 노선을 대변한 것이었다. 48년 평양에서의 좌우회합에 참여하였다가 남하한 사람들은 이미 남하 자체가 정치적 의사의 표시였다. 즉 우리는 제 7 장에서 평양회의에 참여하였던 인물들은 그들의 그 회합 참여 여부나 표면적인 언술보다는 북한잔류와 남한귀환이라는 행동 자체가 그들의 노선을 평가하는 데 더 중요한 지표가 되어야 한다고 진술한 바 있다. 귀환한 뒤 김구의 남한정부 수립시의 내각각료 추천이나 조소앙의 이 견해는 그러한 해석을 뒷받침해 준다.

그렇다면 1950년 5·30 총선에서의 중간파 당선자들은 반남한세력과는 거리가 멀었던 것이다. 참여주의자와 참여거부주의자의 48년의 대결은 후자의 50년 2대 선거 참여로 무의미해졌다. 이들은 '정부'에 대해서는 비판할 수도 있었지만 북한을 의식하여 그것조차도 거의 없었다. '체제'와 '국가'에 대한 비판은 전혀 찾아볼 수 없었고 강력한 지지만이 존재할 뿐이었다. 48년질서에 대한 거부세력은 온건세력조차 지배연합의 1949년 6월 공세 때 몰락하였고 '중간파'로 불린 정당과 단체들도 전부 대한민국에 충성을 바치겠다는 전향성명을 내었다. 북한 역시 중간파에 대한 지지를, "그것은 이승만, 김성수 도당보다 덜 나쁜 자들을 선택한 것에 불과"하다며 비난하고 있었다.[176] 더 나쁜 자들이 아닐 뿐이라는 것이었다. 그러나 북한은, 남한 내 빨치산투쟁에 대해서만은 지나치게 과장해석했으며 이 선거에 대해서도 "남조선유격대의 대대적인 공격으로 파탄을 면치 못했다"고 주장하였다. 물론 실제로는 단 한 개의 선거구에서도 파탄시키지 못하였다. 의도적이었든지 아니었든지 이는 사태의 진실과는 반대되는 주장이었다.

---

176) 허헌, "조국전선의 평화적 조국통일 추진제의 호소문 실천을 위한 투쟁에 관하여," 《조선중앙년감》(1951~52), pp. 144~148.

4. 결론 : 48년질서의 성격 — 남한

우리는 지금까지 48년질서 시기의 남한에 대해서 살펴보았다. 우리는 네 개의 장에 걸친 논의를 통하여 전간기 동안 두 한국이 얼마나 깊숙이 서로 맞물려 있었는지를 확인하였다. 38선에서의 긴장의 고조는 남한과 북한 모두에 내적 안정과 통합의 제고를 가져다주었다. 외부와의 긴장의 고조가 내부를 안정화시킨 것이었다.[177] 이러한 점에서 남북간의 대쌍관계동학은 갈등의 통합적 기능을 보여주는 사례라 할 것이다. 둘은 서로를 흔들어놓으려고 끊임없이 시도하였다. 시차를 두고 나타난 국토완정론과 북진통일론은 긴밀하게 맞물려 48년질서시기의 두 한국의 지배적 통일론이 되었다. 뿐만 아니라 둘 다 상대방과의 대결을 위해 하나의 동원체제가 되어갔다. 즉 각각 상대분단국가와의 대결에 대비하여 동원상태(북한)와 동원준비상태(남한)에 들어갔다. 둘은 국가형성의 과정뿐만 아니라 형성 이후에도 여전히 마주보고 긴밀히 맞물려 돌아갔던 것이다.

두 한국은 48년질서의 시기 동안 졸버그가 말한 바의 전략적 상호행위(*strategic interaction*) 속에 움직이는 하나의 대쌍관계동학(對雙關係動學, *interface dynamics*)에 놓여 있었다.[178] 그들은 상대방에 맞서는 동안 서로 내적인 변화를 경험하였는데 어떤 측면에서는 닮은꼴이 되어가기도 하였다. 48년질서라는 독특한 전체질서가 이들 내부를 변화시켰던 것이다. 좌우극단을 절묘하게 넘어선 남한의 토지개혁은 북한의 경험과 압력이 없었으면 어려웠다. 반면에 이들의 내부적인 변화는 역으로 48년질서를 변화시키기도 하였다. 이를테면 49년 6월 남북에서 동시에 나타난 변화는 두 한국의 내부와 48년질서가 맞물려 일어난 변화였다. 두

---

177) Lewis Coser, *The Functions of Social Conflict*, pp. 80, 87~95.

178) Aristide Zolberg, "Strategic Interaction and Formation of Modern State : France and England," *International Social Science Journal*, Vol. 32, No. 4 (1980), pp. 687~716.

한국의 대립이 본격적으로 시작된 출발점은 49년 6월이었다. 주한미군 철수와 중국혁명같은 사태 역시 48년질서를 변화시킨 요인이었다. 남북 둘 다 이들 사태로부터 커다란 영향을 받았다.

대쌍관계동학에 기초하여 양쪽 모두를 지배한 가장 중심적인 멘탤러티는 군사주의 경향이었다. 양쪽은 입으로는 평화통일을 외쳤지만 그것이 불가능하다는 사실을 서로 알고 있었고 또 상대방을 수용하면서 평화통일을 이루기 위한 어떠한 실질적인 행동도 취하지 않았다. 통일은 다만 상대방의 제거 위에서나 가능한 것이었다. 따라서 남은 것은 군사주의였다. 군사주의(*militarism*)는 마이클 만(Michael Mann)의 견해를 좇을 때 "전쟁과 전쟁을 위한 준비를 정상적이고 바람직한 사회적 행동으로 간주하는 태도나 조합(*set*)을 말한다."[179] 군사주의는 전간기 두 한국의 통일문제 인식의 기저적 기조였다. 이것은 남북 모두에서 시간의 흐름과 함께 상승하여 갔다. 그러나 한 가지 점에서 둘은 큰 차이를 안고 있었는데 북한에서 군사주의는 급진주의와 결합하였으나 남한은 그렇지 않았다는 점이다. 급진주의는 군사주의를 단기적 격변적 방법으로 성취하려는 의도와 행위의 체계를 말한다.

남한의 경우 대쌍관계동학은 미국의 범위, 남한국가내 균열의 위계와 함께 48년질서하의 핵심적인 특성이었다. 국가형성 직후 이승만체제는 지배연합의 균열에 직면하였고 그것은 시민사회의 폭발로 이어졌다. 그리고 위기는 곧바로 복합적인 균열구조 속으로 빨려들어갔다. 균열은 국가를 중심으로 미국-상대공산주의국가-시민사회-정치사회가 어우러진 채로 맞물려 돌아갔다. 국가는 정치갈등과 대립이 반영되고 응축되는 장이었던 것이다. 이러한 균열과 위기가 한 신생독립국가의 정당성의 문제로부터 연유한 것이었음은 강조할 필요도 없다. 모든 주요 균열들이 건국의제에 직결돼 있었다는 점은 위기들의 성격을 암시한다. 지배블록 내의 균열조차 국가형성의 요인과 과정을 반영하는 것이었다. 형성의 과정은 형성후의 체제의 성격에 직접적인 영향을 끼쳤다.

---

179) Michael Mann, *States, War and Capitalism*(1988), p. 124.

남한체제는 이상과 현실, 도덕주의와 현실주의의 갈등의 변함없는 지속상태에 놓여 있었다. 남한과 북한의 대결 역시 본질적으로 이러한 측면을 안고 있었다. 그러나 사회의 변화와 발전은 바로 이상과 현실의 갈등 그 자체로부터 나온다. 웅거(Roberto Mangabeira Unger)가 통찰하였듯, "모든 역사변화의 가장 깊은 기원은 이상적 조망과 현실적 경험 사이의 현재적이거나 잠재적인 갈등"이라고 할 수 있다.[180] 또한 "갈등은 그를 통해 새로운 조건들에 대한 적응을 가능케 하는 메커니즘이다."[181] 문제는 갈등에 대한 체제의 반응일 것이다. 경직된 체제는 갈등을 허용하지 않음으로써 필요한 적응을 방해할 것이며, 그리하여 결국 파국적인 붕괴의 위험을 극대화할 것이다. 반면에 유연한 사회는, 갈등행위가 규범의 창조와 수정을 통해 변화된 조건 아래서 사회의 지속을 보장해주는 만큼 갈등으로부터 이익을 얻는다.[182] 유연성이 제공하는 이익 중 가장 큰 이익은 아마도 체제생존과 발전일 것이다. 남한체제는 아주 유연하지는 않았지마는 생존이 가능한 정도로는 적응의 메커니즘을 갖고 있었다.

위기의 성격은 앞 시기의 유산들이 집적된 결과였다는 점에서 '누적적인 위기'(*cumulative crisis*)였다. 앞에서 언급한, 스틴치콤(Arthur L. Stinchcombe)이 말하는 '누적적 인과관계'에 비유할 수 있는 것이었다.[183] 남한국가의 위기는 근대국가로의 이행의 실패와 식민주의의 경험, 그리고 냉전과 분단이라는 역사적 구조적 유산들이 누적된 결과였다. 그러나 주체의 실질적 선택에 따라 이후의 인과관계는 대단히 다를 수 있다. 즉 위기의 내용과 성격은 고정된 것이 아니라 변화하는 것이다. 국가수립 직후 남한에서의 위기는 국가의 전면적 위기는 아니었다.

---

180) Roberto Mangabeira Unger, *Law in Modern Society — Toward a Criticism of Social Theory*(New York: Free Press, 1976), p. 153.

181) Lewis Coser, *Social Conflict*, p. 128.

182) Lewis Coser, *Social Conflict*, p. 128.

183) Arthur L. Stinchcombe, *Theoritical Methods in Social History*(New York: Academic Press, 1978), pp. 61~70.

이 말이 의미하는 바는 '위기의 정도'와 관련된 것이라기보다 '위기의 본질'과 관련된 것이다. 남한은 체제가 직면한 위기를 2년간 지속적으로 감소시키는 데 성공하고 있었다. 특히 토지개혁의 성공은 본질수준의 위기를 넘는 데 크게 기여하였다. 그것은 체제의 생존능력의 상승으로 이어졌다.

우리는 여기서 국가(*state*)의 안정성과 체제나 정권(*regime*), 정부의 안정성을 구별하려 한다. 특정 정권(체제)과 정부의 불안정성이 곧바로 국가의 불안정일 수는 없다. 1948년 이후 격렬한 정치갈등으로 남한의 특정 정권과 정부는 항상적 위기에 시달렸다. 그러나 남한은 국가가 정당성의 위기에 직면하거나 생존위기에 놓였던 적은 한번도 없었다. 하나의 국가가 동의의 기반이 협애하고 정당성의 위기를 내재하고 있더라도, 두 분단국가의 대립에 의해서든 또는 동원과 조작에 의해서든 일정한 내적 지탱력과 조건을 갖고 있는 한 그것은 하나의 합법적 지배의 실체로서 받아들여지고 있는 것이었다. 1948년의 분단국가의 등장은 모순적 지위에서 대립하던 힘들간의 역사적 타협(의 산물)이었다.

1950년 현재 남한은 2년 전에 비해 오히려 안정적 국면으로 접어들고 있었고 북한의 위협을 제외한다면 좌파는 완전히 몰락해 있었다. 국가는 중간적 노선의 세력들로부터도 충성을 받아내는 데 성공하고 있었다. 그러나 이러한 전향은 또한 그들이 전향하지 않으면 생존할 수 없었던 남한민중들의 반공적, 친남한적 압력에 의한 것이기도 하였다. 1950년 현재 남한의 위기는 하나의 정치적 위기였다. 그것은 맑스(Karl Marx)의 표현을 빌리면 다만 '보통의 위기'(*minor crisis*)에 불과했던 것이다.[184] 즉 그것은 리더십의 선택에 의해 극복가능한 위기에 지나지 않았다. 정통 맑스주의-레닌주의와 김일성과 박헌영이 준봉하였던 일원주의의 교의의 측면에서 보면 남한의 사회는 혁명을 요구하던 상황이었으나 객관적으로 말하면 그것을 필요로 하던 상황도, 그것이 예견되던

184) Karl Marx, *The Eighteenth Brumaire of Louis Bonarparte* (New York: International Publishers, 1963), p. 107.

상황도 아니었다. 다음의 제4부에서 보듯 김일성과 박헌영은 혁명의 불가피성과 절박성을 의제하여 스스로를 선동하고 결국은 자신의 교의에 빠져 자기선동의 희생자가 되어버렸음에 불과했던 것이다.

이승만은 많은 비난과 비판에도 불구하고 48년 이후 점차 국가를 장악하는 데 성공하고 있었다. 그는 미국과의 연대를 공고히 하는 데도 나름대로 성공해 가고 있었다. 또한 그는 맥아더의 도움으로 1950년 2월 동경을 방문하여 한-미-일 삼각안보체제를 구축하는 데도 진전을 보고 있었다. 1949년과 1950년 들어 이승만의 귀환일과 생일은 마치 무슨 국경일이라도 되는 듯이 경축되었다. 그의 해외에서의 투쟁경력과 귀환과정도 상세하게 보도되고 칭송되었다. 이승만의 생일을 다룬 기사들은 신문의 전면을 장식하고 있었다. 동경의 맥아더 역시 "귀국과 세계를 위하여 오래오래 사시라"고 부부 공동명의의 축전을 보냈다.

1950년 3월 그가 생일을 맞았을 때 주요 신문들은 그의 해외에서의 투쟁경력을 연재하였으며 그를 "반세기의 혁명투쟁사도 찬연한 애국의 대영도자"로 불렀다.185) 또한 "칠십 평생을 통하여 한결같이 조국광복의 성업을 이룩하기 위하여 몸과 마음을 바친 우리나라의 원수이며 최고영도자"로도 묘사되었다. 대통령의 생일은 국경일이라도 되는양 집집마다 국기를 달도록 요구되었다. 중앙청 광장에서는 정부주도로 공식적인 '대통령 탄신 경축대회'가 열렸다. 그의 생일날은 탄신일(誕辰日)로 불렸고, 그는 군경합동의 육해공군 삼군사열을 받았다. 국무총리 이범석의 탄신축하연설을 보자.

> 각하의 영명하심과 언담원촉하시는 정치적 탁견은 오십년간의 겪으신 신산과 노고와 함께 결정되어 우리로 하여금 독립과 민주주의 정체하의 국가로서 영광과 자유와 평화를 구가케 하셨습니다. … 우리 국가민족의 원수이신 각하의 부단하신 정치적 제 분야에 있어서의 위대하신 영도는 우리 대한민국의 세계적 지위를 만방에 헌양시킨 것입니다.186)

---

185) 《서울신문》 1950년 3월 26일.

이는 김일성을 수령으로 밀어올리는 최용건의 연설과 차이가 없었다. 김일성과 이승만의 장악력은 비등한 것이었다. 부정과 긍정 여부를 떠나 그는 국부(國父)로서 상승하고 있었다. 이것은 북한의 김일성이 자신의 체제를 구축하여 가는 1946~47년과 유사하였다. 새 나라 건설을 위한 교육과 문맹퇴치, 관습과 미신타파, 현대적 기술의 습득, 이중과세(二重過歲)의 철폐, 노동과 생산에의 동원과 독려, 국방을 위해 자력으로 전함과 전투기를 구입하고 생산하기 위한 기금의 헌납, 지도자에 대한 충성과 헌신, 구사상의 철폐와 사상의 통일 등을 위한 대중운동과 캠페인이 49~50년 동안 전국적으로 벌어졌다.[187] "새 조국에서 새 국민으로 태어나자", "국가와 영도자에 한없이 충성하자", "공산도배를 무찌르고 단군 이래의 민족사를 되찾자"는 것이 캠페인의 주조였다. 이는 마치 46년 이후의 북한의 모습과 유사하였다. 문맹퇴치, 교육, 새 사회의 건설, 전투기 구입을 위한 기금헌납운동 등은 그 주체와 방식, 목적에서 북한과 너무도 같았다. 다만 북한이 훨씬 더 체계적이었고 집중적이었다는 차이점은 있었다.

이승만의 사상을 교육하고 학습하기 위한 조직[일민주의 보급회]도 창설되어 전국적인 조직을 갖추고 활동하고 있었다. 또 국회에는 일민주의 구락부가 만들어졌다. "대한민국 정부수립을 세계만방에 선포"할 수 있었던 것은 "한민족의 위대한 영도자 이승만 대통령의 50년래의 독립운동의 성취"로 주장되었다. 좀 허황되기는 하였지만 이승만은 "세계와 인류가 찾고 있는 그것을 가지고 계시도다"고 칭송받았다.[188] 일민주의의 창시와 보급에 가장 앞장서서 커다란 역할을 한 사람은 국가의 공식 교육을 담당하고 있던 문교장관 안호상이었다.

일민주의보급회는, 해방 직후 귀국하였을 때 이승만이 정당이 아니라 전국적 대중단체를 통하여 초기 정치를 하였고 또 이를 통하여 민중

186) 《서울신문》 1950년 3월 28일.

187) 이 당시의 남한신문과 잡지들을 보라. 주요한 모든 신문과 잡지에 이러한 내용에 대한 홍보와 선전, 교육, 참여호소가 연속하여 실려 있다.

188) 양우정, 《이 대통령 건국정치이념—일민주의의 이론적 전개》, pp. 1~3.

에게 침투하였듯 애련, 한청, 학도호국단 등과 함께 이승만체제를 받쳐 주는 몇몇 지주로 기능하고 있었다. 그러나 이승만은 자신의 이념을 교육하고 전파하겠다는 이 단체에조차도 "물의를 일으키지 말라"거나, 또는 "정부기관임을 참칭하지 말라"고 경고하곤 하였다. 그는 여전히 특정 단체의 지도자이기를 거부하고 국가 전체와 모든 단체의 지도자이자 국민의 아버지연하려 하였던 것이다. 그것이 이승만식 정치의 핵심이었다. 이승만은 정당을 중심으로 하는 의회와 정치사회에서는 한번도 독점적 헤게모니를 장악하지 못하였었다. 대신 그는 많은 대중-청년단체 및 이들과 연계되어 있는 국가기구를 갖고 사회의 심부까지 침투하고 자신의 이념을 주입시키고자 노력하였다.

균열의 위계 및 위기의 수준에 따른 정치연합의 형성과 해체가 사회의 이익과 힘의 배분관계를 반영하고 있었다는 점도 전간기 남한정치 균열의 특징이었다. 곧 구조가 정치갈등에 투사되었던 것이다. 현실 갈등은 결국 균열의 현재화였던 것이다. 따라서 초기 국가형성기의 정치연합의 형성과 해체를 단순한 파당적 이합집산으로 보는 것은 전적으로 동의받기는 어려운 설명이다. 이 말이, "있었던 모든 현상과 사물은 이미 있을 조건과 가치가 있다"는 극단적 상대주의의 진술은 아니지만, 그러나 존재한 사태는 현실의 엄정한 반영이라는 점에서 객관성을 거부하는 현실초월적 설명 역시 허용될 수 없다. 규범적 조망과 현실적 경험은 갈등하면서 수렴되는 것이다.

분단국가의 전간기 정치균열을 검토할 때 가장 두드러진 특징은 아마도 대쌍관계동학일 것이다. 남북 각각은 상대방에게 커다란 영향을 주며, 또 상대방으로부터 영향을 받으며 전간기를 지나왔다. 또 48년질서라는 상위체계가 두 분단국가에 가한 영향과 변환의 압력도 컸다. 그러나 대쌍관계동학에서 한 가지 분명한 것은, 이념과 도덕과 정치의 영역에서 시간이 흐르면서 북한의 영향력은 축소되어 왔다는 점이다. 경제적 압력, 정치공세, 군사공세는 차례대로 실패해 왔다. 이념공세는 48년의 시점부터, 이르면 46년 탁치대쟁의 순간부터 남한과 북한 모두 거의 동일한 정도의 공격과 방어의 효능을 갖는 것이었다.

북한의 존재와 강경 대남정책이 남한의 개혁적 움직임에 부정적 영향을 끼치는 현상은 전간기에도 어김없이 나타났다. 이것은 분단시기 내내의 현상이었다. 좌파의 급진주의는 세 수준에서 남한 내 진보세력의 위축과 국가의 강경정책을 초래했다. 하나는 좌파군인들에 의한 여수반란에 따른 대중과 좌파와의 유리 및 국가의 반공국가로의 변환에의 커다란 기여였다. 다른 하나는 남로당이 추구한 정당과 사회단체, 공공기관에 대한 무리한 첩자침투공작으로서 이 첩자침투공작은 일부의 노출만으로도 일망타진되는 결과를 빚었다.

세 번째는 북한의 침투정책이었다. 9월공세와 계속되는 유격대 남파는 혁명에 기여하거나 대중들을 친북한성향으로 돌려놓기보다는 있는 좌파조차도 모두 노출시켜 '끝장'을 보게 만들었으며, 대중들을 좌파와 북한으로부터 더욱 멀어지게 만들었다. 우리는 어떻게 해서 반공주의가 냉전해체 이후까지도 한국의 강력한 지배이념으로 기능할 수 있고, 그것이 지배연합의 최대의 이념적 호출자원이 될 수 있었는지에 대한 역사적 배경을 고려하지 않아왔다. 공산주의와 대결이라는 역사적 경험에서 민중들에게 각인되는 요인과 과정을 고려치 않고 이를 단순히 위로부터의 동원으로만 설명하는 것은 모든 이념을 토대의 반영으로만 보거나 지배이념으로만 보려는 화석화된 맑스주의-레닌주의의 오류만큼이나 사태에 대한 객관적 설명이 아니다. 한국에서의 뿌리깊은 반공주의의 형성에는 국가형성기 동안의 갈등에서 공산주의자들이 기여한 바도 적지 않았다. 즉, 공산주의의 "경험에 대한 기억의 공유"가 반공주의에 기여했음이 분명하였던 것이다.

남한은 1950년 봄 현재 안정적인 단계로 접어들고 있었다. 그러나 김일성과 박헌영은 남한인민들이 전부 자기들을 지지하고 있다고 믿었고 선전하였고, 그에 토대하여 전쟁을 개시하였다. 그리고는 바로 실패의 책임으로부터 빠져나왔다. 제국주의 미제와 반역도당 이승만 괴뢰집단의 존재는 탈출의 안전판이었다. 그것은, 북침이라는 최초 주장에서 볼 수 있듯 이미 공격을 구상할 때부터 예정된 탈출이었다. 그들에게는 혁명의 조건도 혁명의 실패도 민중이라는 무정형의 담보 속에 존재하고 있었던 것이다. 맑스의 다음 말은 이 점을 상념하는 데 잘 적용될 수 있을 것이다.

> 민주파들은 특권계급이 자신들과 대립상태에 놓여 있음을 인정하였으나, 그들은 자신들이 국민의 나머지 모두와 함께 '민중'을 구성하고 있다고 생각하였다. 그들이 대변하는 것은 '민중의 권리'이며 그들이 가지는 관심은 곧 '민중의 관심'이었다. 따라서 투쟁이 임박해올 때에도 그들은 여타 계급들의 관심과 위치를 면밀히 검토할 필요도 없었다. 그들은 자신들이 갖고 있는 자원을 너무 비판적으로 측량할 필요도 없었다. 그들이 신호만 보내주면 민중은 고갈할 줄 모르는 모든 자원을 동원하여 '압제자'를 공격하게 될 것이었다. 그러나 만약에 임무를 수행하는 과정에서 민중의 관심은 무관심한 것이고 그들의 힘이 무기력한 것으로 증명된다면 그와 같은 오류가 발생하게 된 이유는 '갈라질 수 없는 민중'을 서로 적대적인 진영으로 갈라버린 해로운 궤변론자들 때문이거나… 예견할 수 없는 우연이 게임을 망쳐버렸기 때문일 것이다. 어떤 경우이든 간에 민주파는 패배에 직면하면 마치 자신은 처음 시작할 때와 같이 아무런 오점도 없이 결백한 것처럼 가장 불명예스러운 그 패배로부터 빠져나온다.[189]

189) Karl Marx, *The Eighteenth Brumaire of Louis Bonarparte*(New York: International Publishers, 1963), p. 53.

제 Ⅳ 부

48년질서의 성격: 북한

이 연구의 마지막 주제는 남한과 함께 48년질서를 구성하는 요소인 북한사회의 성격과 특징이다. 이 연구의 제1권에서 우리는 북한리더십의 전쟁으로의 이행을 규명한 바 있다. 그러나 제1권에서의 초점은 전쟁의 결정과 발발, 전쟁으로의 군사적 이행에 제한된 것이었다. 북한이 전쟁을 선택하게 되는 급진군사주의의 등장배경과 사회적 확산의 과정을 규명하는 것은 이에 못지않게 중요하다. 제4부의 제목이 "48년질서의 성격-북한"으로 된 이유는 북한을 통해서 전체 48년질서를 규명하려는 의도를 담고 있다.

물론 이 부분은 3년간의 국가형성 시기와 연속되어 있다. 그러나 이 시기 북한은 단순히 지난 3년의 연장은 아니었다. 제도의 창설자인 소련은 철수하였고, 북한은 많은 부분에서 독자적으로 정책을 결정할 수 있었다. 정통성의 배타적 독점을 주장하는 두 분단국가의 등장이야말로 전쟁의 원인이었다. 전쟁은 48년질서를 타파하려는 북한리더십의 급진군사주의의 귀결이었다. 전쟁은 군사주의가 급진주의와 결합한 결과의 산물이었다.

급진군사주의의 내용은 무엇이었고, 어떤 사회적 기반과 동원모습을 갖고 있었는가? 그것의 기원은 어떤 것인가? 요컨대 48년질서하의 북한체제의 구조와 성격, 그리고 통일문제에 대한 인식과 대응을 밝히려는 것이 제 4 부의 목적이다. 우리는 이 체제의 기원으로서 1945년에서 48년까지의 북한체제의 형성과정을 탐색한 바 있다. 이제 이 분단국가가 48년질서하에서 어떠한 구조와 성격을 지녔는지, 어떤 양상으로 전쟁으로 이행하는지를 규명하는 문제가 남아 있다. 따라서 제 4 부의 내용들은 구조적이고 사회적이며 역사적인 문제에 초점이 놓일 것이다.

이 문제는 지금까지 다루지 않은 주제인 조선인민군으로부터 시작한다. 48년질서 시기의 북한을 조선인민군으로부터 시작하는 것은 몇 가지 이유가 있다. 우선 이것은 북한체제의 성격규명과 체제의 급진군사주의로 경도 여부를 규명하는 출발점이 되며, 또 그 중심이기 때문이다. 48년질서하의 인민군은 북한의 전체를 알 수 있는 사회의 중심고리였다. 대쌍관계동학과 군사주의는 인민군으로부터 발원되었고 다시 인민군으로 모아졌다. 인민군은 대쌍관계동학과 군사주의의 담지자였다. 둘째 인민군은 실제 전쟁을 담당하였으나 내부구성, 기원과 성격 등이 거의 알려지지 않았다. 인민군의 표면적인 측면은 많이 알려져 있으나 심부구조와 의식을 비롯한 내면접근은 시도되어 오지 않았다. 인민군 내부의 명령서들과 교재들, 개인경력철들만이 이를 보여줄 수 있다. 인민군을 보면 48년질서하의 북한사회는 거의 해명된다.

두 번째 문제는 급진주의의 문제였다. 인민군은 급진주의의 중심이었다. 급진주의의 내용을 밝히고 그것이 군사주의와 결합되면서 전사회로 확산되는 사회화과정을 규명할 것이다. 또한 그것이 어떻게 변화하여 가는가 하는 변화의 과정도 규명되어야 할 것이다. 즉, 급진군사주의의 내용, 사회적 확산, 변화의 세 가지를 규명하려는 것이다. 이를 통해 우리는 북한지도부가 동원을 위해서 얼마나 노력하였고, 또 대남관계에서 얼마나 생사투쟁적 세계관으로 인식하고 있었는지를 규명할 수 있을 것이다. 결국 제 4 부의 연구와 제 1 권의 '전쟁의 결정과 발발' 부분을 결합하면 한 사회가 어떻게 전쟁으로 이행하는지를 규명할 수 있을 것이다.

세 번째 문제는 대쌍관계동학의 측면에서 북한사회를 규명하는 것이다. 급진주의의 원인은 통일문제와 남북대립으로부터 주어졌다. 군사주의는 언제 어떠한 방식으로 급진주의와 결합하며 사회를 전쟁동원체제로 끌고 갔는가? 군사급진주의와 북한리더십의 대남인식은 어떤 관계가 있었을까? 대쌍관계의 동학을 추적하면서 이 시기 북한사회의 일탈과 저항, 그리고 남한의 이념적 반공(反攻)을 규명하는 문제는 중요하다. 그것은 공격과 방어의 정당성을 측량케 하기 때문이다. 이 시기의 북한은 우리가 아는 것처럼 완벽하게 무저항적인, 무균질의 사회는 아니었다. 당시 북한은, 균열이라고 표현할 정도는 되지 못했지만, 일탈과 저항이 존재하였으며, 남한의 맹렬한 이념적 반공의 대상이 되지 않으면 안되었다.

제 12 장

혁명적 동원체제의 구조

전쟁을 실제로 담당하는 조선인민군은 어떻게 형성되어 어떠한 과정을 거쳐 발전하였을까? 특히 그 내부구성과 성격은 어떠했을까? 초기 북한과 한국전쟁에 대한 많은 연구에도 불구하고 조선인민군에 대해서는 많이 알려져 있지 않다. 많은 연구들은 인민군을 군사적 측면에서만 다루어 왔다. 즉, 양적인 측면만이 규명되어 왔던 것이다. 전사(戰史)나 군사(軍史)는 이 수준에만 치중한다. 반대로 맑스주의 해석이나 역사적이고 구조적인 요인을 강조하는 연구들은 전쟁을 담당하는 군대에 대해서 관심을 기울이지 않는다. 그 연구들에 있어 한국전쟁은 사회모순의 발현이거나 계급갈등을 동인으로 하여 도래한 것이기 때문에 군대는 중요하지 않았다.

그러나 일찍이 힌체(Otto Hintze)가 강조하였듯, 역사에서 계급갈등을 유일한 요인으로 강조하는 것은 일방적이며 과장된 것으로서 오류이다. 민족과 국가 사이의 갈등 및 그것을 수행하는 군대는 계급갈등 못지않게, 또는 더욱 중요할 수 있다. 외부로부터의 압력은 사회의 내부구조에 결정적인 영향을 끼치며, 그것은 내부갈등을 금압하거나 또는 타협으로 유도한다. 사회구조와 외부갈등의 두 요인은 함께 군사질서와 국가기구의 설정을 결정한다. 국가의 정상(頂上)조직은 군사기구형태에 긴밀히 연결된 국가기구로서 인민들의 많은 조직의 연계에 의존한다. 그에 따르면 모든 국가기구는 본래적으로 군사기구이며 전쟁을 위한 기구이다. 인민들은 기본적으로 방어적이거나 공격적인 국가의 좀더 공고한 구조 속으로 통합되었다.[1] 20세기 후반 오늘의 시점에서 힌체의 진술은 민주주의를 달성한 많은 국가에서 받아들여지기 어렵지만 20세기 중반까지의 유럽과 아시아의 대부분의 국가와 최근까지의 제3세계 국가들 거의 전부에게는 사실이었다.

따라서 한국전쟁과 관련하여 조선인민군은 반드시 연구되어야 할 주제이다. 이것의 해명 없이 초기 북한사회와 한국전쟁의 성격은 해명되지 않을 것이다. 군대는 사회의 축소판이다. 군사적 의무들과 기구들은 계급관계와 정치에 강한 영향을 끼친다. 무어가 지적한 바와 같이 "많은 사회에서 군사제도들(*military institutions*)은 그 사회를 전체적으로 분석하고 이해하는 데에 비할 데 없는 출발점을, 그것은 종종 경제적 관계의 분석보다도 더 좋은 출발점을 제공해 준다".[2] 즉, 현대사회에서 군대는 전체 사회의 축도인 하나의 소우주(小宇宙)라고 할 수 있다.[3]

특히 국가형성 직후의 탈식민사회에서 군대의 성격은 사회성격의 온전한 반영이었다. 지배는 반드시 권력의 제도적 매개(*institutional mediation*)를 갖는다고 할 때,[4] 형성기 권력에서 군대는 가장 중요한 매개제도가 아닐 수 없다. 형성기 국가의 모든 자원과 정신은 군대에 집중되고,

---

1) Otto Hintze, "Military Organization and the Organization of the State," in Felix Gilbert(ed. with an Intro.), *The Historical Essays of Otto Hintze* (New York: Oxford University Press, 1975), pp. 178~215 가운데 특히 pp. 180~192.

2) Barrington Moore, Jr., *Reflections on the Causes of Human Misery and Upon Certain Proposals to Eliminate Them*(Boston: Beacon Press, 1973), p. 14.

3) S. E. Finer, *The Man on Horseback*(London: Pall Mall, 1962), p. 15ff, Anthony Giddens, *The Nation—State and Violence*, p. 250에서 인용.

4) Anthony Giddens, *The Nation—State and Violence*, p. 9.

군대는 가장 전문화된 공급체계, 기술, 교육제도를 갖추고 있을 뿐만 아니라 사회의 여러 중요 부분과 종횡으로 긴밀하게 연결되어 있다. 이는 군대가 각종의 도전을 물리치고 국가를 수립하는 가장 필수적인 요소이기 때문이었다. 국가형성을, 주어진 영토 내에서 반대의 세력들을 제압하고 합법적 권력의 독점체를 구축해 나가는 과정이라고 할 때 정치적 반대를 제압하는 데 군대 이상의 기구는 없었다. 국가가 다른 정치조직과 구별되는 중요한 이유는 국가만이 유일하게 일정한 영토 내에서 폭력에 의한 지배의 수단을 합법적으로 독점할 수 있기 때문이었다.

전쟁을 수행한 인민군은 48년질서의 북한사회의 특징을 함축하는 핵이었다. 1948년에서 1953년까지 북한사회의 소우주는 인민군이었다. 1945년 이후 오늘에 이르기까지 북한사회는, 항상 하나의 핵을 들여다보면 전체사회의 기원, 형성, 특징, 발전단계를 한 눈에 알 수 있는 구조를 띠고 있었다. 45년부터 48년까지 북한의 소우주는 북한혁명이었고, 48년에서 53년까지는 인민군이었으며, 이후 유일체제의 등장 때까지는 조선로동당이 북한의 소우주였다. 유일체제의 등장 이후 북한사회와 정신의 모든 것을 담고 있었던 존재는 김일성 또는 주체사상이었다. 이는 북한사회의 특성과 동학, 집단정신을 담지하고 있었던 최종적 존재였다. 1994년 7월 김일성의 사망 이후 그의 아들 김정일이 지금까지의 핵들과 같은 존재로 부상하고 그러한 역할을 수행할 수 있을 것인지는 전적으로 북한인민들의 선택과 그의 능력에 달려 있을 것이다. 그러나 그가 그러한 역할을 수행하지 못한다면, 그 한계까지도 포함하여 그는 북한사회의 핵의 흉내를 낸 마지막 존재가 될 것이다.

인민군의 규모와 성장만을 보아서 북한사회의 핵으로서의 인민군을 들여다볼 수는 없다. 전쟁을 연구할 때 군대의 규모와 성장은 상세한 재구성이 가장 쉬운 부분이다. 그러나 그것은 이 연구의 초점은 아니다. 더 중요한 것은 인민군의 기원, 성격, 정신, 사회적 연계이다. 이 문제들을 해명하지 않으면 북한의 혁명주의와 군사주의는 설명되지 않는다. 나아가 초기 북한사회의 성격 규명도 어렵다. 이 문제들은 북한에서 군사주의가 등장하고 확산되며, 급진주의와 결합하는 메커니즘을 규명하는 열쇠를 쥐고 있다. 인민군이야말로 급진군사주의의 중심이었다. 인민군은 어떻게 군사주의의 중심일 수 있었으며 군사주의는 어떠한 방법을 통하여 전사회로 확산되었는가? 즉, 군사주의의 사회적 확산의 계기는 무엇이었고, 인민군과 사회가 연계되는 메커니즘은 무엇이었는가?

1. 조선인민군의 형성과 발전

1945년 이전 식민통치의 시기 동안 제 3 세계의 민족독립운동을 주도한 지도자들은 많은 경우 정치지도자이자 군사지도자였다. 정치적 명망성에다 직접적인 무장독립투쟁을 주도한 군사력까지 갖추고 있었다면, 그를 주도한 지도자들은 독립 후 권력에 근접할 수 있는 가장 중요한 자원을 보유할 수 있었다. 군사력의 장악은 곧 권력의 장악을 의미했다. 북한처럼 이 말이 잘 들어맞는 경우도 드물었다.

북한공산주의지도자들은 명망과 군사력만을 이용하여 권력에 접근한 것은 아니었다. 그들은 소련의 후원으로 쉽고 빠르게 권력에 근접할 수 있었고, 군사부문의 장악은 정상권력으로의 질주에 가장 중심적인 역할을 수행하였다. 북한의 공식무력인 조선인민군이 공개적으로 창설되는 것은 1948년 2월 8일이었다. 그러나 남한의 군대가 1945년 말에 이미 그 단초를 드러내었듯, 북한의 군대 역시 1945년에 이미 모습을 드러내었다. 김일성은 귀국 초기부터 건국의 3대과업을 '건당(建黨), 건국(建國), 건군(建軍)'이라고 진술하였다. 그는 당과 국가의 수립만큼이나 군대의 창설을 중요시하였던 것이다.[5)]

김일성을 비롯한 북한지도자들의 초기 연설들은 조국과 민족이 일제의 식민지로 전락한 이유는 군사력이 부족했기 때문이라고 강조하였다.

---

5) "해방된 조국에서 당, 국가, 및 무력건설에 대하여," 《김일성저작집》 1권, p. 251.

김일성은 48년 인민군 공식창건일에 이렇게 진술하고 있다.

> 어떠한 국가를 물론하고(막론하고) 자주독립국가는 자기의 군대를 반드시 가지고 있는 것입니다. 자기의 군대를 가지지 못한 나라가 완전한 독립국가로 될 수 없는 것은 물론입니다. 우리 조국이 일본제국주의자에게 강탈되었던 것도 그 당시에 우리 조선인민이 일본제국주의 침략군대를 격파할 군대를 가지고 있지 못하였기 때문입니다.[6]

최용건은 조선인민군을 '자기민족의 력사상에 처음으로 가지는 인민자신의 무력'이라면서 "조선인민은 과거 리조 5백년을 통하여 자기의 군대를 가지고 있지 못하였기 때문에 왜적의 침입으로부터 자기조국을 지켜내지 못했고 근반세기 동안에 걸쳐 강도 일제의 야수적 군대가 우리 조국의 강토를 유린하고 학살할 때 우리 인민들은 그 원수들을 물리칠 자기의 군대가 없는 것을 뼈저리게 통탄하며 하루 바삐 자기의 군대를 가지는 당당한 민족이 되기를 갈망하던 그 기억을 언제까지든지 결코 잊어버리지 않고 있다"고 언명하였다.[7] 그는 일제를 대체한 미제의 식민지로 다시 전락하지 않기 위해서는 강력한 무력이 절대적으로 필요하다고 강조하였다.

초기의 북한군을 대표하는 김일성과 최용건의 말에는 긴 역사적 경험으로부터 국가의 보위에는 군사력이 절대적으로 필요하다는 인식이 깊이 체화하여 있음을 느낄 수 있다. 민족보위성에서 발간한 인민군 교육용 교재 역시 이 점을 강조하고 있었다.

> 우리 조국이 과거에 일본제국주의침략을 당하여 그의 식민지로 되었던 것도 당시 조선을 보위할 수 있는 튼튼한 무력이 없었기 때문이었다.

---

6) 〈조선인민군 열병식에서 진술한 김일성 위원장의 연설〉, NA, RG 242, SA 2005 Item 2/81, 《朝鮮人民軍》(북조선인민위원회 선전국, 1948), p. 3.

7) 최용건, 〈인민군 창건 2주년 기념사 — 조국통일독립의 강력한 담보로 되는 조선인민군은 적을 소탕하기에 항상 준비되여 있다〉, NA, RG 242, SA 2005 Item 2/113, 《인민》 1950년 2월호, p. 39.

> … 이와 같은 쓰라린 경험을 잊지 않는 조선인민들은 … 독립을 보장할 수 있는 인민군대를 가져야 하겠다는 것을 절실히 깨닫고 있었던 것이다.[8]

북한의 최고지도자들은 일본에 맞서 무장투쟁을 전개하는 동안 군사지도자로 단련되었고, 수많은 전투와 패배 속에서 군사력이야말로 조국을 되찾고 지키는 절대적 수단이라는 사실을 절감하였던 것이다.

북한에서 해방 초기에 군대를 갖게 되는 계기는 두 가지의 필요성 때문이었다. 하나는 일반적인 탈식민사회와 동일하게 사회의 질서유지를 위한 필요성 때문이었다. 좌우충돌 속에 소련군은 재빨리 자생적 무장조직들을 해체하고는 공산주의자들이 만든 조직을 구축하였다. 다른 한 이유는 분할점령 때문이었다. 소련군정과 북한리더십은 분할통치를 위해 독자공산당과 중앙행정기구를 만들 시도를 45년 10월에 한 바 있었다. 거의 동시인 11월에는 군대를 만들기 위한 작업에 착수하였다. 군대는 분할한 통치기구들을 보위해 줄 기구가 될 것이었다.

북한군 등장의 최초 시작은 평양학원과 보안국을 통해서였다. 평양학원은 남한의 군사영어학교에 비견되는 군사간부 양성학교였는데 남한과 마찬가지로 점령 초기에 등장하여 학생을 선발하고 교육을 시작하였다. 소련점령군과 북한리더십은 45년 11월 17일에는 이미 평양학원의 건설을 추진하였다.[9] 이 시점은 10월에 소비에트민정과 독자공산당 창설을 마치고 11월 19일 행정 10국을 설립하여 북한이 정부체계를 수립하려 시도하던 시기였다. 이 학교의 정식개교일은 46년 2월 3일이었다.[10] 원장은 김책이었다. 평양학원의 설립과 선발, 교육은 남한에서 군사영어학교가 설립되어 군사간부들을 양성한 것에 비교된다. 군사영

---

8) NA, RG 242, SA 2010 Item 5/101, 민족보위성문화훈련국 정치상학교재, 〈조선인민군의 조직과 목적 및 과업에 대하여〉, p. 3.

9) "평양학원을 창립할 데 대하여"(1945. 11. 17), 《김일성저작집》 1권, pp. 412~419.

10) NA, RG 242, SA 2005 Item 2/9, 《해방후 3년간 일지》, p. 5.

어학교 역시 비슷한 시기인 1945년 12월 5일에 설립되었다.[11] 남북한이 비슷한 시기에 군사학교를 추진하고 있었던 것으로서 이러한 현상은 다른 부분에서도 비슷하였다.

한편 보안국은 행정 10국이 창설될 때인 1945년 11월에 설립되었다. 이것은 최초에는 치안기구로 등장한 것이었다. 보안국은 최초에는 다른 행정국처럼 중앙기구만이 엉성하게 갖추어졌었다. 지방조직들과의 연계도 없었다. 그러나 1945년 11월 15일경 최용건의 제의로 당과 경찰관계자들이 연석회의를 갖고 중앙과 지방의 경찰을 통일하여 통할지도하기로 함으로써 새로운 전기를 마련하였다.[12] 최용건은 10월에 만주에서 귀국하자마자 보안국을 장악하였던 것이다. 만주게릴라파는 김책이 평양학원을, 최용건이 보안국을 장악하여 군대를 확실하게 장악하였다.

앞서 진술했듯 초기 북한정치에서 1945년 10월은 서울로부터의 분립, 11월은 중앙집중화의 시기였는데 보안국을 보면 이 점이 좀더 분명히 드러났다. 11월의 보안국 회의에서의 논의사항은 각 지방의 무장력을 보안대 하나로 통일시켜 지방별 분산성과 차이를 극복하고 중앙집권적 통제하에 두는 것이었다. 즉, 무장력의 통일과 중앙집중화를 의미했다. 무장력의 조직적 통일과 중앙집중화가 중요한 이유는 그것이 초기 권력의 형성과정에서 다양한 다른 무력의 제압을 의미하기 때문이었다. 일반적으로 특정 권력주체의 지배의 범위(*scope*)와 강도(*intensity*)는 중앙국가기구의 통제의 능력에 의해 좌우된다. 이는 무엇보다도 권력의 통일성과 중앙집중성 달려 있다고 할 수 있다. 북한은 권력의 핵심이 될 무장력부터 중앙집중화를 추진하였던 것이다.

11월을 계기로 초기 군사기구들의 다양성은 더 이상 허용되지 않았다. 최용건이 국장으로 취임하면서 45년 12월 1일부터 보안국은 본격적으로 활동을 개시하였다.[13] 이때 개최된 제 1 회 각도 보안부장회의를 계기로

---

11) 《한국전쟁사》 1권, p. 258.

12) *ISNK*, No. 39(Jun. 30, 1947) ; Hq, FEC, *HNKA*, p. 8.

13) NA, RG 242, SA 2005 Item 6/2, 〈제 2 회 각도 보안부장회의록〉 ; *ISNK*, No. 39(Jun 30, 1947).

보안국은 북한 공산당과 소수 리더십의 기본 무기가 되었다. 1945년 8월에서 12월까지 4개월간의 북한정치에서는 잠정적인 민공연립정책으로 인해 다른 부분에서의 자율성은 약간 허용되었지만 군대와 경찰에서는 자율성과 다른 그룹에의 헤게모니 분할이 결코 허용되지 않았다. 군대는 초기부터 소련군의 지원을 받는 김일성 그룹의 철저한 장악하에 놓여 있었다. 김일성 그룹이 가장 많이 배치된 곳도 군대였다.

그들은 당국가인 북한에서 초기에는 당보다도 오히려 군대에 집결해있었다. 당과 정부, 의회의 권력은 다양 파벌들의 연합체였으나 군대의 최고지휘부는 김일성그룹의 독점적 장악하에 놓여 있었다. 그들은 초기 권력형성기에는 군사력의 장악이 그만큼 중요하다는 것을 알고 있었던 것이다. 뛰어난 북한연구들이 공통적으로 지적하듯 처음부터 군대는 김일성그룹의 권력의 근간이자 골간이었다.[14] 물론 김일성그룹이 권력을 장악하는 데는, 군대의 장악이라는 요인과 함께 그들이 연안그룹이나 국내그룹처럼 분열되지 않았다는 점도 중요한 요인이었다. 그들은 처음부터 김일성을 중심으로 단결하여 흔들리지 않았다. 초기 권력의 형성기에 내부그룹의 단결만큼 힘의 집중을 가능케 하는 요인도 드물었다.

평양학원의 경우를 보면 북한의 전체 교육체계가 46년 중반에 자리잡혔음에 비해 군사교육기관은 훨씬 먼저 설립되었다. 말을 바꾸면 어떤 부문보다도 군대에서 먼저 국가의 공식이념과 정책, 노선을 침투시키기 시작하였던 것이다. 국가형성기 군대는 가장 전문화되고 잘 짜인 조직체일 수밖에 없었다. 군대는 세 가지 점에서 다른 조직들을 압도한다. 단체정신, 기술 그리고 조직이 그것이었다. 그런 조직을 통하여 국가이념을 침투하고 전파하려 시도하는 것은 자연스런 선택이었다. 근대의 교육과정은 소련군이 직접 관장하였고 교원들은 소련한인이었다.[15] 소련한인들은 다른 행정기구와 마찬가지로 경찰과 군대에서도 초기 주추

---

14) 와다 하루키, 《김일성과 만주항일전쟁》, p. 307 ; Bruce Cumings, *Origins*, Vol. II, p. 294 ; 스즈키 마사유키, 《김정일과 수령제 사회주의》, 유영구 역 (서울: 중앙일보사, 1994), p. 60.

15) Hq, FEC, *HNKA*, p. 10.

를 놓은 사람들이었다.

북한 무력의 초기 발전에서 46년의 3·1절 반공시위는 중요한 계기였다. 최초의 전국적 저항에 직면하여 소련군정과 북한리더십은 일련의 고위회담을 열어 보안부대를 확대 강화하는 방안을 논의하였다. 4월에는 임시인위와 경찰의 핵심간부들이 모여 철도가 국가경제에 가장 중요하다는 점에 인식을 같이하고 6월 1일 철도경비대를 창설하였다. 6월 26일 철도경비대 사령부가 창설되고 이어서 지방에도 철도경비대가 확산되었다.[16] 철도경비대의 주요 임무는 두 가지였는데 주요 역과 철도의 경비 및 중국에서 넘어온 병사들과 새로이 모집된 신병들의 교육이 그것이었다.

46년 6월과 7월에는 조선의용군 간부들과 동북항일련군으로서 만주로 파견나갔던 강건 등의 간부들이 귀국하였다. 이들의 귀국은 군대창설을 위한 것이었다. 간부들의 귀국은, “철도경비대와 국경경비대의 창설, 민족간부양성을 위한 사관학교의 설치, 이를 위해 필요한 무기의 제공” 등을 모스크바에 요청한 6월 12일의 슈티코프의 훈령초안과 관련되어 있었음에 틀림없었다.[17] 5월 7일에 1차 미소공위가 결렬되자 곧바로 슈티코프는 본격적으로 군대창설을 추진하였던 것이다. G-2에 따르면 만주에서 간부들이 귀국한 뒤 모병이 시작되었다.[18]

보안간부학교의 창설 역시 북한군대 역사에 있어 중요한 계기였다. 1946년 7월 8일 임시인위는 보안대의 인재를 양성하기 위하여 보안간부학교를 설립하기로 결정하였다.[19] 민족간부학교의 창설을 요청한 슈티코프의 보고가 있은 지 약 한달 만이었다. 정원은 500명이었고, 입학자는 도나 시·군·면 인위의 추천을 받아야 했다. 추천제도는 엘리트 충원의

16) Hq, FEC, *HNKA*, pp. 11～12.

17) 슈티코프, “조선에서의 소미공동위원회 사업에 대하여”(1946년 6월 12일), 몰로토프 폰드 6, 8-39-638, c. 91-94, 김성보, “소련의 대한정책과 북한에서의 분단질서의 형성, 1945～46,” 《분단 50년과 통일시대의 과제》, pp. 90～91.

18) *ISNK*, No. 30(Jun. 30, 1947).

19) “보안간부학교 설립에 관한 건,” 《사료집》 5권, pp. 665～666.

공식적인 채널의 확보를 의미했다. 개교는 7월 20일이었다.[20] 학교설립 결정에서부터 개교까지 열흘 정도밖에 걸리지 않을 만큼 빠른 실행이었다. 선발위원들은 초기 북한무력의 주추를 놓은 무정(위원장), 최용건, 김책, 김웅, 장종식 등이었다. 46년 9월에는 철도경비대의 약 20% 병력이 보안간부학교로 흡수되었다. 이 조치는 군대조직이 치안조직에서 독립하는 첫 움직임이었다. 물론 철도경비대와 보안간부학교는 보안국 소속이었고 보안부대의 일부였다.

46년 9월에는 보안간부훈련대대부가 창설되었다. 드디어 군대의 정상조직이 등장한 것이었다. 최초에 이 기구는 보안간부훈련소라는 이름으로 출발하였다. 이 기구의 창설은 체계적인 편제를 갖는 군대가 본격적으로 창설되기 시작한 최초의 걸음이었다. 보안간부훈련소와 보안간부훈련대대부의 두 명칭은 한동안 혼용되다가 나중에 지방에 보안간부훈련소가 여럿 생기면서는 더 이상 혼용되지 않았다. 보안간부훈련대대부가 상급기관으로서 군의 지휘부 역할을 하였고, 보안간부훈련소는 개천, 나남 등 여러 지역에 설립되었다. 보안간부훈련대대부는 '북한군의 실제의 시초'라고 할 수 있는 것이었다.[21] 이 시기에 최초의 군대정상조직인 보안간부훈련대대부가 설립되었다는 것은, G-2가 지적하였듯, 북한에 단독국가를 수립하기 위한 움직임의 일환으로서 국군(National Korean Army)의 창설을 위한 것이었다.[22] 이 시점이 김일성 체제의 등장 직후였다는 점도 주목할 만하였다.

보안간부훈련대대부의 창설을 위해 최초에는 철도경비대의 일부만이 배속되었으나 나중에는 철도경비대의 대부분이 이동하였다. 대대부의 최초 사령관은 무정이었다. 그러나 무정의 임명은 잠시의 형식이었다. 그는 만주게릴라파의 견제로 한번도 실권있는 자리에 앉지 못하였다. 46년 12월에 무정은 최용건으로 대체되었다. G-2는 이에 대해 "원래 보안간부훈련대대부의 사령관으로 정해져 있던 인물은 최용건이었으나 보

---

20) 《해방후 4년간 일지》, p. 65.

21) Hq, FEC, *HNKA*, p. 13.

22) *ISNK*, No. 39(Jun. 30, 1947).

안국이 정상적으로 기능하기 전까지는 그것을 책임지느라고 사령관을 무정이 맡고 있었던 것이다"[23]라는 흥미로운 분석을 하고 있다.

당시 무정과 일시 동거하였던 인민군 고위장교의 증언에 따르면 4~5개월 동안 대대부의 창설을 주도한 무정은 자신이 사령관을 맡게 될 줄 알았는데 김일성이 최용건을 사령관에, 안길을 참모장에 임명하자 "심한 반발과 수치심에 몸을 부르르 떨었다".[24] 무정은 김일성으로부터 크게 견제받고 있었던 것이다. 대대부의 최고 간부진은 사령관 최용건, 문화부사령관 김일, 포병부사령관 무정, 참모장 안길로서 무정을 제외하고는 3인이 전부 만주게릴라파였다.[25]

보안간부훈련대대부가 창설되면서 46년 11월 북한의 전지역은 세 개의 군관구로 나뉘어 나남, 신의주, 평양을 중심으로 하여 제1, 제2, 제3군관구가 설치되었다. 각 군관구는 보안간부훈련소나 보안대대부를 갖고 있었다. 그럼에도 불구하고 중앙의 보안간부훈련대대부나 보안훈련소 역시 같은 명칭을 계속 사용하였다. 그 이유는 정규군대의 창설에 대한 주한미군의 항의를 의식하였기 때문이었다.

46년 12월 최용건이 사령관으로 취임하면서 정식 군대편제가 갖추어지고 부대의 급속한 증가가 이루어지기 시작하였다. 또한 46년 12월에는 소련군으로부터 북한군에 최초로 무기가 이양되었고, 대대부 소속의 각 부대에 소련군 고문관이 배치되기 시작하였다. 소련군과 북한군의 2원 구조에서 군대의 독립과 함께 소련군은 한 발 물러서서 고문관제도를 도입하였던 것이다. 처음부터 고문관제도가 있었던 것처럼 주장하는 많은 연구들은 잘못된 것들이다. 무기의 이양과 고문관의 부대별 공식배치가 시작되었다는 것은 사회의 각 부분에서 진행되고 있던 조선화가 군대의 창설에서도 일단락되었음을 의미하였다. 독자적인 군대의 창설이 완료되자 소련은 제2선으로 물러나서 고문의 위치를 맡았던 것이다. 이 시기에는 소련군의 철군 역시 상당 정도로 이루어지고 있었다. 조선인의

23) *ISNK*, No. 39 (Jun. 30, 1947).

24) 임헌일, "나는 북괴군 총좌였다," 《세대》 1970년 9월, p. 228.

25) 주영복, 《내가 겪은 조선전쟁》, p. 73.

독자 무력의 확대와 소련군의 후퇴는 비례하였다. 이렇듯 46년 12월은 북한의 군대형성에 중요한 전기로서 초기 군대창설작업은 46년 12월 일단락되었던 것이다.

47년 2월 북조선 임시인위가 북조선인위로 전환하면서 보안국은 폐지되었고 내무국이 창설되었다. 그러나 보안간부훈련대대부는 그대로 존속하였다. 보안국의 폐지는 군대조직과 경찰조직을 총괄하던 조직을 분리하여 경찰조직만을 담당하게 하기 위한 조치였다. 대대부는 47년 2월 북조선인위가 만들어질 때는 보안국의 폐지로 인해 명목상으로는 내무국 소속이었다. 그러나 이는 독립적 군대의 존재를 은폐하기 위한 조치였다. 실제로 대대부는 내무국의 지휘를 전혀 받지 않았다. 편제 역시 독립된 편제였다. 그리고 내무국장 박일우가 대대부 사령관 최용건에게 지시할 수 있는 위치에 있지도 않았다. 박일우는 최용건이 46년 12월 대대부 사령관으로 가기 직전인 11월에 경찰조직을 인수받아 책임자로 취임하였다.[26] 그는 47년 2월 북조선인위가 창립될 때 내무국장으로 임명되었다. 이를 볼 때 46년 11~12월에 군대와 경찰이 분리되었고, 이를 계기로 무기이양과 고문관배치 조치가 동시에 취해졌음을 알 수 있다. 대대부는 북조선인위의 직접적인 통제를 받았으며 김일성-최용건 라인에 의해 지휘되었다.

보안간부훈련대대부가 창설되면서 정식 군대편제인 사단이 등장하였다. 보안간부훈련대대부 제1사단, 제2사단, 독립혼성여단이 그것이었다. 제1사단은 개천, 제2사단은 나남, 독립혼성여단은 평양에 각각 본부를 두었다. 이 배치는 셋으로 나뉜 군관구의 중심도시와 일치하였다. 사단장과 여단장은 중국으로부터 돌아온 김웅, 강건, 김광협이 맡았다. 이들은 해방직후까지도 만주에서 활동하다 들어온 지휘관들이었다. 이 중 강건과 김광협은 만주게릴라파였다. 김책, 최용건, 안길, 김일을 포함하여 만주게릴파는 치밀하게 군 최고지휘부를 완전하게 장악했던 것이다. 이들 중 김책, 강건, 안길이 그렇게 조기 사망하지만 않았

26) *ISNK*, No. 37 (May 31, 1947).

다면 아마도 북한정권은 초기부터 이들 소수에 의해 움직이는 체제가 되어버렸을 것이다. 이들이 일찍 사망함으로써 적어도 56년 경까지는 집단적 공생과 제한적 경쟁이 가능하였던 것이다.

그러나 보안간부훈련대대부와 보안간부훈련소는 표면적인 공식명칭이었을 뿐 내부적으로는 이미 인민군으로 불리고 있었다.[27] 인민군 명칭은 장교와 사병들에게는 일반적이었다. 특히 만주에서의 중국군이 인민해방군으로 바뀌면서부터는 이에 영향을 받아 인민군 명칭이 공개적으로 사용되었다. 하나의 내부 필사문건이 논쟁적인 이 비밀을 알려 준다. 1947년도에 발행된 함경북도 나남시 소재 보안간부학교의 교재 《군사학》이 그것이다. 표지 안쪽에 씌어 있는 이 보안간부학교의 별칭은 명백히 "'조선인민군' 235군부대"였다. 또한 부대 편성표는 "'사단' 구성계통"이라고 하여 정식의 사단편제를 하고 있었다. 사단편제는 보병은 물론 포병까지도 짜여 있었다. 나아가 차례대로 연대, 대대, 중대, 연대 직할부대의 편성표도 짜여 있었다. 연대의 총성원은 2,524명이었다. 교재는 전시대비 교육내용이 포함되어 있었다.[28]

47년 3월에 소련군정과 북한의 당·정의 고위지도자들은 회합을 갖고 북조선인위의 내각에 군대를 담당할 부서를 설치하기로 합의하였다.[29] 그러나 소련군정과 북한리더십은 이를 곧바로 창설하지는 않았다. 최초에는 47년 9월까지는 군대를 담당할 부서를 창설할 예정이었으나 이 부서가 인위에 실제 창설된 것은 48년 2월에 가서였다. 48년 2월 7일에서야 북조선인위는 민족보위국의 창설을 결정하였다.[30] 민족보위국장은 북조선인위의 부위원장 김책이 겸임하였다. 보안간부훈련대대부의 사령관은 여전히 최용건이었다. 47년 2월 북조선인위가 등장한 이후 48년 9월 북한국가가 수립되어 내각이 새로이 편성될 때까지 인위의 조직은 민족보위국의 창설을 제외하고는 조직의 어떠한 변화도 없었다.

---

27) *ISNK*, No.37(May 31, 1947).

28) NA, RG 242, SA 2009 Item 5/3.3, 보안간부학교, 《군사학》(1947).

29) *ISNK*, No.37(May 31, 1947).

30) 《조선중앙년감》(1949년), p.85.

47년 8월에 들어서 보안간부훈련대대부는 공식문서에서도 인민군이라는 명칭을 사용하기 시작하였다.[31] 장교들과 병사들은 인민군이라고 부른 지 이미 오래였다. 그러나 대외적으로는 여전히 인민군이라는 명칭을 쓰지 않고 보안간부훈련대대부, 보안훈련소라고 부르고 있었다. 47년 8월에 인민군 총사령부에 침투한 첩자(장교)가 입수한 내부문건에 의하면 인민군은 이미 총사령부와 2개 보병사단, 1개 여단으로 이루어진 편제를 갖추고 있었다. 각 사단은 4개의 연대로 이루어져 있었다. 총사령부 참모조직으로는 총참모부, 후방부, 문화부, 정보부의 체제를 갖추고 있었다. 또 총참모부는 작전국, 정찰국, 통신국, 인사국, 공병국으로 이루어져 있었다. 정규군편제였던 것이다. 이 첩자는 총사령부의 내부구성까지 제보하고 있는데 이에 따르면 총사령부는 215명으로 구성되었고 그중에는 장군 6명이 포함되어 있었다.[32]

48년 2월 북한의 군대는 모든 위장마스크를 벗고 공식적으로 인민군으로 등장하였다. 가능한 한 군대의 창설을 미루어 분단이 공식적으로 굳어지기 전까지는 끝까지 군대의 선제창설징표를 남기지 않으려 하였던 것이다. 2월 8일 인민군창설 기념연설에서 김일성은 인민군창설의 목적에 대해 "오늘 우리가 인민군대를 가지게 된 것은 우리조국의 민주주의 완전 자주독립을 일층 촉진시키기 위하여"[33]라고 간결하게 지적하였다. 군대의 창설을 맞으며 그는 민족문제의 주체적 해결을 누누이 강조하였다. 그는 "우리 조선인민은 언제 어디까지든지 자기운명을 자기 손에 틀어쥐고 자기가 주인으로 되는 완전 자주독립국가 건설을 위하여 자기의 손으로 통일적인 정부를 수립하기 위하여 모든 준비와 대책을 다하여야 할 것"이라고 언명하였다.

한 문장에 그는 자기, 자주, 주인, 독립이라는 어휘를 7번이나 쓰고 있다. 가장 많이 선택된 어휘는 '자기'였으며 연설의 전체 기조는 스스

---

31) *ISNK*, No.43(Aug. 15~31, 1947).
32) *ISNK*, No.42(Aug. 1~15, 1947).
33) NA, RG 242, SA 2005 Item 2/81, 《조선인민군》(북조선인위선전국, 1948), p.2.

로 역사를 만들어나가야 한다는 것이었다. 연설은 "이제야 비로소 조국의 운명을 스스로 개척할 수 있다"는 의지에 가득 차 있었다. 오랜 유격투쟁을 거친 게릴라지도자들에게 독자적인 민족군대의 창설은 흥분스러운 것이었을 것이다. 초기 연설에서부터 이러한 어휘가 빈번하게 사용되면서 이는 김일성 주체사상의 단초를 보여주는 것이라는 주장의 근거로 인용되곤 하였다. 북한체제의 특성을 깊숙이 들여다본 커밍스는 김일성주의체계와 자주(自主)이데올로기는 1960년대의 고안물이 아니라 1940년대의 고안물이라고 주장한다.[34] 이 해석은, 비록 그후의 변화를 고려하지 않는 한계를 안고 있기는 하나, 옳은 지적이었다.

김일성은 인민군의 성격을 '조선인민이 만든 조선인민의 군대'라고 간단하게 정의내렸다. 역시 조선인민, 조선인민의 군대라는 자주의식이 드러나 보인다. 그는 인민군은 "로동자 농민 근로인민의 아들딸로서 조직된 군대이며 인민을 위하여 복무하는 인민의 군대"로서 "그것이 과거 일제의 가혹한 탄압하에서 우리 조국과 인민의 해방을 위하여 반일무장투쟁에 일생을 바쳐온 진정한 조선의 애국자들을 골간으로 하여 창설된 것"이라고 주장하였다. 그는 인민과 인민군의 일치 및 인민군이 항일투쟁가들로 이루어진 집단이라는 두 가지 점을 제시하고 있다. 이 언명은 두고두고 반복될 인민군의 두 핵심특성이었다.

김일성은 그의 핵심사상의 일단을 드러내는 '골간'에 대해서도 언급하고 있다. 수령이라는 어휘도 그러했듯 '골간' 역시 인민군내에서 먼저 사용되기 시작했음을 알 수 있다. 초기 시기 동안 인민군은 전체 북한사회의 골간이었고 만주게릴라파는 그 인민군의 골간이었다. 물론 만주게릴라파의 골간은 김일성이었다. 역으로 만주게릴라파의 확대는 인민군이었고 인민군의 확대는 북한이었다. 인민군이야말로 만주게릴라파의 권력중심이자 김일성의 뜻이 가장 잘 침투하는 조직이었다. 김일성은 인민군은 "비록 그 창설은 오늘이라 할지라도 실지에 있어서는 장구한 혁명전통과 투쟁경험과 애국정신으로 빛나는 군대"라는 지적을 잊지 않았다.

34) Bruce Cumings, *Origins*, Vol. II, p. 294.

역설적이고 흥미 있게도 김일성은 인민군창설에 대한 비난을 우려하여 다음과 같이 진술하였는데 그는 전쟁을 일으킴으로써 이 말을 스스로 뒤집고 말았다.

> 오늘 우리가 북조선에 있어서 인민군대를 창설하는 것은 어떠한 반동분자들이 악선전하는 것 같이 동족내란을 일으키게 될 것이 아니라 도리어 반동파들의 그러한 민족분열과 동족살해를 미연에 방지하게 될 것입니다.[35]

김일성의 이 말은, 우리가 제1권에서 살펴본, 2차 세계대전이 끝나면서 자신이 한 말을 한국전쟁의 동의를 계기로 스스로 뒤집었던 스탈린의 말에 비유될 수 있을 것이다.

초기 북한의 군대창설에서 남한군대와 비교하여 주목할 만한 점 중의 하나는 군내의 숙청이었다. 남한군의 숙청은 49년에서야 본격화하였고 대상도 엄청나게 많았다. 그러나 북한의 군대숙청은 매우 빨리 왔고 대상도 얼마 되지 않았다. 왜냐하면 군대의 창설 이전인 45년 말과 46년 초 무장력의 통일과 중앙집중화 시점에 이미 광범한 숙청이 있었기 때문이었다. 따라서 군대창설 후의 숙청은 미미한 것이었다. 특정 권력의 형성과정을 도전세력의 배제과정이라고 할 때 형성의 속도와 배제의 속도는 거의 일치한다고 할 수 있다. 북한은 빠르게 구축된 만큼 초기 배제의 정도와 속도가 크고 빨랐으나 남한은 정도는 컸으되 속도는 매우 느렸다.

47년 3월부터 4월에 걸쳐 제2사단에서는 제1차 군관숙청이 있었다. 일본군으로 전향했었거나 협력한 사람, 지주의 아들, 부르주아 출신, 자산가의 아들들은 숙청되었다. 한 중좌는 항일전의 경력이 인정되어 과장이 되었으나 일본군에 전향한 사실이 밝혀져 파면되었다. 통신대대의 나운혁 소좌는 동북연변지구에서 일본관헌에 협력한 사실이 폭로되

---

35) 《조선인민군》, pp. 4~6.

어 추방되었다. 통신대대의 참모장 김영주는 지주의 아들이었기 때문에 군복을 벗었다. 공병대대의 한 장교는 부르주아라는 이유로 파면되었고, 어떤 장교들은 자산가의 아들이라는 이유로 추방되었다. 이렇게 하여 2사단에서는 약 100명 이상의 군관이 숙청되었다.[36]

북한의 군대숙청은 숙청의 강도가 별로 높지 않았음을 알 수 있다. 이유는 간단했다. 보안국 시절에 이미 광범한 숙청을 실시하여 이질분자들을 전부 추방하였기 때문이었다. 45년 말에서 46년 초에 일본군 출신과 만군 출신들은 전부 숙청당하거나 월남하였다. 북한에서는 남한군과 달리 군대가 친일파의 피신처 역할을 해줄 수가 없었다. 숙청은 헤게모니 장악투쟁과도 연결되어 있었다. 특히 김일성계열과 연안계열의 갈등은 치열했다. 이는 김일성과 무정의 개인적인 경쟁관계 및 두 계열의 군부내 헤게모니 쟁탈전과도 직결되어 있었다. 보안간부훈련대대부의 김일성계열의 항일게릴라 출신 총참모장 안길이 병사하자(47년 12월 13일), 포병부사령관 무정이 임시로 임명되었다. 총참모장 대리가 된 무정은 독자적인 지휘방침을 세우기도 하고, 때론 독단적인 지시를 내리기도 해서 김일성의 비위를 거슬렸다. 잠시 후 그는 포병부사령관으로 다시 좌천되었고 김일성의 직계인 2사단장 강건이 총참모장이 되었다.[37] 무정의 천거로 인민군 고위장교에까지 승진하였던 임헌일에 따르면 연안계열은 정치적 열세를 만회하기 위해 일본군출신의 학병과 장교들을 보강하였지만, 김일성계열은 일본군출신이 중요 간부직에 등용되는 것을 극력 반대했다. 일본군출신 간부들은 자신들의 기반을 강화하기 위해 1사단 같은 경우 별도 친목조직을 결성하여 단결을 꾀하기도 했다. 이러한 기도는 연속된 숙청으로 성공하지 못하였다. 그에 따르면 1차 숙청대상자는 해방 당시의 자본가출신, 일본경찰 및 헌병에 복무한 자, 일본군 장교출신, 가정성분이 불량한 자, 근무태만자 및 불평불만자 등이었다.[38] 이러한 경력이 있었더라도 기술계통전문가들은 숙청을

36) 주영복, 《내가 겪은 조선전쟁》, pp. 104~106.

37) 주영복, 《내가 겪은 조선전쟁》, p. 110.

38) 임헌일, “나는북괴군 총좌였다,” 《세대》 1970년 9월호, pp. 230~231.

모면하였다. 2차 숙청은 47년 12월에 있었는데 이때는 친일파의 아들, 지주계급의 아들, 일본군 지원병 출신 등이 대상이었다.

숙청에 직면하여 일본군출신의 장교들은 대부분 월남하였다. 이들은 남한군에 들어가 고위장교그룹을 형성하였다. 이로 인해 남북양군 간부들의 식민시대 경력은 뚜렷이 대비되었다. 하나는 저항군출신이었고 하나는 일본군출신이었다. 남한군의 고위장교들이 누구보다도 공산주의와 북한에 대한 증오와 타도의지가 높았고, 또 이른바 북군(北軍)이 남한군의 헤게모니를 장악하는 데는 북한의 숙청이 결정적으로 기여하였다는 점도 지적되어야 할 영향이었다.

2. 조선인민군의 기원: 북한체제의 기원

군대가 한 체제와 사회를 반영하는 소우주라고 할 때 군대의 기원은 체제의 기원의 한 측면을 드러내 준다. 탈식민사회의 초기 시기는 더욱 그러하였다. 왜냐하면 체제형성의 주력은 항상 군대이기 때문이다. 북한군의 창군 주역은 대부분 소련과 중국에서 오랫동안 독립운동에 투신했던 사람들이었다. 그들은 두 그룹으로 이루어져 있었다. 만주게릴라와 조선의용군이 그들이었다.

북한의 공식역사에서 조선인민군의 기원은 만주게릴라파 하나로만 설명돼 왔다. 이는 또한 북한체제의 역사적 기원으로 설명되었다. 이 설명방법은 48년부터 오늘에 이르기까지 변함없는 공식서술이었다. 정부수립시 김일성계열은 국가의 다른 부분, 심지어 공산당까지도 힘을 분배하였으나 군대만은 예외였다. 당시 북한의 권력은 네 부분에 분산되어 있었다. 당, 정부, 의회, 군대가 그것들이었다. 권력의 네 지주 중 김일성계열이 가장 확실하게 장악한 분야는 군대였다.

김일성의 항일무장투쟁은, 인민군의 정신적 근원이자, '조선인민군대의 요람'[39]으로 불렸다. 인민군의 모든 정신적 역사적 자원은 김일성부대의 항일투쟁으로부터 나왔다고 설명되었다. 북한은 나중에 아예 인민군의 창건기념일을 실제의 창건일인 2월 8일이 아니라 4월 25일로 옮겨버렸는데, 이 날은 그들의 설명에 따르면 김일성이 1932년 만주에서 '조선인민의 첫 혁명무력인 조선인민혁명군을 창건한 날'이었기 때문이었다. 김일성을 비롯한 만주 게릴라 투쟁의 지휘자들이 인민군대를 이끈 것은 사실이었다. 그러나 그들은 최고 80명을 넘지 않았다. 그것은 사실보다 과장되어 전부인 양 선전되었던 것이다.

인민군의 다른 한 기원은 조선의용군이었다. 만주게릴라투쟁이 정신적 자원이었는지는 몰라도 인적 구성은 중견간부와 일반 군인들 모두 조선의용군 출신이 더 많았다. 장교만 보더라도 조선의용군은 만주게릴라파의 수십배에 달하였다. 또한 조선의용군은 인민군의 절반의 사병들을 공급한 인민군의 수원이었다. 인민군의 한 '극비' 자료는 조선의용군의 비중과 만주게릴라파의 비중을 간단히 비교해 준다. 1949년 12월 15일 현재 전체 442명의 인민군 문화간부 중 항일연군 출신은 5명인 데 반해 팔로군(八路軍)/조선의용군 출신은 422명이었다.[40] 전체에서 차지하는 비중은 1.1% 대 95.5%였다. 문화장교의 거의 전부가 조선의용군 계열이었음을 알 수 있다.

조선인민군은 두 개의 기원을 갖고 있었던 것이다. 첫 번째 계열은 만주게릴라 출신이었다. 김일성을 비롯하여 최용건(崔庸健·최석천), 김책, 강건(姜健·강신태), 안길(安吉), 김일(金一), 최현(崔賢), 김광협(金光俠), 이영호(李英鎬), 유경수(柳京洙), 오진우(吳振宇), 최춘국(崔春國), 최광(崔光), 박성철(朴成哲) 등이 그들이었다. 이들은 한국전쟁시 최고사령관(김일성·군사위원), 민족보위상 겸 총사령관(최용건·군사위원)을 비롯하여 전선사령관(김책·군사위원), 총참모장(강건), 제2군단장(김광협) 등 최고지도부를 형성했다. 이들의 면면을 보면 정부수립 후 만주게릴라파의 과대 대표성을 잘 보여준다.

이들은 와다 하루키가 지적하고 있듯 기본적으로 유격대 전사들로서 그들의 투쟁은, 광범한 해방구를 형성하고 대중공작을 전개하면서 생산

39) NA, RG 242, SA 2009 Item 3/72, 《인민군대와 청년》 36.
40) 2009 9/120 극비 〈문화간부 성원통계표〉.

활동을 동시에 진행시켜 가면서 싸웠던 연안형(延安型)의 인민전쟁은 아니었다. 김일성은 자주 군중과 대중을 말하였지만 그의 대중노선은 모택동보다는 떨어졌다. 그들의 투쟁은 기본적으로 군사적 투쟁 중심의 게릴라전쟁이었다. 따라서 김일성과 최용건, 김책, 김일 등을 제외하면 대부분은 당 활동경험이 없는 순수군인들이었고, 한국의 여타 공산주의그룹과는 달리 교육수준 역시 매우 낮았다. 따라서 다른 파벌을 모두 제압하고 이들이 북한권력을 장악한 뒤의 북한체제를 유격대 국가라고 표현하는 것은 북한체제의 기원과 성격의 핵심을 지적한 것이라고 할 수 있다.41)

두 번째는 조선의용군 계열이었다. 무정을 필두로 김웅(金雄), 방호산(方虎山), 이권무(李權武), 김창덕(金昌德), 박일우(朴一禹), 장평산(張平山), 박훈일(朴勳一), 김창만(金昌滿), 이상조(李相朝), 박효삼(朴孝三), 이익성(李益成), 김강(金剛), 전우(全宇) 등이 여기에 속했다. 한국전쟁시 사단장급과 바로 밑의 간부들은 이들이 장악하고 있었다. 사단장들 중 6사단장 방호산과 4사단장 이권무는 전쟁에서 가장 뛰어난 전과를 올린 지휘관들이었다.

소련한인을 한 계열로 보아 인민군의 구성요소를 작게는 세 계열로 볼 수도 있으나 소련한인들은 군사부분에서도 단지 전문기술관료집단에 불과했다. 이들은 초기에는 전부 교관이나 통역, 참모의 부분에 집중되어 있었으며, 따라서 독자적인 정치적 영향력을 행사할 수 없었다. 전쟁시에도 이들은 2사단장을 맡은 이청송(李靑松)과 포병부사령관을 맡은 김봉율(金鳳律)을 제외하고는 대부분 참모의 직위에 있었다. 소련한인출신 군인 중 예외적으로 남일(南日)은 나중에 인민군 총참모장에 올라가기도 하였다. 이 그룹은 크게는 김일성계열에 속하였다. 김일성

41) 와다 하루키, 《김일성과 만주항일전쟁》, pp. 304~319. 이와는 달리 김일성의 노선은 기본적으로 모택동의 군중노선과 동일하고 이것이 북한체제의 중요한 특성이라는 주장에 대해서는 Bruce Cumings, *Origins*, Vol. II, chap. 9를 참조하라. 유격대 국가론에 대한 비판적 검토는 이종석, 《현대북한의 이해》, pp. 160~177을 참조.

계열과 이들의 균열은 존재하지 않았다. 이들은 참모적인 실무수준의 업무를 처리했고, 이 점에서 소련군사고문단의 역할과 비슷했다.

이제 인민군의 기원의 하나인 조선의용군에 대해 살펴보자. 이는, 간부들만이 아니라 인민군 일반병사들의 역사적 궤적을 추적함으로써 북한의 군대와 체제의 성격을 추적하는 작업이 될 것이다. 조선의용군의 전신은 조선의용대로서 이는 조선민족전선연맹에 의해 세워진 것이었다. 조선민족전선연맹의 핵심조직은 조선혁명당이었고, 조선혁명당의 뿌리는 멀리는 1910대의 중국내의 많은 독립운동단체, 그중에서도 특히 조선의열단에까지 올라갔다. 의열단은 1919년에 김원봉(金元鳳, 金若山, 陳國斌)에 의해 창설되었다. 창설 후 1920년대 동안 수행한 의열단의 주요 활동은 암살활동이었다. 의열단 구성원들은 나중에 조선혁명당과 조선의용군의 핵심을 이루었다.

1931년 9·18사변 이후 의열단을 비롯한 중국내의 9개 항일단체가 1932년 한국대일통일전선통일동맹을 결성했다. 동맹에는 김두봉도 들어와 있었다. 35년에 동맹은 한국민족혁명당으로 발전하였고, 이때의 성원은 700명 가까이에 달했다. 37년 1월 한국민족혁명당은 조선민족혁명당으로 명칭을 변경하였다.[42] 이때 김원봉을 비롯하여 이청천, 신익희, 최동오, 유동열 등이 합류하여 민족주의자와 공산주의자의 결합을 이루었다. 그러나 민족주의자와 공산주의자의 두 세력은 곧바로 분열되고 말았다. 독립운동세력의 분파투쟁은 국내외를 막론하고 치열하였던 것이다.

1937년 7월의 중일(中日)전쟁의 발발은 만주에서 조선인 무력의 형성에 중요한 계기가 되었다. 중일전쟁의 발발은 동북아시아의 질서를 근본적으로 재편할 격동을 초래하였는데 이는 중국내 조선의 민족독립운동세력에게도 중대한 영향을 끼쳤다. 분산존재하던 중국내의 조선인 항일단체들 중 일부는 중일전쟁 발발 후 조선민족혁명당의 주도로 1937년

42) 조선민족혁명당에 대한 상세한 연구는 강만길, 《조선민족혁명당과 통일전선》(서울: 화평사, 1991)을 참조하라.

11월 조선민족전선연맹을 조직하였다.[43] 38년 7월 연맹의 김원봉은 무장부대 창설을 위하여 중국국민당 총재이자 국민정부 군사위원회 위원장인 장개석에게 조선의용대 창설방안을 제시하였다. 양측의 논의에 이어 1938년 10월 10일에 조선민족전선연맹의 무장조직으로 조선의용대가 창설되었다.[44] 조선의용대는 조선의용군의 최초의 출발이었다.

조선의용대의 창설식에는 중국공산당 대표로 주은래가 직접 참석하였다.[45] 주은래는 이때 "동방 각민족의 해방을 위하여 분투하자"는 제목의 연설을 하였다. 조선의용대는 국민정부 군사위원회 산하조직으로서 중국과 연대하여 항일투쟁을 수행하는 국제주의적 단체였으면서도, 항상 '민족제일', '독립제일'을 주창한 민족지상주의단체였다. 이 문제에 대한 김원봉의 진술은 의미 있다.

> 우리가 중국항일운동에 참가하는 것은 중국항일운동 기간에 중국내에서 조선혁명의 전략적인 임무를 점차 실행하는 데 있다. 이것은 곧바로 우리가 중국 항일운동 기간동안 조선혁명군의 기초를 수립하고 장래 작전에 필요한 준비를 하는 것이다. 우리와 중국반격부대가 압록강변으로 진격한 이후에도 몇 년 또는 몇십 년의 해방전쟁을 치러야만 적들은 멸망할 것이다.[46]

중국내의 항일투쟁을 조선혁명을 위한 기초로 보고 있으며 또한 조선혁명을 장기적 과업으로 보고 있음을 알 수 있다.

그러나 김일성의 당시 사태인식은 좀 달랐다. 1937년 김일성과 박금철의 회견기록을 보면 그는 조선 국내에서도 즉각적으로 무장봉기를 일으키라고 지시하고 있었다. 그는 "각지에서 생산유격대를 극비리에 조직하

---

43) 문정일, "중국전선에서 싸운 조선의용군의 항일전쟁,"《역사비평》제10호(1990년 가을), p.374.

44) 문정일, "적구공작의 나날에,"《중국의 광활한 대지 우에서》, p.93.

45) 김학철, "나의 전우들,"《중국의 광활한 대지 우에서》, p.196.

46) 김약산, "我們參加中國抗戰的意義,"《朝鮮義勇隊通信》第15期(1939년 6월 11일), 楊昭全,《조선의용군 항일전사》(서울: 고구려, 1995), p.38에서 인용.

여 경찰관 주재소를 습격하여 총기 탄약을 약탈함으로써 무장봉기 후방교란의 행동에 나서야 한다", "중일전쟁을 기회로 조선의 독립을 도모하지 않으면 다른 기회가 없을 것이다"고 지시하고 있었다.[47] 중일전쟁을 맞아 김일성은 만주와는 전혀 다른 지형과 조건을 안고 있던 국내에서도 무장봉기투쟁을 시도하려 하였던 것이다. 물론 그의 지시는 박금철의 반대로 온건화되지 않을 수 없었다.

초기 창설시 조선의용대의 총병력은 89명이었고 대장은 김원봉이었다. 산하에 2개 지대를 두었는데 제1지대는 지대장에 박효삼(朴孝三), 제2지대는 지대장에 이익성(李益成)이었다. 1939년 말에는 중경에서 제3지대(지대장 金世日)를 편성하여 3개의 지대를 갖추었다. 조선의용대는 당시 중국 국민정부군사위원회(위원장 장개석) 정치부에 예속되어 활동하였다. 그러나 한구와 무창이 일본군에 함락당하자 조선의용대는 심대한 타격을 입었고, 이를 계기로 상당수 대원들이 국민당 관할지역을 탈출하여 산서성 연안으로 이동하여 중국공산당 산하로 편입되었다. 1941년 6월에는 조선의용군의 제1지대장 박효삼과 제3지대장 김세일이 주동하여 120여명의 주력대원을 이끌고 국민당군 관할지역을 이탈하여 팔로군 해방구인 태항산(太行山)지역으로 이동, 팔로군 포병단장 겸 화북조선청년연합회를 주동하고 있던 무정의 휘하로 편입되었다. 이들이 도착하자 팔로군 부사령관 팽덕회가 축사를 하였다.[48] 이 탈출의 성공과 팽덕회의 축사는 한국공산주의자들과 중국공산주의자들의 연대에 대한 뿌리깊은 역사적 기원을 제공해 준다.

중일전쟁 이래 연안과 태항산은 조선인 항일운동의 근거지의 하나로 부상하였다. 연안에는 많은 한국인 저항세력들이 참집하고 있었다. 팔로군 포병단장을 맡고 있던 무정은 중국공산당 중앙의 지시를 받고, 1941년 1월 10일 항일세력대표 21명을 팔로군 전선사령부가 위치하고

47) "中國共産黨の朝鮮內抗日人民戰線結成および日支事變後方錯亂事件," 강덕상 편, 《現代史資料》 30(東京: みすず書房, 1977), 이준식, "항일무장투쟁과 당건설운동," 《일제하 사회주의운동사》, p. 475에서 재인용.

48) 김학철, "나의 전우들," 《중국의 광활한 대지 우에서》, p. 196.

있는 산서성(山西省) 진동남(晋東南)에서 소집, 회합하여 화북 조선청년연합회를 결성하였다.[49] 중국공산당 중앙이 직접 명령을 직접 내렸다는 것은 중요한 의미를 지녔다. 중공중앙을 대표하여 제18집단군부총사령 팽덕회는 연합회의 창설을 축하하는 연설을 하기도 하였다.[50]

화북조선청년연합회의 결성은 이른바 연안파라고 불린 정치세력의 시원적 모태였다. 회장은 무정이 맡았는데 창설대회 연설에서 그는 "조선혁명단체들을 통합, 화북의 20만 조선동포들을 항일투쟁에로 뭉쳐 세워야 한다"고 주장하였다. 이를 실천하기 위해 간부들을 양성하기 위한 조직들이 창설되었고, 정치공작대가 편성되어 일본군 점령지역에 대한 침투공작을 실시하였다. 또 조선의용대를 태항산으로 합류시키기 위한 공작을 추진하여 박효삼과 김세일이 이끄는 조선의용대 주력의 합류를 이루어냈다. 이 밖에 북경을 비롯한 화중, 화북, 동북에 이르기까지 민중조직망도 확대하여 나갔다.

1941년 6월 팔로군 총사령부가 위치한 태항산에 도착한 조선의용대는 화북 조선청년연합회와 팔로군의 열렬한 환영을 받았다. 화북 조선청년연합회 창설 6개월 만에 조선의용대의 도착으로 병력이 확대되자 새로운 무장조직의 필요성이 대두되어 41년 7월에 조선의용대 화북지대를 결성하게 되었다. 지대장은 박효삼이었다. 1942년 4월에는 중경에 있는 노민족운동가 김두봉이 이들에 합류하였다. 연안과 태항산 일대의 항일세력이 강력해지자 일본은 1942년 초부터 이곳에 대한 공격을 강화했다. 특히 1942년 5월에는 5월소탕작전이라 하여 대규모의 집중공격을 가해왔다. 이 공격으로 조선의용대 화북지대는 물론 팔로군사령부까지도 포위되었으나 필사의 탈출로 괴멸은 모면했다.

1942년 7월 10일 화북조선청년연합회 제2차 대표대회가 열려 연합회를 해체하고 화북 조선독립동맹(독립동맹)을 결성하였다.[51] 결성회의

---

49) 《중국의 광활한 대지 우에서》, pp. 13, 143~144 ; 《조선민족해방투쟁사》(평양: 김일성종합대학, 1949), pp. 402~403.

50) 현룡순, "조선의용군," 《조선족백년사화》(서울: 거름 재출판, 1989), p. 287.

51) 《조선민족해방투쟁사》(1949), p. 403.

에서는 군사조직으로 조선의용군 화북지대가 결성되었다. '조선의용군'이라는 명칭의 최초등장이었다. 독립동맹은 항일민족통일전선조직의 성격을 띠었다. 창설구호에서도 독립동맹은 '항일애국자의 총단결'을 전면에 내세웠다. 독립독맹의 유연성은 해방 후 국가형성의 시기에서도 다시 나타났다. 그러나 미국과 소련의 분할점령과 좌우양극화의 정치지형에서 그들의 노선은 관철될 수 없었다. 이들은 귀국 후 자체내에서도 분열되었을 뿐만 아니라 1946년 북조선노동당이 창설될 때 이에 흡수됨으로써 독립된 정치조직으로서는 소멸되고 말았다. 독립동맹에 소속되어 활동한 사람으로는 주석 김두봉, 부주석 최창익 · 한빈, 집행위원 무정, 허정숙, 박효삼, 박일우, 김창만, 하앙천, 김호 등이 있었다. 해방직후 국가형성시기에 활동하는 주요 인물들이 포함되어 있음을 알 수 있다.[52]

독립동맹이 정치조직이었다면 조선의용군은 군사조직이었다. 조선의용군의 총사령은 무정, 부사령 겸 참모장은 박효삼, 정치위원은 박일우였다. 이들 3인이 조선의용군 출신 군사지도자의 세 대표라 할 만했다. 1944년에는 상해, 서주 등 화중지방의 조선인들을 결집하여 조선의용군 화중지대(華中支隊)를 창설하기도 하였다. 화중지대의 제 2 대 지대장을 맡은 인물은 왕신호였는데 그의 본명은 김웅(金雄)이었다. 김웅은 한국전쟁의 발발시에 조선인민군 제 1 군단장이었다. 한국전쟁 발발시 인민군의 총참모장이 만주게릴라 출신의 강건이었고 제 1 군단장은 연안출신의 김웅, 제 2 군단장은 만주게릴라출신의 김광협이었던 점은 군내 두 세력간의 힘의 배분관계를 나타내는 것이었다.

여기에서 조선의용군과 독립동맹의 지도자인 무정에 대해서 간략히 살펴보는 것이 필요할 듯하다.[53] 한 탈식민사회의 지도자 중 그처럼 장구

---

52) 연안공산주의그룹의 식민시기와 귀국 후의 활동에 대해서는 심지연, 《조선신민당 연구》(서울: 동녘, 1988); 염인호, "조선의용군 연구"(국민대학교 국사학과 박사학위논문, 1995년 2월)을 참조하라.

53) 《결전》, pp. 337~345; 《중국의 광활한 대지 우에서》, pp. 1~13; Hq, FEC, *HNKA*, pp. 98~100; *ISNK*, No. 37(May 31, 1947).

한 투쟁경력과 화려한 명성을 갖고 있었음에도 불구하고 독립된 조국에서 그처럼 허망하게 사라져버린, 그리고는 잊혀져 버린 혁명가도 드물었다. 그는 모든 것을 가질 수 있는 위치에서 목숨마저 잃는 위치로 전락하였다. 물론 이는 무정만의 비극은 아니었다. 김일성그룹을 제외해 놓고는 식민시기 공산주의운동 지도자들의 경우 해방된 조국에서 자기들의 지도자에 의해 숙청당하였다. 한국공산주의운동의 비극의 하나는 공산주의 지도자들이 제국주의에 의해서가 아니라 동료에 의해 살해 당했다는 점이었다.

무정은 1905년 함경북도 경성군에서 출생하였다. 김일성과 마찬가지로 그도 대중들에게는 해방 후 무정 장군으로 불렸다. 이는 군사지도자로서의 뛰어난 항일운동 때문에 붙여진 대중적 별칭이었다. 그는 김일성보다는 7세가 위였다. 그는 어릴 때 서울로 와서 중앙고보를 다니다가 중퇴하고 1923년 중국으로 건너가서 1924년 중국보정군관학교 포병과를 졸업하고 1925년에 중국공산당에 입당하였다. 이 시점은 한국에서 조선공산당이 창건되던 무렵이었다. 그 후 그는 상해로 가서 중국공산당 상해 조선인지부에서 활동하였다. 1929년에는 서금으로 가서 중국노농홍군(中國勞農紅軍)에 입대하여 포병단장까지 승진하였다. 당시 홍군에서 포를 쏠 줄 아는 사람은 팽덕회와 무정뿐이었다. 무정은 1934년 10월부터 시작된 중국공산당의 2만 5천 리 대장정에 참가하였는데 홍군 제 3 군단 소속으로서 팽덕회(홍군 제 3 군단 전위서기)의 보좌관을 맡고 있었다.

중국공산당이 악전고투 끝에 섬북에 도착했을 때 무정은 2만 5천 리 장정에서 마지막까지 살아남은 유일한 한국인이었다. 1937년 8월 25일 홍군이 국민혁명군 팔로군으로 개편될 때, 무정은 팔로군 총사령부의 작전과장으로 임명되었다. 그는 38년 1월 28일 8로군 초대 포병단장이 되었다. 이후 포병은 항일전쟁에서 위력을 발휘하여 무정의 이름은 한국인들에게 널리 알려지게 되었다. 1940년 중국공산당 중앙의 지시에 따라 조선인항일단체들의 통합을 지도하는 사업에 착수하여 그는 1941년 1월 10일 화북 조선청년연합회를 창설하였고, 1942년 7월에는 화북

조선독립동맹, 화북 조선의용군을 창설하였다.

한국인 주요 민족해방운동의 지도자 중 무정만큼 중국공산당 및 그의 지도자들과 긴밀한 관계를 맺은 인물도 드물었다. 그의 결혼을 주선해준 사람도 팽덕회였다. 1945년 해방의 시점에서 그는 한국인 항일세력의 지도자 중에 가장 커다란 무장력을 보유하고 있었다. 일반적인 경우라면 이 저항세력은 독립 후 강력한 정치세력으로 역할하였을 것이다. 그러나 북한의 사태를 결정한 것은 중국이 아니라 소련이었다. 1945년 5월 8일 독일이 패전하고, 이어서 얄타에서 약속한 3개월이 되자 1945년 8월 8일 소련은 일본에 선전포고를 하였다. 일본의 패망은 이제 시간의 문제일 뿐이었다.

8월 8일 소련의 참전에 이어 8월 10일 주덕 8로군 총사령관은 8로군과 신사군에게 일본군에 대해 총반격을 하라는 명령을 하달하였다. 이어 8월 12일에 주덕은 조선의용군 사령관 무정에게 "즉시 소속부대를 통솔하여 동북으로 진출, 일본군과 그의 괴뢰군을 소멸하고 동북에 있는 조선인민을 조직하여 조선을 해방하는 역사적 과업을 완수하라"는 제6호 명령을 하달하였다.[54] 명령에 따라 조선의용군 사령부는 예하 부대에게 동북으로 이동하여 심양으로 집결할 것을 명령하였다. 연안, 태항산 등 중국 각 지역에서 활동하던 조선의용군은 동북으로 이동하였다. 이국에서 오랫동안 민족독립운동을 하던 그들에게 조국으로의 귀환은 설레는 일이었을 것이다.

그러나 1945년 8월 이후 동북아시아의 정세변화는 조선의용군의 진로에 결정적인 영향을 끼쳤다. 첫 번째는 소련의 북한점령이었다. 북한을 점령한 소련은 이들의 집단무장입국을 거부하였다. 북한지역의 질서 주조자는 소련이었다. 두 번째 요인은 중국의 국공내전이었다. 종전 직후 동북에서는 본격적인 국공내전이 벌어지기 시작하였다. 국공내전은 동아시아의 격변을 초래할 것이 분명하였다. 그 귀결은 앞으로의 질서를 결정적으로 좌우할 것이었다. 일본과의 전쟁은 끝나자 중국대륙을

54) 《중국의 광활한 대지 우에서》, p.681.

제패하기 위한 두 거대세력간의 전쟁이 벌어진 것이었다.

상황의 격변 속에 1945년 11월 10일 심양에서 조선의용군 전체 군인대회가 개최되었다. 여기에서 화북 조선의용군은 동북 조선의용군으로 개칭되었다. 무정은 이 대회에서 비교적 정확하게 사태를 인식하고 있는 연설을 하였다. 그는 "당의 새로운 지시에 의하여 소수의 노혁명가들만 조선으로 돌아가고 그 외는 잠시 동북의 각지에서 재만조선동포들을 발동조직하여 우리의 힘을 확대함으로써 장차 변화하는 형세에 대처할 준비를 해야 한다"고 지시하였다.[55] 집단으로는 귀국할 수 없으니 만주에 남아 투쟁하라는 소리였다. 끈질긴 집단귀국 시도가 소련의 거부로 실패한데 따른 조치였다. 그리하여 소수의 지도자들만이 귀국하게 되었다. 귀국 후 조선의용군 계열은 김일성을 중심으로 단결한 만주게릴라파와는 달리 자기들 스스로도 분열하고 적대함으로써 권력을 장악할 수 없다. 또한 입국의 시점이 늦었던 점도 권력투쟁에서 실패하게 되는 한 요인이 되었다. 투쟁공간에의 진입의 시점은 역량의 크기에 못지 않은 권력투쟁의 결정요소였던 것이다.

동북에 남은 조선의용군은 부대의 재편에 들어갔다. 기존의 부대는 1, 3, 5지대로 3분하였고, 그들은 남만, 북만, 동만을 근거로 하여 각각 2, 4, 6지대를 창설하게 했다. 이때 편성된 동북 조선의용군의 간부진을 보면 총사령부는 총사령-무정, 부사령-박효삼, 정치위원-박일우, 참모-김강이었고 제 1 지대는 지대장-왕신호, 정치위원-방호산, 제 3 지대는 지대장-김택명, 정치위원-주덕해, 부지대장-리덕산(김창덕), 제 5 지대는 지대장-이익성, 정치위원-박훈일, 참모장-조렬광 등이었다. 이들의 대부분은 한국전쟁에서 고위지휘관으로 참전하였고, 그들의 서명이 담긴 명령과 보고는 오늘에도 적지 않은 양이 남아 있다. 편제를 정비한 뒤 중공의 방침과 무정의 지시대로 김두봉, 무정, 박효삼, 최창익 등 최고위 간부들은 북한으로 먼저 들어왔다.

제 1 지대는 남만에서 조선족들이 집단으로 거주하는 지역으로 대원

---

55) 《중국의 광활한 대지 우에서》, p. 557.

들을 파견하여 선전과 모병산업을 전개하였다. 지대본부는 최초에는 심양에 있었으나 45년 11월 말에 통화로 이동하였다.[56] 이때 병력은 5천명에 달했고 3개 대대를 갖추었다. 간부진은 지대장 왕신호(김웅), 정치위원 리천부(방호산), 참모장 한경, 정치주임 주연, 대대장 조관 등이었다. 46년 2월 23일 일본군 패잔병들과 구만주국군이 이른바 '2·3 폭란'을 일으켰으나 지대는 이를 성공적으로 격퇴하였다. 1946년 2월 중공군 사령부는 동북지역에 있는 중공군을 동북민주연군(東北民主連軍)으로 개편하였다. 이에 따라 동북조선의용군 제1지대는 46년 2월 23일 항일지도자 리홍광과 양정우를 추도하는 대회를 열고, 동북민주연군 요동군구(遼東軍區) 리홍광지대로 개편되었다.[57]

리홍광지대의 초대 지대장 왕신호는 본명이 김웅으로 46년도에 북한으로 귀국하여 인민군 창설시에는 인민군 제1사단장이 되었고, 한국전쟁 발발시에는 인민군 제1군단장이었다. 지대장 왕신호를 비롯한 간부들이 북한으로 귀국함에 따라 부지대장 왕자인(王子仁, 최인, 후에 북한인민군 부총참모장)이 지대장으로 승진하였고, 정치위원은 방호산, 참모장은 노철용이었다. 47년 4월 말 리홍광지대는 동북민주연군 독립 제4사(사장 왕자인)로 승격되었다. 리홍광지대의 재편직후인 47년 5월부터 동북의 전세는 중공에게 유리하게 전변되었다. 대륙을 건 대투쟁에서 국공간의 역량이 역전된 것이었다. 동북민주연군은 공세로 전환하였고 길림, 장춘 등에 대한 공격을 개시하였다. 1947년 12월에는 동북민주연군의 동계공세가 시작되어 국부군을 수세에 몰아넣고 있었다. 48년 2월 28일부터 시작된 사평(四平)전투에서 독립 제4사는 사평을 점령하는 데 커다란 공헌을 하였다. 독립제4사는 48년 9월부터 시작된 장춘(長春)포위작전에도 참가하였으나 10월의 국부군의 항복으로 장춘포위작전은 전투없이 승리하였다.

장춘포위작전 종료 직후 1948년 11월 독립 제4사는 다른 부대와 연

---

56) 《리홍광지대》(심양: 료녕민족출판사, 1986), p. 476.

57) 김운룡, "리홍광지대," 《조선족백년사화》 4권, p. 86 ; 《리홍광지대》, p. 16 ; 《중국의 광활한 대지 우에서》, p. 544.

합하여 심양해방전투에 참가하여 국부군의 항복으로 심양을 해방하였다. 만주에서 중공은 파죽의 지세로 국부를 구축하고 있었다. 심양 해방 직후 독립 제 4 사는 중국인민해방군 육군보병 제 166 사로 개편되었다.[58] 이 166사가 바로 1949년에 귀국하여 조선인민군 제 6 사단이 되는 부대였다. 동북조선의용군 제 1 지대로부터 중국인민해방군 제 166 사로의 변화과정을 요약하면 다음과 같다. 화북 조선의용군이 귀국하지 못하고 1945년 11월 하순 심양에서 동북조선의용군 제 1 지대로 창설된 이래 남만으로 이동하였고, 46년 2월 23일 리홍광지대로 변경되었고, 47년 4월에는 동북민주연군 요동군구 독립제 4 사로 승격되었다. 그리고 48년 11월에는 중국인민해방군 육군보병 제 166 사로 개편된 것이었다.

한편 조선의용군 제 3 지대는 편성시에 주덕해, 리덕산, 김연, 리근산 등의 단지 19명만으로 편성되었다.[59] 19명의 간부만으로 지대를 편성하였던 이유는 지대장을 맡을 김택명(金澤明=이상조, 후에 인민군 부총참모장, 휴전회담 북한측대표, 주소련대사)이 1942년 독립동맹의 지시로 태항산에서 동북으로 와서 지하공작을 하다가 해방이 되자 45년 8월 하얼빈에서 하얼빈보안총대 조선독립대대를 창설하여 300여 명의 조선인대원을 보유하고 있었기 때문이었다. 제 3 지대의 간부들은 심양을 출발, 45년 11월 19일 지대장 김택명과 합류하여 1945년 11월 25일 3개의 대대로 구성된 조선의용군 제 3 지대의 창립대회를 개최하였다. 간부진은 지대장 김택명, 정치위원 주덕해, 부지대장 리덕산 등이었다.

함께 하얼빈 포위작전에 참가하고 있던 제 3 지대는 46년 4월 28일 소련군이 하얼빈에서 철수하고 국부군만이 남게 되자 다시 하얼빈 시내로 진격하여 국부군을 축출하고 하얼빈시를 점령하였다.[60] 이 무렵 지대 병력은 3천여명으로 증가하여 연대급으로 성장하였다. 이 지역에 거주하던 조선인들이 빠른 속도로 합류하였기 때문이었다. 제 1 지대와 마찬

58) 《리홍광지대》, p. 41.

59) 서명훈, "조선의용군 3지대," 《조선족백년사화》 4권, p. 108 ; 《중국의 광활한 대지 우에서》, p. 558.

60) 《조선족백년사화》 4권, p. 115.

가지로 이 시점에 제 3 지대에는 지휘부의 변화가 있었다. 46년 6월에 지대장 김택명을 비롯하여 참모장 김연, 정치처주임 이근산 등이 북한으로 귀국함에 따라 신임 지대장에는 리덕산 정치위원 주덕해, 참모장 관건이 새로이 임명되었다.[61] 이 시점에서의 조선인 간부들의 북한으로의 귀국은 소련 및 중국 북한간에 최고위 수준에서의 합의가 있었음을 강력하게 시사한다. 그렇지 않다면 동북의 해방을 위해 공동작전을 펴고 있던 간부들이 일시에 귀국한다는 것은 불가능하기 때문이다. 이 무렵은 미소공위가 결렬되고 북한에서 본격적으로 군대를 창설하고 있던 시점이었다.

1946년 6월 제 3 지대는 동북민주연군 송강군구 독립 제 8 단으로 개편되었다.[62] 1948년 1월에는 동북민주연군이 동북인민해방군으로 개편되면서 독립 8단은 동북인민해방군 독립 제 11 사가 되었다. 1949년 3월 독립 제 11 사는 중국인민해방군 보병 제 164 사로 개칭되었다.[63] 독립 제11사 소속의 조선의용군 제 3 지대는 164사의 491단에 편입되었다. 이들 역시 제 1 지대와 마찬가지로 중국내전이 끝난 뒤 49년에 북한으로 귀국하여 한국전쟁에 참여하였다.

1945년 11월 심양에서 동북조선의용군이 3개 지대로 재편될 때 조선의용군 사령부 정치위원 박일우는 대원 200여명과 함께 길림에 도착하였다. 제 5 지대의 지휘부는 지대장 이익성, 정치위원 박훈일, 참모장 조열광이었다. 그러나 제 5 지대가 진출한 지역은 제 1 지대 및 제 3 지대가 진출한 지역과는 판이한 상황이었다. 이곳에는 이미 소련군이 진출해 있었다. 또 조선인들은 토비 등에 대응해 자위수단으로 동북항일연군을 주력으로 연변경비사령부를 설치하고 각 현에는 경비단을 설치하였다.[64] 45년 11월 중순 경비단은 3개로 확장되었고 이 시점에 조선의용군 제 5 지대가 도착하였다.

---

61) 《조선족백년사화》 4권, p. 115.

62) 《중국의 광활한 대지 우에서》, p. 567.

63) 《조선족백년사화》 4권, pp. 117~118.

64) 《조선족략사》, p. 247.

이때 동북민주연군 길림성군구(사령관 주보중)에서는 1945년 11월 23일 연길에 동북민주연군 길림성군구 연길군분구(延吉軍分區, 사령관 姜信泰=강건, 후임에 김광협)를 설치하였다.[65] 강건과 김광협은 88여단에서 이곳으로 파견되어 온 것이었다. 연길군분구에서는 기존 조선인 부대 3개단과 이동해 온 조선의용군을 흡수하여 6개의 경비단을 창설하였다. 조선의용군의 독자적 조직은 해체된 것이었다. 연길에 도착한 제 5 지대가 연변지역에 독자적 조직을 구축하지 못한 요인은 설명되어야 한다. 왜냐하면 이는 조선의용군과 만주게릴라 출신들의 최초의 결합의 방식을 보여주기 때문이다.

1930년대 중반부터 1940년 말까지 이 지역에서는 중국공산당 만주성위원회 산하의 조직인 동북항일연군(東北抗日聯軍) 소속의 조중(朝中) 게릴라들이 일본군에 맞서 강력한 항일투쟁을 전개하였다. 이들은 일본군의 탄압으로 1940년 경 모두 소련으로 탈출하였다. 소련으로 탈출한 동북항일연군 소속 빨치산들은 전술했듯 그곳에서 88여단을 편성하였다. 1945년 8월에 종전이 되자 주보중을 비롯한 중국인과 최용건, 강건, 김광협, 지병학(池炳學) 등은 육로를 이용하여 과거 항일투쟁을 하던 동북으로 돌아왔다. 이들이 만주로 돌아왔을 때 5년의 공백은 항일투쟁을 한 기간에 비하면 결코 길지 않았다.

이들은 자신들의 과거 근거지에서 곧 조직의 재건에 성공하였다. 9월 18일 강신태는 동료들과 함께 연길에 도착하여 간도 주둔군 경비사령부 부사령관에 취임하였다. 10월 20일 그는 중국공산당동북위원회의 지시에 따라 중국공산당 연변임시위원회를 만들어 서기에 취임하였고, 10월 하순에는 연변경비 1, 2, 3단을 편성하였다. 11월 15일 중공 연변지방위원회가 정식으로 건립될 때 강신태는 위원에 선임되었고, 조선의용군을 이끌고 들어온 박일우도 역시 이때 이 당위원회의 위원이 되었다.[66]

북한의 군대 창설작업에 참여하기 위해 강건이 귀국하자 김광협이 사

---

65) 정협길림성 연변조선족자치주위원회 문사자료위원회 편, 《연변문사자료집》 제 2 집(연변: 연변인민출판사, 1985), p. 238.

66) 《연변문사자료집》 2권, pp. 236~237.

령관을 이어받았고, 전우(全宇, 후에 인민군 제12사단장)가 부사령관이 되었다. 45년 9~10월부터 연변지역은 동북항일연군 소속 빨치산들의 장악하에 있었던 것이다. 때문에 11월 중순에 조선의용군이 이곳에 와서 독자적 조직과 영향력을 확보한다는 것은 불가능했다. 제7지대를 창설하기 위하여 길림에 남았던 박훈일을 비롯한 조선의용군 대원들 역시 1946년 봄 동북민주연군에 편입되어 독자적인 조직을 구축하지 못하였다.[67] 조선의용군은 만주게릴라파에게 흡수되었던 것이다.

한편 조선의용군 각 지대에 소속되지 않은 조선인들은 중국인민해방군 제4야전군(사령관 임표) 각 사단에 배속되어 일부 부대는 해남도(海南島)까지 진출하였다. 1950년 1월에 북한은 김광협을 중국에 파견하여 중국인민해방군에 소속되어 있는 이들 조선인 병력을 귀국조치하여 줄 것을 모택동에게 요청하였다. 이에 모택동은 2월 인민해방군총참모장 대리 섭영진에게 이의 처리를 명령하였다. 모택동의 명령을 받은 섭영진은 각 사단에 소속되어 있는 조선인들을 하남성 정주로 집결시키도록 예하 부대에게 명령하였다. 정주에 집결한 병력은 약 1만 2천 명에 달했다. 이들은 중국인민해방군 중남군구 독립 제15사로 명명되었다. 사단장은 전우(全宇)였고, 참모장은 빨치산출신 지병학이었다. 그 밖에 주요 간부들도 모두가 다 만주빨치산 및 조선의용군 출신이었다.

독립 제15사 소속이었던 간부에 따르면 부대는 1950년 4월 7일 정주를 출발하여 열차편으로 4월 16일 신의주에 도착하였다. 이들은 곧바로 조선인민군 복장으로 갈아입고 원산으로 출발, 4월 18일 원산에 도착하였다. 병력과 장비를 보충받은 이들은 4월 25일 최용건의 참석하에 인민군 제7사단으로 재편되었다. 그러나 사단은 국내에서 편성중인 사단과의 혼동을 이유로 곧 12사단으로 바뀌었다. 그러나 또 다른 독립 15사 간부의 증언에 따르면 사단은 3월 18일 정주를 출발하여 23일 안동을 거쳐 신의주에, 24일 원산에 도착하였다. 이는 독립 15사 소속의 서로 다른 부대가 귀국날짜를 달리하였거나 아니면 이들의 기억의 부정확

---

67) 《중국의 광활한 대지 우에서》, pp. 568~576.

성에서 생긴 차이일 것이다. 날짜의 상이에도 불구하고 이 시점에 중국 지도부가 조선인 병사들을 집합시켜 북한에 넘겨주었다는 점은 의심의 여지가 없었다.[68)]

이에 앞서 중국인민해방군 제166사와 제164사는 양자강 도하작전이 성공하고 장개석이 대만으로 도주하여 중국혁명의 성공이 임박해지자 1949년 7월과 8월에 북한으로 귀국하여 조선인민군으로 재편되었다. 김일성은 중국에서 귀국한 이들을 중시하여 방호산이 인솔한 제166사가 1949년 7월 25일 신의주에 도착한 지 4일 만에 직접 이 부대를 방문하였다. 그는 여기에서 "동무들, 동무들은 조선민족으로서 중국인민을 도와 중국인민의 해방전쟁에 참가하고 되돌아왔다. 나는 오늘 동무들과 다시 만나게 된 것을 매우 기쁘게 생각한다"며 다음과 같이 말하고 있다.

> 오늘 우리나라의 로동자 농민들은 새 조국건설을 위한 장엄한 투쟁을 벌리고 있으며 행복한 새 생활을 누리고 있습니다. 그들은 다 부강한 새 조국을 건설하기에 신이 난다고 하며 기세가 대단히 높습니다. … 그러나 남반부의 현실은 북반부의 현실과는 전혀 판이합니다. 미제의 강점밑에 있는 남반부는 날을 따라 더욱더 파멸의 길을 걷고 있습니다. 남조선에서는 침략자 미제가 주인노릇을 하고 있으며, 실제적인 통치자로 되고 있습니다. 미제는 남조선전역에서 파쑈적인 식민통치체제를 확립하고, 침략과 전쟁도발준비에 미쳐 날뛰고 있습니다.
>
> 지금 리승만 역도는 미제의 앞잡이 노릇을 하면서 나라와 민족을 송두리채 팔아먹고 있으며 조국의 통일독립을 한사코 반대하고 있습니다. 리승만이 제말로는 그 무슨 '독립운동'을 했다고 하는데 사실은 아무것도 한 것이 없습니다. … 미제국주의자들의 가혹한 식민지화예속정책과 리승만 괴뢰도당의 매국배족행위로 말미암아 남조선의 민족

---

68) Hq, FEC, *HNKA*, p. 70; 여정, 《붉게 물든 대동강》, p. 14~15 ; Nie Rongzhen, *Inside the Red Star — The Memoirs of Marshal Nie Rongzhen* (Beijing: New World Press, 1988), pp. 642~643 ; 국방군사연구소, *Prisoner of War Preliminary Interogation Report.*

경제는 여지없이 파탄되고 인민들은 정치적 무권리와 빈궁속에서 신음하고 있습니다. … 남조선은 또한 인간도살장으로 변하여가고 있습니다. 미제와 리승만 매국역적들은 저들의 비위에 조금이라도 거슬리기만 하면 인민들을 닥치는 대로 잡아가두며 학살하는 만행을 감행하고 있습니다. … 우리 조국이 해방된 지 4년이 지나도록 아직 통일되지 못하고 나라와 민족이 갈라져 있는 것은 전적으로 미제와 그 앞잡이들 때문입니다. 그러므로 썩어빠진 남반부의 정치를 뒤집어 엎고 인민들을 무권리와 도탄속에서 구원하며 조국을 통일하려면 남조선에서 미제를 내쫓고 리승만역도를 때려부셔야 합니다. 조국통일은 남북조선 전체 인민의 절절한 념원이며 한결같은 숙망입니다. 진정으로 나라를 사랑하며 도탄에 빠진 남반부인민들의 처지와 민족의 장래를 념려하는 사람이라면 단연코 조국통일의 한 길에 떨쳐나서야 할 것입니다.[69]

1950년 5월 23일 김일성은 제603연대 1대대 1중대를 방문하여 다시 다음과 같이 연설하였다. "동무들은 지난 날에는 중국혁명을 위하여 잘 싸웠다면 이제는 조선혁명을 위하여 잘 싸워야 합니다."[70] 김일성에 따르면 이 부대에는 전투경험을 가진 병사들이 78%나 되었다. 거의 대부분이 전쟁경험자였던 것이다. 김일성의 언명은 그가 조국의 통일을 중국에서의 중국혁명에 조응하는 한국에서의 조선혁명으로 인식하고 있었음을 보여준다. 전쟁은 그에게는 조선혁명이었던 것이다. 따라서 김일성은 중국혁명을 위해 투쟁한 군대를 조선화하는 것을 잊지 않았다.

동무들이 전투경험을 가졌다고 하여 자만하여도 안되며 조국에 돌아왔다고 해서 평화분위기에 안주해서는 안됩니다. … 동무들이 전투에서 단련되고 전투경험을 쌓았지만 정규적인 생활은 해보지 못하였습니다. 이 편에서는 정규화된 군대생활을 먼저 시작한 동무들에게서

---

69) 〈인민군대는 현대적 정규무력으로 강화발전되여야 한다〉(조선인민군 제655군부대 군관회의에서 한 연설), 《김일성저작집》 5권, pp.201~220.

70) "자기의 무기와 전투기술기재에 정통하라," 《김일성저작집》 5권, p.490.

배워야 합니다. 인민군창건 당시부터 인민군부대에 복무한 군인들은 정규군대의 면모를 기본적으로 갖추었다고 볼 수 있습니다. 그러므로 모르는 것은 그들에게서 허심하게 배우는 것이 좋습니다.[71]

그는 중국으로부터 넘어온 병사들을 전부 조선노동당 소속으로 전당(轉黨)시키는 작업에 착수하여 이른 시일내에 그들의 당적을 바꾸었다. 어쨌든 북한군 전투병력의 최소한 3분의 1 이상이 중국에서 항일전쟁을 수행하던 조선인들로 이루어진 셈이었다. 정치, 군사지도자들은 전원이 항일투쟁의 참가자들이었다. 지도부와 병사들의 이러한 항일투쟁경력은 광복군마저 배제한 채 일본군출신들이 지휘부를 장악한 남한군에 대해 북한군이 보유한 강력한 도덕적 자원이었다. 그것은 남한의 정치, 군사지도자들의 친일경력과 대비하여 소리높여 강조되었다.

3. 조선인민군의 성격-사회의 반영

인민군의 기원은 인민군의 성격을 규정하였다. 또한 인민군의 성격은 북한체제의 성격을 나타내었다. 말을 바꾸면 인민군은 북한체제와 사회의 반영이자 응축이었다. 먼저, 가장 낮은 구체적 수준부터 출발하여 개인비밀기록 일부를 추출하여 인민군의 성격을 추적해 보자. 부대 장교들의 성명, 급위, 연령, 출신, 성분, 학력, 경력, 군대이력 등을 자세히 기록한 비밀명부이다.[72] 갈겨쓴 날글씨이며 기록날짜는 미상이고 내용상 1950년도 것이다. 내용으로 볼 때 이 부대는 모택동과 김일성의 합의에 의해 1950년에 넘어온 부대였다.

사단장 전우는 빈농(貧農) 출신에 빈농성분이다. 전우를 비롯한 이 부대 33명의 장교를 분석해 보면, 출신은 빈농 24명, 고농 1명(합쳐서 75%)

71) 《김일성저작집》 5권, pp. 201~220.

72) NA, RG 242, SA 2005 Item 3/7, "원산주둔부대". 원산주둔부대라는 것은 중국에서 넘어온 제 12 사단을 말한다.

중농 5명, 부농 2명, 상인 1명이었다. 인민군에 마지막으로 가담하는 이 부대의 출신을 놓고 볼 때 북한의 군대는 장교까지도 농민의 군대였다고 할 수 있었다. 그러나 '성분'을 보면 빈농 11(33%), 학생 12, 로동자 7, 사무원 3, 상인 1명으로 '출신'보다는 매우 다양해져 있다. 빈농이 절반 정도 줄어들었고 노동은 0%에서 21%로 상승하였다. 이 구성변화는 식민시기와 해방 직후 급격하게 진행된 한국사회의 사회변동과 계급적 분화를 반영하는 것이었다. 즉, 이것은 한 세대동안 진행된 사회변동의 폭을 의미하였다. 그러한 사회변동이 없었을 경우 이들의 성분은 출신과 거의 다르지 않았을 것이다. 물론 사회주의군대의 성격상 중농과 부농이 장교의 직위에 오른다는 것은 불가능하였다. 중농과 부농 성분의 장교는 한 명도 없다는 점에서 이를 알 수 있다.

중국에서 건너온 부대였기 때문에 장교들은 장기간 중국에서 항일전쟁을 수행하던 군인들이었다. 사단장 전우는 1950년 현재 37세에 불과했으나 32년에 참군(參軍)하여 18년의 투쟁경력을 가진 군인이었다. 사단 참모장 지병학은 34세였으나 33년에 참군하여 17년의 경력을 갖고 있었다. 지병학의 군사경력을 보면 33년부터 34년 6월까지는 패장(佩長), 34년 6월부터 38년까지는 정치지도원, 38년부터 39년까지는 연장, 39년 2월부터 41년 10월까지는 정치지도원, 41년 10월부터 45년 11월까지는 관리패장, 45년 11월부터 46년 9월까지는 부단장, 46년 9월부터 47년 7월까지는 참모장, 47년 2월부터 48년 5월까지는 단장, 그리고 그 이후도 계속 단장이었다. 그는 17세부터 군사지도자의 길을 걸어왔던 것이다.

전우와 지병학 둘 모두 37세와 34세에 불과하나 벌써 인생의 절반을 군사지도자로 살아온 것이었다. 따라서 인민군장교들의 연령이 어리다고 해서 그것을 그대로 군사적 미숙과 연결시키는 것은 옳지 않다. 인민군 총참모장 강건의 경우를 보자. 그는 1950년 시점에서 겨우 32세였다. 그는 1918년생이며 1932년 14세 때 항일투쟁에 참가하였고 15세 때부터 군사조직에 참여하여 투쟁하였다.[73] 1950년 현재 그는 17년의 군사경력을 가지고 있었으며 그중 상당기간은 지도자였다. 정상적인 사회에서 이들의 18년(전우), 17년(지병학), 17년(강건)의 경력은 길지 않은 것일 수도 있다. 그러나 정규 군대편제가 없는 식민사회에서 강력한 일본군대에 맞서 전개한 긴 투쟁은 이들을 단련시키고 군사지도자로 키워내기에 부족함이 없었다. 그들의 경력은 길 경우 20년에 다다르는 경우도 있었다. 그것은 그들의 성장에 정상적인 군대생활의 몇 배의 효과를 가졌다.

그리고 인민군의 상당수 장교는 전사로부터 출발하여 장기간의 투쟁활동을 통해 한 계급 한 계급씩 승진하여 장교가 된 자들이었다. 간부들 중에는 전사출신이 적지 않았다. 중대장과 소대장급은 일반 전사출신이 부지기수였다. 전사에서 고위장교까지 오른 예는 매우 많았다. 군사부연대장을 맡고 있는 손홍삼의 경우를 보면,[74] 그는 28세로서 14세까지는 집에서 농사를 지었고 16세에 학교를 졸업하였다. 20세까지는 홍남의 공장에서 노동을 했고 21세까지는 회령에서 목재노동, 21~22세에는 다시 공장노동, 22~23세에는 상업학교 재학, 23~24세에는 목재노동, 24~25에는 농장노동, 25세에는 목단강 청년단장의 경력을 갖고 있었다. 이런 경력의 소유자가 초급 중학졸업의 학력에 28세에 부연대장에 오른다는 것은 거의 기적에 가까운 것이다. 인민군내에 이러한 예는 수없이 많았는데 이는 혁명이 아니고는 불가능한 신분상승이었다.

인민군 간부명부를 기록한 다른 부대의 통계를 추적해 보자.[75] 역시 날글씨이며 심하게 갈겨쓴 부분도 있다. 이 명부는 문화부 간부들의 개인기록물이다. 즉, 군내의 사상, 정치담당군인들이다. 총 35명으로서 매우 상세하다. 다른 명부와는 달리 주위환경까지 자세히 기록되어 있어 각 간부의 약점까지도 기록되어 있었다. 정치간부이기 때문에 훨씬 상세하였던 것이다. 이를테면 1사단 1연대 문화부연대장 조동욱의 경우 "화북에 공작하러 드러갔다가 일본헌병대 통역 3개월 한 사실이 있음"이

73) 星湖, "朝鮮大城山 革命烈士陵園及 烈士名單," 延邊大學朝鮮問題研究所 編, 《朝鮮研究論叢》 1, p. 302

74) NA, RG 242, SA 2005 Item 3/7, 〈원산주둔부대〉.

75) NA, RG 242, SA 2005 Item 3/7. 부대명칭은 없다.

라는 기록도 첨부되어 있다.

전체의 출신비율은 빈농 20명(57%), 중농 5, 사무원 4, 지주 1, 노동 3(0.9%), 소시민 1, 부농 1이었다. 그러나 성분구성은 매우 다르다. 사무원 21(60%), 노동 7(20%), 빈농 5(14%), 학생 1, 중농 1명으로 바뀌어 있다. 빈농이 57%에서 14%로 줄어 있다. 이 부대는 문화간부들인 만큼 사무원의 비율이 매우 높다. 전원이 노동당원이며 입당 연월일이 매우 일러 거의가 46년 또는 45년(조선공산당 입당을 말함)이었다. 인민군의 비밀개인경력철을 보다 보면 다른 곳에서 종종 나오던 인물들이 발견된다. 이동이 빈번하였음을 말해 준다. 군내 선동문을 자주 집필한 홍범룡의 경우를 보자. 날카로운 독자들은 이 인물의 이름을 제1권에서 보았음을 기억할 것이다. 그는 1950년 6월 민족보위성에서 내려간 군내의 최후 선동문을 집필한 자였다. 개인면담을 통해서나 비밀문서에 나타나는 이름을, 판독하기 어려운 개인비밀기록철 속에서 확인한다는 것은 야릇한 지적 호기심을 자극한다.

홍범룡은 34세로서 1사단 3연대 문화부연대장이다. 그는 빈농출신에 성분은 사무원이고 중졸이다. 경력을 보자. 1931년 4월~1938년 2월 일본, 경기도 등지에서 잡노동하면서 야간중학을 다녔고, 1938년 2월~1940년 9월에는 점원, 1940년 9월~1941년 4월에는 잡노동, 1941년 4월~1944년 4월에는 양돈장 경영, 1944년 4월~1945년 8월에는 노무○ (판독 불능)공회서기, 1945년 8월~1945년 12월에는 홍남시 노조 총무, 1945년 12월~1946년 11월에는 홍남시당 노동부원으로 있었다. 1946년 11월에 입대하여 1947년 9월까지는 ○사(판독 불능) 선전원, 1947년 9월~1948년 4월 분대장, 1948년 4월~1948년 10월 학생(사동간부학교)을 거쳤고, 1948년 10월에 문화부연대장에 임명되었다. 식민시기에 점원이었고 잡노동을 하다가 해방이 되면서 노조활동을 하였고 1946년 11월에 입대하였고 1948년 4월까지도 가장 낮은 급인 분대장을 하였는데 간부학교 6개월을 거치고는 일약 부연대장에 임명되었다.

교육의 힘이 얼마나 놀라우며, 인민군내의 교육이 얼마나 철저한가를 이 인물이 쓴 선동문들을 보면 알게 된다. 인민군내 교육은 사회의 어떤 부분에서의 교육보다도 철저하고 치밀하였다. 인민군은, 군인의 도덕적 품질은 그의 생물학적 심리학적 천성의 산물이 아니며, 군인들의 정신적 면모는 커다란 차이점이 존재한다면서 군인에 대한 교육의 중요성을 강조하였다.[76] 홍범룡은 중졸 학력에, 1946년 11월에서야 입대하였고 1948년 4월 현재 분대장이었으나, 1949년에는 가장 수준 높은 선동문을 쓰기 시작하였다. 그는 전쟁개시 직전에는 민족보위성 문화훈련국에서 하달된 최후의 선동자료집에 수준 높은 선동문을 집필할 정도였다.[77]

손으로 씌어진 다른 인민군장교들의 경력기록을 보자.[78] 경력기록들은 전부 손으로 씌어진 것들이다. "땅크려단 제1땅크련대 기술부련대장 리상권은, 1936~37년에 3개월간 '놈들운전수'. 리력보장 — 이상조 무역국장"이라는 표현이 나온다. 이 표현은 3개월간 일본군부대 운전수를 했으나 이상조 무역국장이 이력을 보증하여 주어 승진하였다는 얘기다. 인민군내에서 일본군경력을 조금이나마 인정하여 구제해 준 경우는 새 인물로의 보충이 쉽지 않은 기술분야나 항공분야 정도였는데 이상권의 경우도 이를 보여준다. 이상조는 인민군 부총참모장과 주소(駐蘇)대사를 지내고 1980년대 후반에 한국에 왔었던 그 이상조이다. 이 문서에는 또한 88여단의 소련한인 출신 이청송 제2사단장에 대한 기록이 나오나 그의 경력은 흐릿하게 지워져서 알아볼 수 없다.

최복철은 제2사단 문화부사단장이었다. 그의 경력기록은 "연전(延專) 재학중 학도병피하여 만주로, 만주학생 반제동맹, 경성군 적색농조 참가, 1945년 7월 쏘련으로, 1945년 12월 귀국, 보증인 최인회 기무부장, 보위성 통신부장 박명수"로 되어 있다. 그는 연희전문학교(현재의

---

76) "전쟁에서의 도덕적 요인의 역할에 대한 맑쓰-레닌주의 학설," 《군사지식》 1950년 4월, p. 70.

77) 홍범룡, "조국을 영원히 분렬하는 리승만 역도들과 최후까지 싸우자," NA, RG 242, SA 2009 Item 3/69 민족보위성 문화훈련국, 《정치보도 및 담화자료》, pp. 19~23.

78) NA, RG 242, SA 2005 Item 3/7. 부대명칭 없음.

연세대) 출신이라는 식민시기의 최고학력에 만주에서 학생반제동맹활동을 하였고, 경성군에 들어와 적색농조에 참여하였다가 소련을 거쳐 문화부사단장에 보임되어 있다. 그럼에도 불구하고 기무부와 보위성의 보증이 들어가 있다. 그만큼 철저한 관리를 하고 있었던 것이다. 최복철은 문화부 간부이기 때문이었다. 그러나 전쟁을 선동하고 투쟁을 독려한 문화간부들이 실제 전쟁에서는 전투다운 전투도 별로 해보지 못하고 가장 많이 죽어갔다. 전쟁중 인민군내의 비밀전과기록이나 피해상황, 개인기록들을 보면, 전쟁의 초반에 그들은 후미에 위치했으나 전쟁이 치열해지면서 전부 전투에 투입되었는데 그들의 피해는 일반 장교나 상병들보다 훨씬 높았다. 입과 말로 전쟁을 해온 사람들이기 때문이었다.

다시 몇몇 경력을 보자. 인민군 명령서에 종종 나타나는 김태련은 '땅크려단 제2땅크련대장'이다. 그의 기록은 "역수(역원) 5년간, 탄광임금계산원, 신대원모집시 군대가 말안들면 총살로 견고책벌(49년) 그 외에는 문제없다"로 되어 있다. 비밀기록이었므로 총살한 죄목으로 책벌되었음이 기록되어 있다. 역원과 탄광계산원 위치에서 연대장까지 진출해 있다. 개인기록을 추적하면 이력과 환경, 출신에 대한 조사가 첨부되어 있어 문제가 있을 시에는 반드시 고위간부의 보증을 받아야 했다. 부친과 가족, 형제자매는 물론 친인척의 이력과 경력, 환경까지 광범하게 조사하여 참고되어 있었다.

이러한 조치는 인민군을 순결한 혁명군대로 만들기 위한 조치였다. 인사이동 때도 반드시 기록에 의거하여 참고한 뒤 이동하였다. 정강의 경우 땅크려단 제2땅크련대참모장에서 땅크련대 교도련대장으로 가는데 "리력—동북에서 혁명운동—문제없다. (그러나) 친척 5촌이 5,000평 몰수당해 평정사업상 참모공작 힘들다"는 평가가 첨부되어 있다. 즉, 정강은 개인적으로는 동북에서 혁명운동을 하였기 때문에 문제가 없으나 5촌이 토지개혁 시에 땅을 몰수당하여 체제에 대해 불만을 가질 것으로 보이기 때문에 참모직위는 맞지 않다는 견해가 첨부되어 있는 것이다.

조동욱은 6사단 1연대 문화부연대장에서 제3군관학교 문화부교장으로 조동(이동배치)된다. 조동이유는 제3군관학교 문화부연대장 송제현이 중앙당에 소환되어 중앙당 5호실공작을 담당하러 가기 때문이었다. 개인활동경력에 김일성과의 연계가 있을 경우 반드시 기록되었다. 조동욱의 경우를 보면 이를 알 수 있다.

> 조동욱 동무는 1930. 1~35. 10 동북에서 수상동지 유격대참가. 40년 6월부터 7개월 간 지하조직에 파견갔다 왔다는데 현재 나타난 재료에 의하면 헌병대 통역이라 함. 8·15까지 4년간 경기도 모악거점 노동하다. 8·15 후 이남에서 입북은 김장군 지시로"(원문 그대로).

그의 35년까지의 이력의 보증자는 제1사단 문화부사단장 김경석이었다. 김경석은 만주게릴라 출신으로 88여단 시절에는 중국공산당 동북당조직 특별지부국의 집행위원을 했던 자였다.

조동욱 기록을 보면 주목할 만한 사실이 하나 나오는데 그가 김일성부대에 있다가 일본헌병대 통역으로 위장침투하여 지하활동을 하였다는 점이다. 또 김일성부대 출신으로서 경기도에서 4년간 노동을 하였다. 그러나 그가 김일성부대와 계속 조직적 연계를 맺고 경기도에서 활동하였는지는 알 수 없다. 만약에 그렇다면 이는 김일성부대의 경기도지역에서의 국내활동에 대한 한 증거가 될지도 모른다. 그러나 이를 김일성게릴라부대의 북한의 북부지역에서의 활동[79]처럼 조직적 연계를 갖고 있던 활동이라고 보기는 아마도 어려울 것이다. 해방이 되자 조동욱은 김일성에 의해 북한으로 불려들어 갔다. 기록에는 조동욱은 "현재 군인으로 이남공작중이다"는 표현도 있는데, 이것은 조동욱이 기록시점에서 군인으로 대남공작에 참여하고 있다는 것인지, 또는 위장하여 남한군에 침투, 남한에서 공작중이라는 것인지는 확실치 않으나 둘 중의 하나인 것만은 분명하다.

---

79) 이에 대해서는 이준식, "항일무장투쟁과 당건설운동," 한국역사연구회 1930년대 연구반, 《일제하 사회운동사》(서울: 한길사, 1991), pp. 427~479를 참조하라.

다른 한 기록에 의하면 문화간부들은 민족보위성 중앙에서 직접 배치하였다. 왜냐하면 문화간부들은 군내의 사상과 정치교육문제를 담당하는, 인민군을 노동당의 군대이자 김일성의 군대로 만드는 요원들이기 때문이었다. 이를테면 문화훈련국《선전원수책》주필 노인히는 제7사단 문화부소장으로 가고, 그 후임에는 제1사단 3연대 문화부연대장 홍범룡이 왔다. 또 문화훈련국 조직지도부원 지백구는 6사단 1연대 문화부련대장으로 나갔다. 이 배치는 전쟁발발직전에 이루어진 배치였는데 민족보위성에서 직접 지시하고 있었다.

중국에서 건너온 군인들은 '동북에서 나온 동무'라 하여 따로 이력을 작성하여 관리하고 있었다. 이들은 중국공산당소속 당원들이었다. 한 자료에 따르면 당가입 여부가 명확치 못한 사람과 무당원을 제외하고는 16명 중 11명(69%)이 중공당 소속이었다. 중국군출신 장교들과 북한군 장교들의 출신과 성분은 큰 차이가 나지 않았다. 이들은 출신이 빈농 8, 중농 3, 로동, 수공업, 소시민 사무원이 각 1명씩이었다. 성분은 학생 5, 빈농 4, 사무원 3, 중농, 로동, 수공업이 각 1명씩이었다. 다만 이들이 북한군과 완전히 다른 것은 정치학교 교육경력이 전혀 없다는 점이었다. 단 한 명도 없었다. 북한은 중국에서 넘어온 장교와 병사들을 대상으로 1950년 봄 집중적인 전당사업을 통하여 조선로동당으로 당을 바꾸도록 하였다.

소대장급들을 보면 중국군출신 장교들이 어느 한 부대에 소속해 있지 않고 다양하게 분산되어 소속해 있음을 알 수 있다. 소대장급 장교들의 경력 역시 완벽하게 파악되어 있다. 개인별 기록을 보면 세세한 이력은 물론, 각각의 경력에는 일본군마(軍馬)양성소 조교수, 일군훈련소 분대장, 일군병사, 해방 후 인민물자절취, 충남 천안군에 친척이 있다, 만주하르빈서 아편장사, 단장재직시 동무구타, 죄인 3명을 총살하다, 형은 만주서 장사한다는 등의 기록도 첨부되어 있다. 여기에서 충남 천안에 친척이 있다는 얘기는 남한에 연고가 있다는 사실을 기록해 놓은 것이다. 남한과의 연계를 기록해 놓은 것은, 남한에 침투할 수 있는 조건에 대한 조사이기도 하였고, 반대로 더욱 철저하게 관리하여야 할 대상이라는 의미이기도 하였을 것이다.

강건학교 중기 2중대 2소대 4분대 학생 권명준(權明俊)의 개인기록을 보면, 그는 이홍광지대에 뒤늦게 참가한 사병이었다. 먼저 경력을 원문 그대로 보자.

> 1946년 신의주 로동신문사 취직, 1947. 7. 1 안동경위련대 참군. 48년 4월 3일 리홍광지대 203사 3단 2영 통신반 전사. 48년 4월 30일 인민해방군 166사 498단 2영으로 명칭 갈고 동북전쟁에서 대공 1차, 소공 1차 조국에서 바침. 49. 7. 11—666군부대 통신중대 전사. 49. 12.10 666군부대 포병참모부 지휘분대. 50년 6·25부터 조국전쟁 참가.[80]

권명준은 46년 현재 신의주에서 신문사에 다니고 있었다. 그런데 그는 47년에는 안동경위연대 소속이며 48년에는 리홍광지대 소속이다.

권명준의 경력은 논란의 여지가 있는 한 가지 쟁점, 즉 중국혁명의 과정에서 북한으로부터의 참전이 있었느냐 없었느냐는 점에 대해 해답을 제공해 준다. 물론 이러한 사실은 G-2에는 아주 상세하게 실려 있다. 거기에는 모병방식, 규모, 수송, 이동경로, 중국군으로의 편입 등에 대해 상세한 기록이 나온다. 따라서 북한군의 중국혁명참전 사실 자체를 의심할 수는 없다. 문제는 이것이 중국과 북한측의 자료에 의해서는 확인되지 않아왔다는 점인데 권명준의 경력은 그에 대한, 제한적이나마 한 해답이 된다. 그는 나중에 중국인민해방군 166사 소속으로 귀국하여 한국전쟁에 참전하였다. 그렇다면 우리는 중국에서 북한으로 넘어온 부대의 병사들이 전부 중국에서 투쟁하던 병사들은 아니며 북한에서 건너간 사람들도 있었다는 점을 알 수 있다.

전쟁중에 나온 총 173명의 인민군 간부에 통계기록을 보자.[81] 출신은 노동 13, 빈농 121, 중농 20, 지주 8, 소시민 5, 사무원 4, 상인 2

80) NA, RG 242, SA 2010 Item 4/92.

81) 2012 1/101 제2군단직속 간부훈련소 1950년 12월 17일 작성 〈기본통계표〉.

로 되어 있다. 중농은 물론 지주까지 있음이 주목할 만하다. 물론 빈농이 압도적이다. 여전히 농민의 군대라 할 만하다. 다음으로 성분을 보면 로동 36, 빈농 54, 중농 1, 사무원 55, 학생 18, 기업 1, 상인 2, 소시민 2, 기타 4(군인)로 바뀌었다. 빈농이 121(70%)에서 54(31%)로 줄어든 반면—이는 75%에서 33%로 줄어든 앞의 통계와 거의 비슷하다—, 노동이 13(0.8%)에서 36(20%)으로 상승하였다. 노동도 앞의 0%에서 21%로의 상승과 비슷하였다. 물론 중농과 지주는 사라졌다.

이들의 지식별 연령별 통계를 보면, 지식정도는 문맹 3, 국퇴 15, 소졸 72, 중졸 42, 전문학교졸 14, 대졸 27이었다. 학력이 높은 자들도 적지 않았으나 낮은 자들은 더욱 많았다. 소졸 이하가 90명으로 절반을 넘었다. 학력이 낮아도 인민군장교로 진급하는 데는 전혀 지장이 없었던 것이다. 연령별 구성은 15~25세 63명, 26~30세 46명, 31~35세 36명, 36~40세 20명, 41세 이상 8명으로 나와 있다. 가장 많은 연령층은 역시 젊은 층이었다. 소속 기관별 통계도 나와 있는데 특기할 사실은 빨치산출신이 2명밖에 없다는 점이다. 빨치산 출신은 남한에서 게릴라 투쟁을 하던 사람들을 말한다. 이들의 비율은 0.001%였는데 이는 인민군내의 힘의 실제분포에 비추어 사실을 반영하고 있는 것이었다. 소속정당별로는 노동당이 149명으로 86%였고 다른 정당은 없었다. 나머지는 소속정당이 없었다.

끝으로는 이들의 도별 통계에 따르면 남한출신은 129명이었고, 북한출신은 44명이었다.[82] 비율로는 75% 대 25%였다. 도별구성을 순서별로 보면 전북(36), 경기(27), 전남(25), 평남(17), 경북(14)의 순이었다. 상위 5개도 중 4개가 남한지역이었다. 이것은 한 가지 점을 시사하는데, 북한군 장교의 상당수가 남한출신이었다는 점이다. 이는 남한군 장교들의 상당수가 북한출신이었던 것에 비유된다. 이 통계는 남한군출신 장교수가 특히 많이 나와 있지만, 어쨌든 북한군장교 중에는 남한지역 출신이 많았다는 점은 분명히 보여준다. 남한출신이 많으면서도 빨

82) 통계의 북강원도는 북한지역에 넣었고 남강원도는 남한지역에 넣었다.

치산출신이 2명에 지나지 않는다는 점은 북한의 정규 엘리트 충원구조나 지배의 그물망에 들어가지 않고는 간부가 되기 어렵다는 점을 보여준다.

인민군 경력논의를 요약하면, 무엇보다도 북한군은 농민과 노동자의 군대였다고 할 수 있다. 사병들뿐만 아니라 지휘관의 경우도 동일하였다. 두 번째 특징은 인민군병사들의 긴 투쟁경력과 중국적 기원이었다. 이들의 투쟁경력이 20년에서 10년에 걸친다는 점은 이들이 중국에서 오랜 기간 투쟁하여 왔음을 보여준다. 어떤 병사들은 국경을 건너 중국혁명에 참전하였다가 돌아오기도 하였다. 세 번째로 1945년 이후 소련의 진주와 점령은 이들의 이러한 역사에 소련식 장비와 무기체계, 편제 및 훈련방식을 부여하였다. 결국 북한 인민군은 소련-중국-북한의 합작물이었던 것이다. 이는 그대로 북한체제의 성격으로 상승될 수 있다. 즉, 1940년대 후반 북한체제는 인민군처럼 소련-중국-북한적 요소의 융합으로 이루어졌던 것이다.

소련은 무기, 장비, 이론, 체제와 편제 등의 하드웨어를 제공했고, 역사적 기원, 인원, 투쟁경험, 조직운용관습, 군내 인맥과 인적 관계 등의 소프트웨어는 중국이 제공하였다. 가장 중요한 핵심요소인 사람과 정신은 북한적 요소였다. 아마 이러한 조합이, 소련의 위성국가냐 괴뢰였느냐 아니면 북한 고유의 독특한 성격을 갖는 자주적 체제였느냐 하는 이분법을 넘어, 초기 북한체제에 대한 가장 편견없는 사실적 설명일 것이다. 한국전쟁의 결정이 평양-북경-모스크바로 이어지는 동아시아 공산주의삼각동맹의 결합에 의해서 가능하였던 것처럼, 48년질서하의 인민군 역시 이러한 결합이었다. 전쟁의 결정과 도래에서도 3자의 결합은 특징을 보여주었는데, 이를테면 통일을 위한 의지와 욕망은 북한리더십으로부터 나왔고, 그를 위한 인원과 자신감은 중국혁명 후 중국으로부터 제공되었으며, 무기와 장비는 소련으로부터 나왔다.

이 조합은 남한군이 미국-일본-남한의 합작물이었던 것에 비유된다. 미국은 북한에서의 소련에 비유될 수 있는 것이고 일본은 중국이었다. 물론 남한은 북한에 대응되었다. 미국은 무기, 장비, 이론, 체제와 편제를 담당하였고, 일본은 기원, 인원, 경험, 관습, 군내인맥을 제공하였다. 그러나 사람과 정신은 남한 특유의 요소였다. 체제가 변화하여 본래의 모습을 띠어갈 때 사라지고 남는 요인을 결정한 것은 최초의 등장 메커니즘이었다. 외곽을 결정했던 소련적 요소가 가장 먼저 사라지고 중국과 북한적 요소의 2대 요소만 남았다가(1950년대) 결국은 중국적 요소도 최소화되고 북한적 요소만 남게 되었는데(1960년대 이후, 특히 1970년대 이후) 이는 형성과정에서의 역사적 비중의 반영이었다.

인민군은 철저하게 당과 연결되고, 군내에는 정치조직으로서 민청조직과 군인회의가 조직되어 있었다. 군인회의는 각종 문제에 대한 토론을 통하여 끊임없이 상부의 지시를 침투시키는 군내 학교의 역할을 수행하였다. 그리하여 인민군은 '민주주의적 민족간부를 양성하는 기관'으로 불렸다. 인민군은 사상과 정치의 거대한 학교역할을 하고 있었던 것이다. 그것은 국가와 사회를 연결하는 중심고리였다. 사회성원들은 인민군으로 들어갔고 인민군은 사회를 향하여 군사적 원리와 운용방법을 확산하여 체제를 군사주의가 지배하는 사회로 만들어갔다. 결국 인민군은 혁명적 동원체제의 중심이었다.

그러한 인민군대는 당의 철저한 통제를 받았다. 군대내에는 당의 노선과 이념의 침투, 정치교육을 담당하는 문화부를 두었다. 처음 인민군에는 대대급에까지만 문화부가 있었으나 1949년 5월부터는 문화부중대장을 두어 중대에까지 문화부가 설치되었다. 49년 5월 27일 내각은 결정 제60호를 통해 "조선인민군대내에서 문화교양사업을 질적으로 일층 개선시키며 교양사업의 사상적 수준을 제고시키며 전체 군무자들의 군사규률과 정치사상상태를 강화할 목적"으로 조선인민군 중대내에 문화부중대장을 설치한다고 결정하였다.[83] 이로써 군에 대한 당의 통제는 더욱 확고해졌다. 경찰은 일찍부터 당의 통제가 흔들리지 않았다. 이는 남한에서도 군대보다는 경찰에서 먼저 정치적 사상적 통일과 지도체계

83) NA, RG 242, SA 2009 Item 10/99, 〈내각결정 제60호 — 조선인민군대 내에 문화부 중대장 설치에 관하여〉(1949년 5월 27일).

가 구축된 것에 비유될 수 있다. 노동당은 실제적 권력의 중추였다. 행정기관 역시 마찬가지였다. 49년 10월 20일에는 시 군 구역 내무기관에 초급 당위원회를 설치하였으며, 각 분주소에는 분세포를 두었고 내무서에는 문화부서장제를 두었다. 특히 1950년 6월에 인민군내에서 전쟁직전 내려간 명령서들을 보면 공격에 앞서 당세포회의를 열고 당원들에 대한 교육을 실시하라는 내용이 자주 발견되는 것으로 보아 인민군내의 당조직은 매우 일찍 만들어졌던 것으로 보인다.

군내에서 당에 대한 학습을 철저하게 실시하였다. 군내에서 가장 체계적으로 학습을 실시한 부분은, 군사지식과 함께, 김일성의 혁명투쟁사와 당에 대해서였다. 장차 조선인민군의 역사를 기록하기 위한 기본방침을 제시한 총참모장 강건의 교시에 의하면 인민군 부대들은 부대의 조직, 훈련, 전투기록, 표창, 공훈, 국가건설사업에의 참여뿐만 아니라 '당 및 민청사업'도 반드시 기록하여야 했다. 이에는 부대의 당원 및 민청원의 숫자, 사업, 책임간부 등을 반드시 기록해야 했다. 강건이 '이 역사는 조선인민대중의 중요한 자산'이라고 부른 인민군 역사기록은 총참모장의 직접적인 감독 및 검열을 받아야 했다.[84]

북한리더십은 기본적으로 전쟁을 정치의 연장으로, 그리고 군대를 정치의 실천도구로 규정하고 있었다. 따라서 당교육은 결코 소홀히 할 수 없었다. 민족보위성이 발행하는 대표적인 군사잡지인 《군사지식》의 설명을 보자.

> 전쟁의 본질과 특성을 규정하는 데 있어서 정치의 역할에 대한 맑쓰-레닌주의 학설에 의하면 군대는 정치의 도구라는 것으로 된다. 다시 말하면 정치는 군대의 사명의 성질을 결정한다. 전쟁은 정치의 군사적 수단으로써의 계속이다. 그렇기 때문에 군대는 이 정치의 실천도구이다. 그러므로 군대의 면모는 무엇보다도 직접 정치의 성질, 전쟁의 내용, 그의 목적 및 의도에 의하여 결정된다.[85]

---

84) NA, RG 242, SA 2009 Item 8/34, 강건, 〈력사기록에 관한 교시〉(민족보위성 총참모부, 1949년 1월).

이는 군대와 정치, 전쟁의 삼각관계를 가장 잘 설명하고 있는 것이다. 그렇다면 이제 군대의 자료 하나를 갖고 군내 당교육을 살펴보자. 조선인민군 528군부대의 상학재료인 《당건설》은 네 번에 걸쳐 연속발행된 교육재료이며, 매우 체계적이고 단계적인 학습진도와 계획으로 설정되어 있다. 분량도 매우 길었다.[86] 군내에서의 당교육은 매우 철저하였던 것이다. 이러한 철저한 당교육은 김일성부대의 투쟁사에 대한 교육을 제외하고는 유일한 것이었다. 여타 주제의 교육재료는 한번 또는 두 번의 단속적인 학습진도로 이루어져 있었다.

1949년 12월에 발행된 제 1 부는 "당에 대한 맑스-레닌주의의 학설"이라는 제목하에 맑스주의-레닌주의적 관점에서 공산당에 대한 이론을 학습시켰다. 교재는 "우리 로동당은 맑스-레닌주의의 과학적 리론과 그 사상으로서 무장하며 맑스-레닌주의가 가르치는 방향이 자기의 정치적 활동의 총방향으로 되는 것"이라는 전제하에 "로동계급의 전위로서의 당", "로동계급의 조직된 부대로서의 당", "당은 로동계급의 계급적 조직의 최고형태"라는 내용으로 되어 있었다. 북한은 아직 노동계급으로 이루어진 사회가 아니었음에도 불구하고 소련의 공식적인 사회주의이론을 반복하여 노동계급의 당이자 맑스주의-레닌주의의 실현도구로서의 당이라는 공식을 되뇌고 있음을 알 수 있다. 그러나 동시에 "당은 의지의 통일체로서의 당"[87]이라고 주장하여 북한리더십이 갖고 있던 강한 주의주의(主意主義)적 측면을 읽을 수 있게 한다.

1950년 2월에 나온 제 2 부는 '북조선로동당사'로 이루어졌다. 제 1 부에서 일반이론을 교육한 뒤 북한노동당에 대해 교육하려는 의도였다.

---

85) 군사잡지부, "전쟁에서의 도덕적 요인의 역할에 대한 맑쓰-레닌주의 학설," NA, RG 242, SA 2010 Item 3/2, 조선민주주의인민공화국 민족보위성 전투훈련국, 《군사지식》 1950년 4월, p. 71.

86) NA, RG 242, SA 2010 Item 5/92, 조선인민군 528군부대, 《상학재료 — 당건설》 제 1 부~제 4 부(1949년 12월~1950년 4월).

87) NA, RG 242, SA 2010 Item 5/92, 조선인민군 528군부대, 《상학재료 — 당건설》 제 1 부, p. 24.

제 2 부는 철저하게 김일성 중심의 내용이었다. 김일성의 항일투쟁과 그가 이끈 조국광복회와 조국광복회의 10대 강령이 상세하게 소개되었고 그것이 당창건의 전사(前史)로서 가장 강조되었다. 인민군뿐만 아니라 공산당의 역사까지도 식민시기 김일성부대의 투쟁에 기원을 두고 있는 것이었다. 또한 45년 9월 11일 창건된 조선공산당은 다만 전신당(前身黨)으로 불렸다. 이는 파벌을 인정하지 않고 영도의 유일성을 확고하게 관철하기 위한 역사해석의 독점이었다. 전신당은 조선공산당 북조선분국과 조선신민당이 합당하기 이전의 공산당을 말하였다. 이는 때로는 남한의 조선공산당까지 포함하여 말하는 경우도 있었다.

군대교재에서도 북조선공산당중앙국을 창설하는 데 반대하며 서울중앙을 고수한 자들은 '종파분자'라고 규정당하고 격렬하게 공격당하지 않으면 안되었다. 이는 당의 헤게모니가 김일성그룹으로 완전히 기울어 있음을 보여준다. 이 자료에 비추어 볼 때 노동당 창설의 공식역사에서 가장 강조된 것은 10월 20일이었다. 10월 20일은 바로 조선공산당 북조선분국이 만들어진 날이었다.[88] 교재는 북조선분국을 북조선공산당 중앙국으로 표현하고 있었다.

제 3 부는 1950년 3월에 나왔는데 북조선노동당의 강령과 규약에 대한 상세한 해설이었다. 치밀하고 논리적이어서 매우 설득력이 있고 수준높은 해설임을 한눈에 알 수 있다. 특기할 것은 북한의 국가성격에 대한 자신들의 규정이었다. 지금까지 많은 논란을 빚어온 인민민주주의 국가에 대해 북한은 다음과 같이 규정하고 있었다.

> 인민민주주의 국가는 쏘베트사회주의국가에 비하여 그의 정치적 형태가 다르다 할지라도 사회주의국가이다. … 인민민주주의국가의 로동계급적 성격을 부인하며 그것을 사회주의와 자본주의의 중간로선의 국가로 또는 사회주의국가에 대립되는 특수한 형태로 보는 견해들은 맑스레닌주의에 극심한 해독으로 된다.[89]

---

88) 《해방후 4년간 일지》, p. 12 ; NA, RG 242, SA 2005 Item 2/9, 《해방후 3년간 일지》, p. 3.

위의 진술은 스스로 자신들의 국가의 성격이 중간존재가 아니라 사회주의국가라고 분명하게 규정하고 있는 것이다. 인민민주주의국가라는 주장에 대한 반대는, 사회주의와 자본주의의 분리와 그러한 분리 속에서의 전자의 정당성의 독점이라는 사회주의자들의 고전적인 이분법적 인식의 연장이었다. 어떠한 형태의 중간적 존재와 해석도 맑스주의-레닌주의의 인식 속에서는 존재할 수 없었다. 또 자신들 이외의 계급과 사회와 국가는 최소한의 존재이유와 정당성의 공유도 있을 수 없었다. 이러한 극단적 양분인식의 현실적 실현은 적의 소멸을 통해서만 달성될 수 있었다.

제 4 부에서는 지금까지의 당교육을 총괄하는 당에 대한 교육 본래의 목적이 나타났다. 4부는 50년 4월에 발행되었는데 제목은 "자주독립국가건설을 위한 투쟁에 있어서의 로동당"이었다. 자주독립국가건설에서의 노동당의 역할을 규명하는 것이야말로 군내에서 당에 관해 교육하는 본래의 의도였다. 내용은 온통 남한과의 비교를 통해 이승만 매국도당을 타도하고 국토완정을 이루자는 것으로 가득 차 있었다. 목차는 ① 조국의 평화적 통일독립을 위한 투쟁의 주도역량인 로동당, ② 조국통일민주주의전선 강화와 우리당, ③ 당의 확대공고화를 위한 당의 과업으로 되어 있었다. 내용은 감정적이고 분노에 찬 어조로 바뀌어 있었다. 모든 주제는 강의와 함께 토론이 동시에 배정되어 있어 강사의 강의가 끝나면 반드시 자체토론을 진행하여야 했다. 인민군대는 초기부터 철저하게 김일성의 군대이자 노동당의 군대였던 것이다. 왜냐하면 당국가에서는 공산당이 권력의 최종적 담당자였기 때문이었다.

89) NA, RG 242, SA 2010 Item 5/92, 조선인민군 528군부대, 《상학재료 — 당건설》 제 3 부, pp. 9~10.

제 13 장

혁명적 동원체제의 변환 : 군사주의의 등장과 확산

1. 군대와 사회 : 북한체제의 성격과 특징

이미 말했듯 인민군은 48년질서 시기 북한의 소우주였다. 그곳에서 김일성에 대한 충성이 가장 강력하였고 그것은 사실상 국가의 근간이었다. 1946년 중반 김일성이 국가의 지도자로 부상할 때 다른 조직에 앞서 보안대는 가장 먼저 절대충성을 표시하였다. 전간기(戰間期) 역시 마찬가지였다. 인민군은 기본적으로 김일성의 군대로 규정되었고, 그의 투쟁을 이어받은 군대라고 선전되었다. 군대 내에서처럼 김일성이 칭송받고 국가의 절대적인 지도자로 밀어올려진 곳도 없었다. 그에 대한 군대의 충성은 당, 정부, 의회, 경찰 어디를 보아도 독특할 만큼 절대적이었고 일사불란하였다. 그 후 북한에서 체제를 표현하는 핵심어휘의 하나인 '수령'이라는 용어가 처음 튀어나온 곳도 인민군이었다. 46년에 김일성에게 절대충성을 맹세할 때와 마찬가지로 김일성을 수령으로 부른 사람은 이번에도 최용건이었다.[1] 그는 김일성을 '조선인민의 수령이

1) 〈조선인민군 열병식에서 진술한 최용건 총사령의 연설〉, NA, RG 242, SA 2005

며 영도자', '위대한 우리의 수령'으로 밀어올렸다.

수많은 교재와 군내교육재료, 사회단체들의 인민군 관련자료들이 있지만 두 가지의 핵심문건을 비교하여 봄으로써 우리는 인민군 내부교육과 그것을 사회에 확산시키는 것 사이에 차이가 없었음을 발견할 수 있다. 즉, 군대에 관한 한 내부교육과 사회교육 사이에는 차이가 없었다. 말을 바꾸면 인민군내의 논리와 사고와 의식은 무리없이 전체사회로 확산되어 갔던 것이다. 이것은 마치 인민군이 사회의 축소판이자 다시 그 사회가 인민군의 확대판인 것처럼 보이게 만들 정도로 차이가 없었다.

민족보위성 문화훈련국에서 1949년 2월에 발간한 상학교재에는 인민군의 조직, 목적, 과업이 잘 요약되어 있다. 제목은 〈조선인민군의 조직과 목적 및 과업에 대하여〉로서,[2] 이 교재는 인민군의 성격을 파악하는 데 있어 다른 어떤 것보다 중요한 자료이다. 교재는 '조선인민의 령도자이시며 영웅이신 김일성장군'에 대한 칭송으로부터 시작한다. 교재에 따르면 인민군창설은 '김일성의 직접 지도'에 따른 것이었다. 이러한 진술은 모든 교재의 동일한 특성이었다.

교재는 미국의 침략적 본성에 대한 공격을 잊지 않는다. 군대창설의 필요성은 미제의 침략위협으로부터 주어졌다. 즉, "미제국주의자들은 오늘 … 갖은 요언과 구실로서 자기들의 침략적 정체를 엄폐하려고 애쓰고 있다. 그러나 그들은 커다란 오산을 하고 있는 것이다. 조선인민은 절대로 그들에게 속아넘어가는 우매한 인민이 아니다"고 지적한다. 인민군 창건의 필요성은 "미국을 비롯한 제국주의자들이 약소민족국가의 자주독립을 말살하려는 야수적 행동을 감행하고 있는 정세" 때문이었다는 것이다. 특히 "조선을 본다면 일제를 대신하는 미제국주의가 우리 조국의 남반부를 식민지화하며 군사기지화하며 동시에 우리 조국 북반부에서 일우어지는(원문 그대로—이루어지는) 인민들의 승리적 건설들을 파괴하려는 여러 가지 흉책들을 감행하고 있"기 때문에 "이들로부

Item 2/81, 《조선인민군》, pp. 13~15.

2) NA, RG 242, SA 2010 Item 5/101, 민족보위성 문화훈련국, 〈정치상학교재-49-11 : 조선인민군의 조직과 목적 및 과업에 대하여〉(1949년 2월).

터 우리 조국과 인민을 방어하기 위하여서 인민군대의 창설이 필요하다는 것이 아주 명백한 사실이라는 것"이다.[3] 다음으로는 인민군의 임무와 역할을 말한다.

> 오늘 조선인민군은 우리 조국과 인민을 방위하는 성벽으로 되고 있을 뿐만 아니라 남조선 괴뢰정부 타도와 조국통일을 위한 인민들의 투쟁에 희망을 줌과 동시 원쑤들의 침공을 미연에 방지하며 그들에게 커다란 타격을 주는 거대한 힘으로 되고 있다.[4]

조국의 방어와 통일이라는 두 가지가 핵심역할로 지적되고 있음을 알 수 있다. 조선인민군이 조직되게 된 조건은 첫째로 소련의 방조 때문이었다.

> 쏘베트군대가 우리 조국을 해방시키고… 조선인민군 창설의 가능성을 지어주었으며 조선인민군의 창설과 그의 조직발전을 위하여 성의껏 방조하여 주었고 또 주고 있기 때문이다. 만약 쏘베트군대의 힘에 의한 우리 조국의 해방과 그의 성의적 방조가 없었다면 오늘날과 같은 인민군대가 있을 수 없었을 것이며 우리 조선인민군대는 군사기술과 전술을 소유하지 못하게 되었을 것이다.[5]

그러나 소련과 스탈린은 표면적으로만 또는 기술적이고 상황적으로만 내세워졌을 뿐이었다. 내용도 매우 짧아서 46년까지처럼 온갖 경어로서 칭송하는 모습은 자취를 감추었다. 소련을 언급할 때조차 다음엔 반드시 김일성이 언급되었다. 군대의 정신과 역사를 말할 때 소련과 스탈린은 김일성에게서 비켜나 있었다.

교재는 곧바로 "둘째로 조선인민군은 우리 민족의 령도자이신 김일성

---

3) NA, RG 242, SA 2010 Item 5/101, 〈조선인민군의 조직과 목적 및 과업에 대하여〉(이하 〈조선인민군의 목적 및 과업〉), p. 6.

4) 〈조선인민군의 목적 및 과업〉, p. 7.

5) 〈조선인민군의 목적 및 과업〉, p. 8.

장군의 심심한 배려와 지도에 의해서 창설되었다"고 진술한다. 김일성은 '조선인민군의 조직자이시며 지도자'였다. 교재는 "인민군 창설에 관한 김일성 장군의 고려는 벌써 과거 만주에서 민족해방투쟁을 진행하던 당시부터 있었던 것"이라면서 "1932년의 조선인민혁명군의 창설과 군대조직을 규정한 조국광복회 강령의 제3조가 인민군 조직의 효시"라고 주장한다. 인민군의 역사적 효시는 조선인민혁명군과 조국광복회까지 올라가고 있는 것이다. 조국광복회 강령 3조의 내용은 다음과 같았다.

> 일본군대 헌병 경찰 및 그 주구의 무장을 해제하고 우리 애국투사들의 행동을 원조하는 인민의 무장으로서 조선인의 진정한 독립을 위하여 싸울 수 있는 군대를 조직할 것이다.[6]

조국광복회 강령 제3조는 조선인민군 창군의 근거로 항상 제시되었다. 이 조항은 인민군 창설의 강령적 지침으로 받아들여지고 있었던 것이다. 김일성의 인민군창설은 "해방후 귀국하여서도 무엇보다 인민군 창설에 많은 관심을 하시는 동시에 빨찌산투쟁을 한 애국자들을 핵심으로 인민군을 조직을 준비하셨으며 그리하여 드디어 인민군을 창건하셨던 것"[7]으로 주장되었다. 48년 이후 북한의 모든 인민군 교재와 항일투쟁 역사서들은 김일성이 이끌었던 만주 게릴라투쟁을 인민군과 북한체제의 요람으로 기술하였다.

김일성은 인민군의 성격을 "우리가 창설하는 군대는 조선인민이 만든 조선인민의 군대인 것", "로동자 농민 근로인민들의 아들딸로서 조직된 군대이며 인민을 위하여 복무하는 인민의 군대"[8]라고 말하였는데 이는 이후 북한에서 조선인민군의 첫 번째 특성으로서 항상 언급되었다. 노동

---

6) 〈조선인민군의 목적 및 과업〉, p. 8; 최창익, "김일성장군의 항일무장투쟁," 《朝鮮民族解放鬪爭史》(평양: 김일성종합대학, 1949), p. 396.

7) 〈조선인민군의 목적 및 과업〉, p. 9.

8) 〈조선인민군 열병식에서 진술한 김일성 위원장의 연설〉, NA, RG 242, SA 2005 Item 2/81, 《조선인민군》(1948년 북조선인민위원회 선전국), p. 7.

자 농민 근로인민의 아들 딸로 인민군이 조직되었다는 것은 사실이었다. 우리는 이를 이들의 개인경력들을 추적하면서 확인하였다.

남한군은 반대로 '인민과 완전히 유리된 지배계급의 군대요 미국의 침략의 도구'로 가차없이 낙인찍었다. 그들에 따르면 남한군대의 모든 반인민적 정책의 배후는 미국이었다. 때때로 북한은 미국의 직접적인 학살을 언급하여 그들에 대한 증오와 반미의식을 고취하였다. "특히 미제국주의자들에 의하여 우리 공화국 남반부 인민들이 학살당하며 탄압당하는 사실은 참으로 우리 조선인민들로서는 참을 수 없는 비참한 일이다."[9] 북한군과 남한군을 비교하듯 사회주의국가 군대와 자본주의국가 군대도 비교하였는데 "자본주의국가 군대는 낡은 제도를 원조하며 부르주아적 질서를 견고히 하는 가장 완고한 기계이다. 자본주의국가 군대는 도저히 강한 군대로 될 수 없으며 그가 나가는 길은 다만 와해의 길밖에 없다"고 공격하였다.

가장 중요한 점은 군대를 인민과 일치시키는 것이었다. 이 점은 김일성이 가장 강조하여 마지않던 것이었다.

> 조선인민군의 지향과 목적은 인민의 지향과 목적과 동일하다. 그러므로 인민군은 인민을 사랑하며 존경한다. 그리고 인민은 인민군을 지지하며 사랑한다. 우리 인민군은 장교나 병사나 할 것 없이 모두 같은 근로계급의 출신이므로 **그들간의 지향과 목적이 동일하여 그들은 한 가족과 같은 관계를 일우고 있다.** … 인민군대는 오직 인민의 리익을 위하여 복무하는 것이다. 원쑤가 조선인민을 해치려 할 때면 마지막 피 한 방울까지 바치어 인민을 사수한다.[10]

강조 표시된 부분은 초기 북한체제의 핵심을 읽을 수 있게 해준다. 인민군과 인민의 지향은 동일한 지향과 목적을 갖고 있다고 주장되고 있음은 물론 그 관계는 가족과 같은 관계로까지 비유되었다. 김일성은 종종

---

9) 〈조선인민군의 목적 및 과업〉, p. 14.
10) 〈조선인민군의 목적 및 과업〉, pp. 17~18.

국가를 가족의 확대로 인식하고 있었다. 시간이 흐르자 실제로 그는 자신이 통치하는 북한국가를 마치 가족의 확대된 형태, 내지는 동양적 대가족체제 또는 봉건시대의 군주국가나 가족국가와 같은 형태로 만들어버렸다. 물론 그 정점에는 김일성이 서 있었다. 위의 문구는 그 초기적 사례였다. 따라서 나중의 북한의 국가를 가족국가(*family state*)[11]로 규정하는 것은 가장 중요한 특성을 지적한 것이라 하겠다. 이 체제하에서 수령은 충성을 맹세하는 인민에게 영원한 생명을 주는 아버지이고 당은 어머니로 비유된다. 수령은 육체적 생명을 준 실제 아버지보다도 더 높은 존재로 간주된다. 그럼으로써 북한은 가족의 학대된 공동체로서 유사가족공동체가 되는 것이다.[12]

커밍스는 이러한 특성을 들어 북한사회를 공동체주의가 가장 우선시되는 혁명적 코포라티즘의 사회라고 규정한다. 즉, 핵으로부터 대중으로의 확산과 대중에서 핵으로의 집중이야말로 북한체제와 정치의 가장 큰 특징이었다. 하향주의와 상향주의, 원심적 확산과 구심적 집중, 이 둘의 결합이 북한정치의 요체였다.

> 북한사회주의의 가장 큰 파격은 체제의 상층지도부, 곧 혁명의 실질적인 전위를 구성하는 핵심지도부에서 나타났다. 조직원리는 관료적 위계 대신에 엄격하게 짜인 내부서클에서의 개인적 충성이었고, 이것은 끊임없이 바깥으로 확대되는 동심원(同心圓)들의 핵이 되었다. 이 개념은 합리적-법적이라기보다는 카리스마적이고, 관료주의적이라기보다는 유기체적인 것이었다. 이 핵심을 상호결합시키는 것은 항일유격투쟁의 카리스마에 기초한 사인주의적(*personalistic*)인 것이었다. 그 이데올로기는 혁명적 민족주의였고 정치형태는 코포라티즘 형태에 가장 근접하였다. 그 결과는 또한 민족적 유아론(*national solipsism*)이라고 부를 수 있는 그런 것이었다.

---

11) Stewart Lone, and Gavan McCormack, *Korea Since 1850*(New York: Longman Cheshire, 1993), pp. 175~183.

12) 스즈키 마사유키, 유영구역, 《김정일과 수령제사회주의》, p. 185.

> 김일성의 이미지를 빛내고 그의 주위로 단결하는 과정은, 충성·의무·책임의 서약을 통해 서로 결합되고, 상호간에는 용기·대담성·희생의 보기 드문 덕목을 소지하는 기사도와 남녀의 요소를 연상케 한다. 그것은 봉건적 군주의 용어이다. … 이러한 정치의 역동성은 원심적인 동시에 구심적이다. 핵으로부터 바깥으로 퍼져나가는 동심원은 처음에는 만주유격대와 그들의 가족을, 다음에는 당 위계조직을, 그 다음에는 군대를, 이어서 인민을 포용한다. 동심원의 바깥원이 중심에 신뢰와 충성을 되보낼 때 그것은 자신의 기반을 확보하게 된다. … 그러나 이것은 자신의 정통성을 과장된 역사와, 초인적 자질을 가진 인간에 관한 치켜세워진 신화에 의존하는 카리스마적인 정치였다.13)

그러나 더 중요한 점은 하향주의와 상향주의, 원심적 과정과 구심적 과정의 결합이 균형적이거나 민주적이지 않았다는 데에 있었다. 둘 중 압도적으로 우세한 방식은 항상 전자였다. 둘 사이의 이 '엄청난 불균형'을 지적하는 것이, 북한정치가 둘의 '결합'으로 이루어져 있다는 점을 지적하는 것보다 더 중요하다.

조선인민군의 다른 특성에 대해 김일성은 그것이 "일제에 항거한 애국자를 중심으로 창설되었다"는 점을 들었다. "우리 인민군대가 가지는 또 하나의 특성은 그것이 과거 일제의 가혹한 탄압하에서 우리 조국과 인민의 해방을 위하여 반일무장투쟁에 일생을 바쳐온 진실한 애국자들을 골간으로 하여 창설된 것"이라는 김일성의 말을 받아 교재는 "우리 인민군대는 민족해방을 위하여 싸운 김일성 장군이 령도하신 빨찌산부대의 애국적이며 전투적인 전통을 계승한 것"으로 기록하고 있었다.14)

인민군이 국가의 골간이었다면 간부와 정신의 면에서 만주항일투쟁세력은 인민군의 골간이었다. 그리하여 사망한 항일투쟁가의 가족들은 혁명자 유가족이라 하여 국가로부터 특별한 대우를 받았다.

남한과의 비교를 통해 이 문제는 가장 날카롭게 대비되었다. 군인들

---

13) Bruce Cumings, *Origins*, Vol. II, pp. 305, 309.
14) 〈조선인민군의 목적 및 과업〉, pp. 19~20.

에게 혁명정신과 증오를 키워주기 위해서였다. 혁명전통과 투쟁경험뿐만 아니라 애국정신도 강조되어 이들간의 결합을 시도하고 있었다.

> 우리 조국을 사랑하는 애국자들은 직접 손에 총검을 들고 일제를 상대하여 빨찌산투쟁을 하였었다. 오늘 남조선에서 정권을 쥐고 있는 친일파들이 일제와 야합하여 조선인민을 억압착취하며 심지어 조선의 황금같은 천년남녀(원문 그대로 — 청년남녀)들을 일제의 침략전쟁판으로 몰아내고 있을 때 조선의 애국자들은 일제군대를 상대로 장구한 류혈의 투쟁을 계속하여 우리 민족의 명예와 전통을 고수하였었다. 이러한 애국자들을 골간으로 하여 또한 일제와의 실지투쟁속에서 얻은 그들의 많은 고귀한 경험을 토대로 하여 우리 인민군대는 창설된 것이다. 그렇기 때문에 인민군대는 실지에 있어서는 장구한 혁명전통과 투쟁경험과 애국정신으로 빛나는 력사적인 군대인 것이다. 다시 말하면 조선인민군은 총칼로 무장된 것만이 아니라 열화같은 애국정신으로 또는 우수한 선배들의 실지경험으로 무장된 강철같은 군대이다. 이것이 또한 조선인민군의 중요한 원동력의 하나이다.[15]

다음으로 조선인민군의 목적은 "조선민주주의인민공화국을 보위하는데 있다"고 주장되었다. "조선민주주의인민공화국이 인민의 재산과 이익을 옹호하며 인민의 평화와 자유를 보장하는 인민의 나라이기 때문에 조선민주주의인민공화국을 보위한다는 것은 곧 인민의 이익과 재산과 평화와 자유를 보위하는 것"[16]이라고 주장되었다. 즉, 국가의 보위는 인민 자신의 보위라는 소리였다. 군대의 목적은 국가의 보위이고 국가의 보위는 인민의 보위라는 진술에서 우리는 국가와 인민의 일치 및 가족의 국가화와 국가의 가족화라는 이중고리를 통하여 인민과 국가, 군대 셋의 의도적인 일체화 기도를 엿볼 수 있다.

북한의 헌법 28조는 '조국의 보위는 공민의 최대의무인 동시에 최대

15) 〈조선인민군의 목적 및 과업〉, p. 20.

16) 〈조선인민군의 목적 및 과업〉, p. 21.

영예'[17]라고 규정, 의무라는 강제성과 영예라는 자발성을 동시에 강조하여 이 둘을 결합하여 인민들을 군대로 끌어들이려 노력하였다. 인민군대에의 복무는 곧 '인민들에게 자유와 행복을 보장하여 주는 초소에서 있기 때문에 영예로운 것'[18]으로 선전되었다. 이것은 북한이 인민들에게 항상 강조하면서 군대입대와 후원을 호소하던 문구였다.

김일성은 49년의 신년사에서 "인민군은 공화국 북반부에서 인민들이 이미 쟁취한 승리를 고수할 것이며 우리 조국을 다시 식민지화하려고 기도하는 침략세력을 격퇴하며 조국과 인민을 팔아먹으려는 반동세력을 분쇄하며 우리 조국강토의 완정과 안전을 보장하기에 항상 준비되어 있도록 되어야 한다"[19]고 지적하였다. 두 가지의 과업을 제시하고 있는 것이다. 하나는 북한체제의 보위였고 다른 하나는 통일이었다. 이는 곧바로 인민군에게 투입되었다. 김일성의 말을 받아 교재는 "우리 조국 남반부에 침입한 침략세력을 격퇴하며 매국노들의 흉책을 분쇄하며 조국의 통일과 안전을 보장하도록 인민군대는 항상 준비되어 있어야 한다"[20]고 강조한다. 이에 따라 "매개 군무자들은 고상한 도덕적 정신과 정치자각성으로 무장되어야 한다. 고도의 군사기술과 발전된 군사과학의 소유, 강철같은 규률, 국가비밀과 군대비밀의 엄수, 군용품과 인민재산의 애호"를 요구하였다.[21] 교재는 이러한 과업을 "전투를 수행하고 있는 그런 태도로 실행하여야 할 것"을 강조하였다.

그렇다면 이제는 인민군대를 모집하고 일반 청년과 인민들에게 배포되는 교육교재 하나를 분석하여 보자. 인민군 교재처럼 그 수가 매우 많아 대표적인 것 하나만 선정하여 분석한다. 가장 거대한 청년조직인 민청에서 사용된 교재로서 시작은 역시 김일성으로부터였다.

---

17) 〈조선민주주의인민공화국헌법〉 28조, 《조선중앙년감》(1949년), p. 4.
18) 〈조선인민군의 목적 및 과업〉, p. 24.
19) "1949년도 신년사," 《김일성선집》 2권(1953), p. 313.
20) 〈조선인민군의 목적 및 과업〉, p. 27.
21) 〈조선인민군의 목적 및 과업〉, pp. 27~30.

우리가 조선인민군대를 론하자면 '우선' '우리 인민군대의 근원인 김일성 장군의 영웅적 항일유격대'를 비롯하여 여러 혁명적 선렬들의 류혈적 항일무장투쟁을 상기하여야 할 것이다. 그는 실로 우리 인민군대가 일제의 가혹한 탄압하에서 조국과 인민의 해방을 위하여 항일무장투쟁에 몸을 바치어 고귀한 경험을 가지고 있는 김일성 장군 빨찌산부대와 기타 수많은 애국자들을 골간으로 하고 창설되었기 때문이다."[22]

결코 인민군내의 문건 못지 않다. 김일성과 그의 부대의 투쟁에 대한 부분을 좀더 보자.

김일성 장군의 빨찌산부대는 그 당시 나라없는 인민들의 비애와 절망의 고통 가운데서도 한 줄기 조국의 해방과 독립을 확신케 하고 우리 민족의 진로를 똑똑히 보여주는 표적이었으며 민주주의 조선의 앞길을 밝혀주는 등대였다.

김일성 장군의 빨찌산부대는 도탄의 구렁에 빠져 있는 우리 민족에게 광명과 용기와 희망과 자신을 북돋아주는 원동력이었다.

김일성 장군의 반일유격전은 일본 강도들의 침략행동에 직접적인 타격을 주었을 뿐만 아니라 그들의 침략적 진로를 가로막는 완강한 장벽이며 1931년 9·18 사변(이른바 만주사변) 후 만주에 있어서의 일제를 반대하는 항일유격운동은 김일성 장군의 빨지산부대를 중심으로 전개되었다.

김일성 장군의 빨찌산부대는 일본제국주의자들이 자연방채로 생각하고 있던 장백산맥을 넘나들며 압록강과 두만강을 건너와 조선내에 그 용자를 떨침으로써 국내 인민에게 조국독립에 대한 무한한 신심을 주며 반일운동을 고취시키는 등 정치적으로 사상적으로 커다란 영향을 주었다.

---

22) NA, RG 242, SA 2009 Item 3/72, 《민청강연자료 제2집 — 인민군대와 청년》(청년생활사, 1949년 4월), pp.35~36.

> 무기와 물자가 극도로 궁핍된 곤난한 조건하에서 일제가 '무적의 정예군'이라고 자랑하던 관동군과 조선주둔군을 상대로 15년간이나 승리적 투쟁을 계속한 만큼 이는 실로 세계 빨찌산투쟁사에서 가장 찬란한 한 페지를 기록해놓은 것이다.[23]

유명한 보천보 습격은 다음과 같이 설명되었다.

> 보천보의 총소리는 일제의 가혹한 군사테로하의 캄캄한 침묵의 어두움을 깨드렸으며(원문 그대로—깨뜨렸으며) 조선인민이 살아 있으며 민족해방운동의 거대한 정력이 빨찌산들 속에 축적되어 있다는 것을 시위하였다. 김일성장군의 빨찌산부대는 꾸준히 싸워왔으며 이겨왔다. 이는 조선인민의 가슴을 격동시켜 독립에 대한 희망과 해방에 대한 확신을 북돋아 주었으며 조선인민이 나아갈 길을 똑똑히 밝히어 주었다. 이와 같은 김일성장군의 빨찌산부대의 빛나는 투쟁과 그의 공훈은 비단 우리 조선인민의 가슴에 깊이 뿌리박혀 영원히 사라지지 않을 뿐만 아니라 전세계에 그 불멸의 광휘를 떨치고 있다.[24]

이는 모든 군인을 김일성의 전사로 만들 뿐만 아니라 모든 청년들을 김일성의 전사로 만들어 나가는 작업이었다. 청년에 대한 강의재료 역시 소련과 맑스주의-레닌주의의 교의를 강의하고는 다음엔 반드시 김일성이 언급되었다.

목차를 보면 '군대의 발생, 비정의의 군대(자본주의군대), 정의의 군대' 순이었고 정의의 군대로서 쏘베트군대와 조선인민군대의 특성이 논의되었다. 청년들에게 군대에 대해 인식시킬 때는 사회와 역사, 국가, 계급, 자본주의에 대한 그들의 인식처럼 정통 맑스주의-레닌주의의 기본인식에서 한치도 벗어나 있지 않았다. "군대는 계급사회에 있어서 지배계급이 피지배계급을 압박하여 착취하는 도구"라는 것이 기본적인 인

---

23) 《인민군대와 청년》, pp. 37~38, 40.
24) 《인민군대와 청년》, p. 40.

식이었다.[25] 그러나 군대에 이러한 계급적 인식보다 중요한 것은 군대의 종류에 대한 그들의 이분법적인 인식이었다.

북한은 맑스주의-레닌주의자들의 고전적인 인식 그대로 군대에는 "자본주의착취제도를 유지하려 날뛰는 미제국주의를 비롯한 자본주의국가들이 가지고 있는 비정의의 군대와 위대한 쏘련을 위수로 한 민주주의 제국가에서 인민의 행복과 자국의 민주독립과 세계의 항구한 평화건설을 위하여 인민에게 복무하는 정의의 군대"가 있다고 교육하였다. 자본주의국가 군대의 특성과 기능은 "자본주의 그 자체의 본질에 따라 자본가 지배계급들의 착취체제를 확립하며 피착취계급을 억압복종시키며 착취를 반대하여 일어나는 근로자들을 학살하며 군대의 자본주의적 제질서를 보장하기 위한 한 개의 도구이며 자본가들의 욕망에 의하여 움직이는 무기"[26]로 규정되었다. 반면에 "우리 인민군대는 위대한 쏘련군대를 비롯한 제반 민주진영의 인민군대와 같이 조국과 인민을 보위하며 세계평화를 위하여 투쟁하는 정의의 군대"[27]라고 주장되었다. 김일성이 조선의 식민지로의 전락이유가 일제의 군대를 격파할 만한 군대를 가지지 못했기 때문이라고 규정하자 이를 받아 교재는 김일성이 창건을 주도한 조국광복회의 10대 강령을 '그 당시 조선의 실정에 가장 알맞는 반일민족통일전선의 기본강령', '전조선인민의 력사적 요구와 숙망을 가장 적절하게 명시하였으며 민주조국 창건의 명확한 로선을 명시'한 것으로 평가한다.[28] 군대의 문제에서 바로 조국광복회나 김일성의 게릴라투쟁이 불려나오고 신화화되고 존경과 경복(敬服)의 대상이 되고 있는 것이다. 여기에는 가장, 절세의 애국자, 영도, 유일성, 불멸의 광휘, 세계빨찌산투쟁사에서 가장 찬란한 한 페이지, 등대, 광명과 희망의 불빛 등과 같은 주체체제가 확립된 뒤에서야 전사회적으로 덮어씌워지는 최상급의 표현들이 이미 들어 있었다. 즉, 청년들에 대한 교육에서의 김일성 칭

25) 《인민군대와 청년》, p. 1.
26) 《인민군대와 청년》, p. 8.
27) 《인민군대와 청년》, p. 34.
28) 《인민군대와 청년》, p. 41.

송과 우상화는 인민군내의 그것에 못지 않았다. 모든 해석과 진술의 준거는 김일성의 투쟁이었고 그의 말이었다.

> 김일성 장군의 빨찌산부대는 오늘 조선인민군의 핵심을 형성하고 있으며 따라서 조선인민군은 김일성 장군의 빨찌산부대의 산아인 것이다, 즉 조선인민군은 김일성 장군의 빨찌산부대가 야만적 일제군대를 대항하여 영웅적으로 고수해온 민족적 영예와 무한한 애국정신을 그대로 계승하여 그 고귀한 경험을 토대로 삼아 창설된 것이다. 따라서 조선인민군대는 비록 1948년 2월 8일에 창건되었으나 그 본질은 조국의 자유와 독립을 위한 반일민족해방무력투쟁과정에 있어서의 백전백승의 찬란한 전통을 지니고 있는 진정한 인민의 군대인 것이다.[29]

교재는 이어 “김일성 장군의 빨찌산부대가 이와 같이 세계사에 빛날 유격대로 된 것은 더 말할 필요없이 우리 민족의 절세의 애국자이신 김일성 장군의 령도밑에 전체 빨찌산대원들의 조국해방을 위한 백절불굴의 희생적 정신과 혁명적 투쟁에 기인되는 것이며 또한 인민대중과의 견고한 련결 속에서 그 당시의 주관적 객관적 정세에 가장 적합한 조국광복회 10대 강령에 표현되는 정치적 로선과 탁월한 전략전술에 립각하였기 때문”이라면서 김일성장군의 빨찌산부대가 위대한 투쟁업적을 남긴 이유의 하나는 ‘령도의 유일성이 확보되어 있었기 때문’[30]이라고 강조한다. 군내의 교육자료에서 영도의 유일성에 대한 강조는 종종 나타났다.

영도의 유일성은 오늘의 북한의 모든 것을 설명해 주는 주체사상의 핵심사상 가운데 하나이다. 이에 대한 오늘의 북한의 공식설명을 보자.

> 혁명과 건설에서 수령의 유일적 영도를 실현한다는 것은 혁명과 건설에서 나서는 모든 문제를 수령의 유일적 영도 밑에 풀어간다는 것을 의미한다. 수령의 혁명사상을 혁명과 건설의 유일한 지도적 지침으로 삼고

29) 《인민군대와 청년》, p. 42.

30) 《인민군대와 청년》, pp. 40~41.

> 모든 문제를 수령의 결론에 따라 처리해 나가는 것은 이 원칙의 선차적 요구이다. 또한 전당, 전국, 전군이 수령의 명령, 지시에 따라 하나와 같이 움직이는 것은 이 원칙의 근본요구이다.[31]

주체사상의 핵심을 이루는 '영도의 유일성'을 강조하는 표현의 내용은 명백히 7~80년대적인 것으나 위의 기록은 놀랍게도 40년대 후반의 것이었다. 김일성의 유일지도성의 확립을 위한 노력이 역사해석에서는 매우 빨리 나타났음을 알 수 있는 것이다. 그것은 군대의 교육부분에서 먼저 나왔다.

이러한 징조는 일찍이 1946년부터 존재하였던 것이 사실이다. 이 연구의 제 5장의 논의를 보면 우리는 이러한 점을 확인하게 된다. 47년 2월에 있는 〈북조선 도·시·군 인민위원회 대회〉 인상기를 기록하면서 한설야는 김일성을 조국과 일치하는 수준으로까지 상승시키고 있었다.

> 위대한 친화력과 초인적 정력을 가진 장군의 얼굴에는 그 언제나와 다름없는 여유작작한 너그러운 웃음이 떴다. … 장군도 응당이 인민의 일꾼들을 통하여 조국을 느꼈을 것이다. 우리들의 그 누구나도 한결같이 장군을 통하여 우리의 조국 조선을 느낀 것이다. 하나를 통하여 여럿을 보게 하는 그 '하나'는 말할 수 없이 큰 것이다. 거리에서 보는 장군의 사진 한 장에서 우리는 배후에서 전개되는 朝鮮을 느낀다. … 장군은 우리의 가장 보배인 가장 대표적인 한 개의 높은 '예술형상'이라고 말한다 하더라도 나물할 사람은 없을 것이다.[32]

위의 교재는 이어서 '김일성 장군의 빨찌산부대는 을지문덕 장군, 리순신 장군 등의 애국정신을 손손 맥맥히 계승보존한 부대'라고 주장한다. 이 장군들은 한국의 역사에서 고대와 중세 한국의 국난을 구한 가

---

31) 조선민주주의인민공화국 사회과학원 철학연구소, 《철학사전》(서울: 힘, 1988년 번인간행), p. 461.

32) 한설야, "북조선 도·시·군 인민위원회 인상기," NA, RG 242, SA 2005 Item 1/6, 《보도》 1호(1947년 3월), p. 61.

장 위대한 위인들로 받아들여지던 사람들이었다. 김일성은 어느새 그들의 반열에 올라선 것이었다. 따라서 "김일성 장군의 빨찌산들의 그 용감하고 숭고한 애국정신은 이때까지 우리 민족의 모든 애국정신과 혁명사상이 새로운 력사적 단계에 높이 발전된 것"으로까지 규정한 뒤 "이 숭고한 애국사상이 오늘 우리 인민군대의 사상적 토대로 되고 있는 것"[33]으로 주장하였다.

소련의 조건창출은 두 번째로 언급되었다. 즉, 그것은 두 번째 요소라는 것이었다.

> 조선인민군대가 창설될 수 있는 또 하나의 조건은 위대한 쏘련군대가 우리 조국을 해방시켜 주었으며 북조선의 제반 민주개혁과 민주건설을 백방으로 원조하여 우리 군대창설의 가능성을 보장하여 준 데 있는 것이다.

소련의 역할은 다만 조건을 보장하여 준 것으로 격하되고 있었던 것이다. 소련군은 최초에는 인민군을 만든 주체로 거론되었으나 이제 주체는 김일성과 그의 투쟁이 독점하였고, 그것은 다만 조건을 보장하여 준 정도로 물러나 앉았다.

사실에 비추어 김일성의 빨찌산투쟁에 대한 지나친 강조는 두 가지 점에서 사태에 대한 과장이었다. 첫째로 그것은 다만 기원이었을 뿐 소련의 조건창출보다 더 낮은 역할을 한 요인이라는 점이다. 둘째로 이미 추적한 대로 조선인민군의 기원은, 인민군의 일부 지휘관을 배출한 김일성부대만이 아니라 일부 지휘관과 대부분의 병사들을 배출한 조선의용군 계열도 존재하였다는 점이다. 김일성빨찌산부대 출신은 소수의 장교들밖에는 없었다.

다음으로 교재는 조선인민군의 특성을 첫째 "로동자 농민 근로인민 자제로써 조직된 군대이며 인민들과 혈연적 관계를 가지고 있는 진정으로 인민에게 복무하는 군대"이며, 둘째 "전세계 근로대중의 형제적 군대"라

---

33) 《인민군대와 청년》, p. 43.

고 선전한다. 역시 '혈연'이라는 가족적 언어가 첫 번째로 튀어나옴을 볼 수 있다. 또한 셋째로 조선인민군대는 고상한 민주주의 도덕적 자각성을 가지고 있으며, 넷째 병사들이 자기의 옳은 자각성을 가지고 있다는 것이었다.[34]

교재는 "조선인민군대는 우리 조국과 인민을 보위하는 성벽으로 될 뿐만 아니라 남조선 괴뢰정부 타도와 조국의 통일을 위한 구국투쟁의 초소에서 원쑤들의 침공을 미연에 방지하는 거대한 인민무력"이라면서 "우리 인민군대에의 복무는 공민으로서 더 없는 영예가 아닐 수 없는 것"이라고 호소하였다. 드디어 인민군 복무를 최대의 영예라며 입대를 호소하고 있는 것이다. 청년들에 대한 입대의 호소는 교재의 본래의 목적이었다.

> 인류역사를 통하여 청년들의 순진성과 진취성과 정의에 대한 용감성은 항상 청년들의 특성으로 되어 왔으며 수많은 청년들이 혁명선렬들의 위대한 투지를 계승하여 사회발전법칙이 가르치는 바, 길에서 투쟁하여 왔음을 우리는 잘 알고 있다. 가까운 례로서 위대한 조국전쟁시기에 쏘련청년들의 60% 이상이 빨지산투쟁에 참가하였으며 파란 빨찌산들의 70% 이상은 청년들이 점하였다.[35]

이상의 내용을 통해 볼 때 일반청년들을 대상으로 하여 입대를 호소하고 인민군을 선전할 때도 역시 김일성에 대한 충성의 호소와 김일성의 투쟁으로부터 시작하고 있음을 알 수 있다. 그가 동원의 시작이자 끝이었던 것이다.

한 자료는 북한이 하계 전투훈련을 앞두고 예하 무력부대에게 어떠한 내용을 가르쳤는가를 보여준다.[36] 물론 극비로서 두 개로 나뉘어 있는데 하나는 하사관 및 구대원 정치상학 교육강령이고 다른 하나는 신입대원 정치상학 교육강령이다. 먼저 신입대원 교육강령을 보면 군사와

---

34) 《인민군대와 청년》, pp. 44~51.

35) 《인민군대와 청년》, pp. 52~54.

36) NA, RG 242, SA 2009 Item 5/2, 〈1950년 하기 전투정치훈련정치상학 교육강령〉(극비) (1950년 5월).

정치, 역사의 기초교육, 이를테면 조선인민군의 조직과 그의 목적 및 과업, 군인선서는 군무자들로부터 무엇을 요구하는가, 조선인민군대복무는 조선민주주의인민공화국 공민의 신성하고 영예로운 의무이다, 민족적 영웅 김일성장군은 조선인민이 경애하는 지도자이며 공화국 내각수상이다, 세계민주진영은 제국주의진영보다 강대하다, 남조선에서 미제의 제국주의적 정책과 남조선 형편 등으로 이루어져 있었다.

하사관 및 구대원 정치교육강령은, '조국의 자유와 국가적 독립을 위한 조선인민의 투쟁'이 첫 번째 주제이다. '조선해방에 있어서의 위대한 소련 붉은 군대의 역할' 식의 표현에서 완전히 벗어나 있다. 이 첫 번째 주제는 총 116시간 중 24시간이 배정되어 있는데 순서대로 "일본제국주의 기반으로부터 조국의 해방을 위한 조선인민의 투쟁", "일본강점자를 반대한 김일성 장군 유격대의 영웅적 투쟁", "조선인민군은 해방된 조선인민의 군대이며 그의 리익의 충실한 방위자이다", "미제의 식민지정책과 리승만 괴뢰정부를 반대하는 남반부 인민들의 영웅적 투쟁", "소위 '국방군'은 미제국주의자들과 그의 주구 리승만 매국역도들의 악독한 살인도구이다"의 다섯 소주제로 되어 있다. 강의 및 문답의 배정시간은 각각 6, 4, 6, 4, 4 시간이다.

두 번째 주제는 "조선민주주의인민공화국은 인민민주주의의 발전의 길에 서 있다"이다. 총 7개 소주제에, 시간은 38시간이었다. 소주제는 "조선 해방 5주년", "쏘베트군대는 조선인민을 일제의 기반으로부터 해방시킨 해방군이다", "조선민주주의인민공화국 형법은 조선인민의 최초의 민주주의적 법전이다", "해방후 5년간에 있어서 북반부의 민주개혁", "북반부의 2개년 인민경제계획의 완수과정", "조국의 통일독립과 민주화를 위한 투쟁에 있어서 로동당의 5년간의 업적", "일상적 전투준비와 경각성은 우리의 강력한 무기이다"의 일곱 개이다. 세 번째 주제는 소련으로서 제목은 '쏘련은 로동자 농민의 사회주의국가이다'이고 시간은 24시간이다. 네 번째 주제는 '국제 문제'로서 여기에는 동방인민들의 민족해방투쟁, 일본의 새로운 군국화는 미제의 기본정책 등의 내용이 들어있다.

인민군내에는 중국에서 흘러들어온 교범도 가끔 사용되었다. 이를테면 간부학습재료인《思想指南》이 그것인데 이것은 리홍광지대 정치부 선전과에서 번역발행한 교범이었다.[37] 발행날짜는 미상이지만 리홍광지대가 활동할 당시 중국에서 조선족 병사들을 위하여 조선어로 번역, 출판된 것이 북한에 들어와서 그대로 사용된 것임에 틀림없었다. 필자들은 모택동, 유소기, 주덕 등이었다. 여기에는 "군중을 탈리(脫離)함을 반대함"이라는 모택동의 논문이 실려 있는데 내용은 "군대는 반듯이 인민을 사랑하여야 하며 인민의 이익을 손해하면 안 된다. 군대는 반듯이 정부를 존중하고 당을 존중하여야며 독립성을 고집하면 안 된다"는 것이 핵심이었다. 또한 그의 "단순한 군사관점을 반대함"이라는 논문은 "단순한 군사관점은 군사역량을 과도히 믿고 군중의 역량을 믿지 않는다"[38] 고 하여 당시 북한에서 과도하게 넘쳐 흐르던 급진군사주의에 대해 반대되는 내용을 담고 있었다.

그러나 거의 모든 주요 군사교범은 정통 맑스주의-레닌주의에 따른 교범이었다. 초기 북한의 군사교범들에서는 레닌과 스탈린의 군사교리들이 인용되었고 소련의 전쟁경험이 자주 인용되었다. 적지 않은 교범들에는 러시아어의 군사용어들이 그대로 실려 있었다. 중국과 모택동은 보편이 아니라 아시아에서의 인민의 승리, 또는 맑스주의-레닌주의를 적용하여 승리한 한 사례로 해석되는 수준을 넘지 않았다. 이는 중요한 차이를 갖는다. 김일성은 분명히 중국공산당과 모택동의 영향을 받았지만 그의 전술과 사상은 아직 정통 맑스주의-레닌주의나 소련의 영향에 비교한다면 너무도 미약한 것이었다. 그것은 보편적 가치판단의 기준은 될 수 없었다. 대부분의 병력이 중국으로부터 들어왔는 데도 불구하고 소련의 압도적인 영향력 아래에 있었다는 것은 소련의 영향력이 얼마나 강력하였는가를 증명한다.

끝으로 조선인민군의 모병과 입대를 살펴보자. 초기의 입대 형식은

---

37) NA, RG 242, SA 2009 Item 6/73, 간부학습재료《思想指南》.

38) 2009 6/73 간부학습재료,《思想指南》, 110.

강제징병이나 모집이 아니라 청원이었다. 북한이 언제부터 징병을 하였는지에 대해서 현재까지 정확한 내부기록을 발견할 수는 없다. 북한자료에 근거한 초기의 미국자료에 따르면 북한군은 49년 초에 자원입대에서 징집제로 바뀌었다. 또 이 시점에 각급학교에 군사교관을 배치하였다.[39] 강제징집제는 국민 누구나 군대를 가야 하는 국민개병제의 실시를 의미한다. 국민개병제는 모든 사람을 국가의 공식이념이 가장 체계적으로 조직화되어 있는 군대에 참여시킴으로써 국가에 충성하는 '국민'으로 형성하는 데에 결정적으로 중요하였다.

징병제를 실시하였음에도 불구하고 인민군은 표면적으로는 끝까지 청원형식의 입대인 것처럼 보이려 하였다. 이에 관한 자료가 하나 남아 있어 이를 엿볼 수 있게 한다. 〈조선인민군 입대청원서〉가 그것이다. 인민군은 입대시 "나는 조국의 통일독립과 자유를 위한 투쟁에서 헌신분투하기 위하여 인민군대에 입대시켜줄 것을 청원함"이라고 되어 있는 청원서에 본적, 현주소, 성명, 소속기관, 직업 및 직위, 기술 및 기능, 연월일, 청원자 서명을 하였다.[40] 또한 청년들은 군에 입대할 때 다음과 같은 군인선서를 하였다.

> 나는 조선민주주의인민공화국 공민으로서 조국 앞에 신성한 의무를 리행하여 조선인민군에 입대하면서 나의 조국과 인민과 민주주의인민정부에 나의 생명의 마지막 순간까지 충실할 것을 영예롭고 위대한 선조들의 이름으로 엄숙히 맹서한다.
>
> 나는 인민의 뜻으로 창건된 민주제도를 헌신적으로 충실히 수호하며 나의 힘과 생명을 아끼지 않고 모든 적들을 반대하여 손에 무기를 잡고 나의 조국과 민족의 자유와 독립을 방위하기 위하여 항상 준비되여 있을 것을 맹서한다.
>
> 나는 정직하고 용감하고 규률있는 군인이 되며 군사비밀과 국가비밀을 엄수하며 모든 군사규정과 지휘원과 장관들의 명령을 절대적으

39) U.S. Dept. of State, *North Korea : A Case Study*, p.69.
40) NA, RG 242, SA 2005 Item 3/5, 〈조선인민군 입대청원서〉.

로 수행하며 군사학을 성실히 연구하며 인민의 재산과 군대재산을 백방으로 애호 보위할 것을 맹서한다.

만일 나의 이 엄숙한 맹서를 고의로 위반하는 때에는 나는 인민의 증오와 저주를 받을 것이며 공정한 재판의 엄격하고도 무자비한 처벌을 받을 것이다.[41]

자발적 의무감을 강조하려는 어휘들이 체계적으로 배치되어 있다. 군인선서에 동원되는 어휘에서 우리는 세 가지의 뚜렷한 기조를 추출할 수 있다. 언어와 어휘는 사상의 압축적 반영이었다. 첫 번째는 국가지상, 민족지상의 이념이다. 이를 위해서는 인민, 애호, 보위, 민주제도, 자유, 독립, 인민정부, 생명, 선조, 영예, 위대, 엄숙이라는 어휘가 동원되었다. 두 번째는 개인의 덕목을 강조하는 어휘들로서 의무, 헌신, 정직, 용감, 성실이 채택되었다. 세 번째로는 강인함과 전투정신을 함양하기 위한 어휘들이었다. 규율, 절대적 수행, 비밀엄수, 증오, 저주, 엄격, 무자비, 처벌이라는 어휘에서는 철의 전사로서의 정신무장을 요구하고 있다. 민청교육재료, 입대청원서, 군인선서를 보면 잘 짜인 일관된 체계성을 느끼게 한다. 짧지만 초기 북한의 어떤 단체정신과 일체성을 느끼게 하는 부분이다. 즉, 복종의 대상에 대한 절대적인 복종과, 충성의 대상을 보위하기 위한 적에 대한 분명한 적의와 타도의 철학이 들어 있다.

그러나 군인에 대한 경제적 대우는 특별하지는 않았다. 그것은 이 군대가 혁명과 통일을 위해 스스로 강조하여 왔듯 '정신'으로 뭉쳐진 군대였기 때문일 것이다. 김일성이 비준한 1949년 7월 2일의 〈조선인민군 군무자 봉급에 관한 규정〉에 따르면 소대장 1,400원, 부중대장 1,500원, 중대장 1,700원, 부대대장 1,900원, 대대장 2,500원, 부련대장 3,000원, 련대장 3,500원, 부사단장 3,700원, 사단장 4,000원이었고, 비행사는 규정봉급 외에 중대장 이상은 450원, 비행사나 책임비행사는 300원을 '가봉'(원문 그대로) 할 수 있었다.[42] 이를 물가지수와 비교하면 1949년 9월 16일 현재

41) NA, RG 242, SA 2012 Item 6/154, 〈군인선서〉.

북한생필품가격은 쌀-강서 290원, 사리원 200원, 안악 230원 ; 소련자전거-12,000원 ; 고무신-강서 270원, 사리원 250원, 안악 400원 ; 구두-강서 2,500원, 사리원 2,500원, 안악 2,500원이었다. 돼지고기는 한 근을 기준으로 지역에 따라 120원, 110원, 100원이었다.[43]

그렇다면 물가에 비추어 볼 때 군관봉급은 결코 높은 것이 아니었다. 동원을 위하여 특별히 높은 봉급이 필요하지는 않았음을 알 수 있다. 혁명적 동원체제에서 물질적 유인은 동원을 위해 필수적으로 중요한 요소는 아니었던 것이다. 그렇다면 두 가지가 남는다. 하나는 강제였고 다른 하나는 충성이었다. 둘 중 어느 것이 더 앞선 요인이었는지를 판별하기는 어렵다. 비교적 후기에 들어간 사람들은 전자였을 것이고, 초기부터 참여한 사람들은 후자였을 것이다.

이제 인민군의 사회내의 역할을 볼 필요가 있다. 인민군은 기본적으로 국가를 보위하는 방어력이었지만, 사회내에서는 군사주의를 전파하며 국가의 공식이념을 확산시키는 기관으로서 기능하였다. 즉, 인민군은 국가와 사회를 연결하는 기관이었다. 김일성은 이 점을 항상 강조하였다. 한 논설은 이 점에 관한 북한의 정리된 견해를 잘 대변하고 있다. "김일성장군의 교시는 조선인민군대의 정치 도덕적 기본강령"이라고 규정한 논설은 인민군대를 청년들의 정치적, 기술적, 전투적 학교로 규정하였다.[44] 논설은 "인민군대는 다만 공화국을 보위하는데 있어서뿐만 아니라 근로인민들을 단결시키고 교육하며 민주주의적 민족간부를 양성하는 관점에서도 중요한 의의를 가지지 않을 수 없다"며 스탈린의 말을 인용하여 다음과 같이 군대의 정치적 연결역할을 강조한다.

---

42) NA, RG 242, SA 2005 Item 5/2, 민족보위성 조선인민군, 《군무자 봉급규정》.

43) KMAG, *G-2 P/R*, No.189(Sep. 29, 1949).

44) 현정민, "인민군대는 근로청년들의 정치 기술 및 전투적 학교이다", NA, RG 242, SA 2005 Item 1/34, 《근로자》 1950년 1월 31일, pp.51~65.

군대는 로동자와 농민들의 학교이며 집결장소로 된다는 점으로 보아 군대에 대한 당의 힘과 영향은 막대한 의의를 가지고 있는 것이며 이러한 의미에서 군대는 당을 로동자 및 빈농들과 련결시키는 아주 거대한 기관이다.

초기 북한에서 군대는 실제로 당과 사회, 지도자와 인민의 양쪽을 연결시키는 기능을 수행하고 있었다. 전자로부터 후자로의 하향식 침투만이 아니라 후자로부터 전자로의 상향식 집중도 인민군을 통해서 이루어졌다. 즉, 인민군은 상향정치와 하향정치가 동시에 이루어지는 근간이었다. 논설은 인민군이 청년들에게 국가 및 당의 정치이념을 가르치고 이를 따르게 하며, 그들에게 선진과학기술을 가르쳐 기술을 습득하고 향상시키게 하며, 전투훈련과 교육을 통하여 전투력을 길러준다는 의미에서 '조선인민군은 청년의 학교'라고 주장하였다. 이 논설이 지적한 세 가지 기능은 인민군대의 실제의 핵심적인 역할 세 가지를 지적한 것이었다. 가장 잘 조직된 국가기구인 군대에 최고지도자와 당과 국가의 노선과 이념과 지도철학이 침투하고 이것은 다시 사회로 확산되는 것이었다. 군대야말로 최고의 조직성과 충성도를 가지고 지도자의 지도노선을 수용하는 곳이었으며, 교육의 효과가 또 가장 빠른 곳이었고, 사회적 확산의 속도 역시 가장 빠른 곳이었다.

북한에서는 초기부터 '개인은 전체를 위하여'라는 공동체주의적인 구호가 사용되었는데 그 구호가 나온 곳도 인민군이었다. 우리는 앞서 수령이라는 어휘가 처음 나온 곳이 인민군대임을 보았다. 공동체주의의 원칙이 주창되고 요구된 곳도 역시 인민군대였다. 인민군은 오늘의 북한을 움직이는 사상과 논리의 시원적 원형이었던 것이다. "조선근로청년들은 **정치생활을 서로 배우고 배워주는** 집결처로서의 인민군대에서 새사회로 지향하는 근로자들이 소유하여야 할 **개인은 전체를 위하여**라는 사상이 배양되고 공고히 된다. 그러므로 인민군대는 로동자와 농민의 단결을 가져오며 국가의 견고한 정치적 력량으로 구축되고 … "[45] (강조

45) 현정민, "인민군대는 근로청년들의 정치 기술 및 전투적 학교이다," 《근로자》

는 원문 그대로)라고 주장되었다. '배우고 배워주는 집결처'라는 표현에서 상향정치와 하향정치의 접점임을 간취할 수 있다.

군사주의의 확산과 관련하여 김일성이 처음부터 인민들에게 군사적 호칭인 장군(將軍)으로 자연스레 불렸다는 점도 흥미롭다. 처음 얼마간 그가 가짜라는 소문이 돌았으나 이는 곧 사라졌고, 그는 일제에 맞서 싸운 위대한 장군으로 칭송받았다. 장군 호칭은 최용건과 무정도 마찬가지여서 큰 지도자의 경우 군사적 호칭이 일반적으로 쓰인 것이다.

건국 초기시기 '장군'이라는 어휘는 단순히 군사지도자라는 뜻만이 아니라 민족의 지도자라는 뜻을 담고 있었다. 그러나 군사투쟁의 경력이 없는 사람에게까지 이러한 호칭이 붙여진 것은 아니었다. 이범석, 최용건, 김일성, 무정 등만이 이러한 호칭을 일반민중으로부터 부여받았다. 그러한 호칭으로 제일 많이 불린 사람은 김일성이었다. 그는 언제나 장군으로 불렸다.

김일성에 관한 남아 있는 전기 중 최초의 것이라 할 수 있는 기록 역시 제목이 《영웅 김일성장군》이었다.[46] 내용은 김일성의 항일투쟁지역을 저자인 작가 한설야(韓雪野)가 직접 답사까지 하여 기록한 것이었다. 김일성과 그의 부대의 만주에서의 투쟁에 대한 칭찬 일색이다. 다른 저술 역시 마찬가지로서 한재덕의 김일성에 관한 개선기도 역시 《김일성장군 개선기》였다.[47] 내용은 한설야의 저술과 마찬가지로 김일성의 식민시기 유격투쟁에 관한 칭송으로 채워져 있다. 최고지도자들이 군사지도자 출신이고 장군으로 불리면서 식민시기의 투쟁을 강조하는

1950년 1월 31일, p. 57.

46) 한설야, 《영웅 김일성 장군》(부산: 신생사, 1947). 이 책자는 1946년 말이나 47년 초에 북한에서 나와 부산에서 출간되었다. 책에는 저자가 한설야로 되어 있고, 부산의 편자의 머리말이 따로 있는 것으로 봐서 북한에서 나온 것을 재출간한 것이다. 편자는 47년 3월자로 한설야의 허락 없이 재출간한다는 사실을 밝히고 있다. 그렇다면 이 전기는 47년 3월 이전에 출간되었다는 소리다. 필자가 아는 한 이 기록은 김일성에 관한 최초의 전기이다.

47) NA, RG 242, SA 2005 Item 2/84, 한재덕, 《김일성 장군 개선기》(평양: 민주조선사, 1947년 초판, 1948년 증보판).

통치방식은 사회에 자연스럽게 군사지도자에 대한 존경과 동경을 불어넣어 주었다. 그리하여 그들의 투쟁은 자주 신화화하였다. 이러한 현상은 이 시기의 자료들을 읽는 사람으로 하여금 그것들을 1970년대나 80년대의 기록으로 착각하게 만든다. 그러나 위에서 본 김일성에 대한 군대와 사회의 찬양과 경복(敬服)은 1980년대의 북한이 아니라 1940년대의 북한에서 나오고 있는 것들이었다.

사회의 군대화와 김일성의 항일 무장투쟁에 대한 찬양은 맞물려 돌아갔다. 전쟁을 결정한 직후인 1950년 초에는 《근로자》와 《인민》을 비롯한 각종 잡지와 《로동신문》에 주요 지도자들이 일제히 글을 실어 김일성의 무장 투쟁을 찬양하고 인민군의 투쟁을 독려하였다. 먼저 《로동신문》에는 주요 지도자들이 회상기 〈반일 빨찌산 투쟁시대를 회상하면서〉를 같은 제목으로 연재하였다. 이는 군인들의 투쟁각오를 다지게 하고 김일성 영웅화를 위해 연재되었다. 이를 쓴 사람들은 무정, 최현, 박훈일, 오백룡, 최용진, 왕연 등 군의 고위지도자들이었다. 김일성 부대원이었건 아니었건 그의 지도로 투쟁하여 혁혁한 성과를 이루고 일제를 구축할 수 있었다는 내용들이었다.[48] 이것만으로도 우리는 항일무장투쟁에 대한 회상과 그를 통한 김일성의 우상화가 이미 40년대 후반과 50년 초에 시작되었음을 알 수 있다.

무정조차 "김일성 장군의 항일빨치산투쟁이야말로 인민군의 모체이며 우리는 장군의 그 투쟁으로부터 고무되어 일제에 굽히지 않고 투쟁할 수 있었다"고 진술할 정도였다.[49] 물론 그의 진술은 사실이 아니었다. 그의 투쟁은 김일성부대와는 관련이 없었을 뿐만 아니라 그 자신이 김일성에 못지 않은 명성과 투쟁경력을 갖고 있었음에도 불구하고 사실을 왜곡하면서까지 김일성의 투쟁을 칭송하고 있는 것이다. 무정은 1950년 초 당시가 투쟁심 고조와 군사주의의 사회적 확산을 위해 북한의 독립운동지도자들이 항일투쟁수기를 집중적으로 연재할 시점이었기 때문에

48) 《로동신문》 1950년 1월 20일, 1월 23일, 1월 24일, 1월 28일, 2월 2일, 2월 5일.

49) 무정, "반일빨찌산시대를 회상하면서," 《로동신문》 1950년 2월 5일.

어쩔 수 없이 실었을 것이다. 아니면 김일성에 대한 충성심의 표현을 위해 실었을 수도 있었다.

잡지에도 김일성의 무장투쟁이 자주 실렸다. 대표적인 것들만 보아도 강건의 "김일성장군 항일유격부대는 조선인민군의 전투적 골간이다", 임춘추의 "동만(東滿) 조선인민들의 혁명적 폭동", 김두용의 "일제를 반대하는 조선인민의 민족해방투쟁과 김일성장군", 전창철의 "김일성장군이 직접 지도하신 동녕현 시가 전투" 등이 있었다.[50] 당시 김일성의 항일빨치산투쟁을 가장 상세하게 자주 집필한 이나영은 아예 "김일성장군의 영웅적 빨찌산투쟁"이라는 같은 제목으로 군내외의 여러 신문과 잡지에 지속적으로 연재물을 게재하였다.

같은 시기에 동시적으로 인민군대에 대한 글들도 집중적으로 실렸다. 내용은 전부 세 가지 점에 초점이 놓여 있었다. 하나는 통일의 필요성에 대한 강조, 두 번째는 그에 있어서의 인민군의 역할에 대한 강조, 그리고 세 번째는 김일성부대의 고난에 찬 투쟁을 기억할 것이며, 그 투쟁을 이어받아 조국통일의 위업을 달성하자는 것이었다. 이러한 글들은 1950년에 들어서면서 폭발적으로 실리기 시작하였다. 《근로자》와 《인민》, 《선전원수책》, 《조국보위를 위하여》에는 최용건, 강건, 김강, 김열, 김일 등 인민군의 대표적 지휘관들의 글이 모두 50년 1, 2월에 한꺼번에 실렸다.[51] 이러한 현상은 이때까지는 나타나지 않았던 현상이었다.

---

50) NA, RG 242, SA 2005 Item 1/34, 《근로자》 1950년 1월 31일; 《근로자》 1950년 2월 28일 ; NA, RG 242, SA 2005 Item 1/12, 《청년생활》 4호 ; NA, RG 242, SA 2010 Item 5/85, 《선전원수책》 제3호(1950년 2월 1일).

51) 강건, "새해를 맞이하는 우리 인민군대," NA, RG 242, SA 2005 Item 1/14, 《조국보위를 위하여》 1950년 신년호, pp. 21~31 ; 김강, "조선인민군은 조선인민의 절대한 지지와 원호 속에 장성 강화되고 있다," NA, RG 242, SA 2005 Item 1/34, 《근로자》 1950년 1월 31일, pp. 40~50 ; 김열, "높은 경각성으로 반동의 흉책을 폭로하고 우리의 투쟁대오를 더욱 공고히 하자," 《근로자》 1950년 2월 15일, pp. 14~22 ; 김일, "조선인민군은 신형태의 군대이다," NA, RG 242, SA 2005 Item 2/113, 《인민》 1950년 2월, pp. 47~62.

최용건은 "조국통일독립의 강력한 담보로 되는 조선인민군은 적을 소탕하기에 항상 준비되여 있다"는 글에서 "조선인민은 반드시 승리하고야 말 것, 조선인민은 반드시 조국의 통일독립의 위업을 달성하고야 말 것"이라며 "승리는 조국의 통일과 독립과 민주를 위하여 싸우는 조선인민의 것이다. 정의는 언제나 승리한다"고 힘주어 말하고 있었다.[52] 다른 글들 역시 같은 내용이었다. 정부기관지인 《인민》은 50년 2월호의 사설을 통해 38선 충돌은 "언제나 우리 공화국 38선경비대의 힘만으로 간단하게 처리되고 있다", "우리 인민군대는 조국이 부를 때면 언제나 동원되어 일체 반동세력을 소탕하기에 항상 준비되여 (있다)"며 "조국의 통일독립을 목전에 두고 남북조선에서 전체 인민들이 총궐기하고 있는 이때 … 승리는 나날이 가까워지면서 있다"고 통일이 임박해 오고 있다는 듯이 기술하고 있었다.[53]

항일투쟁의 기억을 되불러옴과 인민군의 투쟁, 조국통일의 필요성 대한 동시적 강조, 가장 역사적인 것과 가장 현재적인 것의 결합을 집중적으로 시도하고 있는 것이었다. 홉스봄의 지적처럼 되불러오기를 통한 '전통의 창조'는 항상 중요한 국면에서 이루어지게 하며, 또한 아주 급속히 구축된다는 특성을 갖는다.[54] 언제나 그렇듯 집단적 회상은 '따라하자', '새기자', '오늘에 되살리자'는 의미를 지닌다. 게다가 이 시기는 인민군이 급격히 증가하던 시기였다. 따라서 이는 모두들 김일성장군의 항일투쟁을 따라 그대로 하자 의미였다.

1950년 초에 들어서서 사회는 완전히 군사화의 단계로 들어섰던 것이다. 이 문제는 제14장의 논의를 보면 더욱 뚜렷하게 확인할 수 있을 것이다. 같은 시기에 《로동신문》과 각종 잡지들에는 남한의 참혹상, 멸망상과 투쟁상이 집중적으로 실렸고, 남한에 대한 분노와 공격의 글들이 넘쳐흘렀다. 1950년 초에 들어서면서 북한은 실제의 전쟁 이전에 분위기의 전쟁을 먼저 시작하고 있었던 것이다.

52) 최용건, "조국통일독립의 강력한 담보로 되는 조선인민군은 적을 소탕하기에 항상 준비되여 있다," 《인민》 1950년 2월, pp. 39~46.

53) NA, RG 242, SA 2005 Item 2/113, 《인민》 1950년 2월, pp. 34~38.

54) Eric Hobsbawm, "Introduction : Inventing Traditions," p. 1.

2. 토대의 구축 : 확신과 동원의 사회경제적 기반

대중의 동원체제로의 견인과 급진군사주의의 확산을 가능케 한 북한리더십의 자신감은 경제적 발전과 연결되어 있었다. 즉, 정치적 이념적 군사적 준비와 동원 및 공세는 경제적 강점의 기반 위에서 밀어부쳤던 것이다. 북한리더십에게 경제적 하부구조의 조기구축은 정치와 사회, 군사와 이념 부분에서의 자신감과 이의 실현의지를 결정적으로 높여주었다. 북한공산리더십은 전쟁을 스탈린의 언명을 따라 기본적으로 '발동기의 전쟁'으로 보고 있었다. 즉, "현대전은 발동기의 전쟁이다. 발동기 생산에 있어서 압도적으로 우세한 그가 전쟁을 승리할 것"이라는 인식이었다.[55]

현대전쟁에서의 경제적 요인의 역할을 소개하는, 소련문건의 번역으로 보이는 인민군 학습요강의 핵심내용은 전쟁의 승패는 생산력의 발달에 의해 결정된다는 주장으로 일관되어 있었다. 교재는 "전쟁의 발생과 무력의 발전이 경제적 조건에 의존한다는 것은 이미 지난 세기에 맑스주의과학에 의해 확정되었다"면서 엥겔스의 《반듀링론》을 인용한다.

> 륙해군만큼 경제적 조건에 의존하는 것이 없다. 무장, 성원, 조직, 전략, 전술 등은 위선 현 모멘트에 있어서 생산정도와 운수기재에 의존한다.

교재는, 이 테제는 전쟁과 경제에 대한 레닌과 스탈린으로 이어지는 맑스주의과학에서 확고한 자리를 차지하였다고 진술한다. 또한 교재는 "레닌과 쓰탈린은 교시하기를 모든 대전은 국가의 물질적 정신적 력량의 시험이며 생산력의 검열이라고 하였다"고 진술한다. 나아가 2차 세계대전에서의 소련의 승리의 요인은 사회주의체제였다고 진술한다.

---

55) 김일, "조선인민군은 신형태의 군대이다," NA, RG 242, SA 2005 Item 2/113, 《인민》 1950년 2월, p. 50.

> 쏘베트적 사회국가제도는 위대한 조국전쟁에 있어서 쏘련의 력사적 승리를 조건지어준 쏘련 군사력량의 결정적 원천으로 되었던 것이다.[56]

경제와 전쟁, 체제와 전쟁의 관계에 대한 북한리더십의 인식은 확고하였던 것이다.

49년 2월 1일에 열린 최고인민회의 제2차 회의의 총결에서 김일성은 연설을 통하여 "(2개년 인민경제) 계획은 공화국북반부의 경제적 기초를 더욱 튼튼히 하여 북반부 인민들의 생활을 향상시킬 뿐만 아니라 조국의 통일을 완수하는 날에 급속한 기간 내에 남반부의 파괴되었던 공장, 기업소들을 시급히 복구하며 파탄된 철도 운수사업을 급속히 복구하는 기본조건을 만들어 놓는 것이며 탄압과 테로와 기한에 신음하는 우리 남반부 동포들의 생활을 급속히 향상시킬 조건을 만들어 놓는 것"[57]이라고 주장하였다. 나중에 이 부분은 좀더 직접적인 표현으로 바뀌었다.

> 2개년 인민경제계획의 중요한 의의는 그것이 공화국 북반부의 경제토대를 튼튼히 하고 북반부 인민들의 생활을 더욱 높일 뿐 아니라 조국통일을 위한 물질적 담보를 마련한다는 데 있습니다.[58]

산업성 부상 정일룡은 '북반부의 민족산업 발전은 조국 완전자주독립의 튼튼한 경제적 토대'라고 주장하였다.[59] 중요산업 국유화문제에 대한 가장 권위있는 저작의 핵심테제는, 중요산업의 국유화 없이는 민족

---

56) NA, RG 242, SA 2012 Item 5/37, 조선인민군 총정치국 선전선동부, 《강연자료—현대전쟁에 있어서의 경제적 요인에 대하여》, pp. 1~3, 25.

57) 《김일성선집》 2권(1953), p. 336.

58) 《김일성저작집》 5권, p. 42.

59) 《로동신문》 1949년 7월 6일.

자립경제의 건설이 불가능하며, 민족자립경제의 건설 없이는 조선의 민주주의적 완전자주독립이 불가능하다는 것이었다.[60] 이들이 말하는 완전자주독립은 말할 필요도 없이 통일을 의미하였다. 민주기지이론에 근거한 남한경제에 관한 김일성과 북한리더십의 이러한 인식과 정책은 '남반부 인민구원론'이라고 부를 수 있는 것이었다. 북한의 선전과 정책은 파탄에 빠진 남한경제와 지주의 착취로부터 남한인민을 구원한다는 논리로 가득 차 있었다.

경제성장과 통일문제를 연관시킨 김일성의 위의 연설은 제목이 아예 〈2개년 인민경제계획 수행은 조국통일의 물질적 담보〉였다. 즉, 경제발전이 통일의 물질적 기초가 된다는 소리였다. 북한은 경제건설을 위해 48년까지 전면적인 동원을 시도하였다. 2개년 계획은 49년 말이면 벌써 상당 수준에 올랐으며, 50년 2월이면 산업별로 계획을 완수한 부분이 나오기 시작하였다. 북한의 공식역사는 "1949년 공업생산액은 102.8%로 넘치어 완수되었으며 … 1950년 6월에 이르러 거의 모든 부분에서 2개년 계획을 완수하였다"고 기록하고 있는데,[61] 이는 사실을 말하고 있는 것이었다. 46년의 경제구조의 재편과 마찬가지로 초기성장 역시 초속도전을 방불케 하였다.

경제적 동원은 군사적 동원, 정치적 동원, 사상-이념적 동원과 함께 북한리더십의 주요한 초점사업의 하나였다. 부문별 동원의 귀결은 모두 대남대결에서 승리하기 위한 정치적 동원이었고, 결국은 군사적 동원을 위한 준비를 의미하였다. 동원은 인민군과 사회를 연결하는 대중조직, 인민의 직접적 동원, 그리고 대중운동의 세 가지를 통해서 추구되었다. 이 셋은 사실상 하나의 체계로 이루어져 있었다.

대중운동은 경제부문에서부터 시작되었다. 경제건설에의 대중동원은 군사적 동원, 그리고 사상적 동원과 함께 체제를 동원체제로 만든 주요한 동원방식의 하나였다. 48년질서 시기 경제적 동원은 49년부터 시작

60) NA, RG 242, SA 2009 Item 1/124, 김상준, 《중요산업 국유화독본》(서울: 신흥출판사, 1948), pp. 37~58.

61) 《조선전사》 24권, p. 230.

된 2개년인민경제계획의 완수와 직결되어 있었다. 당시 북한에서 국가로부터 칭송받은 영웅에는 두 가지가 존재하였는데 하나는 군사부문의 영웅이었고, 다른 하나는 경제부문의 영웅이었다. 군사부문의 영웅들이 식민시기에 조국해방을 위해 투쟁한 데 대한 보상이었다면 경제와 산업부문의 영웅들은 국가건설과 산업생산에서의 공훈에 대한 보상이었다. 후자는 창조될 뿐만 아니라 등장 즉시 따라배우기가 이어졌다. 이것은 전형적인 소련식의 동원방법이었는데 애국미(愛國米) 납부운동에서의 김제원을 통하여 볼 수 있었듯이 해방 직후부터 도입되어 실시되고 있었다.

건국 이후에는 더 많은 증산투쟁에 따라 더욱 많은 산업영웅들이 출현하였다. 돌격운동, 증산운동, 증산투쟁, ○○○ 따라배우기 운동이 이어졌다. 이는 '북한 산업혁명'(*North Korean Industrial Revolution*)[62]을 이룬 1960년대의 북한 이야기가 아니라 1949~50년의 북한 이야기이다. 김일성은 1949년 2월의 2개년인민경제계획 수립시에도 성진제강소의 강영찬, 황해제철소의 리문해를 진보적 애국 선진기술인텔리들의 전형적인 인물이라고 선전하였다. 또한 허천강 발전부 서덕환·장순의, 수풍 발전부 리창학, 장진강 발전부의 김하철, 아오지탄광의 김직현, 사동탄광의 김고망, 남포조선소의 정찰필 등 각 산업별 작업장별로 많은 노동자들을 직접 예를 들어가며 영웅시하였다.[63] 수많은 스타하노프의 창출이었다. 개인들만을 노력영웅으로 만든 것이 아니라 작업장 단위까지도 생산량을 초과 달성한 작업장은 모범작업장으로 발표되었다. 개인간의 경쟁뿐만 아니라 사업장끼리의 경쟁도 장려되었던 것이다.

그럼에도 불구하고 48년질서하 북한의 산업과 경제는 노동력 부족에 직면하지 않을 수 없었다. 이는 주목할 만한 현상이었다. G-2를 비롯한

---

62) 이 용어는 스칼라피노와 이정식의 표현이다. Robert A. Scalapino, and Chong-Sik Lee, *Communism in Korea*, Part II : *The Society*, pp. 1291~1295.

63) "2개년 인민경제계획 수행은 조국통일의 물질적 담보,"《김일성선집》(1953), p. 323.

미군의 주요 정보를 교차 추적할 때 여러 기관의 정보에서 노동력의 부족 현상은 공통적으로 잡히고 있었다. KLO의 비밀보고에는 1950년 들어서는 심지어 군사시설을 건설하기 위한 작업에서도 노동력 부족현상이 종종 잡혔다. 노동력 부족으로 38선 부근의 교량건설이 중단된 곳도 있었다.64) 엄청난 동원에도 불구하고 왜 노동력 부족현상이 발생하였을까? 이 문제에 대한 해답은 이 동원체제의 본질이 무엇인가를 판별하는 데 중요한 준거가 된다.

우리는 북한체제가 노동문제를 강조하면서도 국가기구의 구성과 시책에서 노동의 문제가 얼마나 소외되고 있는가를 밝혀 '노동자를 위한 체제'라는 선전이 말의 성찬이었음을 규명한 바 있었다. 왜 이러한 노동력 부족현상이 발생하였을까? 필자가 보기에 이는 북한체제의 성격상 당연한 현상이었다. 가장 중요한 이유는 동원의 제일 순위가 군사부문에 놓였기 때문이었다. 특히 노동력의 주공급원인 청년남자들은 거의 전부가 군사적 동원의 연령과 일치하였다. 48년질서하 북한은 군사동원체제였기 때문에 그들을 산업과 경제에 투입하기보다는 군사조직과 훈련에 대한 투입이 더 긴급했다. 이것은 이 체제의 기본성격이었기 때문에 선택가능한 문제가 아니었다. 이 체제를 군사주의가 지배하는 혁명적 동원체제라고 규정할 수 있는 이유의 하나는 여기에 있었다.

노동력 부족의 또 하나의 이유는 인민들의 계속되는 월남이었다. 약 100만의 남하인구 중 상당수는 청년 남자들이었다. 남하인구의 전체적인 연령별 분포는 현재로서는 파악불가능하다. 하지만 학업과 취업목적의 남하자(南下者)는 전부 청년남자로 보아도 무방한데 그러한 이유로 남하한 사람들은 상당수에 달했다. 접경지역인 인제지역의 한 통계를 보면, 농민 월남자의 연령별 분포는 18세에서 32세까지의 청년층이 전체의 58.2%에 달했고, 이를 37세까지 확대할 경우에는 73.9%에 달했다.65) 월남자의 대부분의 청년층이었던 것이다. 이는 전체 월남자의

64) KLO Report #457-B (Apr. 21, 1950) ; #396-B (Mar. 16, 1950).

65) 이주철, "토지개혁 이후의 북한농촌사회의 변화,"《역사와 현실》제 16 호 (1995년 9월), p. 277.

비율과 크게 다르지 않을 것으로 추정된다.

48년질서에서 북한이 전쟁을 위한 경제적 강점을 가질 수 있었던 이유는 세 가지였다. 식민시기의 산업화와 경제적 하부구조의 구축, 초기 계획경제의 장점, 소련의 장비와 기술원조가 그것이었다. 먼저 한반도의 38선 북부지역이 일본식민시대부터의 오랜 중공업지대였다는 점이 중요했다. 조선에 대한 일본의 식민지산업화정책은 전체 조선을 하나의 지역경제단위로 운용하기보다는 38선을 기준으로 하여 이북은 중공업을 이남은 경공업지대로 뚜렷이 나누어 추진하였다. 이는 조선의 내적 산업연관을 고려한 공업배치가 아니라 전적으로 일본경제를 고려한 공업배치였다.[66]

조선에 있었던 6개의 공업지대 중 북한지역의 서선(西鮮)공업지대와 북선(北鮮)공업지대는 가장 발달된 중공업지대를 이루고 있었다. 북선공업지대는 신의주, 평양, 진남포, 해주에 걸쳐 있었고, 서선공업지대는 흥남, 성진, 청진에 걸쳐 있었다. 반면에 남선공업지대, 호남공업지대, 경인공업지대, 삼척공업지대 등의 남한지역의 공업지역들은 삼척지대를 제외하고는 경공업지대였다. 이로 인해 남한지역은 기계, 방직, 목재, 인쇄공업이 우세하였고, 북한지역은 화학, 금속, 전기, 발전, 철강공업이 우세하였다. 특히 중일전쟁 이후 1938년부터는 조선경제는 전쟁에의 동원을 위한 군사적 성격을 띤 중화학공업 중심으로 빠르게 재편되어 갔다. 규모로 보았을 때도 북선공업지대와 서선공업지대는 각각 32.7%와 18.9%의 생산비중을 차지하여 전체 6개 지역 중 1위와 2위의 규모를 기록하고 있었다. 그리하여 총독부 자료에 근거한 통계에 따르면 총생산액을 기준으로 하였을 때 1940년 현재 38선 이남과 이북 지역의 산업분포는 경공업은 69 : 31로 남한지역이 우세였음에 비해 중화학공업은 거꾸로 21 : 79로 북한지역이 압도적 우세를 기록하고 있었다.[67]

---

66) 김보영, "해방후 남북한교역에 관한 연구 : 1945년 8월 49년 4월 기간을 중심으로"(고려대학교 경제학과 박사학위 논문, 1995년 8월), pp.29~38.

67) 조선상공회의소, 《1949년판 조선경제통계요람》(1950), p.72, 〈표 8〉 조선의 공업지대 및 〈표 9〉 남북조선 공업생산액 비교.

〈표 13-1〉 해방 당시 남한과 북한의 산업구성비율

(단위 : %)

	식량생산	석탄	철강	수력발전	화학	기계	소비재
북 한	35	80	95	90	85	35	20
남 한	65	20	5	10	15	65	80

자료 : Edwin W. Pauley, *Report on Japanese Assets in Soviet—Occupied Korea to the President of the United States*(June, 1946), pp. 2~3.

그리하여 북한지역은 2차 세계대전의 종전시점에는 아시아에서 손꼽히는 중화학공업지대였다.

〈표 13-1〉에서 보면 중화학공업은 압도적으로 북한지역에 집중되어 있었다. 45년 해방과 함께 이 중공업시설들은 많은 부분 파괴되지 않은 채 소련군정에게 넘겨졌다. 이 시설들은 북한산업 발달, 특히 군수산업 발달에 커다란 영향을 끼쳤다. 소련의 반출에도 불구하고 북한은 이의 상당부분을 인수하여 산업생산의 초기 토대를 구축할 수 있었다. 일제의 산업시설이 남아 있지 않았을 경우 북한이 그렇게도 이른 시점에 중공업 생산체제를 갖춘다는 것은 불가능했을 것이다.

1945년 2차 세계대전의 종전과 함께 북한지역의 경제는 심각하게 붕괴하였다. 46년 현재 주요 산업의 생산지수는 44년에 비해 겨우 20~30%에 그쳤다. 그러나 46년의 급격한 저락은 종전의 영향에 의한 것만은 아니었다. 토지개혁 및 중요 산업 국유화라는 경제구조의 혁명적 재편의 영향 또한 결정적이었다. 즉, 이 저락은 재편과 이행의 대가이자 계곡이었던 것이다. 47년에 44년의 절반수준으로 상승한 생산지수는 48년에 이르면 70~80% 수준으로 회복되었다.68) 이는 북한의 중화학공업이 전전 일본이 이루었던 아시아 최고 수준이 되었음을 의미하였다.

국영산업의 경우 46년을 100으로 하였을 때 47년의 총생산은 두 배를 넘는 225.6%을 기록할 정도였다. 금속공업은 479.5%, 기계공업은 509.7%, 화학공업은 172.5%, 전기공업은 153.2%, 광업은 239%, 연료공업은 216.7%, 건재공업은 341.5% 등 성장은 특히 금속과 기계를

68) 김보영, "해방후 남북교역에 관한 연구," p. 71.

비롯한 중공업부분에서 두드러졌다.[69] 이는 원래의 47년도 계획과 비교하여도 계획의 102.5%나 초과 달성한 것이었다. 특히 전력 및 전기기계생산은 137%나 초과 달성하였다. 노동생산성 역시 203.9%로 두 배 이상 높아졌다.[70] 경제 및 산업재편 1년 만의, 그리고 계획경제 첫해에 거둔 비약적인 성장이었던 것이다. 김일성에 따르면 전체 공업생산의 경우 46년을 100으로 했을 때 47년부터 49년까지 각각 189.3%, 263.3%, 377.1%씩이나 초고속 성장을 하였다.[71] 4년만에 거의 4배 가까이 성장하였던 것이다.

북한 경제가 얼마나 빨리 계획경제틀을 갖추고 성장하였는가를 볼 수 있는 지표의 하나는 산업에 소요되는 전력소비량의 증가비율을 통해서도 알 수 있다. 이는 곧 산업가동률을 보여주기 때문이다. 〈표 13-2〉에서 보면 연평균 거의 두 배씩 증가하는 것을 볼 수 있다. 이는 산업가동률이 급격히 높아진다는 점을 보여줄 뿐만 아니라 그러한 산업수요에 충분할 만큼의 전력이 확보되어 있다는 점도 동시에 보여준다.

이렇게도 빨리 경제복구가 가능하였던 주요 이유의 하나는 자원의 동원 및 정책집행에서, 사회주의와 자본주의를 막론하고, 계획경제체제가 갖고 있는 초기 효율성에 따른 것이었다. 특히 북한경제는 식민시기에도 경공업 위주로 되어 있는 남한경제보다 일본에의 종속성이 적었다. 따라서 일본과의 단절에 따른 충격은 남한보다 작았고, 38선의 단절 이후 진행된 급속한 경제구조의 완전한 재편은 계획에 따른 위로부터의 재건을 가능케 하였다. 북한은 46년 8월의 급속한 중요 산업 국유화조치로

69) 《조선중앙년감》(1949년), p.99.

70) 《중요산업 국유화독본》, pp.122~123 ; NA, RG 242, SA 2005 Item 2/4, 배국헌, 《인민경제의 운영과 계획의 조직》(평양: 국가계획위원회 출판사, 1948), pp.10~11. 후자의 책자는 노획문서 중 가끔 나타나는 김일성의 집무실에서 획득한 자료로 보인다. 표지에는 "金首相 閣下"라는 저자의 헌사가 보인다.

당시 북한의 경제통계는 여러 자료를 비교 검토하면 자료에 따라 약간의 수치상의 차이가 발견된다. 그러나 이러한 차이는 워낙 미세한 것이라서 일반적 추세와 경향을 이해하는 데는 아무런 장애가 되지 않는다.

71) 《김일성선집》 2권(1953), p.536.

〈표 13-2〉 북한지역의 전력소비량 증가율, 1946~1948

(1946년=100)

산업	철강	제련	기계	석탄	건재	경공업	농수산	평균
1,947	106	416	575	140	196	223	184	263
1,948	246	1,163	780	574	386	286	336	539

자료 : 《조선중앙년감》(1950년), p.279.

중요 산업시설들을 전부 중앙집권적으로 체계적으로 관리할 수 있었다.

그렇다면 1949년부터는 왜 1개년 계획이 아니고 2개년 계획이었을까? 2개년 계획은 일정한 경제운영원칙과 경험이 서지 않으면 추진될 수 없는 것이었다. 정부를 수립한 지 4개월 만에 2개년 인민경제계획을 수립하고 추진한다는 것은 사실상 불가능하였다. 47년과 48년 두 번에 걸친 1년 단위의 계획경제의 실험이 2개년 계획을 가능하게 하였던 것이다. 47년부터 본격적인 계획경제로 넘어갔던 점에 비추어 46년이 혁명을 통한 북한의 체제형성의 시기였으며, 따라서 북한의 국가형태는 48년이 아니라 46년부터 구축되었다고 보아도 틀림이 없었다. 김일성은 2개년 계획이 가능했고 필요했던 이유를 "우리의 인민경제 건설이 계획적으로 이미 2개년이나 진행되는 동안에 우리의 기본적 중요 공장들이 복구되고 경제발전의 기본토대가 축성되여 생산부문간의 밀접한 련계가 보장되고 우리의 생산이 더욱 확대발전된 조건하에서 또는 2년 동안 경험에 의하여 1년 계획만으로는 우리 산업의 장래 전망과 발전을 계획적으로 보장할 수 없기 때문"이라고 밝혔다.

북한경제가 급속하게 복구된 세 번째의 조건은 북한공산리더십이 강조하여 마지 않은 소련의 원조였다. 1945년부터 1946년 초반까지 소련은 북한에서 적지 않은 양의 산업시설들을 철거하여 갔다. 그러나 46년 5월 7일 제1차 미소공위가 결렬되면서부터는 철거를 중단하는 대신에 원조를 제공하기 시작하였다. 6월 12일 슈티코프가 소련공산당 중앙위원회의 재가를 받고자 제출한 훈령초안에 따르면 북한에서 소련의 영향력을 공고히 하기 위하여 북한에 위치한 산업시설을 조선인민의 소유로 양도하고, 산업의 재가동을 위해 소련기술자들을 2~3년 기한으로 파견하며, 발동기용 연료·코크스용 석탄과 여러 원료들을 조달케 하고 굶주린 주민들에게 양식을 6만톤까지 방출하는 등의 조치를 취하도록 하였다.[72] 한마디로 북한만의 독립적인 산업건설 방침으로 전환하였던 것이다. 이 전환은 제1차 미소공위의 결렬시점과 정확히 일치하였다. 46년 8월 10일에는 소련은 점령 이후 장악하여 왔던 과거 일본총독부와 그 협력자들 소유의 중요 산업시설과 기업 1,034개를 북한에게 넘겨주었다.[73] 이 전환이 의미하는 바는 초반에는 미국과의 협상이 미결정상태였기 때문에 북한지역의 산업시설들을 철거하여 갔으나 미소공위의 결렬로 인해 북한의 단독정부 수립이 불가피해지면서 소련이 본격적으로 사회주의국가의 건설을 추구하였기 때문이었다. 이 시점은 김일성체제의 구축시점과도 일치한다.

북한이 소련으로부터 받은 원조의 규모를 정확히 규명하기란 쉽지 않다. 그러나 무역의 규모는 규명이 가능하다. 1946년부터 1950년까지 북한과 소련의 무역의 양은 〈표 13-3〉과 같았다.[74]

72) 슈티코프, "조선에서의 소미공동위원회 사업에 대하여"(1946년 6월 12일), 몰로토프 폰드 8-39-638. c. 91-94, 김성보, "소련의 대한정책과 북한에서의 분단질서의 형성, 1945~46," pp. 90~91에서 재인용.

73) 배영민, "쏘련군대는 산업의 부흥과 발전을 위하여 각방면으로 원조하여 주었다," NA, RG 242, SA 2005 Item 1/18·1, 《朝蘇文化》 제3권 제5호, p. 95.

74) 김일성이 당시에 밝힌 무역규모는 다음과 같다. 이에 따르면 위의 연구보다는 연 성장률이 훨씬 작아 거의 2분의 1 수준으로 떨어진다. 두 자료가 왜 차이가 나는지는 아직 규명할 수가 없다. 그러나 매년 큰 폭으로 성장하였다는 점만은 두 자료 모두에서 확인 가능하다.

북한과 소련의 무역규모 II

(단위: 루블)

연 도	1946	1947	1948	1949	1950*
총 액	74,052,000	148,400,000	264,905,000	340,525,000	684,210,000
성장률	100	204%	357.7%	459.8%	937.5%

*는 추정치.

자료 : 《김일성선집》 2권(1953), pp. 363, 533.

〈표 13-3〉 북한의 소련의 무역규모 I

(단위 : 백만달러, 해당연도 가격기준)

연 도	1946	1947	1948	1949	1950
총 액	8.6	21.5	48.4	139.6	101.1
수 출	5.2	9.1	22.8	57.0	38.7
수 입	3.4	12.4	25.6	82.6	62.4

자료 : Vneshnyaya Torgovlya USSR, *Statischeskiye Sborniki za Sootvetstvuyushchiye Gody*, 나탈리 바자노바, 《기로에 선 북한경제》, 양준용 역(서울: 한국경제신문사, 1992), p.97에서 재인용.

소련과의 무역은 북한의 초기 경제적 토대구축에서 큰 역할을 하였다. 물론 소련과의 무역은 무상원조는 아니었다. 나중에 북한이 불만에 찬 목소리로 자주 강조한 대로 조소경제관계는 교역조건에서 북한이 불리하거나 최소한 대등한 무역이었다. 60년대 초에 중소분쟁으로 북한과 소련의 관계가 악화하자 북한은 소련에 대해 해방직후의 불만을 표출하기 시작하였다. 63년 북한은 "어떤 사람들은 원조를 빙자하여 형제당 · 형제국가의 내정에 간섭하며 자기의 일방적인 의사를 요구하고 있다", "(호상협조는) 일종의 혜택을 베푸는 것도 아니며 … 원조에 대해서 자랑하기만 좋아하며 …"라고 소련을 공격하였다.[75] 64년에는 아예 소련을 향해 당신들은 우리에게 국제시장의 가격보다 훨씬 비싼 가격에 물건을 팔고 훨씬 싼 가격에 자원을 가져갔다고 정면으로 공격하였다.[76] 조소관계에서 있기 어려운 이러한 공격은 소련이 얼마나 심하게 불평등한 교역을 강요하였었는가를 울분에 찬 목소리로 토로하고 있는 것이었다.

그러나 초기의 조소무역은 북한의 수출이 일차산품이거나 광물자원이었음에 반해 소련으로부터의 수입은 공산품을 비롯한 2차산품이었기 때문에 붕괴된 북한의 경제복구에 커다란 도움을 준 것은 사실이었다. 사실을 말하면 북한의 초기경제에서 자원의 원조와 교역보다는 구체적

75) 《로동신문》 1963년 10월 28일.

76) 《로동신문》 1964년 9월 7일.

인 경제계획 및 운용의 방법과 기술원조가 더 큰 기여를 하였다. 경제와 군사에 관한 한 소련의 기술 및 시설지원이 방대하였다는 점은 반드시 지적되어야 한다. 무기의 생산 역시 소련의 지원으로 가능하였다. 1947년 9월 김일성은 기관단총과 권총을 생산하도록 지시하여 48년 3월 북한에서는 기관단총의 첫 시제품을 만들어낼 수 있었다.[77] 이 시기에 기관단총을 생산할 수 있는 국가는 몇몇 강대국을 제외하면 아마도 북한이 유일하였을 것이다. 48년 12월 12일에는 기관단총에 대한 국가실험 사격행사가 거행되었으며, 49년 2월에는 소규모의 병기공장이 거대한 군수공장으로 발전하였다. 군수공장에서는 박격포, 소총탄, 수류탄, 포탄 등의 대량생산이 가능하였다. 김일성은 49년 10월 31일 군수공장인 65호 공장 대표들과 만나 〈우리는 자체의 힘으로 무기를 만들어 무장하여야 한다〉는 연설을 하였다.[78] 이 날은 북한이 최초로 기관단총을 만든 날이었다. 이때의 북한리더십의 기쁨과 자신감은 김일성이 자신의 핵심 동료들인 김책, 최용건, 강건과 함께 자체 생산한 기관단총을 들고 기념사진을 찍은 데서도 알 수 있다.

49년 8월 30일에는 원산 조선소에 북한 최초의 철제경비정인 경비함 제41호를 진수하고 '로동호'라고 명명하였다. 남포 조선소에서도 경비함 제51호를 제작하여 진수하였다. 함대의 제작은 북한 군수산업의 수준이 어디까지 와 있었는가를 잘 보여준다. 북한이 이렇듯 빠르게 무기생산설비를 갖추고, 단기간에 무기를 자체생산하게 된 이유는 소련의 지원을 비롯하여 식민시기의 군수산업과 중공업의 발달, 그리고 북한리더십의 무기생산에 대한 강한 집착 때문이었다. 산업과 무기생산 부문에서 소련의 경험과 조언은 사회주의 경제운용과 생산의 경험이 전무했던 북한에게 지침역할을 수행했다. 김일성은 이 점을 자주 강조하였다. G-2 정보보고에 따르면 북한의 모든 주요 부분에는 소련의 고문들이 배치되어 있었는데, 산업과 군사부문은 특히 더 많은 고문들이 배치되

77) 《조선전사》 24권, pp. 276~280.

78) 《김일성저작집》 5권, pp. 297~301.

었다. 북한이 당시에 널리 유행시킨 "선진과학기술을 따라 배우자", "소련을 따르자"는 구호는, 단순한 구호가 아니라 산업화를 위한 후발주자로서의 어쩔 수 없는 선택이었다. 심지어 영농법까지도 소련영농법이 소개되어 실험되었다.

당시 모스크바와 평양에서 한글로 번역하여 배포한 소련책자와 논문은 세 가지 분야에 집중되어 있었다. 공산주의이론, 군사문제, 그리고 정치경제 문제에 관한 것들이 그것들이었다. 이는 이 세 부분에서의 소련의 강력한 침투의지를 읽게 하는 동시에 북한이 가장 많은 원조를 필요로 했던 부분들을 의미한다. 소련은 북한을 소련식 사회로 소비에트화하려 집요한 노력을 기울였다. 이 세 분야의 저작들은 평양에 넘쳐흘렀다. 먼저 맑스-레닌-스탈린의 저작을 비롯한 사회주의와 공산주의에 관한 기본이론이 있었다. 스탈린의 전기도 대량으로 번역되어 살포되었다.[79]

소련의 사회주의 경제건설의 이론과 소련의 경험은 주요한 번역소개의 대상이었다. 야 이오페가 지은 《산업생산의 계획화》는 국가계획위원회에 의해 49년에 번역 출간되었다. 내용은 제1장 소련산업의 조직, 제2장 산업의 계획화, 제3장 산업생산의 프로그램, 제4장 산업생산계획의 지표의 체계, 제5장 산업의 생산프로그램 실행과정에 대한 통제로 되어 있었다. 소련의 경험을 상세하게 소개하고 있는 이 책은 서론에

---

79) 스탈린의 저작과 전기들은 모스크바에서 한글로 출판되어 평양으로 보내졌다. 《쏘련의 위대한 조국전쟁에 대하여》(모스크바: 외국문서적출판부, 1947) ; 《쏘베트사회주의공화국연맹 헌법초안에 대하여》(모스크바: 외국문서적출판부, 1949) ; 《십월혁명과 로시아 공산주의자들의 전술》(모스크바: 외국문서적출판부, 1949) ; 그 프 알렉산드로브 외, 《스탈린약전》(모스크바: 외국문서적출판부, 1948). 이러한 책들은 곧바로 평양으로 뿌려지거나 또는 로동당 출판사에 의해 평양에서 다시 간행되었다. 《쏘련의 위대한 조국전쟁에 대하여》는 2차 세계대전중의 스탈린의 주요 명령과 보고, 대담을 편집한 책인데 김일성 역시 한국전쟁의 종결 직후 자신의 것들을 모아 이와 똑같은 책을 출간하였다. 김일성, 《자유와 독립을 위한 조선인민의 정의의 조국해방전쟁》(평양: 조선로동당 출판사, 1954).

서 "공산주의 건설을 위한 투쟁이 위대한 사회주의혁명의 첫날부터 쏘비에트국가의 모든 발전을 결정하고 있다", "쏘련은 강력한 산업 — 새 사회주의사회의 물질적 토대 — 을 가진 위대한 공업국가로 되었는 바 그는 이 강력한 산업에 기초하여 농업의 집단화를 실시하고 모든 착취계급을 숙청하고 공산주의의 첫 단계인 사회주의사회를 건설하였다"고 소개하고 있었다. 소련아카데미 경제학부가 편집한 《사회주의 공업경제학》의 제목을 가진 저작도 국가계획위원회에 의해 번역 출간되었는데 유사한 내용을 담고 있었다.[80] 이 밖에 노임계산, 소련 농업과 농민문제, 계량경제, 경제계획 등 경제의 주요 문제에 대한 소련저작들이 계속 번역 출간되었다.

결국 식민통치의 유산인 중화학 공업시설의 존재, 소련의 원조와 기술적 지원, 매우 빠른 계획경제의 실시가 초기 북한경제의 축적과 급속한 성장을 가능케 한 핵심적인 요소들이었다. 끝으로 산업발달의 다른 한 요인을 추가하자면 바로 북한의 군사주의와 관련이 있었다. 남한과의 대결에서 승리하기 위해 경제에서의 우위는 북한리더십에게 필수적이었다. 인민들로부터 지지를 창출하고 또 실제로 남한보다 더 낫다는 점을 보여주기 위해서는 남한보다 우위에 서야 했다. 그리하여 북한의 경제는 해방 이후 4년간 지속적으로 성장해 왔다. 그것은 전산업분야가 마찬가지였다.

반면에 남한경제는 흔들렸고 재정은 구멍 나 있었으며 농촌경제와 산업가동상태는 부분적으로 파산상태에 가까웠다. 미국의 원조가 없다면 곧 무너질 것 같은 상황이었다. 그러나 그것은 다만 좁은 의미에서의 경제운용에 한해서만 그러하였다. 단기적인 경제적 어려움이 전쟁의 원인이나 시작의 구실이 된다는 해석은 교조적인 맑스주의-레닌주의의 도식에서만 그러할 뿐이었다. 1996년 현재 북한의 경제는 지난 10년 이상 지속적으로 하강하고 있고, 특히 1990년부터는 커다란 부(負)의 성장을

80) 야 이오페, 《산업생산의 계획화》, 김영활 역(평양: 국가계획위원회 출판사, 1949); 소련아카데미 경제학부 편, 《사회주의공업경제학》, 최동화·최원식 역(평양: 국가계획위원회 출판사, 1949).

기록할 정도로 파산상태를 노정하였다. 48년에서 50년까지 2년간의 남한 경제가 전쟁의 필연적 원인의 하나였다면 북한경제가 파산상태로 치닫는 1992년경에는 전쟁은 필연적으로 일어나야 했을 것이다. 그러나 더 어려운 이 시기에도 경제적인 요인으로 인한 전쟁은 일어나지 않았다. 따라서 1950년의 전쟁의 주원인을 경제적 요인, 특히 남한경제의 파탄으로 설명하는 것은 사실에 부합하지 않는다.

3. 인민의 동원 : 혁명적 동원체제의 근거

토대의 구축은 북한공산리더십의 입장에서는 전쟁을 수행하는 기본적인 요소의 구비였다. 이는 인민군내의 군사학습교재에서 항상 강조되었다. 그러나 인민의 동원은 반드시 토대의 구축과 동일하지는 않았다. 49년 중반을 지나면서 북한의 《로동신문》은 증산과 건설을 위한 인민들의 노력을 "평화적 조국통일을 위한 북반부 인민들의 투쟁!"이라는 제목으로 연속하여 실었다.[81] 중단없는 관개공사(灌漑工事)에로의 인민의 동원도 줄을 이었고, 비행기와 함대의 헌납도 이어졌다. 이는 철저한 위로부터의 동원으로써 48년질서하의 동원은 북한혁명시의 동원보다도 더 철저했고 광범위했다.

우리는 이미 인민군대의 징집에 대해서는 살펴본 바 있다. 그러면 이제 인민과 사회의 실제 동원을 살펴보자. 인민을 동원하고 군대와 사회의 접점을 형성하여 군사주의를 사회로 확산하게 되는 계기의 하나는 조국보위후원회의 결성이었다. 그것은 군대를 후원하기 위한 전국적 조직이었다. 김일성은 49년 9월 정부수립 1주년을 맞아 "전체 인민들은 인민군대와 경비대 보안대 등을 강화하기 위하여 전역량을 집중하며, 인민군대 경비대 보안대의 전사 하사 군관들의 가족들에 대한 전인민적 원호사업을 일층 강화하며 조국보위후원회의 활동범위를 확장하며 물심

---

81) 이를테면 《로동신문》 1949년 8월 24일, 9월 2일, 11월 6일 등을 보라.

양면으로 인민군대를 강화하는 사업들을 전개하여야 할 것"이라며 조국보위후원회의 결성을 지시하였다.

그는 동시에 "남조선에서 국방군을 강화하여 동족상쟁의 내란을 야기시킬 준비를 진행하고 있다. … 침략자들의 침습을 방위하여 조국통일을 위한 인민들의 투쟁을 무장으로 보장하기 위하여 … 우리 인민군대는 언제든지 조국과 인민의 부름에 따라 적을 소탕할 수 있도록 준비되어 있다"며 "전체 인민들은 원수들에 대한 적개심과 증오심과 경각성을 제고해야 한다"고 하여 후원회의 결성을 남한과의 대결에 대비한 것임을 분명하게 천명하였다.[82] 김일성이 이때 말한 "언제든지 조국과 인민의 부름에 따라 적을 소탕할 수 있도록 준비되어 있다"는 말은 이후 신문과 잡지에서 반복적으로 강조되었다.

임해는 다음과 같은 세 가지를 원호사업의 의의로 들었다. 첫째, "인민군대 경비대 보안대의 강화 발전", 둘째, "인민군대 경비대 보안대와 인민의 혈연적 연계의 강화", 셋째, "인민들의 력량강화와 조국을 식민지화하려는 미제국주의자들과 그 앞잡이 리승만 역도들에게 커다란 타격을 주는 것"[83]이 그것이다. 인민군 원호라는 표면적인 명분에도 불구하고 실제로는 대중을 군대로 참여시키며 그들과 군대와의 연계를 강화하기 위한 것이 첫째 목적이었음을 알 수 있다. 즉, 후원회의 목적은 조국보위 의무에 인민들을 참가시키고 인민들을 군사적으로 준비시키는 것이었다. 여기에서도 역시 '혈연'이라는 어휘가 나오고 있다. 북한에서 군대와 인민의 연대를 혈연적 연계로 강조하는 것은 자연스러운 것이었다.

인민군대에 대한 원호사업은 가족에 대한 원호사업까지도 포함되었다. 이를테면 여성들에게는 인민군대와 보안대원 가정에 대한 원호사업에 열성을 다하자고 호소하였다.[84] 이를 통해 볼 때 군대원호사업에 대

---

82) "조선민주주의인민공화국 창립 1주년에 관한 보고," 《김일성선집》 2권(1953), pp. 383~417.

83) 임해, "조국보위를 위한 투쟁에 있어서 인민군대를 위한 원호사업의 의의," NA, RG 242, SA 2005 Item 1/34, 《근로자》 1950년 1월 31일, pp. 72~73.

해서는 여성까지도 전면적인 동원대상이 되어 있음을 알 수 있다. 임해는 원호사업의 의의를 "세계 어느 군대도 공고한 후방이 없이는 승리할 수 없다. 전선을 위하여 후방은 가장 중요한 것"이라는 스탈린의 말을 인용하며 강조하였다.[85] 전거는 조선로동당출판사에서 출판한 《스탈린전집》의 조선문판이었다.

조국보위후원회 준비위원회가 결성된 것은 김일성의 지시보다 앞선 49년 7월 15일이었다.[86] 이 시점은 바로 6월에 두 노동당을 합당하고 조국전선을 만든 직후의 시점이었다. 시기의 이 일치는 북한정치의 한 가지 특징을 보여주는데 그것은, 대중노선은 기본적으로 위로부터 발원하고 뒤이어 그를 받쳐줄 아래로부터의 조직의 형성이 뒤따른다는 점이었다. 당과 통일전선, 인민조직의 동시적 등장은 대남통일사업에의 집중을 위해 상층정치조직과 하층대중조직을 동시에 결성하였음을 알 수 있다. 결국 인민대중의 동원조직으로의 결집은 대남통일문제 때문이었던 것이다.

조국보위후원회의 창설의의는 다음과 같이 주장되었다.

> 조국보위후원회의 결성과 그 활동은 오늘날 우리 조국이 처하여 있는 정세하에 실로 중요한 의의를 가지고 있다. 그것은 현단계에서 조국보위에 대한 전인민적으로 되는 적극적 협조 사업의 대중적 조직적 전개가 절실히 요망되고 있기 때문인 것은 다시 말할 필요도 없다.[87]
>
> 조국보위후원회는… 후방원호사업을 목적으로 하고 있다.

---

84) 림영, "인민군대 군무자 보안대원 가정원호사업에 열성을 다하자," NA, RG 242, SA 2005 Item 2/34, No. 5(1949), 《조선녀성》, pp. 23~25.

85) 임해, "조국보위를 위한 투쟁에 있어서 인민군대를 위한 원호사업의 의의," p. 67.

86) 《해방후 10년일지》, p. 55.

87) "조국보위후원회사업 강화를 위하여," NA, RG 242, SA 2005 Item 1/13, No. 9(1949), 《새조선》, p. 8.

결성과 동시에 이 단체는 8월까지 2만 5천개의 하급단체를 갖게 되었으며, 총 269만 1천 명의 회원을 보유하게 되었다. 북한식의 하향정치와 초속도전이 아니고는 상상하기 어려운 규모와 속도였다.

조국보위후원회의 설립목적은 두 가지였다. 하나는 인민군대와 인민의 연계를 강화하여 군대를 후원하는 것이었고, 다른 하나는 인민들을 군사적으로 훈련시키는 것이었다. 후원이라는 이름 때문에 후원에만 주력하였던 것은 결코 아니었다. 동원체제로 일반 대중을 묶어내는 데서는 오히려 후자가 더 중요하였다. 민청이 인민군 수원이었다면, 조국보위후원회는 그것의 후원단체이자 민청이 포괄하지 못하는 대중적 요소들을 군대와 연계시키기 위한 조직이었다. 269만이라는 방대한 조직원은 상상키 어려운 숫자였다. 이를 통해 인민들은 동원체제의 하부조직원으로 빈틈없이 포용되었다. 조국보위후원회는 1949년 10월부터 기관지로 《조국보위를 위하여》를 내었다.[88] 오늘날 한 공식기록은 "조국보위후원회가 결성됨으로써 조국보위에 광범한 인민대중을 조직동원할 수 있게 되여 국방사업은 더욱 더 전인민적인 사업으로 전환되게 되고 전체 인민을 군사적으로 준비시키는 사업이 보다 강화되게 되었다"[89]고 기록하고 있다. 이 단체의 설립을 계기로 하여 일반인민에 대한 군사훈련, 군사기술보급, 국방체육 등이 광범하게 실시되었다. 각 지역에서 단기야영훈련이 실시되고 또 각급 청년훈련대가 조직되기도 하였다.

조국보위후원회의 다른 한 임무는 인민군에 대한 지원사업이었다. 설립 직후부터 후원회는 인민군 지원사업을 벌여 두 달 만인 49년 10월에는 헌납액이 2천 8백만원에 달했다. 또, 북한리더십은 인민군장비의 현대화를 위하여 비행기, 탱크, 함선 기금헌납운동을 전인민적으로 벌이도록 지시하였다. 이에 따라 후원회 중앙위원회는 49년 11월 2일 비행기와 탱크를 구입하여 인민군에게 헌납할 것을 결의하였다. 헌납에는 현금도 포함되었다. 일부 평양의 기업가와 상인들은 49년 11월 5일 비

---

88) NA, RG 242, SA 2005 Item 1/14, 《조국보위를 위하여》.

89) 《조선전사》 24권, p. 282.

행기 17대와 현금 55만원을 헌납하였다. 조홍공사 대표 김락진은 비행기 10대를 혼자 헌납하였고, 천성고무공업의 전린호는 현금 15만원을 혼자 헌납하였다.[90]

전국의 사업장과 광산에서는 기금헌납운동과 증산투쟁이 벌어졌다. 농민들 역시 다시 한번 헌납운동에 참가하여 마을별로 생산량의 일정 부분을 국가에 출원하였다. 이 출원은 이름은 헌납이었지만 사실상의 징수였다. 헌납운동에서 학생과 중소기업인, 상인, 지식인도 예외일 수는 없었다. 평양과 함흥, 원산 등지의 헌납 사례가 《로동신문》과 잡지에 상세하게 실렸고 증산투쟁과 돌격투쟁의 경우처럼 애국의 사례로서 선전되면서 따라할 것이 요구되었다. 헌납을 위한 집회도 계속 열렸다.

헌납의 규모는 국가에 대한 충성의 지표이자 애국의 지표로 해석되어 지역별, 작업장별, 개인별 경쟁이 유발되어 다른 대중운동과 마찬가지로 전국적인 경쟁이 벌어지지 않을 수 없었다. 따라서 모든 지방행정조직이 헌납액의 추출에 동원되었다. 이는 곧 충성심과 애국심의 추출이었다. 이러한 애국심의 추출은 북한리더십이 바라고 유도한 것이기도 하였다. 조국보위후원회가 269만의 조직원을 포괄하고 있음을 볼 때 이 운동에서 제외된 인민은 거의 없었다. 이렇게 하여 1949년 12월이면 벌써 운동 시작 몇 달 만에 전국적으로 2억 8천여만원의 현금과 4만 8천 가마니에 달하는 양곡을 비롯하여 많은 물품들이 조국보위후원회에 헌납되었다.[91]

조국보위후원회의 다른 한 역할은 인민군 후방가족들에 대한 원호사업이었다. 그것은 또한 항일애국투사에 대한 후원사업과 연결되어 있었다. 북한에서 일제하 항일운동가족들에 대한 후원은 특별한 의미를 지니는 사업이었다. 북한정부는 이를 위해 여러 법적 제도적 장치들을 갖추었다. 이를 위해서는 특별히 애국투사후원회라는 기구가 만들어졌는데 이 기구에는 160만의 대중이 가입하였다.[92] 애국투사의 가족들은

90) 《로동신문》 1949년 11월 6일.

91) 《조선전사년표》 2권, p. 171.

92) "애국투사후원사업을 일층 강화하자," 《로동신문》 1949년 12월 30일 사설.

본받아야 할 대상으로 받들어졌다.

1949년 5월 9일 북한 내각은 인민군대 전사 및 하사관의 가족들을 원호할 데 대한 결정 〈조선인민군대 전사 및 하사관들의 부양가족 원호에 관한 결정서〉를 채택하였다.[93] 이 결정서는 중요한 결정으로서 군대입대 가족에 대한 국가와 민간의 조직적인 후원을 의미했다. 이는 청년들에게 당시 경제형편이 어려웠던 북한의 실정에 비추어 가족을 위해 군대입대를 종용하는 의미와 함께, 전체 인민들에게 인민군 및 그 가족과의 연대감을 높이기 위한 방법이기도 하였다. 이에 따르면 "민족보위를 튼튼히 하며 국가와 인민의 이익을 옹호하기 위하여 인민군대에 복무하는 전사 및 하사관들의 부양가족을 원호하기 위하여" 국가로부터 다음과 같은 혜택을 받았다. 노동자 사무원으로 일하다가 입대한 인민군의 전사 하사관들의 가족들은 부양가족 중의 비노력자의 숫자에 따라 매달 200~400원(1인일 경우 200원, 2인일 경우 300원, 3인일 경우 400원)의 국가보조금을 받을 수 있었으며, 농사를 짓다가 전사나 하사관으로 입대한 경우 농업현물세를 15~30%감면해 주었다.

군무자 가족으로 선정되면 지방인민위원회는 이를 정확하게 파악하여 내각의 결정을 집행, 그들에게 매월 보조금, 양곡, 의료 등의 방면에서 많은 혜택이 돌아가도록 하였다. 이를테면 입대 전에는 노동자였던 전사 김익전은 60세가 넘는 노모와 처와 어린아이 셋과 함께 살았었는데 김의 입대 후 그의 가족은 매월 400원의 국가보조금을 받는 것은 물론, 양곡을 계속적으로 배급받았고 가옥세 등에서는 국가의 배려를 받았다. 국가의 이러한 지원뿐만 아니라 마을 주민들 역시 김의 입대후 그의 가족에게 쌀, 석탄, 부식물 등을 보내어 도와주었다.[94]

93) 〈내각결정 제45호 — 조선인민군대 전사 및 하사관들의 부양가족 원호에 관한 결정서〉, SA, NA, RG 242, SA 2005 Item 2/114, 《내각공보》(1949), pp. 214~215.

94) 김전, "인민군대와 군무자 가족들에 대한 인민들의 존경과 사랑은 극진하다," NA, RG 242, SA 2010 Item 5/85, 민족보위성 문화훈련국, 《선전원수책》 제3호(1950년 2월 1일), p. 99.

그러나 수혜대상은 다시 엄격하게 제한되었다. 이를테면 국가보조금의 경우 세대주나 자녀가 입대함에 따라 '노력자를 전혀 잃게 되었을 경우', '노력자 1명 비노력자 3명 이상 또는 노력자 2명, 비노력자 6명 이상'일 경우에 한해서 지급받을 수가 있었으며 농업현물세의 감면도 '노력자를 전혀 잃게 되었을 경우', '노력자 1명, 비노력자 4명 이상'으로 되었을 경우에 한해서 감면받을 수 있었다. 지급대상이 매우 엄격하였음을 알 수 있다. 그럼에도 불구하고 병력의 확충과 충성의 동원을 위해 인민군가족들은 국가로부터 특별한 대우를 받았던 것은 부인할 수 없었다. 공교롭게도 이 결정은 〈내각결정 제 46 호〉에 바로 앞선 결정이었는데 〈내각결정 제 46 호〉는 다른 어떤 것이 아니라 우리가 이 연구의 앞부분에서 추적한 〈공화국남반부의 토지개혁 실시를 위한 법령기초위원회 조직에 관한 결정서〉였다.[95]

이러한 결정에 따라 실제로 인민군 후방가족을 원호한 것은 국가 자체보다는 국가의 종용을 받은 사회단체들, 그리고 동원된 개인들이었다. 이를테면 농촌에서는 마을 단위나 작업장 단위로 연대하여 인민군가족의 농사를 공동으로 도와 파종이나 추수를 하였으며, 각지의 노동자들과 사무원들도 인민군 가족을 원호하기 위하여 모금사업을 하거나 농촌으로 지원노동을 나갔다. 농촌에서는 "인민군대가족의 파종을 먼저 끝내자"는 구호가 곳곳에 내어 걸렸다. 다른 대중정책이나 운동과 마찬가지로 이러한 운동의 사례들도 널리 선전되었다.

여맹은 인민군대 가족을 여성조직 차원에서 원호하기 위해 남편이 군대에 입대한 가족을 원호하였다. 여맹의 기관지 《조선여성》에는 이러한 사례들이 보도되면서 각 지역의 여맹들로 하여금 남편을 인민군대에 보낸 가족을 도와줄 것을 호소하였다.[96] 김일성 역시 인민군 가족에 대한 원호사업의 중요성을 자주 강조하였으며, 이의 현황을 직접 챙기기

---

95) 〈내각결정 제 46 호—공화국 남반부의 토지개혁 실시를 위한 법령기초위원회 조직에 관한 결정서〉, NA, RG 242, SA 2005 Item 2/114, 《내각공보》(1949), pp. 216~217.

96) SA, NA, RG 242, SA 2005 Item 2/34, 《조선여성》 1949년 각월호.

도 하였다. 국가에 대한 최고의 충성은 군대에 복무하는 것이고, 그 군대에 입대한 가족을 돕는 것은 전인민의 의무였다.

인민군대와 사회를 연결하는 다른 한 채널은 북조선민주청년동맹(민청)이었다. 당시 민청은 130만의 조직원을 포괄하고 있었다.[97] 1948년 현재 민청은 공장, 광산, 학교, 농촌 할 것 없이 말단조직체인 초급단체가 24,212개가 조직되었으며, 3만 5천개의 학습반에서 교육을 전개하고 있었다. 이는 북한청년의 73.8%를 단일조직으로 묶어낸 것으로서, 청년 10명 중 7명은 이 단체의 조직원이었음을 의미했다.[98] 아주 방대한 조직이었던 것이다. 앞서 우리는 청년을 대상으로 한 인민군 모집호소 문건을 하나 분석한 바 있는데 그 문건은 바로 130만 민청원을 대상으로 한 것이었다.

1950년 3월에는 조선로동당 중앙위원회 조직위원회는 민청사업을 개선 강화할 데 대해 토의하여 민청을 "규율있고 훈련된 전투부대로 꾸리기 위하여 청년들에 대한 사상교양사업을 더욱 강화하며 국토완정을 위한 투쟁과 민주건설에서 청년들이 돌격대의 역할을 수행하며 조성된 정세에 맞게 학생 소년사업과 여성청년들과의 사업을 강화할 것"을 강조하였다.[99] 이것은 이 시기의 민청이 전국적 동원상태에 들어간 것을 의미하였다. 이것은 또한 각지의 민청훈련소들이 인민군의 정규 사단들로 재편되기 시작하는 시점과 일치하였다.

대중과 군대를 묶는 가장 중심적이고 거대한 고리는 조국보위후원회와 민청이었으나 여맹(女盟) 역시 조직적으로 참여하여 직접 군대를 도와주었다. 이를테면 강원도 인제군의 여맹원들은 월동기가 시작되자 군내(郡內)의 전체 여맹원들을 1개월 동안 조직적으로 동원하여 군부대의 월동준비를 도와주었다.[100] 다른 지역의 여맹들도 마찬가지였다. 북한

97) 《조국통일민주주의전선 자료집 I — 결성대회》, 《사료집》 6권, p. 259.

98) 《조선로동당대회 자료집》, p. 214.

99) 《조선전사》 24권, p. 194.

100) 김전, "인민군대와 군무자 가족들에 대한 인민들의 존경과 사랑은 극진하다," NA, RG 242, SA 2010 Item 5/85, 민족보위성 문화훈련국, 《선전원수책》

에서 이들 기관들은 그 자체가 국가공식이념과 정책의 전달매체였고 군사주의의 전파자였다. 신문과 방송, 잡지도 이러한 역할을 수행하고 있었다.

선거 역시 선전과 동원의 한 방법이었다. 북한에서는 국가수립 후 1949년 3월 30일 도·시·군·구역 의원선거를 치렀는데 이 역시 거대한 인민동원과 선전수단의 하나로 치러졌다. 선거 기간 각지의 선거선전사업은 북한의 통계에 따르면 364만회나 열렸으며, 동원된 군중의 연인원수는 무려 9,150만 명에 달했다.[101] 모든 국민이 최소한 4번 이상의 정치집회에 참여한 것을 의미한다. 아마도 정치참여가 가능한 연령 이상의 국민들만을 대상을 하였을 경우 참여횟수는 일인당 거의 10여 회에 달할 것이다. 선거의 결과는 최초에 자리잡은 '전원투표-추천후보의 전원당선' 등식이 여전히 관철되었다.

선거지도는 중앙에서 각 지방으로 지도위원을 파견하여 실시하였다.[102] 선거위원회의 총수는 17,654개에 달하였으며 선거위원의 총수는 90,140명이었다.[103] 선거의 참여율은 99.98%에 달했으며 찬성투표비율 역시 이와 비슷한 98.2%였다.[104] 거의 전원투표-전원찬성이었다. 앞서 지적한 대로 북한의 선거는 다만 북조선민전에서 추천한 후보에 대한 찬반투표일 뿐이었다. 선출된 대의원 총수는 5,853명이었는데 이들의 성분을 북한의 성분분류에 따라 살펴보면 노동자 1,549, 농민 2,259, 사무원 943, 인텔리 624, 상인 190, 기업가 130, 수공업가 5, 종교인 148, 기타 5명이었다. 46년의 첫선거에 비하여 노동자의 비율이 약 두 배(14.5%에서 26.5%로)로 높아진 것이 눈에 띈다.[105]

당시 노동당은 약 80만 명의 당원을 보유하고 있었다.[106] 그리고 직

第 3 호(1950년 2월 1일), p.103.

101) 《조선전사》 24권, p.198.

102) 《해방후 4년간일지》, p.253.

103) 《해방후 4년간일지》, p.254.

104) 《조선중앙년감》(1950), p.228.

105) 《해방후 4년간일지》, pp.260~261.

업총동맹, 농민동맹, 민청(130만), 여성동맹(120만),[107] 조국보위후원회(269만), 애국투사후원회(160만) 등도 최소 수십만의 조직원을 포괄하고 있었다. 많은 청년들은 군대와 경찰기구에 들어가 있었다. 민청 바로 밑의 연령층으로 구성된 소년단원도 70만명에 달했다.[108] 그렇다면 북한인민 중 특정의 국가기구나 대중단체에 가입하지 않은 사람은 거의 없었다고 보아도 틀림없을 것이다. 김일성은 1948년에 벌써 북조선민전 산하에 6백만~7백만의 조직된 군중을 묶었으며, 여기에서 우리당은 언제나 핵심적 작용을 하고 있다고 주장하였다.[109] 이 숫자에 조국보위후원회나 애국투사후원회, 소년단원 등에의 가입자는 포함되지 않은 것이었다.

대중단체의 조직원들이 이렇게 급증한 것은 노동당의 무리한 확장을 기도하지 않은 데에도 이유가 있었다. 노동당의 당원은 지난 2년 동안 거의 변화가 없었다. 46년 7월 창설 당시 36만에서 46년 11월 60만으로, 47년에 70만으로 두 배나 급증한 노동당원의 숫자는 48년 75만, 49년 80만 등으로 큰 변화가 없었다.[110] 1년 동안 두 배로 급증한 당원

---

106) 허가이, "조국통일과 민주건설에서의 우리당의 투쟁 — 북조선로동당 창립 3주년에 제하여," NA, RG 242, SA 2005 Item 1/34, 《근로자》 17호(1949년 9월 15일), p. 25.

107) 이는 1948년 3월 현재의 수치이다. 북조선로동당 제 2 차 당대회에서의 박정애의 보고, 《조선로동당대회 자료집》 제 1 집(서울: 통일원, 1988), p. 209.

108) 《조선로동당대회 자료집》 제 1 집, p. 215.

109) 《조선로동당대회 자료집》 제 1 집, p. 219.

110) 각각의 시기에 대한 당원의 통계는 NA, RG 242, SA 2005 Item 2/103, 주영하, "북조선로동당 창립 1주년과 조선의 민주화를 위한 투쟁에서의 그의 역할"(북조선로동당 중앙본부 선전선동부, 1947), p. 5 ; 김두봉, "인민위원회와 민주주의민족통일전선," NA, RG 242, SA 2005 Item 2/113 · 7, 《인민》 제1권 제 1 호(창간호, 1946년 11월), p. 19 ; 북조선로동당 제 2 차대회에서의 김일성의 보고, 《조선로동당대회 자료집》 제 1 집, p. 145. 기타 다른 보고자들의 토론에서도 48년 당시 당원의 숫자는 75만명으로 동일하였다, pp. 166, 187 ; 허가이, "조국통일과 민주건설에서의 우리당의 투쟁 — 북조선로동당 창립 3주년에 제하여," NA, RG 242, SA 2005 Item 1/34, 《근로자》 17호

이 2년이나 거의 그대로 있었다는 것은 지도부의 선택에 의한 의도적인 정체였던 것이다. 당원의 증가가 갖고 오는 여러 가지 문제에 대해 노동당 지도부는 깊이 인식하고 있었으며, 이를 대중단체의 확장으로 대신하였던 것이다. 따라서 대중단체를 당과 인민을 연결하는 인전대(引傳帶)로 분명하게 인식하고 있었던 북한리더십의 대중단체 확장노력은 더욱 두드러졌던 것이다.

엄청나게 방대한 대중조직을 조직하여 대중들을 묶었던 점을 볼 때 이 체제는 거의 모든 대중들을 수직 수평적으로 연결하여 묶고 있는 분명한 동원체제가 되어 있었음을 알 수 있다. 특히 이들 단체들은 대부분이 인민군과 조직적으로나 사업적으로 연결되어 있었다. 48년질서 시기동안 모든 대중단체들의 가장 중요한 사업은 어떤 형태로든지 인민군을 도와주는 것이었다. 대중의 전체적 조직화와 군대에로의 연결, 이 점이 48년질서 시기 북한체제의 가장 핵심적인 특징이었다.

그렇다면 인민들을 동원하기 위한 북한의 실제의 법률적 조치와 규정들을 발견할 수는 없을까? 이러한 규정이 남아 있다면 동원체제로서의 북한을 규명하는 데 있어 우리는 그 핵심에 도달하는 것이 된다. 1949년 5월 17일의 〈조선민주주의인민공화국 내각결정 제52호 — 군사 및 운수등록제 실시에 관한 결정서〉가 그것인데 수상 김일성과 내무상 박일우의 서명이 들어 있는 결정이다.[111] 이 〈결정〉은 다른 〈결정〉과는 달리 내각의 지시와 결정을 담아 정기적으로 발행하는 《내각공보》에 실

(1949년 9월 15일), p.25. 창설 당시 북조선로동당의 당원통계는 자료에 따라 상이한데 이에 대한 지적은 이종석, 《조선로동당 연구》, p.187을 참조.

111) 〈조선민주주의인민공화국 내각결정 제52호 — 군사 및 운수등록제 실시에 관한 결정서〉 1949년 5월 17일 수상 김일성 내무상 박일우. NA, RG 242, SA 2005 Item 6/14, 조선민주주의인민공화국 내무성 〈軍事登錄에 관한 規定細則〉. 이 문건에는 '시흥군내무서'의 도장이 찍혀 있다. 따라서 이는 북한 내무성의 문건이 전쟁발발 후 남한의 군단위 내무서에 직접 내려와 그대로 적용되고 있음을 말한다. 실제 담당부서나 세칙은 첨부된 〈軍事登錄事務分掌表〉와 〈군사 및 운수등록규정에 관한 세칙〉을 참조할 수 있다. 이 두 첨부문건은 본(本) 규정을 더 상세하고 철저하게 규정하고 있을 뿐 특별한 내용은 없다.

려 있지 않다. 즉, 이 결정서는 공표되지 않은 비밀결정이었던 것이다.

우리는 이 결정이 1949년 5월이라는 시기에 이루어졌음에 주목하게 된다. 5월은 북한이 6월에 조국전선을 결성하고 로동당을 합당하여 대남공세를 본격화하기 직전이고, 또 김일성과 박헌영이 소련을 방문하고 돌아온 직후의 시점이었다. 소련을 방문하고 돌아와서, 또 미군철수를 앞두고, 체제를 확실하게 동원체제로 끌고 가고 있는 한 징표이며, 따라서 동원체제의 제도화가 매우 빨리 이루어지고 있음을 알 수 있다. 우리는 1949년 5~6월을 48년질서 자체와 남북한 각각의 한 전환점이라고 진술한 바 있는데 북한체제의 동원체제로서의 최종적 제도화도 역시 이 시점에서 완료된다고 볼 수 있다.

결정에 따르면 내무성에 군사등록부를 설치하는데 이는 전국적인 동원을 담당하는 부서의 설치를 의미했다. 이에 따르면 "국가공민으로서 군사적령자를 일체 등록한다", "국가 및 개인소유의 ○○○(판독불능) 선박 및 우마필을 일체 등록한다", "국가유사시에 인원 및 운수동원계획을 수립하여 평상시에 등록된 적령자의 각종 훈련과 수송동원의 조직을 진행한다", "본 결정은 1949년 5월 20일부터 실시한다"고 규정하였다. 군사적령자의 등록뿐만 아니라 우마필까지도 등록하여야 했다.

첨부된 〈군사 및 운수등록에 관한 규정〉을 보면 제4조에는 "국가유사시에 중요한 기술자 기능자, 즉 자동차운전사, 선반공, 기계수리공, 의사, 수의사, 간호원, 타자수, 교환수, 통신기술자 및 기능자, 전기기술자 및 기능자, 목수, 토목건축 기술자 및 기능자, 기타 군사○(판독불능)방에 중요한 기술자 및 기능자는 등록하여야 한다"고 되어 있으며, 제5조는 "적령자 기술자 및 기능자(의 등록은) 시군 내무서 군사등록계에서 집행한다"고 되어 있어 시군내무서에 군사등록계를 신설하여 이러한 업무를 보도록 하였다.

제6-7-8조에 따르면 "등록된 군사 적령자와 기술자 및 기능자가 거주지에서 퇴거할 때는 시군내무서 군사등록계에 퇴거신고를 하고 신고를 받은 군사등록계는 퇴거증명을 하고 등록대장에 기록하여야 하며 퇴거증명을 받은 자는 10일 이내에 새로운 거주지의 군사등록계에 신고하여야 한다". 이는 이전을 하였더라도 국가가 언제라도 동원할 수 있게끔 10일 이내에 새로운 등록을 하여야 함을 의미했다. 또한 퇴거조차도 '군사'등록계에 퇴거신고를 하고 증명을 받아야 했다. 완벽한 체크시스템을 읽을 수 있다. 제 9 조는 "국가 및 개인소유를 불문하고 운수용구 및 우마필은 등록하여야 한다"였고 제 11 조 "등록된 우마필이 이동할 때에는 소관 내무서 군사등록계에 이동신고를 하여야 했다. 우마필조차 다른 곳으로 자유로이 끌고다닐 수 없었던 것이다.

제 14 조와 제 15 조는 동원체제로서의 성격을 가장 분명하게 보여주는 규정이다. "등록된 자 및 등록된 운수용구는 국가유사시에는 언제든지 국가명령에 의하여 '의무적으로' 동원에 응하여야 한다"(강조는 인용자). "동원명령을 받은 자가 정당한 이유없이 고의적으로 동원을 기피하거나 거부하는 때 또는 고의적으로 타인의 동원을 방해하는 자는 법적 수속을 밟아 이를 처단한다." 북한은 철통 같은 동원체제로 되어 가고 있었던 것이다. 이 규정은 명령권자가 내무상 박일우였다. 소련점령 시기부터 여행령의 실시로 거주이전의 자유까지 강력하게 제한받는 상태에서 동원령의 실시는 동원가능한 연령의 전국민과 우마, 운송수단 및 기능자에 대한 국가의 완전한 파악과 장악을 의미했다.

우리가 북한을 혁명적 동원체제라고 하였을 때는 단순히 그 체제의 어떤 특징적인 측면, 또는 전쟁을 일으키는 체제였기 때문에 추상적으로 그렇게 규정한 것만은 아니었다. 그러한 성격규정의 근거에는 적어도 세 가지가 있다. 첫째는 모든 대중을 이념적으로 동원하기 위한 적대와 증오, 통일을 위한 체계적인 이념의 존재, 둘째 대중동원을 위한 방대한 조직의 존재 및 이 조직들의 군대에로의 직·간접적 연계, 셋째 방금 살펴본 인민을 실제로 동원하기 위한 구체적 규정의 존재가 그러한 성격규정의 근거들이었다.

동원의 이념, 조직, 규정들은 모든 면에서 군대와 연결되었고, 또한 개인은 단체에의 복수가입으로 인하여 종횡으로 연결되어 있었다. 결국 이 체제는 하나의 동원조직, 달리 말하여 위로부터의 수직적 명령과 동원, 밑으로부터의 자원과 참여에 의해 맞물려 돌아가는 하나의 동원

'단체'와도 같은 체제가 되어가고 있었던 것이다. 이러한 현상은 표면적으로는 1996년 현재에도 크게 바뀌지 않은 북한의 모습이라 할 수 있을 것이다.

제 14 장

대쌍관계동학과 급진군사주의

48년질서에서의 북한의 통일문제와 대남인식은 어떠한 것이었을까? 분단을 해소하고 통일정부를 수립하려는 목적에서 시작한 것이 1950년 6월 25일의 전쟁이었기 때문에 이 문제에 대한 북한의 인식을 살펴보는 것은 매우 중요하다. 실제의 사태는 어떠했고, 실제에 대한 그들의 인식은 어떠하였기에 2년간의 갈등을 거쳐 북한리더십은 전쟁을 결행하였는가? 실제사태와 실제사태에 대한 인식 사이에 괴리는 없었는가? 있었다면 그 요인은 무엇이었는가?

김일성·박헌영과 그들의 부하들에게 남한은 항상 괴뢰였다. 남한은 다만 남조선 괴뢰도당일 뿐이었다. 가장 앞자리에서 사태를 왜곡하고 과장한 이승엽은 49년 5월 10일, 5월 총선 일주년을 맞이하여 5월 총선과 남한정권을 "하지의 뱃속에서 조작해낸 소위 선거"와 "워싱톤정부의 서울출장소인 반역자의 집단 리승만 매국 「정권,"[1]으로 공격한다. 이것은 북한리더십의 일반적 인식이었다. 북한은 남한의 국회와 정권을 언급할 때는 예외없이 항상 「국회」「정권」, 『국회』『정권』과 같은 식으

1) 리승엽, "망국 五·十 단선조작 一년 후의 공화국 남반부," 《로동신문》 1949년 5월 10일.

로 외곽둘레를 쳐서 특수하게 표현하였는데 이것은 국회와 정부를 인정치 않는다는 뜻이었다.

그들은 남한과 북한의 모든 면을 비교하였는데 비교의 요소마다 우위와 정당성은 자신들쪽이었다. 특히 남한인민의 남한정부에 대한 저항의 과대평가 및 자기정부에 대한 지지의 일치는 뿌리깊고도 흔들림없는 것이었다. 남한에서의 투쟁에 대한 북한의 평가는 객관적으로 이해하기 어려운 것이었다. 그들은 왜 그랬을까?

1. 군사주의와 급진주의의 결합지점 : 대남문제

1949년 초 김일성의 국토완정론이 등장한 직후 북한사회에는 두 가지의 커다란 변화가 포착되었다. 하나는 인민군의 본격적인 징집과 확대가 시작된 것이었고 다른 하나는 대남 관심과 선동이 부쩍 늘었다는 점이었다. 전술했듯이 인민군이 자원입대에서 본격적인 공개적 징집으로 전환한 것은 1949년 초였다.[2] 이 시기의 《로동신문》을 분석하면 뚜렷이 부상하는 한 가지 사실을 우리는 알게 된다. 남한에 대한 급격한 관심의 증가, 표현강도의 강화와 횟수의 증가, 투쟁에 대한 선동의 과격화라는 표면적 징표 외에 다른 뚜렷한 특징은 사태에 대한 엄청난 과장이었다. 이를 통해 군사주의는 급진주의와 결합하기 시작하였다.

《로동신문》은 북한의 공식견해와 정책을 외표하는 매체였다. 따라서 오늘에도 그렇듯 이 신문의 보도경향을 추적하는 것은 북한정치의 변화를 판독하는 한 지표가 된다. 국토완정론의 등장과 함께 《로동신문》은 남한에서 유격전이 본격화되기 이전이었음에도 불구하고 이를 주목하고 남한의 파멸상을 보도하는 데 주력하였다. 1949년 1월 28일자 《로동신문》은 "인민공화국 기치 밑에서 남조선 인민유격전 치열"이라는 제목하에 남한에서의 유격투쟁을 상세하게 보도하였다. 뿐만 아니라 "도탄에

2) *North Korea : A Case Study*, p. 69.

빠진 인민들의 생활", "멸망에 직면한 매국노들의 발악", "퇴폐와 윤락의 암담한 사회상", "농촌경리는 파멸일로로", "불행과 도탄에 신음하는 공화국 남반부 인민들"이라는 제목 아래 아예 전면을 할애하여 남한인민들의 반정부투쟁, 절망적 사회상을 보도하기에 바빴다.[3)]

〈그림 14-1〉은 1월 28일의 《로동신문》에 보도된 남한의 게릴라투쟁에 대한 그림의 전재이다. 이 그림은 인쇄를 위해 다시 그린 것이 아니라 신문의 원판을 그대로 복사하여 붙인 것이다. 남한 전체의 약 절반이 게릴라투쟁 지역으로 그려져 있다. 1949년 1월 현재 남한이 이러했을까? 이 시점은 남한에서의 게릴라투쟁이 지리산지역을 제외하고는 거의 없던 시기였다. 가장 침체된 시기를 이렇게까지 인식했다면 1949년 6월 이후 자신들의 게릴라남파로 투쟁이 격화되는 때의 과장은 상상하기 어렵지 않다. 이 과장은 특정의 목적을 위한 의도된 과장이었다.

1949년 1월 현재의 게릴라투쟁은, 군경의 진압작전의 성과와 '폭도'의 규모를 과장하려는 남한신문을 따르거나, 또 비교적 객관적인 G-2의 보도를 보더라도 이렇게 강력하지는 않았다. 이 시기는 여수반란의 진압 이후부터 조국전선의 제안으로 북한이 훈련된 게릴라들을 집중적으로 남파하기 이전 사이의 시기로서 전간기(戰間期) 동안 전쟁 직전의 시기와 함께 일종의 '고요의 시기'라고 불릴 수 있는 시기였다. 메릴이 치밀하게 재구성한 통계를 따르면 이때는 전간기의 어느 시기보다도 반란이 가장 약한 시기였다.[4)] 그러나 북한공산리더십의 인식에 따르면 남한에서의 반란은 정권을 멸망의 벼랑으로 몰아넣고 있을 정도였다.

남한에 대한 이러한 인식은 1945년 이후 상황의 변화에 대응해 한국의 공산주의자들에게는 점차로 강화되어 오던 일반적 인식의 연장이었다. 그것이 좌우대립과 분단으로 인해 점차 강화되다가 국토완정론의 등장을 계기로 가장 선명한 모습으로 자리잡은 것이었다. 남과 북에 대

---

3) 《로동신문》 1949년 1월 28일.

4) John Merrill, "Internal Warfare in Korea," in Bruce Cumings(ed.), *Child of Conflict*, p. 138.

〈그림 14-1〉 북한이 본 남한의 게릴라투쟁 상황

—《로동신문》 1949년 1월 28일 전재

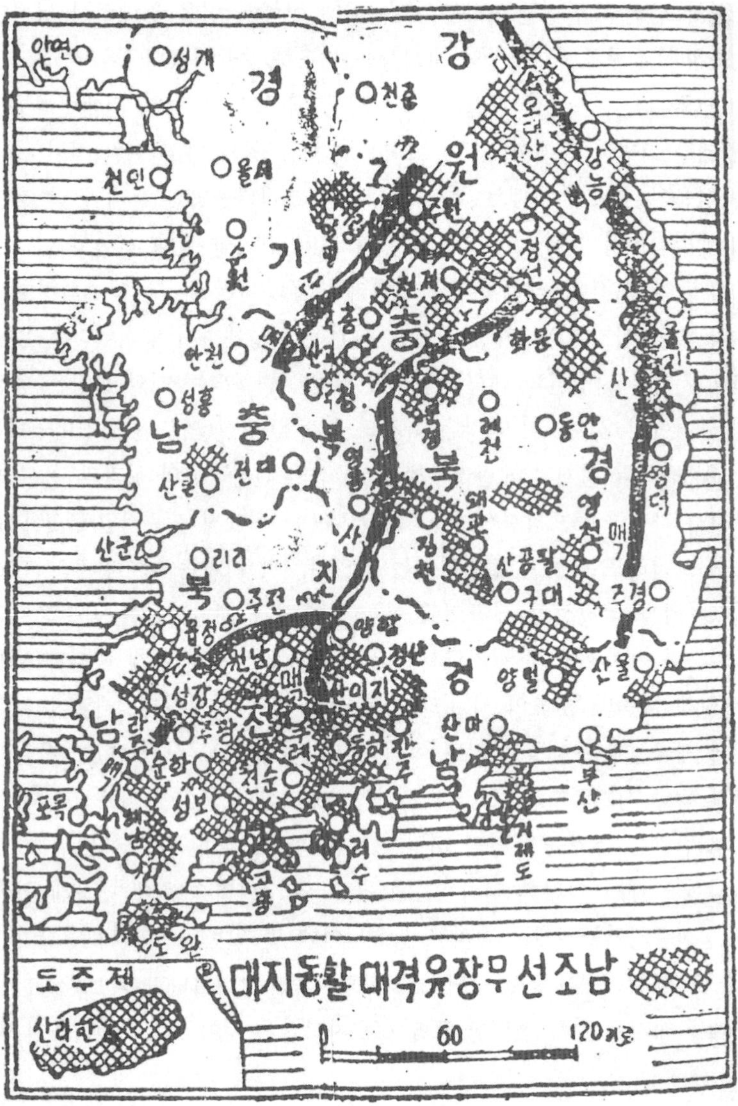

한 첨예한 대비와 대립의식은 두 분단국가가 수립된 이후인 48년 이후는 강조할 필요도 없었다. 해방 2주년 기념연설에서 김일성은 이미 다음과 같이 남과 북을 정반대로 대비시키고 있었다.

> 여기로부터 나오는 결론은 극히 간단합니다. 남조선의 산업경제는 친일파 민족반역자들에게 독점된 결과에 생산은 극도로 저하되고 물가는 폭등되어 광범한 인민대중을 빈궁의 생지옥에 몰아넣었다는 것입니다. 남조선은 금일 … 민족자멸의 길을 초래하는 길로 나아간다는 결론을 짓게 합니다. 남조선에서 일어난 지난 10월 인민항쟁과 금년에 있은 전국적 총파업과 오늘까지 계속되는 민족반역자 친일파들을 반대하는 남조선 민주력량의 희생적 투쟁은 해방 이후 남조선에서 조성된 정치적 환경에서 불피적으로 일어난 사변들입니다. 남조선반동들이 아무리 발악한다 하더라도 조선인민의 힘은 어떠한 힘으로든지 억제하지 못할 것입니다. 남조선 민주력량은 남조선의 반동을 소탕할 때까지 조국과 후손의 운명을 위하여 애국적 투쟁을 계속할 것입니다.
>
> 여러분! 해방 2주년을 맞이하는 조선의 그동안 총화는 이러합니다. 이것은 간단히 말하면 **하나는 자유와 민주와 완전독립의 길이며 다른 하나는 학살과 반동과 예속의 길입니다. 하나는 부강과 발전과 부흥의 길이며 다른 하나는 쇠퇴와 멸망과 노예의 길입니다. 하나는 세계민주력량 속에서 파동치며 세계력사의 흐름 속에서 무한한 광명과 행복의 길로 향하는 것이며 다른 하나는 최후발악으로써 력사에 항거하여 예정된 멸망의 길로 향하고 있습니다.**
>
> 친애하는 동포 여러분! 우리는 38선을 경계로 하고 해방 이후 두 해라는 세월에 우리 조국의 남북이 이렇듯 엄연히 다른 두 방면으로 갈라져 있는 것을 명백히 인식하여야 하겠습니다.[5]

이 진술은 1947년 8월의 인식이었다. 유엔 한위의 입국, 48년 4월의 평양회의, 8~9월의 두 정부 수립과 '조국통일' 정강의 제시, 그리고 49년

---

5) 김일성, 〈8·15 해방 2주년 기념보고〉, 《조국의 통일독립과 민주화를 위하여》 1권, pp. 403~404.

의 국토완정론으로 이어지는 사태의 변화를 계기로 '악마로서의 남한' 인식은 훨씬 강화되었다. 김일성은 국토완정론을 제기하는 연설에서 남한을 "조국과 민족을 팔아먹은 망국 괴뢰 '정부'", "친일파 민족반역자들의 소굴이며 미제국주의자들의 주구" 또는 "친일파 민족반역자의 소굴인 매국적 괴뢰 '정부'"라면서 반드시 타도하겠다고 다짐하였다.[6] 그는 이 연설에서 남한인민에 대해 다음과 같이 언급하면서 '곧 구해주겠다'고 다짐하였다.

> 공화국 중앙정부는 남반부의 농민들이 봉건적 토지소유제도와 지주들의 착취와 일제시대 공출제도 이상 더 가혹한 량곡수매법에 의하여 략탈과 착취를 당하고 있으며 파산과 기아에서 신음하고 있다는 것을 잘 알고 있으며 로동자들은 아무 권리도 자유도 없이 일제시대 이상으로 가혹한 착취와 압박을 당하며 수백만의 실업 로동자가 거리에 방축되여 기한에 신음하며 녀성들은 아무러한 인권도 자유도 가지지 못하고 비인간적 학대와 멸시와 모욕을 당하고 있다는 것을 잘 알고 있습니다.[7]

그의 이러한 인식은 북한이 남한보다 강하다는 인식하에 1960년대까지 지속된 이른바 '남조선인민구원론'의 초기적 발로였다. 북한이 강하다는 인식은 그의 유명한 남조선인민구원론의 기본적인 토대였다. 그는 이 연설에서 남한의 북벌주장에 대해 어이없다는 듯 코웃음치며 무시하였다.[8] 앞서 보았지만 김일성과 북한리더십은 지속적으로 남한의 북진통일론에 대해서 가소로워하였다. 우리는 이 문제에 대한 지금까지 두 가지의 대립적인 해석, 즉 북한이 과연 남한의 위협에 대해 위기의식을 느껴 반공격을 하게 되었는가 아니면 넘치는 자신감에서 공격을 하게 되었는가라는 오랜 논쟁에 대해 후자라고 해석을 한 바 있다.

---

6) 〈1949년도 신년사〉, 《김일성 선집》 2권(1953), pp. 308, 315, 317.
7) 〈1949년도 신년사〉, 《김일성 선집》 2권(1953), p. 314.
8) 〈1949년도 신년사〉, 《김일성 선집》 2권(1953), p. 316.

국토완정론의 등장을 계기로, 남한에서의 투쟁에 대한 관심의 급증과 더불어 북한의 각종 단체와 정당들은 신문과 방송을 통하여 동종(同種)의 남한의 정당과 사회단체에게 투쟁을 선동하는 호소문과 편지들을 보내었다. 이것은 국토완정론의 제기에 따라 그에 호응하려는 예정된 추수였다. 예술동맹은 〈공화국 남반부에 있는 문학가 예술가들에게 보내는 편지〉를 통해 "전체 공화국의 문학가 예술가들은 다 같이 영웅적 구국투쟁에 더욱 힘찬 기세로 궐기합시다. 우리는 일층 더 현명한 인간 정신의 하사가 되며 우리 민족과 조국의 통일독립과 문화건설을 위하여 최후까지 싸우는 전사가 됩시다. 공화국의 기치를 높이 들고 김일성 수상의 주위에 더욱 굳게 뭉치어 승리에 향한 불굴의 전진을 계속합시다"라고 호소하였다. 모든 편지는 예의 남한과 이승만에 대한 강도높은 공격을 담고 있었으며 끝은 항상 "우리 민족의 절세의 애국자이며 민족적 영웅이신 공화국 내각수상 김일성 장군 만세!"가 들어가 있었다.[9] 1949년 3월 8일에 북조선농민동맹은 〈남반부농민들에게 보내는 편지〉를 통하여 다음과 같이 호소하였다.

> 우리 남북조선농민들은 하루속히 조국의 완전독립과 국토완정을 쟁취하기 위하여 공화국 헌법과 공화국 정부의 정강을 전국적으로 실시하기 위하여 더욱 더욱 김일성 수상 주위에 굳게 뭉치어 력사가 가르키는 길로 앞으로 힘차게 전진합시다.[10]

다른 단체들도 연이어 이를 이어받았다.

1949년 5월에는 '공화국 남반부의 토지개혁 실시를 위한 법령기초위원회'가 결성되어 5월 13일에 1차회의가 개최되자 《로동신문》은 이를 큰 관심을 갖고 즉각 보도하였다.[11] 또한 법령기초위원회의 조직에 관한 남조선 각 정당 사회단체의 반향이라고 해서 남로당과 전농, 민주애

9) 《로동신문》 1949년 3월 4일.
10) 《로동신문》 1949년 3월 10일.
11) 《로동신문》 1949년 5월 15일.

국청년동맹(민애청), 민중동맹 등 남한의 여러 정당과 사회단체의 반응이 실렸다. 민애청은 남한토지개혁을 위한 결정을 "열광적으로 지지찬동한다"고 성명하였으며 민중동맹은 "국내외 반동들에게 나리는 청천벽력인 동시에 암흑한 남반부에 뻗치는 휘황한 광명"이라고 호응하였다.[12] 이는 남한의 정당과 사회단체들이 북한의 조치를 얼마나 많이 지지하고 있는가를 과시하려는 조치였다.

남로당 중앙위원회는 '공화국 남반부의 토지개혁 실시를 위한 법령기초위원회'의 출범을 환영하는 성명에서 "지주의 토지를 무상으로 몰수하여 토지없고 토지적은 농민에게 무상으로 분배하는 토지개혁의 실시는 실로 조선농민들의 세기적 숙망인 것"이라면서 "남반부 농민들은 용기백배하여 더욱 공고한 단결과 충성된 마음으로 정부 주위에 집결하여 미제국주의 군대를 철거케 하고 괴뢰 '정권'을 타도하여 무상몰수 무상분배의 토지개혁을 자기들의 손으로 실시하는 투쟁에 더욱 광범하게 더욱 용감하게 궐기할 것"이라고 성명하였다. 다른 정당과 사회단체의 성명도 비슷하였다.

그러나 이 성명들은 실체없는 허위의 성명이었다. 즉 그것은 단지 말의 싸움에 불과한 것이었다. 이들 단체의 성명들은 46년에 모스크바협정에 참여할 정당 사회단체들을 결정하려 미소공위가 참가단체 신청을 받을 때 우파들이 있지도 않은 정당과 사회단체들을 급조하여 제출한 것과 같은 허위의 실체들이었다. 남로당의 경우만 보더라도 이미 그 정당은 북한정부에 참여하고 있었기 때문에 이러한 성명은 남한농민의 의사를 대변하는 '남한' 좌파의 성명이라기보다는 북한정부의 공식입장을 반복하는 것에 불과하였다. 남한에서 북한의 정책을 대중적 기반을 갖고 공명하여 주장할 수 있는 정당과 정치단체는 48년질서의 시기에는 존재하지도 않았고 존재할 수도 없었다.

비슷한 시기에 발생한 다른 하나의 사건도 유사하게 받아들여졌다.

---

12) 《로동신문》 1949년 5월 15, 17일. 이밖에도 이에 대한 기사는 반복적으로 실렸다.

1949년 5월 4일과 5일 제8연대 1대대과 2대대가 월북하자 《로동신문》은 "의거부대 평양에 도착, 30여만 시민 열렬히 환영"이라는 제목하에 이를 대대적으로 보도하였다.[13] 남한은 멸망하고 있으며 남한군이 얼마나 열렬하게 북한을 지지하였으면 집단으로 월북하겠느냐는 의사의 표현이었다. 북한에서는 대대적인 환영행사가 열렸다. 남한군의 이러한 집단월북사태는 분명 북한에는 고무적인 사건이었다. 김일성은 이를 두고 넘치는 자신감으로 송곳처럼 날카롭게 남한군의 아킬레스건을 찔렀다.

> 남조선 소위 '국방군'과 '경찰대'들은 인민유격대와 경비대들에게서만 타격을 받는 것이 아니라 그 자체 내부에서도 부단한 동요로써 와해되고 있습니다. 작년 11월 려수에서 소위 국방군 제14련대가 폭동을 일으켜 인민유격대로 넘어갔으며 금년 5월에는 춘천에 주둔하였던 춘천대대와 홍천대대가 의거하여 공화국 북반부지역에 넘어와서 인민군대에 편입되였으며 이때를 전후하여 소위 '해군함정'들도 의거하여 북반부지역으로 넘어왔습니다.
>
> 이러한 사실들은 결코 우연한 일이 아닙니다. 그는 매국노 리승만 도당들이 근로인민들의 자제들을 강제징모하여 군대에 편입시키고 동족상쟁을 감행하는 데 대하여 조선청년들은 조선에 대한 미제국주의의 식민지화정책을 위하여 동족상쟁을 할 수 없다는 것을 실제 행동으로 표현하였습니다. 앞으로도 소위 '국방군' 내에서는 이러한 의거행동이 부단히 일어날 것입니다.[14]

이들 월북부대는 여러 곳에서 환영집회에 참석하여 북한에서 남한의 혁명적 열기와 반이승만 성향을 보여준 뒤 인민군에 편입되었다.[15] 이들은 뉴스필름으로까지 만들어져 "이승만 괴리정부를 반대하고 조국과

13) 《로동신문》 1949년 5월 8일.

14) 〈조선민주주의인민공화국 창립 일주년에 관한 보고〉, 《김일성 선집》 2권(1953), pp. 410~411.

15) 《로동신문》 1949년 7월 13일.

인민에게 복무하고자 의거입북"한 것으로 선전되었다. 그러나 이들의 성급한 봉기제일주의, 실천제일주의(*activism*)는 남한군내의 좌파조직을 스스로 절멸시키는 결과를 초래하고 있었다. 1949년 6월이면 그들의 자기파멸적 조치는 거의 끝나가고 있던 시점이었다.

1949년 6월의 《로동신문》은 조국통일민주주의전선의 결성을 지지하는 성명과 집회의 보도로 가득 찼다. 전국의 단체와 기업들은 이의 결성을 지지하고 대남 통일제의의 실천을 위해 투쟁하자는 궐기대회에 참여하였다. 49년 6월은 또 한 번의 전국적인 동원의 계기였다. 그들의 보도는 마치 통일이 목전에 다가오기라도 한 듯한 흥분을 담고 있었다. 반면에 두 로동당의 합당에 관한 기사는 없었다. 완전한 대조였다. 그러나 내부를 자세히 들여다보면 통일된 조국전선의 등장을 과도하게 강조하는 데서 남북한의 좌파세력이 하나로 합치되었음을 강조하려는 기색을 간취할 수 있었다. 조국전선의 공식 창설대회는 6월 말에 열렸으나 6월 초부터 북한의 매체들은 조국전선의 창설을 선전하기 시작하였다. 거기에는 북한의 정당 사회단체, 유력한 개인들의 기고가 실렸으며 남한의 정당과 사회단체들의 지지표명도 잇따랐다. 1949년 6월을 계기로 한국의 좌파는 단일한 조직을 구축하였던 것이다. 우리는 이러한 단일한 결집을 최대공산주의연합이라고 부른 바 있다.

우리가 오늘날까지 많이 들어온 민족·자주·통일의 논리, 이른바 '민자통 논리'는 통일을 희원하는 정당과 단체들에는 이때부터 사용되던 유서깊은 것이었다. 이 세 가지 기조는 보편적 이론과 논리로서는 민족이라는 하나의 언술체계 속에 수용가능한 것이었으나 초기 한국의 좌파와 그 후의 통일운동세력들은 항상 자주와 통일을 민족에 붙여서 사용하였다. 그것은 이 셋이 붙어 있다는 인식의 반영이었다. 1949년 6월 10일의 결정서에서 남한의 민족자주통일청년단은 다음과 같이 주장하고 있다.

> 민족 자주 통일을 위하여 궐기한 지 오래인 우리 청년들은 남조선으로부터 미제국주의자의 군대를 철퇴시키고 리승만 괴뢰'정부'를 타도

분쇄함으로써만이 우리 3천만 인민의 숙망인 남북완전통일은 비로소 완성될 것라고 확신한다. 금번 전조선의 애국적 정당 급(及) 사회단체의 력량을 총집결하는 조국통일민주주의전선 결성에 대한 제의를 전적으로 지지하면서 우리 민족자주통일청년단은 조국통일민주주의전선 깃발 아래 공동투쟁할 것을 결의한다.16)

북한의 반응 중 흥미 있는 것은 민족주의세력과 중간파에 대한 반응이었다. 그들은 남한의 민족주의세력과 중간파를 신뢰하지도 기대하지도 않았다. 우리는 북한의 통일전선노선 때문에 이 문제에 대한 하나의 유력한 해석이 있어 왔음을 잘 알고 있다. 즉, 북한이 남한의 민족주의세력을 인정하여 통일전선의 대상으로 삼으려 하였다는 주장이 그것이었다. 이는 특히 북한정권 담당자들의 민족독립운동의 경력과 김일성의 민족공산주의적 성향, 통일전선전술 때문에 강력하게 주장되어 왔다. 사망 직전까지도 김일성은 스스로를 민족공산주의자로 여기고 있었다.17)

그러나 북한의 리더십은 48년질서의 시기 동안은 물론 그 이후에도 민족주의를 용납하거나 수용하려 하지 않았다. 그들은 말의 정치에서는 민족주의를 강조하고 수용과 연대를 표명하였지만 현실정치에서는 결코 그렇지 않았다. 그들은 의회 내의 중간파들조차 지속적으로 "동요하는 분자들, 동요하는 세력"이라고 공격하였고 중간파들이 우파로 전향하자 "원래 반동진영이었던 자들"이라고 증오를 나타내었다. 북한리더십은 1948년 평양회의 이후에도 김구가 서울로 귀환한 직후의 행태를 놓고, 겉으로는 '김구 씨'라고 표현하여 친근감을 표시하거나 그에 대한 비난을 자제하였으나, 당간부들이 돌려보는 내부 비밀보고에서는 정면으로 그를 비열하다고 공격하였다.18) 이 두 가지 모두가 민족주의세력에 대

16) 《로동신문》 1949년 6월 23일.

17) 김일성, 《세기와 더불어》 1권, p.219.

18) 2006 14/31, 절대비밀, 북조선로동당 중앙본부 조직부 련락과, 《정세순보》 제17호(1948년 7월 15~25일).

한 북한의 인식이었다. 즉 표면과 배면의 이 불일치가 민족주의에 대한 북한리더십의 실제인식이었다.

김구의 죽음에 대한 북한의 반응은 묘한 이중감정을 담고 있는 것이었다. 그의 완강한 반공주의 때문에 비난해야 마땅하나, 그는 누구보다도 강력한 이승만의 라이벌이었기 때문에 논평은 어정쩡했다. 이는 마치 48년 평양회의 때 이용가치 때문에 김구 초청을 놓고 망설이던 모습과 유사했다. 김구의 죽음은 그의 민족주의성향과 반이승만성향, 평양회의에의 참가 때문에 남한을 공격하는 좋은 재료로서 크게 보도가 되고 다루어져야 했으나 그렇지 않았다. 홍명희가 조국전선의 결성식 도중 들어온 암살소식에 대하여 6월 26일 조국전선의 이름으로 발표한 조사에 북한의 인식이 함축되어 있었다.

> 26일 영시 30분에 김구 씨가 자택에서 테로단의 저격을 당하여 돌아갔다 합니다. 이런 불행한 사건은 남조선에서는 자주 일어나고 있는데 이것은 우연한 일이라고 볼 수 없습니다. 미국인들과 리승만도당은 그들의 정책을 조금이라도 반대 혹은 비판하는 자들에게 대하여서는 민주주의자나 애국자는 물론이요 그들 자체 도당 중에서라도 그들과 의견의 차이만 있으면 곧 폭력으로 박해하는 흉악한 방침을 취하는 것입니다. … **김구 씨는 일생을 두고 조국독립을 위하여 노력분투한 분입니다. 비록 그가 민주주의적 자주독립방향에 대하여는 모호하여 자기 거취에 있어 방황주저하는 반민주주의적, 철저치 못한 견해가 있었으나** ○○○(판독 불능) **미군주둔을 반대하고 조국의 평화통일을 주장하는 인사이었습니다.** 이러한 분이 리승만도당의 손에 조난한 것은 비분한 일입니다.[19]

강조 표시는 민족주의에 대한 북한리더십의 인식을 함축하고 있었다. 평화통일을 주장하기는 하였으나 자신들을 반대하였기 때문에 조사치고는 애매하기 짝이 없었던 것이다. 결국 1946년의 조만식의 제거와 49년의 김구의 암살로 식민시기의 대표적인 국내외 민족주의세력의 주력은

---

19) 《로동신문》 1949년 6월 28일.

48년질서에서 완전하게 배제되었다. 이것은 민족주의운동이 탈식민후국가형성으로 연결되지 못한 대표적인 비극이었다.

7월부터 분명하게 나타난 변화의 하나는 조국전선의 통일선거 제안을 실천하기 위해 투쟁하라는 남한인민들에 대한 선전선동이었다. 7월의 《로동신문》은 "조국전선의 선언서 실천을 위한 남반부인민항쟁 치열"이라는 동일한 제목하에 남한에서의 투쟁을 반복적으로 보도하였다. 또한 "주저와 동요는 있을 수 없다. 평화적 조국통일의 길로!"라는 제목하에도 동일한 투쟁보도가 이어졌다. 이러한 동일제목에 의한 반복보도는 오늘날까지 계속되는, 핵심이슈에 대한 북한식의 주의집중과 의사표시 방식이었다. 이 보도는 7월 이후 지속적으로 같은 제목으로 반복되었다.

북한에서 김일성 연설의 주핵심 골자는 항상 반복 보도되었다. 이를테면 49년 초의 국토완정론의 등장, 조국전선의 결성시의 통일제안, 그리고 49년 9월 공화국 창립 1주년 기념식에서의 대세의 인민결정론은 일정 기간 북한의 모든 보도와 논평의 중심이 되었다. 49년 9월 김일성은 대세는 인민이 결정할 것이라면서 다음과 같이 말하고 있다.

> 놈들이 아무리 발악하여도 조국이 나아가는 길과 인민들이 요구하는 일을 끝까지 방해할 힘은 있을 수 없습니다. 오직 대세는 인민의 힘으로 결정될 것입니다.[20]

이러한 제일 기치의 제시와 반복적인 강조는 이후로 오늘날까지도 항상 그러하였다. 조국전선은 결성되자마자 지방에 지방위원회를 결성하였고 각 지방과 사업장에서는 조국전선 결성과 평화통일선언서에 대한 지지집회를 개최하였다. 6월을 계기로 하여 북한사회는 통일과 남조선반대라는 하나의 중심기조로 방향지어져 나갔다. 사회와 인민군을 연결하는 고리가 조국보위후원회와 민청이었다면 조국전선은 사회의 결집과

20) 〈조선민주주의인민공화국 창립 일주년에 관한 보고〉, 《김일성 선집》 2권(1953), p. 413.

동원화를 통일문제로 연결하는 역할을 하고 있었다.

조국전선에 가입하지 않은 남한의 정당과 사회단체에는 국토완정론의 제기 때처럼 공개서한을 보내어 참여와 지지를 호소하였다. 각 사회단체들은 궐기대회를 열어 조국전선에의 참여를 호소하였다. 이를테면 남한의 기업가, 상인, 수공업자에게는 기업가, 상인, 수공업자들이 궐기대회를 열어 참여를 호소하였으며 이를 공개서한 형식으로 발표하였다. 비참여자들에게는 "오늘 이 형편에서 수수방관이란 무엇인가? 그것은 미제와 리승만 매국도당에게 대한 원조이며 봉사"[21] 라며 공격하였다. 남한과 마찬가지로 북한도 역시 중간은 없다며 둘 중의 하나를 선택하라는 것이었다.

로동당의 창당과 조국전선의 결성으로 남북한의 좌파를 전부 통합하고 나자 1949년 6월 이후 북한은 남한을 향해 "한 줌도 안되는 이승만 괴뢰도당은 인민으로부터 완전히 고립되었다"고 공격하기 시작하였다. 북한은 전에도 이러한 주장을 하기는 하였으나 그것은 부분적이었다. 조국전선의 결성은 역량이 단일화된 데 따른 자신감의 상승에 커다란 한 계기가 되었던 것이다. 미군마저 철군하자 북한은 남한이 고립무원 상태에 빠졌다고 공격하였다.

한편 이 시기에 고조된 분계선 충돌과 관련하여 《로동신문》은 남한군의 침입에 대하여 38선의 경비대만으로도 백전백승하고 있다고 자신감에 넘쳐 있었다. 내무성 문화국 부국장 김만석은 "공화국 경비대는 리승만 매국도당들의 내란도발 시도를 성과있게 제압하고 있다"는 제목의 기고에서 "오늘 공화국의 무장력이 얼마나 장성되였는가 하는 사실은 38선에서의 남조선의 소위 '국방군'과 경찰대들의 침입을 철저하게 격멸소탕하고 있는 38경비대의 전투성과만으로도 넉넉히 인식할 수 있는 것"[22] 이라고 주장하였다. 이는 49년 봄 38선 충돌이 시작되면서부터 북한정부와 군지도부의 일반적 인식이었다. 북한리더십의 이러한 인식

21) 《로동신문》 1949년 7월 27일.
22) 《로동신문》 1949년 8월 12일.

은 1950년 6월까지 변화하지 않았다.

김일성은 1949년 8월 2일 "리승만 괴뢰정부의 소위 '국방군'과 경찰들이 매일같이 계속적으로 38선에서 전쟁을 도발하려는 시도는 우리 인민군대의 참가 없이 공화국 경비대의 힘만으로도 성과있게 제압되고 있다"[23] 고 자신에 넘치는 진술을 하였는데 그의 이 언명은 이후 북한군지도부와 정부지도자들의 단골주장이 되었다. 이 진술은 "오직 대세는 인민의 힘으로 결정될 것"이라는 진술처럼 반복되었다. 그들은, 미군의 도움이 없다면 남한은 한국의 오랜 표현대로 "한나절 거리도 안 되는 먹이", "호랑이 앞발가락만으로도 제압 가능한 사냥감" 정도로 여기고 있었다. 《로동신문》은 이렇게 말하고 있다.

> 미제국주의가 그 딸라와 무기로써 리승만 매국도당을 비호 조종하지 않는다면, 민족을 분렬시키고 인민을 학살하고 내란도발을 시도하지 않는다면 인민에게서 고립된 리승만 괴뢰정권이 하루도 유지될 수 없으며 우리 조국의 평화적 통일은 즉각적으로 달성될 수 있는 것이다. 이 역력한 진실을 과연 누가 감출 수 있겠는가?[24]

북한리더십은 남한의 국군에 대해서도 특히 그 지도층이 식민시기에 독립운동하던 자신들을 탄압하고 살해하려던 일본군 장교 출신들이라는 점에 격분하였다. 그들은 역사적 사실을 구체적으로 폭로하여 인민과 병사들의 타도의지를 높이려 하기를 주저하지 않았다. "소위 '국군'내 지도층에 있는 놈들은 대부분이 과거 일제시대에 왜놈들의 장교로서 일본제국주의에 충성을 다하며 조선인민을 학살하던 친일역도들"[25] 이라는 것이었다. 채병덕의 경우 "소위 '륙군총참모총장'으로서 인민학살의 선두에서 날뛰는 놈이다. 해방 전에는 일본륙군의 '오시마(大島) 중좌'로

---

23) "중앙신문 기자단에 언명," 《김일성 선집》 2권(1953), p. 380.

24) 《로동신문》 1949년 7월 10일.

25) NA, RG 242, SA 2005 Item 2/108, 《남반부에 관한 자료집》(평양: 국립인민출판사, 1949), p. 155.

서 인천 륙군병창 제 2 공장장을 하였다. 이 놈은 일본군도를 차지도 않고 손에 들고 인천거리를 네 활개 치면서 다니던 놈"으로 비난받았고, 이응준은 "얼마 전까지 남조선 소위 '국군'의 '참모총장'으로 있다가 지금은 소위 제 3 사단장으로 있는 놈이다. 해방 전에는 일본륙군의 '가야마(香山) 대좌'로서 북지에서 일본군대 부대장 노릇을 하던 놈"이라고 공격받았다.

일제시기 행적으로 인해 북한 공산주의자들에게 가장 악명높던 김석원은 "남조선 소위 '국군'의 '제 1 사단장'으로 개성 부근에서 38선 도발행위의 선두에서 날뛰고 있는 놈이다. 해방 전에는 일본륙군의 '가네야마' 대좌로서 평양 44부대 병사부장으로 있으면서 조선청년을 왜놈의 육탄으로 제공하기에 날뛰었으며 한동안 왜놈의 부대장 노릇을 하던 놈이다. 남조선 '국군'들에게 "오좀을 싸도 38 이북을 향하여 싸라"고 하면서 동족상쟁에 날뛰는 흉악한 매국역적"으로 저주에 가까운 비난을 받았다. 또 류재흥은 "남조선 소위 '국군'의 '제 6 사단장'으로서 강원도방면에서 38선 도발행위에 날뛰는 놈이다. 소위 '제 2 사단장' 류승렬의 아들로서 부자가 모두 친일역도이다. 일본 '륙군사관학교'를 우등생으로 졸업하고 일본 '륙군대위'로서 일본놈에게 신용이 두터워 일본에서 오래 자랐으며 아직 조선말도 변변치 못하며 일본말을 절반 이상 쓰는 놈"이라고 공격받았다.

김백일은 "얼마 전까지 소위 '국군' '제 6 사단 제 6 련대장'으로 강원도방면에 있다가 최근 옹진방면에서 날뛰고 있는 놈이다. 일제시대에 일본 '륙군중좌'로써 만주에서 '관동군 특조무' 노릇을 하며 조선애국자를 학살하던 놈"으로 낙인찍혔다(이상 원문 그대로).[26] 남한간부들에 대한 이 공격은 비난의 목적을 띤 것이었지만 역사적 내용에 관한 한 대부분 사실을 말하고 있는 것이었다. 이러한 공격은 인민과 병사들의 적개심을 고취시키는 데 좋은 재료가 되고 있었다.

북한은 또한 남한으로부터 탈출하여 넘어온 장교와 사병들의 말을 인

---

26) 《남반부에 관한 자료집》, pp. 155~158.

용하여 남한군대의 실상을 선전하려 노력하였다. 이는 남한으로 탈출한 북한군 장교와 병사들을 동원하여 북한군의 실상을 알리려 한 남한의 노력과 다르지 않았다. 국군의 모집에 대해서도 이들은 "강제모집과 일본군, 만주군 경험자를 우대한다", "과거 조선인민과 애국자를 죽이기에 날뛰던 일본침략군대 등에서 '학살경험'이 있는 자를 특별우대로 입대시키고 있다"고 비판하였다.[27] 남한에서 북한으로 탈출한 장교와 사병들의 진술을 토대로 북한은 다음의 내용으로 남한군을 공격하였다.

> "감옥과 같은 '국군'의 생활", "장교의 종노릇을 하고 있는 병사", "장교들의 협잡으로 인하여 굶주리고 있는 병사들", "미국 거라지 '국군'", "인민을 략탈 학살하는 '국군'", "'국군'을 쥐고 흔드는 미군고문", "북한을 갖은 요언으로 왜곡하고 있다."

한 잡지는 남한의 정치 경제 군사 고위인사들의 식민시기 경력과 만행을 두세 명씩 매호마다 샅샅이 연재하여 이들에 대한 대중들의 증오를 북돋웠다. 이 연재는 욕설을 제외한다면 개인들의 경력에 관한 한 사실을 말하고 있는 경우가 많았다. 내무장관 백성욱의 경우는 '20세기의 요승(妖僧)', '제 2 의 신돈'이라고 비난받았다.[28] "악질 종교인이나 요승이 나라를 망치고 인민의 행복을 그르친 일이 역사에서는 왕왕 있었다"면서 잡지는 그에게 "인민의 정당한 심판을 받아 하루빨리 극락에나 가라"고 조롱하였다. 이러한 기사들은 북한이 남한의 고위인사들의 정치성향은 물론 개인적 비리나 여성관계 등에 대해서도 매우 구체적인 사실을 알고 있음을 보여주고 있었다. 이는 첩자의 침투가 깊었다는 사실의 방증이었다.

지금까지의 논의를 요약건대 북한리더십의 군사주의는 기본적으로

---

27) 《남반부에 관한 자료집》, p. 158.

28) 정래일, "남조선 망국괴뢰군상(12) — 허영망상의 반동정객 申錫雨의 래력," 기미랴(원문 그대로), "망국노 이승만의 뒤에 숨은 요승의 정체," 《태풍》 제 2 권, 제 20 호(1949), pp. 69~77.

남북한에 대한 양분법적 인식에 근거하여 38선 충돌을 통해 본 군사력에서의 대남 자신감, 식민통치에의 협력과 저항의 차이에서 오는 도덕적 우월감, 남조선경제의 파탄 인식에 따른 남조선인민 구원의식, 남한 인민들의 투쟁에 대한 과장 인식, 남한인민의 정치성향에 대한 자기 정부 지지에로의 일치 등과 함께 결합되면서 급진주의와 만나고 있었던 것이다.

그러나 사실 이러한 북한의 대남공격은 그리 성공적이지만은 않았다. 바람은 북에서 남으로만 불지는 않았다. 남한의 많은 보도들은 끊임없이 북한에서의 반공소요를 보도하였다. 이 중 어떤 것은 조작된 것이었다. 그러나 문제는 남한의 이러한 선전이 수용되고 있었다는 데에 있었다. 실제로 G-2와 남한신문, 군경 정보보고를 종합하여 보면, 월북이 집단적이었으나 단속적(斷續的)이었음에 반해 북한병사의 월남은 집단적이지는 않았지만 끊임이 없었다. 이들은 전부 남한의 군경에 들어가 반북활동에 동원되었다.

2. 급진군사주의의 전면 확산, 1950년 초: 현실주의의 결여

북한에서는 남한에서의 좌파의 역량과 게릴라투쟁이 1949년 말과 50년 초부터 폭발적으로 보도되기 시작하였다. 1949년 12월 27일 남로당 중앙위는 전체 당원들에게 투쟁을 선동하고 자극하는 내용의 편지를 보냈다.[29] 이 시기는 김일성이 바로 "중국혁명이 성공한 이상 다음은 우리 차례"라고 말한 시기이며 또한 대남공격의 동의를 얻기 위해 김일성과 박헌영이 스탈린에게 비밀방문 의사를 피력하기 직전 시점이었다. 따라서 이러한 집중적인 논평과 보도는 전쟁의 결정과 관련이 있음에

---

29) 이기석, "남반부 인민유격대의 영용한 구국투쟁," NA, RG 242, SA 2005 Item 2/113, 《근로자》 1950년 7월, p. 56.

틀림없었다. 남한에서의 사태에 대한 과장정보와 보도는 스탈린을 향한 메시지의 의미도 있었던 것이다. 이에 비추어 전쟁에 관한 내부핵심의 중점논의나 결정은 49년 말경에 있었을 것으로 보인다. 즉, 그것이 최종적인 결정은 아니었을지라도 북한은 49년 말에 전쟁에 대한 합의가 이루어졌을 것으로 보인다. 전후 상황과 맥락에 비추어 이 추론은 사실에 근접하지 않나 보여진다.

《민주조선》의 주필 정명조에 따르면 최고인민회의 상임위원회 위원장 김두봉은 《민주조선》의 주필이었던 유문화에게 49년 말에 조선로동당 최고수뇌부의 13인회의가 열렸으며 여기에서 전쟁이 결정되었다는 얘기를 들었다.[30] 오늘날 정명조의 증언을 확인해줄 자료와 증인은 찾을 길이 없다. 그러나 50년 초 스탈린에게 동의를 요청하기 위하여서는 이 시기의 내부토론이나 잠정적 합의는 필수적인 것이었다. 따라서 49년 말에는 전쟁에 대한 거의 최종적인 내부합의가 있었다고 말할 수 있다. 그것은 북한 내부의 모든 변화에 비추어볼 때 타당한 추론일 것이다. 김국헌(金國憲)은 북한군대의 양적 변화를 전쟁의 준비와 관련하여 치밀하게 추적한 한 연구에서 전쟁의 최종결정을 1949년 말경으로 추론한다.[31] 그의 주장은 일리가 있다. 정리하자면 49년 말의 최종회의와 스탈린에게의 면담요청, 50년 초의 군대증강 추진과 중국으로부터의 부대이전 요청 및 귀환, 사회의 급격한 동원과 남한에서의 투쟁에 대한 집중적인 강조가 중첩된 것으로 봐서 49년 말에 내부핵심의 합의를 거치고 50년 초에는 준비에 들어갔던 것으로 확인할 수 있다. 그렇다면 49년 말과 50년 초의 집중적인 대남선동의 시작과 내용을 추적해야 한다.

49년 11월 23일 남한 지하에 은신하여 투쟁을 지도하던 김삼룡은 《로동신문》에 실은 "남조선로동당 창립 3주년—조국의 통일과 자유를 위한 투쟁에 있어 남조선로동당의 역활"이라는 기사를 통하여 남한에서의

30) 정명조, "나는 증언한다," 《한국일보》 1959년 7월 11~12일.

31) Kook Hun Kim, "The North Korean People's Army," *A Thesis Submitted for the Degree of Doctor of Philosophy at the University of London*(London: King's College, Aug. 1989), p.89.

좌파와 게릴라의 투쟁을 상세하게 진술하였다.

> 10월에 이르러서는 우리 유격대는 벌써 89,924인의 활동인원수와 1,330회의 교전회수를 가지게 되었으며 2,415인의 소위 국방군과 경찰을 격멸하(였다.) … 최근 남반부 인민투쟁에 있어 특별히 주의를 돌려야 할 점은 무상몰수 무상분배에 의한 토지개혁을 농민들 자신의 손으로 직접 실행하고 있는 그것이다. … 이것은 10월 한 달 동안에만 무장유격대의 손에 의하여 1,212호의 악질지주의 가옥들이 소각되고 45개소의 면사무소가 없어진 사실만으로도 충분히 증명되는 바 영용한 문장투쟁이 광범한 농민대중의 사활적 리익과 뿌리깊게 련결되어 있는 것을 의미하는 것이다.[32]

김삼룡은 "근 일천만명의 남반부 인민들을 우리 민족의 구성이신 위대한 쓰딸린 대원수께 드리는 감사문 서명투쟁에 동원시킨 한 가지 사실만으로도 우리 당이 얼마나 인민대중과 연결되어 있는가를 알 수 있다"며 남한인민과 남로당의 일체화를 자랑하였다. 그는 "북조선로동당과 함께 우리 당은 승리에 대한 자신심을 더욱 굳게 가지면서 조국의 통일과 자유를 위한 투쟁에 있어 조선인민들의 선두에서 위대한 장래를 향하여 전진하고 있다"고 글을 마쳤다. 남한 현지에서 지하투쟁을 지도하고 있는 김삼룡의 글이 《로동신문》에 실렸다는 점은 남한의 좌파투쟁에 대한 몇 가지 사실을 알려준다.

첫째는 김삼룡이 북한의 지도부와 직접 연계되어 있다는 점이었다. 즉 남한에서의 좌파의 투쟁은 북한의 지도를 받고 있었던 것이다. 둘째, 김삼룡의 상세한 통계는 그가 남한의 치안정보망을 피하여 지방 및 각종 기구에 은신해 있는 좌파와의 연락체계를 유지하고 있었다는 점을 보여준다. 그가 제시하는 상세한 통계와 지방의 상황은 남한의 경찰과 군대에 의해 발표되는 내용과는 다른 경우가 많았다. 정부기관에 숨어 있는 간첩과 첩자, 그리고 게릴라와 지방좌익은 산재(散在)했으되 상호

32) 《로동신문》 1949년 11월 23일.

연결되어 있었던 것이다. 셋째, 김삼룡의 글이 남한에서의 투쟁에 대한 기사가 《로동신문》, 《근로자》, 《인민》 등에 갑자기 그리고 집중적으로 실리는 시기에 게재되었다는 점에 비추어 이는 남한에서의 투쟁을 선전의 재료로서 상세히 보도하기로 한 평양의 결정에 따른 것이라는 점을 시사한다. 즉 그것은 평양의 의사였다. 네 번째는 그 내용으로서 김삼룡의 글에서 제시된 수치들은 G-2의 약 10배에 달하는 과장이었다.

남한에서 게릴라투쟁을 지도중인 자들에 대한 영웅화도 지속적으로 시도되었다. 최현(최성우), 신원호, 김달삼, 이덕구, 오락교, 리재복, 최남근 등에 대한 기사가 자주 통단으로 실렸다. 이들은 영웅으로 불렸는데, 그중 주목할 만한 인물은 최남근이었다. 이승엽은 그를 공공연하게 애국자라고 칭송하였다.[33] 이때 이승엽은 남로당원이 "백만에 달한다"고 주장하였다. 비현실적이고 의문에 싸인 이 인물이 제시한 백만이라는 수치는 박헌영이 자주 말한 20만보다도 무려 다섯 배나 많은 수치였다.

최남근의 경우 북한이 나서서 그를 애국자라고 칭한 것으로 봐서 숙군의 상당 경우는 조작이 아니었음이 분명했다. 국회첩자사건 역시 사건에 연루된 의원들이 첩자라는 주장은 의심스러운 것이었지만 남한좌파가 그들에게 접근하고 포섭하려 시도했었다는 사실은 의심할 수 없었다. 즉 좌파의 '조작' 주장은 때때로 설득력이 없는 주장이었다. 오늘에 와서 역으로 확인되고 있듯이 극한적인 남북대결의 과정에서 발생한 남한에서의 적지 않은 체제도전사건들을 반공정권의 조작으로 치부하였던 것은, 부분적으로는 진실이었으되 부분적으로는 진실이 아니었다. 그 사건들의 상당수는 실제로 북한을 추종하는 좌파의 친북한적 움직임이었다.

전전의 군대침투기도, 끊임없는 게릴라남파, 5월 군사쿠데타 직후의 간첩 황태성 남파, 통혁당사건, 60년대 말의 무장침습사건, 80년대의 랑군테러사건 등은 북한이 실제로 국가정책으로 시도한 사건들이었다.

---

33) 리승엽, "애국자에게는 영원한 영광이 있다," 《로동신문》 1949년 11월 25일.

많은 의혹이 따랐고 또 권위주의정권에 의하여 확대된 것은 사실이었으나, 움직일 수 없는 사실은 사건의 시작은 북한의 급진적 모험주의의 결과였다는 점이다. 통혁당사건의 경우도 박정희의 조작이 아니라 북한과 연계된 조직사건이었다. 그러나 전전과 전후 모두 북한은 남한에서의 소요과 조직사건을 항상 남한인민들의 자주적인 저항이라고만 주장해왔다. 남한에 대한 분석에서 살펴보았듯 이는 남의 자생적 요소와 북의 침투의 결합이었다. 전전은 물론 전후에도 북한은 후자를 인정한 적이 없었다. 68년 1월 21일 청와대 습격과 박정희 암살을 위해 남파되었던 이른바 '1·21사건'의 무장간첩 29명이 사살되었을 때도 남한이 그들의 시신을 판문점을 통해 넘겨주려 하자 북한은 "그런 사람들을 남파시킨 사실이 없다"며 끝내 시신을 받지 않았다.[34] 대남 연루를 인정하는 대신 자신들이 키운 혁명가들을 버리는 것이었다. 전전과 전후를 막론하고 이러한 사건들은 결과적으로 남한의 반공드라이브를 강화시켜주었고, 그를 계기로 하여 사회의 반공화와 민주화세력의 위축을 결과하였다는 점에서, 곧 정권이 아니라 반체제세력에게 타격을 주었다는 점에서 남한의 반공주의의 강화에 결정적으로 기여하였다. 남한정권과 사회의 반공화에 기여한 공신의 하나는 명백히 북한의 급진주의였다.

1949년 12월 24일 《로동신문》은 보도를 통하여 "11월중의 봉기투쟁에 참여한 농민 42,906명, 농민봉기 50회, 인민유격대 연 77,922명, 군경부대와 1,260회 전투, 1,800명 사살, 555명 중상, 413명 포로, 반동지주 및 악질테로분자 등 매국주구 1,303명 처단, 반동가옥 1,401호 소각, 이 기간 중 소탕된 괴뢰군경 및 악질매국주구는 4,071명에 달한다"고 보도하였다. 한 달에 군경 사살 1,800명, 매국주구 처단 1,303명(합계 3,103명)은 있을 수 없는 과장이었다. 이승엽은 49년 8월부터 "미제국주의자들의 류혈적 군사테로정치는 날이 갈수록 가강되고 있다. 그들은 자기의 주구 리승만도배를 사주하여 수만의 민주주의적 활동가들을 학살하고 있으며 수십만의 애국동포들을 검거투옥하고 있다"고 공격하

34) 김신조, 《나의 슬픈 역사를 말한다》(서울: 동아출판사, 1994), p.73.

였다. 남한의 테러를 미국의 사주로 간주하였던 것이다. 그는 "남반부 인민들은 잔인한 사형리 리승만도배들에 의하여 피의 바다 속에서 신음하고 있다. … 빈궁 기아 실업은 전인민을 주검의 구렁으로 몰아넣고 있다. 실로 남반부는 무법천지요 참담한 인민도살장으로 되어 있다"며 잔인하고 증오적인 용어를 최대한 사용하여 대남 증오를 격화시키기에 앞장섰다.[35] 그는 북한에서 가장 선동적이었으며 가장 허황된 허풍을 떤 인물이었다. 이승엽을 보면 인민선동과 비현실적 과장은 일치하고 있음을 간취할 수 있다.

그러나 남한문제에 대한 최고의 권위와 정리역할은 역시 박헌영의 몫이었다. 1950년 1월 9일에 조국전선 제4차 중앙위원회 회의 이후 북한의 매체들이 남한에서의 투쟁을 과장하고 선동하는 정도는 바야흐로 극에 달하기 시작하였다. 필자가 49년 말에 있었을 고위회담에서 전쟁이 결정되었을 것으로 추론하는 강력한 근거의 하나는 이 회의의 개최와 회의에서의 박헌영의 연설, 그리고 연설 이후의 대남정책의 변화이다. 북한의 정책변화를 가장 정확하게 외표하는 기관인 조국전선의 회의에서는 〈전체 조선인민들과 전조선 애국정당 사회단체들과 전체 애국적 인사들과 사회적 활동가들에게 고하는 호소문〉을 채택했다.[36]

호소문은 남한에 대해 다음과 같이 규정한다.

> 미제국주의자들과 그 주구 리승만 매국역도들의 통치하에 있는 우리 조국 남반부에는 우리 민족 력사에 전대미문의 참을 수 없는 비참하고 참혹한 정세가 조성되었다. 리승만 매국역도들은 미제의 총검의 지지하에서 우리 조국 남반부에 팟쇼-경찰 통치제도를 수립하고 우리 조국의 가장 우수한 모든 것들과 우리 인민의 가장 애국적이며 진보적이며

---

35) 이승엽, "조선인민의 장성된 민주력량은 조국통일을 위한 투쟁을 반드시 승리에로 인도한다," NA, RG 242, SA 2005 Item 1/34, 《근로자》 16호(1949년 8월 31일), p. 34.

36) 〈전체 조선인민들과 전조선 애국정당 사회단체들과 전체 애국적 인사들과 사회적 활동가들에게 고하는 호소문〉, 《사료집》 6권, pp. 355~364.

> 민주주의적인 모든 것을 탄압, 말살, 도살하며 우리 조국 남반부의 경제를 략탈 파괴하며 농촌을 황폐화하고 있다. 이 매국역도들의 통치의 결과에 오늘 우리 조국 남반부는 파산과 기근, 감옥과 고문, 공포와 신음, 테로와 학살의 무법천지로 변하였다.

호소문은 이어서 북한 공산주의자들의 중심 관심사인 중국문제를 언급하며 자신감을 피력하였다.

> 단결된 인민들의 역량은 무한한 것이며 불패의 것이다! 보라! 단결된 인민의 힘이 얼마나 강대한가를! 미제국주의자들은 중국을 자기들에게 예속시키기 위하여 장개석 반동도배들을 비행기 군함 땅크 대포 등 각종 병기들로 무장시키며 중국내정에 발광적으로 간섭하였으나 단결된 중국인민은 미제국주의자들의 침략계획을 파탄시키고 반인민적 장개석 국민당 반동통치를 타도분쇄하고 위대한 인민해방과 완전한 민족독립을 쟁취하지 않았는가?

호소문은 다른 호소와 마찬가지로 예의 남한의 인민들에 대한 선동을 잊지 않는다. 소시민들에겐 쌀을 위해 싸우라고 호소하고 군인들에겐 조국과 인민을 위해 싸우는 전사가 되라고 하고 장교들에겐 부대를 인솔하고 빨치산으로 넘어가라고 호소한다. 조국전선의 호소문은 투쟁을 격렬하게 선동하고 분명하게 "최종승부를 걸라"는 내용을 담고 있었다. 이 호소는 "전체 조선인민에게 제시된 애국투쟁의 방향인 동시에 피끓는 유격대에 대해서는 전투의 지시문이며 격려문"으로 받아들여졌다.[37] 박헌영은 이 호소문이 채택된 회의에서 연설한 것이었다.

지금까지 전혀 주목받지 못하였으나 매우 중요한 박헌영의 문제의 연설을 보자.[38] 그는 이승만을 "미제국주의자들의 조선침략을 위한 충실

---

37) 이기석, "남반부 인민유격대의 영용한 구국투쟁," NA, RG 242, SA 2005 Item 2/113, 《근로자》 1950년 7월, p. 56.

38) 박헌영, "남조선 현정세와 애국적 정당 사회단체들의 임무," NA, RG 242, SA 2005 Item 2/113, 《인민》 No. 2 (1950년 2월), pp. 14~33.

한 대변자"라고 공격한 뒤 "인민들은 반드시 이 인민의 원쑤를 '력사의 쓰레기통에 쓸어넣을 것'"이라고 주장한다(강조는 원문 그대로). '역사의 쓰레기통에 쓸어넣을 것'이라는 문구는 김일성의 표현을 제외한다면 박헌영의 언술 중에는 유일하게 북한의 선전매체에서 자주 반복된 어구였다. 그것은 '대세는 인민의 힘에 의해 결정될 것', '주저와 동요는 있을 수 없다'처럼 자주 반복되었다.

박헌영은 최대의 자극과 분노, 증오를 퍼부어 선동하였다.

> 도살자 리승만도당은 인민들을 대중적으로 학살합니다. 원쑤들은 농촌과 부락들을 불지르며 무고한 농민들을 총살하며 애국청년들의 가슴을 불로 지져 죽이며 사람의 사지를 찍어 죽이며 애국처녀들을 라체로 벗겨 거리로 끌고 다니며 미국 갱스터를 본받아 온갖 만행으로 녀성들의 정조를 유린, 강간하며 젖가슴을 잘라 죽이며 애국자들과 민주주의자들의 수많은 자녀들인 어린 소년소녀들의 눈을 빼고 혀바닥을 끊어 죽이면서 쾌감을 느끼고 있는 정도의 야수같은 만행을 감히 행하고 있습니다.
>
> 그것뿐이 아닙니다. 배를 갈라 죽인 애국자의 시체를 정거장 앞 시가지 한복판에 내놓고 사람들에게 강제로 전람시키며 애국자의 목을 짤라 말고삐에 달아매여 시가지로 끌고 다니며 자랑하며 꼼짝 못하게 사지를 결박한 애국투사를 빈 창고에 가두어 놓고 굶주린 맹견으로 하여금 뜯어먹게 하는 등 야수적 살인만행을 례사로 여기고 있습니다.… 이와 같이 히틀러의 후손 이승만 살인귀들은 총살, 자살(刺殺), 렬살(熱殺), 교살, 소살 등의 갖은 잔인한 방법으로서 우리 애국적 인민들을 학살하고 있습니다. 인민도살자 리승만의 손에는 사람들의 피가 그칠 사이 없이 묻어 있습니다. 수많은 애국적 동포들의 시체들이 산에도 들에도 고문실에도 감옥에도 헤일 수 없이 쌓이여 있습니다. 우리 남반부 아름다운 강산은 인민의 피로서 물들이여 있습니다. 원쑤들을 증오하는 격분에서 흘러나온 인민들의 눈물과 한숨은 한강물보다 크며 폭풍보다 큰 것입니다.

이승엽의 진술들은 알맹이가 없었는데, 그것은 그가 극도의 증오를 언어로 나타내어 극단주의로 빠져듦으로써 스스로의 카타르시스를 즐겼기 때문이었다. 언어를 통한 카타르시스의 획득은 극단적 언어폭력이 갖고 있는 일반적 기능이었다. 이승엽을 포함하여 적지 않은 좌파가 이를 즐기고 있었다. 그는 과장을 넘어 급진언어의 주술에 사로잡혀 갔고 결국 스스로가 급진언어의 포로가 되어 인민들까지 포로로 만들고 있었다. 위의 연설을 보면 냉철한 이론가 박헌영마저 자극의 정도가 이승엽의 수준에 와 있음을 알 수 있다. 이들은 대남공격을 마치 주술을 외듯 하고 있었다. 선택하는 용어는 최대한 자극적이고 공격적인 것들로서 자기만족을 위한 기능 이외에는 어떤 현실적 작용을 가질 수 없었다.

박헌영은 "해방 이후 작년 12월 중순까지 그들은 남반부에서 14만 9천여 명의 동포들을 학살하였습니다. 그중 6만 2천여 명이 작년 7월 이후 약 6개월 동안에 학살되였습니다"라고 공격한다. 이 수치는 49년 말부터 북한이 반복하여 주장한 수치였다. 그들은 이승만이 15만을 죽였다고 공격하였다. 박헌영은 학살자가 49년 7월-7,800명, 8월-8,400명, 9월-11,400명, 10월-12,200명, 11월-14,600명, 12월 15일까지는 7,600명에 달했다고 주장하였다.

박헌영은 빨치산에 대해서는 이렇게 정의내린다.

> 빨찌산은 자유와 민주와 독립을 위하여 싸우는 우리 조국의 가장 우수한 아들, 딸입니다. 빨찌산은 우리 인민의 가장 영예스러운 이름입니다. … 빨찌산은 조국의 평화적 통일을 방해하는 원쑤들을 인민의 길로부터 소탕하기 위하여 용감히 일어선 남조선인민의 해방군입니다. 빨찌산들은 먹을 것을 먹습니까? 입을 것을 입습니까? 쉴 곳에서 쉽니까? 아닙니다. 그들은 조국의 통일과 민주와 독립 완성을 위하는 숭고한 애국심에서 용감하게 일어선 인민의 영웅들입니다. … 빨찌산들은 인민의 군대이며 조국의 군대이며 정의의 군대입니다.

한쪽에서는 사회불안의 근원으로 규정되어 소탕의 대상인 사람들이 다른 한쪽에서는 인민의 영웅이자 정의의 군인으로 받아들여지고 있었던 것이다. 박헌영의 정의는 곧 북한의 인식이자 정의였다.

박헌영은 나아가 "평화적 조국통일 도상의 장애물들은 세 가지"라며 "첫째는 미제국주의자의 침략적 간섭"으로서 "이것이 기본적 장애물"이라고 주장하였다. 미국이 남한체제 유지의 제1 요소임을 지적한 것이었다. 둘째는 "미국제국주의 침략자의 앞잡이 리승만 매국도당의 남조선 지배"이며 셋째는 "미국 침략도구인 유엔조선위원단의 책동"이라고 요약하였다. 미국을 지목한 것은 문제의 핵심을 짚고 있다는 얘기였다. 중요한 것은 박헌영이, 미군이 철수한 뒤의 시점에서까지 미국의 간섭을 통일의 기본적 장애라고 규정하고 있다는 점이었다. 그렇다면 우리는 이제 한 가지 물음에 대한 분명한 해답을 얻게 되었다. 즉 북한은 전쟁을 개시하면서 미국이 가장 커다란 변수라는 사실을 분명히 알고 있었다는 점이다. 이 점은 김일성·박헌영과 스탈린, 모택동 사이의 논의에서 이미 확인한 바 있었다. 그렇다면 그들이 북침으로 위장한 이유는 자명해진다. 그것은 바로 '이승만의 북침'이라고 주장함으로써 자신들이 밀고 내려갔을 때 미군이 참전할 위험성을 막아보려는 고도의 위장전술이었던 것이다. 즉 그것은 계산된 위장이었다.

한편 연설에서 박헌영은 남한의 중도진보파와 전향자들에 대해 다음과 같이 공격하였다.

> 조국과 인민을 위하여 투쟁하는 진정한 애국자와 민주주의자들 속에서는 한 사람도 원쑤들에게 투항하거나 변절한 자가 없습니다. 인민과 조국과 민주진영을 버리고 미제와 그 주구 역도편에 넘어가서 인민의 대렬을 분렬파괴하는 미제국주의 유급간첩자 박일원, 조봉암, 김성숙, 조동우, 장건상 등은 어떠한 자들입니까? 이들은 비겁한 자들이었으며 동요분자들이었으며 기회주의자들이었으며 일제와 장개석의 주구들로서 민주진영 내부에 기어들어왔던 자들입니다. 그러므로 이러한 자들이 … 변절자로 된다는 데 대하여 조선인민들은 놀라지 않습니다. 조선인민들은 이러한 변절자들을 반드시 심판하고야 말 것입니다.
>
> 조국과 인민과 애국정당을 반역하고 원쑤들에게 투항하는 것은 자기

의 가장 귀중하고 숭고한 정치적 생명을 영원히 매장하는 것입니다. 범죄 중에 가장 큰 죄악은 조국과 인민의 편을 떠나서 매국노들에게 자기의 량심을 팔아먹은 것입니다.

조봉암과 김성숙, 조동우, 장건상은 비록 극좌는 아니었지만 그들의 진보성으로 인해 남한으로부터도 강력한 탄압을 받은 인물들이었다. 박헌영의 공격은 중도좌파에 대한 북한의 인식을 드러내준다. 48년질서에서 타협주의와 온건주의는 북한에게 변절자들의 투항으로 받아들여졌고 이는 비타협적 투쟁만을 유일한 정당성의 근거로 삼아온 식민시기 투쟁노선의 연장이었다. 어떠한 평화적 타협노선도 양측 모두에서 받아들여지지 않았다. 이승만체제만이 타협주의를 거부하고 대결적 호전적 자세로 나아갔던 것은 아니었다. 이 점에 관한 한 북한의 거부는 더욱 명백했다.

특히 역설적으로 박헌영이 미제의 간첩으로 공격한 조봉암은, 박헌영 자신이 김일성으로부터 미제의 간첩으로 조작되어 살해된 반면 남한정부에 의해 북한의 간첩으로 규정되어 살해되었다. 이승만-조봉암-박헌영과 조봉암-박헌영-김일성으로 이루어진 이 두 조합 사이의 삼각관계는 권력투쟁의 본질을 잘 보여준다. 언제나 그렇듯 이들이 그렇게도 선명성을 다투던 노선은 현실권력정치보다 전혀 중요하지 않았다는 점이다. 박헌영이 미국의 간첩으로 규정한 조봉암은 미국의 후원을 받는 정권의 이승만에게 처형당한 반면, 반대로 이승만이 소련의 추종자요 공산당의 수괴로 낙인찍은 박헌영은 김일성에게 미국의 간첩으로 처형당하지 않으면 안 되었다.

계속하여 박헌영은 다음과 같이 진술한다.

아름다운 우리 강토를 미제국주의자들의 피묻은 말발굽 아래 내맡기며 조선인민이 또다시 외국의 노예되기를 원하는 자는 우리 인민들 중에 한 사람도 없을 것입니다. 만약 그렇다면 인민들은 모두 다 조국과 인민의 가장 영예스러운 빨찌산으로 들어가야 합니다. 진정으로 조국을 사랑하고 이 민족의 노예의 슬픔을 되풀이하지 아니하려거든 전인민들이여 모두 다 빨찌산으로 들어갑시다! 쏘련인민들이 위대한 조국방어전쟁시대에 발휘한 그러한 숭고한 열렬한 애국정신과 희생심을 우리 조선인민들이 반드시 본받아야 합니다. 중국인민의 단결된 투쟁으로 미제침략계획을 파탄시키고 중국인민의 원쑤 장개석 지배를 소탕하여 위대한 인민혁명이 성공된 것을 보시오!

국토의 절반이 외국의 식민지화됨을 보고 남반부동포가 미제의 노예화됨을 보고 어찌 가만히 앉아 수수방관할 수 있습니까? 우리에게 어찌 애국열성이 끓지 않겠습니까? 금일 우리에게는 단결통일로써 투쟁할 수 있는 모든 조건들이 갖추어져 있지 않습니까? 민주독립의 기지 북조선은 엄연히 발전 강화되고 있지 않습니까? 조국강산과 우리의 도시와 농촌들을 전쟁의 불꽃 속에 던져버리지 아니하려거든 전인민들은 모두 다 빨찌산으로 들어가야 할 것입니다. 조국과 인민과 정의를 위하여 용감하게 싸우는 빨찌산의 인민영웅들은 영원하게 빛날 것입니다. 영원하게 영광으로 축복될 것입니다. 빨찌산의 대렬 속에서 조국을 위하여 원쑤놈들의 흉탄에 장렬하게 쓰러진 우리의 인민영웅들 최현(최성우), 리덕구, 홍순석, 김지회, 오락교, 정기덕, 류일석, 변순학 등 여러 동지들은 우리 인민들과 우리 력사가 그 어느 때든지 잊지 아니할 것입니다.

모두 빨치산으로 들어가라는 선동이었다. 이덕구와 홍순석 등은 생산증가의 스타하노프가 아니라 빨치산투쟁의 스타하노프가 되어 칭송되고 있었다. 이 연설은 가장 극렬한 선동의 하나로서 마지막임을 암시하는 듯한 내용으로 이루어져 있다. 그러나 박헌영의 선동은 김일성과는 한 가지 점에서 확실한 차이를 보여주고 있었다. 김일성이 식민시기의 고통과 항일무장투쟁을 강조하였음에 반해 박헌영은 소련과 중국의 투쟁경험을 언급하고 있는 것이다. 이 차이는 김일성과 박헌영의 공산주의를 가르는 결코 작지 않은 차이였다.

핵심문제인 토지개혁문제에 대해 박헌영은 농민들을 이렇게 선동하였다.

> 파씨스트 리승만은 결코 농민들에게 토지를 주지 아니합니다. 이 역적놈은 영원히 당신들에게 토지를 주지 아니합니다. 인류 력사상 지주가 농민에게 토지를 준 일은 어데서든지 없습니다. 농민들은 그 어느 때 그 어느 나라에서나 농민 자신의 힘으로 지주의 토지를 빼(앗)아 가졌습니다.
>
> 남반부 농민들이여! 당신들도 당신들의 힘으로 반드시 지주의 토지를 빼앗아 가져야 됩니다. 그렇지 아니하면 영원한 노예와 영원한 빈궁에서 벗어나지 못할 것입니다. … 전체 인민들은 매국노 리승만의 어떠한 계획이든지 어떠한 시도든지 매걸음마다 모두 다 파탄시키기 위하여 총궐기하여야 합니다. 크고 적고 경하고 중하고를 막론하고 모주리 파탄시켜야 됩니다.

남한에 의한 토지개혁 시도에 대한 완전 부인이자 선전포고에 가까운 포설(砲說)이었다. 대남 토지문제에 대한 인식은 김일성과 박헌영이 같았다. 인민의 지지를 얻기 위해서라도 남한의 토지개혁은 저지되어야 했다. 남한의 개혁이 비록 인민을 위하는 길일지라도 자신들이 하지 않는 개혁은 반드시 파탄되어야만 했다. 인민을 누가 위하는가가 중요했다. 자신들이 위하는 것만이 진정 인민을 위한 길이었다. 박헌영은 연설에서 "이 원쑤의 계획들과 시도들과 그 어느 것을 물론하고 나라를 미제국주의자들에게 팔아먹고 인민들을 도살하는 흉책들과 통하지 아니한 것이 없습니다. 그러한 까닭으로 적들의 흉책의 단 한 가지라도 내버려두어서는 안 됩니다"라 하여 모든 정책을 인민도살책으로 규정하고 파탄시키라고 공격하였다.

토지개혁에 관한 한 그의 눈에는 무상몰수 무상분배만이 유일하게 옳은 길이었다. 그것이 아니라면 이는 남한이 적극적으로 토지개혁을 추진하고 있는 데 대한, 그리하여 인민의 지지를 넓혀가고 있는 데 대한 조급한 초조감의 반영이었는지도 모른다. 그들에게는 누가 인민을 위하느냐 중요하였기 때문이었다. 농민들에게도 스스로 싸워 빼앗으라고 선동하였다. 따라서 이러한 초조감 때문에 북한이 조급하게 전쟁을 개시하였을 것이라는 추론은, 적지 않은 문제에도 불구하고, 북한리더십의 초조와 조갈을 드러내주는 일단의 설득력을 갖고 있다. 이러한 시각에서 사쿠라이(櫻井浩)는 이렇게 말한다.

> 38선을 따라 일어났던 작은 충돌들을 확장시키려는 북한정부의 결정은 토지개혁을 수행하려는 대한민국 정부의 노력을 방해하고 그들이 북한에서 1946년에 이미 행했던 것처럼 이것을 스스로 수행하기 위한 국면으로 만들려는 노력이었다. 한국전쟁중의 가장 중요한 원인 중의 하나는 남한의 토지개혁이었다. 조선로동당의 모든 파벌들은 토지문제에 관한 한 서로 일치할 수 있었다. 그들은 남북한의 통일을 실현시키기 위해서는 남한에서의 토지개혁이 그들에 의해서 수행되어야 한다고 생각했다. 그러나 그들은 인민군을 파견하지 않고서는 남한정부에 의한 토지개혁을 막을 길이 없다고 생각했다.[39]

이 추론은 더 중요한 문제를 고려하지 않는 실수를 저지르고는 있으나 사태해결을 위한 초조와 조갈의 측면을 날카롭게 들여다보고 있다.

그러나 토지를 결코 주지 않을 것이라는 북한의 주장과는 달리 이승만은 자신이 토지개혁을 실시하고자 미군정의 토지개혁 시도조차 무산시켰고 정부가 수립되자 어떤 것보다 먼저 토지개혁을 적극적으로 실시하려 시도하였다. 실제로 그는 지주의 저항을 뚫고 토지개혁을 단행하였다. 그러나 중요한 것은 김일성과 박헌영의 눈에 유상몰수 유상분배는 농민을 위한 토지개혁이 아니라는 점이었다. 한국의 공산주의자들에게는 무상몰수 무상분배 이외에는 옳은 노선이 아니었다. 공산주의자들은 자신들의 운동 내에서도 언제나 정통노선을 둘러싼 투쟁을 전개하며 승리한 자가 정통을 독점하는 동안 다른 모든 지류는 종파가 되거나 정통에 복종하지 않으면 안 된다. 맑스주의-레닌주의 전통에서 상이한 노선과 정치세력의 공존과 경쟁, 이들 사이의 타협은 존재할 수 없었다.

박헌영은 김일성의 1950년 신년사와 동일하게 자신의 연설을 "1950년

---

39) 사쿠라이 히로시(櫻井浩), "한국의 토지개혁과 한국전쟁," 김철범 편, 《한국전쟁 — 강대국정치와 남북한 갈등》, pp. 89~99.

을 더욱 거대한 승리의 해로 만들어야 하겠습니다. 조국통일 완수의 해로 만들어야 하겠습니다"라며 끝맺었다. 이 연설은 국토완정론을 제기한 김일성의 49년 신년사에 버금가는 연설이었고, 박헌영의 연설로는 예외적으로 반복 강조되었다. 이 연설이 북한정책이 변화할 때 항상 동원되는 조국전선에서의 통일관련 연설이었다는 점도 중요하였다. 이 연설의 시점을 전후로 《로동신문》과 잡지들은 모두 나서서 최후의 투쟁을 전개하라고 선동하였다. 마치 자살특공대를 호소하는 듯한 선동이었다.

그리고는 인민군대의 임무를 강조하는 글들이 당이론지인 《근로자》와 정부기관지인 《인민》을 뒤덮기 시작하였고 마침내 김일성부대의 항일게릴라투쟁에 대한 회상기들이 《로동신문》에 연재되기 시작하였다. 세 가지 현상이 동시에 등장한 것이었다. 남한투쟁에 대한 관심의 고조, 인민군의 준비와 투쟁자세에 대한 격려와 지시, 그리고 식민시기 김일성투쟁의 회상이 그것들이었다. 1950년 초를 계기로 하여 북한체제의 인민에 대한 이념적 정신적 준비와 동원은 급상승하기 시작하였던 것이다. 회상기의 연재는 고통스런 식민시기의 투쟁에 대한 기억을 되살려 오늘의 투쟁을 고무하고 추동하기 위한 것이었다. 1950년 초를 계기로 급진주의와 군사주의는 되돌릴 수 없는 사회의 제1강령이 되었고 인민군대는 모든 논의와 의제의 중심으로 자리잡았다. 둘은 단단하게 결합하였다. 그리고는 김일성과 박헌영은 곧바로 스탈린에게 전쟁 개시와 관련한 면담을 요청하였고 이내 비밀방문을 감행하였다.

박헌영의 인식을 잇는 1950년의 두 논문은 검토될 필요가 있다. 남로계열의 2인자와 3인자인 이승엽과 김삼룡의 글이다. 이승엽은 여전히 극도로 흥분하여 무엇엔가 홀린 입발린 맹목성 발언을 늘어놓고 있었다.[40] 좌파 혁명가들은 자주 내용없이 입으로만 상투적 언어를 싫증나도록 반복하곤 하였는데 이승엽은 대표적인 인물이었다. 그는 "유격대원과 폭동참가농민을 합한 숫자가 1949년 11월에는 12만 8백 명에 달한

40) 이승엽, "조국통일을 위한 남반부 인민유격투쟁," NA, RG 242, SA 2005 Item 1/34, No. 1, 《근로자》 1호(1950년 1월 15일), p. 21.

다", "8월에서 11월까지 적 격멸숫자는 8,589명으로 3개 연대에 해당한다"고 주장하였다.

그는 또한 이승만정부가 양민들로부터 받는 양곡은 '강탈'이고 빨치산이 받는 양곡은 '자진원조'라고 보고 있었다. 이것은 북한과 모든 공산주의자들의 고전적인 양분 인식이었다. 자신들의 선거는 민주주의였고 인민의 절대지지를 받고 있었으나 남한의 모든 선거는 조작이고 날조였으며 인민의 지지를 하나도 받지 못하였다. 이는 사회주의와 자본주의 체제에 대한 일반적 인식의 연장이었다. 이승엽은 또 "가는 곳마다 농민들은 무상몰수 무상분배를 위하여 궐기하고 있다"고 주장하였다.

그는 의미 없는 자기최면적인 선동문을 가장 많이 썼는데 다른 글을 보자.

> 남반부 인민들에게는 〈앉아서 죽느냐 싸워서 조국과 인민을 지키느냐〉(조국전선 1월 9일 호소문)의 두 길 외에는 다른 길은 있을 수 없다. … 해방 후 4년간 15만 명에 달하는 부모 형제들이 온갖 잔인무쌍한 방법으로 도살 학살되지 아니하였는가?
>
> 우리 조국의 절반 땅을 이러한 무법천지의 생지옥으로 만든 자 그 누구인가? 이 원쑤놈들을 쳐부시지 않고 어떻게 조국과 인민을 지켜낼 수 있는가? 우리에게는 불보다 더 뜨거운 애국심과 강철보다도 더 견고한 단결력이 있다. 빛나는 조선민주주의인민공화국의 기치를 높이 들고 용감하게 일어서서 최후의 승리를 쟁취할 때까지 원쑤놈들을 향하여 싸우자!
>
> 남반부 애국적 인민들이여! … 리승만에게 쌀을 줄 것이 아니라 빨찌산에게 쌀을 주라! 리승만에게 세금을 낼 것이 아니라 그 돈으로 약을 사고 신발을 사고 의복을 사서 빨찌산에게 주라! 정보를 더 철저하게 더 세밀하게 더 정확하게 빨찌산들에게 제공하여 주라! … 농민들이여! 빨찌산들과 굳게 협조하여 원쑤들이 비싼 값으로 강제매도하는 토지를 결코 사지 말라! 토지는 무상으로 몰수하여 무상으로 차지하여라! 만약 토지를 살 돈이 있거든 그것으로 빨찌산에게 필요한 물자를 사보내라!
>
> 소위 국방군들이여! 모두 다 의거를 조직하여 빨찌산편에로 넘어가

> 라! 청년들이여! 리승만역도들의 징병제를 강력하게 반대하고 모두 다 빨찌산에게로 들어가라! … 전체 인민들이여! 우리는 영명하신 우리의 령도자 김일성 수상과 공화국 정부 주위에 더욱 튼튼하게 단결하여 조국의 평화적 통일을 쟁취하는 투쟁에 더욱 힘차게 궐기하라! 영웅적 빨찌산에로 모두 다 들어가자! 41)

김일성과 박헌영, 이승엽은 기본적인 대남인식과 정책에서 차이가 없었다. 그들은 예외없이 모든 인민들에게 빨치산으로 들어가라고 선동하고 있었다. 부정적으로 말하면 인민이 저항과 진압의 과정에서 군경에 의해 얼마나 많이 죽어가고 다칠 것인가 하는 문제는 그들에게 중요하지 않았다. 중요한 것은 투쟁의 성과였고 남한의 소요와 불안이었다. 1950년 3월이면 유격대는 거의 전멸한 뒤였으나 이들의 과장인식은 변화가 없었다. 이승엽은 여전히 이렇게 말한다.

> 원쑤들의 발악적 '토벌'을 실패에 돌아가게 한 우리 인민유격대가 쟁취한 금번 동기의 승리는 실로 우리 조국의 통일과 민주주의적 완전 자주독립국가 건설사상에 길이 기록될 것이다. 또 남반부 유격대 발전과정에 있어 가장 험난한 고개를 돌파한 것이다.

그들은 언제나 승리하기만 한다. 게릴라들은 한번도 패배한 적이 없었다. 이승엽은 유격대가 승리하는 첫 번째의 요소를 "우리의 남반부 유격대는… 조선의 진정한 아들딸로써 조직되였으며 우리 민족의 영명한 령도자 김일성 장군의 장구한 반일유격투쟁의 빛나는 전통을 계승하고 있"기 때문이라고 주장하였다. 변절과 아첨의 고수답게 그는 남한의 유격투쟁을 재빠르게 김일성과 연결시켰다. 그는 "인민들의 이러한 지지와 원호를 받고 있는 남반부 유격대들이 어떻게 원쑤들을 타도분쇄하지 못하겠는가? 인민들과 유격대들의 피의 련계가 이렇게 강고하거니

---

41) 이승엽, "남반부 빨찌산들의 영용한 투쟁에 대한 거족적 원호사업을 강화하자," NA, RG 242, SA 2005 Item 2/113, 《인민》 1950년 2월, pp.63, 71.

어찌 우리 유격대들이 강화발전되지 아니하겠는가?"고 묻는다.[42]

이승엽은 한 가지 문제에 대해서는 핵심을 찌르고 있었다. 그것은 토지 문제의 중요성에 대한 인식이었다.

> 우리 유격대는 반드시 이르는 곳마다 농민들의 무상몰수 무상분배의 토지혁명을 위한 투쟁을 적극 방조하여야 한다. … 남반부에서 유격대의 활동구역의 확대문제와 인민해방구 창설문제는 농민들의 토지혁명과 아주 긴밀하고도 불가분의 관련이 있는 것이다. 또 농민들의 광범한 토지혁명의 수행은 리승만력도들을 소탕하고 조국을 민주주의적 기초 위에 통일하는 중요한 기본문제의 하나이다. 남반부 인민유격대가 이 문제를 바로 해결하는 데서만 자기의 사명을 수행할 수 있는 것이다.

그러나 북한의 공산주의자들은 그것의 중요성은 알았지만 이승만도 자기네 못지않게 이 문제를 중요시했고 때문에 시급히 처리하려 했다는 사실은 알지 못했다. 정확하게 표현하면 알지 못한 것이 아니라 인정하지 않았다.

그는 김일성, 박헌영과 동일하게 "우리 유격대는 1950년의 봄을 맞이하면서 적의 병력을 대대적으로 섬멸하는 대담한 작전으로 용감하게 넘어가야 한다. 이리함으로써 1950년을 조국의 통일을 완성시키는 데 있어서 빛나는 승리의 년도로 만들어야 된다"고 선동하였다.[43] 모두 투쟁으로 나가라는 소리였다. 비현실적 급진주의는 자주 인민들을 죽음으로 내몰아 왔는데 이들의 선동은 현대한국에서는 가장 대표적인 사례였다. 1950년은 이들에게 무슨 기약된 해처럼 선전되었다. 이승엽은 "전체인민들로부터 고립 배격당하고 있으며 저들 내부모순이 날로 격화되고 있

---

42) 이승엽, "원쑤들의 '동기토벌'을 완전실패시킨 영용한 남반부 인민유격대와 그들의 당면임무," NA, RG 242, SA 2005 Item 1/34, 《근로자》 6호(1950년 3월 31일), pp. 16~17.

43) 이승엽, "원쑤들의 '동기토벌'을 완전실패시킨 영용한 남반부 인민유격대와 그들의 당면임무," pp. 20~21.

는 리승만역도들은 시시각각으로 가까워오는 최후 멸망의 순간에 직면하고 있다. 리승만의 죽음을 건져줄 아무러한 힘도 없다"고 확언한다.

〈표 14-1〉은 당시에 북한이 파악하고 있던 남한에서의 게릴라투쟁을 도표화한 것이다. 이를 보면 그들이 실제보다 사태를 얼마나 과장하였는지를 한눈에 알 수 있다.

〈표 14-1〉 남한지역 게릴라투쟁 상황에 대한 북한의 통계

연 월	참여인원	교전횟수	기 타
1949년 4월	16,257명	482회	경찰습격 42개, 무기노획 114,119정
5월	17,730명		경찰습격 52개, 무기노획 12,900정
6월	23,073명	594회	경찰습격 33개, 무기노획 388정
7월	30,023명	657회	
8월	44,262명	759회	
9월	77,256명	1,184회	
10월	89,900명	1,330회	
11월	77,900명	1,260회	농민폭동 참가자 포함시 120,800명
1950년 3월	62,793명	1,038회	동원횟수 1,962회, 군경소탕 570명, 군경포로 36명, 매국주구청산 459명, 농민대회 300여회, 해설집회 1,274회
4월		1,423회	동원횟수 2,948회, 군경소탕 2,868명, 반동주구청산 666명, 해설집회 942회, 노획무기 224대. 4월 전과를 1월과 비교하면 교전횟수 300여회, 국군 및 그 주구 소탕 2,200명, 출동연인원 1만여명, 해설집회 700여회가 장성하였다.

자료: 이승엽, "조국통일을 위한 남반부인민의 유격투쟁," NA, RG 242, SA 2005 Item 1/34, 《근로자》 제 1 호(1950년 1월) ; 이기석, "남반부 인민유격대의 영용한 구국투쟁," NA, RG 242, SA 2005 Item 2/113, 《인민》 제 7 호(1950년 7월).

북한의 지시를 받으며 남한의 지하에서 투쟁하고 있던 김삼룡의 인식을 보면 평양과 서울 공산주의자 지도자들의 인식의 차이와 동일 여부를 확인할 수 있다. 그가 서울에 잠복하고 있으면서 남한정세를 분석하여 평양으로 보내어 출간된 1950년 2월의 정세분석이 하나 남아 있다.[44] 김삼룡의 보고는 드물게 보는 남한 현지에서 종합, 분석하여 올린 보고라는 점에서 상세하게 검토될 필요가 있다. 결론부터 말해 김삼룡의 인식 역시 평양의 인식과 차이가 없었다. 이 기고는 경제지표라든지 개헌문제라든지 1950년 2월 이승만의 일본방문문제 등에 대해서는 상세하고 정확한 분석을 가하고 있었다. 이승만의 방일문제에 대해서까지 담고 있는 것으로 봐서 이 보고는 이승만의 방일 —2월 16일부터 18일까지 있었다— 이후에 제출된 것임을 알 수 있다. 이 글이 실린 《근로자》가 2월 28일자인 것으로 봐서 이 보고는 그 사이에 나온 말하자면 가장 현장성이 있는 보고였다. 이러한 현장성있는 보고는 남한의 각종기구에 침투해 있는 첩자들로부터 계속적으로 제공되고 있었다.

다른 부분에서의 사실 인지의 정확성에도 불구하고 남한인민들의 정치성향, 게릴라의 역량과 이들에 대한 인민들의 지지, 그리고 이승만정부의 위기 등의 세 가지의 핵심 정치문제에 관한 한 김삼룡은 실제의 사태와는 반대되는 인식과 보고를 하고 있었다. 이에 따르면, 그람시의 지적처럼,[45] 적에 대한 분노와 과도한 혁명의지, 조급한 혁명실현 욕구가 사태에 대한 객관적 평가를 얼마나 가로막고 있는지를 간취할 수 있다. 과도한 혁명의지는 현실주의적 인식을 차단한다. 김일성, 박헌영, 이승엽의 진술처럼 김삼룡의 보고는 넘치는 적의와 적을 곧바로 타도하기 위한 의욕은 확인 가능하나, 사태에 대한 이성적이고 객관적인 인식은 완전히 차단되어 있었다.

미제국주의자와 그 주구 이승만역도들의 유린하에 있는 남반부의 정

---

44) 김삼룡, "남반부의 현정세와 남반부 제정당 사회단체들의 과업," NA, RG 242, SA 2005 Item 1/34, 《근로자》 4호(1950년 2월 28일), pp. 19~33.

45) Antonio Gramsci, *Selections*, p. 179.

치 및 경제정세는 날이 갈수록 더욱 악화되고 있다. … 인민들은 기아 빈궁 파산 암흑의 형언할 수 없는 도탄생활과 참을 수 없는 고통 속에 침몰되고 있다.

조국의 모든 좋은 것과 모든 우수한 것과 민주주의적인 것과 진보적인 것을 무조건하고 미제국주의자의 팽창야욕과 더러운 사리사욕을 위하여 말살 유린하고 있는 이승만역도들은 인민으로부터 점점 더 고립되고 있다. 제 앞에 시시각각으로 가까와오는 무서운 무덤에 전율하고 있는 이승만은 자기의 잔명(殘命)의 보호를 오직 외국침략자에게 더욱 파렴치하게 더욱 열광적으로 의뢰하고 있다. 놈들을 미제국주의자의 아주 비굴하고 구역질나는 종으로 되고 있는 것을 재언할 필요도 없거니와 요사이에는 우리 민족의 불공대천의 원쑤인 일본군국주의자에게까지 더러운 매음녀적 교태를 부리면서 완전 아부하는 추악한 음모를 노골화 적극화하는 데 광분하고 있는 것이다.

조국의 평화적 통일을 방해하고 온갖 매국적 대죄악을 감행하는 원쑤들에게 대한 인민들의 증오와 분노와 원한과 적개심은 참으로 거대하게 격화되고 있다. 미제국주의자의 야만적 식민지화 음모를 분쇄하고 그 주구들을 타도하려는 인민들은 더욱 많이 용감하게 빨찌산으로 달리어 가고 있다. 영용한 빨찌산투쟁의 장성 강화와 전인민들의 반항과 반대가 더욱 치열화하여짐에 의한 원쑤들의 붕괴가 날로 촉진됨에 따라 놈들의 내부모순도 더욱 격심하여 가고 있다.

김삼룡은 최후로 이렇게 지적한다.

날로 창백하여지는 리승만역도들의 최후 멸망과 그 상전들의 식민지화 음모가 완전종결되는 운명은 여하한 파시스트적 발악과 발광으로도 결코 모면할 수 없으며 빛나는 공화국 기치밑에서 조국통일을 위하여 싸우는 승리적 인민들의 투쟁을 여하한 힘으로도 막아낼 수 없다.

우리는 박헌영과 이승엽, 김삼룡의 진술과 보고를 보면 어떤 야릇한 탐닉이 숨어 있음을 간취하게 된다. 이것은 급진주의에의 탐닉인 것이다. 이러한 탐닉에 사실주의와 이성이 끼여들 여지는 없었다. 그러나 중요한 점은 북한리더십이 홀려 있던 비현실적 급진주의의 흐름은 남로계열만의 문제가 아니었다는 데에 있었다. 이것은 파벌에 관계없는 북한리더십 전체의 흐름이었다. 이 점이, 남로계열이 홀렸다는 사실을 지적하는 것보다 훨씬 더 중요했다. 《로동신문》의 전반적인 논조는 결코 남로계열의 흥분에 못지않았다. 그것은 김일성도 마찬가지였다. 남로계열이 아닌 연안출신의 최창익은 다음과 같이 주장한다.

> 정치문제의 해결에 대한 시간성 문제는 투쟁이 결정하는 것이다. 말하자면 적에 대한 투쟁이 강하면 강할수록 문제의 해결은 시간적으로 단축될 것이고 그와 반대로 적에 대한 투쟁이 약하면 약할수록 문제의 해결은 시간적으로 지연될 것이다. … 그렇다고 하면 국토완정과 민족통일과 완전 자주독립을 쟁취하기 위한 민주조국 건설투쟁의 력사적 행정을 단축하기 위하여서는 우리는 거족적으로 결정적 투쟁을 강력하게 전개하여야 할 것이다. … 목전 형세에 비추어 우리는 방어의 자태를 취할 것이 아니고 공격의 태세를 취하여야 할 것이다. 또 이것은 주관적 원망(願望)으로 주장하는 것이 아니고 객관적 정세에서 요청되고 있다. 조국통일민주주의전선이 내세운 평화적 통일방침은 결코 선전에 한한 것이 아니고 실천을 약속한 선언이다. 그것은 결코 적과 타협을 의미한 선언이 아니고 적과의 강력한 투쟁을 지향한 선언이다. 그것은 결코 적을 위혁하는(위협하는) 선전이 아니고 적을 소멸하려는 선언이다.[46]

최창익 역시 오직 돌진과 투쟁만을 강조하고 있다. 이를 보면 급진주의는 결코 북한의 어느 특정 일파만의 흐름이 아니었던 것임을 알 수 있다. 최창익은 연안계열로서 대남문제를 담당하던 인물도 아니었다. 연안계열은 46년에 신민당을 결성하였던 정치세력으로서 해방 초기 비교적 온건한 노선을 걷던 그룹이었다. 그는 무정, 박일우와 함께 연안공산주의그룹을 대표하는 인물이었다. 최창익의 진술은 1946년에는 온

46) 최창익, "조선인민은 민주주의인민공화국의 기치 아래 조국통일을 위하여 분투매진한다," NA, RG 242, SA 2005 Item 1/34, 《근로자》 15호(1949년 8월 15일), p. 19.

건파가 존재할 수 있었으나 48년질서하에서는 하나의 집단으로서의 온건파는 존재할 수 없었음을 증거한다. 연안공산주의운동에 대한 한 연구의 지적처럼 연안그룹이 초기부터 이미 개별적으로 조선공산당과 신민당으로 나뉘어 입당하였음을 고려할 때 원초적으로 연안출신들의 집단적 온건노선은 없었던 것인지도 모른다.[47] 1946년 여름의 공산당과 신민당의 합당 이후에는 하나의 집단으로서 온건노선은 더욱 있을 수 없었다.

49년 9월의 한 기고에서 북조선로동당 중앙위원회 부위원장으로 소개된 소련한인 허가이 역시 대남 과장과 조급성에서는 남로계열과 크게 다르지 않은 인식을 보이고 있었다.[48] 우리는 이 연구의 제 1 권에서 전쟁을 결정할 때 최용건이 반대하였고 김두봉, 홍명희 등은 소극적 지지를 하였다고 추론한 바 있다. 이들 개별적인 반대파와 소극적 지지파는 이성적 판단을 정지시키고 있던 급진주의의 귀결을, 알고는 있었으나 막지는 못하였을 것이다.

북한은 1950년 3월 이후에는 게릴라에 대한 선동과 과장을 상당히 줄였고 침투 역시 거의 중단하였다. 오히려 투쟁하던 게릴라들마저 전부 불러들였다. 그리고는 전쟁 직전에서야 다시 비밀스럽게 지하정치조직과 게릴라들을 남파하기 시작하였다. 이는 예정된 전쟁을 위한 투쟁의 중단이었던 것이다. 맑스는 《프랑스의 계급투쟁》에서 "프롤레타리아는 스스로 폭동이 유발되지 않도록 하였다. 왜냐하면 혁명이 임박하였기 때문이다"[49]고 진술한 바 있는데 북한공산주의자들이 만약 이 말을 따라 그렇게 했다면 그것은 너무 늦은 시기의 중단이었다. 그들은 끝까지 투쟁하여서 모든 혁명세력들을 다 죽게 한 뒤에서야 투쟁을 멈춘 것이었다.

---

47) 염인호, "조선의용군 연구"(국민대학교 대학원 사학과 박사학위 논문, 1995년 2월), p. 131.

48) 허가이, "조국통일과 민주건설에서의 우리 당의 투쟁 — 북조선로동당 창립 3주년에 제하여," NA, RG 242, SA 2005 Item 1/34, 《근로자》 17호(1949년 9월 15일), pp. 25~31.

49) Karl Marx, *The Class Struggles in France*, p. 127.

저비스(Robert Jervis)는 양측 모두가 서로 정확히 인지할 때도 전쟁이 일어나지만, 오인(*misperception*)도 전쟁의 발발에 종종 커다란 역할을 한다고 지적한다. 오인에는 부정확한 추론, 결과의 오측, 그리고 행동에 대한 상대방의 반응에 대한 오판 등이 포함된다. 적에 대한 과대평가와 과소평가 역시 종종 전쟁으로 연결된다. 그는 과도한 군사적 낙관주의(*military optimism*)는 종종 전쟁의 발발과 연결된다고 지적한다.[50] 북한의 대남 저항의 과장과 오인은 군사적 낙관주의와 연결되면서 전쟁의 주요 요인을 이루었다. 우리는 이것을 한국전쟁의 가장 중요한, 또는 유일한 요인이라고 말할 수는 없다. 또한 비현실적 인식이 교정되었다고 해서 평화로운 방법으로 이어졌을 것인가 하는 물음에 대한 해답은 결론 내리기 어렵다. 그러나 한국전쟁의 경우 이러한 오인이 비현실적 사태판단을 가져오고 그 판단이 전쟁의 한 유력한 요인이 되었음은 부인할 수 없다.

3. 저항·탈출과 남한 반공(反攻)의 상관관계: 48년질서하 남북이념대립의 구조와 성격

전간기 남북의 이념대립은 어떤 모습을 띠고 있었을까? 또 북한의 여러 가지 대남공세는 어느 정도의 실효를 거두고 있었을까? 적어도 남한에 대한 이념공격의 경우 그 공격은 그리 성공적이지 않았다. 우리는 이를 앞에서 확인한 바 있었다. 그렇다면 북한인민들에 대해서는 어떠했을까? 모든 북한인민은 북한체제를 절대적으로 지지하였는가? 결론을 먼저 말하자면 반드시 그렇지만은 않았다는 점이다. 남한에 대한 이념공세는 더욱 성공을 거두지 못하고 있었다. 토지개혁은 북한을 의

50) Robert Jervis, "War and Misperception," in Robert I. Rotberg, and Theodore K. Rabb(eds.), *The Origins and Prevention of Major Wars*(New York: Cambridge University Press, 1989), pp. 102~126.

식하여 급진적인 방법이 지양되었으며 반공주의는 강화일로를 걷고, 그리고 좌파의 역량은 더욱 약화하고 있었다.

그렇다면 북한의 이념공세에 대한 남한의 반공(反攻)은 어떤 모습이었을까? 이때 남한의 반공은 이념적 정치적 반공세를 말한다. 남한의 북한에 대한 선동과 공격도 결코 북한의 대남선동과 공격에 못지않았다. 즉 북한의 공산혁명주의와 남한의 반공주의는 상호 길항적이었다. 둘은 상쇄적이었던 것이다. 그러나 공세의 양태는 크게 달랐다. 북한은 남한으로 내려보내는 수많은 게릴라와 호소문, 대남선전을 통하여 공세를 전개하였지만 남한은 북한과 같은 방법으로 적극공세를 펴지는 못하였다. 우선 그들은 군사적으로 철통같은 북한사회를 뚫을 수 없었다. 호림부대의 침투 정도가 고작이었고 북한수준의 전면적인 게릴라공세는 생각할 수도 없었다. 또 북한에 상대방의 침투에 호응하고 원조할 남한 수준의 저항요소가 존재하는 것도 아니었다. 북한사회는 혁명 이후 이질적 요소가 척결된 상대적으로 순결한 사회상을 띠고 있었다.

그럼에도 불구하고 남한은 공세를 중단하지 않았다. 북한이 입수한 남한의 삐라를 통하여 이를 분석해볼 수 있다. 남한은 각종 방법을 통하여 북한에 선전삐라를 뿌리고 반소 반공 반김일성 의식과 운동을 고무하려 노력했다. 남한은 대북 게릴라의 침투가 불가능하자 삐라 살포에 더욱 중점을 두었다. 삐라의 살포는 비행기를 이용하여 북한에 직접 침투하여 살포하였다. 아래의 공중 삐라내용은 살포된 삐라를 수거하여 그 내용과 함께 이에 대한 군중의 여론을 조사하여 북조선로동당 중앙본부 선전선동부장에게 보고한 황해도당부 선전선동부장 서필석의 보고이다.[51]

49년 7월 18일 오전 6시경 황해도 신천군 상공에 남조선 국방군 비행기가 나타나 약 400~500장의 삐라를 산포(散布)하고 도망갔다. 공산군을 향한 한 삐라는 "우리의 원수는 그대들 병정이 아니고 김일성과 그

51) NA, RG 242, SA 2010 Item 2/76, 〈최근 수집된 군중여론 보고〉, 북조선로동당 황해도당부 선전선동부장 서필석. 이 자료는《사료집》9권, pp.675~702에도 실려 있다.

의 몇몇 압잽이뿐이다"라고 공격한 뒤 "다시 생각해보라. 쏘련을 조국으로 하기 위하여 결사적으로 싸울 필요가 있을까? 쏘련=스탈린=김일성=공산당=인민군 패전=죽엄=멸망!"이라고 위협한다. 인민군과 북한리더십을 분리하려는 전술이었다. 이어서 삐라는 "빨리 뉘우치고 조국의 품안으로 어서 돌아오라. 국군은 따듯이 맞이해주마. 무기를 내여던지고 이편으로 넘어오라. 환영, 대환영이다. 개죽엄하기보다는 영광스런 국군에 참가하라"고 선동한다.

49년 10월 25일 국군 비행기 1대가 해주시내 상공에서 살포한 또 다른 삐라는 민족의 일체성을 강조하며 공산군이 소련과 김일성의 강제에 의해 복종하고 있음을 강조한다. 다음의 삐라는 전형적인 민족일체감에 호소하는 방식으로서 북한의 대남공격과 동일한 내용이다.

> 제군의 혈관에는 대한민족의 '피'가 흐르고 있다. 제군의 '피'나 우리 국군의 '피'는 같은 '피'다. … 제군은 어째서 소련의 노예가 되기 위해서 그 귀중한 '피'를 흘리려고 하는가! 제군은 할 수 없이 소련이나 김일성 집단 앞에 복종하고 있음을 우리는 안다. 제군이여, 제군이 흘리려는 '피'는 결코 민족을 위한 희생은 아니다. 제군이여! 대한의 젊은 '피'가 파동치는 국군의 품으로 하루바삐 드러오라. 우리 국군은 제군을 대우할 만반의 준비를 갖추고 있다.
>
> 친애하는 조국의 동지 여러분들이여! 한겨레끼리 싸움을 붙쳐놓고 이렇게 그대들을 총끝으로 떠밀어 보내는 놈은 누구인가? 깨달으라! 그리고 결심하라! 헛되인 죽엄은 좋아도 조국을 위한 죽엄은 실탄 말인가? 이러나자! 이러나 대한의 자유를 찾아서!

북한의 병사들에게 한민족이라는 민족주의의 정서에 호소하고 있는 것이 두드러진다. '피'에는 항상 강조 표시를 하고 있다. 혈연과 민족에 대한 강조는 남한과 북한이 동일하였던 것이다. 또한 북한의 병사들을 '조국의 동지'라고 표현하여 한 나라의 백성임을 강조한다. 조국, 피, 민족에 대한 강조는 이성이 아니라 전형적인 민족감정에의 호소였다. 소련과 북한을 분리한 뒤 소련을 공격하는 수법은 북한이 남한과 미국을 분리한 뒤 미국을 공격하는 수법과 동일한 것이었다. 물론 분리에는 인민과 리더십의 분리가 전제되었다. 북한이, 이승만도당은 인민으로부터 절연되어 완전 고립되어 있다고 공격한 것처럼 남한은 김일성도당은 인민과 완전히 유리돼 있는 소련의 괴뢰라고 공격하였다. 이러한 내용을 지닌 삐라는 부지기수였다.

1950년 들어서도 공세는 계속되었다. 50년 3월 14일에 남한비행기가 일반민중을 대상으로 뿌린 선전삐라는, 뿔이 달리고 온몸에 털이 난 김일성이 "소련이 조국이다. 조상을 잘 모셔야 잘 산다"는 말을 하고 있고, 강제징병, 숙청, 현물세, 강제노동, 기부 등으로 가득 찬 지게를 지고 있는 그 옆의 인민은 김일성을 바라보며 "아이 죽장군. 우리는 무엇을 먹고 삽니까?"라고 하소연하는 그림과 함께 상단에는 "북한농민 여러분 이러구 어떻게 사십니까, 빨리 반공구국전선으로 용감히 나갑시다"고 호소하고 있다. 여기서 말하는 죽장군은 김일성을 말한다. 착취에 대한 반감과 농민의 봉기를 호소하고 있다. 태극기를 들고 인민들이 봉기하여 "인제는 안 속아, 어서 나가라 요것들" 하면서 스탈린과 김일성을 몰아내는 그림도 있다. 그것은 그렇게 하라는 얘기였다.

북한의 공세를 조롱하는 격문형식의 삐라도 적지 않았다. 한 삐라는 "激! 공세 공세 무슨 공세가 이렇게 많으냐? 3·1공세, 5·1공세, 7월 공세, 8·15공세, 9월 공세, 10월 공세, 살인공세, 방화공세 … 이젠 공세염불 암만 해도 자칭 자네들 동무라든 농민들까지 절대 속지 않어, 공세타령 제발 좀 고만두게"라고 조롱한다.

소련에 대한 비난 역시 북한의 미국에 대한 공격 못지않게 격렬했다. 그것은 항상 김일성 박헌영과 연결되어 비판되었다. 소련은 일제를 대신한 침략자로 묘사되었다. 미국을 일제를 대신한 제국주의로 묘사한 것과 똑같았다.

> 놀부 심술 '쏘련'놈이 남이야 죽거나 살거나 저 혼자만 잘 살려고 백여년 전 옛날부터 우리 대한 먹자드니 흉측한 왜놈들 쫓겨간 뒤 그 대신 한국에 날아나서 북한을 다 먹었소. 김일성 박헌영이 '스타린'의 종놈이

오 일천만 북한동포 불쌍히도 노예되어 생명부지 못합니다. 남한에 밀정을 보내서 살인, 방화 밤낮 하고 커나가는 이 나라를 파괴하랴 드는 거요. 한 피줄의 형제 자매 통분해서 살 수 없소.

스타린은 우리의 원수, 김일성 박헌영도 우리의 원수. 원수를 갚아야 하오. 안 갚으면 우리도 죽소. 우리 정부는 벌써부터 모든 계획 다 세우고 모든 준비 다 해놓고 이웃나라 먼나라 48개국과 합심하여 '쏘련'에게 원수 갚을 거요, 북한 허수아비 매국노 다 모라낼 것이요.

인민군의 봉기와 월남을 촉구하는 삐라도 적지 않았다. 인민군과 38경비대원들에게 보내는 삐라의 내용은 여기에 초점이 놓여 있었다. 한 삐라는 "당신들은 직금 어떠한 길을 것고 있는지 아는가! 당신들은 무엇 때문에 해방된 오늘날 그 누구가 이런 노예생활을 강요하는지 생각해본 일이 있는가? 누구가 당신들의 모든 자유를 빼았고 기계처럼 부려먹고 안타까운 목숨을 빼았는지 아는가?" 하고 연속질문을 던진 뒤 "그것은 다른 사람이 않이고 바로 살인괴수 김일성"이라고 대답한다. 삐라는 다음과 같이 공격한다.

적색제국주의 쏘련침략자들은 우리 조국 삼천리강토를 한꺼번에 집어삼킬려고 그 주구 김일성을 조종하며 새로운 지령을 내리어 여러분에게 가진 모략과 기만선전을 다하여 삼팔선을 침공하고 같은 혈통을 타고난 형제자매들에게 총을 쏘며 동족상잔을 도발하여 풍전등화같은 자기의 운명을 단 한 시간이라도 더 유지해볼려고 온갓 발악을 다하고있다.

김일성은 쏘련공산당의 오루구로서 스탈린과 슈티코프 지시 밑에 우리의 전조국을 쏘련의 식민지로 만들려는 배족적 매국노임은 이미 삼천만 동포가 다 같이 주지하는 바이지만 당신들이야 무엇 때문에 매국공산당의 도구로서 조국과 민족에 반역하는가? 쏘련놈들의 침략정책을 감수하고 김일성의 매국로선에 추종하는 것이 영광이란 말인가? 아니다. 그것은 치욕이다. 노예이다. 꼼꼼히 생각하여 보라! 우리 백의민족의 혈맥 속에는 빛나는 우리 선열들의 반제독립투쟁의 전통이 흐르고 있지 않는가?

남한에게 김일성은 의심의 여지 없이 소련의 오르그였다. 그는 다만 크렘린과 스탈린, 슈티코프의 식민지 침략정책의 집행자로서 배족적 망국도배요 매국노일 뿐이었다. 이승만이 미제의 식민지 침략정책의 집행자로서 이완용을 잇는 매국노라는 주장과 다르지 않았다. 삐라는 북한의 사회경제적인 실상을 들어 일제시대보다도 더 많은 약탈을 당하고 있다고 공격한다. 그러한 약탈에 저항하라고 선동하고 있는 것이다. 물론 김일성체제는 간단하게 '김일성 독재'로 규정되었다. 이미 전간기에 이러한 규정이 나오고 있었음은 매우 빠른 것이었다.

> 인민군과 경비대 제군들! 꼼꼼히 생각하여 보라! 김일성 독재하의 북한실정은 과연 어떠한가? 당신들의 부모형제가 피땀 흘리며 지은 농사는 현물세니 애국미니 무슨 당비니 무슨 맹비(盟費)니 무슨 접대비니 하여 왜정시대 이상으로 략탈하여 가지 않는가? 각 공장에서 생산하는 물자와 심지어는 홍남공장의 비료까지도 어데로인지 모르게 그 흔적을 감춘다. 백성들은 일 년 동안 죽도록 일만 하여도 아모런 소득이 없다. 이것이 웬일인지 생각해본 일이 있는가? 쏘련놈이 닥치는 대로 략탈하여 가기 때문이 아닌가?…
>
> 제군들이여 꼼꼼히 생각해 보라! 직금 제군들의 분대 소대 교양시간에 무엇을 가리키고 있는가를! 우리 조국의 모든 문화제도는 전부 봉건적이며 쏘련의 정치·경제·문화 등 모든 것만이 선진적이며 절대 모범해야 한다고 떠드러댄다. 이 얼마나 '자아'를 망각한 노예적 사대사상이냐!

소련의 약탈을 공격하고 있을 뿐만 아니라 소련사회주의체제의 선진성을 강조하는 것이 노예요 사대사상이라고 공격한다. 소련을 동경하고 프롤레타리아국제주의노선을 내세우는 맑스주의-레닌주의의 기본사상을 공격하고 있는 것이다. 북한이 미국을 공격하였듯 남한은 소련을 공격하였다. 서울의 출판물과 신문에서는 소련의 적색제국주의에 대한 공격이 끊이질 않았다.

한 삐라는 "쏘련침략주의를 분쇄하고 김일성 공산망국도배들의 민족적 범죄에 대한 민족최후심판의 날도 멀지 않았다"고 공격한다. 김일성

망국도배는 이승만 망국도배에 대한 공격의 정확한 대구이다. 민족 최후의 심판이 멀지 않았다는 경고도 이승만도당의 최후의 순간이 다가오고 있다는 경고의 정확한 대구이다. 삐라는 이어서 "어서 민족정기의 길로 발걸음을 돌려라! 만일 그대들이 조국만대에 '민족반역자'라는 누명을 벗을려거든 하로바삐 총뿌리를 공산당에게 돌려라! 만일 그대들 가슴에 '조국애'의 피가 끓거든 어서 태극기 깃빨 밑으로 모여라! 반공구국전선에 용감히 나서라!"고 선동한다. 공산체제에 저항하지 않는 것은 민족반역자라며 공격하라는 공격은, 민족반역자가 되지 않으려거든 이승만군경을 탈출하여 인민의 편으로 넘어오라는 북한의 공격의 대응이었다. 또 공산당원들에게는 "공산당원이라고 부르는 것은 치욕"이라며 공격한다.

> 조국을 부인하고 민족을 말살하는 국제공산침략주의 쏘련의 충견 김일성일파, 이 자들의 매족행위는 조국이야 쏘련의 일연방이 되건 말건 삼천만 겨레가 다 멸망하건 말건 크레무린 정치국 지령만을 수행하고 있는 데서 만천하에 폭로된 것이다. 그대들도 똑똑히 듣고 있으리라! 삼천리강산 방방곡곡에서 열화같이 이러나는 조국의 원수 제 2 의 이완용 적구 김일성을 타도하라는 민족의 아우성소리를! 여기에 겁을 집어먹은 역도 김일성 수령도당들은 가련한 자기들의 말로를 단 한 시간이라도 더 연장해보기 위하여 제군들의 목숨을 강요하며 민족의 출혈을 기도하고 있다. 그것은 민족천추의 반역자로 락인된 김일성 공산당 지배층놈들의 범죄가 삼천만 민족의 최후 심판과 처단을 받게 될 날이 점점 압박해오기 때문이 아니겠는가? 동족유혈과 내란을 도발하는 김일성 공산괴뢰집단은 우리 민족을 생죽엄의 도살장으로 모라넣을려는 악독한 살인귀들이다. 그대들의 눈으로 보지 않았는가?
>
> 정의의 구국투쟁에 궐기한 허다한 이북동포들을 학살투옥하고 이천만명 이상이나 쏘련 카무쟈카(캄차카)라는 극한지대에 압송하여 강제로동을 시키고 있는 놈이 누구인가? 북한 일천만 동포의 혈(血)인 입쌀 오백칠천여만 석과 중요 공장시설 전부를 략탈하여 간 놈이 누구인가? 함경도의 중요 광산 전부를 쏘련놈에게 팔아먹은 놈이 누구인가?

북한이 이승만을 개승만으로 표현하였듯, 또 미제의 주구로 표현하였듯 남한은 김일성을 소련의 충견, 적구라고 비난한다. 소련으로의 동포의 압송과 공장시설의 약탈도 공격대상이었다. 삐라는 "이것이 김일성이와 쏘련놈이 부르짖는 소위 진보적 민주주의인가? 이것이 소위 푸로레타리아독재의 정체인가?"를 묻는다. 이승만에 대한 김일성의 공격과 제2의 이완용이라는 공격도 동일하며 학살, 투옥, 도살장 등 북한이 남한을 공격할 때 사용하는 용어까지도 동일하다.

삐라는 "일제의 야수같은 폭압을 박차고 조국해방을 위하여 용감히 싸워온 그대들 조국의 빛나는 애국전통을 모르는가" 묻고 있다. 공산당원들의 지식수준을 감안하여 이성적으로 호소하고 있는 부분도 있었다.

> 세계에 빛나는 애국전통을 가진 우리 백의민족의 자식인 그대들은 무엇 때문에 역도 김일성을 두목으로 하며 공산당원들이란 치욕적인 이름으로 불리워지고 있는가? 그대들 간부놈들의 허위 기만 모략선전을 해부 비판하고 강압적인 소위 '볼쉐비키' 사유방식에서 과감히 벗어나 자유로운 생각으로서 '진정한 민족의 진로가 과연 어떠한 것인가'를 판단하여 보라!

다른 한 그림 삐라는 스탈린이 커다란 채찍을 들고 "이놈들! 콩죽만 먹으면 됐지 무슨 잔소리야. 어서어서 일해! 공출이나 세금만 안 받어봐라, 목아지 잘라버릴테니!"라며 로동자 농민을 강제노동시키는 모습이었다. 그 옆에는 "이래도 공산주의가 좋으냐?"고 쓰여 있다. 또 다른 그림 삐라는 뿔 달린 '괴뢰집단'이 양민을 착취하여 양민은 뼈만 남아 말라죽고 양민으로부터 걷은 것을 소련행 열차에 실어가는 내용이다.

북한에서 남한으로 탈출한 장교와 사병들의 호소문 형식을 빌린 삐라도 적지 않았다. 그들은 북한군에서의 원래의 소속부대를 밝히고 난 뒤 자신이 속아 살아왔음을 깨닫게 되었다며 과거의 동료들에게 이제 자유대한의 품에서 행복하니 어서 넘어오라고 권유하였다. 내무성 경비국 중위 이필용(李弼容)은 "남한땅에 와보니 쏘련 앞재비 상관놈들이 터무니없는 허위선전으로 우리들을 속이고 있는 것을 알았음니다"라고 편지 형식의 삐라를 보냈고 해주정치보위부장 이창옥은 "그대는 어찌하여 아직도 죽엄의 반역진영에 남아 있는가?"라며 남하하라고 선동하였다. 대대참모장을 사로잡아서 월남한 국경경비대 7여단 소속의 정병휘(鄭炳輝)는 '민족영웅이 되었다'고 선전되었다. 이들 탈출자들은 "남한에 와보니 꿈에서 깨어난 듯 눈부신 민주주의적 비약에 놀내고(놀라고) 있다. 나의 전우들이 혹은 속아서 혹은 강제로 아직도 쏘련의 종이 되여 죽을 자리에 있는 것을 생각하니 밤에 잠이 안 온다"고 과거 동료들의 감정에 호소하였다.

남한은 또한 인민군 경비대 전사들에게 "지금 이북 방방곡곡에서는 우리 민족의 양심을 가진 사람이라면 남녀노소 할 것 없이 전부 반공구국전선에 총궐기하고 있다"고 허위선전을 전하면서 "애국적 의거운동대열에 총궐기하라!"고 선동하였다. 마지막은 더욱 자극적인 내용이었다. 김일성의 '머리'는 아예 '대구리'(대가리)라는 비속어로 바뀌었다.

> 양대구리를 내걸고 개고기 파는(羊頭狗肉) 김일성놈에게 총부리를 돌려라! 이놈은 입으로는 무슨 '평화'니 '통일'이니 '독립'이니 '민족'이니 하지만은 실상은 동족상쟁을 도발하여 당신들과 당신들의 사랑하는 부모 처자 형제들을 모조리 죽이고 마지막에 가서는 우리 조국을 쏘련에 팔아먹을려는 것이다.
>
> 월남귀순하면 자유와 행복, 계속 복무하면 노예와 죽엄! 김일성 쏘련 괴뢰집단을 무찌르고 우리 백의민족의 조국, 자유 평화의 나라 대한민국 남부지역으로 넘어오라! 대한민국에는 강압적 독재정책이 없다. 노예적 로동정책이 없다.

북한에 살포된 몇몇 삐라를 통해 볼 때 가장 먼저 확인할 수 있는 것은 당시의 남북이념과 체제경쟁에서 북한의 대남공세만이 아니라 남한의 대북공세 역시 수세적이지만은 않았다는 점이다. 북한은 강력하여 일방적으로 공세적이었고 남한은 약하고 수세적이었다는 해석은 사실이 아니다. 남한 역시 우위를 다투는 체제와 이념경쟁에 관한 한 자신이 있었다. 오히려 남한체제를 자유민주주의체제와 일치시키면서 북한의 공산체제보다 낫다는 대북우위감을 갖고 있었다. 그렇지 않고는 강력한 공세는 어려웠을 것이다. 남북의 이념적 공격과 방어는 그 방법과 정도에서 너무도 유사했다.

북한은 말로에 처한 운명을 한 시간이라도 더 연장해보고자 발버둥친다고 남한을 공격했고, 남한 역시 그렇게 되받았다. 똑같이 최후의 심판의 날이 가까워졌다고 주장했다. 이것은 놀라운 일치였다. 서로 상대방 지역은 암흑이고 테러와 학살이 난무하고 착취와 압박이 난무한다고 공격했다. 똑같이 역도이고 똑같이 괴뢰이고 똑같이 제2의 이완용이었다. 남한은 김일성을 소련에 나라를 팔아먹은 제2의 이완용으로, 북한은 이승만을 미국에 나라를 팔아먹은 제2의 이완용으로 비난했다. 작성되고 발표된 시간과 장소가 현저히 다른 자료군(資料群)에서 인용하지 않는다면 이 자료들은 마치 같은 사람이 만든 한 자료를 두 곳에서 사용했거나 그것을 잘못 인용하고 있는 것으로 착각할 만큼 완벽하게 똑같은 것이었다.

남한 대 북한의 대립구도를 친일 대 항일에만 초점을 둔다면 1950년 6월의 전쟁은 혁명전쟁, 또는 내전으로 불릴 수 있을지 모른다. 그러나 그것은 전부가 아니었다. 북한에서는 남한 지도부의 과거의 친일경력을 문제 삼았지만 남한은 북한의 현재의 공산주의체제 자체를 문제 삼고 있었다. 혁명적 통일 대 반공적 통일의 대립은 과거의 싸움이자 현재의 싸움이었다. 반공주의가 이렇듯 강력한 공세적 힘을 가질 수 있었던 것은, 식민시기의 대립도 한 요인이었지만, 무엇보다도 1945년 이후의 남한과 북한에서의 사태전개가 결정적인 영향을 끼쳤다.

남한 대 북한의 대립은 여러 수준에서 매우 복합적인 대립상을 띠었는데 어떤 면에서는 북한이 공세적이었지만 어떤 면에서는 남한이 공세적이었다. 어떤 것은 상쇄적 효과를 나타내었다. 미소에 대한 공격은 물론이었거니와 각각의 체제를 소련과 미국의 괴뢰요 주구라고 공격한 것도 상쇄적이었다. 미소 각각에 대한 공격은 남북 어느 쪽도 정당성의 독점을 가질 수 없었다. 즉 제국주의라는 대미공격만이 설득력을 지닌 것이 아니라 적색제국주의라는 대소공격도 마찬가지의 설득력을 지니고 있었다. 미국의 종속을 들어 남한정부의 반민족성을 공격하는 것은 공산주의자들 이외에는 설득력을 가질 수 없었다. 북한은 미국을 신미양요 때부터 침략목표를 갖고 극동을 침략해왔다고 공격했으며 그들의 많은 광산채굴권, 철도부설권 획득을 들어 제국주의라고 공격하였다. "1945년에 기어든 것은 19세기부터 극동에 제국주의 침략기지를 만들려고 했기 때문"이라는 것이었다. 이러한 논설은 《로동신문》과 잡지에 넘쳐흘렀다. 이는 전쟁중의 자료에서도 일관되었는데 미국의 사회적 특성과 내치, 외교정책을 전반적으로 분석한 한 자료가 공격하는 미국의 대한침략의 시작기점은 1865~70년부터였다.[52]

논설들은 남한을 강점한 그들이 북한까지 침략하려 한다고 공격하였다. 이것을 뒤집으면 비난과 공격의 내용 하나하나마다 전부 남한의 소련에 대한 공격이 되었다. 남과 북은 또 국제적 지지와 연대를 과시하려는 데서도 동일하였다. 북한이 세계민주역량의 절대적인 지지를 받고 있다고 주장한 반면 남한은 유엔과 세계자유진영의 승인을 얻고 지지를 얻고 있다고 주장하였다. 북한처럼 남한 역시 중앙정부라고 자임하기는 마찬가지였다. 북한은 항상 중앙정부라고 하고 공화국의 북반부 남반부라는 표현을 썼다. 그들의 헌법에서는 수도 역시 서울이었다. 이는 남한도 동일했다. 그들은 북한군에게 보내는 삐라에서 "그대들과 민족의 살 길은 자기의 정부에 대하여 반항을 즉시 정지하는 길밖에 없다"고 하여 남한을 북한까지 포함하는 중앙정부라고 자임하였다. 북한은 대한민국의 북부지역일 뿐이었다. 국회의 구성에서도 남한은 실지대표들을 위한 의석을 비워두었고 이승만의 연설과 사회의 중심주제는 항상 '실지회복'(失地回復)이었다. 그들에게 북한은 다만 '잃어버린 땅', '찾아야 할 땅'일 뿐이었다. 그런데 그것을 소련과 그 괴뢰가 차지하고 있는 것

---

52) NA, RG 242, SA 2012 Item 8/60, 경기도 내무성 선전국, 〈피에 굶주린 미제국주의자들의 새 전쟁방화정책과 조선에 대한 야수적 침략정책〉(1950년 7월 15일), pp. 12~20.

이라는 인식이었다.

"매국공산괴뢰집단을 타도하라"는 어떤 삐라에는 북한의 〈김일성 장군의 노래〉가 〈김일성 타도가〉로 바뀌어 실려 있었다. 이 삐라는 북한 각지로 보내졌다. 이것이 수집되어 중앙당 선전선동부장에게 보고되었다는 점은 이러한 삐리가 만만치 않게 돌고 있었다는 소리였다. 씩씩한 행진곡풍의 〈김일성 장군의 노래〉는 인민군과 경비대, 청년단체를 비롯하여 북한의 각종 단체의 집회에서 불렸다. 이 노래는 북한의 인민을 하나로 묶는 중요한 매개로서 앞서 보았듯 북한의 국기와 국가보다도 먼저 나왔으며 더 상징성이 높았다.[53]

이 노래는 남한에서는 〈김일성 타도가〉로 가사만 바뀌어 불렸다. 지금은 사라져 들을 수 없는 흥미 있는 〈김일성 타도가〉의 한 절을 소개하면 다음과 같다.

> 투옥과 학살로서 피바다 북한
> 략탈과 착취로서 굶주린 북한
> 현물세 애국미는 빼앗어다가
> 쏘련에 보내주는 역도 김일성
> (후렴)
> 아- 아- 그 이름도 더러운 마적 김일성
> 아- 아- 받어라 삼천만 원한의 주먹

북한지역에 이 노래를 살포한 뒤 남한당국은 인민군들에게 "매국공산당에게 생죽임당하지 말고 〈김일성 타도가〉를 높이 부르며 의거 남하하라"고 선동하였다.

수집된 군중여론에 대한 정보보고에 따르면[54] 북한인민들은 통일문제에 대해 다양한 반응을 보이고 있음을 알 수 있다. 일부는 통일을 원

---

53) NA, RG 242, SA 2005 Item 2/34, 《조선여성》 창간호. 〈김일성 장군의 노래〉에 대한 소개와 설명은 제 5 장을 참조하라.

54) 역시 서필석의 보고 〈최근 수집된 군중여론 보고〉이다.

하고 있었고 일부는 통일을 불가능하다고 생각하고 있었다. 그들은 미군과 이승만군대가 있음으로 인해 통일을 하려면 무력충돌은 불가피한 것으로 보기도 했다. 49년 6월의 조국전선의 호소에 대해 상인 고홍렬은 "38선이 터지지 않고서는 총선거를 실시하지 못할 것인데 미군이 있고 리승만측에 군대가 있는 이상 가만히 물러가지 않을 터이니까 많은 희생자가 나겠다"고 진술한다. 연백군의 중농 신원철은 "평화적 통일방책이 승리하지 못할 것은 환한 일이다. 언제든지 통일은 무력으로만 가능하다"면서 조국전선의 호소문에 대해 거의 기대를 하지 않았다.

어떤 청년들은 인민군에 들어간다고 하면 술을 먹으며 이를 한탄하기도 하였다. 이를 보면 모든 청년들이 조국의 통일을 위해 김일성 장군의 항일투쟁을 본받아 자발적으로 인민군에 들어간 것은 아니었다. 어떤 청년은 술을 먹고 "4년 동안 쉬었다가 또 나가게 된다"고 불평하기도 하였다. 이것은 45년 종전 전까지의 식민시기의 군대경험을 두고 한 말일 것이다. 남한에서도 식민시기에 군대경력이 있었던 사람들 중 적지 않은 숫자가 전쟁이 가까워오면서 군대에 다시 입대하였다.

송화군에서는 "지금 평양에서는 인민군들이, 낮에는 청년들이 도망다니기 때문에 밤에 다니면서 청년들보고 인민군대에 가라고 한다"는 소문이 돌았다. 신계군에서는 18~50세 사람들을 38선 의무노동에 보낸다고 하였다. 그것은 인민군의 시체를 치우기 위해서라고 했다. 해주에서는 분계선 충돌시 숨진 사람들을 치우기 위해 인민들이 동원되었는데 북한군은 이들이 전투에서 사망한 남한군이라고 속이고 있었다.[55] 38선 이북지역 면 리(동) 인민위원회 대의원 선거여론보고에 따르면 일부 인민들은 통일에 대해 거의 기대를 하고 있지 않음을 알 수 있다. 유권자들은 북한의 통일주장이 반복되는 선거용 구호임을 알고 있었으므로 "선거를 또 한다지, 매번 선거할 때마다 통일된다고 하였는데 이번에도 또 그렇겠구만"이라는 냉소적인 여론이 있었다.

남한에서 보낸 삐라에 대한 인민들의 반응은 다음과 같은 세 가지로

55) KMAG, *G-2, P/R,* No. 229 (Dec. 13, 1949).

나뉘었다. 남한삐라에 대한 북한인민들의 반응을 분석하는 이유는 공식 서술을 제외하고는 오늘날 남아 있는 어떤 자료도 당시 북한인민들의 의식과 정신구조를 알려주는 것이 없기 때문이다. 따라서 북한의 내부 정보보고는 일반 인민의 의식을 이해하는 한 준거가 될 수 있다. 첫째는 적대적인 반응을 보이면서 남한을 반동, 친일파라고 타도하자는 여론이었다.

> "피를 흘리지 않으려고 용서만 해주니까 않됏구만(안되겠구만)"; "이 놈들은 북조선에서 사복만 채우다가 폭로되게 되니까 도망했는데 그 놈들을 이남에서는 대단히 우대하여 '애국자'니 무엇이니 하는구만. 그것만 보아도 이남은 괴뢰정부가 아닐 수 없어."

이것은 북한체제에 대한 강한 지지와 공식이데올로기를 수용하는 반응이다. 이들은 적극적인 호전적 반응을 보이기도 하였다.

> "인민군대들은 왜 저놈들을 그만둬둘까, 저 개같은 놈들을. 저것은 주어보나마나 하다. 저번에도 개소리만 가득 셨든데"; "여기 군대는 무엇이나 하고 있나 원, 저런 것도 쏘지 않고. 참 분해서 못견디겠네"; "개같은 놈들 별지랄을 다 하라지. 암만 그래도 그놈들의 선전에는 않 넘어갈 걸."

이러한 반응은 남한에 대한 강한 적개심과 함께 남한의 선전이 북한인민들에게 효과를 거두지 못하여 오히려 반감과 적의만을 더 크게 하고 있음을 보여준다. 이들은 남한과의 일전이 불가피하다고 인식하고 있는 부류였다.

50년 3월 16일의 보고에서는 3월 14일의 남한 비행기의 삐라살포에 대한 여론을 수집하여 보고하였다. 남한에 대한 여론은 더욱 나빠져 있었다.

"개같은 놈들! 삐라 제작에 소용되는 경비는 죄다 인민들에게 부담시키겠지. 이제 바짝바짝 목구멍이 타들어오니까 별지랄을 다하고 있군"; "개색끼들! 심심하면 와서 삐라를 뿌리고 있으니 할일도 없는 게다"; "해방 직후에 몇 놈이 이남으로 도망친 것을 두고두고 삐라내용으로 써먹고 있으니 그놈들 하도 심심한 모양이군."

두 번째는 무관심한 부류였다. 김일성이 가짜라는 삐라를 계속하여 보내자 "그놈들이 암만 그래도 무슨 소용 있나. 진짜 김일성이든 가짜 김일성이든 정치만 잘 했으면 되지 않나"하여 인민들은 남한의 지속적인 선전공세에도 불구하고 별관심을 보이지 않았다. 그들은 김일성이 가짜냐 진짜냐에조차 관심이 없었던 것이다. 남한이 삐라를 통해서까지 집요하게 김일성은 가짜라고 공격한 데 대한 이 반응을 보면 김일성 가짜설은 반공관변학자나 월남자들의 주장에 의한 오해가 아니라 "남한국가의 공식견해로써" 초기부터 집중적이고도 지속적으로 제기되어 왔었던 것임을 알 수 있다. 이 차이는 중요한 것이다. 즉 김일성 가짜설은 초기 남한정부의 공식적인 이데올로기적 공격요소의 하나로서 북한을 공격하기 위한 재료였던 것이다.

세 번째는 남한의 공격과 선전에 관심을 갖거나 호의적인 반응을 보이는 부류였다. 아니면 최소한 북한의 대응에 회의를 갖는 부류였다.

"저 비행기 서울에서 왔겠지, 굉장하구만"; "어디선지 비행기를 쏘았는데 그래도 떨어지지 않었다. 이제는 맛을 보았으니 작꾸 넘어올 터이지. 참 야단났다. 앞으로는 삐라보다 더한 폭탄을 갖어올지도 몰라. 이제는 산속으로 이사할 준비나 해야겠다."

이는 북한의 허약함, 전쟁이 일어나지 않을까 하는 데 대한 두려움의 표시였다. 또 남한의 승리, 북한의 패배를 예견하는 여론도 있었다.

"머지 않어 삼팔선은 해결될 것이다. 이렇게 비행기가 얕게 떠서 삐라를 뿌리고 단이는데도 이 편에서는 대항도 못하니 참 야단이 않이야!";"저번 김 장군 보고에 북반부에는 적을 타도할 수 있는 만반의 준비가 다 되여 있다고 하였는데 어째서 가만히 있을까."

다른 한편 우리는 감옥에 갇힌 수감자 명부(收監者名簿)를 통하여 당시 북한에서의 일탈과 저항의 정도를 추론할 수 있다. 다음의 자료들은 전쟁중에 기록된 갈겨쓴 수감자 명부이다. 이 자료는 수감의 규모보다는 수감의 명목과 시기가 중요하였다. 먼저 교화소(감옥)의 죄수 중 북한에 의한 피살자들을 기록한 한 명부를 보자.[56] 총 265명 죄수의 성명, 연령, 주소, 죄목, 형기, 입소 연월일이 상세히 기록되어 있다. 이를 분석하면, 먼저 기간을 볼 때 46년부터 50년 6월 25일 전쟁발발 이전의 수감자는 총 61명이었다. 이들을 죄목별로 분류하면 다음과 같다:결사 7, 테로 1, 반동 46, 선전(宣傳) 4, 탈영 1, 간첩 2명으로 분류되어 있었는데 장기간의 형을 받은 자들이었다. 형량은 최고 사형에서부터 최저 3년까지였으며 17년형부터 20년형의 장기수들도 다수였다. 연령분포는 10대부터 60대까지 다양하였다. 56명 중 15년 이상 사형까지의 중형을 받은 사람만도 15명이나 되었다. 본적 및 주소는 거의 전원이 북한으로 되어 있는 사람들이었다. 즉 이들은 남한에서 침투한 사람들이 아니라 북한의 자생적인 저항요소였던 것이다.

50년 6월 25일 이후에도 검거는 끊이지 않았다. 이는 전쟁중에도 북한에서의 저항이 적지 않았음을 알 수 있게 해준다. 검거죄목, 검거시기, 검거자의 주소 등 세 수준으로 나누어 분석할 수 있다. 먼저 죄목을 보면, 분석 가능한 총 140명 중 결사 6, 반동 110, 선전 9, 간첩 4, 테로 2, 폭동 1, 예비검속이 8명이었다. 이 중에는 전쟁 직후인 6월에 검거된 숫자도 적지 않았다. 1950년 6월에도 결사와 선전이 있으며 간첩도 있었다. 예비검속 8명은 특정한 반체제사건에 의해서라기보다는 전쟁중 반체제성향이 있는 자를 미리 검거하여 교화소에 넣었기 때문으로 추론된다. 전쟁중의 체포자들은 형기를 분석할 수가 없다. 대부분이

56) NA, War Crime Division(WCD), Doc. 17, 愛國鬪士會, 〈愛國者 被殺者 名簿〉, 국방군사연구소, 자료번호 204.

미결수로 수감중이었기 때문이었다.[57]

두 번째는 검거시기로서 거의 전원이 1950년의 체포자였다. 50년 9월까지의 검거자를 담고 있는 이 자료는 50년 6월에 검거된 자만도 27명에 달했다. 전체 140명 중 이는 19%에 달하는 수치였다. 이 수치는 이 자료의 전체기간 약 100일 중에 전쟁 초반 닷새만에 다른 때의 몇 배에 달하는 검거가 있었음을 보여준다. 즉 전쟁 개시 초반에 집중적으로 체포했던 것이다. 9월 들어서도 검거는 끊이지 않았다. 이는 1950년 가을 북한에서 유엔군이 진주하기 이전부터 자체 저항이 적지 않게 강력했었음을 보여준다. 9월 하순에 들어서면서 검거자가 급증하였는데 이는 인천상륙작전의 성공 이후 북한에서의 반체제활동의 증가나 남한에서의 침투의 증가, 또는 지하에서 활동중이던 반공조직들의 부활과 관련이 깊을 것이다.

세 번째는 검거자들의 주소, 또는 거주지였다. 이것의 분석이 중요한 이유는 체포자들의 주소가 모두 남한이라면 이 문건의 분석은 의미가 없기 때문이다. 왜냐하면 그것은 전부 남한에서 파견된 인물들일 것이기 때문이었다. 특히 전쟁발발후 검거된 자들의 주소가 남한이라면 그것은 남한에서 파견된 자들이기 때문이었다. 그러나 주소를 보면 이들은 전부 북한출신이었다. 그것도 북한의 한 지방 출신들이 아니라 전지역에서 걸쳐 다양하게 분포되어 있었다. 이는 곳곳에서 자생적 저항이 발생하였음을 의미한다. 입수된 죄수명부는 함경도, 원산, 강원도 출신들이 집중적으로 많은 것으로 보아 이 명부는 원산교화소나 함경도지방의 어느 한 지방교화소의 것으로 보인다. 이 명부는 많은 다른 교화소들에서도 볼 수 있는 일반적 경향의 한 사례였음을 의심할 수 없음은 물론이다.

두 번째 명부는 총 78명으로 이루어진 〈만포방면 이송자명부〉(滿浦方面 移送者名簿)이다.[58] 이 명부에는 앞의 자료에서 보았던 항목들에 개

57) 이상의 201명은 분류와 분석이 가능한 사람들이고, 나머지 64명은 기록미비로 분석에 포함시킬 수 없다.

58) NA, WCD, Doc.16, 애국투사회, 〈滿浦方面 移送者名簿〉, 국방조사연구소,

인별 죄수번호가 추가되어 있다. 마찬가지로 세 수준으로 분석하여 보면, 먼저 1950년 6월 25일 이전의 검거자는 11명이었다. 따라서 이 명부는 대부분이 6월 25일 이후의 검거자들로 이루어져 있음을 알 수 있다. 66명(85%)이 전쟁발발 이후 검거자들이었다. 다음에 죄목을 분류해보자. 그러나 이 집단의 죄목분류는 쉽지 않다. 왜냐하면 2중 3중 죄목의 검거자가 많기 때문이었다. 이를테면 반동·간첩, 반동·결사·간첩, 반동·무장폭동, 반동·테로, 반동·결사·간첩, 테로·무장폭동 등 3중 죄목에 의한 검거자를 비롯 2중 죄목에 의한 검거자는 더욱 많았다. 따라서 죄목을 분류하는 것은 큰 의미가 없다. 그러나 중요한 것은 대부분이 1950년 6월 25일 이후의 체포자인 이 집단에서도 반동결사와 무장폭동이 적지 않게 나타난다는 점이었다. 이는 전쟁발발 이후 북한지역에서 반북결사와 무장저항이 일어났음을 의미한다. 이 집단은 상당히 젊어 거의 전부가 20대였으며 형량 또한 매우 무거웠다. 전부가 10년 이상이었고 이들 전체의 평균 형량은 14년에 달했다. 아주 무거운 형을 가하고 있는 것이다.

세 번째 명부는 〈아오지방면(阿吾地方面) 이송자명부〉이다.[59] 총 414명이 기록되어 있다. 이 명부는 몇 명의 50년 6월 25일 이후를 빼고는 전원이 49년부터 1950년 6월 25일 사이의 검거자들로 이루어져 있다. 총 414명 중 406명이 49년에서 1950년 6월 25일 사이의 검거자들이었다. 대부분이 49년도의 검거자들이었고 50년 6월 1일부터 25일 전쟁 발발 직전까지의 검거자들은 총 128명이었다. 1950년 검거자의 비율은 32%였다. 이들의 죄목은 간첩과 반동, 무장폭동, 결사, 선전, 테로 등 반체제 저항의 거의 전항목이 망라되어 있다. 50년까지도 반동과 결사와 간첩으로 체포되는 자들이 끊이지 않았던 것이다. 또 주소가 북한으로서 죄목이 간첩으로 되어 있는 자들이 매우 많았는데 이들은 비밀리에 남한과 연계된 친남한적인 자들일 것이다.

자료번호 203.

59) NA, WCD, Doc. 15, 愛國鬪士會, 〈阿吾地方面 移送者名簿〉, 국방조사연구소, 자료번호 205.

몇 명만 예를 들어보면, 41세의 최현덕(崔賢德)은 간첩 죄목으로 49년 12월 25일 체포되었으며 형량은 15년이었고 주소는 통천군이었다. 24세의 김종학(金鍾學)은 죄목이 폭동이며 형량은 17년을 받았다. 49년 9월 8일에 체포되었고 주소는 양양이었다. 49년 3월 23일에 체포된 최상선은 주소가 서울 돈암동이었고 간첩죄목으로서 26세에 형량은 10년이었다. 최상선은 주소로 봤을 때 남한에서 침투한 간첩으로 보인다. 그러나 이러한 자들은 극소수였다. 간첩의 주소 역시 거의 전부 북한지역으로 되어 있었다. 20세의 탁동춘은 50년 3월 5일에 체포되었는데 죄목은 선전(宣傳)이고 주소는 원산, 형량은 5년이었다. 김학기(金學基)는 26세이고 간첩 죄목이었다. 그의 주소는 평남 남포이며 50년 1월 26일에 체포되었고 형량은 10년이었다.

세 죄수명부 모두에서 공통적인 세 가지 사항은 ① 49년은 물론 1950년 초부터 50년 6월 25일까지도 검거자가 끊이질 않았으며, ② 그들의 죄목 또한 간첩 하나에만 머무는 것이 아니고 반동, 결사, 선전, 무장폭동 등 매우 다양했다는 점, ③ 거의 모든 검거자들의 주소지가 북한이었다는 점이다. 결사와 무장폭동 죄목의 존재는, 어쨌든 이 시기에도 북한에 지속적인 저항이 존재했었다는 사실을 의미한다. 이는 전간기 동안에 남한에서만 공산저항이 강력하다고 해석해온 데 대한 한 반증일 수 있다. 다른 한편 이는 김일성체제가 전쟁을 개시하기 위하여 50년 들어 체제반대세력들을 전부 미리 검거하여 감옥에 넣어두었음을 말하기도 한다.

이제 끝으로 48년질서시기의 인구이동을 보자. 필자는 앞서 북한에서 남으로의 인구이동을 규명하면서 48년질서시기에 대해서는 언급하지 않았다. 통계와 정보에 따르면 정부수립 이후에도 총 46,595명의 북한주민이 월남하는 것으로 나타난다(제 7 장의 〈표 7-2〉 '월별 월남인구 통계, 1946년 1월~50년 5월'을 보라). 이 표에 따르면 월남은 48년 9월 이후에도 지속적으로 계속되는 것을 알 수 있다. 이 숫자는 초기의 월남에 비하면 그리 높은 숫자는 아니다. 그런데 중요한 것은 북한이 48년 11월부터는 월남을 엄격하게 통제하였는데도 불구하고 50년 6월까지 월남이 끊이지 않고 이어졌다는 점이다. 월남 시도자들은 월남을 알선하는 비밀조직이나 개인에게 거액을 주고서라도 필사적으로 월남하고자 시도하였다. 48년 9월 정부수립 이후의 월남은 따라서 북한체제에 반대하는 일반민중의 월남임을 금방 알 수 있다. 체제의 완전한 통합과 순결성은 아직 이루어지지 않았던 것이다.

북한이 국가수립 직후인 48년 11월부터 가장 엄격하게 통제하기 시작한 부분이 바로 38선 월남이었다. 내부 비밀자료를 보면, 48년 11월 15일 정치보위국장 방학세는 내무상과 보안국장에게 의견을 보냈는데 이 의견서에 따르면 동북 및 38선 통행에는 내무상 발행의 '통행증'이 있어야 했다.[60] 38선 통행에도 국경선이나 해안선과 마찬가지로 통행증이 있어야 했으며 반드시 사진과 건강진단서를 첨부해야 했다. 더욱 놀라운 사실은 38선 근방 통행에도 반드시 해당지방 내무서장과 정치보위부장의 서명날인이 있는 통행증이 필요했다. 그들의 서명날인이 없는 통행증은 무효였다. 통행증은 지방내무서장이 발행하되 해당지방 정치보위부장의 동의가 있어야 했다. 또 "특히 그 지방 정치보위부에서 '필요에 의하여' 정치보위부장이 발행할 수 있다"는 예외규정을 두었다. 이는 남한에 대한 간첩과 정보원의 파견을 완곡하게 표현한 것이다.

보안대에는 38선 이남으로부터의 반동파의 침입만을 저지하는 것이 아니라 남하하는 반동파도 잡아들이라는 지시가 내려갔다. 동북지방과 함께 38선 이남 통행증은 발행자도 내무상이었고 그의 직인을 요구하였다. 그럼에도 남하는 4만 5천에 이를 정도로 계속되었다. 남하가 필사적이었음을 알 수 있다. 북한 내부의 비밀명령들에 따르건대 북한은 48년 이후에는 38선에서의 월경(越境)을 엄격하게 금지시켰을 뿐만 아니라 적발자는 체포하였다. 그러나 인민들의 계속적인 탈출을 막지는 못하였다. 남하를 알선하고 대금을 받는 비밀조직도 적지 않았다.

48년의 해주시 인민재판소 89건의 사건재판기록[61]은 38선 월남문제

60) NA, RG 242, SA 2006 Item 6/2, 정치보위국장 방학세, 〈국경선 및 38선 통과에 대한 통행증명서 발급에 관한 의견서〉(1948년 11월 15일).

61) 해주시 인민재판소, 〈판결등본집〉, 《사료집》 9권, pp. 447~647.

와 관련하여 몇 가지 중요한 점을 시사한다. 해주시 인민재판소에서 다루어진 총 사건 수는 89개였다. 이 중 수위를 기록한 사건은 '38선 월경(越境) 안내사건'이었다. '38선 월경 안내사건'이란 38선 이남으로의 월경을 안내하여 주는 개인이나 조직에 의한 범죄사건을 말한다. 해주 인민재판소의 경우 22건(2건은 물자 밀반출)으로, 이것은 총사건의 25%로서 가장 많은 비율을 점한 사건이었다. 48년에 들어서도 안내사건은 지속적으로 발생하였다. 재판기록을 볼 때 적지 않은 숫자가 돈을 받고 월남시도자의 길을 안내하여 전문적으로 이들을 남쪽으로 월경하게 하였다. 한 사람을 안내했을 경우 안내원들은 2천 원 또는 3천 원을 받았지만 여러 명을 안내할 때는 1만 원 이상을 받기도 하였다. 액수가 많을 때는 나누어서 받기도 하였다. 김수성은 현금 2천 원과 백미 5두를 받고 월남안내를 해주었다가 체포되었다.62) 물론 월경자들은 체포하지 못했다.

당시의 인민군의 월급과 이 안내비를 비교해보자. 인민군의 월급은 소대장 1,400원, 대대장 2,500원, 연대장 3,500원이었다.63) 돼지고기는 한 근에 110~120원 하던 때이다.64) 그렇다면 월경안내비는 엄청나게 높은 것임을 알 수 있다. 그것은 탈출과 탈출안내가 그만큼 필사적이었음을 말한다. 즉 위험을 무릅쓰고서라도 저지를 뚫고 월남을 강행하였다는 얘기가 된다. 어느 곳에서는 아예 안내조직이 갖추어져 월경을 전문적으로 안내하기도 하였다. 노사선, 오정학, 강용원은 48년 1월 10일부터 4월 15일까지 6차에 걸쳐 28명을 월경시켜 주고 2만 4천 7백 원을 받아 분배하여 가졌다.65) 노사선은 이로 인해 징역 2년을 선고받았다. 3~4인이 조직적으로 수차에 걸쳐 안내한 자들도 있었다. 47년 봄에 한민당에 입당한 아들을 월남시킨 노학순도 체포되었다. 47년에

---

62) 해주시 인민재판소, 〈판결등본집〉, 《사료집》 9권, pp. 471~473.

63) NA, RG 242, SA 2005 Item 5/2, 조선민주주의인민공화국 민족보위성, 〈군무자 봉급규정〉.

64) KMAG, G-2, No. 189 (Sep. 29, 1949).

65) 해주시 인민재판소, 〈판결등본집〉, 《사료집》 9권, p. 481.

북한에서도 한민당에 입당한 자가 있었던 것이다. 결국 이 사례들은 전 38선에 걸쳐서 남하시도가 지속적으로 행해지고 있었고 북한당국은 이를 강력히 저지하려 노력했음을 보여준다. 그러나 남하의 시도는 끊이지 않았으며, 체포된 자들은 대부분이 농민, 노동자, 상인 등이었다.

다른 한 자료를 보자.[66] 이는 1950년 6월 26일까지 각 지방에서 38 이남 도주자에 대한 종합적인 보고를 중앙으로 올리는 자료이다. 안주군의 경우 6월 23일의 보고는 친일파 2명, 몰수지주 28명, 전직자 6명, 기타 도주자 85명으로 보고하고 있다.[67] 그렇다면 친일파와 지주는 합쳐서 총 121명 중 30명이라는 얘기다. 이는 비율로 봤을 때 25%를 넘지 않는다. 예상보다 그리 높지 않으며 이들보다는 일반민중이 많이 월남했던 것이다. 27일의 보고에서는 총 294명 중 친일파 8명, 전직자 7명, 몰수지주 41명, 기타 도주자 228명이다. 여기서도 친일파 및 지주는 49명으로서 17% 정도이다. 28일의 보고에 따르면 149명 중 친일파와 몰수지주는 23명이다. 15%이다. 즉 친일파와 지주도 물론 월남하였지만 더 많은 일반인민이 월남하였음을 알 수 있다. 특히 1950년 6월 27일과 28일의 보고는 숫자가 상당히 증가할 뿐만 아니라 날짜로 봐서 전쟁이 발발한 후의 이동임에 틀림없다. 이 작은 통계는 전쟁이 발발하자마자 곧바로 월남이동이 있었음을 보여준다. 월남의 구성에서 친일파와 지주는 각각의 날짜에 17%와 15%에 불과하였다. 그렇다면 나머지는 일반민중이 월남하였다는 소리가 된다.

47년 이후 인제군의 월남자는 총 278명이었는데 그중 223명이 농민으로서 80.2%에 달했다. 농민 223명 중 163명이 빈농, 60명이 중농이었다. 각각 73% 대 27%였다. 이 시점에서는 지주월남자는 모두 월남하고 난 뒤였으므로 이미 없었다. 인제군 농민들 중 대부분은 남북 분단정부 수립이 확실해진 48년 1월부터 6월 사이에 월남을 하였다. 1949년의 월남자 15명은 전원이 빈농이었다.[68] 토지를 받은 농민들의 지속적

---

66) 〈3·8 이남 도주자 등록재료 송부의 건〉, 《사료집》 9권, pp. 796~799.

67) 〈3·8 이남 도주자 등록재료 송부의 건〉, 《사료집》 9권, p. 797.

68) 이주철, "토지개혁후 북한 농촌사회의 변화," 《역사와 현실》 제 16 호(1995년

인 월남은 반북성향의 탈출자들이 계속 존재했음을 의미한다. 탈출(*exit*)의 지속은 앞의 피감자 명부에서 볼 수 있는 저항(*voice*)의 빈발을 설명하는 한 근거가 된다.

그렇다면 전쟁 직전 막바지의 일반인민에 대한 북한의 조치를 하나 살펴보자. 이는 일반인민에 대한 전쟁 직전의 북한의 인식과 조치를 보여주는 한 지표가 된다. 우리는 제 1 권에서 이미 북한이 이 시기에 군대를 38연선 집결지에 집결시켜 놓고 받아들여질 수 없는 대남 위장평화제안을 한 것을 알고 있다. 그리고 그것을 일반민중들에게 광범하게 선전한 것도 알고 있다. 그렇다면 내부적으로는 어떠한 조치를 취하였을까? 마지막 순간의 조치는 동원이라든지 다른 어떤 조치가 아니라 그들의 동향에 대한 분석이었다. 특히 조국전선과 최고인민회의 상임위원회의 제안을 해놓고, "남한이 이 제안을 거부하고 북침해왔기 때문에 정당한 반공격으로 넘어갈 수밖에 없었다"고 주장하면서 전쟁을 시작할 것이었기 때문에 이 제안들에 대한 인민의 반응에 특별한 신경을 썼다.

38선 부근의 인제내무서 북면분주소의 6월 25일 직전의 공작일지가 남아 있어 이 문제를 설명 가능하게 해준다. 이는 상부에서 대민공작 지령을 내린 데 대해 분주소에서 상부에 보고하는 문건이다.[69] 매일매일의 정보를 상부에 보고하는 형식이었다. 인제군은 38선에 의해 군이 남과 북으로 반반 나뉜 지역이었다. 따라서 이 지역의 6월 25일 직전의 공작일지는 북한 내부동향을 보여주는 지표가 될 수 있다. 우리는 앞서 6월 24일 저녁에서 25일 새벽까지의 38선 북선의 시간대별 상황을 알려주는 명령서와 정찰계획서들을 입수하여 분석한 바 있다. 이 공작일지는, 38연선 부근 주민들을 전부 소개시킨 뒤였는데도 계속된 일반민중에 대한 공작을 드러내주는, 명령문들에 비견되는 문건으로 기록될 만하다. 심하게 갈겨쓴 날글씨로 되어 있어 판독이 어렵지만 가능한 범위 내에서 판독하여 보면 다음과 같다.

9월), pp. 276~278.

69) NA, RG 242, SA 2012 Item 6/133, 〈인제내무서 북면분주소의 공작일지 —대민공작 및 정보수집 일지(상부보고용)〉.

6월 9일 : 초모대원 통계작성에 대하여 보고, 자격 조사. 총 434명의 조사대상 중 입대수는 19명, 그러나 행방불명은 28명이다.

이는 전쟁에 대비하여 초모사업을 하라고 지시한 데 대한 보고인데 조사대상 434명 중 단지 19명만 입대하였고 28명이 도피하였다는 의미다. 당시 북한에서는 동원대상은 동원규정에 따라 이동조차 자유롭지 못한 상태였기 때문에 행방불명은 곧 도피를 의미했다. 도피가 입대보다 더 많았다는 사실에서 우리는 전쟁이 인민의 전폭적 지지를 받지 못하고 있었다는 점을 확인할 수 있다.

6월 13~14일 : 자위대 통계, 세력분포 등 조사.

이는 민병조직인 자위대에도 국가기관이 깊숙이 개입하여 공작하고 있음을 보여준다. 6월 13일 일지에는 용대리의 총 호수 67호, 총 인구수 389명 중 로동당원이 30명, 자위대원이 74명이라는 통계를 제시하고 있다. 즉, 두 호수에 한 명 정도의 당원과 한 호수에 한 명 정도의 자위대원이 있음을 알 수 있다. 자위대원 중 절반 정도는 여자들이었다.

6월 15일 : 자위대장에게. 구체적인 사업조직으로서 각리 자위대장에게 지시하여 배치 강화케 하였읍니다. 경비배치는 아래와 같다. 원통리-서교량. 새골고개 등 각리 자위대별로 교량, 백담사 등의 책임구역을 맡고 있다. 총 경비초소 23개소, 1초소에 주야 4명씩 배치 강화. 금번 특별경비주간에 있어서 적을 수색하며(면) 즉시로 열락게(연락케) 하였으며 조국통일민주주의전선 호소문에 대한 여론 수집할 것을 지시.

우리는 이 비밀문건을 통해 북한에서도 남한과 마찬가지로 전쟁발발 일주일 전에 38선지역에 '특별경비주간'을 설정하였으며 자위대별로 각자 배치구역을 정하여 주야로 경비하고 있었음을 알 수 있다. 민중들이

38선 특별경비에 동원되었던 것이다. 이는 지금까지 알려지지 않은 비밀이다. 특별경비주간은 6월 12일부터 18일까지였다. 그러나 이 공작일지가 6월 25일까지 남아 있지는 않아서 6월 18일 이후에도 25일까지 계속 경비주간이었는지는 확인할 수 없다.

> 6월 16일 : 정보원을 찾아가서 조국통일전선 호소문 보고대회에 대한 인민반응을 광범히 수집토록 지시. 교량감시원도 파견.

6월 16일의 이 보고는 본격적으로 조국전선의 호소문에 대한 인민의 반응을 민간에 침투시켜놓은 정보원을 통하여 수집하고 있음을 읽게 해준다. 비밀경찰과 그 끄나풀이 일반인민의 곳곳에 숨어 있음을 보여주며, 48년질서하에서도 북한은 방대한 국가정보기구에 의해 사회가 장악되어 있는 경찰국가였음을 보여준다.

> 6월 17일 : 정보망 강화 지시. 정보원을 만나 호소문에 대한 인민반응 수집 지시.

인민 사이에 정보망을 강화하고 조국전선 호소문에 대한 반응을 수집하라고 재차 지시하고 있다.

> 6월 19일 : 조국전선 호소문 반응 정보를 수집하여 보고(내용은 판독불능).
> 6월 20일 : 초모사업에 대하여 두 곳에서 두 명씩을 보냄.

6월 20일까지도 인민군 초모사업을 하고 있음을 보여주는 보고이다. 6월 21일의 낱장보고 이후는 보고를 찾을 수 없다. 아마도 망실된 듯하다. 비록 짧은 비밀보고이지만 이 공작일지는 몇 가지 점을 드러내준다. 북한의 경찰국가적 속성을 보여주는가 하면, 전쟁 직전 특별경비주간이 설정되었음도 알려주고, 마지막까지 인민들의 반응을 추적하고 있는 점도 읽을 수 있다. 반응의 거듭되는 확인은 호소문에 대한 인민들의 반응에 대해, 오직 지지한다고만은 스스로도 확신하지 못하고 있다는 증거일 수 있다. 앞의 서필석의 비밀보고에서도 인민들은 다양한 반응을 보인 바 있다. 인민들의 지속적인 월남, 서필석의 군중심리보고, 마지막 주의 비밀공작일지에서 읽을 수 있는 사실은, 전쟁이 인민들의 지지를 받지 못하였거나 적어도 그들의 두려움 속에서 시작되었다는 점이다.

4. 결론 : 48년질서의 성격 – 북한

48년질서하 북한체제의 성격과 관련하여 4부의 모두에서 제기하였던 문제에 대한 해답들을 이제 우리는 거의 다 제시한 셈이다. 급진주의와 군사주의의 중심인 인민군의 성장과 기원 및 성격, 그리고 군사주의의 사회적 확산의 방법과 계기, 급진주의의 내용과 실제와의 괴리에 대한 해명이 그것들이었다. 먼저 우리는 인민군이 군사주의의 중심이었으며 다양한 방법과 단체를 매개로 군사주의가 점차로 전사회로 퍼져 나갔음을 보았다.

48년질서에서 북한사회의 성격은 그것이 이미 김일성 중심의 사회로 재편되고 있었다는 점에서 가장 잘 찾아질 수 있을 것이다. 인민의 의사는 당과 인민군으로, 그리고 거기에서는 다시 김일성그룹의 항일투쟁으로, 그것은 다시 김일성(의 영도의 유일성)에 대한 강조로 흡입되어 갔다. 마치 하나의 중앙극점을 중심으로 빨려 들어가는 힘과 빛의 어떤 체계적인 배열을 보는 형상이었다. 오늘날 많은 외부관찰자들을 당혹스럽게 하는, 북한의 국토를 뒤덮고 있는 김일성의 동상은 이미 1949년 12월 25일에 등장하였다.[70] 그의 나이 겨우 37세 때였다.

그날 흥남시의 모든 당·정권기관 간부들을 비롯하여 노동자 학생 일

70) 《로동신문》 1949년 12월 27일.

반시민 2만 5천 명이 참석한 가운데 '김일성 장군 동상 제막식'이 거행되었다. 각기관의 대표들과 노동자 농민의 대표들의 축사가 있었고 〈김일성 장군의 노래〉가 불렀으며 그를 따라 투쟁을 전개하자는 메시지가 채택되었다. 동상 건립사실을 보도한 《로동신문》 1면의 기사는 김일성의 동상모습을 '용자'(勇姿)로 표현하였는데 이 말은 '용감스런 자태'라는 뜻과 '임금의 몸가짐'이라는 뜻을 동시에 갖고 있는 말이었다. 최초의 쓰임새는 전자였지만 결국 그것은 후자가 되고 말았다. 살아 있는 인물에 대한 숭배의 시작이었다. 우연의 일치 치고는 예수가 탄생한 날 동상이 건립되었다는 사실은 너무도 묘한 우연의 일치였다.

앞서 언급했듯 48년질서의 북한은 소련, 중국, 북한적 요소의 혼합으로 이루어져 있었다. 사실 김일성은 해방 직후부터 소련의 대변자는 아니고자 노력하였다. 그는 일찍부터 "조선적인 진보적 신민주주의적 정부의 건설"을 주장하였다.[71] 이는 모택동의 신민주주의론, 즉 식민지 반식민지 국가에서의 진보적 연합정부의 건설을 의미하는 것이었다. 그러나 이는 적어도 전쟁의 종결 이전까지는 추구될 수 없었다. 우리는 남한체제가 자본주의와 사회주의의 독특한 극동적 혼융이라는 미국 CIA의 비밀보고를 인용한 바 있었다. 북한 역시 마찬가지였다. 그들은 소련의 괴뢰는 아니었지만 완전한 자주적 체제 역시 아니었다. 소련의 공산주의교리와 중국에서의 투쟁경험, 그리고 조선의 사상과 문화가 적절히 배합된 독특한 북한적 혼융을 그 체제는 보여주고 있었다.

따라서 북한의 탈소 자주적인 측면, 중소 균형의 측면은 너무 과장되어서는 안 된다. 그들은 인민민주주의를 사회주의와 자본주의의 중간적 존재로 해석하는 것도 강력하게 비판하였다. 북한의 지도자들은 가끔 모택동노선을 언급하였지만 북한의 공식적인 노선은 소련의 정통적 노선에서 크게 벗어나지 않았다. 티토주의에 대한 북한의 태도 역시 자주성과 독자노선 문제에 대한 유력한 해답이 될 수 있다. 나중에 그들은 결국 티토 이상으로 독자적인 노선을 갔으면서도 이 시점에서는 티토를

---

71) 김일성 장군 술, 《민족대동단결에 대하야》, p. 19.

배신자로 비난하고 있었다. 이는 소련을 향한 아부의 측면도 있었겠지만 실제 북한의 공산주의자들의 인식을 반영하는 것이었다. 양분 인식에서 중간존재와 독자노선은 존재할 수 없었다. 추구된 자주는, 비록 그것이 있었다고 하더라도, 소련의 '지침'을 벗어나지 않는 범위에서의 최소한의 정도에 그쳤다.

북한은 티토노선을 "사회주의를 반대하고 파시즘에로 탈주한 더러운 죄악"이라고 공격하였다. 티토일파에 대해서는 "사회주의 건설이란 이름 밑에 자기 나라 인민을 기만하고 로골적으로 쏘련과 인민민주주의 제국가들을 반대하는 언사를 함부로 하면서 딸라의 찌게기 푼돈에 눈이 어두워서 제국주의에 아부하며 이 진영에 추종하는 반역적 찌토도당"이라고 비난하였다.[72] 그들은 더러운 달러의 거지로서 제국주의 졸도요 국제반동의 앞잡이이며 반소 반민주주의적 음모의 대표자였고, 그들의 행위는 제국주의의 밀정행위이자 사회주의 파괴행위로 공격받았다. 티토는 미국과 급속하게 가까워지고 있으며, 결국은 나라를 부르주아국가로 진화시켜 소련과 인민민주주의진영을 반대하는 제국주의의 기지로 만들 것이라고 공격하였다.[73] 북한은 또한 소련이 유고를 "하루강아지 탈주자"라고 명명한 것은 참으로 지당하다고 옹호하였다. 더 나아가 김일성은 티토를 "파시즘진영으로 넘어간 국제반동의 앞잡이"라고 더욱 노골적으로 공격하였고 《로동신문》은 "후일 게슈타포 도배조차 부러워할 야수적 파시스트 도당"이라고 공격하였다.[74] 아이러니컬하게도 나중에 북한은 티토 이상으로 자주적인 노선을 걸어갔다.

48년질서에서 통일문제의 해결은 북한사회의 존재이유이자 지상목표였다. 통일문제의 해결을 국가의 존재이유로 정하자 군자주의는 자연스럽게 전체사회의 중심흐름으로 나타났다. 군사주의적 인식을 전제로 한

72) 리황, "탈주자 찌또도당," 《태풍》 제 2 권 제 20 호(1949년 10월), pp. 16~19.

73) 《로동신문》 1949년 7월 6일.

74) 김일성, "수개국 공산당 보도국회의 총결에 관하여"(1949년 12월 15일), NA, RG 242, SA 2009 Item 1/191, 《로동당 중앙위원회 정기회의 문헌집》(평양: 로동당출판사, 1950년 3월), pp. 3~46 ; 《로동신문》 1949년 10월 19일.

당시 통일문제에 대한 북한리더십의 연설과 주장은 네 가지로 요약될 수 있는 것이었다. 하나는 북한의 정통성 주장이었고 다른 하나는 경제, 군대, 인민의 지지에서의 북한의 우위에 대한 자신이었고, 세 번째는 미국의 제국주의적 침략성과 이승만의 침략위협에 대한 공격이었다. 그리고 네 번째의 것은 남한인민들이 자기들 조선민주주의인민공화국의 중앙정부를 얼마나 굳고 넓게 지지하고 있는가, 게릴라들의 투쟁이 얼마나 강력한가, 이승만정부의 고립과 위기가 얼마나 심각한가 하는 데 대한 강조였다.

이러한 기조 속에 48년질서에서 전쟁과 관련된 북한의 통일정책은 뚜렷한 급진주의로 나아가는 단계를 밟아서 전개되었다. 그것을 우리는 다음과 같은 세 단계로 나누어서 살펴볼 수 있을 것이다. 처음에는 분단과 함께 시작된 통일의지의 표현이었다. 이것은 분단상태에서의 당연한 문제의식이었다. 이 상태에서 전쟁의지를 읽는다는 것은 아직 불가능하였다. 그것은 최초의 '민주기지론' 정도의 문제의식 수준을 넘지 않았다. 이것은 또한 이승만에게서도 충분히 볼 수 있는 것이었다. 최초의 전환은 1949년 초의 국토완정론의 표출로 나타났다. 이를 계기로 북한은 전쟁을 상정하는 통일정책을 구사하기 시작하였다. 이제 초점은 민주기지론에서 국토완정론으로 전이되었다. 물론 그 전이는 전체적으로는 민주기지론의 틀 속에서의 전이였다. 그러나 초기의 민주기지론이 확보된 지역에서의 혁명과 건설에 초점이 놓여 있는 것이었다면, 즉 스탈린의 일지역사회주의론에 머물러 있는 단계였다면 국토완정론의 등장은 그 초점이 통일로 옮아간 것이었다. 전국적 혁명의 추구였다. 이때 북한리더십은 스탈린에게 전쟁의사를 타진하였고 모택동에게는 재중 조선인 병력의 이양을 요구하였다. 그러나 아직 전쟁 자체에 대한 어떠한 구체적인 구상과 정책이 나타난 것은 아니었다. 아직 이 시기는 주한미군이 주둔하고 있었고 또 중국에서의 혁명도 성공하지 않았으며 북한의 군사적 준비조차 전혀 되어 있지 않을 때였다.

구조적 요인의 변화는 49년 6월을 계기로 나타났다. 이것이 두 번째의 전환이었다. 49년 6월은 국토완정론이 구체화된 계기였다. 이 시점에 주한미군의 철수가 있었고 조선로동당의 창당, 조국전선의 창설이 이어졌다. 이를 통하여 북한리더십은 최대혁명연합을 구축할 수 있었다. 또한 이 직전에 중국대륙에서는 대륙의 운명을 결정적으로 한쪽으로 기울게 한 양자강 도하가 있었고(4월), 상해가 간단하게 중공측에게 넘어갔다(5월). 중국혁명의 성공이 임박하자 북한은 모택동에게 요구한 병력 중 두 개 사단을 넘겨받아 막강한 군대를 갖추게 되었다. 남한사회 역시 이 시점에 격동하였고 남북한 사이에는 38선에서의 작은 전쟁도 빈발하였다.

6월의 전환을 계기로 북한리더십은 전쟁을 드디어 구체적이고도 적극적으로 사고하기 시작하였다. 그들은 이를 자주 모스크바와 협의하였다. 북한리더십은 평화통일에 대한 제안을 하여 공세를 폈고 특히 이 기간 중에 옹진이나 강원도 산악지역에 대한 점령을 시도하려 의욕하였다. 이러한 의도는 실제로 북한의 지속적인 게릴라남파와 남한의 강원도 산악지방에서의 광범한 게릴라투쟁으로 이어졌다. 남한의 좌파 역시 북한리더십의 촉구에 호응하여 지상으로 부상하여 투쟁하였으나 실패하고 말았다. 북한이 내려오지 않았기 때문이었다. 첫 번째 단계가 구조적 요인이 사태를 결정한 시기였다면 이 시기는 구조적 요소와 행위자의 전략적 선택이 동시에 맞물린 시기였다.

세 번째의 전환은 1949년 말~50년 초에 왔다. 이것이 최후의 전환이었다. 북한리더십은 추론컨대 49년 말에 내부적으로는 전쟁을 결정하였다. 중국혁명이 성공하자 북한은 '다음은 우리 차례'라고 인식하였다. 즉 구조적 요인은 전부 바라던 방향으로 정리가 되었던 것이다. 따라서 이 시기에는 리더십, 즉 행위자의 선택문제만이 남아 있었다. 우리는 그것을 스탈린-모택동-김일성·박헌영 사이의 결정과정을 추적하면서 살펴본 바 있다. 시간이 흐르면서 세계가 차례대로 처음에는 구조, 두 번째는 구조와 행위자의 선택 두 요인의 병존, 세 번째는 행위자의 선택의 순서로 결정요인의 중심이 변화되어 오고 있음을 알 수 있다.

북한은 1949년 말 전쟁 관련 회합을 열어 내부논의를 하였고 여기에서 전쟁을 결정하였던 것으로 보인다. 이어서 1950년 1월 초에는 네 가지의 조치들이 동시적으로 이루어지거나 추진되었다. 우선 북한의 통일 정책 변화의 한 징표를 알려주는 조국전선의 회의를 열어 통일문제에 대한 제안과 호소를 하였다. 이어서 김일성과 박헌영은 스탈린에게 면담을 신청하였고, 또한 모택동에게도 군고위지도자를 보내어 중국에 남아 있는 조선인 병사들의 인도를 요청하였다. 끝으로는 인민군의 증강이 있었다. 이 시기에 이러한 조치들이 집중적으로 취해지면서 겉으로도 북한은 남한에 대한 '말의 공격'을 쏟아부었다. 일종의 포설(砲說)이었다. 모든 매체와 연설의 선동과 과장이 집중적으로 이 시기에 이어졌다.

이 이후로는 다만 스탈린과 모택동의 동의를 얻는 일만 남았으며 내부적으로는 사실상 전쟁을 뒤집을 수 있는 요소는 존재하지 않았다. 내부적으로 이 시점은 도이치(Karl W. Deutsch)가 말하는, "전쟁 이외의 다른 대안적 선택이 남아 있지 않은" 이른바 '회귀불능의 지점'(*point of no-return*)[75]을 통과한 것이었다. 도이치의 이 개념이 한국전쟁의 결정에는 정확하게 들어맞는다. 즉 49년 말에서 50년 초까지가 북한 내적으로는 회귀불능의 지점이었던 것이다. 이 이후로 1950년 6월까지는 전쟁을 준비하고 동원하고 정당화의 수단을 개발하며 전술적 조치들을 준비하는 시기일 뿐이었지 전쟁결정을 되돌린다는 것은 불가능하였다.

1950년 1월 이후에도 원점회귀가 가능하였다면 그것은 다만 한 가지 스탈린과 모택동의 거부였을 텐데 그러한 일은 일어나지 않았다. 스탈린이 전환한 상태에서 모택동의 거부는 상상키 어려웠다. 그렇다면 실제로는 스탈린의 거부만이 유일한 요소였는데 그는 그렇게 하지 않았다. 그의 동의를 계기로 1950년 3~4월에 급격하게 무장력이 강화되고 전쟁준비에 가속도가 붙으며 전사회는 본격적으로 전쟁으로 이행하였다. 스탈린의 동의는 이 전쟁이 국제적으로도 '회귀불능의 지점'을 통과하였음을

---

75) Karl W. Deutsch, "The Point of No Return in the Procession Toward War," in Dean G. Pruitt, and Richard C. Snyder(eds.), *Theory and Research on the Causes of War*(Englewood Cliffs, N.J.: Prentice-Hall, 1969), pp. 60~61.

보여준다. 내적 회귀불능점과 외적 회귀불능점은 시간적으로는 전자에서 후자로의 순서로 일어났지만 결정의 비중은 후자가 더 컸다.

세 단계의 전환을 보면 혁명적 동원체제의 리더십이 짧은 시기에 어떻게 전쟁으로까지 전이하게 되는지 내부 인식, 조건의 변화, 그리고 표출되는 정책 셋 사이의 상관관계를 뚜렷하게 확인할 수 있을 것이다. 여기에서 하나의 상황의 변화가 있었다손 치더라도 그 변화의 크기보다 인식의 변화는 훨씬 더 크며 그 인식의 변화보다 정책의 크기는 또 더 크게 표출되는, 일관된 확대증폭 현상을 우리는 목도하게 된다. 그것이 급진주의의 한 특징인 것이다. 그것의 최종적 귀결은 1950년 6월의 전쟁이었다.

한국전쟁이라는 특정 사태의 발발, 또는 귀결에 있어 구조의 변화, 행위자의 선택이 어떠한 궤적을 그리며 전개되는가를 우리는 〈그림 14-2〉와 같이 도해할 수 있을 것이다. 즉 일정한 시점까지는 구조의 영향으로 그 속에서의 행위주체들이 이것의 강한 영향을 받는 가운데 행동하게 된다. 그 다음에는 두 가지가 동시에 작용하고 구조적 요인의 변화가 일단락되자 행위자의 선택만이 돋보이는 것이다. 두 단계를 지나면서 마치 깔때기처럼 빨려들어가는 형상으로 나타난다. 이것을 그림으로 나타낸 것이 〈그림 14-2〉이다.[76]

1949년 말 이후 김일성과 박헌영은 통일이라는 주술에 빠진 상태가 되었다. 그들의 말은 주술에 걸려버렸고 사회 전체가 마치 하나의 집단처럼 움직여 갔다. 이때 김일성과 박헌영의 교의는 그들의 꿈을 실현하는 도구였다. 그들은 통일의 신념을 가졌고, 그 신념은 나중에는 교의가 되었다. 그리고 그 교의에는 그 교의를 정당화시켜 주는 많은 자원들이 동원되었다.[77] 남한반동의 침략위협(에 대한 선전)은 48년질서

76) 이 그림은 스멜서의 연구를 참조하여 그렸다. Neil J. Smelser, *Theory of Collective Behavior* (New York : Free Press, 1962), pp. 93, 134.

77) 이 표현은 유진 베버(Eugene Weber)에게서 빌려왔다. Eugene Weber, "Revolution? Counterrevolution? What Revolution?" in Walter Laqueur (ed.), *Fascism : A Reader* (London : Wildwood House, 1976), p. 444.

〈그림 14-2〉 혁명적 동원체제의 변환과 전쟁으로의 이행

분단	국토완정론의 등장	49년 6월의 전환	최종 결정
	중공, 양자강 도하(4월) 중공, 상해 점령(5월) 김일성·박헌영 방소 스탈린 면담(3월) 북한, 모택동에게 조선인 병력 요구(5월)	주한미군 철수(6월) 조국전선 건설과 통일선거 제안(6월) 조선로동당 창당(6월) 중공 소속 조선인 병사 귀환(7~8월) 38선 충돌 격화 9월 공세 및 부분점령 시도 남한정부, 6월 대정리 (김구 암살, 국회의원 대량체포, 반민특위 파괴) 남한, 북진통일 주장 중국혁명 성공(10월) 국부, 대만 이동(12월)	49년 말 내부결정 50년 초 통일공세 인민군 급증 스탈린 면담 신청 모택동에게 추가이양 요구 전사회의 동원과 급진 군사주의화 ――――― 스탈린의 최종동의 (4월) 모택동의 최종동의 (5월)
	단 계 I	단 계 II	단 계 III

49년 1월 49년 6월 49년 말~50년 초

의 유지와 타파에서는 매우 중요했으나 그것은 김일성이 동원했던 교의의 한 측면일 뿐이었다. 그는 남한의 반동들이 자신들보다 약하다는 것을 잘 알고 있었다. 그는 남한반동들이 자기들 혁명기지를 공격하지 못하리라는 것, 또는 하지 않으리라는 것까지도 알고 있었다. 더욱이 그가 만일 남한반동들이 강력하다고 믿었다면 그는, 그의 오랜 선전처럼 비록 1950년 6월 25일에 남한의 선제적인 공격이 있었다 할지라도 남한으로의 전면적인 월경(越境)은 하지 못했거나 하면 안 되었다.

북한이 남한의 선제적인 군사공격을 받았을지라도 그렇게 신속하고 전격적으로 전군이 전면적으로 대응하고 전국가가 재빠르게 전시체제로 이행한다는 것은 오랜 준비가 없었다면 전혀 불가능한 것이었다. 이 점을 의심하는 것은 분명한 사태에 대한 설명을 반복적으로 논쟁적이 되게 하며 복잡하게 하고 또 혼란스럽게까지 한다. 북한리더십은 혁명주의자들 일반이 그러하듯 성공을 비현실적으로 확신했다. 그러나 지도자의 제어되지 않은 낭만적 확신은 민중에게 파멸적 재앙을 가져올 뿐이었다. 그것은 역사에서 자주 확인된 바 그대로이다.

제 15 장

결론 : 전쟁의 의미와 현대한국

1. 한국전쟁의 결정·발발·기원·원인의 재론

우리는 지금까지 이 전쟁의 결정과 발발, 그리고 기원과 원인에 대해서 복잡하게 얽힌 사태의 연관고리를 해명하며 지나왔다. 이제 이 연구의 결론을 내려야 할 때이다. 우리는 어떠한 물음들을 던졌던가? 우리는 무엇을 풀기 위하여 이 연구를 시작하였던 것인가? 이제 우리는 우리가 최초에 던진 물음들로 돌아갈 필요가 있다. 모든 진술은 어떤 의미에서든지 물음에 대한 해답일 수밖에 없다. 그런 점에서 연구와 탐색은 자신이 던진 또는 모두에게 주어진 문제를 풀어 가는 과정에 지나지 않는다.

이 연구가 한국전쟁과 관련된 지금까지의 논쟁에 대해 논쟁불요의 해답을 제시하였다고 말하는 것은 터무니없는 것이다. 우리는 다만 스스로 던진 물음에 충실히 답하였는가를 오히려 중시하려 한다. 하나의 연구결과를 최초의 문제제기와 견주어 보는 것은 단순하게 그 연구의 성공여부를 측정하는 방법은 아니다. 좀더 근본적으로 말해 그러한 회귀의 방법은 결론을 말하기 이전에 최초의 문제제기가 옳았는지, 문제를 던지고 풀기 위해 채택한 시각과 방법, 이론은 옳았는지를 검증하는 가장 유용한 방법이 된다. 어떠한 물음들이, 무엇이 이 연구가 풀려고 하였던 문제들이었는가? 이 연구는 과연 그 물음들에 대한 필요충분한 해답을 준 것일까? 또한 물음을 학문적으로 다루고 해답을 추구하기 위해 채택한 이론과 방법, 시각은 정당하고 정확한 것들이었을까?

이 연구의 첫 번째 물음은 한국전쟁의 결정에 관한 것이었다. 우리는 한국전쟁이 어떠한 과정을 거쳐 어떠한 요인에 의해 결정되었는가를 추적하였는데 이 물음에 대한 해답은, 아직 만족스러운 것은 아니지만 어느 정도 얻었다고 판단한다. 한국전쟁은 북한의 김일성과 박헌영이 군사적 수단에 의해 남한과 북한을 통일하려는 의지에서 구상하게 되었으며, 이를 스탈린에게 제의하여 동의를 얻고 이어서 중국의 모택동의 동의에 의해 최종적인 합의에 도달하였다. 이것이 한국전쟁의 결정에 대한 우리의 연구의 결론이다. 이 과정에서 김일성과 박헌영은 지나치게 급진주의적이었고 현실을 낙관하고 있었다. 그들은 넘치는 의욕으로 인하여 자신들의 선택이 가져올 파멸적 결과를 고려하는 정치적 사려가 부족하였다. 그들은 너무 넘치는 통일의욕을 갖고 있었고, 그 의욕은 그 크기만큼이나 사태에 대한 객관적 이해를 스스로 차단하고 있었다.

벌린(Isaiah Berlin)이 지적하듯이 하나에만 집착하는 일원주의(*monism*)는 다른 이해를 차단한다. 민족자주, 통일이라는 목적의 정당성은 모든 수단을 사용해서 이를 이루어도 좋다는 문제의식으로 연결된다. 오직 근본주의를 추구하는 이상주의적 사회공학을 일원주의라고 부를 때 벌린에 따르면 일원주의자(*monist*)들은 모든 문제의 최종적 해결을 추구할 뿐만 아니라 상상적 과거나 완전히 상상적인 미래의 몇몇 고정된 패턴으로 실제의 인간사회를 생체해부하는 프로크루스테스의 선천적인 야만을 정당화한다. 외골수의 일원주의자들은 현실을 도외시할 수 없는 사람들의 회의와 고뇌를 모른다. 결국 일원주의는 유토피아주의와 전체주의, 그리고 독재의 철학적 기반을 제공하게 되는 것이다.[1]

스탈린과 모택동도 물론 둘다 전쟁을 지원하였다. 그러나 스탈린은 끝까지 매우 조심하였고 교활하였으며, 전쟁결정에의 개입사실을 은폐하려 노력하였다. 그는 실제로는 최고의 결정권자였으면서도 표면적으로는 계속 주저하는 듯한 태도를 취하였다. 그는 1950년 가을 김일성이 위기에 처하자 그를 버리려는 의사를 분명하게 피력하기도 하였다. 그러나 눈에 보이는 현상들은 자주 배면의 움직임을 드러내 주는 객관적인 징표가 된다. 간단하게만 봐도 전쟁을 치르는 데 있어 결정적인 무기는 거의 전부 소련이 지원한 것들이었다. 때문에 스탈린의 은폐와 후퇴 기도는 성공적이지 않았다. 스탈린의 후퇴와 김일성의 위장노력에도 불구하고 그들의 선택은 이미 두 한국의 분계선을 넘어 아시아 공산주의와 아시아 반공주의, 그리고 아시아에서의 소련과 미국, 사회주의진영과 자본주의진영 간의 대립선의 성격을 지닌 38선을 선제공격하여 넘으려는 것이었음이 전쟁의 시작과 함께 드러나고 말았다.

전쟁의 결정과 관련하여 두 가지 논점은 아직도 논란의 여지가 있을 수 있을 것이다. 하나는 스탈린이 동의하게 되는 궁극적 의도를 확인하는 문제이다. 이 연구의 1권에는 이에 대한 나름의 분석과 해답이 제시되어 있으나 아직 부족하다. 지나간 사태의 기원과 원인을 해명하려고 마음먹을 때 인간 행동의 의도에 대한 분석과 규명은 가장 흥미 있으면서도 가장 어려운 부분이기 때문이다. 가장 중요한 원인은 역시 이 문제를 해명할 자료의 미공개 때문이라고 할 수 있다. 적어도 이 문제에 관한 한 그가 기록을 남겨두지 않은 한 최종적 규명은 매우 어려울 것이 분명하다. 아직 이를 드러내 줄 공식적 자료의 공개 역시 없는 형편이다.

다른 한 가지 점은 모택동의 행동과 관련된 것이다. 입수가능한 범위에서의 자료를 해석하면서 필자는 모택동이 최종적으로는 스탈린보다 더 적극적이었다고 해석하였다. 물론 모택동은 대만해방을 원하고 있었고, 따라서 처음에는 한국에서의 전쟁발발을 탐탁하지 않게 생각하였

---

1) Isaiah Berlin, *Four Essays on Liberty* (Oxford : Oxford Univ., 1979), pp. L, LV, 170.

다. 그러나 결정이 이루어지자 그는 스탈린보다 더 적극적이었고, 동지적 관점에서 북한을 격려하고 지원하려는 의사를 숨기지 않았다. 물론 이것이 모택동이 처음부터 적극적이었다는 진술이 될 수는 없다. 또 이것이 모택동이 전쟁의 개시 일정까지 사전에 상세히 알고 있었다는 것을 의미하는 것은 더욱 아니다. 모택동은 1950년 5월 김일성과 박헌영이 북경을 방문하여 스탈린과의 전쟁논의를 전달하고 이에 대한 동의를 요구할 때까지도 전쟁을 개시한다는 사실만 알았을 뿐 날짜는 몰랐다. 사실 이 시점까지는 스탈린조차도 날짜를 아직 모르고 있었다.

모택동의 선택은 피동에서 능동으로의 전환이라고 할 수 있는 것이었다. 즉, 그의 전환은 스탈린의 전환으로 인한 수동적 전환이었다. 따라서 그의 동의는 스탈린의 전환으로 인한 '내키지 않는 적극적 동의'였던 것이다. 여기서 우리는 스탈린과 모택동의 인식에 대해서도 나름대로 상세히 분석하였다. 그러나 우리의 연구의 목적이 이것 자체를 배타적으로 규명하는 데에 있는 것은 아니었다. 최근의 한 연구가 이에 대해 비교적 상세한 추적을 하였다. 그러나 전쟁결정에 대한 그 연구의 사실추적은 필자의 연구와 거의 동일하거나 자료의 추적과 사실구성에서 이 연구의 수준을 넘고 있다고 판단되지는 않는다.[2)]

다음으로 우리가 규명하려 한 논점은 북한 내부의 결정과정을 추적하는 것이었다. 전쟁의 결정부분에서 이 연구가 많은 무게를 두어 추적한 것은 스탈린-모택동-김일성·박헌영의 관계뿐만 아니라 바로 이 내부수준의 결정이었다. 지금까지 세계의 주요 한국전쟁 연구들은 이 부분을 무시해 왔으나 그러한 무시는 전쟁의 가장 중요한 부분 하나를 빼놓고 지나가는 연구가 아닐 수 없다. 이 부분은 아직도 미로적이며 따라서 필자 역시 '비밀의 늪'이라는 제목을 붙이지 않을 수 없었다. 이 부분은 완전하게 해명되기에는 아직도 시간이 필요한 것이 사실이다.

이 문제와 관련하여 우리는 적어도 두 가지 사실을 새롭게 규명하지 않았나 판단한다. 하나는 그동안의 논쟁점이었던 김일성과 박헌영의

---

2) Sergei N. Goncharov, John W. Lewis, & Xue Litai, *Uncertain Partners : Stalin, Mao and the Korean War*(1993).

갈등관계가 전쟁을 초래했을 것이라는 해석이 오류였음을 밝힌 것이다. 김일성과 박헌영의 연설과 사태인식, 권력관계, 북한의 정책결정 과정을 정밀하게 추적하여 볼 때 그들의 갈등과 대립이 전쟁을 도래하게 하였다는 추론은 틀리지 않았나 보인다. 둘 모두 전쟁을 추구하였으며, 어느 누가 특별히 더 소극적이지는 않았다는 것이 이 문제에 대한 결론이었다. 즉, 한국전쟁은 양자의 공동의 결정이요 공동의 혁명이었다는 것이다.

북한 내부의 결정과정을 추적하면서 우리가 밝혀낸 다른 한 가지 사실은 전쟁에 소극적이었거나 이를 반대한 사람은 북한인민군 총사령관이자 민족보위상인 최용건이었다는 점이다. 이 주장은 앞으로 많은 한국전쟁 연구자들로부터 논란을 일으킬지도 모른다. 그러나 필자는 일단 자료가 말하는 바를 추적한 결과 이것이 역사적 사실이라는 결론에 도달하였다. 이 결론에 대한 의문은 사실은 필자 자신이 가장 심각하게 가졌었으며, 이를 반대의 방향에서 거듭 질문을 던져야 할 만큼 어려운 문제였다. 그러한 반복되는 의문 속에 결국 최용건이 반대하는 가운데 전쟁이 시작되었음을 밝혀낸 것이기 때문에 일단 역사적 사실이라고 결론짓고 토론에 부치고자 한다. 김두봉, 홍명희, 장시우와 같은 인물들도 전쟁에 소극적이었다. 결국 한국전쟁은 최고지도부 수준에서도 합의되지 않았으며 군 총사령관이 반대한 전쟁으로 기록되어야 한다고 생각하지만, 이 문제에 대한 합의는 학계의 토론과 논의를 더 기다려야 할 것이다.

전쟁을 결정하면서 김일성과 박헌영은 매우 낙관적인, 달리 말하여 비현실적이고 비이성적인 사태인식 속에서 전쟁을 시작하였다는 점도 규명하였다. 그들은 미국의 참전을 예상하지 못하였고, 또는 적어도 참전 이전에 승리할 수 있다고 확신하였으며, 자신들이 전쟁을 일으키면 남한의 인민들의 봉기하여 호응해 줄 것으로 믿었다. 전쟁을 남한군이 북침하였다고 위장한 이유도 여기에 있었다. 이러한 낭만적 낙관주의는 급진주의와 근본주의, 그리고 조급성이 가져온 오류였다. 비현실적 급진주의는 항상 사태에 대한 객관적 인식을 차단하며 오류를 불러오는 가장 커다란 요인이 된다. 한국전쟁의 경우도 예외가 아니었다.

이 연구가 두 번째로 중점적으로 규명하고자 했던 부분은 전쟁의 시작과 관련된 것이었다. 이 부분은 겉으로는 너무 명백하여 사실상 논란의 여지가 없는 문제처럼 보인다. 따라서 왜 의심의 여지없이 분명한 것을 많은 자료를 통해 분석하려 하였는지 모르겠다는 지적은 일견 타당하다. 그리고 이 지적은 이 주제를 탐색할 때는 항상 경청할 만한 지적이다. 왜냐하면 기원과 시작의 어느 것을 규명하려 하느냐는 것은 곧 바로 이 사태에 대한 문제의식을 드러내 주기 때문이다. 그러나 필자의 문제제기는, 우선 우리는 상식의 규명조차 시도하지 않았거나 실패한 데 대한 지적 반성으로부터 출발해야 한다는 것이었다.

증거 없는 남침-북침 주장은 이 문제를 둘러싼 논쟁을 지난 반세기처럼 다시 반복하게 할 것이었다. 따라서 한국전쟁의 발발을 사실적으로 재구성하려는 시도는 그동안 상식의 규명에조차 실패해 온 데 대한, 그 결과 격렬한 논쟁이 진행되어 온 데 대한 반성적 문제제기일 뿐만 아니라 좀더 근원적으로는 인식론적이고 방법론적 문제제기였다고 할 수 있다. 또한 그것은 이 논쟁이 반세기를 지속돼 온 연유에 대해서 규명하고, 또 그것이 바로 하나의 사태 전체를 놓고 진행돼 온 논쟁의 중심 초점이었기 때문에 일단 있었던 사실의 규명을 정확하게 하자는 의도에서였다. 그것이 가능하다면 우리는 무의미한 사실의 나열이 아니라 사태의 성격과 관련된 사실은 하나의 의문도 남김없이 끝까지 추적하여 규명해야 할 것이다.

이 부분에서 '전쟁으로의 이행문제'는 다른 부분에 비하여 크게 중점을 둔 것은 아니었다. 이행문제는 사실의 정리와 몇 가지의 발견, 이를테면 공격명령의 작성과정과 내용, 전쟁 직전의 38연선 부근 주민의 소개, 군사 정치요원의 사전남파, 통일제안의 허구성과 위장성 — 그것이 스탈린, 모택동과도 논의된 — 등을 규명한 정도에 만족하려 한다. 그러나 마지막 순간의 전쟁의 발발문제는 가장 정밀하게 재구성하고자 시도하였다. 이 부분에서 필자는 전쟁 발발 직전의 마지막 며칠을 상당한 양을 할애하여 시간 단위와 분 단위까지 추적하면서 분석하였다. 그 결과 그동안 논란의 초점이 돼왔던 몇몇 문제를 현재의 시점에서 가능한 데까지는 해명해 내었다. 이를테면 논쟁의 초점이었던 북침주장과, 난마처럼 얽힌 해주북침주장을 우리는 남한과 미국의 자료가 아니라 북한의 자료들을 갖고 분석하여 사실이 아님을 밝혀내었다. 북침주장은 김일성과 박헌영이 전쟁을 구상하고 시작할 때부터 갖고 있던 위장전술이었으며, 해주북침주장은 전쟁이 발발하자 마자 북한에서조차 사실이 아니라고 강력하게 반박하였음을 규명하였다. 결국 북침론자들은 허위의 체계 위에 논리를 구축하려 시도한, 이 위장의 학문적 희생자들이었던 것이다.

남침-북침 문제를 규명하면서 사용한 인민군의 명령서들은 관점에 의해 반박되거나 재구성될 수 있는 성질의 자료가 아니다. 그러한 명백한 자료가 남아 있다면 그것은 남한과 미국의 자료들도 마찬가지일 것이다. 즉, 북침을 증명할 만한 남한과 미국의 자료가 있다면 남침을 증명하는 북한의 자료만큼이나 신뢰할 만하다는 것이다. 사태의 진실을 다투는 사실의 해석에 있어, 특정의 논지를 뒷받침해 주는 자료는 신뢰할 만한 것이고 그렇지 않은 자료는 신뢰할 수 없다는 식의 접근은 허용되어서는 안된다. 이 이후로도 남침-북침 문제가 사실적 논쟁의 수준에서 제기된다면 그것은 학문적인 차원이 아니라, 흐루시초프가 자신의 회고록에서 독소전쟁을 언급하며 정확하게 지적하였듯이,[3] 다만 특정의 정치적 목적의 달성을 위해 제기되는 것일 뿐일 것이다. 정치적 목적에서 특정의 의도에 부합하는 주장을 위해 사태를 자의적으로 해석하는 것은 앞으로도 완전히 사라질 수는 없다. 그러나 그것은 적어도 학적 체계를 갖춘 연구의 계보에서는 사라져야 할 것들이며, 모든 연구가 그러한 정치적 문제제기에 대한 해답까지 미리 예비해야 한다고 판단하지는 않는다.

세 번째 초점은 전쟁의 기원과 성격을 밝히는 데 있었다. 우리는 이 문제를 지금까지의 한국전쟁 연구에서 제기되었던 거의 모든 문제를 던

3) *Khrushchev Remembers — The Glasnost Tapes*, p. 49.

지고 해답하는 방식으로 추적하였다. 물론 우리는 결코 문제를 나열하지는 않았다. 채택한 이론과 방법의 안내를 받아 선택된 초점을 중심으로 추론과 분석을 통하여 논의를 끌어가려 노력하였다. 먼저 한국전쟁의 '식민시대기원론'과 '6월 25일 기원론'의 문제점을 동시에 지적하고, 우리는 1945년의 분단기원론을 설정하여 이 문제를 풀어갔다. 그리고는 이 부분의 해명에 있어 우리는 남한을 연구하다가 북한을 붙이는 방식이 아니라 거꾸로 북한을 연구하면서 남한을 함께 보는 방식을 시도하였다. 왜냐하면, 전쟁을 시작하는 사회를 분석하는 것이 전쟁을 당하는 사회를 분석하는 것보다는 더 설득력이 있다고 판단하였기 때문이다.

이러한 접근이 전쟁을 당하는 사회를 중심으로 설명하는 것보다, 또 미국과 남한의 음모로서 해석할 때 사용되는 방법에 비해 가질 수 있는 더 나은 장점은 전쟁의 도래라는 거대한 사태가 파국의 정점을 향하여 나아가는 긴박성을 해명하는 데에서의 사실적이고 역동적인 설명력일 것이다. 전쟁을 당하는 사회를 중심으로 설명하는 방식은 거시-구조적 기원과 성격의 해명에는 탁월하지만 미시발생적 사태전개를 보여주는 데는 한계를 안을 수밖에 없다. 필자는 이 주제를 일정하게 탐색한 다음 비로소 구조에의 집착은 불행하게도 이 살아있는 현장감과 사실성을 놓친다는 느낌을 지울 수 없었다. 이러한 방식의 다른 한 장점은 이 연구가 던졌던 핵심문제, 즉 북한이라는 혁명적 동원체제의 리더십의 의지와 그들이 채택한 정책으로서 한국전쟁을 규명하는 데 있어서도 더 나은 설명을 할 수 있었다는 점이다.

한국전쟁의 기원의 하나를 이 연구는 분단질서, 즉 필자가 '48년질서'라고 부른 조건, 그리고 그러한 조건하에서 북한의 리더십이 급진군사주의에 경도되어 전쟁을 선택한 것으로 해석하였다. 필자는 그 급진군사주의가 분단이라는 특수한 구조에 따른 대쌍관계동학의 결과이기도 하면서 동시에 북한리더십이 독자적으로 채택한 변혁노선이기도 하였다는 점을 규명하였다. 그러나 이것이 전쟁의 기원을 둘러싼 사회와 정치의 성격에 관한 논쟁적 문제들을 해명해 주지는 못한다. 그것을 밝히고자 우리는 남북한의 당시 사회구성을 분석하였다. 이를 위해서 우리는 1945년에서 50년까지의 북한과 1948년에서 50년까지의 남한을 규명하였다.

이 시기 남한에 대한 분석에 따를 때 남한은 미국의 괴뢰가 아니었다. 특히 남한은 이미 전쟁 전에 토지개혁이 거의 다 끝나 있어서 이 전쟁은 혁명전쟁 또는 민족해방전쟁으로 보기도 어려웠다. 북한의 리더십이 남한의 리더십보다 상대적으로 더 높은 탈식민정통성을 보유하였음은 분명하였다. 그러나 이것이 사태의 유일한 준거일 수는 없었다. 즉, 이것이 남한을 친일파민족반역자의 국가라고까지 규정할 수 있는 기준은 되지 못했으며, 만약에 이 문제가 전쟁의 유일원인이 되어 친일파를 몰아내려고 전쟁을 개시하였다면 그것은 너무 작은 것을 위해 너무 큰 모험을 건, 또는 너무 큰 대가를 들이려 한 시도라고밖에 볼 수 없는 것이었다.

이 연구가 설정한 세 가지의 준거, 즉 농민, 민주주의, 민족주의의 측면에서 남북한을 분석할 때 위로부터의 혁명과 밑으로부터의 혁명이 결합된 북한의 방식이 반드시 남한의 위로부터의 개혁보다 더 나은 것이었다고 말할 수는 없었다. 그것은 변혁방법과 과정, 농민에게 돌아간 혜택의 측면에서 더 나은 점을 별로 갖고 있지 못했다. 특히 48년질서하에서 북한의 농민은 남한의 농민보다 결코 더 평안하거나 해방되었다고 말하기 어려웠다. 우리는 토지개혁의 결과와 세금, 농민의 부담, 남한으로의 탈출을 분석하면서 배링턴 무어가 말한 대로 일본의 농민이 영국의 농민보다 반드시 더 불행하였다고 말할 수는 없으며, 또한 단절적 폭력적 혁명이 구체제를 청산하는 데 더 낫다는 주장에도 동의하지 않는다고 진술한 바 있다. 다만 남한은 농민들의 요구가 수동혁명(*passive revolution*)[4]의 방식으로 지배블록에 의해 수용되었다는 차이를 갖는다.

민주주의 문제의 경우, 그것을 비록 정치적 민주주의로 한정한다고 하더라도 이 문제에서 우월한 쪽은 북한이 아니라 남한이었다. 남한 역

4) Antonio Gramsci, *Selections*, pp. 105～120, 206.

시 많은 비민주적인 모습을 노정하였으나 그곳에는 종종 경쟁적 갈등의 모습을 발견할 수 있는 정치적 결정과정이 존재하였다. 사회적 균열과 그것의 해소를 둘러싼 갈등도 적지 않았다. 우리는 이를 지배블록내의 균열, 국가와 사회의 균열, 한미균열 및 남북균열이라는 네 수준을 통하여 분석하였다. 그러나 48년질서에서 북한은 남북균열을 제외해 놓고는 어떠한 균열도 존재하지 않았다. 이것은 체제의 강력성을 의미하기도 하였지만 또한 비민주성의 지표가 되었다. 갈등과 균열, 경쟁은 민주적 정치체제에서는 필수적 요소이다. 북한은 1946년 공산당과 신민당의 합당에 의한 단일정당체제의 등장 이후 시민사회의 의사를 반영한 유의미한 정치적 경쟁은 소멸하였다. 일당 체제는 민주주의와 양립하지 않는다.

민족주의문제의 경우 남북한은 상호 길항적이었다. 친일-항일의 대립구도에서는 명백히 북한이 앞서 있었다. 그러나 체제를 창출한 미소 중심부로부터는 남한이 북한보다는 더 자율적이었다. 남한과 미국의 균열을 상정할 수는 있지만 북한과 소련의 균열을 상정할 수는 없었다. 남한의 이승만은 미국의 이익에 반하여, 비록 제한된 범위내에서이지만 도전할 수 있었던 반면에, 김일성은 소련에 대해서 도전할 수 있는 구조에 놓여 있지도 않았고, 시도하지도 않았다. 필자는 이를 '미국의 범위'(American Boundary)라는 새로운 개념을 통하여 분석한 바 있다. 아마도 미국의 범위는 대쌍관계동학, 균열의 위계와 수준이라는 문제와 함께 48년질서하 남한의 가장 주요한 세 특징으로 불릴 수 있을 것이다. 반면에 소련은 북한에 '지침'(*directives*)을 주었다는 점에서 차이가 있었다.

기원을 해명하면서 우리는 북한의 체제가 해방과 함께 빠르게 혁명적 동원체제를 구축하였고, 그 과정에서 나타난 북한혁명의 특징은 무엇이었는가도 밝혀내었다. 그것은 구체제의 완벽한 청산에는 성공하였지만 너무 급진적이었고 단절적이었다. 그것은 세계적으로 가장 단기간에 성공한 혁명이었다. 그러나 남한에 반혁명계급을 결집시켰다는 점에서 그들이 꿈꾸었을 전국혁명을 위해서는 사실상 너무 반혁명적인 혁명이었다. 우리는 이것을 북한혁명의 과정과 상세한 인구이동, 즉 월남문제를 규명하면서 추적하였고, 여기에서는 허쉬만의 '탈출'(*exit*)이라는 개념을 사용하여 이를 분석하였다.

우리는 1946년 북한에서 진행된 정치적, 사회경제적 변화를 북한혁명이라고 규정하였는 바 이 혁명은 세계에서 가장 빠르고 비유혈적이고 철저했다는 세 가지 점에서 특징적이었다. 기본적으로 북한혁명은 위로부터의 혁명과 아래로부터의 혁명이 결합된 혁명이었다. 필자는 그것을 도이처의 용어를 빌어 반정복과 반혁명의 결합인 혼합혁명이라고 불렀다. 이 혁명은 그 급진성에 비례하는 부(負)의 영향을 남겼는데 체제의 비민주성과 민족주의세력의 남하의 초래가 그것이었다. 사회변동은 그 변동의 속도가 빠르면 빠를수록 그에 상응하는 해결되어야 할 문제를 남긴다. 인구의 10%를 탈출시키면서 진행된 혁명은 유례가 없는 것이었다. 이때 구축된 체제가 후일의 북한체제의 비민주성의 거시적 기원이었다고 말할 수 있다.

급진주의적 시원을 안고 출발한 체제였기 때문에 남한과의 격렬한 대결을 수반한 48년질서에서는 더욱 급진적인 모습을 띠어갔다. 북한은 이념순결주의 사회 일반이 그러하듯이 스스로 급진적인 이념과 교의에 빨려들어 갔다. 그리고 그것은 '생사투쟁'적인 상황인식을 수반하였고, 모든 것은 남한과의 죽느냐 사느냐의 대결로 표출되었다. 그들은 실제로 '죽느냐 사느냐'의 표현을 매우 자주 사용하였다. 그들의 신문은 48년질서의 시기는 물론 53년 이후에도 투쟁과 타도에 대한 언술이 압도적으로 지배적이었다. 그러한 증오와 경멸의 인식은 피지배자와 지배자, 피지배계급과 지배계급, 사회주의와 자본주의, 프롤레타리아트와 부르주아지, 민족해방투쟁세력과 제국주의, 인민과 반동, 항일세력과 친일세력, 북한과 남한을 분리한 뒤 전자가 모든 도덕적 역사적 정당성을 독점한다는 호와 오, 정의와 부정의 극단적 양분의식으로부터 발원한 것이었다. 이는 기본적으로 양분법적 인식논리를 갖는 맑스주의-레닌주의 철학의 반영이었다. 맑스주의-레닌주의는 테일러(Charles Taylor)가 말하듯이 일면 극단적 양분인식과 그에 토대를 둔 증오와 경멸의 철학이었다.[5] 그것은 사회주의운동에서 인민과 리더십을 실제의 행동으로 내몰았던 실천제일주의(*activism*)의 주요 근거의 하나였다. 북한의 경우도 이와 크게 다르지 않았다.

물론 여기에는 48년질서의 다른 한 구성인자인 남한의 존재와 정책 역시 기여한 바 없지 않았다. 우리는 이것을 대쌍관계동학이라는 문제틀을 사용하여 분석하였다. 그러나 48년질서라는 조건과 북한의 군사주의는 맞물려 있으면서도 또 독자적인, 따라서 북한의 군사주의의 급진주의와의 결합, 특히 전쟁의 선택은 반드시 남한의 대응과 맞물린 것만은 아니었다. 급진주의 자체가 상황에 대한 오도된, 비이성적 인식을 수반하며 그것이 바로 행동의 선택요소가 되었던 것이다. 모든 급진적 동원체제는 위기를 강조하며 위기에의 대처를 위해 전사회적인 동원을 호소한다. 북한리더십은 그 위기를 침략위협이라고 선전하였지만 실제로 그것은 침략을 위한 위기의 동원이었다. 침략위협을 강조하는 동안에도 김일성과 박헌영은 남한을 두려워하지 않았으며, 내부적으로는 침략을 위한 준비를 갖추어갔고 사회를 급진화시켜 나갔다. 한국전쟁의 선택은 전형적인 자기급진화의 산물이었던 것이다.

남북한 두 개의 국가가 형성되었을 때 두 국가들은 공히 분단국가 또는 단정(*separate regime*)의 성격을 안고 있었다. 즉, 남한만이 단정은 아니었다. 북한도 의심이 여지없이 단정이었다. 그들은 여러 번에 걸쳐 중앙정부적 외양을 갖추려 노력하였고, 그것을 항상 주장하였지만 전혀 성공적이지 않았다. 이를테면 46년 초에 스스로 추방한 민족주의세력을 48년 분단정부 수립에서는 흡수하여 그들과 연대하려 하였으나 김구와 김규식의 남한귀환으로 그조차도 실패하였다. 사실 48년 봄 평양에서의 좌파와 우파의 회합은 정치학적으로 남북협상으로 불릴 수 없었다. 그것은 좌우정치세력의 회합에 지나지 않았다. 따라서 우리는 이 회의를 그냥 평양회의 또는 좌우회합이라는 이름으로 불렀다.

---

5) Charles Taylor, "Marxism and Socialist Humanism," in Robin Archer and Diemut Bubeck(eds.), *Out of Apathy: Voices of the New Left Thirty Years On*(London: Verso, 1989), pp. 59~78.

그리고, 분할선인 38선을 먼저 획정한 것은 미국이었으나 그 단초를 타고 자기들의 영역내에서 먼저 독자적 체제를 수립해간 것은 명백히 소련-북한쪽이었다. 이러한 정책은 스탈린의 '일지역사회주의'론의 관철이었으며, 그 한국적 표현이 곧 민주기지론이었다. 일지역사회주의론에 기초하여 소련군정과 북한리더십은 사회혁명이라는 이름으로 단정으로의 길을 먼저 갔던 것이다. 나중에 혁명과 건설을 위한 민주기지론을 통일을 위한 국토완정론으로 대체하고 이를 스탈린과 모택동이 수용하자 이는 전쟁으로 연결되었다.

기원의 문제와 관련하여 우리는 오랫동안 논란이 되어온 미국과 남한의 유도의 문제를 추적, 재해석하였다. 우리는 이 문제를 다음과 같이 결론내렸다. 즉, 적극적인 유도는 없었으나 자료가 말하는 바를 따를 때 미국은 전쟁의 발발을 어느 정도 알고 있었다는 것이다. 미국과 남한은 전쟁 전에 전쟁발발 후를 예상한 듯한 사전대비 계획까지 만들어 놓고 있었다. 그러나 사실은 군사적 관점에서 보면 전쟁위협이 있는 곳에서 사전대비계획을 만드는 것은 당연했다. 미국이 사전에 알고 있었다고 하더라도 적절히 대응하였느냐는 문제는 또 다른 차원의 문제였다. 그것은 여전히 세계학계의 논쟁점이다. 유도가 있었다 하더라도 한국전쟁은 주체의 능동적이고 적극적인 선택이 없었으면 발발하지 않았다는 것이 이 연구의 결론이다. 다른 한 결론은 남한정부와 군대의 일부는 좌파 내지 오열로서, 전쟁 직전 남한을 위한 유도가 아니라 북한을 위한 개문 호응을 하였음을 규명하였다. 이것 역시도 앞으로 많은 토론이 제기될 문제이다.

우리는 중국혁명이 이 전쟁의 도래에 끼친 영향에 대해서도 해명하려 노력하였다. 그것을 우리는 세 가지로 요약한 바 있었다. 하나는 북한리더십으로 하여금 전쟁에의 기회의식과 자신감, 즉 이제는 우리 차례라는 의식을 가질 수 있게 만든 것이었고, 다른 하나는 전쟁을 치를 병력의 북한으로의 대규모 이월이며, 세 번째는 결국은 전쟁을 가능케 한 소련-중국-북한 간의 동아시아 공산주의 삼각동맹의 형성이었다. 중국혁명의 성공이 없었다면 전쟁을 가능케 한 이 동맹의 형성은 없었을 것이다. 스탈린이 한국전쟁에 동의하게 된 요인 중의 하나 역시 중국혁명으로부터 주어졌다.

이 문제를 풀어가면서 우리는 38선이라는 미묘한 분획선의 실체와 성격, 그것의 변화, 그리고 그것을 둘러싼 구조를 해명하였다. 최초에 이 선은 영토분계선, 즉 전후처리를 위한 강대국의 합의선이었으나 점차 한국내 좌우 두 정치세력의 계급적 이념적 분할선으로 구조화되어 갔으며 나중에는 남북한이라는 두개의 분단국가의 분할선으로 고착되었다. 중국혁명을 계기로 그것은 결국 다음의 세 수준이 복합적으로 분할된 선으로 상승하였다. 그 세 수준은 남북한 대결, 중국-북한의 동아시아 사회주의연대와 일본-남한-대만으로 이어지는 동아시아 자본주의연대 간의 동아시아 소국제체제의 대결, 사회주의와 자본주의 간의 세계적 수준의 대결이 그것이었다. 즉, 이 선은 세계냉전의 동아시아적 초점이었던 것이다.

이제 시각 및 이론, 방법과 관련된 약간의 논의와 함께 이 문제를 종결지어야 할 때이다. 우리는 이 연구를 당시 사회를 구성하고 있던 대다수 성원의 시각에서 출발하였다. 그를 위해 선택한 세 준거가 농민, 민주주의, 민족주의의 문제였다. 그것은 당연히 과거의 냉전적 반공주의 시각은 물론 80년대의 협애한 민중적 시각과, 북한의 주장과 민중적 이해를 일치시키는 시각에 대한 비판적 지양을 의미했다. 북한의 주장과 민중적 이해를 일치시키는 것은 하나의 권력을 비판하려는 시도가 다른 하나의 권력을 정당화시켜 주는 기술에 불과하다. 이제 한국전쟁에 대한 연구는 냉전적 반공주의 시각은 물론 80년대에 사용되었던 좁은 계급시각이나 근본주의적 민족주의의 시각에서 벗어나야 할 것이다. 필자는 두 개의 편향된 시각을 넘는다는 것이 불충분한 절충으로 귀결되지 않고 그것들을 비판적으로 지양하고자 비판적 합리주의의 퍼스펙티브를 제시하였으나, 세련된 설명틀의 구축을 위해서는 더 많은 이론적 정제가 필요하다.

사실을 말하면 이 연구는 한국전쟁의 발발과 기원이라는 제목 자체가 기존의 두 가지 흐름을 수렴하고 딛넘기 위한 암시를 담았었던 것이다.

주지하듯이 그동안은 하나의 흐름은 발발만을 강조하였고, 반면에 다른 하나의 시각은 기원만을 강조하여 왔다. 또 전자는 드러난 현상만을 보려 하였고, 후자는 구조적 조건만을 보려 하였다. 이 연구는 상호 공명하지 않는 이 둘을 지양되어야 할 어떤 것들로 받아들였다. 우리가 사용한 비판합리주의의 시각 자체가 '비판'과 '합리'의 지양적 결합으로서 이 사태를 접근해야 한다는 의도를 담고 있었듯이, 사실은 탐구와 해석의 가장 중심적인 초점도 '발발'과 '기원'의 지양적 종합이었다. 두 번의 시각전환의 지평에서 연구한다는 점을 말하였던 것도 그러한 의미였다. 연구의 결론을 말하고 있는 지금 그러한 의도가 충족되었는지는 알 수 없다. 어쩌면 이 연구는 앞선 연구들을 토대로 한 종합의 의미에 그친 것인지도 모른다. 비록 그렇더라도 우리는 더 가까이 이 사태의 진실에 다가서고 획득된 사실을 바탕으로 가장 정확한 해석을 하려는 지적 노력을 포기해서는 안 될 것이다.

이 연구는 한국전쟁의 이해수준을 분리하여 세계적 수준, 동아시아 수준, 한국내 수준의 셋으로 나누고 이를 다시 결합하는 방법을 채택하였다. 물론 우리는 이들을 기계적으로 분리한 것이 아니라 전부 한국에서의 사태에 끌어넣어 설명하였다. 무엇보다도 우리의 초점은 맨 마지막의 것이었다. 따라서 적어도 한국에서의 사태에 대한 해석에서는 이 셋의 결합을 보여줄 수 있었다. 이것은 각각의 수준에 대한 평면적 서술의 양을 갖고 판별될 문제는 아니다. 이를테면 우리는 국제적 수준을 많이 다루지 않았지만 38선획정, 분단, 탁치, 냉전과 한국문제 등을 다루는 데서는 이러한 세계수준의 문제들을 끌어들여 분석하였다. 이 문제들은 사실 내부의 대응 여하에 따라 그 방향이 크게 바뀌기가 쉽지 않은 문제들이었다는 데에 당시 한국민들의 어려움이 있었다.

대쌍관계동학은 이 연구의 문제틀이자 나아가 이 주제를 탐구하기 위한 하나의 분석틀로 제시된 것이었다. 이 접근은 서로가 맞물린 구조를, 외부적 대립과 내부동학 그리고 전체와 구성인자 각각을 동시에 들여다보기 위해서 설정했던 문제틀이었다. 전체와 내부를 동시에 들여다본다는 것은 두 가지의 변수를 동시에 짜엮는 방식이 아니면 불가능하다. 이를테면 국토완정론과 북진통일론, 그리고 그것들이 놓인 48년질서가 대표적 사례라고 할 수 있다. 우리는 이것을 단순히 맞물린 구조로만 보려 하지 않았고 위계적 구조까지 보려 하였다. 이것이 대쌍관계동학의 접근이 안고 있는 상호접근이나 비교접근과의 중요한 차이점이었다. 38선의 복합성과 다양한 균열구조를 함께 추적한 것은 이러한 이유에서였다.

균열의 위계문제나 미국의 범위의 문제 역시 단순히 사실을 설명하고 층위를 나누는 문제라기보다는 연구의 기본적인 시각 및 방법과 관련되는 문제였다. 미국의 범위는 미국의 대한정책과 한미관계의 본질 및 내용을 제대로 이해하기 위해 설정한 개념이었다. 그것은 또한 한국의 민족주의를 이해하는 데 있어서도 중요하다. 균열의 수준 및 위계는 자유경쟁다원주의나 편협한 계급론을 넘어서 실제의 사회적 대립과 갈등을 사실적으로 파악하기 위해 설정한 문제의식이었다. 즉, 정치와 사회가 놓여 있는 구조와, 그 안에서 인간들의 살아 있는 활동모습을 함께 보여주려 시도한 것이었다. 복합적인 사회적 요인의 표출인 갈등을 어느 한 특정요소의 대립으로만 환원시킬 수는 없다. 또 특정의 의제를 둘러싼 인간들의 대립을 완전히 자유로운 경쟁관계로만 설명해서도 안될 것이다. 갈등의 표출과 해소는 구조적 수준과 인간들의 선택의 문제 어디에선가 맞물려 있으며, 때로는 전자가 중요하고 때로는 또 후자가 중요한 지극히 역동적인 현상인 것이다.

2. 현대한국과 한국전쟁

이 사태가 과연 현대한국의 분수령이 될 만큼 커다란 영향을 끼쳤는가? 우리는 이 연구를 출발하면서 한국전쟁은 그 앞 시기의 사태들의 귀결이며 그 뒤에 올 사태들의 한 설정자 역할을 하였다고 진술하였다. 사실 한국전쟁의 영향은 개인과 사회를 막론하고 미시적 거시적인 모든 면에서 결정적이었다. 내부 정치의 수준에서 남한의 국가기구와 반공이념의 확립, 그리고 외교적 수준에서 미국과의 긴밀한 안보 및 군사관계의 구축은 이 전쟁으로 인해 가능하였다. 두 가지 모두 구조적이고 거시적 수준에서 언급될 만한 충분한 가치가 있다.

전쟁을 거치면서 남한 국가는 전전의 유약성을 극복할 수 있었고, 이는 전후 오랫동안 변화되지 않았다. 말을 바꾸면 전쟁이 남한국가의 구조적 안정화에 기여한 점은 어떤 요인보다도 결정적이었다. 해방 후 폭발한 밑으로부터의 혁명적 민족주의를 제압하고 미국식 자유민주주의와 자본주의체제를 구축하는 과정에서 과대성장된 국가기구는 전쟁을 거치면서 더욱 팽창된 한편, 분명한 이념적 헤게모니를 갖고 시민사회 위에 안정적 실체로서 등장하였다.[6] 전쟁의 경험 자체가 가장 강력한 동의의 자원이었다. 진행중이던 냉전체제 고착의 흐름에 편승하여 제국과 시민사회의 중간에서 불안하게 존재하던 국가는 더 이상 시민사회와 절연된 존재가 아니었다.

국가의 안정화는 국가기구의 팽창과 반공주의의 강화, 그리고 남북역량의 균등화 및 국제안보체제에의 편입을 통해 담보되었다. 먼저 전전 10여만 남짓하던 군대는 전쟁을 거치면서 60만을 넘는 막강한 대군으로 성장하였다. 경찰 역시 5만명을 넘었다. 1950년대 초의 시점에서 60만을 넘는 정규군은 다른 나라와 비교하여 볼 때 매우 큰 규모였다. 이는 한국의 사회경제적 발전단계에 비추어 볼 때는 더욱 과대팽창된 규모였다. 국가기구의 과대성장은 전후 한국정치를 틀지은 결정적인 요인 중의 하나였다. 1961년의 군사쿠데타와 뒤이은 30년간의 군부권위주의 통치는 거시적으로 말하여 분단과 전쟁의 두 요인이 아니고는 설명되기 어려웠다.

즉, 전쟁을 거치는 동안 진행된 군대의 팽창이 지니는 효과는 거시적이고 구조적인 것이었다. 한국의 근대국가가 장구한 자본주의발전과 그에 따르는 기간만큼의 사회적 분화, 상비군과 관료제의 등장과 성장, 국가제도의 형성과 발전이 아니라 길게는 8년간, 특히 짧은 3년간의 폭

---

6) 최장집, 《한국현대정치의 구조와 변화》(서울: 까치, 1989), pp. 89~91.

력적 전쟁이라는 단기적 형성과정을 통하여 시민사회의 곳곳에 광범한 침투력을 행사할 수 있는 존재로 등장했다는 점은 이후의 정치변동에 커다란 영향을 끼쳤다. 한국의 국가는 시민사회로부터 나온 것이 아니라 오히려 그것의 도전을 파괴하면서 외삽적으로 주어지고 이것이 다시 짧은 기간에 급팽창하는 형태로 구축된 것이었다.

국가와 시민사회를 헤게모니적으로 응집해 주는 접점에는 반공이념이 놓여 있었다. 사람들의 정신과 의식의 변화에 있어 국가 주도의 반공이념의 헤게모니적 기능은 독점적이고 무저항적인 것이었다. 반공주의는 도전불능의 위치를 구축할 수 있었고, 이에 대한 대안적 이념의 추구는 전쟁의 경험에 의해 철저하게 봉쇄되었다. 이것은 냉전의 해체 이전까지는 물론이려니와, 어쩌면 지금까지도 가장 강력한 지배이념일 것이다. 공산주의와의 대결이라는 명분은 민주주의에 대한 요구를 차단하는 논리이자 이를 뒤집는 논리였다. 전후 오랫동안 민주주의에 대한 추구도 반공주의의 범위내로 한정되었다.

한국전쟁을 거치면서 한국이 미국이 주도하는 안보체제와 세계자본주의 질서의 하위 요소로 분명하게 편입되었다는 점도 주목되어야 한다. 일본을 배후로 두는 동아시아의 대소전진기지로서의 위치는 남한을 미국의 흔들리지 않는 안보우산 속으로 밀어 넣었다. 안보지원의 대가는 정치와 경제, 외교와 군사에서의 일정 정도의 종속으로 나타나지 않을 수 없었다. 전후 한미관계의 기본틀은 정치와 외교, 군사 부문 모두가 이 전쟁의 결과로서 구축된 것이었다. 미국의 압도적인 영향은 점령의 시기부터 있어온 것이었지만 전후 반세기 동안이나 한미관계가 세계의 어떤 국가간 관계보다 독특한 형태로 나타난 것은 바로 이 전쟁 때문이었다.

보장받은 안보와 상대 분단국가와의 필사적인 체제경쟁은 역설적으로 국민단결과 단체정신의 고양, 급속한 경제발전을 가능하게 하는 동안 민주주의의 유예와 체제의 권위주의화를 촉진시켰다. 이 이율배반성이 53년질서로 명명한 전후 분단이 한국 경제와 정치에 제공한 숨은 비밀의 하나였다. 전쟁으로 인해 남북한의 힘이 비슷해졌다는 점도 중요하였다. 전전 남한은 여러 면에서 북한에 비해 허약했다. 그러나 북한이 전쟁을 시도하고 실패한 결과로 남한이 강화되자 둘은 서로 대등한 역량을 갖추게 되었다. 이는 한국전쟁이 끼친 균등화의 효과였다고 할 수 있다. 즉 전쟁은 균등화의 기제(*equalizer*)였던 것이다.

결국 분단, 한미 안보관계의 구축, 자본주의세계체제에의 편입, 국가와 시민사회의 관계형성, 반공이념의 구축 등 전후 한국의 기본질서는 전쟁과 그것의 종식을 위한 전후 처리과정에서 구축되었던 것이다. 전후 다른 어떤 나라보다도 자주 나타났던 정권과 정부의 불안과 격변적 사태의 반복에도 불구하고 국가는 매우 안정적이었고, 이 안정을 통해 20세기 후반의 압축적 산업화와 경제기적을 창출할 수 있었던 것은 바로 이러한 구조적 요인의 작용으로 인해서였다.

우리는 전후질서를 한국전쟁후사 또는 53년질서라고 부를 수 있을지 모른다. 53년질서의 해체는 탈한국전쟁후사를 의미하며, 한국인들에게 그것은 민족의 통일을 의미하게 될 것이다. 53년질서의 등장에 이르기까지의 역사적 격변을 통과하는 과정에서 한국민들이 치른 희생은 근대 이후 한국의 역사가 지녀온 고통을 모두 합친 것만큼이나 컸다. 즉, 이 전쟁의 규모와 성격, 그리고 그때의 피해는 근대 이후의 한국사회가 새로운 사회를 향한 투쟁에도 불구하고 식민의 길로 접어든 이후, 일국내적인 갈등을 통한 사회모순의 점진적 해소에 실패하고 그 시점 시점의 세계적 갈등의 반영인 식민주의, 분단, 그리고 냉전에의 편입으로 인해 다른 나라들이 한 나라 수준에서 점진적으로 치렀던 역사적 통과절차를 한꺼번에 치러야 했던 조건의 반영이었다. 말을 바꾸면 시간적 압축과 세계적 갈등과의 중첩 때문이었다.

우리가 이 전쟁이 과연 진정으로 필요했고 그것은 과연 일어나야만 했는가 하는 문제를 보다 심각한 역사적 철학적 문제의식의 토대 위에서 던져야 하는 이유는 여기에 있다. 그것은 우리에게 무엇이었던가? 우리들은 왜 그토록 오랫동안 이때의 싸움을 반복하였는가? 그 경험으로부터 우리는 무엇을 가려배울 수 있고 무엇을 찾을 수 있을까? 그때의 경험으로부터 애국을 공유하지 않고, 그때의 경험에서의 오류를 반성적으로 성찰하지 않는다면 남북의 화해는 어려우며 당시의 싸움을 다시 반복할 것이다. 그 싸움은 무기를 동원한 싸움은 아닐 터이지만 다시 척결, 타도와 같은 사람과 공동체에 대한 애정이 배제된 공포스런 용어들만이 불려나올 것임에 틀림없다.

전쟁의 기간은 한국인들에게 20세기 역사에서 식민시기와 함께 가장 불행한 시기였다. 전쟁이 끝났을 때 어떤 한국인도, 한국사회의 어떤 부분도 전전의 모습과 의식을 간직한 채 남아있을 수 없었다. 혁명적 물결이 가득하고 새로운 국가와 사회를 건설하기 위한 부푼 희망과 빠른 움직임들로 넘실대던 해방의 해인 8년 전 1945년의 상황과, 좌절과 죽음, 기아와 절망, 시체와 분단, 그리고 미래에 대한 암울한 전망이 모든 이들의 사고와 삶을 무겁게 짓누르는 1953년의 사회상의 차이는 이 사이의 8년 동안 무슨 일이 있었는가를 뚜렷하게 보여주고도 남았다. 완전한 파괴, 전면적인 새 출발이었다. 한국인들에게 1953년은 역사적 '영년(零年)'[7]으로 표현될 수 있을지 모른다. 그것은 앞의 사태들을 종착시켰던 것이다.

인명피해는, 사망과 실종, 부상을 포함하여 무려 500만여명에 달했다. 이토록 짧은 기간에 이토록 좁은 영토에서 이처럼 집중적으로 많은 인명이 손실된 전쟁은 근대 이후 거의 없었다. 이 중에는 특히 민간인 피해자의 숫자가 많았다. 지금까지의 전사에서 한국전쟁은 다른 어떤 전쟁보다도 비전투민간인에 대한 살상이 많았던 전쟁이었다. 그 이유는 한편으로는 미군의 공습 때문이었고, 다른 한편으로는 이 전쟁이 이념전쟁이었기 때문이었다. 전세의 거듭되는 역전 또한 피해를 높인 주요한 요인이었다.

한국인들은 엄청난 양으로 쏟아붓는 미국의 공중폭격으로부터 벗어나기 어려웠다. 맥아더 청문회에서 미국 극동포격사령부 사령관 오도넬(Emmet O'Donnell)은 "한반도의 모든 것이 파괴되었다. 이름 있는 것 중 서 있는 것은 아무것도 없었다"[8]고 고백하였다. 이 전쟁은 또한 상

7) Henri Michel, 《제 2 차 세계대전》, 김용자 역(서울: 탐구당, 1986), p. 149.

호보복과 극도의 잔인성을 동반하였다. 거듭되는 전세의 역전으로 인한 상호보복과 그때 표출된 가공할 이 잔인성이야말로 전후 남과 북 서로가 서로에 대해 치를 떨게 된 요인이었다. 한국전쟁은 그러나 전쟁의 진행 중 어느 쪽의 집단살상이건 세계의 여론 앞에 노출되고 비판받은 바 없었다. 이 점이 한국전쟁을 베트남전쟁이나 걸프전쟁과 구별시켜 주는 한 특징적인 측면이었다. 감시의 눈에서 벗어난 양쪽은 모두 그만큼 자유롭게, 우월한 전쟁물자와 살상병기를 가진 쪽은 그만큼 더 많이, 비난에서 면죄된 상태로 견제장치 없이 살상행위를 자행할 수 있었다.

남한과 북한의 사회와 경제도 대부분 파괴되었다. 남북한 모두 개인과 집단을 막론하고 생존을 위한 강인한 정신만이 남았고 이것이 곧 체제유지와 재건의 제일 요소였다. 상대에 대한 적대의식과 자기체제의 우월의식이 결합하여 형성되고 증폭되는 단결과 생존에의 의지는 남한과 북한의 각각을 강하게 묶는 단단한 끈이었다. '반공'·'김일성괴뢰도당타도'와 '반미'·'남조선괴뢰도당타도'의 구호는 단순히 상대에 대한 적대의 동원으로서만이 아니라 자기강화의 수단이었다. 모두 전투적 내용을 담고 있었다. 이를 통해 남한과 북한 사이에는 극도의 증오감이 내면화되었다. 이 사이에서 인민들이 자기 체제에 도전한다는 것은 상당기간 허용될 수 없었다.

사회를 유지하는 기본적인 정신의 내용도 바뀌었다. 정신의 변화는 특히 남한에서 심했는데, 전전의 정적이고 유교중심적인 정신구조는 크게 바뀌었다. 여전히 남아있던 수세기에 걸친 반상의 차별의식은 도시와 농촌의 차이가 있기는 했지만 거의 해체되었다. 전쟁중의 격심한 인구이동과 죽음의 위협에 대한 동일한 정도의 공통 노출, 상이한 체제에의 반복되는 경험은 전전의 전통적인 사회구조를 뿌리부터 해체하였다. 3년간의 전쟁을 포함해 지난 8년간의 격동은 평등사상과 의식을 가져왔

---

8) *Military Situation in the Far East—Hearings Before the Committee on Armed Services and the Committee on Foreign Relations*, U. S. Senate, Eighty-Second Congress, First Session(1951), p. 3075.

던 것이다. 의식과 생활, 두 측면 모두에서 신분과 계급 대신에 이념과 체제가 자리잡았다.

사회의 모든 성원은 비로소 국가의 평등한 구성원, 즉 국민이 되었다. 이 전쟁은 근대적 요소를 사회의 많은 부분에 침투시켰던 것이다. 신분과 함께 이념이, 수직적 위계와 함께 수평적 분업에 대한 구조와 의식이 확산되었다. 사회조직과 제도의 측면은 더 말할 필요도 없었다. 근대성이 가장 깊이 확산된 영역은 이 부분에서였다. 이것은 오늘의 한국의 한 기원으로 설정될 만한 것이었다. 물론 현대한국의 다른 한 기원은 박정희 시기 이래의 산업화였다. 분단과 전쟁, 단기간의 산업화야말로 현대한국의 독특성을 낳은 두 요소였다.

그러나 전쟁을 거치면서도 근대가 전통을 완전하게 대체한 것은 아니었다. 유례없는 격동에도 불구하고 정신구조, 사람들의 생활, 사회관습의 수준에서 전통성은 근대성과 함께 높은 수준의 연속성을 갖고 병존하였다. 남한과 북한 각각의 사회구조와 둘 간의 대립도 전통과 근대의 복합적 교직을 깊숙이 함축하고 있었다. 이를테면, 북한이 가장 혁명적인 방법으로 사회주의 이행을 추구했으면서도 가장 전통적인 지배의 메커니즘을 구축하고 있고, 비록 언술수준과 체제유지의 수준에서일지라도 보편적인 계급에 앞서 상대적으로 특수한 민족을 우선적으로 내세우고 있다는 사실은 전통과 근대의 교직을 잘 현시해 준다.

세계 역시 적대적인 두 체제로 뚜렷이 분열되었다. 진행중이던 냉전은 한국전쟁을 계기로 고착되었다. 미국은 이 전쟁을 거치면서 새로운 대적 소련과 중국에 맞서기 위해 전범국 독일과 일본을 부활시켜 다시 손을 잡았다. 미소양극체제가 본격적으로 시작된 것이다. 지난 40년간 세계를 지배해 온 얄타체제는, 45년의 서류상의 등장을 거쳐 이 전쟁으로 큰 대결을 겪은 뒤 그 합의의 실현에 필요한 조건들이 구비되자 비로소 시작되었다. 말을 바꾸면 식민시대가 분단시대로 가는 전환으로서의 한국의 8년은 제국주의시대에서 냉전시대로 가는 세계의 8년과 중첩되었던 것이다. 이 점에서 한국은 냉전으로 가는 길목의 세계사의 축도이자 증언자였다.

민족사의 측면에서 이 전쟁의 가장 커다란 영향은 무엇보다도 민족분단의 고착이었다. 현대한국에서 분단이란 진정 무엇인가? 그것은 근대 이후 한국의 역사와 민족주의 실현의 파행적 탈구를 의미한다. 분단은 또한 이 전쟁이 주도한 전후 정치의 지속을 의미한다. 전전인 48년의 분단이 유동적이고 잠정적인 분단이었다면 53년의 전후 분단은 고정적이고 항상적인 분단이었다. 하나의 사건을 거쳤을 때 그 사건의 크기를 가장 잘 판별하는 기준은 그 사건이 새로운 질서와 사회구조에 얼마나 큰 영향을 끼쳤는가를 측량하는 일일 것이다. 이 전쟁은 잠정적 분단을 고정시켰다는 점만으로도 현대 한국 최대의 사건임에 의심의 여지가 없었다.

남한과 북한은 모두가 전쟁에 들어간 비용과 고통으로 유지된, 참혹한 전쟁을 치르면서 지켜낸 자기 체제를 고수하려 하였다. 폭력적 전쟁으로도 달성되지 못한 통일은 적어도 그 전쟁이 남겨 놓은 영향을 소진시키기까지는 기다려야만 통일을 이룰 수 있을 것이었다. 왜냐하면 특정 질서와 체제의 등장에 끼친 힘은 그것의 유지와 발전에도, 항상은 아니지만 일정 정도까지는 같은 정도로 작용하기 때문이다. 결국 우리는 통일을 위한 전쟁의 실패와 전후 분단의 지속을 보면서 역사에서 비약은 없다고 진술할 수밖에 없게 되는 지점에 놓여 있다.

일시적으로 비약을 이룬 것처럼 보이는 현상도 결국 그 비약을 지탱해 줄 조건이 충족되지 않았을 경우 퇴보하거나 정체하였다. 그것은 한국의 통일문제에서도 그러할 것이었다. 고통스럽고 대결적인 분단을, 일거에 평화롭고 안정된 통일국가로의 급작스런 비약을 시도한 전쟁이 실패한 후 한국민들은 통일을 위해 참으로 오랜 시간을 기다리지 않으면 안되었다. 지난 시기의 역사의 전개를 볼 때 단절적이고 비약적인 역사의 이행은, 다시 원래의 지점으로 후퇴하거나 일정한 지점으로 돌아갔다가 되돌아오는 모습을 반복하였다. 비약은, 일정한 단계를 밟지 않고 건너뛰는 것이었는데 그러한 현상은 단기적으로는 성공할 수 있었으나 결코 지속될 수는 없었다.

또 한국의 분단은 세계의 분할, 곧 냉전과 맞닿아 있었다. 한국의 분단은 그것이 45년과 48년의 분단이었든지, 53년의 분단이었든지 한국내 분단이자 동시에 세계의 분단이었다. 더욱이 53년의 분단은 세계적 규모의 전쟁을 치른 뒤에 등장한 국제적 합의의 산물이었다. 이 전쟁은 세계적 규모의 냉전체제 구축의 가장 뚜렷한 계기로서의 전쟁이었다. 두 체제간의 갈등은 이 전쟁을 계기로 비로소 정착되었다. 그 점에서 45년분단과 53년분단은 결정적으로 달랐다. 53년의 한국의 분단이 고착화되었다고 할 때 그것은 다른 말로 하여 안정화였다. 그 안정화는 세계체제와의 강한 중첩으로 인하여 오랫동안 흔들리지 않았다. 따라서 이후의 남한과 북한의 통일문제는 단순히 분단된 민족의 통일이라는 의미를 넘어 세계정치의 전개와 밀접하게 연결되어 전개되지 않을 수 없었다. 한국의 단단한 분단구조가 완화되기 시작한 시점이 세계적 수준의 냉전체제의 해체시점과 거의 동시인 1980년대 후반부터였다는 점은 이러한 역사적 연원의 반영이었다.

그러나 한국의 분단은 휴전선을 따라서만 표출되는 것도 아니었고, 또한 냉전의 진행 정도와 같은 정도로 진행된 것만도 아니었다. 이 차이가 20세기 한국의 전후 역사가 지니고 있는 특수성의 하나였다. 이 특수성은 한국전쟁의 경험으로부터 연유하였다. 동족간의 비극적 상쟁을 경험한 뒤에 등장한 한국의 분단질서는 상당한 독자성을 갖고 두 분단국가의 사회질서와 정신구조에 내화되었다. 이것이 한국의 분단과 독일 분단의 가장 커다란 차이점이었다. 이 점에서는 베트남의 분단과 통일 역시 비교될 수 없었다. 전후 남한과 북한 각각은 서로가 상대체제적인 요소들을 자기체제에서 완전하게 뿌리뽑았다. 이것은 자연히 남한과 북한의 체세통합성을 높여주었고, 그 높아지는 내적 통합과 독자적 사회발전의 정도에 비례하여 상대방으로부터 멀어져 갔다. 곧 동일민족성의 해체가 심화되어 갔다. 그러나 그것은 두 국가의 리더십의 동원과 선택의 산물만은 아니었다. 거기에는 3년간의 전쟁이라는 경험과 그에 따른 민중의 자발적 참여가 동반되었다. 즉 대중에 기반한 극단적 적대양태를 띤 반명제적 이념과 체제 우위성의 확인이 남한과 북한 모두의 정당성의 원천이자 기저였다.

그러나 거시적 수준에서 분단의 기능이 이중적이었음은 전후 한국이 지닌 그 깊은 본질에 있어 과거사재구성(*rethinking the past*)의 수준에서 진지하고도 깊숙이 음미되어야 할 하나의 역설이었다. 양쪽 모두에서 그것은 체제경쟁에서 우위에 서기 위한 자원의 추출과 집중, 동원을 최고 수준으로 가능케 하였고 폭발적인 사회발전을 이루어내게 한 동시에 민주주의의 유예나 개인지배, 독재를 정당화시키는 근거가 되었다. 우리는 아마도 이것을 '분단의 역설'이라고 부를 수 있을 것이다.

분단의 역설 중 가장 크고 비밀스런 역설은 그것이 사회의 발전에 기여하였다는 역설일 것이다. 전쟁 자체는 혹심하게 파괴적이었지만 그 전쟁이 남긴 질서는 경쟁적, 다른 말로 하여 건설적이었다는 배반성을 던져주었다. 이것은 단순히 50~60년대의 북한의 건설과 60~70년대의 남한의 건설을 두고 하는 말은 아니다. 물론 그러한 경제건설도 중요시 되어야 한다. 그러나 더욱 중요한 것은 남북한간의 불꽃튀는 경쟁과 냉전의 한반도에의 자력적(磁力的) 집중은 두 국가와 분단질서를 안정시키는 기능을 수행하였다는 점이다. 그리하여 두 한국 모두 정권 수준에서는 불안과 격동이 있었으나 국가는 매우 안정적이었다. 직전 시기의 거대한 굉음이 이어진 시기의 충돌음들을 작은 소음으로 축소시켜 버린 것이었다. 그러한 안정을 기반으로 두 한국은 각각 빠르게 경제와 정치, 군사 모두에서 약소국가에서 중위국가로 성장할 수 있었다.

여기에서 남한과 북한이 보여준 차이는 간과되어서는 안된다. 북한은 반세기 동안이나 여전히 전쟁을 치른 체제가 안정적으로 권력을 장악해 왔다. 그러나 남한은 수차례의 국민적 저항과 정치적 격변을 경험하였다. 이것이 초래한 핵심적 차이는 민주주의의 문제와 정통성에의 집착문제, 그리고 체제의 활력과 발전의 지속여부 문제로 나타났다. 남한은 저항과 격변을 통하여, 비록 민주주의의 근본원칙에 비추어 볼 때는 결핍적이었지만, 적어도 북한보다는 민주성에서 현저하게 앞서 나가며 사회 발전을 위한 다이내믹스를 높여갔다. 그러나 북한은 그렇지 않았다. 동원의 효과는 자본주의냐 사회주의냐의 차이보다는 자발성과 민주성에서의 차이에 의해 훨씬 더 커다란 차이를 초래한 것이다.

정통성의 경쟁 문제는 북한에게 더욱 참을 수 없는 방향으로 나아갔다. 전쟁을 치른 체제 자체가 반세기 동안이나 지속되었기 때문에 북한은 항상 남북한간의 발생적 정통성 경쟁에 집착하였다. 결국 과거의 정통성에 집착하는 그러한 완고성과 순결주의는 '정신'에 만족하는 동안 '현실'의 경쟁에서는 북한을 탈락시키고 말았다. 엄밀하게 말하면, 북한체제가 놓여 있는 정신과 역사적 근거의 절반은 사실 허위였다. 김일성은 자신의 항일투쟁과 남한·미제의 침략에 맞서 수행했던 조국해방전쟁이라는 두 역사적 자원을 체제정당성의 기축으로 삼아왔는데 우리의 연구가 밝혀내었듯이 후자는 허위의 자원이었다. 즉, 그것은 위장의 동원 위에 구축된 정통성이었다. 그러나 그는 거기에 근거해서 동의를 창출하고 정통성을 주창하며 남한을 공격하였다. 아마도 북한체제는 현실의 체제를 바꾸는 일보다 이러한 역사적 진실을 드러내는 일이 훨씬 더 어려울지 모른다. 그것은 체제를 받쳐주는 신화의 붕괴를 의미하기 때문이다.

이 점에서 남한은 크게 달랐다. 이승만 체제는 국가형성과 전쟁의 시기에 북한공산주의자들과 맞선 당사자였기 때문에 발생적 정통성 경쟁에 집착하였지만 박정희 시기부터의 남한은 이 고리를 깨는 모습을 보여주기 시작하였다. 박정희 정권은 탈식민사회에서 특정 지배체제에게 정당성을 부여하는 두 가지의 자원인 식민시기의 투쟁의 경험과 현실적 국가관리에서의 효율성의 실현 정도 중에서 명백히 후자를 선택했다. 이 점에서 1960년대는 남북한 경쟁의 역사에서 어떤 변화의 계기로 기록될 만하였다. 두 한국은 이제 과거의 정통성 경쟁에서 벗어나 어떤 체제가 실제로 민중적 복리의 증진에 기여하느냐는 문제로 경쟁의 축을 옮겼다. 과거에서 현실로, 정신에서 물질로 경쟁의 초점이 옮아간 것이었다.

따라서 남한은 거시적으로는 위로부터 이행의 어떤 성공사례로 기록될 수 있을지 모른다. 즉, 남한의 60년대 이후 시기는 위로부터의 근대화에 성공한 근대 독일의 특정시기에 비견될 궤적을 보여준 것을 부인하기 어렵다. 이것을 가능토록 한 요인의 하나는 바로 분단이었다. 세계경제 및 안보질서의 작용과, 리더십에 의한 위로부터의 기술합리성의 부과와 주도, 그리고 민중의 동원과 참여가 이를 만들어 낸 요인들이었다. 그러한 논리에 강력하게 저항한 강경 반대세력이 등장하고 성장한 것도 이 시기였다. 이들의 성장과 도전은 엄청난 사회적 충돌과 다이내믹스를 가능케 한 동력의 하나였다. 이 둘의 대결은 격렬하였지만 세계사적으로는 유례없이 짧은 시기에 근대화를 성취하게 하였다.

이 점에서 두 세력은 모두 현대한국의 정치적·경제적 발전에 적극적으로 동참한 셈이었다. 말을 바꾸면 근대화 세력과 민주화 세력의 어느 하나를 빼고는 현대한국의 발전은 설명되지 않는다는 것이다. 밑으로부터의 문제의 제기와 그것의 위로부터의 수용에 현대한국정치의 핵심적인 비밀이 들어 있었던 것이다. 이 결합에 실패하였다면 남한체제 역시 근대화의 도정에서 탈락하였거나, 아니면 적어도 둘 사이의 대립이 파국으로 귀결되었을 것임에 틀림없었다. 그것은 우리가 1945년 이후 숱하게 등장했던 제3세계 국가들의 실패의 경험이 아니더라도 북한의 경우가 보여주는 바를 반면교사로 삼을 수 있을 것이다. 그곳에서의 발전의 동력의 소진은 무엇보다도 자발적 참여 없는 민중배제의 정치가 요인이었던 것이다.

민족의 분단이라는 조건 속에 독자적 역사발전의 추구가 진행되는 시기에도 동일민족성의 회복을 위한 노력이 사라진 것은 아니었다. 근대 이후 한국사회를 움직인 중요한 동력 중의 하나는 민족주의였다. 민족의 통일을 위한 열정과 노력에서 그것은 다시 한번 집중적으로 표출되었다. 전후 민주주의를 위한 투쟁세력은 항상 민족통일을 위한 노력을 동시에 추구하였다. 남한과 북한 역시 서로 적대하면서도 어떤 형태로든지 민족의 통일을 내세우지 않은 적이 없었다. 오히려 너무 많은 통일 주장이 증오를 키우고 통일을 멀게 한 요인일 정도로 남북의 통일에의 집착은 강력하였다.

1980년대 이후 냉전체제의 해체로 현실적 분단의 장벽이 낮아지면서, 의식과 정신에 자리잡고 있던 분단의 장벽은 더욱 낮아지고 있다. 이러한 현상은 민족의 분단과 국제체제의 분단이 두 한국에게 가해왔던 압력의 정도를 상징한다. 분단의 완화는 곧 체제의 상이성의 축소, 다른 말로 하여 동일민족성의 회복의 징표가 아닐 수 없다. 한국인들 모두에게 그것은 전쟁이 남긴 고통스런 영향의 제거와 소망스런 민족공동체의 수립이라는, 가장 역사적이면서도 가장 현재적인 과제와 분리된 것이 아니었다. 20세기 후반 한국인들의 역사는 많은 부분이 이를 위해 바쳐졌다.

그러나 다른 한편 냉전의 해체는 냉전구조 속에 안정적으로 유지되던 많은 국지적 질서를 불안하게 흔들어놓았듯이 한국의 분단질서 역시 그것이 형성되던 시점처럼 다시 불안하게 흔들어 놓을지도 모른다. 그러한 사태의 초래를 저지하는 현명함을 갖지 못한다면 지난 시기의 반목은 재연될 것이다. 높은 분단의 벽으로 인해 먼 북한, 먼 통일로 느껴지던 것이 가까운 북한, 가까운 통일로 느껴지면서 옛날의 살상과 대결을 떠올리게 되고 그에 따른 갈등이 재연된다면 결과는 재앙적일 것이다. 통일의 도정에서 필연적으로 나타날 이 문제를 현명하게 넘느냐 그렇지 못하느냐에 따라 통일 이후의 사회질서의 내용이 결정될 것이다.

희망을 말하자면 아직 우리는 좀더 평화적인 공존을 거치며 조건의 성숙을 기다려야 할 것 같다. 현재의 상태에서 급격한 흡수통일의 시도는 상당한 대가를 치르게 할 것이다. 그것은 또 다른 단절적 변화의 추구이자 작위적인 사회공학이기 때문이다. 오늘날 남북한의 통일을 북한식으로 하자는 주장은 비현실적이다. 그럼에도 불구하고 남한에 대한 급격한 흡수통일의 시도 역시 바람직하지 않다. 한국전쟁을 통하여 우리는 무리한 통일의 시도가 얼마나 고통스러운 것이며 얼마나 큰 인간적 비용을 치르게 하는 것인가를 경험한 바 있다.

통일문제는 지금까지의 논의로부터 약간의 전망을 예시받을 수 있을지 모른다. 그것은 오랫동안의 우회를 거쳐 통일문제 역시 결국 수동혁명적 방법으로 해결되리라는 점이다. 분단의 과정과 분단질서의 초기 시기에 언술과 정책에서 가장 강력하게 분단을 저지하고 통일정부를 수립하려고 한 세력은 좌파와 북한이었다. 단선저지투쟁과 평양회의, 그리고 무엇보다도 한국전쟁을 비롯하여 1960년대 말까지 지속적으로 북한은 통일의 실현을 추구하였다. 그러나 오늘날 북한주도의 통일은 더 이상 가능하지도 바람직하지도 않다. 문제는 시기와 과정이지 통일이 남한 주도로 이루어지리라는 것을 의심하기는 어렵다.

거시적으로 볼 때 20세기 말 현재의 우리의 조건은 근대의 등장 이후 세 번째의 전환점이라고 할 수 있다. 첫 번째 전환점은 19세기 말이었고, 두 번째 전환점은 20세기 중반이었다. 그리고 20세기 말인 지금 우리는 세 번째의 전환점에 서 있다. 첫 번째 전환의 시기에 우리는 근대로의 이행에 실패하고 식민지로 전락한 경험을 갖고 있다. 이때는 오랜 중화질서가 해체되고 동아시아와 한국이 최초로 세계의 국제정치에 진입하는 시기였다. 이 최초의 조우가 이루어진 시기에 조선왕조 구체제는 대응에 실패한 채 식민지로 전락하였다. 위로부터의 이행의 시도와 밑으로부터의 이행의 시도는 모두 실패하였다. 이 이후 반세기 동안 지속된 반식민 및 식민 상태의 정초는 이 시기에 놓였던 것이다.

두 번째의 전환의 계기는 바로 우리가 논구한 20세기 중반이었다. 제국주의 시대에서 냉전시대로 이행하는 세계적 질서 재편의 시기에 우리 민족은 분단이 되었고, 그 결과로 비극적인 전쟁을 치렀다. 두 번째 전환의 시기에도 역시 세계의 갈등을 내화하여 통과하였던 것이다. 이때 놓인 분단질서는 다시 반세기 동안 지속되었다. 이 두 번의 경험에서 우리는 전환기에 구축된 질서는 상당 기간 지속된다는 특성을 가려내게 된다. 소련과 사회주의의 붕괴, 그리고 냉전의 해체에 따른 오늘날의 격변을 우리는 세 번째의 전환이라고 볼 수 있다.

홉스봄은 냉전의 20세기 세계사를 두고 극단의 시대라고 부른 바 있다.[9] 다른 한편 냉전의 시대는 긴 평화의 시대라고 부를 수 있을지도 모른다.[10] 냉전시대가 이 양면이 모두 존재했듯이 분단시대 역시 이 양면이 모두 존재했다. 그러나 냉전의 완화가 그랬던 것과는 달리 분단의 완화가 갈등의 확대로 연결되어서는 안될 것이다. 우리는 통일 이전에

9) Eric Hobsbawm, *Age of Extremes* (London : Michael Joseph, 1994).

10) John Lewis Gaddis, *The Long Peace : Inquiries into the History of the Cold War* (N.Y. : Oxford Univ. Press, 1987).

분단질서의 평화적 관리와 평화공존이 더 소중함을 깨닫지 않으면 안된다. 분단조건의 해소를 평화적으로 관리하여 통일로 연결하는 책임은 우리 내부에 있다고 할 수 있다. 전쟁과 같은 파괴적 방법이나 급격한 흡수통일이 아니라 상호공존적인 방법에 의한 통일이 더없이 바람직하다 하겠다. 그랬을 때 우리는 비로소 통일 이후에 민주주의, 보편적 이성과 휴머니즘이 구현되는 사회를 건설할 수 있을 것이다.

3. 한국전쟁의 성격과 의미

이제 끝으로 전쟁의 성격에 대해 말해야 할 때이다. 현실적으로 이 전쟁은 합의된 경계선을 넘었다는 점에서 명백히 침략전쟁이었다. 그러나 학문적 수준에서 이 전쟁의 개념은 단순한 침략전쟁과는 다르다. 이 문제는 매우 복잡하며 앞으로 많은 토론이 필요한 것이 사실이다. 그것은 교전국 일방이 당사자간의, 또는 국제법과 협약에 의해 용인된 경계선을 넘는 군사행동과 국경을 넘는다는 의미에서의 침략전쟁이자, 다른 한편 분열된 민족을 합치려고 시도하였던 많은 국가들의 사례와 일치하는 민족내부의 단일민족국가의 형성 노력의 하나였다.

유럽의 많은 민족들은 단일민족국가를 형성하기 위하여 전쟁을 치렀다. 분단된 탈식민사회에서 단일 민족국가를 세우려는 노력들은 더욱 치열하였다. 그들에게 그것은 다른 민족에게 국가를 빼앗긴 시기부터의 운동이자 존재의 이유였다. 두 한국의 민중과 그들의 지도자들도 마찬가지였다. 때문에 전쟁을 있게끔 오랜 단일민족을 해체시킨 미국과 소련은 전쟁결정에의 개입 여부에 관계없이 이 전쟁과 이로 인해 한국민족이 빚은 고통과 참화의 책임에서 결코 면제될 수 없었다. 한국인들의 단일민족국가 수립노력을 최초로 좌절시킨 것은 다른 누가 아닌 그들이었다.

이 전쟁은 38선의 복합적 성격으로 인해 시작과 함께 침략전쟁이었다. 이 점이 이 전쟁에 대한 역사적 평가를 어렵게 하고, 앞으로 많은 논란을 불러일으킬 요소이다. 38선은 국제적 합의로 등장하였을 뿐만 아니라 1950년 현재 아시아 냉전의 진앙이었다. 따라서 한국의 분단은 통합 이전의, 즉 국가형성 이전의 민족분할과는 전혀 다른 것이었다. 김일성 자신이 전쟁을 시작하면서 미국의 개입을 가장 우려하고, 북침으로 주장하면서까지 이 전쟁을 민족내부의 문제로 국한시키려고 심혈을 기울였던 이유는 이 전쟁이 안고 있는 침략적 성격 때문이었다. 역설의 역설, 즉 반진리의 반대는 때때로 진실을 드러내준다. 그는 이 전쟁이 침략전쟁임을 알았기 때문에 북침으로 위장하였던 것이다. 또 그는 그것이 부당한 전쟁이었다는 사실을 알았기 때문에 40년을 여전히 북침이라고 주장하였던 것이다.

따라서 이 전쟁은 민족내부의 단일민족국가 수립문제를 해결하기 위한 노력의 산물이었지만 단순한 민족해방전쟁이나 시민전쟁은 아니었다. 그러한 규정은 이 전쟁을 식민시기의 항일과 친일의 대립구도의 연장에서만 보거나 남한을 제국주의의 괴뢰로 볼 때만 유효하다. 그러나 사실은 그렇지 않았다. 토지혁명? 한국전쟁은 토지혁명으로서 농민의 지주계급에 대한 도전으로서의 혁명적 전쟁이라는 주장도 있다. 그러나 그것도 역시 아니었다. 남한은 1950년 6월 이전에 토지개혁을 완료한 상태였다.

이 전쟁은 두 분단국가간의 민족의 통일을 위한 전쟁이었다. 그 점에서는 민족 내부의 전쟁으로 출발한 것이었다. 그러나 분단의 등장원인, 38선의 복합적 성격과 전쟁의 결정 및 발발에 깊숙이 개입된 소련과 중국의 존재로 인하여 애초부터 이 전쟁은 결코 순수한 내전이 아니었다. 게다가 미국와 유엔마저 개입함으로써 이 전쟁은 국제전으로 상승하여 버렸다. 미국과 중국의 참전 이후 이 전쟁은 전혀 이승만과 김일성의 전쟁이 아니었다. 이후 전쟁이 끝날 때까지 가장 중요한 결정은 워싱턴과 동경, 모스크바와 북경에서 이루어졌다.

전쟁은 종결과 동시에 우리가 출발에서 지적하였던 대로 한국과 세계에 커다란 그림자를 드리웠다. 현재 세계는 이 전쟁이 남긴 영향으로부터 벗어났다. 또 이 전쟁이 없었다고 하더라도 1950년대 초반 시점에서 냉전의 고착은 피할 수 없는 시대적 흐름이었다. 그러나 한국내의 문제는 판연히 다른 수준의 문제였다. 오늘까지도 한국민족이 분단되어 있는 역사적 이유는 바로 이 전쟁 때문이었다. 전쟁이 없었다면, 통일을 이루지 않았다면 분단이 되었다 치더라도 지금까지와는 전혀 다른 모습이었을 것이다.

우리는 특정사건 이후의 모든 사태전개를 그 특정사건과 관련시켜 해석하는 경향에 대해 부정적이지만, 그러나 1953년 이후 한국에서의 사태에 끼친 전쟁과 그로 인한 분단의 영향은 결정적이었다. 베버(Max Weber)는 특정 사태나 요인이 없었을 경우를 상정하는 반사실적 가정 또는 요인배제법을 통하여 특정 사태나 요인의 중요성, 기여, 역할을 판별해 내는 방법론을 제시한 바 있다.[11] 그렇게 함으로써 실제 사태의 의미와 중요성은 더 객관적이고 사실적으로 판별가능하기 때문이다. 우리가 한국전쟁을 결정하고 시도한 리더십을 다른 어떤 시각과 관점에서가 아니라, 민족주의적 민중복리적 관점에서 비판적으로 보는 이유는 여기에 있다.

그들의 결정은 가장 근본주의적인 도덕적 동기에서 출발한 전쟁이 결국은 상상키 어려운 인간적 비용을 요구하지 않았느냐는 지극히 도덕적인 비판에 대해 아무런 해답을 줄 수 없기 때문이다. 가장 도덕적인 동기에서 출발한 전쟁이 가장 비도덕적인 결과를 초래하고 만 것이었다. 정치적 행동은 동기에 의해서가 아니라 과정과 결과에 의해서 평가 받아야 하며 실제로 민중들에게 중요한 것은 과정과 결과인 경우가 더 많다. 한국전쟁을 시작한 김일성·박헌영의 결정을 보면서 우리는 베버가 말하는 '궁극적 목적윤리'와 '책임윤리'의 문제를 깊이 상념하지 않을 수 없다. 정치가의 행동에서 궁극적 목적윤리는 비록 그 동기의 순수성을 인정하더라도 '종교적 예시나 천년왕국의 예언'과 같은 비현실적 행동으로 전락하여 이미 그 자체에 '목적에 의한 수단의 정당화라는 문제에서 궁극적 목적 윤리의 소멸'을 내재하고 있다. 말을 바꾸면 궁극적 목적윤리

---

11) Max Weber, *The Methodology of the Social Sciences*, Edward A. Shills and Fenry Finch (trans. and ed.) (N. Y. : The Free Press, 1949), p. 76.

에 의한 행동은 목적을 위해 모든 수단을 정당화하면서 사실은 가장 비윤리적인 행동으로 나타난다는 것이다. 그에 따르면 그것은 종교적 입장인 것이다. 이에 반해 책임윤리는 '자기 행위의 예견가능한 결과에 대해 책임을 져야 하는 원칙'인 것이다.[12] 한국전쟁의 시작은 베버가 말하는 바의 책임윤리가 결여된 선택이었던 것이다.

김우창은 "일의 의미는 우리의 동기의 순수성만으로 주어지지 않는다"면서 "설령 우리가 최선의 도덕적 확신에 따라서 행동한다고 하더라도 우리의 행동에 의하여 좋은 결과가 증명되지 않는다면 우리의 확신이 최선의 것이었다는 것을 어떻게 보여줄 수 있는가?"고 묻는다. 그는 "하나의 행동의 의미는 행동의 완성으로서만 완성된다. … 참으로 심각한 도덕적 책임은 자신의 행동의 동기에서가 아니라 그것이 가져오는 현실적 결과에서 일어나는 것"이라고 말한다.[13] 자주 결과는 동기보다 중요하며 때로는 훨씬 중요하다. 사실 동기는 반드시 알 수 있는 어떤 것도 아니다. 마키아벨리(Niccolo Machiavelli)는 《군주론》에서 "사람의 행동, 특히 군주의 행동에 대해서는 반박할 수 있는 재판소가 없으므로 다만 결과만을 보게 된다"면서 동기보다는 결과가 정치적 행동을 평가하는 데 있어 더 중요하다고 말한다. 그는 나쁜 실례조차도 그 당초의 동기는 훌륭한 것이었음을 지적한다.[14]

많은 사람을 죽게 하고 민족을 반세기 이상 분단시킨 전쟁을 초래한 리더십에 대한 비판을 유예한 채 다른 요인만을 비판할 경우 역사를 스스로 만들어가는 주체적 측면은 그 존재의 이유와 영역을 상실할 것이다. 이 전쟁은 20세기 한국의 역사에서 가장 큰 비극이었다. 그것은 어쩌면 "전국민이 치른 하나의 거대한 역사적 트로마"(*trauma*)였는지도 모른다.[15] 우리가 이 연구를 궁극적으로 지금까지와 같은 시각에서 진행

---

12) 궁극적 목적윤리와 책임윤리에 대해서는 Max Weber, "직업으로서의 정치," 임영일·차명수·이상률 편역, 《막스베버선집》(까치, 1991), pp. 253~261.

13) 김우창, 《이성적 사회를 향하여》(서울: 민음사, 1993), pp. 15, 536.

14) Niccolo Machiavelli, 《군주론·정략론》 합본, 황문수 역(서울: 동서문화사, 1978), pp. 113, 199, 303.

한 근본 연유는 바로 주체적으로 역사를 만들어 갈 공간에 대한 반성적 성찰과 모색의 필요성에 대한 고민의 결과였다. 어떤 연구들은 "한국전쟁은 누가 시작하였는가?"라는 물음은 제기되어서는 안된다는 전제에서 출발한다. 이러한 문제제기는 한국사회에 오랫동안 내재한 모순의 폭발이자 구조의 발현으로 보는 이 전쟁을 특정 주체의 결행에 의한 시작으로 설명함으로써 빠질 수 있는 함정과, 이 사태가 갖고 있는 역사적 성격의 사상(捨象)을 막으려는 학적 고투이자 문제설정으로 보인다.

그러나 1894년의 동학농민전쟁과 한국전쟁이 같을 수는 없다. 밑으로부터의 지속적인 문제제기와 리더십에로의 의사결집과정을 거쳐 집합의지의 응축을 통해 지배블록 및 외세에 도전한 전자와, 결정 주체 스스로도 그것이 가져올 엄청난 파장 때문에 숙고를 거듭하면서 외부 강대국과 비밀스런 논의를 거듭하여 전체 사회를 일거에 바꾸겠다는 사회공학(*social engineering*)적 구상을 거쳐 사태를 해결하려 한 후자가 동일한 선상에 놓인다면, 서로 다른 성격의 사태들의 등장과 귀결에서 나타난 차이를 무시하게 되어 결과적으로 사태를 주도한 리더십에 대한 평가는 항상 동일할 수밖에 없을 것이다. 그러나 그러한 동일시는 있어서는 안될 오류이다. 사회공학에 대한 테일러(Charles Taylor)의 근본적 문제제기처럼 사회공학을 추구할 절대적 자유는 제한되지 않으면 안될 것이다.[16]

김일성과 박헌영은 전쟁을 통해서라도 민족을 결합시키려는 의지가 강력하였는데, 그러나 의지 대신에 강조되어야 할 것은 사회 전체의 필요이다.[17] 이 전쟁은 우리에게 필요했던 것인가? 그것에 대한 해답은 부정적일 수밖에 없다. 베버는 가능성과 필연성이라는 이분법에 반대하는 중간노선을 거부할 뿐만 아니라 동시에 결정론에 대해서도 반대한

15) 한배호, "정치 — 강력한 민주국가의 土臺," 《세대》 1965년 6월호 특집 세미나 〈6·25 — 역사의 분수령〉, p. 50.

16) Charles Taylor, *Hegel and Modern Society* (Cambridge: Cambridge Univ. Press, 1979), pp. 135~169.

17) 김우창, 《궁핍한 시대의 시인》(서울: 민음사, 1977), p. 393.

바 있다. 그에게 있어 가능성의 반대는 필연성이 아니라 적합성이었다.[18] 전쟁은 결코 필연이 아니었으며 필요하거나 적합하지는 더욱 않았다. 당시에 전쟁은 사회적 필요는 결코 아니었다. 이 전쟁의 결정은 북한 공산지도부의 전형적인 유토피아니즘과 낭만주의의 산물이었다.

포퍼(Karl R. Popper)의 말대로 "우리 사회의 완전한 재구성(*a complete reconstruction*)이 즉시 작동가능한 체제로 이어질 것이라고 가정하는 것은 비합리적"일 것이다. 그는 "탐미주의와 급진주의는 우리로 하여금 이성을 던져 버리게 하고 그 대신 정치적 기적을 바라는 절망적인 희망을 갖도록 한다"며 "지상에 천국을 건설하고자 하는 최선의 의도가 있다 해도 그것은 단지 하나의 지옥, 인간만이 그의 동포를 위해 준비하는 그런 지옥을 만들 뿐"이라고 비판한다.[19] 한국전쟁은 그러한 단절적 사회공학의 대표적인 사건이었던 것이다.

1945년 8월 한국인들은 갑자기 독립을 맞이하였고 또 갑자기 분할을 맞이하였다. 함석헌은 해방은 "도둑같이 뜻밖에 왔다"고 말한다.[20] 그것은 모든 한국인들에게 마찬가지였다. 그러나 독립을 준 것도 미소였지만 분할을 준 것도 역시 미소였다. 한 나라는 한국인들의 희원을 고려하지 않은 채 다른 한 나라의 한국 독점을 저지하고자 한국을 의식적으로 분할시켰고, 다른 한 나라는 이 분할을 수용하여 재빠르게 자신들의 체제를 이식하였다. 그리고는 둘 모두 한국인들간의 갈등의 씨앗을 뿌려놓은 채 차례로 한국을 떠났다.

이들은 나중에는 두 한국이 싸우는 것을 서로 말렸는데 외부의 관찰자들에게는 호전적인 한국인들만이 비난받아야 되는 것처럼 보였을 것이다. 그러나 급진적 호전성을 제외한다면 한국인들의 통일의지 자체는

---

18) Stephen Kalberg, *Max Weber's Historical Sociology* (Chicago: The University of Chicago Press, 1994), p. 145.

19) Karl R. Popper, *The Open Society and Its Enemies*, 이한구 역, 《열린 사회와 그 적들》 제 1 권(민음사, 1982), pp. 218~230 ; 이명현 역, 제 2 권, pp. 184~189, 204~205, 267.

20) 함석헌, 《뜻으로 본 한국역사》(서울: 제일출판사, 1964), p. 330.

그들의 장구한 단일국가 역사에 비추어 비난받을 성질의 것이 아니었다. 그들은 진정으로 단일민족국가를 원하였다. 또한 스탈린의 주저를 마치 그가 전쟁의 참화를 두려워하고 한국에서의 평화를 원하였던 것처럼 해석하는 것은 전연 잘못된 것이다. 그가 전쟁의 결행을 말린 이유는 단 하나였다. 한국에서의 전쟁으로 인해 자신이 비난받거나 미소관계가 틀어지는 것 때문이었다. 그는 단지 교활한 전략가일 뿐이었다.

그럼에도 불구하고 우리는 이 전쟁은 누가 일으켰는지를 제기해서는 안된다는 주장을 수용하기 어렵다. 그것은 이 전쟁이 혁명이 아니라는 해석의 문제 때문이기도 하지만 보다 현실적 실천적인 이유에서 정치의 중요한 요체인 신중한 정치적 사려(*prudence*)를 소유한 리더십의 등장에 의해 전쟁과 같은 파괴적이고 자기기만적인 방법에 의해서가 아니라 타협과 합의라는 바람직한 방법에 의해 소망스런 민족공동체를 형성해야 했으며, 또 해야 한다는 주체적 희원 바로 그것 때문이다. 즉 "역사를 주체적으로 만들어가는 측면이 인정되지 않는다면 역사적 평가의 문제, 나아가 바람직한 인간공동체를 만들고자 하는 한국민들의 집합적인 의지, 노력, 투쟁 자체가 무의미할는지도 모른다".[21] 거기에도 역사는 있지만 스스로 만들어가는 역사는 이미 존재하지 않는다.

이 연구의 출발에서 말한 대로 우리는 직접적인 전쟁으로부터는 벗어났으나 여전히 이 전쟁이 남긴 영향력의 범위내에 살고 있다. 따라서 이 연구의 진정한 목표는 바로 전쟁의 진실을 가능한 한 정확하게 규명하고 해석하여 비로소 전쟁의 영향이 최소화되는 시기의 도래를 모색하는 데 있었다는 점을 밝히지 않을 수 없다. 오늘의 한국인들에게 민족의 화해처럼 절실한 것도 없다. 그것은 이 전쟁이 남긴 영향으로부터 탈출함으로써만 비로소 가능하다. 그러나 사실을 은폐하는 데서 화해는 결코 가능하지 않다. 사실의 직시는 화해의 첫 출발이 된다.

역사적 사실을 파헤치고 해석하여 오늘의 분단의 기원을 해명해 냄으

---

21) 최장집, "국민국가의 형성과 근대화문제," 《한국사》(서울: 한길사, 1994), p. 129.

로써 민족의 화해와 평화적 통일을 모색하는 근거를 마련하고, 그 위에서 우리는 비로소 이 사건의 위상을 현실적 존재에서 역사적 존재로 바꾸어야 할 것이다. 그것이야말로 이 연구가 궁극적으로 추구하고자 했던 바 이성의 영역이었다. 수많은 문제를 야기한 한국전쟁에 대해 우리는 성숙한 판단력의 결과로서 도그마에서 해방되어 이성의 눈으로 볼 수 있는 시대의 도래를 추구해야 한다. 바로 그 지점이 갈등하는 세력과 갈라진 정신들이 평화를 향해 나아가는 화해의 출발지점이 될 것이다.

참고문헌

1. 1차 자료

(1) 미출간 자료

대한민국 공보처, 《韓國政・戰日誌》(1952).

대한민국 공보처 통계국, 《서울特別市 被害者名簿, 1950. 6. 25~9. 8》(1950).

______, 《6・25 事變 綜合被害調査表》(1953).

대한민국 국방부 육군본부, 《한국전쟁사료》 1~85권(1985~1990).

대한민국 국방부 전사편찬위원회 / 국방군사연구소 소장자료.

______, 《陸軍將校資歷表》, 군번 10001~10300번.

______, 《戰死, 戰傷死, 殉職, 死亡 將兵 階級別 部隊別 統計表, 1950~1953》, 사료 129.5-21호.

______, 《훈령관계철》, 사료 623호.

______, 《국방부 특명철, 1949》, 사료 626호.

______, 《국방부 특명철, 1949~1950》, 사료 26호.

______, 《면담사료 — 증언록》, 필자가 임의로 120명을 추출하여 선정(남한군 80명, 북한군 40명).

______, 〈육본 작전명령 38호〉; 〈육군 제6사단 작전명령 42호〉, 사료 562호, 740 호.

______, 《육군본부 고등군법회의 명령》, 사료 842호.

______, 《육군역사일지, 1949~1950》, 사료 280호.

______, 《육군역사일지, 1945~1950》 사료번호 없음.

______, 재조선 미군정청, 《특명철, 1946~1948》 사료번호없음

______, *Prisoners of War Preliminary Interrogation Report*.

대한민국 국회사무처, 《國會速記錄》, 제1~10회, (1948~1950).

북조선공산당 중앙위원회, 〈檄〉(1946년 5월 19일), 통일원 소장 미군탈취문서.
북조선로동당 중앙본부 선전선동부, 《학습재료 제 3 집》(1947).
북조선로동당 중앙위원회, 《북조선로동당 제 2 차 전당대회 회의록》(1948).
北朝鮮 '五·一' 紀念共同準備委員會, 《괏쇼·反民主分子의 正體》(1946).
북조선인민위원회 사법국 편, 《북조선 법령집》(1947).
북조선인민회의, 《북조선인민회의 제 1 차회의 회의록》(1947).
조선민주주의인민공화국 내각 사무처, 《내각공보》(1949~51).
조선민주주의인민공화국 내각 직속 인민경제대학 통신교육부, 《조국의 자유독립과 민주건설을 위한 조선로동당의 투쟁》.
조선민주주의인민공화국 민족보위성 문화훈련국, 《정치보도 및 담화자료》(1950년 6월).
______, 《정치상학교재 : 조선인민군의 목적 및 과업에 대하여》(1949년 2월).
조선인민군 528군 부대, 《상학재료 — 당건설》, 제 1~4 부(1949년 12월~1950년 4월).
조선인민군 총정치국 선전선동부, 《강연자료 — 현대전쟁에 있어서의 경제적 요인에 대하여》(연도 미상).
《김수임 재판기록》(발행처 및 연도 미상).
《남도부사건 재판기록》(요약).
《남반부에 관한 자료집》(평양: 국립인민출판사, 1949).
《레베데프 비망록》(대구매일신문 입수, 한글 번역본).
《로동당 중앙위원회 정기회의 문헌집》(평양: 로동당출판사, 1950).
《민청 강연자료 제 2 집 — 인민군대와 청년》(평양: 청년생활사, 1949).
《全國人民委員會 代表者大會 議事錄》(서울 : 전국인민위원회, 1946).
《한국전쟁 관련 러시아 비밀외교문서》(1994년 6월 한국의 김영삼 대통령이 러시아의 옐친 대통령으로부터 전달받아 한국의 외무부가 번역, 요약한 한국전쟁 관련 구소련 비밀외교문건).
《한국전쟁 관련 러시아 비밀외교문서》(서울신문이 입수, 번역한 한국전쟁 관련 구소련 비밀외교문건).

CIA, ORE 32-48, "Communist Capabilities in South Korea"(Feb. 21, 1949).
CIA, ORE 3-49, "Consequences of US Troop Withdrawal from Korea in Spring 1949"(Feb. 28, 1949).
CIA, ORE 39-49, "Probable Developments in Taiwan"(Mar. 14, 1949).
CIA, ORE 18-50, "Current Capabilities of the Northern Korean Regime"

(June 19, 1950).

Headquarters. Far East Command, *History of the North Korean Army*(*HNKA*), 1952.

General Headquarters, Supreme Commander for the Allied Powers, *Summation of Non-Military Activities in Japan and Korea*, No. 1~No. 5(Sep. 1945~Feb. 1946).

General Headquarters, Commander-in-Chief, United States Army Forces, Pacific, *Summation of United States Army Military Government in Korea* No. 6~No. 22(Mar. 1949~Jul. 1947).

United States Army Military Government in Korea, *South Korean Interim Government Activities*(*SKIGA*), No. 27~No. 32(Dec. 1947~Jun. 1948).

MacArthur Memorial, Nolfolk, *Papers of General Douglas MacArthur*, Record Group 23, Willoughby Papers.

______, Nolfolk, *Papers of General Douglas MacArthur*, Record Group 6.

Military Situation in the Far East-Hearings before the Committee on Armed Services and the Committee on Foreign Relations, United States Senate (Washington: United States Government Printing Office, 1951).

National Archives, National Archives and Records Service, Central Services Administration, *Record Group 242 — Annotated Lists*(National Record Center, 1977).

______, Record Group 242, "Captured Enemy Documents," Shipping Advice, No. 2005~2013.

______, Record Group 319, Entry 97, Box 34.

______, Record Group 319, Entry 95, Box 130.

______, Record Group 330, Entry 18, Box 69.

______, Record Group 330, Entry 199, Box 40.

"Report of the United Nations Commission on Korea — Covering the Period from 15 December 1949 to 4 September 1950," *General Assembly Official Records: Fifth Session Supplement No.16 (A/1350)* (New York, Lake Success: 1950), in Compiled by Ministry of Foreign Affairs, *Report of the United Nations Commission on Korea*, IR-IO No. 9-5 (Nov. 1961).

(2) 출간 자료

국회도서관 입법조사국, 《韓國外交關係資料集》(1976).

_____, 《한국정치연표 1945~1984》(1984).

김광섭 편, 《李大統領 訓話錄》(서울: 중앙문화협회, 1950).

김남식 편, 《남로당연구자료집》 1~2권 (서울 : 고려대학교 아세아문제연구소, 1974).

김남식·이정식·한홍구 편, 《韓國現代史資料叢書》 1~15권(서울: 돌베개, 1986).

김운석 편, 《北韓傀集戰術文獻集》 (서울: 대한반공청년단, 1954).

김일성, 《조국의 통일독립과 민주화를 위하여》 1~2권(평양: 조선로동당출판사, 1947).

_____, 《자유와 독립을 위한 조선인민의 정의의 조국해방전쟁》 (평양: 조선로동당출판사, 1954).

_____ 술(述), 《민족대동단결에 대하야》(조선공산당 청진시당위원회, 1946).

김준엽·김창순·이일선·박관옥 공편, 《북한연구자료집》 1~2집(서울 : 고려대학교 아세아문제연구소, 1969~1974).

농림신문사 편, 《농업경제연보》(1949년판).

농지개혁사 편찬위원회, 《농지개혁사》 상권(서울: 농림부 농지국, 1970).

대검찰청 수사국, 《左翼事件實錄》 1~9권(1965~1975).

대한민국 공군본부 정훈감실, 《공군사 제1집, 1949~1953》(1962 ; 1991년 증보판).

대한민국 공보실, 《政府八年間의 治績》(발행연도 미표기).

대한민국 공보처, 《大統領 李承晩 博士 談話集》 1~2집(1952~1953).

_____, 《大韓民國 政府 四年間의 治績》(1952).

대한민국 공보처 통계국, 《1952년 대한민국 통계요람》(1953).

대한민국 교육부 국사편찬위원회 편, 《北韓關係史料集》 1~16권(1982~1993).

대한민국 국방부 전사편찬위원회, 《韓國戰亂一年誌》(1951), 《韓國戰亂二年誌》(1953), 《韓國戰亂三年誌》(1954), 《韓國戰亂四年誌》(1955), 《韓國戰亂五年誌》(1956).

_____, 《국방부사》(1954).

_____, 《九月山》(1955).

_____, 《自由民에게 전해다오》 제1집(1955).

_____, 《韓國戰爭史研究》 1~2권(1966).

_____, 《韓國戰爭史》 1~11권, 개정판 1~2권(1967~1978).

_____, 《국방조약집 제1집, 1945~1980》(1981).

______, 《국방사》 1집(1984).
대한민국 국회 민의원사무처 법제조사국, 《국회십년지》(1958).
대한민국 국회 사무처, 《國會史 : 制憲國會 第2代 國會 第3代 國會》(대한민국 국회 사무처 위원국 자료편찬과, 1971).
______, 《制憲國會經過報告書》(1986).
대한민국 내무부 치안국, 《대한경찰전사 제1집 — 민족의 선봉》(흥국연문협회, 1952).
______, 《미군정법령집》(서울: 내무부 치안국, 1956).
______, 《한국경찰사》 2권(1973).
대한민국 농림부 농지국, 《農地改革統計要覽》(1951).
대한민국 농수산부 한국농촌경제연구원 편, 《農地改革史關係資料集》 1~6권(1986~1987). 열람
______, 《農改史關係資料集》 1~6집(1986~1987).
대한민국 대검찰청, 《한국검찰사》(1976).
대한민국 교육부, 《6·25 실증자료》(1976).
대한민국 교육부 국사편찬위원회 편, 《資料 大韓民國史》 1~7권(1968~1974).
대한민국 법무부, 《韓國矯正史》(1987).
대한민국 법제처, 《북한 법제 개요》(1991).
대한민국 병무청, 《병무행정사》 상권(1985).
대한민국 육군본부, 《六·二五 事變 陸軍戰史》 1~3권(1952~1954).
대한민국 육군본부 군사연구실 군사편찬과, 《共匪討伐史》(1954).
______, 《육군발전사》(1955).
______, 《창군전사》(1980).
대한민국 육군본부 전사감실, 《六·二五 事變 後方戰史》(1956).
______, 《6·25 事變史》(1959).
대한민국 육군본부 정보참모부, 《공비연혁》(1971).
______, 《北傀 6·25 南侵 分析》(1970).
대한민국 중앙선거관리위원회, 《大韓民國選擧史》, 1집(1973).
______, 《大韓民國政黨史》, 1집(1973).
대한민국 중앙정보부, 《북한대남공작사》 1~2권(1972~1973).
대한민국 통계청, 《남북한 경제사회상 비교》(서울: 통계청, 1995).
대한민국 통일원, 《북한최고인민회의 자료집》 1~3권(1988).
______, 《조선로동당대회 자료집》 1~4권(1988).
대한민국 해군본부 정훈감실, 《海軍十年略史》(1955).

민주주의민족전선 편, 《朝鮮解放一年史》(서울: 문우인서관, 1946).
서울시 임시인민위원회, 《政黨 社會團體 登錄綴》(서울: 서울시 임시인민위원회, 1950년 9월 ; 영인 간행, 1989년 한국안보교육협회).
서울지방검찰청, 《서울지방검찰사》(1985).
서울지방법원 형사부, 〈國會프락치事件 判決文〉, 《월간 다리》 1972년 4~8월.
수도관구경찰청, 《首都五十總選擧警備錄》(1948).
육군사관학교, 《한국전쟁사》(서울: 일신사, 1981, 증보판 1987).
육군사관학교 30년사편찬위원회, 《陸軍士官學校 三十年史》(1978).
정경모·최달곤 편, 《북한법령집》 1~5권(서울: 대륙연구소, 1990).

조선상공회의소, 《1949년 조선경제통계요람》(1950).
조선은행 조사부, 《朝鮮經濟年報》(1948).
조선통신사, 《조선연감》 1947, 1948년판.
조선중앙통신사, 《조선중앙년감》 1949, 50, 51~52(합본), 53년판(평양: 조선중앙통신사, 각 연도).
주한경제협조처(ECA) 편/길익선 역, 《南韓經濟實情》(서울: 백조사, 1950).
한국무역협회, 《무역연감 1953》(1953).
한국산업은행 조사부, 《韓國産業經濟十年史》(1955).
대한민국 외무부, 《大韓民國外交年表 — 附 主要文獻, 1948~1961》(1962).
한국은행, 《경제연감》(1949).
한림대학교 아시아문화연구소, 《1946·1947·1948년도 북한경제통계자료집》(춘천: 한림대학교 출판부, 1994).
헌병사편찬회, 《한국헌병사》(1952).
호룡관 편, 《議會史抄錄》(법제신보사, 1958).
《1950년판 大韓民國建國人物要覽 人事錄》(내외홍보사, 1949).

《김일성 선집》 2~4권(평양: 조선로동당출판사, 1953~54).
《김일성 장군 중요 논문집》(평양: 북조선로동당 출판사, 1948).
《김일성 저작선집》 1~6권(평양: 조선로동당출판사, 1969~1973).
《김일성 저작집》 1~35권(평양: 조선로동당출판사, 1979~1987).
《위대한 수령 김일성 동지의 전기》 1~2권(평양: 조선로동당출판사, 1982).
《朝鮮共産黨 文件資料集, 1945~46》(춘천: 한림대학교 아시아문화연구소, 1993).
《朝鮮人民軍》(평양: 북조선인민위원회 선전국, 1948).
《해방후 3년간 국내외 중요일지》(평양: 민주조선사, 1948).

《해방후 4년간 국내외 중요일지》(평양: 민주조선사, 1949).
《해방후 10년 일지》 1945~1955(평양: 조선중앙통신사, 1955).
조선로동당 중앙위원회 당역사연구소, 《조선로동당 략사》(평양: 조선로동당출판사, 1979).
______, 《조선로동당 력사교재》(평양: 조선로동당출판사, 1964).
______, 《김일성동지의 혁명활동략력》 (평양: 조선로동당출판사, 1969).
조선민주주의인민공화국 국가계획위원회 중앙통계국, 《조선민주주의인민공화국 인민경제발전통계집1946~1960》 (평양: 국립출판사, 1961).
조선민주주의인민공화국 민족보위성 전투훈련국, 《군사지식》 3호(1950년 4월).
조선민주주의인민공화국 최고재판소, 《미제국주의 고용간첩 박헌영 리승엽 도당의 조선민주주의인민공화국 정권 전복음모와 간첩사건 공판 문헌》(평양: 국립출판사, 1956).

Acheson, Dean, *Strengthening : The Forces of Freedom — Selected Speeches and Statements of Secretary of States Acheson, Feb. 1949~Apr. 1950* (Washington, D. C. : U. S. G. P. O., 1950).
Appleman, Roy E., *South to the Nakdong, North to the Yalu* (June~November 1950) (Washington: U. S. G. P. O., 1961).
Cagle, Malcolm W., and Frank A. Manson, *The Sea War in Korea* (Annapolis: U. S. Naval Institute, 1957).
Committee on International Relations, U. S. House of Representatives, *Selected Executive Session Hearings of the Committee, 1949~50*, Vol. Ⅷ: *United States Policy in the Far East*, Part 2. *Korea Assistance Acts, Far East Portion of the Mutual Defense Assistance Act of 1950* (Washington: U. S. G. P. O., 1976).
Etzold, Thomas H. and John Lewis Gaddis (eds.), *Containment : Documents on American Policy and Strategy*, 1945~1950 (New York: Columbia University Press, 1978).
Field, James A., Jr., *History of United States Naval Operations — Korea* (Washington, D. C. : U. S. G. P. O., 1963).
Headquarter, U. S. Armed Forces in Korea (USAFIK), *History of the United States Armed Forces in Korea* (*HUSAFIK*), Vol. 1~3 (영인간행, 돌베개, 1989).
______, *G-2 Periodic Report*, Vol. 1~7 (영인간행, 한림대 아시아문화연구소).

______, *G-2 Intelligence Summary Northern Korea*(*ISNK*), Vol. 1~4(영인간행, 한림대 아시아문화연구소).

______, *G-2 Weekly Summary*, Vol. 1~4(영인간행, 한림대 아시아문화연구소).

Korea Military Advisory Group(KMAG), *G-2 Periodic Report*, Vol. 1~2(영인간행, 한림대 아시아문화연구소).

Hinton, Harold C. (ed.), *The People's Republic of China*, 1949~1979 : A Documentary Survey(Delaware: S. R. Inc., 1980).

Institute of Asian Culture Studies, Hallym University(eds.), *United States Policy Regarding Korea, 1834~1950*(Chunchon: Hallym University Press).

Kim, Se Jin(ed.), *Documents on Korean-American Relations, 1943~1976* (Seoul: Research Center for Peace and Unification, 1976).

Mao, Tse-tung, *Selected Works of Mao Tse-tung*, Vol. 4 (Beijing: Foreign Languages Press, 1961).

______, Stuart R. Schram(ed.), John Chinnery, and Tieyun(trans.), *Chairman Mao Talks to the People : Talks and Letters, 1956~1971*(New York: Pantheon Books, 1974).

R. O. K., M. N. D., War History Compilation Committee, *History of the U. N. Forces in Korea*, Vol. 1~6(1972~1977).

Schnabel, James F., *Policy and Direction : The First Year*(Washington, D. C. : Office of the Chief of Military History, United States Army, 1972).

______, and Robert J. Watson, *The History of the Joint Chiefs of Staff*, Vol. Ⅲ: *The Korean War*, Part I (Historical Division, Joint Secretariat, Joint Chiefs of Staff, 1978).

Suh, Dae-Sook(ed.), *Documents of Korean Communism, 1918~1948* (Princeton: Princeton University, 1970).

Truman, Harry S., *Public Papers of the Presidents of the United States : Harry S. Truman, 1946~1953*(Washington, D. C. : U. S. G. P. O., 1965~1966).

U. S. Congress, Senate, Committee on Foreign Relations, *The United States and the Korean Problem, Documents 1943~1953* (Washington: U. S. G. P. O, 1953).

United Nations, *Year Book of the UN, 1950*(New York: Columbia University Press, 1951).

U. S. Department of State, *United States Policy in the Korean Crisis* (Washington, D. C. : U. S. G. P. O., 1950).

______, *United States Policy in the Korean Conflict*(Washington, D.C.: U.S.G.P.O., 1951).
______, *American Foreign Policy, 1950~1955: Basic Documents*(Washington, D.C.: U.S.G.P.O., 1957).
______, *North Korea: A Case Study in the Techniques of Takeover*(Washington: U.S.G.P.O., 1961).
______, *The Conflict in Korea*(Washington, D.C.: U.S.G.P.O., 1951).
______, *Foreign Relations of the United States, 1945~1951*, 각연도의 한국 해당권(Washington, D.C.: U.S.G.P.O., 1976~1983).
______, *United States Relations With China: With Special Reference to the Period 1944~1949*(1949)/이영희 역, 《중국백서》(서울: 전예원, 1982).
Vanin, Iu V. et al. (eds.), 통일원 역, 《조선의 해방》(대한민국 통일원, 1987).

소련과학아카데미 동양학연구소 편, 통일원 조사연구실 역, 《소련과 북한과의 관계, 1945~1980》(서울: 대한민국 통일원, 1987).
소련군 정치사령부 제7국장 M. 부르체프, "단평—조선임시정부 각료후보들에 대하여," 《역사비평》 1994년 봄.
소련 외무성 편, 국제문제연구회 역, 《쏘베트聯盟과 朝鮮問題—文獻集》(평양: 국제문제연구회, 1949).

정협길림성 연변조선족자치주위원회 문사자료위원회 편, 《연변문사자료집》 제2집(연변: 연변인민출판사, 1985).
중공 연변주위당사사업위원회 편저, 《연변인민의 항일투쟁—자료집》(연변: 연변인민출판소, 1989).

2. 단행본

姜興秀, 《朝鮮獨立血鬪史》(서울: 고려문화사, 1946).
金基石 편, 《北朝鮮의 現狀과 將來》(서울: 조선정경연구사, 1947).
金在俊, 《凡庸記》(서울: 풀빛, 1983).
陸軍士官學校 第八期生會, 《老兵들의 證言》(1992).
邵毓麟·河正玉 譯, 《勝利前後》(서울: 민조사, 1969).
廉漢榮 編, 《國會프락치事件 全貌》(서울: 朝鮮時報社, 1949).

吳蘇白 編, 《解放20年 — 資料篇》(서울: 세문사, 1966 증보판).
吳制道, 《追擊者의 證言》(서울: 희망출판사, 1969).
______, 《붉은 群像》(서울: 희망출판사, 1951).
印貞植, 《朝鮮의 土地問題》(서울: 靑樹社, 1946).
日本陸戰史硏究普及會 編, 大韓民國 陸軍本部 軍史硏究室 譯, 《韓國戰爭》, 1~10권(명성출판사, 1986).
張福成, 《朝鮮共産黨派爭史》(서울: 대륙출판사, 1949).
曺圭河 · 李庚文 · 姜聲才 共著, 《남북의 대화》(서울: 고려원, 1987).
朝鮮産業勞動調査所, 《옳은 路線을 爲하야》(서울: 우리문화사, 1945).
佐佐木春隆, 강창구 편역, 《韓國戰秘史》, 1~3권(서울: 병학사, 1977).
周鯨文, 김준엽 역, 《共産政權下의 中國 (上) (下)》(서울: 문명사, 1985).
崔衡宇, 《海外 朝鮮革命運動小史》(제 1 집) (한성: 동방문화사, 1945).
鐸木昌之, 유영구 역, 《김정일과 수령제 사회주의》(서울: 중앙일보사, 1994).
玄秀, 《赤治八年의 北韓文壇》(출판사 표기망실, 1952).
和田春樹, 이종석 역, 《김일성과 만주항일전쟁》(서울: 창작과 비평사, 1992).
갈홍기, 《大統領李承晩博士略傳》(공보처, 1955).
강만길, 《조선민족혁명당과 통일전선》(서울: 화평사, 1991).
______, 《분단시대의 역사인식》(서울: 창작과 비평사, 1978).
강서군지 증보판 편찬위원회, 《江西郡誌》, 증보판(1987).
강원용, 《빈들에서》 1권(서울: 열린문화, 1993).
강정구, 《좌절된 사회혁명 — 미군정하의 남한 · 필리핀과 북한연구》(서울: 열음사, 1989).
건국청년운동협의회, 《대한민국건국청년운동사》(1989).
고당전 · 평양지 간행회, 《고당 조만식》(서울: 평남민보사, 1966).
고원섭 편, 《反民者罪狀記》(서울: 백엽문화사, 1949).
군지편찬위원회, 《定平郡誌》(1986).
그 프 알렉산드로브 외, 《스탈린약전》(모스크바: 외국문서적출판부, 1948).
극동문제연구소, 《북한전서》 1~3권 (서울: 극동문제연구소, 1974).
______, 《北韓總鑑, 1945~1968》 (서울: 극동문제연구소, 1968)
김경재, 《김형욱회고록 : 혁명과 우상》 2권(서울: 전예원, 1991).
김구, 백범정신선양회 편, 《백범일지》(서울: 하나미디어, 1992).
김남식, 《남로당연구》(서울: 돌베개, 1984).
김도영, 《붉은 잎》(심양: 료녕민족출판사, 1990),
김병연 편, 《평양지》(서울: 고당전 · 평양지간행회, 1964).

김봉현 · 김민주 공편, 《제주도 인민들의 4 · 3무장투쟁사 — 자료집》(大阪: 文友社, 1963).
김상준, 《중요산업국유화독본》(서울: 신흥출판사, 1948).
김석중, 《朔風》(서울: 극동문제연구소, 1991).
김석학 · 임종명, 《광복30년 —제 2 권 : 여순반란편》(광주: 전남일보사, 1975).
김성칠, 《역사앞에서》 (서울: 창작과 비평사, 1993).
김성호 · 전경식 · 장상환 · 박석두, 《農地改革史研究》(서울 : 한국농촌경제연구원, 1989).
김세원, 《비트》(광주: 일과놀이, 1993).
김신조, 《나의 슬픈 역사를 말한다》(서울: 동아출판사, 1994).
김영진 편, 《반민자대공판기》(서울: 한풍출판사, 1949).
김용섭, 《한국근현대농업사연구》(서울: 일조각, 1992).
김우창, 《이성적 사회를 향하여》(서울: 민음사, 1993).
______, 《궁핍한 시대의 시인》(서울: 민음사, 1977).
김인서, 《이승만박사를 변호함》(서울: 독학협회출판사, 1963).
김 일 · 강량욱 · 오진우 · 리종옥 · 박성철 · 최현 · 림춘추 · 오백룡 · 김중린 · 김영남 · 전문섭 · 현무광 · 리을설 · 김만금, 《붉은 해발 아래 창조와 건설의 40년》, 1~2권(평양 : 조선로동당 출판사, 1981).
김일성, 《세기와 더불어》 1~4권(평양: 조선로동당 출판사, 1992~1993).
김정기, 《密派》(서울: 대영사, 1967).
김종훈, 《한국정당사》(서울: 고시학회, 1969).
김준엽, 《장정—나의 광복군 시절》(서울: 나남, 1987).
______ · 김창순, 《한국공산주의운동사》 5권(서울: 청계연구소, 1986신판).
김진학 · 한철영, 《제헌국회사》(서울: 신조출판사, 1954).
김질락 옥중수기, 《어느 지식인의 죽음》(서울: 행림출판, 1991).
김찬정, 《비극의 항일빨치산》(서울: 동아일보사, 1992).
김창만, 《모든 것은 조국건설에》(평양: 조선노동당출판사, 1947).
김창순, 《北韓十五年史》(서울: 지문각, 1961).
______, 《역사의 증인》(서울: 한국아세아반공연맹, 1956).
김철범, 《한국전쟁과 미국》(서울: 평민사, 1990).
김학준, 《한국문제와 국제정치》(서울: 박영사, 1987).
김혁동, 《미군정하의 입법의원》(서울: 범우사, 1970).
김희일, 《미제의 조선침략사》(평양: 조선노동당출판사, 1964).
나탈리 바자노바, 양준용 역, 《기로에 선 북한경제》(서울: 한국경제신문사, 1992).

도날드 비 쉘리, *Beggar at the Banquet*, 송용필 역, 《거지들의 잔치 — 거지대장 홍우준 박사의 신앙일대기》(서울: 홍성사, 1988).
동아일보 편, 《秘話 第一共和國》, 1~2권(서울: 홍우출판사, 1975).
라종일, 《끝나지 않은 전쟁 : 한반도와 강대국 정치, 1950~1954》(서울: 전예원, 1994).
료녕민족출판사 편, 《리홍광지대》(심양: 료녕민족출판사, 1986).
리나영, 《조선민족해방투쟁사》 (평양: 조선로동당출판사, 1958).
리승만, 《독립정신》(서울: 태평양출판사, 1954).
리해식 저, 김철환·김상혁 편역, 《38선에서 싸우던 나날에》(연변: 연변인민출판사, 1991).
문학봉, 《美帝의 朝鮮侵略政策의 正體와 內亂挑發의 眞相을 暴露함》(평양: 조선중앙통신사, 1950).
민족정경문화연구소 편, 《친일파군상》(서울: 삼성문화사, 1948).
박갑동, 《김일성과 한국전쟁》(서울: 바람과 물결, 1988).
______, 《통곡의 언덕에서》(서울: 서당, 1991).
박성하, 《우남 리승만》(서울: 명세당, 1956).
박용만, 《경무대 비화》(서울: 삼국문화사, 1965).
박원순, 《국가보안법연구 1》(서울: 역사비평사, 1989).
박일원, 《남로당의 조직과 전술》(서울: 1947년 간행, 1984년 세계출판사 복간).
박정희, 《국가와 혁명과 나》(서울: 향문사, 1963).
박철, 《북조선노선비판》(서울: 문화공론사, 1949).
박현채 외, 《해방전후사의 인식》 3권(서울: 한길사, 1987).
배국헌, 《인민경제의 운영과 계획의 조직》(평양: 국가계획위원회 출판사, 1948).
백남운, 《쏘련印象》(평양: 조선역사편찬위회, 1950).
백범사상연구소 편, 《백범어록》(서울: 사상사, 1973).
백　봉, 《민족의 태양 김일성 장군》 1~3권(평양: 인문과학사, 1968~1971).
백선엽, 《군과 나》(서울: 대륙연구소, 1989).
______, 《實錄 智異山》(서울: 고려원, 1992).
______, 《韓國戰爭 一千日》(東京: Japan Military Review, 1988).
백영철, 《제1공화국과 한국민주주의》(서울: 나남, 1995).
변영태, 《나의 祖國》(서울: 자유출판사, 1956).
부산일보사, 《臨時首都千日》(부산: 부산일보사, 1985).
북한연구소, 《北韓總覽》(1983).

______, 《북한민주통일운동사》 1~5권(서울: 북한연구소, 1990).
브루스 커밍스 외, 《분단전후의 현대사》(서울: 일월서각, 1983).
사회과학원 력사연구소, 《혁명의 위대한 수령 김일성동지께서 령도하신 조선인민정의의 조국해방전쟁사》 1~3권(평양: 사회과학출판사, 1972).
______, 《자유와 독립을 위한 조선인민의 정의의 조국해방전쟁사》(평양: 조선로동당출판사, 1949).
서중석, 《한국현대민족운동연구》(서울: 역사비평사, 1992).
선우몽령, 《인민정권의 수립과 그의 공고화를 위한 조선로동당의 투쟁》(평양: 조선로동당출판사, 1958).
소련아카데미 경제학부 편, 최동화·최원식 역, 《사회주의공업경제학》(평양: 국가계획위원회 출판사, 1949).
손세일, 《이승만과 김구》(서울: 일조각, 1970).
손전후, 《우리나라 토지개혁사》(평양: 과학백과사전출판사, 1983).
손충무 편, 《이것이 眞相이다.》(서울: 진명문화사, 1966).
송건호, 《분단과 민족》(서울: 지식산업사, 1986).
송남헌, 《解放三年史》 1~2(서울: 까치, 1985).
______, 《解放三十年史》 1권(서울: 성문각, 1976).
스탈린, 《십월혁명과 로시아공산주의자들의 전술》(모스크바: 외국문서적출판부, 1949).
______, 《쏘련의 위대한 조국전쟁에 대하여》(모스크바: 외국문서적출판부, 1947).
______, 《쏘베트사회주의공화국연맹 헌법초안에 대하여》(모스크바: 외국문서적출판부, 1949).
승당임영신박사전집편찬위원회, 《承堂任永信博士文集》 II (서울: 중앙출판인쇄, 1986).
신문학회편, 《자유의 영도자》(1955).
심지연, 《朝鮮新民黨硏究》(서울: 동녘, 1988).
______, 《한국현대정당론》(서울: 창작과비평사, 1984).
안두희, 《弑逆의 苦悶》(서울: 학예사, 1955).
야 이오페 저, 김영활 역, 《산업생산의 계획화》(평양: 국가계획위원회 출판사, 1949).
양우정, 《이대통령의 건국정치이념—일민주의의 이론적 전개》(서울: 연합신문사, 1949).
양한모, 《조국은 하나였다?》(서울: 일선기획, 1990).

______, 《그들은 조국을 배반했다?》(서울: 일선기획, 1990).
양호민, 《북한의 이데올로기와 정치》, 1~2권(서울: 고려대학교 아세아문제연구소, 1967, 1972).
여정, 《붉게 물든 대동강》(서울: 동아일보사, 1991).
연변 조선족 략사편찬조, 《조선족략사》(연길: 연변인민출판사, 1986).
연변 조선족자치주 민정국 편, 《장백의 투사들》 3~4권(연변: 연변인민출판사, 1987, 1990).
예관수·조규동, 《한국의 동란》(서울: 병학연구사, 1950).
오소백, 《인간김구》(서울: 국제문예사, 1949).
오영진, 《하나의 증언》(서울: 중앙문화사, 1952).
우남실록편찬회, 《雩南實錄, 1945~1948》(서울: 열화당, 1976).
《위대한 수령 김일성 동지 전기》(평양: 조선로동당출판사, 1982)
유두응 편, 《조선의 정치동향》, 제1집(서울: 삼우출판사, 1946).
유진오, 《憲法解義》(서울: 明世堂, 1949).
______, 《헌법기초회고록》(서울: 일조각, 1980).
윤치영, 《윤치영의 20世紀》(서울: 삼성출판사, 1991).
의주군지 편찬위원회, 《義州郡誌》(1975).
이균영, 《신간회연구》(서울: 역사비평사, 1993).
이기하, 《한국공산주의운동사》 1~3권(서울: 국토통일원조사연구실, 1977).
______, 《한국정당발달사》(서울: 의회정치사, 1961).
이동현, 《한국신탁통치연구》(서울: 평민사, 1990).
이범석, 《민족과 청년》(서울: 백수사, 1948).
______, 《우등불 — 후편》(서울: 삼육출판사, 1992).
이삼성, 《미래의 역사에서 미국은 희망인가》(서울: 당대, 1995).
______, 《미국의 대한정책과 한국민족주의》(서울: 한길사, 1993).
이응준, 《回顧90年》(汕耘紀念事業會, 1982).
이의일·서명훈 주편, 《조선의용군 3지대》(흑룡강민족출판사, 1987).
이정식, 허원 역, 《만주혁명운동과 통일전선》(사계절, 1989).
이종석, 《조선로동당 연구》(서울: 역사비평사, 1995).
______, 《현대북한의 이해》(서울: 역사비평사, 1995).
이형근, 《군번1번의 외길인생》(서울: 중앙일보사, 1993).
이호재, 《한국인의 국제정치관》(서울: 법문사, 1994).
______, 《한국외교정책의 이상과 현실》(서울: 법문사, 1986).
이호진·강인섭, 《이것이 국회다》(서울: 삼성출판사, 1988).

인민평론사 譯編, 《세계의 눈에 빛인 해방조선의 진상》(인민평론사, 1946).
임병직, 《임정에서 인도까지》(서울: 여원사, 1964).
임 은, 《北朝鮮王朝成立秘史》(서울: 한국양서, 1982).
______, 《金日成正傳》(서울: 옥촌문화사, 1989).
임종국, 《친일문학론》(서울: 평화출판사, 1966).
장준익, 《북한인민군대사》(서울: 서문당, 1991).
장준하, 《돌베개》(서울: 사상, 1985).
장창국, 《육사졸업생》(서울: 중앙일보사, 1984).
장창종, 《나의 소련유형기》(서울: 중앙교육출판사, 1987).
______, 《바이칼은 흐르는가?》(서울: 고려원, 1991).
전국문화단체총연맹, 《반란과 민족의 각오》(1949).
정일권, 《6.25비록 — 전쟁과 휴전》(서울: 동아일보사, 1986).
정태영, 《조봉암과 진보당》(서울: 한길사, 1991).
정해구, 《10월인민항쟁연구》(서울: 열음사, 1988).
조병옥, 《나의 회고록》(서울: 민교사, 1959.)
조봉암, 《우리의 當面課業》(서울: 혁신문예사, 1954)
조석호, 《해부된 흑막》(서울: 서울신문사, 1953).
조선민주주의인민공화국 사회과학원 역사연구소, 《력사사전》 I (평양: 사회과학출판사, 1971).
조선민주주의인민공화국 사회과학원 철학연구소, 《철학사전》(서울: 힘, 1988년 번인간행).
조선의용군발자취 집필조, 《중국의 광활한 대지우에서》(연변: 연변인민출판사, 1987).
조선일보사 출판국 편, 《전환기의 내막》(서울: 조선일보사, 1982).
조소앙, 三均學會 편, 《素昻先生文集》(하) (서울: 횃불사, 1979).
조순승, 《한국분단사》(서울: 형성사, 1982).
조용중, 《미군정하의 한국정치》(서울: 나남, 1990).
조철, 《죽음의 세월》(서울: 성봉각, 1964).
주동명, 《祖國의 民主獨立과 撤兵問題》(서울: 이상사, 1948).
주영복, 《내가 겪은 조선전쟁》, 1~2권(서울: 고려원, 1990~1991).
중앙일보 편, 《民族의 證言》 1~6권(서울: 을유문화사, 1972~1973, 중앙일보, 1983년 재판 — 전 8권).
______, 특별취재반, 《비록 조선민주주의 인민공화국》(上) (下) (서울: 중앙일보사, 1992, 1993).

지수걸, 《日帝下 農民組合運動硏究》(서울: 역사비평사, 1993).
지헌모 편, 《최후의 백범》(서울: 韓國國事研究會, 1960).
차기벽, 《한국민족주의의 이념과 실태》(서울: 까치, 1978).
차상철, 《해방전후 미국의 한반도정책》(서울: 지식산업사, 1991).
최상용, 《미군정과 한국민족주의》(서울: 나남, 1986).
최장집, 《한국민주주의의 이론》(서울: 한길사, 1993).
______, 《한국현대정치의 구조와 변화》(서울: 까치, 1989).
______, 《한국의 노동운동과 국가》(서울: 열음사, 1988).
______ 편, 《한국전쟁연구》(서울: 태암, 1990).
최홍조, 《民主國民黨의 內幕》(서울: 신문의 신문사, 1957).
하영선 편, 《한국전쟁의 새로운 접근》(서울: 나남, 1990).
한국교회사연구소 편, 《황해도 천주교회사》(1984).
한국역대장군전편찬회, 《한국역대장군전》 2권(서울: 대아문화사, 1970).
한국일보 편, 《증언: 김일성을 말한다 — 유성철 · 이상조가 밝힌 북한 정권의 실체》(서울: 한국일보사. 1991).
한국통일촉진회 편, 《북한반공투쟁사》(1970).
한근조, 《고당조만식》(서울: 태극출판사, 1973).
한배호, 《한국의 정치과정과 변화》(서울: 법문사, 1993).
______, 《한국정치변동론》(서울: 법문사, 1994).
한설야, 《영웅 김일성장군》(부산: 신생사, 1947).
한승인, 《독재자 이승만》(서울: 일월서각, 1984).
한용원, 《창군》(서울: 박영사, 1984).
한재덕, 《김일성을 고발한다》(서울: 내외문화사, 1965).
______, 《김일성장군개선기》(평양: 민주조선사, 1947년 초판, 1948년 증보판).
한철영, 《이승만대통령》(서울: 문화춘추사, 1953).
한태수, 《한국정당사》(서울: 신태양사, 1961).
함석헌, 《뜻으로 본 한국역사》(서울: 제일출판사, 1964).
______, 《죽을 때까지 이 걸음으로》(서울: 삼중당, 1964).
허정, 《우남 이승만》(서울: 태극출판사, 1970).
현룡순·리정문·허룡구 편, 《조선족 백년사화》 1~4권(서울: 거름, 1989 재발행).
홍성찬, 《한국근대농촌사회의 변동과 지주층》(서울: 지식산업사, 1992).
황룡국 · 신일호 · 최홍빈 · 황유복 · 문숙동, 《조선족 혁명투쟁사》(심양: 료녕민족출판사, 1988).
희망출판사 편집부 편, 《사실의 전부를 기술한다》(서울: 희망출판사, 1966).

《金九主席 最近言論集》(출판사와 출판연도 미상).
《大韓民國 歷代 三府要人 總鑑》(서울: 한국정경사, 1979).
《朝鮮民族 解放鬪爭史》(평양: 김일성종합대학, 1949).
《단기 4283년판 대한민국 인사록》(서울: 내외홍보사, 1950).
《조선의용군 3지대》(연변: 흑룡강민족출판사, 1987).
《조선전사》 23~27권(평양: 과학백과사전출판사, 1981).
《조선전사년표》 2권(평양: 과학백과사전출판사, 1981).

Nohlen, D., 박병석 역, 《선거제도와 정당체제》(서울: 다다, 1994).
Volkogonov, Dmitri, 한국전략문제연구소 역, 《스탈린》(서울: 세경사, 1991).
Acheson, Dean, *Present at the Creation, My Years in the State Department* (New York : W. W. Norton, 1969).
______, *The Korean War* (New York: Norton and Company, Inc., 1971).
Andrew, Christopher & Oleg Gordievsky, *KGB—The Inside Story* (New York : Harper Collins Publishers, 1990).
Arblaster, Anthony, *The Rise and Decline of Western Liberalism* (Oxford: Basil Blackwell, 1984).
Baldwin, Frank (ed.), *Without Parallel* (New York: Pantheon Books, 1973).
Beloff, Max. *Soviet Policy in the Far East*, 1941~1951 (London: Oxford Univ. Press, 1953).
Berger, Carl, *The Korea Knot* (Philadelphia: University of Pennsylvania Press, 1957).
Berlin, Isaiah, *Four Essays on Liberty* (Oxford: Oxford University, 1979).
Blair, Clay, *The Forgotten War* (New York: Anchor Books, 1987).
Buci-Glucksmann, Christine, David Fernbach (trans.), *Gramsci and the State* (London: Lawrence and Wishart, 1980).
Choi, Jang Jip, *Labor and the Authoritarian State : Labor Unions in South Korean Manufacturing Industries*, 1961~1980 (Seoul: Korea University Press, 1989).
Clemens, Diane Shaver, *Yalta* (N. Y. : Oxford University Press, 1970).
Coser, Lewis, *The Functions of Social Conflict* (N. Y. : The Free Press, 1956).
Cumings, Bruce, *The Origins of the Korean War*, Vol I : *Liberation and the Emergence of Separate Regimes*, 1945~1947. Vol. II : *The Roaring of the Cataract*, 1947~1950 (Princeton: Princeton University Press, 1981, 1990).

______, *War and Television* (London: Verso, 1992).

______ and Jon Halliday, *Korea: The Unknown War* (New York: Pantheon Books, 1988).

Daniels, Robert V., *The End of the Communist Revolution* (London: Routledge, 1993).

Deutscher, Isaac, *Stalin—A Political Biography*, 2nd ed. (New York: Oxford University Press, 1967).

Djilas, Milovan, *Conversations with Stalin* (New York: Harvest Book, 1962).

Foot, Rosemary, *The Wrong War—American Policy and the Dimensions of the Korean Conflict*, 1950~1953 (Ithaca: Cornell University Press, 1985).

Furet, François, Elborg Forster (trans.), *Interpreting the French Revolution* (Cambridge: Cambridge University Press, 1981).

Gaddis, John Lewis, *The Long Peace* (New York: Oxford University Press, 1987).

Gayn, Mark, *Japan Diary* (New York: William Sloane Associates, Inc., 1948).

Gerschenkron, Alexander, *Economic Backwardness in Historical Perspective* (Cambridge: The Belknap Press, 1962).

Giddens, Anthony, *The Nation-State and Violence* (California: University of California Press, 1985).

Gilbert, Felix, *History: Choice and Commitment* (Cambridge: Harvard University Press, 1977).

Goncharov, Sergei N., John W. Lewis, Xue Litai, *Uncertain Partners: Stalin, Mao, and the Korean War* (Stanford: Stanford Univ. Press, 1993).

Gordenker, Leon, *The United Nations and the Peaceful Unification of Korea: The Politics of Field Operations*, 1947~1950 (Hague: Martinus Nijhoff, 1957).

Gramsci, Antonio, *Selections From the Prison Notebooks*, Quintin Hoare and Geoffrey Nowell Smith (ed. and trans.) (London: Lawrence and Wishart, 1971; New York: International Publishers, 1971).

Gromyko, Andrei / 박형규 역, 《그로미코 회고록》(서울: 문학사상사, 1990).

Gunther, John, *The Riddle of MacArthur* (New York: Harper and Brothers, 1950).

Harriman, W. Averell and Elie Abel, *Special Envoy to Churchill and Stalin*, 1941~1946 (New York: Random House, 1975).

Heller, Francis (ed.), *The Korean War: A 25 Year Perspective* (Kansas: Lawrence, 1977).

Henderson, Gregory, *Korea—The Politics of Vortex*(Cambridge: Harvard University Press, 1968).

Hinton, William, *Fanshen—A Documentary of Revolution in a Chinese Village*, 강칠성 역, 《飜身》(서울: 풀빛, 1986).

Hirschman, Albert, *Exit, Voice and Loyalty*(Cambridge: Harvard University Press, 1970).

______, *Rival Views of Market Society and Other Recent Essays*(Cambridge: Harvard University Press, 1992).

Hobsbaum, Eric, *Nations and Nationalism Since 1780*(Cambridge: Cambridge University Press, 1990).

______, *Revolutionaries*(New York: Pantheon Books, 1973).

______, and Terence Ranger(eds.), *The Invention of Tradition*(Cambridge: Cambridge University Press, 1984).

______, *Age of Extremes*(London: Michael Joseph, 1994).

Huntington, Samuel P., *Political Order in Changing Societies*(New Haven: Yale University Press, 1968).

International Encyclopedia of the Social Sciences Vol. 19(New York: Macmillan Publishing Company, 1991).

Jensen, Kenneth M. (ed.), *Origins of the Cold War: The Novikov, Kennan, and Roberts 'Long Telegram' of 1946*(Washington: United States Institute of Peace Press, 1993, Rev. ed.).

Kalberg, Stephen, *Max Weber's Historical Sociology*(Chicago: The University of Chicago Press, 1994).

Kennan, George, *Memoirs, 1925~1950*(Boston: An Atlantic Monthly Press Book, 1967).

Kolko, Gabriel, *The Politics of War: The World and United States Foreign Policy 1943~1945*(New York: Random House, 1968).

______, and Joyce, *The Limit of Power: The World and United States Foreign Policy 1945~1954*(New York: Harper & Row Publishers, Inc., 1972).

Kwon, Tai Hwan, *Demography of Korea*(Seoul: Seoul National University Press, 1977).

Lipset, S. M. and S. Rokkan(ed.), *Party Systems, and Voter Alignments: Crossnational Perspectives*(New York: The Free Press, 1967).

Lone, Stewart and Gavan McCormack, *Korea Since 1850*(New York: Longman

Cheshire, 1993).

Macdonaled, Donald Stone, *U.S.—Korean Relations from Liberation to Self-Reliance : The Twenty-year Record*(Boulder: Westview Press, 1992).

Machiavelli, Niccolo/황문수 역, 《군주론 · 정략론》(서울: 동서문화사, 1978).

Mann, Michael , *States, War and Capitalism*(New York: Blackwell, 1988).

______, *The Sources of Social Power*, Vol I, Vol II (Cambridge: Cambridge University Press, 1986, 1993).

Marshall, T. H., *Class, Citizenship, and Social Development*(Chicago: The University of Chicago Press, 1977).

Marx, Karl / 홍영두 역, 《헤겔법철학 비판》(아침, 1988).

______, *The Class Struggles in France*(New York: International Publishers, 1963).

______, *The Eighteenth Brumaire of Louis Bonarparte*(New York: International Publishers, 1963).

Matray, James, *The Reluctant Crusade—American Foreign Policy in Korea*, 1941~1950, 구대열 역, 《한반도의 분단과 미국》(서울: 을유문화사, 1989).

McCune, George M., *Korea Today*(Cambridge: Harvard University Press, 1950).

Meade, E. Grant, *American Military Government in Korea*(New York: King's Crown Press, 1952).

Merrill, John, *Korea—The Peninsular Origins of the War*(Newark: University of Delaware Press, 1989).

Michel, Henri / 김용자 역, 《제 2 차 세계대전》(탐구당, 1986).

Moore, Barrington, Jr. *Social Origins of Dictatorship and Democracy*(Boston: Beacon Press, 1966).

______, *Reflections on the Causes of Human Misery and upon Certain Proposals to Eliminate Them*(Boston: Beacon Press, 1973).

______, *Injustice : The Social Bases of Obedience and Revolt* (New York: M. E. Sharpe, 1978).

______, *Authority and Inequality under Capitalism and Socialism*(Oxford: Clarendon Press, 1987).

O'Donnell, Guillermo and Philippe C. Schmitter, *Transitions from Authoritarian Rule : Tentative Conclusions about Uncertain Democracies*(Baltimore: The Johns Hopkins University Press, 1986).

Oliver, Robert, *Syngman Rhee and American Involvement in Korea, 1942~1960* (Seoul: Panmun Book Company Ltd., 1979).
______, 박마리아 역, 《리승만박사전》(합동도서, 1956).
Paige, Jeffery M., *Agrarian Revolution—Social Movements and Export Agriculture in the Underdeveloped World* (New York: The Free Press, 1975).
Palais, James, *Politics and Policy in Traditional Korea* (Cambridge: Harvard University Press, 1975).
Perry, Elizabeth J., *Rebels and Revolutionaries in North China, 1845~1945* (Stanford: Stanford University Press, 1980).
Popper, Karl R., *The Open Society and Its Enemies*, 이한구 역, 《열린사회와 그 적들》, 제 1 권 : 이명현 역, 제 2 권(서울: 민음사, 1982).
Poulantzas, Nicos, *Political Power and Social Classes* (London: Verso, 1978).
______, *State · Power · Socialism* (London: Verso, 1980).
Przeworski, Adam, *Democracy and the Market* (Cambridge: Cambridge University Press, 1991).
______, *Capitalism and Social Democracy* (Cambridge: Cambridge University Press, 1985).
Reboul, Olivier / 홍재성·권오룡 역, *Langue et Ideologie*, 《언어와 이데올로기》(서울: 역사비평사, 1994).
Robinson, Richard D., *Betrayal of a Nation* (1947, unpublished memoire).
Rongzhen, Nie, *Inside the Red Star—The Memoirs of Marshal Nie Rongzhen* (Beijing: New World Press, 1988).
Rotberg, Robert I. and Theodore K. Rabb (ed.), *The Origin and Prevention of Major Wars* (New York: Cambridge University Press, 1989).
Sawyer, Robert K., *Military Advisers in Korea : KMAG in Peace and War* (Washington, D.C. : Office of the Chief of Military History, 1962).
Scalapino, Robert A. and Chong-Sik Lee, *Communism in Korea*, Vol. 1 : *The Movement*, 한홍구 역, 《한국공산주의 운동사》 1~3권(서울: 돌베개, 1986).
______, Vol. 2 : *The Society* (Berkeley and Los Angeles: University of California Press, 1972).
Schaller, Michael, *Douglas MacArthur—The Far Eastern General* (New York: Oxford University Press, 1989).
Scott, James C., *The Moral Economy of the Peasant* (New Haven: Yale University Press, 1976).

Simmons, Robert, *The Strained Alliance-Peking, Pyongyang, Moscow and the Korean Civil War* (New York: The Free Press, 1975).

Singlaub, John, *Hazardous Duty* (New York: Summit, 1991).

Skocpol, Theda, *States and Social Revolutions* (Cambridge : Cambridge University Press, 1979).

Smelser, Neil J., *Theory of Collective Behavior* (New York: The Free Press, 1962).

Smith, Anthony D., *State and Nation in the Third World—The Western State and African Nationalism* (Brighton: England, 1983).

Sternhell, Zeev / David Maisel (trans.), *The Birth of Fascist Ideology—From Cultural Rebellion to Political Revolution* (Princeton: Princeton University Press, 1994).

Stinchcombe, Arthur L., *Theoretical Methods in Social History* (New York: Academic Press, 1978).

Stohl, Michael and George A. Lopez (eds). *The State as Terrorist : The Dynamics of Governmental Violence and Repression* (Westport: Greenwood Press, 1984).

Stone, I. F., *The Hidden History of the Korean War* (N. Y. : Monthly Review Press, 1952, 1988 reprinted).

Suh, Dae-Sook, *Korean Communism, 1945~1980 : A Reference Guide to the Political System* (Honolulu: The University Press of Hawaii, 1981).

Syngman Rhee, *Japan Inside Out : The Challenge of Today* (New York: Fleming H. Revell Company, 1941), 박마리아 역, 《日本內幕記》(자유당선전부, 1954).

Taylor, Charles, *Hegel and Modern Society* (Cambridge: Cambridge University Press, 1979).

Toynbee, Arnold, 《역사의 연구》 11권(대구: 고려서관, 1989).

Truman, Harry S., *Memoirs by Harry S. Truman*, Vol. I : *Year of Decisions*, Vol. II : *Years of Trial and Hope* (New York: Doubleday & Company, Inc., 1955).

Tsou, Tang, *The Cultural Revolution and Post-Mao Reforms —A Historical Perspective* (Chicago: The University of Chicago Press, 1986).

______, *America's Failure in China* Vol. I · II (Chicago: The University of Chicago Press, 1963).

Unger, Roberto Mangabeira, *Law in Modern Society —Toward a Criticism of Social Theory*(New York: The Free Press, 1976).

Volkogonov, Dmitri, Harold Shukman(ed. and trans.), *Stalin —Triumph and Tragedy*(Rocklin, CA: Prima, 1992).

Walzer, Michael, *Just and Unjust Wars*(New York: Basic Books, Inc., Publishers, 1979).

Weber, Max, *The Methodology of the Social Sciences*, Edward A. Shills and Fenry Finch(trans. and eds.)(New York: The Free Press, 1949).

Whiting, Allen S., *China Crosses the Yalu : The Decision to Enter the Korean War*(Stanford: Stanford University Press, 1960).

Willoughby, Charles and John Chamberlain, *MacArthur*, 1941~1951(New York: McGraw-Hill, 1954).

Yim, Louise, *My Forty Year Fight for Korea*(Seoul: Chung-ang University Press, 1967).

van Ree, Erik, *Socialism in One Zone-Stalin's Policy in Korea*, 1945~1947(Oxford: BERG, 1989).

楊昭全, 《조선의용군항일전사》(서울: 고구려, 1995).

彭德懷傳記編寫組 編, 《彭德懷軍事文選》(北京: 中央文獻出版社, 1988).

東北抗日聯軍鬪爭史 編寫組, 《東北抗日聯軍鬪爭史》(北京: 人民出版社, 1991).

張 希, 〈彭德懷受命率師 抗美援朝的 前前後後〉, 《中共黨史資料》 31號(北京: 中共黨史資料出版社, 1989).

趙素芬, 《周保中將軍傳》(北京: 解放軍出版社, 1988).

中國朝鮮族 歷史足迹 編輯委員會 編, 《봉화》 중국조선민족 발자취총서 3(북경:민족출판사, 1989).

______, 《결전》 중국조선민족 발자취총서 4(북경: 민족출판사, 1991).

洪學智, 《抗美援朝戰爭回憶》(北京: 解放軍文藝出版社, 1990).

櫻井浩 編, 《解放と革命 — 朝鮮民主主義人民共和國の成立過程》(東京: アシア經濟研究所, 1990).

磯谷秀次, 《北朝鮮にありて》, 김계일 역, 《우리청춘의 조선》(서울: 사계절, 1988).

大森 實, 《朝鮮の戰火》(東京: 講談社, 1981).

森田芳夫, 《朝鮮終戰の記錄》(東京: 巖南堂書店, 1964).

麗 羅, 《體驗的 朝鮮戰爭》(東京: 德間書店, 1992).

萩原遼, 《朝鮮戰爭》(東京: 文藝春秋, 1993), 최태순 역, 《한국전쟁》(서울: 한국논단, 1995).
平松茂雄, 《中國と朝鮮戰爭》(東京: 勁草書房, 1988), 황인모 역, 《중국과 한국전쟁》(병학사, 1989).
Conde, David W. / 陸井三朗 監譯, 《朝鮮戰爭の歷史, 1950~53》(東京: 太平出版社, 1967), 최지연 역, 《한국전쟁 : 또하나의 시각 1. 2》(사계절, 1988).

3. 논 문

강 건, "력사기록에 관한 교시"(민족보위성 총참모부, 1949년 1월).
______, "새해를 맞이하는 우리 인민군대," 《조국보위를 위하여》 1950년 신년호.
______, "김일성장군 항일유격부대는 조선인민군의 전투적 골간이다," 《근로자》 1950년 1월 31일.
강만길, "독립운동 과정의 민족국가건설론," 송건호 · 강만길 편, 《한국민족주의론》(서울: 창작과비평사, 1982).
강상호(ИВАН АФАНАСЬЕВИЧ), "ИВАН АФАНАСЬЕВИЧ МЕНЯЕТ ПРОФЕССИЮ" *Ogonyek*, No. 1(1991).
강진국, "남한농지개혁의 전망," 《民聲》 1949년 3월.
______, "헐뜯긴 農地改革法 草案," 《신동아》 1965년 10월호.
고승제, "극동의 방위와 미국의 신정책," 《국방》 1950년 4월.
고정휴, "독립운동기 이승만의 외교노선과 제국주의," 《역사비평》 제 31호(1995년 겨울).
김 강, "조선인민군은 조선인민의 절대한 지지와 원호 속에 장성 강화되고 있다," 《근로자》 1950년 1월 31일.
김두봉, "인민위원회와 민주주의민족통일전선," 《인민》 제 1 권 1호(1946년 11월).
김두용, "대세는 인민의 힘에 의해 결정될 것이다," 《인민》 1949년 11월호.
______, "일제를 반대하는 조선인민의 민족해방투쟁과 김일성장군," 《청년생활》 1950년 4호.
김보영, "해방후 남북한 교역에 관한 연구 : 1945년 8월~49년 4월 기간을 중심으로" 고려대학교 경제학과 박사학위논문(1995. 8).
김삼룡, "남반부현정세와 남반부 제정당사회단체들의 과업," 《근로자》 1950년 2월 28일.
김선혁, "시베리아 流刑47年," 《신동아》 1993년 10월.

김성보, “북한의 토지개혁(1946년)과 농촌계층구성변화,” 연세대학교 국학연구원, 《東方學志》 87집(1995. 3).
______, “소련의 대한정책과 북한에서의 분단질서 형성, 1945~1946,” 역사문제연구소 편, 《분단 50년과 통일시대의 과제》(서울: 역사비평사, 1995).
김 열, “높은 경각성으로 반동의 흉책을 폭로하고 우리의 투쟁대오를 더욱 공고히 하자,” 《근로자》 1950년 2월 15일.
김용복, “해방직후 북한인민위원회의 조직과 활동,” 김남식 외, 《해방전후사의 인식》 5(서울: 한길사, 1989).
김운룡, “리홍광지대,” 《조선족백년사화》 4권(서울: 거름출판사 재간행, 1989).
김익렬, “김익렬유고 : 〈유언 — 4·3의 진실〉,” 《제주신문》 1989년 9월.
김인기, “北京, 香港, 臺北 — 중국의 현하정세와 장래,” 《국방》 1950년 2월.
김 일, “조선인민군은 신형태의 군대이다,” 《인민》 1950년 2월.
김일영, “이승만 통치기 정치체제의 성격에 관한 연구,” 성균관대학교 정치외교학과 박사학위 논문(1991. 8.)
______, “계급구조, 국가, 전쟁 그리고 정치발전,” 《한국정치학회보》 26집 2호, 1992.
김 전, “인민군대와 군무자 가족들에 대한 인민들의 존경과 사랑은 극진하다,” 《선전원수책》 제 3 호(1950년 2월 1일).
김태승, “미군정기 노동운동과 전평의 운동노선,” 박현채 외, 《해방전후사의 인식》 3(서울: 한길사, 1987).
김현수, “한미행정협정과 공산당의 말로,” 《국방》 1950년 2월.
나일부, “玄俊赫의 來歷,” 《신천지》 1권 9호, 1946년 10월.
남궁석, “소위 ‘국방군 호림부대’공판 방청기,” 《태풍》 제 2권 제 20호 통권 36호(1949).
도진순, “1945~48년 좌익의 동향과 민족통일 정부수립 운동,” 서울대학교 국사학과 박사학위 논문(1993).
량재화, “환영의 물결, 감격적인 상봉,” 中國朝鮮族 歷史足迹編輯委員會 編, 《결전》(북경: 민족출판사, 1991).
리명호, “소위 국방군 항공대의 리면,” 《조국보위를 위하여》 1950년 신년호.
리 황, “탈주자 찌또 도당,” 《태풍》 제 2 권 제 20 호, 통권 36호(1949. 10).
림 영, “인민군대 군무자 보안대원 가정원호사업에 열성을 다하자,” 《조선녀성》 1949년 5월호.
문정일, “적구공작의 나날에,” 《중국의 광활한 대지우에서》(연길: 연변인민출판사, 1987).

______, “중국전선에서 싸운 조선의용군의 항일전쟁,” 《역사비평》 제 10 호(1990 년 가을).
박찬표, “한국의 국가형성 : 반공체제 수립과 자유민주주의의 제도화, 1945~48,” 고려대학교 대학원 정치외교학과 박사학위논문(1995. 8).
박헌영, “당원들의 사상 정치 교양사업 강화와 당단체들의 과업 — 1949년 12월 17일 로동당 중앙위원회에서진술한 박헌영 동지의 보고,” 《로동당 중앙위원회 정기회의 문헌집》(평양: 로동당 출판사, 1950).
______, “남조선 현정세와 애국적 정당 사회단체들의 임무,” 《인민》 1950년 2월호.
배영민, “쏘련군대는 산업의 부흥과 발전을 위하여 각방면으로 원조하여 주었다,” 《조소문화》 제 3 권 제 5 호.
백운선, “제헌국회내 ‘소장파’에 관한 연구,” 서울대학교 정치학과 박사학위논문, 1992년.
櫻井浩, “한국의 토지개혁과 한국전쟁,” 김철범 편, 《한국전쟁 — 강대국정치와 남북한 갈등》(서울: 평민사, 1989).
서명훈, “조선의용군 3지대, 《조선족백년사화》 4권(서울: 거름출판사 재간행, 1989).
서용길, “내가 겪은 6. 25,” 《신동아》 1990년 6월.
서주석, “한국전쟁의 전개과정연구,” 서울대학교 외교학과 석사학위논문, 1986.
______, “한국전쟁과 국내정치,” 《국방논총》 제 14 호, 1991년 여름.
______, “한국의 국가체제형성 — 제 1 공화국 국가기구와 한국전쟁의 영향,” 서울대학교 외교학과 박사학위논문, 1996.
서중석, “일제시기 · 미군정기의 좌우대립과 토지문제,” 《한국사연구》 67호(1989).
손호철, “브루스 커밍스의 한국현대사 연구비판,” 《실천문학》 제 15 호(1989 가을).
송건호, “이승만과 김구의 민족노선,” 윤병석 · 신용하 · 안병직 편, 《한국근대사론 III》(서울: 지식산업사, 1977).
송광성, “미군점령의 역사를 연구하는 방법에 대한 하나의 제언” 역사문제연구소, 1989년 4월 22일 제2회 연구발표회 발표논문.
신병식, “한국의 토지개혁에 관한 정치경제적 연구” 서울대학교 정치학과 박사학위논문(1992. 8).
신복룡, “한국전쟁의 원인에 관한 한 고찰 — D. 애치슨의 연설을 둘러싼 논쟁을 중심으로,” 건국대학교 사회과학연구소, 《사회과학》 제 12 집(1988).
신주백, “김일성의 만주항일유격운동에 관한 연구,” 《역사와 현실》 제 12 호(1994).

______, "만주지역 한인의 민족운동연구, 1925~40," 성균관대학교 사학과 박사학위논문(1996. 2).
심지연, "해방의 의미와 해방정국의 전개," 한국정치학회 편, 《한국현대정치사》(서울: 법문사, 1995).
안동일, "최초공개 : 평양 애국열사릉에는 누가 묻혔는가," 《역사비평》 제 14 호(1991 가을).
안철현, "남북협상운동의 민족사적 의미," 최장집 편, 《한국현대사 1》(서울: 열음사, 1985).
양성철, "서평 — Bruce Cumings, *The Origins of the Korean War*," 통일원, 《통일문제연구》 제 1 권 제 3 호(1989 가을).
염인호, "조선의용군 연구," 국민대학교 사학과 박사학위논문(1995. 2).
오익환, "반민특위의 활동과 와해," 송건호 외, 《해방전후사의 인식 1》(서울: 한길사, 1979).
和田春樹, "소련의 대북한정책, 1945~1946," 《分斷前後의 現代史》(서울: 일월서각, 1983).
원구환, "미군정관료의 사회적 배경에 관한 연구," 연세대학교 대학원 행정학과 석사학위논문(1989).
유재일, "한국정치사회의 구조형성과 변화," 경남대 극동문제 연구소 편, 《한국정치·사회의 새흐름》(서울: 나남, 1993)
이기석, "남반부 인민유격대의 영용한 구국투쟁," 《근로자》 1950년 7월.
이삼성, "한국현대사와 미국대외정책연구방법론," 《사회와 사상》 제 15 호(1989. 11).
이수인, "모스크바협정 찬반운동의 역사적 성격," 이수인 편, 《한국현대정치사》 1 (서울: 실천문학사, 1989).
이승엽, "조선인민의 장성된 민주력량은 조국통일을 위한 투쟁에서 반드시 승리에로 인도한다" 《근로자》 1949년 8월 31일.
______, "조국통일을 위한 남반부 인민유격투쟁," 《근로자》 1950년 1월15일.
______, "남반부 빨찌산들의 영용한 투쟁에 대한 거족적 원호사업을 강화하자," 《인민》 1950년 2월호.
______, "원쑤들의 '동기토벌'을 완전 실패시킨 남반부 인민유격대와 그들의 당면임무," 《근로자》 1950년 3월 31일.
이완범, "한반도 신탁통치문제, 1943~46," 박현채 외 《해방전후사의 인식》 3권(서울: 한길사, 1987).
이종석, "북한지도집단과 항일무장투쟁," 김남식 외, 《해방전후사의 인식》 5권,

(서울: 한길사, 1989),
이주철, "토지개혁 이후의 북한 농촌사회의 변화,"《역사와 현실》 제 16 호 (1995. 9).
이준식, "항일무장투쟁과 당건설운동," 한국역사연구회 1930년대 연구반, 《일제하 사회운동사》(서울: 한길사, 1991).
이호재, "2차대전중 한국인의 대외인식 : 《新韓民報》의 내용을 중심으로," 《亞細亞研究》, Vol. XXV, No. 2 (1982. 7).
임경석, "高麗共產黨硏究," 성균관대학교 사학과 박사학위논문(1993).
임명방, "내가 겪은 해방 — 仁中 時節과 태극기에 대한 추억," 《황해문화》 제 5호 (1994 겨울).
임병직, "극동방위선과 민주보루 대한민국의 사명," 《국방》 1950년 2월.
임종국, "제1공화국과 친일세력," 《해방전후사의 인식 2》(서울: 한길사, 1985).
임종명, "조선민족청년단 연구," 고려대학교 사학과 석사학위논문(1995. 2).
임춘추, "동만조선인민들의 혁명적 폭동"《근로자》 1950년 2월 28일.
임해, "조국보위를 위한 투쟁에 있어서 인민군대를 위한 원호사업의 의의," 《근로자》 1950년 1월 31일.
임헌일, "나는 북괴군 총좌였다," 《월간 세대》 1970년 9월호.
장상환, "농지개혁과정에 관한 실증적 연구," 강만길 외, 《해방전후사의 인식》 2권 (서울:한길사, 1985).
장홍, "백범암살은 신성모의 지령이었다," 《월간조선》 1984년 8월.
전상인, "브루스 커밍스의 한국사 · 한국사회의 인식," 《한국과 국제정치》 제 8 권 제 1 호(1992 봄 · 여름).
______, "한국의 국가 : 그 생성과 역사적 추이," 《사회비평》 제 5 호(1991. 4).
전현수, "쉬띄꼬프일기가 말하는 북한정권의 성립과정," 《역사비평》 30호(1995. 가을).
______, "해방직후 북한사 연구의 몇가지 문제에 대하여 — 러시아 대외정책문사보관소 소장 북한관계자료의 검토," 《역사와 현실》 제10호(1993).
정해구, "남북한 분단정권 수립과정연구, 1947. 5~1948. 9," 고려대학교 정치외교학과 박사학위논문(1995. 8).
정희택, "아아, 오늘 하루도 무사했구나," 《세대》 1971년 7월.
조성구 · 박반석 · 하종탁 · 최정수, "대하실록 이념갈등의 희생양들 : 반세기의 망각속에 묻힌 부산 · 경남 참상의 재조명, 1~53회," 《항도일보》 1989년 1월 25일~1990년 4월 2일.
주영하, "북조선로동당 창립 1 주년과 조선의 민주화를 위한 투쟁에서의 그의 역할,"(북조선로동당 중앙본부 선전선동부, 1947).
최광녕, "한국전쟁의 원인에 관한 연구," 서울대학교 외교학과 석사학위논문 (1987).
최봉대, "미군정의 농민정책에 관한 연구 — 농민층 통합과 한국국가의 기반형성과정을 중심으로," 서울대학교 사회학과 박사학위 논문(1994.7).
최용건, "인민군 창건 2 주년 기념사 — 조국통일독립의 강력한 담보로 되는 조선인민군은 적을 소탕하기에 항상 준비되여있다,"《인민》1950년 2월호.
최장집, "국민국가의 형성과 근대화의 문제,"《한국사》17권(한길사, 1994).
______, "이탈리아 공산당의 노선분석,"《경제와 사회》제 2 권 1호(1989년 봄).
최창익, "조선인민은 민주주의인민공화국 기치 아래 조국통일을 위하여 분투매진한다,"《근로자》1949년 8월 15일.
코로트코프(Kortkov, Gavril), "6.25 때 美蘇 모두 핵사용 검토했었다,"《월간 중앙》1992년 6월호.
한배호, "정치 — 강력한 민주국가의 土臺,"《세대》1965년 6월.
하영선, "냉전과 한국," 서울대학교 국제문제연구소,《논문집》제 10 호(1986).
韓喬石, "시베리아 幽囚記,"《신동아》1967년 1~3월호.
한상구, "피학살자 유가족 문제," 사월혁명연구소 편,《한국사회의 변혁운동과 4월혁명》(서울: 한길사, 1990).
한준상·정미숙, "1948~53년 문교정책의 이념과 특성,"《해방전후사의 인식》4 (서울: 한길사, 1989).
함석헌, "내가 겪은 신의주학생사건,"《씨알의 소리》1971년 11월호.
허가이, "조국통일과 민주건설에서의 우리 당의 투쟁 — 북조선로동당 창립 3주년에 제하여,"《근로자》1949년 9월 15일.
허만호, "한 민족의 단일성의 지속성: 한국전쟁에 대한 새로운 해석,"《한국정치학회보》제 32 집 1호(1989).
현룡순, "조선의용군,"《조선족백년사화》(서울: 거름 재출판, 1989).
현정민, "인민군대는 근로청년들의 정치 기술 및 전투적 학교이다,"《근로자》(1950년 1월 31일).
홍범룡, "조국을 영원히 분렬하는 리승만 역도들과 최후까지 싸우자," 민족보위성 문화훈련국,《정치보도 및 담화자료》(1950).
홍석률, "한국전쟁 직후 미국의 이승만제거계획,"《역사비평》26호(1994 가을).
황남준, "전남지방정치와 여순사건," 박현채 외,《해방전후사의 인식》3권(서울: 한길사, 1987).

Alavi, Hamza, "The State in Post-colonial Societies : Pakistan and Bangladesh," Harry Goulbourne (ed.), *Politics and State in the Third World* (London: Macmillan Press, 1979).

Choi, Jang Jip, "Political Cleavages in South Korea," Hagen Koo (ed.), *State and Society in Contemporary Korea* (Ithaca: Cornell Univ. Press, 1993).

Cumings, Bruce, "American Policy and Korean Liberation" in Frank Baldwin (ed.), *Without Parallel : The American-Korean Relationship Since 1945* (New York: Pantheon Books, 1973).

_____, "The Corporate State in North Korea," Hagen Koo (ed.), *State and Society in Contemporary Korea* (Ithaca: Cornell Univ. Press, 1993).

Deutsch, Karl W., "The Point of No-Return in the Procession Toward War," in Dean G. Pruitt and Richard C. Snyder (eds.), *Theory and Research on the Causes of War* (Englewood Cliffs, N. J. : Prentice-Hall, Inc., 1969).

Godelier, Maurice, "Process of the Formation and Bases of the State" *International Social Science Journal*, Vol. 32, No. 4 (1980).

Gupta, Karunakar, "How did the Korean War begin?," *China Quarterly* No. 52 (October-December, 1972).

Ha, Joseph Man-Kyung, "Politics of Korean Peasantry : A Study of Land Reform and Collectivization with Reference to Sino-Soviet Experiences," Ph. D., Dissertation Paper, Political Science, Columbia University (1971).

Halliday, Jon, "Secret war of the Top Guns," *The Observer* 59 (July 1992).

Hintze, Otto, "Military Organization and the Organization of the State," *The Historical Essays of Otto Hintze*, Felix Gilbert (ed. with an Intro.) (New York: Oxford University Press, 1975).

Hobsbawm, Eric, "Peasants and Politics," *The Journal of Peasant Studies*, Vol. I, No. 1 (Oct. 1973).

Jervis, Robert, "War and Misperception," in Robert I. Rotberg and Theodore K. Rabb (eds.), *The Origins and Prevention of Major Wars* (New York: Cambridge University Press, 1989).

Katznelson, Ira and Kenneth Prewitt, "Constitutionalism, Class, and the Limits of Choice in U. S. Foreign Policy," Richard R. Fagen (ed.), *Capitalism and the U.S.-Latin American Relations* (Stanford: Stanford University Press, 1979).

Kim, Hakjoon, "China's Non-Intervention in the Origins of the Korean War," in James Cotton and Ian Neary (ed.), *The Korean War in History* (Atlantic Highlands, NJ : Humanities Press International, Inc.).

Kim, Kook Hun, "The North Korean People's Army," A Thesis Submitted for the Degree of Doctor of Philosophy at the University of London, King's College, London (Aug. 1989).

Kirchheimer, Otto, "The Transformation of the Western European Party Systems," in Joseph LaPalombara and Myron Weiner (eds.), *Political Parties and Political Development* (Princeton: Princeton University Press, 1966).

LaPalombara, Joseph and Myron Weiner, "The Origins and Development of Political Parties," in Joseph LaPalombara and Myron Weiner (eds.), *Political Parties and Political Development* (Princeton: Princeton University Press, 1966).

Lipset, S. M. and S. Rokkan, "Cleavage Structures, Party Systems, and Voter Alignments," in S. M. Lipset & S. Rokkan (ed.), *Party Systems, and Voter Alignments : Crossnational Perspectives* (New York: The Free Press, 1967).

Manin, Bernard, "On Legitimacy and Political Deliberation," *Political Theory*, Vol. 15, No. 3 (Aug. 1987).

Nettl, J. P. "The State as a Conceptual Variable," in John A. Hall (ed.), *The State : Critical Concepts* Vol. I (London: Routledge, 1994).

Ordeshook, Peter C., "Some Rules of Constitutional Design," Ellen Frankel Paul, Fred D. Miller Jr., and Jeffrey Paul (eds.), *Liberalism and the Economic Order* (New York: Cambridge University Press, 1993).

Paik, Hak Soon, "North Korean State Formation, 1945~1950," Vol I, II, Ph. D Thesis, the University of Pennsylvania, Political Science Dept. (1993).

Palais, James, "'Democracy' in South Korea : 1945~1972," in Frank Baldwin (ed.), *Without Parallel—The American Korean Relationship Since 1945* (New York: Pantheon Books, 1973).

Shanin, Teodor, "Defining Peasants : Conceptualisations and De-conceptualisations — Old and New in a Marxist Debate," *The Sociological Review*, Vol. 30, No. 3 (Aug. 1982).

Shin, Bok-Ryong, "A Consideration on the Origins of the Korean War—In Connection with D. Acheson's Speech Before the National Press Club," in War Memorial Service — Korea, Korean War Research Conference Committee(ed.), *The Historical Reillumination on the Korean War*(1990).

Smelser, Neil J., "Mechanisms of Change and Adjustment to Change," in Bert F. Hoselitz and Wilbert E. Moore(eds.), *Industrialization and Society* (UNESCO-MOUTON, 1966).

Song-Kil Syn, & Sin Sam-Soon, "Who Started the Korean War," *Korea and World Affairs*, Vol. XIV, No. 2(Summer 1990).

Taylor, Charles, "Marxism and Socialist Humanism," in Robin Archer and Diemut Bubeck(eds.), *Out of Apathy : Voices of the New Left Thirty Years On*(London: Verso, 1989).

Therborn, Göran, "The Rule of Capital and the Rise of Democracy," *New Left Review*, No. 103(May-Jun. 1977).

Thompson, E. P., "Notes on Exterminism, the Last Stage of Civilization," in New Left Review(ed.), *Exterminism and Cold War*(London : Verso, 1982).

Tilly, Charles, "Reflections on the History of European State-Making," Charles Tilly(ed.), *The Formation of National States in Western Europe* (Princeton: Princeton University Press, 1975).

Weathersby, Katheryn, "Soviet Aims in Korea and the Origins of the Korean War, 1945~1950 : New Evidence from Russian Archives," Working Paper No. 8, Cold War International History Project, Woodrow Wilson International Center(Nov. 1993).

_____, "New Findings on the Korean War," Cold War International History Project, Bulletin Issue No. 3(Fall 1993).

_____, "The Soviet Role in the Early Phase of the Korean War : New Documentary Evidence" *The Journal of American-East Asian Relations*, Vol. 2, No. 4(Winter, 1993).

Weber, Max, "직업으로서의 정치," 임영일 · 차명수 · 이상률 편역 《막스베버 선집》(서울: 까치, 1991).

Weber, Eugene, "Revolution? Counter-revolution? What Revolution?," Walter Laquer(ed.), *Fascism : A Reader*(London: Wildwood House, 1976).

Yang, Sung Chul, "Book Review : A Convoluted Approach to the Study of the Korean War — Cumings' Search for a Red Herring," *Korea and World Affairs* Vol. 17, No. 2(Summer 1993).

Yufan, Hao and Zhai Zhihai. "China's Decision to Enter the Korean War : History Revisited," *China Quarterly* No. 121 (Mar. 1990).
Zolberg, Aristide R., "Moment of Madness" *Politics and Society* Vol. 2, No. 2 (Winter, 1972).
______, "Strategic Interaction and Formation of Modern State : France and England" *International Social Science Journal*, Vol. 32, No. 4 (1980).
徐東晩, 〈北朝鮮 における 社會主義體制の成立, 1945~61〉(東京: 東京大學 大學院 總合文化硏究科, 1995).
星 湖, 〈朝鮮大城山 革命烈士陵園及烈士名單〉, 延邊大學朝鮮問題硏究所 編, 《朝鮮硏究論叢》(1) (延吉: 延邊大學出版社, 1987).

4. 정기간행물

(1) 신문

The Daily Worker, *The Honolulu Advertiser*, *The Korea Times*, *The New York Times*, *The Washington Post*, 《朝日新聞》

《경향신문》, 《광주민보》, 《동광신문》, 《동북조선인민보》, 《동아일보》, 《로동신문》, 《민주조선》, 《민주청년》, 《보위신문》, 《서울신문》, 《세계일보》, 《승리를 위하여》, 《인민일보》, 《제민일보》, 《제주신문》, 《조선인민군》, 《조선일보》, 《중앙일보》, 《투사신문》, 《한계레신문》, 《한국일보》, 《해방일보》, 《호남신문》, 《항도일보》, 《새한민보》

(2) 잡지

Life, *Ogonyek*, *The Observer*, *U.S. News and World Report*

《國防》, 《國際評論》, 《民聲》, 《旬刊北朝鮮通信》, 《月刊 明報》, 《군사지식》, 《근로자》, 《다리》, 《말》, 《법령공보》, 《사회와 사상》, 《새조선》, 《선동원수첩》, 《선전원수책》, 《선전자》, 《세대》, 《신동아》, 《역사비평》, 《월간 세대》, 《월간 조선》, 《월간 중앙》, 《인민교육》, 《조국보위를 위하여》, 《청년생활》, 《황해문화》, 《시사저널》, 《조선여성》, 《朝蘇文化》, 《군사지식》, 《신천지》, 《문명상업과 소비조합》, 《정세순보》

5. 기 타

(1) 증 언 (대한민국 국방부 전사편찬위원회 채록)

김윤문, 이상연, 이선근, 지기철, 한재덕, 김홍일, 박승무, 이범석, 오동기, 최홍희, 장흥, 장도영, 이응준, 이성가, 황규면 외 24명.

(2) 면 담

柴成文, 김태규, Alexander Pablovich Smolchekov, 유성철, 정일권, 최태환, 장창국, 주영복, 이형근, 오제도, 이연길, 서휘 (중앙일보 안성규).

(3) 기록물

KBS 다큐멘터타리 '내가 겪은 공화국 제 1 편 : 88여단의 김일성', 1992년 6월 22일 ; '내가 겪은 공화국 제 2 편 : 김일성참모들이 밝힌 6. 25비사' 1992년 6월 23일 ; KBS 소장, 미국 MID (Military Intelligence Department) 노획필름

찾아보기

사항

ㄱ

가족국가(*family state*) 742
개헌문제 653
개혁주의 498
건국사상총동원운동 305, 307, 308
건민회 651
게릴라 600, 611, 616, 619, 621, 622, 625, 631, 634, 635, 638, 643, 649, 824, 827, 832
  게릴라남파 860
  게릴라투쟁 414, 415, 620, 629, 631, 648, 793, 808, 810
결정주의 382
경계의 확장(*expansion of the parameter*) 383
경찰국가 655, 657, 658, 659
계급투쟁 476, 503, 606
계급투쟁의 분할선(=38선) 201
계획경제 309, 310
공-공갈등(共-共葛藤) 329
공동체주의 539, 758
공산주의 458, 503, 532, 534, 678
과대성장국가 374, 389, 517
광기의 순간(*moment of madness*) 36, 55
광주항쟁 525
교육 294
9월 공세 623, 630, 678
9·16 사건 67, 342
구조적 분단 377
국가(*state*) 384, 674, 881, 882, 883, 889
  국가기구 686, 767
  국가성(*stateness*) 372, 529
  국가형성 43, 382, 522, 524, 529, 677, 681, 686, 692, 709
  근대국민국가 42, 382, 529
  준국가기구 637
국가보안법 416, 433, 435, 459, 462
국공내전 711
국민개병제 755
국민당정부 527
국민보도연맹 472, 644
국민혁명 268, 309
국유화 215, 267, 764, 769, 770
국제적 국가체계(*international states-system*) 35, 42
국제주의 607
국토완정 / 국토완정론 458, 545, 556, 593, 594, 612, 671, 784, 792, 793, 803, 822, 829, 859, 877, 880
국회첩자사건 416
군사적 낙관주의(*military optimism*) 831
군사적 동원 767
군사주의(*militarism*) 672, 682, 757, 776, 777

궁극적 목적윤리 896
권위주의 523, 525, 526
귀속재산 처리 460
균열 381, 382, 384, 442, 443, 494, 509, 522, 527, 529, 535, 538, 672, 677, 874, 880
균열 : 북한 335, 336
균열 : 소련점령군과의 337
극단주의(extremism) 378
급진군사주의 570, 643, 681, 688, 763, 792, 808, 812, 822, 825, 856, 869, 872, 876
급진주의 364, 642, 650, 672, 678, 828
긴 전문(*long telegram*) 164
김일성가짜설 845
김일성대학 295, 296, 300
김일성 장군의 노래 254, 256

ㄴ

남반부 인민구원론 765, 796
남조선로동당 / 남로당 323, 454, 464, 639, 667, 678, 808
남침설 = 남침주장 870
내각책임제 510, 652
냉전 530
냉전자유주의 441
노동문제 : 북한 292
노비코프 전문(*Novikov telegram*) 164
농민 208, 873, 878
농민반란 411
농업현물세제 215, 216
농지개혁 453, 460
농지개혁법 489, 494
농촌위원회 193
농촌자위대 192
누적적 위기(*cumulative crisis*) 382, 673
누적적 인과관계(*cumulative causation*) 382, 673

ㄷ

단순실수론 73
단일정당체제 260
단정(*separate regime*) 876
단정연합 / 단정정치연합 386, 666
단체의 족출(簇出) 42
당 건설 733
당국가(*party state*) 692, 735
대쌍관계동학(對雙關係動學) 364, 380, 382, 517, 671, 677, 682, 872, 874, 876, 879, 880
대안국가(*counter-state*) 41, 44, 45, 54, 175
대안조직 41, 42
대중동원 492
대칭조직화 166
대통령책임제 652
대한국민당(국민당) 652, 665
대한농민총연맹 492
대한원조 520, 533, 534, 535, 559, 563, 651
도덕주의 453, 460, 673
독소전쟁 590
독자적 공산당의 창설 105, 106, 229
동계대토벌 648
동북민주연군(東北民主連軍) 713, 715
동북인민해방군 715
동북조선의용군 712, 713, 714, 715
동북항일연군(東北抗日聯軍) 715, 716, 717
동성회(同成會) 453
동아시아공산주의삼각동맹 730, 877
동원체제 195, 217, 218
동인회(同仁會) 453
따라하기 운동 308

ㄹ~ㅁ

만주게릴라 / 만주게릴라파 709, 716, 694, 696, 699, 703, 712, 717
맑스주의-레닌주의 674, 678, 685, 733,

747, 754, 776
모스크바 3상회의 136, 138
무상몰수-무상분배 484, 495, 498, 513, 798, 810, 820, 821, 823, 825
무상원조 773
문화간부 727
미국의 범위(*American Boundary*) 349, 382, 517, 521, 523, 526, 535, 538, 539, 546, 657, 874, 880
미군 철수 401, 416, 453, 596, 606, 613, 619, 672, 788
미소공동위원회 241, 311
미소공위의 결렬 221, 240, 243, 312, 366, 367
민공연립 / 민공연립정책 125, 150
민자통논리 800
민주주의 민족전선(민전) 273, 275, 322
민족사회주의 485
민족성 548, 891
민족자립경제 764
민족자주연맹 667
민족적-민중적 집합의지 (*national-popular collective will*) 41
민족적 유아론(*national solipsism*) 742
민족주의 381, 476, 539, 542, 544, 801, 802, 873, 874, 878, 880, 881, 896
민족해방전쟁 895
혁명전쟁 873
민주국민당(민국당) 439, 442, 460, 486, 494, 503, 512, 651, 662, 664, 666
민주기지 / 민주기지론 335, 121, 154, 205, 362, 859, 877
민주애국청년동맹(민애청) 797
민주주의 381, 526, 527, 533, 618, 656, 873, 878, 882, 889, 894
민중동맹 798
민중성 550
민중주의 461, 498

ㅂ

반공에서 개혁으로의 전이 368
반공자유주의 441
반공이념 = 반공주의 458, 459, 462, 473, 517, 547, 642, 678, 832, 840, 881, 883
반대연합 454, 461, 472, 474
반미주의 546
반민특위 398, 399, 400, 445, 448, 456, 461, 474
반사실적 가정 896
반혁명연대 388
반혁명(요소)의 수출 200, 201
뱀부계획(*Bamboo Plan*) 133
병렬조직화 166
보수적 근대화 501, 510, 513
보수주의 498, 642
보안간부학교 297, 693
보안간부훈련대대부 694, 696, 698
보안국(북한) 93, 118, 690
보천보 습격 747
보통강 개수공사 217
보통선거제도 368, 370
보통의 위기 674
봉기제일주의 = 실천제일주의(*activism*) 800
북선(北鮮)공업지대 768
북조선공산당 113, 249
북조선로동당 259, 663, 709
북조선민주청년동맹(민청) 784, 786
북조선 여성동맹(여맹) 783, 784, 786
북조선인민위원회 290, 291, 292, 696, 697
북조선직업총동맹(직맹) 786
북진통일 / 북진통일론 459, 535, 538, 541, 545, 555, 594, 600, 607, 611, 612, 615, 617, 671, 870, 871, 880
북풍(北風) 180, 200, 335, 353, 362, 363
북한산업혁명(*North Korean Industrial Revolution*) 766

북한혁명(*North Korean Revolution*)
171, 184, 204, 206, 208, 209, 218, 219, 261, 279, 362, 687, 777, 874, 875
분단기원론 872
분할과 연합 123
분할점령 / 분할통치 530, 690, 709,
빨찌산 816, 818, 823, 828

ㅅ

사상혁명 303, 306
48년질서 352, 365, 379, 439, 460, 461, 593, 671, 681, 682, 730, 737, 766, 777, 787, 791, 831, 856, 857, 859, 875, 880
4월혁명 524
사인적 권위주의 440, 655, 658
사인주의 742
사전대비계획(*contingency Plan*) 589
사회당 667
사회민주당 651
사회변동 721
사회적 분단 376
사회주의 512, 735, 770, 776
사회혁명 458, 503, 524
산업노동위원회(남한국회) 494
삼각지배연합 103
3·1 운동 549
상대주의 677
상호방위원조법 565
상호방위원조협정 565, 600
서북청년회 472
서선(西鮮)공업지대 768
서울의 봄 525
선거 268, 271
선의의 무지론 73
선행조건(*antecedent conditions*) 383
성인회(成仁會) 453
세력균형 562
소련군사고문단 705
소련군정 693
소련의 지침(*Soviet Directives*) 82, 106, 349
소련한인 103
소비에트민정(*Soviet Civil Administration; SCA*) 85, 86, 88, 94, 95, 96, 97, 98, 101, 116, 690
소작쟁의 502
소작제도 511
소장개혁세력 435, 460, 461, 462, 497, 498, 666
수동혁명(*passive revolution*) 510, 873, 892
수령 742, 758
수정주의 553
숙군 419, 425, 430, 431
스탈린의 혁명이론 80
시민권(*citizenship*) 369, 370
시민사회 35, 382, 672, 881, 882
시민사회의 폭발 42
시민전쟁 895
10월 인민항쟁 795
식민시대기원론 872
식민주의 883
식민지산업화 768
신민당 249, 250, 258, 259, 734, 829
신의주 사건 347, 349
신의주 자치위원회 48, 49
신전술 241
신진당 651
실지회복(失地回復) / 실지회복론 594, 612, 841
CIA 547, 582, 585, 649

ㅇ

아성공격(牙城攻擊) 634
아시아반공연대 / 아시아집단안보 601, 600
애국미(愛國米) 296
애국주의 148
애국투사후원회 786
NSC 48 566, 567

NSC 48/2 566
NSC 8 418
NSC 8/2 418
양안문제(兩岸問題) 603
여수반란 403, 405, 407, 408, 410, 411~415, 418, 629, 793
역사적 국가(*historic state*) 549
역사적 블록(*historical bloc*) 41, 44, 47
연안공산주의그룹 / 연안계열 701, 708, 709, 829
영암사건 409
영토적 분단 376
53년 질서 380, 883
오열 877
오인(*misperception*) 831
원형민족주의(*proto-nationalism*) 549
위로부터의 개혁 199, 509
위로부터의 동원 308
위로부터의 혁명 206, 208, 219
유격대국가 704
유도설 877
유상매수-유상분배 484, 499
유엔 / 유엔한위 312, 313, 314, 795
유일(지도)체제 264, 687
6월공세 439, 452, 473, 474, 600
6·6 사건 456
의회민주주의 528
이념적 분단 376
2대총선 = 5 · 30 총선 443, 494, 670, 656
2차 세계대전 379, 521, 763, 769
2 · 7 구국투쟁 322
인간적 비용 892
인구이동(남북한간의) 353, 354, 355, 356, 357, 359, 360, 849, 885
인민군 120, 687, 697, 702, 737, 760, 777, 787
인민당 250
인민민주주의 734
인민위원회 40, 41, 44, 58
인민혁명군 사건 426
인천상륙작전 588, 589
일민주의(一民主義) 441
  일민주의구락부 676
  일민주의보급회 676
일원주의(*monism*) 674, 866
일지역사회주의(론) 121, 859, 877
1차 세계대전 379
일체적 결의(*unanimity*) 259

ㅈ

자본주의 (진영) 477, 512, 527, 531, 735, 770
자본주의국가 748
자유민주주의 840
저항(*voice*) 853
적색제국주의 841
전간기(戰間期 ; *inter war period*) 379, 793, 831, 849
전격전 590
전국농민조합총연맹(전농) 41, 42, 543, 797
전략적 선택 860, 862
전면적 위기 383
전통의 창조(*invention of tradition*) 256
전통주의 553
절멸주의(*exterminism*) 550
정권 = 체제(*regime*) 384, 674
정당성의 위기 383, 384
정복과 혁명의 혼합 209
정부(*government*) 384
정읍발언 242
정초선거(*founding election*) 368
정치균열 452, 473, 475, 677
정치사회 381, 461, 672
정치적 결정과정(*political deliberation*) 259
정치적 사려 149
정통성 890
제국주의 678
제도의 공고화 267

제도의 창설자(*institutional builder*) 381, 386, 413
제도적 분단 377
제주 4·3 항쟁 324, 404, 405, 406, 323
제헌국회 / 제헌의회 399, 435, 445
조국광복회 734, 740
조국보위후원회 777, 781, 786
조국통일민주주의전선(조국전선) 600, 629, 632, 649, 800, 803, 813, 822, 829, 853, 860
조선건국준비위원회(건준) 39, 40~42, 44, 46, 63
조선공산당 250, 734
조선공산당 북조선분국 108, 157, 229, 734
조선로동당(노동당) 171, 258, 260, 269, 275, 276, 687, 720, 727, 784
조선노동조합전국평의회(전평) 40, 42, 120
조선민족전선연맹 705, 706
조선민족혁명당 705
조선민주당 121~123, 142, 143, 181, 258, 276
조선민주주의인민공화국 500, 744, 755
조선의열단 705
조선의용군 125, 126, 128, 129, 131, 693, 702, 703, 704, 709, 711, 716, 717
조선의용대 705, 706, 707, 708
조선인민공화국 543
조선인민군 = 인민군 682, 686, 688, 714, 718, 732, 739, 743, 751, 754, 758, 762
조선인민혁명군 703
조선혁명 719
조선혁명당 705
조선화(*Koreanization*) 102, 103, 257
조합주의 442
좌우합작 367
좌우회합 = 평양회의 315, 317
주체사상 687, 699, 749
중간파 650, 663, 666, 667, 670
중국사태 596, 597, 599
중국인민해방군 714, 717, 718
중국혁명 = 중국사태 556, 604, 606, 613, 619, 672, 719, 730, 808, 877
중소대립 599, 773
중일전쟁 705, 707, 768
중앙행정기구의 설치(북한) 115
지배연합 382, 461, 672, 678
지주계급 494, 515
지하선거 327

ㅊ

찬반투표 = 흑백함투표 273, 276
책임윤리 896
철도경비대 693, 694
철의 장막 609
청구회(靑丘會) 453
초모사업 854, 855
최고인민회의(북한) 327, 328
최대공산주의연합 800, 860
출발의 제약조건(*confining conditions*) 383
친일세력 숙청 397, 400, 457, 476
침략전쟁 894, 895

ㅋ ~ ㅌ

카리스마 742, 743
KLO(*Korea Liason Office*) 582, 583, 767
킴볼 스미스(*Kimball Smith*)호 사건 629
탁치균열 79, 123, 137, 144, 148~151, 157, 159, 160, 162, 165, 166, 178, 183, 189, 228, 237, 243, 260, 333, 460, 558
반탁 민족주의 144
반탁운동 141, 145, 166, 452
탈식민사회 690, 702
탈식민의제 397
탈출(*exit*) 364, 853, 875
태평양동맹 600

토지개혁 185, 381, 383, 446, 457, 528, 618, 637, 656, 664, 671, 783, 797, 810, 820, 821, 831, 873
토지개혁 : 남한 179, 369, 371, 397, 475
토지개혁 : 남한과 북한의 차이 197~199
토지개혁 : 북한 152, 172, 174, 183, 184, 186, 188, 195, 196, 201, 202, 211, 213
토지개혁 : 정치적 효과 210
토지개혁법 499
토지문제 175, 395
토지조사사업 184
토지혁명 = 토지개혁 825, 895
통일문제 397, 664, 779
통혁당사건 811
트루먼 독트린 551
티토주의 857
티토화 598, 599

ㅍ~ㅎ

팔로군(八路軍) 554, 703, 707, 710
8월테제 177
평안북도 자치위원회 49
평양학원 120, 690
평양회의 321, 334, 802, 876, 892
프락치 454, 464
한국독립당 49, 277
한국민주당 / 한민당 509, 139, 149, 160, 162, 277, 365, 387, 391, 393, 483
한국전쟁후사 883
한미갈등 = 한미균열 535, 539
한미일 삼각안보체제 675
한인화(韓人化: *Koreanization*) 정책 94
한일회담 539
행정 10국 90, 117, 119, 157
헌법민주주의(*constitutioal democracy*) 479
헤게모니 474, 475, 517, 651, 692, 734
혁명/복고(*revolution/restoration*) 133
혁명 172
혁명적 동원체제 196, 731, 757, 777, 780, 788, 789, 874
혁명적 민족주의 742
혁명적 코포라티즘 742
혁명적 테러(*revolutionary terror*) 214
현상유지 523
현실주의 453, 460, 561, 673
협상파 664
호림부대(虎林部隊) 624, 832
호칭 당겨쓰기 113
화북조선독립동맹(독립동맹) 708, 709, 711
화북조선의용군(조선의용군) 711, 712
확보된 지역내의 사회주의 구축 (= 일지역사회주의, *Socialism is one zone*) 75, 94, 104, 121, 135, 148, 154, 156, 205
확산된 권력(*expanded power*) 192
후원-수혜 관계 496, 514
흡수통일 892

찾아보기

인 명

ㄱ

강 건(=강신태) 223, 224, 696, 703, 701, 716, 721, 732, 761, 774
강덕상 707
강량욱 158
강만길 42, 44, 705
강영찬 766
강용원 851
강욱중 464, 465
강원룡 339, 351
강인섭 452, 463
강정구 210, 515
강정택 483
강진국 483, 490, 508, 509
강태무 626, 421
강흥수 234
고승제 606
고심백 56
고정휴 79, 139
고창일 60
고흥렬 843
관건 715
권명준 728
권승렬 452, 466
김 강 127, 128, 704, 712, 761
김경석 223, 225, 226, 726
김고망 766
김광엽 66
김광진 64
김광협 223, 224, 696, 703, 709, 716
김 구 46, 49, 55, 65, 79, 139, 140~148, 157~160, 162, 242, 314~321, 330~334, 395, 401, 402, 442, 445, 453, 458, 463, 470, 471, 550, 664, 667, 669, 670, 802
김국헌 809
김규식 241, 277, 314, 316, 319, 320
김규용 579
김기림 472
김기석 87
김남식 323, 410
김달삼 404, 811
김대중 439, 445
김덕기 447
김덕영 53, 67, 105
김도연 393, 460, 486, 656
김동진 282
김두봉 153, 251, 271, 283, 296, 314, 315, 705, 708, 709, 786, 869, 809
김두용 761
김득란 281
김락진 781
김만석 804
김명시 125
김명완 490

김백일 622, 806
김병걸 51
김병로 399, 450
김병회 464, 465
김봉두 465
김봉율 223, 704
김붕준 49, 662
김삼룡 639, 646, 809, 810, 827
김상덕 450, 452
김상호 450, 508
김석원 618, 623, 806
김석학 410
김선혁 350
김성곤 577
김성보 77, 78, 183, 187
김성수 390, 439, 477, 478, 481, 508, 509, 512, 670
김성숙 817
김성호 506, 507
김세일 707, 708
김수성 851
김수임 647
김신조 812
김약수 464, 465, 466
김 연 715
김연상 645
김 열 761
김영기 465, 467
김영삼 439, 445
김영주 701
김예용 60
김옥주 464, 465
김완룡 425
김용범 47, 284
김용복 35, 123, 153, 156
김용섭 173, 176
김용주 581
김용환 472
김우창 897, 898
김 웅(=왕신호) 696, 694, 704, 709
김웅진 451
김원봉 705, 706, 707
김윤걸 259, 286
김응순 66, 67
김익렬 409, 410
김익로 465
김인욱 343
김인학 60
김 일 105, 223, 695, 696, 703, 761
김일성(=金誠柱) 45, 49, 52, 55, 89, 107, 108, 111~115, 122, 124, 126, 141, 147, 149, 150, 153~157, 171, 174, 178, 184, 185, 190~193, 202~205, 217, 218, 221, 224~237, 244~259, 262~265, 271, 272, 280, 282, 302, 304, 306, 310, 314, 315, 318, 319, 321, 328, 335, 362, 458, 499, 541, 550, 556, 557, 584, 597, 603, 604, 615, 647, 661, 674, 678, 687, 695, 699, 703, 706, 718, 720, 737, 741, 745, 751, 756, 759, 760, 764, 770, 774, 783, 786, 795, 801, 805, 856, 866
김장렬 451
김재준 555
김정열 627
김정의 159
김제원 281, 296, 308, 766
김종석 421, 424, 425, 426
김종학 849
김종환 557
김준연 462
김준엽 51, 125, 226
김지회 422, 423, 819
김직현 766
김질락 639
김 찬 321
김찬정 55, 227
김창덕(=리덕산) 704, 712, 714, 715
김창룡 432

김창만 243, 253, 704, 709
김창숙 315
김창순 51, 101, 125, 127, 337, 421
김 책 52, 105, 120, 124, 158, 223, 224, 229, 265, 282, 690, 694, 696, 697, 703, 774
김철수 51
김태련 725
김태석 447
김태승 40
김태욱 281
김택영 119
김학기 849
김학림 421
김학준 117, 241
김학철 707
김 혁 234, 235
김혁동 269
김형선 125
김형욱 577
김형익 66
김형직 251
김 호 127, 128
김홍일 601
김효석 460, 577, 655, 656

ㄴ~ㄷ

나봉섭 217
나운혁 700
나일부 48, 54
나학선 421
노사선 851
노덕술 447, 451, 456
노일환 451, 462, 464, 465, 467, 497
노천명 125
노철용 713
노학순 851
도용호 51, 52, 60
동필현 644

ㄹ~ㅁ

량재화 224
류일석 819
리문해 766
리선우 198
리창학 766
리 황 858
무 정 127, 128, 129, 131, 253, 284, 285, 289, 328, 329, 694, 701, 704, 707, 709, 712, 759, 760, 829
문상길 422
문시선 235
문 일 223, 230

ㅂ

박건웅 662
박금철 706
박기운 501, 505
박길남 223
박 달 640
박동삼 188
박만원 505
박명수 724
박상희 328, 428
박성철 223, 703
박순석 433
박승무 579
박영빈 302
박영순 223
박원순 433
박윤원 464, 465
박일우 282, 329, 696, 704, 709, 712, 715, 716, 787, 829
박일원 241, 817
박정애 47, 85
박정희 421, 424, 427, 428, 525, 545, 549
박진경 422, 426

박찬표 370
박헌영 48, 56, 107~109, 110, 137, 138, 147, 177, 178, 229, 241, 244~246, 250, 252, 253, 289, 319, 499, 557, 615, 639, 640, 647, 674, 678, 788, 813, 814, 816, 817, 819, 822, 866
박효삼 297, 704, 707~709, 712
박훈일 704, 712, 715, 717, 760
박흥식 446
방학세 850
방호산(=리천부) 580, 704, 712, 713, 718
배영민 772
배중혁 464, 465
백경운 281
백남운 319
백민태 451
백선엽 412, 419, 420, 425, 429, 431, 623
백성욱 807
백영철 445
백용구 49, 65
백운선 454
백 철 472
백형복 647
변순학 819
변영태 539, 540, 546

ㅅ

서덕환 766
서상일 490
서용규 142
서용길 464, 465, 467
서중석 136, 141, 143, 146, 176, 366
서 철 223, 224
서필석 832, 856
설정식 640
성시백 647
손전후 172, 192
손정도 49
손흥삼 722
송건호 37
송남헌 227, 315
송성관 51, 60
송제현 726
송진우 149, 439
송호성 412, 427
신병식 370, 515
신복룡 567
신상철 425
신상학 494
신성균 464, 465
신성모 471, 571, 572, 573, 618, 622, 655
신원철 843
신원호 811
신익희 157, 158, 439, 705
신주백 222
신치호 579
신태영 586
심지연 56, 126, 129, 133, 709

ㅇ

안 길 105, 223, 224, 227, 695, 696, 701, 703
안동일 54
안두희 470
안신호 281
안영길 421
안영달 646
안재홍 50, 314, 666
안창호 49
안철현 319
안호상 394, 544, 676
양주동 472
양준용 773
여운형 39, 40, 46, 123, 125, 138, 149, 238, 241, 366

여 정(=강봉수) 350
염인호 709, 830
오규범 421
오기섭 51, 282, 284
오동기 425, 426, 431
오락교 811, 819
오백룡 760
오영진 38, 47, 56, 117, 121, 123, 142, 225, 232, 237, 238, 339, 343, 362
오윤선 47
오익환 447
오일균 421
오정학 851
오제도 469, 636, 644
오진우 223, 703
왕 연 760
원구환 133
원세훈 314, 662, 666
원장길 465
유경수 223, 703
유동열 705
유문화 809
유성철 223, 227
유승렬 623, 806
유재흥 806
유진산 439
유진오 390, 398, 477, 486, 509
윤기섭 49, 662
윤보선 439, 460, 656
윤상필 344
윤순달 646
윤종화 343
윤치영 393, 554, 555, 667
이강국 282
이건순 628
이광수 447
이구수 454, 464, 465
이권무 704
이균영 44
이극로 320
이기건 227
이기석 808, 814, 826
이기영 281
이덕구 811, 819
이동녕 49
이동현 136
이동화 223
이명호 627
이문원 454, 464, 497
이문환 187
이범석 225, 394, 397, 399, 405, 406, 412, 436, 441, 481, 544, 601, 655, 675, 759
이병관 498
이병달 645
이병도 640
이봉수 61, 187
이삼성 524
이상조(=金澤明) 704, 724
이상진 426
이선근 644
이수인 136
이순근 187
이순택 486
이승만 47, 79, 139, 143, 144, 147, 159, 162, 242, 333, 365, 369, 387, 391, 392, 396~398, 407, 415, 416, 419, 420, 429, 442, 449, 453, 456, 458, 479, 492, 502, 509, 524, 527, 533, 535, 538, 564, 602~604, 610, 622, 637, 656, 661~665, 670, 675, 676,
이승엽 639, 791, 811, 813, 822
이연길 579
이 영 320
이영근 482
이영순 421
이영호 223, 703
이완범 136, 147

이 용 320, 651
이유필 48, 49, 52, 65
이윤영 124, 396, 655
이응준 623, 806
이익성 704, 707, 712, 715
이인 394
이재복 423, 426, 811
이종락 234
이종석 188, 222, 235
이종인 223
이종현 503
이주연 47
이주철 852
이주하 52, 426, 646
이준식 707
이준영 505, 507
이중업 646
이창옥 839
이창인 59
이청송 223, 704, 724
이청원 300
이청천 393, 635, 705
이필규 61, 343
이필용 838
이형근 578
이호재 136, 145, 146, 147, 149, 332
이호진 452, 463
이홍광 728, 754, 713
이희승 37
인정식 173
임명방 38, 57
임병직 554, 559, 594
임영신 393, 482, 554, 555
임종국 399, 447
임종명 410, 436
임충석 60
임춘추 761, 105
임헌일 701
임 화 640

ㅈ

장건상 662, 667, 817
장경근 456, 468
장기명 234
장기영 460
장덕수 149
장 면 439, 564, 565, 600, 601, 659
장상환 506, 508
장소봉 234
장순의 766
장시우 869
장은산 421
장종식 694
장준익 126
장준하 226
장창국 574
장창종 343
장평산 704
장해우 61
장 흥 471
전경식 506, 507
전두환 525
전상인 371
전영철 628
전우 704, 717, 720
전진한 394
전창철 761
전현수 186, 187, 270
정기덕 819
정래일 807
정래혁 581
정명조 809
정미숙 437
정 백 47, 52, 328, 472, 644
정병휘 839
정상진 227
정일권 412
정일룡 764

정재한 468
정 준 487
정지용 472
정찰필 766
정해구 314
정희택 636
조 관 713
조동우 817
조동욱 722, 725, 726
조만식 45~47, 63, 64, 85, 89, 116, 122, 124, 141~147, 150, 152, 156, 159, 228, 230, 231, 236, 237, 550,
조병건 421
조병옥 394, 409, 439, 600, 601, 655, 666
조봉암 394, 395, 482, 486, 495, 496, 510~512, 670, 817
조성환 315
조소앙 147, 315, 396, 662, 663, 666~669
조송파 61, 119
조순승 136, 312
조 암 421
조열광 712, 715
조완구 49, 315
조용복 646, 647
조용중 390, 391
조응선 454
조헌영 490
조 훈 52
주덕해 712, 714, 715
주 연 713
주영복 338
주영하 318
지병학 716, 717, 721
지수걸 190
지청천 439

ㅊ~ㅌ

차경모 465
차광수 234
차상철 541
차이석 49
채병덕 412, 426, 464, 469, 576, 578, 580, 618, 623, 805
최경덕 251
최 광 223, 703
최금복 281
최기모 60
최기성 159
최남근 421, 424, 425, 811
최남선 447
최능진 47
최대교 471
최동오 662, 705
최란수 451
최 린 447
최명학 60
최복철 724
최상선 849
최상용 136, 145
최성복 321
최승희 281, 328
최용건(=최석천) 94, 106, 118, 120, 123, 124, 128, 141, 151, 153, 158, 222~224, 229, 254, 265, 282, 288, 344, 622, 676, 689, 691, 694, 696, 697, 703, 716, 759, 761, 762, 774, 869
최용달 61, 119
최용진 223, 760
최운하 454, 461, 644
최 원 226
최 인(=왕자인) 713
최인회 724
최장집 30, 42, 91, 93, 166, 366, 881, 900

최정훈 580
최종성 580
최창근 421
최창익 286, 709, 712, 829
최춘국 105, 223, 703
최태규 454, 464, 465, 486, 487
최 현 223, 224, 703, 760
최 현(=최성우) 811, 819
최형우(崔衡宇) 234, 235
최흥조 481
탁동춘 849

ㅍ~ㅎ

표무원 421, 626
하앙천 709
한 경 713
한교석 61, 62, 343
한근조 123
한배호 440, 897
한 빈 709
한상구 638
한설야 281, 282, 750, 759
한용원 422, 424
한 웅 128
한재덕 47, 48, 64, 137, 142, 143, 230, 233, 235, 236, 282, 345, 347, 437, 556, 759
한 청 126
한 효 313
함석헌 48, 56, 68, 124, 141, 899
허가이 289, 785, 830
허봉학 223
허 정 460, 482, 656
허정숙 286, 709
허 헌 542
허형식 223
현 균 234
현룡순 708
현정민 757
현준혁 47, 53, 63, 105
홍기황 187
홍명희 314, 320, 447, 802, 869
홍범룡 723, 724
홍석률 524
홍순석 422, 819
홍윤숙 56
홍택희 451
황남준 410
황순원 472
황윤호 464, 465, 467
황태성 328, 428, 811
황택림 421

일·중·러

大森 實 557
佐佐木春陸 410
森田芳夫 46, 48, 50, 52, 54, 58, 62~65, 69
櫻井浩 821
鐸木昌 742
和田春樹 35, 62, 66, 98, 106, 121, 123, 152, 153, 155, 222, 227, 229, 234, 703

계 청(季靑) 223
교수귀(喬樹貴) 106
모택동(毛澤東) 126, 554, 598, 599, 603, 604, 717, 720, 754, 866, 868
소육린(邵毓麟) 601
왕명귀(王明貴) 223
왕효명(王效明) 223
유소기(劉少奇) 754
임 표(林彪) 717
장개석(蔣介石) 536, 538, 554, 560, 561, 601, 602, 603, 604, 706, 707, 718
장수전(張壽籛) 223
주 덕(朱德) 125, 754
주보중(朱保中) 106, 222, 224, 716

주은래(周恩來) 706
팽덕회(彭德懷) 707, 710
팽시로(彭施魯) 223

노비첸코 157
메클레르 142, 228, 236, 238
조르킨(王新林) 225

영 문

Abbott, Leonard 583
Acheson, Dean 520, 526, 535, 551, 553, 554, 556, 559, 562, 563, 565, 567, 601, 659
Alavi, Hamza 374, 389
Allen, Richard E. 538
Andrew, Christopher 225, 226
Appleman, Roy 577
Arblaster, Anthony 441
Arnold, Archibald V. 86, 132
Balasanov, Gerasim M. 99, 100
Baldwin, Roger 533
Barclay, G. W. 355
Battle, Louis 566
Benninghoff, H. Merrell 49, 516
Benninghoff, Merrell H. 49, 516
Berlin, Isaiah 866
Bishop, Max W. 417
Bismarck, Otto von 36
Blair, Clay 589
Bohlen, Charles 75
Bond, Niles W. 417
Bunce, Arthur 370
Butterworth, W. Walton 417, 564
Byrnes, James F. 242
Chistiakov, Ivan M. 58, 60, 63, 64, 66, 69, 74, 81, 83~85, 89, 90, 93, 97, 101, 116, 117, 122, 141, 142, 150, 157, 184, 244, 280
Churchill, Winston 163
Clemens, Diane Shaver 75
Connally, Tom 567
Coser, Lewis 164, 637
Cumings, Bruce 28, 107, 133, 136, 155, 167, 340, 446, 475, 519, 631, 699, 730, 742, 885
Curtis, Donald Mab 589
Dean, William F. 325, 409
Deutsch, Karl W. 861
Deutscher, Isaac 80, 120, 208, 875
Djilas, Milovan 76, 341
Drumright, Everett F. 392
Engels, Freidrich 763
Friedrich, Carl J. 517
Gaddis, John Lewis 893
Gayn, Mark 542
Gerschenkron, Alexander 512
Giddens, Anthony 373
Godelier, Maurice 374
Goodfellow, M. Preston 242
Goncharov, Sergei N. 868
Gordenker, Leon 312
Gordievsky, Oleg 225, 226
Gramsci, Antonio 41, 30, 133, 279, 304, 325, 409, 510, 517, 827, 873
Gyorgy, Andrew 150
Ha, Joseph Man-Kyung 188
Halliday, Jon 885
Harriman, W. Averell 151, 243
Hausman, Jomes 420, 426, 429
Henderson, Gregory 365, 465
Hinton, William 37
Hintze, Otto 373, 685
Hirschman, Albert O. 364, 642
Hobsbawm, Eric J. 148, 256, 334, 380, 442, 547, 549, 762, 893
Hodge, John R. 70, 91, 133, 277
Huntington, Samuel P. 173, 174, 190, 191, 192, 195, 260, 516
Ignatév, Alexander M. 99~101, 122, 141, 270

Ignatov 99
Jacobs, Joseph 311
Jervis, Robert 831
Jessup, Philip 463
Johnson, Dick 533
Johnson, Edgar A. 534
Jones, Joseph 609, 616
Jones, S. B. 373
Kalberg, Stephen 899
Kaplan, Morton 516
Katznelson, Ira 523
Kennan, George 164, 561
Khrushchev, Nikita S. 590, 589, 871
Kirchheimer, Otto 258, 382, 383
Korotkov, Gennadii P. 100
Langdon, William R. 138, 242
LaPalombara, Joseph 259
Laqueur, Walter 36, 174
Lasswell, Harold 516
Lattimore, Owen 534
Lebedev, Nikolai G. 81, 85, 96, 97, 99~101, 107, 142, 157, 226, 232, 236, 238, 245, 248, 320, 322, 323, 326, 328, 349,
Lee, Chong-Sik 89, 766
Lemnitzer, L. L. 585
Lenin, V. I. 754, 763
Lipset, Seymour Martin 258, 279, 442
Lone, Stewart 742
Lozovskii, S. A. 183, 186, 187
MacArthur, Douglas 516, 567, 588, 605, 607, 675
Machiavelli, Niccolo 897
Manin, Bernard 259
Mann, Michael 672
Marshall, T. H. 369
Marx, Karl 674, 830
Matray, James 147
McCormack, Gavan 742
McCune, George M. 562
Meade, E. Grant 132
Meretskov, Kirill Afanas'evich 84, 85, 186, 187, 189, 245, 279
Merrill, John 793, 809
Michel, Henri 884
Mitchell, C. Clyde 370
Molotov, V. M. 225
Moore, Barrington, Jr. 173, 174, 183, 199, 202, 207, 208, 214, 219, 333, 501, 510, 873
Muccio, John 396, 417, 463, 515, 565, 595, 597, 610, 655, 658, 661, 663
Nettl, J. P. 372
Noble, Harold 392
Oliver, Robert 390, 391, 394, 419, 463, 480, 533, 539, 544, 595, 596, 613,
Ordeshook, Peter 479
O'Donnell, Guillermo A. 368, 884
Paige, Jeffery 496, 515
Paik, Hak-Soon 373
Palais, James 43, 521
Pen'kovskii, V. A. 90, 99, 184
Popper,Karl R. 899
Poulantzas, Nicos 387, 509
Prewitt, Kenneth 523
Przeworski, Adam 332, 478
Quirino, Elpidio 600, 604
Reboul, Olivier 287
Roberts, William L. 412, 420
Robinson, Richard D. 138
Rokkan, Stein 258, 279, 442
Romanenko, Andrei A. 85, 86, 97~101, 137, 141, 142, 230, 231, 238, 244, 246, 270, 279
Roosevelt, Franklin D. 75, 76
Royall, Kenneth 595
Rusk, Dean 659
Sawyer, Robert K. 133, 367, 413, 535
Scalapino, Robert A. 89, 766
Schmitter, Philippe C. 368

Scott, James 496
Shabshin, S. A. 246
Shanin, Teodor 208
Shanin, Gregori 97, 99, 244
Shchetinin, B. U. 98
Shikin, I. V. 183
Shtykov, Terentii F. 81, 82, 85, 86, 97, 99, 128, 150, 152, 165, 186, 187, 189, 238, 246, 250, 270, 271, 279, 313, 320, 322, 622, 626, 693, 771
Singlaub, John 586
Skocpol, Theda 35, 174, 372
Smelser, Neil J. 218, 863
Smith, Anthony D. 44
Stalin, Joseph 75, 76, 82, 87, 88, 151, 219, 243, 245, 246, 248, 342, 559, 608, 739, 754, 763 866, 867
Sternhell, Zeev 351
Stinchcombe, Arthur L. 382, 673
Taeuber, I. B. 355
Tai Hwan Kwon 355
Taylor, Charles 875, 898
Therborn, Göran 273
Thompson, W. S. 355
Tilly, Charles 372
Tocgueville, Alexis de 30
Trewartha, G. T. 355
Truman, Harry S. 560, 563, 565
Tsou, Tang 171, 551, 552
Unger, Roberto Mangabeira 673
Van Ree, Erik 84, 88, 95, 97, 99, 121
Vasilevskii, A. M. 82, 83, 246
Vincent, J. C. 87, 145
Weathersby, Katheryn 155
Weber, Eugene 864
Weber, Max 372, 896
Weiner, Myron 259
Willoughby, Charles 582
Zelinsky, W. 355
Zhukov, E. M. 77, 79
Zolberg, Aristide R. 36, 671